资阳市雁江区志

ZIYANGSHIYANJIANGQUZHI

1986—2005

资阳市雁江区志编纂委员会　编

方志出版社
Publishing House of Local Records

图书在版编目(CIP)数据

资阳市雁江区志.1986—2005/《资阳市雁江区志》编纂委员会 编. —北京:方志出版社,2014.12

ISBN 978-7-5144-1518-6

Ⅰ.①资… Ⅱ.①资… Ⅲ.①区(城市)—地方志—资阳市—1986~2005 Ⅳ.①K297.13

中国版本图书馆CIP数据核字(2014)第313489号

资阳市雁江区志(1986—2005)

编　　者:《资阳市雁江区志》编纂委员会
责任编辑: 冯　松

出 版 人: 冀祥德
出 版 者: 方 志 出 版 社
地址　北京市朝阳区潘家园东里9号(国家方志馆4层)
邮编　100021
网址　http://www.fzph.org
发　　行: 方志出版社发行部
电话(010)67110500
经　　销: 各地新华书店
法律顾问: 北京高文律师事务所
印　　刷: 成都现代印务有限公司

开　　本: 889×1194　1/16
印　　张: 48.75
字　　数: 1416千字
版　　次: 2016年3月第1版　2016年3月第1次印刷
印　　数: 0001~2000册

ISBN 978-7-5144-1518-6/K·1243　定价:360.00元

资阳市雁江区

比例尺　1：210 000

成都地图出版社 编制　　审图号：川S（2015）73号

·领导调研·

1993年12月1日，四川省委书记谢世杰（右二）到资阳内燃机车厂、西铁联合配件厂和部分乡镇企业视察后作重要讲话

2003年6月24日，四川省委书记、省人大常委会主任张学忠（右二）在资阳市委书记钟勉（右一）、市长王华（左二）陪同下到资阳市雁江区视察

1993年11月9日，四川省委副书记、省长肖秧（右二）在资阳市视察

1993年8月7日，四川省军区政委耿全礼（右二）到资阳市人武部指导工作

2005年3月26日，四川省政协副主席阿称（中）到资阳市雁江区调研宗教工作

重要会议·仪式

资阳市庆祝中华人民共和国成立五十周年大会

资阳市雁江区庆祝中国共产党建党 80 周年大型歌咏会

资阳—郫县交流座谈会

浙江省温州市鹿城区向资阳市雁江区丰裕镇捐资建设“鹿城路”。图为捐赠仪式

资阳市雁江区举办仪式欢迎三峡库区开县移民来区安家落户

·雁江农业·

蜜柑基地

大棚蔬菜种植

农技服务

油菜种植

丰收 （李翔／摄）

生猪规模养殖

野猪饲养

家禽规模养殖

农村新貌

· 雁江工业 ·

资阳市南骏汽车有限责任公司成立庆典暨揭牌仪式

南骏汽车产品及生产线

四川四海食品股份有限公司

四川四海食品股份有限公司生产车间

临江味业公司全景

厂区一角

临江味业系列产品

生产车间

宝莲酒业公司新址

宝莲酒业公司系列产品

宝莲酒业公司原址

两节山千年神泉

四川花瑞巾被公司职工方队

四川花瑞巾被公司生产车间

四川花瑞巾被公司系列产品

·基础设施·

成渝高速公路资阳入口处

通乡公路

资阳铁路石拱桥

水路交通　（邓成／摄）

南津驿电站

资阳市体育馆

城市夜景（苏永生/摄）

三贤公园夕照

莲台寺大雄宝殿

·社会事业·

资阳中学

伍隍中学

雁江一小

雁江区示范幼儿园

腹腔镜手术

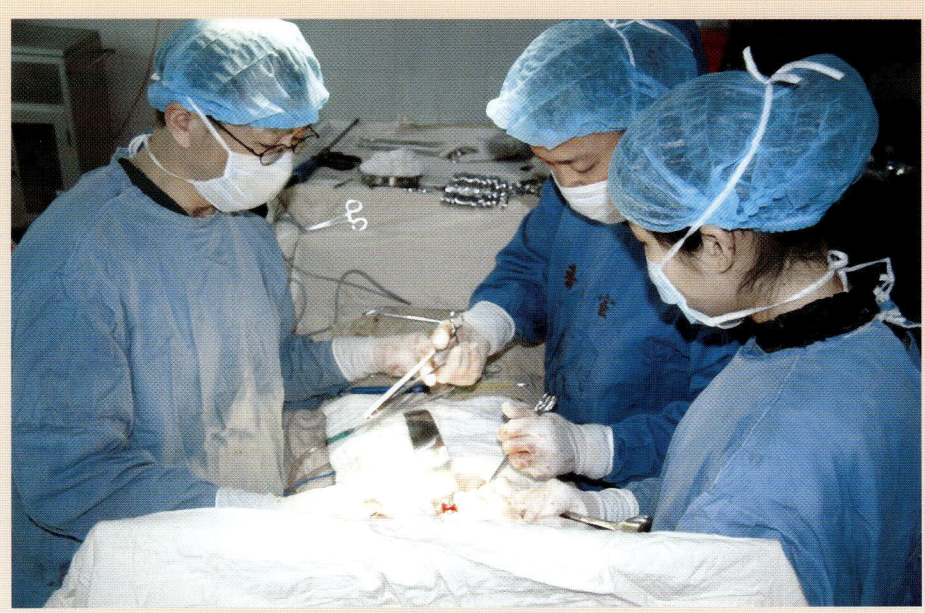

白内障筛查

义诊

征兵体检

1987 年 10 月，朝鲜平安道艺术团应邀到资阳县演出

庆祝中国共产党成立八十周年暨
第六届农村文艺调演祥符片区赛
中共雁江区委组织部
江区委宣传部
区文体委
镇党委政府

文艺调演

春

杂技表演

送文化下乡文艺表演

彭登怀川剧变脸艺术

川剧表演技艺——吐火　（孟基林 / 摄）

露天电影场　（李大忠 / 摄）

狮灯高台表演　（孟基林 / 摄）

资阳市“澳洲金杯”千名妇女登山比赛现场

资阳市暨雁江区“走进新世纪建设新资阳”游行活动开幕式

全国第六届大学生运动会“生命圣火”传递交接仪式（资阳站）

老年秧歌

庆祝建团 80 周年雁江区中小学生现场书画比赛

节日游园活动

区文化馆书法家为群众书写春联

送图书下乡

·出土文物·

汉代铜车马（2005年资溪花园汉墓出土）

东汉石蟾蜍摇钱树座（1987年莲花山砖石墓出土）

西汉木马（1994年东岳山木椁墓出土）

西汉铜镜（1987年城北砖厂木椁墓出土）

东汉石房（1987年莲花山砖石墓出土）

东汉灰站式陶狗（1973年天台山上东汉崖墓出土）

东汉石马（1987年莲花山砖石墓出土）

· 摄影作品 ·

老嗜好　（胡玲英 / 摄）

挑选　（魏莉娟 / 摄）

永不过时的手艺　（魏承德 / 摄）

乡村喜事（刘巍 / 摄）

弹棉花（孟基林 / 摄）

·美术 书法作品·

“资阳人”泥塑

堪嘉石雕

秋色斑斓（万树）

杨健侯作品

雨夏（刘文）

一日秋风一日疏（万利民）

匡亚夫作品

烁烁明珠声声秋歌（曾利平）

松涧听泉（匡晓英）

夏胜利作品

寿比苍松（吕国炳）

正秋（姚学明）

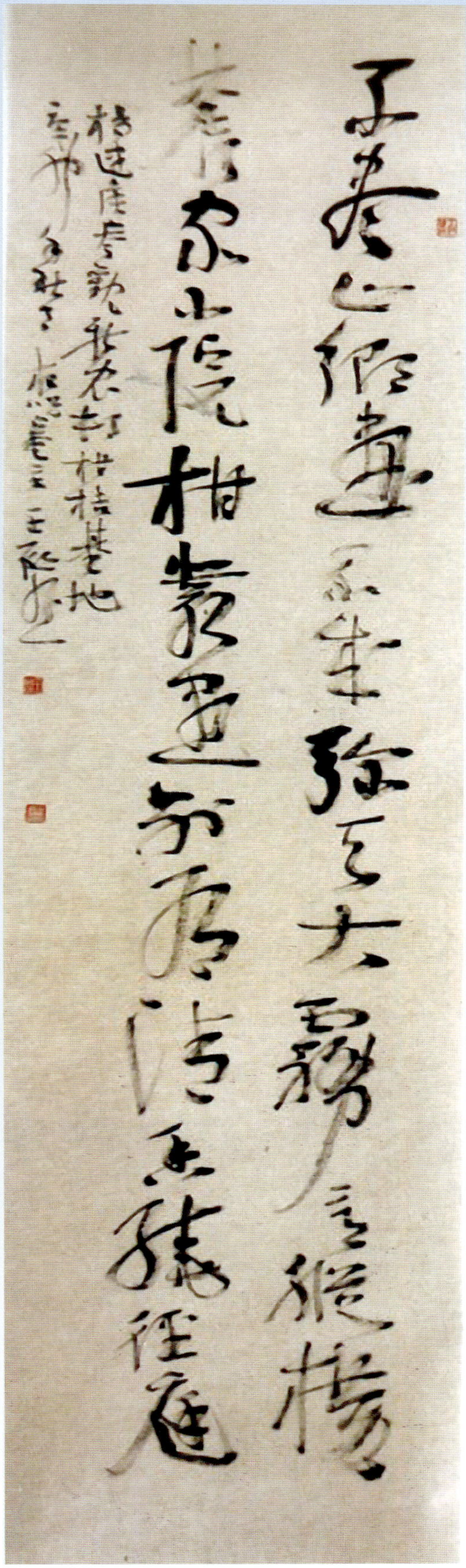

王联书法作品

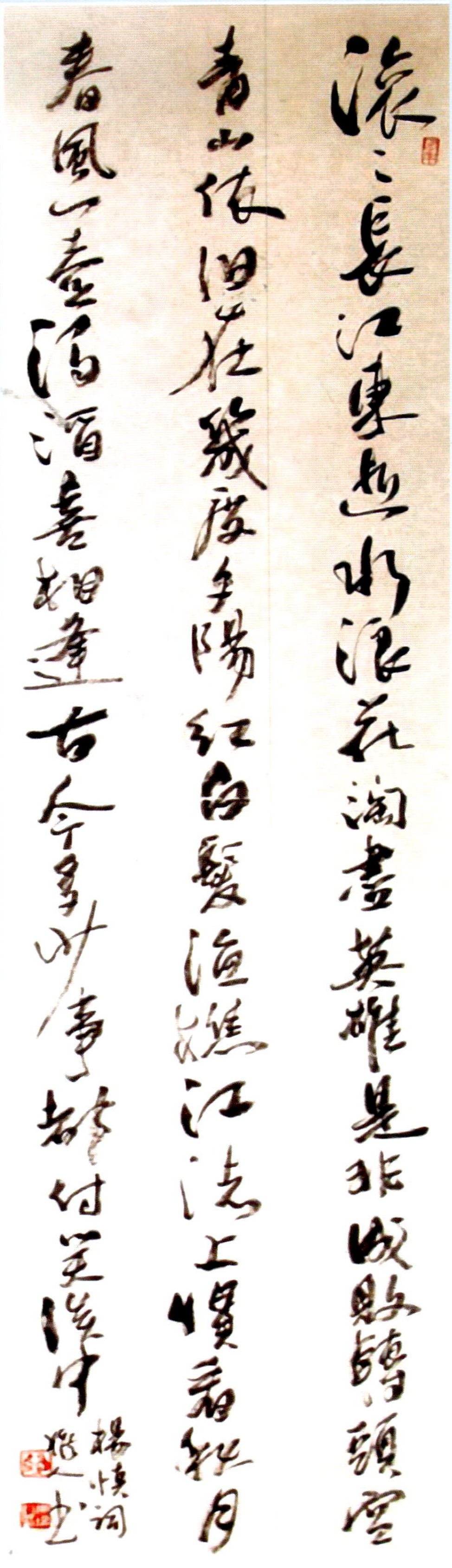

幽谷（卓志英）

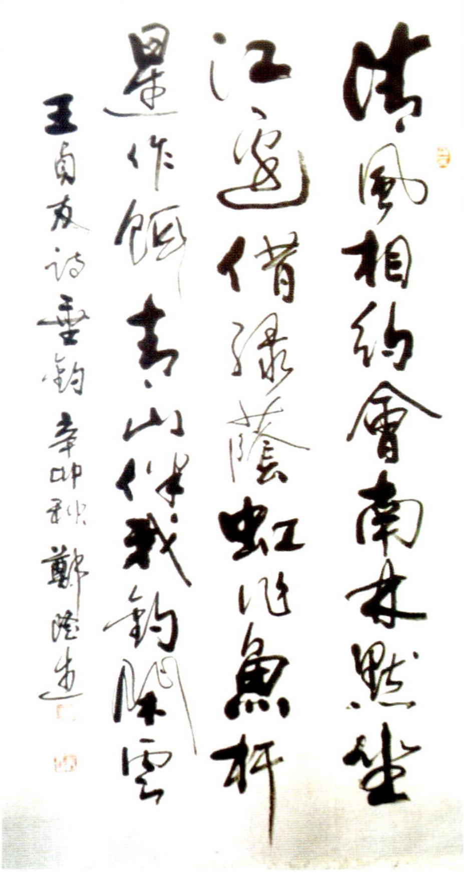

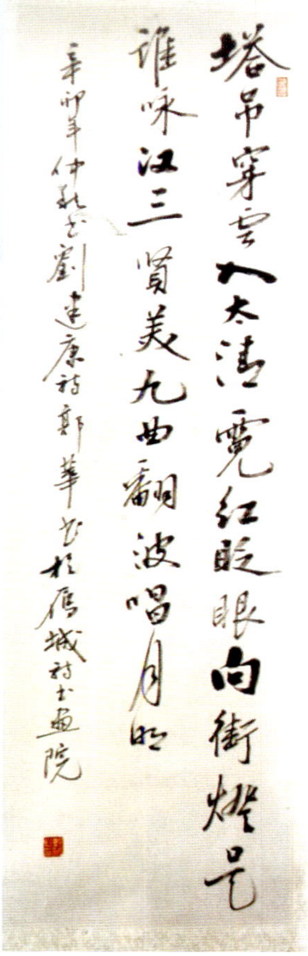

陈宗培书法作品

郑隆生书法作品

郭华书法作品

《资阳市雁江区志（1986—2005）》

编纂委员会

顾　　问：	姜鸿飞	游　虹	杨晓勇		
主　　任：	罗道坤				
副 主 任：	于小丰	游志明	魏碧仙	何　瑜	潘　峰
	张天明	吴俊锋	杨为民		
成　　员：	苏贤光	程代琦	龙　虹	姚仕彬	冯仁成
	曾声军	闵　文	张　涛	陈　勇	李青林
	黄治安	黎　剑	周泽辉	罗　安	吴登良
	崔　涛	王文玉	唐德林	刘绪国	樊　劲
	骆　雪	王　永	周纯武	曹植松	詹　刚

《资阳市雁江区志（1986—2005）》编辑部

总　　编： 詹　刚

副 总 编： 蒋纯良

编　　辑： 詹　刚　　蒋纯良　　林春华　　周纯武　　赵学贤

徐明辉　　王洪林

资阳市雁江区地方志办公室

主　　任： 周纯武

副 主 任： 詹　刚　　姚月华

工作人员： 赵学贤　　徐明辉　　王洪林

序

资阳市雁江区位于四川盆地中部。地处成渝之间，区位优势突出；气候条件适中，利于百业发展；沱江纵贯全境，水陆交通便利。早在35000年前，先民们就在此生息，开启了蜀中可考的最早文明。资阳市雁江区原为资阳县，历史悠久，文化底蕴厚重，素为人文兴盛之邦。1993年3月，经国务院批准撤销资阳县，设立县级资阳市。2000年11月，随地级资阳市的组建，原县级资阳市更名为资阳市雁江区。

新中国成立以来特别是党的十一届三中全会后，区内各行各业均取得辉煌成就，新编《资阳县志(1911—1985)》已作了阶段性记述。1986—2005年，是我国改革开放极为重要的时期，也是雁江区社会经济全面、快速、健康发展的时期。其间，历届党委、政府坚持以富民强区为目标，立足大局，着眼未来，抢抓机遇，开拓务实，团结、带领全区人民探索出了具有自身特色的发展道路。农村经济稳步增长，工业发展势头强劲，商业贸易繁荣兴旺，基础建设日新月异，社会事业健康发展，人民生活蒸蒸日上。为全面、准确、科学地反映全区20年间政治、经济、文化、社会等方面的发展状况，区委、区政府决定编纂《资阳市雁江区志(1986—2005)》。

全书以马列主义、毛泽东思想、邓小平理论、“三个代表”重要思想和科学发展观为指导，坚持辩证唯物主义和历史唯物主义观点，坚持详今略古、详异略同原则，运用新观点、新方法、新材料客观记述发展历程，科学揭示发展规律；记述观点正确、体例完备、资料翔实、文风朴实，具有鲜明的地方特色和时代特色，是一部集思想性、资料性、可读性于一体的文献著述。

“治天下者以史为鉴，治郡国者以志为鉴。”编修地方志的主要目的是资政和教化。在此，希望全区干部群众珍惜修志成果，认真读志用志，在吸取历史经验和教训的基础上，趋利避害，扬长避短，为构建产业兴盛、生态宜居、风清气正、幸福和谐的新雁江再创辉煌。

中共资阳市雁江区委书记　姜鸿飞

资阳市雁江区人民政府区长　罗道坤

2016年1月

凡　　例

一、本志是《资阳县志》（1993 年版）的续编。旨在全面、准确、科学反映辖区自然与社会的历史与现状，为区域经济和社会发展提供历史借鉴，为爱国主义教育提供乡土教材，为再次续志积累资料。

二、本志以马列主义、毛泽东思想、邓小平理论、“三个代表”重要思想和科学发展观为指导，坚持辩证唯物主义和历史唯物主义观点，秉笔直书，不虚美、不掩恶，重主流、轻分支，重规律、轻过程。

三、本志上限起于 1986 年 1 月 1 日，下限断至 2005 年 12 月 31 日。为保证事物的完整性，个别史实不受此限。

四、本志采用中篇并列结构、篇章节目体。各部类的设置一律按事分类，不以管理体系作为划分标准。首设概述、大事记，之后设政区、自然环境、人口、综合经济、农业、工业、商贸、交通邮电、城乡建设、环境保护、财政、税务、金融、中共资阳市雁江区委、政权、人民政协、民主党派与工商联、群团组织、法治、人民武装、民政、人事劳动和社会保障、教育、科技、文化旅游、体育、医疗卫生、社会风土、人物共 29 篇 ，卷末设附录、编后记。

五、本志采用述、记、志、传、图、表、录等体裁，以志为主；除概述外，一律据实陈述，述而不论。

六、本志均用第三人称记述，不用“我省”、“我县”等。关于县级行政区域名称的记述一律以县级人民政府挂牌行政为界，即 1993 年 3 月 6 日前为“资阳县”，当日至 2000 年 11 月 5 日为“资阳市”，2000 年 11 月 6 日起为“资阳市雁江区”。

七、本志按属地管理原则编修，但详略各异。撤市设区后，属本区事权管辖的从详，反之从略；上划地级资阳市的部门和行业，上划前从详，上划后从略。

八、本志人物收录坚持生不立传的原则，以本籍为主，兼收客籍。“传记”以卒年先后排序，“简介”按出生先后排序，“名录”排名不分先后。

九、本志一般采用公元纪年统合古今，属民国之前的年代加注历史纪年。对“中华人民共和国成立前”和“中华人民共和国成立后”的记述统一简述为“建国前”和“建国后”。

十、本志使用的统计数据为统计局同时期提供的数据，非专业统计数据以主管部门提供的为准。

十一、本志使用法定计量单位。为保持历史原貌并兼顾不同层次读者的阅读习惯，个别地方采用当时通用计量单位，如表示粮票面值的“两、斤、市斤”，表示布票面值的“寸、尺、市尺”，表示户平土地面积的“亩”等。

十二、本志使用语体文，力求朴实、简练、准确、流畅。

目　录

概 述

一

资阳市雁江区原为资阳县，是“资阳人”头骨化石出土地，也是苌弘、王褒、董钧三贤的故里。资阳，尧为资国地，夏属梁州，周入雍州为蜀国地，秦灭蜀建郡为蜀郡地。汉武帝建元六年（前135）在此置资中县，北周武成二年（560）置资阳县。置县初面积较大，后随内江、资中及威远、乐至、安岳、荣县等县的分治逐渐缩小。县的隶属演变频繁，区乡镇亦时分时合，至1958年人民公社化后渐趋稳定。1993年1月16日，经国务院批准，民政部同意撤销资阳县，设立资阳市（县级）。同年3月6日，资阳市人民政府挂牌行政。2000年11月6日，随地级资阳市的组建，原县级资阳市更名为资阳市雁江区。

资阳市雁江区地处四川盆地中部，位于北纬29°51′至30°17′07″、东经104°26′07″至105°03′05″之间；东接安岳县，南邻资中县，西靠仁寿县，北连简阳市，东北界乐至县；总面积1632.33平方公里；辖22个镇乡、4个街道；2005年末总人口106.65万人。区政府驻地雁江镇，经成渝高速公路北距成都87公里，南距内江87.2公里。

境内为相对稳定的侏罗系红色沉积地块，岩层轻微褶皱，由古生代和中生代地层构成，为典型的红岩丘陵区。丘陵多为浑圆形或长条形、桌状浅丘和中丘，岗丘杂陈。地势起伏不大，平均海拔425米，相对高度在40~90米之间。山脊走向不甚明显，沟冲纵横曲折，谷坡平缓。地面物产丰富，地下矿藏贫乏；沱江纵贯全境，水利资源丰富；气候条件适中，利于各业发展；连接成渝两地，区位优势突出。

二

1986—2005年间，雁江区贯彻执行党的十一届三中全会以来的基本路线和方针政策，一切从本地实际出发，坚持以改革开放为动力，以富民强区为目标，不断加快经济发展步伐，全面推进社会进步。国内生产总值由1986年的4.46亿元（1980价）跃升至2005年的68.19亿元（2000价），年均增速8.98%。其中“七五”期年均增速7.13%，“八五”期年均增速8.52%，“九五”期年均增速9.92%，“十五”期为经济发展高峰期、年均增速11.18%。20年间，第一产业产值由1.75亿元增至14.16亿元，年均增速4.74%；第二产业产值由1.45亿元增加到31.52亿元，年均增速12.37%；第三产业产值由1.03亿元增至19.11亿元，年均增速9.21%。2004年，雁江区在全省173个县级经济综合排位中居41位。2005年在全省67个丘陵县（市、区）主要经济指标排位中位居前列，其中国内生产总值位居第6位、生产总值指数排第1位、第1产业增加值排第19位、第二产业增加值排第4位、全部工业增加值和国有及规模以上工业增加值均排第2位、第三产业增加值排第15位。

农业 雁江区是典型的农业区（县），主产稻谷、玉米、小麦、红苕、甘蔗、烤烟、花生、油菜籽。20世纪80年代前，境内种植业长期保持粮、经二元结构。农村实行家庭联产承包责任制后，在坚持“以粮为主、全面发展”的原则下，逐步发展以粮食作物、经济作物、其他（蔬菜、饲料、水果、桑、药材）作物互为补充调剂的三元结构，结构比由1986年的72.25：19.6：8.15优化调整为2005年的66.35：14.83：18.82；同期，改良农耕制度，推广先进种植技术，不断提高单位面积产量。改革开放以来，以生猪为主，以其他家畜、家禽养殖为辅的畜禽养殖业发展较快。政府一直将畜禽养殖作为发展商品生产和农民致富的主要途径，先后引进“长白”“汉普夏”“杜洛克”等优良猪品种，着力培育本地品种伍隍老槽猪，广泛推广“二元”“三元”、外“三元”、外“五元”杂交技术；引进秦川肉牛、南江黄羊、努比羊、黑山羊品种和30多个家禽优良品种，大面积推广饲料青贮、生猪“五改”技术和牛、羊高床舍饲、家禽笼养、栏养等技术，提高畜禽质量和肉、蛋、奶产量。在狠抓种植、养殖业的同时，注重水利、农机、农业生态等农业生产的配套设施建设，以增强发展后劲。20年间，投入大量资金维修原有水利设施，新修各类水利工程734处，治理水土流失面积10024公顷。为适应农村联产承保责任制分户作业的特点，大面积推广新、小微农业机械，全区农机总动力由1986年的11.64万千瓦增加到2005年的26.4万千瓦，增长126.8%；共完成常规造林、工程造林36590公顷，森林覆盖率达28.5%，基本实现生态强区初期战略目标。2005年全区农业总产值达到14.53亿元，是1986年的5.32倍；粮食作物总产量50.11万吨，比1986年增产20.6%；种植业产值6.66亿元，比1986年增长260.0%；养殖业产值（含渔业、蚕业）7.72亿元，是1986年的8.43倍；养殖业在农业总产值所占的比重由28.4%增长到53.1%。

工业 20世纪80年代中期，县内有机械制造、食品加工、化工、建材、纺织、饲料、电力、制糖、酿造、印刷等工业门类，基本形成可满足日常生产生活需要的工业产品结构格局。主要工业产品有钢（铸钢水）、电力、硫酸、合成氨、农用化肥、交流电动机、内燃机车、砖、纸及纸板、日用玻璃、塑料制品、水泥、农具、食糖、鞋类、食用植物油、饮料酒、卷烟、生丝。共有工业企业340个，其中国有工业企业51个、集体工业企业281个、其他经济工业企业8个。国有工业企业产值占全县工业总产值的80%以上，集体工业次之。此后，乡镇企业、城镇街道工业迅速发展起来，但国有工业企业仍居主导地位，此格局延续至计划经济基本结束的1993年才开始发生变化。1994年以后，以股份制经济、外商投资经济和港、澳、台商投资经济为代表的其他经济逐步发展起来。当年，国有工业企业产值10.27亿元，占全市工业总产值的61.38%，比1986年下降19.76个百分点；集体工业产值5.08亿元，占总数的30.38%；其他工业企业增加到15个，实现产值1.38亿元，在全部工业总产值中所占比重上升为8.24%。20世纪90年代中后期，市委、市政府调整工业产业、产品结构，稳定钢产量，提高电产量和农用化肥产量，调减交流电动机产量，调减日用玻璃和塑料制品产量，调升水泥产量，稳定纸及纸制品产量，增加人造板项目，调减食糖产量，调升鞋类产量。此后，随着国有、集体工业企业产权制度改革的不断深入，国有工业企业的主导地位不断削弱，集体经济的地位也不断消退。至1999年，国有、集体、其他三种所制工业结构比为53.50：13.12：33.38。2000年，调升钢产量，稳定电产量，稳步增长硫酸、合成氨、农用化肥产量，退出生丝、日用玻璃、塑料制品生产，增加配混饲料生产，稳定水泥生产，改单一生产内燃机车为“内电并举”，增加小型拖拉机、农用运输机械和汽车生产；辖区工业产品结构日趋合理、日益适应市场需求。至2003年，集体所有制工业基本改制结束，国有工业大部分完成产权制度改革。2005 年，全区工业总产值 108.93 亿元，是 1985 年全部工业总产值 3.26 亿元的 33.4 倍，20 年翻 5.1 番，年均增速 20.84%。其中，国有工业实现产值 19.78 亿元，占总数的 18.16%；民营、外资和港、澳、台资等其他经济工业企业产值 89.14 亿元，占 81.84%。20 年间，全区工业发展历经几个阶段，“七五”至“九五”期间发展较快，“七五”期间起、终年全部工业总产值分别是 3.93 亿元、6.23 亿元，年均增速 14.06%；“八五”期间起、终年全部工业总产值分别是 10.58 亿元、19.08 亿元，年均增速 14.18%；“九五”期间起、终年工业产值分别是 20.05 亿元（全部工业总产值）、18.27 亿元（规模工业企业总产值），年均增速 12.26%。“十五”期间，国有经济产权制度改革基本完成，工业经济出现强劲发展势头，全区规模工业企业个数由 2001 年的 29 个发展到 2005 年的 92 个，增长率为 54.31%。2001 年、2005 年全部规模工业企业总产值分别是 24.19 亿元和 98.44 亿元，5 年翻 2.7 番，年均增速 43.06%。

商贸 1986 年，县内已形成以县城为中心、辐射各乡（镇）村、多种经济成分并存的商贸网络，共有商贸经营机构、网点 9397 个。其中国有商贸批发机构 176 个、集体商贸批发机构 72 个，国有零售机构 196 个、集体零售机构 1181 个、个体 7142 个；有从业人员 20119 人，其中国有经济 3438 人、集体经济 5063 人、个体 11618 人。至 20 世纪 90 年代初，以商业、粮食、供销部门为代表的国有商贸经济处于主导地位。1992 年，国控商品实行“双轨制”，个私经济受到一定限制，国有商贸机构、网点保持稳定发展，个体商贸网点不断减少。当年，国有商贸机构稳定在 174 个，商贸零售网点比 1986 年增加 35 个；集体商贸批发机构增至 140 个，零售网点至 1891 个；个体零售网点下降到 4163 个，下降 41.7%；全县商贸机构和网点以及从业人员减少到 6600 个 14380 人，分别比 1986 年下降 29.8%、28.5%。1993 年，商贸市场和商品价格全面放开。为应对市场变化，国有、集体商贸经济增加商品批发机构、收缩零售网点，个体私营经济则大力发展。“九五”计划初，国有、集体商贸经济逐渐衰退，个私民营商贸经济迅速发展，但商贸总量保持相对稳定。“九五”期末，商业系统国有商贸企业除饮食服务公司外全部退出，7 个集体商贸企业中 2 个退出，5 个以门市以租金维持生存；供销系统 9 个直属公司（厂、队）中 6 个退出，3 个以门市租金维持运转。“十五”末，粮油系统国有购销企业全部退出，供销系统 9 个基层供销社退出 7 个，只有伍隍供销社、南津供销社、农产品公司和集体合作的 12 个商贸机构继续经营。至 2005 年底，国有、集体商贸企业基本完成产权制度改革，绝大部分破产、倒闭、歇业或资产重组改制为民营商贸企业。同期，私营商贸企业发展迅速，1995 年发展到 80 户，2000 年增长为 394 户，2005 年规模以上私民营商贸企业有 21 户。1986—2005 年间，流通体制改革给商贸经济注入了活力，“七五”计划末社会商品零售总额比“六五”末增长 39.82%，“八五”末在“七五”末基础上翻 1.1 番，“九五”末比“八五”末增长 65.73%，“十五”末在“九五”末基础上再翻一番。20 年间，个私、股份制商贸经济以其灵活机动的经营方式和适应社会主义市场经济规律的运行模式赢得市场和经济效益，并逐步取代国有商贸经济的主导地位。

基础设施 1986 年，县内已形成公路、铁路、水路交织互补的交通网络；但处于主体地位的公路不仅里程短，而且大多等级低。为尽快改善交通状况，政府多方筹资改造和新建公路。至 2005 年，区内有国道 76 公里、省道 43 公里、县道 246 公里、乡道 703 公里；公路通车总里程 1068 公里，其中高速公路 35 公里、等级公路 348 公里、标美路 720 公里，达到绿化标准公路 386 公里。20 年间，邮政通信业长足发展。邮政行业顺应社会需求，先后拓展邮政储蓄、快件、物流等业务，在加大硬件投入的同时不断提升服务质量。通讯业发展尤为迅速，1986 年全县仅有固定电话 915 户，2005 年达到 16.3 万户；1991 年县内始有移动电话，至 2005 年手机用户量达到 16.57 万。1986—2005 年，邮电业务总量从 142 万元增至 19849 万元，年均增速 32.13%。

社会事业 1986—2005年，区内教育、卫生、科技、文化、体育等各项社会事业协调发展。1986年，资阳县达到国家规定的“基本实现普及初等教育县”标准。尔后，政府不断加大教育投入，改善办学条件，同时鼓励社会办学。1996年，资阳市普及九年制义务教育工作通过省级验收。至2005年，全区有各类学校682所、在校学生158223人、教职工9274人；学龄儿童入学率99.9%，初中毕业生升学率61.2%，高中毕业生升学率77.2%。1986年后，政府逐年增大卫生投入，同时引进社会资金，努力争取中央、省、市（地）及国债专项资金，允许医疗机构采取自筹、信贷等方式改善医疗条件、培训专业人员、增强服务功能。至2005年，全区有卫生机构47个、卫生技术人员1893人、床位1895张；有村级卫生组织518个、乡村医生和卫生员1062人；医疗卫生机构房屋建筑面积达14.56万平方米，是1985年的195%；有先进医疗设备1136台（件、套），多数是从美国、日本、德国购进的较为精、尖的医疗设备、器械；医卫机构推广国家卫生部、省卫生厅和省中医药管理局推荐的新项目、新技术、新成果102项，推广市引进的新项目、新技术、新成果149项，在区医疗单位实践93项，其中28项填补了区内空白。1986年，全县有各类科技人员5912人，至2005年增加到10035人，其中具高级技术职称386人、具中级技术职称4025人。科技人员研发的195项科技成果获县（区）级科学技术进步奖、7项获市（地）级科技进步奖、3项获省级科技进步奖。其间科技部门采取“派出去”和“请进来”的方式，先后与美国、法国、波兰、新西兰、澳大利亚等10个国家开展科技交流合作，并与国内26所大专院校、科研院所保持科技合作联系。20年间，群众文化丰富多彩，广电、体育事业蓬勃发展。1986年以来，城乡除开展常规文化活动外，在重大节日期间均要举办大型文艺演出活动。文体部门为丰富群众的文化生活，定期或不定期组办文艺比赛，并邀请国内外艺术团体前来表演；作家协会、美术书法家协会、摄影家协会、音乐舞蹈家协会除常年开展文艺创作外，还利用自身优势培训青少年艺术人才和群众文艺骨干。1986年2月县电视差转台投入使用，次年县城建起有线电视站和电视地面卫星接收站，但仅能播出数套节目。1988年建成广播电视发射台后，实现广播、电视联网。至2005年，共开通数字电视节目58套，同步接转卫星电视节目和自办节目32套，全区电视用户达10.31万户，其中数字电视用户3100户、模拟电视用户10万户。截至2005年，雁江区组队参加市以上青少年、中小学生、职工、农民、老年运动会和各单项体育比赛，共获国家级体育竞赛奖牌6枚，其中金牌3枚、银牌2枚、铜牌1枚；获省级赛事奖牌705枚，其中金牌151枚、银牌188枚、铜牌279枚、第四名87枚；获市级体育比赛奖牌1106.5枚，其中金牌427枚、银牌364.5枚、铜牌315枚。

三

纵观雁江区1986—2005年经济社会发展历程，虽在不同时期特点各异，但“以农稳区、以工富区、以商活区、科教兴区”战略和改革开放主题始终贯穿整个发展过程。党委、政府在发展农业生产方面，首先完善家庭联产承包责任制，其次改良生产模式、改善生产环境，初步形成了产业一体化的现代农业模式。在工业管理上先在原有基础上调布局、搞技改，初期成效较为明显，但多是量的积累，发展后劲欠足。为实现工业经济效益的最大化，之后又陆续进行企业管理体制、经营机制和触及企业深层利益的产权制度改革，逐渐构建了现代企业制度。在流通领域首先从体制改革入手，逐步弱化计划经济时期占主导地位的国有、集体商贸企业的主渠道作用，大力培植个体、私营经济。在基础建设和社会事业发展方面注重高起点、高效率，收到明显成效。在政治体制改革方面以“民主、法制、高效”为目标，以党政机构改革、政府职能转变为切入点有序展开，为推进社会经济的进一步发展创造了良好的环境。20 年间，历届党委、政府以高度的责任感和神圣的使命感，始终以富民强区为目标，立足大局，着眼未来，抢抓机遇，开拓务实，团结、带领全区人民探索出了具有自身特色的发展道路，开创了前所未有的良好局面。农村经济稳步增长，工业发展势头强劲，商业贸易繁荣兴旺，基础建设日新月异，社会事业健康发展，人民生活蒸蒸日上。但限于自然、历史等方面原因，在发展中还有需要完善的地方，如增强农业生产的抗灾能力、增强工业企业的产品自主研发能力、进一步规范流通领域的竞争秩序、多渠道培植财源、拓展就业渠道等。从总体上看，雁江区不仅不存在影响全局的劣势，而且拥有明显的区位优势、资源优势、人文优势。在未来的发展中须趋利避害、扬长避短，不断推进经济建设和社会事业持续、稳定、健康发展。

三万五千年前，勤劳、勇敢、智慧的先辈们在雁江这片古老的土地上开启了蜀中可考的最早文明；相信在不久的将来，雁江这片金雁常驻的地方定会实现更加高远的腾飞。

大事记

1986年

4月3日 县委、县政府作出《关于普及初等教育的决定》。年末，经省、市验收，资阳县成为“基本实现普及初等教育县”。

4月24日 18时25分，县糖厂造纸车间三号蒸球盖被蒸汽冲击脱落，致蒸球房垮塌，死亡6人，重伤1人，直接经济损失3.59万元，间接经济损失7.04万元。

4月中旬至6月中旬 境内大旱，60余天累计降雨量40多毫米。

5月3日 成都军区授予资阳县人武部“军民共建精神文明先进单位”称号。

6月5日 县人武部改归地方建制，实行以地方为主的地、军双重领导体制，主要负责兵役、预备役、民兵、战时动员等工作。

6月21日 11时30分，忠义镇葫芦村村民许明芳违章驾船载客；船驶入王二溪电站拦河大坝消力池内沉没，致33人落水，28人死亡，其中明阳乡16人、大佛乡1人、忠义镇11人。7月，县政府拨款6.26万元救济遇难者家属。

9月 县城主干道和平路、建设北路、建设东路柏油路面铺设工程完工。道路长2795米、面积73292平方米。

12月11日 中央人民广播电台播送资阳县自1985年以来在农村开展“万名党员带领群众勤劳致富竞赛”活动情况，时间约30分钟。

12月27日 县政府同意临江等16个场镇建立街道居民委员会。

12月28日 县委、县政府制定《关于计划生育若干问题的决定》，强调控制人口数量，提高人口素质，提倡晚婚晚育、少生优生。

1987年

1月9日 县政府作出《大力发展柑橘生产的决定》。当季，县财政划拨3万元作为柑橘生产开发基金。

2月10日 李太平辞去县长职务。

2月 县房屋建筑材料厂被评为“全国一级节能先进企业”。

3月2日 县政府召开地方志工作会议，安排部署建国后资阳县首部地方志书编修工作。县委书记黄道华、代理县长蒋继文出席会议。

3 月 10—15 日 政协资阳县第三届委员会第一次会议召开。会议选举李太平为政协资阳县第三届委员会主席，潘常明、陈世忠、石明计、钟瑞华为副主席。

3 月 11—15 日 县第九届人民代表大会第一次会议召开。会议选举卓昆贤为县人大常委会主任，曾荣辉、张积楷、阳精明、严玉芬为副主任；选举蒋继文为县人民政府县长，曹荣火、刘绍卿、卿见香为副县长。

3 月 16—18 日 资（阳）乐（至）路紫微乡至宝台乡地段连续发生农民拦截汽车，哄抢、强买化肥事件；参与者达数百之多，共拦截运肥车 14 辆，哄抢、强买化肥 92 吨。事件发生后，县长蒋继文、副县长曹荣火率有关部门负责人到场宣传政策、引导群众，依法处罚 14 名煽动者，及时追回被哄抢、强买的化肥。

4 月 1 日至 5 月 23 日 境内大旱，全县人畜饮水极为困难的村民小组共 2350 个。

4 月至 6 月 撤并观音、民合等 14 个乡。撤并后全县设 9 个区、14 个镇（其中 1 个区级镇、13 个乡级镇）、48 个乡。

6 月 9 日 内江市政府同意资阳县撤销金台、明阳、双岔、干沟、同心、高庙、真武 7 个乡建制，分别归并松涛镇、忠义镇、伍隍镇、中和镇、小院镇、保和镇、清水乡管辖。

6 月 24—27 日，7 月 9—11 日 境内两次普降暴雨，个别地方累计降雨量 150 毫米以上，沱江水位最高达 354. 20 米。全县有 26 个乡镇、245 个村、1622 个组、38032 户、188393 人受灾，388 公顷农田被冲毁，614 公顷耕地遭水冲沙压，12422 公顷作物受灾，413 户、1272 间房屋倒塌，56 处提灌站、196 根电杆受损，9666 米水渠和 1208 处水利工程被毁，共计经济损失 1940 万元。

7 月 26 日 县委、县政府发出《〈资阳县国营企业承包经营责任制试行办法〉的通知》，要求县内国营企业按照所有权与经营权相分离的原则，推行厂长（经理）负责制，改善企业经营机制。

7 月 欧洲经济共同体投资 800 万元人民币在松涛镇响水村建立四川省水土保持试验站，并将该村作为无水土流失试验样板点，为长江中上游流域水土保持工作提供参考依据。

8 月 5—7 日 中共资阳县委第七次代表大会召开。大会选举产生中共资阳县第七届委员会委员 29 名、候补委员 4 名，纪律检查委员会委员 15 名；选举黄道华为县委书记，蒋继文、张鹤甫、刘海金为副书记。

8 月 13 日 县委、县政府制发《关于农村几项经济政策的意见》，要求抓好水利建设、肥料生产，鼓励饲养耕牛，增强农业发展后劲；进一步完善农产品合同定购制度，稳定农民负担，扶持、发展乡镇企业；进一步完善农村双层经营责任制和村、组干部责任制；建立健全农村经济、技术服务体系。

8 月 20 日 保和区永太乡个体运输户伍安玉违章驾车，在资（阳）乐（至）路蜈蚣桥处发生车祸，致 3 人死亡、14 人受伤。

9 月 18 日 全县“三种人”核查工作基本结束。核查工作历时 3 年多，清查了“文化大革命”中县内发生的大事件和非正常死亡人员的死因，对犯有错误的人员按政策进行了处理。

10 月 8 日 朝鲜平安南道艺术团应省政府外事办邀请到资阳县访问演出。该团是首个到县演出的外国艺术团。

10 月 22 日 县委、县政府批转县委组织部、县劳动人事局《关于国营企业实行承包（租赁）经营责任制的干部、工人管理办法的试行意见》，就国营企业承包（租赁）后领导干部的产生、待遇，企业内部分配和职工管理等作出具体规定。

12月2日 《四川日报》刊载《资阳县委探索农村党的建设新课题——万名党员带领群众勤劳致富》一文，介绍资阳县委从1985年开始组织开展“农村万名党员带领群众勤劳致富竞赛活动”情况。

当年 资阳县被列为中国外贸海椒基地县。

△ 资阳县被列为四川省丘陵大县。

△ 资阳县财政收入达到1.08亿元，首次突破亿元大关，成为全省4个财政收入过亿元的大县之一。

△ 县农村抽样调查队被评为“全国农调工作先进单位”。

△ 资阳县被团中央命名为“农村青年实用技术先进县”。

△ 县人武部被国防部授予“征兵工作先进单位”称号。

1988年

1月19日 县委、县政府决定在全县范围内建立农业发展基金和农村合作基金会。至年底，建农业合作基金会58个，有股金620万元。

2月5日 内江市政府授予资阳县“财冠内江”横匾。

2月14日 中共中央政治局常委、中央纪律检查委员会书记乔石在资阳县委招待所听取了内江市委、市政府和资阳县委、县政府的工作汇报并作指示。

3月5—7日 内江市委在资阳县召开“推广资阳县开展万名党员带领群众勤劳致富竞赛活动现场会”。

3月25—28日 全省党员教育工作经验交流会在资阳县召开。中宣部派员参会，新华社、《人民日报》社、中央人民广播电台、《四川日报》社、四川电视台等10多家新闻单位记者到会采访，县委书记黄道华就资阳县开展农村党员“致富赛”活动情况作全面汇报，省委书记杨汝岱在总结讲话中充分肯定“资阳经验”。

3月30日 《人民日报》刊登《资阳县发展商品经济，四川省委书记杨汝岱给予赞扬》一文。

3月 资阳工兵团被成都军区评为“民兵预备役工作先进单位”“军事训练先进单位”。

4月2日 南津区忠义镇苌弘村村民因食用病牛肉，致239人中毒、82人住院、1人死亡。

4月20日 中共中央书记处社会主义初级阶段理论研究联络组组长、国务院国际问题研究中心副总干事郑必坚，中宣部理论局副局长贾春峰和省委宣传部、省政府机关事务管理局领导一行4人，到资阳了解农村党员“致富赛”活动情况，认为“致富赛”活动是“新的历史时期发挥农村党组织战斗堡垒作用和党员先锋模范作用探索的一条新路子，解决了在新的历史条件下党的建设的重大理论课题”。

同日 《人民日报》刊登《发挥党员先锋模范作用，促进商品生产发展，资阳万名农村党员带领群众致富》一文。

4月23日至5月19日 县委副书记、县长蒋继文率县党政考察团，先后到广东省、海南省考察经济工作；考察团结合广东、海南经验和资阳县情，提出6条加速发展县域经济的重要建议。

5月4日 晨，境内遭受暴雨、大风灾害。全县55个乡、430个村、1425个社、20445人受灾，6876间房屋损毁。

5月20日 国家能源环保局局长张文庆和能源处处长谢志恒在省农村能源办主任龙大友、副县长陈茂福陪同下到资阳糖厂视察大型沼气池建设工作。

6月13日 县政府决定将忠义镇的双桥、太吉、同意3个村划归丰裕区碑记乡管辖。

6月 资阳县塑料厂建成投产。该厂是县内首个从国外引进自动生产线的企业。

7月23—25日 县内普降大雨，雨量最大为216.9毫米。35个乡镇、245个村、1475个村民小组、3765户人遭受不同程度灾害，12669公顷农作物被冲毁，1170间房屋倒塌，5座桥梁被冲断。

10月下旬 县委、县政府批转《莲台乡招标竞选村社干部试点情况的报告》，在全县推行新型农村基层干部选拔制度。

11月7—13日 全省宣传部长会议在资阳县召开。省委常委、宣传部长许川主持会议并作重要讲话，副省长马麟代表省政府就全省经济形势作报告。

11月29日 19时，隆相乡3村6组村民龙帮祥在生产鞭炮时发生爆炸，炸毁、烧毁房屋5间，死亡2人，重伤3人。

11月 被誉为“中国大篷车”的资阳民间职业杂技团——周召文杂技团代表四川省参加全国“新苗杯”杂技大赛，并获两项银奖。

12月9日 “西亚19国沼气考察团”21名专家先后到资阳中学、资阳糖厂、资阳县城关一小等单位参观沼气使用状况，高度评价了资阳县利用废物转化能源的做法。

当年 县酒厂生产的“宝莲”牌大曲酒获商业部金爵奖，54°和38°宝莲大曲酒获全国首届食品博览会金奖。

△ 资阳县实现国家“七五”农村改水规划目标，成为全省第一个“初级饮水卫生县”。

△ 资阳县航运公司被交通部评为“优质运输单位”。

1989年

3月1日 县棉纺厂获“1988年全国轻工业出口创汇先进企业”称号，并获“金龙腾飞”铜牌奖。

同日 县马铁厂生产的管子钳获“全国轻工业优秀出口产品铜牌奖”。

3月5日 老鹰水库发生一起沉船事故，致4人死亡。

3月31日 中共中央政治局委员、省委书记杨汝岱在省农牧厅厅长张中伟、省农科院副院长朱仲麟和县领导陪同下，视察了由欧洲共同体援助、省农科院承担建设的四川紫色丘陵区水土保持资阳实验站，同时参观了水土保持示范区。

4月8日 县委、县政府号召农技人员、行政干部和农产品收购人员、农资供应人员下乡搞农业技术承包。月底，县科委、县农业局等单位和个人与1114户农户签订了土地技术承包合同。

4月18日 松涛镇被列为川中丘陵开发农业试验区。

4月21日 凌晨5时，全县大部分地方遭受7级以上大风袭击，农作物尤其是小麦受灾严重，电线杆被吹倒、折断若干，有2人触电身亡。

4月21日 中国民主同盟资阳县委员会成立。

4月27日 县委要求各单位组织学习《人民日报》社论《必须旗帜鲜明地反对动乱》和党中央、国务院、中央军委关于制止动乱、维护安定团结局面的一系列重要指示，要求干部群众在政治上同党中央保持高度一致，坚守工作岗位，做好本职工作。

4月 县内首次开展“爱国卫生月”活动。

6月2日 世界科普基金协会成员、美国哈佛大学口腔系教授李道根到资阳县考察口腔病预防治疗情况。

7月 县人武部成立防暴乱指挥组，并在非常时期组织民兵应急机动分队在城区昼夜巡逻。

8月8日 14—15时，丹山区义和、磐石、回龙、新场等乡共12个村遭受冰雹、大风袭击，6间房屋倒塌，163间房屋和72间牲畜圈舍受损，500余株树木倒断，1人触电身亡，农作物损失折款6.25万元。

8月 县内疟疾病暴发流行，至15日共发病626例，仅次于1952年发病量。当月，县政府及时组织卫生防疫等部门采取有效措施控制住疫情。

9月20—22日 全国先进基层党组织和优秀党务工作者表彰大会在北京召开。资阳县莲台乡党委被推选为全国先进基层党组织，资阳县委书记黄道华被推选为全国优秀党务工作者。

9月30日 资阳县与辽宁省新民县缔结为友好县。

10月6日 19时许，地质部第二物探大队二四二队在丰裕镇护耳沟村一社钻勘天然气时，正巧钻在成渝1800路中间轴电缆载波系统316－317A端1号接头减10米处，致使西南地区与全国的通讯短时内全部中断，直接经济损失28.2万元。

10月12—14日 四川省第一届农村口腔病防治工作会议在资阳县召开。

11月2日 参加全国能源工作会议的142名代表在内江市副市长罗开忠陪同下，到资阳县临江区粮站、城关一小考察“生活污水、工业污水生产沼气项目”和资阳糖厂利用工业污水生产沼气的运行情况。

11月6日 资阳县与新疆克拉玛依市缔结为友好市县。

11月17日 资阳县选送参评的54°和38°宝莲大曲荣获国家银质奖，临江寺豆瓣蝉联省优质产品奖，临江寺金钩豆瓣蝉联中商部优质产品奖和中国食品博览会银奖，糖水樱桃、高粱饴、酒心糖分别获省、国家优质产品奖。

11月23日 11时，伍隍区培德乡7村9社村民在打石头（石场取料）时遭遇岩石下滑，致5人死亡、2人重伤、3人轻伤。

当年 成渝高速公路资阳段建设征地拆迁工作开始，至1995年结束。共办理永久性征地250.13公顷（其中代开发区办26.73公顷）、临时用地38.24公顷，砍伐林木56.62万株，拆迁农户681户，拆迁各种杆线197.4公里、水利设施158处、工厂1座。

1990年

2月初 境内肝炎病暴发，遍及31个乡镇，其中城关镇、临江镇尤为严重。至14日，共发现肝炎患者117例。

3月10—19日 政协资阳县第四届委员会第一次会议召开。会议选举张鹤甫为县政协主席，潘常明、唐国清、陈世忠、石明计、尹培远、陈富俊为副主席。

3月12—18日 资阳县第十届人民代表大会第一次会议召开。会议选举卓昆贤为县人大常委会主任，廖复初、陈本祥、严玉芬、董子桓为副主任；选举曹荣火为县人民政府县长，李平贵、王平、陈茂福、魏远英、袁守荣为副县长。

3月29日 10时27分，从贵阳开往成都的82次特快列车驶至侯家坪站至资阳站127公里＋400米处（资阳县南市乡长寿村长高桥）发生爆炸，餐车和紧连的8号车厢被烧毁，死亡2人，伤26人。

这是成渝铁路建成38年间发生的第一次特大恶性事故。

4月11日 县政府同意撤销碑记乡汪家山、松树山、高山、双桥村，将其原辖的村民小组分别并入太吉、同意、龙王庙、宝山、联合村，并将原70个村民小组合并为44个。

6月6—9日 中共资阳县委第八次代表大会召开。会议选举黄道华为县委书记，张鹤甫、曹荣火、刘海金、王铭晖、左绍和为县委副书记。

8月16日 县政府发布《资阳县村公所组织工作实施办法（试行）》。

8月19—20日 县政府调整长乐乡、保和镇等21个乡镇的村级行政区划。

8月13日8时至14日8时 境内普降暴雨。14日4时，沱江洪峰到达资阳沱江大桥，流量6000立方米/秒；水位353.4米，超过防洪警戒水位0.8米。沱江两岸的七里、东安、昆仑、莲台、宝台、南市等14个乡镇和城区九曲河段共39个村、167社、14287户住户受灾，农作物受损面积3047公顷。

9月18日 副省长刘昌杰一行4人到松涛镇视察晚季玉米、稻田“新三熟”试验和临江镇棉花生产情况。

9月28日 县委、县政府作出《关于建立工业企业技术进步和发展基金的决定》，要求国营、城镇、集体以及乡（镇）以上工业企业（含商办工业）建立技术进步和发展基金。

11月2日 省委常委、副省长谢世杰一行8人在内江市市长梁昌飞的陪同下到资阳视察四川卷烟厂生产情况。

1991年

1月18日 县委、县政府作出《关于依靠科技、教育振兴资阳经济的决定》，强调大力推进科技进步，促进工农业生产稳步协调发展；深化教育体制改革，促进教育为经济建设服务；多渠道筹集资金，增加对科技、教育的投入；加强对科技工作的领导，为“科教兴县”提供根本保证。

2月6日 总投资6495万元、装机容量为3×3600千瓦的南津驿电站建成投产。

3月23日 县外贸食品厂生产的“天府”牌花生和花生制品厂生产的“兄弟牌”花生获“四川省优质产品”称号。

4月16日 大佛乡半月山摩崖造像被列为“四川省第三批省级文物保护单位”。

4月22日 县委书记黄道华在成都金牛宾馆参加省委召开的工作会议期间，向在川视察工作的中共中央总书记、国家主席、中央军委主席江泽民汇报资阳县党员“三带”活动和农村基层组织建设情况，并就扩大县一级自主权、减轻县级财政负担和克服县级领导干部行为短期化等问题作简要汇报。

4月26日 县政府制发《关于进一步发展横向经济联合的若干规定（试行）》。

4月27日 新修西门桥正式通车。该桥长61.99米，宽25米，承重量100吨。

同日 资阳县首届青年艺术节开幕。

5月18日 县政府制定《关于鼓励台湾、香港、澳门同胞和华侨投资的实施办法》，就投资企业缴纳所得税、工商税、房产税、车船使用牌照税、场地开发费和土地使用费等方面享受的优惠政策作出具体规定。

5月 境内少雨。13—26日，气温持续30℃以上，最高35.4℃。农作物普遍受灾，400个村民小组的群众饮用水困难。

6月3日 减速电机总厂与台湾杨金实业股份有限公司联合建立资阳县第一家合资企业——四川华杨工具有限公司。

7月4日 《农民日报》头版头条刊登《农村基层党的建设的成功途径之一：四川省资阳县农村开展党员“三带”竞赛活动的调查》，并配专评文章《可贵的启示》，充分肯定资阳县6年间“三带”工作所取得的成就。

7月10—11日 重庆经济协作区双季玉米推广现场会在资阳县召开，出席会议的有云、贵、川，渝、蓉等省、市代表170余人。县委书记黄道华介绍了资阳县推广双季玉米种植经验，参会人员在县委副书记王铭晖陪同下现场参观了小院、伍隍、南津等地的双季玉米。

7月28日 县外贸公司被经贸部授予“部级企业管理先进单位”称号，成为全省唯一获此殊荣的县级外贸企业。

8月3日 县委、县政府作出《关于加快二十个重点镇（乡）经济发展的决定》，要求重点镇（乡）明确奋斗目标和发展思路，搞好配套改革，加快镇（乡）企业发展步伐。

8月5日 县内启动长江防护林工程。

8月20日 中央军委总参动员部部长康东生、四川省军区副司令员丁兆乾、成都军区动员部部长康太荣一行到资阳工兵团视察工作。县委副书记、县长曹荣火，县委副书记李平贵陪同。

9月19日 日本、墨西哥等15个国家和地区的20名沼气科研人员到资阳考察沼气工程建设。

9月29日 晚，资阳塑料厂失火，100余吨原材料燃烧并释放大量有毒气体。祥符区人武部接报后迅速集结300余名民兵、预备役人员赶到现场，与县武警消防官兵历时两个小时将大火扑灭。

9月 曹荣火任县委书记。

10月2日 县政府制发《资阳县中小学教育管理办法》。

10月4日 县十届人大常委会第十二次会议任命刘海金为代理县长，同意曹荣火辞去县长职务。

10月28日 劳动部锅炉压力容器安全监察局局长姜才寿到资阳检查工作。

10月30日 县委、县政府作出《关于加强农村卫生工作的决定》，要求加强对农村卫生工作的领导，落实农村卫生工作有关政策，多渠道增加卫生投入，稳定农村卫生技术队伍，提高医疗卫生服务水平，以初级卫生保健为龙头巩固和加强农村三级卫生网建设。

11月13日 全国著名土壤学专家、中科院学部委员、西南农大一级教授侯光炯，省林业厅副厅长杨传印，省农科院党委书记陈德静，研究员李中明、张先婉等专家和领导到资阳县松涛镇考察农业综合开发试验区。

12月7日 全县气象警报系统通讯联网工程竣工。

12月11日 县委、县政府作出《关于进一步发展乡镇企业的决定》，要求强化乡镇企业管理，加快技术进步，用好用活政策，增加资金投入，拓宽流通渠道，强化目标管理，建立激励机制。

12月24日 县酒厂生产的“宝莲大曲”获首届中华国产精品“羊年杯”评选展销新秀金奖。

1992年

1月1日 县委机关报《资阳报》复刊。

1月14—15日 财政部副部长金人庆在省财政厅厅长李达昌、内江市副市长罗开忠的陪同下到资阳县视察工作。

2月25日 仁寿县付家至资阳县城西天然气管道安装工程竣工并通过验收。

3月20日 县第十届人民代表大会第三次会议选举刘海金为县人民政府县长。

4月1日 县委、县政府制定《依靠扶持资金和政策，加快资阳经济发展的长远规划》。

4月3—5日 省对台工作暨基层对台工作经验交流会在资阳召开。省委副书记冯元蔚、副省长罗通达、省台办主任李锡炎、内江市委书记黄森荣等出席会议，各地市州代表共150人参加会议。

4月10日 国家体委副主任张彩珍在省体委副主任朱川道的陪同下到资阳县视察工作。

5月1日 14时40分至16时10分，境内遭受偏东风袭击，局部地区风力9级以上，普遍风速为22米/秒，个别地方达28米/秒。15时4分起，雷雨交加，持续60分钟。雷雨时伴有冰雹，持续35～50分钟。冰雹颗粒一般为胡豆大小，最大的有鹅蛋般大，一般密度为400粒/平方米。小院、隆相、塘池、东峰、大明、石川一带为重灾区，风力均在9级以上，雨量100～120毫米，冰雹持续50余分钟，密度为760粒/平方米。全县39个乡镇、243个村、1546个社、73537户、25410人受灾，17986公顷作物受损，889间房屋倒塌，19人受伤，34头生猪、1526只家禽死亡，粮食因灾减产1280.8万公斤，直接经济损失2265万元。

5月5日 县农村合作基金联合会成立。

5月9日 县委、县政府作出《关于加快改革开放和经济发展步伐的决定》，要求转换企业经营机制，转变政府职能，调整产品结构，加快城镇房地产开发。

5月19—22日 由新华社、《人民日报》社、中央人民广播电台、四川人民广播电台等19家新闻单位和成都铁路局组成的“庆祝成渝铁路通车40周年记者采访团”到资阳县采访。

5月30日 资阳经济技术开发区管理委员会成立。县长刘海金、副县长陈茂福分别担任正、副主任。

5月 县政府获省政府颁发的“农业丰收奖”。

同月 县检察院监所检察科副科长、驻资阳看守所检察室主任马秉扬被最高人民检察院通令嘉奖，并获荣誉证书、一级奖章和奖金1000元。

6月15—16日 中国加拿大研究会会长、四川外语学院院长蓝仁哲，中国教育国际交流协会四川省分会常务理事、重庆市对外友协理事、四川外语学院国际合作交流中心主任孙安垣到县考察，并协助资阳县通过国际合作交流中心进入独联体申办企业和经商。

7月8日 公安部部长赵苍璧一行8人到资阳县检查工作。

7月 经省政府批准，资阳县开展撤区并乡建镇工作，到年底基本完成。共撤销9个区、48个乡、14个镇（1个区级镇），合并新建22个科级镇乡（其中镇18个，乡4个）。

9月11日 县委、县政府作出《关于加强文化工作的决定》，要求加强对文化工作的领导，狠抓“四个落实”（人员落实、阵地落实、经费落实、任务落实），促进文化事业健康发展；加强文化市场管理，促进精神文明建设。

11月1日 日本福岛县盐川町町长莲沼文男率盐川町第8次友好访华团到资阳访问，历时2天。县委书记曹荣火，副书记张鹤甫、李平贵，县人大常委会主任卓昆贤等陪同莲沼文男一行参观了城西开发区、资阳中学、县中医院、县政协诗书画院等单位。双方进行了友好会谈，并签订了《1993年友好交流协议书》。

10月29日 资阳内燃机车厂举行“首次机车出口典礼”仪式。省长助理邹广严出席并讲话。

11月18日 老鹰水库至城区引水工程竣工并通过市级验收。该项工程引水管线总长13.677公里，占地29公顷，开挖土石方11.3万立方米，建管理站房1937平方米，工程投资1200.85万元。

11月25日 受军委副主席刘华清委托，国防科工委原副主任张衍中将到资阳县看望原二野军政大学学员，并接见邻县的部分老学员。

12月25日 省计委批准资阳县城区使用民用天然气。

12月 省委、省政府、省军区授予资阳县“双拥模范县”称号。

当年 县内开办公众传真和无线寻呼业务，市内电话实现国内直拨。

1993年

1月16日 经国务院批准，民政部同意撤销资阳县，设立资阳市。

2月16—18日 中共资阳市第一次代表大会召开。会议选举中共资阳市第一届委员会委员35名、候补委员4名，选举产生中共资阳市纪律检查委员会委员16名。

2月19日 资阳市委一届一次全委会召开。会议通过《中共资阳市委关于进一步加快农村奔小康步伐的决定》《关于加快发展二、三产业的决定》和《关于加快党风和廉政建设的决定》，选举曹荣火、刘海金、李平贵、杨德义、蒋成根、卿见香、王平、李通荣、胡祖高、曾世明、许统祎为中共资阳市委常委，选举曹荣火为市委书记，刘海金、李平贵、杨德义、蒋成根为副书记。

2月28日至3月5日 中国人民政治协商会议资阳市一届一次会议召开。会议选举张鹤甫为资阳市政协主席，唐国清、张庭阔、潘常明、陈世忠、陈富俊、尹培远、于禾为副主席。

3月1—6日 资阳市第一届人民代表大会第一次会议召开。会议选举熊大礼为资阳市人大常委会主任，廖复初、邹朝贵、严玉芬、宋际海、江涛为副主任；选举刘海金为资阳市人民政府市长，王平、陈茂福、甘宗坤、魏远英、周志发、袁守荣为副市长；选举产生资阳市人民法院院长和市人民检察院检察长。

3月6日 全县各级行政机构、企事业单位一律按市建制变更称谓。18日，全县各级党委、党组、党总支、党支部一律按市建制变更称谓。

4月20日 资阳运输协会1辆中型客车翻入祥嘉水库，死4人，伤8人。

4月30日 境内遭7~9级大风袭击，大部分农作物受损，12人因灾死亡，直接经济损失2000多万元。

5月25—26日 市委一届二次全委（扩大）会议通过《关于实施“一条线”（成都至重庆沿线）经济发展战略的决定》《关于实施东风渠六期扩灌资阳工程的决议》和《关于新场乡场镇迁址的决议》。

6月9日 市政府批准将宝台镇石牛村、东角村划归中和镇管辖。

6月11日 凌晨，市侨兴公司营业大楼发生火灾，死亡2人，重伤7人，直接经济损失36.8万元。

7月27日 市委、市政府发出《关于大力发展个体私营经济的决定》，提出把发展个体私营经济作为建立社会主义市场经济体制、加速经济发展的战略措施来抓。

8月10日 应日本福岛县盐川町町长莲沼文男的邀请，副市长陈茂福率资阳赴日访问团一行16人首次访问盐川町。

9月5日 松涛镇前进村发生钩端螺旋体病毒感染事件，致3人死亡、20人住院治疗。

9月28日 全市第一家由国有企业改造为全部职工参与的股份制企业——资阳市建设开发有限总公司成立。

10月12—13日 市扫盲工作通过省政府工作组检查验收。

10 月 29 日　应省外办邀请，德国北威州明期牧地区友好考察团一行 9 人到资阳市考察访问。双方签署了友好交流悬谈备忘录。

11 月 2 日　全国政协常委、全国政协宗教委员会副主任、中国伊斯兰教协会副会长以玛目·萨赫·安土伟率由佛教、道教、伊斯兰教、基督教、天主教 5 大教组成的全国政协宗教考察组到资阳考察、指导。

11 月 9 日　省长肖秧、省长助理邹广严到资阳视察。

12 月 1 日　省委书记谢世杰率省委副秘书长肖光成、省委组织部副部长陈文光、省体改委副主任王绍康、省委政研室副主任林丕昌和内江市委书记黄森荣、市长罗开忠一行，在资阳市委书记曹荣火、市长刘海金陪同下到资阳内燃机车厂、西铁联合配件厂和部分乡镇企业视察。

1994 年

1 月 1 日　市农村社会经济调查队被国家统计局评为“全国农村调查先进集体”。

1 月 27 日　市委书记曹荣火召集会议，专题研究海狸鼠养殖中出现的影响较大的问题。会议指出海狸鼠的价格与价值严重背离，市场价格急剧涨落，引发的经济纠纷逐渐增多；要求各级各部门多做宣传解释工作，依法保护群众的合法权益，切实维护社会稳定。

2 月 5 日　18 时 40 分左右，市运输公司一辆由资阳城区开往石岭镇金带铺的大客车行至资（阳）资（中）公路 63 公里处时与一辆农用四轮车相剐，翻入路右 24.8 米高坎下的沱江，致 5 人死亡、52 人受伤。

3 月 1 日　县司法局干部程存杰获司法部一级金星荣誉章，张兴哲、胡明辉、王宝猷、李恒泗、鲁端兴等获银星荣誉章。

3 月 7 日　市政府制发《资阳市军人抚恤优待暂行办法》。

3 月 25 日　市政府划定雁江镇资溪村、宝台镇沱桥村、松涛镇狮子村、临江镇清泉村等 15 个村为城市建设区。

5 月 16 日　省委、省政府、省军区授予资阳市三道拐建材厂“以劳养武先进企业”称号。

5 月 22 日　副省长张中伟一行 15 人到碑记镇和祥符镇视察农业生产和抗旱工作。

6 月 1 日　省政协主席聂荣贵到资阳搪瓷厂、金宾酒厂、铝材厂、西铁配件厂、南津驿电站和宝台镇等地视察。

6 月 21 日　以欧共体农经专家白磁为团长，农学家王可普兰德、农业工程专家诺日和多名乡村企业家为成员的欧共体农业考察团，到资阳市考察“四川丘陵小流域治理”和农业综合发展情况。

7 月 3 日　市粮油加工厂生产的“金雁牌”高级菜籽油、“金雁”粟米油、“晴鸟牌”精制牧一粉获“四川省名优特新产品博览会”金奖。

7 月 4 日　新编《资阳县志》公开发行。

7 月　迎接镇、丰裕镇被列为全省百个小城镇建设试点镇。

8 月 6 日　12 时 50 分，碑记、丰裕、忠义、南津、松涛 5 镇遭受大风、暴雨和冰雹袭击。最大风力 9 级，冰雹密度为 2000 ~ 4000 粒/平方米。

10 月 24 日　成都军区政委张志坚到资阳视察预备役部队建设情况。市委书记、资阳工兵团政委曹荣火，市委副书记李平贵陪同并汇报工作。

11 月 4 日　市政府发出《关于加强文化市场管理的通知》，全面推行文化市场经营许可制度。

12 月 17 日　资阳市被省教委评定为“普及实验教学市”。

是年　临江寺豆瓣厂产品进入日本和韩国市场，并获“94 乌兰巴托国际商工贸产品博览会”金奖。

△　市人武部征兵、整组、军训、民兵政治教育、学术研究和民兵邮电通信护线工作分别受到成都军区司令部、政治部，省军区政治部，内江军分区，内江市人民政府表彰。

1995 年

2 月 23 日　市委、市政府作出《关于进一步加快经济发展，提高经济质量的决定》，要求强化农业基础地位，调整工业结构，深化改革开放，促进经济更快更好发展。

3 月 10—11 日　省委副书记杨崇汇、省政协副主席章文一行 37 人到资阳视察开发区基础设施和企业建设情况。

3 月　政协资阳市一届三次全委会选举曹荣火为主席，张荣和为副主席。

4 月 29 日　国家农业综合开发办公室常务副主任韩连贵一行 9 人到资阳市检查第二期农业综合开发项目建设情况，并视察碑记镇农业综合开发样板工程。

5 月 3 日　市委常委、常务副市长陈茂福为抗日名将饶国华将军墓敬献花圈，并接受由中共中央台办、福建省委台办、福建电视台联合组成的《海峡两岸话抗日》栏目摄制组的采访。

同日　资阳市首届劳动模范表彰会召开，104 人获“劳动模范”称号。

5—6 月　全市 17 个镇乡 219 个村 1687 个社共 13206 公顷农作物遭受蝗灾，22 个镇乡 6700 公顷林木遭受柏毛虫、舞毒蛾、樟叶蜂危害。

7 月 1 日　全市国有企业推行劳动合同制。

同日　成渝高速公路初测验运行仪式在成渝高速公路资阳入口处立交桥举行。省委书记谢世杰，省委常委、省军区政委耿全礼，省委常委、成都市委书记黄寅逵，省委秘书长章玉钧，内江市委书记罗开忠等出席仪式。

7 月 4 日　祥符镇桃树村基干民兵林云华、预备役人员刘华利为救落水儿童而光荣牺牲。

8 月 11—13 日　境内遭受特大洪水袭击，沱江最高流量达 8200 立方米/秒，城区四分之一区域及沿江 10 个镇 108 个村 748 个社受灾，各项经济损失 1.49 亿元。全市共组织 14 个民兵连 1389 人到受灾尤为严重的老君镇抗洪抢险。

10 月 23 日　省政府批准资阳经济技术开发区升格为省级开发区。

10 月　市检察院破获市国土局、资阳经济技术开发区管委会房地产开发总公司贪污贿赂窝串案。15 人被立案侦查，其中科局级干部 6 人，涉案违法犯罪金额 110 万元。

11 月 22 日　泰国曼谷半蔚县柑橘专家刘炳华一行 5 人到资阳市考察柑橘生产情况。

12 月 4 日　资阳市全面完成“优质商品瘦肉型猪生产综合技术研究与示范项目”课题，并通过省级验收。

12 月 13 日　资阳城西市场被评为“全国文明市场”。

年底　市人武部被成都军区司令部、政治部和四川省军区政治部评为“民兵刊授教育先进单位”。

当年　市政府制定《资阳市国民经济和社会发展“九五”计划和 2010 年远景目标》，提出加快实施“依托老城，建设新城，连接车城，把资阳建成现代化中等城市”的发展战略目标。

1996 年

3 月 4 日 四川省救灾救济工作座谈会在资阳市召开。

3 月 30 日 市人武部收归军队建制。

4 月 18 日 市公安交警大队在成渝高速公路资阳段破获一持枪抢劫犯罪团伙，收缴长安微型车、来复枪、子弹、管制刀具等一批作案工具，当场击毙犯罪分子 1 人；公安干警李勇在枪战中负伤。

4 月 26 日 省委副书记蒲海清、省政法委副书记陈开祥、省公安厅厅长吕卓、内江市委副书记卿光国等专程到资阳慰问“4·18”打击车匪路霸的全体参战干警。

5 月 6 日 肖刚勇任中共资阳市委书记，曹荣火不再担任中共资阳市委书记、市委常委、委员职务。

5 月 29 日 美国威斯康星大学教授、环保科学系主任温格尔夫妇到资阳糖厂、资阳钢管厂参观考察沼气工程及废油、废水处理工程。

7 月 5 日 联合国儿童基金会 6 位官员到资阳市考察碘缺乏病防治情况。

7 月 16 日 资阳市被评为四川省“二五”普法先进集体。

7 月 30 日 省预备役军官授衔仪式在资阳市委礼堂举行。省委书记谢世杰、副省长欧泽高，成都军区政治部副主任马国文，省军区司令员丁兆乾、政委耿全礼，内江市委书记罗开忠、副市长李亚平，内江军分区司令员刘云华、政委姜远昌及资阳市级领导出席授衔仪式。省军区首长向来自全川预备役部队的校级军官授衔，谢世杰、耿全礼和罗开忠等在授衔仪式上作重要讲话。

8 月 6 日 境内普遍遭受暴风雨袭击，祥符至洛重一带还遭受雹灾。冰雹密度为每平方米 20～100粒，最大直径 50 毫米，持续时间约 20 分钟。

9 月 3 日 省人大常委会主任杨析综率环保检查团到资阳市检查工作。

10 月 5 日 四川省首届司法警察业务技能竞赛川东、川南片区赛在资阳市体育馆举行。资阳市法院法警队代表内江市参加竞赛，获总分第一名和两个单项第一名。

10 月 10 日 雁江镇、宝台镇被命名为“四川省乡镇企业东西合作示范区”，临江、碑记、忠义镇被命名为“四川省乡镇企业东西示范区”。

10 月 21 日 市委常委、常务副市长陈茂福参加在简阳市举行的“简阳·资阳勘界实施方案签字仪式”。

10 月 29—31 日 省“普九”（普及九年制义务教育）检查团到资阳市检查工作。经评估，资阳市“普九”工作达标。

11 月 14 日 省委书记谢世杰在内江市代市长杨志文陪同下到资阳视察四川卷烟厂生产情况并现场办公。

12 月 30 日 资阳市隆重召开“纪念邵子南诞辰 80 周年暨设立邵子南文艺奖大会”。文化部原代部长、全国文联主席周巍峙，省文化厅副厅长胡继先及邵子南夫人宋铮出席会议。

1997 年

1 月 28 日 凌晨 2 时 55 分，城西市场一门市发生火灾，致 5 人死亡，直接经济损失 5 万余元。

3 月 3 日 雁江镇被市委、市政府评为“全市第一个小康镇”。

3 月 6 日　联合国粮农组织官员、美国普查局数据质量控制专家在常务副市长陈茂福、副市长周志发陪同下到资阳考视察农业普查工作。

4 月 24 日　常务副市长陈茂福参加安岳县和资阳市联合勘界工作会议，并代表市政府在勘界协议书上签字。

4 月 25 日　省委副书记、常务副省长张中伟到资阳视察农业生产情况。

5 月 4 日　凌晨，南津、老君、保和、中和等镇遭受暴风雨和冰雹灾害。

5 月 14 日　5 时，丰裕镇二郎村一社一处山体滑坡，致 6 人死亡、1 人受伤。

6 月 5 日　全国人大教科文卫委副主任聂大江、国家档案局副局长郭树银到资阳市检查《中华人民共和国档案法》执行情况。

6 月 6 日　省军区副司令员罗烈文少将到资阳工兵团视察工作，市委书记、工兵团预任政委肖刚勇，市委副书记、工兵团预任副团长李平贵，市委常委、市人武部长曾世明陪同并汇报工作。

6 月 30 日　市委、市政府组织“迎接香港回归万人集会游行庆祝活动”。市委书记肖刚勇在集会上讲话，市委、市人大、市政府、市政协全体领导，全市近万名干部、职工、各界人士代表和学生参加游行。

8 月 1 日　碑记、丰裕等镇乡遭受特大暴雨袭击。

8 月 10 日　“乐至县·资阳市勘界协议书签字仪式”在资阳市举行。

9 月 23 日　美籍华人吴仲良捐资 25 万美元在宝台镇兴建吴仲良第一小学。

10 月 3 日　资阳市宝莲酒厂发生重大火灾。市消防官兵及时到场处置，并成功营救受困人员。

11 月 19 日　省委书记谢世杰到资阳市视察四川卷烟厂、康利包装有限公司发展情况，并就内江市区划调整、学习十五大精神、加快经济建设等方面工作作出重要指示。

11 月 28 日　刘海金辞去市长职务，郭云放任代理市长。

1998 年

1 月 22 日　资阳市召开公捕公判执行大会，依法公捕公判一批违法犯罪分子，对涉黑组织“黑豹集团”的 4 名主犯执行枪决。

1 月 23 日　市委、市政府发出《关于全面推进企业产权制度改革的通知》，就改革的指导思想、目标任务、组织领导和工作程序四方面作出具体规定，提出至当年底基本完成国有企业和城镇集体企业的改制任务。

2 月 18—20 日　中共资阳市第二次代表大会召开。大会选举肖刚勇为市委书记，郭云放、李平贵、杨德义、陈茂福为副书记，卿见香为纪委书记。

2 月 28 日　资阳被省委、省政府、省军区命名为“双拥模范城”。

2 月 28 日至 3 月 4 日　政协资阳市第二届委员会第一次会议召开。会议选举蒋成根为市政协主席，王兴富、张荣和、陈富俊、于禾、袁守荣、罗荣章为副主席。

3 月 1—6 日　资阳市第二届人民代表大会第一次会议召开。会议选举熊大礼为市人大常委会主任，廖复初、邹朝贵、严玉芬、阎家祥为副主任；选举郭云放为市人民政府市长，周志发、魏远英、甘宗坤、陈鸿、江代昌、吴建平为副市长；选举李玉德为市人民法院院长、王龙彪为市人民检察院检察长。

3 月 7 日　资阳中学被国家教委教科所列为“国家教学科研基地”。

3 月 12 日 副省长敬正书到资阳市视察农业生产情况。

3 月 13 日 市公安局“110”报警服务台开通。

3 月 30 日 市委、市政府作出《关于扶优扶强，扶持重点企业的决定》，要求从当年起每年选择一批有一定基础和生产规模，符合国家产业政策、产品档次高、市场前景广阔的企业予以重点扶持，并在税费征收方面予以优惠。

4 月 6 日 市委、市政府作出《关于进一步加强计划生育工作的决定》和《关于严格执行计划生育“一票否决”政策的决定》。

4 月 20 日 以中国常驻联合国代表秦华孙为团长的中国驻外使节代表团一行 30 余人到资阳市考察。市委书记肖刚勇、市长郭云放等市领导向代表团汇报资阳市改革开放及经济发展情况，市委常委、常务副市长周志发等陪同秦华孙一行到南津镇初中、临江镇大棚蔬菜基地、花瑞巾被有限公司和康利包装材料有限公司参观。

4 月 24 日 新场等镇乡遭受严重风雹灾害。肖刚勇、郭云放等市级领导率有关部门负责人到受灾镇乡指导抗灾自救工作。

6 月 5 日 市委副书记、市长郭云放率民政、卫生、红十字会等单位负责人到回龙乡三合村看望遭受火灾的 15 户农民，并发放慰问物资和救济金。

6 月 8 日 省政协主席聂荣贵一行到资阳市临江镇文昌村视察农村基层组织建设工作。

6 月 17 日 郭云放任中共资阳市委书记。

6 月 23 日 省政协副主席章玉钧、苟建丽一行 14 人到资阳市视察素质教育工作。

7 月 21 日 资阳地委决定“资阳市从 1999 年 1 月 1 日起停办《资阳报》，报社的人、财、物即日上划地区《资阳时报》筹备组”。

8 月 13 日 资阳、仁寿、资中 3 县（市）政府代表共同签订交界点勘界协议书。

8 月 19 日 8 时至 23 日 8 时 境内普降暴雨，降雨量在 100 毫米以上，沱江水位 353.95 米；6 个场镇和 9 所学校被淹，8 条县、乡公路中断，12 座公路石拱桥被毁，16 个镇乡、282 个村、2430 个社、9.29 万户、39.16 万人受灾，10 人因灾死亡、8 人受伤、2 人下落不明，各类经济损失 1.3 亿元。灾情发生后，市委、市政府立即组织工兵团、武装部、公安、民政等单位负责人和 300 多人的抢险队到灾情最严重的保和镇抢险救灾。副省长敬正书和资阳地委、行署领导到重灾区视察灾情，省军区司令员丁兆乾、政委周光荣、副司令员邹云华亲临抢险第一线指导救灾工作。

9 月 1 日 资（阳）乐（至）公路资阳段正式通车。

9 月 22—23 日 中共资阳市二届二次全委会审议通过《关于抢抓机遇，加快发展，努力建设经济强市的决定》。

9 月 29 日 郭云放辞去市长职务，陈茂福任代理市长。

10 月 8 日 资阳新区建设暨汽车总站开工奠基仪式在红岩子举行。

10 月 14 日 12 时左右，城区和平路南段体育彩票发售现场发生数千人参与的群体性治安事件。资阳地区行署、资阳市政府迅速组织政法干部、公安干警、武警官兵、民兵应急分队共千余人到现场维持秩序。至 15 日凌晨 3 点基本平息事态，16 日恢复正常社会秩序。

11 月 4 日 省委书记谢世杰，省委副书记秦玉琴，省委常委、省总工会主席甘道明到资阳视察并作重要指示。

12 月 3 日 市委、市政府发出《关于进一步加强宗教工作的通知》，要求各级各部门依法加强对宗教事务的管理，制止滥建庙宇和非法传教活动，打击利用宗教进行的各种破坏和渗透活动。

12 月 市政府制发《资阳市城镇居民最低生活保障暂行办法》。

当年 市检察院采用检察建议的方式启动民事行政案件再审。此项监督新举措得到最高人民检察院肯定，并作为经验在全国检察机关推广。

1999 年

2 月 21 日 石岭镇大山村 13 社村民李英贵非法生产鞭炮引发爆炸事故，当场炸死 4 人。

3 月 8—12 日 资阳市人大二届三次会议召开。会议选举陈茂福为资阳市人民政府市长。

3 月 12 日至 6 月 30 日 全市开展农村合作基金会清理整顿和股金首期兑付工作。清理整顿工作于 5 月 30 日结束，其间对清还农村合作基金会和市乡镇企业基金会借（担保）款不力的 18 名副科级以上干部、155 名一般干部予以停职停薪处理。股金首期兑付从 6 月 5 日起至 6 月 30 日止。

5 月底 市花瑞巾被有限公司“花瑞牌”系列巾被、资阳内燃机车厂 GK 型系列内燃机车、宝莲酒厂 44°宝莲大曲、普瑞药业八珍颗粒获“99 四川名优特新产品博览会”金奖。

7 月上旬至 9 月下旬 资阳市采取“组织推荐、群众推荐、个人自荐、考试与考核相结合”的方式，公开选拔市委办公室副主任等 7 名副科级领导干部，自此逐步改进干部选拔任用的方法和手段。

7 月 21 日 中国社会科学院农村发展研究所所长张晓方受中央农村工作领导小组办公室委托，到资阳市调研农民增收、农村发展工作。

10 月 14 日 资阳市和贵州省都匀市结为友好城市。

10 月 20 日 四川省资阳经济技术开发区东区管委会成立。

10 月 26 日 市委、市政府联合发出《关于切实做好延长农村土地承包经营期工作的通知》，要求各镇乡、市级有关部门加强农村责任地使用权、农业承包合同的规范化管理，做好农村土地承包经营期延长 30 年的相关工作。

11 月 市花瑞巾被有限公司生产的“花瑞牌”巾被荣获“四川省名牌”称号。

12 月 13 日 市委制发《关于进一步做好选配党外干部担任政府和司法机关领导职务工作的意见》，明确选配党外干部担任领导职务的工作目标和要求。

12 月 17 日 资阳市召开“迎接澳门回归祖国报告会”。

12 月 28 日 资（阳）资（中）路资阳段改建工程竣工通车。

12 月 资阳市民兵综合调整改革经验在《中国民兵》杂志和《国防时报》上登载，并在全国范围内推广。

2000 年

3 月 16 日 中国人民银行合作司副司长、全国清整办副主任王珂，农业部经复司副司长傅至祥一行到资阳市专题调研农村合作基金会清理整顿工作。

3 月 20 日 市政府发出《开展门牌设置工作的通知》，要求城镇单位、居民和农村村民每户均设置门牌。

4 月 7 日 资阳内燃机车厂柴油机分厂热处理车间工人李勇获 1999 年度“四川省十大杰出青年岗位能手”称号。

5 月 6—7 日 市委、市政府先后发出《关于〈引进市外资金、项目的奖励办法〉的通知》《关于〈鼓励市域外客商投资的若干规定〉的通知》。

5月22日 省政府同意乐至、安岳、资中、仁寿县和资阳市人民政府联合勘定的《行政区域界线协议书》。

5月25日 全国第六届大学生运动会“生命圣火”传递交接仪式在资阳师范校举行。

6月8日 市委、市政府制发《关于调整农业产业结构的意见》，提出加大农业基础设施建设力度，发展优质、高产、高效农业，建立农业多元化结构协调发展的新格局，促进农村经济全面发展。

7月1日 市级财政供养的行政单位、全额拨款的事业单位（教委直管中学在镇乡的除外）的在职职工和离退休人员的工资由财政直接支付，管理原则为“财政统一管理，银行代发到人，及时足额到位”。

7月6日 省政府经审核并报国务院批准，同意撤销资阳地区，设立地级资阳市；资阳市设立雁江区，以原县级资阳市的行政区域为雁江区的行政区域。

7月17日 10时许，回龙乡川主村一村民在家非法生产鞭炮引起爆炸，致2人死亡、1人受伤。

7月20日 大、小北街旧城改造工程竣工。

7月26日 省军区司令员罗烈文、政委周光荣、副司令员王炳文到资阳陆军预备役工兵团检查工作。

7—8月 资阳市改革用人制度，试行竞争上岗，按照不低于1∶3比例和“公开、公平、公正、择优”原则在全市乡镇干部中选聘42名中层干部。

8月15日 市委、市政府制发《关于实施西部大开发战略的意见》，要求各地抢抓机遇，加快基础设施建设，推进生态环境保护和经济结构战略性调整；加快城镇化建设，提高城市化水平；实施科教兴市战略，推进可持续发展；继续深化改革，扩大开放；加强精神文明和民主法制建设，切实维护社会稳定。

9月28日 市区三环路建设工程竣工并交付使用。

9月 资阳市接收三峡库区农村移民200名，分别安置到松涛、宝台、南津、临江、迎接5镇。

10月1日 全市建立农村居民最低生活保障制度。首批享受的有1014户2285人，人均最低生活标准为42.5元/月。

10月27日 省林业厅副厅长彭晃时到资阳市检查黑熊养殖整顿试点工作。

11月6日 资阳市雁江区成立暨授牌授印大会召开。

同日 中共资阳市雁江区第一次代表大会召开。区委书记郭云放作题为《抢抓发展机遇，共创美好未来，为建设富强民主文明开放的雁江区而努力奋斗》的讲话。大会选举雁江区出席中共资阳市第一次代表大会代表56名（含派选2名）。

11月7日 中国人民政治协商会议资阳市雁江区第一届委员会第一次会议召开。政协主席蒋成根就原资阳市政协8年间的工作情况作全面总结，区委书记郭云放结合撤市设区发展机遇作重要讲话。

11月9日 资阳市雁江区第一届人民代表大会第一次会议召开。大会选举杨曙光为资阳市雁江区人民法院院长，陈光志、郭云放等100人为资阳市第一届人民代表大会代表。区委书记郭云放在会上总结原资阳市建市8年间的工作，分析建区后面临的机遇和挑战，提出经济建设和社会发展奋斗目标。

12月14日 区委被省委、省军区党委授予“党管武装工作先进单位”称号。

12月20日 资阳陆军预备役工兵团被成都军区评为“全面建设先进单位”，团长李新建被四总部评为基层建设先进个人，政委曹维光被省军区评为优秀预团主官。

同日 四川花瑞巾被有限公司生产的花瑞系列巾被获“中国名牌”称号，公司被评为“全国优秀 QC 小组”和“四川省质量管理先进企业”。

12 月 21 日 区委书记郭云放在资阳市一届一次人代会上当选为资阳市副市长。

12 月 22 日 南津镇被省委、省政府授予“四川省社会治安综合治理模范单位”称号。

当年 临江镇文昌村党支部书记陈书琼获“全国劳动模范”称号。

2001 年

1 月 2 日 区公安局破获首例制贩冰毒犯罪案件，先后查获华艳、马登文、马荣泰等 9 名犯罪嫌疑人，缴获冰毒成品 1.25 公斤、半成品 52.15 公斤及毒资 100 万余元。

1 月 29 日 13 时 40 分，丹山镇农机加油站发生爆炸事故并引发火灾，死亡 2 人，重伤 2 人，轻伤 1 人，直接经济损失 2.5 万元。

2 月 15 日 区委作出《关于开展农村基层组织建设“三级联创”活动和继续加强干部作风建设的决定》，要求各镇乡全面落实农村基层组织建设责任制，促进干部作风的根本转变。

2 月 16 日 中共资阳市雁江区一届一次全委（扩大）会议审议并通过《中共资阳市雁江区民营经济和社会发展第十个五年计划的建议》《中共资阳市雁江区委 2001 年工作要点》和《中共资阳市雁江区一届一次全委会决议》。

2 月 19—22 日 区政协一届二次会议通过于禾辞去区政协副主席职务的报告，增选叶小安、杨素梅为区政协副主席；表彰优秀提案 24 件、先进承办单位 7 个、先进提案工作者 9 名、优秀委员 41 名。

2 月 20—23 日 雁江区一届二次人民代表大会召开。会议审议通过《关于区政府工作报告的决议》《关于资阳市雁江区国民经济和社会发展第十个五年计划纲要的决议》《关于市区两级事权划分须经区人大及其常委会审议通过的议案》等。

2 月 28 日 资阳市委、市政府就市区两级事权划分体制调整作出决定。

同日 上午，市公捕公判执行大会在资阳中学召开。公捕公判了李某某等 33 名犯罪嫌疑人，对余茂学等 7 名罪犯执行死刑。

3 月 1 日 雁江区获“全省农网改造先进县（区）”称号。

4 月 6 日 市委、市政府在雁江区石岭镇召开全市抗旱工作现场会。与会人员参观了石岭镇广济村三社“科技抗旱”现场，并听取石岭镇党委关于科技抗旱工作的情况汇报。

4 月 11 日 资阳内燃机车厂高级技师田春雨被省委、省政府授予“四川省十大杰出技术能手”荣誉称号。

4 月 26 日 上午，中央电视台“东方时空”栏目以《如此商品房》为题，报道了资阳市镇辉商贸有限责任公司以集资建房名义申报却以商品房形式售房的有关情况。下午，区委、区政府成立以区长为组长的协调小组，稳定购房户和公司职工情绪，消除各种隐患。之后，区人民法院依法审理了此案，妥善解决了相关问题。

5 月 15 日 中央电视台“焦点访谈”栏目以《负重的农舍》为题，就雁江区中和镇国土所等部门在收取农村建房费中存在的问题公开曝光后，区委、区政府对镇乡基层站、办、所收费项目进行全面清理。7 月 1 日，市委、市政府联合发出《关于雁江区中和镇向农民建房违规收费问题查处的通报》，对相关责任人予以处分。

5月16日 区委、区政府制发《关于乡镇机构改革的实施意见》，正式开展乡镇机构改革工作。

5月19日 市委书记陈光志在副市长、雁江区委书记郭云放陪同下到中和镇干沟村9组慰问遭受火灾的7户村民。

5月30日 至当日，境内冬干连春旱、夏旱累计已有169天，降雨仅82.9毫米。粮经作物受灾面积达65109公顷，成灾50008公顷，枯苗绝收35258公顷。旱灾期间，区委、区政府组织干部群众筹集救灾资金241.6万元，区级领导干部每人筹3000元到所联系的镇乡慰问特困户，区级各部门从物资、资金、人员、技术等方面支持抗旱工作。

5月31日 雁江区2000年重点项目“四路”（板永路、迎鲤路、万罗路、长丰路）、“三段”（回龙过境段、新场过境段、丹山过境段）、“一桥”（迎新桥）改建工程全面完工，共建成通乡公路51.01公里，总投资4712.29万元。

6月27日 区委隆重召开纪念中国共产党建党80周年暨表彰大会。117个先进基层党组织、236个优秀共产党员、93名优秀党务工作者受到表彰。

7月5日 雁江区被省委、省政府评为“三五”普法依法治理工作先进集体。

同日 雁江区被省委、省政府、省军区联合命名为“双拥模范区”。

7月17日 省军区司令员罗烈文到雁江区检查指导武装工作。

7月31日 副市长陈能刚率市区有关部门和雁江、松涛、迎接等镇负责人以及数百名群众到世纪广场，欢迎来自三峡库区开县原坝镇的136名移民。

8月17日 20时至20日8时，境内遭受特大暴雨袭击。22个镇乡雨量均在113毫米以上，其中有9个镇达200毫米，致山洪暴发、江水暴涨、良田被淹、房屋倒塌、61.9万人受灾。

8月30日 省委副书记王三运一行在市委书记陈光志、市长王华的陪同下到雁江区调研。

9月13日 全区有60个村被列为“全省扶贫开发重点村”。

9月17—19日 资阳市副市长、资阳市雁江区区委书记郭云放，区委副书记、区长陈茂福率团到浙江省温州市鹿城区考察访问。18日，雁江区与鹿城区缔结为友好区。19日，雁江区赴温州党政代表团在温州市湖滨饭店举行“资阳市雁江区经济社会发展及投资环境新闻发布会”，温州市鹿城区党政领导、温州市企业代表和新闻界人士共120余人出席新闻发布会。

9月20—21日 境内暴雨，持续时间23小时17分钟；沱江最高水位355米，持续4小时。20日晚，全体区级领导分赴抗洪第一线组织指挥人员转移、物资搬运工作，市消防官兵先后从洪水中成功救出6人。

9月 《中国共产党资阳县（市）历史大事记》出版。该书记述了1919—1999年间县（市）内发生的大事、要事，共30万字。

10月18日 雁江区行政服务中心成立。首批进驻中心的行政单位共22个，另有联络员单位12个。

11月2日 资阳市副市长郭云放不再兼任中共资阳市雁江区委书记，文岳任中共资阳市雁江区委书记。

11月12日 中央电视台军事频道播出专题节目《潜心谋打赢的带兵人——李新建》，报道资阳陆军预备役工兵团团长李新建的优秀事迹及该团的发展历程和现状。

12月6日 雁江区“小康区建设”工作通过省市评定。

当年 区检察院被中国青少年联合会评为全国“青少年维权岗”先进集体。

2002 年

1 月 29 日 中国土木工程集团公司派员到雁江区考察涉外劳务输出工作。

年初 区政府制定《资阳市雁江区农村税费改革试点实施方案》和 6 个配套文件，取消乡统筹费、农村教育集资等专门面向农民收取的行政事业性收费和政府基金集资，取消屠宰税，逐步取消统一规定的劳动积累工和义务工，调整农业税和农业特产税政策，改革提留征收使用办法。

3 月 18—22 日 副区长阮幼平率区外经外贸招商局、经贸局、乡镇企业局、国税局、南骏公司、天王水泥厂、鹏达水泥厂等单位负责人赴北京参加中国入世经贸合作与投融资项目洽谈会。

4 月 17 日 区政府制发《资阳市雁江区镇（乡）、集镇规划建设管理办法》。

9 月 3 日 资阳市南骏汽车有限责任公司成立。

11 月 29 日 区人大常委会任命陈华强为区政府副区长、代理区长，同意陈茂福辞去区长职务。

当年 境内先后遭受旱灾、暴风雨、冰雹等自然灾害，农作物受灾面积 72206 公顷，成灾面积 63501 公顷，绝收 3927 公顷。

2003 年

2 月 17—19 日 中共资阳市雁江区第二次代表大会在资阳剧场举行。会议选举文岳为中共资阳市雁江区委书记，陈华强、游虹、何正月、杨晓勇为副书记。

2 月 25 日 中午 12 点左右，新场乡油草堰村私立幼儿园 26 名幼儿因误食含“毒鼠强”的鸡肉，出现呕吐、腹痛、昏迷等中毒病状。区教育、卫生、防疫、公安等部门及时派员赶赴现场组织抢救。至 3 月 4 日，中毒幼儿全部康复出院。

2 月 26 日 雁江区第二届人民代表大会第一次会议选举文岳为区人大常委会主任，选举陈华强为区人民政府区长，文富洲、孙智、张向东、罗石、吴建平、谢劲松、付萍为副区长。

2 月 28 日 雁江区被评为“全省劳务开发先进县（区）”。

3 月 23 日 仁寿县至资阳内燃机车厂的天然气主管道发生大泄漏。市、区消防官兵紧急出动，成功处置事故。

3 月 24 日 南津镇烂庙村明高小学发生学生集体食物中毒事件。区委书记、区人大常委会主任文岳紧急安排有关部门及时施救，并到医院看望住院学生。

3 月 25 日至 9 月 30 日 区政府根据国家、省、市统一安排部署，开展整顿和规范土地市场工作。

4 月 12 日 最高人民检察院检察长胡克惠到雁江区视察。

4 月 14 日 区政府召开非典型肺炎防治工作紧急会议，同月 25 日与各部门签订《非典型肺炎防治工作目标责任书》。

4 月 24 日 区委制发《关于实施千万山羊生猪外向型产业互动工程的意见》，提出以建立基地镇乡、发展良种繁育场和专业户为重点，落实优惠政策，加强基层技术服务体系、疫病防治体系、良种繁育体系、优质牧草基地、饲料兽药质量监测体系、市场流通体系建设。

5 月 27—30 日 区政府先后与四川七环猪种改良有限公司猪种繁育中心、资阳市四通车辆制造有限公司、邛崃油气管 PE 防腐项目部举行投资合作签字仪式。

6 月 24 日 省委书记、省人大常委会主任张学忠率省市有关部门负责人到雁江区南骏车辆有限公司视察并作重要指示，同日还在雁江区组织召开农村人才开发座谈会。

7 月 30 日 资阳陆军预备役工兵团道路桥梁第一营被评为“全军预备役部队建设先进单位”，受到总参谋部、总政治部通报表彰。

8 月 8 日 省人大常委会副主任刘子寿带领省级有关部门负责人和专家到雁江区检查《传染病防治法》贯彻执行情况。

8 月 11 日 省政协副主席王恒丰率“省委政法系统作风整顿督察组”到雁江区检查政法队伍作风整顿工作。

10 月 8 日 区委制发《关于建设丘陵地区城郊型农村经济发展示范典型的实施意见》，提出以抓工业的理念、方法和机制来抓农业、农村经济发展和区域经济发展，把雁江区建设成为丘陵地区现代农业的示范典型、农业产业化的示范典型、无公害农产品的示范典型、劳动力资源转化为劳动力资本的示范典型、农村生态环境的示范典型。

10 月 17 日 区委、区政府联合制发《关于乡镇事业单位机构改革的实施意见》。

11 月 5 日 世界银行国际金融公司派员到雁江区康得利有限公司考察。

同日 首届“资阳人”文化艺术节暨大型“银都之夜”演唱会在资阳中学操场举行。

11 月 全区首批文明新村、示范村住房建设工程竣工。至当月共建成雷音、天生、打铁、半月、新华 5 个文明新村。

12 月 4 日 区政府同意在全区 21 个镇乡 81 个场镇所在地设立临时沿街集贸市场。

12 月 25 日 资阳中学新校区建设工程奠基。

当年 境内遭受 85 天春旱、78 天夏旱以及暴雨等灾害，因灾损失 11012 万元，其中农业经济损失 10928 万元。区政府划拨扶持农业生产资金 80 万元，发放救济款 74.3 万元（其中口粮救济 64.4 万元，衣被救济 3.6 万元，医疗救济 6 万元），共救济 4953 户 15859 人。

△ 雁江蜜柑被四川省定为“四川省八大优势农产品”之一。

△ 雁江区被列为“四川省农村沼气能源建设基地县（区）”。

△ 沱江雁江区段汛期砂石开采权经公开拍卖实现经营城市收入 601 万元。

2004 年

2 月 16 日 陈华强任中共资阳市雁江区委委员、常委、书记和区人大常委会党组书记，文岳不再担任中共资阳市雁江区委委员、常委、书记和区人大常委会党组书记职务，周俊任中共资阳市雁江区委委员、常委、副书记。

2 月 18 日 区二届人大常委会第九次会议同意陈华强辞去区长职务，任命周俊为代理区长。

同日 全省农村基层党建工作流动现场会在宝台镇天生村召开。省委组织部副部长刘毅，各市、州分管组织工作的副部长、组织科长共计 81 人参加会议。

2 月 27 日 区二届二次人民代表大会选举周俊为区人民政府区长。

2 月 区人武部评选李强、吴江安、范贤军、曾茂林、李福清、李贵华、何强、任栋梁、徐明春、汪红秀为“雁江区首届十杰民兵”。

3 月 25 日 保和镇中心卫生院被确定为“农工民主党四川省委对口扶持单位”。

3 月 沱江发生特大水质污染事故，致沱江雁江区段死鱼 430 吨，经济损失 1108 余万元；雁江区、简阳市等地近 15 万群众缺乏饮用水。市消防支队共出动官兵 2500 余人次、消防车 500 台次，历时28天为民送水3776吨；区消防中队为南津镇、临江镇、侯家坪等地群众送水1776吨。

4月1日 雁江区被评为“全省计划生育优质服务先进县（区）”。

4月4日 市政府同意区政府《关于城区客运人力三轮车经营权有偿转让方案》。次日，区政府发布《雁江区人力客运三轮车有偿使用经营权拍卖公告》。22—23日，公开拍卖城区人力客运三轮车有偿使用经营权。

4月17日 四川山山药业有限公司以4500万元竞拍价取得资阳市天台化工有限责任公司国有股本260万元和部分自然人股本179.4万元的所有权。

4月27日 侯家坪工业园区建设项目正式启动。

6月15日 全国政协委员、省政协常委、省卫生厅副厅长、四川大学基础与法学医学院副院长王正荣，四川科伦实业集团副总裁程志鹏向雁江区捐赠价值88万元的袋装生理盐水。

6月15日 宝台镇大洪路段发生一起车祸，致3人死亡。

8月11日 凌晨，临江镇遭受8至9级暴风雨袭击，农作物大面积受灾，经济损失382.33万元。次日，省民政厅农救处处长郭金祥一行到临江镇视察灾情，指导救灾工作。

8月14日 国家农业部生猪生产调查组到雁江区调研生猪生产情况。

9月15日 全国人大常委、中国社科院副院长陈佳贵率中国东西部民营企业家考察团到南骏车辆制造有限公司参观考察。

9月23日 区政府与中国南车集团资阳机车厂在锦江蜀亨大酒店迎宾厅举行“推动政企合作，做大机车产业恳谈会”。区长周俊与资阳机车厂厂长郭炳强签订了《关于做大机车产业促进区域经济发展合作意向协议书》。

10月13日 区委副书记、区长周俊与资阳房地产开发公司总经理代道高在蜀亨大酒店签订投资总额为2亿元的旧城改造协议。

10月22日 雁江区第一所“春蕾小学”——丹山镇玫琳凯田坝春蕾小学落成剪彩。玫琳凯总公司对外事务部总经理孙晴，省妇联主席曾清华及市、区有关领导出席剪彩仪式。

10月25日 省委副书记甘道明、副省长陈文光到雁江区视察临江味业生产现场和四海集团公司整体迁建项目建设工地。

11月16日 省委书记张学忠、省委副书记甘道明到临江味业、四海集团公司等地视察。

11月17日 区委副书记、区长周俊代表区政府与湖南汽车车桥厂、德阳骏业汽车车架有限公司签订汽车底盘及车架生产项目投资合作协议。

11月25日 副省长刘晓峰率省政府办公厅、卫生厅、环保局、交通厅、体育局、中医药管理局等单位负责人，在区委副书记、区长周俊陪同下先后到雁江区人民医院、南骏汽车工业园、四海公司建设工地等地调研。

12月31日 全区开展“第一次全国经济普查”工作。

12月 全区第六届村（居）委会换届工作结束，共选举产生村民委员会主任482名、副主任482名、委员488名，村民小组长6157名；社区居委会主任43名。

当年 全区开展教育体制和中小学人事制度改革，撤销22个镇乡教办；近8000名教职工实行聘用合同制。

△ 区检察院接待室被最高人民检察院表彰为“文明接待室”。

2005 年

1 月 7 日 省长张中伟率省农办、省发改委、省国资委等部门负责人到四海集团、临江味业、雁江区七环公司、柴油机分厂等企业调研，要求四海集团、临江味业等重点企业一定要加快发展，发挥龙头作用，带动当地农民发家致富。

3 月 15 日 四川省第十届“科技之春”科技下乡活动在雁江区迎接镇开幕。省科技厅长杨国安、市人大副主任王登高、区长周俊出席开幕式。

3 月 26 日 省政协副主席阿称到雁江区调研宗教工作。

4 月 21 日 区委发出《关于在保持共产党员先进性教育活动中深化“服务基层、服务群众”主题实践活动的通知》，要求各级各部门建立完善“党员受教育、群众得实惠”的长效机制，把保持共产党员先进性教育活动推向深入。

4 月 27 日 区政府授予刘官银等 50 人“资阳市雁江区第一届劳动模范”称号。

4 月 29 日 全省丘陵经济发展示范区建设流动现场会在资阳召开。参会代表先后到雁江区参观了四海集团公司和临江味业集团。

5 月 16 日 省供销社副主任周秉礼率省督查组到雁江区检查粮食直补工作。

5 月 18 日 14 时左右，松涛镇五显村 8 社发生山体滑坡。滑坡山体体积约 3 万立方米，致 14 户农户受灾，损毁房屋面积 3025 平方米，经济损失 80 余万元。

5 月 27 日 雁江区归侨侨联第一次代表大会召开。全国侨联副主席、省侨联主席王宋达，省侨联副主席、内江市侨联主席冯大同，内江市政协港澳台侨外事委员会主任商姝璟和著名华侨吴仲良出席会议。

6 月 3 日 区法院就雁江镇爱国居委会 357 名居民诉区政府土地征用补偿案作出判决，要求区政府按照《国土法》规定进行补偿，并限期重新做出具体行政行为。

6 月 9 日 雁江区“助学连心”活动正式启动。14 名区级领导和 16 名部门领导与 33 名贫困学生结成对子，首期共有 75 名贫困学生被确定为资助对象。

6 月 13 日 区委、区政府联合制发《关于区政府机构改革的实施意见》，就机构设置、人员编制、“三定”（定职能、定机构、定编制）工作和人员分流等方面作出明确规定。

6 月中旬 区政府与内江市资中县政府联合完成行政区域界线检查工作。双方对 1999 年 8 月勘定并经省政府批准的《行政区域界线协议书》表示认可。

7 月 28 日 临江、祥符、迎接、回龙等镇乡遭受暴雨灾害。老鹰水库库区降雨达 116 毫米，被迫开闸泄洪，导致下游九曲河水陡涨，冲毁田埂 2384 条，冲倒树木 3.2 万株，房屋倒塌 226 间、损坏 170 间，农作物成灾面积 19281 亩，共造成经济损失 845 万元。

7 月 30 日 国家农业部部长杜青林到雁江区视察农业循环经济示范区、松涛镇畜牧站建设和 6 个动物临时检疫点工作情况。

7 月 区内部分乡镇发生“人感染猪链球菌Ⅱ号”突发公共卫生事件。雁江区在上级防疫部门的指导和有关部门的配合下紧急防控疫情。8 月 13 日，省畜牧局局长屈坤宁率专家组到雁江区检查防控工作，经评估后解除小区域疫情隔离控制。

9 月 8 日 雁江区第一届台胞、台属代表大会在资阳内燃机车厂第一招待所召开。

10 月 10 日 资阳南骏汽车有限公司、四川四海集团公司被中华全国工商联合会列入“2004 年度上规模民营企业500家”。资阳南骏汽车有限公司以营业收入总额11.17亿元排名第416位，四川四海集团以营业收入总额10.66亿元排名第438位。

10月24日 由中共中央原政治局委员、全国人大常委会原副委员长田纪云捐资修建的云水希望小学开工典礼在清水乡黄花村黄花小学举行。

10月28日 美籍华人吴仲良捐资助学签字仪式在区政府601会议室举行。全国侨联副主席、省侨联主席王宋达，市外事侨务办主任雷明等出席签字仪式。

11月8日 国家安监局、国家环保总局派员现场督查四海集团公司、腾龙纸业公司的治污工作。

11月17日 雁江区丘区建设汇报暨项目推介会在成都金牛宾馆举行。副省长张作哈、省政协副主席阿称、省级相关部门负责人和市区领导以及国内外300余客商参加推介会。会期内，菲律宾华侨投资公司与资阳市通用机械公司成功签订建设砖机、压力机生产线等9个项目合作协议，协议资金2.29亿元。

11月20日 省环评中心、省环保局专家到侯家坪工业园区了解众力氟业项目建设情况，并参加众力氟业每年300吨六氟化硫建设项目环境影响评审会。

11月30日 省政府地方病及病害防治领导小组办公室副主任郭以雄率队到雁江区检查疟疾病防治工作。经专家组评审，雁江区基本达到卫生部制定的基本消灭疟疾病标准。

12月4日 雁江区首家中小企业信用担保公司——聚源鑫担保公司成立。公司注册资金330万元，其中企业股东出资30万元、政府出资300万元。

12月13日 区委、区政府联合制发《关于建立新型农村合作医疗制度的意见》。

12月22日 雁江镇资溪村11组兰家坡一建筑工地上出土一乘汉代铜车马。车马保存较完整，有铜人、铜马、铜车，在省内属首次发现，在全国亦属罕见。

12月31日 中国南车集团资阳机车厂外国语实验学校移交仪式在资阳机车厂文体中心举行。

12月 雁江区调整雁江镇、松涛镇行政区划，新设立莲花、资溪、三贤祠、狮子山4个街道。

当年 雁江区被列为国家“降低孕产妇死亡率和消降亲生儿破伤风项目”新增县（区）。

△ 雁江区创“省级社区示范区”工作通过省委、省政府验收。

第一篇 政 区

第一章 建 置

第一节 沿 革

资阳市雁江区原为资阳县。资阳，尧为资国地，夏属梁州，周入雍州为蜀国地，秦灭蜀建郡为蜀郡地。汉武帝建元六年（前135）在此置资中县，隶犍为郡。成汉期间（306—347），资中县荒废。永和三年（347），恢复旧制。中兴二年（502），资中县废。北周孝闵帝元年（557），于武康郡的阳安县（今简阳境内）置资州，资中县为资州辖地。北周武成二年（560），将州治自阳安县迁于资中故城，并置资中郡和资阳县，州、郡、县治所均在今雁江镇。开皇七年（587），迁州于磐石县（今资中县），资阳县仍属资州。仁寿三年（603），分益州的阳安、平泉和资州的资阳置简州。大业三年（607），改资州为资阳郡。唐武德元年（618），改资阳郡为资州。贞观四年（630），分磐石县辖地置丹山县（今丹山镇）。天宝元年（742），改资州为资阳郡。乾元元年（758），改资阳郡为资州。州郡更名，县隶属关系未变。乾德五年（967），废丹山县为镇，划入磐石县。淳祐三年（1243），资阳因兵燹荒废。元朝时，资州与资阳俱废，并入简州。至元二十二年（1362），复置资州，废资阳县，地仍属简州。明洪武四年（1371），降资州为资县。洪武六年（1373），降简州为简县；同年十二月，复置资阳县，属成都府。洪武十年（1377）五月，将资阳分片并入资县、简县。成化元年（1465）五月，分资县3乡、简县4乡，复置资阳县，仍属成都府。正德八年（1513），升简县为州，资阳县改属简州。清雍正五年（1727），复升资县为直隶州，资阳县改属资州。嘉庆七年（1802），四川增设5道；资州及所辖各县归属川南永宁道。民国元年，废道制。三月，设道，由道辖县，资阳县属下川南道。民国三年（1914），改下川南道为永宁道，辖资阳县等25县。民国十一年（1922），川政解体，各军阀据地自有，资阳先后属川军、滇军、黔军统辖。民国二十年（1931）春废道，资阳直隶于四川省政府。民国二十四年（1935），川政统一，资阳县属第二行政督察区，专署设于资中县。

1949年12月，资阳隶属川南行署资中专区。1950年2月，资中专区更名为内江专区。1968年9月，内江专区改为内江地区。1985年5月，内江地区改为内江市。虽数次更名，但与资阳县的隶属关系未变。

1993年1月16日，经国务院批准，民政部同意撤销资阳县，设立资阳市（县级），其辖区不变，由内江市代管。1993年3月6日，资阳市人民政府正式挂牌行政。1998年2月26日，国务院调整四川省内江市行政区划，将内江市管辖的安岳县、乐至县、资阳市、简阳市分出，设置资阳地区；资阳市改由资阳地区代管。2000年7月6日，省政府经审核并报国务院批准，同意撤销资阳地区，设立地级资阳市；资阳市设立雁江区，以原县级资阳市的行政区域为雁江区的行政区域。2000年11月6日，资阳市雁江区成立。

第二节　境　域

资阳市雁江区地处四川盆地中部，位于北纬29°51′至30°17′07″、东经104°26′07″至105°03′05″之间。东接安岳县、乐至县，南邻资中县，西靠仁寿县，北连简阳市。区政府驻地雁江镇，经成渝高速公路北距成都87公里，南距内江87.2公里。

西汉时，今之资中、内江县及乐至、安岳、威远、荣昌县的一部分皆古资中县辖地。东汉、两晋、南北朝刘宋至北周武成二年（560）置资阳县后，内江、磐石（今资中县）、乐至、安岳等县先后分治，故县界逐渐缩小。之后又屡有分合，县域变动次数较多。清乾隆、嘉庆、咸丰年间，县域日趋稳定，直至清末基本无变化，后又有数次微调。

1985年，经省农业区划办公室复核，资阳县面积为1632.33平方公里，东西长59.1公里，南北宽50.7公里。至2005年末，境域面积未变。

第二章　行政区划

第一节　区划调整

一、区、乡镇区划调整

1985年，全县设9区、13镇、62乡。即：临江、保和、中和、丹山、小院、伍隍、南津、丰裕、祥符9个区，城关、侯家坪、松涛、临江、保和、中和、丹山、小院、伍隍、南津、忠义、丰裕、祥符13个镇（其中城关镇为区级镇，其余12个镇为乡级镇），宝台、文明、南市、金台、清泉、昆仑、莲台、紫薇、东安、七里、老君、长乐、高龙、高庙、永太、吉祥、太和、凉风、大洪、干沟、龙潭、回龙、新场、义和、磐石、方朝、裕通、大腰、响峒、红莲、堪嘉、塘池、同心、隆相、鲁家、铜钟、石岭、金带铺、培德、双岔、长生、东峰、观音、河东、振书、刘家、大明、清水、真武、石川、民合、明玥、祥嘉、碑记、大佛、慈祥、迎接、三柏、古井、黄添、洛重、老鹰62个乡。因镇级行政区域普遍较小，人口偏少，其格局已逐渐不适应商品经济发展和集镇的规划建设。

1987年4月，县委、县政府在报经上级同意后，撤销观音、民合、三柏、方朝、吉祥5乡，分别并入南津镇、丰裕镇、祥符镇、丹山镇、永太乡；撤销文明乡、宝台乡，设立宝台镇。同年6月，撤销金台、明阳、真武、双岔、同心、干沟、高庙7乡，分别并入松涛镇、忠义镇、清水乡、伍隍镇、小院镇、中和镇、保和镇。调整后，全县设1个区级镇、13个乡级镇、48个乡。原有的12个农村镇中，有10个扩大了行政区域。

1992年7月，根据中央、省、市文件精神，县委、县政府结合全县人口数量分布、经济布局、市场辐射和建制组合，开展撤区并乡建镇工作。将永太、紫微、东安乡划归保和镇管辖，凉风、太和、龙潭乡划归中和镇管辖，响峒、裕通、磐石乡划归丹山镇管辖，长生、铜钟乡划归伍隍镇管辖，隆相乡划归小院镇管辖，刘家、振书乡划归南津镇管辖，河东乡划忠义镇管辖，慈祥乡划归丰裕镇管辖，洛重乡划归祥符镇管辖，老鹰、清泉、昆仑乡划归临江镇管辖，大洪乡划归宝台镇管辖，莲台、南市乡和侯家坪镇划归松涛镇管辖，义和乡划归新场乡管辖，鲁家乡划归回龙乡管辖，石川乡划归清水乡管辖，大佛、祥嘉乡划归碑记乡管辖。新设老君、东峰、堪嘉、石岭、迎接5个镇。将七里、长乐、高龙乡并入老君镇，大明、大腰乡并入东峰镇，塘池、红莲乡并入堪嘉镇，金带、培德乡并入石岭镇，黄添、古井乡并入迎接镇。11月，将松涛镇的城西、马鞍、城北、莲花、资溪5个村、52个社、面积10.3平方公里区域划归城关镇管辖；将丹山镇的皂角村15个社，面积5.8平方公里划归新场乡管辖；石岭镇的炮台村、方庙村共21个社，面积5.9平方公里划归伍隍镇管辖；临江镇的周祠村12个社，面积6.8平方公里划归松涛镇管辖。撤区并乡后，全县设18个镇、4个乡。即：城关、松涛、宝台、临江、保和、老君、中和、丹山、小院、堪嘉、东峰、伍隍、石岭、南津、忠义、丰裕、祥符、迎接镇，回龙、新场、碑记、清水乡。1993年，城关镇更名为雁江镇，碑记乡改为碑记镇。

2005年12月，省政府批准：松涛镇所属的小堰、二堰、石厂、前进、顺河、燕山、周祠、石梯、雁家、进仕、新堰、双槐、河心、花椒、响水15个村划归雁江镇管辖，雁江镇政府驻地规划由水巷子迁至周祠坝，松涛镇政府驻地由凤岭路迁至侯家坪。雁江镇所属的城北、莲花、资溪3个村和雁中、雁北、向阳、观音阁、火车站、海川、双龙井、九眼桥、河堰嘴、三贤祠、爱国、桥亭子、八角井、鸿丰、黄泥井、九曲河、桂花井、师园、雁南、南骏、西门桥21个社区和松涛镇所属的狮子山社区、槐树村从原行政区域划出，新设立莲花、三贤祠、资溪、狮子山4个街道。松涛镇管辖红岩村、桐子村、杜家桥村、柏树村、同合村、盐井溪村、团宝村、金滩村、书台村、长寿村、歇马村、溜马村、五显村、高岩村、宰山村、马兵村、八愣村、侯家坪村和侯家坪社区、红岩子社区共18个村和2个社区。莲花街道管辖城北村、莲花村和雁中社区、雁北社区、向阳社区、观音阁社区、火车站社区、海川社区、双龙井社区、九眼桥社区共2个村和8个社区。三贤祠街道管辖河堰嘴社区、三贤祠社区、爱国社区3个社区。资溪街道管辖桥亭子社区、八角井社区、鸿丰社区、黄泥井社区、九曲河社区、桂花井社区、师园社区、雁南社区、南骏社区、西门桥社区和资溪村共10个社区和1个村。狮子山街道管辖狮子山社区和槐树村、狮子村共1个社区和2个村。至2005年底，全区设19个镇、3个乡、4个街道。

二、村级区划调整

（一）行政村

1984年，恢复乡、村行政体制，全县设662个村、6201个村民小组。1990年，在土地承包关系、国家任务、农民负担、财产关系、林木柴草权属“五不变”和“不私分集体现金、不哄抢集体财产、不破坏农田水利设施、不毁坏集体经营项目、不撕毁集体经营承包合同、不吃喝浪费”的前提下进行村社调整合并，调整后设400个村、4202个社。1992年撤区并乡建镇时，镇乡行政区划变化较大，但村的个数未变。1995年，市政府调整保和、老君、松涛3个镇和部分乡的村级行政区划后，全市行政村增至422个，村民小组增至5854个。1996年7月，市政府同意东峰镇设置新店子村。1998

年，市政府同意新场乡设置莫家坟村、公正村、万福庵村，清水乡设置河埝村、江河坝村，堪嘉镇设置元觉村，迎接镇设置龙滩村，丹山镇设置兴家村、牌坊村、顺家村、平坦村、华明村、农厂村、福寿村、安全村、康家村、团竹村，保和镇设置富家山村、明星村、友爱村、石窗子村、孝土地村、石庙子村、宾家坳村、迎龙村、火神沟村、盘龙村、太音村、集龙村、大石村、花圃湾村、柏杨村、黑滩村、永久村、集乐村。当年，全市行政村增至458个，村民小组增至6042个。2000年，市政府对全市各镇的村级行政区划进行微调，微调后有476个村、6157个村民小组。2001年3月至11月，区政府先后同意老君镇设置民生村，丹山镇设置泰山村、堰塘村，迎接镇设置东庵村、青龙村。全区时有481个村、6157个村民小组。2002年12月，区政府批复同意堪嘉镇设置纸厂村。2005年末，全区共设482个村、6157个村民小组。

（二）居民委员会

1985年末，全县有黄泥井、九曲河、桂花井、观音阁、九眼桥、桥亭子、火车站、八角井8个居民委员会，均属城关镇管辖。1986年5月，按照省、市要求，资阳县开展居民委员会基本情况调查，并将调查情况书面报告上级部门。当年省政府根据各地的调查情况，对居委会设置、干部配备、工资待遇、办公用房等事项作出具体规定。同年，县政府批准临江、侯家坪、松涛、丹山、小院、保和、中和、伍隍、南津、忠义、丰裕、祥符12个镇和农贸较集中的老君、铜钟、迎接、碑记4个场各建立1个居委会，之后县（市、区）政府根据实际需要增设居民委员会。至1996年，全市有居民委员会30个、居民小组131个，居委会时有办公用房344平方米、活动场所5处、服务网点36个、企业1个。2000年，全区设30个居民委员会、145个居民小组。2001年8月，区政府同意新场乡设置团林坝社区居民委员会，9月同意雁江镇设置鸿丰社区居民委员会，11月同意松涛镇设置狮子山社区居民委员会。2002年3月，区政府印发《关于雁江镇新设置居委会和调整后管辖范围的批复》，将雁江镇原来的社区居民委员会重新划分为21个社区居民委员会，增设雁南、雁北、雁中、向阳、海川、双龙井、西门桥、南骏、河堰嘴等10个社区居民委员会。5月，区政府批复同意将侯家坪、宝台寺、临江寺、保和场、老君场、中和场、丹山场、回龙场、团林坝、堪嘉坝、小院寺、伍隍场、铜钟河、东峰场、南津驿、清水河、忠义场、丰裕场、大河坝、余家寺、祥符寺、石岭场等22个场镇居民委员会统一更名为社区居民委员会。至当年底，全区又经调整后共设44个社区居民委员会。2004年12月，区政府同意撤销铜钟河社区居民委员会，原辖居民小组划归伍隍场社区居民委员会管辖。2005年3月，区政府同意松涛镇设置红岩子社区居民委员会。当年底，全区共有44个社区居民委员会。

第二节　镇乡、街道

一、镇乡

雁江镇　位于沱江西岸，东靠宝台镇，西、南连松涛镇，北邻临江镇，辖区面积52平方公里。2005年末辖15个行政村，总人口22566人。雁江镇是资阳市、资阳市雁江区政府机关所在地，镇政府驻地大东街水巷子。

宝台镇　地处雁江城区东大门，与市区仅一江（沱江）之隔，镇政府驻地宝台寺。全镇辖区面积56.2平方公里，耕地面积1949公顷。2005年末辖14个行政村、212个村民小组，1个居委会，总人口33195人，其中非农人口898人。

松涛镇　地处雁江区城郊结合部，东接雁江镇、宝台镇，南邻迎接镇、忠义镇，西靠祥符镇，北连临江镇。镇政府驻地侯家坪，距城区6公里。全镇辖区面积48平方公里，耕地面积2671公顷。2005年末辖18个村、2个居委会，总人口26940人。

临江镇　位于雁江区北部，东与老君镇、保和镇隔江相望，南与雁江镇相邻，西与祥符镇、简阳市望水乡接壤，北与简阳市永宁乡、新市镇相连。镇政府驻地临江寺，距城区15公里。全镇辖区面积91.5平方公里，耕地面积2899公顷。2005年末辖18个行政村、285个村民小组，1个居委会，总人口42577人，其中非农业人口2292人。

丰裕镇　位于雁江区西南部，北靠迎接镇，南接碑记镇，东与南津镇、松涛镇、忠义镇接壤，西与资中县发轮镇为邻。镇政府驻地丰裕场，距城区16公里。辖区面积58.9平方公里，耕地面积2319公顷。2005年末辖17个村、223个村民小组，1个居委会，总人口40922人，其中非农业人口2213人。

祥符镇　位于雁江区西部，与迎接镇、临江镇和仁寿县甘泉乡、简阳市老龙乡、望水乡相邻。镇政府驻地祥符寺，距城区27公里。全镇辖区面积79.7平方公里，耕地面积2823公顷。2005年末辖15个行政村、201个村民小组，1个居委会，总人口35043人，其中非农业人口1686人。

迎接镇　位于雁江区西南部，东与松涛镇，西与仁寿县城堰乡、资中县华轮镇，南与丰裕镇，北与祥符镇相邻。镇政府驻地余家寺，距城区11公里。全镇辖区面积80.6平方公里，耕地面积2619公顷。2005年末辖19个行政村、206个村民小组，1个居委会、3个居民小组，总人口37281人，其中非农业人口2350人。

忠义镇　位于雁江区西南部，东与南津镇接壤，西与碑记镇相邻，北与松涛镇、丰裕镇接壤，南与资中县顺河镇相邻。镇政府驻地忠义场，距城区25公里。全镇辖区面积56.7平方公里，耕地面积1728公顷。2005年末辖13个行政村、201个村民小组，1个居委会，总人口33467人，其中非农业人口947人。

碑记镇　位于雁江区西南部，东接忠义镇，北靠丰裕镇，南邻资中县球溪镇。镇政府驻地大河坝，距城区25公里。全镇辖区面积45.7平方公里，耕地1857公顷。2005年末辖13个行政村、159个村民小组，1个居委会，总人口31316人，其中非农业人口977人。

小院镇　位于雁江区东南部，东接安岳县华严镇，南邻资中县孟塘乡和本区堪嘉镇，西靠东峰镇、伍隍镇，北连丹山镇、回龙乡。镇政府驻地小院寺，距城区39公里。全镇辖区面积83.2平方公里，耕地面积3379公顷。2005年末辖20个行政村、343个村民小组，1个居委会，总人口50387人，其中非农业人口2720人。

堪嘉镇　位于雁江区东南部，东靠资中县农家乡，南邻资中县骝马镇，西接石岭镇、伍隍镇，北连小院镇。镇政府驻地堪嘉坝，距城区51公里。全镇辖区面积56.5平方公里，耕地面积2438公顷。2005年末辖20个行政村、276个村民小组，1个居委会，总人口36710人，其中非农业人口1135人。

东峰镇　位于雁江区东南部，东连小院镇，西接南津镇，南界伍隍镇，北邻丹山镇、中和镇。镇政府驻地东峰场，距城区33公里。全镇辖区面积70.8平方公里，耕地面积2829.7公顷。2005年末辖26个村、294个村民小组，1个居委会，总人口40208人，其中非农业人口1308人。

伍隍镇　位于雁江区东南部，东连小院镇，西靠资中县球溪镇，南与石岭镇接壤，北与南津镇相邻。镇政府驻地伍隍场，距城区31公里。全镇辖区面积77.1平方公里，耕地面积3260公顷。2005年末辖25个行政村、403个村民小组，1个社区，总人口54752人，其中非农业人口3319人。

石岭镇　位于雁江区东南部，东北分别与堪嘉镇、伍隍镇相邻，西南分别与资中县甘露镇、骝马镇接壤。镇政府驻地石岭场，距城区36公里。全镇辖区面积54平方公里，耕地面积3739公顷。

2005年末辖19个行政村、327个村民小组，1个居委会，总人口42148人，其中非农业人口1161人。

南津镇 位于雁江区东南部，北接宝台镇、清水乡，东连东峰镇，南界伍隍镇，西隔沱江与忠义镇相望。镇政府驻地南津驿，距城区12公里。全镇辖区面积76.2平方公里，耕地面积3090公顷。2005年末辖20个行政村、285个居民小组，1个居委会，总人口49678人，其中非农业人口2547人。

清水乡 位于雁江区中部，与东峰、南津、宝台、中和等镇相邻。乡政府驻地清水河场，距城区21公里。全乡辖区面积76.8平方公里，耕地面积3143公顷。2005年末辖26个行政村、197个村民小组，1个居委会，总人口28448人，其中农业人口654人。

丹山镇 位于雁江区东部，东与回龙乡、新场乡接壤，南与小院镇、东峰镇相邻，西靠中和镇，北邻乐至县桂林镇、佛星镇。镇政府驻地丹山场，距城区38公里。全镇辖区面积118.21平方公里，耕地5789公顷。2005年末辖41个行政村，1个居委会，总人口65835人，其中非农业人口3861人。

中和镇 位于雁江区东北部，东、南、北面分别与丹山镇、东峰镇、清水乡、宝台镇、保和镇接壤，东北部与乐至县中天镇毗邻。镇政府驻地中和场，距城区27公里。全镇辖区面积121平方公里，耕地面积5148公顷。2005年末辖25个村、451个村民小组、1个居委会，总人口56931人，其中非农人口2936人。

保和镇 位于雁江区北部、沱江东岸，北与老君接壤，东与乐至县中天镇及本区中和镇相邻，南与宝台镇交界，西与临江镇隔江相望。镇政府驻地保和场，距城区20公里。全镇辖区面积115.21平方公里，耕地面积4287公顷。2005年末辖46个村民委员会、469个村民小组，1个居委会，总人口60038人，其中非农业人口2544人。

老君镇 位于雁江区最北边，坐落在老君山脚下的篙芝坝上，东与乐至县高寺乡接壤，南与保和镇相连，西与临江镇隔江相望，北与简阳市施家镇交界。镇政府驻地老君场，距城区32公里。全镇辖区面积94.14平方公里，耕地面积4178公顷。2005年末辖35个村、371个村民小组，1个居民委员会，总人口51828人，其中非农业人口1330人。

回龙乡 位于雁江区东部，地处安岳县、乐至县、雁江区三县（区）交界处。东与安岳县华严镇相邻，西与丹山镇交界，南同小院镇毗邻，北与新场乡、乐至县通旅镇接壤。乡政府驻地回龙场，距城区47公里。全乡辖区面积68平方公里，耕地面积22167公顷。2005年末辖14个行政村、246个村民小组，1个居委会，总人口31556人，其中非农业人口1280人。

新场乡 位于雁江区东大门，四周与丹山镇、回龙乡和乐至县石湍镇、通旅镇毗邻。乡政府驻地团林坝，距城区54公里。全乡辖区面积58平方公里，耕地面积2690公顷。2005年末辖16个村、184个村民小组，1个居委会，总人口32742人。

二、街道

莲花街道 辖城北村、莲花村2个村和雁中、雁北、向阳、观音阁、火车站、海川、双龙井、九眼桥8个社区，辖区面积4平方公里，2005年末总人口46603人。

三贤祠街道 辖河堰嘴、三贤祠、爱国社区3个社区，辖区面积5平方公里，2005年末总人口30811人。

资溪街道 辖资溪村和桥亭子、八角井、鸿丰、黄泥井、九曲河、桂花井、师园、雁南、南骏、西门桥10个社区，辖区面积4平方公里，2005年末总人口40603人。

狮子山街道 辖槐树村、狮子村和狮子山社区，辖区面积5平方公里，2005年末总人口40388人。

资阳市雁江区 2005 年镇乡、街道下辖行政村（居委会）一览表

表 1－1

镇乡、街道	下辖行政村、居委会
雁江镇	小堰村、二堰村、石厂村、前进村、顺河村、燕山村、周祠村、石梯村、雁家村、进仕村、新堰村、双槐村、河心村、花椒村、响水村 15 个村。
松涛镇	红岩村、桐子村、杜家桥村、柏树村、同合村、盐井溪村、团宝村、金滩村、书台村、长寿村、歇马村、溜马村、五显村、高岩村、宰山村、马兵村、八愣村、侯家坪村 18 个村，侯家坪社区、红岩子社区 2 个居委会。
宝台镇	大洪村、富凉村、东角村、石牛村、天生村、半山村、雷音村、沱桥村、白沙村、飞虹村、协义村、黄泥村、钟山村、拱城村 14 个村，宝台寺 1 个居委会。
临江镇	石榴村、宝珠村、高桐村、吉乐村、红碑村、大堰村、清泉村、斑竹村、先锋村、文昌村、墨池村、太子村、昆仑村、水井村、仁里村、柳铺村、高柏村、临庵村 18 个村，临江寺 1 个居委会。
丰裕镇	人民村、集合村、农奴村、冬冬山村、桂花村、拱桥村、祠堂村、七星村、高石村、二郎山村、新华村、和平村、插旗山村、红星村、方山村、华山村、护耳沟村 17 个村，丰裕场 1 个居委会。
祥符镇	团碑村、排桶村、天鹅山村、白头村、小高村、白狮村、华泉村、蛟龙村、三星桥村、桃树村、祥符村、滚水村、松树村、柏柳村、二湾村 15 个村，祥符寺 1 个居委会。
迎接镇	龙凼村、牛藤村、焦白村、前丰村、龙家村、黄添村、大河村、天元村打卦石村、核桃村、化龙村、水库村、黄板村、分水村、侵水村、龙滩村、白马村、东庵村、青龙村 19 个村，余家寺 1 个居委会。
忠义镇	云台村、元坝村、松林村、平岗村、长沙村、高洞村、访弘村、幸福村、敲钟村、天明村、高坝村、石柱村、苌弘村 13 个村，忠义场 1 个居委会。
碑记镇	丹桂村、半月村、人乐村、严家场村、德教村、共和村、长河村、香龙村、龙王庙村、宝山村、联合村、同意村、太极村 13 个村，大河坝 1 个居委会。
小院镇	花磉村、黄桷村、李子沟村、付水湾村、狮象沟村、白家嘴村、桅子湾村、三角堰村、抱房村、大坪村、梧桐镇村、天古桥村、柏林村、七贤坳村、白象村、凉水井村、方广寺村、农田村、雨台村、杨家沟村 20 个村，小院寺 1 个居委会。
堪嘉镇	中心村、树林村、贾家庙村、孝义桥村、铧厂村、纸厂村、踏水桥村、大桐庙村、蒲角村、红莲村、陡岩山村、雨佳村、中牛桥村、石笋村、弥陀村、胡家坝村、凤凰嘴村、申家堰村、胡石桥村、圆觉寺村 20 个村，堪嘉坝 1 个居委会。
东峰镇	双堰村、高石梯村、打铁村、九柏村、双龙村、东峰村、徐家村、大田村、金盆村、杨家村、栀子村、高家村、金龙村、桥亭村、高板村、观景村、新观村、白景村、店子村、郑家村、罗盘村、九龙村、铜钱村、骑龙村、谭家村、杜家沟村 26 个村，东峰场 1 个居委会。
伍隍镇	红庙村、郭家村、五台村、印合村、瓦店村、龙门村、千弓村、石桥村、一碗水村、五里村、南湍村、江西村、崇兴村、铺子村、双峰村、华向村、白坡村、麻柳村、爆花村、红花村、瓢山村、盐井村、园艺村、炮台村、高庙村 25 个村，伍隍场 1 个居委会。
石岭镇	石岭村、土桥村、梓桐村、两义村、义和村、五一村、长沟村、水竹村广济村、群力村、石河村、大山村、二龙村、白果村、洪湖村、高峰村、红雀村、尖山村、培德村 19 个村，石岭场 1 个居委会。
南津镇	竹林村、刘家村、罗成村、新店村、斜石板村、擦耳岩村、振书村、冻青铺村、老鸦山村、谷湾村、新添铺村、观音堂村、铁炉沟村、湖广村、迎桥村、水竹林村、先胜村、蓝庙子村、观音岩村、槽土村 20 个村，南津驿 1 个居委会。

续表

镇乡、街道	下辖行政村、居委会
清水乡	河堰村、江河坝村、茅店子村、月水坝村、指书庙村、黄古桥村、板板桥村、滴水村、蓼叶沟村、八仙村、鲁鱼村、黄花园村、水口村、春天沟村、清水村、铁锁村、王家村、卓家村、白马庙村、烂泥村、宋家堰村、转龙村、青狮沟村、凉水井村、长坡村、瓦子坳村26个村，清水河1个居委会。
丹山镇	兴家村、牌坊村、顺家村、平坦村、华明村、农厂村、福寿村、安全村、康家村、团竹村、八字墙村、磨盘村、李伸沟村、黑沙湾村、胡家祠村、樟木村、罗高村、虎峰村、红村、梁家村、海面村、天灯村、街村、新盟村、成仙寺村、天池村、大佛村、青和村、华光村、田坝寺村、兴隆村、人和村、老君村、大岩村、东升村、齐家寺村、桥沟村、福兴村、袁桥村、泰山村、堰塘村41个村，丹山场1个居委会。
中和镇	凉风村、明月村、罗汉村、高字村、龙虎村、飞山村、狮马村、青龙村、罗家村、方家村、清凉村、三清村、龙嘴村、瓦盖村、中和村、雷庙村、大圣村、铜锣村、金马村、广德村、巨善村、白云村、红光村、干沟村、鱼水村25个村，中和场1个居委会。
保和镇	清明村、筒车坝村、九岭村、黄谷村、永兴村、钓鱼村、柏杨村、山品村、育才村、戴家沟村、金星村、文秀桥村、集乐村、火神沟村、明星村、晏家坝村、永万村、九老洞村、文龙寺村、红堰村、黑滩村、迎龙桥村、友爱村、金山寺村、天鹅村、团山村、马蹄湾村、黄岭沱村、永久村、富家山村、盘龙村、石坝子村、六石包村、四方碑村、花溪村、永协村、石窗子村、太音村、集龙村、大石村、天宫庙村、洞子湾村、孝土地村、石庙子村、宾家坳村、花圃湾村46个村，保和场1个居委会。
老君镇	泉溪村、宝积村、协和村、新基村、和义村、新桥村、沿江村、窑坪村天胜村、永安村、常乐村、青松村、双河村、治平村、居士村、庙山村下坪村、琉璃村、高扬村、普光村、礼复村、光华村、龙星村、光明村、龙安村、万年村、大溪村、字库村、二郎村、三万村、佛岩村、民胜村、龙山村、团结村、民生村35个村，老君场1个居委会。
回龙乡	李光坝村、齐家村、玉皇村、三合村、赵兴村、小湾村、铁门坎村、赵家村、牛家村、冷家村、巍峰山村、川主村、太平村、江诗村14个村，回龙场1个居委会。
新场乡	两河村、楠木村、宝庆村、长兴村、李家桥村、谢家桥村、新街村、双石桥村、巡泗桥村、平桥村、油草堰村、肖家沟村、皂角村、莫家坟村、公正村、万福庵村16个村，团林坝1个居委会。
莲花街道	城北村、莲花村2个村，雁中社区、雁北社区、向阳社区、观音阁社区、火车站社区、海川社区、双龙井社区、九眼桥社区8个居委会。
资溪街道	资溪村1个村，桥亭子社区、八角井社区、鸿丰社区、黄泥井社区、九曲河社区、桂花井社区、师园社区、雁南社区、南骏社区、西门桥社区10个居委会。
三贤祠街道	河堰嘴社区、三贤祠社区、爱国社区3个居委会。
狮子山街道	槐树村、狮子村2个村，狮子山社区1个居委会。

第二篇　自然环境

第一章　地　理

第一节　地　质

一、地层分布

区境为相对稳定的侏罗系红色沉积地块，岩层轻微褶皱，由古生代和中生代地层构成。出露地表的地层除沱江及阳化河、九曲河等较大支流沿岸少量属新生代第四系地层外，全境广大地区均属中生代侏罗系地层，厚度在1428～1824米之间。地层大致划分为中统上沙溪庙组地层、中统遂宁组地层、上统蓬莱镇组地层、新生代第四系中更新统冰水冰碛层、新生代上更新统冰水堆积层、新生代第四系全新统河流冲积层6种。

中统上沙溪庙组地层分布在区境南部小院、东峰、南津、伍隍、堪嘉、石岭、丰裕、忠义、碑记等乡镇以及祥符镇南部地区。岩性以紫色、紫褐色砂质泥岩为主，夹有多层泥质粉砂岩和砂岩。泥岩均含炭质团块，坚硬细密，透水性较差。岩石颗粒自下而上逐级变细，砂岩渐薄泥岩增厚。底部砂岩上下层分别与遂宁组砂岩、下溪庙组地层接触整合，厚度约402米，未全部露出地表。中统遂宁组地层分布于区境东西部新场、回龙、丹山、中和、祥符等乡镇和中部松涛、雁江、宝台、清水、迎接等乡镇以及东峰、南津、丰裕等镇以北，保和、临江等镇以南地区。属较稳定的浅水湖相沉积地块，上部与蓬莱镇组整合接触。岩性以紫红色泥岩为主，多夹泥质粉砂岩，间夹薄层石膏和长石石英砂岩，普遍含有钙质结核与条带。下部与上沙溪庙组整合接触，成厚层紫红色石英砂岩，厚度360～413米。

上统蓬莱镇组地层分布在区境北部老君、保和、临江等镇西北和老鹰水库周边区域以及新场、丹山、中和、松涛、祥符一线以北地区。属一套浅水湖相沉积地块，厚度666～1027米，下部与遂宁组整合接触。岩性以紫红色泥岩为主，多夹泥质粉砂岩和砂岩，局部可见斜层体和透镜体。砂岩以石英长石为主，夹少量云母及黑色矿物，胶黏性较好，含水性较差，质地坚硬。地层底部为紫红、灰白色厚层状细粒长石石英砂岩，厚6～11米，为蓬莱镇组地层与遂宁组地层相分别的标志层。

新生代第四系中更新统冰水冰碛层零星分布在老君镇七里坪一带。上部为鲜棕色黏土，含钙质结核，下部为棕黄色黏土夹砾石，具有灰白色高岭土条带。砾石成分有石英岩、花岗岩、凝灰岩、砂岩等，分选性极差，磨圆度好。

新生代上更新统冰水堆积层分布在区境沱江两岸二、三级台阶地。上部为鲜棕色黏土或灰黄色砂质黏土，含铁锰结核，部分地段含钙质结核。下部为棕黄色黏土与卵砾石混合层，具灰白色高岭土条带。砾石成分为石英岩、辉绿岩、砂岩等，分选性差，磨圆度好，角度不整合于上沙溪庙组、遂宁组地层之上。

新生代第四系全新统河流冲积层分布于区境内沱江两岸及其杨花河、九曲河等主要支流沿河一级台阶地与河漫滩上。沱江两岸一级阶地上部为黄色、浅黄色黏质砂土，支流一级阶地为砖红色、红褐色砂质黏土，均厚1～5米，不整合于老地层上。河漫滩上部为灰褐色黏土，厚2米以下；下部为砂砾石层。砾径一般为3～5厘米，成分有石英岩、花岗岩、变质岩、砂岩等。砾石分选性、磨圆度均好，角度不整合于老地层之上。

二、地质构造

区境在中生代三叠纪中期受印支地壳运动影响上升为陆地。至侏罗纪初期复沉降为湖泊，连续沉积为以红色为主的一系列浅水湖相碎屑岩，到侏罗纪末期逐渐上升为红色泥岩沉积地块的陆地，受新生代喜山运动影响而结束湖泊过程。在历次新构造运动中未发生强烈地震变动，但有振荡性、间歇性，从而缓慢形成龙泉山南翼褶皱和川中褶皱带及威远旋纽北缘波及区。地层倾角小，一般为2～3度，个别达4～8度，基本保持沉积岩层的水平层状构造。地质构造简单，未发生明显断层、向斜、背斜构造，陡岩附近有由重力作用形成的零星小断层或小滑坡体。出露地表岩层绝大部分为平缓的单向倾斜岩质，沱江岸区附近略有隆起。沱江东部地区岸层向东北方向倾斜，西部岩层向西北方向倾斜，倾角均在2～8度之间。

第二节　地　貌

一、地势特征

资阳市雁江区地处龙泉山南翼四川巨形沉降盆地西部，地势走向为东部、西部、东北及西北部高，中央沱江南北纵贯左右岸区及西南部渐低。全境地势起伏不大，平均海拔425米，相对高度在40～90米之间，最高点在东部回龙乡老鸦山，海拔544米；最低点在南部伍隍镇罗家坝沱江中心，海拔316.8米，最大高低差227.2米。地属四川盆地红岩丘陵区，间以沿江（河）平坝。东西部、东北、西北部由遂宁组、蓬莱镇组岩层构造成塔状中丘、平缓中丘，一般海拔460～540米，比高50～100米。中部及西南部由遂宁组、上沙溪庙组岩层构造成宽缓浅丘，一般海拔390～460米，比高20～40米。丘陵多为浑圆形或长条形、桌状浅丘和中丘，岗丘杂陈，连绵起伏，山脊走向不甚明显，沟冲纵横曲折，谷坡平缓，覆盖紫红色砂页岩互层。

二、地貌类型

根据沟谷对地表的切割深度和江河冲积形成状况，将区境内地貌大致划分为中丘区、浅丘区、平坝区三类地貌类型。

中丘区主要分布在东部新场、回龙、丹山，东北部老君、保和，西北部临江等乡镇和中和镇北部及中南部南津镇的部分地区，总面积249.75平方公里，占全区辖区面积的15.3%。中丘区内岗丘连绵起伏，谷深长而曲折，丘坡高陡，丘谷之间高差60～100米，坡度30～40度。少数中丘区多驼脊状高丘深谷，沱江两岸近区个别地方侵蚀基准面低，坡降度大，形成不长的“V”形谷。

浅丘区主要分布在西部祥符，东南部伍隍、堪嘉、石岭，南部忠义、碑记，西南部迎接、丰裕，东南部东峰、小院等乡镇和南津、清水、中和、松涛等乡镇部分地区，总面积1281.38平方公里，占全区辖区面积的78.5%。海拔在390～460米之间，相对高差30～60米。浅丘区内谷平丘缓，受风化剥蚀严重地区谷底宽阔。丘顶浑圆孤立呈不连绵的圆顶丘，抗风化剥蚀较强地区常形成桌状平顶丘，并可见小型崩塌现象。

平坝区及河漫滩及一、二级台阶地断续分布在沱江及其支流沿岸，总面积101.2平方公里，占辖区面积的6.2%。河漫滩一般高出水面3米以内，沱江沿岸河漫滩较宽，一般宽度为50～100米，江面宽阔区多河心滩地，长宽直径100～500米。一、二级阶地高出水面5～40米，海拔在362～410米之间。一级阶地由江河冲积而成，二级阶地由冰水堆积而成，阶面平整，微向江河倾斜，一般长1000～5000米，宽100～2000米。沱江沿岸阶地较宽，其支流阳化河、九曲河、孔子溪等河流沿岸阶地较窄。沱江沿岸还分布有少数冰水堆积而成的三级阶地，一般高出水平面40～60米，宽200～1000米，阶面受严重侵蚀切割而不平整。

三、较高山丘

巍峰山　回龙乡境内，为猪脊式山丘。主峰老鸦山，海拔544米，为区境内最高点。

冷家山　回龙乡境内，海拔485米。

成仙寺山　位于丹山镇成仙寺村。山因寺而名，海拔503.4米。

磨子岩山　丹山镇东北，海拔532米。

马鞍山　新场乡西，海拔503米。

帽合山　丹山镇南（响峒），海拔531.9米，以形似帽盒而名。

大山坡　丹山镇南（响峒），海拔492米。

仰天窝山　丹山镇内，海拔525米。山内有一大坑，深3米许，宽约10余米，被称作“仰天窝”，又因常年水盈坑满被称作“天池”。

罗高山　小院镇东北（隆相场），海拔485米。

墨池山　伍隍镇东北（长生境内），海拔483米。山内有池，因池深积水蓝黑，色如墨，被称墨池，山以池名。

斗碗山　石岭镇东北（斗碗寨），海拔486米，其顶浑圆如碗，故名。

狮子山　伍隍镇境内，海拔512米。山处古驿道旁，其形如狮，立山巅可远视沱江岸。

兴福寨山　伍隍镇境内，海拔516.7米。清初乡民于此筑寨以避兵祸，名兴福寨，此山因之得名。

罗汉洞山　中和镇凉风坳，海拔483米。山岩上有人工开凿山洞，洞内镌有石佛数十尊和明万历壬辰年重修罗汉洞碑记。

罗神庙山　南津镇东（刘家庙境内），海拔489米。因山上建有罗神庙而名。

圆头山　保和镇西南（东安寺），海拔498米。其山顶浑圆，故名。

老君山　老君镇境内，海拔487米。立于山顶可远眺沱江蜿蜒入境之状。

干家沟山　老君镇境内，海拔489.4米。

傅家大山 宝台镇东北（大洪坳境内），海拔503米。

团顶山 临江镇东南（昆仑山系），海拔484.6米。

焦柏山 迎接镇境内，海拔484米。旧名资山。又因山丘浑圆，秀立挺拔，独出周边群山，又名独秀山。

哨蓬山 临江镇南（清泉铺境内），海拔481米。古时为避兵祸，山头建有哨蓬，故名。

白岩山 临江镇东南（昆仑山系），海拔480米。山势挺拔，植被茂密，常年云雾缭绕，又名白云山。

第二章 自然资源

第一节 光能、气温

一、光能

1986—2005年年平均日照时数为1209.8小时，日照百分率26.3%。日照时数最多年为1997年，达1454.9小时，比累年平均日照时数多20.3%；最少年为2005年，仅708.7小时，比累年平均日照时数少41.4%。年度之间日照时数最大年较差746.2小时。累年月平均日照时数最多的是7月，达160.0小时；最少为12月，仅42.7小时。一年中夏季日照百分率最多，春季次之，秋季再次之，冬季最少。累年月平均日照百分率以7、8月最大，分别达37.0%、39.0%；最小为12月，仅13.0%。

资阳市雁江区1986—2005年各月平均日照时数对照表

表2-1 单位：小时

月平均日照时数	1月	2月	3月	4月	5月	6月
	49.2	59.5	97.9	139.4	142.9	127.7
	7月	8月	9月	10月	11月	12月
	160.0	158.9	100.9	69.1	61.8	42.7
月日照百分率（%）	1月	2月	3月	4月	5月	6月
	15	19	26	36	34	30
	7月	8月	9月	10月	11月	12月
	37	39	27	20	19	13

二、气温

由于太阳辐射热能供给多寡的变化，致1986—2005年间各年度气温出现小幅波动上扬和累年平均气温及年内各月、季气温的变化。20年气温变化总趋势是：20世纪80年代中期至90年代初期年均气温走势较为平和，仅有小幅波动；90 年代中后期至 21 世初期，气温上升趋势明显，每 5 年平均走势呈梯步形上升。1986—2005 年年平均气温 17.4℃，1998 年为年平均气温最高年，达 18.3 ℃，比累年平均气温高 0.9 ℃；1989 年为年平均气温最低年，仅 16.7 ℃，比累年平均气温低 0.7 ℃。高低年相差 1.6 ℃。年际间气温低于累年平均气温 0.4 ℃的主要集中在 1986—1996 年，高出 0.4 ℃的集中在 1997—2005 年，气温年较差最大是 1994 年，为 23.7℃；最小年较差是 1999 年，为 18.4 ℃；平均年较差 20.3 ℃。

1986—2005 年区内各月平均气温变化大，年内 7 月最高，1 月最低，高低月气温差 20.0℃。其间≥35.0 ℃的天数 188 天，年均 9.4 天；≤0 ℃的天数 44 天，年均 2.2 天；极端最高气温 38.6 ℃，出现在 1994 年 8 月 12 日；极端最低气温 -2.6 ℃，出现在 1989 年 1 月 14 日。

资阳市雁江区 1986—2005 年各月气温变化情况表

表 2-2　　　　单位:℃

项目 月份	平均气温	平均最高气温	平均最低气温	极端最高气温			极端最低气温		
				极值	年度	日期	极值	年度	日期
1 月	6.8	10.3	4.4	18.9	2003	22	-2.6	1989	14
2 月	9.0	12.8	6.3	23.2	2003	24	0.2	1986	10
3 月	12.9	17.3	9.7	31.9	2003	20	-0.3	1986	4
4 月	18.2	23.3	14.5	34.1	1998 2004	23 21、22	6.3	1996	2
5 月	22.4	27.4	18.6	37.8	1988	3	9.2	1991	9
6 月	24.7	29.1	21.4	36.6	1987	3	14.9	1990	1
7 月	26.8	31.3	23.5	38.2	2001	14	17.9	1989	29
8 月	26.2	30.9	22.9	38.6	1994	12	16.5	1999	22
9 月	22.7	27.0	19.9	38.0	1995	5	13.4	1997	27
10 月	17.8	21.4	15.5	31.0	2002	1	4.7	1986	29
11 月	13.2	16.9	10.8	25.6	2003	2	1.7	1987	29
12 月	8.3	11.5	6.1	19.4	2002	5	-1.9	1991	27
年平均	17.4	21.6	14.5	—	—	—	—	—	—

1986—2005 年累年平均蒸发量 1095.0 毫米。年最大蒸发量 1245.7 毫米，出现在 2002 年；年最小蒸发量为 935.6 毫米，出现在 1989 年。累年月均蒸发量 91.3 毫米。月均最大蒸发量 153.9 毫米，出现在 5 月；月均最小蒸发量 30.7 毫米，出现在 12 月。夏半年（5—10 月）降水量多于蒸发量，冬半年（11 月至次年 4 月）蒸发量大于降水量。

第二节 水

一、降水

（一）降雨

境内雨量较充沛，但时空分布不均，常有冬干、春旱、夏伏旱发生，甚至一年多旱。降雨集中，年月差异明显，偶见洪涝灾害降临。初夏绵雨，影响夏粮收晒；仲秋淫淋，造成秋粮歉收。

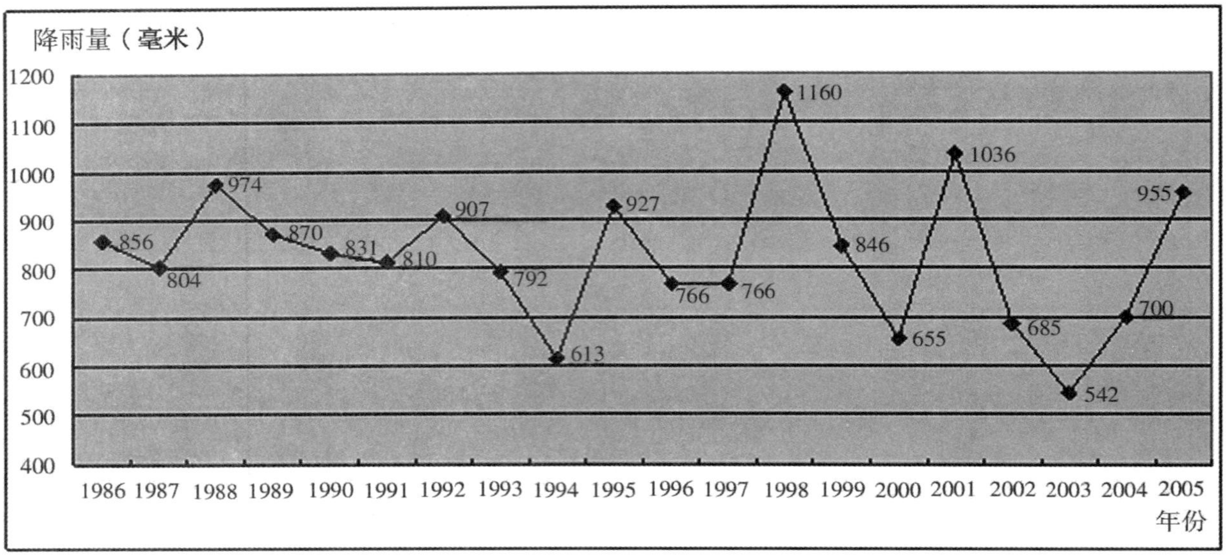

图 2－1　资阳市雁江区 1986—2005 年各年度降雨量分布图

1986—2005 年，累年平均降雨量 824.7 毫米，比 1957—1985 年累年平均降水量（含雨露雪）998.1 毫米少 17.4%。降雨最多年为 1998 年，达 1159.8 毫米，比累年平均降雨量多 40.6%；降雨最少年为 2003 年，仅 542.2 毫米，比累年平均降雨量少 34.3%。降雨最多、最少年差 617.6 毫米。

年际间降雨总体趋势是：1986—1992 年波动较小，走势较为平和，年际高低差 170.7 毫米；1993—2005 年波动大，走势极不稳定，年际变化明显增大，高低差 617.6 毫米，是 1986—1992 年波动幅度的 3.6 倍。

累年月平均降雨量 68.7 毫米，年内降雨最多月为 7 月、8 月，累年月均 162.0 毫米、179.8 毫米，两月总降雨量占累年平均降雨量的 41.4%。但该时段年际间降雨量极不稳定，1988 年 7 月降雨量 306.3 毫米，2002 年 7 月降雨量仅 45.2 毫米，年际该月差 261.1 毫米；1998 年 8 月降雨量 430.7 毫米，1994 年 8 月降雨 29.4 毫米，年际该月差 401.3 毫米。年内月平均降水量最少的是 1 月、12 月，累年月平均降雨量是 11.1 毫米、8.9 毫米，两月总降雨量仅占累年平均降雨量的 2.4%，该时段降雨量较稳定。

1986—2005 年间，月最大降雨量为 1998 年 8 月，达 430.7 毫米；月最小降雨量为 1996 年 12 月，仅 0.5 毫米。日最大降雨量为 2001 年 8 月 19 日，达 148.4 毫米。1 小时最大降雨量为 1998 年 8 月 23 日 1 时 47 分至 2 时 47 分，达 102.5 毫米。10 分钟最大降雨量为 1998 年 8 月 23 日 1 时 52 分至 2 时 2

分，达29.6毫米。

1986—2005年间，累年平均≥0.1毫米降雨日数136天，最多年为2005年，达到162天；最少年分别为1994年、1998年、2003年，少到121天。年内月平均降雨日数最多的是9月、10月，共14.1天，最少是12月，共7.1天。累年平均≥10毫米降雨日数22天，≥25毫米7天，≥50毫米3天，≥100毫米0.3天。

资阳市雁江区1986—2005年累年月均降雨及各量级降雨情况表

表2-3　　单位：毫米、天

项目 月份	累年月均降雨情况（毫米）							各量级降雨日数（天）			
	月平均	最多年	最少年	上旬平均	中旬平均	下旬平均	一日最大	≥0.1毫米	≥10毫米	≥25毫米	≥50毫米
1月	11.1	21.7	3.7	2.0	5.0	4.3	17.0	8.1	—	—	—
2月	15.2	46.8	1.4	4.9	6.2	4.9	25.0	8.8	—	—	—
3月	29.4	86.7	9.2	8.2	9.4	11.9	21.2	10.4	0.5	0.3	—
4月	48.5	110.9	15.5	18.6	12.5	17.5	52.2	11.4	1.4	0.6	—
5月	76.5	153.1	15.9	21.1	25.7	30.3	74.6	12.6	2.1	1.3	0.3
6月	133.8	224.9	37.2	33.4	59.8	40.8	72.1	13.9	4.4	1.9	0.7
7月	162.0	306.3	45.2	43.1	53.9	62.8	143.8	13.7	4.8	2.0	1.1
8月	179.8	430.7	29.4	61.8	79.7	41.4	148.4	13.0	4.8	0.8	0.8
9月	96.3	231.7	6.3	41.6	31.1	25.6	99.1	14.1	2.9	0.1	0.1
10月	44.4	79.7	15.7	18.7	17.8	7.9	37.4	14.1	1.0	—	—
11月	18.7	39.4	1.1	5.9	9.9	3.6	23.7	9.0	0.1	—	—
12月	8.9	35.8	0.5	4.0	2.7	2.3	16.2	7.1	—	—	—
全年	824.7	—	—	21.9	26.1	21.1	148.4	136	22	7	3

（二）雪、霜、雾

1986—2005年累计降雪日22天，年平均降雪1.1天。降雪日数最多年为1996年，达5天；1987、1990、1992、1993、1995、1997、1999—2001、2003、2004年共11年为无降雪年。最早初雪日为2002年12月25日，最晚为1986年2月27日，最晚终雪日为1986年3月1日。降雪一般为雨雪同降，有时也为纯雪，通常随降随化。累年积雪日共3天，最大积雪深度2厘米。

1986—2005年累年有霜日129天，年平均有霜日6.5天。无霜期长，累年平均无霜期322.4天，最长366天（2004年），最短289天（1996年）。有霜日最多为12天，出现在1990年、1992年、2001年。有霜日主要出现在隆冬的12月至次年1月，以1月为最多。初霜日出现最早为1992年11月9日，最晚出现为1998年1月8日；终霜日出现最早为1991年1月6日和2002年的1月6日，出现最晚为1986年3月6日。

累年共有雾日1252天，年平均62.6天。年内11月到次年1月雾日多，春、夏季很难有雾。雾日最多年为1992年，达83天；最少年为2005年，仅33天。

二、水系

雁江区地处沱江中游。沱江自北而南纵贯全境，将区境划作沱东、沱西两大部分。其支流阳化河、清水河与九曲河、球溪河等接纳20余条沟河溪涧之水，自东北、西北、西南注入沱江，构成雁江区域树枝状沱江水系。此水系中有流域面积100平方公里以上主要河流7条、流域面积6~50平方公里溪流沟涧18条。这些河流溪涧在全境串联起65座中小型水库、5096口山平塘、628处石河堰，拦截地表径流水，将一个降水、径流低值，水资源相对贫乏区变作基本自给有余的丰水区。

沱江 发源于绵竹县断岩头大黑湾，流经绵竹、金堂、简阳，自境北老君镇北缘流入雁江区，逶迤盘旋，经临江、保和、中和、松涛、雁江、宝台、迎接、清水、丰裕、南津、忠义、碑记、伍隍，在石岭镇罗家坝出境，境内全长86.5公里。再经资中、内江、富顺、泸县，在泸州市注入长江，全长629公里。境内沱江段江面宽300~400米，砂石底河道，江流弯曲，水势较平稳，险滩急流不多。两岸有河谷亦有平川，地形较平缓。河谷地带多呈V字形状，沿江有冲击沙洲坝24个。1986—2005年平均径流量70.68亿立方米，累年平均流量292立方米/秒。在老君入口海拔高度为363.5米，石岭罗家坝出境海拔高度为316.8米，天然落差46.7米，河床比降0.54‰，河流弯曲度2.2度。

阳化河 本名杨花河，发源于中江县石笋，流经金堂、简阳，在境北老君镇高龙入境，流经普光寺接纳大溪沟水，再至双河场接纳童家河水，经杨花场、黄连沱、文龙寺，在雁家坝两河口注入沱江，在境内主河道干长37.2公里，流域面积274.3平方公里。阳化河从发源到出口全长136.5公里，流域面积1961平方公里，境内段河面宽50~80米，1986—2005年累年平均流量18.97立方米/秒，入境海拔高度365米，雁家坝两河口出口海拔高程348.6米，天然落差16.4米，河床比降0.52‰。

九曲河 又名资溪，发源于简阳市芦葭镇永宁河，在境西北胜佛场入境，经祥符、临江、松涛，沿途接纳周家沟、王扁沟、花椒沟三溪流水，在附城黄鳝溪注入沱江。河道迂回曲折，河床很不稳定，称之“九曲”。境内段长30.2公里，入境海拔高度379米，出口海拔高度343米，天然落差36米。境内流域面积216.78平方公里，1986—2005年年平均流量3.5立方米/秒，河床比降1.2‰。

清水河 发源于境内丹山镇地王庙，向西南流经中和镇龙潭，接纳桥亭子溪水及坳店子溪，至黄古桥接纳清水溪，过迎仙桥，在李家坝注入沱江，全长41.4公里，流域面积143.3平方公里，1986—2005年年平均流量1.27立方米/秒。发源地海拔高度418米，注入沱江河口海拔高度337.9米，天然落差80.1米，河床比降1.94‰。

龙水 发源于仁寿县钢铁乡，经资中球溪、在碑记镇汪家山入区境，环绕雁江、资中界蜿蜒北行，曲折向东南至资中顺河地界出境，在大河口注入沱江。干流处在交界处，犬牙交错，境内干流段3.9公里。其支流珠溪俗作球溪，源出资中县罗泉井，经球溪场注入龙水。龙水干流境内流域面积25.8平方公里，沿途支流流域面积122.4平方公里。

童家河 为阳化河主要支流，发源于乐至县童家镇，经桂林在境西北七星桥流入雁江区境，经中和、太和、永泰、吉祥、沿途接纳诸溪流水，在长乐双河口汇入阳化河。境内河道长22.1公里，流域面积171平方公里。入境海拔高度380米，出口海拔高度357.7米，天然落差22.3米，河床比降1.01‰，1986—2005年年平均流量4.41立方米/秒。

濛溪河 发源于乐至县新中，在境东新场乡双桥入境，汇源于丹山镇磐石场龚家沟之新场乡溪，向南经回龙、鲁家、相隆，于半边山之东流入安岳县境。经建设绕过华严寺在红花滩复入区境，沿雁江、安岳、资中界蜿蜒南行，纳三江口河水，在堪嘉镇水口庙流入资中县境。区境流长69.8公里，流域面积802.5平方公里，入境海拔高度418米，出境海拔高度327米，天然落差91米，河床比降1.3‰，1986—2005年年平均流量6.87立方米/秒。

三江口河　濛溪河支流，发源于境内丹山镇楠木沟，经新场乡义和、小院镇隆相、同心南流，在张谷坝纳牛崽桥溪水，至三江口汇入濛溪河。河道全长35.7公里，流域面积254.7平方公里。河源海拔高度458米，出口海拔高度360米，天然落差98米，河床比降2.75‰，1986—2005年年平均流量1.66立方米/秒。

泉水沟溪　发源于老君镇境，在大石包注入沱江。溪流全长6.25公里，流域面积11.63平方公里，溪源海拔高度412米，出口海拔高度362米，天然落差50米，河床比降8.0‰，溪流弯曲度1.56。

马蹄沟溪　源于青枫垭，出于广佛场，溪流全长5.75公里，流域面积14.25平方公里，溪源海拔382米，出口海拔350.8米，天然落差32.8米，河床比降5.4‰，溪流弯曲度1.64。

黄泥河　源于板庙沟，出于拱宸铺，溪流全长21.3公里，流域面积46.75平方公里，溪源海拔407.5米，出口海拔314.9米，天然落差92.6米，河床比降3.1‰，溪流弯曲度1.91。

板板桥河　源于沙坝沟，出于飞虹铺，溪流全长8.0公里，流域面积16.0平方公里，溪源海拔409.0米，出口海拔338.7米，天然落差70.3米，河床比降8.8‰，溪流弯曲度1.47。

双河　源于水观音，出于南津驿，溪河全长7.63公里，流域面积15.4平方公里，河源海拔392米，出口海拔336.3米，天然落差55.7米，河床比降7.3‰，河流弯曲度1.73。

新添河　源于新店子，出于大佛沱，河流全长22.5公里，流域面积39.0平方公里，河源海拔404米，出口海拔329米，天然落差75米，河床比降3.3‰，河流弯曲度2.21。

盐井河　源于盐井沟，汇入铜钟河，河流全长4.0公里，流域面积7.25平方公里，河源海拔357米，出口海拔324.4米，天然落差32.6米，河床比降8.0‰，河流弯曲度1.21。

甘露河　源于甘石滩，出于资中甘露寺，河流全长15.0公里，境内流域面积34.5平方公里，河源海拔405米，出口海拔316米，天然落差89米，河床比降6.0‰，河道弯曲度1.50。

龙洞河　源于红庙子，出于资中板板桥，河流全长15.8公里，境内流域面积20.8平方公里，河源海拔389米，出口海拔313.6米，天然落差75.4米，河床比降4.8‰，河道弯曲度1.62。

文江河　源于斗碗岩，出于资中文江渡，河流全长17.0公里，境内流域面积18.5平方公里，河源海拔390米，出口海拔310米，天然落差80米，河床比降4.7‰，河道弯曲度1.60。

干家河　源于胡家湾，出于干家河坝，河流全长5.13公里，流域面积7.87平方公里，河源海拔398米，出口海拔358米，天然落差40米，河床比降7.7‰，河道弯曲度1.18。

墨池河　源于干家湾，出于墨池坝，河流全长3.75公里，流域面积10.13平方公里，河源海拔378米，出口海拔352米，天然落差26米，河床比降6.9‰，河道弯曲度1.25。

孔子溪　源于程家湾，汇入王二溪大坝，溪流全长21.5公里，流域面积52.70平方公里，溪源海拔407米，出口海拔329米，天然落差78米，河床比降3.6‰，河道弯曲度1.75。

苌弘溪　源于大堰塘，汇入忠义场，溪流全长7.0公里，流域面积13.40平方公里，溪源海拔395米，出口海拔329米，天然落差66米，河床比降9.4‰，河道弯曲度1.37。

碑记河　源于双桥，出于象鼻咀，河流全长10.6公里，流域面积32.2平方公里，河源海拔380米，出口海拔328米，天然落差52米，河床比降4.9‰，河道弯曲度2.30。

黄板河 源于刘本沟，出于资中梁家坝，河流全长11.5公里，境内流域面积32.45平方公里，河源海拔410米，出口海拔358.9米，天然落差51.1米，河床比降4.4‰，河道弯曲度1.70。

配龙河 源于五根柏树，出于资中配龙场，河流全长21.25公里，境内流域面积44.50平方公里，河源海拔400米，出口海拔332米，天然落差68米，河床比降3.2‰，河道弯曲度1.97。

董家河 源于柏树湾，出于董家桥，河流全长5.75公里，流域面积8.0平方公里，河源海拔396米，出口海拔347.7米，天然落差48.3米，河床比降7.4‰，河道弯曲度1.44。

泉水沟溪以下18条溪河源短流小，洪枯变化大，雨大易灾，无雨断流。这些溪河分别在境内外自汇或通过沱江支流汇入沱江。

三、水文

境内水资源累年平均总量82.398亿立方米，其中地表水81.335亿立方米，占水资源总量的98.71%；地下水1.063亿立方米，占水资源总量的1.29%。

地表水 本地地表水4.624亿立方米，占年地表水总量的5.69%，过境地表水累年平均为76.711亿立方米，占地表水总量的94.31%。本地地表水丰水年为6.536亿立方米，平水年4.161亿立方米，偏枯年仅有2.727亿立方米，枯水年少到1.350亿立方米。过境地表水主要通过沱江、阳化河、濛溪、九曲河引外。沱江来水为境内主要地表来水，累年平均70.680亿立方米，占境内过境地表水的92.14%，丰水年高达81.150亿立方米，平水年69.880亿立方米，偏枯年61.890亿立方米，枯水年亦有50.510亿立方米。阳化河次之，平水年累年平均4.444亿立方米，偏枯年2.177亿立方米。濛溪再次之，累年平均1.133亿立方米，偏枯年0.635亿立方米。九曲河居其后，累年平均0.454亿立方米，偏枯年0.290亿立方米。

地下水 地下水不甚丰富。其中红层基岩裂隙溶孔水0.997亿立方米，占区境地下水总量的93.81%；河漫滩和阶地第四系孔隙潜水0.066亿立方米，占总量的6.19%。红层基岩裂隙深孔水以遂宁组地区较丰富，蓬莱镇组次之，上沙溪庙组再次之。境内地下水年平均可开采量0.820亿立方米；已开采0.131亿立方米，占可开采量的15.98%。

第三节　土　地

一、土壤类型

根据气候、成土母质及水文、植被等成土条件对区境土壤的影响，将区内土壤分作紫色土、黄壤土、冲积土、水稻土4个土类，6个亚类、15个土属、53个土种、14个变种。

紫色土类 1986年有53279.7公顷，占耕地面积76993.8公顷的69.2%；2005年下降为45298.3公顷。本土类由侏罗系紫色泥岩风化物发育而成，均属石灰性紫色土亚类。其中的灰棕紫泥土属分布于区境南部丘陵区，地貌多属方山，由上沙溪庙组厚紫灰、残积物发育而成。土壤质地偏轻，胶体本质较好，土层较深厚，保水保肥和抗逆力强，结构良好，宜耕期长，宜种性广。红棕紫泥土属分布于区境中部，地貌多属馒头丘。该土属由遂宁组厚泥岩发育而成，土壤发育浅，胶体品质差，夹有大小不等的石砾碎屑，土层厚薄不均，肥力差异大。棕紫泥土属分布于区境北部，由蓬莱镇组沙页岩互层发育而成，土壤质地好，保水保肥及抗旱力次于灰棕紫泥土，优于红棕紫泥土。

黄壤土类 1986年有1847.9公顷，占耕地面积的2.4%。2005年下降为1571.0公顷。黄壤土类下分沙黄泥、老冲积泥、姜石黄泥3个土属，分布于区境南部中丘区的中谷丘坡和沱江、阳化河沿岸二、三级阶地，由上沙溪庙组黄沙泥岩风化残积物及第四系砾石和黏土发育而成，土壤瘠薄，养分贫乏，土质黏重板结或沙砾成分重，多夹卵石，酸性缺磷。

冲积土类 亦称潮土，属河流冲积土亚类。1986年有1000.9公顷，占耕地面积的1.3%；2005年下降为851公顷。分布于区境沱江、阳化河、濛溪河、九曲河沿岸冲积坝上，由新生代河流冲击物和洪积物发育而成。土壤层厚，保水保肥及抗旱力强，土壤颗粒结构均匀，耕性良好，宜种度广，光、热、水、气条件好。

水稻土类 泛指水地，1986年有20851公顷，占耕地面积的27.08%；2005年下降为18543公顷，占耕地面积的24.08%。此土类由长期水耕熟化发育而成。分冲击性、黄壤性、紫色性水稻土3个亚类。冲击性水稻土分布于沱江及其支流沿岸平坝上，保肥力强，宜耕性好。黄壤性水稻土分布于沱江沿岸二、三级阶地，土质黏重，养分贫乏，宜耕性差。紫色性水稻土遍布全区各地，占区境水稻土的91.2%，分为灰棕紫色水稻土、棕紫色水稻土、红棕紫色水稻土3个土属，以前二者在区境面积最大。灰棕紫色土土层深厚，矿物质养分丰富，供肥保肥力强。棕紫色水稻土质地好，耕作层质地黏性较大。红棕紫色水稻土质地黏重，呈微碱性，保水保肥力差。

二、土地区划

根据地势地貌特征和土类差异，将区境土地划分为连岗状中丘中谷棕紫泥土区、馒头状低丘宽谷红棕紫泥土区、桌状低丘中谷灰棕紫泥土区等3个土地区，内分2个亚区。

连岗状中丘中谷棕紫泥土区分布于区境北部老君、保和、中和、丹山、新场等乡镇的大部地区和临江、祥符、松涛等镇的一部分地区，土地面积43438公顷，其中1986年耕地面积23209公顷，2005年下降为20147公顷。区内地势偏高，丘坡较陡，降水量偏低，光热条件较好。土壤组合以棕紫泥土为主，零星分布姜石黄泥、老冲击黄泥和灰棕紫泥土，质地中等，盐基物质丰富，富钙镁，有机质含量不高，氮磷不足。水稻土在耕地面积中占30.1%，旱地土宜种性广。该区是粮油、烟、果主产区。

馒头状低丘宽谷红棕紫泥土区分布在区境中部的祥符、中和、丹山、新场等乡镇南部，松涛、雁江、宝台、迎接、清水、回龙等乡镇全部及丰裕、南津、东峰等乡镇北部地区，土地面积57725公顷，其中1986年耕地面积24653公顷，2005年下降为21324公顷。该区内谷宽曲折平缓、丘坡较陡、光热条件好，地下水较丰富。土壤组合以棕紫泥土为主，间以少量老冲积土，岩性单一，土壤先天风化浅，富钙镁、钾等盐基物质，通透性能好，色深吸热快，主种红苕、花生、烤烟、海椒、玉米、小麦、水稻、西瓜等作物。该土区分馒头状低丘宽谷河坝区、馒头状低丘宽谷丘坡区2个亚区。河坝区以菜、果、粮种植为主，分布在资阳市城区周围雁江、松涛、宝台等镇，土地面积14400公顷，其中1986年耕地面积5189公顷，2005年下降为4411公顷。区内多灰棕紫色冲击土，土壤肥沃，养分丰富，抗逆性强，含钾量不高。老冲击黄土掺沙效果好，水、肥、光、热条件均优。丘坡亚区分布在丹山、回龙、清水、南津、东峰、小院、迎接、丰裕、松涛、祥符等乡镇，土地面积43325公顷，其中1986年耕地面积19463公顷，2005年下降为16544公顷。该亚区以红棕紫泥土壤为主，旱地中石骨土多，土壤中有机质、氮、磷含量少，粗、薄、干、瘦特征突出，水稻土烂泥田较多，高水肥作物生长较差，主产花生、烤烟、红苕、海椒、豌豆。

桌状低丘中谷灰棕紫泥土区分布于区境南部伍隍、堪嘉、石岭、丰裕、忠义、碑记、南津、迎接等乡镇大部及祥符、松涛等镇一部分地区，土地面积61625公顷，1986年耕地面积29926公顷，2005年下降为25437公顷。区内丘坡较缓，台阶明显，冬暖春旱，光、热条件较好，矿物质养分多，土层深厚肥沃，保肥保水及水热稳定性强。土壤以灰棕紫泥土为主，零星分布黄酸化的沙黄泥土和老冲积黄泥土，土壤胶体品质好。旱地中石骨子土少，大泥土多；水田中冬水田面积大。本区宜种性广，是全区玉米、水稻、黄豆、甘蔗、黄麻、蚕桑主产区。

三、土地资源利用

1986—2005年间，随着经济社会发展，土地利用状况不断发生变化。1986年，全县有耕地76993.8公顷，占土地总面积的47.17%。其中田20851公顷、旱地56142.8公顷，人均耕地1.22市亩、农业人口人均耕地1.37市亩。园林地20458.7公顷，占土地总面积的12.53%。其中林地17333公顷、园地3125.7公顷。城乡居民住房占地10094.7公顷，占土地总面积的6.18%。其中城镇（含机关事业等单位）4421.9公顷、农村5672.8公顷。城乡工矿占地5612公顷，占土地总面积的3.44%。交通用地8428.3公顷，占土地总面积的5.16%。其中铁路517公顷、公路5857.3公顷、农村道路2054公顷，分别占交通用地的6.13%、69.50%、24.37%。水域7055公顷，占土地总面积的4.32%。其中江河3523公顷、水库1259公顷、坑塘1278公顷、苇地489公顷、沟渠506公顷，分别占水域面积的49.94%、17.85%、18.11%、6.93%、7.17%。疏林草地1573公顷，占土地总面积的0.96%。其中疏林草地806公顷、纯草地767公顷。其他占地16281公顷，占土地总面积的9.98%。荒地及未利用地16736公顷，占土地总面积的10.25%。随着水果业、交通运输业的不断发展和住房建设的加快，耕地不断减少。1996年，共有耕地75523公顷，占土地总面积的46.27%，比1986年（下同）下降0.9个百分点；园林地20308.7公顷，占总面积的12.44%，下降0.09个百分点；城乡居民住房及工矿占地16417.3公顷，占总面积的10.06%，增加0.44个百分点；交通用地9018.4公顷，占总面积的5.52%，增加0.36个百分点；水域11009.5公顷，占总面积的6.74%，增加2.42个百分点；疏林草地1581公顷，占总面积的0.97%，持平；其他占地和未利用地29375.1公顷，占总面积的17.99%，下降2.25个百分点。

20世纪后期至21世纪初期，城镇化建设、交通建设和工业发展步伐加快，加之退耕还林工程的实施，园地、林地、居民点及工矿用地、交通占地逐年增加，耕地面积减少，土地利用状况发生较大变化。据2005年土地利用现状变更调查，全区土地总面积变更为163262.34公顷，实有耕地面积65460公顷，占总面积的40.09%，比1996年（下同）下降6.18个百分点；园林地26173.4公顷，占总面积的16.03%，增加3.59个百分点；居民点及工矿用地17925.6公顷，占总面积的10.98%，增加0.92个百分点；交通运输用地9690.8公顷，占总面积的5.94%；水域12426.7公顷，占总面积的7.61%；其他用地22409.2公顷，占总面积的13.72%；未利用地9176.6公顷，占土地总面积的5.63%。

资阳市雁江区 1986—2005 年实有耕地面积变动情况表

表 2－4　　　　单位：公顷、亩

项目 年度	年末耕地（公顷）			总人口人均耕地(亩)	农业人口人均耕地（亩）				当年新增耕地	当年减少耕地（公顷）	
	合计	田	土		人均	田	土	田土比重		面积	基建占地
1986	76994	20851	56143	1.22	1.37	0.37	1.00	27:73	0.3	77	31
1987	76938	25850	56088	1.20	1.35	0.37	0.98	27:73	1	57	23
1988	76838	20879	55959	1.18	1.34	0.36	0.98	27:73	4	113	34
1989	76615	20849	55766	1.15	1.29	0.35	0.94	27:73	2	230	11
1990	76448	20822	55626	1.11	1.25	0.34	0.91	27:73	5	172	127
1991	76377	20830	55547	1.10	1.24	0.34	0.90	27:73	14	85	38
1992	76244	20778	55466	1.10	1.25	0.34	0.91	27:73	9	142	88
1993	76079	20552	55527	1.10	1.25	0.34	0.91	27:73	4	169	81
1994	76013	20519	55494	1.10	1.25	0.34	0.91	27:73	2	69	28
1995	75773	20530	55243	1.09	1.26	0.34	0.92	27:73	5	172	127
1996	75523	20541	54982	1.09	1.26	0.34	0.92	27:73	1	51	13
1997	75360	20501	54859	1.09	1.26	0.34	0.92	27:73	9	305	137
1998	75124	20397	54727	1.08	1.26	0.34	0.92	27:73	1	304	118
1999	75022	20387	54635	1.07	1.27	0.34	0.93	27:73	2	104	51
2000	74262	20257	54005	1.06	1.25	0.34	0.91	27:73	60	216	38
2001	73086	20005	53081	1.05	1.26	0.34	0.92	27:73	15	320	19
2002	68819	19558	49261	0.98	1.18	0.34	0.84	28:72	327	5313	55
2003	66514	19525	46989	0.95	1.14	0.34	0.80	29:71	196	7408	88
2004	66112	19425	46687	0.94	1.14	0.34	0.80	29:71	385	787	67
2005	65460	18543	46917	0.92	1.11	0.31	0.80	28:72	0	652	34

注：人均耕地以市亩为单位，其他以公顷为单位

第四节　矿　产

境内主要矿藏有盐卤、页岩、沙石、矿泉水、黏土、石料、石灰石等，零星储藏有天然气、砂金、膨润土等。

一、盐卤

盐卤资源储藏于区境北部蓬莱镇组地层中。汉、唐时已有凿井汲卤制盐的记录，宋庆历年间引入卓筒井吸卤术，清末东北境的回龙、新场、永泰等乡开有盐井 20 余眼，民国初年陆续废弃。1958 年 11 月，县政府与永泰公社在九岭坳合办永泰钾镁肥田粉厂，修复民国废弃旧井，开凿新井，共 50 余

眼。后厂改名前进化工厂，继续扩大盐井数量。因卤水含盐量低，于1961年3月全部停产。

二、建材矿产

河沙、卵石 主产于区境沱江两岸的边滩、突岸地带，全区储量达7767万立方米。河沙以临江寺、墨池坝、雷音寺、飞虹铺等处藏量最多。卵石分人头石、圆石（直径2～4厘米）、豆石几种，北河坝、米二河坝、长沙埂等处分布面积大，产量多，20世纪80年代中期以来二十几年间开采量最大。

页岩 遍布境内各地，储量855万立方米。其中临江、老君、保和、中和等乡镇页岩质地细腻，品位高。

黏土 分布区境各地，储量极丰。黏土由砂岩风化形成，为中等压缩性土，具有防渗、抗变形物理性能，取用方便、宜作土坝、制作砖瓦等建材原料。

青石 境内大部分乡镇均有，储量丰富，尤以南津、丰裕等镇最多，仅南津镇观音、槽土两村33公顷土地范围内储量就达200万立方米，且品质好、易开采。

三、其他矿产

砂金 主藏于境内沱江河道，尤以董家坝、张家坝、白沙坝、金子滩为多。唐开元年间(713—742)即有境域贡麸金的记载。民国时期有开采，年产砂金1公斤左右，时采时停。1957年11月由县工业局组织沿江群众淘金，1977年停采，有“32人在金子滩一天两歇工淘金130克”的记载。

矿泉水 中丘区有产，以中和镇产矿泉水最佳，品质好，富含人体所需多种微量元素。

石油、天然气、膨润土藏量少，分布零星，无开采。

第五节 生 物

20世纪70年代后期以来，随着绿化工程的实施，森林植被恢复很快，生态环境日趋平衡，诸多濒临灭绝的动、植物获得新生和发展。

一、动物

（一）脊椎动物

鱼类 有6目16科91种，其中鲤科64种、鲍科6种，其他科21种。被列为保护的珍贵鱼类6种，区境塘、库、堰养殖的主要有鲤鱼（青鲤、镜鲤、荷包红鲤、沅江鲤、丰鲤等）、鲫鱼（日本白鲫、方正鲫鱼、本地鲫鱼等）、鰺鲦（欠氏鰺鲦、油鰺、本地鰺鲦等）、鲌鱼（红鳍鲌、代氏红鲌、尖头红鲌等）、鲶鱼（白鲢鱼）、鳙鱼（花鲢鱼）、乌鱼、长春鳊、团头鲂、银鳔鱼、银鲴、南方马口鱼、红眼鳟、宽头鳛、大鳍、乌鳢、尼罗非鱼、泥鳅（鱼鳅）、黄鳝（鳝鱼）等。

两栖爬行类 共有10科15种。蛙类主要有青蛙（田鸡）、牛蛙、蟾蜍（癞蛤蟆）；贝类有背角无齿蚌、河蚬、圆田螺（田螺蛳）、静水椎实螺等；甲壳类有草虾、淡水清虾、河蟹（螃蟹）、龙虾等；爬行类有龟（乌龟）、鳖（团鱼）、蛇等。

鸟类 有26科72种。主要有雉、鹰（老鹰、岩鹰）、鹞、鸠、布谷（包谷雀雀）、黄莺、杜鹃（阳雀）、百舌、燕子、百劳、鹭（白鹭）、凫（野鸭）、鸬鹚（鱼老鹰）、画眉、竹鸡、啄木鸟、相思鸟、喜鹊（四喜）、白头翁、野鸡、麻雀、翡翠（打鱼雀）、乌鸦（鸦雀）、秧鸡等。

野兽类 有7科16种。主要有草兔（野兔）、黄鼠狼、野猫、田鼠（山耗子）、狐狸、水獭（鱼毛子）、狗狍子等。

养殖类 共有11科42种。其中猪5种、牛9种、羊3种、兔4种、鸡5种、鸭6种、鹅3种、蜂2种、其他7种，主要有黄牛、水牛、奶牛、猪、马、山羊、绵羊、肉兔、长毛兔、家犬、哈巴犬、松潘犬、本地猫、波斯猫等。主要家禽有土鸡、来航、白洛克、澳洲黑、本地鸭、建昌鸭、北京鸭、苏州麻鸭、鹅、肉鸽、信鸽、鹌鹑等。作为玩禽的有鹦鹉、画眉、黄老鸦、八哥等。

（二）节肢动物

益虫 经普查，全区有益虫2纲8目34科79种，常见的有蚕、蜜蜂、螟蛉悬茧姬蜂、棉铃齿唇姬蜂、红铃虫甲腹茧蜂、广大腿小蜂、螟卵啮小蜂、拟澳洲赤眼蜂、黑青小蜂、橘团长脚胡蜂、异色瓢虫（花姑娘）、龟形瓢虫（花姑娘）、六星虎甲、小黄缘步甲、龙虱、青翅蚁形隐翅虫、大草蛉、黄足猎蝽、小花蝽、黄斑圆蛛、鳞蚊哺蛸、八斑球腹蛛、螳螂（山猴子）、草青螂、丁蚊狼蛛、棕管巢蛛、吉蚁跳蛛、斜纹猫蛛等。此外，还有蜻蜓、蚱蜢、蝉、萤火虫、蝴蝶、蚂蚁、黄蜂、牛角蜂、家蜘蛛、蚯蚓、蚂蟥等。

农作物害虫 主要有螟虫（钻心虫，分大螟、二化螟、三化螟3种）、稻苞虫、稻蓟马、稻螟蛉、稻纵卷叶螟、蚜虫、黏虫（分劳氏黏虫、普通黏虫、白脉黏虫3种）、土蚕（分小地老虎、八字老虎二种）、红蜘蛛、红铃虫、棉铃虫、金刚钻（打尖虫）、卷叶虫、造桥虫（趁趁虫）等。

林木害虫 有蜀柏毒蛾（小柏毛虫）、舞毒蛾（大柏毛虫）、桤木叶蜂、桤木叶甲、金花虫、樟蚕、蓑蛾（口袋虫）、叶蝉、青冈毛虫、天牛（花黄牛）、蚜虫、介壳虫等。

仓库害虫 共8目27科73种，常见的有玉米象（象鼻虫）、豌豆象（罐罐虫）、蚕豆象（胡豆虫）、大谷盗（谷老虎）、巨谷盗、米扁虫、长角扁谷盗、锈赤扁谷盗、赤拟谷盗、杂拟谷盗、黑菌虫、黑粉虫、谷囊、竹囊、裸蛛甲（红蜘蛛）、麦蛾（飞蛾）、米黑虫、毛良鱼等。

卫生害虫 主要有跳蚤、虱子、臭虫、苍蝇、蚊子、蟑螂（灶马子、偷油婆）、钩虫、蛔虫（蟵虫）、蛀虫等。

二、植物

境内主要植物有181科508属711种1376个品种。在历经两次毁林后，荔枝、灵芝、酴糜花、苦竹、罂粟等植物已经灭绝，水杉、苏铁、银杏、鹅掌楸、翠柏、红豆树等濒危植物正处在恢复发展期。

树木类 有54科96属135种，主要有柏（材柏、侧柏、滇柏、圆柏、墨西哥柏等）、桤木（青木树）、苏铁、银杏（白果树、公孙树）、松（马尾松、雪松、罗汉松3种）、杉（杉树、柳杉2种）、法国梧桐、中国梧桐（银根树）、冬青、合欢（夜合树）、银合欢、皂角树、红豆树、槐（槐树、紫穗槐2种）、木豆、黄檀、马桑、黄连、旱连（千丈）、桉（大叶桉、小叶桉、柳叶桉、蓝桉、柠檬桉、薄皮大叶桉6种）、刺楸（刺桐）、柞桑、女贞（爆格蚤）、重阳木、乌桕（棬子树）、蒲葵（葵树）、棕榈（棕树）、杨（意大利杨、北京扬、毛白杨、沙澜杨、杨、大官杨、川杨、河南杨8种）、柳（垂柳、川鄂柳、旱柳、柽柳、竹柳5种）、楝（苦楝）、河南苦楝、黄荆、泡桐（兰考泡桐、白花泡桐、红花泡桐、四川泡桐4种）、梓、栾、椿（红椿、臭椿、椿芽3种）、油橄榄、木麻黄、银华、樟树（香樟、大叶樟、小叶樟、红樟、臭樟5种）、楠木（真楠、润楠2种）、黄杨（大叶黄杨、小叶黄杨、豆瓣黄杨、雀舌黄杨4种）、油槵子（菩提树）、马柳老、青皮树、桐（柳饼桐、小米桐2

种)、木棉、水白蜡树、漆树、板栗、桑树、盐肤木、核桃、苹（红苹、白苹、麻苹3种)、枣（大枣、酸枣、拐枣、老枣4种)、桃（毛桃、白花桃、水蜜桃、蟠桃、端阳桃、油桃6种)、新疆核桃、梨（麻梨、中秋梨、青皮梨、苍溪梨、谷黄梨、鸭儿梨6种)、枇杷、洞庭杷、李（鸡血李、麦秆李、李子3种)、樱桃、杏子、梅子、石榴、柠檬、佛手、红橘、广柑、橙（酸橙、脐橙、橙子3种)、葡萄、椒（红袍椒、野花椒、双耳朵花椒、青花椒4种)、柿、甜瓜、木瓜等。

竹类 以慈竹为主，其次有斑竹、苦竹、黑竹、水竹、茨竹、棕竹、观音竹、蓝天竹、硬竹黄、芦毛竹、文竹等。

花类 主要有海棠花（铁梗、垂丝、西府3种)、梅花（红、黄、紫、白、绿、腊6种)、木板花、栀子、紫薇、紫荆、芙蓉（木芙蓉、水芙蓉2种)、茶花（红、白2种)、牡丹、芍药、蔷薇、迎春、杜鹃、茉莉、兰花（春、夏、秋、雪、石、金边、银边、竹兰8种)、绣球、风仙（指甲花)、金弹子、鸡冠花、胭脂、玉兰、晚秋玉、夜来香、菊花（红、黄、白3种)、玉簪、水仙、黄葛兰、木槿、令箭、月季、棋盘花、仙人掌、牵牛花、昙花、朱顶花、夹竹桃、君子兰、金银花、大丽菊、十三太保、长春花、花石榴、一串红、十里香（喇叭花)、象牙红、桂花（月桂、季桂、桂花3种）等。

药类 区内野生和种植的中药材资源有41科83属102种，主要有川明参（川沙参)、白芷、柴胡、小茴香、前胡（金胡)、赤丹参、紫苏、益母草、藿香、薄荷、荆芥、夏枯草、半枝莲、白花蛇舌草、麦门冬、天冬、薤白、桔梗、半边莲、葛根、白扁豆（峨眉豆)、苦参（小槐树根)、白芨（白鸡婆)、郁金（玉京)、姜黄、白芍、半夏（麻芋子)、芦竹根（芦茅竹根)、白茅根（丝茅草根)、苡仁、芸香草（臭草)、泽泻、何首乌、扁蓄、大力子（牛蒡子)、苍耳、蒲公英（灯笼草)、旱莲草（墨斗草)、青蒿（苦蒿)、稀签草（肥猪苗)、菊花、红花、艾叶（陈艾)、车前草、莱菔子（白萝卜子)、火麻仁、香附、藕节、刺黄芩（鸡婆刺)、金钱草（过路黄)、鱼腥草（猪鼻孔、折耳根)、石苇、骨碎补、地肤子（铁扫把子)、白藓皮（阳雀花根)、玄参、生地、白蔹（隔山撬)、玄胡、首乌、石菖蒲、青葙子（鸡冠花子)、白扁豆、赤小豆、开花粉、瓜蒌（药瓜)、丝瓜络、威灵仙、青木香、使君子、金银花、银花藤、牙皂、苦杏仁、李仁、木瓜、桃仁、枇杷叶、女贞子（爆格蚤子)、山栀仁、吴萸子、陈皮（橘皮)、青皮、芸皮、枳壳、佛手、黄柏、青川椒（土花椒)、杜仲、厚朴、连翘、川楝子、蒙花、栀子、白果（银杏果)、红枣、冬桑叶、桑根皮、寄生（寄生丫）等。

草类 主要有芭茅草（白芭茅、铁芭茅2种)、铁线草、丝毛草、梭草、岩胡草、臭茅草、马草、梳子草（蕨类植物)、香附草、油丝草、鸭舌草、慈姑草、山草、喇叭草、咸味草、夜关门草、紫茎泽兰、酸浆草等。

农作栽培类 有20科64属84种363个品种。

粮食作物有113种，其中水稻17种、小麦12种、大麦17种、玉米10种、红苕10种、小米3种、高粱10种、大豆9种、豌豆9种、胡豆5种、绿豆5种和小豆、芸豆、饭豆等5种。

经济作物有69个品种，其中油菜17种、花生6种、芝麻12种、甘蔗7种、烤烟3种、晒烟2种、棉花6种、麻类9种、西瓜3种。16—20世纪以油菜、花生、甘蔗、烤烟产量为大，21世纪甘蔗产量大减，烤烟濒于消失。

蔬菜作物有56种163个品种，其中白菜19种、花菜2种、菠菜2种、牛皮菜3种、萝卜14种、莴笋8种、芹菜2种、韭菜2种、大蒜4种、蕹菜（藤藤菜、空心菜）2种、大头菜3种、芋子4种、瓜类31种、葱类6种、淮山2种、脚板苕3种、藕类4种、生姜2种、豆类12种。瓜类有冬瓜、南瓜、黄瓜、苦瓜、丝瓜、地瓜、香瓜等，还有人工培植的凤尾菇、平菇、蘑菇等。

牧草作物有黑麦草、紫花苜蓿、苏丹草、篁竹草等。

第三章　自然灾害

第一节　旱　灾

境内自然灾害以旱灾为甚，又以春旱、夏旱、伏旱最烈，是川中典型的“十年九旱”地区。

春旱　1986—2005 年，共出现 13 次春旱，发生频率 65%。春旱开始最早年份是 2005 年，当年 2 月 21 日即春旱抬头；最晚出现时间是 1988 年 3 月 30 日。春旱结束最早时间是 1992 年 3 月 26 日，最晚结束时间是 1988 年 4 月 30 日。持续最长时间是 1998 年 3 月 11 日至 4 月 22 日，共 43 天，降雨总量仅 4.4 毫米；持续最短时间是 1987 年、1991 年、1995 年、1997 年，每年 30 天。20 年间其余 9 次春旱时间均在 31 天以上、40 天以内。

1986 年继 1985 年百天冬干后，紧接就是 40 余天春大旱，以后旱情持续。1988 年 3 月 30 日至 4 月 30 日出现春旱，32 天总降雨量仅 16.3 毫米，同比少 68%，致小春减产，大春迟播，作物长势差，水田蓄水少，共 9.2 万人受灾。1991 年 3 月 1 日至 30 日出现春旱，30 天总降雨量仅 11.3 毫米，同比少 50%。1998 年 3 月 11 日至 4 月 22 日出现春旱，43 天总降雨量仅 4.4 毫米，同比少 74%，受灾人口 85 万人，小春作物遭受重大损失，玉米、棉花、蔬菜等大春作物苗死、苗不齐，致大春作物减产。2000 年冬至 2001 年春，冬干接春旱，12 月 13 日至次年 4 月 18 日 127 天总降雨量仅 39.6 毫米，同比少 48%，受灾人口 79.9 万人，小春粮经作物受损。2003 年 1 月 1 日至 3 月 31 日，90 天总降雨量仅 10.5 毫米，同比少 66%，长期干旱至小春作物长势缓慢，瘠薄地作物严重萎蔫，受灾人口 61.8 万人。

夏旱　1986—2005 年出现 16 次夏旱，其中 1996 年和 2003 年分别出现 2 次夏旱，发生频率 70%。20 年间，最早出现夏旱时间是 1995 年 4 月 5 日，最晚出现时间是 1990 年 5 月 16 日。旱情持续最长时间是 1993 年 5 月 6 日至 6 月 26 日，共 52 天，总降雨量仅 25.6 毫米。

1986 年 5 月，紧接连续冬干、春旱以后又发生严重夏旱，全县受灾严重。1987 年 4 月 26 日至 5 月 24 日出现夏旱，29 天总降雨量仅 23.0 毫米。1990 年 5 月 16 日至 6 月 16 日出现夏旱，32 天总降雨量仅 19.3 毫米，同比少 81%。干旱造成大春粮食经济作物严重减产，部分地方人畜饮水严重困难，受灾人口达 22.2 万人。1991 年 5 月初，当年春旱刚刚缓解即出现持续 25 天的夏旱，5 月 2 日至 26 日总降雨量仅 12.1 毫米，同比少 58%。6 月初刚缓解，6 月 20 日至 7 月 13 日又连续出现干旱，24 天总降雨量仅 25.3 毫米，同比少 84%。干旱导致 23860 公顷作物受灾。1993 年 5 月 9 日至 6 月 26 日出现夏旱，49 天总降雨量仅 25.6 毫米，同期少 113.3 毫米。干旱致水稻发育期稻瘟病，各种林木虫害急剧发生和蔓延，全市 16 个乡镇林木遭受柏毛虫、舞毒蛾、桤木叶蜂等害虫侵袭。1994 年 4 月 28 日至 6 月 1 日出现夏旱，35 天总降雨量仅 26.9 毫米，同比少 61.8 毫米，长期的持续高温与降雨量太少，加剧了土壤中的水分蒸发，致大春粮经作物普遍受灾。1995 年 4 月 5 日至 5 月 12 日出现夏旱，38 天总降雨量仅 5.7 毫米，同比少 94%，全市 22 个乡镇中有 20 个受灾很重。1996 年 4 月 25 日至 5 月 16

日出现夏旱，22 天总降雨量仅 18.2 毫米。5 月 17—18 日降雨，旱情尚未缓解，5 月 19 日至 6 月 22 日再度出现持续 34 天的夏旱，总降雨量仅 27.5 毫米，同比少 65%，致大春作物严重减产。1997 年 5 月，老君、保和、中和、新场、丹山等 9 乡镇遭受干旱，大部分水稻田无法插秧，6.8% 的田块龟裂。2000 年 4 月 26 日至 6 月 4 日出现夏旱，40 天总降雨量仅 27.5 毫米，同比少 62%，大春作物受损。2003 年 4 月 19 日至 5 月 15 日、5 月 22 日至 6 月 23 日，境内两次夏旱，大春作物受损。

伏旱 1986—2005 年，共出现伏旱 14 次，发生频率 65%。伏旱出现时间最早是 1991 年 6 月 20 日，最晚出现时间是 1992 年 8 月 21 日；持续时间最长是 2002 年 8 月 22 日至 10 月 10 日，伏旱连秋干 50 天。

1986 年 7 月，在历经上一年百日冬干、当年春、夏旱后又遭遇 22 天伏旱，降雨总量仅 19.8 毫米。当年的 4 次连旱，造成全县粮食减产 6.27 万吨，经济损失 2815 万元。1987 年 7 月 21 日至 8 月 12 日，在遭受 4—5 月夏旱之后又遇伏旱，23 天降雨 19.2 毫米，日均 0.83 毫米，同比减少 52%。保和、临江、老君、松涛、迎接、祥符等乡镇共减产粮食 2.38 万吨，受灾人口 17 万人。1997 年 8 月 2 日至 31 日出现伏旱，30 天降雨总量 29.6 毫米，同比少 82%。干旱造成红苕等粮经作物受灾。2000 年 7 月 8 日至 28 日出现伏旱，21 天总降雨量 32.0 毫米，同比减少 75%，大春粮经作物受损。2002 年 7 月 5 日至 31 日出现伏旱，27 天总降雨量 25.5 毫米，同比少 82%。干旱致红苕、晚玉米严重枯死，9 万人畜饮水困难，受灾人口 77.5 万人。2003 年 7 月 17 日至 8 月 9 日，继 4—6 月两次夏旱后又遭伏旱，24 天降雨 28.5 毫米，受灾人口 76 万人，水稻等大春作物受灾。2004 年 6 月 25 日至 7 月 20 日出现伏旱，26 天降雨 29.9 毫米，夏粮作物受灾严重。

1986—2005 年，出现秋干 5 次，发生频率 25%；冬干 14 次，发生频率 70%。尤以 2002 年秋干损失最重，在遭遇 27 天伏旱之后，旱情刚得到缓解，8 月 22 日至 10 月 10 日再次发生严重伏秋连旱，其间 50 余天降雨 18.4 毫米，同比少 195 毫米。严重的伏秋连旱给致红苕、甘蔗、蔬菜等粮经作物大幅减产。

资阳市雁江区 1986—2005 年春、夏、伏旱个例表

表 2 - 5　　　　单位：毫米

年份	春旱			夏旱			伏旱		
	起止日/月	天数	雨量	起止日/月	天数	雨量	起止日/月	天数	雨量
1986	1/3 - 9/4	40	14.3	18/4 - 19/5	32	23.2	25/7 - 15/8	22	19.8
1987	26/3 - 24/4	30	8.8	26/4 - 24/5	29	23.0	21/7 - 12/8	23	19.2
1988	30/3 - 30/4	32	16.3	—	—	—	—	—	—
1989	—	—	—	26/4 - 18/5	23	24.9	—	—	—
1990	—	—	—	16/5 - 16/6	32	19.3	—	—	—
1991	1/3 - 30/3	30	11.3	2/5 - 26/5	25	12.1	20/6 - 13/7	24	25.3
1992	23/2 - 26/3	33	15.4	—	—	—	21/8 - 20/9	31	23.6
1993	—	—	—	6/5 - 26/6	52	25.6	16/8 - 6/9	22	34.8
1994	23/3 - 22/4	31	15.9	28/4 - 1/6	35	26.9	28/7 - 1/9	36	32.6
1995	1/3 - 30/3	30	17.1	5/4 - 12/5	38	5.7	17/8 - 8/9	23	14.2
1996	—	—	—	25/4 - 16/5 20/5 - 22/6	22 34	18.2 16.5	—	—	—

续表

<table>
<tr><td rowspan="2">年份</td><td colspan="3">春　旱</td><td colspan="3">夏　旱</td><td colspan="3">伏　旱</td></tr>
<tr><td>起止日/月</td><td>天数</td><td>雨量</td><td>起止日/月</td><td>天数</td><td>雨量</td><td>起止日/月</td><td>天数</td><td>雨量</td></tr>
<tr><td>1997</td><td>19/3－17/4</td><td>30</td><td>17.8</td><td>—</td><td>—</td><td>—</td><td>2/8－31/8</td><td>30</td><td>29.6</td></tr>
<tr><td>1998</td><td>11/3－22/4</td><td>43</td><td>4.4</td><td>—</td><td>—</td><td>—</td><td>—</td><td>—</td><td>—</td></tr>
<tr><td>1999</td><td>1/3－1/4</td><td>32</td><td>9.2</td><td>1/5－22/5</td><td>22</td><td>24.0</td><td>—</td><td>—</td><td>—</td></tr>
<tr><td>2000</td><td>—</td><td>—</td><td>—</td><td>26/4－4/6</td><td>40</td><td>27.5</td><td>8/7－28/7</td><td>21</td><td>32.0</td></tr>
<tr><td>2001</td><td>1/3－4/4</td><td>35</td><td>10.6</td><td>1/5－31/5</td><td>31</td><td>15.9</td><td>1/7－22/7</td><td>22</td><td>28.9</td></tr>
<tr><td>2002</td><td>—</td><td>—</td><td>—</td><td>—</td><td>—</td><td>—</td><td>5/7－31/7
22/8－10/10</td><td>27
50</td><td>25.5
18.4</td></tr>
<tr><td>2003</td><td>1/3－31/3</td><td>31</td><td>10.5</td><td>19/4－15/5
22/5－23/6</td><td>27
33</td><td>28.5
27.4</td><td>17/7－9/8</td><td>24</td><td>28.5</td></tr>
<tr><td>2004</td><td>—</td><td>—</td><td>—</td><td>26/4－22/5</td><td>27</td><td>19.5</td><td>25/6－20/7</td><td>26</td><td>29.9</td></tr>
<tr><td>2005</td><td>21/2－31/3</td><td>39</td><td>10.5</td><td>—</td><td>—</td><td>—</td><td>—</td><td>—</td><td>—</td></tr>
</table>

第二节　洪　灾

1986—2005年，境内共下暴雨60余次，其中强降雨造成洪涝灾害13次。

1987年6月24日，临江、东峰、丹山、小院等7乡镇6小时内降雨150毫米以上。加之沱江上游10县（市）均降大到暴雨，沱江水位上涨，最高水位353.73米。沱江资阳县段成灾，致沿江农作物和水利工程受损。

1990年8月13日8时至14日8时，县内普降暴雨，加之沱江上游德阳、广汉、什邡、金堂、简阳等县（市）在前一日相继遭遇暴雨，降雨100~257毫米，致沱江水位猛涨。14日4时，洪峰到达资阳沱江大桥，水位353.4米，流量6000立方米/秒，超过防洪警戒水位0.8米。水位持久不退，淹没30多小时，致沿江老君镇七里、临江镇昆仑、保和镇东安、宝台镇等14乡镇和城关镇九曲河居委会严重受灾，粮食减产6615吨，直接经济损失203.9万元，受灾人口5.2万人。

1991年5月26日，丹山、新场、回龙、清水、小院、伍隍、堪嘉等十几个乡镇遭暴雨袭击，伍隍一带降雨量高达230.4毫米，同时伴有6级大风。暴雨冲毁田坎和河堰、渠道、小型水库等水利设施以及民房，淹没农作物，致1处500多米长的山体滑坡，因灾死亡1人、伤2人，受灾人口10.71万人。

1993年6月27日，小院镇遭受暴雨大风袭击，从上午9时30分至12时降雨139毫米，至18时，总降雨量154.2毫米，导致该镇部分房屋倒塌，农作物受损，受灾人口4.9万人。

1997年7月29日8时至8月1日8时，伍隍、碑记、迎接、东峰、南津、堪嘉、小院、清水、石岭、丰裕、临江等乡镇遭受暴雨、大风袭击，12乡镇3天降雨108.0毫米以上，石岭镇24小时雨量达109.5毫米，伍隍镇24小时雨量达185.2毫米、风力7级。暴雨致部分房屋和农作物受损，死亡2人、伤3人，受灾人口48.8万人。

1998年是洪灾多发年，7—8月发生3次洪灾。当年7月5日至7日，境内遭受暴雨袭击，17个乡镇雨量达到100毫米以上，其中东峰、迎接、忠义、雁江、丰裕、清水、中和等乡镇降雨量在

150~197毫米之间。时沱江上游亦逢暴雨，致境内沱江段、九曲河、阳化河、清水河水位上涨。7月6日13时至17时，沱江资阳段最高水位351.5米，洪峰流量3800立方米/秒。7月19日22时至20日6时，南部遭受暴雨袭击，有15个乡镇降雨量在50毫米以上，其中忠义镇降雨量133.0毫米、碑记镇105.6毫米。8月19日8时至23日8时，境内再降大暴雨。其中降雨量在100毫米以上的有19个乡镇，中和镇降雨量最多达313.3毫米，雁江镇、保和镇、老君镇雨量分别为275.3毫米、215.1毫米、205.3毫米。加之沱江上游地区连降暴雨、洪水下泄，沱江资阳段水位达353.93米，阳化河、九曲河沿岸受灾。先后3次洪灾致39.7万人受灾，死亡12人、伤957人，7807人受困。

1999年6月12日20时至6月16日8时，17个乡镇遭受暴雨袭击，4天连续降雨100毫米以上，最高值达221.2毫米。暴雨造成房屋、农作物和水利、交通设施受损，受灾人口72.7万人，伤2人。9月11日晚，祥符、碑记、石岭、松涛等10乡镇遭受暴雨袭击，10乡镇中的74个村708个村民组即将收割的水稻及其他农作物受灾，房屋、电力设施等受损。

2001年9月20日，沱江上游区绵阳、德阳、北川、平武、安县、广汉、罗江等市、县普降大暴雨，洪水大规模下泄。21日5时，洪峰抵达资阳市区，最高水位355.6米，最大流量7400立方米/秒。城区东、南、西三面进水，全城三分之一面积被淹。沿江的临江、保和、东安、雁江、南津等5个场镇被淹，10个乡镇受灾，受灾人口14.9万人。2004年，亦因上游地区普降大到暴雨，沱江沿岸乡镇再遭严重洪灾。

2005年7月3日16时至7月4日16时，沱江上游区域降大暴雨，致沱江雁江区段水位上涨，沿江的保和、忠义、宝台、南津、雁江、松涛等7乡镇遭受灾严重，受灾人口29.5万人。7月18日9时至19日8时，境内暴雨，10个乡镇的降雨量在50毫米以上，其中石岭镇降雨量高达78毫米，致多处民房倒塌、1人死亡、6.6万人受灾。

第三节　大风·冰雹

1986—2005年，境内共发生风灾25次，其中大风伴有冰雹并成灾的14次。

1987年8月8日14时至16时，义和、回龙、磐石、丰裕、碑记、慈祥等乡镇发生大风暴雨天气过程，过程中伴有拇指头大的冰雹。风雹灾造成农作物和部分房屋受损，受灾人口12.4万人。

1988年5月4日早晨6时至7时30分，境内出现7级大风，造成少数农房和部分农作物受损。

1988年7月26日7时20分至8时30分，祥符、古井、洛重、老鹰、黄添等乡镇发生6~7级大风，大风时伴有暴雨，造成部分农作物及农房受灾，死亡1人，受灾人口10.4万人。

1989年8月8日14时至16时，丰裕、碑记等6乡镇发生大风，大风时伴有暴雨和最大直径20毫米的冰雹，持续时间长，造成部分房屋和农作物受损，倒塌房屋361间，局部损坏820间，直接经济损失587万元。

1990年7月17日凌晨3时至5时许，全境普遍遭受7级大风和暴雨袭击，局部地方风力高达9级。灾害造成少数房屋倒塌，死亡4人，部分玉米倒伏，减产粮食500吨。

1991年6月7日，祥符、丰裕两乡镇分别遭受8级大风袭击。9月7日，县内大部分地区发生7至8级大风。两次风灾均造成部分房屋和农作物受损，后一次风灾致水稻大面积倒伏，损失严重。

1992年5月1日14时40分至16时10分，县境自东向西出现7~8级大风，局部地方高达9级以上，山口河谷地带风速达28米/秒。大风伴有暴雨，其间15时至16时，小院、相隆、塘池、东峰、大明、石川等地降雨量达100～120毫米并伴有35～50分钟降雹过程，降雹密度760粒/平方米，冰雹最大直径40毫米。致39个乡镇受灾，受灾人口25.4万人。

1993年5月1日零时起发生大风暴雨天气，风力7～10级，全境普降50～70毫米暴雨，松涛、迎接、宝台、南津、伍隍、东峰、忠义等乡镇和西北部临江镇的雨量达100毫米以上，并伴有冰雹，降雹时间10～20分钟，冰雹直径10～30毫米。灾害造成部分民房倒塌，29.4万人受灾，致107人受伤、11人死亡，其中雷击身亡1人、触电死亡3人，塌方倒房压死4人，翻船死亡3人。成熟的油菜籽粒脱落，即将成熟的小麦倒伏发芽，损失粮油1.6万吨。

1995年是大风灾害多发年，全区遭受3次大风袭击。3月30日至4月4日连续6天全境春绵雨，总降雨量46.6毫米。绵雨伴有6级大风，持续绵雨和较强大风，致扬花期的小麦、油菜受损严重。6月9日15时40分至50分，堪嘉镇遭受10分钟“龙卷风”袭击，风力9～10级，造成该镇大春作物和部分农房受损。8月2日23时50分起，市境遭受大风袭击，一般风力6～7级，沱江以西祥符、临江等乡镇局地风力高达9级，致粮经作物、树木和民房受损。

1996年4月20日，祥符、松涛、临江、迎接、忠义、碑记等14乡镇遭遇4～7级大风侵袭，使部分小春作物受损。8月6日19时15分至35分，境内祥符镇遭受冰雹袭击。冰雹一般直径13毫米，最大直径50毫米。晚22时7分至18分又遭7～9级大风袭击。大风、冰雹造成该镇大面积大春作物、部分竹木和房屋受损，受灾人口6.1万人。

1997年境内两次风雹灾害。5月4日1时45分起，南津、松涛、保和、中和、忠义、宝台、老君、临江等16乡镇遭受大风、冰雹袭击。风力普遍7级以上，南津镇8～9级，老君镇9～10级。冰雹一般直径15毫米，密度500粒/平方米，持续时间15分钟。大风冰雹灾害致16乡镇不同程度受灾，受灾人口37.1万人。5月15日，祥符、碑记、忠义、丰裕、石岭、伍隍等13乡镇普降大到暴雨，同时伴有7级以上阵性大风，致部分农作物和民房受损，受灾人口49.8万人。

1999年亦两次遭受冰雹、大风暴雨灾害。8月8日祥符镇遭受7～8级大风袭击，大风时伴有冰雹，造成该镇水稻大面积倒伏，部分农房受损，受灾人口1.3万人。9月11日晚，祥符、碑记、松涛、石岭等10个乡镇遭受暴风骤雨袭击，造成已成熟的水稻及其他农作物严重受损，其中74个村708个村民组受灾最重，受灾人口7.7万人。

2000年6月17日8时至19日8时，石岭、小院、堪嘉、东峰、迎接、伍隍等9乡镇遭受暴雨袭击，丰裕镇12个村、171个村民组遭受冰雹和9级大风袭击。冰雹直径8～11毫米，密度800～1000粒/平方米。灾害造成粮经作物及房屋受损，丰裕镇灾害最重。

2001年境内两度遭受大风、冰雹袭击。4月30日凌晨，松涛、丰裕、迎接、雁江等乡镇遭遇6～8级大风。风灾造成即将成熟的小麦、油菜倒伏脱粒，大棚菜棚架掀翻，局部房屋倒塌，2人死亡，972人受灾。7月14日15时，临江镇突遭大风冰雹灾害，风力9级，冰雹直径30～40毫米，密度1500～2000粒/平方米，持续时间15分钟。该镇6个村受灾，受灾人口1.1万人。

2002年区内遭受4次暴风雨和冰雹灾害。4月4日20时至5日6时，全区普遍遭遇暴风骤雨，半小时内降雨量31.8毫米。灾害造成较大面积农经作物和部分水利、交通设施及局部房屋受到较严重损失，受灾人口64.7万人。8月8日14时30分至8月9日8时，全区普遍遭到大风暴雨袭击，15个乡镇降雨量超过50毫米，风力6～7级。暴风雨造成部分农经作物和房屋、电力设施受损，受灾人口16.9万人。8月17日16时至20时，清水、老君、迎接、南津、石岭5乡镇遭到暴风雨和冰雹袭击。风力7级，冰雹持续5分钟，雹粒直径10毫米，密度一般150～550粒/平方米，最多500～1000

粒/平方米。灾害致部分农经作物，房屋和电力设施严重受损，受灾人口 7.9 万人。8 月 25 日 16 时 15 分至 50 分，南津、东峰、伍隍、堪嘉 4 乡镇遭受暴风雨和冰雹袭击，风力 7 级，冰雹持续 5 分钟，雹粒一般直径 15 毫米，最大直径 30 毫米，密度 800～1200 粒/平方米。灾害造成已成熟的水稻严重倒伏、脱粒，亦使部分房屋和电力设施等受损严重，受灾人口 2.8 万人。

2004 年亦是大风冰雹多发年，区境三度受到重创。4 月 6 日 18 时至 20 时，临江、老君、松涛、保和、丰裕、祥符等 12 乡镇遭受大风袭击，一般风力 7～8 级，其中临江、祥符、丰裕 3 镇风力达 8～9级，部分小春作物和房屋受灾。8 月 5 日 19 时 20 分至 50 分，清水乡遭受大风冰雹袭击，风力 6～8级，冰雹持续 4 分钟，雹粒一般直径 20 毫米。风雹造成部分农作物、房屋和电力设施受损，受灾人口 1.3 万人。8 月 11 日 3 时 50 分至 6 时，临江、松涛等 11 个乡镇 212 个村 2392 个村民组遭受 8～9级大风灾害侵袭，造成部分房屋、电力设施受损，致水稻大面积倒伏，受灾人口 24.8 万人。

第四节　低温·寒潮

一、低温

境内低温较为频繁，尤以春、秋季最多，夏天亦时有发生。1986—2005 年间出现低温天气过程 83 次。其中春季低温 26 次，年际发生频率 75%；夏季低温 12 次，年际发生频率 45%；秋季低温 44 次，年际发生频率 100%。

资阳市雁江区 1986—2005 年低温个例表

表 2-6　　单位：天、毫米

项目/年度	春季低温			夏季低温			秋季低温		
	起止日期	持续天数	期间雨量	起止日期	持续天数	期间雨量	起止日期	持续天数	期间雨量
1986	3.1－6	6	4.0	6.6－10	6	26.9	9.24－27	4	10.9
1987	—	—	—	—	—	—	9.26－28	3	3.0
	—	—	—	—	—	—	10.17－31	15	10.1
1988	3.1－11	11	18.7	5.10－13	4	13.5	9.25－10.31	38	98.5
	3.16－21	6	8.3	—	—	—	—	—	—
	3.25－30	6	9.4	—	—	—	—	—	—
1989	3.1－11	11	3.4	5.12－15	4	0.3	10.7－12	6	66.5
	3.22－25	4	7.1	5.20－22	3	21.7	10.15－31	17	7.3
1990	3.1－7	7	1.8	5.21－24	4	1.0	9.27－29	3	2.6
	—	—	—	—	—	—	10.1－4	4	20.1
	—	—	—	—	—	—	10.6－31	26	65.0
1991	—	—	—	—	—	—	9.19－25	7	16.8
	—	—	—	—	—	—	10.3－31	29	56.5

续表

项目 年度	春季低温			夏季低温			秋季低温		
	起止日期	持续天数	期间雨量	起止日期	持续天数	期间雨量	起止日期	持续天数	期间雨量
1992	3.3－10	8	4.8	5.8－12	5	11.1	9.17－19	3	3.2
	3.16－26	11	9.9	5.16－20	5	73.0	9.26－29	4	13.5
1993	3.1－4	4	0.8	5.12－19	8	2.7	10.1－6	6	7.3
	3.16－22	7	39.9	—	—	—	10.12－31	20	66.3
1994	3.1－5	5	4.5	—	—	—	9.10－17	8	22.9
	3.8－18	11	5.5	—	—	—	9.21－10.1	21	31.4
	—	—	—	—	—	—	10.3－31	29	35.5
1995	3.3－6	4	0.0	—	—	—	9.17－20	4	10.7
	3.9－14	6	9.7	—	—	—	10.3－12	10	19.4
	3.17－20	4	4.6	—	—	—	10.15－31	17	42.3
1996	3.8－15	8	11.6	5.6－18	13	40.1	9.28－30	3	22.5
	3.23－28	6	11.0	—	—	—	10.5－18	14	9.5
	3.31－4.4	5	12.5	—	—	—	10.22－31	10	4.1
1997	—	—	—	—	—	—	9.18－21	4	35.4
	—	—	—	—	—	—	9.23－10.2	10	11.9
	—	—	—	—	—	—	10.4－13	10	5.2
	—	—	—	—	—	—	10.15－23	9	3.9
	—	—	—	—	—	—	10.25－31	7	5.1
1998	3.8－13	6	15.6	5.11－13	3	4.8	9.19－24	6	38.3
	3.19－26	8	0.1	—	—	—	10.13－24	12	2.5
	—	—	—	—	—	—	10.26－31	6	0.4
1999	3.9－13	5	1.2	5.20－22	3	11.2	10.2－31	30	79.7
	—	—	—	5.29－31	3	14.0	—	—	—
2000	3.7－12	6	22.0	—	—	—	9.7－11	5	14.5
	—	—	—	—	—	—	10.11－31	21	24.2
2001	—	—	—	—	—	—	9.24－27	4	58.8
	—	—	—	—	—	—	10.12－25	14	11.2
	—	—	—	—	—	—	10.28－31	4	0.9
2002	—	—	—	—	—	—	10.19－31	13	41.4
2003	3.4－10	8	1.7	—	—	—	9.30－10.7	8	10.0
	—	—	—	—	—	—	10.12－31	20	10.7
2004	3.1－8	8	39.6	—	—	—	10.1－31	31	44.3
2005	3.1－6	6	2.1	—	—	—	10.2－6	5	17.0
	—	—	—	—	—	—	10.8－31	24	6.9

二、寒潮

1986—2005年间，共出现寒潮天气过程43次，发生频率95%。寒潮所至，不仅造成大范围剧烈降温，还伴有大风、雨雪天气，给蔬菜生长和牲畜越冬以及人类的身体健康造成危害。

资阳市雁江区1986—2005年寒潮个例表

表2-7 单位：天、毫米

项目 年度	起止日期	持续天数	过程降温	期间雨量	项目 年度	起止日期	持续天数	过程降温	期间雨量
1986	2.26-28	3	7.2	11.6	1996	3.8-9	2	10.8	10.1
1987	4.9-13	5	11.0	0.8		4.19-21	3	9.7	25.5
	4.24-27	4	10.1	17.9		10.4-6	3	8.3	6.0
	10.16-20	4	8.6	6.5	1997	10.25-27	3	8.8	0.7
	11.26-29	3	15.1	1.9	1998	3.19-20	2	11.3	—
1988	1.9-12	4	8.4	6.5	1999	3.19-21	3	10.8	2.2
	4.21	1	8.3	0.2		4.24-26	3	11.2	26.0
	10.15-17	3	9.1	2.7		10.2-4	3	9.8	13.1
1990	2.21-23	3	8.6	6.7	2000	10.10-13	4	9.7	14.6
	3.25-27	3	10.2	8.5		11.9-11	3	9.6	11.2
1991	4.29-30	2	7.9	15.7	2001	4.9-10	2	10.0	0.0
	12.25-27	3	6.3	4.2	2002	4.8-10	3	10.2	18.4
1992	3.16-17	2	7.0	3.0		4.16-18	3	9.5	36.3
	10.3-5	3	11.0	3.2		12.6-9	4	6.2	0.0
1993	3.15-19	5	11.5	41.3		12.24-26	3	6.3	2.4
	11.18-22	5	9.5	11.1	2003	3.3-5	3	10.8	5.3
1994	1.17-18	2	6.8	2.9		11.7-9	3	10.8	4.1
	2.22-23	2	6.2	0.5	2004	2.1-3	2	6.2	0.5
	4.9-10	2	9.7	7.5		4.23-25	3	8.6	11.3
	12.10-12	3	7.9	2.9	2005	4.9-10	2	12.3	14.3
1995	12.30-1.1	3	6.6	2.2		12.4-5	2	6.6	8.6
1996	2.16-18	3	9.7	6.6	—	—	—	—	—

第三篇 人 口

第一章 人口规模

第一节 人口数量

新中国成立后至2005年，区内人口数量总体呈增长态势，具体分6个发展阶段：1950—1957年，人口快速增长；1958—1961年，自然灾害致人口数量有所下降；1962—1965年，生产恢复，经济回升，人口数量迅速上升；1966—1974年，出现生育高峰；1975—1999年，国家加强计划生育工作，人口增长势头得到控制；2000—2005年，计划生育工作稳步推进，人口增长平缓。1986—2005年，出生209728人，死亡123122人，净增86606人。

资阳市雁江区1986—2005年总户数、总人口、人口密度表

表3－1

年份	年末总户数（户）	年末总人口（人）			人口密度（人/平方公里）
		合计	男	女	
1986	249660	944328	489776	454552	578
1987	269516	959190	498605	460585	587
1988	276075	980036	509926	470110	600
1989	287807	1004103	522605	481498	615
1990	301036	1031620	535376	496244	632
1991	305771	1038889	539276	499613	636
1992	308365	1037641	539342	498299	635
1993	311011	1034920	539195	495725	634
1994	335065	1039093	542431	496662	636
1995	338575	1039129	541995	497134	636
1996	339694	1042480	543287	499193	638
1997	341649	1042409	543640	498769	638

续表

年份	年末总户数（户）	年末总人口（人）			人口密度（人/平方公里）
		合计	男	女	
1998	344012	1047054	545660	501394	641
1999	345073	1052176	547784	504392	644
2000	350836	1051208	549580	501628	644
2001	358818	1050543	547413	503130	643
2002	355480	1049740	547687	502053	643
2003	359590	1050446	547499	502947	643
2004	362450	1054840	547811	507429	646
2005	366036	1066466	557042	509424	653

第二节 人口分布

区内农村人口一直占绝大多数，沱江以西密于沱江以东，南部密度最大。1964 年，工业逐步发展，工厂内迁，农村人口开始少部分向城镇转移。1986 年后的数次乡镇区划调整，致城镇人口增加。1998 年资阳地区驻资阳市（县级）后，城镇化进程加快，城镇人口再次增加。2005 年，全区城镇人口 184976 人，乡村人口 884976 人。1985 年，城镇人口密度（每平方公里人数）810 人，乡村人口密度 524 人。1990 年，城镇和乡村人口密度各为 1409 人、456 人；2005 年，城镇和乡村人口密度各为 6600 人、549 人。

1985 年，农业人口 840524 人，非农业人口 92242 人。1990 年，农业人口 907591 人，非农业人口 111511 人。2005 年，农业人口 881520 人，非农业人口 184976 人。

资阳市雁江区 2005 年城乡人口分布情况表

表 3－2

项目 / 镇乡	总户数（户）	总人数（户）	农业人口（人）	非农业人口（人）
雁江镇	65694	148097	9500	138597
宝台镇	11750	33195	32297	898
松涛镇	22726	63327	53966	9361
临江镇	13788	42577	40285	2292
迎接镇	16411	37281	34931	2350
丰裕镇	13647	40922	38709	2213
碑记镇	9447	31316	30339	977
祥符镇	10193	35043	33357	1686
南津镇	16981	49678	47131	2547
忠义镇	10803	33467	32520	947

续表

项目 镇乡	总户数（户）	总人数（户）	农业人口（人）	非农业人口（人）
伍隍镇	18533	54753	51434	3319
东峰镇	13578	40208	38900	1308
小院镇	15269	50387	47667	2720
堪嘉镇	11330	36710	35575	1135
石岭镇	13780	42148	40987	1161
丹山镇	22634	65835	61974	3861
中和镇	19288	56931	53995	2936
保和镇	19420	60038	57494	2544
老君镇	16275	51828	50498	1330
清水乡	9652	28448	27794	654
回龙乡	9283	31556	30276	1280
新场乡	10324	32722	31862	860

第二章 人口结构

第一节 性别构成

一、总人口性别比

1949—1986 年间，除 1960—1961 年男女性别比例在 100 以下外，其余年度性别比例都在 100 以上，多在 105 左右，不存在性别比例失调问题。1987 年后，性别比例多在 108 以上，2005 年为 109.35。

二、城乡人口性别比

除 1942 年外，各个时期城区男女性别比例都大于乡村，即男性人口多于女性人口。1986 年，城区男性比女性人口高出 8%。2005 年，城区男性比女性人口高出 10%。

三、各年龄组性别比

随着老年人口的增多，男女性别比例变化较大。年龄 59 岁以下，一般男性多于女性；59 岁以上则女性多于男性。年龄越大，女多于男的状况更为突出。2005 年，80 岁以上的女性是男性的 1.9 倍。

四、生死人口性别比

民国时期，出生、死亡都是女性多于男性。新中国成立之初，出生都是男性多于女性，死亡除1964年是女性多于男性外，其余绝大多数年度都是男性多于女性。1986年，全县出生15021人，出生率16.19‰；死亡5749人，其中男3118人、女2631人，死亡率6.13‰；自然增长率10.06‰。2005年，全区出生11338人，其中男6011人、女5327人，出生率10.69‰；死亡4757人，其中男2684人、女2073人，死亡率4.48‰；自然增长率6.21‰。

第二节　年龄构成

一、年龄构成比例

国家实行计划生育政策后，提倡一对夫妇只生一个孩子，人口出生率明显下降，人口年龄构成变化明显。1982年人口普查与前几次人口普查比较，有如下特点：不满周年婴儿比1953年下降45.06%，比1964年下降40.7%；育龄妇女绝对数上升，比1953年增加23736人，比1964年增加38547人；社会劳动人口比1953年平均每年增长1%，老年人口和0～15岁少年儿童却比同期平均每年下降0.11%，社会劳动人口增长速度快于被抚养人口增长速度，使抚养系数由1953年91.29%和1964年90.12%下降为88.46%；老年人口比例上升，人数比1953年增长33.81%，比1964年增长102.9%。1990年，少年以上在业人口606737人，2000年在业人口630485人，到2005年劳动力增幅已经缓慢，渐呈萎缩趋势。

二、年龄构成特征

按照国际通用人口年龄类型标准划分，1953—1964属年轻型，1982年属年轻型向成年型过渡类型，1990年、2000年和2005年为成年型。

三、再生产类型

按照国际通用人口再生产类型标准划分，1953—1964年属增长型，1982年属增长型向稳定型过渡类型，1990—2005年为稳定型。

四、年龄金字塔

1953年和1964年全县人口年龄金字塔形显示出大量人口较年轻，塔底较宽，属扩张型。1982年较年轻人口比例下降，至1990年塔底收缩，2000年明显向稳定型过渡，2005年属于稳定型。

五、人口寿命

境内典型年份人口长寿比例，把80岁以上人口数除以60岁以上人口数之值为：1953年4.31%，1964年3.54%，1982年7.62%，2005年10.39%。

第三节　民族构成

资阳市雁江区是汉族聚居地区，少数民族人口极少。1982 年第三次人口普查统计，汉族 921505 人，占 99.97%；少数民族 258 人，占 0.03%。在区内居住的少数民族有回族、藏族、苗族、满族、蒙古族、彝族、壮族、朝鲜族、侗族、白族、土家族、达斡尔族、羌族 13 个民族，主要是随内迁厂调入，也有同汉族通婚迁入的。城区有 12 个少数民族共 192 人，乡镇有 10 个少数民族 66 人。1990 年，全县有 31 个少数民族共 803 人。2005 年有 30 个少数民族 1198 人。

1990 年、2000 年各民族人口情况表

表 3－3

按民族分	1990 年		2000 年		按民族分	1990 年		2000 年	
	总人数（人）	占总人数（%）	总人数（人）	占总人数（%）		总人数（人）	占总人数（%）	总人数（人）	占总人数（%）
汉　族	1002190	99.92	1014845	99.88	拉祜族	3	—	3	—
蒙古族	16	0.002	111	0.011	京　族	2	—	—	—
回　族	111	0.011	155	0.015	纳西族	2	—	3	—
藏　族	114	0.011	149	0.015	景颇族	2	—	7	—
维吾尔族	—	—	27	0.003	羌　族	6	—	15	0.001
苗　族	75	0.007	104	0.01	毛南族	—	—	1	—
彝　族	163	0.016	259	0.025	仡佬族	1	—	2	—
壮　族	32	0.003	39	0.004	锡伯族	3	—	2	—
布依族	11	0.001	22	0.002	俄罗斯族	1	—	—	—
朝鲜族	5	—	36	0.003	普米族	—	—	2	—
满　族	65	0.006	71	0.007	塔吉克族	—	—	3	—
侗　族	4	—	5	—	傣　族	6	—	3	—
瑶　族	2	—	2	—	黎　族	1	—	1	—
白　族	70	0.007	44	0.004	傈僳族	6	—	74	0.007
土家族	81	0.008	37	0.003	佤　族	3	—	4	—
哈尼族	8	—	8	—	畲　族	1	—	—	—
高山族	1	—	—	—	达斡尔族	3	—	—	—
土　族	2	—	—	—	其他未识别族	3	—	—	—

说明：1. 本表所有数据来源于第四次和第五次人口普查

2. 1990 年的时点是 1990 年 7 月 1 日零时

3. 2000 年的时点是 2000 年 11 月 1 日零时

第四节 职业构成

资阳市雁江区是典型的农业区，在业人口大多从事农业。20 世纪 90 年代后，随着经济的快速发展，从事非农职业人员迅速增多。

2000 年 15 岁及 15 岁以上在业人口职业情况表

表 3－4　　单位：人、%

	小　计	男	女	占 15 岁及以上人比	占同龄人口比	
					男	女
机关、党群、企事业单位负责人	3108	2698	410	0.49	86.81	13.19
专业技术人员	21624	10226	11398	3.43	47.29	52.71
办事员	12237	8645	3592	1.94	70.65	29.35
商业人员	30430	14097	16333	4.83	46.33	53.67
农、林、牧、渔生产人员	525989	275753	250236	83.43	52.43	47.57
生产、运输人员	36129	26366	9763	5.73	72.98	27.02
其他人员	968	634	334	0.15	65.50	34.50
合　计	630485	338419	292066	100.00	53.68	46.32

说明：1. 本表数据来源于第五次人口普查

2. 2000 年第五次人口普查在业人口为 10% 抽样调查，表中各项指标是按比例推算

第五节 文化构成

一、总人口文化构成

20 世纪 80 年代后，党和政府进一步加大对教育事业的投入，通过多种途径兴办各级各类学校，提高群众的文化水平。1982 年人口普查，全县小学以上文化人口占 6 岁以上人口的 70.13%，比 1964 年提高 27.08%；中学文化程度人口占有文化人口的 31.57%，比 1964 年提高 19.17%；大学文化程度人口 2173 人，比 1964 年增长 2.8 倍。每 1 万人口中，具有大学文化程度人口比 1964 年增长 1.7 倍；中学文化程度人口比 1964 年增长 3.4 倍。2000 年第五次人口普查显示，全区人口文化程度大幅提升。

2000年6岁及6岁以上人口文化程度情况表

表3－5　　单位：人、%

	合 计	男	女	占六岁以上人口的比重	占同龄人口比重	
					男	女
不识字和识字很少	78970	22724	56246	8.26	28.78	71.22
小 学	459584	237424	222160	48.06	51.66	48.34
初 中	334365	186757	147608	34.97	55.85	44.15
高 中	46398	27688	18710	4.85	59.67	40.33
中 专	20567	10357	10210	2.15	50.36	49.64
大学专科	11946	7388	4558	1.25	61.84	38.16
大学本科以上	4391	3238	1153	0.46	73.74	26.26
合 计	956221	495576	460645	100.00	51.83	48.17

2005年，全区小学及以下文化程度人口占6岁及以上人口总数的50%、初中文化占38%、高中和中专占9%、大专及以上占2%。尚有31993人不识字和识字很少，其中男16710人、女15283人，占6岁以上人口的3%。

二、男女人口文化构成

男、女小学以上文化程度人口占同性别6岁及以上人口总数的比例为男性1982年79.58%、2000年95.69%、2005年95.35%；女性1982年60%、2000年88.49%、2005年88.50%。男性受教育面比女性广，1982年男性比女性高19.58%、2005年男性比女性高6.85%。

第六节 婚姻状况

20世纪80年代，国家推行计划生育，提倡晚婚晚育，但县内仍存早婚现象。1990年普查，全县15岁及以上已婚人口554405人，婚龄人口已婚率74.46%；丧偶54161人，丧偶率9.77%；离婚3079人，离婚率0.55%；未婚190159人；不婚率25.54%。城区结婚人数49838人，农村结婚人数504567人；城区男婚26111人，农村男婚241613人；城区女婚23727人，农村女婚262954人。城区未婚人口15523人，农村未婚人口174636人。城区有配偶人口46672人，农村有配偶人口450493人。城区丧偶人口2561人，农村丧偶人口51600人。城区离婚人口606人，农村离婚人口2474人。家庭结构比较稳定，已婚率高，离婚率低，不婚率低，婚姻人口比重大。2000年普查，城乡家庭结构总体较稳定，但离婚率明显增高。

2000年15岁及15岁以上人口婚姻状况

表3－6　　单位：人、%

	合 计	男	女	占15岁及以上比重	各种婚姻状况人口比重	
					男	女
未 婚	136376	89258	47118	17.60	65.45	34.55

续表

	合 计	男	女	占15岁及以上比重	各种婚姻状况人口比重	
					男	女
有配偶	576409	283742	292667	74.38	49.23	50.77
丧 偶	55237	20667	34570	7.13	37.42	62.58
离 婚	6935	4516	2419	0.89	65.12	34.88
合 计	774957	398183	376774	100.00	51.38	48.62

说明：1. 本表数据来源于第五次人口普查

2. 2000年第五次人口普查婚姻状况为10%抽样调查，表中各项指标按比例推算

3. 本表资料数据时点是2000年11月1时零时

第三章　人口变动

第一节　自然变动

20世纪80年代中期至21世纪初，人口自然增长率最高的年份是1990年，增长率为16.35‰，之后呈减少趋势；增长率最低的年份是2001年、2002年，两年均为-0.04‰。1986—1995年，年均出生12616人，出生率12.66‰；死亡6500人，死亡率6.46‰；自然增加6116人，自然增长率6.20‰。1996—2005年，年均出生7923人，出生率7.54‰，死亡5864人，死亡率5.58‰；自然增加2059人，自然增长率1.96‰。

资阳市雁江区1986—2005年人口自然变动情况表

表3-7

项目 年度	总户数（户）	总人数（人）	出生数（人）	死亡数（人）	自然增长率‰
1986	249660	944328	15021	5749	10.06
1987	269516	959190	14240	6097	8.55
1988	276075	980036	14700	6331	8.63
1989	287867	1004103	17374	6568	10.89
1990	301036	1031620	23064	6419	16.35
1991	305771	1038889	12595	6988	5.42
1992	308365	1037641	7547	7173	0.36
1993	311011	1034920	7996	7094	0.87
1994	335065	1039093	9082	6044	2.93
1995	338575	1039129	8699	6646	1.97

续表

项目 年度	总户数 （户）	总人数 （人）	出生数 （人）	死亡数 （人）	自然增长率 ‰
1996	339694	1042480	8722	6188	1.97
1997	341649	1042409	8475	5703	2.66
1998	344012	1047054	9460	6000	3.30
1999	345073	1052176	8300	6340	1.86
2000	350836	1051208	7415	5902	1.44
2001	358818	1050543	5723	5768	-0.04
2002	355480	1049740	5559	5981	-0.40
2003	359590	1050446	6876	5910	0.92
2004	362450	1054840	7360	6094	1.20
2005	366036	1066466	11338	4757	6.20

第二节 机械变动

1985 年 7 月 1 日至 1990 年 7 月 1 日，迁入人口 20166 名。其中本省外县迁入 16475 人，外省迁入 3690 人；工作调动迁入男 2243 人、女 792 人，分配录用男 737 人、女 302 人，务工经商男 593 人、女 428 人，学习培训男 454 人、女 245 人，投亲靠友男 703 人、女 1012 人，退休退职男 837 人、女 83 人，随迁家属男 723 人、女 1091 人，婚姻迁入男 811 人、女 6803 人。1990 年普查时，户口在外地、普查登记在县 5908 人，户口在县而外出一年以上在外地登记 26178 人，品迭后在籍人口 1023263 人。之后，人口机械变动总体呈稳中有降趋势。

资阳市雁江区 1986—2005 年人口迁入、迁出表

表 3-8

年份	年平均人口 （人）	迁入人口 （人）	迁出人口 （人）	总迁移率 %	迁入率 %	迁出率 %	净迁移率 %
1986	938547	19815	17216	3.95	2.11	1.83	0.28
1987	951759	21143	15104	3.81	2.22	1.59	0.63
1988	969613	27730	15401	4.45	2.86	1.59	1.27
1989	992070	30746	19397	5.05	3.1	1.96	1.14
1990	1017862	45648	34739	7.9	4.48	3.41	1.07
1991	1035254	16935	15295	3.11	1.64	1.48	0.16
1992	1038265	17554	19078	3.53	1.69	1.84	-0.15
1993	1036191	15151	18323	3.23	1.46	1.77	-0.31
1994	1037007	21591	20414	4.05	2.08	1.97	0.11

续表

年份	年平均人口（人）	迁入人口（人）	迁出人口（人）	总迁移率 %	迁入率 %	迁出率 %	净迁移率 %
1995	1039111	14038	19837	3. 26	1. 35	1. 91	－0. 56
1996	1040805	20750	21550	4. 06	1. 99	2. 07	－0. 08
1997	1042445	12532	9711	2. 13	1. 2	0. 93	0. 27
1998	1044732	90466	89556	17. 23	8. 66	8. 57	0. 09
1999	1049615	19960	16894	3. 51	1. 91	1. 61	0. 3
2000	1051692	13506	15806	2. 79	1. 28	1. 5	－0. 22
2001	1050871	14742	15253	2. 85	1. 4	1. 45	－0. 05
2002	1050142	14972	14762	2. 83	1. 43	1. 41	0. 02
2003	1050093	7448	7723	1. 44	0. 71	0. 74	－0. 03
2004	1052643	5938	8225	1. 35	0. 56	0. 78	－0. 22
2005	1060653	18265	14664	3. 1	1. 72	1. 38	0. 34

第四章　计划生育

第一节　计生机构

一、行政机构

1983 年 12 月，资阳县计划生育办公室改称资阳县计划生育委员会。1993 年 3 月更名为资阳市计划生育委员会。2000 年 11 月更名为资阳市雁江区计划生育委员会。2001 年 12 月更名为资阳市雁江区计划生育局，时设办公室、规统股、政法股、科教股、宣教股，局机关行政编制 14 名、事业编制 2 名，领导职数 1 正 3 副、中层领导职数 4 名；全区在编计划生育干部 105 人，在编技术服务人员 86 人，专兼职协会干部 836 人。1986—2005 年，李成扬、杨元亮、文富洲、张杰先后担任计生委（局）主任（局长）。

1979 年 12 月，各区成立计划生育办公室，9 区 1 镇共有计生专职人员 20 名。1984 年 6 月，各乡成立计划生育办公室，每个乡设专职计生干部 1 名，共 74 人。1992 年撤区并乡建镇，各镇乡成立计生办，设主任、副主任、会计、统计各 1 名，并配有计生助理员。1995 年，各村配备计划生育副主任。2005 年 12 月，新成立资溪、三贤祠、莲花、狮子山 4 个街道，各街道办事处设计生办。

二、事业机构

1983 年 7 月，县计划生育宣传技术指导站成立，为县计划生育委员会下属事业单位，内设宣传组、业务组，主要职能是宣传优生优育科学知识，发放避孕药具，开展技术服务。2001 年增挂“生殖保健服务中心”牌子。2002 年更名为计生服务站。

1984 年，各区建立计划生育宣传技术服务站，其职能是宣传计划生育方针政策和节育、优生、优育知识，普查早孕，组织和发放避孕药具，检查和落实节育措施。区站一般配备 3～5 人，除计生专干外，其余人员大多从乡村医生中择优招聘。1986 年，少数村设有计生服务室。1990 年，有 200 个村设有服务室，之后逐渐增多。1992 年撤区并乡建镇，各镇乡设技术服务站。2001 年，全区 22 个镇乡技术服务站中有 21 个达到市以上甲级技术服务站标准。至 2005 年，已建成较为完备的区、镇（乡）、村三级技术服务网络。

三、协会、学会

1988 年 4 月，县计划生育协会、人口学会成立。计划生育协会有会员 256 人，常务理事 51 人，会长 1 人、副会长 2 人、秘书长 1 人、副秘书长 2 人。人口学会有会员 27 人，常务理事 12 人，会长 1 人、副会长 3 人、秘书长 1 人、副秘书长 2 人。计划生育协会组织会员参加计划生育的相关工作，每年均召开总结会表彰先进，其会员逐年增多，遍及各村社。人口学会会员有计划地开展本地人口发展状况的调查研究，其成果有《资阳人口发展史》等。1995 年 11 月，市计划生育协会被评为“全国计生协会先进单位”。1997 年 12 月，市民政局注销市人口学会和各镇乡人口学会。

第二节 计生政策

生育政策及指标管理 20 世纪 70 年代，为控制人口过快增长，国家把计划生育定为基本国策，提倡“晚婚、晚育、少生、优生”，控制人口数量，提高人口素质。1979 年 4 月，县革命委员会贯彻执行国家计划生育政策，结合实际制发《计划生育工作若干问题的试行规定》，限制三胎生育。次年，县委发文限制无计划二胎生育。1986 年 1 月，县委要求计生管理部门严格生育指标管理，对符合照顾生育二孩条件的，经本人申请，由审批机关集体审批。1988 年 6 月 4 日，县委、县府印发《贯彻四川省计划生育条例的实施意见》，建立领导干部任期计划生育工作目标管理责任制。次年 9 月 20 日，县委、县府印发《贯彻四川省计划生育条例的实施意见的补充通知》，落实一孩夫妇的奖励和优待。1994 年，市政府同 22 个镇乡计划生育工作责任人签订目标管理责任书，把年末总人口控制数、出生人数、出生率、计划生育率、有效节育率、计划外怀孕率和创建先进镇乡 7 项指标作为考核各级责任人的主要内容。各镇乡对村，村对社也签订责任书。2000—2005 年，二孩生育指标申报审批以乡镇为主。凡符合条例规定条件的，申请生育二孩夫妇双方每单月 10 日前向村（居）委会申请，填写《二孩生育指标审批表》一式三份，交村（居）委会审核。中心户长、村（居）委计生专干对其婚育史、孕产史等进行详细调查核实。确系符合条例规定的，经村（居）委会复审和中心户长、村（居）委专干、村（居）委主要负责人签字盖章后上报乡镇计生办。乡镇计生办包村计生干部对照申请资料，深入村（居）组（社）调查核实申请生育夫妇双方情况，乡镇计生办微机录入员对照《全员人口个案信息数据库》复核。确无异议的，由包村（居）专干、微机录入员、计生站长及主管领导加注意见、签字，乡镇人民政府经过会议研究，加注意见并盖章后，以文件形式将本乡镇所有申请生育二孩且符合政策规定的人员名单连同《审批表》等资料，于单月30日前上报区计生局统计股。区计生局在双月1日开始，由领导包片带队，逐乡（镇）组织审核，调查核实无误后，由调查人及包片领导签字，再经区计生局会议研究，在每双月底前将审批二孩生育指标名单以文件形式下发到乡镇，各乡镇通知二孩生育对象及时参加相关培训和优生监测。

资阳市雁江区1986—2005年计划生育基本情况表

表3-9

项目 年度	已婚育龄妇女 （人）	晚婚率 %	领证独子 （人）	计生率 %
1986	134094	25.56	42171	88.66
1987	130243	23.89	44350	89.36
1988	139544	30.09	47121	88.85
1989	149542	22.98	46408	91.93
1990	169242	25.60	44608	69.44
1991	189948	21.0	48735	84.04
1992	192623	17.21	54456	96.73
1993	186836	18.72	57716	93.36
1994	198727	21.78	62828	70.35
1995	202780	34.13	70647	93.66
1996	207555	35.54	76838	94.67
1997	210396	38.67	84245	84.75
1998	216114	45.05	92022	66.41
1999	226605	44.46	94046	95.27
2000	228690	52.73	99586	82.40 96.86
	婚育妇节育率%		独子领证率%	
2001	92.53	40.92	65.55	97.16
2002	92.22	42.55	92.05	95.10
2003	90.68	47.61	34.26	96.01
2004	89.36	44.91	74.63	96.55
2005	82.54	45.65	50.04	94.15

奖惩措施　20世纪70年代至80年代中期，县政府对按计划生育和非计划生育的分别予以奖惩，各时期奖惩额度不同。1987年，《四川省计划生育条例》颁布实施，计生工作步入法制轨道。1988年6月，县委、县政府印发《资阳县贯彻四川省计划生育条例的实施意见》，就奖惩条款作了进一步细化：对取得独生子女证的单位职工，每月奖给独生子女保健费5元，从发证之月起至子女满14周岁；对取得独生子女证的农村人口，每年奖给独生子女保健费30～60元。在住房分配和农村建房安排宅基地时，独生子女家庭按两个子女家庭对待。持独生子女证的职工退休时加发5%的退休金，但总数不超过在职时工资。对非计划生育第二孩、非计划生育第三孩的都予以相应的处罚。超生对象是独生子女户的，应退还所享受的独生子女待遇。未到法定婚龄结婚和非婚同居的，视其情节处以200

元以上罚款。非婚生育的，从生育之月起至取得结婚证书后第9个月，每月收取男女双方计划外生育费各50~100元。干部、职工计划外生育，除按规定征收超生费外，一律开除公职。不实行计划生育的党团员，一律开除党团籍。因计划生育问题受到处理的干部、职工，3年不评先进、不提职、不晋升技术职称。侮辱、威胁、殴打计划生育工作人员、医务人员或以其他方式阻碍计划生育正常工作的，处以100元以上罚款；对构成犯罪的，司法机关依法追究其刑事责任。凡给不到法定婚龄人办理结婚登记手续的，每办1件对经办人和申请人各处30元罚款，所办证书收回作废。对违反条例规定，出具假证明、乱发生育指标的干部和医务人员，除收回指标外，对本人和包庇者各罚款50~200元，必要时给予行政处分。医务人员在施行计划生育手术中弄虚作假，查实1例罚款300元。1989年9月，县委、县政府印发《资阳县〈贯彻四川省计划生育条例的实施意见〉的补充通知》，落实一孩夫妇奖励和优待政策：凡女方24周岁以上生育又领取了独生子女证、且终身只生一个孩子的，单位职工独生子女保健费由每月5元增加到8元，农村独生子女保健费由每年30~60元增加到60~80元。自觉放弃照顾生育指标的夫妇凭绝育手术证明，由所在本单位奖励300元。凡是早婚早育的，不享受独生子女优待，并取消照顾生育资格。符合照顾生育的独生子女夫妇，在领取生育指标时，将独生子女费及所享受一切优待费退还所在单位。2004年起，除对独生子女父母奖励外，对未违反计生法规、现存一个子女或两个女孩或子女死亡现无子女的年满60周岁的农村居民，每人每年发给奖扶金600元，直至亡故。

第三节　育龄妇女管理

1972年，县计划生育管理部门在城关镇开展育龄妇女婚育及计划生育情况调查，自此开始育龄妇女管理工作。之后，管理模式由单一的行政管理变为多部门协作、行政与经济并重的管理方式。1987年，为鼓励按计划生育的育龄妇女，计生部门配合县保险公司试办计划生育保险，由点到面在全县实行独生子女平安保险、独生子女父母和二女结扎夫妇养老保险制度。1992年，各级协会开展独生子女双全保险和养老保险工作；各地结合实际，采取“镇乡统筹费提一点，超生费支出一点，村、社集体资金拿一点和独生子女父母自筹一点”的办法，落实投保经费；全县22064个独生子女户投保109万元，投保面占一孩户总数的38%。1994年，全市20580名独生子女投保210.29万元。2002年，育龄妇女管理采取以现居住地管理为主的方式，由镇乡清理流动人口家底，变流动人口无序流动为有序流动，把工作重点放在流动人口中已婚育龄妇女的管理上。当年全区流动人口97759人，办证71619人，其中已婚育龄妇女24416人。同时，计生部门与公安、工商、建设、劳动、民政、卫生、交通、财政部门共同配合，落实流动人口计划生育管理工作职责。2004年，流动人口管理纳入计划生育优质服务范畴。至2005年，全区构建起以区人口计生局信息中心为纽带，通过中国电信宽带网及党政专网，横向覆盖镇村，纵向与国家、省、市人口计生委实行互联互通信息网络，育龄妇女管理工作更为科学、有效。

第四节　行政执法与服务

1986年后，县计生委根据国家政策、法律法规，不断加大行政执法力度。1991年3月，县计划生育执法指挥部成立，年内在丰裕、祥符两地开展依法治育试点，次年在全县范围内推广。之后，计生行政执法逐步法制化、规范化。2002年起，全区统一行政执法文书式样，统一执法程序，要求计生执法必须亮证执法、文明执法、公正执法，必须严格执行国家计生委要求，坚决制止自主收费和搭车收费，同时严把照顾生育关，制订照顾生育程序、调查申报制度、病残儿鉴定制度和集体审批制度，杜绝乱开口子，并把流动人口管理纳入党政领导干部年度目标考核，以保证计划生育政策的执行质量。当年，全区计划外生育181人，立案181件，立案率100%；收到照顾生育申请表762份，批准照顾生育617人，不予批准99人；全区外出88429人，办证60763人；流入6828人，持证5885人（其中已婚育龄妇女2432人）。年内，落实计生“三结合”帮扶户15006户，其中新增户5071户、联系户3929户、帮带户6006户；各镇乡确定计生帮扶项目20余个，建立成片帮扶基地51个。2004年，依法开展出生人口性别比综合治理，执行国家《禁止非医学需要胎儿性别鉴定和选择性别的人工终止妊娠规定》，制定《关于综合治理出生人口性别比升高问题的意见》；贯彻《国家流动人口计划生育管理和服务若干规定》，探索流动人口本地化管理服务机制；根据群众需要开展生殖健康检查、优生遗传检测、出生缺陷干预等工作，定期组织人员深入乡镇，为行政村、居居委会人口计生干部、中心户长、农村独生子女户进行健康检查和随访服务，全年育龄妇女接受基本生殖健康服务率89%；开展“婚育新风进万家”活动，构筑区、乡（镇）、村（居）三级人口和计划生育宣传网络；开展“知群众情，暖群众心，解群众难”主题活动，建设一批婚育新风传播阵地；开展农村部分人口和计划生育家庭奖励扶助试点工作，按照“四权分离、社会监督、保障有力”原则，规范帮扶运作，落实帮扶户6980户、帮扶项目158个。当年，全区应立案257件，立案率100%；结案184件，结案率71.6%。至2005年，全区未出现因人口计生违法行政而引发重大恶性案件和行政复议、行政应诉、国家赔偿案件；已婚育龄妇女意外妊娠率大幅度下降，新生儿住院分娩率提高近20%，出生缺陷发生率为4.2‰。

第四篇 综合经济

第一章 经济结构

第一节 所有制结构

一、农业所有制结构

1981 年 8 月，资阳县在坚持土地、水利设施、森林资源集体所有条件下，实行土地所有权和经营权分离，全面推行以家庭承包为基础的统分结合的双层经营责任制。全县 5300 公顷果园、桑园和所有水利设施由集体经营；7.71 万公顷耕地及森林资源全部承包到农业户经营，承包期 15 年。1995 年 9 月至 10 月，全市实施农村集体土地第二轮承包，承包期 30 年；延包土地 75773 公顷，均颁发《农村土地经营权证书》。2003 年 3 月《中华人民共和国农村土地承包法》颁布实施后，农民土地经营权保持长期稳定。

农业承包经营期间，农业生产资料、生产工具、农业产品和农民自有房屋、自留地等为农民个体所有；农民对承包的耕地、森林资源、部分小型水利设施有使用权，按承包约定每年向村、组（合作社）上缴农税、“双提”。20 世纪 90 年代中期以后，“费搭税车”现象出现且日渐泛滥，农民负担的种类到 2002 年已达 30 余种、金额逐年加大，农业生产出现不稳定因素。2002 年 4 月，农村税费改革免除部分税费负担。2005 年起，全部取消各种税费，农业再次得到发展。

21 世纪初，农民弃耕务工潮兴起，出现耕地撂荒现象。在农业部门指导下，农村逐渐推行土地流转、业主经营。业主租赁农民承包合同内土地，按合同取得土地使用权、经营权并定期支付一定的土地收益。至 2005 年，全区流向业主规模经营的承包地面积达到 4829.3 公顷，占全区农民承包地总面积的 8.5%，推进了农业产业化发展。

二、工业所有制结构

计划经济时期，国有经济在工业所有制结构中占主导地位，集体经济次之，其他非公有制经济为必要的补充。1986—1992 年，国有经济在辖区工业所有制结构中占有 71.4% ~80.4% 的比重。1987 年全县有工业企业 284 个。其中全民所有制工业企业 49 个，实现工业产值 38188 万元，占全部工业总产值的80.4%；集体所有制工业企业229个，生产经营规模大多较小，当年实现工业产值8549万元，占全部工业总产值的18.0%；其他非公企业仅6户，实现产值765万元，占总值的1.6%。

从20世纪90年代初起，集体所有制经济发展较快，1991年达到285家，实现工业总产值25591万元，占全县全部工业总产值的24.2%，比1986年增长6.2个百分点；全民所有制企业虽然企业个数保持稳定，但在全部工业总产值中的比重却由1987年的80.4%下降至74.4%；私营经济有所发展；其他非公经济工业企业仅6家，产值在全部工业总产值中的比重下降为1.4%，但助推了集体工业企业的发展。到1997年，集体工业企业产值升到89329万元，占全部工业总产值的39.1%。

随着市场经济的形成和发展，长期受计划经济体制照顾和保护的国有工业企业在市场经济的激烈竞争中日渐缺乏生机活力，在企业个数基本不变的情况下，产值在全部工业总产值中的比重日渐萎缩，1993年从上年的71.4%降为68.2%，再降到1997年的53.9%。集体所有制企业在经历近10年的快速发展以后，由于经营体制、管理体制的局限，高投入，低产出，日渐不适应市场竞争。到1998年，规模以上集体工业企业减少到5个，实现的产值仅占全部工业总产值的14.2%。当年起，政府持续加大国有、集体工业企业产权制度改革力度，同时大力发展民营经济和个体私营经济。到2005年，全区规模以上工业企业92家，实现工业总产值98.44亿元，其中国有规模工业企业实现工业产值19.78亿元，集体规模工业企业实现工业产值1.31亿元，民营规模工业企业实现工业产值77.35亿元；全区工业所有制结构调整为20.1∶1.3∶78.6，民营工业占据主导地位。

资阳市雁江区1986—2005年工业所有制结构变化情况表

表4-1

项目 / 年度	企业（个）			工业产值（万元）				结构比例（%）		
	国有经济	集体经济	其他经济	工业总产值	国有经济	集体经济	其他经济	国有经济	集体经济	其他经济
1986	51	281	8	39264	31826	6311	1127	76.7	19.8	3.5
1987	49	229	6	47502	38188	8549	765	80.4	18.0	1.6
1988	51	230	6	55797	44435	10483	879	79.7	18.7	1.6
1989	54	241	6	59240	46311	12248	681	78.2	20.7	1.1
1990	56	274	6	62308	47523	13981	804	76.3	22.4	1.3
1991	57	285	6	105764	78672	25591	1501	74.4	24.2	1.4
1992	50	274	7	127181	90799	34227	2155	71.4	26.9	1.7
1993	57	120	5	145842	99553	45867	422	68.2	31.4	0.4
1994	49	118	15	167256	102667	50820	13769	61.4	30.4	8.2
1995	40	263	18	190826	110167	68706	11953	57.6	36.0	6.4
1996	58	236	28	200499	113571	70858	16070	56.6	35.4	8.0
1997	37	160	19	228677	123299	89329	16049	53.9	39.1	7.0
1998	42	5	20	140440	80073	20007	40360	57.0	14.2	28.8
1999	42	5	20	161577	86448	21193	53936	53.5	13.1	33.4
2000	39	2	20	182679	101078	14170	67431	55.3	7.8	36.9
2001	—	—	—	241887	142721	13179	85987	59.0	5.5	35.5
2002	—	—	—	303312	180749	17038	105525	59.6	5.6	34.8

续表

项目 年度	企　业（个）			工业产值（万元）				结构比例（%）		
	国有经济	集体经济	其他经济	工业总产值	国有经济	集体经济	其他经济	国有经济	集体经济	其他经济
2003	—	—	—	419614	149276	21611	248727	35.6	5.1	59.3
2004	—	—	—	655525	177363	28989	449173	27.1	4.4	68.5
2005	—	—	—	984433	197842	13073	773518	20.1	1.3	78.6

注：1. 1986—1990 年为 80 价，1991—2000 年为 90 价，2001—2005 年为现价

2. 其他经济含股份制、外资民营等非公工业企业

3. 1986—1997 年为全部工业总产值，1998—2005 年企业个数、工业总产值均为规模工业企业

三、商业所有制结构

20 世纪 80 年代初，国务院《城乡个体工商户管理暂行条例》的颁布实施和中央关于大力发展民营个体商业的一系列政策的出台推动了个体私营商业的发展。1986—1990 年新发展个体工商户 23833 户。至 1990 年末共有个体工商户 13214 户、私营商业企业 9 户。当年全县社会消费品零售总额 31573 万元，其中国有商业 9001 万元，占总额的 28.5%；集体商业 9866 万元，占 31.2%；私营、个体股份制商业 12706 万元，占 40.3%，形成国有、集体、个体私营三足鼎立的商业所有制格局。此后随着市场经济的建立和发展，个体私营商业逐步壮大，国有和集体所有制商业企业的竞争力减弱，民营商业逐渐取代了国有、集体所有制商业。2000 年，全区实现社会消费品零售总额 11.21 亿元，其中国有经济 1.23 亿元，占 10.97%；集体经济 1.10 亿元，占 9.81%；个体、私营、股份制及其他经济 8.88 亿元，占 79.22%。至 2005 年，除烟草公司、石油公司、盐业支公司等属国有外，国有商业企业大部分通过兼并、破产、转让等形式改制完毕；集体所有制商业除农产品公司、伍隍供销社、集体合作商店外，其他基本不复存在；飞龙家电、长城超市、好人家超市、光华汽贸、华凌车业、绿康实业、佳家超市、迪卡车业、通达利汽贸、渝阳车业、金迪、银都、晨风、蜀享、新世纪、红高粱、阳光假日、雅博等一大批限额以上民营商业企业应运而生。

第二节　产业结构

一、三次产业总体结构

1986 年，一产业在三次产业总体结构中占据 40.32% 的比重，以工业、建筑业为主的二产业和以商贸业为主的三产业分别占 36.05%、23.63% 的比重。之后至 1992 年，一产业产值在全县国内生产总值中所占比例不断增长，其中 1988 年提高到 41.01%、1990 年升至 45.60%；第二、第三产业较 1986 年分别下降 4.41 和 0.89 个百分点。

1993 年 3 月撤县设市后，市委、市政府调整三次产业结构和一、二、三产业的内部结构，提出“稳定发展农业，大力发展二、三产业”的战略，坚持工业兴县，在实施国有、集体工业企业改革的同时发展民营工业企业，尤其注重发展高科技企业；启动城市改造扩建和小城镇、中心村建设，发展建筑业，推动二产业跨越式发展。1999 年，二产业增加值实现 15.08 亿元，是产业结构调整初年

1990 年的 3.15 亿元的 4.8 倍，在三次产业结构中的比重由 31.64% 提升到 40.51%；三产业产值首破 10 亿元大关，达到 10.40 亿元，是 1990 年 2.26 亿元的 4.6 倍，在国内生产总值中占 27.95% 的比重，比 1990 年的 22.74% 提高 5.21 个百分点；农业在三次产业总体结构中的比重由 1990 年的 45.62% 下调至 31.54%，下调 14.08 个百分点。

进入 21 世纪，三次产业总体结构不断优化。2005 年，全区实现地方生产总值 77.52 亿元，其中一、二、三产业产值分别为 17.34 亿元、39.10 亿元、21.08 亿元，三次产业结构比为 22.37∶50.44∶27.19，以工业为主的二产业在整个国民经济中发挥着重要的主导作用。

资阳市雁江区 1986—2005 年三次产业结构变化情况表

表 4-2 单位：万元

项目 / 年度	国内生产总值	其中			三次产业结构比（%）		
		一产业增加值	二产业增加值	三产业增加值	一产业	二产业	三产业
1986	51821	20892	18680	12249	40.32	36.05	23.63
1987	60116	22986	23310	13820	38.24	38.78	22.98
1988	71986	29521	25606	16859	41.01	35.57	23.42
1989	82949	35771	27078	20160	43.12	32.64	24.24
1990	99503	45396	31487	22620	45.62	31.64	22.74
1991	110790	49066	35936	25788	44.29	32.44	23.27
1992	123176	51819	41156	30201	42.07	33.41	24.52
1993	146721	51792	58360	36596	35.30	39.78	24.92
1994	197838	73585	75073	49180	37.19	37.95	24.86
1995	224689	89097	92648	62944	39.65	41.23	19.12
1996	282780	97832	109571	75377	34.60	38.75	26.65
1997	318664	110107	121554	87003	34.55	38.14	27.31
1998	347744	116530	135948	95266	33.51	39.09	27.40
1999	372217	117407	150800	104010	31.54	40.51	27.95
2000	403220	117358	169540	116322	29.11	42.05	28.84
2001	431818	107872	191777	132169	24.98	44.41	30.61
2002	450729	120721	181603	148405	26.78	40.29	32.93
2003	521299	135580	219921	165798	26.00	42.19	31.81
2004	646268	161845	293487	190936	25.04	45.41	29.55
2005	775205	173381	391044	210780	22.37	50.44	27.19

注：一律以现价统计

二、第一产业结构

家庭联产承包责任制首先推动了种植业的发展。1986 年，种植业产值达 1.85 亿元，在当年农业总产值 2.73 亿元中占 67.8% 的比重；林业产值 1035 万元，占 3.8%；以生猪养殖为龙头的畜牧业产值 7317 万元，占 26.8%；渔业开始起步，当年产值 439 万元，仅占 1.6%。20 世纪末到 21 世纪初期，在稳定粮食生产同时，大力发展商品生产，将畜牧、渔业作为致富的重要途径，农业结构日趋优化。1995 年实现农业总产值 8.41 亿元，其中种植业产值 5.12 亿元，占 60.8%；林业产值 1392 万元，占 1.7%；畜牧业产值 2.93 亿元，占 34.9%；渔业产值 2219 万元，占 2.6%。种植业在一产业结构中下调 7 个百分点，林业下调 2.1 个百分点，而畜牧业、渔业分别上调 8.1 和 1 个百分点。在畜牧养殖业中，生猪产值增长最快，占养殖业产值 80.7%。

1996 年以后，调整种植业内部结构和区域布局，引进先进的现代农业科技，发展优质高效农业，优化种植品种结构，提高质量和市场效益。利用饲料资源优势大力发展畜牧业，采取“公司 + 基地 + 农户”的办法培植养殖龙头企业，以养殖基地和养殖大户带动辖区农户发展养殖业。养殖品种由生猪扩大到肉牛、山羊、兔和鸡、鸭、鹅等小家禽，水域养鱼由塘库堰扩大到水稻田养鱼。畜牧、渔业在农业结构中的比重逐年攀升，2000 年畜牧业上升到 38.2%，渔业上升到 3.9%，分别比 1995 年增加 3.3 和 1.3 个百分点。此后渔业保持稳定发展，畜牧业继续保持着强劲发展势头，林业产值按年均 6.5% 的速度增长，种植业产值按年均 12.9% 的速度增长。2005 年，农、林、牧、渔业结构比为 45.8∶1.6∶48.9∶3.7；畜牧业超过种植业，逐步占据主导地位。

资阳市雁江区 1986—2005 年农业结构变化情况表

表 4－3

项目 年度	农业总产值（万元）	其中（万元）				结构比例（%）			
		种植业	林业	牧业	渔业	种植	林	牧	渔
1986	27298	18507	1035	7317	439	67.8	3.8	26.8	1.6
1987	27001	18017	1086	7434	464	66.7	4.0	27.5	1.8
1988	27116	17875	662	8087	492	65.9	2.4	29.8	1.9
1989	30759	20342	776	9107	535	66.1	2.5	29.6	1.8
1990	32433	21349	871	9610	603	65.8	2.7	29.6	1.9
1991	76011	47201	1450	26533	827	62.1	1.9	34.9	1.1
1992	79418	49002	1729	27691	996	61.7	2.2	34.1	2.0
1993	70856	41811	1147	26961	937	59.0	1.6	38.1	1.3
1994	76482	46527	1006	27275	1674	60.1	1.3	35.7	2.9
1995	84100	51160	1392	29329	2219	60.8	1.7	34.9	2.6
1996	89004	52421	1485	32527	2571	58.9	1.7	36.5	2.9
1997	95317	56402	1722	34124	3069	59.2	1.8	35.8	3.2
1998	97625	56566	1830	35975	3281	57.9	1.9	36.9	3.3
1999	99566	56853	2082	36799	3832	57.1	2.1	37.0	3.8
2000	102170	57502	1646	39035	3987	56.3	1.6	38.2	3.9
2001	97591	47568	3135	42216	4672	48.7	3.2	43.3	4.8

续表

项目 / 年度	农业总产值（万元）	其中（万元）				结构比例（%）			
		种植业	林业	牧业	渔业	种植	林	牧	渔
2002	113894	60655	2233	46279	4727	53.3	2.0	40.6	4.1
2003	120564	59807	2395	53295	5067	49.6	2.0	44.2	4.2
2004	129434	59998	2282	61694	5460	46.4	1.8	47.7	4.1
2005	145333	66590	2371	71136	6046	45.8	1.6	48.9	3.7

注：1. 1986—1990 年为 1980 价，1991—2005 年为 1990 价统计

2. 2002—2005 年的服务业产值归入农（种植）业

三、第二产业结构

区内二产业长期以来以工业为主，建筑业居其次。1986 年，第二产业增加值 1.87 亿元，其中工业增加值 1.61 亿元，占 86.17%；建筑业增加值 0.26 亿元，仅占 13.85%。1987 年建筑业一度升至 20.15%，此后却大幅下调至 1990 年的 10%。20 世纪 90 年代至 2005 年，工业、建筑业同步发展。尽管经历了国有、集体工业企业改制，但代之而起的民营工业、外资和港台投资企业却发展很快。1996 年辖区工业增加值突破 10 亿元大关，实现 10.27 亿元，在二产业总值中占 93.70% 的比重。建筑业虽然发展较快，但总的增速不及工业。1996 年建筑业实现产值 0.69 亿元，比 1986 年增长 165.4%，但在当年第二产业产值中仅占 6.30% 的比重。当年起，城区旧城改造和新区拓建、小城镇建设项目陆续投建，给建筑业以极好的发展机遇，增加值于 1998 年首破亿元，2002 年达到 2.57 亿元，在二产业中的结构比重一度上升到 14.16%。2005 年，尽管建筑业增加值上升至 4.06 亿元，但在二产业结构中仅占 10.38% 的比重。当年工业增加值实现 35.05 亿元，在二产业增加值中占有 89.62% 的比重。工业在二产业结构中始终占据着主导地位。

区内的工业内部结构中，以农产品、非农产品为原料的轻工业在计划经济时期长期占据着主导地位，在重工业已有较大发展的 1986 年仍占据着 56.58% 的比重。随着交通的日益发达，基础设施和环境条件的不断优化，以制造业为龙头的重工业取得长足发展。1990 年，仅制造工业就实现产值 5.14 亿元，1995 年达到 9.17 亿元，2000 年升至 11.58 亿元，占重工业 92.94% 的比重。1990 年轻、重工业比为 43.98∶56.02，2000 年调整为 31.80∶68.20，2005 年再优化调整为 21.12∶78.79，重工业在雁江区工业结构中占据绝对主导地位。

资阳市雁江区 1986—2005 年第二产业结构变化情况表

表 4－4　　单位：万元

项目 / 年度	第二产业增加值	其中		二产业结构比（%）		工业内部结构比（%）	
		工　业	建筑业	工　业	建筑业	轻工业	重工业
1986	18680	16096	2584	86.17	13.83	56.58	43.42
1987	23310	18530	4780	79.49	20.51	53.15	46.85
1988	25606	22236	3370	86.81	13.19	53.28	46.72
1989	27078	24015	3063	88.69	11.31	47.65	52.35
1990	31487	28338	3149	90.00	10.00	43.98	56.02
1991	35936	32038	3898	89.15	10.85	49.48	50.52

续表

年度 \ 项目	第二产业增加值	其中		二产业结构比（%）		工业内部结构比（%）	
		工业	建筑业	工业	建筑业	轻工业	重工业
1992	41156	36864	4292	89.57	10.43	49.12	50.28
1993	58360	53280	5080	91.30	8.70	43.70	56.30
1994	75073	69460	5613	92.52	7.48	46.92	53.08
1995	92648	86311	6337	93.16	7.84	47.21	52.79
1996	109571	102664	6907	93.70	6.30	47.43	52.57
1997	121554	112700	8854	92.72	7.28	45.22	54.78
1998	135948	124332	11616	91.46	8.54	30.43	69.57
1999	150800	137024	13776	90.86	9.14	32.20	67.80
2000	169540	152104	17436	89.72	10.28	31.80	68.20
2001	191777	170944	20833	89.14	10.86	29.40	70.60
2002	181603	155890	25713	85.84	14.16	27.32	72.68
2003	219921	188827	31094	85.86	14.14	24.16	75.84
2004	293487	257320	36167	87.68	12.32	25.02	76.98
2005	391044	350464	40580	89.62	10.38	21.12	78.79

注：依据《1978—2005 年雁江区国内生产总值调整表（现价）》统计

四、第三产业结构

1986 年，县内已拥有门类较齐全的第三产业。当年实现增加值 12249 万元，是 1978 年 6518 万元的 1.88 倍。交通邮电业（含仓储、邮政、电信）、批发零售业、金融保险业、房地产业、服务业（含住宿、餐饮、娱乐、租赁、商务、科技、水利、环保、公共管理等服务业）、公益事业（含文、教、卫、体、社会保障和福利）6 大产业的结构比为 21.5∶19.4∶9.1∶7.0∶32.1∶10.9。服务业居其首，交通邮电、批发零售业亦占较大比重。在此后 20 年中，各产业长期保持均衡快速发展，第三产业总量大幅增长，2005 年达到 21.08 亿元，是 1986 年的 17.2 倍，年均增速为 9.2%。其间，各产业有小幅调整。

交通邮电业 1986—1988 年在第三产业结构中占 20% 以上比重，从 1989 年开始下调，1993 年降到最低点，仅占 17.1%，比 1986 年的 21.5% 下调 4.4 个百分点。随着物流业的日趋繁荣和计算机软件的兴起，交通邮电产值快速增长，1998 年实现增加值 18807 万元，是 1993 年 6259 万元的 3 倍，在三产业结构中的比重上调 2.7 个百分点，到 2002 年上调至 20.7%，2005 年增加值达到 1998 年的 2.26 倍。批发零售业在第三产业结构中长期保持 15.0% ~19.4% 的比重，上下调整在 4.4 个百分点左右。金融保险业始终保持在 10% 左右，上下调整幅度为 2 个百分点。服务业保持发展势头，在第三产业结构中一直处于领先的位置。2005 年，公益事业实现增加值 2.85 亿元，是 1986 年 1335 万元的 19.34 倍，20 年年平均增速为 101.82%，在三产业结构中的比重由 1986 年的 10.9% 上调至 2005 年的 13.5%；房地产增加值实现 1.71 亿元，是 1986 年 866 万元的 19.8 倍，20 年年均增速 93.95%，在三产业结构中的比重由 1986 年的 7.0% 上调至 2003 年的 10%，然后稳步回调至 2005 年的 8.2%。2005 年，交通邮电、批发零售、金融保险、房地产、服务业、公益事业等产业的结构比为20.1∶14.4∶9.0∶8.2∶34.8∶13.5。

资阳市雁江区1986—2005年第三产业结构变化情况表

表4-5　　　　单位：万元

项目/年度	第三产业增加值	其中						三产业结构比（%）					
		交通邮电	批发零售	金融保险	房地产业	服务业	公益事业	交通邮电	批发零售	金融保险	房地产	服务	公益事业
1986	12249	2634	2376	1111	866	3927	1335	21.5	19.4	9.1	7.0	32.1	10.9
1987	13820	2967	2599	1275	979	4454	1546	21.5	18.8	9.2	7.1	32.2	11.2
1988	16859	3394	2854	1682	1250	5670	2009	20.1	16.9	10.0	7.5	33.6	11.9
1989	20160	3895	3026	2102	1494	7060	2583	19.3	15.0	10.4	7.5	35	12.8
1990	22620	4163	3407	2403	1785	7920	2942	18.4	15.1	10.6	7.9	35	13
1991	25788	4842	3876	2742	2213	8787	3328	18.8	15.0	10.6	8.6	34.1	12.9
1992	30201	5279	4622	3321	2750	10311	3918	17.5	15.3	11.0	9.1	34.1	13
1993	36569	6259	5668	4040	2897	12187	4918	17.1	15.5	11.0	8	35	13.4
1994	49180	8436	7631	5098	4272	17107	6636	17.2	15.5	10.4	8.7	34.8	13.5
1995	62944	11335	9836	6241	5068	21954	8510	18.0	15.6	9.9	8.1	34.9	13.5
1996	75377	14367	11964	7619	6550	24920	9957	19.1	15.9	10.1	8.6	33.1	13.2
1997	87003	16788	13783	8466	7585	28555	11826	19.3	15.8	9.7	9	32.8	13.4
1998	95266	18807	15016	9087	8412	31078	12866	19.7	15.8	9.5	8.9	32.6	13.5
1999	104010	20453	16526	9869	9359	34061	13742	19.7	15.9	9.5	9	32.7	13.2
2000	116322	23395	18109	10701	10352	38349	15416	20.1	15.6	9.2	8.8	33	13.3
2001	132169	26764	20079	11946	11608	44031	17741	20.2	15.2	9.0	8.9	33.3	13.4
2002	148405	30718	22115	13078	13011	49716	19767	20.7	14.9	8.8	8.8	33.5	13.3
2003	165798	34281	24429	14475	14448	56093	22072	20.7	13.5	8.7	10	33.8	13.3
2004	190936	38771	28071	16846	16486	65595	25167	20.3	14.7	8.8	8.6	34.4	13.2
2005	210780	42438	30440	18929	17139	73312	28522	20.1	14.4	9.0	8.2	34.8	13.5

注：依据《1978—2005年雁江区国内生产总值调整表（现价）》统计。表中“交通邮电”含交通运输、邮政、电信业；“服务业”含住宿、餐饮、租赁、商业服务，科研、地质勘查、居民服务和其他服务，水利、环境、公共管理和社会组织；“公益事业”含文、教、卫、体和社会保障及福利

第三节　投资结构

1986—1995年，全社会固定资产投资保持稳定持续增长的态势。1995年完成全社会固定资产投资27503万元，比1986年的8725万元增加18778万元，年均增速13.9%。1996—2005年保持着快速

增长势头，2005 年完成固定资产投资 25. 63 亿元，比 1995 年增加 22. 88 亿元，是 1986 年的 29. 37 倍、1995 年的 9. 32 倍，年均增速 25. 0%。在全社会固定资产投资结构中，基本建设投资占据绝对优势且快速增长；更新（技术）改造投资逐年下调；城乡集体投资结构比表现不稳定，上下调整幅度大，在 21 世纪逐步退出投资；城乡私人投资亦不稳定，但上下调整幅度较小；房地产投资起步晚，但在固定资产投资结构中比重逐年提高，表现出巨大的投资潜力；其他零星投资规模小，资金数额小，所占投资比重仅是微弱补充。2005 年，基本建设、更新改造、城乡集体、城乡私人、房地产、其他等项的固定资产投资结构比为 51. 5∶18. 3∶0∶10. 1∶18. 8∶1. 3。

基本建设投资以全民为主，1986—1995 年在全社固定资产投资结构中所占比重基本保持稳定，但上下调整波动幅度较大，1986 年占 32%；1988 年下调至 22. 6%，与城乡（镇）集体和私人的 20. 3%、23. 8%基本持平，低于当年的技术改造投资的 32. 2%；1989 年大幅上调至 42. 1%；1992 年又大幅下调至 23. 4%；1995 年再缓慢上调至 33. 2%。1996 年以后，城区旧城改造、新区拓展，乡镇小城镇建设启动并逐步加快，交通、能源、通信设施建设快速发展，基本建设投资力度加大，投资额在全社会固定资产投资结构中的比重持续、快速上调，当年上调至 34. 6%，1998 年再上调 10. 6 个百分点，2000 年升到 73%。此后投资速度放缓，至 2005 年下调至 51. 5%，但仍在整个投资结构中占据主导地位。

20 世纪 80 年代中期以后，企业在推行承包经营责任制的同时实施技术改造，不断加大投资，更新机械等生产设备。1986 年完成更新改造投资 2647 万元，在全社会固定投资结构中占 31. 0%的比重，1988 年上调至 32. 2 %，1992 年仍保持在 31. 0%。随着市场经济的形成和发展，国有、集体企业市场竞争力减弱，市场销售份额被逐步挤压，亏损出现并日益严重，在此后的股份制、租赁、破产、资产重组的一系列改革中，更新改造投资逐年下调。1995 年为 16. 6%，2000 年下调至历史最低点 3. 5%。21 世纪初，随着新兴民营企业技改力度的加大，更新改造投资比重逐年上调，2001 年为 9. 5%，2005 年上调至 18. 3%。

城乡集体投资在 20 世纪 80 年代后期表现不稳定。1986 年占全社会固定资产投资 15. 7%的比重，1988 年上调至 20. 3%，次年回落至 9. 0%，1990 年再上调至 13. 3%。从 90 年代初开始，以乡镇企业为主的集体投资力度加大，1991 年上调至 20. 8%，1994 年再升至 37. 8%，在整个固定资产投资中一度占据主导地位。但集体企业经不住市场经济的考验，高调兴起，低调退出，1997 年投资结构比下调至 19. 2%，2000 年跌至 1. 6%，21 世纪初几年皆为零。

20 世纪 80 年代后期，城乡私人建房投资热兴起。1986 年完成投资 1980 万元，占全社会固定资产投资 22. 7%的比重，1988 年上调至 23. 8%，超过全民基建投资。此后逐步回落，且极不稳定，有时高至 18. 7%（1989 年），有时低至 3. 8%（2001 年），但大部分年度保持在 10. 0%左右。

房地产投资起步于 1990 年，当年投资 403 万元，占辖区固定资产投资的 3. 5%。之后稳步发展，投资结构比保持在 2. 3% ~5. 2%。1995 年起，城市化发展战略给予房地产业大好发展机遇，十几家房地产商先后入驻资阳，掀起房地产热，投资结构比大幅上调。1995 年上调至 8. 1%，1999 年增长为 16. 0%，2001 年上调至 21. 3%，此后年度稳定在 18. 0%左右，2005 年为 18. 8%。

资阳市雁江区 1986—2005 年固定资产投资结构变化情况表

表 4－6　　单位：万元

项目 年度	固定资产投资总额	投资分类						投资结构比例（%）					
		基本建设	更新改造	城乡集体	城乡私人	房地产开发	其他投资	基建	技改	集体	私人	房产	其他
1986	8725	2647	2709	1371	1980	—	180	32.0	31.0	15.7	22.7	—	1.4
1987	18057	6994	5390	3139	2087	—	447	38.7	29.8	17.4	11.6	—	2.5
1988	12469	2821	4017	2532	2970	—	129	22.6	32.2	20.3	23.8	—	1.1
1989	11049	4648	2988	993	2064	—	356	42.1	27.0	9.0	18.7	—	3.2
1990	11433	4377	2791	1522	1755	403	585	38.3	24.4	13.3	15.4	3.5	5.1
1991	14839	5531	3726	3089	1382	652	459	37.3	25.1	20.8	9.3	4.4	3.1
1992	16753	3914	5187	5524	1354	422	352	23.4	31.0	33.0	8.1	2.5	2.0
1993	20946	7085	5914	6119	1358	470	—	33.8	28.2	29.2	6.5	2.3	—
1994	23697	7190	4688	8922	1633	1264	—	30.3	19.8	37.8	6.9	5.2	—
1995	27503	9136	4553	9038	2403	2373	—	33.2	16.6	33.4	8.7	8.1	—
1996	29539	10206	3930	9038	3612	2373	1065	34.6	13.3	30.6	10.7	8.0	2.8
1997	39925	14253	8373	7665	4995	3530	1109	35.7	21.0	19.2	12.5	8.8	2.8
1998	55515	25081	9256	8018	5383	5905	1868	45.2	16.7	14.4	9.7	10.6	3.4
1999	68459	39572	6987	3723	5703	10986	1488	57.8	10.2	5.4	8.3	16.0	2.3
2000	91375	66748	3198	1239	5008	13502	1680	73.0	3.5	1.6	5.5	14.8	1.6
2001	107139	68948	10228	—	4083	22768	1112	64.4	9.5	—	3.8	21.3	1.0
2002	127428	83244	14170	—	6042	23512	100	65.3	11.5	—	4.7	18.5	—
2003	155837	82322	25407	—	14089	28752	5267	52.8	16.3	—	9.0	18.5	3.4
2004	191023	106029	35223	—	20300	28521	950	55.5	18.4	—	10.6	14.9	0.6
2005	256270	131983	46946	—	25999	48222	3120	51.5	18.3	—	10.1	18.8	1.3

第二章　经济发展

第一节　发展状况

全区地方生产总值由 1986 年的 4.46 亿元（1980 价）跃升至 2005 年的 68.19 亿元（2000 价），20 年翻 4.03 番，年均增速 8.98%。其中“七五”期间地方生产总值始、终年分别为 4.46 亿元、5.75 亿元，年均增速 7.13%；“八五”期间地方生产总值始、终年分别为 10.8 亿元、14.95 亿元，年均增速 8.52%，比“七五”期年均增速高 1.39 个百分点；“九五”期间地方生产总值始、终年分别为16.02亿元、23.97亿元，年均增速9.92%，比“八五”期间年均增速高1.4个百分点；“十五”期间地方生产总值始、终年分别为43.61亿元、68.19亿元，年均增速11.18%，比“九五”期间年均增速高1.26个百分点。2001—2005年为20年间经济发展的高峰期。2004年雁江区在全省县级经济综合排位中居41位。2005年在全川67个丘陵县（市、区）主要经济指标排位中居于前列，其中地方生产总值排第6位，生产总值指数排第1位，第一产业增加值排第19位，第二产业增加值排第4位，全部工业增加值和国有及规模以上工业增加值均排第2位，第三产业增加值排第15位。

雁江区的三次产业发展中以第二产业发展最快，增加值由1986年的1.45亿元增加到2005年的31.52亿元，20年翻4.4番，年均增速12.37%。“七五”期间增速较缓，始、终年增加值分别为1.45亿元、1.8亿元，年均增速5.04%；“八五”期间跨越式发展，始、终年增加值分别为2.91亿元、5.84亿元，5年翻1番，年均增速14.8%；“九五”期间快速发展，始、终年增加值分别为6.67亿元、10.86亿元，年均增速13.56%；“十五”期间发展最快，始、终年增加值分别为19.34亿元、34.91亿元，其中2003年、2004年、2005年增长速度连创新高，分别为20.1%、23.8%和26.0%，5年年均增速16.08%。

第一产业稳定发展，产值由1986年的1.75亿元增至2005年的14.16亿元，20年翻3.01番，年均增速4.74%。“七五”计划期间增长最快，始、终年增加值分别为1.75亿元、2.45亿元，年均增速7.58%；“八五”期间增速放缓，始、终年增加值分别为5.05亿元、5.18亿元，年均增速3.12%，其中1993年遭遇特大旱灾，农业增加值出现13.1%负增长；“九五”期间平稳发展，始、终年增加值分别为5.05亿元、6.44亿元，年均增速4.54%，其中1996年出现2.6%的负增长；“十五”期间有小幅下降，始、终年增加值分别为11.32亿元、14.16亿元，年均增速3.92%，其中2001年出现3.5%的负增长。

第三产业发展速度次于第二产业，始终保持持续快速发展势头。增加值由1986年的1.03亿元增至2005年的19.11亿元，20年翻4.16番，年均增速9.21%。“七五”期间稳定发展，始、终年增加值分别为1.03亿元、1.34亿元，年均增速6.52%；“八五”期间快速发展，始、终年增加值分别为2.49亿元、3.57亿元，年均增速9.54%；“九五”“十五”期间发展最快，始、终年增加值分别为3.95亿元、5.83亿元和12.93亿元、19.11亿元，年均增速分别为10.3%和10.48%。

资阳市雁江区1986—2005年经济发展总体情况统计表

表4-7　　单位：万元

项目＼年度	地方生产		第一产业		第二产业						第三产业	
							其中					
	总值	±%	增加值	±%	增加值	±%	工业	±%	建筑业	±%	增加值	±%
1986	44560	5.2	17549	3.0	16719	7.5	14547	7.3	2172	8.3	10292	5.6
1987	48499	8.8	17813	1.5	19879	18.9	16143	11.0	2736	72.0	10807	5.0
1988	50719	4.6	19495	9.4	19729	-0.8	17534	8.6	2195	-41.2	11495	6.4
1989	53783	6.0	22290	14.3	19205	-2.7	17513	-0.1	1692	-22.9	12288	6.9
1990	57455	6.8	24450	9.7	19648	2.3	17964	2.6	1684	-0.5	13357	8.7
1991	108327	8.9	50459	11.2	32936	4.6	29125	2.8	3811	21.0	24932	10.2

续表

项目/年度	地方生产总值	地方生产±%	第一产业增加值	第一产业±%	第二产业增加值	第二产业±%	其中工业	工业±%	建筑业	建筑业±%	第三产业增加值	第三产业±%
1992	115328	6.5	50788	0.7	37285	13.2	33340	14.5	3945	3.5	27255	9.3
1993	122316	6.1	44146	-13.1	48417	29.9	44319	32.9	4098	3.9	29753	9.2
1994	136296	11.4	49254	11.6	54483	12.5	50790	14.6	3693	-9.9	32599	9.4
1995	149484	9.7	51801	5.2	61989	13.8	58409	15.0	3580	-3.1	35694	9.6
1996	160201	7.2	50476	-2.6	70260	13.3	66704	14.2	3556	-0.7	39465	10.6
1997	178962	11.7	55983	10.9	79515	13.2	75043	12.5	4472	25.8	43464	10.1
1998	198477	4.9	60238	7.6	90385	13.7	84649	12.8	5736	28.3	47854	10.1
1999	217948	9.8	62647	4.0	102470	13.4	95654	13.0	6816	18.8	52831	10.4
2000	239706	10.0	64401	2.8	117032	14.2	108568	13.5	8464	24.2	58373	10.3
2001	436084	8.2	113192	-3.5	193598	14.2	173547	14.1	20051	15.0	129294	11.2
2002	454307	4.2	122984	8.7	186385	-3.7	162123	-6.6	24262	21.0	144938	12.1
2003	511550	12.6	128026	4.1	223874	20.1	195609	21.7	28265	16.5	159650	10.2
2004	590329	15.4	135708	6.0	277090	23.8	245503	25.5	31587	11.8	177531	11.2
2005	681865	15.5	141606	4.3	349136	26.0	315235	28.4	33901	7.3	191123	7.7

注：1986—1990 年为 1980 价，1991—2000 年为 1990 价，2001—2005 年为 2000 价

第三产业中教育增加值增长最快，年均增速 10.31%，其他行业年均增速依次为卫生、社会保障和社会福利业 10.26%，科研技术服务和地质勘查业、水利、环境和公共设施管理业 10.04%，公共管理和社会组织 9.77%，住宿、餐饮业 9.5%，房地产业 9.31%，商品批发和零售业 9.24%，交通运输、仓储、邮政、信息传输计算机服务和软件业 8.97%，金融保险业 8.87%，租赁、商业服务、居民服务和其他服务业 7.72%，文化、体育和娱乐业 7.5%。在第三产业增加值中交通邮电所占比重最大，其他依次为批发零售、公共管理、住宿餐饮、金融保险、房地产、服务业、教育、保障福利、公用设施、文化娱乐。

资阳市雁江区 1986—2005 年第三产业发展情况统计表

表 4-8　　单位：万元　增速:%

项目/年度	交通储运邮电、软件增加值	增速	批发零售业增加值	增速	住宿和餐饮业增加值	增速	金融保险业增加值	增速	房地产业增加值	增速	服务业增加值	增速	科技水利公用设施增加值	增速	教育增加值	增速	卫生福利与社会保障增加值	增速	文体与娱乐业增加值	增速	公共管理与社会组织增加值	增速
1986	2212	3.6	1997	5.1	851	3.2	933	8.0	728	4.7	1004	4.9	220	6.8	595	7.8	346	8.1	181	4.6	1225	6.7

续表

项目/年度	交通储运邮电、软件		批发零售业		住宿和餐饮业		金融保险业		房地产业		服务业		科技水利公用设施		教育		卫生福利与社会保障		文体与娱乐业		公共管理与社会组织	
	增加值	增速	增加值	增速	增加值	增速	增加值	增速	增加值	增速	增加值	增速	增加值	增速	增加值	增速	增加值	增速	增加值	增速	增加值	增速
1987	2316	4.7	2031	1.7	877	3.1	1005	7.7	765	5.1	1053	4.9	236	7.3	641	7.7	375	8.4	192	6.1	1316	7.4
1988	2409	4.0	2185	7.6	914	4.2	1087	8.2	814	6.4	1106	5.0	256	8.5	696	8.6	409	9.1	203	5.7	1416	7.6
1989	2572	6.8	2299	5.2	956	4.6	1180	8.6	876	7.6	1172	6.0	318	24.2	762	9.5	450	10.0	216	6.4	1527	7.8
1990	2789	8.4	2529	10.0	1021	6.8	1284	8.8	955	8.8	1250	6.7	306	-3.8	841	10.4	501	11.3	229	6.0	1652	8.2
1991	4641	10.7	3789	11.2	2089	9.2	2634	9.6	1315	9.2	2515	7.7	636	10.8	1759	11.6	1051	12.0	454	6.1	3415	10.4
1992	5077	9.4	4172	10.1	2273	8.8	2876	9.2	1362	9.6	2684	6.7	698	9.7	1949	10.8	1171	11.4	476	4.8	3743	9.6
1993	5566	9.6	4572	9.6	2473	8.8	3118	8.4	1406	9.4	2861	6.6	765	9.6	2148	10.2	1304	11.4	499	4.8	4110	9.8
1994	6152	10.5	5020	9.8	2686	8.6	3374	8.2	1455	9.8	3047	6.5	840	9.8	2373	10.5	1449	11.1	523	4.8	4529	10.2
1995	6758	9.9	5557	10.7	2934	9.2	3667	8.7	1513	11.8	3242	6.4	923	9.9	2630	10.8	1600	10.4	550	5.2	4964	9.6
1996	7501	11.0	6264	12.7	3266	11.3	3997	9.0	3202	11.6	3487	7.6	1021	10.6	2925	11.2	1771	10.7	581	5.6	5450	9.8
1997	8219	9.6	6996	11.7	3655	11.9	4337	8.5	3586	12.0	3731	7.0	1112	8.9	3276	12.0	1934	9.2	617	6.2	6001	10.1
1998	9106	10.8	7698	10.0	4110	12.4	4715	8.7	4024	12.2	3989	4.2	1215	9.3	3606	10.1	2106	8.9	656	6.3	6629	10.5
1999	10123	11.2	8473	10.1	4587	11.6	5161	9.5	4578	13.8	4277	7.2	1326	9.1	4000	10.9	2290	8.7	704	7.3	7312	10.3
2000	11175	10.4	9344	10.3	5160	12.5	5600	8.5	5082	11.0	4578	7.0	1460	10.1	4448	11.2	2545	11.1	764	8.5	8117	11.0
2001	25812	9.9	19920	10.0	11371	13.7	11728	9.6	11425	10.4	9740	9.8	3404	11.4	9684	12.3	4773	10.9	1790	12.6	17927	13.5
2002	29613	14.7	22071	10.8	12724	11.9	12837	9.5	12679	11.0	11590	19.0	3827	12.4	10839	11.9	6320	9.5	2019	12.8	20419	13.9
2003	32341	9.2	24356	10.4	14372	13.0	13942	8.6	13858	9.3	12744	10.0	4296	12.3	11923	10.0	6965	10.2	2231	10.5	22622	10.8
2004	35891	11.0	26991	10.8	16263	13.2	15455	10.9	15194	9.6	14016	10.0	4837	12.6	13253	11.2	7674	10.2	2524	13.1	25343	12.0
2005	38029	6.0	28852	6.9	18203	11.9	16893	9.3	15606	2.7	15578	11.1	5365	10.9	14237	7.4	8639	12.6	2839	12.5	26882	6.1

第二节　农业经济

一、种植业

区内种植业长期保持粮、经二元结构。农村实行家庭联产承包责任制以后，坚持“以粮为主、全面发展”方针，逐步打破二元结构，发展粮食作物、经济作物、其他（蔬菜、饲料、水果、桑、药材）作物互为补充调剂的三元结构，结构比由1986年的72.25∶19.6∶8.15优化调整为2005年的66.35∶14.83∶18.82。在优化调整结构的同时，充分利用光、热、水等气候资源对农耕制度进行改良，推广水地两熟制和旱地三熟、多熟制，扩大复种指数，增加单位面积产量；推广少耕、免耕和秸秆还田技术，养用结合，提高地力；推广窄行、中厢、宽厢带植、分带轮作法，利用光、热资源提早播种季节，增加产量。2005年有耕地6.55万公顷，实际播种18.81万公顷，复种指数287.38%；粮食作物总产量50.11万吨，比1986年41.55吨增产20.6%，单位面积产量增加41.83%；棉、油、麻、烟等经济作物总产量5.06万吨，比1986年4.49万吨增产12.69%，单位面积产量增产34.5%。20年间先后引进筛选推广作物优良品种136个（次），其中水稻28个、玉米29个、棉花8个、红薯7个、小麦23个、豌豆8个、油菜25个、花生8个；推广薄膜育苗、栽培、保温、保墒、保湿等种植技术，变气候不利因素为有利因素，提早播种季节，提高作物产量；推广作物植保技术，保证农作物稳产丰收。

种植业产值稳定增长，1986年实现18507万元，到2005年增加到66590万元，年均增长3.72%。受各类灾害影响，种植业在各时期的发展不尽平衡。“七五”期间始、终年产值分别为18507万元、21349万元，年均增速4.08%，其中1987年、1988年分别出现2.6%、0.8%的负增长；“八五”期间始、终年产值分别为47201万元、51160万元，年均增速3.06%，其中1993年出现14.7%负增长；“九五”期间始、终年产值分别为52421万元、57502万元，年均增速2.4%；“十五”期间始、终年产值分别为47568万元、66590万元，年均增速4.02%，其中2001年、2003年出现17.3%和1.4%的负增长。

二、畜禽养殖业

区内畜禽养殖业以生猪养殖为主，以其他家畜和家禽养殖为辅。改革开放以来，政府将畜禽养殖作为促进商品生产和农民致富的主要途径，大力发展以生猪养殖为龙头的畜禽养殖业，先后引进长白、汉普夏、杜洛克等优良猪品种，同时培育伍隍老槽猪品种，推广“二元”、“三元”、外“三元”、外“五元”杂交技术；引进秦川肉牛、南江黄羊、努比羊、乐至黑山羊和30多个家禽优良品种；推广饲料青贮、生猪改良技术，牛、羊、高床舍饲、家禽笼养、栏养等技术。2005年，出栏生猪133.12万头、牛1993头、羊50.96万只、兔90.26万只、家禽986万只，分别比1986年的49万头、263头、4.44万只、5.01万只、190.5万只增长176.67%、657.79%、1047.75%、1701.6%、417.59%；畜禽肉产量12.69万吨、禽蛋产量18555吨、牛奶1323吨、分别比1986年的3.56万吨、3653吨、208吨增长256.46%、407.94%、536.06%。

1986年畜禽养殖业实现产值7317万元，2005增加到71136万元，年均增速19.01%。“七五”期间始、终年产值分别为7317万元、9610万元，年均增长8.3%；“八五”期间始、终年产值分别为26533万元、29329万元，年均增速16.02%；“九五”期间始、终年产值分别为32527万元、39035万元，年均增速5.46%；“十五”期间始、终年产值分别为42216万元、71136万元，年均增速12.8%。2005年畜牧业产值占农业总产值的48.9%，比1986年提高22.1个百分点，超出种植业产值4546万元，比种植业所占总值的比重高3.1个百分点。

三、林业

区内大规模、常规性植树起于1982年，至1990年基本完成荒山造林、公路行道树栽植和沱江雁江段两岸绿化。1991—1994年实施长江防护林建设项目，投入资金1647万元，造林30935.85公顷，其中防护林 18893.04 公顷、用材林 7346.09 公顷、经济林 4731.64 公顷、炭薪林 16.45 公顷、特种用途林 8.62 公顷。1995—1998 年在 6 个乡镇的 9 条沟实施世界银行贷款森林发展与保护项目，总投资 828.23 万元，造林 1901.9 公顷，封山育林 2593.3 公顷。1999—2005 年实施天然林保护工程，完成“天保”公益林建设 4900 公顷，其中人工造林 1733 公顷；封山育林 3087 公顷，森林管护面积 33300 公顷。2002—2005 年实施退耕还林还草项目，4 年累计退耕还林 4600 公顷，营造经济林 707 公顷、生态林 3893 公顷。2005 年，全区森林覆盖率达到 28.5%，比 1982 年的 6.54% 提升 21.96 个百分点。

至 2005 年末，境内有幼、中龄林 6356.3 公顷，活立木蓄积 36.04 万立方米，近熟、成熟林 163.3 公顷 1.32 万立方米。因只有近熟、成熟林可用，林业价值尚未全部体现。1986 年林业产值为 1035 万元，2005 年增至 2371 万元，年均增速 0.98%。其中“七五”期间年均增速 1.06%，“八五”期间年均增速 1.88%，“九五”期间年均增速 4.38%，“十五”期间年均增速 13.64%。“十五”期间主要是竹材开发促进了林业产值增加。

四、水利水产

1986—2005 年间，新建石河堰 154 口、山平塘 50 口、水库江河提灌站 44 处、机电机 214 口、江河防护堤 15.78 千米、防洪救生台 38 个，总蓄引提水能力达到 25233 万立方米。累计新改建、防渗处理工程配套渠系 289.84 千米。先后投资 1048.05 万元，实施集雨节灌工程，新建蓄水池 1136 口、沉沙池 1152 口、排灌渠 21.33 千米；解决人畜饮用水困难，改造农村卫生井 13556 口，建村镇供水站 26 处；巩固水利建设成果，完成 62 座水库除险加固、53 座（次）水库土质大堤白蚁防治工作；实施水土保持工程，治理水土流失面积 10024 公顷。全区 6954 处水利工程年均有效灌面 25000 公顷、保证灌面 18000 公顷、实际灌面 14838 公顷、实际供水量 11748 万立方米。1986—2005 年，全区年均渔业养殖水域面积 8200 公顷，水产品总量逐年大幅度提高。2005 年，水产品总量 14030 吨，是 1986 年 1691 吨的 8.3 倍；渔业产值 6046 万元，是 1986 年 439 万元的 13.77 倍，年均增速 27.68%。“七五”期间始、终年产值分别为 439 万元、603 万元，年均增速 11.2%；“八五”期间始、终年分别为 827 万元、2219 万元，年均增速 7.56%；“九五”“十五”期间始、终年分别为 2571 万元、3987 万元和 4672 万元、6046 万元，年均增速分别为 12.6%、8.82%。

五、农业机械

2005 年，区内农业机械总动力 26.40 千瓦，是 1986 年的 2.27 倍。全区 32% 的耕地实现机耕，90% 的稻田实现机电提（引）灌，20% 的农作物实现集雨节灌，95% 的粮食作物实现机械脱粒，50% 的小麦实现半机械、机械化播种，15% 的水插秧使用抛秧机，20% 的秸秆还田使用秸秆还田机，98% 的农作物实现机械植保，98% 的农产品实现机械加工，95% 的农用物资和产品实现机械运输。

资阳市雁江区 1986—2005 年农业经济发展情况表

表 4－9　　单位：万元

项目/年度	农业总产值		种植业		畜禽养殖业		林业		渔业	
	总值	±%	产值	±%	产值	±%	产值	±%	产值	±%
1986	27298	1.7	18507	0.8	7317	1.9	1035	10	439	22.9
1987	27001	－1.1	18017	－2.6	7434	1.6	1086	4.9	464	5.7

续表

项目 年度	农业总产值		种植业		畜禽养殖业		林　业		渔　业	
	总值	±%	产值	±%	产值	±%	产值	±%	产值	±%
1988	27116	0.4	17875	-0.8	8087	8.8	662	-39	492	6.0
1989	30759	13.4	20342	13.8	9107	12.6	776	17.2	535	8.7
1990	32433	5.4	21349	5.0	9610	5.5	871	12.2	603	12.7
1991	76011	11.2	47201	4.9	26533	31.0	1450	-21	827	-34.9
1992	79418	4.5	49002	3.8	27691	4.4	1729	19.2	996	20.4
1993	70856	-10.8	41811	-14.7	26961	-2.6	1147	-33.7	937	-5.9
1994	76482	7.9	46527	11.3	27275	1.2	1006	-12.3	1674	78.7
1995	84100	10.0	51160	10.0	29329	7.5	1392	38.4	2219	32.6
1996	89004	5.8	52421	2.5	32527	10.9	1485	6.7	2571	15.9
1997	95317	7.1	56402	7.6	34124	4.9	1722	16.0	3069	19.4
1998	97625	2.4	56566	0.3	35975	5.4	1830	6.3	3281	6.9
1999	99566	2.0	56853	0.5	36799	2.8	2082	13.8	3832	16.8
2000	102170	2.6	57502	1.1	39035	6.1	1646	-20.9	3987	4.0
2001	97591	-4.5	47568	-17.3	42216	8.1	3135	90.5	4672	17.2
2002	113894	16.7	60655	27.5	46279	9.6	2233	-28.8	4727	1.2
2003	120564	5.9	59807	-1.4	53295	15.2	2395	7.3	5067	7.2
2004	129434	7.4	59998	0.3	61694	15.8	2282	-4.7	5460	7.8
2005	145333	12.3	66590	11.0	71136	15.3	2371	3.9	6046	10.7

注：1986—1990 年为 1980 价；1991—2005 年为 1990 价；2002—2005 年的服务业产值归入种植业

第三节　工业经济

1986—2005 年，工业经济保持快速发展态势。2005 年全区工业总产值 108.93 亿元（其中国有工业及年销售收入 500 万元以上非国有工业企业总产值 98.44 亿元），是 1985 年工业总产值的 33.4 倍，20 年翻 5.1 番，年均增速 20.84%。“七五”期间起、终年工业总产值分别是 3.93 亿元、6.23 亿元，年均增速 14.06%；“八五”期间起、终年工业总产值分别是 10.58 亿元、19.08 亿元，年均增速 14.18%；“九五”期间起、终年工业总产值分别是 20.05 亿元（全部工业总产值）、18.27 亿元（规模工业企业总产值），年均增速 12.26%。“十五”期间，国有经济产权制度改革基本完成，新兴民营经济主导工业经济，工业经济出现强劲发展势头，全区规模工业企业个数由 2001 年的 29 个发展到 2005 年的 92 个，按年均 15.75 个的速度增长，增长率 54.31%。2001 年、2005 年全部规模工业企业总产值分别是 24.19 亿元和 98.44 亿元，5 年翻 2.7 番，年均增速 43.06%。

国有工业经济 20年间，全区国有工业企业前期快速发展，中期发展减速，后期高速发展。“七五”期间，国有工业企业实行全员聘用制用工制度改革和企业承包制改革，打破“大锅饭”“铁饭碗”，引入竞争机制和先进的企业管理理念，引进先进技术和设备，转换经营机制，国有工业产值一年一个台阶，1986年实现总产值3.18亿元，1990年上升至4.75亿元，年均增速12.62%；5年间企业利润总额达到11461万元，年均2292万元。

“八五”期间，国有经济经营理念、管理机制已不适应市场经济体制，部分国有工业企业出现亏损，5年亏损总额13401万元。其中中央企业5年中有2年亏损，亏损总额3341万元；地方企业5年中有4年亏损，亏损总额10060万元。但以铁道部资阳内燃机车厂、四川卷烟厂等为代表的国有工业企业效益看好，产值增长很快，拉动了全部工业产值的提升。“八五”期间始、终年工业总产值分别为7.88亿元、11.02亿元，年均增速7.88%，较“七五”发展速度慢4.74个百分点。

“九五”期间，部分连年亏损、资不抵债、举步维艰的国有企业依法破产、资产重组；部分内部改革成功、多年无亏损的国有企业显示出强大的生机活力，工业产值连年提升，拉动全市国有工业经济产值恢复性发展，5年利润总额7350万元，年均1470万元。“九五”期间始、终年产值分别为11.36亿元（全部国有经济产值）、10.1亿元（规模工业总产值），年均增速9.08%。“十五”期间工业经济快速发展，始、终年全部国有工业总产值分别为14.27亿元、19.78亿元，年均增速16.14%。其中2001年增速达到41.2%，为历年最高。

集体工业经济 区内集体工业企业大多为乡镇工业企业和城镇街道工业企业。20年间，前期发展势头强劲，后期大幅度减弱并逐步退出。由于前期的补充，致20年平均发展速度较快。1986年，全县集体工业产值0.63亿元（全部工业产值），2005年为1.31亿元（规模工业产值），年均增速15.72%。“七五”“八五”期间，承续改革开放以来的发展势头，集体工业企业尤其乡镇工业企业在政府的鼓励下迅速发展起来，“七五”末为274个，“八五”末为263个，比1978年的93个增加170个，数量的大幅增加推进，全部集体工业产值的增长。“七五”“八五”期间起、终年集体工业产值分别为0.63亿元、1.4亿元和2.56亿元、6.87亿元，年均增速分别为23.26%和26.94%。

20世纪90年代后期，一些管理体制混乱、管理经验不足的集体工业企业在激烈的市场竞争中逐渐出现资金短缺、投入不足、产品缺乏销路和“三角债”纠缠等问题。部分集体企业连年亏损，亏损面达到70%以上，“九五”期间继1995年年亏损16742万元以后再亏损6340万元。集体工业产值分别在2000年、2001年、2005年出现33.1%、11.3%和54.9%的负增长；部分企业破产倒闭，1997年企业个数减至160个，2000年规模集体工业企业仅存2户，集体工业经济发展速度大幅减缓。“九五”“十五”期间，起、终年产值分别为7.09亿元（全部产值）、1.42亿元（规模工业产值）和1.32亿元、1.31亿元（均为规模工业产值），年均增速分别为7.88%和4.8%。

非公工业经济 20世纪80年代，非公有制工业经济兴起，但在“七五”期间举步不前，企业产值出现4.04%的负增长，其中1987年、1989年出现32.1%和22.5%的负增长。“八五”期间年均增速47.26%，但属畸形发展。其间1991年、1993年、1995年分别出现23.7%、80.4%、13.2%的负增长，1992年、1994年又分别出现43.6%、310%的高速增长。“九五”期间，保持持续稳定的发展速度，年均增速22.5%。“十五”期间，民营工业企业利用优惠政策，采取收购、租赁、重组国有、集体工业企业方式，推进民营工业总产值快速提升。“十五”期间，起、终年非公规模以上工业企业产值分别为8.60亿元和77.35亿元，年均增速65.8%。

资阳市雁江区 1986—2005 年工业经济发展情况表

表 4－10　　单位：万元

项目/年度	工业总产值	增长速度（±%）	其中					
			国有经济		集体经济		其他经济	
			产值	（±%）	产值	（±%）	产值	（±%）
1986	39264	20.4	31826	19.9	6311	27.3	1127	1.4
1987	47502	21.0	38188	20.0	8549	35.5	765	－32.1
1988	55797	17.5	44435	16.4	10483	22.6	879	14.9
1989	59240	6.2	46311	4.2	12248	16.8	681	－22.5
1990	62308	5.2	47523	2.6	13981	14.1	804	18.1
1991	105764	7.2	78672	4.0	25591	21.0	1501	－23.7
1992	127181	20.2	90799	15.4	34227	33.7	2155	43.6
1993	145842	14.7	99553	9.6	45867	34.0	422	－80.4
1994	167256	14.7	102667	3.1	50820	10.8	13769	310.0
1995	190826	14.1	110167	7.3	68706	35.2	11953	－13.2
1996	200499	5.1	113571	3.1	70858	31.3	16070	34.4
1997	228677	14.1	123299	8.6	89329	26.1	16049	－0.1
1998	140440	13.9	80073	8.7	20007	9.4	40360	19.6
1999	161577	15.1	86648	8.2	21193	5.9	53936	33.6
2000	182679	13.1	101078	16.7	14170	－33.1	67431	25.0
2001	241887	17.0	142721	41.2	13179	－11.3	85987	17.8
2002	303312	25.4	180749	26.6	17038	29.3	105525	22.7
2003	419614	38.3	149276	－17.4	21611	26.8	248727	135.7
2004	655525	84.4	177363	18.8	28989	34.1	449173	80.6
2005	984433	50.2	197842	11.5	13073	－54.9	773518	72.2

注：1. 1986—1990 年为 1980 价，1991—2000 年为 1990 价，2001—2005 年为现价

2. 其他经济含股份制、外资、民营等非公工业经济

3. 1986—1997 为全部工业总产值，1998—2005 年为规模工业总产值

第四节　商贸经济

2005 年，全区社会消费品零售总额 22.41 亿元，是 1986 年的 8.55 倍，20 年年均增速 12.57%。“七五”期间，国民经济尚处于恢复发展期，除农副产品外，社会消费品还不丰富，部分商品购销受计划经济体制尤其“双轨制”的限制，社会消费品零售额增长速度虽较“六五”期间有较大提高，

但不及“八五”以后的增长速度。“七五”期间起、终年社会消费品零售额分别为2.62亿元、3.16亿元，年均增速8.2%。“八五”期间，除极少数国控商品外，其余商品购销全面放开，社会消费品零售额大幅增长。“八五”末社会消费品零售额比“七五”末翻一番多，达到6.77亿元，5年年均增速16.56%。“九五”期间，社会消费品比较丰富，城乡居民购买力日益增强，社会消费品零售额持续增长。“九五”起、终年社会消费品零售总额分别为7.48亿、11.22亿元，年均增速10.64%。“十五”期间社会购买力进一步增强，2005年城镇居民人均可支配收入7709元，农民人均纯收入3103元、可支配收入2952元，社会消费品已极其丰富，零售额增速较快。“十五”起、终年社会消费品零售总额分别为13.15亿元、22.41亿元，年均增速14.88%，其中2004年达到18.5%的增速。

国有商贸经济　在计划经济时期，以商业、粮食、石油部门为代表的国有商贸经济在商贸购销中长期处于主导地位。1986年以后，商品销售、市场物价逐步放开，集体、个体、私营、股份制经济参与竞争，国有商贸经济受到极大冲击，部分企业从商品销售市场逐步退出，商品销售总额逐年下降。1986年销售额1.45亿元，2005年减至0.38亿元，年均减速为2.98%。“七五”期间，由起始年1.45亿元减至终止年0.9亿元，年均减速7.6%，“八五”期间进行内部承包、用工等经营改革，调整商品购销结构，商品销售额大幅度递增。“八五”起、终年社会消费品零售额分别为0.92亿元、1.94亿元，5年翻了一番多，年均增速19.36%。“九五”“十五”期间，商贸市场竞争加剧，多数国有商贸企业负债经营、资不抵债，在国有经济产权制度改革中被淘汰，一部分依法破产停业、一部分资产重组、一部分改制为民营股份制企业；国有经济总量大幅减少，社会消费品零售额大幅下挫。“九五”期间年均减速6.82%，“十五”期间加快退出步伐，至2005年减速达到55.2%，当年销售额仅有石油等国控商品经营单位保持的3806万元。

集体商贸经济　“七五”“八五”期间，以供销、合作合营为代表的集体商贸经济同样受到市场的冲击，但由于乡镇、街道等集体商贸经济的兴办，增大了集体商贸经济总量，因此仍保持增长的态势。前期增长快，后期放缓。“七五”期间起、终年销售额分别为5809万元、9866万元，年均增速21.2%；“八五”期间起、终年销售额分别为10235万元、11419万元，年均增速4.96%。“九五”“十五”期间，供销合作商业改制，职工分流，其他集体商贸企业逐渐被收购、兼并、重组和破产，集体商贸经济总量减少，社会消费品销售额下降。“九五”“十五”期间起、终年销售额分别为11686万元、11080万元和10602万元、8612万元，年均减速分别为0.52%和4.12%。

个私商贸经济　1986年，县内个体私营经济发展到7142户，1990年增加到7490户，1996年再增加到此前最高的18672户。私营商贸企业起步晚，发展快，1995年发展到80户，2000年增长为394户，2005年规模以上私民营商贸企业有21户。个私商贸经济总量的增加推进商品销售额的增长，2005年全部个私商贸经济销售额15.43亿元，是1986年0.58亿元的26.6倍，20年年均增速20.65%。个私商贸经济总体增长速度快，各时期又有一定差异，“七五”期间起、终年销售额分别为0.58亿元、1.02亿元，年均增速19.6%；“八五”期间起、终年销售额分别为1.22亿元、2.95亿元，年均增速26.19%；“九五”期间起、终年销售额分别为3.87亿元、7.93亿元，年均增速22.06%；“十五”期间有所减缓，起、终年销售额分别为10.5亿元、15.43亿元，年均增速14.76%。

其他商贸经济　主要有股份合作制商贸企业和台、港投资兴办的企业，包括“八五”期间大批国有、集体商贸企业改制成的国有控股股份制公司，1995年实现销售额7344万元，是“八五”期间起始年1991年2803万元的2.62倍，年均增速25.08%，1994年最高达50.9%的增速。“九五”期间，起、终年销售额分别为8532万元、9451万元，年均增速5.34%。“十五”起，股份制企业运转艰难，当年破产5家，销售额降为1094万元。2003年新的民营股份企业诞生，销售额增至26513万元，2005年增至57437万元，年均增幅40%以上，成为继个私经济以后又一支异军突起的新兴力量。

资阳市雁江区1986—2005年商贸经济发展情况统计表

表4-11 单位：万元

项目／年度	社会消费品零售总额	比上一年（±%）	其中							
			国有经济		集体经济		个私经济		股份及其他经济	
			销售额	（±%）	销售额	（±%）	销售额	（±%）	销售额	（±%）
1986	26177	15.8	14534	8.5	5809	7.3	5834	27.5	—	—
1987	29641	13.2	15423	6.1	8887	53.0	5331	-8.6	—	—
1988	37083	25.1	13428	-12.9	17370	95.4	6285	17.9	—	—
1989	40102	8.1	13676	1.8	13889	-20.0	9436	50.1	3101	—
1990	31573	-21.3	9001	-34.2	9866	-28.9	10224	8.4	2482	-20.0
1991	34500	9.3	9232	2.6	10235	3.7	12230	19.6	2803	12.9
1992	42962	24.3	15091	63.5	9894	3.3	14741	20.5	3236	15.4
1993	49404	15.0	12952	-14.2	12952	30.0	14519	-1.5	3542	9.5
1994	58309	18.0	15300	18.1	11852	-8.5	25782	77.6	5374	50.9
1995	67739	16.2	19402	26.8	11419	-3.7	29547	14.6	7344	36.7
1996	74846	10.5	15945	-17.8	11686	2.3	38683	30.9	8532	16.2
1997	83418	11.5	15801	-0.9	10718	-8.3	48039	24.2	8860	3.8
1998	91759	10.0	13637	-13.7	10762	0.4	58596	22.0	8764	-1.1
1999	101200	10.3	17330	27.1	10703	-0.5	63781	8.8	9386	7.1
2000	112183	10.9	12334	-28.8	11080	3.5	79318	24.4	9451	0.7
2001	131489	17.2	14834	20.3	10602	-4.3	104959	32.3	1094	-88.4
2002	146575	11.5	13112	-11.6	9906	-6.6	122394	16.6	1164	6.4
2003	164741	12.4	9368	-28.6	8911	-10.0	119949	-2.0	26513	2177.7
2004	195250	18.5	8502	-9.2	10621	19.2	134546	12.2	41581	56.8
2005	224147	14.8	3806	-55.2	8612	-18.9	154294	14.7	57437	38.1

第五节　交通·邮电·金融

一、交通运输业

至1986年，境内已建成渝铁路（资阳段）35公里、国道成渝公路41公里，省道31.32公里、县道23条327.88公里、乡道114条535公里。1991—1995年，先后改造境内省、县、乡道，将省道和部分县道改建成沥青砼路、乡道和部分县道建成油路或水泥砼路。此后，不断加大道路建设投入，至2005年，全区有国道76公里、省道43公里、县道246公里、乡道703公里，公路通车总里程1068公里，其中等级公路348公里、标美路720公里，达到公路绿化标准386公里；基本形成铁路、公路、沱江水运航道相互交织的交通网络。

1986 年，县内基本实现运输机械化，有专门从事运输的汽车 157 辆、机动船 5 艘。“七五”期间，公路运输以国有企业的 100 余辆车为主，以其他集体单位的 20 余辆汽车为辅，年公路货物周转量 22796.4 万吨/公里、公路客运周转量 9876.8 万人/公里，5 年年均增速分别为 0.78%、19.08%。“八五”以后，公路运输全面放开，个体私营车辆加入运输行列。1991 年全县各类汽车拥有量（含非运输车辆）1618 辆，“九五”末发展到 2302 辆，2005 年达到 9722 辆，15 年年均增速 17.39%；增量最高为 2002 年，当年净增汽车 3673 辆。随着运输车辆的增加，货物、客运周转量大幅提高。1991 年、2005 年公路货物周转量分别为 19775 万吨/公里、48134 万吨/公里，年均增速 10.45%；公路客运周转量分别为 7687 万人/公里、45304 万人/公里，年均增速 11.95%。

二、邮政电信业

1986 年至 1998 年 9 月邮政、电信合营。1998 年 10 月电信从邮电局分离单设，后电信又将移动通信分出单设，至 2005 年，雁江区从事电信业务的有电信、移动、联通、铁通、网通 5 家。20 年间，邮政行业先后拓展邮政储蓄、快件、物流等业务；电信业发展极快，1986 年全县有固定电话用户 915 户，1988 年突破千户，1996 年突破万户，2003 年突破 10 万户，2005 年达到 16.3 万户。1991 年资阳县始有移动电话，1993 年达到百台，1997 年突破千台，1999 年突破万台，2003 年突破 10 万台，2005 年达到 16.57 台。邮电业务总量大幅度提升，1986 年为 142 万元，2005 年增加到 19849 万元，20 年翻 7.2 番，年均增速 32.13%。“七五”至“九五”增速较快，“七五”起、终年邮电业务总量分别为 142 万元、261 万元，年均增速 19%；“八五”起、终年邮电业务总量分别为 352 万元、1289 万元，年均增速 37.94%，比“七五”增加 18.94 个百分点；“九五”起、终年分别为 2349 万元、13957 万元，年均增速 62.48%，比“八五”期间增加 24.54 个百分点；“十五”期间逐年放缓，起、终年邮电业务总量分别为 10553 万元、19849 万元，年均增速 9.1%，比“九五”期年均增速回落 53.38 个百分点。

三、金融业

1986 年，县内有人民银行资阳支行，建行、农行、工商行资阳支行等国家银行和农村信用联社、邮政储蓄所等金融机构。之后又陆续成立城市信用社、农村合作基金会等金融机构。2005 年底保留运行的金融机构有人行、建行、工商行、农行、中国银行资阳支行雁江分行（分理处）、农村信用联社、邮政储蓄所等。

20 年间，辖区金融机构存贷业务量随着经济发展、人民收入的增加而快速增长。2005 年，城乡居民年末储蓄余额 53.92 亿元，是 1986 年 1.09 亿元的 49.5 倍，年均增速 24.75%；银行存款年末余额 70.4 亿元，是 1986 年 1.1 亿元的 64 倍，年均增速 28.7%。“七五”计划期间增速最快，年均达 41.46%。此后，国家刺激内销宏观调控政策致存款增速放缓，“八五”“九五”“十五”的增速分别是 31.64%、27.42%、14.2%。2005 年银行贷款年末余额 36.62 亿元，是 1986 年 2.27 亿元的 16.13 倍，年均增速 20.13%。“七五”“八五”时期，政府加大国有企业技改和产业结构调整力度，金融机构增加企业贷款投入，增速加快，“七五”“八五”起、终年贷款余额分别为 2.27 亿元、3.96 亿元和 4.95 亿元、10.69 亿元，年均增速分别为 20.64%、23.4%。“九五”期间，政府加大国有、集体企业产权制度改革力度，部分企业破产、解体，金融机构贷款投入增速放缓，“九五”起、终年末贷款余额分别为 12.77 亿元、17.9 亿元，年均增速 11.1%。“十五”期间新兴的民营经济强势发展，金融机构增大贷款投放量，起、终年年末贷款余额分别为20.37亿元、36.62亿元，年均增速25.38%。

资阳市雁江区1986—2005年交通、邮电、金融业发展情况表

表4-12

项目	交通运输业							邮电业				金融业					
年度	公路通车里程（公里）	汽车拥有量（辆）	增速（±%）	公路货物周转量（万吨/公里）	增速（±%）	公路客运周转量（万人/公里）	增速（±%）	邮电业务总量（万元）	增速（±%）	固定电话用户（户）	移动电话用户（户）	年末存款余额（亿元）	增速（±%）	年末贷款余额（亿元）	增速（±%）	城乡居民储蓄余额（亿元）	增速（±%）
1986	573	157	0	21189	3.4	6134	-0.5	142	29.0	915	—	1.10	48.6	2.27	42.8	1.09	47.0
1987	573	151	-3.1	20950	-13.0	8010	30.5	165	16.2	971	—	1.38	25.5	2.50	10.1	1.38	26.6
1988	573	141	-7.0	32358	54.5	10130	26.5	194	17.6	1075	—	1.44	43.5	3.11	24.4	1.44	4.3
1989	668	138	-2.6	20232	-37.5	14010	38.3	226	16.5	1157	—	2.13	47.9	3.38	8.7	2.13	47.9
1990	668	141	5.3	19523	-3.5	14100	0.6	261	15.5	1279	—	3.02	41.8	3.96	17.2	2.91	36.6
1991	668	1618	10.2	19775	1.3	7687	-45.5	352	34.9	1450	—	4.00	32.5	4.95	25.0	3.82	31.3
1992	730	1605	-0.8	12833	-35.1	9374	21.9	446	26.7	1976	50	4.42	10.5	5.38	8.7	4.28	12.0
1993	754	1668	3.9	14308	11.5	8336	-11.0	583	30.7	2389	100	4.54	2.7	5.93	10.2	4.30	0.5
1994	760	1611	-3.4	16412	14.7	14270	71.2	828	42.0	4244	150	6.18	36.1	6.57	10.8	5.98	39.1
1995	760	1633	2.0	16022	-2.4	11465	-19.7	1289	55.7	7018	279	10.90	76.4	10.69	62.7	9.39	57.0
1996	760	1797	10.0	27304	70.4	14685	28.1	2349	82.2	14893	772	14.06	29.0	12.77	19.5	11.66	24.2
1997	896	1797	0	28546	4.5	15219	3.6	2934	24.9	25172	1830	17.07	21.4	14.64	14.6	14.10	20.9
1998	1000	2258	25.7	33244	16.5	17629	15.8	4783	63.0	33184	4601	24.24	42.0	15.35	4.8	18.18	28.9
1999	1000	2272	0.6	38855	16.9	20328	15.3	7690	60.8	36642	11394	28.30	16.7	15.41	0.4	21.07	15.9
2000	976	2302	1.3	40075	31.4	20660	1.6	13957	81.5	49235	23592	36.21	28.0	17.90	16.2	27.68	31.4
2001	1068	2432	5.6	39898	-4.3	20736	0.4	10553	-24.4	66124	39366	40.41	11.6	20.37	13.8	30.93	11.7
2002	1068	6105	151.0	42000	5.3	22487	8.4	13634	29.2	78840	75789	45.81	13.4	27.31	34.1	35.12	13.5
2003	1068	8847	44.9	42514	1.2	23555	4.7	14798	8.5	100727	103514	55.19	20.5	32.15	17.7	41.40	17.9
2004	1068	9031	2.1	42220	-0.7	40929	73.7	18035	21.9	137861	131985	63.17	14.5	34.77	8.1	47.36	14.4
2005	1068	9722	7.7	48134	14.0	45304	10.7	19849	10.1	163006	165727	70.40	11.4	36.62	53.2	53.92	13.9

注：1986—1990汽车拥有量仅限于县运司

第六节　民营经济

1978年民营经济增加值0.09亿，占当年国内生产总值2.52亿元的3.6%；1985年增至17.1%；1995年再增至27%。“九五”“十五”期间，民营经济因国有经济产权制度改革和政府的激励政策而快速发展起来，“九五”末民营经济增加值达到12.92亿元，“十五”期间民营经济对全区经济增长的贡献率保持在53.6%~65.7%之间。

民营经济在第三产业中首先起步于房地产业。1978年房地产业产值560万元，其中民营经济占总产值的87.9%。“九五”期末及以后，房地产业产值全部为民营经济所创造。继房地产业后，民营经济除未涉足第三产业的公共管理、社会保障与福利、公共设施、金融保险、科研与地质勘查等行业外，全面进入第三产业的其他行业和一、二产业。

民营经济在第一产业起步于农产品粗加工，以后逐步向农副产品精加工发展，并随之全面进入农、牧、林、渔各领域创办农业产业化龙头企业，带动种植大户、养殖大户，并以“公司+协会+农户”的形式全面推进农业产业化步伐。民营经济增加值在第一产业总值中所占的比重越来越大。“七五”“八五”“九五”“十五”期末年，第一产业民营经济增加值分别为1.07亿元、2.18亿元、2.88亿元、6.49亿元，分别占当年农业总产值的23.6%、24.5%、24.5%、37.4%。

民营经济在第二产业中首先起步于建筑业。“六五”期间，民营建筑业挂靠集体企业，其产值在1985年已占建筑业总值的14%。“七五”“八五”期间，建筑市场基本放开。“八五”末年，民营建筑业产值达到1712万元，占当年建筑总值6337万元的27%。“九五”“十五”期间，建筑市场全面放开，民营建筑业通过收购、兼并国有和集体建筑企业迅速壮大起来。“九五”“十五”末，民营建筑业产值分别占当年建筑业总值的62.4%和73.1%。继建筑业之后，民营经济逐步涉足工业。初期从事缝纫、家具制造、印刷、工艺品、酿酒、建筑材料（制砖）等行业，规模小，到“七五”末，民营工业总值9723万元，占当年全县工业总值62308万元的14%。“八五”“九五”期间开始向食品、饮料、纺织、饲料、皮革、造纸等领域发展。“九五”末民营工业增加值达到4.75亿元，占当年全区工业总值15.21亿元的31.3%。“十五”期间，民营工业在国有工业产权制度改革完成后迅速发展起来，2005年民营工业增加值达到16.39亿元，占全区工业总值35.05亿元的49.5%。

民营经济在第三产业中发展速度最快。“八五”末，民营交通运输业、电信业增加值达到8572万元，占当年全县交通电信总值17317万元的49.5%；公路运输和水运领域已基本被民营经济所占有。同期，商品批发零售业逐步被民营经济所控制，1995年、2000年、2005年民营批发零售额分别为6158万元、11335万元、22697万元，分别占当年全市（区）批发零售总额的62.5%、62.3%和74.6%。住宿、餐饮、娱乐业是民营经济继房地产业之后最早介入的主要行业，“七五”期末产值占全县住宿、餐饮、娱乐业总值的27.6%；“八五”末增加值达6280万元，占当年全市住宿、餐饮娱乐业总值10001万元的62.8%；“九五”末增至7588万元，占66.2%；2005年再增至1.58亿元，占全区住宿、餐饮总值1.9亿元的82.7%，成为该行业的主导力量。

资阳市雁江区1978—2005年民营经济发展情况选年表

表4-13　　单位：万元

项目＼选年	1978	1980	1985	1990	1995	2000	2001	2002	2003	2004	2005
国内生产总值	25153	30077	47786	99503	244689	403220	431818	450729	521299	646268	775205
其中民营经济	948	4325	8172	18990	66087	274011	283811	283901	318191	355814	415305
占总值%	3.8	14.4	17.1	19.1	27.0	68.0	65.7	63.0	61.0	55.1	53.6
第一产业	11445	13561	19545	45396	89097	117358	107872	120721	13558	161845	173381
其中民营经济	279	3177	4873	10713	21829	28752	33224	37182	45826	60675	64851
占一产业%	2.4	23.4	24.9	23.6	24.5	24.5	30.8	30.8	33.8	37.5	37.4
第二产业	7190	9014	17071	31487	92648	169540	191777	181603	219921	293487	391044
其中民营经济	49	453	1984	4687	25330	58356	66656	76717	97528	139122	193633

续表

项目 \ 选年		1978	1980	1985	1990	1995	2000	2001	2002	2003	2004	2005
占二产业%		0.7	5.0	11.6	14.9	27.3	34.4	34.8	42.2	44.3	47.4	49.5
其中	工　业	6382	7954	14774	28338	86311	152104	170944	155890	188827	257320	350464
	民营经济	49	453	1663	3967	23618	47469	52302	58890	75633	113424	163981
	占%	0.8	5.7	11.3	14.0	27.4	31.3	30.6	37.8	40.0	44.1	46.8
	建筑业	808	1060	2297	3149	6337	17436	20833	25713	31094	36167	40580
	民营经济	—	—	321	720	1712	10887	14354	17827	21895	25698	29652
	占%	—	—	14.0	22.9	27.0	62.4	68.9	69.3	70.4	71.1	73.1
第三产业		6518	7502	11170	22620	62944	116322	132169	148405	165798	190936	210780
其中民营经济		620	695	1315	3590	18928	42101	48127	52929	59754	90657	101416
占三产业%		9.5	9.3	11.8	15.9	30.1	36.2	36.4	35.7	36.0	47.5	48.1
其中	交通邮电	968	1236	1997	3352	9168	17317	19993	21455	23858	26931	29340
	民营经济	—	—	57	659	4537	8572	9397	9441	10760	20283	22675
	占%	—	—	2.9	19.7	49.5	49.5	47.0	44.0	45.1	75.3	77.3
	批发零售	1253	1492	2177	3407	9836	18109	20079	22115	24429	28071	30440
	民营经济	62	75	338	643	6158	11335	13011	14728	16343	20045	22697
	占%	4.9	5.0	15.5	18.9	62.6	62.3	64.8	66.6	66.9	71.4	74.6
	住宿餐饮	669	734	945	1913	5193	10001	11462	12749	14415	16913	19044
	民营经济	19	44	115	528	1492	6280	7588	8364	9399	13613	15757
	占%	2.8	6.0	12.2	27.6	28.7	62.8	66.2	65.6	65.2	80.5	82.7
	房地产	560	593	796	1785	5068	10352	11608	13011	14448	16486	17139
	民营经济	492	522	701	1383	4561	10344	11601	13005	14444	16483	17136
	占%	87.9	88.0	88.1	77.5	90.0	99.9	99.9	99.9	100	100	100

注：一律以当年价统计

第七节　招商引资

一、管理机构

1998 年 5 月，资阳市招商引资局成立，与市重点建设办公室合署办公，负责指导、协调、管理全市重点项目建设和招商引资工作。2002 年，将重点建设管理职能划归发展和改革局、对外贸易和对外经济管理职能划归招商局，新组建外经外贸招商局，设人员编制 10 人。1998—2005 年，陈鸿（副市长兼）、江志海、李祖英、谢华（宣传部部长兼）先后任局长。

二、政策措施

1993 年后，市（区）委、市（区）政府先后制发《推进解放思想，加速经济建设发展的决定》

《鼓励市外客商投资优惠办法》《引进市外资金项目奖励实施办法》等一系列招商引资文件，不断优化投资环境；制定招商引资规划，加大对外宣传力度；广泛收集项目信息并按国际惯例进行包装；合理解决外来企业家，高级管理、技术人才的户籍和子女入学、住房等具体问题；落实项目土地租赁、融资和水、电、气价格的优惠政策以及有关税费减免政策，全面开放土地、房地产开发、商品交易、交通运输、机械制造、农副产品、食品加工等资源市场，不限制产业、规模、发展比例和开业条件。

三、招商活动

2000 年，先后组团赴西安、成都、昆明、乌鲁木齐、厦门等地参加招商活动。当年，临江寺豆瓣有限公司在西安投资博览会上与上海华联公司签订 100 万元销售协议，区交通局在厦门国际投资洽谈会上与香港伟权发展有限公司签订 S106 线资（阳）乐（至）段公路收费经营权转让协议。2001 年，组织区农办、农业局、国税局等单位负责人和金洋粮油公司、露乐矿泉饮料公司等 15 家企业代表先后参加在上海、厦门、西安、乌鲁木齐等城市举办的招商洽谈会，签订 4 个意向性投资协议，收集招商引资信息 200 多条。2002 年，全区共接待外地客商来访、考察和项目投资签约 50 余批次计 300 余人次，先后与成都达盛经贸、美国北美第一开发集团等企业签订了意向性协议。当年，区政府先后组织区招商局、经贸局、乡镇企业局、国税局和天王水泥、宝莲酒业、资阳四海、康德利等 30 多个区级部门和企业共 80 余人次参加北京中国入世经贸合作与投融资项目洽谈会、上海 2002 两岸科技产业合作项目洽谈会、成都中国西部博览会、京川劳务输出洽谈会、厦门国际投资洽谈会、“2002 四川·中国西部农业博览会”等一系列重大招商引资项目投融资洽谈会、经贸交流会和商务考察活动。

四、招商成果

1998 年，全市签订招商引资项目 12 个，其中正式投资协议 9 个、意向投资协议 3 个；协议资金总额 5.5 亿人民币，到位资金 2.2 亿元。年内，新希望集团投资 1500 万元租赁省酿酒机械厂组建资阳嘉好饲料公司，重庆聚众房地产开发有限公司投资 100 万元开发餐饮娱乐项目，成都蜀雅商贸公司投资 600 万元兴建宾馆等旅游设施，四川华威建筑工程公司投资 600 万元开发餐饮娱乐项目，蜀安恒宾实业有限责任公司投资 1.5 亿元在松涛镇征地 10 公顷建设蜀安恒宾开发区，成都杰豪公司投资 1200 万元在松涛镇建印刷设备厂，上海大众汽车投资 200 万元组建资阳维修中心，香港大发恒利、美国黄山国际公司分别与资阳市签订 2980 万美元、600 万元人民币意向投资协议。1999 年，正式签订项目协议 12 个，协议投资 5504 万元，到位资金 5000 万元。2000 年，与外商签订正式投资协议 24 个、意向协议 2 个，协定金额 2.71 亿元，到位资金 2.29 亿元。2001 年，签订国内招商引资协议 37 个，其中直接投资协议 24 个、间接投资协议 13 个，协议引进国内投资 3.75 亿元，当年到位投资额 2.62 亿元，其中直接投资 5303 万元、间接投资 2.08 亿元。同年，在上海投资洽谈会上与美国、新加坡等国家和中国台湾地区客商签约 4 个，协议投资 960 万美元，引进利用国外、境外资金 164.03 万美国元，实现出口创汇 224.49 万美元。2002 年，引进外来投资项目 70 个，其中协议引进国内资金 1.83 亿元，到位资金 1.06 亿元；协议引进国外、境外资金 5772 万美元，引进利用外资 160.1 万美元。当年在北京“中国入世经贸合作与投融资洽谈会”上，雁江金洋粮油、资阳南方房地产公司和雁江区交通局分别与澳大利亚荣本集团、香港兆协投资公司、美国北美第一开发集团签订粟米油开发、火车站片区旧城改造、省道 S106 川西环线建设项目等 4 个意向引资协定，协定金额 6600 美元；在成都第三届西部国际博览会资阳市投资说明会上，签订 4 个招商引资协定，协定金额 8360 万元。

同年，美国北美第一开发集团投资7500万美元与资阳天王水泥公司、区交通局和兴路有限公司联合实施年产60万吨回转窑水泥生产线扩能项目和321国道联合开发项目，成都达盛经贸拟投资1560万元共建资阳理工大学校，内江万福商贸投资2000万元租赁百货公司二楼商场组建资阳计算机城，四川科强公司总经理李自君投资2000万元整体收购资阳金洋粮油公司，深圳金峰帝元实业拟投资2800万元与资阳泰康药业合作建股份制企业。2003年，引进外来投资项目127个，协议投资2.21亿元。2004年，引进外来投资项目189个，协议投资5.34亿元。2005年，引进外来投资项目101个，协议投资6.21亿元。

第三章　经济管理

第一节　计　划

一、管理机构

1956年5月，资阳县计划委员会成立，负责县内经济计划管理工作。1986年7月与县经济委员会合并成立县计划经济委员会，内设行政、政工、综合计划、农财、生产管理、科技、固定资产投资7个组。1993年3月，资阳县计经委更名为资阳市计经委，内设办公室和生产技术管理、计划综合、固定资产投资3股。1996年12月，撤销市计经委，单设市计划委。市计划委内设办公室和综合计划、固定资产投资、农业财贸、社会事业4科。2000年10月，资阳市计划委更名为资阳市雁江区计划委员会。2001年12月，改称资阳市雁江区发展计划局，内设办公室和工交能源综合、固定资产投资、农财（以工代赈办）、重点建设股。2005年7月，与区经济体制改革办公室合并组建资阳市雁江区发展和改革局，内设办公室、综合股、农村经济发展股、工交能源股、项目建设管理股和经济体制改革办公室等6个机构。1986—2005年，潘常明、唐书源、蒋泽、何伯忠、李在坤、韩斯特、魏斌、张华峰先后任局长（主任）。

二、计（规）划编制

计划管理部门先后于1985年、1990年、1995年、2000年、2005年编制完成辖区国民经济和社会发展“七五”“八五”“九五”“十五”计划和“十一五”规划。

1985年，县计划委按照“对内搞活经济，对外开放”方针编制完成《资阳县国民经济和社会发展第七个五年（1986—1990）计划（草案）》。计划5年间工农业总产值年平均递增10.4%，1990年达到7.3亿元，比“六五”末的4.44亿元净增2.86亿元，在10年前3.16亿元基础上提前一年翻一番。其中，农业总产值3.5亿元，比1985年的2.69亿元年均递增5.4%；工业总产值3.8亿元，比1985年的1.76亿元年均递增16.7%。工业总产值中的乡镇企业达到1.3亿元，年均递增30.9%。社会商品零售总额达到3.57亿元，比1985年净增1.4亿元，年均递增10.5%。第三产业净值1.29亿元，年均递增10.6%，在1980年的基础上翻一番。财政收入达到9923万元，年均递增7%。人口自然增长率10.87‰，每年安置待业人员1200人，5年累计安置6000人。在编制五年计划的同时，编制完成“七五”固定资产投资计划。计划投资总额1.99亿元，比“六五”末的1.28亿元增长55.9%。

1990年，县计经委按照县委、县政府“深化改革，扩大开放，城市经济、农村经济两手抓”的指导思想，编制完成《资阳县国民经济和社会发展第八个五年（1991—1995）计划（草案)》和2000年远景目标（10年）规划及“八五”固定资产投资计划。计划“八五”期末，完成社会生产总值29.71亿元，年均递增9.1%；国民生产总值达到16.05亿元，年均递增12%；国民收入13.8亿元，年均递增10.6%；工农业总产值10.4亿元，年均递增18.9%，其中工业总产值6.2亿元、年递增18.9%，农业总产值4.2亿元、年递增5.3%。粮食总产60万吨，年递增4.5%；出栏肥猪100万头，年递增9.2%；乡镇企业产值10亿元，年递增19.7%；社会商品零售总额6.66亿元，年递增13.3%；财政收入2亿元，年递增4.4%；人口自然增长率控制在15.9‰以内；固定资产投资累计9.57亿元，新增固定资产7.89亿元。

1994年8月至1995年6月，市计经委按照市委、市政府“加大改革力度，增强开放实效，科教兴市，结构升级”的指导思想，编制完成《资阳市国民经济和社会发展第九个五年（1996—2000年）计划及2010年规划纲要》和《资阳市“九五”及2010年中长期发展规划》。计划“九五”期末，完成国民生产总值46亿元，年递增18.75%；人均4279元，年递增17.94%。工农业总产值31.4亿元，年递增10.11%，其中农业总产值年递增3.93%，工业总产值年递增9.7%。乡企业总产值100亿元，年递增16.38%。财政总收入4亿元，年递增4.2%。固定资产投资15亿元，年递增15%。一、二、三产业结构比由“八五”期末的29∶56∶15调整到“九五”期末的17.9∶46∶36.1，第三产业产值达到15.7亿元。人口自然增长率控制在5‰以内，农民人均纯收入2000元，城镇居民消费收入4000元，广播电视覆盖率100%，城镇电话普及率60%，农村电器普及率23%。

1999年11月至2001年2月，计划部门按照市（区）党委、政府“稳定发展农业，重点发展工业，突破第三产业，建设经济强区”的工作思路，经6次重大修改后，编制完成《资阳市雁江区国民经济和社会发展第十个五年（2001—2005）计划纲要（草案)》。计划到2005年，国内生产总值达到65亿元，年递增8.78%；财政收入2.5亿元，年递增6%；固定资产投资17.4亿元，年递增13.59%；“十五”期末一、二、三产业结构比由“九五”期末的27.51∶39.91∶32.58调整为23.08∶41.54∶35.38；人民生活由宽裕型小康向富裕型小康转变，农民人均纯收入年均增长4%，城镇居民可支配收入年均增长5.5%，人均居住面积12平方米以上，城镇人口登证失业率控制在4%左右，人口自然增长率控制在5‰以内。农业总值达到12.83亿元，年递增4.9%；农、牧、林果、水产值比调为31∶50∶7∶12；国有和销售收入500万元以上非国有工业总值35亿元，年递增14.93%；实现工业增加值13.3亿元，年递增15%。

2005年，区发展和改革局按照区委、区政府“实施‘工业强区’‘项目带动’‘环境兴区’三大战略，把雁江建成‘西部车城、绿色雁江’”的指导思想，经5次重大修改后，编制完成《资阳市雁江区国民经济和社会发展“十一五”规划纲要》。规划到2010年地方生产总值达到150亿元，年均增速14.11%；财政收入2.2亿元，年均增速12%；全社会固定资产投资52亿元，年均增速15%；三次产业结构比达到15∶55∶30；万元生产总值能耗比“十五”末期降低20%；中心城市建成区面积扩大到30平方公里，城镇总人口45万人，城市化水平达到42%；城镇居民可支配收入达到9600元，农民人均纯收入4000元；人口自然增长率控制在4.8‰以内；森林覆盖率达到33%；城镇垃圾无害化处理达50%。同时制定2020年远景（15年）目标规划，规划到2020年，地方生产总值达到380

亿元，财政收入4.85亿元，三次产业结构比10∶50∶40，森林覆盖率40%，全区森林面积达到4.3万公顷，城镇垃圾无害化处理达到80%，生态环境得到较大改善和优化。

年度（短期）计划每年一编，一般在上年第四季度编制完成，含指导思想、基本任务、主要目标、完成计划的主要措施等内容。1986—1992年编制的年度计划为计划经济的指令性计划，所订各项目标根据上级政府计划部门下达的指标，结合本辖区具体情况编制；1993—2005年编制的年度计划为指导性计划，所订各项目标按照市（区）党委和政府宏观调控政策，根据市场经济的需要和发展趋势制订。

三、计（规）划执行

1986—2005年间，为完成各个五年计划和年度计划目标，各镇乡、县（市、区）级各部门相应制定执行计划和措施。

“七五”计划期间，重点调整农村产业结构，加速商品粮基地建设，促进城镇集体工业和乡镇企业发展，逐步形成食品、建材、机械化工、塑料包装4大骨干企业；加强能源、交通建设，健全商业网络；大力发展第三产业，提高社会综合经济效益。到“七五”期末，全县工农业总产值达到5.85亿元，占计划的80.16%，年递增7.8%；社会商品零售额3.81亿元，完成计划的106.81%，年递增10.5%；财政收入16131.1万元，完成计划的162.58%，年递增18%；固定资产投资2.83亿元，完成计划的142%。

“八五”计划期间，狠抓粮食生产、农田水利和各类专业基地、出口创汇基地建设，优化农业布局；调整工业产业结构，改善投资环境，吸引国内外投资，组建机械、建材、化工、酒类、纺织、包装6大企业集团；开发建设城区6个综合市场和6个农贸市场、11类专业市场；发展科技、信息、劳务、资金等要素市场，扩大和增加贸易渠道；发展教育、科技，加快交通和城乡建设，控制人口过快增长。至“八五”期末，全市实现国民生产总值19.48亿元，完成计划的114.26%；工农业总产值19.49亿元，完成计划的95.86%；财政收入3.26亿元，完成计划的162.78%，年均递增15.08%；完成固定资产投资10.12亿元，比“七五”期末增加3.94亿元，完成计划的68.8%；人口增加0.74万人，比计划减少8.1万人；农民人均纯收入1176元，完成计划的117.6%；城市居民人均收入4044元，城镇居民储蓄余额9.93亿元，年均递增23.36%。

“九五”计划期间，优化农业内部结构，发展优质、高产、高效农业，加速畜牧业、乡镇企业发展；立足工业基础改造老旧工业，加快发展优势产业，大力扶持龙头企业，开发一批适销对路的专、精、细、缺产品，形成新的市场竞争优势；保持适当的投资规模，优先支持基础设施和基础工业建设，增加支柱产业和教育、科技投入；推行股份制改革，充分利用外资，不断引进先进技术和重点项目；大力发展第三产业和劳动密集型产业，增加就业机会；加快劳动力转移，增加劳务收入，提高农民收入。“九五”期末，全区国内生产总值实现42.7亿元，年均递增10.6%，完成计划的92.8%；工农业总产值57.85亿元，完成计划的184.2%，其中农业总产值18.54亿元，工业总产值39.31亿元，分别完成计划的112.2%和72.5%；财政收入2.04亿元，完成计划的51%。“九五”期间，固定资产投资总额完成28.41亿元，比“八五”期间增长173.96%；社会消费品零售总额11.22亿元，比“八五”期末增长65.6%；农民年人均纯收入达到2021元，城镇居民可支配收入达到6333元，分别比“八五”期末增加845元和2329元。

“十五”计划期间，在农业方面稳定种植业，壮大养殖业，增大林果业，发展水产业和农副产品加工业，突出区域特色、名牌特色，推进农业产业化经营；在工业方面培育支柱产业，壮大机械、食品、医药化工、建工建材、包装、轻纺 6 大产业；在基础建设方面加强城市和重点小城镇、中心村建设，加强镇乡公路，行政村公路和水陆交通服务网络建设。“十五”期末，实现地方生产总值 77.52 亿元，完成计划的 119.1%；实现地方财政总收入 2.02 亿元、地方财政一般预算收入 1.26 亿元；累计完成固定资产投资 84.52 亿元，比“九五”期间增加 56.11 亿元，增长 196.1%；全区改建二级公路 73.46 公里、三级公路 56.93 公里、四级公路 63.11 公里，水泥、沥青路总里程达到 193.5 公里，通车里程达到 1235.45 公里；城市新区建设加快，旧城改造基本完成，丹山、中和、伍隍、回龙、小院等场镇改造提速，城镇化率达到 34%，比“九五”期末增加 5.5 个百分点；招商引资累计引进资金 30.93 亿元，实施项目 562 个；实现劳务收入 11.5 亿元，农民人均纯收入 3103 元、城镇居民可支配收入 7709 元，分别比“九五”期末增加 1082 元和 1376 元。

资阳市雁江区 1986—2005 年国民经济年度计划执行情况统计表

表 4－14

项目 年度	国内生产总值（亿元）		工农业总产值（亿元）		农业总产值（亿元）		工业总产值（亿元）		乡镇企业总产值（亿元）		固定资产投资（亿元）		商品零售总额（亿元）		财政收入（亿元）		粮食总产量（万吨）		出栏肥猪（万头）		农民人均能收入（元）	
	计划	完成	计划	完成	计划	完成	计划	完成	计划	完成	计划	完成	计划	完成	计划	完成	计划	完成	计划	完成	计划	完成
1986	5.00	5.18	5.05	4.77	3.0	2.73	2.1	2.04	1.5	1.8	0.03	0.03	2.4	2.5	0.8	0.81	43	41.5	—	49.0	280	312
1987	6.00	6.01	5.60	5.09	3.1	2.70	2.5	2.39	2.5	2.1	0.04	0.05	2.6	3.0	0.9	1.08	44	40.2	—	49.2	335	346
1988	7.00	7.20	5.60	5.65	3.0	2.71	2.6	2.94	2.7	2.8	0.20	0.78	3.3	3.7	1.3	1.32	45	39.9	—	58.8	411	443
1989	8.00	8.29	6.00	5.53	3.2	3.08	2.8	2.45	3.3	3.4	0.38	0.65	4.1	4.0	1.4	1.55	45	45.2	—	61.0	480	505
1990	9.50	9.95	5.80	5.85	3.1	3.24	2.7	2.61	4.0	4.1	2.83	1.12	4.6	3.8	1.6	1.61	48	48.0	—	64.1	500	550
1991	11.00	11.08	6.51	12.90	3.4	7.60	3.1	5.30	4.5	5.8	0.51	1.30	4.1	4.7	1.7	1.65	50	47.8	—	—	580	604
1992	12.00	12.32	14.30	14.34	8.3	7.94	6.0	6.40	8.0	10.1	0.64	1.59	4.6	5.0	1.7	1.80	54	51.7	79	67.5	730	639
1993	16.50	14.67	16.50	25.98	8.5	7.09	8.0	18.89	15.8	20.1	1.03	2.09	5.5	5.3	1.9	2.38	53	41.1	80	65.4	680	709
1994	19.50	19.78	17.60	30.20	8.6	7.65	9.1	22.55	22.5	30.1	0.45	2.98	5.5	5.8	2.7	2.77	52	44.1	75	67.1	790	859
1995	24.00	24.47	19.20	19.49	8.3	8.41	10.9	11.08	43.0	46.8	0.57	2.78	6.2	6.8	3.0	3.26	50	51.0	75	72.0	970	1176
1996	28.00	28.28	18.70	19.45	8.7	8.81	10.0	10.64	66.5	69.0	4.16	2.89	7.9	7.5	3.5	3.92	50	49.0	72	74.0	1350	1468
1997	30.00	31.87	21.60	22.27	9.3	9.53	12.3	12.73	32.5	35.9	3.23	4.04	8.6	8.3	4.2	4.38	50	52.1	76	76.2	1728	1776
1998	31.26	34.77	24.55	24.59	9.9	9.76	14.7	14.83	44.0	41.6	4.51	5.55	9.0	9.2	4.7	4.87	52	52.7	78	79.4	2076	1904
1999	37.00	37.22	20.20	21.56	10.0	9.96	10.2	11.60	50.0	49.5	7.00	6.85	10.1	10.1	1.6	1.27	46	52.7	78	78.1	2176	1969
2000	40.00	40.32	23.06	39.27	10.3	18.54	12.8	20.73	55.9	57.9	9.00	9.20	11.1	11.2	1.3	1.16	46	48.7	78	80.6	2069	2021
2001	45.12	43.18	33.90	30.63	19.2	17.81	14.7	12.82	66.0	66.3	6.70	10.71	12.2	12.5	1.4	1.36	46	34.9	78	82.1	2101	2080
2002	51.19	45.07	34.36	36.83	19.0	19.59	15.4	17.24	74.6	74.4	10.00	12.74	13.8	14.0	1.4	1.61	46	48.0	80	83.0	2180	2181
2003	57.20	52.13	44.60	46.67	20.0	21.33	23.7	25.34	83.4	85.5	15.50	15.58	16.5	15.7	1.1	1.20	46	45.1	95	97.4	2332	2343
2004	66.40	64.62	55.40	73.10	22.7	26.93	32.7	46.17	99.2	100.0	19.00	19.10	18.0	18.5	1.3	1.37	45	48.2	115	115.0	2503	2795
2005	83.00	77.52	101.50	105.37	28.0	30.65	73.5	74.72	113.0	107.0	24.3	25.63	22.0	22.4	1.1	1.26	49	50.1	140	133	2945	3103

注：1999 年起，财政收入为一般预算收入，此前为总收入；按当年价统计

第二节 统 计

一、统计机构

1979年5月，资阳县统计局恢复设立，为县人民政府序列局。1986年，局内设城市统计股、农村统计股和综合统计股。1990年4月增设办公室。1993年8月，内设机构改作工业基建物资科、农业商贸城调科、综合劳资计算机科和办公室。2000年10月，内设生产贸易股、法规股（挂统计执法大队牌子）和办公室。2004年3月增设区普查中心。1986—2005年，王彤、何在国、龙浩、赵诗强先后任局长。

1984年，县农村社会经济调查队成立，受上级业务主管部门和县统计局双重领导。1987年6月，县农调队在保和、凉风等地试点建立区、乡（镇）统计站。至1990年11月，全县各区乡（镇）均设统计站，1992年9月撤区并乡建镇后合并为22个统计站。各站配备专（兼）职统计员，受县业务主管部门和乡镇政府双重领导。

二、统计调查

（一）常规调查

常规统计调查分为综合统计，固定资产、建筑业和房地产统计，农业统计，工业统计，商业统计，劳动工资统计，物资统计（1999年1月取消），除月报、季报外，以年度统计调查为重点。统计调查前先划分统计范围，确定被统计调查单位，每年11月中、下旬将统计表送达起报单位。各单位在规定的时间内收集报表，并汇总于统计局。统计局组织专业人员对各起报单位的报表进行逻辑性、技术性审查，并与相关部门建立统计报表联审制度，经审查无误后汇总基层统计调查表。汇总后的统计表经同级党委、政府和上级统计部门审查无误后向社会公布。

（二）专门调查

工业普查 1984年7月至1987年11月，县统计局开展资阳县第二次全国工业普查。普查对象为各种经济类型的独立核算和非独立核算工业企业、村办工业、个体工业在内的全部工业企业。普查内容有工业企业基本情况，生产、销售、库存情况，能源消耗情况，成本、劳动工资等。1987年11月公布普查成果：全县共有各类工业企业182个，其中国有33个、集体149个，1985年实现工业总产值（现价）30306万元，其中国有企业26084万元、集体企业4222万元。1995年4月至1997年8月，开展资阳市第三次全国工业普查。普查对象为全部工业企业和附营工业单位以及销售收入100万元以上村办、私营、个体工业和生产单位。普查内容包括企业基本情况、财务状况、劳动情况、生产销售、库存情况和主要产品、生产能力等。经查，1995年全市共有工业企业321个，其中国有40个，集体263个，股份制经济10个，外商投资经济2个，港、澳、台经济6个，实现工业总产值（现价）22.79亿元，其中国有14.43亿元，集体6.98亿元，股份制经济1.16亿元，外商投资和港、台经济0.22亿元。

农业普查 1995年10月至1999年3月，开展第一次全国农业普查。普查指标时间为1996年1月1日至12月31日。普查对象为辖区所有乡镇、行政村从事农业生产经营活动的住户，乡镇农业企业、集体经营单位、联户经营单位、国有农场、中外合资合作企业和港、澳、台合资合作企业，乡镇办、村办、联户办和户办非农村住户类农业生产经营单位。普查项目有农村住户调查、行政村调查、乡镇调查、非农村住户类农业生产经营单位调查、非农乡镇企业基本情况调查和农业用地等。经查，至1996年12月31日，全市有从事农业生产经营活动的农村住户248165户，其中农业户235604户、非农业户12561户；农业户中纯农业户192384户，以农业为主兼营非农业户33413户，非农业为主兼营农业户9807户；非农村住户类农业生产经营单位48个，其中国有14个、集体31个；非农乡镇企业443个，其中乡镇办189个、村办186个、联户办7个、户办61个。

第三产业普查 1993年5月至1994年9月，开展第一次全国第三产业普查。普查年度为1991、1992年度。普查范围和对象为全市从事第三产业的企业、事业、行政单位和社会团体，主要对执行企业会计制和事业行政会计制的两类第三产业基层单位进行调查。经查，1991年全市有第三产业基层单位11230个，其中独立核算2639个、单独核算518个、个体户8073个；1992年有10030个，上述三种类型基层单位分别为2154个、544个、7332个。2003年3月，启动第二次全国第三产业普查。

人口普查 1989年9月至1992年6月，开展第四次全国人口普查。普查标准时点为1990年7月1日零时，时期指标是1989年7月7日零时至1990年6月30日24时。经查，全县标准时点共有284411户、1002993人，其中家庭户283475户、集体户936户，户均3.48人，男520025人、女482968，性别比107.67。1999年8月至2002年6月，开展第五次全国人口普查。普查标准时点为2000年11月1日零时，时期指标是1999年11月1日零时至2000年10月31日24时。经查，辖区标准时点共有308247户、1016034人，其中家庭户304565户、集体户3682户，户均3.25人，男527326人、女488708人，性别比为107.9。

基本单位普查 1996年6月至1998年5月，开展第一次全国基本单位普查。主要对全市企业、事业、机关、社会团体和其他法人单位及其附属的农业、工业、建筑业、交通运输业、批发零售业、餐饮业、服务业等产业活动单位的基本情况进行调查。经查，至1996年12月31日，全市共有法人单位1885个，其中机关129个、事业406个、企业855个、社会团体13个、村（居）民委员会453个、民办非企业29个。2001年9月至2002年10月，开展第二次全国基本单位普查。除第一次全国基本单位普查时涉及的单位外，将个体工商户列入普查对象。普查内容仍为单位基本情况。经查，至2001年12月31日，全区共有法人单位2133个，其中机关210个、事业607个、企业713个、社会团体24个、村（居）民委员会508个、民办非企业单位69个，全部产业活动单位2937个，其中生产经营性单位1058个、非生产经营性单位1879个，有个体工商户13332户。

经济普查 2004年3月至2006年8月，开展第一次全国经济普查。普查范围和对象为辖区内从事二、三产业的全部法人单位和产业活动单位及个体经营户。普查内容为被普查单位的基本情况，规模以上工业企业生产情况、财务状况、主要工业产品生产能力、能源购进、消费及库存、科技项目、科技活动等情况，规模以下工业企业生产经营状况、原材料及水消费、生产、销售、库存和能源购进、消费及库存等情况，建筑业、房地产企业生产经营和财务状况，交通运输、电信企业业务活动和财务状况，批发和零售企业销售和财务状况，住宿餐饮企业、服务业经营和财务状况，行政事业单位财务状况，个体工商户经营情况。经查，至2004年末，全区共有二、三产业法人单位1796个，其中企业628个，机关、事业574个，社会团体32个，其他法人562个；产业活动单位665个，其中二产业16个、三产业649个；个体经营户24785户，其中二产业2499户、三产业22286户；二、三产业全部从业人员94320人，涉及国民经济19个行业门类；全部法人单位当年营业总收入108.73亿元，企业总资产221.18亿元。

（三）抽样调查

1986—2005年，区内先后进行11次各类抽样调查，其中人口变动情况与劳动力抽样调查8次。

人口变动抽样调查 由统计局牵头，从公安、计经、计生、农调队抽调人员组成调查队开展调查。1986年11月17日至1987年1月22日，在文明、紫微、裕通、鲁家、观音、民合、古井、中和等8个乡镇所属的19个村民组735户中开展1986年以来的第一次人口变动抽样调查。1988年12月10日至1989年1月15日，在磐石、隆相、丰裕、黄添4乡和城北派出所管理区进行第二次人口变动抽样调查。1998年10月1日至12月31日，在雁江镇、丰裕镇、石岭镇进行第三次人口变动抽样调查；本次人口变动抽样调查增加了农村劳动力状况调查。1999年10月1日至12月31日，在雁江镇桂花井居委会和丰裕镇高石村进行第四次人口变动与城乡劳动力抽样调查。2002年10月25日至11月30日，在雁江镇爱国居委会和丹山镇大佛村、忠义镇长江村进行第五次人口变动和城乡劳动力资源抽样调查。2003年10月25日至11月17日、2004年10月25日至11月17日，先后在雁江镇爱国居委会二、四居民组和丹山镇大佛村七、九、十村民组进行1986年以来第六、第七次人口变动与劳动力抽样调查。2004年11月至2005年12月，在被国家抽中的雁江、松涛、保和、老君、迎接、中和、丹山、小院、堪嘉、伍隆、东峰、忠义12镇和新场、清水2乡中的40个村、50个村民组共计9586人范围内开展1%人口抽样调查。以上8次人口抽样调查结果按程序送省统计局检查验收，均合格。

其他抽样调查 1986年，县统计局联合县交通局对全县非交通系统载货汽车进行专项抽样调查。从2002年11月开始，区统计局每年按照省统计局科学抽样法抽取的样本调查区规模以下工业企业和个体工业，并将调查结果向省统计局季报和年报。2003年起，开展规模以下商业企业抽样调查，调查结果每月汇总上报市统计局。

（四）典型调查

1986—2005年，统计局先后开展投入产出、物资能源、城镇居民家庭收支、工业统计、商业统计、农业统计、劳动工资等典型调查共41次。1988年1至5月、2003年1月先后两次在资阳县糖厂、铁道部资阳内燃机车厂等14个工业企业中开展投入产出调查。1986年7月、1991年12月、1993年6月、1995年8月在四川卷烟厂、省水利工程公司、资阳糖厂、酒厂、磷肥厂、机械厂、减速电机厂、氮肥厂、水泥厂、电磁线厂、铜材厂、电力公司等48个企业（单位）中开展物资能源统计调查。1986年8月、1991年12月在资阳县东风酿造厂、糖厂、棉纺厂、建兴玻璃厂、新星工业公司等20个工业企业中进行工业统计调查。1986年8月、1990年3月、1991年12月、1992年11月、1995年11月在五金公司、食品公司、糖酒公司、丹山粮站等50户商业单位和60户个体商业户中进行商业统计。1986、1987、1990、1992、1995年度的12月在辖区部分乡镇和村、组中进行农业统计调查。1991年12月、1997年11月在辖区21户企业、事业、行政单位中进行劳动工资统计调查。同时，每年开展1次城镇居民家庭收支调查，按不同家庭经济状况抽取30户为调查对象。各类典型调查结束后，统计部门将典型调查获取的数据汇总分送同级党委、政府和上级业务主管部门。

三、统计监督与服务

1983年《中华人民共和国统计法》颁布后，统计部门利用每年“12·4”法制宣传日和各种会议、培训班、新闻媒体大力宣传统计法律法规，培训统计人员，开展统计执法检查。执法检查以基层单位自查和组织抽查两种形式进行，主要检查各基层单位统计数据质量，对统计调查不认真，报表出现逻辑性、专业性错误以及缺报等行为提出批评、限改或通报。1989年5月，县政府组织3个组检查38个单位，查出9个单位工业总产值差错率1.94%，13个单位劳动工资差错率0.08%，10单位物资差错率2.8%，6个单位农业数量差错率2.5%。1995年6月，在年销售收入百万元以上的84户工商企业中抽取15户进行重点检查，其中在工业企业中查620笔，差错25笔；在物资能源企业中查332笔，差错12笔；在商业企业中查540笔，差错16笔；差错率分别为4.0%、3.6%、3.0%。1999年4月，抽查11个单位，查处其中4个单位，责令限改2个单位，对人寿保险公司、财产保险公司分别罚款9000元、8000元。2000年8月抽查12个单位，查处其中10个单位，责令限改6个，处罚款4个。2001年8月责令限改2个。2002年责令限改3个，处罚款3个。2003年责令限改5个，处罚款1个。经过连续几年的执法检查，至2004年以后，检查结果仅有极低的误差率，无统计违法行为。统计部门重视统计服务工作，20年间，共提供统计分析资料507篇，撰写新闻稿件255件；每月均汇编统计月报资料，并于次月4至6日铅印分发（送）有关部门和同级党委、人大、政府、政协以及上级统计主管部门；每年的3至4月汇编上一年统计年报资料，分发各部门、各乡镇并报四大班子和上级统计部门，同时在新闻媒体上发布年度统计公报。其间分别于1991、1996、2001、2006年编印出版“七五”至“十五”期间的统计年鉴4部各100～150册。2002年9月，区统计局与区编办、民政、工商、教育、劳动、交通、农业、农机、质监、文体、卫生、公安、国税、地税、建设等部门建立行政登记数据互换制度，同年“雁江经验”在全省推广。2004年，区统计局租用2M宽带数据传输专用通道，实现与国家、省、市统计部门内部网络广域连接，建立了雁江区统计信息网站，全面实现统计信息现代化、无纸化和社会共享。

第三节 审 计

一、机构

资阳市雁江区审计局前身为资阳县审计局，成立于1983年12月。1986年，局机关内设办公室和审计一股、二股、三股。1989年3月改设为办公室和财政金融股、商贸股、工交股、行政事业股。1991年11月增设综合审计股、基建外资股。1993年3月内设机构股改科。2000年10月内设科改股，时设办公室、政策法规股、财政金融股、行政事业股、经贸企业股、基建外资股。2003年增设经济责任股。1986—2005年，刘福元、李举运、刘绪治先后任局长。

二、财政金融及专项资金审计

1987—1999年，审计局仅对财政决算进行审签。1995年，按照《中华人民共和国审计法》规定对本级财政预算执行情况进行审计，当年1至9月和年终先后进行财政预算执行情况初审和终审。1996年以后每年只进行1次审计，审计项目包括财政预算支出、暂存、暂付、预算外资金、财政周转金、双扶资金、农业灾歉减免资金、预算外专储资金、住房基金、城市配套费等一切财政性资金。1998年起，对10项基金、9项周转金、9项专项资金的收、支、存情况进行重点审计。进入21世纪，按照审计署审计工作发展规划，在重点审计财政、地税系统的同时对公安、交通、建设、社保等重点单位进行延伸审计。1995—2005年在对本级财政的12次审计中，查出截留和延解积压、应纳入而未纳入财政预算资金，挤占、挪用预算内财政收入资金2019.87万元，依法收缴国库460.96万元，责成归还原资金渠道442.14万元。

1989年，开始对乡镇财政决算执行审计。至2005年共审计71个（次）项目，查出预算外收入暂存不实，挤占、截留、隐瞒、转移财政资金，虚列财政支出等违规资金4124.01万元，收缴财政

168.94 万元，责成就地解交乡镇财政收入 80.9 万元，归还原资金渠道 134.33 万元。

金融审计的对象为辖区内同级银行与保险机构。1986 年以来，先后对工商银行、农业银行、建设银行、中国银行等设在辖区的支行及其下属机构进行审计，主要审计资金投向是否合规，购置专控商品是否违规，支出是否挤占成本，是否隐瞒利润设置“小金库”，是否多报冒领优惠利差补贴，房产租赁收入是否欠税费及“两金”，是否挪用资金从事本单位基本建设，信用资金是否安全、管理是否完善等。至 2005 年，根据上级和有关组织授权，审计辖区内国家金融机构 16 次，审计信用社等地方金融机构 3 次，查出违规专项资金 2865.63 万元，收缴本级财政 39.31 万元。1988 年、1991 年、1993 年对人民保险公司设在辖区的支公司进行审计，查出该公司违规购物、支出挤占成本、隐瞒利润、超标准报销、漏缴税费、收入不上账设置“小金库”等违规资金 7.02 万元，收缴本级财政 1.83 万元。

专项资金分农林专项资金和其他专项资金，均属上级或本级财政补助资金及地方自筹资金。1986 年以来，对本级 6 个政府职能部门掌管使用的 8 种农林专项资金和涉及辖区全部乡镇、县属 46 个行政事业单位的 25 种其他专项资金进行 196 次（项）审计，其中农林专项资金审计分别于 1989 年、1991 年、1998 年进行，其他各种专项资金每年都进行审计；查出挤占挪用专项资金、列支非专项性费用、贪污农村教育费附加、转移预算收入、截留坐支应解缴的财政预算收入、虚列支出等违规金额 2647.13 万元，收缴本级财政 178.83 万元，责成就地解交乡镇财政 14.42 万元，回归原资金渠道 503.43 万元，移送司法机关侦办 2 件 2 人。

三、行政事业审计

行政事业审计包括各行政事业单位财务审计和党政事业单位领导干部任期责任审计。

1986—2005 年，行政事业单位财务审计几乎每年进行，主要审计现金收入是否全部入账，单位是否设置“小金库”，预算外收入是否按规缴税，是否有乱收费行为，是否有坐支和超额支付现金、超支业务招待费，是否有虚开、滥用票据和白条报支出、收支冲抵、挤占、挪用专项资金、截留应缴本级财政收入、自立名目滥发奖金等行为，先后审计 397 个项目，查出违规资金 2029.64 万元，收缴本级财政 221.61 万元，责成被审单位自行解缴本级财政 48.46 万元，就地解缴乡镇财政 2.92 万元，归还原资金渠道 100.38 万元。

审计局对地税部门实施单独审计，主要审计地税局及其下属地税所上年度地方税收预算的安排、调整、执行情况，单位财务收支情况，征收税款上解省、市财政和本级财政情况，财产租赁等预算外收入入库情况和是否有应征未征或少征等问题。至 2005 年，先后对地税系统执行审计 9 次，查出违规金额 151.86 万元，收缴本级财政 42.01 万元，指明自行调账整改并纳入预算归还原资金渠道 15.12 万元。

党政事业单位领导干部任期经济责任审计起于 2002 年，主要从经济角度审计离任领导干部在原职务任期内实施的重要经济决策是否为民主决策，单位内控制度是否健全，领导干部是否带头执行，是否有截留、挤占应解区财政预算收入和擅自立项收费、预算外收入欠缴税费、超支业务招待费、预算外资金未纳入财政专储、预算收入未纳入财政核算管理、违规发放职工奖金和津贴、挪用专项经费、用不合规定票据或白条报账列支、收入不入账设置“小金库”、个人支出违规等经济违规行为。当年审计 18 人，查出违纪违规金额 378.05 万元。2003 年审计 19 人，查出违规金额 715.21 万元。2005 年审计 40 人，查出违规资金 1103.56 万元。至 2005 年底，共执行领导干部任期经济责任审计 77 人，查出违规资金 2196.82 万元，收缴区财政 109.75 万元，责成被审计单位自行解缴区财政 15 万元，就地解缴乡镇财政22.9万元，归还原资金渠道51.11万元，指明自行调账整改102.24万元。

四、企业和基建投资审计

企业审计包括工商企业财务收支审计和国有、集体企业经营承包审计以及企业资产负债损益审计。企业财务收支和经营承包审计起于1984年，止于1996年。12年间，共审计121个（次）项目，查出违纪经商、擅自提价出售商品、乱挤乱摊成本和利润、转移资产、多报冒领、超发津贴和奖金、重复提取、跨科目报销、偷漏税金、违购专控商品、私设“小金库”、超支业务费、超提承包奖、乱冲转账目、规费收入不上账等违规违纪资金834万元，审计决定收缴本级财政330.74万元，归还原资金渠道24.72万元。资产负债损益审计起于1995年，之前与行政事业单位审计统称财务收支审计。至2005年，先后审计82个（次）项目，查出租赁收入少交税费、支出挤占成本、误计利息、资金外存、收入不进财会账、欠缴增值税和消费所得税等税、少计销售收入、多预提费用、虚增亏损、隐瞒利润等违规违纪资金1115.9万元，收缴本级财政337.8万元。

企业领导干部经济责任审计起于1988年，主要审计企业领导干部在任期内是否有超支业务活动费、违章购买专控商品、入账不实、收支混乱、挤占成本、欠缴税费和能源基金以及土地出让金、隐瞒利润等问题。至2005年，先后对22家企业法定代表实施任期经济责任审计，共查出违规违纪资金1268.79万元，收缴本级财政132.69万元。

基建投资审计起于1989年，1990—2003年由市审计局审计，之后交由区审计局，前期主要执行固定资产投资项目竣工决算审计，着重审计项目资金是否合法，审计内容包括工程项目立项、申报、批复、资金来源、投资计划、设计图纸、工程规模、实际投资、工程招标、单位造价、质检鉴定、工程竣工档案数据等，此后根据上级要求对相关项目内容进行事前、事中、事后的跟踪审计核查。至2005年，共审计基建投资项目138个（次），其中列为重点审计的52个；共查出超计划投资、超规模建设、无计划投资建设、挪用专项资金搞非生产性建设和工程高估冒算、偷工减料、虚增工程造价、欠交税费等违纪违规资金1406.1万元，收缴本级财政184.91万元，归还原资金渠道159.57万元，审减工程投资造价170.12万元。

五、审计调查

审计调查是按照同级党委、政府和上级审计部门安排或批准开展的一项专门调查。1986—2005年，审计部门先后开展审计调查38次。其间于1989年专项审计调查县属停、缓建项目，共查停建项目8个、缓建项目2个；查明部分止建项目未全面进行资金结算清理、善后处理不完善，有些停、缓建项目可能造成较大经济损失。调查结果上报后，县委、县政府采取相应措施，减少经济损失1411万元。1993年，对资阳县1991年、1992年农村教育费附加征收、管理和使用进行专门审计调查，查出应收未收资金50.64万元、被贪污费用1.8万元、挤占挪用12.96万元、超提4.21万元、转移账户6.62万元、重复支出0.84万元、账证不符0.06万元，共追回归还教育费附加专户24.46万元。2004年3月，对资阳市天台化工有限公司原董事长兼总经理何某展开专门审计调查，查明其任职期间挪用公款173万元、转移隐瞒收入585.3万元，依法将其移送检察机关侦查处理。

资阳市雁江区审计局 1986—2005 年单项审计情况表

表 4－15　　单位：万元

名称		查出违规金额	审计收缴区财政	责成被审单位自行解交区财政	就地解交镇乡财政	归还原资金渠道	审减工程造价	移送经济案件
财政审计	区级财政	2019.87	460.96	—	—	442.14	—	—
	镇乡决算	4124.01	168.94	—	80.90	134.33	—	—
	小计	6143.88	629.90	—	—	576.47	—	—
行政事业	事业单位	2029.64	221.61	48.46	2.92	100.38	—	—
	税务部门	151.86	42.01	—	—	15.12	—	—
	小计	2181.50	263.62	—	—	114.11	—	—
金融审计	国家银行	2865.63	39.31	—	—	—	—	—
	保险机构	7.02	1.83	—	—	—	—	—
	小计	2872.65	41.14	—	—	—	—	—
企业审计	财务收支经营承包	698.14	204.09	—	—	24.64	—	—
	资产负债损益	1251.76	436.83	—	—	0.08	—	—
	小计	1949.90	667.92	—	—	24.72	—	—
专项资金	农林专项资金	43.85	5.82	—	—	38.03	—	—
	其他专项资金	2603.27	173.01	—	14.42	465.40	—	1人1件
	小计	2647.13	178.83	—	—	503.43	—	—
基建投资审计		1406.10	184.91	—	—	159.57	170.12	—
经济责任审计	企业干部	1268.79	132.69	—	—	—	—	1人1件
	党政干部	2196.82	109.75	15.00	22.90	51.11	—	—
	小计	3465.61	242.44	—	—	—	—	—
合计		20666.76	2208.76	63.46	121.14	1430.8	170.12	—

第四节　物　价

一、机构

资阳市雁江区物价局前身为资阳县物价委员会，成立于 1981 年 4 月。1983 年 12 月改设为资阳县物价局。1984 年 6 月局下设资阳县物价检查所。1991 年 5 月局内设办公室。1992 年 7 月增设资阳县价格事务所，为局下属机构。1993 年 3 月更名为资阳市物价局。2000 年 1 月增设政工科、收费科、价格科，11 月更名为资阳市雁江区物价局。2001 年 11 月机构改革时并入区发展计划局，对外独立行使职能，内设机构合并为办公室、收费价格股，下属机构不变。2003 年 12 月，区物价检查所更名为区物价局价格监督检查分局，并增挂区价格举报中心牌子；区价格事务所更名为区物价局价格认证中心。1986—2005 年，赖德江、代良富、彭国祥先后任局长。

二、价格管理

计划经济时期，商品价格由国家统一管理，市场的一切经营活动受严格的价格控制。1988 年起，逐步放宽价格政策，一、二类工业品价格和国家收购的一、二类农副产品价格由省以上物价部门定价，工业类小商品和计划内的农副产品随行就市、议购议销，零售价由销售单位自主定价，滞销、积压商品由销售单位自行削价销售，自行加工商品按规定的作价原则自行作价。1990 年，进一步放宽价格政策，除农业生产资料和与人民生活息息相关的水、电、气等以外，对其他产品价格逐步改直接管理为间接管理。县物价局按照上级物价部门下达的价格指数调节市场，控制物价过快上涨。1993 年以后，商品价格随着市场经济的发展再度放宽，除国家、省管理的特殊商品外，其余商品价格全部放开并逐步取消国家财政价格补贴。1995—2005 年，物价部门先后实施石油价格和粮食流通价格改革，清理辖区各加油站（点）和农村电价，出台出租车、客运车、人力三轮车客运指导价，落实商品和服务业收费明码标价和粮食收购保护价及顺价销售制度。同时对辖区粮食、生猪及猪肉、蔬菜、禽蛋、石油、钢材、农业生产资料收费等 35 个项目和品种进行市场价格监测，重点对特色农产品和主要经济作物购销价格进行监测，通过市场价格统计和监测对价格进行调控，化解市场价格风险。

物价部门把农产品价格管理作为重点。1986—1992 年，对稻谷、小麦、玉米、油菜籽、棉花、生猪收购实行最低保护价，按定购价和议价“双轨制”运作。1993 年，取消定购价，实行议价，但仍坚持议价原则下的保护价并定期公布各类农产品保护价格。当年，生猪价率先退出保护价。2001 年以后，棉花价格由市场调节定价。2002 年，玉米、小麦、油菜籽价格先后退出保护价。

1986 年以后，农药、农膜、化肥、种子等农业生产资料开始实行计划内与计划外定价。农膜于 1987 年实行计划内、外综合价，农药在 1989 年以后逐步实行综合差率价格管理，化肥计划内的由省和内江市物价局核定价格、计划外的由县物价局与农资部门根据全省同类产品价格走势和县内市场行情制定。1995 年，市内农资价格实行计划内外并轨运行，1998 年农药价格放开，2000 年全面放开化肥价格。2002 年种子价格随之在全区放开，由生产经营单位自主随行作价。全面放开以后一度出现农资价格失控现象，假劣农资趁机扰乱市场；物价主管部门协调工商行政、质量技术监督部门一方面“打假”，一方面采取措施调控区内农资价格，推进农资市场平稳运行。

1986—1992 年工业品、副食品价格实行“双轨制”定价。1987 年自行车价格率先放开。煤炭价格在 1987 年前执行计划内价格，销售亏损由财政补贴，1988 年实行调整，1994 年放开并取消财政补贴。调味品价格 1988 年起由县物价局与商业局共同定价。蔬菜等 14 个品种的价格实行县物价局指导价，1991 年放开定价。1992 年，食用油价格全面放开；食盐、燃油、电力、邮政资费定价权在国家、省物价部门，未予放开；燃气、自来水价格由辖区物价部门管理定价；中药材价格在 1992 年前分品种实行国家定价、指导价、市场调节价 3 种形式，同年取消定价，实行指导价和市场调节价两种形式；西药价格按分级管理原则，由省物价局和医药生产、销售部门制定，辖区物价局按定价监督执行。汽车客运价格长期由省、市物价、交通运管部门核定，辖区物价部门监督执行；货运价格 1992 年实行指导价，1995 年全面放开，由托运双方协商运价。电信资费在邮电分离前由国家物价、电信部门核定，辖区物价部门监督执行，2002 年以后区物价局按规定对电信资费实行定价、指导价和市场调节价 3 种管理形式。1992 年前餐饮、住宿等服务业收费标准由县物价局协同工商、商业、供销部门按毛利率26%~50%联合定价，同年底放开，由业主自行定价，其利率逐年提高；之后物价部门加大检查力度，采取措施调控收费标准，促使服务业收费渐趋合理。

行政事业性收费管理。1986—2005年，物价局加强与公安、工商行政、质量技术监督、建设、交通运管、国土资源、农业、林业、畜牧、水务、农机和广电、卫生医疗、教育等行政事业收费部门的协作，强化收费管理，按照省物价部门的相关要求约束收费行为，规范收费标准，清理整顿只收费不服务、收费代替处罚和搭车收费、擅自提高收费标准等违规行为。1986年以来，多次清理整顿教育乱收费行为，逐步实行学生代管费标准公示制。1989年，将代管费流向和使用情况提交审计部门审计。1990年，明确要求学校将代管费与学杂费分开管理。1995年，取消辖区学校选校费，清理中小学收费项目，按规定取缔多项擅立的收费项目，降低多项收费标准。2004年下期，学校实行收费"一费制"。2005年，取消辖区"九年义务教育"阶段学生学杂费，基本控制住学校乱收费行为。1988年起，先后实行行政事业收费许可制度、收费年审制度、收费公示制度、收费监督检查制度、规范使用票据及票据管理制度，同时加大对行政事业收费管理的宣传力度，营造社会监督氛围，并对重点企业实行挂牌保护。

资阳市雁江区1986—2005年物价指数变动情况表

表4-16

年度＼项目	零售物价指数	消费品价格指数	服务项目价格指数	农业生产数据价格指数	民用建材价格指数
1986	105.5	—	—	—	—
1987	105.5	105.5	—	104.2	—
1988	125.7	130.2	112.7	107.5	111.2
1989	118.6	119.2	103.8	115.8	113.8
1990	102.2	102.3	109.6	107.7	103.0
1991	102.1	101.0	111.2	105.9	99.5
1992	105.6	105.7	109.2	105.2	108.5
1993	116.3	123.3	122.0	112.0	164.1
1994	128.6	132.2	132.6	129.1	96.3
1995	111.5	114.9	135.7	111.0	99.3
1996	109.1	110.5	118.1	117.3	108.5
1997	105.5	106.3	115.9	106.7	100.3
1998	103.2	103.2	102.5	100.6	101.6
1999	99.8	100.5	100.8	102.4	99.0
2000	99.8	99.8	102.3	100.3	102.1
2001	101.8	99.2	136.0	93.1	99.6
2002	100.5	95.9	101.8	102.6	91.9
2003	101.9	101.8	104.3	101.5	102.5
2004	105.3	105.2	111.7	101.7	104.4
2005	104.8	103.4	126.6	113.4	106.6

三、物价监督检查

1986—1992年物价实行计划内、外“双轨制”时期，物价检查工作的重点是抓好物价管与放、稳与调、计划调节与市场调节的关系，严格控制计划内外价格，年均检查生产销售单位500个以上。1988年，出动1200人次，检查生产经营企业、行政事业收费单位2900个（次），检查收费4.58万笔。1992年，开展1986年以来的第10次物价大检查，要求全县所有生产经营单位和行政事业收费单位据实填报自查表，重点抽查群众和消费者反映强烈的单位。物价检查始终贯彻“自查从宽，被查从严，实事求是，宽严适度”的政策，每次均达预期效果。

1993年以后，为适应市场经济发展和放宽搞活的物价政策要求，对重点领域实行重点检查。1994年，在全市推行销售、收费明码标价制度，年内售出商品标签30多万张，市场覆盖率90%。1995年，重点对粮油价格和中小学、驾校收费进行专项检查，查出市交警驾校乱收费10万元。1997年，重点检查146个单位，对电力、农资销售单位作出处罚；对市劳动局擅立收费项目行为提出警告并责令取消，同时没收违规收取的费用2026元。1999年，重点整治学校乱收费行为，检查学校43所，处罚款7.24万元。2000年，立案查处寄宿制学校不合理收费案件31件、涉及违规金额73.5万元，没收违法所得12.5万元；查办建委系统违纪收费46.9万元，没收违法所得3万；处理20个乡镇派出所违纪收费26.6万元，没收违法所得8万元。

进入21世纪，物价监督检查的重点放在整顿市场经济秩序、价格秩序和行政事业收费等方面。2001年，协同工商、质监部门清理整顿农资市场价格，打击贩卖假冒农药化肥行为，规范农资价格，平息“紫微种子风波”。2003年，开展防治“非典”药品及相关商品价格检查，建立“非典”商品价格监督和举报机制，处理3起乱涨价行为，处罚款500元。2005年，对城区市场进行价格大检查，重点规范农资市场经营秩序，落实农资物品生产、批发、零售环节的限价政策。与此同时，加大行政事业性收费整顿规范力度。2002年，配合省、市物价局联合对国土、建设、民政、工商、电力、运管、教育、卫生、畜牧等收费部门进行大检查，查处各类违法案件34件，查出违法违纪收费所得714万元，处罚款47.6万元。2003年，对机动车、路桥、农机监理、教育、建筑行业、农业生产性费用和农民建房等费的收取情况进行专项检查，查出违法金额303.1万元，处罚款9.63万元。2004年，抽查教育、电力、医疗系统共19个单位，查出违纪金额86.4万元，对伍隍中学、资阳中学、电力公司等9个问题较严重的单位进行处罚，没收其违法所得12.3万元。

1986—2005年，先后对区内11569个（次）单位实施物价监督检查，共立案查处926件物价违法违纪案件，涉及违规金额2271.76万元，处罚没收291.76万元，其中罚款9.63万元，退还消费者87.78万元，上缴本级财政87.78万元。

资阳市雁江区1986—2005年物价监督检查情况统计表

表4-17

项目 年度	检查单位（个次）	立案查处（件）	涉及违规金额（万元）	罚没收入（万元）	其中罚款（元）	退还消费者（元）	上缴财政（元）	处理来信访	
								来信访（件）	处理（件）
1986	4130	144	—	0.99	305	—	—	29	29
1987	3120	79	—	3.89	3606	6143	—	31	31
1988	2900	21	51.14	3.52	4000	3800	—	33	33

续表

项目 年度	检查单位（个次）	立案查处（件）	涉及违规金额（万元）	罚没收入（万元）	其中罚款（元）	退还消费者（元）	上缴财政（元）	处理来信访	
								来信访（件）	处理（件）
1989	153	75	53.24	25.09	11730	341063	—	32	32
1990	147	71	47.55	19.97	—	—	—	30	30
1991	48	74	178.86	6.88	—	53362	68335	28	28
1992	65	34	56.40	2.31	—	4200	1220	66	66
1993	72	26	72.30	8.31	—	79895	—	38	38
1994	41	47	8.67	4.62	980	3000	—	54	54
1995	38	16	11.39	0.14	1400	1385	—	42	42
1996	67	40	28.09	17.20	750	108417	—	25	25
1997	146	36	3.25	5.43	—	—	—	57	57
1998	96	16	168.60	34.80	—	—	—	22	22
1999	102	72	56.40	33.43	72400	560	—	21	21
2000	135	31	73.50	12.50	—	—	—	42	42
2001	112	29	251.10	8.00	—	—	—	43	43
2002	64	34	714.00	47.60	—	3426	476000	56	56
2003	74	11	182.58	9.63	1100	2029	—	72	72
2004	44	50	254.46	27.75	—	177100	—	29	29
2005	87	20	60.23	19.70	—	93400	—	28	28
累　计	11569	926	2271.76	291.76	96271	877780	545655	778	778

注：此表为不完全统计

第五节　工商行政管理

一、管理机构

资阳市雁江区工商行政管理局最早前身为资阳县人民政府工商科，成立于1949年12月。1962年1月改设为县工商行政管理局。1986年，局机关内设秘书股、企业管理股、个体经济管理股、市场管理股、经济合同管理股、经济检查股、广告管理所，下属城关等10个工商所。1987年11月增设经济监督检查队。1989年3月秘书股改为办公室，增设行财股。1991年9月广告管理所改为股，增设法制股。1993年3月更名为资阳市工商行政管理局，内设股改为科；9月下属工商所增至22个。1994年4月增设4个工商所。1997年3月，内设机构改作6科1室。1998年6月下属工商所减至14个。1999年1月由省工商局垂直管理，更名为四川省资阳工商行政管理局资阳分局，内设机构增加到18个科室，对外为12个科（室、队）。2001年2月更名为四川省资阳工商行政管理局雁江分局，年底局内设机构科改股，时有办公室、综合业务股、人事教育股、市场监督管理股、企业注册监督管理股等1室4股，下属经济检查所及14个基层工商所。2002年3月更名为四川省资阳市雁江区工商行政管理局，6 月综合股增挂法制股牌子，11 月增设退休人员工作股。2005 年，内设监察室、消费者权益保护股、法制股、市场监督管理股、行财股，下属经济检查队扩编为大队，14 个基层工商所保持不变。1986—2005 年，罗荣章、王德强、马华明先后任局长。

二、工商登记

工商登记包括企业注册登记和个体私营经济登记两项。1986 年起，企业的注册登记制度改层层审批为工商局独立核准登记，改分类登记为统一登记，改部分行业登记为全行业登记，并确定统一的各类企业资格界定标准。1994 年，贯彻《中华人民共和国公司法》，进一步完善企业登记制度，促进现代企业制度的建立和发展。登记中坚持政务公开，将各类企业开办条件、注册登记程序、必备相关文件、收费项目、标准、办结时限等向社会公布，对核准登记的企业均建经济户口和专门档案，存录企业开业、变更、年检、监督管理等数据。1986—2005年共登记注册企业 4823 户（含分支机构），至 2005 年区内注册登记企业 2145 户，其中国有企业 388 户、集体企业 1167 户、股份制企业 23 户、公司 567 户。

个体私营经济登记。1990 年 8 月，县工商局制定并向社会公布《个体户审批程序》，明确登记政策、条件和程序。1992 年放宽登记政策、简化手续。2000 年落实登记责任追究制。2003 年实行“一审一核”制。1986—2005 年，先后注册登记个体私营经济 64460 户，其中个体工商户 62990 户、私营企业 1470 户。至 2005 年，全区有注册个体工商户 11602 户，从业人员 15436 人；私营企业 1146 个，从业人员 27877 人，其中私营有限责任公司 719 个、合伙企业 99 个、独资企业 363 个。

资阳市雁江区 1986—2005 年工商登记注册情况统计表

表 4－18 单位：户

项目 年度	合计		国有企业		集体企业		乡镇企业		联营股份		个体工商户		私营企业	
	年末数	新登记	年末数	新登记	年末数	新登记	年末数	新登记	年末数	新登记	年末数	新登记	年末数	新登记
1986	17333	3387	723	96	3695	157	1200	73	—	—	12898	3034	—	—
1987	17538	3846	770	74	4053	445	1317	152	—	—	12602	3327	—	—
1988	20227	3549	822	68	4264	267	1397	99	—	—	15108	3214	—	—
1989	16338	3886	830	48	4360	173	1434	50	—	—	11103	3661	4	4
1990	17749	2955	841	22	3656	190	1099	107	—	—	13214	2738	9	5
1991	20690	3704	787	88	3607	178	1082	78	—	—	16258	3475	12	3
1992	15503	4314	870	43	3521	285	1324	246	—	—	12106	3980	14	6
1993	16109	5244	943	82	4048	200	1578	198	—	—	11045	4639	40	26
1994	18482	3930	848	53	3610	300	—	—	56	34	13910	3519	58	29
1995	20818	2988	878	30	3688	129	—	—	114	78	16050	2799	88	30
1996	23654	3222	898	32	3418	251	—	—	—	64	18681	2921	91	18
1997	16801	2928	912	39	3878	172	—	—	—	44	11684	2685	120	32
1998	—	—	898	10	3906	269	—	—	—	180	—	—	239	119
1999	—	—	513	—	2027	—	—	—	15	—	—	—	296	123
2000	—	—	541	12	2209	65	—	—	4	—	—	—	—	—
2001	—	—	512	10	2056	105	—	—	10	—	—	—	—	—

续表

项目 年度	合计		国有企业		集体企业		乡镇企业		联营股份		个体工商户		私营企业	
	年末数	新登记	年末数	新登记	年末数	新登记	年末数	新登记	年末数	新登记	年末数	新登记	年末数	新登记
2002	—	—	326	—	—	—	—	—	—	—	—	—	—	—
2003	—	—	442	—	1862	—	—	—	—	—	—	—	—	—
2004	—	—	388	—	1529	—	—	—	—	—	—	—	—	—
2005	—	—	—	—	1167	—	—	—	—	—	11602	—	1146	—

三、合同、商标及广告管理

1984年8月，县经济合同仲裁委员会成立，下设11个仲裁庭，行使职能至1995年9月，共受理合同纠纷案9307件，调解9194件，仲裁113件，处理违法22件，罚没金额3.57万元，协助合同当事人挽回经济损失3178.78万元。1999年3月，贯彻实施《中华人民共和国合同法》，在全市推行经济合同制度。此后一段时期，工商局派出专人到各经济组织指导经济合同签订，为经济组织提供咨询服务，帮助企业建立合同管理机构、完善相关管理制度。至2005年，全区共签订各类经济合同25.85万份，约定金额54.77亿元；鉴证合同1.81万份，约定金额11.23亿元，鉴证率7%；检查合同38873份，涉及金额32.62亿元，检查率15%。为加强履约管理，工商部门定期开展“重合同、守信用”评选活动，至2005年全区有“重合同，守信用”企业1639个（次），其中2004年、2005年被省级命名单位15个（次）、市级命名单位73个（次）。

资阳市雁江区1986—2005年经济合同管理情况统计表

表4－19　　单位：户、万元

项目 年度	签订合同		鉴证合同		检查合同		履行合同		动产抵押物登记			
	份数	金额	份数	金额	份数	金额	份数	金额	登记	发证	主债权	抵押值
1986	75141	7734	3418	956	—	—	73646	6464	—	—	—	—
1987	95107	92721	557	963	—	—	87284	74897	—	—	—	—
1988	19636	63886	206	1056	—	—	18347	60641	—	—	—	—
1989	14738	51900	64	295	1254	16025	—	—	—	—	—	—
1990	2970	20517	120	1342	2402	21230	2871	13924	—	—	—	—
1991	4480	13661	228	2537	1602	4280	2848	4102	—	—	—	—
1992	13099	32056	3359	8031	3762	10446	77716	24575	—	—	—	—
1993	14089	21842	2596	448	10895	10437	11066	16826	—	—	—	—
1994	2506	52287	286	3563	1473	17103	1077	21468	—	—	—	—
1995	979	14120	185	1436	859	15901	750	10104	—	—	—	—
1996	1088	21420	448	7361	825	19241	583	7258	48	48	8101	11673
1997	2895	33289	1215	10982	2695	33216	1537	1593	75	75	13079	19853
1998	2877	31284	1737	23037	3458	40940	—	—	66	66	15657	24870
1999	1700	10881	—	—	3464	18602	—	—	20	17	2307	5149
2000	5211	58491	1674	20030	3537	—	—	—	29	29	4663	9590

续表

项目 年度	签订合同		鉴证合同		检查合同		履行合同		动产抵押物登记			
	份数	金额	份数	金额	份数	金额	份数	金额	登记	发证	主债权	抵押值
2001	2023	21591	2023	21591	2647	25919	—	—	15	15	6720	12896
2002	—	—	—	—	—	—	—	—	8	8	4570	8269
2003	—	—	—	—	—	—	—	—	20	20	8804	26549
2004	—	—	—	—	—	—	—	—	20	20	8804	26549
2005	—	—	—	—	—	—	—	—	33	33	17271	85946
累计	258539	547681	18116	112329	38873	326239	277689	241852	334	331	89977	231345

1986—1993 年，工商局通过举办培训班、办墙报、印发资料、召开会议和媒体宣传等形式宣传《中华人民共和国商标法》。其间于 1987 年在企业中设专兼职商标管理员 12 名、商标印制审查员 2 人、产品质量监督员 16 人，之后逐步建立商标管理网络。1986 年前，仅四川卷烟厂、东风酿造厂、宝莲酒厂、临江寺豆瓣厂有注册商标，共 27 个。至 2005 年，全区注册商标共 281 个，其中省著名商标 4 个、市知名商标 6 个。

工商局严格执行《广告管理条例》和《中华人民共和国广告法》，把好广告市场准入关，先后推行广告单位登记审核和年检制度，实行户外广告登记制，定期检查医疗药品、房地产等广告的真实、准确性，建立健全店堂广告信息户口管理机制。至 2005 年，全区有广告经营单位 24 户。

四、工商监督检查

市场监督检查 1990 年起，加大对粮油、棉花、食品、农资、废旧金属、汽车、文化、医药、烟草、石油、木材市场的治理整顿力度。至 2005 年先后查处粮油违法经营案件 198 件，没收粮食、油菜籽 142.07 吨，处罚款 64.35 万元，注销执照 37 户；检查棉花市场 30 余次，查获抢购皮棉 4800 公斤、籽棉 11560 公斤，查获强制收购私贩皮棉 3525 公斤、籽棉 180 公斤，没收皮棉 1750 公斤、籽棉 222 公斤，处罚款 800 元；立案查处出售注水猪肉、病死猪、不合格食用油、掺杂使假糖、芝麻油、假冒酒、食用野生动物等违法食品案 238 件，处罚款 18.04 万元，注销执照 47 个；查处农资案件 297 件，查扣尿素肥 32.16 吨、碳铵 32.24 吨、磷肥 5.47 吨、假“壮秧剂”2925 瓶，没收尿素肥 19.73 吨、碳铵 253.2 吨、磷肥 423.85 吨、硝铵 5 吨、复合肥 16.9 吨、农膜 57 公斤、农药 120 瓶，处罚款 50.58 万元，取消证照 103 个；查处违法机动车交易案 10 件，关闭无照经营户 22 家，注销执照 12 户，责令限期改正 2 户；查扣汽车钢板 25.9 吨，罚款 15458 元；查处废旧金属收购户 100 余户，罚款 2 万元；查处文化市场违章违法案件 162 件，收缴违章娱乐设备 244 台（张、件）、赌资 42 万元、海洛因 1.1 公斤，取缔违章经营户 122 户；检查医药经营户 4386 户，取缔违章经营户 150 户，销毁假药 121 种，罚款 6170 元；查处私盐案 181 件，没收香烟 1000 余条，取消无照、无证经营 182 户。此外，还于 1991、1999、2003、2004、2005 年重点检查石油经营单位 347 户（次），没收柴油 877 公斤、机油 121 公斤，罚款 4200 元，取缔无照经营户 3 户；1992 年查处木材经营户 4 户，处理木材 300 多立方米，罚款 2000 元；2005 年强制收购私自贩运蚕茧 1734.5 公斤。1990—2005年间先后整顿市场秩序 1195 次，检查经营单位 127632 户（次），查处违章违法案件 12489 件，罚没各类收入 52.73 万元。

企业清理整顿 1986 年清理公司 234 个，重新核发营业执照 157 户。1988 年新发展公司 48 户、分支机构106个。1991年再次清理整顿公司，保留76户，撤并32户，降格变更处理8户。1993年10月，市委、市政府清出党政机关（含军队）兴办的经济实体125户，其中政府机关73户，人大、政协4户，军队6户，金融系统14户，挂靠开发区管委会10户，其他18户。1994年3月，划转公司83户、注销7户、待注销10户、挂靠不变20户。1998年进行再清理，办理脱钩3户，保留1户。2002年，对7户抽逃资金的公司处罚款15.1万元。

1986年起，对辖区企业进行不定期专项整治和经常性监督检查。1986—2001年，先后处罚违法企业970户（次），罚没收入34万元。2002—2005年，为适应市场经济的发展，继续加大整顿力度。仅2005年就查处无证经营312户（含分支机构），共处罚款31万元，其中处罚弄虚作假24户、罚款18万元，不按时年检26户、罚款2万元。

经济监督检查 1987年11月经济监督检查队成立以来，查处了一批有影响的大案要案：1988年8月10日起，监督检查人员历时15天在成都市金牛区圣灯乡查获郭某某制假窝点，查扣假冒“五粮液”等品牌酒342件和散装酒309公斤、假冒名酒商标31418套。1994年7月，查获丹山镇谢某某贩卖假油菜种子案，查实涉案假种子7.95吨、违法所得23.61万元，决定没收其违法所得11.11万元，并处罚款4.72万元；没收市种子公司为其销售假种子违法所得2.6万元，并处罚款1.6万元。1996年7月，查获曾某某夫妻传销“救多善”纯天然健康食品案，查实涉案金额182.56万元、非法获利12.21万元，决定没收非法所得4.01万元。2004年9月，查处西南药业擅改广告内容案，处罚款10万元。2005年5月，查处碑记供电所无证经营电力案，没收其非法所得65.64万元。

五、保护消费者权益

1990年12月，县消费者协会成立。1991年3月9日，首次召开“3·15”国际消费者权益日大会，共设置咨询服务站5个，印发资料2000份，公开销毁处理旧服装418件（条）、假商标标识139000多套、假烟嘴1万多个、假香烟300多条、假药10件、罂粟壳600克、假虎骨2.5公斤、黄色淫秽书刊2000多册、黄色录音磁带900多盒，按每瓶2元变价处理假“五粮液”酒499瓶。以后每年的3月15日，工商部门都采取出动宣传车、印发宣传资料、悬挂和张贴宣传标语、设立投诉台等形式宣传《消费者权益保护法》和《反不正当竞争法》，对一定时期收缴的假冒伪劣商品进行统一、公开销毁处理。1993年公开处理冒牌“一滴香”酒2400瓶、冒牌皮鞋102双、拼装电视机10台、过期食品140余件。2000年现场销毁价值3万余元的过期食品、假化妆品、洗涤用品、劣质酱油、变质果冻等。2002年销毁过期变质食品3000瓶、“月脑灵”“神仙酒”牌保健品300盒、黑心棉枕50个、医疗器械10000支（件）、劣质“壮秧剂”2.5吨、假冒“剑南春”“全兴”“泸州特曲”“宝莲”包装标识2000个、各类非法广告2万多份、黄色光碟302张、黄色书刊23本、假冒卷烟50件，总价值20多万元。为切实维护消费者权益，消费者协会从1990年起在城镇开展“无假冒伪劣商店”评选活动，2002年起在农村开展“千村万户拒伪劣”示范村创建工作。同时，认真受理消费者投诉，1999年12月开通“12315”维护消费者权益服务热线；2005年开通5部夜间录音电话受理消费者投诉，建成村镇维权点38个。1990—2005年，共受理消费者投诉5613件，调解或转办处理完结5212件，处结率92.86%。

资阳市雁江区 1986—2005 年工商经济监督检查情况表

表 4－20

项目 年度	整顿市场秩序				经济监督检查				
	整顿（次）	被查单位（户次）	违规案件（件）	处罚（万元）	违章案件（件）	处罚金额（万元）	10 万元以上案件	1 万－10 万元案件	0.1 万－1 万元案件
1986	—	—	—	—	498	24.77	1	2	9
1987	—	—	—	—	58	15.78	—	12	14
1988	—	—	—	—	54	12.70	—	6	21
1989	—	—	—	—	945	17.60	—	7	20
1990	80	11980	1793	—	49	6.50	—	3	19
1991	86	19569	1628	2.38	138	9.90	—	1	—
1992	—	—	—	4.07	167	8.78	—	—	—
1993	24	210	16	0.27	26	0.70	—	—	—
1994	—	2533	1684	12.46	139	33.80	1	2	42
1995	508	24190	1207	1.49	202	22.74	2	10	—
1996	284	13890	154	1.23	162	23.25	—	15	146
1997	24	800	960	2.54	243	22.89	—	—	—
1998	42	4000	307	1.82	192	26.97	—	—	—
1999	42	4000	1050	4.65	247	36.52	—	5	238
2000	90	5200	390	0.50	682	33.08	—	—	—
2001	—	11200	1340	6.78	701	60.96	—	12	111
2002	6	2180	1750	2.37	769	98.73	1	18	359
2003	4	2453	71	8.60	3026	131.22	—	19	580
2004	2	11305	—	—	1992	222.59	—	28	669
2005	3	14122	139	3.57	1865	304.13	2	36	775
累计	1195	127632	12489	52.73	12155	1113.61	7	176	3003

第六节　质量技术监督

一、监督机构

资阳市质量技术监督局雁江分局最早前身为 1957 年 5 月成立的资阳县计量检定站。1980 年 2 月升格为县标准计量管理局。1984 年 1 月改为标准计量检定所，对外保留标准计量管理局牌子。1989 年更名为技术监督局。1993 年 3 月更名为资阳市技术监督局。1999 年由省局垂直领导。2000 年 11 月更为现名并新增锅炉压力容器、特种设备安全监管检验职能。2001 年与资阳市质监局合署办公，业务上划市局，分局保留牌子，负责质量技术日常监督工作，同时划出流动领域商品质量监督管理职能。2005 年 1 月，新增食品生产加工环节的卫生监管职能。1989—2005 年，李少文、王萍先后任局长。

1986年下属机构有计量测试所，1992年增挂纤检所牌子。1995年下设测试检验中心、质检所，2001年随分局上划资阳市质监局。

二、质量监督

1986年，成立以副县长为组长的县产（商）品质量监督管理领导小组，开始实施产品质量监督抽查。抽查重点是与人民生产生活相关的食品、建材、饲料、农贸、低压电器等产品，当年抽查企业400家，抽查产品900批次，产品合格率保持在75%左右。1989年起，采取多种形式宣传《四川省工业产品质量责任条例》和《中华人民共和国产品质量法》。1990年后，增加成品油、家具、皮鞋、轻化工产品、机电产品、塑料制品、建筑饰材、汽车配件等抽查项目，年均抽查企业500家（次），抽查产品1200批次。进入21世纪，增加通讯等新兴商品质量抽查，一般产品每年抽查2次，涉及人身、财产安全的产品每年抽查4次。经查，平均合格率为85%左右。对抽查不合格的产品，责成生产企业和相关单位限期改正。2002年，推行食品生产许可QS市场准入制度。2005年，开展食品生产加工环节卫生监管，逐渐形成有序的质量监管秩序。

1993年起，质监部门派出专人深入企业开展代控检验服务，年代控企业270家，代控检验640批次。1997年开始为企业核发产品质量检验合格证明资格证，对不具备检验资格的部分乡镇企业、个体私营企业采取派人进驻检验的办法；对产品质量低的企业尤其是食品、建材、农用生产领域的企业，责令并帮助其限期整改。到2000年，代控检验7400多批次。至2005年，共为1000余家企业提供检验服务。当年，全区有400余户企业取得产品质量检验资格。

三、计量监督

1986年，执行《安全防护计量器具强制检定管理试行办法》，共检定计量器具17241台（件）；推行工业企业计量定级制，有7家企业获得三级计量定级单位证书、3家获二级计量定级单位证书。至1995年，考核评定计量定级、升级达标企业46家。2000年，将涉及贸易结算、安全防护、医疗卫生、环境监测等仪表纳入检定目录，检定计量器具5万台（件）；开展计量监督检查，打击改变计量器具性能和伪造数量、计量损害消费者的行为。2002年4月，对城区后西街市场和祥符镇杨柳加油站进行突击检查，责令存有问题的经营户限期整改。2004年，对城区35家羊肉汤饮食店计量器具和法定计量单位使用情况进行专项整治，对使用不合格计量器具和短斤少两行为作出处理。之后，不断扩大检查范围，将包装商品计量和医院使用的血压计、心电图、B超机等医疗计量器具纳入检查范围。

1987年，会同县物价局在县城商业、供销系统经营门市开展“物价计量信得过单位”考核评定。之后每年对获得荣誉的单位进行考评，至2000年共有“物价计量信得过单位”13家。在开展考核评选活动的同时，采取多种形式大力宣传《四川省计量监督管理条例》和《中华人民共和国计量法》，不断推进计量惠民工程建设。

四、标准化管理

1986—2005年，质量技术监督局（分局）主要开展标准制修订及其执行情况监督检查、全国统一代码强制应用、商品条形码和农业标准化推进等方面工作。1986年，组织开展工业标准执行情况清理工作，共清理工业企业332个、产品执行标准17类，其中采用国际标准企业6个，执行国家标准66个、部颁标准90个、企业标准146个，无标准生产的企业24个。当年起，全面开展消灭“无标”生产工作，至2002年“消无”工作通过省质监局验收合格。在标准化宣传和企业标准化工作监督检查方面，先后备案审查企业标准300多个，其中采用国际标准13个。

1988年，推行商品条形码工作。以举办培训班、召开会议、街头宣传等形式宣传贯彻《中华人民共和国标准化法》和《食品通用标准》。1990年，开展食品类专项检查，检查食品标签168个，其中80%达到通用标准。1998年，启动商品条形码使用，办理商品条形码2个。至2005年，全区有商品条形码73个。

1993年12月，按照国家规定开展组织机构全国统一代码强制使用工作。1994年，办理全国统一代码870个。2001年初，结合政区名称变化开展组织机构全国统一代码换发证工作。2005年，全区有组织机构统一代码7000余个。

2002年，为适应农业结构调整及农业产业化需要，质监部门启动农业标准化工作，以指导农业产业化企业建立健全农业标准化体系，当年将四海发展实业公司的生猪项目作为重点培育示范项目。2003年，国家标准化管理委员会批准由四海实业公司承担的“资阳市雁江区生猪标准化示范区”为“第四批全国农业标准化示范区”。2004年，国家标准化管委又批准碑记镇柑橘协会、力源粮油公司、七环公司、临江味业公司承担的无公害蜜柑、油菜、生猪、大豆、辣椒5个项目为“第五批国家级农业标准化示范项目”。2005年，省质监局批准雁江梅花丝业公司、祥符镇西瓜种植业协会、伍隍镇枇杷协会、蜀绿科技公司承担的蚕桑和无公害西瓜、枇杷、茄子、黄瓜项目为“第四批省级农业标准化示范乡项目”。至当年底，全区已建成国家农业标准化示范区6个、省级农业标准化示范乡5个。

五、特种设备安全监察

2000年3月，原市劳动局承担的锅炉压力容器等特种设备安全监管职能划入资阳市质监局。根据《特种设备安全监察条例》规定，监察的范围包括锅炉、压力容器（含气瓶）、压力管道、电梯、起重机械、客运索道、大型游乐设施和厂（场）内机动车辆等。当年，对全区特种设备进行普查登记，之后每年重要节日和重要会议前都组织人员对学校、车站、商场、医院、公园、酒店等公众聚集场所和食品冷冻、化工、气瓶充袋等重点行业的特种设备进行大检查，给存在安全隐患的单位发出《监察指令书》，督促限期改正，对违规行为提出警告或处以罚款。2002年3月，查获147只违规充袋的液化石油气钢瓶，处理其中超过有效期的钢瓶71只。2003年，开展工业压力管道普查整治。质监部门在强化监察的同时，建立健全特种设备使用安全管理制度、安全操作规程、定期检验制度和应急预案，还与企业签订《安全管理责任书》。至2005年，全区有特种设备51690台，其中锅炉108台、起重机械545台、压力容器890台、电梯56台、大型游乐设施27台、厂（场）内机动车辆67台、有压力管道194千米，经检验检测合格率达98%。

六、质监执法检查与服务

质监部门每年都开展1~2次“查市场、保两节”“查农资、保农业”“查建材、保建设”“查伪劣、保名优”等专项执法检查活动，坚持以食品、农资、建材等工农业产品为重点检查对象

1987年，查处制售假冒“绵竹大曲酒”案件3件，没收假酒17055瓶。1989年，在经销市场商品质量大检查中检查经营单位368个、商品400批次，查封问题产品938.45吨，降价处理908吨，销毁4.45吨，其中小香槟11544瓶。1998年10月，在肉类制品专项整治中查处违规屠宰场6家、病死猪12头，没收、销毁问题猪肉500余公斤。

1986—1992年，农资市场秩序相对稳定，之后开始出现假冒伪劣产品。1992年，质监部门查获不合格磷肥5873.78吨，依法处罚责任单位并将化肥降价销售或技术处理。1993年，在中国“93质量万里行”活动西线检查中，发现干沟、雷庙、龙潭等地农户种植的180公顷玉米为劣质种子并被中央电视台曝光，质监部门经核实后责成责任单位射洪县种子公司向受害的1114户农民赔偿经济损失12.9万元。

1988年起，加大假劣建材治理力度。当年办理质量仲裁案件12件，查处了伍隍兴隆预制厂购进63吨不合格水泥案，责成生产厂家赔偿经济损失并禁止使用不合格水泥制造建筑构件。1989年，村民刘某某因购不合格预制板造成重伤1人，轻伤2人；质监局调查核实后责成预制板生产厂家赔偿损失并将该案通报全县。1999年5月，对建材及建筑设备进行专项检查，查处违法案件133件，捣毁制假窝点5个。2004年，取缔地条钢生产企业3家和用假劣地条钢坯轧制钢材企业2家。

质监部门在执法监察的同时，还为企业和消费者排忧解难。1994年，成功调处市饮食公司因购进不合格彩色快速冲印机引发的质量纠纷案，为其索赔37万元。1995年、2001年，根据消费者举报整顿电信产品市场，查获假冒手机20部、传呼机82台，货值5.2万元。2003年“非典”防治期间，对区内销售的口罩、体温计等防护产品和医疗机构棉被进行检查，处理群众投诉和质量纠纷近千件，为消费者挽回经济损失2000多万元。

第七节　国土资源管理

一、管理机构

1985年11月，县农业局土肥站升格为县土地管理局，系农业局管理的二级局。1987年6月更名为县国土局，升格为政府序列局。1988年内设办公室、政工股、用地管理股、计划财务股。1993年3月更名为资阳市国土局，内设机构股改科，增设农业区划办、土地法规监察科。1996年9月增设土地使用证年检办；同年12月市级机构改革后，市国土局内设办公室（挂计财科牌子）、政工科、土地利用规划科（挂农业区划办牌子）、土地法规监察科、地籍地政管理科、建设用地管理科、土地资产管理科、土地证书审验科。2000年11月，资阳市国土局更名为资阳市雁江区国土资源局，增加矿产资源管理职能，内设办公室、法规监察股（挂国土资源执法监察大队牌子）、规划用地、土地利用、地籍地质矿产1室4股，下设勘测室、地籍管理站、征地服务所、内江地价评估事务所资阳分所、地产市场交易所、土地执法监察大队和国土局档案馆。2004年8月，改设为资阳市国土资源局雁江分局，内设综合组、业务一组、二组，负责资阳城市规划区外土地资源和矿产资源管理。1987—2005年，汪维钿、朱晓文、肖志彬、王才熙、尧仲卿先后任局长。

二、土地规划、保护与开发

土地利用规划　1996年10月，市国土局编制完成市、乡镇两级土地利用总体规划。1997年按照国家土地管理局要求对规划进行修编，1999年按照资阳地区行署通知调整部分指标。2000年12月，《总体规划》通过行署评审检收；2001年获省政府批准。总体规划期为1997—2010年，以1996年为基期年、2000年为近期目标年、2010年为远期目标年、2030年为展望年。

1996—2010 年土地利用结构规划表

表 4－21　　单位：公顷

项　目	1996 年		2000 年			2010 年		
	面积	%	面积	%	比 1996 年增减	面积	%	比 1996 年增减
合　计	163262.34	100	163262.34	100	—	163262.34	100	—
耕　地	80781.95	49.47	78684.95	48.19	－2097	76599.34	46.91	－4182.61
园　地	6563.95	4.02	6794.65	4.16	230.7	7276.49	4.45	712.54
林　地	13744.75	8.42	16349.57	10.01	2604.82	19768.5	12.1	6023.75
城镇村工矿用地	16413.32	10.05	16413.78	10.05	—	16407.65	10.04	5.67
交通用地	2621.17	1.61	2703.01	1.65	81.84	2707.42	1.65	86.25
水　域	11009.54	6.74	11042.83	6.76	33.29	11091.34	6.79	81.8
未利用地	32123.66	19.68	31274.05	19.15	－849.61	29410.99	18.01	2712.67

在编制《资阳市土地利用总体规划》的同时，分期开展农业开发、农田保护、土地综合利用、土地整理规划工作。1993 年 1 月至 1995 年 6 月，编制完成农业区域开发总体规划，计划至 2010 年补充耕地 1850 公顷，其中整理土地 750 公顷、开发复垦 1100 公顷；减少耕地 6032 公顷，其中建设占用 1082 公顷、退耕还林 4750 公顷、灾毁预测 200 公顷。1995 年 8 月至 1998 年 1 月，编制完成基本农田保护区规划，后于 1999 年 5 月作出调整，将 2000—2010 年基本农田保护区面积调整为 66899 公顷，比此前调减 2539 公顷。2000 年 4 月编制完成“十五”及 2015 年国土资源综合利用及整治规划，以 1999 年为基期年、2015 年为远期目标年，规划“十五”期间耕地减少量控制在 1000 公顷以内，到 2015 年 10 年内控制在 3000 公顷内；2005 年辖区耕地总量保持在 79217 公顷。2001 年 1 至 3 月，编制完成土地开发复垦整理耕地规划，规划至 2010 年开发复垦新增耕地 1580.68 公顷，整理新增耕地 1035.07 公顷。

耕地保护　1995 年 8 月，根据国务院《基本农田保护条例》规定，在全市开展基本农田保护区划定工作。1996 年 6 月内江市政府批准资阳市基本农田区保护区规划面积为 69438 公顷，实际划定面积为 65000 公顷，占总耕地面积的 85.6%。其中田 19026.67 公顷，占 29.3%；土 45973.33 公顷，占 70.7%。划入基本农田保护区的水田、旱地分别占全市水田、旱地总面积的 92.9% 和 83.1%。基本农田分两个级别：一级基本农田 37773.33 公顷，占 58.1%；二级基本农田 27226.67 公顷，占 41.9%。划定基本农田保护片块 398 片，涉及除雁江镇外的 21 个镇乡、398 个村、5929 个社、243114 户农民。市、乡镇两级制定保护区管护制度、耕地闲置荒芜处罚制度和基本农田跟踪监督检查制度，实行乡镇、村干部基本农田保护责任制，从市到户层层签订责任书，纳入《乡规（村规）民约》，共建标牌 550 个、保护牌 118 个；同时冻结审批非农建设项目占用耕地，每年开展一次基本农田保护情况检查。2000 年，基本农田保护区规划面积调整为 66899 公顷，比 1996 年规划保护面积减少 2539 公顷，实际划定面积未变。同年，建立耕地用途管制制度和基本农田质量保护制度，开展耕地质量监督工作。2004 年，对撂荒耕地（766.45 公顷）、挖塘养鱼占用耕地（126.86 公顷）、超计划退耕还林等行为作出处理，并责令限期复垦，使基本农田保持稳定。2005 年，将基本农田保护全部落实到图、地块和村组农户，重新按地块、户签订责任书。至当年底，雁江区耕地保有量 7.68 万公顷；基本农田 6.17 万公顷，占耕地面积的 80.33%。

土地开发整理　1986 年以来，按照“占一补一”“谁占谁补”原则，采取项目开发与群众零星开发、政府投资与社会投入相结合的办法开发整理土地。1987—1994 年，政府先后投入 100 余万元开发复垦荒地 670 公顷，新增耕地 340 公顷。1995 年，回龙、丰裕等 11 个乡镇投入 26 万元开发荒山 67 公顷，复垦土地 77 公顷，新增耕地 40 公顷。1996 年以后，荒山复垦已无多大潜力，开发整理重点转移到建中心村空出的农民旧宅基地及周围林盘和水毁、石厂等废弃地方面，两年时间开发复垦 172.6 公顷，新增耕地 89.5 公顷。1998 年以后，实行开发复垦土地补助制度，每亩补助 500 元，园地补助 200 ~ 300 元，1999 年，旧宅基地复垦补助标准升至千元以上。至 2000 年底，全区耕地保有量提高到 7.66 万公顷。进入 21 世纪，土地开发以国家投资项目开发为主。2001 年，市投资 159.5 万元整理新场乡、堪嘉镇土地 45.86 公顷，新增耕地 30.47 公顷；省投资开发整理 560.67 公顷，新增耕地 127.53 公顷。到 2004 年，全区因建设占用、生态退垦、灾害毁损减少耕地 3936.87 公顷，开发复垦补充耕地 4467.82 公顷，实现耕地占补平衡略有盈余目标。2005 年，上报国家、省、市土地整理项目 5 个；投资 2269.68 万元，实施迎接镇土地整理项目，整理面积 998.58 公顷，新增耕地 154.73 公顷。

三、地籍管理

地籍管理包括土地调查、登记发证、定级评价和测绘。1987 年 12 月至 1990 年 10 月，县国土局组织土地资源详查。详查结果显示，全县各类土地百分比结构为：耕地 49.96%、园地 3.89%、林地 8.44%、居民点及工矿用地 9.81%、交通用地 1.4%、水域 6.73%、未利用地 19.78%。1995 年，完成“8·19”特大洪灾水毁地调查。1996 年起，每年进行一次土地利用现状变更调查。1999 年开展 25 ~ 30 度坡耕地面积量算，2000 年完成西部大开发土地资源调查，2001 年完成耕地后备资源调查。通过调查，查清了辖区各年度占用地、未利用地、开发整理、占补平衡、耕地保有量、违法占地和农业结构调整等最新动态，为土地利用规划的制订提供了依据。

1987 年 6 月，县国土局开展土地登记工作，共登记并颁发《国有土地使用证》5963 宗（份）、《集体土地建设使用证》196938 宗（份）。1993 年起，建立土地使用权变更登记制度。至 2002 年办理国有土地使用权变更登记 5705 宗 448.5 万平方米，办理集体土地使用权变更登记 47195 宗 2995.7 万平方米，颁土地证书 2.5 万份。

1993 年，开展地价评估工作，评估转让城镇国有土地 10 宗 5.4 公顷。1994 年，制定县城镇国有土地临时基准地价，参与股份制企业、国有企业经营机制转换和国有土地二、三级市场地价评估，共评 47 宗 89.8 公顷。1995 年 3 月，对城市规划区内 14.18 平方公里城镇国有土地进行定级估价，评估土地资产价值在 47 亿元以上。1996 年，完成城区土地分等定级工作，确定全市城镇国有土地地价级别、范围及商服业用地（40 年）、住宅用地（70 年）、工业用地（50 年）各等级地价标准。全市城镇国有土地分 5 个等级，基准地价为：商服业用地每平方米 1387.83 ~ 135.23 元不等，住宅用地每平方米 668.25 ~ 132.23 元不等，工业用地每平方米 481.02 ~ 119.97 元不等。1998 年修订基准地价。2000 年更新资阳城区 20.77 平方公里范围内 5 个级别的基准地价标准，此后按照新标准对不同地块进行评估。2000—2001 年，评估土地 1068 宗 114.5 公顷，评估地价 4.23 亿元。2002 年，完成全区农用地的分等定级估价工作。

地籍测绘与土地资源调查同期进行。1995 年以后，测绘工作大多应用于城市规划区内的城镇建设用地测绘。1996 年，将测绘区域以外的零星用地测绘工作交与乡镇国土所，当年出图 100 余宗 40 公顷。2000—2001 年用高精度仪器测绘地 50 宗，同时完成城镇规划区内 1∶500 地籍图。

2000 年资阳市城区土地级别分布范围表

表 4－22

分布范围 土地级别	分布范围内主要街道	面　积 （公顷）
一级	和平路中段、上西街、下西街、外西街、建设北路、建设东路北段、建设南路中段、商业街、小北街、体育路、川烟路、后西街	82.0293
二级	和平路（海韵至城南市场）、建设东路南段、建设南路东西段、雁城路、资阳大道东段、松涛路、车城路、台阳路、皇龙路东段、广厦路东段、莲花路南段	271.6408
三级	建设南路（城南市场以南）、莲花路北段、321 国道二环路、皇龙路西段、资阳大道中段、宝台镇、广厦路西段、青年路	484.6062
四级	周三渔庄、吊脚楼片区、刘家湾片区、青年路、资阳师范、资阳大道西段、建设区边缘及开发区	628.2654
五级	地区公路局、凤岭山及一、二、三、四级以外的其他区域	610.4583
	合　　计	2077.00

2000 年资阳市城区商业、住宅、工业及综合用地基准地价表

表 4－23

土地级别	单　位	土地用途			
		商业用地	住宅用地	工业用地	综合用地
一级	元/平方米	1446.77	586.35	446.16	844.48
	万元/亩	96.50	39.11	29.76	56.33
二级	元/平方米	866.97	413.80	340.31	549.75
	万元/亩	57.83	27.60	22.70	36.67
三级	元/平方米	540.42	311.10	256.37	379.90
	万元/亩	36.05	20.75	17.10	25.34
四级	元/平方米	315.60	230.44	197.87	255.99
	万元/亩	21.05	15.37	13.20	17.07
五级	元/平方米	188.13	165.82	147.87	172.51
	万元/亩	12.55	11.06	9.86	11.51

四、用地管理

国有、集体土地长期实行计划管理，单位或个人用地需在计划内报批。1995 年，城镇建设用地由市政府审批，权限为耕地 3 亩、其他土地 10 亩以下；农户建设用地按每人 20～30 平方米标准由乡镇政府“一支笔”审批。1997 年停止占用耕地建农房审批。2001 年起执行“一审查、二公开、三到场、四不批”政策。农村新占地建房需经村民提出申请，所在集体经济组织同意，乡镇政府审核，区政府批准并收取每平方米 1～2 元管理费。2005 年，开展新农村建设，要求农户新建房需按规定户

型设计建房。1996—2005 年，区内经批准的 21 个试点小城镇（其中省级 8 个、市级 6 个、区级 7 个）、65 个中心村按照批准的建设规划和用地指标进行建设；小城镇供地按专案分期划拨，出让期 10 年，出让费用于小城镇基础设施建设和土地开发整理；到中心村规划地建房的村民，原宅基地交集体经济组织复耕。其间，对经济技术开发区用地实行优惠政策，用地指标优先满足开发区；以出让方式获得土地使用权的，在法定期限内可转让、出租、抵押、投资作价入股、继承与赠与，规费收取按最低标准；对来区办永久性生产企业或第三产业的给予用地奖励，前者按一次性固定资产投资 1000 万元的奖励 5 亩土地，后者减半执行。1996 年辖区建设占地 19746.46 公顷，2005 年提高到 21450.19 公顷，增加 1848.58 公顷，增长 9.36%。

国有土地有偿使用 1993 年，市政府制发《资阳市城镇国有土地使用权出让和转让管理实施办法》，建立国有土地有偿使用制度。1994 年以后，除国家机关、军事单位、城市基础设施建设、能源、水利、交通等用地由行政划拨外，其余均收取土地出让金。当年出让新征国有土地使用权 8.82 公顷，收取出让金 58.82 万元；二级市场转让 53.89 公顷，收出让金 129.67 万元。1995 年，引入竞争机制，在内江市首次以公开拍卖方式出让丹山镇国有土地使用权 22 宗 0.15 公顷，底价 32.25 万元，成交价 50.88 万元。此后按照《城市房地产管理法》逐步扩大出让范围，方式以协议出让为主逐步转为招标挂牌拍卖。

征地拆迁补偿 1998 年以后，城市建设和小城镇建设提速，拆迁补偿工作被提上议事日程。2002 年起，区国土局对每项征地的位置、地类、面积、用途、补偿标准、人员安置等事项均发布公告，征地拆迁补偿工作日趋规范。2004 年，按照国务院“先补偿、后供地”的规定，先后协助资阳市完成拆迁项目 5 个，拆迁 760 户、面积 11.4 万平方米；协助市征地 188.4 公顷，其中耕地 88.7 公顷。

补偿费按物价上涨幅度逐年提升。1995 年征用耕地按征用前 3 年平均年产值 4~6 倍、其他土地按 2~3 倍计费。1998 年调整为人均耕地 0.5 亩以下的按亩产值 800 元的 8 倍计算，超过 1 亩的按每亩 400 元的 4 倍计；同年 9 月又调整为粮食作物地亩值 800 元、在册菜地 1100 元、鱼塘 1200 元。安置费标准为：1998 年对人平 0.3 亩以下菜农实行农转非劳动力安置，每人补助 6500 元；2004 年按劳动力每人 8000~11000 元、非劳力每人 500~8000 元不等付给安置费。同时，对房屋、青苗和附着物补偿及临时用地补偿等作出规定。1998—2004 年，雁江、松涛、宝台 3 镇因建设征地失地的农民 22820 人均得到上述 3 项补偿。补偿额计算方式为：住房按砖混 80~100 元/平方米、砖木 50~70 元/平方米、穿逗土墙房 20~40 元/平方米计，林木按成树 2~15 元/株、幼树 1~3 元/株、挂果树 40~100元/株、未挂果树 6~16 元/株计，青苗按 240~1500 元/亩计。

五、矿业管理

矿山企业 2002 年起，区国土资源局开始行使辖区矿产资源管理权，采矿者需办理采矿权许可证并年检后方可作业。当年全区有非煤矿山企业 78 个，矿区面积 1123.28 公顷，开发利用的主要矿种为叶岩、砂石、石料和矿泉水。至 2005 年，有非煤矿山企业 91 个，其中砖瓦企业 30 个，从业人员 1500 余人，页岩年开采量约 52 万吨；砂石开采企业 18 个，有采砂船 22 艘、抽砂船 38 艘、运输船 140 艘，开采点 35 个，年开采量约 38 万立方米，年产值 2000 多万元；石料开采及加工企业 42 个，年开采量约 30 万立方米；矿泉水生产企业 1 个。

矿业秩序整顿 2002 年，查处未经审批擅自转让、出租等变相买卖河道砂石、条石、片石矿产权行为，取缔无证采矿点 1 个，调解矿权纠纷 23 起，责令限期清障 5 起，停业整顿 1 起。2004 年，查处违规开采砂石案46件，罚没收入4.64万元。2005年7至11月，对沱江雁江段砂石市场和石料加工企业进行专项整治，共处罚款21.38万元，其中查处砂石企业25家、罚没17.12万元，查处石料加工企业42家、罚没4.26万元；责令17家污染较重的石材加工企业限期改正。

矿产资源配置　2003年，首次公开拍卖出让矿产资源开采权，共有15家砂石企业参与沱江河雁江段河道6个砂石开采权竞买，总成交价12.5万元。2005年7月，资阳市政府根据省政府“全面推进市场化配置矿产资源”的要求，决定公开拍卖出让沱江雁江区管辖段河道砂石采矿权，通过市场机制配置砂石资源。当年底，区国土局配合省地矿局化探队和四川909工程勘察设计院完成《沱江雁江段1∶2000勘界测绘地形图》绘制及矿产储量勘测、地质环境影响和河道砂石开发利用3个报告，编制完成砂石拍卖方案，并于次年2月在省内外多家媒体发布拍卖公告，3月公开拍卖区内7个标段的砂石开采权，共获资源收益8781万元。

六、国土监察执法

1986—1993年，国土监察执法以清查非农建设用地和清理干部“三违”建房为重点，共清理非农建设用地25785户，立案查处2075件，其中大案209件，处罚款43.74万元，责令拆除复耕14527平方米，补办建设用地手续13245户；查处村以上干部违规建私房1078户、“三违”用地327人，责令拆除复耕违规用地686平方米。

1994年以来，以清理越权批地、土地闲置荒芜和各类建设用地为重点。1997年6至8月，按照省政府通知，全市抽调7630人组成23个清查队，设立举报站23个、举报电话25部，对1987年至1997年4月辖区各类非农建设用地50649宗（其中耕地1658.88公顷）进行清查，查明批准用地42205宗884.18公顷，未经批准8444宗1155.08公顷（其中违法批地55宗77.88公顷）。1999年9月，对1997年以来集体和国有土地流转及土地闲置情况进行清查，查明集体土地实际流转3245宗29.36公顷，国有土地流转25宗6.77公顷；闲置土地93.51公顷，其中房地产开发用地25.99公顷、企业用地7.19公顷、小城镇建设用地35公顷、开发区用地23.13公顷，其他用地2.2公顷，闲置两年以下14公顷、两年以上7.32公顷。2001年2月，在对1999年以来非农建设用地的清查中，查明依法批准用地38.65公顷，以出让或划拨方式使用存量土地46.36公顷，未经批准用地20.89公顷。2003年，清查出7个单位闲置土地7宗1.57公顷。

1986—2005年国土监察执法共立案2756件，涉及违法用地82.33公顷、其中1996—2005年34.64公顷，共处罚款136.35万元。

第八节　安全生产管理

一、管理机构

资阳市雁江区安全生产监督管理局前身为1981年2月成立的资阳县安全生产办公室，是安全生产委员会下设的办事机构，时与县劳动局合署办公。1993年3月更名为资阳市安全办。2000年11月更名为资阳市雁江区安全办。2001年12月，原属区劳动局的安全综合管理、职业安全监察职能划归安全办，安全办挂靠区经济贸易局。2005年7月安全办从经贸局划出单设为区安全生产监督管理局，加挂区安全生产委员会办公室牌子，内设综合股、安监股，人员编制4人。1986—2005年，何锡仲

（兼）、王朗（兼）、姚远文、卓书贤先后任主任（局长）。

二、法律法规宣教

1986年后，安监部门一般通过广播、电视、报刊、传单、专栏等形式宣传安全生产法律法规和安全生产常识，报道安全生产先进集体和个人，曝光安全生产典型案例。年均悬挂、张贴安全生产宣传标语、警示标语2000余条（次），累计印发10万余份《安全手册》给重点监管单位，每年联合交通、交警、司法、海事、工业、商务、建设、水利、林业、国土资源、消防等部门，配合“安全生产周”“安全生产月”和交通“反‘三违’月”“百日安全无事故”活动，在城区、乡镇场镇设立宣传站、咨询点，同时出动宣传车辆巡回宣传，设置安全生产重特大典型事故展板警示干部和群众；先后举办40余期培训班，培训水上客渡、货运、捕捞机动、非机动船船员，特种行业从业人员和非煤矿山企业负责人及安全管理人员，机关企事业干部和“两类”场所从业人员，砂石业主、水管单位人员共5000余人次。其间还开展安全生产示范企业、乡镇、单位、学校、村、小区创建活动和安全生产竞赛活动。

三、安全生产监管

（一）监管范围

安监局（办）主要监管烟花爆竹、危险化学品、非煤矿山生产经营，同时与有关部门综合监管道路交通、水上交通、消防、特种设备及中小学安全工作。至2005年，全区有工矿和商贸生产经营单位19532个；受安监局重点监管的1373个，其中危险化学品生产经营单位556个、烟花爆竹生产经营单位659个、非煤矿山企业38个、建筑施工企业32个、其他88个。此外，安监局还与交警、运输、海事部门综合监管公路3925.95公里、客运站12个、货运企业6个、通航渡口27个、各类运输船舶286艘。

（二）监管措施

建立安全生产制度 1986—1999年，安全生产委员会组成单位制订并不断完善安全生产例会、安全监管人员培训、安全信息报送、安全生产检查、安全事故责任追究5项制度，推行安全生产目标考核制，每年初层层签订《安全生产目标责任书》。其间，专门成立安全生产应急指挥部，与各乡镇和交通、公安、工业管理、商务、建设、水利、林业、国土、消防、海事等部门制定重大安全生产事故应急救援预案46个，其中防汛、重大交通事故、安全生产事故应急救援预案8个；指导并督促140个规模以上工商企业、12个危险气体经营单位、20个加油加气站、3个烟花爆竹生产批发企业、38个非煤矿山企业、32个建筑施工企业、18个客货运站制订安全事故应急救援预案，要求重点单位购置并设专人保管应急救援设施。2000年后，先后制定安全生产“一票否决”、政府领导“一岗双责”制度。

安全生产定期检查 重点加强元旦、春节、“两会”（人大、政协会）、“五一”“十一”、高考期间的安全监管，主要检查危险化学品生产经营场所、道路与水上交通、公众聚集场所、建筑施工场所等重点行业和领域，发现安全事故隐患立即向相关责任单位发出《安全隐患整改指令书》。1986—2005年，累计向责任单位发出指令书1100多份，排除安全隐患1080起。

安全生产专项整治 1986年后，着重开展消防安全、道路与水上交通安全、危险化学品安全、民爆器材与烟花爆竹安全等方面的专项整治。消防安全专项整治由政府主持、公安局牵头，建设、工商行政、安监部门联合行动，每年对辖区市场、商场开展60～100天的消防设施、设备检查。

1986—2005年，整改火险隐患3600处（次），责令280家（次）存有隐患或未及时排除隐患的经营单位停产停业。道路与水上交通运输安全专项整治主要由交警、海事部门牵头，安监部门配合，一般在每年“反‘三违’月”活动期间进行。其中道路交通安全整治以“五整顿、三加强”和治理超限超载为重点，水上交通安全整治以“两客一危”船舶和内河交通秩序为重点。在专项整治过程中，各部门分工协作，交警查处“三超”、客货混装、农用车载客和无证驾驶违章行为；运管所派员驻站加强客运车辆源头管理，严把“三品”入站关和车辆“五不出站”关；海事部门坚持执行“签单发航”制度，重点检查客运船泊救生设备配置，同时对乡镇船舶进行不定期安全专项整治，逐步建立船主责任体系、政府和部门管理责任体系、监督体系。民爆器材和烟花爆竹专项整治以严厉打击非法生产、销售、储存烟花爆竹犯罪行为和民爆器材仓库、爆破施工现场治理为重点。1986—2005年，累计收缴炸药4吨、雷管3000余枚、导火线4000余米、烟花爆竹2亿多头，查处烟花爆竹经营人员100余人（次），整改不合格炸药库18个（次）。危险化学品专项整治以危化品仓储、装卸、运输诸环节为重点，主要检查仓库消防安全、事故处理能力和运输车辆的警示标志及危化品运输企业应急救援预案。

安全生产事故查处 1986—2000年，全市共发生各类安全生产事故3000余起，死亡592人；市政府、安监部门和政法部门处理2800余起，行政处罚502人，治安处罚205人，刑事拘留151人。2001—2005年，全区共发生各类安全事故3386起，死亡201人，伤1633人，直接经济损失972.68万元；区安监、交警、消防、海事等部门行政处罚当事人135名，治安拘留48人，移送司法机关追究刑事责任32人，批准刑事拘留21人，警告16人，处罚款109人；注销经营执照8户次，限期改正183户次，停业整顿121户次。

第四章 人民生活

第一节 农村居民生活

一、收入水平

20世纪80年代初，农村家庭联产承包责任制的施行推进了农业生产，农村居民收入持续增长。1986年，农民人均总收入594元，人均家庭经营收入550元，人均纯收入312元，可支配收入341元。此后，县委、县政府深化农村经济体制改革，努力发展商品生产，千方百计增加农民收入。1991年，农民人均家庭总收入突破千元，达到1057元，人均家庭农业经营收入950元，人均纯收入604元，可支配收入629元，几项指标分别比1986年增长77.99%、72.7%、93.6%、84.5%。当年，全县农民年末储蓄存款余额15061万元，人均161元，比1986年的57元增长182.5%。

1993年3月，市委、市政府提出农民致富奔“小康”战略思路，“稳定粮食生产，大力发展多种经营和畜牧养殖业，转化农村剩余劳动力，鼓励农民外出务工经商”。1995年，农民人均家庭总收入突破两千元，达到2087元，其中劳务输出性收入占280元，是1991年的3.3倍；农、林、牧、渔等家庭经营收入人均实现1757元，比1991年增长84.9%；人均年末银行存款余额367元，是1991年的2.3倍。

20世纪90年代后期至21世初，农业产业化带动了农、林、牧、渔业的发展，促进了农民收入增长。2002年，实行农村税费改革，农民人均家庭总收入突破三千大关，人均家庭经营收入和工资性收入分别达到2096元、818元，分别比1995年增长19.3%、192.1%。2005年，取消农民负担的全部税费，国家加大粮食直补等中央财政转移支付力度，农民收入快速增长。当年末，全区农民人均家庭总收入达到4519元，是1986年的7.6倍，其中人均工资性收入、家庭经营收入、转移支付收入分别达到1413元、2962元、3103元，分别是1986年的7.6倍、94.2倍、5.4倍和9.9倍；农民年末存款余额达到13.8亿元，人均1567元，是1986年人均57元的27.5倍。

资阳市雁江区1986—2005年农民人均收入水平变化情况表

表4-24 单位：元

项目 年度	全年总收入	工资性收入	家庭经营收入	其中					财产性收入	转移性收入	人均纯收入	人均可支配收入
				种植业	林业	牧业	渔业	其他				
1986	594	15	550	299	7	182	—	62	29	—	312	341
1987	669	15	628	326	7	219	—	76	25	—	346	376
1988	834	16	778	361	9	301	1	106	40	—	443	475
1989	903	18	835	418	10	286	2	119	50	—	505	531
1990	966	111	810	478	5	273	4	50	9	36	550	556
1991	1057	85	950	533	17	317	3	80	9	12	604	629
1992	1084	100	956	519	8	354	3	72	8	20	639	651
1993	1208	142	1029	501	8	358	7	155	4	33	709	720
1994	1550	245	1270	672	18	473	7	100	8	28	947	963
1995	2087	280	1757	1020	23	642	7	65	5	45	1176	1174
1996	2339	331	1930	1105	44	701	10	70	7	71	1468	1396
1997	2593	428	2082	1178	11	820	5	68	8	75	1776	1842
1998	2797	463	2225	1268	10	811	2	134	7	102	1904	1963
1999	2278	527	2102	1141	15	662	4	280	24	125	1969	1827
2000	2820	781	1945	937	6	725	13	264	16	78	2022	1950
2001	2898	871	1891	852	8	824	14	193	8	128	2080	2026
2002	3036	818	2096	1042	7	900	1	146	13	109	2182	2104
2003	3189	907	2149	1110	25	814	24	176	13	120	2343	2299
2004	3827	1128	2594	1280	8	1107	4	195	8	97	2795	2651
2005	4519	1413	1805	446	17	1144	46	142	13	129	3103	2952

资阳市雁江区 1986—2005 年农村居民银行存款余额统计表

表 4－25

项目 年度	当年农村人口（人）	银行存款余额（万元）	人均存款余额（元）	比上一年增长（%）	项目 年度	当年农村人口（人）	银行存款余额（万元）	人均存款余额（元）	比上一年增长（%）
1986	875504	4974	57	58.3	1996	904163	39309	435	18.5
1987	884275	5980	68	19.3	1997	900038	50527	561	29.0
1988	900056	5594	63	－7.4	1998	901389	59136	656	16.9
1989	922022	8526	92	46.0	1999	894871	49579	554	－15.5
1990	947105	11878	125	35.9	2000	889357	62609	704	27.1
1991	934089	15061	161	28.8	2001	882497	75946	861	22.3
1992	916478	17038	186	15.5	2002	877545	85574	975	13.2
1993	911645	15614	171	－8.1	2003	873167	101281	1160	19.0
1994	908631	21462	236	38	2004	871133	119918	1377	18.7
1995	906264	33264	367	55.5	2005	881520	138088	1567	13.8

二、消费水平

随着收入水平的提高，农民消费水平、生活质量亦有大的提升。1986 年，农民年人均总支出达到 604 元（1980 价），其中投入农、林、牧、渔业的家庭经营费用支出 219 元，投入新房建设、农具购置等固定资产费用 12 元，上缴税费 21 元，生活消费支出 346 元，分别占总支出的 36.3%、2%、3.5%、57.3%；生活消费支出除自产自用外，在总支出中的比重占一半以上。至 20 世纪 90 年代中期，农民消费水平明显提高。1995 年，在人均 1242 元消费支出中副食品支出 483 元，占 63.6%，比 1986 年的 59.3% 提高 4.3 个百分点；衣着消费支出是 1986 年的 1 倍，其中女性生活消费支出大于男性；住行用度费用人均支出 437 元，是 1986 年人均 92 元的 4.8 倍；每百户农户家庭拥有自行车 72 辆、电风扇 103 台、摩托车 1 辆、电视机 78 台（其中黑白电视机 75 台、彩电 3 台）、大型家具 565 套（其中组合家具 4 套、沙发 22 个、大衣柜 60 个、写字台 63 张、收录机 48 台），自行车、电风扇、电视机、大型家具拥有量分别是 1986 年 35 辆、5 台、6 台、269 套的 2.1 倍、20.6 倍、13 倍和 2.1 倍。

1996 年，每百户农民家庭有 1 部固定电话机，2005 年增至 46 部。2000 年，每百户农民家庭有 1 部移动电话、3 台电冰箱，2005 年分别增至 42 部、5 台。2005 年，每百户农民家庭中高档大型家具拥有量 545 套，自行车拥有量由 1995 年的 72 辆减至 2005 年的 31 辆，摩托车由 1995 年的 1 辆增至 2005 年的 39 辆。在 2005 年家庭人均总支出 3718 元中，生活消费支出 2192 元，占 59%，是 1986 年的 6.3 倍，比 1995 年增长 76.5%。

资阳市雁江区 1986—2005 年农民人均消费水平变化情况表

表 4－26　　单位：元

年度 \ 项目	全年总支出	家庭经营费用支出	其中					固定资产购置费	上缴税费	生活消费		非借贷性支出
			种植业	林业	牧业	渔业	其他			支出	占总支出的%	
1986	604	219	60	—	152	—	7	12	21	346	57.3	7
1987	732	254	65	—	181	—	8	23	24	418	57.1	14
1988	897	317	80	—	232	—	5	12	27	514	57.3	28
1989	958	314	94	—	213	—	7	10	40	564	58.9	28
1990	925	351	83	—	258	—	10	7	40	499	54.0	26
1991	1013	371	88	—	264	—	19	33	43	313	30.9	33
1992	985	372	93	—	257	2	20	8	39	544	55.2	22
1993	1154	427	104	—	275	—	48	3	38	670	58.0	18
1994	1442	519	120	—	373	4	22	4	36	841	58.4	30
1995	2172	835	209	2	587	2	35	34	44	1242	57.1	41
1996	2264	781	230	5	536	3	7	45	56	1354	59.8	56
1997	2336	706	183	2	518	5	2	47	77	1497	64.1	39
1998	2362	734	158	2	542	3	29	73	75	1474	62.4	41
1999	2150	639	167	2	404	2	64	57	103	1362	63.3	31
2000	2479	639	166	3	408	2	60	18	79	1641	66.2	102
2001	2408	669	164	3	472	2	28	20	50	1543	64.1	126
2002	2511	680	158	1	474	1	46	26	40	1620	64.5	145
2003	2579	703	190	4	522	3	16	34	45	1718	66.6	79
2004	3163	913	216	3	659	2	33	32	23	2024	64.0	171
2005	3718	1280	407	3	394	9	—	40	3	1729	59.0	203

注：生活消费支出含食品、衣着、居住、用品及其他非商品性支出

资阳市雁江区 1986—2005 年百户农民家庭耐用品拥有量变化情况表

表 4－27　　单位：元

年度 \ 品名	自行车（辆）	电风扇（台）	洗衣机（台）	摩托车（辆）	电视机（台）		电话机（部）	移动电话（部）	电冰箱（台）	大型家具（件）
					黑白	彩色				
1986	35	5	—	—	6	—	—	—	—	269
1987	52	8	1	—	13	—	—	—	—	405
1988	62	13	2	—	20	—	—	—	—	413
1989	68	15	2	—	30	—	—	—	—	440
1990	72	18	2	—	35	—	—	—	—	452
1991	63	26	2	—	36	2	—	—	—	406

续表

品名 年度	自行车（辆）	电风扇（台）	洗衣机（台）	摩托车（辆）	电视机（台）		电话机（部）	移动电话（部）	电冰箱（台）	大型家具（件）
					黑白	彩色				
1992	60	45	2	—	47	2	—	—	—	365
1993	75	66	2	—	69	2	—	—	—	484
1994	73	85	2	1	71	2	—	—	—	541
1995	72	103	4	1	75	3	—	—	—	565
1996	58	119	4	2	78	5	1	—	—	709
1997	71	135	3	3	72	8	4	—	—	713
1998	57	119	5	3	80	13	5	—	—	807
1999	54	133	5	2	80	16	6	—	—	810
2000	39	203	9	5	67	42	8	1	3	481
2001	36	214	15	7	68	45	11	1	4	473
2002	46	228	15	8	69	50	11	3	4	477
2003	48	228	18	9	67	53	18	9	4	458
2004	38	228	21	8	52	62	27	12	4	449
2005	31	234	39	11	37	77	46	42	5	545

三、居住条件

1986 年，每百户农民房屋使用量为 544 间 7981 平方米，其中生产用房 1802 平方米、生活用房 6179 平方米，人均使用房屋 1. 14 间 16. 73 平方米，户均房屋价值 1431 元。旧式居住房多为川逗或土坯墙平瓦房，少有一楼一底青瓦房，厨房多与猪舍、柴房相近，劳动工具多放置于堂屋、柴房或房檐下，居室少立柜，衣服放在平箱里，室内摆设较混乱。新修的房屋大多为砖木结构青瓦房，内墙白石灰粉刷。

20 世纪 90 年代起，农民增大居住投入。1990—1995 年抽样调查，百户农民 6 年共投资 19. 7 万元，新建房屋 109 间；新建房大多是砖木或钢混结构一楼或两楼一底平顶房或青瓦房，外墙以瓷砖贴面，内墙用涂料粉刷，房内建有厕所、洗浴室。至 1995 年末，每百户农民使用房屋 728 间计 13683 平方米，其中生产用房 2618 平方米、生活用房 11065 平方米，人均生产生活用房 33. 37 平方米；每百户农民房屋中川逗结构青瓦平房 10917 平方米、砖木结构 2081 平方米、钢混结构 685 平方米，分别占总数的 79. 79%、15. 21% 和 5. 00%。

至 2005 年，区内大多数川逗或土坯青瓦房被拆除重建或改造，新建房屋一般选在依山傍水、交通条件较好的地方，多为一楼一底及以上钢混结构楼房。室内外装饰用乳胶漆，地下铺设瓷砖或木地板。底层前为客堂、餐厅、居室、后为畜牧养殖生产用房、厨房、洗手间，上层一部分作居室或休闲室，前为阳台、供观光用。居室多置有壁柜或组合家具，配以席梦思床，较为整洁。新建房屋一般建有围墙，墙内院坝或养花种果、或筑坝供粮食晾晒和家人休憩。

第二节 城镇居民生活

一、收入水平

城镇居民收入主要源于工薪收入和离退人员退休金以及老年、幼童赡抚费，少数有财产性收入，在计划经济时期总体收入水平不高。1986 年，全县共有职工 54774 人，其中全民所有制职工 41238 人、集体所有制职工 13536 人；全民所有制和集体所有制职工年平均工资分别为 1084 元、887 元；城市住户人均总收入 944 元，其中工薪收入 616 元、财产性收入 65 元、离退休金等转移支付收入 263 元。此后，随着城市经济体制改革的逐步推进，城镇居民的工薪收入不断增加。1990 年，国家机关和国有企业职工年平均工资 2152 元，集体职工 1527 元，分别比 1986 年增长 98.5% 和 72.2%；城镇居民人均总收入实现 1825 元，比 1986 年增长 93.3%。

1992 年起，城镇职工工资额逐步提高。1995 年，国有经济从业人员年平均工资 5107 元，集体经济人员 3531 元，新兴的其他经济类型从业人员 4421 元；城镇居民人均可支配收入实现 4309 元，人均总收入 4358 元、是 1990 年的 2.39 倍，其中工薪收入 2074 元、经营性收入 505 元、财产性收入 150 元、转移收入 1629 元。随着国民经济的快速发展，职工工资从 1998 年开始有较大幅度的上调，城镇居民的收入水平亦有较大提升。2001 年，国有经济从业人员年平均工资首破万元、达到 10395 元，城镇集体经济从业人员达到 7318 元，其他经济类型人员 5818 元，分别比 1995 年增长 103.5%、107.3% 和 31.6%；城镇居民人均总收入 6521 元，可支配收入 6354 元，其中工薪收入 3579 元、经营净收入 250 元、财产性收入 39 元、转移性收入 2653 元，前三项分别比 1995 年增长 49.6%、47.5%、72.6%。

21 世纪初 5 年间，城镇国有经济职工、民营集体和其他经济类型从业人员工资水平有较大提高。2005 年，国有经济从业人员年人均工资额达到 16642 元，比 2001 年增长 60%，是 1986 年的 15.4 倍、1995 年的 2.3 倍；城镇集体经济职工年人均工资 10430 元，比 2001 年增长 42.5%，是 1986 年的 11.8 倍、1995 年的 3 倍；其他（民营）经济类型从业人员年人均工资 9385 元，比 2001 年增长 61.3%，是 1995 年的 2.1 倍；全区城镇居民人均可支配收入达到 7709 元，比 2001 年增长 21.3%；人均家庭总收入 8124 元，其中工薪收入 4855 元、转移收入 2904 元，分别比 2001 年增长 24.6%、35.7%、9.5%，分别是 1986 年的 8.6 倍、7.9 倍和 8.0 倍，1995 年的 1.9 倍、2.3 倍和 1.8 倍。当年末，城镇居民银行储蓄余额 40.11 亿元，人均 21685 元，比 2000 年增长 63.8%，是 1986 年的 25.3 倍，20 年年均增速 121.52%。

资阳市雁江区 1986—2005 年城市住户人均收入水平变化情况表

表 4－28 单位：元

项目 年度	人均可支配收入	人均总收入	其中			
			工薪收入	经营净收入	财产性收入	转移性收入
1986	—	944	616	—	65	263
1987	—	1124	692	—	99	333
1988	—	1458	861	—	44	553

续表

年度＼项目	人均可支配收入	人均总收入	其中			
			工薪收入	经营净收入	财产性收入	转移性收入
1989	—	1660	956	—	409	295
1990	—	1825	1059	—	340	426
1991	—	2043	1146	—	83	814
1992	—	2469	1125	—	46	1298
1993	—	3217	1249	—	75	1893
1994	—	3701	1808	—	115	1778
1995	4309	4358	2074	505	150	1629
1996	4997	5031	2709	551	109	1662
1997	5264	5299	2694	349	152	2104
1998	5620	5658	2688	444	206	2320
1999	6389	6502	2871	466	168	2997
2000	6333	6519	3431	166	307	2615
2001	6354	6521	3579	250	39	2653
2002	6489	6838	4232	55	108	2443
2003	6504	7060	4442	68	395	2155
2004	7288	7899	4691	577	289	2342
2005	7709	8124	4855	236	129	2904

注：转移收入含离退休金、价格补贴、赠与、亲友搭伙费、赡抚养收入及其他收入

资阳市雁江区 1986—2005 年城镇居民银行存款余额统计表

表 4－29

年度＼项目	当年城镇人口（人）	银行存款余额（万元）	人均存款余额（元）	比上一年增长（%）	年度＼项目	当年城镇人口（人）	银行存款余额（万元）	人均存款余额（元）	比上一年增长（%）
1986	68824	5899	857	29.3	1996	138377	77267	5584	35.7
1987	74915	7827	1045	21.9	1997	142371	90426	6351	13.7
1988	79980	8745	1093	4.6	1998	145665	122692	8423	32.6
1989	82081	12759	1554	42.2	1999	157305	161096	10241	21.6
1990	84515	17266	2043	31.5	2000	161851	214202	13235	29.2
1991	104800	23157	2210	8.2	2001	168046	233361	13887	4.9
1992	121163	25741	2124	－3.9	2002	172195	265638	15427	11.1
1993	123275	27390	2246	5.0	2003	177279	312698	17639	14.3
1994	130462	38211	2929	30.4	2004	183707	353708	19254	9.2
1995	132865	54674	4115	40.5	2005	184976	401120	21685	12.6

二、消费水平

1990年，城镇居民人均家庭总支出1733元，比1986年的987元增长75.6%，其中人均消费性支出1338元，占当年总支出的77.2%，比1986年的810元增长65.2%。在全部人均消费支出中，吃、穿、住、用开支分别为852元、164元、20元、302元，分别占消费支出总额的63.7%、12.3%、1.5%、22.5%，食品开支为主要支出，家庭用品、医疗保健、交通通信、文化娱乐、杂项商品等用度居其次。20世纪90年代，城镇居民的消费水平日益提高，副食支出加大，品种、档次增多、提高，医疗保健、交通通信、文化娱乐和其他杂项商品等用度增加。1995年，人均食品支出1778元，占消费支出的50.9%；副食支出1547元，占食品支出的87%，其中牛羊肉、鱼虾、禽肉食用量在副食中的比重比1990年增加12个百分点；用度支出人均955元，占人均消费支出的27.4%，是1990年的3.16倍，在消费支出中的比重比1990年增加4.8个百分点。此后，在副食档次提高的同时，用度和居住支出增加。2000年，人均消费支出4779元，比1995年增长37%，其中用度支出1916元，占消费支出的40.1%，比1995年再增长12.7个百分点；人均居住支出513元，比1995年的391元增长31.2%，主要用于房屋装修和家用设备的更新换代。2005年，人均消费支出上升到5920元，比2000年增长3.9%，是1986年的7.31倍，其中食品2513元、衣着打扮443元、居住904元、用度2060元，分别比2000年增长42.4%、7.5%、15.3%、34.8%，分别是1986年的5.87倍、4.14倍、90.4倍和10.95倍。

资阳市雁江区1986—2005年城市住户人均消费水平变化情况表

表4-30 单位：元

年度 \ 项目	家庭总支出	消费性支出	其中								占总支出%	购建房支出	转移性支出	社会保障支出
			食品	衣着	调和用品	医疗保健	交通通信	文化娱乐	居住支出	杂项商品				
1986	987	810	428	107	100	7	20	12	10	126	82.1	—	177	—
1987	1141	927	516	104	100	11	35	8	13	140	81.2	—	214	—
1988	1632	1343	715	157	221	20	60	14	16	120	82.3	—	289	—
1989	1572	1246	819	136	86	30	70	18	17	70	79.3	—	326	—
1990	1733	1338	852	164	191	39	79	24	20	60	77.2	—	384	—
1991	1978	1417	900	201	157	52	30	30	29	18	71.6	—	561	—
1992	2551	1799	1065	196	351	56	20	26	34	51	70.5	—	752	—
1993	3407	2276	1257	278	397	82	60	33	62	107	66.8	—	1131	—
1994	3873	2651	1563	313	374	143	72	36	50	100	68.4	—	1222	—
1995	4500	3488	1778	364	312	136	102	319	391	86	77.5	—	1012	—
1996	4448	3716	2069	388	267	128	100	420	234	110	83.5	—	733	—
1997	5947	4154	2087	361	259	189	207	689	190	159	69.9	—	1805	—
1998	5782	4173	1886	273	550	237	222	617	232	157	72.2	—	1608	—

续表

项目 年度	家庭总支出	消费性支出	其中								占总支出%	购建房支出	转移性支出	社会保障支出
			食品	衣着	调和用品	医疗保健	交通通信	文化娱乐	居住支出	杂项商品				
1999	6124	4470	2136	373	262	315	252	514	357	262	73	—	1460	—
2000	6669	4779	2003	347	325	442	371	528	513	250	71.7	329	1397	164
2001	6822	5216	2252	334	375	387	337	677	715	139	76.5	—	1309	297
2002	7745	5046	2169	324	469	467	416	668	427	106	65.2	962	1460	277
2003	8655	5213	2405	364	444	311	498	482	600	109	60.2	1777	1169	496
2004	8131	5707	2612	398	296	407	542	667	698	87	70.2	692	1166	566
2005	7272	5920	2513	443	407	442	525	567	904	119	81.4	—	991	334

注：转移性支出含税费、赡养抚养、赠与、购建房等支出；居住支出含水、电、气费，住房装维修等支出；调和用品含室内装饰品、床上用品、家具、日用杂品和家庭服务等费

三、居住条件

1986年，全县城镇居民68824人，住房总面积49.55万平方米，户均24.56平方米，人均7.2平方米。居民住房有43%为川逗木结构一层或一楼一底青瓦房，32%为砖木结构2～5层楼房，25%为钢混结构3～7层楼房，室内外装饰简单，家居用具普通。国家机关、国有和集体企业单身职工一般住房管部门管控的单身宿舍或集体宿舍。从当年起，逐步推行城镇职工住房制度改革，将房管部门直管的城镇职工住房27.42万平方米和集体单位自管的职工住房4.72万平方米实行有偿使用，按房屋结构、面积、质量征收房租。1989年，推行公房租住保证金制度，按每户200～300元/年不等征收，之后逐年调升租金、保证金标准。1992年，开始向职工出售公有住房，分区域、分等级，按质量、结构确定价格。一、二、三类区域的砖混新房每平方米价格依次为210元、200元、190元，旧房下调20%出售，按工龄优惠0.5%～1.0%，一次性付款再优惠20%，每户控制面积90平方米，职工取得部分产权。1996年，部分产权置换为全产权。1997年以后，加大公有房出售力度，至1999年基本售罄，累计售出8000余套、30余万平方米，收回国有、集体资产5000多万元。

1995年起，城区实行国家投入和个人集资相结合的办法，开始大规模的住房改造和扩建新建工程。1997年开始小城镇建设，城市房屋质量和居民的居住条件发生质的变化。新建房多为钢混结构4～7层楼房，外墙一般为瓷砖贴面，内墙部分初期大多粉刷涂料，后改施乳胶漆，室内装饰初期为简装，1997年以后逐步提升档次。进入21世纪，市政建设和小城镇建设速度加快，城市人居环境改善，居民人均住房使用面积逐步增长，2000年为21.03平方米，2005年达到22.98平方米、比1995年的19.25平方米增加3.73平方米。

20年间，城镇居民家居设备数量、种类发生很大变化。1986年，每百户居民家庭有成套家具114套、洗衣机73台、电风扇125台、电冰箱3台、彩色电视机69台、取暖设备36台、沐浴热水器29台、自行车80辆。1995年居民家庭有了组合音响、空调，1999年后有了家用计算机、影碟机、微波炉、吸尘器等设备。2005年，每百户城镇居民拥有中高档家具120套、洗衣机100台、电风扇240台、电冰箱76台、彩电127台、影碟机43台、家用计算机23台、组合音响17台、照相机17台、微

波炉30台、空调60台、取暖设备133台、沐浴热水器90台、洗碗机3台、饮水机20台、普通电话93部。

资阳市雁江区1986—2005年百户城市居民家庭主要耐用品拥有量变化情况表

表4-31

品名 年度	成套家具（套）	摩托车（辆）	自行车（辆）	助力车（辆）	洗衣机（台）	电风扇（台）	电冰箱（台）	彩色电视（台）	影碟机（台）	家用计算机（台）	组合音响（套）	照相机（架）	中高档乐器（台）	微波炉（台）	空调（台）	取暖设备（台）	沐浴热水器（台）	排油烟机（台）	洗碗机（台）	饮水机（台）	普通电话（部）	移动电话（部）
1986	114	—	80	—	73	125	3	69	—	—	—	13	—	—	—	36	29	—	—	—	—	—
1987	112	—	96	—	66	142	13	83	—	—	—	10	7	—	—	40	31	—	—	—	—	—
1988	117	—	86	—	76	165	33	73	—	—	—	10	3	—	—	42	33	—	—	—	—	—
1989	118	—	86	—	83	215	50	69	—	—	—	10	13	—	—	54	37	3	—	—	—	—
1990	82	—	82	—	76	213	50	79	—	—	—	13	3	—	—	51	39	11	—	—	7	—
1991	94	1	73	—	88	282	56	78	—	—	—	16	3	—	—	53	43	14	—	—	21	—
1992	134	3	32	—	90	325	56	93	—	—	—	18	2	—	—	49	52	14	—	—	30	—
1993	86	2	108	—	91	316	61	82	—	—	—	20	3	—	—	63	51	17	—	3	42	—
1994	115	5	95	—	95	307	62	78	—	—	—	20	4	—	—	69	54	19	—	10	55	1
1995	90	6	126	—	97	300	63	100	—	—	10	23	3	—	3	68	63	23	—	10	57	2
1996	110	7	117	—	103	293	63	97	—	—	10	20	3	—	3	70	67	27	—	12	60	4
1997	93	10	117	—	97	287	57	100	—	—	20	27	7	—	7	76	60	30	—	13	64	5
1998	100	10	110	—	83	273	63	117	—	—	17	23	10	—	7	74	60	33	—	13	61	9
1999	97	10	113	—	90	300	77	113	23	—	20	33	20	3	17	77	77	43	—	13	70	14
2000	110	7	87	—	93	263	77	113	63	10	23	20	10	7	27	77	80	43	—	18	87	23
2001	113	7	83	—	90	257	87	117	34	13	17	7	—	13	30	103	77	69	3	20	90	40
2002	130	7	90	3	93	240	94	123	43	17	17	10	3	23	56	114	77	60	3	17	90	50
2003	130	7	87	3	93	220	91	130	33	17	23	23	7	23	63	103	70	47	3	20	90	80
2004	130	7	93	7	100	227	93	127	37	23	23	27	7	33	73	136	77	57	—	30	93	83
2005	120	7	100	3	100	240	76	127	43	23	17	17	3	30	60	133	90	67	3	20	93	90

第五篇 农 业

第一章 种植业

第一节 种植区划与结构

一、农业区划

1982年5月至1983年3月，县政府聘请农业区划专家对各镇乡农业生产现状、特点、存在的问题和发展前景进行综合分析评估，参考各地地形、地貌、土质特征，水、热资源，人均耕地、田土比例、作物组合、农业经济结构等因素以及地域条件的相似性，将全县划分为北部粮棉油烟区、南部蔗桑粮猪区、城郊菜果禽工副业区。

北部粮棉油烟种植区包括辖区北部中和、保和、丹山、临江、祥符、老君、新场、回龙等乡镇，大部区域地处偏旱地带，2005年实有耕地面积31384公顷，人均耕地0.09公顷（1.35亩），比南部区人均多32%，比中部郊区多59%。北部旱地土壤发育程度较低，有机质少，保水保肥能力差，一度时期水土流失严重。水地因地下水丰富，泥岩含沙少，透气性差，还原物质多，冷烂毒患较严重。有各种类型水库43座，其中70%的水库不能蓄满正常库容水位，拦蓄径流量340.49万平方米/年，有效库容仅59.2%；有山平塘2457口。各类水利设施相加，只能保证每公顷土地1582.5立方米灌溉供水。宜林面积大，但分布不均，有林地面积8733公顷，占全区的57.3%。适宜粮经作物种植，常年粮食作物播种面积占辖区同类作物的57.5%，经济作物花生占64.7%、油菜占66.3%、烤烟占75%。

南部蔗桑粮猪区包括南津、东峰、伍隍、小院、忠义、丰裕、迎接、堪嘉、碑记、石岭、清水等乡镇，2005年实有耕地29401公顷，人均耕地0.066公顷（0.99亩），少于北区，多于中部郊区。土壤层深厚，结构质地良好，保水保肥能力强，宜种性强。有各种类型水库38座，其中20座水库蓄水常年不能达到正常水位，拦蓄径流总量224万立方米/年，有效库容60.1%，与其他水利设施相加仅能保证每公顷耕地1572立方米灌溉用水。因土地垦殖指数高，宜林面积少，适宜粮经作物种植，甘蔗、桑麻大多集中区内。饲料资源丰富，宜生猪养殖。常年粮食亩产高出全区平均亩产的13%，尤以水稻、玉米最突出。

城郊菜果禽工副业区包括资阳城郊的松涛、宝台等乡镇，地处沱江、九曲河流域，2005 年实有耕地 4675 公顷。水资源丰富，过境地表水 31 亿立方米/年，有提灌站 82 处，装机容量 3381 千瓦时。土壤肥力差距大，平坝优于丘坡，宜种性广，蔬菜、水果和沿江河养禽业发达。

计划经济时期，基本按照上述区划安排农业布局和结构调整。市场经济初步形成以后，上述区划仅作参考，主要按照市场经济规律安排农业生产。

二、种植结构

种植业是区内农村经济的主导产业，对林、牧、渔业的发展起着重要作用。种植业内部结构自 1986 年以来一直处于调整中。

（一）总体结构

区内种植的农作物分为粮食作物、经济作物和其他作物三大类。粮食作物在种植结构中占有绝对大的比重，包括水稻、红苕、玉米、大豆、小麦、豌豆、胡豆等。经济作物居其次，包括棉花、油菜、花生、麻类、烟叶、甘蔗、药材等。其他作物含蔬菜、饲料、水果、桑等，在种植业中居补充地位。1986 年农作物播种面积 16.50 万公顷，三种作物种植比为 72.25∶19.6∶8.15。至 20 世纪 90 年代中期，由于市场需求发生变化，粮食作物种植量小幅调高，1993 年达到最高点，占种植业比重 74.9%，比 1986 年提高 2.65 个百分点；经济作物种植小幅下调，1996 年下调至历史最低点，占种植业比重 13.9%，比 1986 年下调 5.7 个百分点；其他作物种植量小幅波动式上调，1997 年达到此前最高点，在种植业中占 12.85% 的比重，比 1986 年增长 4.7 个百分点。

20 世纪 90 年代后期，市委、市政府加大种植结构的调整力度，稳定粮食生产，发展经济作物，增加蔬菜、饲料、水果种植。受退耕还林影响，部分坡薄旱地退出粮食种植，粮食作物种植比重逐年下调，1999 年下调至 71.77%，2003 年调至此前最低点 63.68%，比 1993 年下调 11.22 个百分点。此后小幅上调至 2005 年的 66.35%。经济作物种植在经历 1996 年最低点后小幅走高，2000 年上调至 17.88% 后又小幅回落至 2005 年的 14.83%。蔬菜、饲料尤其是水果等其他经济作物种植在 21 世纪初退耕还林工程实施以后大幅上调，2003 年达到此前最高点 21%，此后小幅回落至 18.82% 并保持稳定。2005 年，全区农作物种植面积 18.81 万公顷，其中粮食作物种植 12.48 公顷、经济作物种植 2.79 万公顷、其他作物种植 3.54 万公顷，三种作物种植结构比为 66.35∶14.83∶18.82，总体结构趋于优化。

资阳市雁江区 1986—2005 年种植结构调整情况表

表 5－1 单位：公顷

项目 年度	全年农作物播种面积	其中			结构比（%）		
		粮食作物	经济作物	其他作物	粮食作物	经济作物	其他作物
1986	165033	119244	32348	13441	72.25	19.60	8.15
1987	168535	124191	28919	15425	73.49	17.06	9.45
1988	171832	125677	29311	16843	73.14	17.05	9.81
1989	173990	127261	29210	17518	73.14	16.79	10.07
1990	179090	131730	29206	18154	73.55	16.31	10.14
1991	193265	142754	32479	18032	73.86	16.81	9.33
1992	191293	141861	31390	18152	74.16	16.37	9.47

续表

项目 年度	全年农作物播种面积	其　中			结构比（%）		
		粮食作物	经济作物	其他作物	粮食作物	经济作物	其他作物
1993	176831	132440	25490	18901	74.90	14.41	10.69
1994	179265	133236	25405	20624	74.32	14.17	11.51
1995	178464	129988	27501	20974	72.84	15.41	11.75
1996	177451	131022	24662	21767	73.84	13.90	12.26
1997	180573	131937	25424	23212	73.07	14.08	12.85
1998	185892	134666	30617	20609	72.44	16.47	11.09
1999	186863	134111	30818	21934	71.77	16.49	8.74
2000	187367	127631	33496	26240	68.19	17.88	13.93
2001	187229	125402	27172	34655	66.98	14.51	18.51
2002	188687	124570	27227	36890	66.02	14.43	19.55
2003	183881	117093	28030	38758	63.68	15.24	21.08
2004	185052	122460	27982	34610	66.18	15.12	18.70
2005	188122	124828	27896	35398	66.35	14.83	18.82

注：其他作物含蔬菜、水果、饲料、桑等农作物

（二）粮食作物种植结构

粮食作物分小春作物和大春作物。小春作物主要有小麦、豌豆和胡豆、大麦等其他作物。农村土地联产承包责任制前以小麦、豌豆为主，此后逐步调减豌豆种植面积，适度加大可作饲料发展养殖业的胡豆、大麦种植面积。1986 年小春粮食种植面积 3.95 万公顷，其中小麦 2.54 万公顷、豌豆 0.57 万公顷，胡豆、大麦等其他作物 0.84 万公顷，种植结构比为 64.3∶14.4∶21.6。此后小麦种植面积逐年上调，1990 年为 2.98 万公顷，占小春种植面积的 69.4%，1995 年占 83.5%，2000 年上升至最高点 90.4%，此后小幅回落至 2005 年的 82.1%。豌豆种植面积逐年下调，到 1999 年仅 693 公顷，占小春作物种植面积 4.10 万公顷的 1.7%，成为此前最低点，此后小幅回升至 2005 年的 5.4%。胡豆、大麦等其他作物种植面积前期逐年下调，2000 年调至 3001 公顷，占小春作物种植面积 3.86 万公顷的 7.8%，15 年直落 13.8 个百分点，此后逐年上调至 2004 年的 14.4%，2005 年又小幅回落至 12.5%。

大春作物主要有水稻、红苕、玉米、大豆及其他作物。红苕、玉米在大春作物种植中占主导地位，水稻居其次，大豆、绿豆、高粱等其他作物种植为必要补充。1986 年，全县大春作物种植面积 7.82 万公顷，其中水稻 2.11 万公顷、红苕 2.81 万公顷、玉米 2.64 万公顷、大豆及其他作物 0.26 万公顷，4 种作物种植结构比为 27.0∶35.9∶33.8∶3.3。水稻种植比重此后小幅下调，1991 年下调至 21.0%，次年起又小幅上调，基本稳定在 22.1% ~23.9% 之间。红苕种植比重 1987 年上调至 38.4%，此后长期稳定在 32.6% ~38.5% 之间。玉米种植比重 1991 年为 43.9%，保持两年后小幅下调至 35.5% ~37.4% 之间。大豆、高粱等其他作物种植比重 1987 年上调至 4.6% 并保持两年，以后小幅下落至 1996 年最低的 1.2%，后缓慢回升，2001 年达到 5.7%，之后基本稳定在 4.6% ~5.6% 之间。2005 年全区大春作物种植面积 8.43 万公顷，水稻、红苕、玉米、其他作物种植面积分别是 1.89 万公顷、3.09 万公顷、3.07 万公顷和 0.38 万公顷，种植结构比为 22.4∶36.6∶36.4∶4.6。

资阳市雁江区 1986—2005 年粮食作物种植结构调整情况表

表 5－2　　　　单位：公顷

项目/年度	小春粮食作物种植结构							大春粮食作物种植结构								
	小春粮食种植面积	小麦面积	豌豆面积	胡豆及其他	结构比（%）			大春粮食种植面积	水稻面积	红苕面积	玉米面积	大豆及其他	结构北（%）			
					小麦	豌豆	其他						水稻	红苕	玉米	其他
1986	39514	25399	5706	8409	64.3	14.4	21.6	78163	21108	28059	26412	2574	27.0	35.9	33.8	3.3
1987	41305	26844	5705	8756	65.0	13.8	21.2	82886	19913	31824	27377	3772	24.0	38.4	33.0	4.6
1988	41710	27723	5742	8245	66.5	13.8	19.7	83968	20942	31046	28297	3683	24.9	37.0	33.7	4.4
1989	41765	28019	5415	8331	67.1	13.0	19.9	85496	21064	31881	29313	3238	24.6	37.3	34.3	3.8
1990	41319	28661	4868	7790	69.4	11.8	18.8	90411	21100	33961	32309	3041	23.3	37.6	35.7	3.4
1991	40610	29791	4559	6260	73.4	11.2	15.4	101011	21215	32919	44368	2509	21.0	32.6	43.9	2.5
1992	41468	30887	3811	6770	74.5	9.2	16.3	100393	21808	33596	42565	2424	21.7	33.5	42.4	2.4
1993	44240	32541	4033	7666	73.6	9.1	17.3	88200	20857	34000	31333	2010	23.6	38.5	35.5	2.4
1994	41802	31489	3566	6747	75.3	8.5	16.2	91434	21167	34333	31867	4067	23.2	37.5	34.9	4.4
1995	40819	34087	1709	5023	83.5	4.2	12.3	89169	21337	34333	32333	1166	23.9	38.5	36.3	1.3
1996	40919	35686	1234	3999	87.2	3.0	9.8	90103	21337	34676	32958	1132	23.7	38.5	36.6	1.2
1997	41401	36200	867	4334	87.4	2.1	10.5	90536	21227	34673	33543	1093	23.4	38.3	36.9	1.4
1998	42214	37767	763	3684	89.5	1.8	8.7	92452	21074	35085	34576	1717	22.7	37.9	37.4	2.0
1999	41028	36701	693	3634	89.5	1.7	8.8	93083	21238	35119	34144	2582	22.8	37.7	36.7	2.8
2000	38552	34867	684	3001	90.4	1.8	7.8	89079	20674	33332	31341	3732	23.2	37.4	35.2	4.1
2001	37572	33533	634	3405	89.2	1.7	9.1	87728	18770	33268	30697	4993	21.4	37.9	35.0	5.7
2002	36303	29334	1368	5601	80.8	3.8	15.4	88247	20036	32088	31894	4229	22.7	36.4	36.1	4.8
2003	35482	28271	1471	5686	79.7	4.1	16.2	81581	18507	29544	28950	4580	22.7	36.2	35.5	5.6
2004	35804	28668	1348	5788	80.0	3.8	16.2	83875	18523	30645	30079	4628	22.1	36.5	35.9	5.5
2005	37359	30667	1367	5325	82.1	3.7	14.2	84308	18900	30854	30707	3847	22.4	36.6	36.4	4.6

（三）经济作物种植结构

区内主要经济作物有油菜、花生、棉花、烟叶、甘蔗和麻类、药材等作物。油菜占主导地位，花生居其次。1986 年全县经济作物种植面积 3.23 万公顷，其中棉花 38 公顷、油菜 1.56 万公顷、花生 0.79 万公顷、烟叶 0.19 万公顷、甘蔗 0.22 万公顷、麻类和药材 0.46 万公顷，种植结构比为 0.1∶48.3∶25.3∶5.9∶6.9∶14.4。此后适应市场需求作出一定调整。棉花种植比重从 1988 年始逐年上调，1996 年达到 10.1%，增加 10 个百分点，成为此前最高点，后逐年下调，至 2005 年仅占经济作物种植比重的 0.5%。油菜种植比重除 1993 年曾一度回落至 43.6%外，其余年度均在上调之中。1994 年首次过半，占 53.3%，1997 年 58.0%，2001 年 61.4%，2005 年上扬至历史最高点 63.3%。花生种植除 1992 年下调至 20.7%外，一度时期保持波动态势。1994 年上调至 27.6%，1996 年降为 24.0%，次年上调至 26.4%，第三年回落至 23.0%。此后持续上调无波动，2005 年达 34.3%，比停止波动的 1998 年增长 11.3 个百分点。烟叶种植 1988 年下调至 2.4%，次年上升为 4.2%，然后缓慢回落至 1995 年的 0.4%，2001 年、2002 年上调为 1.0%，2005 年下降为 0.6%。甘蔗种植比重前期上扬，后期下调，1993 年下调至 5.2%，次年上升至 8.0%，然后持缓回落至 2005 年的 1.3%。以黄麻为主的麻类种植和药材等其他经济作物种植比重在 1986—1993 年保持稳定，维持在 12.1% ~16.9%之间，此后大幅回落至 1996 年、1997 年的 0.7%。1998 年上调至 12.7%，持续 3 年后又回落到零星种植局面。

资阳市雁江区 1986—2005 年经济作物种植结构调整表

表 5-3

项目 年度	经济作物种植面积（公顷）							种植结构比（%）					
	总计	棉花	油菜	花生	烟叶	甘蔗	其他	棉花	油菜	花生	烟叶	甘蔗	其他
1986	32348	38	15636	7885	1907	2180	4630	0.1	48.3	24.4	5.9	6.9	14.4
1987	28919	36	13770	7306	1463	2216	4528	0.1	47.6	25.3	5.1	7.7	14.2
1988	29311	152	14373	7689	713	2269	4115	0.5	49.0	26.2	2.4	7.7	14.2
1989	29210	81	13783	7556	1216	2325	4330	0.3	47.2	25.9	4.2	8.0	14.4
1990	29206	473	14246	7478	954	2439	3631	1.6	48.8	25.6	3.3	8.3	12.4
1991	32479	2383	14923	7592	1041	2599	3941	7.3	45.9	23.4	3.2	8.1	12.1
1992	31390	2571	14471	6509	1123	1925	3791	8.5	47.6	20.7	3.7	6.1	13.4
1993	25490	2036	11107	6067	646	1320	4314	8.0	43.6	23.8	2.5	5.2	16.9
1994	25405	2067	13538	7000	159	2040	601	8.1	53.3	27.6	0.6	8.0	2.4
1995	27501	2005	15467	7479	114	2208	228	7.3	56.2	27.2	0.4	8.0	0.9
1996	24662	2480	14200	6030	113	1667	172	10.1	57.6	24.5	0.4	6.7	0.7
1997	25424	2080	14734	6723	125	1584	178	8.2	58.0	26.4	0.5	6.2	0.7
1998	30617	2202	15720	7043	132	1657	3863	7.2	51.3	23.0	0.4	5.4	12.7
1999	30818	1520	15671	7887	173	1339	4228	4.9	50.9	25.6	0.6	4.3	13.7
2000	33496	1386	16672	8999	233	1199	5007	4.1	49.8	26.9	0.7	3.6	14.9
2001	27172	867	16675	8662	271	733	0	3.2	61.4	31.9	1.0	2.5	0
2002	27227	692	16665	8801	281	785	0	2.9	61.2	32.3	1.0	2.6	0
2003	28030	321	17107	9480	238	717	0	1.1	61.0	33.8	0.8	3.3	0
2004	27982	214	17355	9568	239	517	0	0.8	62.0	34.2	0.9	2.1	0
2005	27896	147	17667	9567	174	287	0	0.5	63.3	34.3	0.6	1.3	0

注："其他"含麻类、药材及其他经济作物。2001—2005 年统计表中不含"其他"类作物

第二节 粮食作物

一、小春粮食作物

（一）小麦

为区内小春粮食作物的主要品种。1984 年耕作制度改革前主要种植在坝地和丘坡一、二台土，水地改水稻一熟为稻、麦（油）两熟后扩大到两季田种植。1986 年小麦种植面积 25399 公顷，比改

制前最大种植面积15219公顷（1976年）增长66.9%，亩产210公斤，总产7.99万吨。水地种小麦推行初期采用两种方法，一是水稻成熟时放干蓄水，收割后深沟排水，翻坑整细种小麦；二是对排水困难田块在水稻收割后划厢分沟排水，平整撒播小麦，亦称“水厢小麦”。20世纪90年代，市农业部门指导农户适度增加两季田油菜种植，减少小麦在两季田播种面积，同时推广“麦、玉、苕”种植模式，扩大旱地小麦种植面积。1986—2005年，小麦播种面积始终保持持续增长态势。20世纪80年代每年按1000公顷速度递增，1990年增加到18661公顷。1992年突破3万公顷大关，播种面积达到30887公顷；1998年达到境内小麦播种史上最高值37767公顷，比1992年增长49.05%。此后，小麦播种面积适度减少，逐步退出两季田种植，但在小春粮食作物中仍占绝对优势。2000年全区播种小麦34867公顷，比1998年减少2900公顷，仍占小春粮食作物总播种面积的90.4%。

长期以来，区内小麦种植均是“满天星”式稀植窝播、净作，在所占地块独成一统，一般允许油菜、胡豆零星间种。麦后栽苕，苕后播麦，一年两熟，周而复始。播种的小麦品种为白小麦，产量低。新中国成立至20世纪70年代引进矮立多、中农28、金大2905、中大2419、山农51、山农205等新品种，产量较白小麦有所提高。80年代，随着玉米种植的兴起，麦、苕轮作的旱地两熟制受到冲击，逐步被“麦、玉、苕”三熟制所代替，改稀植窝播净作为密植坎沟点播。小麦品种先后引进绵阳11号、12号、15号、20号，绵农2号、3号、4号、巴麦18和绵农80—8等优良品种代替此前种植的老品种。1990年全县小麦亩产219公斤，总产9.41万吨，比1986年增产17.81%。

20世纪90年代，“麦、玉、苕”三熟制普及。尽管冬小麦为来年春玉米预留行减少播种面积，但密植保证单位面积基本苗不减少，同时厢播通风透光、麦苗茁壮，比“满天星”窝播净作单产还高。其间，先后引进、筛选、自制培育出8619—10、8619—32、8619—52、8619—304系列和绵阳25号、26号、27号系列，绵农4号38系、70系、481系，川麦30号、107号12个小麦新品种，促进小麦高产稳产。1995年，小麦亩产223公斤，总产11.4万吨，分别比小麦净作稀植窝播时期最高年的1976年高8.4%、13.5%。

21世纪初，农业部门在临江镇试行“麦、玉、苕、豆”四熟制获得成功，后在全区推广。同期引进、推广绵阳31号、33号、35号系列和川麦32号、33号、35号、41号系列以及内麦8号等小麦优良品种。2005年，小麦播种面积30667公顷，总产9.15万吨，比播种面积最高年的1998年减少7100公顷，总产减少7597吨，但单位面积产量增产24公斤。

（二）豌豆

豌豆一般在丘坡三台地以上种植，品种为传统的麻豌豆、白豌豆、红早豌豆、菜豌豆等，单位亩产一般在60公斤以下。70年代末县域豌豆种植面积逐年减少，1986年保留5706公顷种植面积，占全部小春粮食作物总播面积的14.4%，总产6745吨。20世纪80年代种植面积基本维持不变，90年代起大幅度减少。1991年保持4559公顷，1992年3811公顷，到2000年684公顷。21世纪，豌豆种植面积开始回升。2002年1368公顷，以后保持此水平。2005年种植1367公顷，亩产83公斤，总产1702吨。

20世纪五六十年代，豌豆播种仍沿袭窖犁净作模式，播种一般在小雪节气后才能完成。70年代初，为提早播种时间和提高单产量，推广苕地厢式播种法。在红苕收割前整理苕藤，突出苕沟，铲平撒种施干肥，再覆盖，称之为“懒豌豆”。播种时间提早了两个节气。品种改良是促进豌豆高产的一个因素。1986年起，先后引进大菜豌1号、甜脆豌豆、86021、94356、台604、603、小荚豌、黑眉豆、柳叶豌等新品种替代传统品种。

（三）胡豆、大麦

胡豆多在麦地间作、油菜地围作、田坎土角空闲地零星净作。1986年播种胡豆（增、间、套围折合计算）8407 公顷，亩产 94 公斤，总产 11860 吨，多作为家畜精料和酿造工业原料。20 世纪 80 年代后期保持这个种植面积，90 年代逐年减少。1991 年种植 6240 公顷，总产 9236 吨；1995 年种植 4920 公顷，总产 5689 吨，仅为 1986 年的二分之一；2000 年播种面积下降至 2927 公顷，总产 3924 吨。21 世纪初开始回升，2001 年种植 3405 公顷，2002 年 5601 公顷，此后保持在 5000 公顷以上水平。2005 种植胡豆 5165 公顷，亩产 98 公斤，总产 7134 吨。

大麦是家畜养殖精料，但产量低。1986 年全县种植 1.3 公顷，总产 5 吨；1989 年仅种植 0.4 公顷。随着畜牧养殖业的发展，大麦优势逐渐突出，种植面积回升。1991 年达到 40.9 公顷；1994 年达到境内种植面积最高值 248 公顷，总产 720 吨。此后又有所下降，1998 年全市种植 218 公顷，比 1994 年减少 30 公顷；2000 年减为 74 公顷。2001 年开始又缓慢回升，至 2005 年上升至 160.3 公顷，总产 488 吨。

资阳市雁江区 1986—2005 年小春粮食生产情况统计表

表 5－4　　单位：亩产：公斤，总产：吨

项目 年度	小春粮食总产	小麦		豌豆		胡豆		其他作物	
		亩产	总产	亩产	总产	亩产	总产	亩产	总产
1986	98470	210	79860	79	6745	94	11860	250	5
1987	103765	212	85300	77	6571	91	11890	167	4
1988	88284	168	69876	75	6479	96	11926	188	3
1989	102887	202	84984	77	6221	93	11681	167	1
1990	111530	219	94091	79	5753	100	11684	182	2
1991	117107	226	101002	81	5548	95	10539	179	18
1992	114753	218	100852	80	4553	92	9236	183	112
1993	74458	156	76345	52	3162	44	4837	184	114
1994	116130	216	102166	84	4493	90	8751	193	720
1995	121937	223	114021	76	1961	77	5689	172	266
1996	120352	212	113373	83	1539	89	5174	175	266
1997	124389	215	116930	84	1092	95	5985	195	463
1998	105333	175	99138	81	927	90	4662	187	606
1999	78356	134	73769	62	644	69	3520	200	423
2000	113787	208	108785	83	852	90	3924	201	226
2001	72905	137	68910	71	676	87	3113	207	206
2002	97233	220	87122	80	1642	90	7971	196	498
2003	83327	175	74211	74	1633	84	7279	198	204
2004	88255	184	79124	80	1618	95	7036	199	477
2005	100865	199	91541	83	1702	98	7134	203	488

注：其他作物含大麦、荞麦等杂粮

二、大春粮食作物

（一）水稻

20世纪70年代中后期，资阳县引进杂交汕优2号水稻新品种，亩产超过430公斤。当时常规品种亩产200~250公斤。至1986年，杂交水稻种植基本普及。当年全县水稻种植面积21108公顷，亩产444公斤，总产13.93万吨，是常规稻种植年1970年8.33万吨的1.67倍。因最早引进的汕优2号品质易退化，抗病力弱，产量下降。1986年以来又引进并在松涛、莲台、宝台、紫微等乡镇和县农场、龙潭农场自制汕优63、D优63、协优63、II优63、D优10号杂交水稻新品种。1992年引进并在上述农场、乡镇制作出冈优12、汕A×多系1号、K优3号、D优多系1号、冈优多系1号、冈优22号，接替1986年以来引进制作并逐步退化的汕优63等品种。当年水稻亩产达到501公斤；总产16.45万吨，比1986年增产18.14%，为此前水稻总产最高年。1997年、1999年又引进筛选出II优802、II优838、II优501系列良种，水稻亩产连续增高。1999年水稻总产创历史新高，达到16.63万吨。

21世纪初，先后引进品质优、口感好、抗病力强、无公害杂交水稻新品种D优7号、13号、68号、527号，冈优527、冈优364、冈优725号，II优7号、725号，II优92—4和国豪杂优1号、3号，金优527，川香优2号，国豪国香5号，宜香3003等杂交水稻新品种。投入播种以来，除2001年因大旱亩产395公斤外，均在443~481公斤/亩之间，市场销售价值比此前杂交稻高15%。2005年全区水稻亩产463公斤；亩产值851.92元，比此前亩产最高年1999年的亩产值835.2元高出16.72元。

水稻一年种植一季，20世纪七八十年代曾推广两季，但随着水地改制和农业结构调整淘汰了晚稻种植。1990年，县农业局在碑记乡试种118亩再生稻，保留首季稻禾茬，施肥催生新苗，冬初收获，亩产96.5公斤。推广几年后，因不能及时播种小麦、油菜而放弃。

（二）红苕

传统种植方式为净作厢栽，20世纪80年代初至2005年间逐步改革耕作方式，实行小麦、玉米、红苕套种，提高复种指数和单位面积产量。一般在玉米苗长至0.5~0.8米时，林下翻土作厢栽培。均采用薄膜覆盖催芽助长式育苕苗，将红苕栽培由夏至节前提早到小满节前后，以提高红苕单位面积产量。

1985年前，红苕种植品种一般为洋红苕、二红皮、白皮（或姜黄皮）红心苕、南瑞苕、沙埂子等，因多年种植，品质退化，产量下降。1986年引进鲁苕1号、川薯27、徐薯18、二七苕、胜南苕等新品种。1987年种植31824公顷，亩产（折原粮）200公斤，总产95377吨，比上年增产24.16%。1990—2005年引进南薯88、南薯95、川薯101等新品种，亩产保持在200公斤左右。2000年亩产259公斤；当年种植红苕33332公顷，总产12.95万吨，比1994年减少种植面积1001公顷，总产增加35138吨，增产37.24%。

（三）玉米

传统种植方式多为零星种植。20世纪70年代开始苕地间作，初期品种多为传统的硬粒玉米、马牙包谷，后期引进维尔156、双跃3号、新双1号间作，单产不高。

1986年，县委、县政府鼓励农民种玉米，解决畜禽饲料加工原料，先后引进中单2号、华玉32号、丹玉13号、矮三单杂、农大65、豫玉5号和改良中单2号、改良郑单9号、E28×330等杂交玉米新品种，在松涛等4乡镇8个村、54个村民组和县内3个农场筛选制作。同时改革耕作方式和玉米种植技术，改夏播为春播，改直播为薄膜肥团育苗移栽。播种时间由芒种、夏至提早到惊蛰、春分时节，提早75~90天，既躲过可能的伏旱，又缩短玉米对红苕的荫蔽期。改间作稀播为成行密播，一般在上年播冬小麦时留下0.5米玉米预留行，行中临时种植不影响次年玉米播种的冬季蔬菜或饲料作物。次年春分至清明之间，将预留行翻炕整细，将肥团玉米苗移植其中，单行单株1700~2500株/亩，双行双株2700~3000株/亩，比此前苕地间作扩大3.5倍植株。当年种植26412公顷，亩产242公斤，总产9.59万吨，是1976年4.02万吨的2.39倍。

20世纪90年代，引进并推广资阳市3个农场和宝台等5乡镇筛选培育出的掖单13号、成单11号、13号、18号，川单9号、11号、13号，登海11号、农大108、农大3138等杂交玉米新品种。1999年，全市种植玉米34144公顷，亩产292公斤；总产14.96万吨，比80年代总产最高年1989年增产4.61万吨，增长44.58%。

21世纪初5年间引进成单19号、21号、23号，川单21号、24号、27号，东单13号、60号，临奥1号、4号等杂交玉米新品种。同时推广玉米种植新技术，改春玉米为早春玉米与夏玉米两季种植。早春玉米为早熟菜玉米，专供人们“尝味”食用，芒种节已大量上市。单产不及夏玉米，但单位面积销售产值是夏玉米的1倍以上。在立夏节收获小麦以后，又在早春玉米行间种植夏玉米，早春玉米收获后又在早春玉米地（夏玉米行间）种秋大豆，变一年两熟、三熟为冬小麦、早春玉米、夏玉米、秋大豆四熟，良性循环，再度增大复种指数和单位面积产量。2005年亩产达到340公斤，总产15.66万吨，比之前总产最高年1999年减少播种面积3437公顷，总产增加27644吨，增产21.34%，是境内玉米亩产、总产历史最高年。

（四）大豆、高粱

大豆种植品种主要为“春豆子”，一般在清明节后种植在田坎土角和胡豆收割后的地块及空闲地。1986年，全县大豆种植面积1356公顷，亩产105公斤，总产2135吨。1987年播种面积增至2609公顷，之后逐年下滑至1992年的1760公顷。1994年市农业局引进秋大豆优良品种，一般在立夏后播种在棉行、玉米行与红苕间作，亦有在田坎地角空闲地种植的，当年播种面积增至3197公顷；但由于天旱和田间管理不当，亩产仅63公斤。次年播种面积减少到996公顷，为此前最低年。21世纪，政府再次将秋大豆作为种植结构调整的优化品种。2001年区农技人员加强种植指导，播种面积增至4887公顷，总产达到7480吨，创历史新高。此后至2005年，每年播种面积保持在4000公顷左右，单产由100公斤/亩增至110公斤/亩。

1986年，全县高粱种植面积1218公顷，亩产170公斤，总产2460吨。高粱均在苕地间作，零星地净作，植株高，枝叶茂，荫蔽大，产量低。1987年种植77公顷，1989年下降至54公顷，1992年再降至44公顷。1994年春旱，作为增种作物，高粱植面增至878公顷，次年又回落至178公顷。1996年种植103公顷，次年下降为50公顷，2002年全区仅种植32公顷，之后基本放弃种植，只作为主要农作物因天旱错过农时的补充性种植。

资阳市雁江区1986—2005年大春粮食生产情况统计表

表5－5 单位：亩产：公斤，总产：吨

项目 年度	全部粮食作物产量总计	大春粮食产量合计	水稻		红苕		玉米		大豆		高粱		其他	
			亩产	总产	亩产	总产	亩产	总产	亩产	总产	亩产	总产	亩产	总产
1986	415510	317040	444	139270	172	76820	242	95935	105	2135	170	2460	123	420

续表

项目 年度	全部粮食作物产量总计	大春粮食产量合计	水稻		红苕		玉米		大豆		高粱		其他	
			亩产	总产	亩产	总产	亩产	总产	亩产	总产	亩产	总产	亩产	总产
1987	402194	298429	457	136397	200	95377	148	60618	84	3287	168	2198	131	552
1988	399314	311030	461	144670	148	68716	216	91548	81	2941	160	2523	201	632
1989	451576	348689	474	149607	190	90995	235	103439	75	2477	138	1685	143	486
1990	480340	368810	501	158569	190	96813	224	108611	90	2864	160	1374	110	579
1991	501025	383918	463	147186	211	104225	193	128678	92	2482	162	830	111	487
1992	516807	402054	503	164540	222	111937	191	121974	86	2271	221	815	120	517
1993	410864	326406	463	144795	196	99803	168	78795	90	2381	169	632	118	502
1994	441380	325250	436	138279	183	94359	185	88408	63	3024	184	551	108	634
1995	480552	358615	502	160668	199	102296	194	93870	91	1300	180	448	105	600
1996	490106	369754	503	160989	179	93183	230	113924	90	1390	175	268	110	580
1997	520824	396435	515	164080	188	97971	264	132549	100	1700	180	135	107	592
1998	526635	421302	491	155209	231	121569	274	142108	91	2275	185	141	112	580
1999	527232	448876	522	166294	245	129062	292	149551	101	3844	185	125	113	600
2000	487235	373448	515	159707	259	129495	166	78039	110	6049	160	158	107	598
2001	349191	276286	395	111212	218	108786	106	48808	100	7480	162	164	120	620
2002	479751	382518	481	144560	159	76530	324	155005	100	6344	160	79	113	563
2003	450663	367336	443	122979	220	97495	322	139829	105	7214	150	181	102	362
2004	481733	393478	460	127809	226	103887	328	147989	100	6942	150	278	158	6573
2005	501056	400191	463	131261	215	99465	340	156606	110	6348	150	480	152	6031

注："其他"含绿豆等小杂粮；红苕单产、总产量按每5公斤红苕折1公斤原粮计算

第三节 经济作物

一、棉花

农村实行联产承包责任制后，分户作业的农户主要种植粮食作物和经济作物中的油料作物，大幅减少棉花种植面积。1986年资阳县种植棉花38公顷，总产皮棉25吨。1990年，县政府号召恢复棉花种植，在县内选择3个区7个乡（镇）73个村648个村民组发展棉花生产；引进川杂8号、9号和川优1号新品种，替代此前多年种植的川杂1号、4号、6号棉种；派出农技人员深入60个村民组，指导农户。当年全县植棉473公顷，亩产40公斤，总产皮棉284吨，其中采用地膜大田覆盖移栽的35.63公顷棉田获得66.6公斤/亩的高产。次年大面积推广植棉经验，种植面积扩大到2383公顷，是上年的5.04倍；但当年天旱，亩产仅30公斤，是此前最低年。1992年播种面积增至2571公顷，此后一段时期保持2000公顷以上种植面积。

根据境内春季气温回升快，夏、伏旱和秋淋发生频率高的气候特点，农业部门和植棉科研人员指

导农户实施以小春旱地改制为主的耕作方式改革，逐步推行30/30、22/22、21/21、60/30等小麦预留行中厢带植模式，提早棉花移栽期，避开生长期内的夏、伏旱和收割期的秋淋灾害。1992年扩面种植，亩产皮棉64公斤，总产2478吨。1996年，实施“三高”棉田开发项目，种植优质棉1443公顷，占植棉总面积2480公顷的58.18%。农户根据3月中下旬冷尾暖头天气，分段培肥苗床，催根促芽，独子大肥团地膜保温规范化育壮苗，地膜覆盖规范化移栽，确保苗齐苗壮。田间管理实行平衡配方施肥，化调促控搭架子，合理整枝去芽，协调株冠，增结伏桃和早秋桃，促进棉花高产。当年“三高”项目棉田亩产80.97公斤，是常规种植亩产42公斤的1.93倍。

2000年，区农业部门组织棉农实施棉田综合利用开发项目，充分利用冬小麦预留行，在棉苗大田移栽前种植蔬菜或饲料或大麦等早熟品种；小麦收割后用小麦地（棉株宽行）套种花生、脚板苕、芝麻等经济作物；套种作物收割后种秋菜；秋菜收割后种冬小麦；周而复始，良性循环。当年全区植棉832公顷，综合利用开发累计新增产值104万元，受到省农业厅表彰。进入21世纪，国家实施种植区域结构调整，资阳市雁江区不再为产棉区；全区棉花种植面积逐年递减，到2005年仅保留147公顷种植面积，亩产50公斤，总产皮棉110吨。

二、油菜

油菜是区内主要经济作物，种植面积占全部经济作物种植面积一半以上。油菜属旱地作物，一般种植在丘坡一、二台地，小麦地亦有间作。20世纪80年代大规模推行水田两季轮作改制后，油菜以其根系多根瘤菌、可以提高土壤肥力、较小麦收割早、次年易整细、有利水稻栽培等特点，在两季田中占有很大的种植份额。1986年全县种植油菜15636公顷，亩产98公斤；总产23507吨，是家庭联产承包责任制推行前总产最高年1978年5410吨的4.35倍。之后，油菜种植逐步由坡地间作，一、二台地净作转向两季田净作；加上一、二台麦地间作，种植面积不断增大。1986年起，每年按上一年播种面积的112.99%扩大种植面积。2005年种植17667公顷，亩产135公斤；总产35776吨，比1986年增产12268吨，增长52.19%，年均增速2.75%。

油菜品种轮替是增产的一大要素。1970年前使用的油菜品种有胜利油菜、拱辰桥、马尾丝、泡泡壳、小黑棒、日本油菜、协作1号、川油2号、川油9号、新都4号、矮架早等品种。1980年起先后引进培育西南302、川油9号、江油19号、中油821等品种。1990年后引进筛选出蜀杂1号、6号、7号，秦油2号，中双4号，川油11号、16号，中油119，油研7号、9号，蓉油4号、6号等品种。2000—2005年先后引进筛选出绵油11号、12号，蜀杂9号、11号，南油8号、油研10号等品种。

三、花生

花生是区内仅次于油菜的主要经济作物。1986—2005年播种面积常年保持在6000～9500公顷，占全部经济作物种植面积的23%～34%之间。计划经济时期，上级给资阳县下达的花生种植计划指标很少，只有丹山、中和、保和部分地方有种植；一般安排在坡薄地、鸡啄空闲地种植；种植品种为多年不换的鸡窝花生、“扯子子”等，20世纪五六十年代先后引进南充混选、油果、伏花生等品种；产量不够上缴国家统购任务。

1986年以后，县委、县政府在调整农业种植结构中，将花生列为重要的种植项目，逐年扩大种植面积；种植区域由北部粮棉油烟区扩展到全县所有地区。1993年后进一步推广花生种植，从三台以下地块移向一、二台地净作加玉米地间作和棉田套作；先后引进筛选出天府3号、8号、9号品种；

亩产均在百公斤以上，尤以棉田套作产量最高。棉田套作模式一般是在棉田宽行种花生，花生、棉花同期生长，分层次利用光照，水、肥共用，单位面积产值显著提高。2000 年以后，农业部门引进天府 10 号、12 号、13 号和海花 1 号等杂交花生新品种；种植面积由 20 世纪八九十年代长期保持的 8000 公顷以下扩大到 8000 公顷以上；2003 年首次突破 9000 公顷，达到 9480 公顷。2005 年，全区种植花生 9567 公顷，单产 100 公斤，总产 14356 吨，为辖区花生种植史上总产最高年。

四、甘蔗、黄麻

农业合作化时期，一般只在沱江及其他溪河河滩零星种植甘蔗，以芦茅蔗居多，产量不高。随着内江制糖业发展，上级下达甘蔗种植计划指标逐年增加，县内甘蔗种植面积逐年扩大。1986 年后引进红蔗。1988 年在沱江左岸侯家坪、迎接、丰裕、慈祥、忠义 5 乡镇建立甘蔗万吨基地乡镇，示范甘蔗立体农业模式；在地坝、丘坡一台地选择适宜甘蔗种植地块，上年冬在小麦地空出甘蔗预留行，次年春在预留行种蔗；小麦收割后在甘蔗行间套种番茄、西瓜、土豆、海椒、红苕、烤烟、花生、绿豆等低矮作物，分层次利用光照，喷施稀土，水、肥共享，以提高单位面积经济效益。当年全县种植甘蔗 2269 公顷，其中 5 个基地示范乡镇种 1228 公顷。全县大面积亩产 3468 公斤；总产 11.81 万吨，其中工业压榨 10.72 吨。

1989 年，推广甘蔗立体示范经验，全县种植面积比上一年增加 56 公顷。1991 年，种植 2599 公顷，总产甘蔗 14.51 万吨，为辖地种蔗史上面积、总产最高年。此后因市场变化，种植面积时增时减。1993 年仅保留 1320 公顷，总产 8.34 万吨；次年回升到 2040 公顷；1995 年再扩大到 2208 公顷；21 世纪初下滑至千公顷以下；2005 年甘蔗种植面积 287 公顷，单位亩产 3.5 吨，总产 1.51 吨。

1986 年，全县种植黄麻 2530 公顷，亩产 235 公斤，总产干麻 8919 吨，是辖地黄麻种植面积、单产、总产历史最高年。次年起，黄麻退出统购，实行议购并放开市场；供销系统不再独统黄麻市场；全县种植面积下滑至 1067 公顷。由于缺乏技术指导，产量亦逐年下滑。1988 年保持 156 公斤/亩，此后一般年度在 100 公斤/亩以下。1993 年有所回升，单产 102 公斤/亩，种植面积 1413 公顷，总产 2000 吨以上。但疲软的麻类市场很难刺激麻农的生产积极性，2001 年、2002 年，全区种麻面积仅 2.7 公顷，亩产 73 公斤，总产 3 吨。

五、烟叶、药材

四川卷烟厂落户资阳后，促进了县内烤烟的规模种植。1986 年全县种植烤烟 1907 公顷，亩产干烟叶 54 公斤，总产 1554 吨。1987 年后，烟叶市场供大于求；县适度调减种植面积，当年播种 1463 公顷，较上一年减少 444 公顷；1988 年降到千公顷以下，仅保留 713 公顷种植面积。1989 年烟叶市场形势好转并全面放开，烟叶价格上扬；当年全县种植 1216 公顷，亩产 91 公斤，总产 1657 吨，为此前最高年。至 1992 年，每年播种面积均在千公顷以上。20 世纪 90 年代中后期，四川卷烟厂出现亏损，1999 年被成都卷烟厂兼并。市内烟叶生产亦随之滑坡，1995 年产量下降到百吨以下。成都卷烟厂兼并四川卷烟厂时，承诺继续收购资阳烟叶，同时派出技术员，引进优良品种，指导种植。当年种植面积由低谷期的 113 公顷扩大到 173 公顷；亩产 139 公斤，为资阳烟叶种植史上亩产最高年。2000 年后每年种植面积在 200 公顷以上，交售烟叶 300 吨以上。

区内中药材种植大部集中在沱江以东的中和、丹山、小院等地，1986 年已达 23 个品种。每年种植面积不等，一般在 500 ~ 1000 公顷之间。2001 年，中和、小院、县玉米原种场试种川芎、丹参、青木香等 6 个中药材品种并获得成功。2002 年起在部分乡镇推广，中药材种植面积首破千公顷；仅推广的丹参等6种中药材种植面积就达170公顷，增加中药材产值300万元。当年引进川芎、吴朱萸、芍药、天麻等20个中药材品种，建立和培植中药材生产“三优化”示范园区和专业大户，共示范种植中药材100公顷。至2005年，全区中药材种植面积160.7公顷，年创产值300万元。

资阳市雁江区1986—2005年主要经济作物生产情况统计表

表5－6 单位：亩产：公斤，总产：吨

项目 年度	棉花		油菜		花生		麻类		烟叶		甘蔗	
	亩产	总产	亩产	总产	亩产	总产	亩产	总产	亩产	总产	亩产	总产
1986	43	25	98	23507	92	10912	235	8919	54	1554	3067	100308
1987	64	34	101	21003	97	10591	125	3314	29	643	3215	106893
1988	43	99	95	21533	86	9934	156	4007	58	620	3468	118061
1989	40	48	98	20852	92	10477	85	1904	91	1657	3531	123136
1990	40	284	102	21992	99	11106	95	2329	74	1058	3559	130220
1991	30	1251	114	26141	109	12409	98	2755	38	595	3723	145110
1992	64	2478	106	22141	116	11278	102	2612	63	1066	4483	129438
1993	51	1554	90	13772	103	9361	101	2142	71	688	4000	83358
1994	30	930	94	22541	62	6553	77	670	55	132	2000	61200
1995	40	1203	101	25020	88	9872	99	297	58	99	3000	99375
1996	42	1562	94	19866	96	8683	99	206	75	127	2420	60514
1997	46	1435	103	22806	121	12202	85	171	80	150	1800	42768
1998	42	1387	109	25588	120	12678	85	172	138	274	3500	87010
1999	51	1163	104	24462	132	15616	90	184	139	361	3550	71302
2000	40	832	101	25258	116	15658	80	67	135	472	3000	53955
2001	35	455	89	22261	83	10734	73	3	88	358	2100	23090
2002	45	467	122	30497	101	13334	73	3	90	379	3100	36503
2003	50	241	118	30279	101	14362	69	175	85	303	3300	35492
2004	55	177	123	32020	98	14053	67	96	90	323	3350	25979
2005	50	110	135	35776	100	14356	70	65	98	256	3500	15068

第四节 蔬菜、饲料

一、蔬菜种植

1986年，全县蔬菜种植面积4818公顷。至1993年，种植面积以每3年递增1000公顷的速度增长。1993年，市委、市政府号召菜农发展蔬菜生产。1994年种植面积增至9412公顷，比上年净增2369公顷；次年再增至11005公顷。1998年、1999年因洪灾与旱灾影响有所减少。2000年，区委、区政府号召城市周边的临江、松涛、宝台、侯家坪等十几个乡镇（场）大力发展蔬菜生产，并加强对菜农的技术指导，主要在平坝地区大力发展大棚蔬菜和无公害绿色蔬菜。当年全区蔬菜种植面积

13635 公顷。至 2005 年，每年均保持在万公顷以上，2005 年为 13428 公顷。

区内有蔬菜品种 48 个，归属 13 大部类。春夏季种植的蔬菜有豇豆、四季豆、峨眉豆、大刀豆、刀豆、扁豆、茄子、辣椒（海椒）、生姜、山药、西红柿、冬瓜、南瓜、三月瓜、北瓜、苦瓜、丝瓜、黄瓜、地瓜、线瓜等品种，以豇豆、四季豆、茄子、苦瓜、黄瓜、南瓜和辣椒为大宗菜。秋冬季有萝卜、青菜、白菜、莴笋、大头菜、莲藕、葵菜、韭菜、葱、蒜、芹菜、芫荽等品种，以萝卜、青菜、白菜、莴笋、大头菜、莲藕为大宗菜。大棚应用于蔬菜种植以后，种植大量的反季节蔬菜；蔬菜种植已无明显的春、夏、秋、冬之分。

1980 年前，蔬菜主要种植在社员的自留地里，大集体只有少量种植，产量很低。1986 年后，一般都选择较好的平坝地、丘坡一台地种植，加之农业部门的引种和技术指导，产量较高，亩平产值均为粮食作物的 2～3 倍。20 世纪末，区内有临江、雁江、东峰、小院、石岭、保和、宝台、松涛、南津 9 个蔬菜生产基地乡（镇）和 28 个蔬菜种植大户，蔬菜种植由分散向集中成片转化，逐步形成沱江流域雁江段万亩无公害蔬菜基地。

二、青饲料种植

20 世纪 80 年代，农村畜禽饲料主要有苕藤、蔬菜边角、胡豆秸秆、牛皮菜及野生牧草等青绿饲料。90 年代初引进种植松香草、三叶草、苇状羊茅、黑麦草等品种，以黑麦草为主。1996 年以后，先后引进产量高、营养丰富的紫花苜蓿、苏丹草、篁竹草、籽粒苋、鲁梅克斯、奇可利等牧草新品种。

1986 年全县饲料、饲草种植面积 6956 公顷，总产饲料 15.66 万吨。此后每 5 年以 1000 公顷速度递增。1987 年超过 7000 公顷，1988 年达到 8189 公顷，1993 年扩大到 9685 公顷，1998 年升至 10454 公顷，2003 年升至 11000 公顷。2005 年种植 11320 公顷，为之前最高值。

第五节　水果、蚕桑

一、水果种植

区内水果品种约 30 余种，以柑橘类、梨类居多。1986 年水果总产 7028 吨，其中柑橘 5500 吨，占总产 78.26%；梨 888 吨，占 12.64%；苹果及其他水果 640 吨，占 9.1%。

1986 年后，柑橘种植面积和产量呈上升态势。1989 年总产量 13895 吨；1992 年突破 2 万吨大关，达到 2046 吨。20 世纪 90 年代中期，市林果部门大量引进、嫁接更换柑橘新品种，同时扩大种植面积。1999 年柑橘产量突破 3 万吨大关，总产 36112 吨；2001 年再破 4 万吨大关，总产 41638 吨。21 世纪初实施退耕还林工程后，柑橘种植再度发展。2003 年突破 6 万吨大关，总产 64171 吨；2005 年突破 8 万吨大关，总产 80749 吨，占全部水果总产 87715 吨的 92.06%。

梨的种植面积和产量仅次于柑橘。1984 年伍隍等 4 乡镇种植 150 公顷梨树，至 1989 年进入盛果期，产鲜梨 1577 吨，比 1986 年增产 689 吨。20 世纪 90 年代前期，部分梨树老化，产量下降。1995 年仅产梨 635 吨，是 1989 年、1990 年产量的 40.27%，次年产量再下降为 624 吨。1997 年，市林果部门分别从永川、简阳引进藤梨、黄金梨、丰水梨，组织果技人员为果农嫁接新品种。次年老梨树发新芽。1999 年梨总产量回升，超过此前最高年 1991 年，达到 1612 吨。2000 年突破 2 千吨大关，总产2036吨。21世纪初东峰等7乡镇新栽梨树27.58公顷，加之90年代后期种植的梨树已进入盛果期，全区梨产量直线上升，2002—2005年总产量16630吨。

1986年后，苹果、枇杷、桃子等水果种植有一定发展，至1990年年总产5991吨。但此类水果大多在房前屋后或鸡啄空闲地栽植，很少成片种植，又疏于施肥、整枝和治虫，故果树老化加速，产量下滑。1993年下降为103吨，1995年再下降至92吨，1997年苹果基本退出种植。21世纪初发展多品种水果，至2005年南津等5乡镇共种植枇杷88.97公顷、桃子12.95公顷、核桃841.02公顷。当年新栽枇杷74公顷挂果，实现产值105万元。

1981年，县农业局引进新澄系列西瓜品种，因其品质好、市场畅销，推进了县域西瓜产业发展。1988年成规模种植3000公顷，年产西瓜7万吨。1989年引进台湾新红宝西瓜。1991年引进国产新红宝聚宝1号，当年全县西瓜种植面积在3000公顷以上。1995年后，因在同一地块多年重复种植，种瓜区土壤病害加重，种植面积逐年下滑，至1999年已不足千公顷。21世纪初，金皇后、甜爽、甜王、红小玉等一批西瓜新品种经筛选培育入驻区内，西瓜种植出现老区恢复性发展、新区辐射性发展局面。尔后逐渐建立西瓜主产乡镇专业协会及经纪人队伍，解决了产前种子、物资组织供应，产中技术指导，产后西瓜营销问题。祥符镇西瓜协会覆盖三县五镇，会员从84户发展到2005年的3850户；种植经区经作站选送的4个西瓜品种，其中3个获省优质西瓜称号，甜爽品种获全省第一名。2005年全区种植西瓜2000公顷，总产4万余吨。

二、桑树种植

雁江区属川中蚕桑次产区，1986年单成片桑园面积1200公顷，1988年可供7425张蚕食用。此后几乎每年育桑苗、栽桑，桑树栽植面积、成桑年年增加。1987年育苗7.89公顷，栽桑29万株，良桑嫁接130万芽，成活率85%。1990年，县确立伍隍区、小院区为蚕桑重点区；各区成立蚕桑发展领导小组。当年伍隍区育桑苗68.9公顷，栽桑500万株；小院区栽桑150万株；全县共栽桑2000万株，除田坎、土边桑外，仅成片桑园就发展到1489公顷，保证了1.5万张蚕的桑叶供应，成为桑树种植高峰年。此后10年中，由于蚕丝市场疲软，桑种植面积逐年下滑，成年老桑和影响耕作的桑树被大量砍伐；到90年代末，所产桑叶已不够3000张蚕食用，2000年仅养蚕2871张。

21世纪初期，区委、区政府决定恢复发展蚕桑生产，在退耕还林时退耕还桑。2001—2005年共栽桑879.04公顷，其中建小桑园158公顷。在大面积栽植桑树的同时，培植种桑养蚕重点户、专业户312户，共栽桑30.84万株。其中丹山镇一种植户承包荒山20公顷，育桑苗2公顷，建小桑园8公顷，栽桑14万株，至2005年已能养蚕300张。

资阳市雁江区1986—2005年蔬菜、饲料、桑果种植情况表

表5-7

项目 年度	种植面积（公顷）				水果产量（吨）				
	蔬菜	饲料	桑园	果类	合计	柑橘	苹果	梨	其他
1986	4818	6956	1200	4132	7028	5500	50	888	590
1987	5053	7483	1203	4186	9895	8500	48	816	531
1988	5357	8189	1216	4340	6521	5500	40	700	281
1989	5862	8403	1289	4508	17480	13895	42	1577	1966
1990	6130	8822	1489	4575	21085	13475	42	1577	5991

续表

项目/年度	种植面积（公顷）				水果产量（吨）				
	蔬菜	饲料	桑园	果类	合计	柑橘	苹果	梨	其他
1991	6275	8697	1501	4695	21815	18002	47	1595	2171
1992	6888	8964	1473	4727	22778	20046	46	1463	1091
1993	7043	9685	1563	4798	22188	20983	16	1086	103
1994	9412	9235	1204	5128	24893	23186	9	1283	415
1995	9497	9200	687	5255	25000	24260	13	635	92
1996	11005	9087	643	5301	25795	24980	5	624	186
1997	11209	10341	611	5576	27933	26583	2	683	665
1998	8655	10454	598	6616	31369	29099	—	1300	970
1999	10261	10665	603	7018	38776	36112	—	1612	1052
2000	13635	10818	640	7271	42338	39067	—	2036	1235
2001	13646	10800	650	7483	45095	41638	—	2057	1400
2002	12762	10500	670	9663	52815	47534	—	3281	2000
2003	11894	11000	670	10728	71740	64171	—	4569	3000
2004	12723	11080	869	10918	74061	66247	—	4814	3000
2005	13428	11320	880	11864	87715	80749	—	3966	3000

第六节　种植技术推广

一、农耕制度改良

根据本地气候条件，首先推广“水地一年两熟制”，改冬水田为两季田。在水稻穗粒半熟时开沟排水，收割后再深沟排除余水，晒干翻炕种植小麦或油菜，小麦（油菜）收割后整田栽水稻。1986年，全县实有水地面积20851公顷，实际播种水稻、小麦（油菜）28814公顷，复种指数138.19%。随着两季田的逐年扩大和普及，复种指数不断升高。1997年，实有水地20501公顷，两季实际播种35805公顷；复种指数174.65%，比1986年提高36.46个百分点，为两季田利用最高年。此后因种植结构调整，经济作物种植面积增加和稻田养鱼、稻田种藕项目的发展，水地总面积减少，两季田面积逐年递减；但充分利用了水稻与油菜播种间隙期种晚秋菜，故复种指数仅有小幅回落。2005年，实有水地面积18543公顷，水旱两季实播面积28070公顷；复种指数151.38%，比此前最高年1997年下降23.27个百分点。20世纪90年代以来，又在水地推广少耕、免耕、秸秆还田等耕作制度，使水地养用结合，以提高地力、达到增产增收效果。

20世纪80年代初，县农业科技部门结合本地光、热、水资源集中于4—9月的气候特点，根据玉米、棉花、花生、大豆、红苕、蔬菜等旱地大春粮经作物对光、热、水资源的需求及其生长规律，指导农民改革旱地耕作制度。改传统旱地麦（豌、胡豆）、苕（棉）两熟制为三熟、多熟制。一般模式有：窄行麦、玉、苕分带（套）轮作；中厢麦、玉、苕，麦、椒、玉、苕，麦、棉、花生分带轮

（套）作；宽厢麦、西瓜、苕、菜，麦、花生、玉、苕、菜，麦、椒、玉、苕、菜分带轮（套）作。至1986年，旱地改制基本完成；当年全县实有旱地56143公顷，实际播种作物面积136219公顷，复种指数242.63%。此后旱地三熟逐步向多熟制推进，复种指数持续提高。1990年复种指数为266.73%，1998年提高到287.02%，2002年再升至323.57%。2005年，雁江区实有旱地46917公顷，采用多熟制实际播种面积160052公顷，复种指数341.14%，土地利用率为历史最高水平。

资阳市雁江区1986—2005年农耕制度改良情况表

表5－8 面积单位：公顷

项目/年度	实有耕地面积	作物实播面积	复种指数（%）	其中 水地 实有面积	水地 实播面积	水地 复种指数（%）	旱地 实有面积	旱地 实播面积	旱地 复种指数（%）
1986	76994	165033	214.48	20851	28814	138.19	56143	136219	242.63
1987	76938	168535	219.05	20850	29019	139.18	56088	139516	248.74
1988	76838	171832	223.63	20879	29274	140.21	55959	142558	254.75
1989	76615	173990	227.10	20849	29474	141.37	55766	144516	259.15
1990	76448	179090	234.26	20822	30721	147.54	55626	148369	266.73
1991	76377	193265	253.04	20831	31043	148.31	55546	162222	292.05
1992	76244	191293	250.90	20778	30380	146.21	55466	160913	290.11
1993	76079	176831	232.43	20552	30094	146.43	55527	146737	264.26
1994	76013	179265	235.83	20519	29954	145.98	55494	149311	269.06
1995	75773	178464	235.32	20530	32051	156.12	55243	146413	265.03
1996	75523	177451	234.96	20541	31477	153.24	54982	145974	265.49
1997	75427	180573	239.40	20501	35805	174.65	54926	144768	263.57
1998	75124	185892	247.45	20397	28813	141.26	54727	157079	287.02
1999	75022	186863	249.08	20387	29812	146.23	54635	157051	287.45
2000	74886	187367	250.20	20376	29386	144.22	54510	157981	289.82
2001	73806	187229	253.68	20005	27363	136.78	53801	159866	297.14
2002	68819	188687	274.18	19558	29294	149.78	49261	159393	323.57
2003	66514	183881	276.45	19525	27888	142.83	46989	155993	331.98
2004	66112	185052	279.91	19425	29670	152.74	46689	155382	332.82
2005	65460	188122	287.38	18543	28070	151.38	46917	160052	341.14

二、育种与推广

20世纪80年代以来，农业科技部门将作物良种引进推广作为粮经作物增产增收的重要保障。1986—2005年先后引进和自制培育了优良杂交水稻品种33个、玉米杂交优良品种28个、棉花优良品种6个、红苕品种6个、小麦良种27个、油菜良种23个、豌豆品种9个、花生品种8个。

水稻杂交良种繁育集中在松涛、莲台、宝台、紫微、小院、鲁家等乡镇和县农场。1986年水稻制种132.48公顷，亩产343.5公斤，总产水稻种子341.34吨；当年除保证本县使用外，向南充、兴文、芦山等地外调120吨。此后一度时期繁育面积扩大，1990年全县制种252.07公顷，总产710吨，满足了本县及周边5县用种。随着水稻杂交种子市场供应量的增多，繁育面积逐渐减少，1998年下降为80.7公顷，总产210吨。至2000年回升至159.47公顷，总产610吨，并一直保持这个水平。玉米杂交制种主要集中在龙潭、大腰、清水、松涛等乡镇所属的24个村142个村民组及县玉米原种场。1986年繁殖自交系膜玉米良种1183.8公顷，亩产194.5公斤，入库种子174.24吨；品种有中单2号、改良中单2号、郑单9号、丹玉13号和E28×330、矮三单交等6个组合。1993年配制9个玉米杂交组合共358.73公顷，入库1137吨。2000年后有所扩大，常年在600公顷以上，制种组合10个以上，总产玉米种子2000吨以上，保证了本区及川中部分县用种需要。

按照作物种植“施肥不如换种”的传统经验，20世纪70年代推广水稻汕优品种，替代时已退化的汕优系列，90年代推广改良汕优、D优系列、冈优系列，21世纪初推广优质、高产、抗病的II优系列品种和国豪杂优、金优、川香优等新品种。1986—2005年，先后5次更换玉米杂交种，4次更换红苕品种，6次更换小麦良种，6次更换油菜品种，3次更换棉花品种，保证主要粮经作物种植持续稳定增产丰收。

三、作物栽培技术推广

20世纪80年代初至21世纪初，先后引进和推广农作物地膜育苗技术、大田地膜覆盖栽培技术、水稻定向定距和半旱式栽培技术、两季玉米栽培技术、棉田综合利用技术、作物配方施肥技术、脐橙激素保果技术，其中地膜育苗、作物配方施肥技术增产效果最明显。

地膜育苗起于20世纪70年代初，应用于棉花、玉米的地膜肥团育苗，即肥团点穴后播籽其中，放于平整地块施撒薄土后用地膜覆盖保温保湿催芽促长，半月后将壮秧移栽大田。80年代始用于水稻育秧，历经了“两段式”、“一段式”两个阶段。“两段式”即温室催芽、移栽秧田后再薄膜覆盖两个操作阶段。“一段式”起于90年代初，基于“两段式”费工、费时、费资本而采用推广的。平整秧田后，撒播经浸泡处理的稻种，用地膜拱棚覆盖，较之“二段式”节省80%的资金和劳力。至2005年，“一段式”旱育秧技术被长期保持使用。地膜育苗于90年代被广泛运用于花生、蔬菜等各种农作物育苗，提早了作物栽培时间。90年代后期，农技推广部门总结地膜覆盖育苗技术经验，将地膜覆盖技术广泛应用于旱地作物大田栽培；应用率最高的是玉米、棉花、花生，年均推广面积7500公顷，至21世纪初期年均推广面积1.5万公顷。

平衡配方施肥于20世纪80年代被广泛推广。1986年，全县推广配方施肥面积15494公顷，其中水稻10948公顷、花生2301公顷、烤烟754公顷、甘蔗733公顷、玉米758公顷；当年增加农业产值175.96万元。1990年配方施肥面积达到2万公顷以上，1995年超过6万公顷。1999年达133490公顷，占作物总播种面积的71.44%。水稻配方施肥，增产效果明显。一般在大田水稻栽插前，在平整田块同时，将水稻生长全程所需营养的80%，按氮、磷、钾、锌一定比例集中施于田块，待全部沉淀于泥土中后栽插秧苗，谓之“全程施肥”。生长期仅少量抛施壮苗肥、保穗肥即可高产。80年代后期，在推广平衡配方施肥的同时，根据作物生长情况，推广作物根外喷施稀土施肥法。1988年推广水稻、甘蔗、两杂制种根外喷施稀土3421公顷，施用稀土1.8吨，增产粮食371吨、甘蔗7010吨，增加产值87万元。1990年县土肥站对甘蔗、西瓜、玉米分别进行“四个处理三次重复”“三个处理三个重复”“五个处理三个重复”喷施稀土试验；甘蔗亩增产237.6公斤，西瓜亩增产60.6公斤，玉米亩增产18.9公斤。

规范栽培技术首先应用于棉花、水稻、玉米、大棚蔬菜等农作物。1986年广泛推广水稻大田栽培东西定向、定距栽培。1994 年推广抛秧技术，同时推广侯光炯教授发明的水稻半旱式栽培法，改平作栽培为一定规格的垄沟栽培，集杂交良种、地膜育秧、中苗直播、全程施肥、双株栽培、病虫防治于一体，节约种植成本；但操作复杂，推广缓慢。玉米、小麦地东西定向窄行、中厢、宽厢带植 3 种带植法推广先后起于 1981 年、1986 年、1991 年，既保证玉米生存空间和单位面积的有效株数，同时用地膜覆盖生存地土壤，可保温保墒，增肥地力，提早收获期。1986 年规范栽培玉米 6812 公顷，1992 年栽培 21282 公顷，2000 年栽培 30341 公顷，基本普及。在 20 世纪 90 年代推广两季玉米栽培，早春玉米亩产 185 公斤，夏玉米亩产 230 公斤，比一季玉米平均增产 149.5 公斤。但早春玉米品种多为菜玉米，一般在沱江流域坝地种植，推广量不大。2005 年早春玉米播种面积 238 公顷，仅占全年玉米种植面积 30707 公顷的 0.78%。

四、作物植保技术推广

区内设有 9 个农作物病虫害群众测报点，随时掌握农作物病虫害情况并采取相应措施。1986 年以来，先后在各乡镇推广农药机动水雾、干粉喷施法，沙土拌药（毒土）撒施法，配合施肥处理法等农作物病虫防治技术。据农业局植保植检站病虫检测资料和防治记录：1986—2005 年，辖地农作物病虫、草鼠害年均发生面积 23.87 万公顷（次），防治面积 24.12 万公顷（次）。

区内水稻病害主要有稻瘟病、纹枯病、稻曲病，虫害有稻螟虫、稻蓟马、稻飞虱、稻苞虫、黏虫等，尤以螟虫、稻瘟病危害最烈。一般防治方法是用 25% 杀虫双水剂按每公顷 3000 ~ 3750 克兑水 750 公斤进行机动喷雾，养蚕区改用每公顷 3500 ~ 4000 克杀虫双拌土 375 ~ 450 公斤撒施，此外还用杀虫脒、乐果乳油、敌敌畏等农药防治。稻瘟病防治一般在秧母田进行，用春雷霉素 75 ~ 100 克兑水 50 公斤喷雾。玉米病虫害主要有斑病、纹枯病、玉米螟、土蚕、毛虫、蝗虫等，以玉米螟、纹枯病较普遍。对土蚕、玉米螟采用人工捕捉和毒土选株方式，纹枯病防治采取拔出病株和用农药喷雾等方式。红苕主要病虫有黑斑病、软腐病、薯天蛾（猪儿虫），小麦有锈病、白粉病、赤霉病、纹枯病、麦蚜虫、麦蜘蛛等，油菜有菜粉蝶（菜青虫）、蚜虫、霜霉病等，柑橘有疮痂病、媒烟病、花蕾蛆、蚜虫、红黄蜘蛛、介壳虫、潜叶蛾、黑刺粉虱、白粉虱、锈壁虱等，蔬菜有霜霉病、白粉病、角斑病、枯萎病、蚜虫、瓜实蝇、瓜绢螟等。植保部门先后推广多种药物和防治方法，遏制病虫害蔓延，保障农作物稳产丰收。

21 世纪初，雁江区启动绿色无公害农产品种植基地建设，按照 IPM 技术，尽量减少农产品遗毒对人类的危害。首先是做好种子产地检疫工作，每年由区植保植检站对区内两杂种子制种基地和水稻、小麦、水果生产基地地块、发出的种子、苗木进行检疫；其次是引进培育推广无公害作物新品种，并按相应技术规范，实施育、种、管、收全过程管理。如油菜作物，先后引进具有低芥酸、低流痞的油研 9 号、10 号、蜀杂 10 号和绵油 11 号、德阳 4 号、5 号高质优质品种，分别制定育苗、栽培、病虫防治技术规范和油菜籽质量标准，尽量少用药物特别是剧毒药物防治农作物病虫。2004 年，推广佳多频振式杀虫灯 130 盏，诱杀螟等有害飞虫；推广"螨治螨"技术、"生物导弹"技术，施放螨 6000 袋，释放赤眼蜂 4000 只，覆盖面积 69 公顷；在伍隍、宝台、石岭、保和、南津、忠义等水稻 IPM 示范园区、柑橘示范园区、蔬菜示范园区推广 WS—16 型喷雾器 100 台（全区 600 台），用甲维盐、丰登、乐斯本、大生等低毒农药对水稻、水果、蔬菜等农作物进行统防统治，防治面积 100 公顷，有效防治率 67.2% ~87.5%。

第二章 养殖业

1986—2005年，养殖业在农业总产值中的比重日益加大，逐渐成为与种植业并驾齐驱的支柱产业。1986年养殖业总产值9159万元，占农业总产值的29.93%。1995年50065万元，在农业总产值中的比重上升至37.5%。2005年养殖业总产值77182万元，比1995年增长42.18%，是1986年的8.43倍，占当年农业总产值的53.1%，比种植业所占45.8%的比重高出7.3个百分点。

第一节 饲料资源与养殖结构

一、饲料资源

饲草资源 区内有野生饲草资源37241公顷，年产野生牧草、可饲丛林阔叶40多万吨，主要有钱线草、句句藤、狗尾草、野蒿草及桑叶等，可作牛、羊、兔、蚕天然饲料。种植类饲草有20世纪80年代以来引进的松香草、三叶草、苇状羊茅、黑麦草、紫花苜蓿、苏丹草、篁竹草、籽粒苋、鲁梅克斯、奇可利等，至1988年种植面积有8189公顷，年产饲料25.48万吨，是畜禽、鱼、蚕的主要饲料资源。

农产品饲料 1986—2005年辖区年种植水稻21000多公顷，产量15万余吨；玉米33000公顷，产量10万余吨；红苕21000公顷，产量50余万吨；大豆3000公顷，产量6500吨；小麦36000公顷，产量10万吨；豌、胡豆、大麦等15000公顷，产杂粮3万多吨；油菜14000公顷，产量32000余吨；花生8000公顷，产量12000余吨；甘蔗1000公顷，产蔗3万多吨。各类农产品年可副产水稻米糠、小麦麸皮和油菜、花生、棉子饼粕等用于生猪、羊、兔、家禽等饲喂。除粮食饲料外，还有大量的青绿饲料，如牛皮菜、天星苋、飘儿白、红苕藤、花生藤、蔬菜边角料、甘蔗脚料等。年产鲜苕藤40余万吨，牛皮菜31万吨，飘儿白、天星苋等28万吨，其他蔬菜边角料20万吨，基本满足畜禽的饲喂。农产品粗饲料主要有稻草、玉米、小麦、杂豆秸秆和酒糟、酱糟、醋糟、豆渣、苕粉渣等，年产粗料50余万吨，能满足草食性牲畜饲料和工业饲料原料供给。

工业饲料 按畜牧科技人员研制的配方，将玉米、小麦、豆类粉末、米糖、饼粕、骨粉、药物按一定比例制成混（配合）饲料。20世纪80年代末，为解决农民买骨粉、药物难的问题，各粮站率先办起配合饲料厂，之后各区畜牧兽医站亦跟进办起，基本保证农民养猪用。90年代中期至2005年，区内相继办起多个饲料厂，主要生产浓缩饲料、添加剂预混饲料等。

二、养殖业结构

区内养殖业含畜禽养殖、水产养殖、蚕养殖和其他动物养殖四类，畜牧养殖占绝对比重。1986年养殖业总产值9159万元，其中畜牧业产值8770万元，占养殖总值的95.8%；水产养殖业265万元，占2.9%；养蜂、养蚕业124万元，占1.3%。此后畜牧业在整个养殖业中的比重小幅回落，但仍占绝对比重。1990 年调至 95.2%，1995 年调至 92.2%，1999 年下调至此前最低点 89.4%，以后持续走高，2004 年回调至 93.1%。水产养殖发展较快，1992 年产值突破千万元，达 1190 万元，在养殖业总产值中占 4.6% 的份额，比 1986 年上调 1.7 个百分点。1994 年产值 2253 万元。1999 年达到 6661 万元，在养殖业总值中的比重上调至历史最高的 9.0%。至 2005 年总产值再翻一番，达到 12705 万元，占总量的 7.4%。养蚕、养蜂业是养殖业中的次产业，产值时高时低，2005 年占总量的 0.8%。

资阳市雁江区 1986—2005 年养殖业结构变化表

表 5-9　　　　产值单位：万元

项目 年度	养殖业总产值	其中			养殖业结构比（%）			畜牧业内部结构			
		畜牧业产值	水产业产值	蜂蚕业产值	畜牧业	水产业	蜂蚕业	养猪业产值	其畜禽产值	结构比（%）	
										养猪业	其　他
1986	9159	8770	265	124	95.8	2.9	1.3	6909	1861	78.8	21.2
1987	12196	11739	293	164	96.3	2.4	1.3	9250	2489	78.8	21.2
1988	17500	16847	436	217	96.3	2.5	1.2	13064	3783	77.5	22.5
1989	20809	19987	546	276	96.0	2.6	1.4	15067	4920	75.4	24.6
1990	22505	21436	738	331	95.2	3.3	1.5	15511	5925	72.4	27.6
1991	24016	22581	950	485	94.0	4.0	2.0	17687	4894	78.2	21.8
1992	25647	23826	1190	631	92.9	4.6	2.5	17818	6008	74.8	25.2
1993	26105	24274	1255	614	93.0	4.8	2.2	16999	7275	70.0	30.0
1994	33762	30907	2253	602	91.5	6.7	1.8	17978	12929	59.2	41.8
1995	51847	47784	3600	463	92.2	7.0	0.8	23720	24064	49.7	50.3
1996	60909	56228	4324	357	92.3	7.1	0.7	28578	27650	50.8	49.2
1997	73966	68045	5483	438	92.0	7.3	0.7	37332	30713	54.9	45.1
1998	74854	68568	5862	424	91.6	7.8	0.6	36873	31785	53.6	46.4
1999	74261	66357	6661	1243	89.4	9.0	1.6	37364	28993	56.3	43.7
2000	79974	71864	6464	1646	89.8	8.1	2.1	38355	33509	53.4	46.6
2001	87114	78391	7777	946	90.0	8.9	2.1	47929	30642	61.1	38.9
2002	93780	85195	7687	898	90.8	8.2	1.0	55460	29735	65.1	34.9
2003	107047	98203	7934	910	91.7	7.4	0.9	65704	32499	66.9	33.1
2004	143835	133965	8838	1032	93.1	6.1	0.8	82392	51573	61.5	38.5
2005	170325	156562	12705	1058	91.8	7.4	0.8	92216	64346	58.9	41.1

注：按当年价计算

第二节　家畜养殖

一、生猪

生猪养殖是区内的传统产业，亦是新时期畜牧养殖业的龙头产业。1985 年 10 月，国家农业部、省畜牧局确定资阳县为瘦肉型商品猪生产基地县。1986 年，县人大常委会作出 3 个决议促进生猪养殖业进一步发展，当年年末存栏生猪 65.17 万头；出栏生猪 49 万头，比 1985 年增长 5.56%。次年天旱，生猪出栏仍同比增长 0.41%。1988 年，县政府设立生猪发展基金，出台优惠政策，引进外地瘦肉型生猪品种，发展本地优良品种“伍隍老槽猪”；年末存栏生猪 77.89 万头，比 1986 年增长 19.52%；出栏生猪 53.76 万头，同比增长 9.27%。同年，经九省（市）普查验收，资阳县符合瘦肉型商品猪基地县标准。1993 年后，市委、市政府调整农业产业结构，提高以生猪为龙头的养殖业比重，大力发展养殖专业户、重点户，培植集约化养殖业主。1998 年全市有专业户 7345 户，其中年出栏 500 头猪以上 2 户，100 头以上 17 户，150 头以上 28 户。2003 年，区委、区政府委配合市“千万工程”（千万生猪山羊外向型产业互动工程）的实施，扩大生猪集约化、规模化养殖，推行“公司（协会）+基地+农户”“场（站）+基地+农户”产业化模式，先后发展年存栏 24 头以上养猪户 1307 户，出栏 50 头以上规模养猪户 9000 户；发展年出栏 100 头以上 500 头以下养猪场 98 个，年出栏 500 头以上 1000 头以下养猪场 35 个，年出栏千头以上万头以下养猪场 17 个。2003 年出栏生猪头数首破 90 万大关，2004 年破百万大关。2005 年 9 月，财政拨款 800 万元项目资金（其中省财政 640 万元，市、区财政各 80 万元），在忠义、清水、南津、东峰、小院、堪嘉、伍隍、宝台、中和、丹山、松涛、雁江、丰裕、迎接、新场、回龙、保和等镇乡建生猪出口养殖专用基地；基地所在乡镇鼓励养猪户（业主）建标准化圈舍，实施生态养猪，出口合格猪产品。同年，为优化畜牧资源配置，提升畜牧产业化经营水平，建立“六方（金融机构、担保公司、饲料企业、种畜场、肉食品加工企业、协会农户）合作”机制，转变畜牧业生产、经营、增长方式，全区年末存栏生猪 89.94 万头，比 1997 年 80.7 万头增长 11.45%；出栏生猪 133.12 万头，猪肉产量 10.32 万吨，分别比 2000 年增长 65.19%、75.37%，分别是 1986 年的 2.72 倍、3.24 倍。

1986 年前，县内饲养的品种大多为本地黑猪，一般仔猪一年才能养肥出栏。当年，全县建 14 个配种站，从浙江省和省内自贡市引进丹麦长白种公猪 30 头、母猪 3 头和汉普夏种公猪 3 头与本地猪杂交，以改良猪品种。1988 年 4 月，县申报“伍隍老槽猪”为地方优良可推广品种。同年，内江市畜牧部门组织 26 名猪品种鉴定专家深入伍隍区所属伍寿、培德、铜钟、石岭 4 乡 38 村 185 个村民组，对所饲 2056 头母猪、11 头公猪进行普查鉴定后，将“伍隍老槽猪”命名为“内江猪伍隍类群”。1989 年 2 月经再次复核批准“伍隍老槽猪”为地方优良猪品种。此后，境内陆续引进美国大约克夏、杜洛克种公猪，荣昌猪 I 系，太湖母猪等优良品种，广泛推广二元、三元杂交，提高猪品种质量；生猪饲养改单一农产品饲料为配合饲料，改熟喂为生喂，改“吊架子”为“一根笋”直线育肥，一般出肥期缩短为 7～10 个月，养猪大户、业主养猪缩短到半年内出肥。至 2005 年，全区生猪出栏率由 1986 年的 80.36% 提高到 158.65%，净增 76.29 个百分点。

资阳市雁江区 1986—2005 年生猪生产情况统计表

表 5 - 10

项目/年度	年末存栏数（头）			全年出栏（头）	同比增（%）	出栏率（%）	猪肉产量（吨）
	合 计	能繁母猪	青 猪				
1986	651684	42005	609679	489995	5.56	80.36	31850
1987	714647	48500	666147	492000	0.41	73.86	31980
1988	778883	60504	718379	537600	9.27	74.84	34944
1989	749779	59500	690279	610000	13.47	88.37	39650
1990	797598	52985	744613	641459	5.16	86.15	41695
1991	788450	53568	734882	655080	2.12	89.14	44218
1992	796335	54104	742231	675000	3.04	90.94	44545
1993	768824	54789	714035	653800	-3.14	91.56	42497
1994	775464	55821	719643	670800	2.60	93.21	44944
1995	779696	56944	722752	720000	7.33	99.62	46800
1996	791759	57469	734290	742300	3.10	101.10	51961
1997	807037	58527	748510	761858	2.63	101.78	53330
1998	770720	59463	711257	793856	4.20	111.61	57951
1999	745465	58037	687428	781160	-1.60	113.64	57025
2000	749216	58594	690662	805847	3.16	116.59	58827
2001	635766	58943	576823	820518	1.82	142.25	59898
2002	657471	59124	598347	830266	1.19	138.75	79228
2003	764240	59865	704397	973850	17.29	138.25	93863
2004	791978	59241	732737	1150079	18.1	156.96	89131
2005	899383	60333	839050	1331171	15.75	158.65	103166

二、牛

20 世纪 80 年代，区内养殖有水牛、黄牛、奶牛 3 个品种，以水牛为主；90 年代起陆续引进秦川肉牛等外地品种。农村家庭联产承包责任制实施以后，退役耕牛逐步转化为肉牛。1986 年末全县存栏 6072 头。至 2005 年全区年均养牛 4500 ~ 6000 头。1992 年后数年间养殖总量逐年下降，1996 年降至历年最低点 4523 头，但奶牛养殖量却增加到 250 头，年产奶 375 吨。此后牛养殖量随着市场需求增加，1999 年突破 5000 头，2003 年达到 20 年最高值 6408 头。2005 年养殖总量虽小幅下降，但奶牛总数增加到 882 头；全年奶产量 1323 吨，出栏肉牛 1993 头，肉产量 219 吨。

三、羊

20 世纪 80 年代中后期，养羊业恢复发展起来。1989 年全县养殖 5.08 万只，比 1986 年增加 1.79 万只；出栏 5.44 万只，比 1986 年增加 1 万只。90 年代初期存栏下降到 5 万只以下。1994 年市政府调整养殖产业结构，把养羊作为农民致富奔小康的重要途径之一，当年年末存栏突破 6 万只大关，1997 年养殖 10 万余只。此后，每年以 2 万只的速度递增。2000 年后，区委、区政府动员千家万户养羊，推行规模化、集约化养殖，先后发展专业户 2319 户。2005 年，全区年末羊存栏 30.78 万只，出栏山羊 50.96 万只，肉产量 6375 吨，分别是 1986 年的 8.39 倍、11.48 倍和 11.49 倍。

区内羊品种长期为本地黑山羊，个头小，生长慢。1980 年首次引进乐至山羊，1994 年从南江、马边引进南江黄羊 150 只、努比羊 96 只，2000 年引进波尔种山羊 7 只、南江黄羊种 182 只并逐步推广。20 世纪 90 年代推广科学养羊，补充适当的工业饲料，缩短出栏期，出栏率不断提高。1989 年出栏率 107.14%，1998 年增至 128.95%，2005 年达到 165.57%。饲养方式在人民公社时期多为放牧式散养，分户作业后多为拴养，1990 年后推广高床舍式养羊，一般多为集约化、规模化业主所采用。

四、兔

1986—1988 年全县年均出栏兔 5 万只，之后逐步发展。1997 年市委、市政府倡导农户养兔，同时培植专业户、重点户发展规模养殖；当年出栏兔 21.13 万只，肉产量 254 吨。此后每年以 10 万头的速度增长。2000 年起进一步发展集约化、规模化养殖，养兔专业户不断增多，兔出栏量不断增高。2005 年，全区出栏肉兔 90.26 万只，肉产量 1128 吨，分别比 2000 年增长 26.91% 和 32.24%；分别是 1986 年的 18.01 倍和 17.9 倍。

区内兔品种多年以本地白兔为主，1982 年引进西德杂交长毛兔。20 世纪 80 年代前多为洞穴养殖，此后逐步推广圈养。兔饲料以牧草为主，母兔辅以豆类精料；90 年代后期首先在养兔专业大户中推广工业饲料，以后扩展到农户。

资阳市雁江区 1986—2005 年牛、羊、兔生产情况表

表 5－11

项目 年度	牛				山羊			兔	
	存栏（头）	出栏（头）	肉产量（吨）	奶产量（吨）	存栏（只）	出栏（只）	肉产量（吨）	出栏（只）	肉产量（吨）
1986	6072	263	29	208	32779	44400	555	50124	63
1987	6048	258	28	231	38901	51371	646	52485	66
1988	5724	234	26	254	45407	53388	667	53596	69
1989	5627	201	22	296	50757	54380	680	60127	75
1990	5661	200	21	361	58054	56970	712	65800	99
1991	5654	312	33	385	46831	50695	634	77600	116
1992	5720	286	31	456	46431	67827	828	81600	124
1993	5299	279	30	462	48013	70000	875	91394	139
1994	5168	218	24	356	63500	78000	975	83169	83
1995	4746	190	21	393	73025	92040	1150	115068	144
1996	4523	205	21	375	86515	108607	1411	131804	163
1997	4871	219	22	417	106829	133587	1683	211266	254
1998	4794	474	47	428	129182	165781	2105	313096	344
1999	5078	569	57	663	149314	186500	2369	409231	450
2000	5394	995	124	851	178525	254658	3234	711189	853
2001	5658	1200	132	1146	194592	285217	3562	712290	890

续表

项目 / 年度	牛				山羊			兔	
	存栏（头）	出栏（头）	肉产量（吨）	奶产量（吨）	存栏（只）	出栏（只）	肉产量（吨）	出栏（只）	肉产量（吨）
2002	5804	1363	150	1192	192687	301630	3775	720000	900
2003	6408	1628	179	1245	246571	383819	4800	735400	919
2004	6139	1719	189	1321	261988	490088	6125	801833	1003
2005	6102	1993	219	1323	307799	509613	6375	902564	1128

第三节 家禽养殖

区内家禽养殖种类主要是鸡、鸭、鹅。1986 年末，全县鸡、鸭、鹅等家禽存栏 199.6 万只，出栏 190.5 万只，产禽肉 3105 吨、禽蛋 3653 吨，市场供给有余。此后快速递增，1995 年突破 300 万只，2000 年突破 400 万只。2005 年末存栏家禽 423.9 万只，出栏 986 万只，生产禽肉 1.61 万吨、禽蛋 1.86 万吨，分别是 1986 年的 2.12 倍、5.18 倍、5.17 倍和 5.08 倍。

一、鸡

20 世纪 80 年代中后期大量从外地引进来航、红羽、星杈、星杂 579、罗斯、洛克、海赛克斯等新品种，之前均养本地土鸡。饲养方式有散养、栏养、笼养 3 种。90 年代初又引进洛岛红、红考尼斯、澳洲黑、乌骨鸡等品种，90 年代后期先后引进巴德、红布罗肉鸡和迪卡、罗曼、雅康、亚华蛋鸡等优良品种。其间，规模化养殖逐渐起步，至 1998 年，全市饲养 8000 只以上的专业户发展到 5 家。品种的改良，科学饲养法的推广，缩短了鸡尤其是肉鸡的饲养期，2005 年出栏率由 1986 年的 95.44% 提高到 232.6% 。

二、鸭

20 世纪 80 年代以前，只有集体群养的棚鸭和近水农户三五只或十几只的零星养殖。分户作业以后，鸭养殖业恢复发展起来，1986 年达到 42.4 万只。饲养的方式变过去散养、以生产队为单位集体棚养为栏养，即在近水域半旱半水处以栅栏圈定鸭群嬉戏、吃食、产蛋、栖息之所，用工业饲料、玉米谷物、青绿饲料间以砂石饲之。饲养的品种初期为本地麻鸭，后期引进建昌鸭、樱桃谷鸭、天府白鸭等品种。

三、鹅

20 世纪 80 年代农村分户作业后，养鹅业被纳入商品生产发展之列。至 1986 年全县养殖 24 万余只。90 年代后期发展专业养鹅，引进品种以天府白鹅居多。鹅饲料前期以青绿饲草为主，兼以杂豆、玉米、小麦、稻谷等精料，后期加入工业饲料。集约化养殖的专业大户和业主均以工业饲料为主，兼以种植类牧草。

鸡、鸭、鹅幼苗均为孵抱繁殖。20 世纪 80 年代前散养时期一般利用家禽就巢性强的特点实行就巢孵雏。之后，专业户建孵抱场，出雏率在90%以上。90年代后期引进机械翻蛋法，孵抱效率提高，以两人劳动的小孵抱场计，年可产雏禽20万只以上。2000年，全区已有年孵百万只以上雏禽的孵抱场5个，市场雏禽供应充足。

资阳市雁江区1986—2005年家禽生产情况表

表5－12

项目 年度	存栏（万只）	出栏（万只）	禽肉产量（吨）	禽蛋产量（吨）	项目 年度	存栏（万只）	出栏（万只）	禽肉产量（吨）	禽蛋产量（吨）
1986	199.6	190.5	3105	3653	1996	330.8	353	5628	7822
1987	185.3	197.5	3219	3391	1997	357.8	401	5723	8761
1988	255.1	212.0	3456	3880	1998	345.8	420	5817	9462
1989	281.4	240.6	3922	5150	1999	365.0	479	6601	10465
1990	284.3	246.8	4024	5214	2000	457.4	512	7871	11637
1991	290.3	292.8	4694	5681	2001	397.7	577	9405	12871
1992	286.0	307.4	4928	5965	2002	412.5	627	10220	13128
1993	270.3	316.7	5005	5959	2003	374.3	714	11638	14376
1994	269.5	309.7	5025	5983	2004	423.9	787	12828	16535
1995	312.0	329.5	5476	6581	2005	423.9	986	16072	18555

第四节　水产养殖

一、水生资源

区内有江河（沱江水系）、水库、塘、堰等淡水水域面积10841.06公顷，其中江河溪流面积5333.34公顷，占总水域面积的49.2%；水库1092.2公顷，占10.1%；山平塘和石河堰等1138公顷，占10.5%；20世纪90年代后期拓展稻田养鱼水域3417.73公顷，占30.2%。

境内水生动物有鱼类、蛙类、贝类、甲壳类、爬行类、鸟类、昆虫类7类，多为自然野生动物。养殖类水生动物主要有鱼类、爬行类的鳖、鸟类的鸭、鹅等，以鱼类为主。鱼类共有14科50多种，以鲤科鱼类最多，有36种；其次为鲶科，有4种。传统鱼品种有本地鲤鱼、鲫鱼、草鱼、青鱼、鲢鱼、鳙鱼、赤眼鳟、乌鱼、鲶鱼、中华鳑鲏、麦穗鱼、泥鳅、黄鳝、吻虾虎、圆尾斗鱼等43种，引进品种有鲢鳙、白鲫鱼、罗非鱼、沅江鲤、红荷包鱼、红鲤、呆鲤、革胡子鲶鱼、露斯塔野鲮鱼等10个新品种。90年代将“四大家鱼”（青鱼、草鱼、鲶鱼、鳙鱼）的新鱼种普遍轮换一次，同时引进大口鲶、白鲢、团头鱼、斑点叉尾鮰等优良品种。后又引进云斑鮰、方正鲫、黄颡鱼、彭泽鲫、武昌鱼等品种。

二、鱼类养殖

区内鱼苗供给前期以水利局国营老鹰渔场为主，后期由专业鱼苗大户供给。成鱼养殖分水库养殖、塘堰养殖、稻田养殖和网箱养殖4种形式。

水库养殖 1986年，全县64座水库共产成鱼380吨，占全年渔业产量1521吨的24.98%。后因内部集体承包没有摆脱“吃大锅饭”弊端，至1990年出现大滑坡，水库共产成鱼177吨，是1986年的46.58%。90年代初推行对外承包经营，承包人不断增加投入，通过施肥培养大量浮游生物，并投放饲料，促进鱼的快速生长，提高鱼产量。1994年水库成鱼产量突破千吨，达到1042吨，是低谷期1990年的8.89倍。此后，水库成鱼产量大幅增加。2000年产2259吨。2005年达到3156吨，占全区淡水养鱼量的25%。

塘堰养殖 塘堰在农村家庭联产承包责任制推行前为生产大队、生产队集体所有，20世纪80年代承包给农民养殖鱼类。鱼养殖以满足本村、组农田灌溉为前提，承包人对水域有使用权，上缴集体经济组织的承包费都很低。90年代后期采取拍卖经营权方式，将塘堰维修改造和水产经营权转让给取得经营权的自然人。经营者在市（区）水产渔政部门指导下，推广“八字”（水、种、饵、密、混、轮、防、管）鱼类精养法，产量逐年升高。1986年产532吨。2005年产4419吨，占全区淡水养殖总量的35%，是1986年产量的8.31倍。

稻田养鱼 20世纪80年代初及以前，稻田休稻期长，一年占有8个月关冬时期，因当时重粮轻渔，故产量低。推行稻田改制为麦（油）稻两熟后，稻田养鱼仅在水稻栽插后放养，时间不足4个月，加之受天旱和稻田病虫害治理的影响，产量极低，甚至得不偿失。1986年全县稻田养鱼4654.8公顷，产鱼366吨，保持在关冬田养鱼水平，亩平9.2公斤。90年代初推行稻田鱼沟、鱼凼半旱式养殖法，后期实施“118工程”，推广规范化稻田养鱼。21世纪初，试验推广稻鱼轮作休稻式养鱼和筑塘关冬养鱼，稻田鱼产量持续增长。1994年突破千吨，达到1028吨。2001年达到2837吨。2005年稻田养殖1699.6公顷，产成鱼3032吨，占全区淡水养鱼产量的24%，是1986年的8.23倍。

网箱养鱼 20世纪60年代应用于大鱼苗培育。1986年县水产渔政部门在东峰镇高板桥水库实施网箱养鱼试验取得成功，后推广到全县64座水库。至1989年，每年保持200吨左右的网箱成鱼产量。因水库网箱养鱼污染较重，后被逐步取消。1990年仅产成鱼26吨，1994年不足80吨。1995年，在水产渔政部门指导下，网箱养鱼由水库转向沱江、阳化河，产量直线上升。1995年超过200吨，1997年达到542吨，1999年达到1917吨后保持稳定。2005年突破两千吨，达到2020吨，占全区淡水养鱼总产量的16%。网箱养鱼发展的同时也给江河水质造成污染，因此区水产渔政部门逐步推广网箱无公害养殖，先后为达到无公害标准的120户网箱养鱼专业户颁发“养殖水域滩涂许可证”，规范网箱面积8800平方米；对未达标的80多户进行整顿。

资阳市雁江区1986—2005年水产养殖情况统计表

表5-13

项目／年度	养殖水域面积（公顷）	水产品产量（吨）						
		水产品总量	淡水养殖量	其中				淡水捕捞量
				池塘养殖	水库养殖	河沟养殖	稻田养殖	
1986	6454	1619	1521	532	380	243	366	170
1987	6507	1705	1535	538	384	212	401	170
1988	6961	1824	1642	575	404	208	455	182
1989	7041	1845	1653	578	406	312	357	192
1990	6010	1575	1299	615	177	26	481	276
1991	6236	1975	1707	752	221	26	708	268

续表

年度＼项目	养殖水域面积（公顷）	水产品产量（吨）						
		水产品总量	淡水养殖量	其中				淡水捕捞量
				池塘养殖	水库养殖	河沟养殖	稻田养殖	
1992	6646	2536	2280	1000	359	31	890	256
1993	7635	2830	2527	1093	503	64	867	303
1994	5329	4043	3654	1506	1042	78	1028	389
1995	7014	5213	4203	1278	1073	214	1188	1010
1996	7038	6116	5521	1861	1353	278	129	595
1997	6492	7046	6396	1749	1512	542	1193	650
1998	6882	7512	6620	2200	1612	487	1367	892
1999	8598	8672	8281	2609	1754	1917	1237	391
2000	9031	10018	9062	3179	2251	1607	1555	957
2001	8598	11552	10397	3638	2259	1663	2837	1155
2002	8867	11195	10076	3526	2519	1612	2419	1119
2003	9031	12008	10807	3782	2701	1729	2595	1201
2004	9856	13034	11731	4105	2932	1876	2818	1303
2005	9348	14030	12627	4419	3156	2020	3032	1403

第五节　蚕、蜂养殖

一、养蚕

1986年全县养蚕6415张，产茧136吨，总产值42.84万元，仅为川中主产区县的五分之一。1988年蚕茧市场每公斤均价上涨58.1%，农民养蚕积极性高涨。当年全县养蚕8421张，比1986年增长31.27%；产蚕192吨，比1986年增长41.18%；总产值比1986年增长228.06%。1990年全县养蚕突破万张，达11202张。1992年增加到17569张，总产量达到历史最高的448吨。1993年养蚕20545张，但受旱灾影响，产量下降到415吨，比上年减少33吨；总产值311.67万元，比上年下降5.22%。之后，桑树老化，辖区蚕桑生产开始滑坡。1994年养蚕张数7726张，1999年下滑至4048张。2000年区委、区政府鼓励养蚕，时逢市场均价由上年的每公斤8.94元上涨为12.31元，当年全区养蚕量上升为5502张，产蚕137吨，总产值168.65万元，3项指标分别比上一年增长35.92%、34.31%和84.94%。但此后的价格下挫和上升已不能挽回养蚕下滑的趋势，除农业蚕桑部门发展的专业户、重点户和集约化、规模化养蚕大户外，农户分散养蚕者已经减少。2005年，市场蚕茧均价上涨到历史最高的14.93元；全区养蚕量2421张；每张蚕单位产值379.26元，是1986年66.78元的5.68倍。

20世纪80年代主要品种有川蚕2号和3号、苏16×苏17、东肥×华合、741×703、幅36×753、苏3×苏4等品种。90年代先后引进推广绫3.4×绵5.6（川5.5·春42）、781×（78×734）、781×

7532、青松×皓月、绫3.4×锦5.6、秋3×苏4、夏芳×秋白和桂夏2号、苏3、苏12等品种。21世纪初引进洞庭×碧波、871×872、两广2号等品种。农业局配有专职蚕桑技术员10多名，设有专门蚕种场，确保上述品种在各时期得到普及。

1986年以来，县蚕桑部门在过去春、秋两季养蚕基础上逐步推广春、夏、正秋、晚秋四季养蚕。20世纪90年代后期调整为春、夏、秋三季养蚕，尤以春蚕最旺、质量最好、产量最高。蚕饲养分作催青收蚁、稚蚕饲养、成蚕饲养、上蔟采茧4阶段。春蚕饲养期（约30天）最长，正秋蚕（28天）次之，夏蚕（25天）最短。催青由蚕种场进行，春蚕催青时间为10~11天，夏、秋蚕9~10天。在稚蚕将要孵化前1~2天，农业局蚕桑站组织人力车辆分赴各区（乡镇）集中补催青收蚁，然后按各村、社（村民组）养蚕计划数分送各共育室。每村基本有一个共育室，配有专门的蚕桑技术员负责稚蚕饲育。90年代末由养蚕大户负责稚蚕共育。共育的小蚕在一眠后即分送各养蚕户进行成蚕饲养。各养蚕户皆备有专门清洁消毒后的蚕房、蚕架、蚕簸、蚕蔟等饲蚕设备。蚕农均受过专门的集中培训，能熟练掌握采桑、饲养、翻簸、消毒技术。熟（壳）蚕上蔟初期为人工提蚕上蔟，21世纪实行蚕自动上蔟，即用樟脑等药物催化熟蚕上蔟。当蚕作茧自缚并成蛹后即可采茧。

常见蚕病有僵化病、脓病、软化病等，害虫有蝇蛆、壁虱，有害物有农药化肥误施在桑叶上的残毒。蚕农一般在技术员指导下以赛力散、防僵粉、漂白粉在饲养前对蚕房、蚕具进行消毒，饲中用青霉素蒜酒合剂、硫酸镁与葡萄糖交叉拌叶添食。21世纪初发展起来的养蚕大户采用更先进的饲蚕技术，养蚕效益进一步提高，一般单产值比分散蚕农高15%~20%。

资阳市雁江区1986—2005年蚕养殖情况统计表

表5-14

项目 年度	全年养蚕（张）	产量（公斤）			产值			每公斤均价（元）
		总产量	增长（±%）	单产（公斤/张）	总产值（万元）	增长（±%）	（元单产值/张）	
1986	6415	136000	-25.89	21.2	42.84	-22.70	66.78	3.15
1987	7320	183000	34.56	25.0	86.38	101.63	118.00	4.72
1988	8421	192000	4.92	22.8	140.54	62.70	166.90	7.32
1989	8719	211000	9.90	24.2	182.3	29.71	209.09	8.64
1990	11202	261000	23.70	23.3	225.77	23.85	201.54	8.65
1991	10757	270000	3.45	25.1	230.04	1.89	213.85	8.52
1992	17569	448000	65.93	25.5	328.83	42.94	187.17	7.34
1993	20545	415000	-7.37	20.2	311.67	-5.22	151.70	7.51
1994	12817	273000	-34.22	21.3	345.07	10.72	269.23	12.64
1995	10455	207000	-24.18	19.8	199.96	-42.05	191.26	9.66
1996	6402	121000	-41.55	18.9	101.88	-49.05	159.14	8.42
1997	6372	144000	19.01	22.6	169.34	66.22	265.76	11.76
1998	6712	147000	2.08	21.9	160.38	-5.29	238.94	10.91
1999	4048	102000	-30.61	25.2	91.19	-43.14	225.27	8.94
2000	5502	137000	34.31	24.9	168.65	84.94	306.52	12.31

续表

年度 \ 项目	全年养蚕（张）	产量（公斤）			产值			每公斤均价（元）
		总产量	增长（±%）	单产（公斤/张）	总产值（万元）	增长（±%）	（元单产值/张）	
2001	3950	94000	-31.38	23.8	108.19	-35.85	273.91	11.51
2002	3696	93867	-0.14	25.4	77.44	-28.42	209.52	8.25
2003	2340	61320	-34.67	26.2	63.83	-17.57	272.80	10.41
2004	2323	57600	-6.07	24.8	73.44	15.06	316.14	12.75
2005	2421	61500	6.77	25.4	91.82	25.03	379.26	14.93

二、养蜂

区内有养蜂的传统，但因量少而发展缓慢。1986 年以后，随种植业的发展，蜜源增加，蜂养殖业逐步发展起来。1990 年发展到 3730 箱（群），产蜜 105 吨；2000 年增加到 28967 箱，产蜜 869 吨。2005 年，全区养蜂 16100 箱，产蜜 483 吨，分别是 1986 年 3367 箱 101 吨的 4.78 倍。早期养蜂为农户分户箱式座养，蜂种为土蜂，亦称中蜂。1986 年后，引进意大利西蜂和先进养殖技术，同时推广集约化专业建场流动放牧式养殖，按照四季规律养蜂，促进蜂群旺盛，提高蜂蜜产量。

资阳市雁江区 1986—2005 年蜂养殖业发展情况表

表 5－15

年度	养蜂（箱）	产蜜（吨）	总产值（万元）	单箱产值（元）	年度	养蜂（箱）	产蜜（吨）	总产值（万元）	单箱产值（元）
1986	3367	101	81	241	1996	6070	170	255	420.1
1987	2940	98	78	265.3	1997	6004	168	269	448
1988	2897	84	76	262.3	1998	5893	165	264	447.9
1989	3241	94	95	293.2	1999	24408	720	1152	471.9
1990	3620	105	107	295.6	2000	28966	869	1477	509.9
1991	9107	255	264	289.9	2001	16430	493	838	510
1992	8998	252	302	335.6	2002	15200	456	821	540.1
1993	7586	220	265	349.3	2003	15600	470	846	542.3
1994	7334	198	257	350.4	2004	15900	479	958	602.5
1995	6250	175	263	420.8	2005	16100	483	969	601.9

第六节　养殖技术

一、生猪杂交技术　20 世纪 70 年代末，畜牧部门试验、推广本地母猪与引进的长白、汉普夏等品种公猪“二元杂交”配种工作，至 1987 年 12 月“二元杂交”面达到 78.5%，瘦肉效果显著。1990 年 12 月，农业部授予资阳县“全国瘦肉型商品猪基地建设先进集体”称号。1991 年，全县选留杂一代母猪 9227 头（其中长白×内江 6270 头，杜洛克×内江 2957 头），引进国外种公猪 30 头，杂交配种 9.6 万窝，示范推广 57 个乡镇。1996 年以后，在推广并普及“二元杂交”技术基础上试行“三元杂交”技术；新建 5 个生猪人工授精站，完善已建的 10 个授精站，以外二杂 PIC 为母本，杜洛克、长白、约克夏、PIC 终端为父本杂交配种。至 2003 年，“三元杂交”面达到 60% 以上。从当年起，在取得“外三元杂交”技术经验的同时实施生猪良繁 DCY、PIC 工程，开展“外五元杂交”试验，至 2005 年取得一定成效。

二、畜禽饲养技术　1986—2005 年，先后推广一系列畜禽饲养技术并取得成效。在生猪饲养方面，推广青猪饲养改良技术，即改饲料熟喂、稀喂为生饲料干（稠）喂并补充足量卫生清水，节约养猪成本；改“吊架子”为“一根笋”直线育肥，提高出栏率；改单一的青、粗饲料为青、粗、精配合饲料，实现生猪营养多元化，促进生长发育；改养大猪为适时宰杀型猪，降低资金占用率，实现效益最大化。推广母猪“限、控、精”饲养技术，即母猪孕前限食，控制母猪体重比例，以免影响受孕；孕后控食，避免长肥过快、影响胚胎发育；产后加喂精料，为仔猪尽可能多地提供奶汁。推广仔猪“诱补”技术，即在产后 10 天用炒熟的杂豆引诱仔猪吃食的欲望，20 天后一日多餐，适时增加营养吸入量，促进仔猪快速发育生长。在牛、羊、兔饲养方面，改单一的青饲料为青料、精料（粮食）、商品饲料结合；改牛、羊散养为高床舍饲；改免穴居为笼养。在家禽饲养方面，改鸡散养为笼养，改鸭、鹅散养、棚养为圈地栏养；改单一粮食饲料为青饲料、粮食配合饲料、细砂石相结合，促进家禽催肥、产蛋。推广家畜饲料青贮技术。20 世纪六、七、八十年代推广苕藤、青菜叶、花生藤坑贮、缸贮、袋贮技术。90 年代推广青料堆贮法，将青绿饲料铡碎，每百公斤加盐 500～600 克拌匀后堆放固定场地逐层碾压平实，用厚型塑料膜覆盖压实，月余可用。青贮料专为家畜越冬弥补青料之不足。

三、鱼类养殖技术　20 世纪 80 年代推广网箱鱼苗繁殖法，将 1.2 寸鱼苗放置网箱集中饲养，60 天左右出箱可达 3 寸以上，避免鱼苗流失，促进较快生长；推广化肥养鱼法，增加水域游浮生物，丰富鱼饵。90 年代推广塘堰精养法，保证生存用水，精选优良鱼苗，增加鱼类饲料，保证养殖密度，多品种混交，适时轮替亲鱼，防止病害、天敌；推广稻、鱼轮作，鱼沟、鱼凼半旱式养殖和休稻筑塘养殖等稻田养鱼技术。21 世纪初推广无公害网箱养鱼技术。

四、蚕养殖技术　1986 年改良稚蚕共育技术，将共育改作小蚕无毒盒装养育，由专业户负责，待一眠期结束，分发农户分散饲养。县蚕桑站统一定制蚕盒，规范技术要领，从而减少蚕病危害，增加成蚕率，提高单产。90 年代推广简易活动蚕台饲育技术，节约养蚕成本，降低蚕农劳动强度。经对比试验，每张蚕种可节省蚕具等投资 161 元，减少劳作时间 14.3 小时。21 世纪推广熟蚕自动上蔟技术，选用熟蚕登簇剂、折耳根、樟脑与桑叶拌和饲蚕即可促熟蚕自动登簇。经对比试验樟脑效果最佳，成本最低，且操作简单。

区内养殖技术推广工作多次获上级嘉奖。1986 年推广“猪经济杂交及仔猪补饲技术”获四川省畜牧局牧业科技进步奖，1987 年生猪“双推五改”工作获农业部丰收奖一等奖，1988 年“大面积推广养猪综合技术”获内江地区行署科技进步四等奖，1989 年“优质商品瘦肉猪生产综合技术开发与示范应用”项目获四川省农牧厅科技进步二等奖，1997 年实施的“四川良种猪及配套饲养技术推广”项目获农业部丰收奖二等奖，2000 年“青贮饲料推广”工作获农业部畜牧司青贮饲料工作二等奖。

第三章 林 业

第一节 森林资源

一、森林资源分类

（一）植物资源

2005年，全区林业用地37241.5公顷，占辖区面积的22.28%。其中有林地33017.6公顷、疏林地2621.6公顷、灌木林地91.9公顷，苗圃用林36.4公顷、未成林造林地2621.6公顷，无林地615.1公顷；非林用地126019.8公顷，占辖区面积的77.72%。在非林用地中，四旁植树折合占地13410.5公顷。全区森林覆盖面积50652公顷，占辖区面积的28.5%。

在林木树种中，针叶树类有柏树、墨西哥柏、冷杉、云杉、红豆杉、水杉、湿地杉、油松、马尾松等，阔叶树类有樟树、楠木、青冈、榆树、桤木等，竹类有慈竹、笋用竹、苦竹等，经济林木类有柑橘、蜜橘、柠檬、杜仲、桑树等，散生林木除上述树种外有板木、千丈、苦楝、洋槐、葡萄等。

全区活立木总蓄积151.57万立方米，其中有林地蓄积69.75万立方米、疏林地0.94万立方米、散生木4.2万立方米、四旁树76.67万立方米。竹类植物总蓄积23.95万吨，其中有林地蓄积14.44万吨、散生竹1.03万吨、四旁竹8.48万吨。有各类经济林木3186.98万株，其中有林地经济林木2912.9万株、散生经济林木66.93万株、四旁经济林木207.15万株。

（二）野生动物资源

新中国成立之初，境内有4纲18目49科101种野生动物。在“大跃进”和“文化大革命”期间，森林资源遭到破坏，野生动物大幅减少。后经30年植树造林，区内森林植被恢复。据2004年全区森林资源二类调查，区内有野生动物5纲23目54科122种，其中两栖类黑斑锦蛇等3目11科19种，兽类獾、蝙蝠等6目13科23种，飞禽类小鸊鷉、豆雁、杜鹃、布谷、啄木鸟、鹰等10目26科78种。生态环境的优化，使鹊鹞、红佳、普通鸳、鸳鸯、草蜥、长耳鸮、黄鼠等国家保护野生动物和小鸊鷉、鹰鹃、栗色杜鹃、鹌鹑、鹧鸪、角鸮、骨顶鸡、獾等省级保护野生动物又回到本地。

二、森林资源结构

（一）所有制结构　2005年，全区林地面积37241.5公顷，其中国有林地面积298.8公顷、集体所有林地面积60.6公顷、农民个体所有林面积36882.1公顷。共有活立木蓄积151.57万立方米，其中国有林活立木蓄积1.36万立方米，占总蓄积的0.9%；集体所有林蓄积3.06万立方米，占2.02%；农民个体所有蓄积147.15万立方米，占97.8%。农民个体所有林地面积和活立木蓄积量占绝对优势。

（二）林种结构　全区各类林种总面积27266.9公顷，其中用材林地面积6519.6公顷、活立木蓄积37.36万立方米，分别占总面积、总蓄积的23.95%和47.26%；经济林地面积9651.8公顷（不计活立木蓄积），占总面积的35.4%；防护林地面积10987.1公顷，活立木蓄积40.53万立方米，分别占总面积、总蓄积的40.29%和51.27%；特种用途林地面积105.3公顷，活立木蓄积1.15万立方米，分别占总数的0.38%和1.47%；薪炭林地面积3.1公顷，占总面积的0.02%；活立木蓄积19立方米。林地面积和活立木蓄积量以防护林居首，经济林次之，用材林再次之，特种用途林、薪炭林仅为三者的微弱补充。

（三）林分结构 全区幼龄林地面积3053.4公顷，活立木蓄积20.79万立方米，分别占用材林面积、活立木蓄积的46.83%和55.65%；中龄林地面积3302.9公顷，活立木蓄积15.25万立方米，分别占50.66%和40.81%；近熟林地面积137.8公顷，活立木蓄积0.73万立方米，分别占2.11%和1.95%；成林地面积25.5公顷，活立木蓄积0.59万立方米，分别占0.7%和1.59%。

在105.3公顷特种用途林中，国防林面积46.5公顷，活立木蓄积5096立方米；风景林58.8公顷，活立木蓄积6444立方米。国防林均属中龄林，风景林中幼龄林8.5公顷、中龄林32.8公顷、近熟林0.1公顷、成熟林17.4公顷。

1989年，大规模人工造林工作基本告一段落，时有活立木蓄积28.39万立方米，大部处于幼林期。2003年，全区活立木蓄积总生长量达到123.73万立方米，年均生长量8.25万立方米；总砍伐消耗量12.05万立方米，年均消耗0.81万立方米；年净增长量7.44万立方米。活立木消耗主要为人工商品材采伐和农民生产、生活所用，其次为灾害性消耗。此外，区内年竹产量9.6万吨，消耗6万吨，消耗占产出的62.5%。

三、森林资源特点

区内林木多为人工造林，恢复时间不长，幼龄、中龄林占96.46%，近熟、成熟林仅占3.54%，可用资源少。纯林多，混交林少；慢生树种多，速生树种少。全区乔木林17615.1公顷，其中慢生纯柏树林16727.7公顷，占94.96%；速生乔木887.4公顷，占5.04%。树种单一、林相单一，林分结构简单，抗御自然灾害能力低，病虫害时有发生。经济林产品基地逐渐壮大，初步建成忠义、碑记、丰裕6600公顷柑橘生产基地，丰裕、忠义、石岭660公顷蚕桑生产基地，东峰、小院660公顷核桃生产基地，东峰、保和660公顷速生杨生产基地和全区5300公顷慈竹产业基地。竹林和四旁树资源丰富。全区竹林面积8750.7公顷，总蓄积32万吨，年产竹材9.6万吨、竹笋2.5万吨；四旁树共2037万株，总蓄积76.67万立方米。林地生态潜力大，有无林地615.1公顷、未成林造林地2621.6公顷，25度以上坡耕地4000公顷。但区内林分密度大，透光度差，茎、高生长失调，林地土壤层薄甚至为红石骨子地，保水、保肥能力差，造林难度大、投资高、见效慢。

第二节 植树造林

一、种苗繁育

改革开放初期，国营苗圃相继停止育苗，育苗任务转移到农村社队，年育苗830余公顷。实行家庭联产承包责任制后，育苗工作包到专业户，用合作社（村民组）的机动地解决育苗用地。每个村民组育苗0.1~0.2公顷，有育苗户1~3户。育苗资金由乡镇统一收取、划拨，在林木折价款、集体公共积累、农税减免中提取。乡镇政府与育苗专业户签订合同，由集体负责种子、肥料和苗木分配，承包户保证育苗质量和数量。一年出圃造林，超产全奖，短产全赔。1986 年全县育苗 338 公顷，产苗木 25560 万株。此后育苗量逐年减少，到 1994 年仅保留育苗户 10 户，育苗面积 4.6 公顷，产苗木 348 万株。至当年，全市宜林地基本完成造林，苗木供大于求。之后，区内先后实施“世界银行贷款森林发展与保护”项目、“退耕还林还草”工程，农户育苗基本停止。林业部门为解决种苗木供给问题，在向区外购进大量树苗的同时，动员区内 35 家花卉苗木培育专业户育苗。专业户主育城镇风景树，适时扩大育苗面积和数量，主要保证工程用苗供应。

二、常规造林

1982 年，全县有林地 10633 公顷，森林覆盖率 6.54%。之后至 1995 年，县（市）政府每年向各区（乡镇）下达植树造林指标，区（乡镇）、村、组层层签订植树造林责任书，奖惩挂钩，任务下达到村、组、农户。县（市）委、政府总结过去几十年植树造林的经验教训，把植树质量提到第一位，坚持统一规划，分片、分区（乡镇）实施，注重树窝、栽植、植保质量，保证 85% 成活率并及时补植，栽植完成后即登记造册，并建立管护责任和责任追究机制。

在公路绿化方面，改变过去由公路养路段大包大揽，栽得多、活得少，损坏率高、长成率低的状况，执行分段包干、各负其责，产权明晰、互惠双赢的植树政策，调动群众植树、护树、养树的积极性。养路段各道班所在地两端各 1 公里范围由道班栽植管护，其余地段由所在地村民组负责栽植管护。道班栽植的属国有，村民组栽植的归所在地集体所有。交通、林业部门和省公路养护段抽调人员成立公路绿化办公室，负责制订造林计划，管护林权，检查造林质量，查处盗伐和毁损公路行道树案件。至 1990 年，辖区成渝公路、川西环线等国省道 64 公里、县道 109 公里、区（乡镇）道 235 公里、村道 791 公里均按标准栽植两旁绿化树。2005 年，区内公路尤其是国、省、县道两旁已绿树成荫。

1980 年，县委、县政府把沱江两岸绿化作为全县植树造林重点，统一规划，分段实施。1981 年绿化 611 公顷，其中 366 公顷栽植榆树、245 公顷栽植铁芭茅。当年 7 月一场洪灾毁坏成片林 118 公顷 59 万余株林木，铁芭茅几乎无存。灾后至 1988 年，县林业部门组织人力进行大规模绿化，在卵石地主栽铁芭茅，在土壤荒滩地、丘坡地主栽榆树，7 年完成造林 550 公顷。2005 年，沱江流域雁江段森林覆盖率达到 30.1%。

三、工程造林

（一）长防工程　沱江为长江支流。境内阳化河、九曲河、清水河、球溪河等皆注入沱江组成沱江水系，属长江上游防护林工程区。1991 年，资阳县启动长江防护林工程，工程总投入 1647 万元，其中投劳折资 1023.2 万元、现金投入 623.8 万元。现金投入包括中央财政 67.2 万元、四川省财政 7.6 万元、内江市财政 12.5 万元、资阳县财政 40.8 万元、规划区群众集资 495.7 万元。当年，沿江 8 个乡整地打树窝 1693 公顷，营造幼林 1260 公顷。到 1994 年，防护林工程基本完成；4 年共造林 30935.85 公顷，其中营造防护林 18893.04 公顷、用材林 7346.09 公顷、经济林 4731.64 公顷、薪炭林 16.45 公顷、特种用途林 8.62 公顷。

（二）世行工程　资阳市于 1995 年启动“世界银行贷款森林发展与保护项目”。项目在临江镇水井沟、雷家沟，祥符镇高洞沟、干坝沟，松涛镇九曲沟（今属雁江镇）、观音桥沟，新场乡檬子桥沟（今属回龙乡），碑记镇碑记沟，伍隍镇盐井沟实施；建设期 6 年，总投资 828.23 万元，其中世界银行贷款 496.94 万元、地方配套经费 165.64 万元、所在地群众投劳折资 165.65 万元。1995—1998 年新造林1901.9公顷。1999—2000年实施幼林抚育项目，同时对此前所造2593.3公顷林木实施封山育林。目标林种全部为水土保持林和经济林，2000年项目顺利通过省级验收。

（三）天保工程 2001年，根据《四川省天然林保护条例》，雁江区启动辖区天然林保护工程，成立区长任指挥长，分管副区长、区林业局局长任副指挥长，相关单位负责人为成员的雁江区天保工程指挥部。聘请620名村级天保工程护林员，对全区23130公顷天然林实施保护。分片、分乡镇，以村为单位层层签订管护责任书，形成区、乡镇、村三级护林网络。工程实施中，以615.1公顷未造林地（裸露红石骨子山）为重点实施人工造林，栽植补植各类树苗60余万株；对老鹰水库、鲤鱼湖、沱江沿岸、成渝高速公路雁江段等重点部位实施重点治理，有效控制水土流失，保护水利设施；共设置保护碑1100余块，封山育林387公顷，动用飞机撒播速生树种80公顷。

四、退耕还林还草

2002年，雁江区正式启动退耕还林还草项目，成立区长任组长，分管副区长、区林业局局长为副组长，农工委、财政、审计、发展计划、粮食、监察、农业、水利、林业、国土局为成员单位的退耕还林还草领导小组；区、乡镇、村层层签订目标责任书。此后，林业部门按照“实地实树、生态优先”原则，坚持退耕还林与农业产业结构调整、农村扶贫开发、农业综合开发、水土保持、畜牧“千万工程”、促进雁江绿化、打造绿色品牌相结合，以25度以上坡耕地、望天地、水土流失严重地段为重点，科学制订退耕还林还草规划。为解决种苗问题，动员35个花卉苗木基地培育核桃、柑橘、枇杷、柏树、香椿、杜仲、杨树、麻竹共2100万株，以确保供给。树苗栽植在春、秋两季进行。一般农户自行栽植划定的退耕还林地块，外出务工人员、五保户、烈军属等缺劳户的栽植任务由各村组织帮扶队完成。

按照“退耕一块、还林一块，验收一块、发证一块”的要求，林业局抽调32名工程技术人员协同领导小组成员单位组成7个检查验收组，逐块检查验收，并发放合格卡。农户凭卡按每亩退耕还林地补助粮折合现金210元的标准直接领取补助。纪检监察、审计部门对发放全程实施监督、不留死角。

至2005年，全区规划区内15个乡镇172个村1772个村民组51085户累计退耕还林4600公顷，其中植造经济林707公顷、生态林3893公顷；全区经济林总面积达到4452公顷，其中柑橘2613公顷（新植577公顷）、梨子883公顷（新植28公顷）、核桃841公顷、李子47公顷（新植34公顷）、桃子315公顷（新植13公顷）、枣子3公顷、柠檬56公顷、柚子56公顷、杏子6公顷、茶树19公顷、花椒114公顷（新植）、桑树880公顷（新植15公顷）。经济林于2005年开始挂果，实现产值1140.2万元。

在退耕还林中，沱江木业、纪氏生态等林产品经营单位，合理利用非公有制林业政策，在保和、东峰等镇租赁农户退耕还林地营造速生杨200公顷，在沱江沿岸乡镇利用四旁空隙地栽植速生杨4000公顷、630万株。

第三节 森林保护

一、封山育林

20世纪80年代初，全县9区1镇、74乡配备林业员84名，662个村和部分合作社（村民组）

配备不脱产护林员4046名。县林业局划定封山育林管护范围、级别类型，并与各区（镇）乡签订管护责任书，建立起县、区（乡镇）、村三级护林网络体系和护林员承包管护体制。1986年全县封山育林1万公顷，1993年后扩大到1.8万公顷。2005年，全区26852公顷林地均纳入“天保工程”森林管护范围。1986—2005年，先后立护林碑1346块，建护林棚310多个，年印发护林公约、宣传标语10万余份。

二、病虫害防治

区内森林病害较少，多为虫害。害虫主要有蜀柏毒蛾、云南松毛虫、舞毒蛾、楦木金花虫、天牛等，尤以蜀柏毒蛾、舞毒蛾和松毛虫危害最烈。1989年4月，6个区20个乡镇49个村231个社（村民组）遭受松毛虫危害，受灾面积1384公顷，其中临江、祥符区所属洛重、老鹰、祥符、黄添、古井、莲台、松涛、清泉、南市9个乡（镇）59个社（村民组）最严重，受灾477公顷，成片柏树嫩梢和叶片被吃光。2004年，全区各类森林遭受虫害8693公顷，其中中度以上6700公顷。2005年，雁江、松涛、宝台、迎接、祥符等镇共3840公顷森林遭蜀柏毒蛾危害。此外年度虫害时有发生，但受灾面积小于上述3年。

1986年后，林业部门在重点乡镇建森林病虫中心测报点，对33407公顷森林实施常年性监控。前期以收集各中心测报点情况为主，之后逐步建立多方参与的虫情会商机制。至2004年，全区中心测报点共设置线路38条、样地40个，先后开展测报监测调查4轮128次，采集各类数据1600余条，发布预报、通报、警报、专报8次，确定森林病害面积346公顷、虫害面积8247公顷，其中蜀柏毒蛾虫害7640公顷（重度3407公顷、中度2640公顷、轻度1593公顷）、舞毒蛾虫害607公顷（重度120公顷、中度187公顷、轻度300公顷）。

林业部门根据测报采取专业工程治理和群防群治相结合的办法实施救治。专业队负责灾害重点区域和成渝高速公路、321国道、资阳市区周边等地段的病虫灾害防治，防治区域2153公顷。其余为群防群治区域，共4647公顷。

每当森林病虫灾害发生，林业部门及时向各乡镇、区级各责任单位下达限期除治通知，由受理乡镇、单位组组群众实施。1988年3月，祥符、中和等区所属30个乡镇出现松柏毛虫危害，受害面积1300余公顷；县林业局调集7000元资金购买防治机具、农药，派出技术指导人员，协助相关乡镇发动群众防治。2005年，在防治蜀柏毒蛾工作中，小院、东峰、丹山、伍隍、祥符等乡镇组织群众群防群治1169公顷，验收合格1164公顷。除药物防治外，丰裕镇冬冬山、插旗、二郎村采用灯光诱杀毒蛾，整治面积76公顷。当年除丹山镇田坝寺村4公顷成灾外，其余地方全部将灾害扑灭在萌芽状态。

三、森林防火

区林业局层层落实森林防火责任制。局与乡镇、乡镇与村签订防火责任书，建立了三级防火救援机制，制订了应急预案。林业部门配备专用防火指挥车、电话、照相机、录像机、望远镜和抽水机、灭火钩、铲、叉、消防服等器械设备。林业消防公安科与辖区消防大队建立联系机制，一遇森林火警消防大队立即驰援扑火。1986—2005年，区内发生过几起范围极小、等级极低的森林火险，均被及时扑灭，未发生有实质性危害的火灾，火警火险控制率在3%以内。

四、野生动物保护

1989年3月至1992年2月，全国人大先后颁布实施《野生动物保护法》《野生动物保护实施办法》《陆生野生动物保护法》。县林业局结合实际，印制宣传资料分发林业下属部门和区、乡镇、村，通过各种会议、广播电视宣传保护野生动物、维护生态平衡的重要意义和保护常识。同时制定一系列相关制度，对县内驯养繁殖、经营加工、运输野生动物的单位和个人实行全程许可证制度。1994 年，有少数人饲养二级野生动物，其中以黑熊最多，主用于黑熊取胆作医药原材料，价值不菲。市林业局因势利导，按照《陆生野生动物保护法》规定，组织人员进行清理、登记，依法发放“陆生动物驯养经营许可证”。1999 年，国家林业局明令禁止零星散养野生动物，市林业局敦促市内所有野生动物驯养者停止养殖经营。

第四节　林业科技与产品经营

一、林业科技

1981—1991 年，县内推广桤柏混交造林技术，改变单一栽植柏树、轻植阔叶速生乔木的做法，在疏林地补植樟树、楠木、青㭎、榆树、杨树等阔叶树种，至 2005 年，全区造混交林 7448.3 公顷。1992 年起，推广裸露石骨子地马桑直播造林技术，种植马桑 4000 多公顷，解决了境内红石骨山头多、植树造林困难的问题；推广慈竹开发技术，为低值竹材创造高效回报。区内慈竹年存量 9578 万株，蓄积 23.95 万吨，年可供用材 9 万余吨。过去仅用作农民编制竹篓、竹筐、蚕簇等用，21 世纪初，开始用竹材制作竹板及其他竹制品原料。同时，广泛推广森林病虫防治、低效林改造及综合开发、幼林抚育间伐、工程造林、退耕还林还草技术等，增加林业科技含量，保证区内生态资源的良性循环。

二、林产品经营

林业部门根据《森林法》，采取限采（可用材林）、禁采（幼、中龄林）措施，保护森林资源，规范林产品经营市场，巩固造林成果。1986 年 6 月，县政府发布《关于木材放开经营有关问题的通知》，对林产品经营实行采伐限额、采伐许可和木材流通、木材准运、市场准入制度。当年全县有木材经营者 162 户，购进木材 2715 立方米，销售 3516 立方米（其中自采 801 立方米），计征育林费 3.1 万元，补植苗木 2 万余株。1987 年限制县内自采，全年购进木材 5000 立方米，销售 3500 立方米。1993 年初，全市木材经营单位减至 23 个。当年，林业系统自办经济实体，市辖各乡镇林业站申请开办木材经营业务，至年末木材加工单位增至 65 个。全年从林区调回木材 7282 立方米，计征育林基金 2.5 万元。1996 年，全市木材经营和木具加工单位增至 119 个，分布各场镇和城区。

21 世纪初，适度放宽近熟林、成熟林采伐，经济林收益不断增加，农民开始获取回报。2004 年全区林业收入 16917 万元，其中人造林木（含育苗）收入 2380 万元，核桃等林产品收入 5 万元，茶、桑、水果收入 10992 万元，竹木采伐销售收入 662 万元，成熟木材收入 389 万元，薪炭林收入 2534 万元，木材加工收入 230 万元，花卉业收入 56 万元，劳务收入 58 万元。全区农业人口人均林业收入 196 元。

第四章　水　利

第一节　水利工程

2005年，全区有各类水利工程6954处。其中水库65座，蓄水总量13562万立方米；山平塘5096口，蓄水总量2523万立方米；石河堰628处，蓄水总量1303万立方米；提灌站521处，总提水量8039万立方米；机电井644处，产水总量203万立方米；配套干渠1388千米。

一、中型水库

老鹰水库是辖区唯一的中型水库，位于雁江区西北九曲河上游、简阳市与资阳市雁江区交界的临江镇胜佛场，于1959年隆冬开工建设、1964年10月竣工。大坝主体工程为均质土坝，高32.3米，长220米，底宽125米，集雨面积80.8平方公里，占地294.87公顷，库容3670万立方米，盈水期水面面积169.9公顷，有效灌面2247公顷，保证灌面1527公顷。

二、小（一）型水库

区内有小（一）型水库30座，均系1956—1978年间建成，分布在迎接镇、祥符镇、小院镇、堪嘉镇、清水乡、中和镇、丹山镇、新场乡、回龙乡、东峰镇、石岭镇、碑记镇、丰裕镇、南津镇、老君镇、伍隍镇、保和镇，总蓄水量8562万立方米。

资阳市雁江区中型、小（一）型水库基本情况表

表5-16　　单位：库容：万立方米，面积：公顷，渠长：千米，动力：千瓦

水库名称	建成时间	所在乡镇	库容	其中		淹没面积	配套渠系	提灌动力	灌溉面积
				正常库容	死库容				
老　鹰	1964.1	临江镇	3670	2350	970	294.9	81.29	295	1613.3
迎　接	1971.1	迎接镇	205	113	20	33.5	12.71	225	408.2
三　柏	1971.3	祥符镇	123	76	2	31.4	21.69	23	26.7
东方红	1967.1	小院镇	431	209	15	24.1	38.75	430	666.7
双　桥	1972.4	堪嘉镇	109	59	16	15.5	10.40	155	203.3
白家嘴	1972.7	小院镇	112	86	26	15.7	6.53	80	140.0
鲤　鱼	1971.3	清水乡	621	435	66	106.4	69.90	158	477.3
滴水岩	1973.3	中和镇	357	178	96	40.8	24.67	167	140.0
七　零	1971.2	中和镇	100	67	21	32.7	6.30	52	66.7
红　光	1969.3	中和镇	107	78	10	19.3	16.96	—	83.3
响　峒	1971.3	丹山镇	134	87	31	34.4	6.94	130	53.1

续表

水库名称	建成时间	所在乡镇	库容	其　中		淹没面积	配套渠系	提灌动力	灌溉面积
				正常库容	死库容				
汪家桥	1974.3	新场乡	545	348	32	65.6	28.81	170	331.9
鲁　家	1959.1	回龙乡	290	178	24	15.7	15.76	40	50.0
高板桥	1977.3	东峰镇	402	326	3	101.4	24.60	205	639.3
东　峰	1971.3	东峰镇	217	183	10	31.4	28.50	38	62.6
友　谊	1972.7	石岭镇	100	61	10	9.3	4.05	40	41.7
太　平	1972.8	石岭镇	153	117	20	7.7	6.04	—	118.8
红　旗	1971.4	丹山镇	399	305	3	23.3	49.83	110	280.0
碑　记	1973.5	碑记镇	144	64	20	8.9	11.14	175	367.7
民　合	1972.2	丰裕镇	167	106	33	12.1	14.51	80	275.0
四　合	1972.1	丰裕镇	510	332	70	52.0	43.60	225	680.6
振　书	1972.3	南津镇	507	309	20	31.4	13.91	220	328.1
明　阳	1972.2	碑记镇	354	265	38	18.3	22.46	271	694.2
白果湾	1978.3	丹山镇	423	300	29	68.8	7.68	150	107.4
毛狗岩	1972.4	老君镇	171	93	25	17.9	6.47	97	195.2
红　星	1971.1	中和镇	129	100	22	30.2	8.33	—	66.7
双石桥	1973.4	伍隍镇	1059	855	80	68.0	26.83	470	522.8
团　结	1966.4	伍隍镇	134	74	11	23.3	9.08	150	175.0
鄢家桥	1976.5	丹山镇	415	229	34	58.0	9.98	190	583.0
东　安	1957.5	保和镇	168	133	26	23.3	16.36	55	242.1
大　佛	1973.1	碑记镇	97	61	10	5.6	5.05	85	219.5

三、小（二）型水库

全区有小（二）型水库34座，分布在祥符镇、碑记镇、丹山镇、老君镇、东峰镇、南津镇、清水乡、忠义镇、松涛镇、宝台镇、丰裕镇、保和镇、中和镇、回龙乡、小院镇、堪嘉镇、伍隍镇、石岭镇。总蓄水量1330万立方米。

资阳市雁江区小（二）型水库基本情况表

表5－17　　单位：库容：万立方米，面积：公顷，渠长：千米，动力：千瓦

水库名称	建成年月	所在乡镇	库容	其　中		淹没面积	配套渠系	提灌动力	灌溉面积
				正常库容	死库容				
大河堰	1973.2	祥符镇	92.5	51.9	22.4	15.0	11.79	64	130.2
方　朝	1956.12	丹山镇	68.4	41.3	11.8	10.4	23.5	—	40.5
长　河	1971.6	碑记镇	37.0	22.7	11.0	5.3	8.17	75	102.3
楠　木	1959.3	老君镇	22.3	15.0	3.2	2.4	2.17	—	27.6
文　胜	1970.2	东峰镇	25.1	16.4	14.0	4.7	—	—	29.8

续表

水库名称	建成年月	所在乡镇	库容	其中		淹没面积	配套渠系	提灌动力	灌溉面积
				正常库容	死库容				
长堰沟	1967.2	东峰镇	16.1	9.2	0.2	3.7	0.20	—	26.8
六　六	1967.4	东峰镇	41.4	33.0	3.4	5.5	—	—	13.7
红　花	1970.1	南津镇	17.1	15.0	0.5	2.9	—	—	19.5
柏林沟	1973.2	南津镇	15.0	8.3	1.8	2.9	1.68	55	45.9
牛打壁	1978.1	清水乡	23.6	17.5	5.2	5.7	1.16	55	123.6
石柱坝	1967.12	忠义镇	13.5	6.3	0.4	2.7	—	—	60.5
胡家沟	1958.4	松涛镇	27.3	16.2	3.1	6.8	4.92	—	161.0
白　马	1957.4	宝台镇	54.0	29.5	1.2	18.3	19.60	172	243.7
邱家湾	1974.4	丰裕镇	64.0	27.2	10.3	—	2.91	55	58.1
方　山	1959.2	丰裕镇	17.6	13.0	3.5	5.6	—	—	49.7
合　益	1967.10	丰裕镇	83.0	69.5	5.2	3.2	1.98	—	17.2
崇　善	1971.3	保和镇	53.2	42.9	1.2	8.8	8.56	40	60.8
阿天岩	1971.4	中和镇	39.1	32.0	5.8	9.7	3.17	—	28.7
凉　风	1959.2	中和镇	31.0	22.4	12.2	8.5	9.18	40	7.3
大柏树	1971.4	中和镇	95.5	73.4	29.2	20.9	13.22	—	200.3
桥　沟	1972.3	丹山镇	99.4	53.1	2.1	16.7	7.45	—	63.4
石棺材	1968.4	丹山乡	19.2	17.6	—	1.3	—	—	19.1
殷家沟	1978.4	回龙乡	20.0	8.4	0.5	5.0	—	—	54.6
巍　峰	1972.3	回龙镇	69.3	36.2	4.5	26.1	—	—	115.5
杨家堰	1974.12	小院镇	11.3	7.1	0.2	1.0	—	—	8.0
双　福	1977.2	小院镇	13.0	8.7	1.0	1.7	—	—	13.1
中　心	1975.4	堪嘉镇	16.2	15.4	—	1.0	2.17	40	22.9
孝义桥	1972.2	堪嘉镇	80.0	70.0	17.4	19.9	6.22	110	125.8
邹家凼	1971.12	伍隍镇	44.9	35.4	0.4	34.9	9.88	92	123.6
千　弓	1972.1	伍隍镇	21.6	14.0	1.4	5.6	2.57	—	11.2
胜　利	1968.1	伍隍镇	27.3	21.1	0.1	5.1	—	—	7.7
大　山	1974.12	石岭镇	74.5	38.1	10.5	15.8	1.43	40	45.6
凤　凰	1972.10	石岭镇	10.7	10.2	0.5	2.2	—	—	20.3
大　明	1973.1	东峰镇	32.5	18.8	5.7	6.3	4.03	55	70.7

四、小微型水利工程

区内小微型水利工程众多。小型水利工程包括山平塘、石河堰、水库江河电力提灌站、灌溉渠、机电井，微型水利工程包括沱江防护堤、救生台和用于集雨节灌、水土保持修建的蓄水池、坑、凼、排水渠等。

山平塘大部分是20世纪50—70年代修建的，至1986年共有4952口，之后新建144口，总量达到5096口，蓄水总量增至2126万立方米。石河堰大部分建于20世纪六七十年代，主要建在阳化河、潼家河、九曲河、清水河、濛溪河、三江口河、球溪河等25条河流、溪流之上，逐级筑堰，分段拦蓄过境水，1986年有535处。至2005年新建93处，总量达到628处，蓄水总量增至1303万立方米。机电井大部分建于80年代，至1986年建成401处，之后新打214处，总量达到644处，产水总量增至203万立方米。水库、江河电灌站大部分建于20世纪七八十年代，至1986年建成267处，后新建243处，总量达到521处，动力装机容量10750千瓦，年提水能力8039万立方米。灌溉渠道一般在水库、塘、堰、电灌站修建同时或建成后修建，至1986年全县建成灌溉主、干、支、斗渠1098.16千米，后新建289.84千米，2005年总量增至1388千米。

第二节 水利建设

一、主体工程

1986年，全县有各类水利工程6220处。其中中型水库1处、小（一）型水库30处、小（二）型水库34处、山平塘495处、石河堰535处、江河电灌站267处、机电井430处。之后，新建石河堰93口、山平塘144口；新建水库、江河电灌站243处，装机243台6611千瓦；新打机电井243口；新建江河护堤15.78千米；新建防洪救生台38座。2005年，全区有各类水利工程6954处，其中山平塘5096口、石河堰628处、提灌站521处、机电井644口；总蓄引提水能力达到25233万立方米，其中水库13562万立方米、山平塘2126万立方米、石河堰1303万立方米、提灌站8039万立方米、机电井203万立方米。

二、配套工程

（一）渠系建设

1980年，资阳县大规模水利蓄水工程建设基本结束，水利建设转入与蓄水工程相配套的渠系灌溉网络建设。至1986年，全县有灌溉渠道1475.76千米，其中自流灌溉渠375.6千米、提灌渠1100.76千米（其中江河提灌渠599千米）。已建成渠道中，石渠849千米、隧道1082处163.1千米、渡槽276处28.7千米、倒虹管113处14.5千米、暗涵44处26.7千米，以老鹰水库灌渠、丰裕灌渠、鲤鱼水库灌渠系最长。

1986—2005年，开展一系列渠系建设和维修工作。1986年10月至1987年6月，全面完成高板桥水库渠系配套工程。1994年，“东风渠六期扩灌资阳、资中工程”与成渝高速公路交叉的5处倒虹管建设工程先后竣工投入使用。1996年，投资132万元建成国家大型商品粮基地项目渠系配套防渗工程，渠道防渗漏长度9.71千米，新增灌溉面积302公顷。1998年3月，投资68.18万元建成鲤鱼水库自流灌溉干、支配套渠系3.7千米，新增灌溉面积110公顷；10月投资99.2万元建成迎接水库配套渠系6.21千米，新增灌溉面积193公顷。1999年4月，投资126万元建成大型商品粮基地项目配套渠系7.4千米，新增灌溉面积247公顷，改善灌溉面积433公顷。2000年以后，国家加大水利建设投入。当年投资463万元，先后建成大型商品粮基地项目配套渠系防渗渠道11.6千米、老鹰水库自流左干渠、支渠、斗渠续建配套渠系22.88千米，新增、恢复、改善灌溉面积952公顷，其中田555公顷、土397公顷。2000—2004年，国家连续5年投资修建老鹰水库渠系配套防渗设施。其中

2001年投资305.97万元（其中省补助200万元），完成老鹰水库灌区清泉支渠续建配套防渗渠道16.56千米，新增灌溉面积472公顷；2002年投资259.07万元（其中省补助200万元），完成老鹰水库灌区自流右干渠及松涛支、斗渠续建配套渠系17.43千米，新增和恢复灌溉面积473公顷；2003年投资250.88万元（其中省补助200万元），完成老鹰水库自流灌区宝珠、老农支、斗渠续建配套渠系17.8千米，新增改善灌溉面积470公顷。至2004年，累计投资1400多万元（其中国家投资980万元），5年完成老鹰水库灌区干、支、斗渠延建和配套防渗处理87.61千米，其中明渠衬砌22.56千米、隧道加固维修57座11.19千米，安装砼管道37.4千米，安装U型槽4.61千米、暗渠57处5.37千米，改建渡槽1处30米、小型建筑物879处，新增、恢复和改善农田灌溉面积2380公顷。1986—2005年，累计新建渠道289.84千米。

（二）集雨节灌

20世纪七八十年代，集体和农户在山腰修建不少一定规模的蓄水池和“天茅坑”，但多未衬砌防渗，雨天满、晴天枯，大量旱地无水可浇。1998年，资阳地区开发资（阳）乐（至）路、资（阳）资（中）路经济走廊带，集中在南津、宝台、保和等镇公路沿线实施旱地蓄水池工程；新建蓄水池187口，蓄水量1.25万立方米；新增旱地浇灌面积50公顷。

2000年，省政府把解决旱地浇灌用水纳入本级财政投资项目，实施集雨节灌工程建设。2001年4月，区政府投资445万元（其中省财政补助120万元），在祥符镇祥符村等5村实施集雨节灌项目；新建蓄水池254口，整治山平塘26口；新增蓄水量10.1万立方米，新增洪涝防治面积225公顷。2002年3月，投资160.41万元（其中省财政补助100万元），在宝台镇宝台村、杜家沟村实施集雨节灌工程建设；新建蓄水池401口，改扩建山平塘3口；新增蓄水量8.48万立方米，新增旱地浇灌面积190公顷。2003年12月，投资139.52万元（其中省财政补助100万元），在南津镇罗成、保和镇富家山两个村实施集雨节灌工程建设；新建蓄水池193口，整治山平塘8口；新增蓄水量10.57万立方米，新增旱地浇灌面积145公顷。2004年4月，投资139.5万元（其中省政府补助100万元），在南津镇铁炉沟、白狮村实施集雨节灌项目工程建设；新建蓄水池140口，整治山平塘10口；新增蓄水量9.98万立方米，新增浇灌旱地面积160公顷。2005年4月投资163.6万元（其中省补助100万元），在小院镇七贤、天古，碑记镇同意3个村实集雨节灌项目；新建蓄水池148口，整治山平塘10口；新增蓄水量9.07万立方米，新增浇灌面积145公顷。至2005年底，全区先后投资1048.05万元（其中省级财政补助520万元），在区内14个村新建蓄水池1136口、沉沙池1152口、防渗引水渠1152条21.33千米，整治山平塘57口、打机井1口；新增蓄水量48.21万立方米，解决旱地浇灌面积865公顷。

2005年6月，区水利局对全区严重缺水村进行调查，尚有113个严重缺水村，缺水耕地面积17282公顷。

（三）饮（供）水工程

1986—1990年，县水电局配合县卫生局，实行政府补助与农民自费相结合的办法改造农村卫生井13556口，受益农民27.57万人。1997年，省政府决定用3年时间基本解决全省农村人畜饮用水困难问题。1998年，资阳市正式实施农村饮（供）水工程。市政府成立农村人畜饮水领导小组，作出“三年解决市内9个乡镇4.43万人、5.23万头牲畜饮水”规划，并与9个乡镇政府签订《解决农村人畜饮水目标责任书》，三年分步实施。工程建设实行“一户一井、一沟一埂、一坡一凼”的人畜饮水模式，有条件的村组建集中供水站，把人畜饮用水工程与改灶、改厕、发展庭园经济结合起来。1998—2000年，全市20个乡镇按照规定模式完成打井、改井、建集中供水站任务，解决了9.8万人、

9.7 万头牲畜饮水困难问题。2000 年，资阳市荣获省政府“三年基本解决农村人畜饮水工作先进集体”称号。2000 年 11 月起，继续实施农村饮水解困项目。当年投资 111.67 万元，于 2001 年 3 月建成祥符、丰裕集中供水站，解决 5 个村 2800 人饮水困难。2001 年，投资 247.42 万元（其中国家财政补助 149 万元），11 月建成中和、小院、东峰 3 处集中供水站，解决 6 个村 8000 人饮水困难。2002 年投资 237.27 万元（其中国家财政补助 135 万元），11 月建成迎接、伍隍 2 处集中供水站，解决了 5 个村 7900 人饮水困难。2003 年投资 301.55 万元（其中国家补助 200 万元），11 月建成临江、回龙、老君 3 处集中供水站，解决 8 个村 1 万人饮水困难。3 年共建乡镇集中供水站 10 个，开挖回填土石方 4.47 万立方米，浆砌条石 1611 立方米，混凝土浇筑 2326 立方米，安装输水管道 43.43 千米，建清水池的 10 处，打机井、沉井各 1 口，先后给 10 个供水站安装泵站等设施。至 2004 年 9 月，共建有村镇集中供水站 26 处，其中区水利局管理的 10 处、乡镇政府所有实行业主承包管理的 3 处、实行股份制管理的 2 处、单位集体所有自行管理的 4 处、村组自建自管的 3 处、个体业主自建自主经营的 4 处。供水站大部分建在人口集中的乡镇（场镇），属经营性供水站。截至 2005 年 4 月，全区共有饮水困难人口 36.67 万人。

第三节 水利工程管护

一、常规管护

水库管护实行分类分级管理原则。老鹰水库由市（地级）水利局管理，四合、鲤鱼、双水桥、高板桥、东方红、红旗、滴水岩 7 座国管水库由区（县级）水利（电）局管理，23 座非国管小（一）型水库、34 座小（二）型水库分别由区水利局指定或委托所在乡镇水利水保站管护，山平塘、石河堰、机电井由所在村组管护，水井、集雨蓄水池由受益农户自行管护，渠道由灌区村组管护各自过境段。2005 年，全区 65 座水库中有管理机构和有人员编制的 8 座，配管护人员 29 人；57 座水库无机构无人员编制，但有管护人员 100 人；山平塘、石河堰等其他水利工程有乡村水管人员 6870 人，其中山平塘 5082 人、石河堰 628 人、提灌站 521 人、机电井 639 人。

水利工程管护贯彻“安全第一、预防为主”的方针，明确责任主体，层层落实安全责任。水利（电）局每年向同级政府报告水库安全管护情况，包括水库大坝注册、安全鉴定、人员培训、年度检查等情况。水库管理所或水利水保站（农业服务中心）负责水利工程日常观测、巡视、工程维修养护、水库调度、抢险救灾及水毁工程修复，每年汛前组织专业技术人员对水利工程要害部位进行安全检查并出具检查报告，对查出的安全隐患及时上报并组织排除。

二、除险加固

1986—1997 年，县（市）水电局多次组织病险水库勘察；同时采取财政投资、群众投劳的方式整治病险水库，每年整治 2～5 座。1998 年 11 月，市水电局成立水库大坝安全鉴定领导小组，对水库大坝安全情况进行逐一排查，分类向同级政府和上级水利行政主管部门报告检查鉴定结果和应该采取的除险加固措施。当年计划除险加固 18 座水库大坝，省财政为每座小（一）型水库投入除险加固补助资金 30 万元，不足部分由市政财投入。次年，18 座水库大坝的加固工程全部竣工。2000 年，对全区水库大坝再次进行鉴定，有 28 座三类坝需除险加固，其中小（一）型 9 座、小（二）型 19 座。

当年1月启动四合水库除险加固工程，总投资191.45万元（其中省补助140万元），于2002年10月完工。

2001年12月，省政府作出“三年完成全省病险水库整治销号”的决定，省水利厅制发《病险水库除险加固工程项目建设实施细则》，市政府与区政府相继制定加快病险水库整治措施，并与有关乡镇签订目标责任书。至2005年，除明阳、毛狗岩、鲤鱼水库（上报水利部）外，其余水库全面完成除险加固任务并报省政府销号。

三、白蚁防治

1986年，县水电局派员在红旗、方朝水库作白蚁挖巢试验，共清挖白蚁5窝；但因无资金购药物而中止治理工作。此后，白蚁蔓延，直接威胁水库大坝安全。1997年11月，重庆白蚁防治研究所技术人员受省农水局委托，专程赴资阳市对51座水库的土质坝进行白蚁危害普查。经查均有白蚁存在，危害最严重的有37座水库。1999—2001年，财政安排专门资金64万元，聘请湖北省罗田县白蚁防治研究所专家治理白蚁危害。施工队采取蚁穴探寻术，在土质大坝外侧和迎水面找准蚁穴，顺穴追挖蚁巢，除去蚁王、蚁后，再用药物喷杀和打孔灌毒土封杀，同时在大坝两肩设置毒墙，投放毒饵，消灭残蚁。经3年努力，在39座水库土质坝共挖出白蚁主巢305个、副巢2492个（主巢最大直径127厘米，最小35厘米）；截断白蚁主通道409条，其中穿坝蚁道164条；投放有毒药物512公斤，设置毒土隔离墙2862道。在此次白蚁防治过程中，发现大明水库大坝中段一蚁穴较特殊，穴口在迎水面与水面平行，主巢距水面高0.5米处，直径105厘米。施工人员为避免掘穴引起溃堤，采取边挖边施药边回填土夯实的办法顺穴杀蚁。

2004年，湖北省罗田县白蚁防治研究所专家再次对雁江区51座水库土质坝进行白蚁危害普查，其中44座大坝存在不同程度白蚁危害。2005年9月，区财政再次安排16万元对14座危害较重的水库大坝进行白蚁防治。

第四节　防汛抗旱

一、防汛

1989年5月，资阳县成立防汛指挥部，由分管农业的副县长任指挥长，县水利电力局局长任副指挥长。指挥部办公室设在县水电局，其职能是负责防汛日常工作，建立防汛应急抢险机制，制订应急预案，组建专门抢险队伍，购置防汛专用抢险物资，每年对抢险人员进行专门培训。至2005年，全区有防汛抢险队伍130支、抢险人员1000余人，随时可调用的抢险车辆100辆，储备有防汛用麻袋3万条、草袋4000条、编织袋9000条、编织布500平方米、油料30吨、砂石料30万立方米、竹料40吨、竹笼8000个、水泥50吨、桩木100立方米、雨具1000套、铅丝20吨、抢险工具2000件、照明设备1000套、发电机20台。

防汛的重点部位在水库大坝和江河防护堤。每年汛期到来前，防汛指挥部均召开防汛工作会，安排部署防汛抢险工作，落实抢险人员，检查各抢险队装备及储用应急物资。指挥部与各乡镇，水利局与国管水库管理所，乡镇与所管水库管理人员均签订防汛目标责任书，层层分解任务、落实责任。防汛办审订完善各水库应急抢险预案，下达各水库限制蓄水和汛末蓄水计划，每年5月1日起坚持24

小时值班制，随时与气象部门保持联系，向辖区及时、准确传递气象变化及雨情、水情信息，全天候保持通信畅通。此外，在辖区15.78千米江河防护堤设专人值班巡逻，汛前对防洪性能较差部位和可能有危险的地段进行病害防治加固处理；同时对38座防汛救生台进行定期检查，发现问题及时处理。

每年汛前、汛中、汛后均组织安全大检查。对水库主要检查有无裂缝、沉陷、渗漏、白蚁危害，同时检查放水闸阀启闭是否灵活，溢洪道有无阻碍物；对河道主要检查有无占用河道修建的永久性建筑物，主汛期砂石开采是否停止，临时建筑、各类经营船、工作船是否撤除（离）。对排查出的安全隐患及时排除。2004年汛前，强制撤除阻碍沱江行洪的美洲溜冰场和沿江石材加工厂，保障沱江行洪畅通。

1995年8月11日至13日，资阳市发生继1981年“8·17”特大洪灾后的第一次洪灾，沱江资阳段最高洪水位355.37米，涨幅7.57米，超保证水位0.57米。洪灾发生后，全市组织3114人抢险，出动指挥联络、运输车辆560余辆次，救援被洪水围困群众2000余人，帮助1504个家庭安全转移物资567吨。

1998年8月19日至23日，境内连降暴雨，沱江水位超警戒线1.35米；虽经全力抢救仍造成10人死亡、2人失踪、8人受伤，直接经济损失1.3亿元。灾害来临前的17日早晨6时，双石桥水库管理人员发现水库涵管放水声异常且有臭味，每秒钟滴水量1立方米。18日，省、地区水利专家现场会诊，查明水库右岸岩石垮塌，断裂处距水面14米许，直接威胁大坝安全。在水利专家用秤砣系绳吊入水中探出漏水位置后，防汛指挥部连夜组织50人装500袋砂袋，每5袋打成捆，依次沉入漏水位置。当沉放100袋后，渗漏水减少到每秒0.4立方米。与此同时，还组织200民工在溢洪道开挖复式排水渠，经一昼夜加班，挖成一条宽4米、深3米、长100米排水渠并开通放水。因水位下降减轻涵管压力，涵管漏水量明显减少。19日暴雨来临时，一切准备就遂，大坝抗御了洪水的猛烈冲击，坝下3万群众的生命财产安全未受影响。

2001年8月18日，境内遭受洪水袭击。沱江水位超警戒线1.3米。区委、区政府和防汛指挥部及时启动应急预案，各乡镇积极组织群众防汛。此次洪灾未造成人员伤亡，经济损失也降到最低。9月20日至24日，暴雨再袭雁江，沱江沿岸的南津、保和、老君、忠义等镇降雨250毫米以上；21日沱江雁江区段最高水位达到355.6米。区防汛指挥部、驻区部队官兵和各乡镇干部群众全力抢险，组织冲锋舟救援被困群众，派专人为灾区群众送水送食物，临时安置灾区群众1200人。

二、抗旱

为做好抗旱工作，资阳县于1986年成立打井队，1989年5月又成立抗旱服务队。1986—2005年，打井队共打机井230口，总深度9200米，日产水2300立方米。以年抗旱2个月计，可供地下水138万立方米；新增灌面1424公顷，其中田350公顷。1993年9月，省农田水利管理局补助15万元为资阳市抗旱服务队购置喷灌机、柴油抽水机各4台（套）。至此，抗旱服务队抽水抗旱能力达到200公顷，在抗旱保苗工作中起到突出作用。

2001年，境内遭遇春旱、夏旱连伏旱特大旱灾。当年，区委、区政府对全区水资源实行统一管理、统一调度，优先保证城乡生活用水和重点行业用水，特别干旱无饮用水的旱山村和场镇由政府组织配水车送水，农村采取“蓄（蓄水）、引（引水）、提（提水）、堵（堵溪截流）、挖（挖凼、打井、掘泉）、调（调水）”6字方针，千方百计搜寻水源。打井队、抗旱服务队打机井17口、洗机井5口、新增和恢复水量25.29万立方米；出动抽水机械158台（套），作业5.68万小时，抽水286万立方米，灌溉稻田1667公顷，浇果树6000余株。2003—2004年，区抗旱服务队共出动抽水机械261

台次，作业9.28万小时，抽水245万立方米，灌溉稻田613公顷，浇地600公顷。打井队勘测井位256处，打成机井22口，总深度1082米，日产水2238立方米。

第五节 水土保持

一、水土流失治理

雁江区属四川盆地水蚀地带，加之“大跃进”、“文化大革命”时期毁林开荒，水土流失较严重。农村实行联产承包责任制分户作业以后，政府引导农户疏通水系、挑沙面土、植树造林治理水土流失，县水电局以高板桥、长河、红旗、老鹰、四合、汪家桥、双石桥等中、小型水库集雨区为重点开展水土流失治理。1986—1993年共完成坡改梯101.42公顷，造林绿化面积670.16公顷，封山育林206.67公顷，新建蓄水池2677口，疏通扩建沉沙凼2477口，建排洪沟90.7千米，完成土石方总量13.51万立方米。水土保持工程总投资108.81万元，其中国家财政投资31.9万元，县级财政投资7.14万元，农民投劳折资69.77万元。通过治理，区内水土流失状况得到遏制，生态环境明显好转；但治理区域有限，尚有大面积水土流失状况需要治理。

1993—2005年，水利部门先后对跳蹬河、蒙溪河、罗家湾、踏水河、鲤鱼河、清水河、孔子溪等小流域水土流失状况进行踏探，在翔实掌握有关数据基础上，按照“山水田林路综合治理”原则编制完成各小流域水土流失治理规划、可行性研究报告和项目实施方案，分别报上级有关部门审批、立项。其间市（区）成立水土保持委员会，在水利局设水土保持办公室，负责水土流失治理的日常工作。

1994年，在清水乡鲤鱼河、中和镇和南津镇的清水河两个小流域实施水土保持项目。把荒山植树造林与塘、库、堰、池蓄水等水利设施的修建、维护、整治，结合起来，治理一片，验收一片，并落实村、组管护措施，巩固治理成果。工程于2002年结束，治理水土流失面积50.05平方公里，当年接受水利部长江水利委员会水土保持局项目验收。验收组认为工程设计布局合理，工程质量符合水土保持技术规范，治理模式开丘陵区水土流失治理先河，值得在全川丘陵区推广。2004年5月在资阳召开的全省水土保持会议，将清水河小流域综合治理工程作为参观现场。继清水河水流域综合治理工程启动后，碑记镇罗家湾、堪嘉镇踏水河、丰裕镇孔子溪、临江镇圆坝沟等小流域治理项目和松涛镇胡家沟水库、祥符镇三柏水库集雨区水土流失综合治理工程相继启动，2005年前先后竣工。至2005年，共完成水土流失综合治理面积9817.4公顷，其中坡改梯工程面积170.07公顷，营造经果林584.68公顷、水土保持林223.7公顷，保土耕作面积6573.33公顷，封山禁伐治理2265.62公顷。施工中修建塘堰6口、集雨蓄水池292口、拦沙沉沙凼1935个，引、排、灌各类沟渠41.16千米，修建、改造田间道路21.89千米。工程总投资833.2万元，其中国家财政投资520万元、省级财政51万元，群众投劳40.14万工日折资263.2万元。

二、库区及集雨区绿化

1990年前主要实施库区绿化和与之配套的干、支渠绿化。水利系统各水库管理单位充分利用库区水土资源和自身的技术优势，将库区绿化与经济效益结合起来，创造价值，以库养库。各水库种植果树7公顷1.29万株，其中柑橘6.6公顷1.19万株；营造水土保持林109公顷，其中库区70公顷；

支干渠39公顷达到绿化标准。

1993年起，市水利系统全面开展库区及集雨区河流绿化达标工作，先后与各水库管理单位签订绿化达标责任书，落实绿化区域、规划面积和责任人；将绿化达标与水土流失治理相结合，争取国家水土流失治理补助资金44.77万元，动员31座水库管理单位自筹18万元，先后植树13万株。绿化以植造水土保持林为主，老鹰、高板桥、白果湾、三柏等水库还结合绿化种植了一批柑橘、龙安柚、苍溪雪梨等果树。工程实施中，团市委与水利、林业部门协作配合，动员团员、青年在沱江西岸宜林绿化地种植铁芭茅，在沱江滩涂40余公顷土地上植造"青年林"。到1997年，市（区）管河流绿化长度281.18公里，水库库区绿化面积4.67公顷；所管水系绿化覆盖面积39.61公顷，绿化率98%。

1986—2005年资阳市雁江区水土保持专项工程建设项目统计表

表5-18

建设时间	建设地点	建设规模	总投资（万元）	其中（万元）		群众投劳（万个工日）
				中央	地方自筹	
1986年	碑记镇祥加乡、伍隍镇	治理水库集雨区水土流失11.2km^2（长河水库3.2 km^2/1986年、双石桥8 km^2/1988年），其中：植树1515公顷，育树苗19.5公顷，建蓄水池1752口，沉沙凼2707个，沿山沟76.83公里，排水沟78.73公里，边背沟32.51公里。	3.36	3.36	—	—
1987—1988年	伍隍镇	双石桥水库集雨区治理水土流失2.4 km^2（2 km^2/1987年、0.4 km^2/1988年），其中植树造林85.7公顷（含经济林15公顷），育各类树苗3.2公顷，新建和维修蓄水池1492口，沉沙凼490个，整治沿山沟54.1公里，排洪沟10.5公里，边背沟控制面积237公顷，保土保水耕作418公顷。	4.04	2.80	1.24	1.28
1986—1990年	东峰镇	高板桥水库集雨区治理水土流失20.5 km^2（2.6 km^2/1986年、2.8 km^2/1987年、2.4 km^2/1988年、8 km^2/1989年、4.7 km^2/1990年），其中：植树951公顷（含经济林158公顷）边背沟控制面积442公顷，保土保水耕作785公顷，担沙面土558公顷，建蓄水池5141口，沉沙凼10324个，沿山沟80.11公里，排水沟191.07公里。	16.25	13.31	2.94	5.49
1986—1987年	中和镇	滴水岩水库集雨区治理水土流失4.04 km^2（4.04 km^2/1986年、2.2 km^2/1987年、10.5 km^2/1988年、4 km^2/1989年），其中：植树134公顷（含经济林16公顷）边背沟控制面积317公顷，保土保水耕作293公顷，担沙面土449公顷，建蓄水池920口，沉沙凼1300个，沿山沟104.86公里，排水沟30.31公里。	16.55	6.38	10.17	7.97

续表

建设时间	建设地点	建设规模	总投资（万元）	其中（万元）		群众投劳（万个工日）
				中央	地方自筹	
1987 年	祥符镇团碑村	治理水土流失 0.92 km^2（0.72 km^2/1986 年、0.2 km^2/1988 年），其中：植树 90 公顷，育树苗 0.8 公顷，建蓄水池 340 口，沉沙凼 240 个，沿山沟 6 公里，排水沟 4 公里，边背沟控制面积 1100 亩，等高带状耕作 267 公顷，挑沙面土 200 公顷。	0.77	0.69	0.08	0.07
1987—1990 年	临江镇	老鹰水库治理水土流失面积 1.4 km^2，其中整治沿山沟 2.15 公里，排水沟 1.04 公里，沉沙凼 87 个，植树（含经济林 3 公顷）10 公顷，边背沟控制 170 公顷，等高带状耕作 249 公顷，挑沙面土 142 公顷。	2.02	0.90	1.12	0.93
1987—1990 年	碑记镇祥加乡	长河水库集雨区治理水土流失 11.2 km^2（4.8 km^2/1987 年、4.8 km^2/1988 年、1.6 km^2/1989 年），其中：植树 72 公顷（含经济林 40 公顷）边背沟控制面积 358 公顷，保土保水耕作 206 公顷，担沙面土 452 公顷，建蓄水池 2477 口，沉沙凼 1297 个，沿山沟 73.13 公里，排水沟 34.35 公里。	19.96	2.80	17.16	12.15
1986—1987 年	丰裕镇	四合水库集雨区治理水土流失 0.7km^2，其中建沉沙凼 6 个，植树造林（含经济林 0.8 公顷）4 公顷，边、背沟控制面积 274 公顷，等高带状耕作 357 公顷，挑沙面土 165 公顷，沿山沟 2.14 公里，排洪沟 5.25 公里。	1.46	1.10	0.36	0.32
1989—1990 年	堪嘉镇	踏水河流域治理水土流失 13.45km^2，其中农耕措施面积 181 公顷，植树造林（含经济林 34 公顷）64 公顷，建蓄水池 600 口，沉沙凼 1660 个，排水沟 42.4 公里。	6.00	6.00		6.07
1986－1990 年	新场乡	汪家桥水库集雨区治理水土流失 10.4km^2，其中植树造林（含经济林 7 公顷）325 公顷，育各类育苗 7 公顷，边、背沟控制面积 419 公顷，建蓄水池 2377 口，沉沙凼 12593 个，沿山沟 34.09 公里，排洪沟 123.01 公里。	6.22	3.88	2.34	1.97
1986—1989 年	祥符镇三柏乡	三柏乡治理水土流失 9.1 km^2（7.52 km^2/1986 年、0.48 km^2/1987 年、1.1 km^2/1988 年），其中植树造林 375 公顷（含经济林 5 公顷）育各类树苗 11 公顷，边、背沟控制面积 1875 公顷，建蓄水池 3332 口，沉沙凼 8352 个，沿山沟 199.19 公里，排洪沟 18.54 公里，等高带状耕作 692 公顷，挑沙面土 637 公顷。	5.45	4.54	0.91	0.73
1990 年	祥符镇	跳蹬河（祥符）流域治理水土流失 6km^2，其中坡改梯 41 公顷，疏林补植 119 公顷，封育管护 240 公顷，农耕措施 300 公顷，蓄水池 363 口（3825m3），沉沙凼 5379 个（2.15 万 m^3），排水沟 25.56 公里。	4.70	3.98	0.72	3.95

续表

建设时间	建设地点	建设规模	总投资（万元）	其中（万元）		群众投劳（万个工日）
				中央	地方自筹	
1991	祥符镇	跳蹬河流域治理水土流失 7 km^2，其中完成坡改梯 48 公顷，横坡耕作 190 公顷，疏林补植水保林树苗 142 公顷，经果林 32 公顷，封山育林 187 公顷，建蓄水池 543 口（6520m3），沉沙凼 11345 个，排水沟 14.26 公里，修筑人行道路 1.5 公里。	7.62	7.15	0.47	13.65
1992 年	祥符镇、堪嘉镇	跳蹬河（祥符 6km^2）、濛溪河（堪嘉 5km^2）小流域共治理水土流失 11km^2，其中坡改梯 54 公顷，水土保持造林 187 公顷，封山育林 207 公顷，建蓄水池 640 口，疏扩沉沙凼 900 口，建引排水沟 3.8 公里。	11.16	8.80	2.36	6.54
1993 年	小院镇、堪嘉镇	濛溪河小流域共治理水土流失 8km^2（小院 4km^2、堪嘉 4km^2）其中坡改梯 9.7 公顷，水土保持造林 293 公顷，经果林 47 公顷，封山育林 330 公顷，建蓄水池 1650m3，疏扩沉沙凼 900 口，建引排水沟 8.8 公里。	6.40	6.40	—	—
1994 年	小院镇、堪嘉镇	濛溪河小流域共治理水土流失 11km^2（小院 5km^2，堪嘉 6km^2）其中坡改梯 10 公顷，水土保持造林 293 公顷，经果林 47 公顷，封山育林 330 公顷，建蓄水池 1650m3，疏扩沉沙凼 900 口，建引排水沟 8.8 公里。	19.80	15.80	4.00	—
1995 年	小院镇、堪嘉镇、临江镇	濛溪河流域共治理水土流失 3.5km^2（小院 1.5km^2，堪嘉 2km^2）其中石硬坡改梯 1 公顷，造水保林 53 公顷，经果林 27 公顷，封育管护 133 公顷，农耕措施 88 公顷；九曲河流域临江镇治理水土流失 3.5km^2，其中石硬坡改梯 2 公顷，造水保林 27 公顷，经果林 33 公顷，疏林补植 27 公顷，封育管护 66 公顷，农耕措施 44 公顷。	11.00	11.00	—	1.3
1998 年	松涛镇	胡家沟水库管护区综合治理水土流失 0.16km^2，其中栽植果木林 7 公顷，恢复植被 10 公顷。	2.00	2.00	—	0.5
		九曲河资阳城区段开发区综合治理水土流失 2.78km^2，其中修建拦沙坝 200m，建运土石公路 0.4 公里，回填土石渣方 8.75 万立方米。	80.00	80.00	—	1.92
	祥符镇	三柏水库综合治理水土流失 5.67km^2（其中 1997 年 4km^2 国家补助 6 万元，1998 年治理 1.67km^2），其中坡改梯 4 公顷，恢复植被 143 公顷，栽植经果林 19 公顷，新建蓄水池 620 立方米，沉沙凼 30 个，引排水沟 4.2km^2，道路工程 1.5 公里，浆砌条石 216 立方米。	16.00	16.00	—	1.42
	碑记镇	罗家湾小流域综合治理水土流失 1.7km^2，其中坡改梯 11 公顷，蓄水池 60 口，恢复植被 28 公顷，经济果木林 2 公顷，封育管护 10 公顷，排灌沟渠 0.75 公里，保水保土耕作 65 公顷。	60.00	50.00	10.00	3.42

续表

建设时间	建设地点	建设规模	总投资（万元）	其中（万元）		群众投劳（万个工日）
				中央	地方自筹	
2000 年	清水乡	鲤鱼河小流域综合治理水土流失 20km^2 其中：坡改梯 1259 公顷，保土耕作 18892 亩，建蓄水池 100 口，沉沙凼 300 口，引排灌沟渠 10 公里，种植经果林 211 公顷，营造水土保持林 114 公顷，封禁治理 381 公顷，道路整治 10.0km。	180.00	120.00	60.00	13.56
2001 年	南津镇	清水河小流域一期综合治理水土流失 25km^2 其中：坡改梯 50 公顷，保土耕作 1815.60 公顷，建蓄水池 75 口，沉沙凼 750 口，引排灌沟渠 12.50km，种植经果林 152.66 公顷，营造水土保持林 21.2 公顷，封禁治理 460.55 公顷，道路整治 7.50 公里。	225.00	150.00	75.03	16.95
2002 年	中和镇	清水河小流域二期综合治理水土流失 25.05km^2 其中：坡改梯 50 公顷，建蓄水池 75 口，沉沙凼 750 口，引排灌沟渠 12.3 公里，种植经果林 117.46 公顷，营造水土保持林 17.98 公顷，保土耕作 1474.03 公顷，封禁治理 845.92 公顷，道路整治 8.00km。	225.00	150	75.00	15.22
2003 年	堪嘉镇	踏水河小流域综合治理水土流失 4.50km^2 其措施：坡改梯 10 公顷，保土耕作 320 公顷，蓄水池 9 口/700m3，沉沙凼 20 口，道路整治 1.024 公里，引排灌沟渠 1.363 公里，整治山平塘 2 座，水土保持林 27 公顷，经果林 22 公顷，封禁治理 71.6 公顷。	28.50	27	1.50	0.83
2004 年	临江镇	圆坝子小流域综合治理水土流失 4km^2 其措施：坡改梯 10 公顷，保土耕作 192 公顷，蓄水池 5 口，沉沙凼 15 个，引排水沟 1.1 公里，整治山平塘 1 座，水土保持林 2 公顷，经果林 8 公顷，封禁治理 188 公顷。道路整治 1.1 公里。	24.00	24	—	0.73
2005 年	丰裕镇	孔子溪小流域综合治理水土流失 16.7km^2 其中：坡改梯 23 公顷，保水保土耕作 862.1 公顷，建蓄水池 28 口，沉沙凼 100 个，塘堰整治 2 座，引排灌沟渠 4.00 公里，种植经果林 56 公顷，营造水土保持林 42 公顷，封禁治理 686.9 公顷，道路整治 3.3 公里。	139.50	100	39.50	13.80
1986—2005 年	合计	小流域综合治理水土流失 192.55km^2 其中：坡改梯 198 公顷，保水保土耕作 10060 公顷，蓄水池 22060 口，沉沙凼 60419，道路整治 24.42 公里，引排水沟 475.17 公里，整治山平塘 5 座，水土保持林 2505 公顷，封禁治理 3318 公顷。	1122.76	817.89	304.87	129.51

第六节　水资源利用

一、水力发电

1957—1980 年，资阳县先后修建水力发电站 20 处，其中一部分因洪水毁弃或管理不善而关闭，至 1986 年全县尚保存王二溪、老鹰、红英、平滩河、响水滩、高板桥、二郎滩、弯桥、高板桥水库 9 座电站。除王二溪水电站基本保持常年发电外，其余电站均为汛期季节性发电。1988 年新建 1 处，1990 年 2 处电站停产，1991 年恢复发电 1 处，1992 年又恢复 1 处。此后一直保持 10 处有效发电，总装机容量保持在 1800 千瓦。20 世纪 80 年代在农村电力供应尚不能满足的情况下发电量多，年发电量在 4000 ~ 5500 万千瓦时之间，年利用水资源发电耗用水约 810.5 亿立方米。20 世纪 90 年代初以来，辖区各电站先后与国家网并网，年发电量大幅下降为 1000 万千瓦时左右，年耗用水量下降为 2 亿立方米左右。

资阳市雁江区 1986—2005 年水电情况表

表 5 - 19

项目 年度	水电站数（处）	总装机容量（千瓦）	当年发电量（万千瓦时）	耗用水量（万立方米）	项目 年度	水电站数（处）	总装机容量（千瓦）	当年发电量（万千瓦时）	耗用水量（万立方米）
1986	9	8260	4212	80028	1996	10	1800	1098	20862
1987	9	8260	4198	79762	1997	10	1800	1121	21299
1988	10	8360	5047	95893	1998	10	1800	1456	27664
1989	10	8360	5596	106324	1999	10	1800	1233	23427
1990	8	1560	942	17898	2000	10	1800	1189	22591
1991	9	1635	987	18753	2001	10	1800	1200	22800
1992	10	1735	1047	19893	2002	10	1800	1180	22420
1993	10	1760	1063	20197	2003	10	1800	1160	22000
1994	10	1800	1087	20653	2004	10	1800	1080	20000
1995	10	1800	1101	20919	2005	10	1800	1060	19000

二、农田灌溉

1986—2005 年，区内年均农作物播种面积 17.45 万公顷，其中田 2.65 万公顷、土 14.8 万公顷。年均耕地总需水量，平水年 19050 万立方米，特枯年 32950 万立方米。据辖区水文气象资料记载，20 年间有 15 年发生不同程度旱灾，发生频率 75%。偏枯、特枯年的增加给水资源用于农田灌溉造成较为突出的供需矛盾。

农田供水以每年春灌为主、夏灌保苗为辅。每年春灌前，水利部门以水库为单位研究春灌方案，安排渠道清淤维修、资金筹集、劳力组织、水费收缴、守水护水等事宜。各水库管理单位向灌区村、组公示当年供水量、供水时间、水费标准，并签订供需合同。水库按合同供水，用户按受水量缴纳水费。各山坪塘、石河堰、机电井由所在村、组调剂安排。春灌供水时，水利局、镇（乡）、村分别派员到各灌区守水护水、调解纠纷，保证春灌正常进行。除电灌站和农用水泵、微电泵提水灌溉外，还通过配套渠系自流灌溉。1986—2005 年，年均有效灌溉面积 2.5 万公顷，年均保证灌溉面积 1.8 万公顷，年均实际灌溉面积 14838 公顷，年均实际供水量 11748 万立方米。

资阳市雁江区 1986—2000 年农田灌溉情况表

表 5－20

项目 年度	水利工程数（处）	蓄引提水能力（万立方米）	有效蓄引提水能力（万立方米）	本年实际供水量（万立方米）	有效灌溉面积（公顷）	保证灌溉面积（公顷）	本年实际灌溉面积（公顷）	旱涝保收面积（公顷）
1986	6220	23573	20947	12358	23967	17673	13078	13175
1987	6220	23787	20947	12149	24310	17500	12950	13073
1988	6267	23976	21578	10357	24153	17500	12951	13058
1989	6254	24203	21984	9045	24153	16970	12558	13012
1990	6260	24203	21984	10060	24420	17527	12907	13360
1991	6607	24321	22080	11030	24687	17987	13313	13947
1992	6700	24540	22498	10200	24907	18193	13580	14040
1993	6711	24611	22569	9093	25173	18193	14007	14040
1994	6721	24643	22601	12788	25293	18280	16020	14093
1995	6766	24761	22719	12129	25593	14407	14607	14207
1996	6798	24841	22799	12336	25880	18407	15987	14207
1997	6874	24993	22951	12551	26413	18407	15207	14207
1998	6907	25146	23104	13558	26667	18407	17240	14207
1999	6919	25161	23119	13852	26913	18460	17713	14260
2000	6920	25171	23129	14716	27127	24800	20267	24007

三、生活、工业用水

1986—2005 年，各类供水站常年向城镇居民供生活用水 420 万～550 万立方米，其中城区 280 万～350 万立方米、乡镇场镇 140 万～200 万立方米；农村人畜饮用水 2800 万～3300 万立方米，其中 80 余万农村居民常年饮用水 1900 万～2100 万立方米、畜禽饮用水 900 万～1100 万立方米。工业用水年均 600 万立方米，其中城区工业用水 450 万立方米、乡镇工业用水 150 万立方米。

第五章　农业机械

第一节　发展状况

1986年后，适应家庭作业的电动式小型农机逐渐投放市场。当年全县农机总动力11.64万千瓦，比1985年的10.21万千瓦增长14%。1990年发展到16.10万千瓦，其中柴油机动力11万千瓦、汽油机动力0.05万千瓦、电动机动力5.05万千瓦。1995年起，农村剩余劳动力大多外出务工、经商，农机推广暂时停滞、下滑。当年全市农机总动力14.04万千瓦，1997年下滑至13.94万千瓦。1998年以后，农村闲置土地开始向种植业主流转，农业集约化、规模化经营逐步形成，机械化程度提高；长期用于耕作的拖拉机逐步退出农耕转向农用运输，且数量、动力不断增加；适应新的耕作、收获加工机具不断产出。当年全市农机总动力增加到18.11万千瓦，比上年增长29.9%。2000年后，农业机械发展提速，至2005年达到26.4万千瓦，每年按1万千瓦的速度增长。

资阳市雁江区1986—2005年农业机械发展情况表

表5-21　　单位：千瓦

年度＼项目	农机总动力	柴油发动机	汽油发动机	电动机	年度＼项目	农机总动力	柴油发动机	汽油发动机	电动机
1986	116398	70908	—	48490	1996	138353	92970	4176	40667
1987	127380	81168	—	46212	1997	139350	90780	6210	42366
1988	139282	98678	—	40604	1998	181078	133072	6133	41873
1989	144773	98408	—	46365	1999	196611	136534	6194	53883
1990	160958	110053	527	50378	2000	205380	146202	795	58383
1991	168927	115923	2634	50370	2001	210000	149640	812	59548
1992	161487	111307	3411	46624	2002	213800	150810	846	62144
1993	166240	110435	4885	50920	2003	235400	164570	1018	69812
1994	161085	107859	4639	48587	2004	250600	175120	1240	74240
1995	140392	92335	4580	43477	2005	264000	186410	1480	76110

农机使用范围从单一的种植业向农、林、牧、副、渔和庭院经济、家庭生活等领域发展。1986年后，大、中型拖拉机退出耕作转入运输，为适应浅耕、免耕技术推广的耕整机所代替。1990年全县耕整机拥有量143台，1999年发展到235台。此后，联合收割机、割晒机、机动脱粒机代替人力打谷机、手动脱麦机，机动喷雾器代替手动喷雾器，农副产品加工机械逐步由电动代替畜力、水轮、柴油机、汽油机驱动，播种机械由少量播种机、抛秧机逐步替代人畜力播种机、手工水稻插秧机，农用排灌机械逐步由电动机代替柴油机，农用运输由全机械化代替架架车、鸡公车、手推车、畜力胶轮马车等传统运输工具，同时生产、推广农田管理用耕耘机、化肥深施器、秸秆还田机等新型农机。至

2005 年，全区 90% 的稻田实现电提（引）灌，95% 的稻、麦、玉米、豌胡豆、大豆实现机械脱粒，95% 的农用物资、农副产品实现机械运输，30% 的农户家庭安装使用了饮水机动泵、加工用微型磨面机、碾米机、饲料粉碎机等设备。

第二节　农机作业

一、耕作、植保机械作业

（一）耕整地机械作业　用于农田耕整的机械有大中型拖拉机、手扶拖拉机、旋耕机、耕整机、微耕机等。1986 年全县耕作机械总动力 17853 千瓦，其中大中型拖拉机 108 台 2969 千瓦、手扶拖拉机 1512 台 14884 千瓦。1990 年引进推广小型耕整机 143 台，当年保留耕作的农机有大中型拖拉机 41 台、小型手扶拖拉机 1533 台，其余基本退出耕作转入农用物资和农产品以及农房建筑材料运输。

20 世纪 90 年代，转入运输的大中型拖拉机和一部分手扶拖拉机因运力不及农用运输车，在竞争中逐步被淘汰。大中型拖拉机由 1990 年的 41 台减少到 1994 年的 10 台，再减少到 2000 年的 2 台；手扶拖拉机由 1990 年的 1533 台减少到 1995 年的 713 台。耕作机械总动力由 1990 年的 18566 千瓦下降到 1995 年的 8677 千瓦，其中耕整机动力占 827 千瓦。1995 年后，乡镇以下机耕道逐步增多且路面质量大大提高，手扶拖拉机在机耕道上发挥了大中型拖拉机、农用汽车所不能替代的作用，数量由 1995 年的最低点逐年攀升至 2000 年的 975 台。耕整机在农田免耕法、试耕法广泛应用时逐步取代手扶拖拉机、旋耕机，1998 年总量增加到 235 台。21 世纪初，适合家庭作业的微耕机面世，农户购买该机可享受中央财政购机补贴，故很受欢迎，耕作机械总量随之迅速上升。

（二）植保机械作业　区内植保机械初期有手动式喷雾器、喷粉机。20 世纪 70 年代引进一批汽油机带动的喷雾（粉）机，效率极高；但到家庭联产承包分户作业时期，因其成本高，移动不便，不适合家庭作业被淘汰，手动式喷雾器仍被广泛使用且加速发展。1986 年全县有手动式喷雾（粉）器 31189 台，1990 年增加到 68304 台。其间基本适应家庭作业的小型机动喷雾（粉）器面世，1986 年全县购进 166 台 202 千瓦；但因成本过高且安全系数低逐步被淘汰，1989 年全县仅保留 16 台 18 千瓦。机动喷雾（粉）器多被集体用于森林植保。20 世纪 90 年代以来，电力在农村普及，适应家庭作业的电动喷雾（粉）器面世并逐步推广，1991 年购进 230 台 294 千瓦，1994 年增加到 441 台 657 千瓦，2000 年共有 438 台 768 千瓦，2005 年增加到 712 台 1248 千瓦。2005 年，全区机械植保面积 34670 公顷，其中电动喷雾（粉）器植保面积 20789 公顷，占 59%。

资阳市雁江区 1986—2005 年耕作植保机械发展情况表

表 5－22　　单位：台（部）动力：千瓦

项目/年度	总动力	耕作机械						植保机械	
		大中型拖拉机		小型拖拉机		耕整机		部	千瓦
		台	千瓦	台	千瓦	台	千瓦		
1986	17853	108	2969	1512	14884	—	—	166	202
1987	19943	90	2514	1714	17429	—	—	134	167
1988	19952	74	2112	1703	17840	—	—	56	69

续表

项目 年度	总动力	耕作机械						植保机械	
		大中型拖拉机		小型拖拉机		耕整机		部	千瓦
		台	千瓦	台	千瓦	台	千瓦		
1989	19205	53	1528	1643	17677	—	—	16	18
1990	18566	41	1253	1533	16609	143	704	41	49
1991	17313	28	795	1420	15550	188	947	230	294
1992	15247	16	450	1185	13024	314	1649	367	527
1993	15000	10	280	1179	12938	318	1677	391	562
1994	11995	10	280	929	10146	299	1551	441	657
1995	8677	3	88	713	7748	161	827	347	553
1996	9646	2	63	828	8880	142	703	331	542
1997	9170	2	63	758	8436	131	667	309	488
1998	10483	2	63	755	8989	235	1431	303	530
1999	13915	2	63	975	12421	235	1431	338	591
2000	13915	2	63	975	12421	235	1431	438	768
2001	13410	2	63	860	10956	220	1389	438	768
2002	11514	2	63	740	9250	220	1389	440	770
2003	10512	2	63	650	8125	220	1389	442	773
2004	8167	2	63	430	5375	223	1408	546	957
2005	6580	2	63	380	4750	58	353	712	1248

注：植保机械主为机动喷雾器

二、收获、加工机械作业

（一）收获机械作业　区内传统的农作物收割、脱粒均用镰刀、拌桶、连枷等工具。1958 年后广泛使用人力打谷机，1970 年后部分地方使用小麦脱粒机。1980 年实行家庭联产承包责任制以后，柴油机带动的小麦脱粒机因体积大，配套设备多，搬动困难，不适合家庭作业被逐步淘汰。1986 年全县有手动打谷（脱粒）机 21494 台、机动脱粒机 8 台、割晒机 1 台。1990 年手动脱粒机发展到 53052 台，是 1986 年的 2. 47 倍；当年电动脱粒机面世，全县购进 48 台。随着农村电力的普及和农民收入的不断增加，电动脱粒机被逐步推广，1991 年全县有 122 台；1996 年突破千台，达到 1301 台；2000 年发展到 3798 台，另有割晒机 21 台。电动脱粒机多为联户购买，少数为专业户单独购买，一到粮食收获季节均实行租赁。1998 年，市内购进第一台稻麦联合收割机，2004 年增加到 14 台。电动脱粒机、联合收割机正替代使用近半个世纪的手动脱粒机。

（二）加工机械作业　农副产品加工机械有用于稻谷加工的碾米机、小麦加工的磨粉机、棉花加工的轧花机、打包机，用于油料作物加工的榨油机、甘蔗加工的榨糖机、红苕加工的淀粉机和粉丝机、茶叶加工的制茶机、饲料加工的粉碎机等。1986 年全县有各种农副产品加工机械 5635 台，其中碾米机和磨面机 3381 台、轧花机 5 台、榨油机 51 台、榨糖机 4 台、制茶机 2 台、淀粉加工机 429 台、粉碎机 1764 台。加工机具体积大，多数分布在加工作坊。1990 年，电动直连式中、小、微型农副产品加工机械进入加工作坊和农户家庭。1995 年以后随着务工潮兴起、农村常住人口减少，农副产品加工机械拥有量、作业量有所下降。2005 年有各类农副产品加工机械 4876 台 58120 千瓦，加工粮食 1.489 万吨、饲料 410 万公斤。

资阳市雁江区 1986—2005 年农作物收割农产品加工机械发展情况表

表 5 - 23

项目/年度	收割机械（台）				加工机械（台）		
	合计	割晒机	脱粒机	联合收割机	合计	动力	其中:粉碎机
1986	9	1	8	—	5635	54096	1764
1987	13	1	12	—	5599	53750	1815
1988	7	1	6	—	5593	53693	1803
1989	4	1	3	—	5411	51946	1741
1990	48	—	48	—	6156	59098	1806
1991	136	14	122	—	6175	62985	1859
1992	419	—	419	—	6010	61302	1927
1993	516	3	513	—	6114	58694	1986
1994	696	3	693	—	6101	62230	1932
1995	577	—	577	—	4174	52610	837
1996	1303	2	1301	—	4665	51315	1033
1997	1459	1	1458	—	4506	50467	954
1998	3743	2	3740	1	4657	50296	954
1999	3801	3	3795	3	4938	59256	985
2000	3822	21	3798	3	4825	57900	960
2001	4908	48	4860	—	4827	57960	920
2002	5232	62	5170	—	4868	58140	890
2003	7339	89	7250	—	4864	58110	886
2004	8592	168	8410	14	4886	59210	880
2005	9296	326	8960	10	4876	58120	896

三、提排灌、运输机械作业

（一）提排灌机械作业　提排灌动力机主要有柴油机、汽油机、电动机，提排灌机具为各类水泵。20 世纪 60 年代至 2005 年，辖区内先后建成 678 处农机灌站，装机容量 734 台 28740 千瓦，年控灌面积 2.67 万公顷，所用动力均为电动。小型农田提灌在大集体时期一般用 5 马力、12 马力、20 马力柴油机作动力，汽油机使用少，亦很少以电动机作动力。大旱之年，一般以公社、大队为单位组织多机提灌作业。实行家庭联产承包责任制后，大型排灌机械已不适应单户作业，小功率动力提灌机具和电动机连动式提灌、排灌机具逐渐推广。1986 年全县农村提排灌机具拥有量 7943 台，其中动力机 3717 台 45399 千瓦、小型农用水泵 4012 台、微电泵 214 台。随着农村电力普及，柴油动力机逐年减少，适应家庭作业的电动机日益增多，尤其是直连式微电泵发展最快。1993 年全市共有农用提排灌机具 12567 台，比 1986 年增加 4624 台；提排灌动力机具减少到 3394 台 50688 千瓦，农用水泵减少到

3543台；直连式微电泵增加到5630台，是1986年的26.3倍。此后动力机具继续减少，1996年总量减少到2017台37669千瓦，农用水泵减少到2280台；但微电泵增至21456台，比3年前增长281.1%。2000年，动力机总量上升至3967台51571千瓦，农用水泵提高到2985台，微电泵增至26180台。

21世纪初，柴油动力机退出农田提排灌，电动机已经普及，直连式微电泵在农田灌溉、农房建设、农民生活中发挥着重要作用。2005年，全区有农用提排灌机具47676台，其中电动机712台27768千瓦、农用泵5168台、微电泵36940台。当年灌溉农田27860公顷。

（二）农用运输作业　1986年全县有机械化农用运输车503辆24497千瓦，运输（渔）船6只59千瓦，半机械化农用手推（拉）胶轮车152辆、人（畜）力架架车1307辆。1990年有机械化农用运输车1006辆46725千瓦，比1986年翻一番；有机械化运输（渔）船4只51千瓦，半机械化手推车2163辆、架架车2209辆、畜力胶轮大车20辆。

1990年后，参与农用物资运输的大中型拖拉机和一部分手扶拖拉机逐步退出农用运输。1996年有机械化农用运输车663辆25963千瓦、运输（渔）船7只48千瓦，半机械化手推车1200辆、架架车520辆，畜力胶轮大车已不存在。2000年，以农用四轮车为主的运输车增加到827辆27736千瓦、运输船20艘117千瓦。2005年，农村除手推胶轮车外，其他半机械运输机具已不存在，基本进入机械化运输时期。

资阳市雁江区1986—2005年农用排灌、运输机械发展情况表

表5-24　　单位：总动力：千瓦

项目／年度	农用排灌机械					农用运输机械			
	总台数	排灌动力机		农用水泵	微电泵	运输车		运输（渔）船	
		台	总动力			辆	总动力	只	总动力
1986	7943	3717	45399	4012	214	503	24497	6	59
1987	8042	3779	44687	3865	398	638	30094	7	65
1988	9118	4175	50596	4399	544	750	33697	6	62
1989	9355	4153	51525	4355	847	837	37667	6	71
1990	10364	3926	53830	4081	2357	1006	46725	4	51
1991	11303	4138	55016	4293	2872	1018	55376	6	266
1992	11029	3487	49551	3759	3783	1066	53834	15	220
1993	12567	3394	50688	3543	5630	1059	52782	24	340
1994	15971	3482	53130	3757	8732	1140	55623	28	390
1995	14574	2475	41797	2634	9465	1183	62303	50	835
1996	25753	2017	37669	2280	21456	663	25963	7	48
1997	28375	2052	38267	2311	24012	691	26393	8	59
1998	29497	2740	41471	2745	24012	777	26305	20	117
1999	29760	2740	41471	2985	24035	777	26305	20	117
2000	33132	3967	51571	2985	26180	827	27736	20	117
2001	38696	4218	54834	3218	31260	961	39401	26	153
2002	40826	4870	63320	3616	32340	1072	43952	38	224

续表

项目/年度	农用排灌机械					农用运输机械			
	总台数	排灌动力机		农用水泵	微电泵	运输车		运输（渔）船	
		台	总动力			辆	总动力	只	总动力
2003	43940	5140	66820	4120	34680	1281	52521	52	307
2004	45050	5460	70980	4470	35120	1540	63140	64	378
2005	47676	5568	72384	5168	36940	1772	72652	81	478

资阳市雁江区1986—2005年农业机械化作业情况表

表5－25

项目/年度	耕整地（作业公顷）	机电提灌（负担公顷）	机械植保（公顷）	机械脱粒（公顷）	农产品加工（吨）	农用运输（万吨公里）	饲料加工（万公斤）
1986	5184	12100	1660	26	9737	1509	529
1987	6286	12600	1210	40	9652	1914	544
1988	5260	13480	620	19	9618	2250	541
1989	4890	15650	160	11	8270	2511	522
1990	5310	17940	580	58	11210	3018	541
1991	5674	19810	2300	402	13118	3054	558
1992	5680	22470	3860	1383	12961	3198	578
1993	5420	23580	5126	1692	12840	3180	596
1994	5360	25610	6340	2287	14180	3420	580
1995	4640	27380	4180	1904	12160	3549	418
1996	4180	26150	3960	4293	12440	1989	364
1997	3980	26320	3890	4811	12560	2073	381
1998	4570	26650	3660	12342	12310	2331	389
1999	4610	25360	3940	12524	12140	2468	394
2000	4568	26180	4340	12568	13470	2496	386
2001	4660	27510	4520	16038	14580	2883	381
2002	4350	27490	4780	17061	14920	3216	388
2003	4513	27050	5470	23925	14310	3843	380
2004	4480	27610	6340	27753	14460	4620	392
2005	4612	27860	8160	29568	14890	5361	410

第三节　农机培训

农业机械培训工作由区农业机械化学校负责。农机校有四楼一底办公教学楼1幢、电化教学设备1套、示教板及教学挂图8套、模型教具4套、教学用机械10件。培训基地面积2460平方米，教练场地面积2000平方米（租用）。学校常年以短期培训为主，培训项目有农用车驾驶员培训、机械修理工培训、农机操作人员和农机管理干部培训等。

1986年，全县有农机人员7735人，其中区乡集体农机人员3440人、自有农机人员4295人。1986—1988年，先后举办农用机械机手培训班59期，培训汽车、手扶拖拉机、农用四轮车驾驶员和电灌站机手858人次。1989—1994年先后举办新机械、新技术推广培训和机手培训、农机招聘干部培训班166期，4421人次参训。1995—1999年先后举办电灌站机手、新技术推广和农机管理干部培训班111期，3542人次参训。1998年12月，农机校人、财、物统一纳入市农机局管理，培训方式、对象发生变化。2004—2005年，先后举办农民工培训班16期，定向培训农民工686人；举办机械修理工、电氧焊工培训班20期，培训专门修理人员857人；举办农机经营、农机使用大户培训班1期，为农技大户培训操作、修理、营销人才62人。

资阳市雁江区1986—2005年农机培训情况表

表5-26

年度	项目	对象	人数	期数	收入（元）	培训天数
1986	汽车、手拖、四轮车、电灌机手	机手	282	21	90000	25471
1987	摩托车、汽车、农用四轮运输车	机手	190	20	89530	21130
1988	汽车、手拖、农用四轮车、电灌机手	机手	386	18	135250	24678
1989	汽车驾驶员、专用机械驾驶员、手扶拖拉机、电力提灌机手、工程技师、播种机	电灌机手、机播机手小麦播种技术员	895	28	199255	26543
1990	汽车、专用机械、拖拉机、电灌站操作手	电灌机手、小型耕整机技术员	923	31	142560	27546
1991	手扶拖拉机、中拖、专用机械	机务、机手	640	26	32711	21476
1992	农机招聘干部、手扶拖拉机、农用四轮运输车	电灌人员、机手、新技术、新机具技术人员	607	23	54000	25455
1993	手扶拖拉机、农用四轮车、电灌站操作、农机技术推广	机手、新技术、新机具技术人员	629	26	137614	16572
1994	手扶拖拉机、农用小四轮、小型耕整机、农技机技术推广	机手、电灌站操作员、技术推广员	727	32	132500	14777
1995	手扶拖拉机、农用小四轮、农用运输车、化肥深施机械、农机招干、推广	机手、电灌技术员、小型耕整机手	735	20	45088	7125
1996	农用四轮运输车、农机招干、推广	农机管理人员、机手	745	26	58000	4151
1997	培训改造电灌站操作、农机新技术、农机招干、推广	农机站站长、支部书记、农机招干人员	721	24	63800	3605
1998	农用运输车	农机招干人员、驾驶员	652	21	68000	4023

续表

年度	项　目	对　象	人数	期数	收入（元）	培训天数
1999	新建改建电灌站操作	机手	689	20	—	3445
2004	农民工、镇乡农业服务中心人员	农民工	686	16	—	3430
2005	中型拖拉机、小型拖拉机、电焊工、机修	机手、机修工、农机大户	919	21	—	5865

注：培训天数 = 期数 × 每期天数 × 每期参训人数

第四节　农机维修

1986—1992 年间，资阳县机械厂、农机修造厂、汽车修造厂、农机配件厂和各区农机修配站、区属乡镇农机维修点组成县内农机维修网络。各厂设有农机维修车间，各区、乡镇维修站（点）配有专门的维修技术员。厂修理车间负责区、乡镇维修站（点）不能解决的机械大修，区乡站（点）负责一般性维修，统一在县农机局（机械工业局）领导下开展工作。1992 年 10 月撤区并乡建镇后，撤销原区农机修配站、乡镇维修（站），各网点的集体资产下放到新建的 22 个乡镇管理，乡镇将资产出售给修理工个人。自此，个体维修网点逐步代替集体维修网点，至 2002 年，全区有个体农机维修点 165 个、从业人员 300 余人。

2000 年起，农机管理部门开展农机维修人员技能鉴定，要求每个修理工达到“两懂”（懂得各类型农机具构造原理，懂得修理安全操作规程）、“四会”（会操作、会保养、会修理、会排除机械故障）技术标准。2005 年，全区有农机修理工 500 余人，其中取得技师资格 10 人、助理技师 81 人、技士 90 人，二级工 100 人、三级工 50 人、四级工 30 人。1986—2005 年，各厂修配车间和区、乡镇修配站（点）、个体户共修理各型农机具 100 余个品种 30 万台次。

第五节　农机经营与推广

一、农机经营

计划经济时期，农机经营由上级农机部门按照国家农机供应计划统分统配；县农机供应公司和各区农机站负责按计划销售供应，除负责人畜力机械、半机械农机具，柴油机和汽油机供应外，还与相关部门协调，为购机单位配供计划内平价柴油、汽油。随着农机市场的逐步放开，农机供应部门开始兴办经济实体，拓展经营业务。经营范围由单一的农机及其配件购销扩大到机械制造、加工、维修、建筑、建材、化工、食品领域。1994 年，全市农机经营从业人员达到 600 余人；当年经营总收入 3000 多万元，工业产值 2000 多万元。20 世纪 90 年代末，农机供应公司、乡镇农机供应站相继改制为民营，区内农机经营网点由公有制转为私有制。至 2005 年，全区有农机经营网点 78 户、从业人员 130 余人，设农业机械及其零配件供应门市 120 多个，经营品种 3100 多个，营业额 2 亿元。

二、农机推广

（一）机具推广

1986年以来，农机部门根据农村分户作业的特点，大量引进和推广新小、微型农业机械，主要有耕作、播种、育秧、施肥、收获、脱粒6大类机具。

耕作机具 1987年县内购进2.2千瓦耕耘机12台。1989年购进耕整机15台，次年推广143台，1998年达到235台。2004年雁江区首次实施中央财政对农机购置补贴项目，当年购机总额167.03万元，其中国家财政补贴50.03万元、农民自付117万元；年内推广耕整机223台。2005推广耕整机58台、合盛微耕机260台、重庆吉宝微耕机9台、乐至51—81型微耕机16台。

播种机具 1988年购进小麦播种机16台，1989年推广125台，1990年总量增加到3150台。1996年推广玉米精少量播种机600台，当年机播玉米2160公顷，投入产出比为1∶2.91。

育秧机具 1997年，内江市农机局派员到资阳市碑记镇太吉村七社（村民组）示范操作水稻育秧用催芽机，现场推广2台机具。当年经统计、财政、农业部门验收，破胸催芽机育秧栽插的水稻比常规出芽水稻亩产高7.86%。次年，全市推广催芽机12台。

施肥机具 主要有土壤注射器、液肥深施器。两种机具均能将化肥强制施入地表下农作物根系附近，可保证肥料充分的吸收，达到节肥增产目的。1994年前，年均推广三台县生产的土壤注射器1000台。1995年后共推广万州生产的液肥深施器2000台。

收割脱粒机具 1991年购进稻麦机122台。此后大面积推广，至1999年全市共有3795台。1998年购进第一台稻麦联合收割机，次年增加到3台。2004—2005年，在中央购机补贴政策鼓励下，两年推广24台稻麦联合收割机。

（二）技术推广

节能技术改造 1987年，县内大量推广农用柴油净化装置，以保证农用机械燃油清洁，减少对内燃机的磨损。当年至1990年，先后对5000余台手扶拖拉机进行节能改造。节能技术由农技科研机构研发，改装由机械修配厂负责。改造后的手扶拖拉机平均功率提高，油耗降低。

资阳县1987—1990年推广节能技改情况表

表5－27

项目＼时间	手拖测功		清洗剂（公斤）	回油改造（台）	P·S整修剂（筒）	195型改造性修理（台）	负压（套）
	检测（台）	调校（台）					
1987	100	400	4000	2000	300	600	290
1988	1700	680	8000	2000	504	400	5000
1989	1625	678	8980	—	792	—	3000
1990	1400	750	8000	—	800	100	3000

电灌站技术改造 1988年起，县（市）农机局引进推广y系列电动机、SP系列变压器、XJ、JJB、TG系列启动控制柜和S、IS国际标准设计的新型水泵，逐步淘汰SJ变压器、JO2系列电动机、B型水泵、QJ3补偿器等高耗、低质和安全保障性能差的电灌站提灌设备。2001年后，推广应用防盗、软启动、软停车、无底阀抽和快速承接安装水管及PE管应用等技术。至2005年，全区678处电灌站、734台2.87万千瓦机组技改完毕。

第六章　农业管理

第一节　管理机构

一、农业局

1954年9月，县人民政府设农业科。1966年5月改设为农林科，之后农林、农牧先后分设、合并。1979年8月单设农业局。1986年局内设秘书、财会、政宣、科教等股，下设农技（含9个区农技站）、植保、土肥经济作物站，种子、综合、经营管理服务公司和农业广播学校等事业机构。1993年内设机构股改科，时设办公室、政工科、计划财务场管科、科技质量教育科、农业环保生产科，下属机构增设果品生产领导小组办公室。2000年内设机构科改股。2005年内设办公室、政工法规股（挂农业执法大队牌子）、计划财务股、科技质量教育股、农业生产股（挂农村能源办公室牌子）、果品办公室，下属农技推广中心、种子管理站、种子质量监督检验站、蚕桑站、植物检疫站。1986—2005年，江汉祥、梁木森、曾祥、魏碧仙先后任局长。

二、畜牧局

1958年3月，县畜牧局成立。1962年7月并入农业局，1979年恢复县畜牧局建制。1986年局机关内设行政股、科管股，下设畜牧站、兽医站、畜牧兽医服务公司。1988年9月县食品公司划归畜牧局后更名为资阳县畜牧食品局，下设县畜牧中心、县食品公司。1993年3月更名为资阳市畜牧食品局。2000年11月更名为资阳市雁江区畜牧局，内设办公室、生产法规流通股、政工科教股、计划财务股。1986—2005年，陈锡清、刘明弟、梅胜利、郭启福、肖志彬、蔡建洪、李成文、黄明先后任局长。

三、水利（电力）局

1964年6月，县水利电力局成立。1986年局机关内设办公室、政工股、防汛办、电力股、管理股（水产股）、建设股、计财股，下属9个水电管理站和勘察设计队、物资供应站。1987年12月合并水产股、渔政管理股组建水产站。1989年5月设水利水土保持管理站，成立防汛指挥部办公室、水利建筑勘察设计所、抗旱服务队。1991年6月成立砂石办、水政水资源办、河道管理处、水保办。1993年11月成立雁江林苑管理所，同年内设机构股改科。1998年撤销水产站改建水产渔政局，为水电局下属副科级事业单位。2000年10月，电力建设职能划归区经济贸易局、九曲河城区段管理职能上划资阳市水利局，内设机构有办公室、政工股、财务与审计股、水政水资源办、水政监察大队、建设与管理股、节水办，下属防汛河道办（挂河道管理处牌子）、水土保持办、水土保持预防监督站、水利工程管理站、抗旱服务队和水产渔政局、水生动物防疫检疫站、水利建筑勘察设计所、毗河工程办、雁江林苑管理所。1986—2005年，唐定祥、文贤哲、罗在武、邓忠华、刘世伟、胡正权先后任局长。

四、林业局

1964年9月，县人民政府林业科成立。1966年5月并入农林局，1974年2月单设县林业局。1986年内设秘书股、造林站、林政股，下属林产品经销公司和9个区林业站，挂县绿化委办公室、护林指挥部办公室牌子。1987年8月增设林业公安科，12月林产品经销公司更名为林产品工商公司。1993年3月更名为资阳市林业局，内设机构股改科。1994年4月设立市“长防指挥部”。2000年11月，更名为资阳市雁江区林业局，内设机构科改股。2003年1月森林公安股更名为公安森林警察大队。内设机构几经调整，至2005年保留办公室、计财股、林政股、公安股、林业站（挂退耕还林办、林业调查设计队、森防站、绿委办牌子）、执法大队、天保工程办。1986—2005年，杨槐轩、尹帮禄、陈国民、江代昌、李泽君、杨钧、孙林先后任局长。

五、农机局

1960年2月，县农业机械局成立。1962年8月撤销局建制，改为农业机械管理站，1971年8月恢复局建制，1983年12月局改公司，1984年4月恢复建局。1986年局内设办公室、生产技术股、农机管理股、财会股、政工股，下属农业机械化研究所，农业机械化学校、农机监理站和9个区农机站。1987年增设科技教育股和农机推广站，撤销农机研究所。1991年12月局更名为资阳县机械农机管理局。1993年3月更名为资阳市机械农机管理局。1995年6月增挂资阳市机械工业局牌子。1996年增设行政法规股、企管股，次年撤销生技股、科教股。1998年12月农机校纳入局统一管理。2000年11月更名为资阳市雁江区农机管理局，不再挂机械工业局牌子。次年撤销财会股、企管股。2005年局内设办公室、农机管理股、法规股、政工股、村组道路股，下属农机校、农机监理站、农机推广站。1986—2005年，李奇昆、韩斯特、卿见福、周达君、陈贵林、卿太夔先后任局长。

六、农经局

1996年4月，市农村合作经济经营管理局成立，为市政府直属事业单位，主管乡镇农经管理站和农村合作基金会，机关内设办公室、计财科、农经科、农村合作基金会管理科、农村合作经济稽核审计科。2000年10月更名为资阳市雁江区农村合作经济经营管理局，内设办公室、计财股、政策法规股、综合业务股、审计股。成立至2005年，钟华文任局长。

第二节 农作物种植管理

1986—2005年间，区农业局根据本地实际情况，制定农作物生产计划，适时调整种植结构，大力推广种植技术。同时强化对种子公司、制种户和农药、化肥生产单位及各销售网点的监管，配合质量监督、工商行政管理局宣传、贯彻国家、省《种子法》《农作物种子管理条例》《农药管理条例》《肥料登记管理办法》，定期或不定期开展种子、农药、化肥质量大检查，严防假冒伪劣种子、农药、化肥进入市场和农作物播种、田间管理环节。20年共查处无证经营和销售假冒伪劣农资案件1200余件，查处假冒伪劣尿素肥333.31吨、硝铵16.9吨、碳铵1291.03吨、磷肥1228.48吨、复合肥25吨、种子31.52吨、农药44.79吨，吊销103个经营单位（户）的营业执照，取消22个生产、销售企业的生产、经营资格，没收非法所得101.23万元，罚款103.47万元。

第三节 畜牧管理

一、畜禽疫病防治

区内畜禽传染病有猪瘟、气喘病、传染性胃肠炎，羊肺炎、结膜角膜炎，兔瘟，鸡新城疫、巴氏杆菌病、鸡瘟、沙门氏杆菌病、大肠杆菌病，鸭瘟、鸭病毒性肝炎，鹅瘟，禽霍乱等。人畜共患病有猪丹毒、猪链球菌病、狂犬病、畜禽结核等。1986—2002年，畜牧部门组织人力分春、秋两季开展猪瘟、猪丹毒、猪肺炎、猪口蹄疫、鸡新城疫疫苗统一免疫注射，同时进行畜禽圈舍大面积消毒。从2000年开始，猪类疫病免疫注射放在仔猪骟割时进行，并在春、秋时节继续常规注射预防，常年免疫密度100%。与此同时，强化畜禽产地检疫、运输检疫、入市检疫、屠宰检疫和群防群治工作，2000年全区设93个动物及动物产品检疫报检点。2001年，在87个生猪等动物屠宰场建立检疫人员驻厂（场）制度；同时建立引种检疫审批制度，对引进的优良种畜种禽实施检疫，防止外疫内传。1999—2003年，雁江区实施“四川省无规定疫病区建设”项目，取得良好经济效益。

二、重大疫情防控

据1990年不完全统计，境内累计有感染狂犬病毒致人死亡病例200多例。此后，为搞好防治工作，县畜牧总站配合公安、防疫、城管等部门采取措施限养犬只，加强犬只防疫注射工作；狂犬病得以遏制，至2005年基本无狂犬病致人死亡病例。2001年5月，保和镇发生牲畜口蹄疫情，区防疫、畜牧部门启动重大疫情应急预案，对疫区发病和感染的动物进行大规模捕杀，对四海公司染疫的40余吨猪肉产品进行销毁。2005年7月，区内出现“猪链球菌II型病”疫情，区委、区政府启动应急预案，组织相关部门开展病死猪无害化处理和小区封锁、同群同圈生猪药物治疗等预防免疫工作。在疫情较重的松涛、临江、迎接、宝台、丹山、祥符、清水、东峰等15乡镇，无害化处理165头疑似猪链球菌II型病死亡生猪，销毁病死猪肉30余吨。防控工作中，区畜牧部门设立宝台、毛家堰、清泉铺、迎接镇、高速路口、四海公司6个检疫点并坚持24小时值班；成立5个督查组，派出22名技术员，指导督促防控工作，培训防控人员1.23万人次；组织购进、发放消毒药10吨、喷雾器30台、防护服300套、防护镜200个、手套和口罩600个、统靴700双、红外线测温仪33台、注射用青霉素132件、预防药200袋；动员2.25万人次，统一集中消毒圈舍95.56万间573.35万平方米，周边环境消毒334.45万平方米，畜禽及产品交易场所消毒13.18万平方米，定点屠宰场消毒9.77万平方米，消毒畜禽及产品运输车辆2041辆（次），药物预防注射生猪5.04万头，对1402头有病猪同圈现存生猪进行连续7天青霉素G注射，为82.95万头存栏生猪普查建卡。防控工作于8月14日结束，同日通过省、市专家组评估验收。

三、畜牧卫生执法

1985年，县畜牧局兽医防疫检疫站成立，后更名为兽医卫生监督检验所、动物防疫监督所，2000年5月与畜牧中心合并，两块牌子一套人马，负责动物防疫、检疫与执法监督工作。2005年，全区有执法人员195人，其中兽医师69人、技术员124人。动物防疫检疫监督部门自成立以来，每年在春、秋时节疫病易发期宣传兽医卫生法律法规，开展防疫检查、常年性动物及其产品检疫和疫情处置等工作。1989 年，落实生猪防疫承包制，将防疫工作任务分解到人。1996 年，配合审计部门对资阳市实施的“出口商品猪基地县（市）建设项目”进行审计，保证项目资金拨付到位，使用合理。1998 年，集中培训兽药、饲料、添加剂经营从业人员，检查生产、经营情况，整顿猪肉市场秩序。2003 年 6 月，开展畜牧卫生执法情况大检查。2005 年，在规模养殖场和养猪家园推行驻场兽医制度和乡镇包片兽医制度，将畜牧防疫、检疫、疫情处置责任落实到人，兽医卫生执法工作更加规范。

第四节 水（渔）政管理

一、水资源管理

雁江区属盆地缺水区。为有效使用和开发水资源，水利（电力）部门依据《取水许可暂行规定》，实行取水许可制度。1992 年，为 80 家取水户办理取水许可证，允许取水量为 752 万立方米/年。至 2005 年，全区有取水户 57 家，允许取水量 209 万立方米/年。

饮用水源保护。2002 年 11 月，区水利局将双石桥、滴水岩、四合、迎接、东方红、东峰、响峒、孝义桥 8 座水库划入乡镇饮用水源保护区。保护范围包括水库水体、集雨面积内河流、水利工程、土壤、植被等。严禁向保护水域排放污水、人畜粪便、油类、酸液、碱液、农药等，禁止旅游开发、网箱养鱼和肥水养鱼，禁止炸、电、毒鱼和其他污染水体行为。2004 年，对沱江水环境进行整治，限制在沱江水面网箱养鱼，实行网箱养鱼许可制度。2005 年，取缔沱江水面无证网箱养鱼，同时限制水库库区肥水养鱼；水域水质逐步好转。

1993 年，市水利部门开征水资源费。其标准为：地面工业用水 0.03 元/立方米、生活用水 0.02 元/立方米，地下工业用水 0.04 元/立方米、生活用水 0.03 元/立方米，发电用水 7.5 元/万千瓦时，其他取用地表水 0.03 元/立方米、地下水 0.065 元/立方米。2005 年上调水资源费标准，地表用水每立方米：工业 0.085 元、生活 0.06 元、其他 0.1 元；地下用水每立方米：工业 0.20 元、生活 0.15 元、其他 0.20 元，水力发电 25 元/万千瓦时。对农业灌溉、农民生活和年取水小于 0.3 万立方米且属养殖用水的，免征水资源费。1994 年，全市 80 家取水户应缴纳水资源费 52 万元，实际征收 60 户；收费 23.5 万元，占应缴水费的 45.2%。国有、集体企业产权制度改革期间，部分企业破产倒闭，取水户逐渐减少，水资源费征收额下降。1999—2001 年共收取 36 万元，之后又有小幅增加，2005 年收取水资源费 22 万元。

二、水政执法

1999 年前，水政监督执法工作由县（市）水利局水政水资源办负责，当年 11 月移交水政监察大队。自 1991 年以来，水利部门利用“中国水周”和“世界水日”开展《中华人民共和国水法》宣传活动；定期和不定期开展执法检查，检查范围包括水利工程保护、饮水资源污染治理、砂石开采等；同时积极调解山平塘产权纠纷和农业用水纠纷，查处水事案件。到 2005 年，共调解各类水事纠纷 132 件，立案查处各类水事案件 21 件，其中查处大要案 3 件。

三、渔政管理

1986—2005 年，水产渔政部门累计签办、换发和核发捕捞许可证 2199 个，核发网箱养鱼许可证

120个。累计查处渔政案件1129起，依法作出行政处罚600余人次，处罚款1.46万元，追收因纠纷损失赔款1.36万元，没收违规捕鱼工具1000余件（套），调解渔业纠纷192起。其间，在加强渔业船舶安全检查、排除安全隐患的同时，设立禁渔区，保护幼鱼正常生长。2001年，将沱江侯家坪麻柳上滩头至下滩尾及麻柳湾和老君砣乌棒石至乌龟石地段设为禁渔区。2004年7月至2005年10月，分3次共向沱江投放鲤、鲫、中华倒刺鲃、大口鲶、黄颡鱼、鲢、鳙鱼种226.8万尾，规定自2004年7月14日至2006年7月14日沱江干流简阳宏缘乡至雁江区登瀛岩河段禁渔。

四、水保执法

水土保持执法工作先后由水保办、水利水保站负责。1994年，全市有33名专兼职水土保持监督检查员和助理监督检查员；2001年增加到69名，其中各乡镇59名、区水利局10名。水保执法人员依据《水土保持法》对各项开发项目进行监督检查，并与发改、环保、建设、规划等部门联合审批水土保持方案。1994—2005年，各乡镇申报小型水土保持方案622个，水保部门审批597个；审批率96%，批准方案实施率100%。1996年起，市水利局依法征收水土保持设施补偿费和水土流失防治费。各乡镇水保（水产）站代收“两费”并统一缴入乡镇财政所，填写上缴清单上报市（区）水土保持预防监督站和财政局，年终结算。2003年12月起，“两费”收缴纳入区行政服务中心办理，至2005年共征收95.39万元。

五、河道管理

境内河道总长342.84公里，其中沱江雁江段86.5公里、区管河道256.34公里。沱江河道蕴储有丰富的砂石资源，其开采利用由砂石管委会办公室管理。1991年6月，砂石办整体划入水利局，与防汛办合署办公，挂河道管理处牌子，具体负责办理“采砂许可证”，检查开采作业情况，整顿规范河道开采秩序，查处无证采砂、越界采砂、乱挖滥采行为，征收砂石管理费。至1994年共办理采砂许可证48个，征收管理费4万多元，查处违规案件2起。1995年，实行河道有偿占用制度，征收河道有偿占用费，标准为：占用河道滩地、沙州采砂每月每平方米0.4元，占用江河水面网箱养鱼、种植每月每平方米0.5元。同年11月，划定沱江、九曲河、阳化河两岸（以20年一遇洪水水位延伸）10米为河道管护范围，其他河道两岸（以正常水位延伸）5～10米为河道管理范围，凡在范围内建筑、堆场或进行其他作业的须提前申报。每年汛期前，河道管理部门均组织河道清障，确保汛期安全。

第五节　林政管理

一、森林资源调查

1988年3月至1989年11月，县林业局会同国土、农业、水利、交通、统计、科技等部门，对辖区森林资源进行首次摸底调查。调查结果：森林植物种类135种、活立木蓄积量17.24万立方米、竹子存有量及蓄积量4672万株11.65万吨。2004年3月至11月复查，全区森林植物种类148种、活立木蓄积量69.75万立方米、竹子存有量及蓄积量9578万株23.95万吨。两次调查均包括各林种（防护林、用材林、特用林、成熟林）结构、年生长量及消耗量、森林资源特点、野生动物种类及生存等情况，为森林资源繁育和管理提供了翔实的参考资料。

二、林地管理

区内有林地资源37241.5公顷。1986年以来，林政管理部门依法保护、管理林地，坚持执行林地占用许可制度。凡占用林地0.7公顷以下、0.7公顷以上2公顷以下、2公顷以上130公顷以下、130公顷以上者须报经县（市、区）、市、省政府、国务院批准后方可办理林地使用许可证。林政管理部门还与国土部门建立联席会议机制，对每宗林地的使用均全程介入；对林木可能毁损情况、生态影响等进行全方位评估，并审核申报资料、签具意见；对未经批准或先占后报的行为进行查处。1986—2005年，查处较大宗违法占用林地案件47件；查处未经批准擅自占用林地建房、开山取石取土、建坟等小宗违法占用林地行为6200余起67万平方米，责成6170户补办林地使用许可证、补缴森林植被恢复费150多万元，限令30余户停止作业、拆出建房，并处罚款。

三、森林管理

1986—2000年间，省、市（地区）林业部门下达给资阳县（市）年均限额采伐指标约1万~1.5万立方米，其中商品材采伐占28%、农民自用材采伐占72%。实际年均采伐0.4~0.7万立方米，节约指标50%以上。2001年后减少商品材采伐指标，增加农民自用材采伐指标，总指标加大，但仍能节约指标40%~60%。20世纪60年后，群众性常规造林和工程造林均采用高密度造林方法，旨在加快绿化；但因林分密度过大，林木对光、热、水、肥的争持激烈，导致弱者茎小、虚高，“小老头”树比重加大。2001—2005年，区林业工程技术员结合“天保”工程、退耕还林还草项目的实施，对林分过密、长势差的苗木进行间伐，增加光热通透度，达到透光抚育目的；同时对幼林进行松土施肥、修枝整形、病虫防治。

四、森林植物检疫

常年检疫外来木材150立方米、苗木1100万株、竹材6700吨，产地检疫率80%。2005年，对31户林木种苗生产单位产地检疫51.47公顷772万株，复检苗木34.4万株、种子2.4吨，签发检疫证书28份；受理木材调运检疫176宗，签发检疫证书162份，检疫竹材3595吨、木材110立方米、苗木561.9万株。当年产地检疫、调运检疫率均达到100%。

五、林政执法

1987—1989年，县林业公安科依法对1981年以来盗伐、滥伐、无证砍伐、批少砍多等违法行为进行清理整顿，清查违法案件16524起；整顿木材经营单位162户（次），行政处罚97人，党政处分1人，移送司法处理1人，处罚款3.4万元。此后，每年开展常规执法检查，盗伐、滥伐林木现象大幅度减少，林业执法重点向木材经营加工市场转移。1993年检查木材经营单位23个、木材加工单位65个，处理无证经营6户，没收违法经营收入512元，罚款1700元，补征林业经费1630元，收取育林基金2.5万元、林业发展基金3万元、林管费3000元、植物检疫费1000元。2005年，开展林业综合执法试点，完善法制监督体制，新建护林组织168个，增设专兼职护林员858人，聘用退耕还林监督员3名、村级护林员480名。当年，批准木材采伐量1040立方米，办理木材加工、经营许可证158个，查处林政案件58起，处理违法人员66人次，移送司法处理1件1人。其中滥伐林木案件6件、非法收购林木18件、无证经营加工5件、非法捕猎和经营野生动物案件6件，行政罚款6.1万元，追缴育林基金17.2万元、林业发展基金3.7万元，收缴2000只青蛙和12只白腰纹鸟并放归大自然。

第六节　农机管理

一、机务管理

1986年起，机务技术人员每年对辖区农用动力机械和配套作业机械进行机具技术状况审验。检验时收取一定费用，同时逐台登记、建立每台（组）技术档案，对检验合格者发给检验证、供油证。机务检验以拖拉机为重点，区农机站、县农机局管理股、县农机推广站均配备检测设备，在每年7—10月分头进行审验。对动力小于品牌标注动力80%，油耗高于标准20%的由技术员进行调试或修复，直至检验合格。1992年，区农机站撤销，检测由县（市、区）农机局统一在城区进行。2001年起，农机审验工作纳入区政府目标考核范围。

二、油料管理

1986—1997年，农机行业享受平价柴油供应的优惠政策，每年省、市下达给辖区柴油计划指标4000吨左右。1987年实行计划指标与奖售相结合的方式，按照国家粮食生产“三挂钩”政策，每交售100公斤订购粮食奖售3公斤平价柴油。挂钩柴油计划指标由农机局会同石油公司提出分配方案，报同级政府批准后执行。计划指标下达到区（乡镇）农机站，由石油公司集中采购供应到户、到机。其间多有变化，1986年至1987年，资阳县9区所属74乡镇压缩至61个，1992年撤区并乡后建22乡镇，农机供应点也相应减少。为方便农机加油，1986年先在宝台镇农机站设立直供点，总储150吨，年供应800吨。1992—1993年又先后在临江、迎接、保和、伍隍镇等地建立农机加油站11个，整改农机供油点20个，到1993年底，全市农机加油点达到41个，总储备能力1200吨。农用平价柴油供应指标由单一的作业用油扩展到计划油、抗旱油、救灾油、节能技改油、机动油、运磨油、公路建设油、各类专用油等项目，全程接受物价、审计、纪检监察部门监督。

三、农机监理

农机局农机监理站负责上道行驶的拖拉机和3.75千瓦以上农用动力机械监理，具体开展动力机械登记、转移、变更、注销和人员培训工作。1992年，根据省政府《农业机械事故处理办法》的规定，农机监理站增加农机事故勘查、农机事故处理职能。《道路交通安全法》颁布后，监理站退出路检，但仍配合交警部门开展联合执法检查，主要职责转为对农机驾驶员考核和农机检审。20世纪90年代末，监理部门采取“送检下乡”的办法开展拖拉机集中检审工作，同时推行拖拉机强制保险制度。

四、行业监督

农机管理部门根据四川省《农业机械管理条例》《农机维修个体户管理办法》《农村机电提灌管理条例》行使农机行业监督管理职能。1986—2005年，每年联合工商、质监部门对农机加油点（站）、农机具及零配件销售门市，农机生产、经营、维修企业和个体户进行检查，重点打击制售假冒伪劣农机产品和非法改装、拼装报废农业机械的行为，教育、处罚无证照生产经营者和缺斤少两、修改计量的农机加油站点。20年间共立案查处生产、销售、维修、违规加油案件1200余件，处罚款10多万元。2001年4月，省技能鉴定站资阳市雁江区工作站成立，与农机监理站合署办公，每年开展农机修理工、电焊工、氧焊工、营业员技能鉴定。至2005年累计核发技能鉴定合格证2.23万份（次）。

第七节　农村合作经济经营管理

一、土地承包管理

20世纪80年代初，全县推行农村家庭联产承包责任制，完成第一轮土地承包合同签订工作。1990年，按照“大稳定、小调整”原则，根据人口出生、死亡和迁出迁入情况作过必要调整。1996年进行第二轮土地延包，承包期30年。农经局成立后，就承包后续合同签订、鉴证和历年承包地纠纷调解、仲裁、合同结算等方面进行规范化管理。至1996年底，与全市农户签订土地承包合同272314份，延包土地74467公顷，留机动地1896公顷。随着“务工潮”兴起，土地撂荒和户与户之间小规模土地流转现象出现。据调查，2001年全区农村土地流转面积7033公顷，其中流转期限10年以内的有6423公顷，签订流转合同并经鉴证的仅533公顷。《中华人民共和国农村土地承包法》颁布实施后，农经局补发（签）土地承包合同7.1万份；累计颁发“土地承包经营权证书”22.9万户，占应颁发数23.6万户的97%。2004年，兑现农村集体组织征地补偿费2.99亿元，复垦撂荒地2027公顷，落实4883公顷流转土地承包经营权。其中业主经营1公顷以上103户600公顷，2005年扩大到322户822公顷。

二、农村集体财务管理

实行家庭联产承包责任制后，农村集体财务由社（村民小组）管过渡到村管。村专业会计配合乡镇农经站（农业服务中心），负责村民负担核算、财务核算和农业、农村经济统计以及农业基点调查统计等。农经局成立后，不断加强村社财务管理工作。1998年完成424个村6143个社的财务清理整顿。当年全市农村有集体资产25010万元，其中货币资金1387万元、应收借款3499万元、存贷729万元、其他流动资产315万元；有长期投资283万元，固定资产15858万元（原值15621万元、净值14591万元、在建工程740万元）；负债总计6027万元，其中流动负债4398万元、长期负债1629万元；所有者权益总计18984万元，其中资本11366万元、公积金6807万元、公益金563万元。同年，对11个乡镇1997—1998年财务收支情况和3个乡镇1996—1998年农民负担收、管、用情况进行全面审计。1999年，落实村级财务公开和新会计制度。2001年，对全区乡镇、村两级债权、债务进行审计。审计结果：全区乡镇、村债权28324万元、债务47800万元，分别比1998年增加364%和113%，债权债务相抵尚差债务19476万元。其中村级债权2210万元、债务2526万元，分别比1998年增加98%和114%，债权债务相抵尚差债务316万元。2002年，全面清理农村集体财务。据查，全区村组有现金600.61万元、存款1157.63万元、固定资产2424.93万元、债权3876.9万元、债务3161.59万元、公积金4126.77万元、公益金319.86万元。当年解决100余起经济纠纷，收回借支款7.09万元、挪用款3.53万元、截留款27.99万元、被侵占公款5.23万元、贪污款1.18万元。2004年，对15个乡镇2002—2003年农税附加及财政转移支付的集体资金管理、使用进行审计。2005

年完成15个村2002—2004年财务收支审计。

三、农业统计

1986—1995年，农业统计工作由农业局、农村社会经济调查队负责，1996年移交农经局。大农业统计项目包括农林牧渔业综合统计和乡镇信息统计。农业统计包括种植类大、小春作物播种面积、产量和农民负担、农村收益分配统计。农村社会经济调查队在不同区域确定一定数量农户作为统计调查户，采用实地丈量土地面积、实地收获测产的办法调查大小春作物种植收益情况，并将综合调查统计材料分别报送上级农调部门和同级农业局；同时开展百户农民家庭经济、耐用品拥有量抽查。1996年后，农经局采取选点调查、抽样调查等形式，统计各乡镇小春、大春作物播种面积、实际产量和农村收益分配情况；专门设立农民负担监测网点，掌握农民负担情况。2001年，在每个乡镇确定15户农经定点调查户，通过调查统计、分析，把握农村经济发展趋势。2004年雁江区被省、市确定为“全国农户收入预报样本区”后，农经局在松涛镇侯家坪村、保和镇火神庙村抽取50户样本户，每年对样本户进行入户调查，据此推及并掌握全区农业生产、农村经济发展情况。

第六篇　工　业

第一章　工业结构

第一节　所有制结构

1986年，资阳县有机械制造、食品加工、化工、建材、纺织、饲料、电力、制糖、酿造、印刷等工业企业340个。其中国有工业企业51个，集体工业企业281个，其他经济工业企业8个。国有工业企业实现工业产值31826万元，占全县工业总产值39264万元的81.06%；集体工业企业产值6311万元，占16.01%；其他经济实现工业产值1127万元，占2.93%。之后，乡镇企业、城镇街道工业逐步发展起来。1988年，集体工业产值1.05亿元，首破亿元，占全部工业产值的18.80%，比1986年上升2.79个百分点；国有工业产值4.44亿元，比1986年增39.62%，在全县工业总产值中占79.64%，比1986年下降1.42个百分点；其他经济工业产值879万元，占总数的1.66%，比1986年下降1.27个百分点。此格局延续至计划经济基本结束的1993年才开始发生变化。当年国有工业实现产值9.96亿元，集体工业产值4.59亿元，其他经济442万元。全县工业所有制结构比为68.26∶31.45∶0.29。国有工业占据主导地位，集体工业发展较快，其他经济仍较脆弱。

1994年以后，以股份制经济、外商投资经济和港、澳、台商投资经济为代表的其他经济逐步发展起来。当年，国有工业企业实现产值10.27亿元，是1986年的3.22倍，占全市工业总产值的61.38%，比1986年下降19.76个百分点；集体工业产值5.08亿元，占总数的30.38%；其他工业企业增加到15个，实现产值1.38亿元，是上一年的31.15倍，在全部工业总产值中所占比重上升为8.24%，增7.95个百分点。随着国有、集体工业企业产权制度改革的不断深入，国有工业主导地位不断削弱，集体和其他经济的从属地位不断消退。1999年，国有、集体、其他经济三种所制工业结构比为53.50∶13.12∶33.38，2002年三种所有制工业结构比为35.51∶39.09∶25.40。

2003年，集体所有制工业基本改制结束，国有工业大部分完成产权改革。2005年，全区规模工业企业实现工业总产值108.93亿元。其中，国有工业实现产值19.78亿元，占总值的18.16%；民营、外资和港、澳、台资等其他经济工业企业产值89.14亿元，占81.84%。集体经济规模工业企业不复存在，全区工业所有制结构发生根本变化，民营等其他经济占主导地位。

资阳市雁江区 1986—2005 年工业所有制结构变化情况表

表 6－1

项目 年度	工业企业数（个）				各类所有制企业产值（万元）				工业所有制结构（%）		
	合计	国有工业	集体工业	其他经济	总计	国有工业	集体工业	其他经济	国有工业	集体工业	其他经济
1986	340	51	281	8	39264	31826	6311	1127	81. 06	16. 01	2. 93
1987	284	49	229	6	47502	38188	8549	765	80. 33	17. 99	1. 68
1988	287	51	230	6	55797	44435	10488	879	79. 64	18. 80	1. 66
1989	301	54	241	6	59240	46311	12248	680	78. 18	20. 68	1. 14
1990	336	56	274	6	62308	47523	13981	804	76. 28	22. 44	1. 28
1991	348	57	285	6	105764	78672	25591	1501	74. 38	24. 20	1. 42
1992	331	50	274	7	127181	90799	34227	2155	71. 39	26. 91	1. 70
1993	182	57	120	5	145842	99553	45867	442	68. 26	31. 45	0. 29
1994	182	49	118	15	167256	102667	50820	13769	61. 38	30. 38	8. 24
1995	321	40	263	18	190826	110167	68706	11954	57. 73	36. 00	6. 27
1996	322	58	236	28	200499	113571	70858	16070	56. 64	35. 34	8. 02
1997	216	37	160	19	228677	123299	89329	16049	53. 92	39. 06	7. 02
1998	42	17	5	20	140440	80073	20007	40360	57. 02	14. 25	28. 73
1999	42	17	5	20	161577	86448	21193	53936	53. 50	13. 12	33. 38
2000	39	17	2	20	393111	119661	176333	97117	30. 44	44. 86	24. 70
2001	29	—	—	—	449991	142721	188046	119224	31. 72	41. 79	26. 49
2002	35	—	—	—	508941	180749	198958	129234	35. 51	39. 09	25. 40
2003	55	—	—	—	541151	149276	—	391875	27. 58	—	72. 42
2004	70	—	—	—	740071	177363	—	562708	23. 97	—	76. 03
2005	92	—	—	—	1089285	197842	—	891443	18. 16	—	81. 84

注：1. 其他经济含股份制经济、民营经济、外商和港、澳、台商投资经济

2. 工业产值 1986—1990 年按 1980 不变价计，1991—2000 年按 1990 不变价计，2001—2005 年按现价计。1998—2005 年产值仅为国有及年销售 500 万元非国有企业

3. 工业企业单位数 1986—1997 年为乡及乡以上全部独立核算企业，1998—2005 年为独立核算工业及年销售收入 500 万元以上非国有企业

第二节　产业结构

一、轻重工业结构

1986 年，轻工产业在全县工业产业中占据主导地位。当年轻工产值 2. 22 亿元，占全县工业总产值的 56. 58%；重工产业产值 1. 70 亿元，占 43. 42%。随着制造业的发展，辖区重工产业不断壮大，

产值渐超轻工产业。1989 年重工产值 3. 10 亿元，在全部工业产值中占 52. 35%，首次超过轻工产业。20 世纪 90 年代中后期，南骏公司、四通公司等一批重工产业发展壮大，全市重工产业主导地位日益巩固。1992 年全县轻重工业结构比为 50 : 50，次年即变为 44 : 56。至 1998 年，重工产值 9. 77 亿元，占工业总产值的 69. 57%；轻工产值 4. 27 亿元，占总值的 30. 43%。

21 世纪以来，重工产业发展势头不减。2003 年区规模重工业企业产值 32. 15 亿元，占全区规模工业企业生产总值的 76. 62%，比重较 1986 年提高 33. 2 个百分点。2005 年，全区重工产值 64. 55 亿元，轻工产值 33. 89 亿元，轻重工业产值比为 34. 43 : 65. 57。

二、轻工产业结构

辖区轻工产业以农副产品加工业为主，主要有食品、饮料、饲料、烟草、皮革、毛皮及制品等，长期占主导地位。1986 年，以农产品为原料的加工企业实现工业产值 2. 12 亿元，以非农产品为原料的轻工企业实现工业产值 992 万元，分别占轻工产业产值的 95. 53% 和 4. 47%。此后非农产品加工业稳中有升，1994 年保持在 10% 以内的比重，1998 年升至 15. 15%，2000 年升至 28. 12%，21 世初 5 年基本保持这个结构格局。

三、重工产业结构

区内重工产业包括采掘工业、原料工业、制造工业三大类。其中制造工业占主导地位，原料工业处从属地位，采掘工业为微量补充。1986 年，制造业、原料工业、采掘业产值分别为 16397 万元、548 万元、103 万元，结构比为 96 : 3 : 1。20 世纪 90 年代初，原料工业有所发展。1991 年，在重工产业内部结构中长期保持 3% 左右的原料工业实现产值 2842 万元，在重工产业中占 5% 以上的份额，1993 年占 11% 的比重，此后又缓慢下降，21 世纪保持在 6% ~10% 之间。采掘业始终保持在 1% 以内的比重。

资阳市雁江区 1986—2005 年工业产业结构变化情况表

表 6 - 2　　　　单位：万元

项目/年度	轻重工业结构			轻工产业内部结构			重工产业内部结构			
	轻工产值	重工产值	结构比（%）	农产品原料产业	非农产品原料产业	结构比（%）	采掘工业	原料工业	制造工业	结构比（%）
1986	22216	17048	56:44	21224	992	96:4	103	548	16397	1:3:96
1987	25245	22257	53:47	23892	1353	95:5	101	648	21508	1:3:96
1988	29713	26084	53:47	27945	1768	94:6	130	784	25170	1:3:96
1989	28228	31012	48:52	26603	1625	94:6	114	898	30000	1:3:96
1990	27400	34908	44:56	25511	1889	92:8	148	948	33811	1:3:96
1991	52327	53437	49:51	49174	3153	94:6	397	2842	50198	1:5:94
1992	63239	63941	50:50	59378	3861	94:6	754	3530	59857	1:6:63
1993	63730	82112	44:56	60549	3181	95:5	611	8791	72710	1:11:88
1994	78473	88784	47:53	71488	6984	91:9	831	8514	79439	1:10:89

续表

项目 年度	轻重工业结构			轻工产业内部结构			重工产业内部结构			
	轻工产值	重工产值	结构比（%）	农产品原料产业	非农产品原料产业	结构比（%）	采掘工业	原料工业	制造工业	结构比（%）
1995	90094	100733	47:53	79899	10195	89:11	321	8666	91745	1:9:90
1996	95092	105407	47:53	81306	13786	86:14	—	8217	97190	0:8:92
1997	103407	125270	45:55	94714	8693	92:8	232	10540	114498	1:8:91
1998	42736	97704	30:70	36262	6471	85:15	—	4452	93252	5:95
1999	52021	109556	32:68	41051	10970	79:21	—	6743	102813	6:94
2000	58090	124588	32:68	41754	16336	72:28	—	8815	115773	7:93
2001	70828	171059	29:71	—	—	—	—	—	—	—
2002	84410	218902	28:72	—	—	—	—	—	—	—
2003	98092	321522	23:77	—	—	—	—	—	—	—
2004	185452	470073	28:72	—	—	—	—	—	—	—
2005	338943	645490	34:66	—	—	—	—	—	—	—

注：1. 1986－1990 年按 80 不变价计，1991－2000 年按 1990 不变价计，2001－2005 年按现价计

2. 1998－2005 年为国有工业和销售收入 500 万元以上非国有工业企业

第三节　产品结构

20 世纪 80 年代，县内基本形成可满足日常生产生活需要的工业产品结构格局，主要工业产品有钢（铸钢水）、电力、硫酸、合成氨、农用化肥、交流电动机、内燃机车、砖、纸及纸板、日用玻璃、塑料制品、水泥、农具、食糖、鞋类、食用植物油、饮料酒、卷烟、生丝。

20 世纪 90 年代中后期，市委、市政府调整工业产业、产品结构，稳定钢产量，提高电产量和农用化肥产量，调减交流电动机产量，调减日用玻璃和塑料制品产量，调升水泥产量，稳定纸及纸制品产量，增加人造板项目，调减食糖产量，调升鞋类产量。2000 年后，深化工业产品结构调整。调升钢产量，2005 年产钢 61795 吨，是 2000 年的 19.9 倍（2005 年与 2000 年比，下同）；稳定电产量，发电量 15233 万千瓦时，增 2.4%；稳定增长硫酸、合成氨、农用化肥产量，3 项产品产量为 4.35 万吨、4.90 万吨、2.61 万吨，分别增 34.2%、30.3% 和 3.8%；退出生丝、日用玻璃、塑料制品生产，增加配混饲料生产，生产配混饲料 6.89 万吨，增产 57.7%；稳定水泥生产，产出 27.22 万吨，调减 18.4%；改单一生产内燃机车为“内电并举”，21 世纪初年首批电力机车出厂，2004 年生产机车 306 台，比 2000 年增长 1 倍；增加小型拖拉机、农用运输机械和汽车生产，2005 年生产小型拖拉机 4840 台、农用运输车 2084 辆、汽车 22157 辆。全区工业产品结构日趋合理，日益适应市场需求。

资阳市雁江区 1986—2005 年工业产品结构变化情况表

表 6－3

产品名称／年度	钢（铸钢水）（吨）	发电量（万千瓦时）	硫酸（100%）（吨）	合成氨（吨）	农用化肥（100%）（万吨）	交流电机（万千瓦）	生丝（吨）	日用玻璃（万吨）	塑料制品（吨）	配混饲料（吨）	水泥（万吨）	内燃机车（辆）	机制砖（亿块）	纸及纸板（吨）	人造板（万立方米）	食糖（吨）	卷烟（万箱）	鞋类（万双）	服装（万件）	农用机械（台）	汽车（辆）	食用植物油（吨）
1986	4527	5410	15210	6401	1.48	1.17	30	1.13	553	—	3.11	70	1.41	5488	—	11543	16.51	22.10	—	—	—	9691
1987	4442	5727	35087	6636	1.74	2.27	32	1.70	1259	—	4.61	94	1.78	5872	—	10520	18.54	38.87	—	—	—	9016
1988	4967	6521	26583	7477	1.55	3.73	31	1.45	1626	—	6.59	113	2.21	6112	—	10872	18.84	42.95	—	—	—	11096
1989	5999	7004	26963	6578	1.38	5.30	19	1.06	1169	—	6.30	135	2.01	5788	—	11128	20.05	51.81	—	—	—	8026
1990	6034	7554	26261	6972	1.40	4.61	26	1.30	1197	—	4.00	130	2.02	6086	—	13595	17.15	74.02	—	—	—	8309
1991	5000	10229	30600	6600	1.54	5.83	30	1.26	1613	—	10.18	130	2.35	5500	—	14300	19.00	121.49	61.74	—	—	—
1992	5700	10759	22100	8500	1.43	8.09	42	2.09	3032	—	10.41	160	2.36	6000	—	13600	20.70	184.95	68.59	—	—	—
1993	7600	11703	27000	10400	1.62	10.11	58	0.59	3443	—	17.19	170	2.00	3700	—	7300	20.69	216.00	13.41	—	—	—
1994	7000	13025	29400	12800	1.94	8.55	57	0.30	3428	—	17.37	198	1.63	4800	—	6900	20.72	287.28	77.89	—	—	—
1995	5200	13646	29800	19600	2.18	6.48	30	2.10	7500	—	15.65	216	2.64	4200	—	7200	20.54	442.00	69.00	—	—	—
1996	7500	13675	29300	23400	2.62	5.44	30	0.84	2054	—	12.85	240	2.86	4500	—	7300	20.00	312.40	234.63	—	—	—
1997	6700	14318	25500	25500	2.67	4.08	41	2.75	5978	—	22.46	223	3.05	6500	—	4500	19.00	131.09	70.13	—	—	—
1998	6954	13885	27595	30804	3.03	1.91	—	0.55	987	4534	17.70	180	—	7736	3.25	1975	—	926.90	—	11269	—	5291
1999	4915	14869	22121	35509	3.01	1.05	—	0.34	636	11145	20.40	161	—	8020	3.42	672	—	1097.5	—	11405	—	2896
2000	3886	14869	22396	37626	2.60	0.62	—	0.23	—	43663	33.60	150	—	6834	3.77	—	—	1561.5	—	4721	—	5505
2001	5962	12206	16834	46413	2.45	—	—	—	—	36670	27.50	200	—	—	3.67	—	—	2401.1	—	3543	6684	3748
2002	5404	12747	23012	49822	2.48	—	—	—	—	49009	39.50	239	—	—	2.52	—	—	2967.3	—	664	15689	3065
2003	7535	12924	36941	48332	2.57	—	—	—	—	63892	35.99	260	—	—	2.92	—	—	3024.0	—	1562	17889	—
2004	8413	14505	46995	37086	2.48	—	—	—	—	64289	20.24	306	—	—	2.42	—	—	3964.0	—	3124	3812	—
2005	61795	15233	43503	48992	2.61	—	—	—	—	68932	27.22	241	—	—	4.27	—	—	4517.0	—	4840	24241	—

第四节　工业经济运行

一、国有工业

1986 年，全县国有工业企业共 51 个，其中中央企业 5 个、省属企业 4 个、县属企业 42 个。中央企业个数少、规模大、经济实力雄厚，当年实现工业产值 2.07 亿元、工业净产值 9267 万元、利税 7509 万元，年末固定资产原值 2.55 亿元、固定资产净值 1.88 亿元、定额流动资金年平均余额 7781 万元。省、县属地方国有工业企业单位数量大、规模小，经济实力及效益次于中央企业。1986 年国有地方工业企业实现工业产值 1.11 亿元，其中省属企业 910 万元、县属企业 10233 万元；工业净产值 2732 万元，其中省属企业 318 万元、县属企业 2414 万元；利税总额 1572 万元，其中省属企业 249

万元、县属企业1323万元；年末固定资产原值6462万元，其中省属企业658万元、县属企业5804万元；固定资产净值4172万元，其中省属企业193万元、县属企业3979万元；定额流动资金年平均余额2119万元，其中省属企业336万元、县属企业1783万元。

1987—1988年，中央企业运行平稳，工业增加值年均增幅25.38%，利润年均增幅22.12%，销售税金年均增幅31.22%。1989年内燃机车厂等3个中央企业工业增加值虽然增长，但无利润，经济运行首次出现危机，1990年实现增加值1.67亿元、利税1.32亿元，1991年亏损1547万元，1992年扭亏盈利57万元，1993年亏损1794万元。1994年，中央企业渡过困难时期，至1997年，经济效益持续增长。工业增加值年均增幅20.74%，年均利润2889万元，销售税金年均1.88亿元。1998年中央企业全面完成利改税，部分中央企业完成改制，总体运行保持平稳。

1986—1990年，国有地方工业经济保持持续增长态势。工业增加值年均增幅14.83%，利润增幅13.33%，年均销售税金724万元，定额流动资金平均余额3842万元，1990年末固定资产原值11808万元，净值8286万元。1991年，县属工业企业亏损104万元，省属企业盈利154万元。1992年国有地方工业企业合计亏损724万元，其中省属企业亏7万元、县属企业亏损717万元；1993年亏损增大到1778万元，其中省属企业亏损187万元、县属企业亏损1591万元；1995年为国有地方工业企业亏损额度最高年，达到3915万元。至1998年底，国有地方工业企业持续8年亏损，累计亏损额1.31亿元。同年，深化国有地方工业企业股份制改革和产权改革。1999年扭转亏损局面，规模国有地方工业盈利99万元，2000年增加到563万元。至2005年，国有地方规模工业经济运行基本平稳。

资阳市雁江区1986—2005年国有工业经济运行情况表

表6-4　　　　单位：万元

项目 / 年度	中央企业						地方企业					
	工业增加值	利润总额	销售税金	固资原值	固资净值	流动资金余额	工业增加值	利润总额	销售税金	固资原值	固资净值	流动资金余额
1986	9267	1102	6407	25465	18794	7781	2732	818	754	6462	4172	2119
1987	11703	1600	8857	28442	20732	9175	2951	994	666	7740	5027	3171
1988	14866	1442	11000	31302	22607	11351	3859	1568	759	9071	6201	3784
1989	13500	98	11794	37988	28061	15135	4374	1220	752	10953	7972	4276
1990	16655	1896	11318	42863	31300	20502	4108	1175	691	11808	8286	5861
1991	—	-1547	11410	46347	32918	36635	—	40	948	13511	9418	10050
1992	21332	57	14306	49070	33749	36463	4979	-724	804	16085	11478	11828
1993	27871	-1794	17955	51960	34972	53659	6531	-1778	3683	21924	16591	11657
1994	31358	2915	13165	71553	48527	61832	18716	-3643	253	29052	24951	12205
1995	39405	3217	17993	80894	50008	72467	2283	-3915	286	35714	28376	11012
1996	42862	2887	20335	89653	51126	73209	3161	-1318	458	29523	23083	8139
1997	50997	2535	22296	86870	52401	80480	8200	-1502	354	27313	21844	8828
1998	30040	1762	—	70352	36253	54451	22345	-170	—	28752	19489	8639
1999	37213	1127	—	72343	36029	65978	25417	99	—	30106	19436	11740
2000	30143	1066	—	67766	33229	70005	20686	563	—	29389	17774	13186
2001	21319	598	—	—	34831	80795	14632	204	—	—	18284	15213

续表

年度＼项目	中央企业						地方企业					
	工业增加值	利润总额	销售税金	固资原值	固资净值	流动资金余额	工业增加值	利润总额	销售税金	固资原值	固资净值	流动资金余额
2002	26999	647	—	—	29327	92040	18531	221	—	—	15588	17730
2003	22298	1363	—	—	20152	127642	15304	464	—	—	10779	24034
2004	26494	2068	—	—	17225	143691	18184	704	—	—	9267	27055
2005	29553	2088	—	—	19429	188434	20283	691	—	—	10392	35480

注：1. 1986－1997 年为全部国有工业企业统计数据，1998－2005 年为国有规模工业企业统计数据

2. 一律以现价计

二、集体工业

1986 年，全县有集体工业企业 281 家，其中县属企业 45 家、乡镇企业 236 家。当年县属企业实现产品销售税金 95 万元、利润总额 88 万元，年末固定资产原值 1043 万元、净值 861 万元，定额流动资金平均余额 897 万元；乡镇企业实现税金 217 万元、利润 173 万元，年末固定资产原值 1872 万元、净值 1418 万元，定额流动资金平均余额 866 万元。县属集体工业企业在 20 世纪 80 年代后期经济运行基本平稳，除个别企业出现亏损外，大部分企业盈利，但增长幅度较小，年均 1.25%；销售税金增幅较大，年均 50.33%；定额流动资金平均余额保持在千万以上。1990 年亏损 52 万元，亏损面 71.42%，次年减亏。1992 年，县（市）属企业推行各种形式的承包经营，企业经受住了市场经济考验，1992—1995 年间县属工业企业总体无亏损。1992 年为历史盈利最高年，盈利企业利润总额 591 万元，亏损企业亏损 268 万元，盈亏相抵，盈利 323 万元。1993 年盈亏相抵，盈利 319 万元，销售税金实现历史最高的 1047 万元。1995 年固定资产净值 4167 万元，是 1986 年 861 万元的 4.84 倍。县属集体工业在历经 4 年盈利后于 1996 年出现 546 万元亏损，此后至 1999 年连续亏损。亏损额逐年增大，1999 年达到 611 万元，4 年累计亏损 2419 万元。2000 年，区委、区政府全面推行集体企业改革，除保留 2 户规模工业企业外，其余全部破产，资产转让组建民营企业。21 世纪初 5 年，保留的县（区）属集体工业企业经济运转基本平稳。

乡镇企业及其他企业数量时减时增。1987 年企业个数由 1986 年的 236 个下降为 196 个，1988 年减少 2 个，1989 年增加 9 个，1991 年增加到 249 个。1986 年亏损的乡镇工业企业亏损额 59 万元，1987 年为 160 万元，1989 年为 212 万元，1990 年增至 299 万元。至 1991 年，乡镇企业年均销售税金 534 万元，年均盈利 299 万元。1992 年计划经济结束，当年盈利企业利润总额 155 万元，亏损企业亏损总额 212 万元，盈亏相抵，总体亏损 57 万元。1993 年、1994 年基本适应市场经济变化，乡镇企业扭亏盈利，总体盈利额分别为 593 万元、191 万元。1995 年，乡镇企业大规模亏损，亏损企业亏损额 1559 万元，亏损面 80% 以上；盈利企业利润总额 627 万元；盈亏相抵，乡镇企业亏损 933 万元。以后亏损额继续增大，1996 年达到 1270 万元；1997 年再增加到 2651 万元，亏损面 95% 以上。到 21 世纪初大多数乡镇企业已资不抵债，大部分歇业或转制为民营。

资阳市雁江区 1986—2005 年集体工业经济运行情况表

表 6－5

单位：万元

项目/年度	县属工业企业					乡镇、街道企业及其他企业				
	销售税金	利润总额	固资原值	固资净值	流动资金余额	销售税金	利润总额	固资原值	固资净值	流动资金余额
1986	95	88	1043	861	897	217	173	1872	1418	866
1987	80	47	1631	1395	1114	350	363	3096	2396	1752
1988	126	89	1902	1588	1594	390	477	4226	3251	1817
1989	184	95	2177	1718	1711	383	260	4172	3000	2135
1990	393	－52	2784	2078	1958	855	197	4805	3450	3154
1991	558	－24	2936	2253	3659	1007	321	6612	4613	6443
1992	517	323	5674	4475	7747	890	－57	5965	4324	5549
1993	1047	319	4984	3731	8068	1661	593	9367	7465	10825
1994	171	24	5367	4693	3586	598	191	9833	9129	6324
1995	61	146	5437	4167	9300	552	－933	14992	11014	15932
1996	73	－546	5944	4148	5507	340	－1270	15746	10174	16374
1997	134	－697	9523	6493	15124	783	－2651	15182	10809	14018
1998	96	－565	7524	4739	13983	—	—	—	—	—
1999	96	－611	7704	4508	14343	—	—	—	—	—
2000	90	—	4734	2968	12503	—	—	—	—	—
2001	74	20	4424	2791	11034	—	—	—	—	—
2002	100	31	4035	2542	9875	—	—	—	—	—
2003	120	43	4672	2643	8756	—	—	—	—	—
2004	167	51	4187	2432	7843	—	—	—	—	—
2005	73	19	3020	1987	6515	—	—	—	—	—

注：1. 1986－1997 年为全部集体工业企统计数据，1998－2005 年为规模工业企业统计数据

2. 一律以现价计

三、其他经济

20 世纪 80 年代和 90 年代初，全县除为数不多的国有、集体合营企业外无个体私营及其他工业企业。1992 年第一家外商投资工业企业入驻资阳，1993 年 3 家港澳台商投资工业企业入驻。1995 年其他经济发展到 8 家，均为外商和港澳台商投资经济。当年，股份制经济发展到 10 家。

20 世纪 90 年代后期开始的国有、集体经济产权制度改革给其他经济带来发展机遇。1998 年，仅销售产值 500 万元以上其他经济就发展到 20 家，其中有限责任公司 11 家、私营企业 9 家。当年实现工业产值 4.54 亿元、工业增加值 1.37 亿元，分别占全市规模工业企业总产值的 25.75%、工业增加值的 27.91%。2000 年 20 户其他经济企业利用优于国有、集体经济的体制条件迅速壮大起来，全年其他经济工业企业实现工业总产值 7.30 亿元，占全县国有及年销售收入 500 万元以上非国有工业企业总产值的 35.32%，比自身 1998 年产值增 60.53%；实现工业增加值 2.20 亿元，占全区全部国有

及500万元以上非国有工业企业增加值的38.44%，比自身1998年增加值增长60.33%。

21世纪初，国有、集体工业企业产权制度改革基本完成，民营等其他经济迅速发展起来。2005年单规模以上工业企业就发展到73家，占全区规模以上工业企业总数的79.34%；实现工业总产值77.35亿元，占全区规模工业企业总产值的78.57%，是自身1998年工业产值的11.48倍；实现销售产值75.35亿元，占全部规模工业企业销售总值的78.07%，是自身1998年销售产值的11.76倍；实现销售税金1593万元、利润11126万元，全年利税21485万元，年末资产47.89亿元，资产净值11.57亿元；实现工业增加值25.33亿元，经济效益综合指数144.53%。

第二章　食品加工业

区内食品加工业有粮油加工、制糖、酿酒、调味品加工、肉类食品加工等门类，以本地农副产品为原料，主要产品有油料、面粉、粉丝、蔗糖、白酒、饮料、肉类食品、花生、味精、豆瓣等。1986—2005年间，前期主要生产企业有资阳粮油加工厂、糖厂、豆瓣厂、味精厂、酒厂、外贸食品厂、花生制品厂、饮料食品厂等国有企业，后期主要有四川省资阳宝莲酒业有限公司、临江豆瓣有限公司、资阳市中和酿造食品有限公司、四川省资阳市四海实业发展有限公司、资阳市雁江区永鑫肉类食品有限公司、资阳市力源粮油有限公司、四川海都食品有限公司等规模民营食品工业企业。

1986—1995年，国有食品工业企业经济运行平稳，经济效益较好。食品制造业和饮料及白酒制造业实现工业产值1101.5万元，比1985年增167.66%，年均增幅33.53%；实现工业净产值2557万元（当年价，后同），比1985年增长192.89%，年均增幅38.58%；实现利润321万元，比1985年增长64.99%，年均增幅13.00%；实现销售税金502万元，比1985年减少12.03%；1990年末固定资产原值5281万元、净值3800万元，分别比1985年增长187.04%、177.00%，年均增幅为37.41%和35.40%；1990年定额流动资金年平均余额3969万元，比1985年增长320.02%。全市食品工业经济效益“八五”计划期次于“七五”期，“九五”初期出现亏损，后期亏损持续，有65%的食品工业企业累计亏损致其资不抵债，于“九五”期末破产。

21世纪初，国有食品工业企业完成产权制度改革，转制为民营工业企业或股份制企业。民营食品工业用现代企业管理和机械作业生产方式，推进食品工业再上新台阶。2005年，全区7个食品规模工业企业共实现产值20.98亿元，是1990年的19.07倍；实现利润总额2749万元，是1990年的8.56倍。

第一节　粮油加工业

1986—2000年，粮油加工以粮食系统为主，骨干企业为国有资阳县（市）粮油加工厂。2001—2005年以民营、私营为主，骨干企业为资阳市国源粮油有限公司，产品主为油脂、面粉、面条。

计划经济时期粮油由国有企业统一收购、生产，原料充足，粮油产品量逐年增长，1986年仅食用植物油产量就达 7450 吨，1988 年达到历史最高值 1.11 万吨，此后有所减少，1990 年下降到历史最低值 2896 吨。民营力源粮油公司建立后，产量回升。2000 年产 5505 吨，后又有所下降，2003 年仅 3065 吨。面粉、面条等产量亦按上述油脂产量规律波动式消长。

资阳县粮油加工厂主要生产油脂、面粉、面条和饲料。1986 年有 5 个生产车间和日加工油菜籽 40 吨、小麦 50 吨、面条 7.5 吨的生产能力，时有工人 154 人，当年实现工业产值 1457 万元、工业增加值 386 万元、利润 171 余万元。县粮食局为确保粮油加工厂有充足的加工原料，将粮食系统收购的大部分油菜籽调至该厂，还将各粮油站用 95 型小榨机加工生产出的油枯调县粮油加工厂再加工。1989 年，县粮油加工厂百斤小麦出标准粉率 81.21%、百斤油菜籽出油率 35.15%，全部商品产品总成本 1944 万元，实现工业产值 1407 万元、工业增加值 473 万元、利润 328 万元，分别比 1986 年增 -3.43%、22.53%、228.0%。年末全厂固定资产原值 347 万元、净值 383 万元，定额流动资金平均余额 411 万元。1990 年，县粮油加工投资 400 万元新建面粉厂，1992 年投资 100 万元改造油脂浸出车间，1994 年投资 65 万元改造高级烹调油生产线，1995 年投资 100 万元改造挂面生产线。10 年投资上千万，开发出高级烹调油、“金雁”牌粟米油、系列风味油、“晴鸟”牌特制一等粉和“资富”牌猪、禽、鱼系列饲料等新产品，其中小包装高级烹调油、粟米油、特制一等粉获巴蜀食品博览展销会金、银奖，成为全国推荐产品。1995 年固定资产超千万，职工增至 456 人。

1992 年粮油价格全面放开，粮食系统油菜籽收购量减少 24%。粮油加工厂原料紧缺，年产值 4000 万元，潜亏 88 万元。1993 年仅收购油菜籽 6000 吨，是 1989 年 2 万吨的 30%，工厂处于停产半停产状态。1994 年产值降到 3000 万元，亏损额 288 万元。至 1999 年 12 月底，累计亏损 1763 万元，负债总额 2929.4 万元，资产总额 2193.2 万元，资产负债率 133.57%，至 2000 年 4 月破产前，资产总额降至 1950 万元，负债 3560 万元，负债率 182.56%，同年 10 月以 1250 万元出售给民营资阳市金洋粮油有限公司。同期，民营资阳市力源粮油有限公司、海都食品有限公司相继成立。2005 年，全区粮油加工企业共生产食用植物油 2000 余吨，面粉、面条 2800 吨；力源公司实现工业总产值 3153 万元，产品销售收入 2810 万元，当年无利润；海都食品有限公司实现工业产值 587 万元，产品销售收入 597 万元，亏损 8 万元。

第二节 制糖业

境内盛产甘蔗。1986 年全县播种 2180 公顷，产量 10.03 万吨；1990 年播种 2439 公顷，产蔗 13.02 万吨。20 世纪 90 年代后期以来播种面积和产量逐年减少。1998 年播种 1657 公顷，产蔗 8.70 万吨；2002 年播种 785 公顷，产蔗 3.65 万吨；2005 年播种 287 公顷，产蔗 1.51 万吨。制糖业的发展随甘蔗种植面积、产量的变化而变化。1986 年，全县有糖厂 7 家，即国有工业企业资阳县糖厂，乡镇办、乡村联办工业企业南湍河糖厂、黄家桥糖厂、振书糖厂、振书二八厂、金带糖厂、七里糖厂。当年全县制糖工业企业产食糖 1.15 万吨，1990 年增加到 1.36 万吨。1996 年，按政策关闭了有一定环境污染的乡镇村办糖厂和个体私营小作坊，全市食糖产量降至 7300 吨。2001 年 3 月，国有资阳市糖厂破产，一些小型民营制糖工业企业随之发展起来，但由于原料减少，产量不高。2005 年食糖产量 1592 吨，仅为 1986 年的 13.79%，为高峰年 1991 年 1.43 万吨的 11.13%。

资阳县糖厂是辖区制糖工业的骨干企业，组建于 1957 年 12 月，1986 年有各类机械设备 54 台（组），有红糖、白糖、冰糖、制酒、机制纸及纸板制造 5 条生产线，共有职工 2092 人。当年生产红糖1253吨、白糖9790吨、冰糖2430吨、机制纸及纸板4554吨，商品产品总成本2127万元，可比产品总成本1981万元，按上年实际单位成本计算的总成本1900万元，实现工业产值2287万元、工业净产值896万元、利润总额120万元，年末固定资产总值1682万元、固定资产净值1125万元，定额流动资金年平均余额415万元。此后一度时期产量持续增长，1990年白糖产量9793吨，占全县食糖总产量的72.03%。但产值有所下降，当年实现产值2256万元，比1986年下降1.36%；实现工业增加值580万元，比1986年下降35.27%；当年无利润。从90年代初开始，资阳糖厂原料减少，产量不足，生产成本增加，产品销售不畅，退休职工增多（至2000年增长到650人），负债过大，企业连年亏损。至2000年底，资产总额3476万元，负债总额11371万元，负债率327.13%，严重资不抵债，于2001年3月25日宣告破产。

第三节　酿酒业

1986年，全县有大小酒厂58家，生产白酒1489吨。国有酒厂实现工业总产值1322万元、工业增加值473万元、利润总额74万元、销售税金123万元，年末固定产原值651万元，净值551万元，定额流动资金年平均余额429万元。此后至1992年酿酒业处于上升趋势。1988年全县白酒产量增加到1.88万吨，1990年增至1.92万吨，1992年达到历史最高值2.12万吨，7年产量年均增幅7.53%。1993年以后有所下降并起伏不定。1993年白酒产量1.39万吨，1995年1.03万吨，1996年上升到1.46万吨，次年又下降到1.12万吨。至2001年，全区白酒产量已不足万吨。2002年以后以宝莲酒业有限公司为首的民营、个体私营酒厂发展起来。2005年，全区白酒销售量9.82万吨。

1986—2005年，白酒酿制工业以先后存续的资阳县酒厂、资阳宝莲酒厂、资阳宝莲酒业集团公司、资阳宝莲酒业有限公司为龙头企业。资阳县酒厂前身为国营18酒厂，1951年7月组建。1963年在宝台乡酒精厂基础上扩建，1965年合并全县各种所有制酒厂成立四川资阳县酒厂，1969年税利上100万元。1986年酒厂占地面积4.63万平方米、建筑面积5.10万平方米，有职工620人。当年白酒产量6378吨，全部产品总成本491万元，可比产品按上年实际单位计算的总成本448万元，实现工业总产值788万元、净产值299万元、利润总额74万元，年末固定资产总值651万元、净值551万元，定额流动资金年平均余额429万元。酒厂的产品有大曲、小曲、串香、液态和各种瓶装酒共23个品种，其中宝莲大曲被评为商业部优质酒，伍市干酒被评为省优质酒。

1989年10月，资阳县酒厂更名为资阳宝莲酒厂，当年与县商业局签订集体承包合同，调减白酒产量。1990年产白酒5798吨，比1986年减少9.08%；实现工业总产值796万元，比1986年增10.15%；实现工业增加值412万元，比1986年增37.79%；年利润30万元，比1989年增299.0%。1991年宝莲酒厂兼并集体所有制企业资阳果酒厂，1992年6月又与省属国有四川省酿酒机械厂合并组建资阳宝莲酒业集团公司，下属两个独立核算单位。集团公司组建之初就出现亏损和管理上的诸多弊端，运转维艰，于1994年2月解体。解体后又单独运作的宝莲酒厂，仍不能扭亏。

1998年4月，撤销资阳宝莲酒厂，成立四川省宝莲酒业有限公司，公司股本100万元，全部为内部职工个人股，股东内控在50人。股份制改革仍难止亏。至2000年4月，负债4557万元，资产2457万元，资产负债率185.47%。5月，经资阳市人民法院裁定破产还债。430名在职职工按人均1万元的标准买断国有企业职工身份，并一次性安置；遗属按人均4000元实行一次性安置，了断供养关系。12月，破产清算组将宝莲酒业总资产以1000万元转让给自然人，继续保留资阳宝莲酒业有限公司名称，转制为民营企业。宝莲酒业有限公司于2001年恢复生产，2002年始有盈利，2005年企业工业总产值641万元、销售收入556万元、利润51万元。

资阳糖厂设有专门的酒精生产车间，1986年生产酒精476吨，之后有所减少，至破产时酒精产量已不足百吨。

第四节　肉类食品加工业

1986年，全县有各类肉食品加工企业79家，实现工业产值2241万元。其中骨干企业县食品公司和县肉联厂加工生猪16.9万头，外调出口额9.8万元，产值占全部肉食品加工产值的91.21%。1988年，县食品公司投资46.72万元改造冻库结冻间，日冻猪肉食品量达24吨。

1992年起，生猪收购、屠宰、加工全面放开；县（市）食品公司、县（市）肉联厂在肉食品市场竞争中逐渐处于下风，当年出现亏损，此后连续亏损且亏损额逐年增加。至1998年5月，累计亏损1882万元，资产负债率170.25%；6月5日，市食品公司破产。2002年资阳肉联厂破产。2003年9月，肉联厂全部资产转让给自然人，组建成跨地区、跨行业，集生猪养殖、屠宰加工、熟食品生产、机械制造、房地产开发、生物科技和出口销售于一体的四川省四海集团公司。公司先后投资2.5亿元，征地500亩，新建年屠宰及综合加工300万头生猪项目；2005年实现工业产值20.0亿元，销售收入19.55亿元，利润总额2486万元，成为与资阳内燃机车厂、南骏汽车集团公司并驾齐驱的支柱产业。2004年，民营独资企业四川资阳永鑫肉类食品有限公司成立。公司集生猪养殖、收购、屠宰、加工、冷藏、销售于一体，时有员工88人。产品有冷鲜白条肉、冻猪分割肉等100多个品种，建有500头生猪养殖场3个，2005年实现工业加工产值580万元、销售收入597万元，亏损5万元。2004年同期成立的世鑫食品有限公司，亦集生猪养殖、收购、屠宰、加工、冷藏、销售于一体，生产的冷鲜白条肉、冻猪分割肉等100多个肉类食品除供给本地外，远销重庆、西藏、内蒙古、湖南、青海、甘肃等省（市、自治区）；2005年实现工业产值6680万元、销售收入6168万元、利税128万元。国盛农牧有限公司成立于1994年8月，公司集种植、养殖、屠宰加工于一体，下设屠宰加工厂，具有年屠宰10万头生猪的生产能力。

第五节　调味品及其他食品加工业

一、调味品加工业

区内生产的调味品主要有豆瓣、酱油、醋、豆腐乳、味精等。其中临江寺豆瓣厂（公司）生产的金钩豆瓣、香油豆瓣、火腿豆瓣、红油豆瓣工艺独特，色鲜味美，先后被评为四川省优质产品、全国知名品牌，产品畅销国内外。1986年，全县调味品工业企业共生产12个品种，产量3704吨，实现工业总产值343万元。至20世纪90年代，总量一度有所减少，21世纪初又逐年增加，2005年调味品生产量增加到5300吨。

调味品加工企业以临江寺豆瓣厂、东风酿造厂、中和酿造厂和后来组建的民营企业为主。临江寺豆瓣厂是1957年合并资阳县内各小型酱园，承袭两百年酿制工艺组建的国有工业企业。该厂主要生产豆瓣为主，品种有金钩、火腿、香油、麻油、肉松、胡桃、杏仁、甜糟、五香、家常、红油豆瓣等10多个品种，其次生产麻酱、甜面酱、冬尖、豆油、麸醋等产品。1986年豆瓣产量2030吨，实现工业产值123万元、工业增加值46万元、利润总额26万元，年末固定资产总值143万元、净值98万元，定额流动资金年平均余额135万元。1987年推行集体承包经营责任制，承包期3年。3年累计生产豆瓣6491吨，实现工业产值378万元、工业增加值206万元、利润118.3万元。1995年连续3届承包期满，企业连年无亏损。同年9月，临江寺豆瓣厂改作股份制企业，更名为临江寺豆瓣有限责任公司。1996年，公司有职工151人，实现销售收入481万元、利润10万元，上交销售税金及附加2万元，年末固定资产440万元，负债369万元，所有者权益71万元。此后，调味品市场竞争趋于激烈，加之管理体制、产品质量问题，20世末开始出现亏损。至2002年，资产总额减少到474.8万元，负债上升到490.2万元，资不抵债15.4万元。同年1月，重组民营临江寺豆瓣有限责任公司，原国有公司117名在职职工以人均8000元了断国有企业职工身份，与新公司重新明确劳动合同关系。

东风酿造厂是与临江寺豆瓣厂同期组建的国有地方工业企业，主要生产酱油、豆瓣、醋等调味品。1974年建味精生产车间，初始年产味精3.34吨，到20世纪80年代中期产量超100吨。1986年东风厂产豆瓣674.11吨、味精66.30吨，实现工业总产值220万元、净产值42万元，无利润，年末固定资产总值107万元，净值76万元，定额流动资金年平均余额81万元。1987年起调减豆瓣产量，大幅增加味精产量，年内产味精158吨，1988年产244吨，当年改名为味精厂。1990年生产味精225吨；工业产值382.8万元，比1986年增长46.67%；工业增加值111.2万元，增91.72%；利润11.8万元，增490%；年末固定资产原值156.1万元，增53.04%；固定资产净值101.6万元，增25.43%。该厂90年代初期开始亏损，1992年亏损额46.5万元。之后投资合办、独办阿尔卑斯酒厂、资阳市地毯厂建东分厂，两个项目均亏损。至1998年，味精厂有在职职工225人、离退休职工94人，全部资产1110.2万元，累计负债1815.2万元，资产负债率163.5%，严重资不抵债，于同年9月破产。

供销系统创办的中和酿造厂亦生产豆瓣、麸醋、豆油，其中“中和”牌醋达到部颁标准。1986年实现产值51.2万元，1990年增至107.5万元，1996年达到263.8万元。1997年在企业“关、停、并、转”全面清理整顿中退出工业生产市场，后改为中和酿造食品有限公司。

国有、集体调味品生产企业破产后，民营临江寺豆瓣有限公司、中和酿造食品有限公司等一批调味品工业企业诞生。2005年临江寺豆瓣公司实现工业产值3502万元、销售收入2836万元、利润总额288万元；中和酿造食品公司实现工业产值1102万元，销售收入1043万元，利润总额17万元。

二、其他食品加工业

区内还有糖果、花生糕点、食品罐头、豆腐等食品制造业。加工企业有县属资阳食品厂、花生制品厂、外贸食品厂和供销系统的糖果厂、食品罐头厂、巴蜀花生厂等。

资阳食品厂前期主要生产糖果、糕点，次产熟花生，后期主要生产熟花生。生产的“天府”牌、“嘉陵”牌花生与临江寺豆瓣同期成为地方特产。1986年出口花生466.03吨，实现工业产值262万元、净产值46万元（当年价，后同）、利润总额10万元，年末固定资产总值122万元。时有在职职工298名、退休职工25名。之后，出口量逐渐减少。1990年花生制品出口量283.52吨，实现工业产值225.5万元、净产值83万元、利润总额0.8万元，分别比1986年减13.93%、增50.91%、减92.0%。从20世纪90年初开始，个体私营食品加工业迅猛发展，食品厂市场销售份额受到挤压，产品销售困难，企业连年亏损，1995年基本停止生产，以出租市场摊位和销售门市维持企业生存。

2004年12月将总资产800万元以承债式转让给自然人，成立民营资阳市万利有限责任公司。

资阳糖果厂以生产糖果糕点为主。1986年生产糖果、糕点1542吨，1988年产量达到历史最高1732吨，此后有所减少，1990年下降到1206吨，1995年不足千吨，90年代后期退出生产。花生制品厂1987年建成投产，以生产花生糖、熟花生为主，投产当年实现产值108万元、净产值29万元、利润总额12万元。1988年产值、利润分别下降到24万元、3.8万元，1989年再下降，1990年被兼并。外贸食品厂以生产出口食品为主，1986年实现工业产值153万元、净产值34万元，利润4万元。此后生产、出口量逐年加大，1990年工业产值216.4万元、工业增加值188.5万元、利润总额71.5万元，分别比1986年增长120.82%、328.41%、7050.0%。90年代初期持续这种势头，中期衰减，后期因出口市场竞争激烈而亏损、停业。供销系统糖果厂、食品罐头厂于1997年退出工业生产。糖果、糕点、食品罐头、花生制品企业由民营、个体私营食品企业所替代。

第三章　化学工业

第一节　农肥化工

一、发展概况

1986年，全县化工企业共生产硫酸（折100%）1.52万吨、合成氨0.64万吨、氮肥0.44万吨、磷肥1.04万吨，实现工业总产值1260万元、工业增加值36万元，当年无利润。此后至1993年，硫酸、合成氨产量呈上升趋势，氮、磷肥产量保持稳定。1987年硫酸产量上升到3.51万吨，是上一年的2.3倍，其间除1992年下降到2.21万吨，其余年度保持在2.6万~3万吨之间；合成氨产量上升缓慢，1993年上升到1.04万吨，比1986年增加64.27%，年均增幅8.03%；氮磷肥产量维持在1.5万吨左右。1993年以后，天台化工厂、丰裕复合肥厂、钾肥厂、松涛化工厂等一批乡镇集体和民营化工企业发展起来，参与农肥市场竞争，全市的农用化工产品产量大幅度上升。1995年硫酸产量上升到2.98万吨，合成氨增加到1.96万吨，农用化肥首破两万吨达到2.18万吨，分别比1993年增长10.37%、88.46%和34.57%。20世纪90年代末期至21世纪初期，集体化工企业、国有化工企业相继破产，民营化工企业乘势收购国有化工企业资产并迅速发展起来，化工产量非但不减，反而大幅度增长。2005年硫酸产量4.35万吨，比1995年增45.97%；合成氨4.90吨，比1995年增150.0%；农用化肥2.61吨，比1995年增19.72%。

二、主要化工企业

1986—2005年间，资阳磷肥厂、资阳氮肥厂、四川资阳天台化工有限责任公司是区内骨干化工企业。

资阳磷肥厂始建于1959年8月，时名资阳化工厂。1960年10月试制成功过磷酸钙。1965年8月更名为资阳县磷肥厂。之后20年产品畅销，经济效益良好。1986年生产硫酸15210吨、磷肥

10429 吨，实现工业产值 858 万元、工业增加值 18 万元，无利润，年末固定资产原值 489 万元，净值 243 万元，定额流动资金年平均余额 105 万元。此后硫酸产量上升，磷肥产量小幅下降，1990 年硫酸产量 2.63 万吨、磷肥产量 9062 吨，分别比 1986 年增 73.03%、降 13.11%；实现工业产值 850.1 万元、工业增加值 370.6 万元，分别比 1986 年降 0.93%、增 1958.90%，当年无利润。90 年代初期企业出现困难，1991 年磷肥产量减少到 4600 吨，同比下降 49.24%，企业出现亏损。90 年代中期有所好转，但后期亏损到 21 世纪初期，致企业严重资不抵债，于 2005 年破产。

资阳县氮肥厂（又名化肥厂）始建于 1973 年 6 月。1986 年合成氨产量 640 吨，氮肥产量 4412 吨，工业总产值 402 万元、工业增加值 16 万元，无利润，年末固定资产原值 618 万元、净值 243 万元。此后至 1995 年运转较稳定。1990 年，合成氨、氮肥产量为 6972 吨、4954 吨，分别比 1985 年增 3.20% 和 6.95%。1994 年 12 月氮肥厂实行国有经济控股的股份公司制改革，更名为天台化工有限公司，股本总额 500 万元。

1995 年，天台化工有限公司合成氨、氮肥产量增至 1.96 万吨、1.24 万吨，分别比 1990 年增长 181.12% 和 150.30%。1996 年两项产品分别比上一年增 19.39%、14.52%，实现销售收入 5320 万元、利润 402 万元、销售税金及附加 56 万元，年末资产增至 3661 万元，负债 2740 万元，资、债相抵，企业所有者权益 921 万元。"九五""十五"计划期间，产量和效益一路攀升。2002 年合成氨产量达到历史最高的 4.98 万吨，比 1996 年增 112.82%；氮肥产量首破 2 万吨，达 20054 吨，比 1996 年增 41.23%；实现销售收入 8139.6 万元，比 1996 年增长 53.0%；年末资产 4592.7 万元，比 1996 年增 25.46%；负债 3176 万元；资、债相抵，所有者权益 1416.7 万元，比 1996 年增长 53.82%。2003 年，公司被内江市山山集团公司全资收购。2004 年转让国有股权，进行技术改造，并引进先进技术和人才。至 2005 年，基本形成 5 万吨合成氨生产系统、两水闭路循环系统、烟道二氧化碳回收系统、食品级二氧化碳生产系统，建成输氨管线及氨站、42 公里天然气输送管线，生产的"天台山"牌农用碳酸氢铵不仅保证本区农业生产使用，还销往云南、贵州等地。当年合成氨产量 4.90 万吨，碳酸 1.83 万吨，工业总产值 12055 万元、销售收入 6869 万元、利润 198 万元。

资阳市雁江区 1986—2005 年农肥化工生产情况表

表 6－6　　单位：吨

年度＼项目	硫　酸（折 100%）	合成氨	农用化肥（折 100%）		
			合计	氮肥	磷肥
1986	15210	6401	14841	4412	10429
1987	35087	6636	17449	4848	12601
1988	26583	7477	15523	5439	10084
1989	26963	6587	13805	4769	9036
1990	26261	6972	14016	4954	9062
1991	30600	6600	15400	10800	4600
1992	22100	8500	14300	6100	8200
1993	27000	10400	16200	7400	8800
1994	29400	12800	19400	8700	10700
1995	29800	19600	21800	12400	9400
1996	—	23400	26200	14200	11300

续表

年度 \ 项目	硫　酸（折 100%）	合成氨	农用化肥（折 100%）		
			合计	氮肥	磷肥
1997	25500	25500	26700	15300	10900
1998	27595	30804	30337	18554	11783
1999	22121	35509	30128	19891	10237
2000	22396	37626	25976	18629	7347
2001	16834	46413	24889	18628	6261
2002	23012	49822	24809	20054	4755
2003	36941	48332	25690	19485	6205
2004	46995	37086	24812	16114	8698
2005	43503	48992	26080	18285	7795

第二节　塑胶化工

一、塑料制品业

区内 1973 年即有塑料化工生产，至 1985 年先后建成资阳县祥符塑料厂、城关雁南塑料厂、资阳中学塑料厂，1986 年又建成资阳县塑料管件厂。上述化工企业以废旧塑料品、聚氯乙烯、聚乙烯、炭黑、碳酸钙为原料，生产塑料薄膜、食品袋、化肥包装袋、塑料雨衣、水桶、粪桶、鞋底和塑料管材、管件等。当年，全县塑料化工企业生产各类塑料制品 553 吨，实现工业总产值 173 万元、工业增加值 4 万元。“七五”计划期，塑料化工产品产量、工业产值持续上升。1990 年生产各类塑料制品 1197 吨，比 1985 年增长 90.91%，年均增幅 18.18%；工业总产值 574 万元，比 1985 年增长 233.72%，平均每年增长速度 27.26%；实现工业增加值 80 万元，是 1985 年 10 万元的 8 倍。“八五”计划期是资阳塑料化工行业的全盛时期。1992 年塑料制品产量突破 3 千吨大关；1993 年、1994 年稳定在 3400 吨以上；1995 年突破 7 千吨大关，达到 7500 吨，比 1992 年翻一番，是 1990 年的 13.56 倍。“九五”计划期是资阳塑料化工行业的艰难时期。1996 年塑料制品产量降至 2054 吨，仅是上一年产量的 27.39%；1997 年反弹至 5978 吨；1998 年降为 987 吨，不足千吨，仅是上一年产量的 16.51%；1999 年下降至 636 吨以后，市内集体塑料化工企业退出塑料化工市场。

资阳县塑料管件厂于 1986 年建成投产，生产设备为意大利制造，使用的工业原料为硬聚乙烯，产品远比县内其他塑料化工企业以废旧塑料品为原料生产的产品质量高，在省内畅销。主要产品为建材用塑料管材、件材，产量占县同行业总产量的 91.2%。20 世纪 90 年代初期县塑料管件厂更名为县塑料建材厂，先后兼并资阳市内其他小型塑料化工企业，建成资阳市塑料建材总厂。1997 年末有职工 488 人，其中在职职工 381 人、离退休职工 107 人。至 1998 年总厂运转已十分艰难，当年 1 月以全部厂房、土地、设备及配套设施估价 570 万元，外加 80 万元流动资金共 650 万元，与成都动力工程公司（出资 350 万元）共同组建资阳市工具制造有限公司，生产各类机械工具。公司为股份制企业，股本 550 万股，其中成都动力工程公司拥有 350 万股，职工持有 200 万股；组建时接纳塑料建材总厂在职和离退休职工及银行 200 万元贷款的分摊债务。

二、橡胶制品业

区内橡胶制品业起于1977年，至1986年保存有资阳城关翻胎厂。翻胎厂以橡胶为原料，翻制各类型汽车、拖拉机、农用车轮胎，在20世纪80年代已运转困难。1986年实现工业产值28万元、工业增加值4万；1987年停产；1990年恢复生产，仅实现工业产值1万元，于当年底关闭。

21世纪初，民营塑胶化工企业出现。至2005年，建成四川省资阳市天华塑胶有限公司、资阳市通远塑胶有限责任公司。两公司均以生产销售建筑、供排水管材、件材为主，以生产销售日用塑料、橡胶制品为辅。当年天华塑胶公司实现工业产值507万元、销售收入519万元、利润2万元；通远塑胶公司实现工业产值1002万元、销售收入901万元、利润23万元。

第四章　钢铁·机械设备制造业

第一节　钢铁工业

区内钢铁生产原料一般利用本地收购的废钢铁和外地购进的批量钢坯。生产企业在2000年前除资阳内燃机车厂铸钢车间外，大多为乡镇、街道办小型集体钢铁加工企业，1986年仅有2家。1991年资阳县有色金属锻造厂成立，之后陆续组建莲花轧钢厂、清泉轧钢厂、永胜拉丝厂。20世纪末期，集体钢铁加工企业亏损严重，除清泉轧钢厂、永胜拉丝厂外先后歇业停产，一批民营钢铁加工企业建立。至2005年，全区有资阳市国安钢铁有限公司、鸿宇特种钢铸造有限公司、清泉钢材加工厂、永胜拉丝厂、宏盛钢制品研究有限公司5个年销售收入500万元以上的规模钢铁加工企业。

1986—2004年，区内主要生产铸钢水。1986年产量4527吨；1990年增加到6034吨，比1986年增33.29%，比1985年3331吨增81.15%，年均增幅16.23%。1991年降到5000吨，1993年上升到7600吨，1995年又下降到5200吨。5年共产钢4.05万吨，比“七五”期5年产钢量增长55.77%，年均增长11.15%。“九五”期间前期增产，后期减产，1996年产量7500吨，之后逐年下降，到2000年降到历史最低的3886吨，年均降幅12.05%。5年钢产量3.0万吨，比“八五”期钢产量下降25.93%。“十五”期间，前期小幅上扬，后期大幅增长。2001年产量5962吨，2004年上升到8413吨，年均增幅13.70%。2005年增至61795吨，是上一年的7.35倍。当年5个新兴钢铁工业企业实现工业总产值38535万元、销售收入36361万元、利润1526万元，其中国安钢铁实现工业产值22005万元、销售收入19760万元、利润1496万元；鸿宇公司实现工业产值1730万元、销售收入2053万元、利润33万元；永胜厂实现工业产值536万元、销售收入506万元、利润4万元；清泉厂实现工业产值702万元、销售收入586万元、利润1万元；宏盛公司实现工业产值13562万元、销售收入13456万元、亏8万元。

第二节　铁路运输机械工业

1972 年，县内建有铁道部资阳内燃机车厂和与之配套的成都铁路局资阳配件厂，20 世纪 80 年代中期和 2004 年又建成与机车生产相配套的资阳市川雁机械厂、资阳晨风工业有限公司。资阳内燃机车厂为铁路运输生产内燃机车，其他厂（公司）为内燃机车生产所需的传动齿轮、曲轴、轮轴、连杆、缸套、增压器、调速器、电器等配件及火车车厢、车辆闸瓦、闸阀等产品，同时生产铸钢水。在全部铁路运输机械设备工业企业中，资阳内燃机车厂为骨干企业。

资阳内燃机车厂始建于 1972 年，后加入中国南车集团，称中国南车集团资阳机车厂。1986—2005年机车厂经济运行平稳。1986 年生产内燃机车 70 台、铸钢水 4527 吨，实现工业总产值 10716 万元、工业增加值 3058 万元、利润 964 万元，年末固定资产原值 25465 万元、净值 16737 万元，定额流动资金年平均余额 5537 万元。当年起，机车厂着手实施“三年三大步计划”，即三年生产 DF4 型机车 100 台，奠定国内机车生产“北连（大连）南资（资阳）”战略目标。1988 年完成三大步目标。1989 年 10 月试制成功 2 台 GKIC 型机车，达到国内机车生产先进水平，首次为铁路以外单位提供专用机车。1990 年机车厂职工达到 11908 人，其中在职职工 11156 人、离退休职工 752 人；工程技术人员 1239 人，其中拥有高级技术职称的 98 人、中级技术职称 487 人。当年生产内燃机车 130 台、铸钢水 6034 吨，分别比 1985 年增加 124. 14%、81. 15%；实现工业总产值 23441 万元，比 1985 年增 187. 65%，年均增幅 37. 53%；实现工业增加值 5589. 8 万元，比 1985 增 98. 08%，年均增幅 19. 62%；利润总额 1735. 7 万元，比 1985 年增 40. 09%，年均增幅 8. 02%；年末固定资产原值 36108 万元、净值 25367 万元、定额流动资金年平均余额 12529 万元，分别比 1986 年增 41. 79%、51. 56% 和 126. 28%。1996 年 10 月机车厂试制成功首台 DF4C 型机车，步入铁路重载行列；1998 年 11 月又试制成功首台 DF8B 型机车，进一步满足了铁路重载的需要。2000 年 6 月实施“三大制造基地”（内燃机车、电力机车并举的机车制造基地，以系列柴油机商品化生产为主的动力制造基地，机器零配件制造基地）建设计划。12 月，首批 2 台 SS3 型电力机车出厂，突破建厂 30 年单一生产内燃机车的格局。2004 年机车产量 306 辆。2005 年机车总量 65. 17 万千瓦，实现工业总产值 18. 01 亿元、销售收入 16. 26 亿元、利润 1270 万元，产值、销售收入分别是 1985 年的 22. 23 倍、21. 73 倍。

成都铁路局资阳配件厂 1986 年实现工业产值 589 万元、工业增加值 313 万元、利润 192 万元，年末固定资产原值 419 万元、定额流动资金年平均余额 148 万元。“七五”期间前期有增长，后期有下降。1990 年工业产值下降到 483. 5 万元，为 1985 年的 86. 03%；工业增加值 468. 3 万元，增 66. 55%；利润 251. 5 万元，增 47. 94%。20 世纪 90 年代和 21 世纪初期，企业多次技术改造，产品质量不断提高。2005 年实现工业产值 3068 万元、销售收入 2651 万元，利润 24 万元。

晨风工业公司的前身是 1984 年成立的资阳机车厂劳动服务公司，20 世纪 90 年代改建为有限公司，逐步发展为中型机械工业企业和为机车生产零部件制造基地。2005 年公司有职工 1544 人、固定资产 3183. 5 万元，实现工业总产值 2. 66 亿元、利税 1666 万元。同年征地 50 亩，兴建轮轴、缸套、电器产品新厂区，拟建曲轴、车轴、轮对、缸套、电器 5 条生产线。

第三节 公路运输机械工业

1986—2005 年，区内运输机械制造工业经历了 3 个发展时期。1986—1993 年为转换企业经营机制的过渡时期。其间，由于农村土地承包到户、生产单位变小、农业机械使用范围和作业量减少，农机工业向公路运输机械制造转移，开发生产农用车、旅行车、越野车、手扶拖拉机等运输机械。主要生产企业有资阳汽车修造厂、农用汽车厂。

1994—2002 年为企业经营机制转制期，机械工业企业纷纷转为公司制。1994 年 10 月，资阳市农用汽车厂改制为三马车辆有限责任公司，有股本金 102.75 万元，以农用汽车为主导产品，同年收购资阳汽车修造厂车间作厂房生产农用汽车。1996 年，公司有职工 138 人，销售税金及附加 3 万元、利润 23 万元，年末资产 1818 万元、负债 1731 万元，所有者权益 87 万元。1997 年起公司连年亏损，至 1999 年 3 月负债 1267.23 万元，资产 790.43 万元，资产负债率高达 160.32%，严重资不抵债，被资阳市人民法院裁定破产还债。资阳汽车修造厂以改装面包车、越野车、旅行车、农用车为主导产品，配套生产农用汽车驾驶室；1995 年起亏损，至 2001 年已严重资不抵债，被法院裁定破产还债。1986 年由农业机械修造厂更名而来的资阳县新星工业公司，从 1993 年开始生产农用汽车，逐年扭亏为盈；1999 年产销各型汽车、拖拉机 6100 辆，实现工业总产值 1.83 亿元；2001 年增造各型专用汽车，产销各类专用汽车、农用车、拖拉机 10330 辆，实现工业总产值 3.7 亿元。

1997 年 8 月，在资阳市三马车辆制造有限公司生产停滞状态下，公司部分下岗职工利用自身的技术，自筹资金组建起资阳市第一个民营股份制汽车制造企业“四通车辆制造有限公司”，以生产销售农用汽车、拖拉机为主；后迁往双流县发展，2003 年又迁回资阳。2003—2005 年间，四通车辆制造有限公司投资 2200 万元在南骏汽车工业园征地 60 亩，建厂投入汽车生产；2005 年生产各型运输车辆 2312 辆、实现工业总产值 35103 万元，销售各型车辆 2292 辆，实现销售收入 34879 万元、利润 209 万元，成为资阳第二大汽车制造企业。

2002 年 8 月新星公司启动国有企业产权制度改革，原公司 50 名中层以上企业管理人出资 669 万元买断国有资产，组建资阳市南骏汽车有限责任公司，成为资阳市雁江区第二个民营股份制汽车制造企业。南骏汽车有限公司组建成立后，建立现代企业管理制度，引进高、精、尖技术和创新型技术人才，自主研发了 500 多个型号的汽车产品，被列入国家《车辆生产企业和产品公告》。2003 年产销各型号车辆 19200 辆，比改制前的 2001 年增长 85.87%；实现工业总产值 9.1 亿元、销售收入 8.8 亿元。2004—2005 年继续扩张，基本形成年产轻、中、重型卡车 3 万辆的能力，建立了覆盖中国西南、西北、中南、东南、华东、东北 20 多个省、市、自治区的销售网络，产品销往东南亚部分国家。其间，实施“以南骏汽车为纽带，寻求一切与企业优势互补的社会资源，共建南骏汽车工业园”的扩张战略，先后引进四通车辆制造公司、亚星客车有限公司、湖南同心车身有限公司、聚源车厢制造有限责任公司、湖南车桥资阳汽车底盘有限公司、骏业汽车车架有限责任公司、资阳金雁汽车车身有限责任公司 7 家汽车及汽车配件制造企业入驻南骏汽车工业园。至 2005 年，南骏汽车工业园已具汽车城规模。当年，南骏汽车有限责任公司实现工业总产值 18.11 亿元、销售收入 16.03 亿元、利润 1282 万元，成为与中国南车集团资阳机车厂、四川省资阳市四海发展实业有限公司齐名的资阳经济“三驾马车”之一。

2005 年，入驻南骏汽车工业园的湖南同心资阳车身有限公司实现工业产值 13799 万元、销售收入12992万元、利润1393万元；资阳亚星客车有限公司实现工业产值1262万元、销售收入1556万元，亏损9万元；资阳市聚源车厢制作有限公司实现工业产值1979万元、销售收入1431万元，亏损10万元；湖南车桥资阳汽车底盘有限公司实现工业产值10027万元、销售收入10027万元、利润47万元；资阳市骏业汽车车架有限公司实现工业产值4004万元、销售收入3423万元，亏损17万元；资阳市金雁汽车车身有限公司实现工业产值1647万元、销售收入1697万元，亏损34万元。当年，全区全部汽车工业企业实现工业总产值24.90亿元、销售收入22.63亿元、利润2861万元。

第四节　专用机械工业

一、酿酒机械

四川酿酒机械厂是省商业厅1976年在资阳县建立的省属国有工业企业，于1979年建成投产，属全国定点制造酿酒机械设备的专业工厂，主要生产酒精、啤酒、酱油、柠檬酸制造设备，二氧化碳、不同浓度酒精废液回收装置和发酵设备、压力容器等产品。1986年，企业有职工197人，其中工程技术人员12人；实现工业产值111万元、工业增加值5万元，无利润，年末固定资产原值239万元、净值193万元、定额流动资金年平均余额188万元；当年生产的压力容器获得制造资格证书。1988年工业产值达到历史最高的322万元，1989降到108万元，1990年上升至269万元。1988年实现利润11.3万元，1989—1994年基本无利润。1994年12月，四川省商业厅将该厂下放给资阳市机械工业局管理，时已处于半停产状态。1998年5月，企业将厂房及设施整体租赁给嘉好饲料公司，2001年6月在国有产权制度改革中转制为民营四川资阳东升酿酒机械有限公司，原有员工进入新公司。2002年公司有员工216人，其中在职职工174人、离退休职工42人。当年资产总额474.8万元、负债490.2万元，所有者权益为15.4万元。2005年扭亏为盈，总资产600余万元，盈利3.4万元。

二、减速电动机械

减速电动机械企业前期有资阳县减速电机厂，后期有四川资阳市三桥减速电机有限公司、资阳市光达减速机制造有限公司、资阳市恒力减速机械设备厂。

资阳县减速电机厂1978年由县五金社更名而来，20世纪90年代初更名减速电机总厂。1984年试制成功并批量投入生产Y系列三相异步电动机，达IEC型及欧洲共同市场同类产品标准。1986年产销量5829台/11700千瓦，1991年29045台/58300千瓦，5年增产392.96%。1993年达到历史最高的50368台/101100千瓦。此后产量逐年下降，1995年32283台/64800千瓦，1997年20326台/40800千瓦，1999年5231台/10500千瓦。企业1996年出现亏损，至2000年，电机产量下降到历史最低的3089台/6200千瓦，严重资不抵债，于2001年破产。2002年12月资产转让，组建民营三桥减速电机有限公司，次年扭亏为盈。2004年有员工320人，总资产8111万元，其中固定资产4251万元。同期，光达、恒力2个民营减速电机制造企业先后成立。2005年，全区减速制造业实现工业产值10357万元、销售收入8960万元、利润166万元，其中资阳市三桥减速电机有限公司工业产值7250万元、销售收入7226万元、利润158万元；光达减速机制造有限公司产值2520万元、销售收入1245万元、利润6万元；恒力减速机械设备厂产值587万元、销售收入489万元、利润2万元。

三、制砖机械

制砖机械制造工业是21世纪初为适应市场需要而建立的新兴产业。至2005年，已建成投产的民营制砖机械生产工业企业有四川省资阳市精工砖机厂、资阳市和平制砖机械有限公司。当年两个砖机制造企业共实现工业总产值1680万元、销售收入1678万元、利润3万元，其中精工砖机厂产值1175万元、销售收入1171万元、利润4万元；和平公司产值505万元、销售收入507万元，亏损1万元。

四、粮油机械

区内只有一家粮油专用机械制造企业，其前身为资阳县粮机修配厂，始建于1959年，从事粮油机械、动力机具维修和粮油机械相关配件制造。1986年有职工34人，实现工业产值48万元、利润总额13万元，年末固定资产原值21万元。1993年更名资阳市粮油机械厂；1994年6月进行公司制改革，更名为资阳市粮油机械有限责任公司；1995年又更名粮油机械有限责任公司。1996年有职工103人，实现销售收入505万元、销售税金及附加2万元、利润3万元，资产884万元，负债793万元，所有者权益91万元，股本60万元。主要专用机械产品为95型榨油机及配件，同时开发减速器、关风器、电炒锅。1997年，公司在原小股东基础上改革为法定代表人持大股的体制，将原92名小股东压缩为31名；股本由原来的250万元压缩为50万元，改人均持股为多数股东持小股、公司领导班子成员持控大股的股份制企业。公司董事会成员持股76.4%，其中董事长持股52%。1998年，在原生产项目基础上，面向市场开发“系列环保除尘设备”和适用粮油加工用预制金属溜管、小型碾米机械、小型风炉及烘干成套设备等。1999年调整产品结构，新开发地上通风道、移动式清理筛、移动式登高输送机、仓储密封窗等新产品。至2002年，年均产值上千万元。2002年有在职职工105人，公司资产1754.3万元，负债1179.4万元，所有者权益574.9万元。2003年开发生产小型振动筛、汽水两用锅炉等新产品，引进推广吸粮机。当年实现产值1755.9万元、利润6万元。2005年初异地开发，停止粮油机械生产。

第五节 农用机械制造业

1986年，县内农用机械制造企业有资阳县机械厂、农机修造厂、农机配件厂和各区农机修配站，主要生产打谷机、喷雾器、榨油机、玉米脱粒机、红苕切片机、电动轧花机、棉秆剥皮机、水管、碾米机、机床、小型拖拉机和平车、齿轮、曲轴等农机配件及随机工具，当年生产打谷机106台、各种随机工具64.3万件。随着家庭承包责任制建立、生产单位缩小，农机使用量大幅度下降，部分农机制造企业改产耕整机、小型碾米机、小型水泵等农业机械，同时开发农用汽车、汽车车厢、银行储蓄账柜、食品机械、铸铁水管等非农机产品。但随农机市场的萎缩，农机企业连年亏损，90年代末纷纷破产转制为民营，转向车辆生产。农业机械生产为个体私营小型机械修配厂所代替。

资阳县机械厂在20世纪80年代和90年代前期属辖区农机骨干生产企业。1986年工业总产值1114万元、工业增加值146万元、利润总额30万元。1990年产值上升到422.6万元，比1986年增长270.7%；工业增加值增加到196.9万元，增34.86%；利润下降到10.2万元，降66%。之后连续几年亏损。1994年6月实行公司制改革，更名为资阳市鸿丰机械有限公司，但并未因改制而扭亏。1996年，公司年末职工人数588人，工资总额211.8万元，产品销售收入1399万元，上交税金及附加8万元，亏损额196万元，总资产3701万元，负债2963万元，所有者权益738万元、股本600万元。以后继续亏损，亏损额逐年扩大。至2000年3月，公司资产2004万元、负债3110万元，资产负债率155.19%，严重资不抵债，被市法院裁定破产还债。

资阳市雁江区1986—2005年农机制造企业产值情况表

表6-7　　单位：万元

单位＼年度	1986	1987	1988	1989	1990	1991	1992	1993	1994	1995	1996	1997	1998	1999	2000	2001	2002	2003	2004	2005
机械厂	353	317	374	394	367	806	1169	1317	—	—	—	—	—	—	—	—	—	—	—	—
鸿丰公司	—	—	—	—	—	—	—	—	1545	1604	1052	660	405	345	—	—	—	—	—	—
农修厂	233	—	—	—	—	—	—	—	—	—	—	—	—	—	—	—	—	—	—	—
新星公司	—	207	289	312	200	441	358	—	1288	1414	882	4026	—	—	—	—	—	—	—	—
南骏公司	—	—	—	—	—	—	—	—	—	—	—	—	9286	17088	27300	37300	63798	88185	13415	181100
区修配站	58.6	50	56	—	—	—	—	—	—	—	—	—	—	—	—	—	—	—	—	—
农机配件厂	—	—	—	102	104	141	—	—	—	—	—	—	—	—	—	—	—	—	—	—
机械设备公司	—	—	—	—	—	—	549	79	59	226	146	133	—	—	—	—	—	—	—	—
汽车修造厂	—	114	240	318	310	401	456	891	448	293	754	700	500	20	—	—	—	—	—	—
农用汽车厂	—	—	—	—	—	—	—	1348	1391	—	—	—	—	—	—	—	—	—	—	—
三马公司	—	—	—	—	—	—	—	—	—	2061	2807	1078	—	—	—	—	—	—	—	—
四通公司	—	—	—	—	—	—	—	—	—	—	—	—	397	286	300	350	400	500	21814	35103
酿机厂	—	—	—	—	—	—	—	—	—	280	169	72	—	—	—	—	—	—	—	—
嘉好公司	—	—	—	—	—	—	—	—	—	—	—	—	682	2046	2400	6128	7500	12000	13000	14000
其他汽车零配件企业	—	—	—	—	—	—	—	—	—	—	—	—	—	—	—	—	—	—	—	20000
合　计	644.6	688	959	1126	981	1789	2532	3991	4731	5878	5810	6669	11270	19785	30000	43778	71698	100685	169129	250203

第五章　建材·非金属制品工业

1986年，资阳县全部建筑材料及非金属矿物制品工业总产值1546万元，实现工业增加值613万元、利润43万元。1990年工业总产值、增加值分别增加到2559万元、1007万元，比1985年分别增长80.21%和83.76%；利润因投资技改而降至20万元，是1985年的44.44%。20世纪90年代，建筑材料及非金属制品市场竞争激烈，工业产值、工业增加值上升，利润下降，部分企业出现亏损。之后，国有工业企业进行产权制度改革，民营建材及非金属制品企业兴起。

第一节　水泥制造业

1986—2005 年，水泥制造业基本保持稳定增长态势。“七五”计划期间，辖区生产各型号水泥 24.61 万吨，比“六五”期增长 83.20%。“八五”期前 4 年大幅度增长，1995 年有所下降，5 年生产水泥 70.80 万吨，比“七五”期增长 187.69%。“九五”期发展起伏较大，1996 年 12.85 万吨，1997 年增至 22.46 万吨，1998 年降到 17.70 万吨，1999 年升至 20.40 万吨，2000 年增至 33.6 万吨，5 年总量仍比“八五”期增长 51.14%。“十五”期间每年产量保持在 20 万～40 万吨之间，2002 年实现历史最高的 39.5 万吨。5 年生产水泥 150.45 万吨，比“九五”期增 40.6%，年均增幅 8.12%。

水泥制造企业前期有资阳县水泥厂、访弘水泥厂、长沙埂水泥厂，后期有四川省资阳市天王水泥厂、宏达水泥有限责任公司、天王水泥有限责任公司。资阳县水泥厂是 1975 年在县磷肥厂水泥车间基础上扩建而成的国有企业，至 1986 年已具相当规模，主要生产“425”“525”普通硅酸盐水泥，当年产出水泥 2.66 万吨，实现工业产值 162 万元、工业增加值 30 万元、利润 6 万元，年末固定资产原值 307 万元、净值 237 万元、定额流动资金年平均余额 77 万元。此后几年平稳发展，1990 年水泥产量 4.00 万吨，工业产值增至 253 万元，比 1985 年增 128.02%；工业增加值上升为 138.8 万元，增 183.27%；利润 7.6 万元，是 1985 年的 50.67%。“八五”“九五”期间企业出现亏损。1994 年 11 月，资阳水泥厂更名为资阳市鹏达水泥有限公司，股本总额 251.25 万元。1996 年 6 月停产，9 月恢复生产，当年销售收入 654 万元、销售税金及附加 4 万元，亏损 475 万元，年末资产 1761 万元，负债 2430 万元，资产负债率 137.99%。因资不抵债，资金周转困难，于 1997 年 2 月底再次停产。到 2002 年底，资产额 1245.8 万元，是 1996 年总资产的 70.74%；负债升至 3523.2 万元。2005 年，鹏达水泥有限公司破产解体。四川省资阳市天王水泥于 1994 年由资阳市建筑材料厂投资 1530 万元建成，主产“425”号普通硅酸盐水泥，投产以后年均产量在 12 万吨以上。20 世纪 90 年代末企业产权制度改革，更名为四川省资阳市天王水泥有限公司，产量逐年增长。2005 年水泥产量 14.1 万吨，实现工业产值 3837 万元、销售收入 3389 万元，亏损 223 万元。长沙埂水泥厂于 80 年代末建成，1994 年投资 318 万元对主要生产设备和部分配套设施进行技术改造，年生产能力提高到 12 万吨以上。2000 年实行股份制改革，更名为资阳市雁江区长沙埂水泥有限公司。2005 年实现工业产值 2162 万元、销售收入 2162 万元、利润 49 万元。同年，新生的民营宏达水泥有限公司实现工业总产值 1272 万元、销售收入 1012 万元，亏损 51 万元；天王水泥有限责任公司实现工业产值 81 万元、销售收入 39 万元，亏损 12 万元。

第二节　非金属矿物制品业

一、建筑预制构件

1986 年，全县有预制构件生产企业 17 家，多附属建筑企业。其中县建筑公司预制厂较大，时有职工 82 人，工业产值 91.3 万元。20 世纪 80 年后期至 90 年代中期，随着乡镇工业的发展，一批预制构件厂发展起来，至 1996 年，全市共有 103 家，年制造修建楼房、桥梁及其他大型基础建筑设施构件量38万件。21世纪初，除铁路、公路和城镇基础设施建设用预制构件外，房屋建设多采取混凝土浇铸，预制构件需求量减少，故生产企业部分歇业转产，部分继续生产。产品多为交通、城建所需桥涵预制板、预制涵管道及城建行道预制彩砖。

二、砖瓦

1958年，资阳机制砖瓦厂成立。之后一批乡镇、村机制砖瓦厂陆续建成，以20世纪八九十年代发展最快。1986年全县砖瓦企业共生产砖1.41亿块，其中机制砖1.36亿块，占96.45%；产瓦0.23亿片，其中机制瓦0.02亿片，占9.66%。1990年砖产量上升到2.02亿块，1997年达到3.04亿块，2005年实现历史新高达到5.63亿块。在全部砖瓦制造企业中，资阳房屋建筑材料厂砖瓦生产量最大。该厂建立于1965年，1986年红砖产量3660万块，红色琉璃瓦138万片，分别占全县机制砖瓦总产量的30.0%和62.16%；实现工业总产值226万元、工业增加值138万元、利润总额37万元。1988年红砖产量跃升至4964块，总产值、工业增加值、利润分别增加到322万元、226万元、67.8万元。1990年固定职工达到565人、固定资产780万元。以后至90年代末期砖瓦产量大幅度增加，利润有所下降，市场竞争力减退。

三、陶瓷

1987年，资阳建筑建材厂投资230万元建成建陶车间，主要产品为房屋装饰用墙地砖，年产量10万平方米。建陶车间后扩建为资阳建陶厂、资阳建筑陶瓷总厂。1992年投资546万元进行技术改造，产品质量有所提高。当年新增釉面砖40万平方米，实现工业产值702万元、利润158万元、税金72万元。90年代中后期墙地砖市场竞争激烈，广东等外省高质量装饰砖对资阳墙地砖带来冲击，加之该厂技改资金无法到位，新上产品项目不能竣工投产等原因，从1993年开始连年出现亏损，至1998年8月，资产总额1869万元，负债总额4456万元，资产负债率238.42%，同月被市法院裁定破产。

四、玻璃制品

玻璃制品业起于1972年，至1986年仅保留资阳县建兴玻璃、城关中学教仪厂（后改为玻璃仪器厂）、沱江玻璃厂、石岭玻璃厂，产品有压花平板玻璃和酒瓶、实验用玻璃仪器及日用，玻璃制品。当年生产玻璃制品1.13万吨，次年增加到1.7万吨，1992年达2.09万吨。1994年3月，特种玻璃厂建成投产，主要产品有汽车挡风玻璃、夹层中空玻璃等。1996年实现销售收入140万元、利润2万元。随着激烈的市场竞争，玻璃制品业逐步萎缩。1993年产量在上一年2.09万吨基础上下降到0.59万吨，1994年再降到0.3万吨，1995年因有特种玻璃厂加盟，产量反弹至2.1万吨，1997年再上升至历史最高值2.75万吨，后下降至2000年的0.23万吨。至2005年，大多玻璃制品企业歇业停产，仅有资阳市玻璃仪器厂在坚持生产，当年实现工业总产值119万元、销售收入174万元、利润总额27万元。

五、胶粘材料

胶粘制品业始于20世纪90年代中期。1994年6月，资阳市高新胶粘制品厂成立，后更名为资阳市吉利斯达实业公司。企业先后开发生产具有保温、隔热（音）、减震的复合胶粘材料共80余个品种。投产以来产品被广泛应用于建筑装饰和汽车、空调、冰箱、工程机械及包装材料。2005年生产建筑装饰材料12万平方米、汽车隔热材料25万平方米、空调和冰箱密封材料8万平方米，实现工业产值3926万元、销售收入3970万元、利润总额176万元。

第六章　纺织与服装、制鞋业

第一节　纺织工业

一、丝及丝制品业

1980年7月，碑记公社丝厂建成投产，是县内唯一一家缫丝企业。由于原料短缺，加之设备落后，投产至1985年累计产丝117.47吨，工业产值494万元，亏损31.8万元。1986年产丝30吨，1989年下降到19吨，1991年恢复到1986年的产量。1992年厂更名为资阳碑记丝厂，当年产量增至42吨，1993年产量增至最高值58吨，1995年以后又逐年下降。1997年，资阳碑记丝厂转制为民营四川省梅花丝业有限公司。公司建立后，及时调整产品结构，将缫丝放到次要地位，改产手工真丝挂毯、人丝鞋、地毯等。产品主要用作出口，远销美国、日本、俄罗斯，国内销量不大。因公司多系手工操作，机械化程度低，加之资金紧缺，原材料供给不足，生产规模长期无法扩大。2005年实现工业产值1568万元、销售收入1498万元、利润总额37万元。

二、棉纺织业

1986年，全县仅有资阳县棉织厂一家棉纺织企业。年纺织棉布111.39万米，工业产值277万元、工业增加值87万元、利润总额15.2万元。从1992年开始出现亏损，至1995年9月已资不抵债而破产。次年，原企业职工以联合入股形式，出资收购原厂设备，新建花瑞毛巾厂，改棉纺为割绒、印花毛巾、平织印花毛巾生产，花色、花型达200多个品种。之后，毛巾厂又更名为资阳市花瑞巾被有限责任公司，生产的“花瑞牌”系列毛巾连获2000、2001年度四川名牌产品称号，产品在国内10多个省市销售。至2005年，花瑞巾被公司有职工120人，当年实现工业产值2654万元、销售收入2268万元、利润总额251万元。

第二节　服装、制鞋业

一、服装业

1986年全县有各类缝纫社、厂16家；年产值232万元，1990年达到517万元。缝纫企业多为手工作坊式生产，机械化程度不高，大部分在1992年市场经济形成后被淘汰，纷纷歇业解散，转为个体私营生产。民营服装厂在这个时期先后建立起来，其中侨兴服装厂、珊玲服装厂较具规模。1994年服装产量77.89万件，1996年达到234.63万件，次年回落至70.13万件，以后年度在百万件以内徘徊。侨兴服装厂以生产部分单位制服为主，2005 年有员工 98 人，实现工业产值 350 万元、利润总额 15 万元。珊玲服装厂以生产时装为主，2005 年实现工业产值 280 万元、利润总额 10 万元。

二、制鞋业

1986 年，县内仅有资阳县制鞋厂一家较具规模的制鞋企业。产品以布鞋为主，皮鞋为辅。当年共生产各类布鞋 21.65 万双、皮鞋 0.45 万双，1990 年生产布鞋 73.86 万双、皮鞋 0.16 万双。1992 年，县制鞋厂改制为四川省资阳征峰鞋业有限公司。公司建立后，打破长期以布鞋生产为主的产品结构，在改进布鞋生产的同时生产各类皮鞋、胶鞋，多方筹资进行技术改造，大力引进现代先进设备和技术人才。1993 年鞋产量 216 万双，1995 年 442 万双，1998 年 602.8 万双，1999 年突破千万双，2000 年增至 1541 万双。之后增幅更大，2001 年鞋产量 2401.10 万双；2003 年 3024 万双；2005 年 4517 万双，当年实现工业总产值 4.08 亿元、销售收入 4.02 亿元、利润总额 1326 万元，成为资阳市雁江区的支柱产业之一。

第七章　能源工业

第一节　电力工业

一、发电

水力发电　区内电力工业兴于 1957 年。至 1986 年，先后建成红领巾、平滩河、铜钟河、方家桥、柏木桥、九曲河、简车坝、拱城铺、老鹰、新桥、巡司桥、高龙滩、七一、王二溪、红英、响水滩、高板板、二郎滩、弯桥、高板桥、南津驿 21 座小型发电站。上述发电站自 20 世纪 50 年代以来大多因水毁、水资源贫乏而废弃，至 1986 年仅保留王二溪、老鹰、红英等 9 座水电站，其中王二溪水电站规模最大。王二溪水电站于 1985 年 5 月建成投产，总投资 1989 万元，装机容量2×3200千瓦，基本能保持常年发电。其他 8 座电站洪水期发电，其余时间有富水则发，无则停产。1986 年全县水电站共发电 4194.94 万千瓦时，其中王二溪电站发电量 3726 万千瓦时，占总产量的 88.84%。此后年度发电量呈上升趋势，“七五”计划期增长最快，以后逐渐减缓增势。1990 年发电量 5435.51 万千瓦时，比 1985 年增 293.02%，年均增幅 58.60%；1995 年发电量 12156 万千瓦时，比 1990 年增 123.64%，年均增幅 24.73%；2000 年发电量 13075.58 万千瓦时，比 1995 年增 7.57%，年均增幅 1.51%；2005 年 13395.9 万千瓦时，比 2000 年增 2.43%，年均增幅 0.49%。“九五”计划期以来国家电网供电较充裕，小水电站则因底子薄、设备差、市场竞争力弱，经济效益不高。至 2005 年，全区新改建和保留水电站 13 座，其中王二溪水电站和南津驿水电站总装机容量 3×3600 千瓦×2 座，年发电量 7000 万千瓦时×2 座。

火力发电　辖区火力发电起于民国三十六年（1947），新中国成立后均属部分单位为保证照明用电而采取的应急措施，多用柴油机驱动发电。具有小型火力发电规模的仅有县电厂，年发电量最大量

625万千瓦时。1982年资阳糖厂投资120万元安装火力发电机组，1986年发电量达1215万千瓦时。之后部分需电量大、生产节奏紧的工业企业自备火力发电装置，为生产提供电源。1990年，全县火力发电量增至2119.17万千瓦时，比1985年增长80.82%。“八五”计划期及以后呈逐步减缓的发展趋势。1995年火力发电量1490万千瓦时，是1990年的70.31%；2000年1793万千瓦时，比1995年增20.36%，年均增幅4.07%；2005年1837万千瓦时，比2000年增2.45%，年均增幅4.89%。

二、供电

供电设施　至1986年，资阳县先后投资建成矮子桥、大腰、鸡石湾、孙家坝4个变电站，安装主变压器6台，容量66950千伏安；架设35千伏输电线路6条79.31公里、10千伏配电线路1085公里；安装10千伏配电变压器1332台，容量79890千伏安；铺设380伏、220伏低压输电线路5883公里。1987—2005年间进行几次电网改造，进一步加强供电设施建设。其中1998年7月至2000年3月，实施农网改造一期工程，先后投资8098.95万元，在保和镇新建35千伏变电站，对3座35千伏变电站进行技改，改造35千伏线路44公里，新建0.4千伏线路1629.98公里，改造0.4千伏线路996公里，新增10千伏配电台区590台15524千伏安，改造10千伏配电台区305台11795千伏安，低压到户改造1805个社63485户。2000年底，完成《资阳市雁江区农村电网建设与改造二期工程规划报告》和《资阳市雁江区地方电力十五计划及2010年发展规划》的编报，规划投资1.95亿元。2001年3月起实施农网改造第二期工程。到2005年，全区变电站总容量54200千伏安，拥有35千伏输变电线路72.52公里，10千伏输变电线路1800公里，0.4千伏输变电线路1.2万公里，基本保证城乡工农业生产、文化卫生、教育和人民生活的需要。

电力供应　1986—2005年，辖区电力供应先后由资阳县（市）电力公司、资阳市电力集团公司负责。电力集团公司是1994年5月由资阳市电力公司、王二溪水力发电站、南津驿水力发电站合并组建而成的国有独资电力工业企业，内设6科3室、下辖9个供电所、12个供电营业站、5个35千伏变电站、2座水力发电站、1个修试所和1个安装工程队。

1986—2005年年均购电量2.11亿千瓦时，售电量1.96亿千瓦时，电力工业经济总体呈上升趋势。1986年实现工业总产值122万元、工业增加值89万元、利润总额36万元、销售税金20万元。1990年工业产值、工业增加值、利润总额、销售税金四项指标分别增加到162.2万元、123.3万元、57.2万元、29万元，分别比1986年增长32.95%、30.54%、58.89%和45.0%。1995年实现工业总产值1320万元，比1990年增长124.49%。2001年购电量21187.4万千瓦时，售电量19155.45万千瓦时，实现销售收入6805.92万元（当年价，后同），工业总产值3996.35万元、利润总额479.62万元、入库税金913.7万元。2005年实现销售收入9662万元、工业总产值9662万元、利润总额288万元，分别比2001年增长41.98%、141.79%、-39.87%。

第二节　供水业

1967年县内始有自来水厂。1978年扩大规模，增添生产设施，年供水量增加到126万吨。至1986年，几经改扩建，投资增铺自来水供水管网，年供水量提高到298.6万吨，城区95%的住户使用自来水。之后，各区公所所在场镇和较大的乡镇也先后建起自来水厂。1986年，县自来水公司有职工51人，向居民及厂矿供水308.8万吨，实现工业总产值72万元、工业增加值37万元、利润总额30万元，时公司有固定资产原值185万元、净值155万元，当年定额流动资金平均余额5万元。随着供水生产设施的不断更新、用户的增加和供水量的提高，供水业经济运行前期呈不断增长的趋势，后期效益不佳。

1990年供水量增加到581万吨，实现工业总产值133.2万元，比1985增长120.33%，年均增幅24.07%；实现工业增加值57.9万元，比1985年增长56.49%，年均增幅11.30%；实现利润总额58.5万元，比1985年增长108.93%，年均增幅21.79%。当年固定资产原值达到297万元，比1985年增长92.86%；净值230.8万元，增76.18%。1995年在职职工增加到121人，其中工程技术人员4人；供水量增加到903万吨，是“七五”末的155.42%。当年实现工业增加值237万元，销售收入448万元，亏损91万元。“九五”期间，公司生产和供水量呈下降趋势。1998年生产和供水量降到886.9万吨、1999年880.8万吨，2000年供水量再降到793.1万吨。2003年，四川海天投资有限责任公司通过公开竞标方式，收购雁江自来水公司全部资产，成立民营资阳市雁江海天水务有限公司，接管了辖区持续37年的自来水生产和供应业务。海天公司自成立以来，凭借自身实力和现代企业管理体制，精减管理人员，增加投资技改，2004年以后各项指标均有提升，但因投入过大出现亏损。2005年，生产供应自来水1536万吨，实现工业产值1173万元、销售收入1173万元，亏损792万元。

第三节　燃料工业

1986年，资阳城区和各场镇均建有蜂窝煤加工厂，一般规模不大。骨干企业县蜂窝煤厂成立于20世纪60年代中期，常年产蜂窝煤20亿个，1986年提高到29.45亿个，折原煤19.91万吨。当年实现工业产值73万元、工业增加值27万元、利润总额12万元，年末固定资产原值47万元、净值36万元、定额流动资金年平均余额19万元。“七五”期间，随进城经商务工人员的增加，生活用蜂窝煤亦不断增加；煤厂扩大生产，投资技改，生产效率明显提高。1990年蜂窝煤产量提升到45亿个，实现工业产值88.3万元，比1985年（均与该年度比，下同）增33.79%；实现工业增加值39.8万元，增86.91%；实现利润总额16.9万元，增53.64%；年末固定资产原值86.8万元，增128.42%；净值60.3万元，增94.52%；定额流动资金年平均余额64.7万元，增331.33%。1990年10月，县境引入石油液化气生产经营。“八五”期间，蜂窝煤生产随居民、商业用量减少而减少，1992年生产不足30亿个，1994年下降到13亿个，1995年下降到5亿个以下。企业经济效益自1991年以来连年亏损，1996年全面停产，企业人员合并到燃气总公司。

第八章　其他工业

第一节　医药工业

1986年，资阳县仅有内江市制药五厂、资阳县中药材公司2家医药工业企业，均属中药材种植、收购、加工制造企业，主要产品为中成药及其制剂。当年生产药片6万余公斤，实现医药工业产值21万元。1987年提高到此前历史最高产值34万元，以后下降到1990年的6万元。20世纪90年代初、中期，2个制药企业均实行承包经营责任制，但仍未改变企业的亏损局面。1992年县中药材公司在第二轮承包合同期满当年亏损额达712万元。1993年9月，市中药材公司进行股份公司制改造，更名为资阳市药材有限公司，股本总额63.6万元。改造成股份公司后经济效益有所好转。1996年，公司实现销售收入498万元、利润6万元，上缴税金及附加2万元，年末资产总额466万元，负债425万元，负债率97.20%，所有者权益41万元。20世纪90年代中后期民营医药工业发展很快，市场竞争加剧，市中药材有限公司产品市场竞争力减弱，经济运行出现困难。1999年，全市中成药产量降到1962吨，2000年再降到1405吨。2002年，公司有职工199人，其中在职职工131人、离退休职工68人；年末资产总额1534.4万元，负债1576.4万元、负债率102.74%，所有者权益由1996年的41万元下降到－42万元。当年底改制为民营资阳市泰康药业有限责任公司。

内江市制药五厂90年代初即出现亏损。1995年6月实行股份公司制改造时，更名为四川普瑞药业有限公司，股本共有额60万元。1996年普瑞药业实现销售收入258万元，上缴税金及附加2万元，亏损245万元，年末资产总额1125万元，负债总额1538万元，负债率136.71%，所有者权益－413万元。当年末职工人数227人，工资总额47.9万元，人均2110元，是同行业资阳市药材有限公司人均工资4566元的46.2%。90年代末期，普瑞药业仍在负债率不断提升中运转。2002年，资产总额减少到753万元，比1996年减少372万元，下降33.07%；负债总额减少到1046.5万元，资产负债率138.98%，比1996年增加2.27个百分点，所有者权益－293.5万元。2005年普瑞药业被民营四川禾邦阳光制药有限责任公司收购。

21世纪初，区民营医药工业发展很快，至2005年规模医药工业企业发展到5家，分别为四川金辉药业有限公司、四川省仁德制药有限公司、四川省大千药业有限公司、四川雷公中药饮片有限公司、四川禾邦阳光制药有限责任公司。民营医药企业吸收现代企业管理理念，大力引进高新技术和人才，先后聘请大学本科以上学历的医药学和制药专业人才13人，其中博士2人。仁德制药公司聘请专业人才组建仁德药物研究所，研发出胆康胶囊、金刚藤片、熊胆贝母止咳胶囊、千金止咳胶囊、尔维康等新药。其他医药企业亦重视药物研究，提高医药产品质量。2001年、2002年金辉药业生产的比拜克胶囊、普瑞药业的胆维他分获国药准字。2001年，全区医药工业完成工业总产值9330.9万元，同比增21.9%；完成销售收入7587万元，同比增21.8%；实现工业增加值2880万元，同比增2.7%；入库税金482万元，同比增2.7%；利润总额225.4万元，同比增142.9%。除普瑞公司外，其他企业无亏损。2002年，各医药制造企业共投资500万元进行设备技术改造，投资350万元新开辟药品销售市场173个。2005年，全区规模医药工业企业实现总产值29972万元，比2001年提高198.64%；利润总额497万元，比2001年增长120.50%。其中金辉药业公司实现产值4342万元、销售收入3815万元、利润1万元，仁德制药公司实现产值3877万元、销售收入3563万元、利润27万元，大千药业公司实现产值5399万元、销售收入4589万元、利润305万元，雷公中药公司实现产值1327万元、销售收入944万元、利润113万元。禾帮阳光制药公司为全区医药行业规模之冠，公司占地20公顷，总资产2亿元，以中药材种植和中成药研发制造为主，被确定为省高新技术企业和资阳市重点企业。至2005年，区内研发生产的中成药、中药材品种共200余个，享有15项产品专利技术。当年实现医药工业总产值15027万元、销售收入9747万元、利润总额51万元。

第二节　饲料工业

1986年，全县有大小饲料厂13个，多为乡镇企业，仅粮食局饲料厂为国有企业。当年实现工业产值461万元、工业增加值34万元、利润32万元，年末固定资产原值74万元、净值135万元，定额流动资金年平均余额58万元。1990年，畜牧局饲料厂建成，实现工业产值5.8万元；粮食局饲料厂产值下降为346.2万元。当年全县饲料行业实现总产值537万元，比1985年增60.78%，年均增幅9.96%；实现工业增加值311万元，比1985年增486.79%，年均增幅97.36%；实现利润20万元，仅为1985年的39.22%；年末固定资产原值126万元、净值82万元，分别比1985年增100%、46.43%，年均增幅分别为20%、9.29%；定额流动资金年平均余额143万元，比1985年增210.87%，年均增幅42.17%。

20世纪90年代，饲料生产市场竞争激烈，外地配混饲料、颗粒饲料、添加剂等进入境内，抢占销售市场。到中后期，辖区饲料企业开始出现亏损，畜牧局饲料厂在90年代末停产，粮食局饲料厂亦随粮油加工厂于2000年破产。在两个国有饲料企业歇业同期，嘉好集团于1998年在宝台镇投资办起嘉好饲料有限公司。投产当年生产畜禽配混饲料4534吨，第二年产11145吨，第三年产43663吨。2003年饲料公司厂址由宝台镇迁往成渝高速公路资阳入口处，产量上升到63892吨，此后几年产量逐年小幅增长。2005年产量68932吨，实现工业产值16051万元、销售收入15455万元、利润总额73万元。

第三节　卷烟制造业

一、烟叶复烤

烟叶复烤季节性强，一般在每年7—10月将统一收购的烟叶再烤制一遍，为卷烟制造业提供原料。资阳烟叶复烤厂于1964年8月建成投产，经20余年技术改造，至1986年已建成烟叶回潮、挂竿、上炕、干燥、冷却、卸烟、打包机械化工艺流程，年均复烤烟叶6640吨。1986年以后，复烤厂不再复烤省外运进烟叶，产量大幅度减少。当年复烤厂实现工业产值32万元，仅为1985年988万元的3.24%；1988年降到此前最低的17万元，以后有所提升。1990年产值回升至63.5万元，为1985年的6.43%。1992年回落至35万元，1996年不足10万元，1998年歇业。

二、卷烟制造

卷烟制造是区内的传统产业。民国时期手工卷烟户最多达到201家，建国后实行烟草私营改造时联合建成联营纸烟社，后并入群众福利卷烟厂，于1964年关闭。1973年，四川省轻工局投资建成年生产能力10万箱的四川卷烟厂，厂址位于城区建设北路。1985年年生产能力提高到20万箱。1986年生产各类品牌卷烟16.51万箱，实现烟草工业产值9762万元、工业增加值6146万元、利润总额127万元、销售税金5665万元，年末固定资产原值2099万元、净值1761万元，全部商品产品总成本4538万元，可比产品总成本3187万元，可比产品按上一年实际单位成本计算的总成本3172万元，每百元产值实现利润3.96元，定额流动资金年平均余额2155万元。卷烟厂是县域骨干企业和第一纳税大户，先后研发生产烤烟型、混合型、晒烟型和可可、薄荷异香型5个配方，5个等级40多个品牌香烟，其中“并蒂莲”牌香烟曾为人民大堂用烟和外宾接待用烟。

1989年产量20.05万箱，达到饱和生产能力，标志四川卷烟厂进入全盛时期。1990年卷烟产量回落至17.15万箱，但各项经济指标除利润总额外仍比1985年大幅度增长。当年实现烟草工业产值11222.9万元，比1985年增长62.77%；实现工业增加值10872万元，比1985年增121.70%；实现利润74万元，是1985年的27.11%；上缴销售税金10168万元，增139.70%；年末固定资产原值6310万元，增203.37%；固定资产净值5603万元，增208.20%；定额流动资金年平均余额7548万元，增324.28%；上缴税金上亿元，成为资阳县财政收入支柱。

20世纪初中期，四川卷烟厂研发生产新品牌，改短支香烟为长支香烟，改平装为精装，生产能力提高，香烟生产量增加。1992年产量20.7万箱，此后多年保持在20万箱以上。1995年，全厂职工1421人，其中在职职工1278人、退休职工143人；在职人员中工程技术人员188人，其中中级技术职称63人。当年企业资产总额38530万元，生产香烟20.54万箱，其中“攀枝花”牌香烟7.34万箱、咀“青城”牌香烟4.10万箱、精装“青城”牌香烟1.89万箱、其他品牌香烟7.21万箱。实现烟草工业产值34419万元，比1990年增长206.68%；实现销售收入40986万元，比1990增长297.63%；实现利润总额1537万元，是1990年的20.77倍；上缴税金20871万元，比1990年增长105.26%。1996年后烟草产量有所下降，1997年产量下降为19万箱，2000年再降到15.4万箱。为适应国家产业结构调整和公司集团化发展要求，四川卷烟厂后被成都卷烟厂兼并，全厂整体迁往成都。成都卷烟厂在资阳设劳动服务公司。资阳劳动服务公司主要为成都卷烟厂收购卷烟原材料，2005年实现工业产值3620万元、销售收入3943万元，亏损121万元。

第四节 畜产品加工业

畜产品加工业主要加工品种为猪鬃、毛皮、皮革等，以辖地丰富的畜禽副产品作原料。1986年全县较具规模的畜产品加工企业有县二轻局下属的皮革厂、外贸公司下属的外贸畜产品加工厂。皮革厂工业原料以猪皮、牛皮为主，年制革能力达到猪皮10万张、牛皮1万张，年产重革150吨。外贸畜产品加工厂以加工猪鬃为主，年加工猪鬃60箱，主要用于出口。当年全县畜产品加工业实现工业产值133万元、工业增加值54万元、利润总额7万元、上缴产品销售税金2万元，年末固定资产原值217万元、净值191万元，全部商品总成本108万元，企业可比产品总成本291万元，按上年实际单位成本计算的总成本23万元，定额流动资金年平均余额8万元。1988年后皮革厂生产不景气、外贸畜产品厂亦因出口不畅产量不稳定。当年全县畜产品加工业产值225万元，次年下降到168万元，1990再降至38万元，仅为1985年的30.65%，5年平均降幅21.06%；工业增加值为－8万元，比1985下降132.0%；当年无税利。20世纪90年代，国有、集体畜产品加工企业运转更加困难，于90年代中后期关闭。

之后，民营畜产品加工企业资阳市富友畜产品有限公司、资阳市开良天然畜产品有限公司先后建立。富友畜产品公司以农副产品为原料，主营畜产品加工、兼营饲类生产与销售。21世纪初以来，大量引进畜产品加工先进技术和科研人员，先后自主研发出硬脂酸油、甘油及燃料油等猪皮附产品精深加工系列产品，被广泛应用于医药、食品、化工等行业。2005年加工销售猪皮400万张，实现工业总产值25025万元、销售收入24803万元、利润总额7万元，成为西南地区较大猪皮加工企业之一。当年投资7000万元，在侯家坪征地4公顷，建厂房6000平方米，新建猪皮及副产品精细加工生产线。开良天然畜产品有限公司主营畜禽副产品收购、加工、销售，2005年实现工业产值1500万元、销售收入1505万元、利润总额205万元，每万元产值实现利润1367元。

第五节 造纸及纸制品业

辖区造纸业起于1959年。至1986年，大部分乡（公社）办纸厂关闭，全县仅保存资阳糖厂造纸及纸板分厂、南湍河糖厂造纸及纸板车间和资阳造纸厂3家，其中资阳糖厂造纸及纸板分厂规模最大、机械化程度和产量最高。当年全县造纸及纸板行业共生产机制纸及纸板5488.83吨，其中资阳糖厂造纸及纸板分厂就达4554.83吨，占全行业总产量的82.98%；全行业实现工业总产值308万元、工业增加值48万元。

1986—2005年，造纸及纸板行业经济运行处于周期性不平衡发展状态。“七五”及“九五”计划时期处于起伏不定的发展态势。“七五”期间，全县的造纸及纸板行业生产满负荷运转、销售畅通，产量、产值直线上升。1988年机制纸及纸板产量6112吨，工业产值实现582万元，工业增加值实现88万元，分别比1986年增11.35%、88.96%和88.33%。1990年产量6086吨、工业产值848万元、工业增加值45万元，分别比1985年增75.39%、328.28%、66.67%，年均增速分别为15.06%、65.66%和13.33%。“八五”计划期间行业生产销售全面放开，同行业市场竞争加剧，资阳造纸及纸板行业工业产值极不稳定。1991年产品产量5500吨，次年6000吨，1993年3700吨，1994年4800吨。1995年产量降为4200吨，实现产值576万元、工业增加值198万元，三项指标分别比1990年增长-20.06%、-32.08%和340.0%。“九五”期间，全市造纸及纸板行业基本适应市场经济形势，通过技改增加同行业产品市场竞争能力，产量又恢复“七五”期直线上升的增长态势。1996年产量4500吨，1997年6500吨，1998年7736吨，1999年8020吨，2000年降至6834吨。“九五”期造纸及纸板总产量3.36万吨，比“八五”期总产量2.42吨增38.84%。

“十五”计划期间，造纸及纸板行业体制发生根本变化。继县造纸厂、南湍河糖厂造纸车间在“五小”企业整治中关闭后，资阳糖厂造纸及纸板分厂于2001年3月破产。代之而起的是资阳市腾龙造纸厂。2005年，腾龙造纸厂实现工业总产值1515万元、销售收入1515万元、利润总额1万元。

纸制品企业主要生产瓦楞纸板、纸箱等商品包装材料和制品。1990年以前从事县内包装制品业的主要是资阳糖厂造纸分厂和南湍河糖厂造纸车间，生产本厂糖食品包装箱，也为外单位生产各类商品包装盒、包装箱等。1990年资阳金杯酒厂转产包装制品生产，更名为资阳包装厂，加盟纸制品行业，后改为康得利包装厂，主要为省内各酒厂生产系列酒包装盒及各类商品包装箱，是县（市）内纸制包装行业的龙头企业，1995年实现工业产值3500万元。同期，资阳正力包装厂、南方包装厂建立。2000年，康利包装厂改制为民营四川康得利股份有限公司，当年产值过亿元。2005年，康得利股份有限公司实现工业产值35618万元、销售收入35543万元、利润总额497万元。资阳王力包装厂实现工业产值1949万元、销售收入1152万元、利润总额16万元。1996年建成投产的资阳市南方包装材料厂于2005年底迁入雁江区侯家坪工业园区，占地1公顷，新引进德国BHS五层纸板生产自动流水线，购进纸箱成形设备和双色印刷设备及大型横切机械，生产能力大幅度提高。

第六节 印刷业

区内印刷业历史悠久，民国时期即有铅印。至1986年，全县印刷厂发展到8家。当年印刷行业实现工业总产值240万元、工业增加值50万元、利润总额8万元、销售税金7万元，年末固定资产原值126万元、净值86万元，定额流动资金年平均余额35万元。此后至2000年，印刷业处于上升期。1990年全行业实现工业总产值561万元，比1985年增长118.29%，平均每年增长速度16.90%；实现工业增加值84万元，比1985年增37.70%，年均增幅7.54%；利润总额10万元，比1985年降44.44%；上缴税金29万元，比1985年增314.29%。1991—1995年，印刷业整体发展良好。1995年全市印刷企业实现工业产值731万元、工业增加值263万元、利润14万元，分别比1990年增30.30%、213.10%、40.0%。90年代末印刷行业竞争激烈，公有印刷企业步入低谷。21世纪初5年间资阳裕丰印务公司等企业破产后，瑞彩印务、新华彩印厂先后建立，全区印刷业产值回升。2005年全区印刷企业实现工业总产值1198万元、销售收入1198万元，亏损8万元。

资阳县印刷厂是20世纪80、90年代全县印刷行业的骨干企业，1986年实现工业产值114万元，占全行业总产值的47.5%；工业增加值35万元，占总数的70.0%；利润8万元。1986年以后印刷厂为四川卷烟厂设计印制香烟盒及包装，生产进入全盛时期。1990年工业产值提高到153.2万元、工业增加值68.9万元、利润10.2万元，分别比1986年增长34.39%、96.86%、27.50%。1995年，资阳市印刷厂实行股份公司制改革，更名为资阳市裕丰印务有限公司，股本总额50万元。1996年公司有职工160人，实现销售收入680万元、利润18万元、上缴税金3万元，年末资产总额560万元、负债总额498万元，负债率88.93%，所有者权益62万元。公司业务主要依赖四川卷烟厂，90年代末期四川卷烟厂效益走低，裕丰印务业务量减少，产值下降，出现亏损。2002年，公司资产总额335万元，负债403万元，负债率120.30%，所有者权益-68万元。四川卷烟厂被成都卷烟厂兼并后，厂址迁移，裕丰印务失去主要业务来源，宣告破产。之后，四川省资阳市新华彩印厂、资阳市瑞彩印务有限责任公司引进先进印刷设备，投资技术改造，拓展业务范围，逐渐成为区内主要印刷企业。2005年瑞彩印务实现工业产值697万元、利润14万元，新华彩印实现工业产值501万元、亏损22万元。

第九章 工业管理

第一节 管理机构及模式

一、管理机构

新中国成立初，县政府设工商科。1954年9月至1956年8月，先后设手工业管理科、工业科、商业局、供销社联会社，分别管理手工业，国有工业，商办国有、集体工业，供销系统集体工业。“文化大革命”中期，工业归县革命委员会工交组管理。1973 年 9 月设工业交通局。1975 年 2 月撤销工业交通局，分设工业局、交通局。工业局管理全县国有工业，商业局、供销社管理商办工业。1977 年 12 月设社队企业局，复设手工业管理局，分别主管乡村工业、手工业。1978 年 8 月手工业管理局改为二轻工业局。1983 年撤销工业局，其国有工业管理职能划归经济委员会；社队企业局改为乡村企业局，次年又改为乡镇企业局，管理职能不变。1986—2005 年，区内工业企业主要管理机构如下：

工业局 1986 年 7 月，撤销县经济委员会，成立资阳县计划经济委员会、资阳县工业局，原经委直属工业企业划归县工业局管理。1993 年 3 月资阳撤县建市，县工业局更名为资阳市工业局。1996 年 12 月撤销资阳市工业局，原管理的工业企业再次划归市经济委员会。1986—1996 年，周裕成、卿见福先后任局长。

经济委员会 设立于 1980 年 4 月，管理工业局、二轻工业局、交通局、邮电局、技术监督局、供电所。1986 年 7 月与县计划委员会合并成立县计划经济委员会，其工业管理职能划归恢复设立的县工业局。1996 年 12 月，撤销资阳市计划经济委员会、资阳市工业局，设立市计划委、经济委，原工业局管理的工业企业划归经济委管理。市经委内设办公室、工业生产监管科、能源交通安全科、技改科技质量科、组干群工科、纪检监察宣教科。2000 年 10 月更名为资阳市雁江区经济委员会。2001 年 11 月，撤销区经济委员会、区贸易局、区财贸工委办、区轻纺工业局，合并组建区经济贸易局，原经委工业管理职能划归经贸局。1996—2001 年，胡书荣、卿见福、周达军先后任主任。

轻纺工业局 前身为资阳县手工业管理局，主管县属二轻集体工业和街道集体工业，设立于 1954 年 9 月，后撤销。1977 年 12 月复设，1978 年 8 月改县手工业管理局为资阳县二轻工业局，10 月又并入社队企业局，1979 年 9 月分出单设二轻工业局。1986 年 9 月资阳县第三届手工业职工代表大会选举成立资阳县二轻工业联社，与二轻工业局实行“两块牌子，一套班子”运作模式，合署办公。1988 年 12 月更名为资阳县轻纺工业局，保留二轻工业联社牌子，管理职能范围仍然是资阳县属二轻工业企业和城镇街道集体工业企业。1993 年 3 月更名为资阳市轻纺工业局。1996 年 11 月改二轻工业联社为二轻总会，保留二轻行业协调管理职能。1999 年 1 月二轻总会整体纳入资阳市乡镇企业管理局，对外增挂二轻总会牌子。2000 年 11 月更名为资阳市雁江区轻纺工业局。2001 年 11 月撤销区轻纺工业局，其管理职能划归新设立的资阳市雁江区经济贸易局。1986—2001 年，杨长明、王正勇、袁余文先后任局长。

乡镇企业管理局 前身为社队企业局，设立于 1977 年，主管全县公社、大队办工业企业。1983 年改社队制为乡村制以后更名为乡村企业局。1984 年再改为乡镇企业局。1986 年 1 月改为资阳县乡镇企业管理局。1993 年 3 月更名为资阳市乡镇企业管理局。1999 年 1 月，二轻总会划归乡镇企业管理局，对外增挂二轻总会牌子。2003 年对外增挂民营经济发展局牌子。2005 年 6 月，撤销区乡镇企业管理局，其职能划入新设立的区经济局。1986—2005 年，李平贵、阳隆聪、李洪宪先后任局长。

经济贸易局 2001 年 11 月，撤销区经济委员会、区贸易局（1997 年 6 月由资阳市商业局更名而来）、区财贸工作委员会、区轻纺工业局，合并组建区经济贸易局，管理区内国有工业、商业。2005 年 6 月，撤销区经济贸易局。其间，胡书荣、卿见福先后任局长。

经济局 2005 年 6 月，撤销区经济贸易局、区乡镇企业管理局、区中小企业局、区民营经济发展领导小组办公室，将上述单位工业管理职能划出，组建区经济局。局内设办公室、统计股、经济运行股、技术进步股、能源通讯股、国有资产管理股、政工人事股。至当年底，陈贵林任局长。

二、管理模式

计划经济时期，辖区内工业管理机构众多，长期实行条块结合，多部门、多行业管理体制。中央工业企业、省（地、市）属工业企业以上级主管部门管理为主，以地方政府和工业经济主管部门管理为辅。县属国有工业企业先后由工业局、经济委员会、经济贸易局、经济局主管，二轻集体工业企业、城镇街道集体工业企业由手工业管理局、二轻工业局、轻纺工业局、中小企业局和挂牌的二轻联社、二轻总会主管。县办乡镇企业由社队企业局、乡村企业局、乡镇企业局、乡镇企业管理局主管。乡镇办、村办企业以各乡镇政府（村民委员会）管理为主，以乡镇企业管理局管理为辅。办有工业企业的单位主管自办的工业企业。各行业工业主管部门归口经济委员会、计划经济委员会、县政府工业办、财贸办管理。

各工业经济主管部门掌握所属企业的决策权，对企业实施行政管理，负责企业厂长（经理）、副厂长（副经理）、中层干部任免和干部人事调动、内部机构设置、制度建设、组织建设、安全生产、环境保护、职工思想政治工作的检查指导；负责编制、报批、下达各企业的经济发展五年计划、年度计划和长远规划，包括产品定向、工业产值、销售收入、成本核算、上缴利润、税金等；负责企业原材料分配、采购供应、资金投向、技术改造；检查督促经济计划月、季、年度完成情况，对产品销售市场、趋势、工业发展形势进行分析、论证，按期向同级政府、上级工业主管部门、辖地归口部门和工业主管部门汇报所属企业的经济运行情况、主要业绩和存在的问题。

1992 年后市场经济体制逐步建立，政府先后 3 次实施行政机构改革，按照“政企分开，搞活企业”的原则，逐步弱化主管部门对企业的直接管理；依照“一件事由一个机构管理为主”的原则，将相同或相近的职能划归一个部门履行。2005 年 6 月，区政府将相关单位的工业管理职能划出，组建区经济局，负责全区工业企业发展的规划、协调、服务和监督管理。

第二节 企业经营管理

1986 年，按照国务院颁布的《全民所有制企业厂长工作条例》《中国共产党全民所有制工业企业基层党组织工作条例》和《全民所有制工业企业职工代表大会条例》，全县工业企业明确内部“党、政、工”三者的关系，试行厂长（经理）负责制。厂长（经理）享有企业资金支配权、经营决策权、生产指挥权和材料、产品购销权，企业党组织负责政治思想工作和组织工作，企业工会负责民主监督和职工维权工作。

1987 年，县政府先后制发《资阳县国营企业承包经营责任制试行办法》《城镇集体企业资产股份承包经营制试行办法》《小型企业租赁经营制试行办法》《企业承包（租）试行办法》《承包（租赁）企业验收标准》等文件，开始试行承包经营责任制。按照“包死基数、确保上交、超收多留、歉收自补”原则实施承包经营管理，以上一年或前 3 年上缴利润的平均数确定承包基数，超收部分由企业、主管部门、所有权者按 5∶2∶3 的比例分配。明确规定：除国家税种、税率重大调整和人力不可抗拒的自然灾害外均须严格履约；达不到合同指标 80% 的，履约人必须用个人财产或企业自有资金补足；对承包（租）企业的财产一律实行保险，合同一律进行公证；承包人必须保证企业收入稳定增长，承担企业债权债务，保证企业性质、隶属关系、财务解交关系、职工身份不变和企业固定资产按比例增值。在实施企业承包经营过程中，主管部门大胆引入竞争机制，公开招标承包，并实行风险抵押金和赔偿金制度。当年30户主要国有企业、45户骨干集体企业、320户乡镇企业实行承包（租）经营责任制；全县工业总产值实现4.66亿元，比承包前增长18.78%。1988年，全县477户企业实行承包（租）经营，占总数的97.3%。其中国有工业企业40户，实行招标承包36户、目标管理4户；城镇集体企业56户，实行承包49户、租赁4户；乡镇企业394户，实行承包经营384户。1990年第一届承包合同期满后，启动"1991—1992年第二轮延续承包（租）"，1992年开始"1993—1995年第三轮延包（租）"。在第二、第三轮延包过程中，政府根据工业经济发展形势，坚持"形式、基数、奖惩不变"原则，规范和完善具体措施，保持政策的连续性和稳定性。

承包（租）经营管理将企业效益与职工切身利益挂钩，调动了职工的生产积极性，一定程度上推动了工业经济发展，但承包者没有资产所有权，只有短期经营权，且普遍存在重生产、轻投入、拼设备的短期行为，因此企业资产增长缓慢，设备日渐陈旧，实力不断减弱。

资阳县属国有企业1992年承包合同兑现情况表

表6－8

项目/企业名	完成指标（万元）			经营者获奖（元）				集团成员奖（元）	奖金合计（元）
	承包利润	实现利润	调整利润	达标奖	起利奖	考评分	实获奖		
氮肥厂	36	34.0	2.28	700	26	100	726	1887	2613
印刷厂	9	9.0	0.82	200	91	97.0	282	507	789
建陶总厂	27	27.0	3.73	600	414	98.0	993	2383	3376
水泥厂	11	156.0	27.85	500	1420	98.0	1881	4138	6019
机械厂	24	36.0	2.78	600	1640	100	2240	5376	7616
临江豆瓣厂	0	6.1	0.74	800	—	98.9	790	1896	2686
食品厂	0	1.3	10.18	860	—	99.0	850	2280	3280
蜂窝煤厂	8	15.3	3.62	400	1200	99.9	1598	2876	4470
宝莲酒厂	0	0.3	2.38	640	—	98.9	832	3792	4424
味精厂	0	-46.5	1.37	-300	—	97.2	-300	-708	-1008
燃建公司	-12	-12.0	0.97	500	200	99.3	695	1042	1737
中药材公司	0	-712.0	1.09	-300	—	—	-300	-900	-1200
食品公司	41	41.0	—	1600	—	—	1600	3600	8200
林产品公司	6.5	6.6	0.13	200	41	100	241	361	602
粮油加工厂	80	80.1	1.86	900	110	100	1010	3030	4040
饲料厂	20	20.1	15.96	500	1420	100	1920	6144	8064
电力公司	44	105.0	13.26	-100	1040	100	1440	2160	3600
汽配公司	7	12.5	2.3.0	—	1200	100	1600	2880	4480
自来水公司	35	93.6	0.49	700	1860	100	2560	3840	5400

第三节 企业内部管理

计划经济时期，政府对工业企业实行行政管理。企业均定有行政级别，大型或骨干企业厂长（经理）兼主管局副局长职务，企业领导成员及中层干部均由主管局任免，职工招收先由政府下达招工指标再由劳动部门统招统分，职工工资分配按级别工龄套行政级别确定。自1986年起，在企业经营管理改革同时，启动工业企业“内三制”改革（内部干部人事制度、劳动用工制度、利益分配制度），打破干部终身制，面向社会公开招标聘用企业承包（租）人，实行平等竞争、答辩考评、择优录用。原企业厂长（经理）落标后职务自动解除，企业副职由新任正职提名。1988年以后，改企业党政双轨制为行政负责单轨制，企业党组书记兼行政副职，工会主席进承包集体，企业内部机构设置尽可能精减，不求上下对口，中层干部一律实行招标聘用制。打破干部、工人身份，工人亦可参与招标竞争；打破政府统招统分用工模式，由企业根据生产需要自主招工，招工数量、范围、条件由企业自主确定；打破所有制限制，国有、集体、乡镇、个体私营企业职工均可互相调动。企业对违章违纪职工有辞退、除名、开除处置权，职工亦可辞职或自谋职业。改固定工为劳动合同制工人，县属企业万余名国有企业职工全部签订劳动合同。实行优化劳动组合，厂长（经理）选科室、车间干部，车间主任选班组长，班组长选职工，职工亦可选择工作岗位。当年国有企业4584人参与优化组合，未被组合的157人中138人由企业自行消化，19人厂内待业。打破固定级别工资制，坚持多劳多得、按劳分配原则，实行计件工资、含量工资、岗位工资、技能工资等多种形式，拉开收入差距，激发职工生产积极性。推行效益工资制，将职工收入与企业效益挂钩。首先在县房屋建筑材料厂试行“万砖工资含量包干”制，在水泥厂试行“销售万吨水泥工资含量包干”制。当年实行工资总额与效益挂钩的国有企业26户，其中实行“双挂”的3户、物量挂钩的6户、与销售挂钩的2户、与实现利润挂钩的14户、实行提成工资制的1户。

第四节 产权制度改革

1993年6月，市委、市政府开展国有企业产权制度改革试点。当年中药材公司经法院裁定破产。1994年全面推行股份制，按照“整体推进、重点突破”方针，以触动产权为前提、资源优化配置为重点、建立现代企业制度为目标，因企施策，实行改、转、租、卖、并、股、破等多种形式实施产权改革。年内电力公司等2户国有企业改组为集团公司，县机械厂、水泥厂、氮肥厂、磷肥厂、农用汽车厂、汽车配件公司、粮油机械厂等按照《公司法》进行改造，共转让国有资产1556.3万元，国家参股410万元，职工个人股1494.7万元；城镇集体企业改造成股份制企业的有建筑建材机械有限公司等2户。1995年临江寺豆瓣厂改造为临江豆瓣有限公司，印刷厂改造为裕丰印务有限公司，2户企业共转让国有资产15.7万元，共设股本总额140万元。至1996年底，全市有18户工业企业完成产权股份公司制改革，其中组建有限责任公司14户、集团公司2户、破产1户、零价转让1户；有9户城镇集体骨干企业实施产权股份制改革，其中组建有限责任公司6户、破产1户、兼并2户。

资阳市属国有改制企业 1996 年财务情况统计表

表 6-9　　单位：万元

项目 企业名称	资产总额	负债总额	所有者权益	股本总额	销售收入	税金及附加	利润总额	工资总额	年末职工人数（人）	负债率（%）
鸿丰机械公司	3701	2963	738	600	1399	8	-196	211.8	588	80.06
三马车辆公司	1818	1731	87	103	3101	3	23	58.9	138	95.21
天台化工公司	3661	2740	921	500	5320	56	402	301.4	516	74.84
鹏达水泥公司	1761	2430	-669	251	654	4	-475	147.0	431	137.99
粮油机械公司	884	793	91	60	505	2	3	63.4	103	89.71
裕丰印务公司	560	498	62	50	680	3	18	58.0	160	88.93
临江豆瓣公司	440	369	71	80	481	2	10	58.0	151	83.86
药材公司	466	425	41	64	498	2	6	65.3	143	91.20
普瑞药业公司	1125	1538	-413	60	258	2	-245	47.9	227	136.71

1997 年，全市企业产权制度改革进入攻坚阶段。市委、市政府建立以市长为组长的产权制度改革领导小组，对改革政策作了补充和完善：将非经营性资产剥离，重组经济实体或代管，如组建后经费有困难的，3 年内由政府在该企业国有股份分红中定额补助；对企业出售时自谋职业的职工按全市职工人均工资标准的 3 倍发给补助，转让额不足安置费的在土地资产收入中补足；整体收购或兼并特困企业的，前两年免税，第三年免 50%；实施兼并的企业承担债务，资不抵债部分通过退税和国有股份分红冲抵或政策扶持等给予弥补；对本企业职工购买企业产权且一次性付清价款的给予 20% 优惠。1998 年底，完成产权制度改革的市属国有企业 20 户、城镇集体企业 33 户、乡镇企业 180 户，分别占应改制企业的 48%、85%、75%；批准破产的工业企业 10 户，其中国有企业有建筑陶瓷总厂、食品公司、味精厂、机械设备公司、汽车配件公司，乡镇企业有长沙埂水泥厂、墨池坝水泥厂、马鞍机械厂、发元配件厂、搪瓷厂。

至 2002 年，纳入产权制度改革的国有企业共 43 户，已实施改革的工业企业 19 户，其中公司制改革 8 户、实施破产 10 户、实施解数 1 户。改组为公司制的 8 户企业资产总额 26175.7 万元，负债总额 25055.4 万元，负债率 95.72%，所有者权益 1120.3 万元，涉及职工 2521 人，其中在职职工 1900 人、离退休职工 621 人，已了断国有职工身份并获得经济补偿职工 876 人，移交社保管理的离退休职工 295 人。实施破产的 10 户企业资产总额 16311.8 万元，负债总额 35132.2 万元，负债率 215.38%，所有者权益 -18820.4 万元，涉及职工 6071 人，其中在职职工 4242 人，离退休职工 1829 人，已安置在职职工 1680 人、离退休职工 723 人。

资阳市雁江区 2002 年底已改制国有工业企业情况表

表 6-10　　单位：万元

项目 企业名称	改制方式	改制时间	资产总额	负债总额	所有者权益	职工人数		
						总数	在职	离退休
鹏达水泥公司	公司制	1994.11	1245.8	3523.2	-2277.4	471	361	110
天台化工公司	公司制	1994.12	4592.7	3176.0	1416.7	525	344	181

续表

企业名称＼项目	改制方式	改制时间	资产总额	负债总额	所有者权益	职工人数		
						总 数	在 职	离退休
临江豆瓣公司	公司制	1995.9	474.8	490.2	-15.4	186	117	69
裕丰印务公司	公司制、破产	2002.9	335.0	403.0	-68.0	234	141	93
东升酿酒机械	公司制	2001.6	395.7	813.1	-417.4	216	174	42
中药材公司	公司制	1993.9	1534.4	1576.4	-42.0	199	131	68
粮油机械公司	公司制	1994.9	1754.3	1179.4	574.9	106	105	1
南骏汽车公司	公司制	2002.8	15425.0	14430.0	995.0	556	454	102
鸿丰机械公司	公司制、破产	1994.6	2004.0	3110.0	-1106.0	667	580	87
三马车辆公司	公司制、破产	1994.10	824.8	1208.2	-383.4	108	104	4
机械设备公司	破产	1998.9	209.0	336.0	-127.0	121	78	43
宝莲酒厂	破产	2000.5	2457.0	4557.0	-2100.0	575	406	169
味精厂	破产	1998.9	508.0	1570.0	-1062.0	319	225	94
糖 厂	破产	2001.3	3476.0	11371.0	-785.0	1710	1060	650
建陶总厂	破产	1998.8	1869.0	4456.0	-2587.0	978	689	289
粮油加工厂	破产	2000.4	1950.0	3560.0	-1610	525	414	111
食品公司	破产	1998.6	2679.0	4561.0	-1882.0	834	554	289
汽车配件公司	解散	1994.6	177.8	150.1	27.7	30	28	2
普瑞药业公司	公司制	1995.6	753.0	1046.5	-293.5	262	214	48

2003年5月，区委、区政府在《关于加快企业产权制度改革步伐的通知》中提出“国有企业百分之百触动产权，国有企业职工百分之百转变国有身份，国有资产百分之百退出企业”的要求，对完成企业产权制度改革任务的有关部门给予奖励：完成国有企业破产清算终结的一户奖励1万~3万元，完成股份制改造或重组兼并的一户奖励1万~2万元，完成改制任务的企业法定代表人奖励0.5万~1万元。当年全区25户国有企业、9户城乡集体企业进入改制程序。2004年，区委、区政府提出按照“国退民进，快退快进，退足退够，与时俱进”的基本思路，在全区一般性竞争领域全面实现企业民营化，加速国有资本退出。当年4月，天台化工厂股份有限公司国有股权成功拍卖，四川山山药业集团以4500万元受让该公司国有股权260万元和自然人股权179.4万元。2005年1月，鹏达水泥有限公司资产以926万元成功拍卖，买受人新组建宏达有限责任公司。5月，裕丰印务有限公司资产以300万元成功拍卖。至当年底，全区区属国有工业企业完成产权制度改革20户，占总数的83.7%。

区内国有、集体工业企业经过13年的产权制度改革，大部分退出生产经营。其间，民营工业企业迅速发展起来。2005年全区规模以上工业企业92家，其中国有中央及省属企业6户、市属企业3户、区属企业11户、民营企业66户；民营企业占总数的73.91%。92户规模工业企业建立起了现代工业企业管理机制，在完全自主经营、自负盈亏状态下运转。主管部门主要履行指导、规划、协调、服务的宏观管理职能：综合分析、预测、监督宏观经济运行情况，就重大问题提出对策建议；为企业广泛收集、整理、分析和发布经济信息，组织企业开展国内经济合作；协调企业解决涉及税收、资金、物价等方面问题和技术改造、引进、创新；指导协调企业产品促销；推进企业创新机制建设和产、学、研联合及群众性技术创新活动；指导企业利用外资和境外投资；组织编写下达企业技术改造中、长期规划和年度计划、企业创新计划、重大技术装备国产化项目规划；组织制定机械、冶金、化工、纺织、丝绸、建材、医药、电力等行业规划；研究制定全区工业领域产业政策、工业结构和布局调整，提出重点行业生产力布局、重点产品结构调整方案并组织实施。

第七篇　商　贸

第一章　商贸体系

第一节　国有商贸

1986年，县国有商业企业管理机构有县商业局、物资局、粮食局、医药局和盐业公司、烟草公司资阳支（分）公司等41个，经营机构有372个；从业人员共3343人，其中管理人员895人、经营人员2448人，每2.74个经营人员配备管理人员1名。经多次机构改革，至1990年国有商贸企业管理机构减少到35个，经营机构增加到380个；从业人员3514人，其中管理人员减少到856人、经营人员增加到2658人，每1名管理人员管理经营人员3.11人。

随着社会主义市场经济体制的建立，国有商贸经济经营体制受到冲击。主管机关为适应市场经济发展的要求，不断探索国有商贸企业体制改革。至2005年，基本完成国有商贸企业产权制度改革，绝大部分国有商贸企业破产、倒闭、歇业或资产重组改制为民营商贸企业；保留的国有商贸企业当年完成销售额3806万元，占全区社会消费品零售总额的1.6%。

一、商业系统

1986年，县商业局下属的国有商贸企业有百货公司等10大公司和临江寺豆瓣厂等4大商办工业企业，各公司下辖289个商业网点。当年，商业系统继续深化商贸流通体制、经营体制、管理体制改革，推行商贸企业集体承包制。公司（厂）向商业局订立承包合同（包上缴利税、包职工思想政治工作、包社会稳定、包经济指标任务的完成），各门市、网点向公司订立承包合同，一包3年，届满再包。以后又推行租赁承包，但管理体制未根本变革。1992年后，商贸系统改革力度不断加大。1993年资阳市工矿公司裁员增效。1994年6月资阳内燃机车厂兼并市五交化公司重组中泰实业集团公司。1998年9月、2000年5月味精厂、酒厂依法破产。2002年区燃气公司上划市燃气公司，石油支公司上划省石油公司管理，县食品公司依法破产，临江寺豆瓣公司承债转制为民营公司。2003年蔬菜水产副食品公司以承债转让形式改制为民营新丰蔬菜贸易公司。2004年4月百货公司依法破产，5月、7月友谊公司、糖酒公司以承债转让形式改制为民营企业。至2005年，全区除饮食服务公司保留，燃气、石油公司上划外，原商业系统国有商贸企业全部破产或转制为民营。

二、粮食系统

1986年，县粮食局下辖临江、丰裕、祥符、丹山、中和、保和、伍隍、小院、南津、城关10个粮油食品站和转运站、粮机修配厂、粮油加工厂；粮食系统有职工1135人，其中企业经营人员1085人。当年延续粮油统（议）购、统（议）销政策，经济效益尚好。随着粮食市场的逐步放开，国有粮油经营企业受到冲击。1987年11月，县粮油议购议销公司、粮油加工厂、饲料厂、转运站试行承包经营。1988年，粮油购销企业亏损额130万元。1989年9月，根据省政府《关于完善粮食企业承包经营责任制的实施意见》，粮食系统国有商业企业全面推行承包经营责任制。承包内容为平价粮油利润、议价粮油利润和上缴利润、固定资产增值。考核指标为定购完成率、计划内平价销售率、平价粮油调拨完成率、资金占用比重、人均经营量和利润。承包经营方式未从根本上改变经营体制，当年企业亏损714万元，比上一年净增亏损584万元，此后两年继续亏损。1991年对全县15个国有粮食企业实行经营、价格、收益分配、用工制度“四放开”改革。1992年增设粮食储备库，1993年增设粮油贸易公司。1998年亏损2350万元，至此累计亏损13227万元。当年，按政策对市粮食系统亏损额中的8147万元实行挂账处理，从7月1日起停息。11月，对10个粮油食品站实行政策性企业与经营性企业分离改革，划出附营业务，成立10个粮油食品经营站。但此改革仅是核算账务的划分，仍止不住亏损。至2005年底累计亏损16953万元，其中分营后1999—2004年新亏3726万元（政策性企业2169万元、经营性企业站1557万元）。2003年11月，除中和、丹山两站外，其余8个粮油食品经营站进入破产程序。经18个月的审计、清产核资、评估、处置，区法院于2004年12月裁定破产。破产后的处置资产由职工出资购买组建鑫旺、达源、众旺、丰裕、腾达等5个民营股份制粮油商贸企业。

在对经营企业实施改革的同时，对政策性企业（粮油食品站）实行减员分流，至2001年3月底减员分流856人，占总员额的50.4%。2004年4月底，按照省相关文件精神，全部了断国有粮食企业职工身份。2005年6月1日，全部撤销区粮食局所属粮油食品购销企业。企业资产由区国有粮食资产管理公司管理。至此，国有粮油商贸经济全部退出商贸领域，因改制减员分流、调出、辞职人员共1700多名。

资阳市雁江区国有粮油商贸企业经济运行情况表

表7-1　　单位：万元

年份	购销企业	经营企业	年份	购销企业	经营企业
	利润（±）	利润（±）		利润（±）	利润（±）
1986	-27	（议价）56	1996	-1899	—
1987	43	（议价）50	1997	-1750	—
1988	-130	（议价）0	1998	-2350	-107
1989	-714	（议价）0	1999	-709	-173
1990	-809	（议价）-12	2000	-579	-66
1991	-1136	（议价）22	2001	-450	-168
1992	-1122	（议价）0	2002	59	-166
1993	-1040	议购议销股撤销，对外挂议购议销公司	2003	196	-645

续表

年份	购销企业	经营企业	年份	购销企业	经营企业
	利润（±）	利润（±）		利润（±）	利润（±）
1994	-812	议购议销公司更名为贸易公司	2004	-431	-144
1995	-1331	/	2005	52	-88

第二节 集体商贸

区内集体商贸经济由商业系统集体商贸经济、供销合作经济、农村合作商贸经济组成。

一、商业系统

1986 年，县商业局下属百货总店、第二糖酒公司、煤建公司城郊营业部、蔬菜水产副食品综合商店、饮食服务总店、百货商店、五交化商店 7 个集体商贸企业。集体商贸企业效益随市场变化逐年下降，故先后进行改革。1990 年饮食服务总店推行租赁承包经营，由内部职工承包，自我管理，自负盈亏，按合同向公司缴纳租金。1992 年五交化商店借鉴饮食总店经验实行承包经营。1994 年、1996 年，第二糖酒公司、百货总店、百货商店先后实行租赁承包。1997 年 6 月，蔬菜水产副食品综合商店解体，其余集体商贸企业以租赁承包方式生存下来，用承租人缴纳的租金维系企业职工社保、医保和下岗职工生活费。

二、供销合作系统

供销合作经济是新中国建立初期由群众自愿投资入股在各场镇组建起来的，其所有制性质几经变动。1958 年并入县商业局成为国有经济，1962 年 7 月分出单设县供销合作联社又成为集体经济，1966 年 1 月再度转为国有，1976 年 1 月又转为集体，1983 年 2 月根据国务院和四川省政府文件精神，将供销合作经济定为集体所有制并恢复社员股权。此后入股户数、股金金额不断扩大，最高时股金有 5722 万元。1986 年，县供销社有直属农资、土产、日杂、综合贸易、果品、运销 6 大公司，2 个厂、1 个建筑队，下辖中和、丹山、保和、小院、伍隍、南津、丰裕、祥符 8 个区供销社和 74 个乡（镇）分社和农产品公司。管理、经营人员 3359 人，其中直属公司（厂、队）1481 人，区及以下供销社 1878 人。1992 年撤区并乡建镇时新增设临江供销社。县社直属公司（厂、队）和区供销社为独立核算单位，区社所属各专业店、分社为半独立核算单位。

1986 年以来，供销系统层层实行承包责任制，短期内经济效益有所提升。1988 年商品购进总额 17413 万元，销售总额 19263 万元，实现利润 437.79 万元。但承包制改革未解决根本问题，企业在日益激烈的市场竞争中逐渐处于劣势。1992 年开始亏损，亏损额 137.88 万元，其中直属公司（厂、队）亏损 84.91 万元、基层社 52.97 万元，亏损面 90.8%，以后连年亏损。1997 年花生厂停业。1998 年亏损 1522.18 万元，亏损面为 100%。1999 年 11 月，农资公司、废旧公司依法破产，年底全社累计亏损 4966.06 万元。2000 年供销系统经营人员减至 1436 人，2005 年有 389 人，除土产、日杂、农产公司和伍隍社尚有一定人员继续维持经营外，其他经营单位只有少数人员留守集体资产。

资阳市雁江区供销系统 1986—2005 年经营情况统计表

表 7－2

项目 / 年度	经营人员			商品购进（万元）	商品销售（万元）	库存商品总额（万元）			商品流通率%	利润总额（万元）			自有资金（万元）			社员股金（万元）			固定资产（万元）		
	合计	公司	基层社			合计	公司	基层社		合计	公司	基层社	合计	公司	基层社	合计	公司	基层社	合计	公司	基层社
1986	3355	1481	1878	5066	8631	3122	1521	1601	7.14	244	119	125	2197	486	1171	8459	100	8359	1076	506	570
1987	3021	1177	1844	6231	8925	3521	1748	1773	7.79	250	126	124	2232	616	1616	10580	100	10480	1176	579	597
1988	2631	846	1785	17414	19264	5220	2584	2636	7.72	438	218	220	2583	824	1759	17375	3462	13913	1656	832	824
1989	2702	932	1770	9196	13545	5661	2736	2925	9.12	413	245	168	2709	804	1905	38542	13897	24645	1592	772	820
1990	2662	898	1764	7423	12925	5128	2473	2655	8.74	164	147	17	2888	862	2026	33764	5876	27888	1552	739	813
1991	3095	1281	1814	8363	10557	6293	3323	2970	9.30	38	17	21	4122	1572	2550	38932	4659	34273	2677	1347	1330
1992	3325	1486	1839	8016	10616	6410	3830	2580	10.13	－138	－85	－53	2808	1007	1801	45431	2441	42990	1553	875	678
1993	3114	1344	1770	7648	19603	5666	3181	2485	12.16	－334	－177	－157	2942	1174	1768	67260	16561	50699	1829	1170	659
1994	2916	1235	1681	13703	13659	4234	3358	876	19.44	－388	－235	－153	3655	1693	1962	105667	40233	65434	2400	1541	859
1995	2806	1178	1628	15311	17163	5351	4344	1007	16.67	－251	－165	－86	3654	1675	1979	246189	114460	131729	2954	2073	881
1996	2653	1104	1549	16755	18305	6228	5076	1152	18.20	－641	－529	－112	3563	1585	1978	519904	213150	306754	3017	1979	1038
1997	2554	1065	1489	16193	19033	4795	2530	2265	15.36	－692	－334	－358	3522	1540	1982	553019	209237	343782	3229	2032	1197
1998	2418	997	1421	11054	14230	3496	1658	1838	23.31	－1522	－877	－645	3653	1665	1988	572167	288913	333254	5422	3039	2383
1999	2053	826	1227	6749	9577	1777	1223	554	45.99	－1000	－503	－497	3597	1577	2020	349061	175585	173476	3067	1873	1194
2000	1436	577	859	8133	10521	1492	1103	389	87.45	5	－1	6	3597	1577	2020	134010	72224	61786	2490	1858	632
2001	943	287	656	7624	7745	1317	1122	195	23.39	6	11	－5	4669	2587	2082	131252	70336	60916	2172	1596	576
2002	831	269	562	8399	13552	1032	927	105	18.93	－145	－136	－9	4551	2432	2119	128879	68996	59883	1743	1181	562
2003	737	256	481	10018	19054	337	235	102	50.14	18	10	8	4524	2461	2063	61080	32553	28527	1707	1046	661
2004	460	150	310	7910	14159	184	146	38	32.94	18	18	0	3077	2769	308	57879	30483	27396	1726	1549	177
2005	368	141	227	12696	19067	359	322	37	34.69	26	26	0	1455	1147	308	3703	866	2837	1155	978	177

三、农村合作商贸经济

农村合作商贸企业是 20 世纪 50 年代中期，在私营个体商业社会主义改造中成立起来的合作商店或小组。1985 年 4 月，县供销社以老场镇为单位，将分散的各店联合起来组建临江、中和、丹山、小院、伍隍、南津、丰裕、祥符 8 个集体商业公司。1989 年，全县农村集体合作商业进行大规模清理整顿，除临江保留公司称谓外，其余 7 个企业一律更名为集体商业总店。1992 年 10 月，各集体商业总店（公司）将所属各小店合并为以总店为单位的独立核算单位，小店作为总店内部的半独立核算单位。2005 年，全区集体合作商业企业调整为 12 个独立核算单位。

1986 年以来，集体合作商业企业以改革求生存、增活力，使企业得以生存下来，一个职工负担 1.62 个退休职工且多年有盈利。从 1987 年开始，对长期微利、亏损企业实行承包、租赁经营；动员企业职工自谋职业；发展横向经济联系，化解资金短缺问题；扩大销售，搞活经营；采取“转、联、并”救活企业。“转”即转移经营行业，由萧条行业转向发展行业；“联”即大店带小店，强店带弱店，组织联购分销或联购联销，解决小、弱店资金少、进货批量少和经营品种少等矛盾；“并”即将弱店并入有经济实力的店，以长补短，共同发展。1992 年开始，全面推行集体所有个人承包经营、抽本承包经营、定额上交承包经营等多种经营责任制。从 90 年代初开始，各店统一为抽本承包经营模式，即将初期给承包人的包括商品等铺底资金逐年抽回企业，抽本后的商品仍由相关承包人经营。此格局一直持续到 2005 年。2005 年，12 个农村合作集体商业独立核算单位共有在职职工 233 人、退休人员 337 人，营业用房面积 27213. 35 平方米，有资产 336. 6 万元，其中流动资产 251. 5 万元、自有资金 91. 4 万元、固定资金 140. 7 万元；销售总额 431. 4 万元，盈利 1. 87 万元。

资阳市雁江区 1986—2005 年农村合作商贸经济运行情况表

表 7－3 单位：万元

项目 年度	核算单位（个）	职工人数	退休人数	资产总计	流动资产	自有资产	固定资金	销售总额	实现利润
1986	104	839	519	466	303	97	149	1079	7. 79
1987	99	795	499	455	309	93	138	914	0. 35
1988	94	763	476	435	307	88	126	939	0. 51
1989	88	688	440	509	365	86	137	1006	－1. 40
1990	87	605	447	539	372	78	128	857	－10. 67
1991	79	621	428	526	360	66	159	654	－5. 84
1992	60	588	393	499	345	65	150	497	－4. 63
1993	60	503	398	523	364	52	153	630	－1. 71
1994	76	482	369	437	335	49	149	719	2. 29
1995	50	485	415	442	340	47	151	817	2. 23
1996	60	419	419	440	335	38	157	751	2. 50
1997	57	398	415	403	299	42	157	752	1. 96
1998	57	395	391	393	280	51	164	761	0. 87
1999	58	358	372	380	269	71	168	731	1. 54
2000	12	342	365	364	255	72	166	621	－1. 77
2001	12	342	365	351	248	72	157	581	0. 8
2002	12	295	341	348	247	78	155	651	1. 99
2003	12	268	358	339	246	95	149	585	2. 38
2004	12	254	367	352	263	91	143	501	1. 81
2005	12	233	377	337	252	91	141	431	1. 87

第三节 非公商贸

区内非公有制商贸经济成分有个体商户、私营商业、股份制商业。1986 年，全县有个体商户 12898 户、从业人员 19176 人，年商品零售额 5834 万元。至 1992 年，全县新增个体商户 23423 户。1989 年，新办 4 户私营商贸企业。至 1992 年累计新增注册私营商贸企业 18 家，但保留下来的仅 14

户。当年个私商贸经济销售额实现1.80亿元。此后市委、市政府大力发展个私经济。1993年新增个体商户4639户，新增私营商贸企业26户。1994年资阳市被省政府确定为个私经济试验区，政府鼓励下岗失业人员从事个体商业，鼓励机关、事业单位职工“下海”经商，并在税费方面予以优惠。当年新增个体商户3519家，新增私营商贸企业29家，组建了市内第一家商贸股份制企业。年内，13910户个体商户、58家私营商贸企业、1家股份制商贸企业商品零售额共3.12亿元，占当年全社会消费品零售总额的9.3%。至2000年，个体商户发展到13371户，私营商贸企业发展到394户，股份制商贸企业发展到15户，共有注册资金2.50亿元，实现商品零售额8.88亿元，占全社会消费品零售总额的79.1%。至此非公商贸经济已占据绝对优势，取代了国有商贸经济的主导地位。21世纪初期，经贸系统、粮食系统、供销系统的国有集体商贸企业纷纷破产倒闭，个私经济尤其股份制经济迅速发展。2005年，全区有个体商户11602户、私营商业企业1146户、股份规模商贸企业24户，实现销售额21.17亿元，占社会消费品零售总额的94.6%。

资阳市雁江区1986—2005年个私、民营等非公商贸经济发展情况表

表7-4

项目 年度	个体商户			私营商业			股份制商业		注册资金（万元）	商品零售额（万元）
	合计（户）	当年新增（户）	从业人数	合计（户）	当年新增（户）	从业人数	户数	从业人数		
1986	12898	3034	19176	—	—	—	—	—	762	5834
1987	12602	3327	18272	—	—	—	—	—	1041	5331
1988	15108	3214	21090	—	—	—	—	—	1337	6283
1989	11103	3661	13146	4	4	145	—	—	1165	12537
1990	13214	2738	15606	9	5	204	—	—	1630	12706
1991	16258	3475	18935	12	3	231	—	—	2033	15033
1992	12106	3980	13879	14	6	232	—	—	2920	17977
1993	11045	4639	12168	40	26	603	—	—	4396	18061
1994	13910	3519	15689	58	29	984	1	12	6616	31156
1995	16050	2799	18501	88	30	1454	4	28	9480	36891
1996	18681	2921	22053	91	18	1978	5	294	10707	47215
1997	11684	2685	13367	120	32	2427	10	365	10803	56899
1998	14771	—	16754	239	119	4779	12	783	19233	67360
1999	16277	—	18781	296	123	5858	15	1015	23300	73167
2000	13371	—	17602	394	—	7388	4	252	25000	88769
2001	—	—	—	—	—	—	10	—	28000	106053
2002	—	—	—	—	—	—	—	—	31000	123558
2003	—	—	—	—	—	—	—	—	34000	146462
2004	—	—	—	—	—	—	—	—	35000	176127
2005	11602	—	—	1146	—	—	—	—	38000	211731

第四节　商贸经营结构

区内商贸经济行业分为商品批发零售业、住宿和餐饮业、制造工业中的批发业务、其他商贸行业4大类，以商品批发零售业为主，其他3项为辅，但在不同时期亦有变化。

“七五”计划时期，批发零售业务在整个商贸经济中占绝对优势。“七五”起年、终年批发零售额分别为2.19亿元、3.11亿元，占全县商品销售总额的81.6%～84.5%；住宿餐饮业起年、终年销售额为831万元、1473万元，占全县销售总额的3.2%～3.9%；制造业商品批发量起年、终年为1416万元、2131万元，占5.4%～5.9%的比重；其他行业为2044万元、3390万元，占6.2%～8.9%的比重。“八五”计划时期处于计划经济向市场经济的转型期，县（市）内商贸经营结构发生一定变化。“八五”起年、终年批发零售业务量为26991万元、52921万元，占全县（市）销售总额的72.1%～78.2%；住宿餐饮业起、终年营业额为1575万元、3591万元，所占比重为2.4%～6.5%；制造业起、终年批零额为2529万元、4098万元，占6.0%～10.4%的比重；其他行业为3339万元、7129万元，占9.7%～17.0%的比重。

“九五”计划时期，市场全面放开，批发零售行业、住宿餐饮业比重小幅走高，制造业、其他行业比重小幅走低，但各行业经营量却大幅度上升。批发零售额起、终年为58494万元、90834万元，占78.2%～81.0%的比重；住宿餐饮业营业额起、终年为4436万元、7692万元，占5.9%～7.4%的比重；制造业批零量起、终年为4409万元、4203万元，占3.7%～5.8%的比重；其他行业营业量起、终年为7507万元、9454万元，占8.4%～10.1%的比重。

“十五”计划时期，国有商贸经济和供销合作经济基本退出商品批零业务，住宿餐饮业不断发展，商贸经营结构发生显著变化。批发零售业起、终年业务量为11.11亿元、18.79亿元，占82.7%～84.8%的比重；住宿餐饮业营业额起、终年为1.90亿元、3.47亿元，占14.5%～16.4%的比重；其他行业营业量起、终年为1409万元、1639万元，占0.7%～1.0%的微弱比重。

资阳市雁江区1986—2005年商贸经济结构变动情况表

表7－5　　单位：万元

项目 年度	社会商品零售总额	其中				经济成分结构（%）			
		国有商业	集体商业	个私商业	其他商业	国有	集体	个私	其他
1986	26177	14534	5809	5834	—	55.5	22.2	22.3	—
1987	29641	15423	8887	5331	—	52.0	30.0	18.0	—
1988	37083	13428	17370	6285	—	36.2	46.8	20.0	—
1989	40102	13676	13889	9436	3101	34.1	34.6	23.5	7.8
1990	31573	9001	9866	10224	2482	28.5	31.2	32.4	7.9
1991	34500	9232	10235	12230	2803	26.8	29.7	35.4	8.1
1992	42962	15091	9894	14741	3236	35.1	23.0	34.3	7.6
1993	49404	18391	12952	14519	3542	37.2	26.2	29.4	7.2
1994	58309	15300	11852	25782	5374	26.2	20.3	44.2	9.3

续表

年度＼项目	社会商品零售总额	其中				经济成分结构（%）			
		国有商业	集体商业	个私商业	其他商业	国有	集体	个私	其他
1995	67739	19402	11419	29547	7344	28.6	16.9	43.6	10.9
1996	74846	15945	11686	38683	8532	21.3	15.6	51.7	11.4
1997	83418	15801	10718	48039	8860	18.9	12.8	57.6	10.7
1998	91759	13637	10762	58596	8764	14.9	11.7	63.9	9.5
1999	101200	17330	10703	63781	9386	17.1	10.6	63.0	9.3
2000	112183	12334	11080	79318	9451	11.0	9.9	70.7	8.4
2001	131489	14834	10602	104959	1094	11.3	8.1	79.8	0.8
2002	146575	13112	9906	122394	1164	8.9	6.8	83.5	0.8
2003	164741	9368	8911	119949	26513	5.7	5.4	72.8	16.1
2004	195250	8502	10621	134546	41581	4.4	5.4	68.9	21.3
2005	224147	3806	8612	154294	57437	1.6	3.8	68.8	25.8

注：集体商业含供销合作、农村集体合作商业、商业系统集体商业；其他商业含股份制、台港投资商业

资阳市雁江区 1986—2005 商贸经营结构变动情况表

表 7－6　　　　单位：万元

年度＼项目	商品销售总额	其中				行业经营结构（%）			
		批发零售业	住宿餐饮业	制造业	其他行业	批零	餐饮	制造	其他
1986	26177	21886	831	1416	2044	83.6	3.2	5.4	7.7
1987	29641	24345	1119	1659	2518	82.1	3.8	5.6	8.5
1988	37083	31026	1257	2211	2589	83.7	3.4	5.9	7.0
1989	40102	33869	1353	2396	2484	84.5	3.4	5.9	6.2
1990	38078	31084	1473	2131	3390	81.6	3.9	5.6	8.9
1991	34500	26991	1575	2595	3339	78.2	4.6	7.5	9.7
1992	42962	30985	1967	2704	7306	72.1	4.6	6.3	17.0
1993	49404	37755	1178	5144	5327	76.4	2.4	10.4	10.8
1994	58309	42858	3806	4722	6923	73.5	6.5	8.1	11.9
1995	67739	52921	3591	4098	7129	78.1	5.3	6.0	10.6
1996	74846	58494	4436	4409	7507	78.2	5.9	5.8	10.1
1997	83418	66664	5234	3454	8066	79.9	6.3	4.1	9.2
1998	91759	72971	6304	3842	8642	79.5	6.9	4.2	9.4
1999	101200	80470	7445	4183	9102	79.5	7.4	4.1	9.0
2000	112183	90834	7692	4203	9454	81.0	6.9	3.7	8.4
2001	131489	111068	19012	—	1409	84.5	14.5	—	1.0
2002	146575	124286	20792	—	1498	84.8	14.2	—	1.0

续表

项目 年度	商品销售总额	其　中				行业经营结构（%）			
		批发零售业	住宿餐饮业	制造业	其他行业	批零	餐饮	制造	其他
2003	164741	136263	26940	—	1538	82.7	16.4	—	0.9
2004	195250	162431	31005	—	1814	83.2	15.9	—	0.9
2005	224147	187858	34650	—	1639	83.8	15.5	—	0.7

第二章　商贸企业与网点

第一节　商贸企业

区内商贸企业包括国有、集体和民营商贸企业。国有、集体商贸企业按系统分为商业、粮食、供销商贸企业。

一、国有、集体商贸企业

（一）商业系统

1986年，县商业局下属10个国有商贸企业和7个集体商贸企业。至2005年留存国有商贸企业1个，集体商贸企业5个。

1. 国有商贸企业

百货公司　位于资阳市和平路中段，1985年有百货零售大楼1栋，下设3个批发部、108个柜组，主要经营针纺织品、大小百货、鞋类、文化办公用品、家用电器、五金交电、糖、盐、烟、酒、副食等3万多种商品，固定资产380万元。1986—1995年年购进货物总额5000万～6000万元，年销售总额6000万～7000万元，年利税85万～105万元。1992年投资1200万元新建南门商场。1994年公司经营出现亏损，1995年固定资产为1850万元，2003年已资不抵债，2004年4月依法破产。

饮食服务公司　位于资阳市和平路中段，主要经营场所包括资阳宾馆、资阳饭店、公司餐厅等70多处，经营业务以餐饮、住宿、理发、照相等为主，兼营其他。1986年在职员工193人、离退休人员326人，固定资产126万元，年创利润120万元。1987年投资兴建资阳宾馆，建筑面积9840平方米，1991年被内江市旅游局定为涉外饭店。1995年公司实行目标管理，内部实行租赁承包。至2005年，公司固定资产增至273万元。

五交化公司　位于资阳市和平路北段，主要经营五金、家电、化工、日用百货、金属建材、劳保用品等，经营场地主要有商贸大厦和批发仓库，内设经营部、批发部。1994年4月改制为国有控股的有限责任公司。同年6月与431厂（资阳内燃机车厂）合作成立中泰实业（集团）有限责任公司。1998年改制为民营企业。

工矿公司 成立于20世纪60年代。租赁县内大型厂矿场地营业，下属刘家湾、侯家坪、二车队、钢管厂、松树坪等9个经营部和仓库批发部，主要经营五金交电、百货、副食、针纺织品、化工建材及餐饮。1990年设立城西商店。1993年公司有固定资产40万元，在职职工210人，年营业额1100万元。1996年固定资产减至4万元，有职工120人，年营业额300万元。2003年12月完成改制。

蔬菜水产副食品公司 主要经营蔬菜、鱼类水产品、糖、酒等副食品。1988年有在职职工122人、退休职工25人，固定资产93万元，当年营业收入311万元。1992年国家取消菜农粮食补贴，菜农生产的蔬菜不再交售该公司，公司只经营副食、百货。2003年12月以承债转让形式（转让金550万元）改制为新丰蔬菜贸易有限公司，安置在职职工106名、退休职工68名。

糖酒公司 主要经营糖、酒、烟、副食品批发零售业务。1986年有在职职工75人，退休职工23人。1987年实行承包经营，1995年实行目标管理，内部实行租赁承包经营，公司靠收取门市租金维持。2004年7月以承债转让式完成企业改制。

燃气总公司 前身为县煤建公司，主要经营燃煤，下设蜂窝煤厂、9个煤站、34个煤销售点，兼营建材、副食。1990年兼营石油液化气。1995年撤销蜂窝煤厂，改营天然气。1996年更名为燃气总公司。

友谊公司 前身为资阳县商业局劳动服务公司。1996年12月成立时有从业人员28名，1988年8月县五交化公司承包该公司。1990年12月改建为友谊公司，经营副食、百货、建材、石油产品、五交化产品，注册资金20万元。2004年5月解体，安置在职职工20名、退休职工24名。

食品公司 主营生猪收购、外调、屠宰加工，下属9个食品站、168个门市部和1个肉联厂。1986年有在职职工470名。1988年9月移交县畜牧食品局。1998年6月破产。

石油支公司 属县商业局代管企业，主要经营煤，汽、柴油，润滑油，年销售总额1.07亿元。2002年移交四川省石油公司直管。2005年营业额上升至5.33亿元。

2. 集体商贸企业

百货总店 下设5个经营门市部，主要开展日用百货，棉、化纺织品和服装鞋帽等零售业务。1986年总资产11.40万元，自有产权营业用房115平方米，有在职职工29人、退休职工8人，年营业额60万元。1991年以后营业额大幅下挫，连年亏损。1996年起推行个人承包门市经营，至2005年靠收取租金维持。

第二糖酒公司 前身为糖酒经营部，1992年1月更名为第二糖酒公司。下辖4个综合经营站和4个门市部，营业面积400平方米，总资产300万元。主要经营糖、酒、副食，兼营五交化、百货、服装、针纺织品。1992年营业额95万元，此后逐年下降。1994年起实行门市租赁经营，年收取租金23万元。

燃气城区营业部 归口燃气（煤建）公司管理，主营炉具，代销煤建公司蜂窝煤。1996年煤建公司转营燃气后营业部运转艰难，处于半瘫痪状态，于1998年4月解体。

蔬菜水产副食品综合商店 1986年由蔬菜一店、二店、蔬菜新集体合并组建而成，归口蔬菜水产副食品公司管理。1992年后运转艰难，虽调整经营方向，但因设施简陋、资金短缺而长期处于半歇业状态，于1997年6月解体。

饮食服务总店 归口饮食服务公司管理，下辖工农兵旅馆、中城街旅馆和18间门店，主要经营住宿、餐饮、理发、修理等业务。1986年有在职职工90名、固定资产16.3万元，年营业额20万元。1990年实行内部责任承包和租赁承包，年收承包费26万元、租金11万元。

百货商店 归口百货公司管理，下辖经营门店8个，自有产权营业面积850平方米，主营日用百货、棉花纺织品、服装鞋帽、文体用品，兼营副食调味品。1986年有职工34人、总资产26万元。至1992年年均营业额60万~80万元，以后连年亏损。1996年起实行承包、租赁经营。2004年所有商业门店对外出租，年收租金12万元。

五交化商店 归口五交化公司管理，有门市12个、营业面积310平方米，固定资产23万元。主营五交化产品、金属建材、机电，兼营日用百货、劳保用品批发零售，年营业额160万元。1992年后实行内部租赁承包。2001年门店全部对外出租，年收租金11万元。

（二）粮食系统

粮食系统先后存续的粮油商贸企业主要有城关、临江、丰裕、祥符、丹山 、中和、保和、伍隍、小院、南津10个粮油食品站和粮油贸易公司。

粮油食品站 成立于建国初，原名粮油管理站，1985年3月更名为粮油食品站。1998年11月，各站将经营性业务剥离。2003年3月，临江粮油食品站被注销。2004年12月粮油食品经营站均破产。次年6月，各粮油食品站被撤销。

粮油贸易公司 前身为县议购议销公司，是县粮食局议购议销股外挂牌子，无固定资产，不独立核算。1986年盈利56万元，1990年开始亏损，1991年亏损22万元。1994年粮食局撤销议购议销股，组建县粮油贸易公司，实行独立核算。同年公司承包粮食局雁城大酒店。2001年2月粮食系统改革，粮油贸易公司并入雁城大酒店，在职57人分流到各粮油购销企业。

（三）供销系统

1. 直属公司

农业生产资料公司 负责农业生产资料组织、调运、储存和供应。主营碳铵、磷肥、尿素、复合肥、混配肥、农药、农膜、农机具等商品。1987年运销公司并入，时有职工169人，1995年增至264人。20世纪90年代随着农资市场的全面放开，公司连年亏损。1999年11月宣告破产，分流职工216人。

土产公司 集农副产品生产扶持、收购、加工、销售于一体。主营黄红麻、海椒、棉花及小宗农产品。1989年企业效益创历史新高，利润达190万元。1990年果品公司并入，改为棉麻土产果品公司，时有职工229人。1993年以后连年亏损。21世纪初将所有门店出租，以收年租金维持企业运转。2005年有职工52人。

日杂公司 主要经营草席、竹编、烟花爆竹、家用电器、日用化工百货、服装用品等。1989年所属巴蜀花生厂分离单设（1991年并入食品罐头厂），1992年将废旧收购业务分离，单设废旧物资回收利用公司。先后投资400多万元建成人民商场和老君、保和、小院、祥符、丰裕5个人民商场分场，实行“五统一”连锁经营。1995年经营人员达到343人。此后因市场变化，连锁“断链”，公司效益日渐下降。2000年商场、门店全部对外出租。至2005年大部分职工下岗，留守75人。

综合贸易公司 主要经营药品、鞋业，下设药品、鞋业批发部。1986年两部升格为分公司，时有职工39人。至1996年经营效益稳定。同年综合贸易公司整体划归市医药管理局，划出时有职工125人。

果品公司 主要业务为水果生产扶持、收购、外调、内销。1986年有职工41人。1990年与土产公司合并组建棉麻土产果品公司。

农产品公司 主营农副产品收购、销售。1986年有职工216人。2005年公司继续保留，人员减至101人。

2. 基层供销社

临江社 成立于1992年，内设9个组。2000年人员减至38人，内设2个组。1996年为最高社员股金年，股金达1389万元。2004年歇业，2人留守。1985—2003年间9年盈利、10年亏损，盈利88.04万元、亏损215.74万元。歇业时有固定资产22万元、自有资金110万元。2002年商品流通费用率51.61%。

保和社 1986年有职工239人，内设9个组。2000年人员减至41人，内设2个组。1997年为社员股金最高年，达779.14万元。2004年歇业，5人留守。1985—2003年间13年盈利、6年亏损，盈利142.02万元、亏损206.38万元。歇业时有固定资产162万元、自有资金314万元。2002年商品流通费用率211.11%。

中和社 1986年有职工167人，内设9个组。2000年减至68人，内设2个组。1996年为社员股金最高年，达348.93万元。2003年歇业，3人留守。1985—2002年间11年盈利、7年亏损，盈利67.92万元、亏损133.87万元。歇业时固定资产46万元、自有资金238万元。2000年商品流通费用率1233.33%。

丹山社 1986年有职工271人，内设9个组。2000年减至137人，内设2个组。1996年为社员股金最高年，达358.11万元。2004年歇业，5人留守。1985—2003年间12年盈利、7年亏损，盈利142.80万元、亏损289.40万元。歇业时有固定资产22万元、自有资金252万元。2001年商品流通费用率95.52%。

小院社 1986年有职工179人，内设9个组。2000年减至74人，内设2个组。1997年为社员股金最高年，达559.18万元。2004年歇业，5人留守。1985—2003年间13年盈利、6年亏损，盈利211.46万元、亏损186.26万元。为全区供销系统经济效益较好的社，歇业时有固定资产69万元、自有资金260万元。2001年商品流通费用率387.5%。

伍隍社 1986年有职工201人，内设9个组。2000年减至113人，内设行政、账会组。1997年为社员股金最高年，达582.18万元。1985—2005年间17年盈利、4年亏损，盈利142.86万元、亏损106.91万元。为全区供销系统经济效益最好社，2005年有职工75人、固定资产177万元、自有资金308万元，商品流通费用率21.21%。

南津社 1986年有职工205人，内设9个组。2000年减至73人，内设2个组。1998年为社员股金最高年，达543.34万元。2004年歇业，尚留24人。1985—2003年间10年盈利、9年亏损，盈利54.19万元、亏损346.55万元。歇业时有固定资产23万元、自有资金205万元。2000年商品流通费用率4050.0%。

丰裕社 1986年有职工224人，内设9个组。2000年减至140人，内设2个组。1999年为社员股金最高年，达155.74万元。2004年歇业，4人留守。1985—2003年间8年盈利、11年亏损，盈利54.48万元、亏损245.14万元。歇业时有固定资产144万元、自有资金246万元。2001年商品流通费用率-50.0%。

祥符社 1986年有职工173人，内设9个组。2000年减至55人，内设2个组。1997年为社员股金最高年，达374.11万元。2004年歇业，3人留守。1985—2003年间12年盈利、7年亏损，盈利25.63万元、亏损461.61万元。为全区供销系统经济效益最差社，歇业时有固定资产47万元、自有资金130万元。1999年商品流通费用率102.52%。

二、民营商贸企业

飞龙电器公司 前身为1993年8月成立的飞龙家电部，1997年7月改作资阳市飞龙电器有限责任公司。公司下辖飞龙电器精品商城、人民店、数码通讯广场、电脑城4个卖场和家电售后服务中心、手机售后服务中心、电脑售后服务中心、物流配送中心，经营用房面积3万平方米；下设120个经销网点分布全区各乡镇。主要经营家用电器、移动通讯商品。2005年有固定资产6000万元、从业人员300人（其中技术人才100人），有销售、服务车辆30辆，当年实现销售收入4268万元。

长城公司 长城物资有限责任公司成立于1999年9月，下辖蓝海机械公司、长城超市、长城购物中心和11个连锁经营店，主营建材、日用百货、副食、文体用品等，经销商品1.5万种。2005年有员工1100人，营业额1.5亿元，其中长城超市零售额7336万元。

好人家公司 好人家商贸有限责任公司成立于2002年12月。2005年有好人家超市和11个连锁直销店，营业用房面积9000平方米，有员工300人，主营百货、副食、服装、文体用品等，经销商品1.5万种，营业额5000万元，其中好人家超市911万元。当年被商业部确定为"万村千乡"市场工程试点企业，新增加盟店6个。

百盛公司 资阳市百盛五交化有限公司成立于2003年5月，有员工200余人，主要经营空调、冰箱、洗衣机、彩色电视机、影碟机、音响、电脑、数码相机等家用电器和小五金、小家电及厨卫商品共200余种。2003年营业额600万元，2005年上升至1000万元。

四海集团 四海集团于2003年9月成立，下属食品生产销售、机械制造、房地产开发、生物科技等12家子公司，员工8000余人。年加工生猪230万头，猪肉出口量占全省出口总量的15%，生产的"蜀娇"牌冻猪分割肉荣获"中国名牌"产品称号。2005年销售收入20亿元人民币，出口创汇1286万美元，被列为省"百亿工程"重点企业、中国民营经济500强。

永鑫公司 四川永鑫肉类食品有限公司成立于2004年，主营生猪养殖、收购、屠宰、加工、冷藏、销售及副食品加工。公司有千头养猪场8个、肉联厂1个，设计年屠宰能力60万头，冷冻库容5000吨。公司总占地4公顷，有员工200人。2005年实现产值2.5亿元，创利税550万元。

国盛公司 资阳市国盛农牧有限公司成立于1994年8月，位于保和镇文秀村。公司集生猪繁育、养殖、屠宰加工，鱼、土鸡养殖，蔬菜、花卉种植销售于一体，规划占地面积100公顷，建筑面积1.58万平方米。在松涛镇歇马村建有生猪屠宰加工厂，年生猪屠宰量10万头。

世鑫公司 资阳市世鑫食品有限公司成立于2004年，主营生猪养殖、收购、屠宰、加工、冷藏、销售业务，有员工88人，建有500头生猪养殖场3个，资产总额889万元。2005年实现产值6680万元、销售收入6168万元，创利税128万元。

区内规模较大的民营商贸企业还有鑫旺、达源、众旺、丰裕、腾达5个粮油（米业）有限公司，从事汽车经营的光华汽贸、华凌车业、迪卡车业、通利达汽贸4个有限公司，经营日用百货、家电、服装等多种商品的丽姿超市、佳家超市、绿康实业等企业，从事餐饮、住宿业的金迪大酒店、银都、晨风、蜀亨、新世纪、红高粱、阳光假日、博雅、新华宾馆等企业。

第二节 商贸网点

1986年，县内已形成以县城为中心，辐射各乡（镇）、村、多种经济成分并存的商贸网络，共有商贸经营机构、网点9397个。其中国有商贸批发机构176个、集体商贸批发机构72个，国有零售机构196个、集体零售机构1181个、个体7142个；从业人员20119人，其中国有经济3438人、集体经济5063人、个体经济11618人。1992年为计划经济向市场经济过渡时期，国控商品实行"双轨制"，国有商贸机构、网点稳定发展，个体商贸网点则不断减少。当年国有商贸机构有174个，商贸零售网点比1986年增加35个；集体商贸批发机构增加到140个，零售网点1891个，增长60.1%；个体零售网点下降到4163个，下降41.7%。1993年，商贸市场和商品价格全面放开。为应对市场变化，国有、集体商贸经济增加商品批发机构，收缩零售网点。“八五”末国有商贸经济批发机构增加到334个，零售网点收缩到63个，比“八五”初年分别增长98.8%、下降70.3%；集体商贸经济批发机构增加到593个，零售网点收缩到353个，比“八五”初年分别增长359.7%、下降81.2%。个体私营经济在国有、集体商贸经济收缩零售网点时不断发展。“八五”末个体商贸网点9623个，从业人员11177人；私营商贸经济32户，从业人员321人。“九五”“十五”计划期间，国有、集体商贸经济逐渐衰退，个私民营商贸经济大发展，商贸网点总量保持相对稳定。“九五”期末，商业系统国有商贸企业除饮食服务公司外全部退出；商业系统7个集体商贸企业中有2个退出，5个以门市租金维持生存；供销系统9个直属公司（厂、队）中有6个退出，3个以门市租金维持运转。个体私营批发机构、商贸网点扩大到11188个，从业人员17427人，比“八五”末分别增长15.9%和51.6%，其中民营经济发展很快，机构和从业人员分别增471.9%和724.0%。“十五”末，粮油系统国有购销企业全部退出，供销系统9个基层供销社退出7个，只有伍隍社、南津社、农产品公司和集体合作商的12个商贸机构继续经营。

资阳市雁江区1986—2000年商贸网点变化情况表

表7-7　　单位：个、人

项目＼年度	商业机构合计	从业人员合计	国有经济			集体经济			个体经济		私(民)营经济	
			批发机构	零售机构	从业人员	批发机构	零售机构	从业人员	经营机构	从业人员	经营机构	从业人员
1986	9397	20119	176	196	3438	72	1181	5063	7142	11618	—	—
1987	9019	18477	181	207	3319	78	1874	5179	6679	9979	—	—
1988	10199	19848	157	210	3352	128	1797	5222	7907	11274	—	—
1989	8939	16401	157	210	3495	118	1848	5247	6606	7659	—	—
1990	9877	17627	168	212	3607	129	1878	5337	7490	8683	—	—
1991	11432	22590	175	223	3886	180	1880	5416	8974	10288	—	—
1992	6600	14310	174	231	3867	140	1891	5709	4163	4734	—	—
1993	7894	14380	362	88	3340	762	621	4327	6061	6711	—	—
1994	8699	15427	325	76	3630	630	429	3671	7235	8115	4	11
1995	11028	18998	334	63	3791	593	353	3333	9623	11177	32	321
1996	—	—	—	—	—	—	—	—	15748	18454	43	1168
1997	—	—	—	—	—	—	—	—	8706	9814	62	1446
1998	—	—	—	—	—	—	—	—	11401	12766	105	2050
1999	—	—	—	—	—	—	—	—	12708	14527	130	1982
2000	—	—	—	—	—	—	—	—	10925	14782	183	2645

第三章 商品购销

第一节 粮 油

新中国成立初期至1992年，县内粮食、油料由国有粮油商贸企业按国家计划购销。之后国家逐步放开粮油市场，其他国有、集体、个私商贸企业和个体户参与粮油购销。本节主要记录国有粮油企业购销情况。

一、粮食收购

1985年前，国家实行农业税粮食据实征购制、粮食统购统销制。农村集体组织每年必须按平价完成农业税粮食征购任务，再根据计划下达的粮食统购任务按平价交售任务内“余粮”，最后才进入家庭户分配程序。当年，国家取消粮食统购，实行合同订购统销、议购议销的“双轨”制政策，定购任务完成后的粮食可以自由上市。全年粮食合同订购量43180吨，实际履约收购43032吨，占上级下达任务50000吨的83.1%。1986年，政府强调“粮食合同订购既是经济合同，又是国家任务，必须保证完成”，年底全县粮食收购量增加到63400吨。次年起，实行粮食收购“三挂钩”（预购资金、奖售化肥、柴油挂钩）政策，农民每交售50公斤黄谷奖售标准化肥10公斤，发给预购定金10元，奖售平价柴油1.5公斤。1989年，豌豆、胡豆等放开收购。1990年实行粮款随粮直付，提高了农民交售订购粮的积极性，以大米为主的粮食作物购销两旺。当年资阳县被评为“国家商品粮基地县”。

1993年，国家改粮食购销“双轨制”为“单轨制”，“保留粮食定购数量，价格随行就市”。为防止谷贱伤农和价格暴涨，建立粮食收购保护价制度。省政府规定当年的保护价格为：每50公斤小麦31元、玉米27元、稻谷26元、大米37元，在市场价低于保护价时按保护价收购。当年粮价急剧上涨，价格指数上升27.7%。1994年，恢复粮食定购价格，定购任务外的随行就市。1997年，国家放宽粮食购销政策，敞开收购粮食，国有粮食企业收购量逐年下降。1998年6月6日，国务院颁发《粮食收购条例》，继续按保护价定购粮食。当市场价高于保护价时参照市场价，低于市场价时按保护价收购，并规定除国有粮食企业外其他单位和个人不得收购粮食。市粮食收购企业在收购定购粮的同时挂牌敞开收购农民余粮，不限收、拒收，实行户交户结，粮食收购量不断上升。

2004年，不再实行粮食定购，粮食经营全面市场化。同年，国务院颁发《粮食流通管理条例》，允许符合条件的个体户、企业申办“粮食收购许可证”，至2005年底共办理148户。1986—2005年，区内国有粮食企业共收购各种原粮112.57万吨。

二、油料收购

建国初至1985年，油菜籽、花生等油料作物实行统购统销。1986年取消花生、芝麻等统购，油菜籽实行“计划控制和按比例计价相结合”的收购办法，即取消统购基数，在核定的收购计划内，以40%按统购价、60%按超购价结算付款，超计划外的由农民自行销售。当年全县国有粮食企业共收购油菜籽27000吨、花生3340吨。1988年停止花生收购。1990年按全省统一的综合价收购油菜籽，农民每交售50公斤油菜籽无偿返枯11公斤。1992年以后取消油菜籽订购任务。21世纪初油菜籽收购出现经营主体多元化格局，国有粮食企业年收购量不足千吨。2004年仅收购584吨，当年粮食企业完成改制。2005年停止收购。1986—2005年，国有粮食企业共收购油菜籽22.51万吨，占20年总产量48.83万吨的46.1%。其中1986—1992年收购量达16.42万吨，占20年收购总量的72.96%。

三、粮油销售

20世纪80年代至90年代初，城镇人口实行粮油月供制，农村供应粮以生产队为单位安排供应计划，粮油价格高于非农人口供应价。农村实行家庭联产承包责任制后，农民粮食充足，对农供应不复存在。1991年5月起，调高城镇居民供应粮价格。1992年11月，国家取消统销制度，口粮随行就市购买，价格放开，供应放开，持续多年的粮食统销制度和销售价低于收购价的“补倒差”制度成为历史。1986—1992年，国有粮食企业共销售供应粮食35.18万吨，年均50257吨。1992年以后，订购、议购的粮食一部分交国有粮库贮存，一部分外调销售，一部分由各国有粮油经营站销售。1993—2005年共销售供应贸易粮58.54万吨，年均45031吨。

资阳市雁江区1986—2005年国有粮食企业粮油购销情况表

表7-8 单位：吨

项目 年度	粮食收购（原粮）	比上年±%	粮食销售（贸易粮）	比上年±%	其中		油料收购		
					农村	城镇	油菜籽	±%	花生
1986	63400	2.5	52100	0.8	27400	24700	27000	1.7	3340
1987	60500	-4.6	53800	3.3	29000	24800	25400	-5.9	160
1988	66400	9.8	56700	5.4	28400	28300	24000	-5.5	—
1989	72400	9.0	43500	-23.3	23700	19800	20000	-16.7	—
1990	60900	-15.9	54700	25.7	19900	34800	23700	18.5	—
1991	72700	19.4	49800	-9.0	23300	26500	25400	7.2	—
1992	78000	7.3	41200	-17.3	23800	17400	18700	-26.4	—
1993	71700	-8.1	61500	49.3	32600	28900	6000	-67.9	—
1994	61900	-13.7	41400	-32.7	20300	21100	9100	51.7	—
1995	74900	21.0	44300	7.0	16500	27800	13000	42.9	—
1996	59700	-20.3	44200	-0.2	18900	25300	13200	15.4	—
1997	67800	13.6	33700	-23.8	14300	19400	10800	-18.2	—
1998	46700	-31.1	30800	-8.6	13200	17600	9400	-13.0	—
1999	53600	14.8	40500	31.5	19600	20900	8000	-12.1	—
2000	61800	15.3	68500	69.1	25800	42700	4290	-46.4	—
2001	37700	-39.0	43000	-37.2	15600	27400	4040	-5.8	—
2002	41500	10.1	39200	-8.8	16500	22700	8050	99.3	—
2003	25800	-37.8	56200	43.4	18600	37600	4400	-45.3	—
2004	19100	-26.0	44800	-20.3	7500	37300	584	-86.7	—
2005	29200	52.9	37280	-16.8	0	37280	0	—	—

第二节 农副产品和废旧物资

一、农副产品

区内农副产品主要有粮食、油菜籽、花生果、桐子、棉花、肥猪、牛、羊、小家禽、水产品、干鲜菜、蜂糖、禽蛋、水果、黄（红）麻、烤烟、甘蔗、药材等。1992年前不同种类的农副产品由不同的国有、集体商贸企业收购的销售。粮食、油菜、花生、桐子由国有粮食企业购进、调出和销售，肥猪、牛、羊由国有食品公司（1988年9月由商业局移交畜牧食品局）收购、调出、销售，水产品、蔬菜由商业局属蔬菜水产副食品公司购销，棉花、蜂糖、禽蛋、水果、黄麻、烤烟、甘蔗、药材等农副产品由供销社购进、调出、销售。

供销社直属土产、果品公司自20世纪70年代开始负责农副产品生产扶持、组织购销。土产公司帮助组织资金，派员指导小院、伍隍、南津、丰裕片区发展红（黄）麻，在丹山、保和、临江、中和片区发展海椒，在保和、临江片区发展柑橘，并将水果产业推及到全县，使水果生产成为农业的一大产业。1990年3月，土产、果品公司合并后，投资30多万元在临江、保和、祥符片区发展棉花生产，种植面积473公顷，亩产皮棉40公斤，总产284吨；1995年种植面积增加到2005公顷，总产1203吨；1996年达到历史最高，种植2480公顷，总产1562吨。1986年水果产量7028吨，1990年增加到21085吨，1995年再增加到25000吨，2005年达到历史最高的87715吨，其中柑橘类80749吨。

供销社在扶持生产的同时大力组织收购和调出。20世纪八九十年代，辖区农副产品十分丰富，为解决销售难问题，对大宗农副产品实行统一的保护价收购，对已退出政策性指导的季节产品实行市场价收购。各基层供销社、分社均设有收购点，定点收购柑橘、海椒、棉花等农副产品，上门收购蜂糖、油菜籽、粮食。1986年总收购量11695吨，其中烤烟1358吨、黄红麻8784吨、柑橘1342吨、蜂糖211吨；调出2500吨，其中烤烟360吨、黄红麻2140吨；内销9195吨。此后农副产品购销市场逐步放开，供销系统收购量减少。1990年大宗农副产品收购量下降为7905吨，调出586吨，内销7319吨。90年代将购销重点放在棉花、黄红麻及水果等方面。1992年收购棉花1677吨，调出1341吨。21世纪初，农副产品购销市场全面放开，供销系统收购量大幅度减少。2003年，临江、伍隍供销社和大部分直属公司停止收购。2005年仅有南津供销社继续收购，收购额302万元，其他基层社、直属公司全部停止收购。除上述农副产品外，供销系统还参与粮食、花生、油菜、肥猪等购销业务，至21世纪初基本停止。1986—2005年，供销系统共出资25397万元用于农副产品收购。

二、废旧物资

废旧物资由供销系统负责收购。1991年以前由土产、日杂公司主营，1992年后由废旧物资公司负责收购。公司在各基层供销社设立收购站、收购网点777个，其中供销社收购门市77个、代购点700个。回收的品种包括有色金属类、黑色金属类、塑料类、骨类、纸类、布麻类、玻璃类等12大类共700余个品种。1986—1995年全系统收购总值处于上升趋势。1986年收购总值99.3万元；1995上升至547.0万元，是1986年的5.5倍。1995年后收购市场全面放开，个体私营经济参与废旧物资收购，供销系统收购量有所下降。1998年收购量又开始回升，1999年达725万元。至2000年全系统共出资5885.6万元用于废旧物资收购。2001年，供销社改制，停止收购。回收的废旧物资除少部分作为辖区工业企业原料外，大部分调往外地，年调出量在18万吨左右。

第三节 农业生产资料

一、化肥、农药、农膜

农业生产资料包括碳铵、磷肥、尿素、复合肥、混配肥等化学肥料和农药、农膜、农机具等。除部分农机具由农机局农机公司购进销售外，农业生产资料在计划经济时期和市场经济转轨时期由供销系统农资公司、农产品公司和基层供销社主营。1986年供销系统购进化肥8.93万吨、农药2937吨，销售10.21万吨，其中化肥9.91万吨、农药3027吨，销售总额2700万元。1991年农业生产资料购销出现高峰，购进化肥18.42万吨、农药4002吨，销售化肥19.38万吨、农药3950吨，销售额5104万元。1992年农膜放开经营，农业局植保站、土肥站、农技推广站介入农药经营，化肥仍由供销系统专营。1993年农资销售额下降为4017万元，1996年回升至6609万元。化肥专营持续至1996年停止，次年放开经营。

在供销系统农资主渠道经营期间，形成了以农资公司牵头、各基层供销社经营的销售网络。各基层供销社有农资销售网点436个，其中农资销售门市120个、庄稼医院53个、村级综合服务站263个。庄稼医院、村级服务站销售人员又是指导农民配方施肥、科学种田的技术人员，每年均开展“送化肥、农药、农膜下乡”活动，年均送化肥6万吨，为农作物病虫害处方2万份，举办科技讲座3期，科普巡回宣传4~5次。1994年2月，组建农资公司为主体、基层社为经营单位（分公司）的农资集团公司。公司实行“一个口子进货，多个口子售出”的统一计划、统一进货、统一价格、统一调运、分级销售模式。针对农资市场混乱、坑农害农现象，为确保主渠道经营职能，1995—1997年，供销社会同公安、工商、质监等部门开展农资市场专项整顿，取得阶段性成效。农资集团公司成立不久便接受市场挑战，多种矛盾逐渐显现。首先是“产”大于“销”。市内氮肥厂、磷肥厂年产氮肥7万吨、磷肥3万吨，集团公司于1995年1月投资170万元建成的复合肥厂年产2万吨，加上丰裕镇肥料厂产品均纳入农资集团公司统销，而市内年氮肥销售量仅5万吨、磷肥仅2万吨，产销矛盾突出。其次是“三角债”现象突出。个别公司（基层社）各自为政，农资积压严重，销售资金不及时回笼，形成分公司欠总公司，总公司欠肥料厂的恶性循环。

1997年，农资市场全面放开，不再由供销社专营，市场竞争激烈。同期，新办的复合肥厂因经营不善倒闭，集团公司举步维艰，于1998年4月与各分公司剥离，1999年11月依法破产。破产当年，供销系统农资购销大滑坡，全年购进总额2268万元，销售总额3362万元，仅为1995年的二分之一。其中碳铵销量31727吨、磷肥19430吨、尿素5419吨、农药1140吨，分别比1995年下降40.1%、42.9%、17.6%、77.9%。2001年销售额降至3191万元。2004年农资销售额再度下降为1584万元，仅占全区农资销售总额的21.1%。

农资公司破产以后，农资市场基本为个体私营经济所占领，其中不乏囤积居奇、哄抬农资价格、购售假冒伪劣农资的不法商贩，一度造成农资市场混乱。2002年2月，区供销社组建控股的资阳宏源农业生产资料有限公司，主营化肥、农膜、农药、种子、农机具等农资产品和化工、建材、交电、饲料、日用杂品等。当年，原农资公司下岗职工与伍隍、南津两基层社和农产品公司组成35个销售网点，各网点均实行自主经营、自负盈亏，独立承担责任的包干经营模式。2005年，销售网点增至

110 个，销售碳铵 44010 吨、磷肥 69945 吨、尿素 7695 吨、农药 1000 吨，销售总额 6151 万元，回到 90 年代中期的最高水平。

资阳市雁江区供销系统 1986—2005 年化肥、农药销售情况统计表

表 7-9

单位：万元、吨

项目 年度	销售额			碳铵售量		磷肥售量		尿素售量		农 药	
	合计	公司	基层社	公司	基层社	公司	基层社	公司	基层社	公司	基层社
1986	2700	83	2617	—	36587	—	54063	6390	8471	678	2349
1987	2546	96	2450	31367	31071	—	54324	7621	7039	137	6588
1988	3168	167	3001	1180	32150	165	45291	1679	6028	160	2704
1989	4176	215	3961	—	44530	—	51991	3382	6889	403	2480
1990	4517	158	4359	—	48157	—	40660	3032	8823	457	2243
1991	5104	216	4888	57618	64427	—	52382	10585	8822	2088	1862
1992	4531	646	3885	3546	54965	3761	33623	1766	7581	506	1431
1993	4017	897	3120	—	41968	—	24037	6018	6243	1727	1814
1994	4240	1242	2998	—	28587	—	15101	—	9063	—	4829
1995	6609	1434	5175	—	52941	—	34029	—	6571	—	5160
1996	5776	1250	4526	—	40030	—	22617	—	7395	—	1980
1997	4914	902	4012	—	34512	—	17709	—	8445	—	3710
1998	4132	524	3608	—	40583	—	20148	—	6154	—	
1999	3362	367	2995	—	31727	—	19430	—	5419	—	1140
2000	4000	1092	2908	—	36255	—	20083	—	3999	—	1816
2001	3191	242	2949	—	—	—	—	—	—	—	—
2002	2740	284	2456	—	27711	—	18967	—	3916	—	518
2003	2540	103	2437	512	25804	398	16699	122	3543	198	2002
2004	1584	51	1533	198	20070	988	9420	299	2434	149	931
2005	6151	191	5960	700	43310	62840	7105	5085	2610	240	760

二、农业机具

农业机具主要批发企业为农业机械供应公司，零售企业为农机局所属各区（乡镇）农机站和供销社直属农资公司及各基层供销社农资门市、庄稼医院、农资销售部分网点。计划经济时期，农业机具产品产销分离，县内生产企业按国家计划生产、调拨，县农机局农业机械供应公司按计划供应。1986 年农机市场放开，农机公司转换职能，改统分统配为组织销售供应推广。供销社农资公司、基层社农资门市亦改统一批发、销售为自主进货销售。1987 年 9 月，县农机供应公司推行承包经营责任制，承包期 4 年。承包当年商品购进 597 万元；销售 674 万元，比 1986 年翻了一番多。1991 年两项指标增加到 944 万元、930 万元，分别比承包初年增长 58.12% 和 37.98%。1992 年 11 月，县将农机供应公司一分三，成立农机供应公司、农机配件厂、农用汽车厂。农机供应公司成立之初销售额有所下降，1993 年下降到 598 万元，1995 年又回升至 1091 万元。1996 年以后，个体私营经济参与农机市场竞争，农机供应公司在激烈竞争中运转日渐艰难，亏损额度逐年加大，至 1998 年已资不抵债，于1999年3月破产。

供销社农资公司和各基层社农资门市1986—2003年年均农机具销售额5300多万元。1999年、2003年，农资公司和7个基层供销社先后破产、歇业，农机具供应销售仅有农产品公司和伍隍、南津两社继续坚持，2005年农机具销售额1100余万元。此期间，个私农机销售商营业额大幅上升，2005年销售额3000多万元，成为农机具销售的主体。

第四节　日用工业品

一、日用百货

日用百货含针织类百货与文化百货两大类。针织类含棉布、棉纱、化纤、服装等，1986年前部分属计划商品，部分属指导性计划购销商品。此后全面放开，个体私营经济参与经销。1986年商业系统、供销系统工业品百货购进额5993万元，批发零售额6099万元。1990年购进额8434万元，销售额9448万元，分别比1986年增长40.73%、54.91%；1995年购进额14689万元，销售额18676万元，分别比1990年增长74.16%、97.67%。

1995年以后，国有和集体商业在与个私、股份制商业竞争中逐步处于下风。商业系统的百货公司有在职职工291人、离退休职工148人，推行承包制改革后，1986—1995年间经济效益一路看好，年均百货购进额3521万元，年均日用百货销售额3962万元，年均利税90万元。但在1992年兴建资阳南门市场后，再度加重自身包袱。南门市场总投资1200万元，新招工157人，自1994年4月开业以来就长期负债经营，亏损严重。至1997年，百货公司已亏损到无资金进货，日用百货购进总额仅304万元，销售总额仅708万元，分别占1995年两项指标的5.51%和12.36%。至2003年已资不抵债，于2004年4月依法破产。国有商业退出日用百货经营，供销系统亦因社员股金包袱致其资不抵债，2004年除保留两社一公司外，其余基层社、公司在此前全部歇业或破产。2005年日用百货销售额4672万元，仅是高峰年1997年的18.76%。至此，个体私营及其他非公商业经济主导日用百货市场。

二、五金交电化工

五金交电化工市场经营的五金商品有建筑五金、水暖器材、机械配件、消防器材和各类机械工具，交电商品主要有交通电工器材和家用电器两类，化工商品主要有各类化工原料、染料、油漆等。1986年，五交化市场全面放开，除国有商业系统、供销系统五交化公司、总店、门市经营外，全县已有个体私营五交化门市763个，1995年发展到1500余个。1986年五交化商品购进总额3112万元，销售总额3825万元。1995年两项指标上升为9025万元、10902万元，分别比1986年增长190%、185%。

1995年以后，个体私营经济逐步扩大五交化商品经营范围，国有、供销合作商业五金销售市场逐步萎缩。国有五交化公司1994年4月改制为国有控股的有限责任公司，因管理不善出现亏损，于1998年5月改制为民营公司。供销合作五交化销售额一路走低，2000年仅2089万元。21世纪初，飞龙家电等一批民营限额以上企业迅速崛起，至2005年基本控制五交化市场。

资阳市雁江区1986—2005年日用工业品购销情况统计表

表7-10

单位：万元

项目/年度	日用百货				文化百货		五金交电化工	
	商业系统		供销系统					
	购进额	销售额	购进额	销售额	购进额	销售额	购进额	销售额
1986	2169	2382	3824	3717	116	174	3112	3825
1987	2435	2607	4632	4178	148	197	3854	3963
1988	2935	3416	6313	5337	143	200	4002	5962
1989	2886	3910	7131	5797	191	273	4728	6153
1990	2604	4061	5830	5387	170	297	5863	6424
1991	3231	3578	14094	17880	549	578	6858	7023
1992	3539	4070	13910	18628	659	685	6754	7835
1993	3993	4976	11213	16697	677	707	4052	4253
1994	5899	4914	13064	13305	839	860	8763	10035
1995	5516	5727	9173	12949	1309	1332	9025	10902
1996	1179	1785	17683	23023	1467	1387	4849	5142
1997	304	708	15642	24744	1571	1487	3972	4390
1998	1138	1282	17693	19210	1852	1792	2547	2754
1999	1346	1408	8654	9744	2143	2120	2009	2150
2000	1339	1403	7989	11104	2493	2424	1937	2089
2001	1023	1450	8035	10341	2500	3086	1500	3322
2002	965	1525	7023	9687	2324	3472	1650	3570
2003	650	1329	6424	8235	2678	4168	1432	4269
2004	—	—	1050	3263	1080	4036	1563	3156
2005	—	—	950	4672	—	—	1784	4268

注：不含个私、民营经济；1996年后为限额以上商贸企业统计数

第五节　副食品

一、畜禽食品

计划经济时期，畜禽食品供应市场实行统购统销，凭票供应。农村实行家庭联产承包责任制以后，以生猪为龙头的畜牧业迅速发展起来，至1986年畜禽食品已十分丰富，肉食品市场及价格也全面放开，个体私营经济参与肉类食品经营，零售市场逐步被其占领。但县食品公司仍然发挥着肉食品经营主渠道作用，主要从事生猪收购、外调（批发）和内销。1986年收购活猪19.79万头，外调5.54万头，内销14.25万头。1988年开辟分割肉出口渠道，投资77.69万元改造公司肉联厂冷冻库结冻间，建成冻结能力24吨/日的冻库冻结间，完成“三废”治理。次年外调分割肉5414吨，内销肥猪5.67万头。1990年收购活猪16.50万头，外调12.46万头，内销4.04万头，外调猪肉食品实现

历史新高。1991年县食品公司收购肥猪17.36万头，外调降为9.06万头，内销增至8.30万头。此后外调持续下滑，加之食品公司资金短缺，外销亏损，1995年肥猪收购量降为4.84万头，外调4.43万头，内销0.41万头，基本退出内销市场。食品公司运转艰难，亏损严重，资不抵债，于1998年6月依法破产。

随着人民生活水平的提高，畜禽食品销售量不断攀升。2000年销售畜禽肉49036吨，其中猪肉44120吨，牛、羊、兔肉2800吨，鸡、鸭、鹅等禽肉5116吨；销售禽蛋6982吨、牛奶851吨。2005年销售猪肉6.45万吨、牛羊兔肉4783吨、禽肉9463吨、禽蛋1.21万吨，分别比1986年增长148.1%、3820.5%、464.9%、450.0%；牛奶销售1323吨，比1990年增长266.5%。1994—2004年，区内先后成立3家集养殖、收购、屠宰、加工、冷藏、销售于一体的民营股份制企业，共拥有生猪屠宰、销售能力100万头/年，年调往省外白条肉、分割肉等2500吨。

资阳市雁江区1986—2005年畜禽食品销售情况统计表

表7－11　　单位：吨

项目 年度	猪肉			牛羊兔肉		禽肉		禽蛋		牛奶销售
	总产	外销	内销	总产	销售	总产	销售	总产	销售	
1986	31850	2703	23317	647	122	3105	1707	3653	2214	—
1987	31980	1551	24343	740	125	3219	1637	3391	2801	—
1988	34944	76	26151	762	218	3456	1453	3880	2162	—
1989	39650	5414	27388	777	327	3922	1265	5150	2037	—
1990	41695	6230	28372	832	748	4042	2829	5214	3389	361
1991	44218	4530	31750	783	689	4694	3285	5681	3693	385
1992	44545	3310	35636	983	865	4928	3449	5965	3877	456
1993	42497	4575	36337	1044	835	5005	3503	5959	3870	462
1994	44944	4460	32387	1082	847	5025	3518	5983	3888	356
1995	46800	2215	35668	1315	1052	5476	3559	6581	4277	393
1996	51961	1763	37648	1325	1060	5628	3658	7822	5084	375
1997	53330	745	34387	1959	1567	5723	3720	8756	5691	417
1998	57951	354	43197	2496	1997	5817	3781	9462	6150	428
1999	57025	624	42768	2876	2300	6601	4290	10465	6279	663
2000	58827	732	44120	4211	2800	7871	5116	11637	6982	851
2001	59898	869	44923	4584	3080	9405	5643	12871	7722	1146
2002	79228	312	55459	4825	3172	10220	6132	13128	7876	1192
2003	93863	289	61010	5898	3823	11638	6983	14376	8626	1245
2004	89131	689	60669	7317	4645	12828	7696	16535	9621	1321
2005	103166	2562	61899	7722	4783	16072	9643	18555	12060	1323

注：农户自产自食的不计入销售内；外销1998年前为县（市）食品公司调出量，1998—2005年为民营企业调出量

二、蔬菜、水产品

区内菜农生产的蔬菜一般在本地农贸市场销售，市场价格随行就市，年销量10万~15万吨。1986年，县农场、龙潭农场、大堰农场和城郊蔬菜合作社生产的蔬菜统一交国有蔬菜水产副食品公司、集体蔬菜水产副食品综合店销售，菜农享受计划内低价粮油供应。公司和综合店收购的蔬菜主要供应城镇居民，价格低于市场同类菜价20%~30%。1986—1992年，全县年均种植蔬菜4800~6800公顷。1993年取消低价粮油供应，菜农享受粮食补贴。1993—1999年，全市年均种植蔬菜0.7万~1.02万公顷。2003年取消粮食补贴，农场和郊区蔬菜合作社菜农生产的蔬菜进入农贸市场自由销售，蔬菜水产副食品公司停止蔬菜销售，转向副食品经营。进入21世纪，蔬菜销售量大增。为满足市场需求，部分个体私营批发商到成都菜市大量购进攀枝花等地生产的反季节蔬菜，年均销量5000吨左右。2004年，市场蔬菜销量13.75万吨，其中外地调入7200吨。2000—2005年，全区年均种植蔬菜1.36万~1.5万公顷。

1986—2005年，全区共产成鱼12.46万吨，年均6228吨。其中水库产鱼2.90万吨，年均1449吨；网箱养殖1.03万吨，年均514吨；稻田养殖2.31万吨，年均1156吨；塘堰养殖6.22万吨，年均3109吨。在成鱼产品中，有大口鲶、叉尾鮰、云斑鮰、方正鲫、黄颡鱼、彭泽鲫、武昌鱼等名优水产品21915吨。所产成鱼除年均调出350吨外均在区内销售。养鱼户、营销大户主营批发，价格低于市场零售价25%左右。区内有个体鱼类销售摊点2200多个，20年年均销售成鱼5878吨，销售额5856.84万元。2003年，全区成鱼销量高达10325吨；全年销售额12390万元，其中销售额5万~10万元的个体经营户104户、10万~50万元的30户，50万~500万元营销大户8户，500万元以上营销大户1户。

三、糖、酒、烟、盐

1986—1992年，县内糖酒批发企业主要有县糖酒公司、糖酒经营部和供销社所属基层社的35个批发部，年购进糖4500吨、酒4200吨，进货渠道以内江糖厂、县酒厂为主，年批发额36267.15万元，其中糖批发额1104.75万元、酒35162.40万元。零售企业有县商业局所属110个门市和供销社310个经营门点、453个农村代购代销点以及千余户个体户，年零售总额40100万元。1992年始，个体私营经济参与糖酒批发零售，糖酒市场竞争激烈，国有、集体糖酒批发企业基本改行，转换经营业务，主动放弃糖酒批发，但并不影响糖酒市场的繁荣。由于市场的全面放开，糖酒经营者进货渠道已不局限于内江糖厂、宝莲酒厂，而是向川内外所有糖酒业制造商开放。21世纪初，随着人们生活水平的提高，糖酒购销量大幅提高。香烟长期实行专营，先后由资阳烟库、烟叶公司、资阳市烟草公司、卷烟调拨站、区烟草公司负责购进、批发，分散到各门市、摊点零售。1986年购进12343万元、销售1638万元。1989年起，县（市）烟草公司在政府支持下每年与商业局、供销社签订川烟销售目标责任书，年购销川烟按16%比例上升。1995年，市烟草公司制定以川烟购销为主的规划，当年购进总值53897万元，销售总值55660万元。21世纪，区烟草公司与市烟草公司在同一城区并立。区公司为方便业务开展，配备专门的送烟配货车，为零售摊点送烟上门。2002年，区内香烟销售额达68362万元。盐亦长期实行专营，由盐业支公司负责进货批发，分散到商业、供销各门市、摊点和个体工商户零售。

资阳市雁江区 1986—2005 年日用工业品购销情况统计表

表 7－12

项目 / 年度	糖（吨）		酒（吨）		烟（万元）			盐（万元）		
	购进	销售	购进	销售	购进总值	销售总值	年末库存	购进总值	销售总值	年末库存
1986	514	2709	3488	2209	12343	1638	551	—	89	31
1987	244	2530	3726	2097	14159	1621	363	—	61	14
1988	1109	3146	1935	1566	22082	2404	1465	—	103	17
1989	400	2188	1957	1899	21149	2852	2501	—	119	20
1990	494	2251	1539	1474	19202	2474	15471	—	92	53
1991	—	—	—	—	21422	24780	2159	—	—	—
1992	—	—	—	—	32566	34680	1011	—	—	—
1993	—	—	—	—	37805	38104	726	—	—	—
1994	—	—	—	—	41512	41509	1046	—	—	—
1995	—	—	—	—	53897	55660	1073	—	—	—
1996	—	—	—	—	60588	64222	601	—	—	—
1997	—	—	—	—	65539	74067	708	—	—	—
1998	—	—	—	—	71026	76273	4228	—	—	—
1999	—	—	—	—	26740	26775	1483	—	—	—
2000	—	—	—	—	55412	52347	1763	—	—	—
2001	—	—	—	—	—	63992	—	—	—	—
2002	—	—	—	—	—	68362	—	—	—	—
2003	—	—	—	—	—	59746	—	—	—	—
2004	—	—	—	—	—	17058	—	—	—	—
2005	—	—	—	—	—	20402	—	—	—	—

第六节　燃　料

一、燃煤

1986 年，全县购进煤炭 8.04 万吨，销售 9.73 万吨。此后数年购销量逐渐增加，至 1990 年年购进 10 万吨左右，年销售 11 万吨左右。1991 年后，随着植被增加和炭薪林投入使用，农村燃煤供应基本停止，工业用煤和村镇砖瓦厂用煤量增加。1991 年煤销售量降到 10 万吨以下，1993 年再降为千吨以下，此后两年又回升到千吨以上，1995 年销量 1292 吨。2000 年除砖瓦厂和极少数工业用煤外，生活用块状煤基本停用。长期以来，商业系统煤建公司组织燃煤购进和销售，并在乡镇设有 9 个煤炭供应站、34 个煤炭销售点。1986 年后供销系统扩大煤炭销售，个私经济亦参与经营，部分工业用煤、砖瓦企业用煤均自行组织直购，煤建公司经营煤炭的主导地位逐渐消失，因此在一段时期内增加蜂窝煤生产量。1995 年后，燃气逐渐代替燃煤，蜂窝煤生产大幅减少。1996 年，煤建公司更名为资阳市燃气公司，转营燃气。

二、燃油

区内供应的燃油包括煤油、汽油、柴油，长期由资阳石油支公司专营。计划经济时期，资阳石油支公司负责全县油料的统分统配。在油料紧张的情况下，优先保证农业机械作业用柴油供应，年供农机平价柴油4000吨。供油指标类型包括农机计划内用油、抗旱油、救灾油、技改节能油、与粮食挂钩的奖售油等12项。1992年石油销售市场一度放开，进货渠道、销售价格出现混乱现象，各类集体、个私加油站点遍布城乡交通要道。1994年各类加油站点达200多个，但资阳石油支公司仍对市内农机用油实行平价供应，直至1997年。1998年规范石油市场经营，对各加油站点进行整顿。到2000年，仅保留受石油支公司管理的30多个加油站。

煤油主要用于农村照明，在农村无电时期供应紧张。资阳石油支公司按计划凭票限量供应，1986年前年销售量1000~1200吨，以后农村用电量增加，到20世纪90年代中期用电普及，煤油销售量逐年下降，1992年销售600多吨，1996年仅200余吨。之后，农村照明除停电外已基本不用煤油。汽油、柴油主要用于汽车运输、农业机械作业和部分工业生产。1986—1992年汽、柴油购销实行计划内平价和计划外议价“双轨制”经营。1989年汽油平价每吨780元，议价每吨2300元，之间价差1520元/吨。每年汽油平、议价分别占46%、54%，柴油平、议价分别占60%、40%。尽管价差如此，但仍供不应求。1986—1990年购进10494吨，其中汽油5926吨、柴油4568吨；销售66071吨，其中汽油25852吨、柴油40219吨。5年间石油库存出现3年负增长，负数总吨位1699吨。至20世纪90年代仍紧张，1992年购进总值1593万元，销售总值2109万元，库存负120万元。1993年取消“双轨制”，汽、柴油供应趋于公平、公正且能保障供给。

1986—2005年，区内燃油购销总值始终处于上升趋势。“七五”计划期间起年、终年购进总值为48万元、919万元，销售总值559万元、1625万元，年均增长212.9%和76.8%；“八五”起年、终年购进为1805万元、2132万元，销售为4543万元、4628万元，增142.5%和37.0%；“九五”起年、终年购进为5465万元、6512万元，销售为6978万元、7791万元，增10.7%和68.3%；“十五”起年、终年购进为8698万元、10684万元，销售为41674万元、53344万元，增99.4%和116.9%。

三、燃气

1990年10月，县煤建公司开始经营石油液化气，1995年正式经营天然气。天然气入网费每户3000元。1997年煤建公司更名资阳市燃气总公司。2002年4月燃气总公司上划资阳市城建局管。1995年燃气购进总值1126万元，销售1508万元。此后运行平稳，年增幅度不大，2004年购进、销售总值分别为1463万元、1802万元，分别比初始年增长29.9%和19.5%。2005年购进、销售总值分别增至1764万元、2023万元。

资阳市雁江区1986—2005年燃料购销情况统计表

表7-13

项目 年度	燃煤（吨）			燃油（万元）			燃气（万元）		
	购进	销售	库存	购进	销售	库存	购进	销售	库存
1986	83979	97260	25193	48	919	74	—	—	—
1987	87549	113997	17424	103	1342	-34	—	—	—

续表

项目/年度	燃煤（吨）			燃油（万元）			燃气（万元）		
	购进	销售	库存	购进	销售	库存	购进	销售	库存
1988	95460	116584	12875	136	1380	73	—	—	—
1989	109727	104431	25841	464	1849	-13	—	—	—
1990	89461	97372	28051	559	1625	158	—	—	—
1991	8053	8975	1054	1805	2132	47	—	—	—
1992	6201	6725	653	1593	2109	-120	—	—	—
1993	1626	605	178	2038	2114	-44	—	—	—
1994	7224	1204	177	2500	2555	85	—	—	—
1995	6543	1292	76	4543	4628	319	1126	1508	241
1996	—	—	—	5465	6512	74	1643	1759	378
1997	—	—	—	3899	4298	153	1183	1840	387
1998	—	—	—	3723	4177	221	1084	1692	152
1999	—	—	—	5538	7653	-45	1134	1680	26
2000	—	—	—	6978	7791	1009	1111	1737	135
2001	—	—	—	8698	10684	324	1034	1554	143
2002	—	—	—	9035	10589	125	1218	1580	154
2003	—	—	—	23178	31016	-12	1174	1441	267
2004	—	—	—	31543	40918	78	1463	1802	389
2005	—	—	—	41674	53344	195	1764	2023	421

注：燃油、燃气分别为石油公司、燃气公司提供的统计数据

第七节　外贸、建材、药品

一、外贸

计划经济时期，县外贸公司负责协调、指导各出口行业按县计划部门和上级外贸部门分配的计划指标完成出口产品的生产、收购任务，并组织外销，积累外汇。生产收购的出口商品有丝绸、机械工业产品和畜禽副产品、土产品、水果、食品、中药材等。1986 年县外贸公司购进货物总值 340 万元，其中中药材、干海椒、羽毛、兔皮、蜂糖等农副产品 222 万元；销售 374 万元，其中出口 178 万元。此后逐年增加，1991 年购进总值 1248 万元，其中农副产品 994 万元；销售总值 1845 万元，出口 496 万元，分别比 1986 年增长 267. 1%、347. 7%和 393. 3%、178. 7%。1995 年后，出口市场竞争激烈，资阳市先后失去中药材、水果、羽毛等土产品、畜禽产品出口市场，外贸公司出现亏损且亏损额逐年加大，因资不抵债依法破产。市内外贸出口业务由市经贸（商务）局组织、指导、协调，由生产厂

家自行联系产品出口。2000 年全区出口创汇 58 万美元。此后因国有企业改制，民营企业相继建立和发展，工业品出口基本停止，出口产品主为生猪肠衣、山羊皮等畜禽副产品。2005 年全区出口创汇总额 1700 万美元。

资阳市（县）外贸系统 1986—1995 年购销情况统计表

表 7－14　　单位：万元

项目 年度	购进总值	其中		销售总值	其中			期末库存总值
		向生产者收购	省外购进		调往省外	批　发	零　售	
1986	340	222	—	374	178	349	25	107
1987	1163	761	—	477	114	278	199	175
1988	1072	876	—	621	132	423	198	116
1989	1156	783	—	411	169	379	32	207
1990	1171	529	642	1058	221	221	837	146
1991	1248	994	423	1845	496	1572	273	294
1992	1200	871	536	2058	564	1896	162	128
1993	1185	622	—	2264	—	2118	146	73
1994	1101	786	—	1598	—	1560	38	87
1995	820	470	—	1174	—	1011	163	118

二、建材

区内经营的建筑材料有钢材、水泥、砖瓦、木材等。1986—1992 年，除砖瓦外，其他建筑材料实行计划内平价与计划外议价相结合的“双轨制”，由县物资局所属金属材料公司、木材公司、生产资料服务公司及物资商场专营。计划内指标由计划部门按照上级计划部门下达数分配下达到相关行业，物资局相关公司、商场按平价批发零售；计划外指标由县物资局掌握购进、分配和按市场议价批发零售，调节供需平衡，一般与计划内指标相配套。此期间木材价格波动较大，其余的基本平稳。工槽钢、角钢每吨 1560～1650 元，钢筋每吨 1400～1740 元，冷拉丝每吨 1800～1900 元；“425”号水泥包装品每吨 110～118 元、散装品 100～104 元；杉木每立方米 189～810 元。1986 年销售钢材 2168 吨、水泥 9384 吨、木材 3241 立方米。1992 年销售钢材 4235 吨、水泥 21546 吨、木材 3564 立方米，分别比 1986 年增长 95.3%、130.5% 和 10%。

1993 年，建材市场取消“双轨制”、取消国家定价，县物资部门销量缩小，民营建材商销量大增。因随行就市议价，建材价格一路攀升。至 2005 年有关部门曾多次随市作出价格调整，每上涨一次有一个平衡期，但无任何下降，下一次上涨以此作平台，周而复始，持续上扬。高峰期每吨钢材 3500 元，平衡缓冲期每吨 2000～2600 元；每吨水泥（425 标号）袋装 150～300 元、散装 136～284 元；冷元杉每立方米 1500～2500 元、松原木每立方米 1200～2200 元。此 13 年间，资阳城市建设、公路建设、小城镇建设、农业基础设施建设和农房建设提速，对建筑材料（除木材外）需求量增大。2000 年，钢材销量 1.34 万吨、水泥 8.25 万吨，分别比 1992 年增长 216.4% 和 283.7%；木材下降到 1564 立方米，比 1992 年下降 56.1%。2005 年，钢材销量再上升至 2.53 万吨，水泥上升至 13.65

万吨。

因建材市场的全面放开，物资局及下属建材经营单位主渠道经营职能消失，生产厂家与个私、民营建材企业沟通购销渠道，品种、价格随需求而调整。20世纪末，物资局下属企业先后依法破产，物资局随之被撤销。

三、药品

药品及医疗器械（仪器）经营先后由资阳县（市）医药管理局、雁江区药品食品监督管理局监督管理。计划经济时期及计划经济向市场经济转轨时期，由县医药局下属的中药材公司、医药公司对药品及器械实施专营。1986—1992年经营的中药材有1500多种，西药有生化药品、生物制品、化学药物原料及制剂、抗生素制剂、蛋白同化制剂、肽类激素等共6100多种。1986年，药品及器械购进总额373万元，销售额502万元，其中向医院门市等单位批发270万元、向居民零售87万元，调出省外117万元。1992年，购进额2063万元、销售额2985万元，分别比1986年增长453.1%、494.6%。

1993年药品市场放开，个体民营经济先后介入药品及器械经营。中药材公司、医药公司经营额日渐下降，1993年购、销总值下降为1250万元、1490万元，次年再下降为662万元、886万元。个体私营经济的参与刺激药品及器械市场繁荣，但也同时衍生出市场混乱现象和假冒伪劣药品的生存空间。区药品食品监督局成立以后，进行多次清理整顿，药品市场逐渐规范，资阳药业、本草堂药业、瑞丰药业等几大药业经营商（分支机构）和区医药公司共存互补，市场运转正常，经营效益良好。

资阳市（县）1986—1995年药品、器械购销情况统计表

表7-15　　单位：万元

项目 年度	购进总值	省外调入	销售总值	其中		调出省外总值	期末库存总值
				社会集团	居民		
1986	373	184	502	270	87	117	480
1987	778	563	578	348	99	804	917
1988	1010	824	923	479	132	914	1884
1989	654	485	886	490	156	459	1754
1990	494	330	923	520	175	392	1799
1991	1854	788	2468	701	105	706	1355
1992	2063	795	2985	882	447	501	476
1993	1250	—	1490	619	110	—	372
1994	662	—	886	599	144	—	298
1995	996	—	1123	796	267	—	423

第四章 集市贸易

第一节 集贸市场

一、集市、集期

建国初期沿袭旧制，仅在有一定场镇规模的49个乡镇设集市和赶集日期。较大场镇有粮食、水产、蔬菜、牲畜、竹木等市场，较小场镇设一个综合集市。20世纪70年代取消方家坝、胜佛场、盐井溪3个集市，新增侯家坪集市。1980—1986年新增南市、昆仑、七里、方家、吉祥、响峒、同心、塘池、长生、培德、大明、振书、真武等集市。1986年赶场集镇增加到62个。随着经济的发展、市场的繁荣和人民生活水平的提高，赶场集镇由乡镇、场镇向交通较方便的中心村发展。至2005年底，全区有赶场集镇88个。

集期是新中国成立前由人们约定俗成的。1949年后对各集镇集市的集期作过多次改动。1957年改各集镇错开3天一集期为全县同在农历每旬逢3、逢8赶集。1958年至1962年关闭集市。1962年底恢复集市，改为农历每旬逢5、逢10为赶场集期。1976年全县统一为星期天赶集。1978年底恢复1962年规定的集期。1980年5月改作公历3天一集期，相邻场镇错开。1984年12月确定县城为百日场，9个区公所驻地场镇间日赶集。1986年后作过局部调整。1993年新增迎接、石岭、黄石、长沙埂、大佛、洛重、昆仑、新场、铜钟、龙潭、敲钟、大明、麻柳村、石川、冬冬山、红星、白马、老君、回龙、堪嘉、清水、东峰、碑记、访弘、东安、祥嘉、刘家、老鹰、振书、金带、石柱村、大腰、万兴村、黄添、方沟山、慈祥、严家、进士等38集市为间日场。至2005年，逢百日场的有资阳市区的4个集市和宝台镇；逢公历1、3、5、7、9日的有保和、丹山等个23集镇（市）；逢2、4、6、8、10日的有中和、伍隍等24个集镇（市）；逢1、3、6、9日的有河东1个集市；逢3、6、9日的有方家等6个集市；逢1、4、7日的有长乐等12个集市；逢2、5、8日的有永太等8个集市；逢2、5、8、10日的有2个集市；逢2、4、7、10日的1个集市；逢4、7、10日的4个集市；逢4、6、10日，1、5、8日，1、5、9日分别为1个集市。

资阳市雁江区集镇集期一览表

表7－16

集　期	集　镇
百日场	雁江镇、侯家坪、刘家湾、清泉、宝台
一、三、五、七、九（23个）	保和、丹山、小院、祥符、临江、迎接、石岭、南津、黄石、大佛、洛重、昆仑、新场、铜钟、龙潭、敲钟、大明、石川、红星、白马、长沙埂、麻柳村、冬冬山
二、四、六、八、十（24个）	中和、伍隍、丰裕、老君、回龙、堪嘉、清水、东峰、碑记、访弘、东安、祥嘉、刘家、老鹰、振书、金带、大腰、黄添、慈祥、严家、进士、石柱村、万兴村、方沟山

续表

集期	集镇
一、三、六、九	河东
三、六、九（6个）	方家、甘古井、兴隆、培德、隆相、双龙
一、四、七（12个）	长乐、鲁家、长生、太和、胜佛、大洪、白坡、凉风、广佛、同合、文昌村、中心村
二、五、八（8个）	永太、义和、裕通、人和、紫微、同心、塘池、巡洄桥
二、五、八、十	磐石、方兴
二、四、七、十	老鸦山
四、七、十（4个）	高龙、真武、吉祥、胡家坝。
四、六、十	响峒
一、五、八	新添铺村
一、五、九	鱼水村

二、市场建设

20世纪80年代初，县内农副产品交易集市多设在场镇空闲地或街道两侧，一遇集期人流拥挤，难以通行。1987年起，工商行政管理部门加大市场新建、改建、扩建力度。至1988年底，投资310万元，改建城区南门市场，征地新建、扩建中和、祥符、南津、小院、伍隍、丹山、老君等场镇市场1.35万平方米。1992年市场全面放开，工商局适应市场形势变化，在1992—1994年间共投资660万元，新建城西市场，改建丰裕等镇农贸市场，新增市场面积1.64万平方米。至1999年，累计投资2700万元，新建、改扩建市场16个。

1999年至21世纪初，根据国家政策，允许各乡镇企业、集体企业和个人投资新建市场。投资人享有市场产权，按规定收取入市交易摊位费、水电费、垃圾处理费，并接受工商局管理。1999—2005年，新建综合性农贸市场33个，占地面积25.62万平方米，建筑面积13.92万平方米，总投资6349.6万元。至2005年，全区共有集市贸易市场113个，面积11.37万平方米，其中16个为工商局投资修建、97个为企业和个人投资兴建。此外，在不影响交通的情况下，先后划定以街道、公路为界的农贸综合市场39个，基本满足农副产品交易。

资阳市雁江区商品交易市场一览表

表7－17

市场名称	地址	占地面积（平方米）	建筑面积（平方米）	投资额（万元）
资阳市城南市场	良种场	34668	12000	680
资阳市城西市场	西门桥	9300	4520	719
资阳市城北农贸市场	城北商业街	8000	5000	80
资阳综合市场	后两街3号	5300	500	95
资阳东门综合市场	正东街	4000	2800	80

续表

市场名称	地 址	占地面积（平方米）	建筑面积（平方米）	投资额（万元）
资阳市鑫隆建筑建材市场	莛北路119号	5000	3000	400
港天家具城	体育路4号	1300	1700	17
资阳市雁都家具城	城北商业街	5000	5700	50
镇辉公司综合市场	城西市场内	4000	2000	58
城北综贸市场	城北村4组	11402	11888	417
资阳市郑家巷综合市场	郑家巷	4258	5531	172
雁江富民水果市场	日杂公司仓库	4973	2599	50
内江万福商贸资阳电脑城	百货公司三楼	920	920	12
刘家湾农贸市场	431厂区	62000	2433	84
建东路综合市场	原味精厂	15418	7482	320
刘家湾天宇装饰建材市场	刘家湾	15000	25667	1300
新世纪公司城北批发市场	城北商业街	—	—	—
丹山商贸城	丹山镇	8296	7680	360
回龙综合市场	回龙场	4045	3000	290
中和商贸中心	中和镇	10000	4400	190
临江综合市场	临江寺石泉街	4800	2500	40
南津综贸市场	南津镇	4828	1800	280
石岭综合市场	石岭村5组	3200	400	30
丰裕综贸市场	丰裕镇高石村	2800	2325	10
保和昌茂市场	保和镇	5347	3800	28
保和镇东安市场	东安场	1800	600	5
迎接综贸市场	迎接镇	7200	2500	53
伍隍铜钟蔬菜市场	铜钟居委1组	1470	1300	9
清水综贸市场	清水场	1260	950	12
小院堪嘉市场	堪嘉镇	1580	1000	12
小院综合市场	小院镇南街	2863	1243	37
小院友树综合农贸市场	小院镇南街	4000	7052	400
石岭镇金带农贸市场	石河村16组	2200	400	60
合 计	—	256228	139190	6350

第二节 市场交易

1978年以后，农贸市场交易放开，加之农村联产承包责任制的实施，农副产品日益丰富，市场交易日趋活跃。1986年县城集市交易量42538吨，其中稻谷杂粮11947吨、油脂油料521吨、禽肉禽蛋7080吨、鱼类等水产品387吨、蔬菜12850吨、干鲜果2294吨、大米3460吨、猪肉3999吨。全县城乡集市贸易成交额4819万元，占社会消费品零售总额26177万元的18.4%。随着经济的发展和人民生活水平的提高，城乡集贸市场交易量不断增加，集市贸易成交额不断增长。“七五”期间实行计划内商品平价和计划外商品议价“双轨制”，城区集市交易量趋于平稳，农村则大幅度增长。“七五”末全县城乡集市贸易成交额比“六五”末4814万元翻了近一番，达到8989万元。1993年取消“双轨制”价格全面放开，城乡集贸市场交易量大幅度增长，市区集贸市场交易量55844万吨，比1986年增长31.3%。“八五”初始年全市集市贸易成交额11184万元，终止年27619万元。“九五”末城区集市交易量1.92吨，城乡集市贸易成交额4.28亿元，比“八五”末增长46.2%和55.1%。“十五”期间集贸市场交易量和城乡集市贸易成交额持续增长。

资阳市（县）1986—1999年城区集市交易量统计表

表7-18 单位：吨

项目/年度	杂粮	油脂油料	禽肉禽蛋	水产品	蔬菜	干鲜果	大米	猪肉
1986	11947	521	7080	387	12850	2294	3460	3999
1987	11793	728	8867	543	13036	3263	—	5107
1988	10853	857	8396	406	10301	2793	3573	5403
1989	9891	627	9167	525	10805	3485	2710	6067
1990	8440	582	8841	326	9265	3262	—	—
1991	5972	950	12525	431	9841	2962	—	8512
1992	8596	803	12163	877	11076	4938	—	—
1993	11517	954	13028	965	12890	4490	—	—
1994	10464	464	14235	1211	11491	4445	5393	10357
1995	13295	2307	10641	1273	9076	5117	5292	6403
1996	13878	3221	10887	1671	14019	4493	5168	6276
1997	13882	3996	12578	2050	12445	7488	5011	7350
1998	18070	5815	15654	2628	14347	8893	5899	8469
1999	18534	5484	16039	2953	18039	9696	—	—

资阳市雁江区1986—2003年集市贸易成交额统计表

表7-19 单位：万元

项目/年度	集贸成交总额	其中：粮食	油脂油料	棉花烤烟黄麻	肉食禽蛋	水产品	蔬菜	干鲜果	日用杂品	柴草	饲料农具	大牲畜	幼畜幼禽	工业品	废旧物资	其他
1986	4819	705	186	107	1766	128	385	153	46	43	89	30	789	101	34	257
1987	6588	835	238	85	2656	195	509	229	91	19	88	21	1039	84	38	461
1988	8226	901	256	91	3502	193	659	288	118	25	96	17	1430	112	31	507
1989	9321	1173	190	79	4375	255	707	334	137	20	117	14	1255	144	49	472
1990	8989	1131	183	76	4219	245	681	322	132	19	113	14	1210	139	47	458

续表

项目/年度	集贸成交总额	其中：粮食	油脂油料	棉花烤烟黄麻	肉食禽蛋	水产品	蔬菜	干鲜果	日用杂品	柴草	饲料农具	大牲畜	幼畜幼禽	工业品	废旧物资	其他
1991	11184	847	291	105	5846	415	724	521	110	43	161	18	1105	342	46	610
1992	14412	1109	261	235	7236	659	1368	685	206	74	183	11	1095	589	94	607
1993	16672	1313	457	301	8595	930	1592	847	291	154	279	12	845	360	52	644
1994	30034	2394	941	212	16953	1026	1626	825	177	90	337	26	1965	1863	265	1334
1995	27619	2733	1262	320	10204	1133	2093	1450	229	143	604	27	2137	3493	576	1215
1996	30498	3017	1742	446	11095	1576	2836	909	191	201	635	23	2024	4302	483	1018
1997	37488	2960	2131	504	15072	2209	4228	1214	184	167	611	30	1992	4793	544	849
1998	41650	3414	2953	320	14830	2297	4797	1490	125	174	763	34	2293	6231	596	1361
1999	40373	3261	2753	189	14109	2287	4532	1528	102	127	559	28	1825	7341	494	1238
2000	42838	4301	1957	497	15827	1758	3247	2249	356	222	937	42	3315	5418	894	1818
2001	43553	4308	2488	637	15844	2251	4050	1298	273	287	906	33	2891	6144	689	1454
2002	42750	3374	2429	575	17182	2518	4820	1384	210	190	697	34	2271	5464	620	982
2003	46342	3799	3286	356	16505	2556	5307	1658	139	193	849	37	2552	6935	663	1507

第五章　住宿餐饮及其他服务业

第一节　住宿餐饮业

一、住宿餐饮企业

改革开放后，住宿餐饮业逐步放开，个体经济、私营经济参与住宿餐饮业经营。1986 年全县住宿餐饮业经营机构 1313 个，从业人员 2961 人。其中国有经营机构 18 个、从业人员 211 人，集体企业 176 个 746 人，个体经营户 1119 个 2004 人（个体均从事饮食业）。此后至“八五”末，国有、个私住宿餐饮企业不断增加，集体企业前期保持稳定，后期下降。1995 年全市住宿餐饮企业发展到 1493 个、从业人员 2134 人。其中国有企业 33 个 412 人，个体 1424 个 1569 人，私营企业 5 个 44 人，集体住宿餐饮企业 31 个 109 人。私营住宿餐饮业在国有住宿餐饮企业破产、集体餐饮企业解体时发展起来，1999 年共 18 家，从业人员 217 人。至 2005 年国有住宿餐饮业仅有资阳宾馆、饮食服务公司；集体住宿餐饮只有供销系统的 8 个门店正常经营；个体餐饮业有 1415 户，从业人员 1678 人；年销售收入 500 万元以上的私营规模住宿餐饮企业有 8 户，从业人员 968 人。星级酒店有锦江蜀亨大酒店、金迪大酒店、格林博雅饭店、晨风大酒店、银都大酒店。

锦江蜀亨大酒店是2002年7月至2003年11月间建成的四星级酒店，占地6.7公顷，建筑面积22000平方米，总投资9600万元。酒店集住宿、餐饮、会议服务、休闲于一体，有各式客房138套234个床位，饭厅可举办500人宴会，风味厅可容120人用餐，娱乐设施有商务中心、茶坊、浴足房、桑拿房、健身房等，还有可容纳350人的会议厅。

金迪大酒店是2005年由私营企业投资3500万元收购原资阳市雁江区委招待所重组的三星级饭店。酒店占地4800平方米，建筑面积16600平方米，客房部设有钻石套间、豪华套间、特色套间、数码房、单人间、标准间196套，餐饮部可同时接待1600人就餐。酒店还设有功能齐备、典雅高贵的茶房、书吧、网吧、小吃吧、保健、足浴、康复等休闲场所和演艺厅、多功能会议厅等。

格林博雅饭店是博雅实业公司2001年2月投资兴建的综合型饭店，占地18.7公顷，建筑面积25000平方米。饭店集住宿、餐饮、品茗、娱乐休闲、会议服务于一体。住宿部有各式套房、标间105套（间）175个床位；餐饮部设有宴会大厅和16个雅间，可同时容纳1200人用餐；会议部有容500人会议厅和50~100人的会议室；休闲娱乐部设有商务、足浴、保健等项目。

晨风大酒店是原四三一厂下属星级餐饮企业，始建于1974年，占地面积1公顷。酒店有各类客房81间184个标准床位，餐厅可同时接纳360人就餐。同时还设有大小会议室、阶梯教室、茶楼等。曾评为涉外定点饭店、优质旅游饭店。

银都大酒店是仁德制药公司2002年4月投资1600万元建成的星级酒店，建筑面积7800平方米，集住宿、餐饮、会议服务、娱乐休闲于一体，客房部有各类客房80间，餐饮部可同时接纳500人就餐，娱乐休闲部设有保健、茶楼、KTV歌城等，会议部设可接待50~200人的会议室。

二、经营状况

1986—1992年执行粮食“双轨制”期间，国有、集体住宿饮食企业拓展业务范围，推行内部经营承包，经营效益逐年攀升。1990年全县住宿餐饮营业总额达到1473万元，比1986年的831万元增长77.3%。“八五”期间个私餐饮业发展较快，尽管国有、集体住宿餐饮业营业额下降，但全市营业总额增加，1995年达3591万元，是1990年的2.44倍。“九五”期间国有、集体经营企业大部分退出，营业额不足500万元，但个私民营企业营业额大幅增长。“九五”末全市住宿餐饮业营业总额7692万元，较“八五”末翻一番多。“十五”期间，限额以上住宿餐饮业的规模效益体现出来。2001年全区住宿餐饮企业营业额1.90亿元，2002年突破2亿元，2004年突破3亿元，2005年限额以上住宿餐饮业营业总额3.47亿元，分别是辖区“七五”“八五”“九五”末全部住宿餐饮企业营业总额的23.5倍、9.7倍、4.5倍。其中金迪大酒店实现销售收入741万元、银都504万元、红高粱539万元、阳光假日507万元、博雅754万元、新华宾馆224万元、饮食服务公司253万元。

资阳市雁江区1986—2005年住宿餐饮业发展情况表

表7-20

项目 年度	机构（个）	从业（人）	营业总额（万元）	国有		集体		个体		私营	
				机构（个）	从业人数（人）	机构（个）	从业人数（人）	机构（个）	从业人数（人）	机构（个）	从业人数（人）
1986	1313	2961	831	18	211	176	746	1119	2004	—	—
1987	1366	3217	1119	21	258	180	820	1165	2139	—	—

续表

年度＼项目	机构（个）	从业（人）	营业总额（万元）	国有		集体		个体		私营	
				机构（个）	从业人数（人）	机构（个）	从业人数（人）	机构（个）	从业人数（人）	机构（个）	从业人数（人）
1988	1608	3456	1257	23	231	178	815	1407	2410	—	—
1989	1405	2644	1353	33	242	169	724	1203	1678	—	—
1990	1601	2899	1473	24	212	171	735	1399	1920	7	32
1991	1647	3148	1575	25	141	178	771	1437	2214	7	32
1992	1415	2589	1967	24	124	175	720	1212	1720	4	25
1993	1118	1888	1178	28	165	117	381	967	1306	6	36
1994	1476	2482	3806	32	412	53	240	1386	1786	5	44
1995	1493	2134	3591	33	412	31	109	1424	1569	5	44
1996	1470	2265	4436	33	408	25	87	1407	1722	5	48
1997	1432	2376	5234	28	324	12	81	1386	1929	6	42
1998	1344	1989	6304	21	287	12	72	1296	1543	15	87
1999	1415	1848	7445	18	214	7	34	1372	1383	18	217
2000	2	326	7692	1	126	—	—	—	—	1	200
2001	2	330	19012	1	107	—	—	—	—	1	223
2002	2	330	20792	1	94	—	—	—	—	1	236
2003	4	436	26940	1	87	1	43	—	—	2	306
2004	8	833	31005	1	87	1	43	—	—	6	703
2005	10	1080	34650	1	64	1	48	—	—	8	968

注：2000—2005 年机构个数和从业人员为限额以上企业，营业总额为全部住宿餐饮业

三、名菜名小吃

名菜　1990 年 6 月、2001 年 10 月，县（区）政府先后两次举办名店、名厨、名菜、名小吃评选活动。区政府食堂研制的篮花金元鲍、孔雀麻婆肾、双味龙虾，金迪大酒店研制的农家毛血旺、鲜椒鱼丁，内燃机车厂利名小吃店烹制的玻璃耳片先后获“资阳名菜”称号。同期被美食家和众多食客公认的名菜有锦江蜀亨大酒店的法国咸猪手、锅仔对蛏子黄、飘香鸭嘴鱼等。

名小吃　1990 年 6 月评出的资阳县 10 种名小吃均为县饮食服务公司所研制，有李油糕、麻辣牛肉、雁江鸭子、如意豆沙包、奶油包、钟焦巴、蛋白花卷、核桃酥、雁城鸡块、龙凉粉。钟焦巴被省商业厅、省烹饪协会、省消费者协会授予“四川风味小吃”称号，龙凉粉被内江市商业局、内江市烹饪协会、内江市消协授予“内江名特风味小吃”称号。2001 年 10 月评出的 4 种名小吃中有金迪大酒店的玉米条、清水牛肉店的清水牛肉三品汤、花鲢鱼头火锅城的花鲢鱼头火锅、南门口川味牛肉面店的老字号川味牛肉面。

第二节 其他服务业

一、茶饮

1986年，全县登记营业的茶馆共50余家，主要集中在城区。随着经济的发展和人们消费观念的变化，加之节假日的增多，借品茶洽谈商务和聊天休闲的人员大幅度增加，茶馆、茶楼数量亦不断增多。20世纪90年代中期有茶饮经营户150多家，至2005年增加到237家，以个体、民营为主。

二、照相

1986年，全县有照相门店72个。其中城区30户，从业人员55人，多为国有、集体企业。此后个体照相专业户发展起来，1995年照相门店增加到150家，照片也由黑白逐渐换作彩色。21世纪初，国有、集体照相企业退出，个体私营照相业得到进一步发展。2005年全区有个体私营相馆148家。随着人们生活水平的提高，拥有照相机的家庭越来越多，来相馆照相的人越来越少。个体私营照相馆、影楼一方面提高拍摄水平，一方面拓展彩扩、数码摄影、摄像、电脑修饰、组合、制作等业务。服务项目包括证件照、结婚及婚纱照、全家福、旅游摄影、婚庆、寿庆、节日摄像等，还提供美容、化妆、彩车等全程服务。

三、理发美容

1986年，全县有国有、集体理发门店和街头个体理发摊点846个，从业人员906人。2005年，全区有理发、美容店1342家，从业人员3000余人。其中上档次的发廊、发屋、发厅、美容门店50多家，大多集中在市区和小院、保和、中和、丹山、南津、祥符、临江、伍隍、丰裕等大集镇。此类门店装饰豪华，设施先进，环境优美，配有空调、电视、仰躺洗头椅、蒸汽罩等，除提供理发美容服务外，还提供免费书报、茶水等服务。随着人们生活水平的提高、消费理念的转变，美发、美容逐渐成为追求美感的时尚行为，原来单纯的理发业务已变为集洗头、理发、染发、烫发、按摩和除皱、去斑等美容项目于一体的综合服务项目。理发美容消费由20世纪80年代每次0.5~1元升格为10~400元不等的价位。

四、洗浴、保健按摩

20世纪80年代，除部分旅馆、招待所附设澡堂外，营业性洗浴室（堂）只有一两家。90年代，洗浴业、保健按摩业悄然发展起来。2000年后，洗浴门店最多达177家，保健按摩房达123家。洗浴业逐渐由洗澡拓展为沐浴、足浴、药浴、桑拿等多种项目，保健按摩由盲人保健按摩拓展为中式、港式、泰式、日式等保健按摩。新兴的洗浴、按摩房设施先进、环境清静幽雅。

五、修理

1986年，全县有各类修理企业、摊点2543个，以摊点居多。修理企业承揽大修业务，个体摊点接收钟表、自来水管、修锁配钥匙、家用小电器、收录音机、自行车、雨伞、鞋类修理等。1995—2005年修理业扩展到人们生活的各个领域，至2005年保持有2057家修理门市和摊点。

车辆修理为修理业中的主业。2005年全区有机动车修理门店319家，其中汽车修理123家、摩托车修理155家、人力（机动）三轮车修理41家。机动车修理门店一般可承接较大型修理和汽车二级保养及一般性换件维修。有的修理店还附带配件经营。随着时代的变化，家电、通信器材维修成为修理业的主要门类之一，2005年此类修理户223家，修理种类发展为空调、彩电、冰箱、洗衣机、照相机、摄像机、电脑、打字机、DVD光碟机、手机、电话等品种、门类修理。传统的生活用品修理点至2005年有131家，由原自行车、伞、锁具、鞋类修理拓展到沙发、床垫、自来水、天然气管道修理、房屋补漏等多门类服务。

六、家政

家政服务业是20世纪末、21世纪初产生和不断发展的新兴行业。家政业服务项目包括家庭保洁、家庭保姆、衣被洗染、搬家等门类。2005年，全区有专业保洁队伍23个，从业人员798人，大部分集中在市区和少数大的集镇，主要为消费家庭擦地板、清洁门窗、家具、墙体。保姆多为中青年妇女，多集中在市区，月收入800~1200元不等。洗染业在20世纪90年代后发展很快，至2005年全区有洗染门店47家，从业人员194人，大多集中在市区和部门大的集镇。洗染门店置有干洗机、烘房、熨烫设备，干洗的种类有衣服、被套、床、窗帘等，洗出的质量超过水洗，整洁舒展，使用舒适。此外还有皮衣染色翻新等服务项目，每次收费几元、几十元不等，为市民所接受。2005年，市区有鸿运、蚂蚁公司等13家搬家公司。搬家公司备有小型汽车、三轮车等设备，根据搬迁量、运输里程收取服务费。

资阳市雁江区1986—2005年主要服务业经营情况表

表7－21　　单位：万元

项目 年度	服务业合计	其中（按所有制）			其中（按行业）				
		国有	集体	个私	理发	洗浴	照相	修理	其他
1986	3936	169	587	3180	846	1	72	2543	474
1987	3775	198	733	2844	822	2	92	2369	490
1988	4222	217	742	3263	853	2	95	2785	487
1989	3241	182	748	2311	653	—	98	1958	532
1990	3663	173	585	2905	821	3	120	1863	856
1991	3735	154	484	3097	821	10	125	2065	714
1992	4124	146	473	3505	824	15	128	2342	815
1993	3873	146	426	3301	826	18	131	2263	635
1994	3929	135	429	3365	854	18	147	2164	746
1995	3673	131	354	3188	906	20	150	2168	429
1996	3834	131	336	3689	956	22	150	2002	704
1997	3968	98	325	3545	959	28	151	2101	729

续表

项目/年度	服务业合计	其中（按所有制）			其中（按行业）				
		国有	集体	个私	理发	洗浴	照相	修理	其他
1998	4173	73	201	3899	959	28	167	2324	695
1999	4265	68	150	4047	1002	31	142	2521	569
2000	4342	34	141	4167	1016	34	134	2742	416
2001	4146	8	134	4004	1036	29	165	2458	458
2002	4063	8	131	3924	1155	34	179	2054	641
2003	3894	6	131	3757	1168	28	186	2163	349
2004	4063	6	126	3931	1263	31	144	2057	632
2005	4040	6	101	3933	1342	33	148	2057	460

第六章　商贸管理

第一节　管理机构

区内的商业管理机构在计划经济和计划经济向市场经济转轨时期繁而众多。粮食局负责粮油购销经营管理，物资局负责机电、金属、轻化、生产资料等物资的购销、储运和经营管理，外贸局（公司）负责外贸物资购销业务管理，医药局（总公司）和之后的食品药品监督管理局负责中西药材、医疗器材购销经营管理，盐业支公司负责盐业专卖管理，烟草专卖局（公司）负责烟草专卖管理，财办、农贸办、财贸办等负责综合协调管理。经近半个世纪的调整、整合、改革，管理机构逐步减少。2005 年，商贸管理机构有区商务局、供销社、粮食局、食品药品监督管理局和盐业支公司、烟草公司。药品、盐业、烟草等管理已在其他篇章有载，本章仅记商业（商务）、供销、粮食管理机构及管理概况。

一、商务局

资阳市雁江区商务局最早前身为资阳县商业局。1986 年，商业局机关内设行政办和财务基建、商办工业、经营业务、技安保卫、宣传教育、集体经营管理 6 股。1993 年 3 月更名为资阳市商业局，内设机构调整为五股四室。1997 年 4 月撤销市商业局建资阳市贸易局，内设办公室和政工、技安保卫、科技工业、经营业务四科。2001 年 11 月撤销贸易局，将原职能与经委、财办、二轻局职能合并组建资阳市雁江区经济贸易局。2005 年 7 月，撤销经贸局，分设经济局、商务局。区商务局分管商贸，机关内设办公室、商业改革发展股、市场股、外经贸股、统计信息股。1986—2005 年，银代仁、彭国祥、李洪宪先后任局长。

二、粮食局

资阳市雁江区粮食局最早前身为资阳县粮食局。1986年机关内设秘书、政工、业务、储运、财会、工业、议购议销、保卫8个股。1990年增设审计股，1992年即撤销。1993年3月更名为资阳市粮食局，内设办公室和政工、购销、储运、财务、工业、保卫6股，1997年6月合并购销和储运股。2000年10月内设办公室、政工股、购销储运股、财务会计股、工业股、安全保卫股。2005年7月内设机构调整为办公室和购销储运、财务、安全保卫、执法检查、政策法规股。1986—2005年，王澄波、曾生乐、龚仁元、赵诗强、文凌云先后任局长。

三、供销社

资阳市雁江区供销合作社联合社前身为资阳县供销合作社联合社。1986年，县社机关内设人事、业务、农副产品、财会、集管、教育、保卫、工业、秘书9个科。1993年3月内设机构调整为政办室、行办室、体改办和业务、农副产品、财会、集管、审计、工业、保卫7股。2000年10月内设机构精简为政办室、行办室、财会股、业务股。1986—2005年，朱志宾、李崇松、李超、邱榜生、华元仕先后任主任。

第二节　购销、经营管理

一、商业（商务）系统

县商业局在计划经济时期对所属国有和集体商贸企业实行政企合一的管理体制，具体管理所属企业的人事任免、购销计划的制定和落实情况，负责重要副食品、工业日用品市场调控，订立流通市场规划，审核企业技改，指导企业业务，检查商品质量，打击假冒伪劣，对企业领导班子实施考核奖惩。1986年，改革商业系统经营体制，实行政企分开，将所属国有、集体商贸企业逐步转化为独立核算、自主经营、自主盈亏的经营实体，但人事任免等职能仍在商业局。1987年，先后在蔬菜水产副食品公司、糖酒公司、东风酿造厂、味精分厂等13个国有商贸企业实行承包经营责任制，将所有权与经营权分离，以合同的方式确定资产方和承包经营方的权利和义务，取得成功经验后在全系统推行承包经营责任制。至1998年，实行“国家所有，集体经营”的企业21个、“集体所有，个私经营”的企业3个；承包经营的方式有“递增包干、超额全留、歉收自补、一年一调整”，有“包死基数、确保上交、超收分成、歉收自补”，有“入库定额包干、超收全留、歉收自补”，有“超损定额、自求平衡”的亏损企业承包方式。当年77个独立核算集体商贸企业继续推行租赁经营形式，允许承包集体或个人在拥有企业经营承包权后自主选择管理模式和内部分配办法。1989年，推行风险抵押承包经营责任制。按照“一人承包、全员担保、风险共担、利益共享”原则，由企业领导班子组成承包团体，按主要负责人100%，其余班子成员按主要负责人的40%～70%向商业局缴纳承包风险抵押金。年底兑现承包合同，完成合同任务的其风险抵押金全额退还并计息或分红，未完成合同任务的以其抵押金抵扣承包任务。1994年，市商业局改承包经营责任制为集团目标责任制、厂长（经理）负责制。将企业主体目标（利润和税费）、管理目标（劳动生产率，原、燃、材料消耗，技术，质量）进行百分制综合考核，并签订目标责任书，逗硬奖惩。1996 年 2 月，在五交化公司、百货公司、糖酒公司、工矿公司、燃气公司、饮食服务公司、豆瓣厂实行资产目标管理责任制。

商业系统购销市场管理。计划经济时期，商业系统购销商品由商业局统一计划，统一购进，分散经营，统一管理。1986 年，商品购销市场指令性计划管理时期基本结束，开始实施计划管理与市场调节相结合的购销经营体制。1987 年，国家规定纳入计划管理商品 135 种，其中一类商品 43 种、二类商品 84 种，分别由省计划部门、商业部门、购销公司下达分配计划指标，确定商品价格；三类商品 8 种和其他计划外商品全部随行就市、议购议销，其中包括与人民生活密切相关的食品、生活用品；取消棉花、棉布、百货、食糖、烟酒、猪肉及其他副食品供应票证，敞开议销。1991 年，取消与粮食加工有关的食品、副食品、酿造制品、畜禽饲料商品的计划销售，一律转为议购、议销。煤炭、煤油、汽油、柴油等商品在 1986—1992 年间实行计划内平价与计划外议价相结合的双轨制经营，1993 年全面转为议购议销。

商贸企业经营和安全检查。1986—1997 年，商业局每年配合税务、物价、财政等部门开展检查或清理整顿工作。1986 年 8 月开展税收财务大检查，查出问题资金 24.60 万元，其中国有商贸企业 21.66 万元、集体商贸企业 2.94 万元。在加强企业经营检查的同时，局保卫股每年分两次对各企业安全、防火、防盗执行情况进行检查并通报，1990 年将百货公司被盗手表 130 只、现金 600 元、损失 4800 元的安全责任事故通报商业系统各单位。

1997—2005 年，贸易局、经贸局、商务局对商贸企业实行宏观管理，主要负责拟制地方性商贸管理规范性文件、商务发展规划、计划，培养和发展城乡市场，推进流通产业结构调整和连锁经营、物流配送、电子商务等现代流通方式，规范市场运行、流通秩序，监督酒类、拍卖、典当等特种行业经营行为，编制进出口配额计划并组织实施，组织指导各类交易会、展览展销会，构建依法、规范、宽松和谐的适应市场经济法则的商贸经营管理模式。

二、供销系统

（一）计划统计

供销联社主要制订商品流转计划和分项计划。商品流转计划分月计划、季度计划和年计划，一般以年计划为标准检查经营企业成果，以达到流转计划与同级政府国民经济计划平衡衔接，与产、供、销密切配合、协调发展。1986—1999 年供销系统有专兼职统计人员 20 人。随着大部分公司、基层社破产、歇业、改制，至 2005 年仅保留 14 人。联社统计人员为专职，负责协调下属机构统计工作，完成国家、地方、部门统计调查，按照国家有关规定报送和提供统计资料。为保证统计数据准确可靠，联社、基层社、公司（厂）均建立统计台账原始记录制度，完整、准确记录企业产量、产值及效益。

（二）物价、审计

供销联社业务股设有专职物价员，基层供销社、联社直属公司有兼职物价员。计划经济时期，供销社经营的商品、社办厂（公司）生产的商品由国家、省物价部门统一定价。1986 年，大部分商品价格放开。1990 年，供销社经营的商品全面放开，商品销售价格由供销社自主定价。定价原则兼顾国家、购销单位和消费者利益，根据商品进价加运输、资金周转及其他费用和市场需求合理核定调拨、批发、零售价格，最大幅度不高出进价 20%，有时为有利于市场竞争也采取特殊价格。化肥、农膜、农药等农业生产资料价格和棉花收购价格在供销社主渠道经营时期以国家定价为主，1998 年以后放开，执行地方物价部门的指导价格。

审计工作由联社理事会主任分管。1986 年来，审计工作主要对企业经济活动进行审计监督。审计项目包括对企业的承包经营责任制进行终结审计，评价承包人的承包经营结果；对离任的企业主要领导进行经济责任审计，划清相关经济责任并作出综合评价；对供销社社员股金、企业亏损、资产等专门事项进行专项审计，查清现状、因果，为领导层决策提供依据。

（三）财务管理

供销联社下辖9个基层社和6个专业公司、3个社办工厂（建筑队）。基层社为独立核算单位，分社和专业店组为半独立核算单位，专业公司独立核算、自负盈亏。1990年及以前统一由县社汇总申报缴纳企业所得税，1991年起各自申报缴纳。1986年，在各核算单位全面推行资金定额管理制度，鼓励节约使用资金。1989年，建立供销系统资金调剂服务部，注销各核算单位银行存款账户，保留贷款账户；联社统一在银行开设结算账户，改变资金使用上的“忙闲”不均状况，提高资金使用效率。1995年10月起，发展社员股金，实行“费用定额管理”、“超额加息、节约减息”办法和折旧、修理、简易建筑费集中统筹，保证资金、费用有序运行和合理利用。

三、粮食系统

（一）购销企业管理

计划经济时期，县粮食局对所属粮食收储、销售、加工企业实行政企业合一管理体制，企业的人事任免、计划收购、计划销售、加工生产等均由粮食局统一管理。1987年8月，在所属议购议销公司、粮油加工厂、饲料厂、转运站下属运输队推行承包经营责任制，首开所有权与经营权分离改革。承包内容有目标利润、上缴利润、税前还贷等。以招标、答辩、竞聘的方式确定中标承包人。承包人交纳500～1000元不等的承包风险抵押金，承包合同经县公证处公证。1989年9月，在全县所有粮食商业企业推行承包经营责任制。承包内容包括平价粮油利润、议价实现利润和上缴利润、生产经营设施增值等。考核指标包括粮食定购任务完成率、计划内平价粮油销售率、“四无”粮油比例、平价粮油调拨完成率、商品资金占用比重、人均经营量和实现利润、职工收入增长、安全生产等。承包期与粮食财务包干年限相衔接，亦可一年一承包。1991年实行粮食企业“四放开”改革、1995年实行政策性企业与经营性企业分离改革。2000年12月，城关粮站实行分流减员试点。2001年2—4月，全区11个粮食购销企业全面开展减员增效工作，共减员856人，占职工总数1697人的50.4%。其中买断工龄经济性减员605人，划转国家粮食储备库40人，调离12人，转制103人，退休16人，行政脱钩45人，清退临时工35人。2004年12月，保和、小院、伍隍、南津、丰裕、临江、祥符、城关8个粮油食品经营站因资不抵债而破产。2005年6月，9个政策性粮油食品站亦宣布撤销。至此，继2001年减员分流以后，其余在职职工704人全部了断国有企业职工身份，其中申请内部退养30人，领取一次性经济补偿金自谋职业504人，被重新组建的民营股份制企业聘用168人。2005年7月，全系统495名离退休人员全部移交区社保局。

（二）流通体制改革

1986年，改粮食统购统销为定购统销和议购议销双轨并行。大米以上年统购任务作为当年定购任务，仍带指令性；小麦、玉米等粮食由农户自报定购数。议购是定购的必要补充，对农户定购任务以外的余粮按市场保护价收购。1991年，国家允许跨县、跨省议购议销粮油。1986—1992年双轨制时期，粮食销售仍以低于粮食收购价向计划内供应对象统销，议购的粮食由县议购议销公司按市场价议销。

1993年，国家开始对粮食流通领域实行宏观调控下的市场调节政策，变“双轨制”为“单轨制”，保留粮食定购数量，价格随行就市，取消粮食“倒挂”统销政策。当年因物价上涨因素，单轨制受到重挫，1994 年即行取消，恢复粮食定购价格，定购任务以外的随行就市，农税征收实物不收代金，并层层落实粮、油定购任务，以指令性计划下达到每户农民。同期成立粮油收购市场管理领导小组，加强粮食市场管理，禁止粮食企业以外的单位和个人从事粮油经营活动。

1995 年，粮食购销体制实行“四分开、一完善”改革，即政企、储备与经营、中央与地方责任、新老挂账分开，以完善粮食价格机制。当年将丹山、中和等 10 个粮站分成 10 个粮油食品站和 10 个粮油食品经营站，前者为粮食收储企业，后者为独立核算、自主经营、自负盈亏的独立法人资格经营企业。1998 年粮食敞开收购，顺价销售，定、议购粮食实行国家保护价。市内国有粮食收储企业收购资金实行专户存储、专款专用。年内市成立粮食市场整顿小组，组织粮食、工商部门分乡镇对粮食市场进行清理整顿，维护市场秩序。2003 年起，停止粮食合同订购，改为订单收购，同时实行粮食收购许可制度，粮食局主要负责粮食流通领域的行政管理和行业指导。

第八篇　交通·邮电

第一章　交通建设

第一节　公　路

一、国道、省道

成渝高速公路　在区境内长34.82公里，为全封闭4车道一级沥青砼路。工程建设由省交通厅组织实施，当地政府承担征地、拆迁、安置和协调建设方与地方的关系，以及提供劳务支持等工作。1989年，县政府成立重点公路建设指挥部，制定征地拆迁补偿办法和标准，1990年顺利完成正线征地1766.09亩、入城线征地163.91亩的任务，并提交施工用地。1995年9月21日简阳至隆昌段投入运营，总投资4亿多元。高速公路入城线又名资阳大道，为4车道沥青砼路，由资阳建设开发公司施工建设，1995年竣工，长3.318公里、宽40米。总投资3100万元，其中省补助1200万元。

成渝公路　建于1929年，境内长49公里，宽7米，为石骨泥土路面。1935年，对路面进行培修。新中国成立后，经养路段不断改造，路基、路面分别扩建为8.5米、7米，达到四级道路技术标准。1970年11月至1971年2月，431厂投资67万元，对城郊7.65公里路面进行沥青表处理。1972年，养路段投资111.36万元，进行路基改弯降坡、桥梁加固、路面铺筑双层表处沥青改造。1979年，投入34.81万元，对线路进行截弯取直，并改造九曲河大桥，另建松涛桥。1999年，投资470万元，将松涛桥加宽为25.25米。1998年12月至2000年，启动G321线城区段3.34公里改造拆迁工作，拆除房屋207户、36630平方米。完成拆迁工作后，区交通局将道路施工移交给市交通局。至2005年12月，除南市、临江两处少量地段外，市交通局基本完成国道G321线资阳段40.65公里全线改建主体工程，其中一级水泥砼路7.67公里、四级沥青表处路面31公里，总投资19320万元。

省道S106线（川西环线）　由东向西横穿区境，由资（阳）乐（至）路、资（阳）仁（寿）路组成，境内分别长30.34公里、13.32公里。资乐路建于1956年，基宽6.5米、路面宽3米。1964年，改造城区段（即今建设东路、建设北路）2.84公里，扩路基宽8米。1985年，投资98.1万元，将城区段2.13公里道路宽度拓为26米（车道14米、人行道6米×2）。1996年11月，市委、市政府决定将资乐路改造为高规格路，12月开始拆迁，征地318亩，拆迁42户。次年4月4日完成招投标，

22 日全线开工，共完成土石方 42 万立方米、条片石 2.1 万立方米，建、改桥梁 3 座、涵洞 90 道，铺水泥 2 万平方米。1998 年 9 月 1 日竣工通车，为二级水泥路，路面宽 8.5 米，加上前期改造的 3.36 公里，总长 30.34 公里，总投资 4868 万元，为此前全市公路建设史上第一条里程最长，路面等级最高，工期最短，质量最好，投资最多的高等级公路。

资（阳）仁（寿）路 建于 1958 年冬，路基宽 4.5 米，路面宽 2.8 米。1971 年，路基扩建为 6.5 米，路面宽 4 米。1998 年，决定对资仁路 13.334 公里进行改造。到 2002 年先后按二级公路技术标准完成设计、拆迁等前期工作，至 2005 年因工程款未落实，尚未动工改造。

二、县（市、区）、乡、村道

资（中）资（阳）路改建 资资路由资中境入资阳堪嘉镇，过小院、伍隍、南津，至宝台寺交资乐路，境内长 53.51 公里。1986 年，投入 101.59 万元，完成加宽改造和路面配套建设，路面宽 5.5 ~6 米，路基达三级，线型达四级标准。1991—1999 年，县（市）政府分三期，按二级公路技术标准（路面宽 6 ~10 米）进行改造，建成收费路 42.967 公里，总投资 4210.91 万元。1991—1994 年，投资 987 万元，完成资阳至南津段二级水泥路 11 公里改建。1995 年底至 1997 年，投资 1143 万元，完成南津过境段二级水泥砼路 900 米和南津至伍隍二级油路 16 公里以及铺子坳至伍隍 2.25 公里改建任务。1998—1999 年，投资 1650 万元完成铺子坳至小院 11.557 公里改建工程，征地 97.1 亩、拆迁 14 户 1455.8 平方米，伐树竹 21512 株、移杆线 1162 根、补偿 61.7 万元。此外，投资 377.43 万元完成小院至堪嘉 5.81 公里改建任务，建三级水泥路 4.85 公里、油路 960 米。资资路改建后，日通车量由 1986 年的 505 辆次提高到 2005 年的 1500 辆次，增长 197%。

其他县、乡道改造 2000—2005 年，投资 6221.86 万元，完成县、乡公路改造 67.835 公里。2000 年，启动“五路一桥二段”建设，投资 4549.86 万元，改建公路 50.807 公里，次年竣工。其中板永路四方碑至丹山段 19.209 公里，投资 2300 万元；迎鲤路迎仙桥至鲤鱼湖四级公路 13.297 公里，投资 952.21 万元；长丰路丰裕至长沙埂四级公路 8.055 公里，投资 529.83 万元；板永路新场过境段三级砼路 1.35 公里，投资 152.3 万元；谢小路回龙过境段三级水泥砼路 0.796 公里，投资 115.20 万元（含改造桥一座）；万罗路祥符至结光坝三级水泥砼路 7.95 公里，投资 559.26 万元。2001—2004 年，投资 1168 万元，完成四级公路伍隍至金带段 14.608 公里改建工程；完成祥清路清泉至大高寺 1.7 公里改造工程。2005 年，协助市建设局完成市区外环路南段长 720 米、宽 12 米的路基工程，投资 504 万元。

通乡公路建设 2002 年，区政府决定投入资金、人力、物力，实施通乡公路硬化工程。当年，完成板永路丹山至新场、回龙，保和至老君的勘察、设计、施工图设计制作等工作。2003 年，完成资董路、碑大路的勘测设计；完成新场、回龙、老君通乡公路的招投标工作，12 月全面开工。2004 年，通乡公路山重四级水泥砼路 44 公里全面完工，总投资 3850 万元。其中列入省、市考核的新场段 10.33 公里，中标价 529.93 万元；丹山段 3.6 公里，中标价 164 万元；回龙段 2.48 公里，中标价 125.39 万元；保和段 4.4 公里，中标价 219 万元；老君段 8.86 公里，中标价 491.88 万元。列为区目标考核的碑大路 3.6 公里，中标价 131.69 万元；资董路 8.127 公里，中标价 363.95 万元。全区 22 个镇乡的通乡公路在全市率先实现水泥砼、沥青砼化。

1992—2005 年，共投资 14501.86 万元，完成县、乡道路改建 156.032 公里。至 2005 年底，全区公路里程 1068 公里，其中国道 76 公里、省道 43 公里、县道 246 公里、乡道 703 公里；有高速路 35 公里、等级公路 348 公里。

通村公路建设 2003年，区交通局规划建设农村公路通达工程158.6公里，当年组织各乡（镇）、村实施。2004年验收合格农村公路通达工程35.7公里。2005年验收合格84.25公里，同年投资126万元协助临江镇完成养资路文昌、先锋、昆仑三村界内水泥砼路5公里；投资10万元完成南津镇铁炉沟村扶贫新村公路4.5公里，改造维修社道12公里；年底已完成通达工程129.45公里，占规划总数的81.6%。

至2005年底，全区农村道路574条1983公里；482个村中466个通公路，占97%，其中通专养路96个村、通群养路260个村、通村社路110个村。

资阳市雁江区2005年国、省、县公路状况表

表8-1

路线名称及编号	起讫及主要经过地点	里程(公里)	技术等级(公里)							路面情况(公里)							养护里程(公里)		已绿化里程(公里)	晴雨通车里程(公里)	备注
			等级公路						等外路	有路面						无路面	专养	群养			
			合计	高速	一级	二级	三级	四级		合计	沥青砼	水泥砼	沥青	泥结碎石	粒料加固土						
合计		365.2	283.51	34.82	7.67	111.02	51.53	78.47	81.69	365.2	34.82	194.83	16.39	117.15	2.01	—	227.23	137.97	273.66	365.2	—
一、国道		75.47	75.47	34.82	7.67	32.98	0	0	0	75.47	34.82	40.65	0	0	0	—	75.47	0	65.5	75.47	—
成渝高速路G055	资中球溪界、碑记、丰裕、迎接、松涛、雁江、临江简阳界	34.82	34.82	34.82	—	—	—	—	—	34.82	34.82	—	—	—	—	—	34.82	—	34.82	34.82	—
广成线G321	资中球溪界、碑记、丰裕、迎接、松涛、雁江、临江简阳界	40.65	40.65	—	7.67	32.98	—	—	—	40.65	—	40.65	—	—	—	—	40.65	—	30.68	40.65	—
二、省道		43.66	43.66	0	0	30.34	0	13.32	0	43.66	0	30.34	0	13.32	0	—	43.66	0	40.84	43.66	—
川西环线S106	仁寿北斗界、接官坝、迎接、城区、宝台、保和、乐至中天界	43.66	43.66	—	—	30.34	—	13.32	—	43.66	—	30.34	—	13.32	—	—	43.66	—	40.84	43.66	—
三、县道		246.1	164.38	0	0	47.7	51.53	65.15	81.69	246.1	0	123.84	16.39	103.83	2.01	—	108.1	137.97	167.32	246.07	—
资资路X138	宝莲酒厂、南津、刘家、铺子坳、东峰、小院、堪嘉、资中骝马界	53.51	47.03	—	—	41.2	5.83	—	6.48	53.51	—	32.84	14.19	6.48	—	—	40.1	13.41	42.31	53.51	—
南双路X140	南津泥溪桥、观音、振书、铜钟、一碗水、石岭、金带、资中双龙界	26.91	11.7	—	—	1	10.7	—	15.21	26.91	—	11.7	—	13.2	2.01	—	11.7	15.21	19.57	26.91	—
板永路XM01	保和四方碑、中和、丹山、谢家、新场、乐至石湍界	50.43	50.43	—	—	3.15	20.4	26.88	—	50.43	—	50.43	—	—	—	—	36.4	14.03	33.17	50.43	—

续表

路线名称及编号	起讫及主要经过地点	里程(公里)	技术等级(公里)							路面情况(公里)							养护里程(公里)		已绿化里程(公里)	晴雨通车里程(公里)	备注
			等级公路						等外路	有路面						无路面	专养	群养			
			合计	高速	一级	二级	三级	四级		合计	沥青砼	水泥砼	沥青	泥结碎石	粒料加固土						
乐一路 XM02	磐石乐至界、丹山、大腰、东峰、伍隍、一碗水	30.8	30.8	—	—	1	5.65	24.15	—	30.8	—	4.45	2.2	24.15	—	—	6.65	24.15	26.36	30.8	—
施高路 XM03	高庙、高龙、老君简阳施家界	12.74	—	—	—	—	—	—	12.74	12.74	—	—	—	12.74	—	—	—	12.74	8.5	12.74	—
养资路 XM04	简阳永宁界、临江寺、墨池、文昌、石厂、莲苔、资阳城北氮肥厂	19.81	6.15	—	—	1.35	—	4.8	13.66	19.81	—	6.15	—	13.66	—	—	—	19.81	11.14	19.81	—
万罗路 XM05	简阳望水界、祥符、吉光坝	12.75	8.95	—	—	—	8.95	—	3.8	12.75	—	8.95	—	3.8	—	—	8.95	3.8	8.55	12.75	—
中大路 XM13	中和、干沟、龙潭、大腰	15.15	—	—	—	—	—	—	15.15	15.15	—	—	—	15.15	—	—	—	15.15	8.55	15.15	—
丰高路 XM14	丰裕G321线岔路口、敲钟坳、忠义、长沙、盐井溪、候高岔路口	23.97	9.32	—	—	—	—	9.32	14.65	23.97	—	9.32	—	14.65	—	—	4.3	19.67	9.17	23.97	—

资阳市雁江区2005年乡道公路状况表

表8-2

路线名称及编号	起讫及主要经过地点	里程(公里)	技术等级(公里)				路面情况(公里)						群养养护里程(公里)	已绿化里程(公里)	晴雨通车里程(公里)
			等级公路			等外路	有路面					无路面			
			合计	三级	四级		合计	水泥	沥青	泥结碎石	粒料加固土				
合计	—	648.8	56.58	2.54	54.04	592.22	633.27	25.88	—	449.74	157.65	15.53	648.8	140.84	470.21
资洛路 Y201	城区431八厂、红岩子坳口、洛重场	11.32	—	—	—	11.32	11.32	—	—	11.32	—	—	11.32	2.6	11.32
周昆路 Y202	松涛周祠坝、白草湾、张家湾	6	—	—	—	6	6	—	—	3.6	2.4	—	6	—	3.6
南迎路 Y203	南市2路车站、任家沟、迎接朱家湾	7.1	—	—	—	7.1	7.1	—	—	7.1	—	—	7.1	2	7.1
中大路 Y205	宝台大洪烂泥沟、中和任家沟	9.73	—	—	—	9.73	9.73	—	—	9.73	—	—	9.73	3	9.73

续表

路线名称及编号	起讫及主要经过地点	里程(公里)	技术等级(公里)				路面情况(公里)						群养养护里程(公里)	已绿化里程(公里)	晴雨通车里程(公里)
			等级公路			等外路	有路面					无路面			
			合计	三级	四级		合计	水泥	沥青	泥结碎石	粒料加固土				
飞清路Y206	南津飞虹铺、下梨子园、陈家湾	11.05	—	—	—	11.05	11.05	—	—	11.05	—	—	11.05	6	11.05
大周路Y207	大堰、周祠村	3.92	—	—	—	3.92	3.92	—	—	3.92	—	—	3.92	—	3.92
赖小路Y208	城西赖家坡、白岩山、小棕湾	8.80	4.20	—	4.20	4.60	8.8	—	—	4.20	4.60	—	8.80	—	4.20
祥清路Y209	迎新桥、张家岩、疔家坳	18.80	18.80	—	18.80	—	18.8	—	—	18.80	—	—	18.80	7.00	18.80
交老路Y210	交白山、老鹰山	10.89	0.00	—	—	10.89	10.89	—	—	10.89	—	—	10.89	4.30	10.89
民博路Y211	和平村口、华山村、廖家沟、长弘七社河边	7.22	0.00	—	—	7.22	5.3	—	—	2.90	2.40	1.92	7.22	3.00	2.90
保龙路Y212	保和、黑沟、龙安	28.93	0.00	—	—	28.93	28.93	—	—	28.93	—	—	28.93	—	28.93
干真路Y213	干沟尹家藕塘、真武	8.05	0.00	—	—	8.05	8.05	—	—	—	8.05	—	8.05	1.30	—
丹大路Y214	丹山、响峒、凉水井、大腰	11.51	0.00	—	—	11.51	11.51	—	—	9.50	2.01	—	11.51	1.00	9.50
竹双路Y215	竹林坳、双清岗	11.63	0.00	—	—	11.63	11.63	—	—	11.63	—	—	11.63	—	11.63
谢小路Y216	谢家、回龙、鲁家、隆相、小院	26.19	4.16	1.68	2.48	22.03	26.19	4.16	—	22.03	—	—	26.19	9.53	26.19
回盘路Y217	回龙、松柏村、新场水库、皂角、干拱坝、磐石	17.90	0.00	—	—	17.90	17.9	—	—	—	17.90	—	17.90	—	—
易八路Y218	易家沟、太平桥、樟木沟、八字墙	12.00	0.00	—	—	12.00	12	—	—	—	12.00	—	12.00	—	—
回付路Y219	回龙、江诗村一社、付水湾	10.70	5.50	—	5.50	5.20	10.7	—	—	5.50	5.20	—	10.70	2.75	5.50
新回路Y220	新场、严桥村、回龙	11.61	0.00	—	—	11.61	11.61	—	—	—	11.61	—	11.61	—	—
小胡路Y221	小院、塘池、胡家坝	17.82	0.00	—	—	17.82	4.21	—	—	4.21	—	13.61	17.82	2.11	4.21
堪陡路Y222	堪嘉小学三岔路、陡岩山、陡山坡	11.68	0.00	—	—	11.68	11.68	—	—	11.68	—	—	11.68	—	11.68
伍小路Y223	伍隍、庙儿口、小院	13.21	0.00	—	—	13.21	13.21	—	—	8.40	4.81	—	13.21	3.20	8.40
伍石路Y224	伍隍叉口、培德大堰、石岭场镇	7.91	0.00	—	—	7.91	7.91	—	—	7.91	—	—	7.91	—	7.91
迎鲤路Y225	迎仙桥、清水、鲤鱼湖、温家湾	16.82	13.72	0.86	12.86	3.10	16.82	13.72	—	—	3.10	—	16.82	6.15	13.72

续表

路线名称及编号	起讫及主要经过地点	里程（公里）	技术等级（公里）				路面情况（公里）						群养养护里程（公里）	已绿化里程（公里）	晴雨通车里程（公里）
			等级公路			等外路	有路面					无路面			
			合计	三级	四级		合计	水泥	沥青	泥结碎石	粒料加固土				
新土路 Y226	观音岩、河东、土地堂	12.41	0.00	—	—	12.41	12.41	—	—	7.20	5.21	—	12.41	3.60	7.20
新石路 Y227	新华观音岩、水竹林、新桥、石坝儿	13.60	0.00	—	—	13.60	13.6	—	—	8.00	5.60	—	13.60	4.50	8.00
刘大路 Y228	刘家、大田角	11.40	0.00	—	—	11.40	11.4	—	—	11.40	—	—	11.40	5.50	11.40
红迎路 Y230	红岩子、金台、骝马堰	7.00	0.00	—	—	7.00	7	—	—	2.20	4.80	—	7.00	—	2.20
王燕路 Y231	王家沟、燕窝山	5.50	0.00	—	—	5.50	5.5	—	—	—	5.50	—	5.50	—	—
盐团路 Y232	盐井溪、团结山	4.00	0.00	—	—	4.00	4	—	—	—	4.00	—	4.00	—	—
吴毛路 Y233	雷音寺、吴公桥、黄泥河、毛家堰	10.00	2.20	—	2.20	7.80	10	2.20	—	3.20	4.60	—	10.00	6.00	5.40
观芭路 Y234	观音寺、芭茅湾	2.60	0.00	—	—	2.60	2.6	—	—	2.60	—	—	2.60	2.00	2.60
文凉路 Y235	文明寺、凉水井	2.10	0.00	—	—	2.10	2.1	—	—	2.10	—	—	2.10	1.00	2.10
临清路 Y236	房建队、五里桥	8.98	0.00	—	—	8.98	8.98	—	—	8.98	—	—	8.98	—	8.98
昆八路 Y238	文昌、墨池坝、八虎湾	6.10	0.50	—	0.50	5.60	6.1	0.50	—	5.60	—	—	6.10	—	6.10
老老路 Y239	老棕湾、老农	5.80	0.00	—	—	5.80	5.8	—	—	5.80	—	—	5.80	—	5.80
老何路 Y240	高桐车、何家沟	6.13	0.00	—	—	6.13	6.13	—	—	6.13	—	—	6.13	—	6.13
黄过路 Y241	黄桷树、大堰、吕国沟、过路湾	13.52	1.70	—	1.70	11.82	13.52	1.70	—	11.82	—	—	13.52	—	13.52
楼大路 Y242	楼房湾、三柏柳、大河堰	4.00	0.00	—	—	4.00	4	—	—	4.00	—	—	4.00	3.70	4.00
祥砖路 Y243	祥符、万罗路口、砖房子	4.10	0.00	—	—	4.10	4.1	—	—	4.10	—	—	4.10	3.60	4.10
迎石路 Y244	迎接、石埝桥	3.60	0.00	—	—	3.60	3.6	—	—	3.60	—	—	3.60	3.20	3.60
迎排路 Y245	迎接、排通坳	5.00	0.00	—	—	5.00	5	—	—	5.00	—	—	5.00	3.00	5.00
分水路 Y246	分水堰、黄板水库	4.87	0.00	—	—	4.87	4.87	—	—	4.87	—	—	4.87	2.00	4.87
黄杨路 Y247	黄添、杨柳沟	5.80	0.00	—	—	5.80	5.8	—	—	5.80	—	—	5.80	2.00	5.80

续表

路线名称及编号	起讫及主要经过地点	里程(公里)	技术等级(公里)				路面情况(公里)						群养养护里程(公里)	已绿化里程(公里)	晴雨通车里程(公里)
			等级公路			等外路	有路面					无路面			
			合计	三级	四级		合计	水泥	沥青	泥结碎石	粒料加固土				
七范路 Y248	七里店、范家汤	5.10	0.00	—	—	5.10	5.1	—	—	5.10	—	—	5.10	1.50	5.10
丰慈路 Y249	丰裕、柯家坳	5.90	0.00	—	—	5.90	5.9	—	—	5.90	—	—	5.90	4.00	5.90
碾永路 Y250	碾子湾、永和	5.30	0.00	—	—	5.30	5.3	—	—	5.30	—	—	5.30	2.10	5.30
丰观路 Y251	丰裕、观音寺	4.80	0.00	—	—	4.80	4.8	—	—	4.80	—	—	4.80	1.10	4.80
丰邱路 Y252	丰裕、邱家坝	3.70	0.00	—	—	3.70	3.7	—	—	3.70	—	—	3.70	1.00	3.70
碑分路 Y253	碑记、分水堰	7.90	0.00	—	—	7.90	7.9	—	—	7.90	—	—	7.90	7.00	7.90
大黄路 Y254	大佛、严家场、黄角湾	5.47	0.00	—	—	5.47	5.47	—	—	2.90	2.57	—	5.47	2.90	2.90
碑大路 Y255	碑记、大佛	3.60	3.60	—	3.60	—	3.6	3.60	—	—	—	—	3.60	3.00	3.60
顺打路 Y256	顺河场、打卦石	5.30	0.00	—	—	5.30	5.3	—	—	5.30	—	—	5.30	4.60	5.30
山金路 Y257	保和马蹄村、金山寺(广佛场)	8.00	0.00	—	—	8.00	8	—	—	8.00	—	—	8.00	—	8.00
东清路 Y258	黄柿井、清家嘴	3.50	0.00	—	—	3.50	3.5	—	—	3.50	—	—	3.50	—	3.50
紫金路 Y259	文秀桥、金星村	4.00	0.00	—	—	4.00	4	—	—	4.00	—	—	4.00	—	4.00
预晏路 Y260	预制厂、晏家坝	4.20	0.00	—	—	4.20	4.2	—	—	4.20	—	—	4.20	—	4.20
永汪路 Y261	永太、吉祥、一大队、汪家沟	10.30	0.00	—	—	10.30	10.3	—	—	10.30	—	—	10.30	—	10.30
大朱路 Y262	大屋堰、永万、朱家院子	4.30	0.00	—	—	4.30	4.3	—	—	3.60	0.70	—	4.30	—	3.60
华琉路 Y263	华家片、琉璃山	4.00	0.00	—	—	4.00	4	—	—	4.00	—	—	4.00	—	4.00
佛三路 Y264	佛崖果场、居仕、三万村	7.70	0.00	—	—	7.70	7.7	—	—	7.70	—	—	7.70	—	7.70
老七路 Y265	老君三岔路、七里	4.70	0.00	—	—	4.70	4.7	—	—	4.70	—	—	4.70	—	4.70
老高路 Y266	老君、高龙	11.20	0.00	—	—	11.20	11.2	—	—	11.20	—	—	11.20	—	11.20
沙马路 Y267	沙坝嘴、马家桥	4.30	0.00	—	—	4.30	4.3	—	—	4.30	—	—	4.30	—	4.30

续表

路线名称及编号	起讫及主要经过地点	里程（公里）	技术等级(公里)				路面情况(公里)						群养养护里程（公里）	已绿化里程（公里）	晴雨通车里程（公里）
			等级公路			等外路	有路面					无路面			
			合计	三级	四级		合计	水泥	沥青	泥结碎石	粒料加固土				
老大路 Y268	老君、大溪	6.20	0.00	—	—	6.20	6.2	—	—	6.20	—	—	6.20	—	6.20
中柏路 Y269	中和、鱼水村、柏木桥	10.92	0.00	—	—	10.92	10.92	—	—	10.92	—	—	10.92	4.70	10.92
干吊路 Y270	干沟村公所、吊脚楼	4.43	0.00	—	—	4.43	4.43	—	—	—	4.43	—	4.43	—	—
干金路 Y271	干沟村公所、金马寺	3.11	0.00	—	—	3.11	3.11	—	—	—	3.11	—	3.11	1.00	—
凉广路 Y272	凉风村、广德桥	10.80	0.00	—	—	10.80	10.8	—	—	—	10.80	—	10.80	—	—
田齐路 Y273	田坎寺、齐家寺	4.80	0.00	—	—	4.80	4.8	—	—	4.80	—	—	4.80	0.80	4.80
方人路 Y274	方朝农场、人和	5.80	0.00	—	—	5.80	5.8	—	—	5.80	—	—	5.80	—	5.80
长黄路 Y275	长沟店、漆家、黄沙坝	3.60	2.20	—	2.20	1.40	3.6	—	—	2.20	1.40	—	3.60	—	2.20
小梧路 Y276	小院、同心、梧桐镇	4.71	0.00	—	—	4.71	4.71	—	—	3.51	1.20	—	4.71	3.60	3.51
隆华路 Y277	思象(磨盘场)、付水、黄桷、李子	5.41	0.00	—	—	5.41	5.41	—	—	—	5.41	—	5.41	3.90	—
刘花路 Y278	刘家庙、花生墩	5.61	0.00	—	—	5.61	5.61	—	—	—	5.61	—	5.61	3.80	—
金双路 Y281	金带小学、资中界	5.41	0.00	—	—	5.41	5.41	—	—	5.41	—	—	5.41	—	—
金骝路 Y282	金带三岔路口、资中县骝马界	7.10	0.00	—	—	7.10	7.1	—	—	—	7.10	—	7.10	—	—
培天路 Y283	培德、红雀、天池寺	9.01	0.00	—	—	9.01	9.01	—	—	—	9.01	—	9.01	—	—
民大路 Y285	敲钟坳、大扁沟、新渡口	11.32	0.00	—	—	11.32	11.32	—	—	8.80	2.52	—	11.32	1.80	8.80

三、公路桥梁、客运站

（一）公路桥梁

1986 年，新（改）建石拱桥 2 座 63 延米。1992 年，新（改）建桥 5 座 89.8 延米，其中新建公路桥 2 座，改建公路桥 3 座（即杨清路汇龙桥、赵家坝桥和资资路飞虹桥）。1993 年，改建资资路公路桥 2 座 33.6 延米、涵洞 10 道。1997 年，在资乐路改建中，改建桥 3 座 37.7 延米。1998 年，资资路泥溪桥改建为一孔净跨 10 米、长 19.8 米的石拱桥。1999 年，松涛桥改造工程竣工，桥长 74 米，车道 20 米。2000 年，改建谢小路一孔净跨 5.4 米钢筋砼桥一座。2001 年，投资 53 万元，完成迎新桥改建工程，桥长32.16米，2孔跨径8米，宽7+2×0.75米。2002—2004年，改造危桥10座。2002年，加固沱桥东岸引道，改造堪嘉镇回龙桥、回龙乡张家桥、临江镇汇龙桥。2003年，整治小院镇跳蹬河桥、回龙乡三元桥、堪嘉镇池塘坝桥、板永路汪家桥4座危桥。2004年，完成宝台镇万明桥、老君镇大溪桥2座危桥改造施工设计。2005年，对沱江大桥采取限载10吨、限速10公里/小时的管护措施，并将该桥改名为沱江一桥。同年，沱江二桥落成，长613米、宽24.5米，投资4500万元；黄鳝溪大桥拆迁工程竣工，为二环路桥。全区有永久性公路桥151座4681.1米，其中大桥5座923.6米、中桥31座1785.1米、小桥115座1972.4米；分布在国道44座1154米、省道8座617.4米、县道29座851.6米、乡道70座2058.1米。

资阳市雁江区2005年公路桥梁一览表

表8-3　　单位：米

桥　名	所在公路	位　置	桥　型	桥长	跨度/孔数	桥面宽	建年	备　注
新　桥	国道321	2032k+400	斜石拱桥	13.2	10.5/1	6.0	1966	改建
松涛桥	国道321	2040k+400	石拱桥	68.0	20/3	28.0	2000	加宽改建
矮子桥	国道321	2040k+915	砼块拱桥	51.0	15/3	12+2×22.5	1994	改建
筏子桥	国道321	2043k+722	拱　桥	84.0	6.6+7.5/4	7.0+2×1.5	1970	改建
杨柳铺桥	国道321	2051k+154	石拱桥	18.2	6.6/1	7.0	1966	改建
临江寺桥	国道321	2054k+800	石拱桥	20.0	5/1	9.0	1972	新建
柏树桥	国道321	2056k+450	石拱桥	18.2	6/1	9.2	1966	改建
和平桥	S106川西环线	48k+790	石拱桥	60.8	6/5	7.0+2×1.0	1998	改造
文秀桥	S106川西环线	58k+420	石拱桥	20.0	8/1	7.0+2×1.0	1998	改线新建
吴公桥	S106川西环线	70k+350	石拱桥	20.0	5/1	7.0+2×1.0	1998	改线新建
沱江大桥	S106川西环线	72k+600	砼肋拱桥	385.1	20+60/9	8.0+2×1.5	1976	新建，空腹式
汪家墩桥	S106川西环线	72k+640	石拱桥	15.0	5/1	660	1965	变为引道
杨柳河桥	S106川西环线	92k+727	石拱桥	13.0	6/1	6.2	1958	改建
拱辰铺桥	资资路	2k+570	石拱桥	25.9	13/1	7.0+2×0.75	1986	改线新建
飞虹铺桥	资资路	5k+824	石拱桥	12.0	4/2	7.0+2×0.75	1992	改线新建
百忍堂桥	资资路	7k+168	石拱桥	68.0	24/1	7.0+2×1.0	1979	改建，空腹式
迎仙桥	资资路	8k+278	石拱桥	49.0	9/3	7.0+2×0.75	1992	改造
麻柳桥	资资路	29k+910	石拱桥	20.0	6/1	7.0+2×0.75	1999	改造
观音桥	资资路	42k+050	石拱桥	16.5	6/2	6.0+2×0.75	1999	改造
联盟桥	资资路	49k+850	石拱桥	27.5	13/1	7.0	1984	改建
简阳桥	放高路	34k+870	石拱桥	83.2	20/3	7.0+2×0.25	1975	空腹式
汪家桥	板永路	40k+985	石拱桥	23.0	10/4	4.0	2003	改建
李家桥	板永路	43k+552	石拱桥	11.0	6/1	4.0	1964	改建
谢家拱桥	板永路	49k+800	石拱桥	19.0	7.8/1	5.4	1955	沿用改建
丹山镇桥	板永路	54k+900	石拱桥	10.0	4.5/1	5.5	1963	改建
方家桥	板永路	66k+760	石拱桥	22.0	10/1	5.0	1959	改建

续表

桥名	所在公路	位置	桥型	桥长	跨度/孔数	桥面宽	建年	备注
双河场大桥	板永路	82k+000	石拱桥	158.0	25/5	7.0	1974	改建空腹式
迎新桥	万罗路	15k+350	石拱桥	32.16	8/2	7+2×0.75	2001	改建
祥符寺桥	万罗路	16k+200	石拱桥	38.0	20/1	7.0+2×1.0	1986	1999年加宽
石缘桥	南双路	3k+39.5	石拱桥	17.2	10/1	6.0	1972	改建
赛公桥	南双路	4k+352	石拱桥	23.0	8/1	7.0+2×0.75	1992	1999年加宽
金带桥	南双路	8k+370	石拱桥	12.6	8/1	8.0+2×0.75	1990	改建
小金带桥	南双路	8k+650	石拱桥	15.8	2.4/3	4.0	1963	改建
林江桥	中大路	0k+120	石拱桥	26.0	13/1	7.0+2×1.5	1993	改线新建
三星桥	中大路	10k+140	石拱桥	18.5	10/1	5.5+2×0.75	1992	改建
苌弘桥	丰高路	0k+620	石拱桥	19.6	8/1	5.7+2×0.25	1958	—
白果林桥	丰高路	4k+700	石拱桥	12.6	5/1	6.5+2×0.25	1992	—
大河堰桥	资临路	5k+069	石拱桥	14.6	2.5+3.2/3	4.3	1973	改建
干家河坝桥	资临路	15k+423	石拱桥	12.8	6/1	4.2+2×0.25	1973	改建
泥溪桥	南双路	0k+160	石拱桥	19.8	10/1	7.0+2×0.75	1999	改线新建
遇贵桥	南双路	4k+080	石拱桥	25.2	6/2	5.0	1808	—
铜钟桥	南双路	12k+420	石拱桥	21.0	6/3	4.3	1970	改建
双石桥	新回路	12k+195	石拱桥	25.3	5.4/2	4.5	1975	—
乾拱桥	新回路	12k+235	石拱桥	13.6	5.4/1	3.6	1977	—
张家岩桥	祥清路	7k+000	石拱桥	15.6	10/1	7.0+2×0.5	1991	—
汇龙桥	祥清路	13k+840	石拱桥	38.6	10/2	7.0+2×0.75	2002	改建
赵家坝桥	祥清路	16k+150	石拱桥	20.5	10/1	7.0+2×0.75	1991	公路改线新建
回龙桥	谢小路	2k+980	石拱桥	12.0	5/1	5.0	2002	改建
磨盘桥	谢小路	15k+327	石拱桥	12.7	10/1	4.6	1967	空腹式
新桥	谢小路	15k+690	石拱桥	25.6	9.5/2	4.5	1967	空腹式
张姑坝桥	谢小路	20k+698	石拱桥	25.0	12/1	4.0	1964	—
小院寺下桥	谢小路	25k+413	石拱桥	37.0	6/3	6.4	1959	—
闷龙桥	迎鲤路	5k+657	石拱桥	20.0	4/2	3.6	1958	—
倒石桥	交老路	1k+514	石拱桥	11.0	5/2	3.7	1964	改建
炉缸咀桥	丰慈路	3k+432	石拱桥	16.2	10/1	6.5	1985	改线新建
回龙桥	迎排路	2k+800	石拱桥	16.4	6/1	6.5+2×0.25	1992	—
马蹄桥	刘大路	1k+830	石拱桥	17.8	4/3	4.0	1964	—
双古井桥	刘大路	4k+500	石拱桥	10.0	6/1	6.5+2×0.25	1997	改建
铁板桥	刘大路	7k+500	石拱桥	9.1	5/1	5.5+2×0.25	1998	—
阳化河大桥	保龙路	0k+192	石拱桥	121.8	10+20/5	7.0+2×0.25	1997	空腹式
友谊桥	顺打路	2k+120	石拱桥	37.2	20/1	3.5	1975	空腹式

续表

桥　名	所在公路	位　置	桥　型	桥长	跨度/孔数	桥面宽	建年	备　注
堰角桥	资洛路	12k+350	石拱桥	34.4	15/2	4.5+2×0.25	1977	—
万明桥	吴毛路	1k+905	石拱桥	11.0	8/1	4.0	2004	改建
青钢坪桥	黄过路	1k+020	石拱桥	60.0	7.8/5	4.4	1975	空腹式
红星桥	黄过路	1k+616	石拱桥	15.0	4/2	3.6	1978	—
王燕路一桥	王燕路	6k+520	石拱桥	10.0	5/1	4.7	—	—
王燕路二桥	王燕路	7k+409	石拱桥	13.3	5.4/1	7.0	1967	不统计
王燕路三桥	王燕路	7k+974	板　桥	22.0	16.5/1	4.0		三五0库修建
王燕路四桥	王燕路	8k+370	板　桥	8.0	5/1	6.0	—	三五0库修建
工农桥	周昆路	2k+109	板　桥	11.0	4/2	4.0	1961	—
黑水寺桥	南迎路	3k+287	石拱桥	28.8	10/1	4.5	1958	—
花椒沟桥	红迎路	3k+012	石拱桥	10.0	5/1	4.0	1986	—
太平桥	易八路	3k+500	板　桥	21.6	2.91+4.41/4	4.5+2×0.25	1997	—
荣子堰桥	楼大路	2k+663	石拱桥	8.0	5/1	3.5	1984	—
四合水库桥	丰观路	0k+65	石拱桥	14.0	10/1	4.1	1958	—
四合水库桥	丰观路	2k+690	石拱桥	8.3	6/1	4.1	1976	—
路红桥	丰邱路	3k+603	石拱桥	11.0	7/1	4.3	1963	—
跳磴河桥	七范路	2k+700	石拱桥	28.0	4/3	4.5	2003	改建
土地桥	七范路	3k+572	石拱桥	10.0	5/1	4.6	1973	—
古河堰桥	伍小路	7k+320	石拱桥	26.5	8/2	4.5	1977	空腹式
古河堰桥	伍小路	7k+400	石拱桥	42.0	22/2	4.5	1973	空腹式
滚水坝桥	金甘路	0k+010	石拱桥	65.0	3+8/3	3.1	1975	—
432桥	金甘路	2k+310	石拱桥	26.0	6/1	5.0	1978	—
大山桥	金骝路	4k+580	石拱桥	16.0	4/3	3.5	1958	—
大山桥	金骝路	5K+620	石拱桥	12.0	4/2	4.3	1973	—
中济桥	金骝路		石拱桥	11.5	10/1	4.5	1981	—
胡代桥	小胡路	2K+800	双曲拱桥	82.0	8+40/3	4.1+2×0.4	1970	—
孝义桥	堪陡路	2K+000	石拱桥	22.6	13/1	5.5+2×0.75	1998	—
丹大路石桥	丹大路	3K+360	石拱桥	10.0	8/1	4.0	1956	—
高板桥	丹大路	9K+000	石拱桥	20.0	16/1	5.5	1978	—
高板桥	丹大路	9K+420	石拱桥	20.0	12/1	4.5	1972	—
广德桥	中柏路	2K+900	石拱桥	10.0	5/1	3.7	1961	—
柏木桥	中柏路	7K+700	石拱桥	65.2	13/4	4.5	1984	—
胜利桥	胜七路	2K+798	石拱桥	19.7	8/2	3.8	1973	—
凉真路石桥	凉广路	2K+752	石拱桥	10.0	6/1	5.0	1976	—
筏木桥	凉广路	7K+150	石拱桥	44.0	25/1	4.5+2×0.25	1991	改建

续表

桥 名	所在公路	位 置	桥 型	桥长	跨度/孔数	桥面宽	建年	备 注
新 桥	竹双路	4K+695	石拱桥	55.2	8+10/2	1.0+2×0.25	1999	改造
老沙路石桥	沙马路	6K+620	石拱桥	28.0	9/2	3.5	1977	—
杨家拱桥	老大路	4K+910	石拱桥	13.5	6/1	3.5	沿用	—
马家桥	大马路	5K+100	石拱桥	23.9	6/2	4.3	1977	—
河东桥	新土路	6K+807	石拱桥	44.0	24/1	4.5	1973	—
李子桥	隆华路	4K+300	石拱桥	13.8	6/1	6.5+2×0.25	1993	—
王河堰桥	松涛镇	—	石拱桥	25.9	15/1	4.5	1980	空腹式
邓家堰桥	松涛镇	—	板 桥	21.5	5.8/3	—	1977	—
跳磴河桥	临江镇	—	板 桥	20.0	6/3	4.5	1984	改建
新 桥	临江镇	—	石拱桥	12.0	4/2	5.0	1980	改建
河心桥	老君镇	—	石拱桥	60.0	15/3	3.5	1978	空腹式
高龙桥	老高路	11K+100	石拱桥	77.0	20/3	4.5+2×0.25	1978	空腹式
四方井桥	中和镇	—	石拱桥	28.4	9.5/1	4.0	1967	—
三阳桥	中和镇	—	石拱桥	16.8	10/1	3.5+2×0.75	1993	改建
龙潭桥	中和镇	—	石拱桥	20.5	13/1	6.5+2×0.5	1991	改建
卓家坝桥	中和镇	—	板 桥	16.8	5/3	—	1981	—
万福庵上桥	中和镇	—	石拱桥	27.0	3/5	4.0	1987	—
万福庵下桥	中和镇	—	石拱桥	17.0	10/1	2.2	1970	—
梧桐镇桥	小院镇	—	石拱桥	37.2	20/1	4.5	1977	—
鲤鱼桥	小院镇	—	石拱桥	50.0	20/1	4.5	1980	—
王二溪桥	忠义镇	—	石拱桥	20.0	15/1	4.5	1967	改建
捏颈子桥	忠义镇	—	砼板桥	45.0	10/4	4.5+2×0.75	1985	电站自建
筒车坝桥	南津镇	—	石拱桥	35.0	5/5	—	1962	—
碑溪桥	碑记镇	—	石拱桥	25.2	13/1	4.5	1980	—
金关桥	碑记镇	—	石拱桥	14.0	5/1	3.7+2×0.5	1991	改建
石板滩桥	碑记镇	—	石拱桥	11.7	5/1	4.5+2×0.25	1992	改建
马家桥	保和镇	—	石拱桥	40.0	10/2	4.5+2×0.25	1991	改建
马双桥	丰裕镇	—	石拱桥	15.9	8.0/1	4.5+2×0.5	1991	改建
川碑桥	丰裕镇	—	石拱桥	9.6	6/1	5.5+2×0.75	1995	改建
清水河桥	清水乡	—	砼板桥	14.0	5/2	8.0+2×0.25	1995	改建

注：高速路和城区公路桥未列入

（二）客运站

1. 城区客运站

四川省资阳汽车站（六十队车站）　1964年5月成立，位于城区北门。2003年10月停营，原参营车辆迁至资阳汽车总站和资阳市汽车客运站。

城北客运站（北门车站）　位于建设东路49号，1990年4月建成并投入使用，二级客运站，占地面积约3500平方米。

城北客运中心 1986年7月成立，位于城北岔路口，主营汽车客运，兼营汽车修理、停车业务。有房屋4000平方米、停车场2000平方米、职工80人。2003年10月停营，原参营车辆迁至资阳汽车总站和资阳市汽车客运站。

城西客运站 1987年6月成立，1990年改造为二级客运站。位于城西三贤祠，主营客运、停车业务，有房屋300平方米、停车场500平方米、职工20名。2003年迁至孙家坝，更名为松涛汽车站，有停车坪2000平方米。

火车站客运站 1995年10月成立，位于火车站西侧，主营汽车客运，兼营洗车、停车服务。有房屋1500平方米、停车场1200平方米、职工8人。2003年10月停营，原参营车辆迁至资阳汽车总站松涛分站。

资阳汽车站总站 位于娇子大道成渝高速公路资阳站出口约100米，2003年10月建成并投入使用，二级客站。

资阳汽车站总站松涛分站 位于松涛路一段，2003年10月建成并投入使用。

2. 镇乡客运站

2001年，丹山、保和客运站建成并投入使用。2002年、2004年、2005年中和，祥符、老君，小院客运站先后建成并投入使用。截至2005年年底，全区新建镇乡客运站6个。

3. 公交车站

城区开行公交车之初，插牌为站，招手即停，延续多年。2002年，主管单位投资设置灯箱式公交汽车站棚34个。至2005年，全城有公交线路10条，设站79个。

第二节 水路建设

一、航道

境内沱江通航河道长94.5公里，加上支流球溪河、阳化河，通航河段长113公里，有航道滩漕87处。1987—1989年，先后完成多项航道管建工程，补坝1951立方米，掏滩76条滩次24862立方米，清淤1145立方米，设航标95条滩214根杆，以保证航道畅通和行船安全。

二、船闸

境内航道共设船闸3座。即阳化河石板滩船闸，1965年建成，每次可容20吨以下船只6艘，1993年12月移交保和镇政府；沱江王二溪电站船闸，1985年建成，可通过100吨级轮船；沱江南津驿电站船闸，1991年建成，一次可通过50吨船3艘。

三、渡口

境内通航河段有渡口32个。至2005年底，按现代标准改建渡口4个。即：2001年投资建设的昆仑汽车轮渡渡口和南津下渡口，2002—2003年投资8万元改建的临江寺渡口和牛眼睛沱渡口。

四、码头

境内原有资阳、临江寺、阳化河、南津驿、铜钟河、王二溪等码头，后随公路运输的发展逐渐失去物资集散作用。2001 年，私人投资建设的南津下渡口码头竣工。

五、港口

即资阳港，以沱江东河雁江渡为中心，自古水运繁忙，现已衰减。至2005 年，以砂石运输为主。

资阳市雁江区 2005 年渡口一览表

表 8－4

渡　口	经营性质	渡　船					渡工	所在河流
		（艘）	（吨）	（座）	动力	材质		
鸭棚岩	集体	1	5	14	人力	钢	2	沱　江
临江寺	集体	1	19	40	机动	钢	5	沱　江
金山寺	集体	1	12	33	人力	水泥	4	沱　江
昆仑渡	集体	1	11	41	人力	钢	5	沱　江
两河口	集体	1	7	23	人力	钢	2	沱　江
麻柳嘴	集体	1	7	10	人力	水泥	2	阳化河
新渡口	集体	1	8	19	人力	钢	2	沱　江
三耳洞	集体	1	7	14	人力	水泥	1	沱　江
高诗沱	集体	1	3	13	人力	钢	2	沱　江
南津上	集体	1	7.5	27	人力	水泥	4	沱　江
南津下	集体	1	8	30	人力	钢	2	沱　江
钓鱼咀	集体	1	4	14	人力	水泥	2	沱　江
长沙埂	集体	1	8	20	人力	水泥	2	沱　江
龙王沱	个体	1	7	19	人力	水泥	2	沱　江
双漩子	个体	1	9	12	人力	木质	2	沱　江
幺滩子	个体	1	5	11	人力	钢质	2	沱　江
凉风渡	个体	1	6	11	人力	钢质	2	沱　江
鸡翅拐	个体	1	4	14	人力	钢质	2	沱　江
青年林	集体	1	5	28	人力	水泥	1	沱　江
北　河	个体	1	7	33	机动	钢质	1	沱　江
牛眼睛沱	个体	1	10	14	人力	水泥	3	沱　江
盐井溪	个体	1	3	9	人力	钢质	2	沱　江
飞虹铺	个体	1	3	12	人力	钢质	2	沱　江
王二溪	个体	1	10	30	人力	钢质	2	沱　江
河　东	个体	1	4	11	人力	钢质	2	沱　江
顺河场	个体	1	6	17	机动	钢质	2	沱　江
卢家埂	个体	1	4	8	人力	水泥	1	阳化河
黄岭沱	个体	1	4	11	人力	钢质	2	阳化河
勒宁坡	个体	1	3	8	人力	木质	2	阳化河
文龙寺	已拆	1	2	10	人力	木质	1	阳化河

续表

渡　口	经营性质	渡　船					渡工	所在河流
		（艘）	（吨）	（座）	动力	材质		
巷子口	个体	1	8	12	人力	水泥	2	阳化河
王二溪新渡口	个体	1	4	12	人力	钢质	2	沱　江

第三节　铁　路

成渝铁路资阳段于1952年建成，由觉林寺桥入境，至球溪河桥出境，长44.745公里。境内铁路建有大、中桥15座，长度在38.1～314米之间，计1760.081米；隧道4条，长度在74.6～177.9米之间，计517.4米。1979年，为提高车辆通过能力和保障行人、车辆安全，侯家坪和西门铁路桥由平交桥改为立交桥。1994年，资阳站加修进站地道至二站台。境内设5个火车站，其中资阳站为三等区段站，设运转室、客运室、货运室，有5股到发线、2股停车线、3条货物线、6条专用线；临江寺站、墨池坝站、侯家坪站、长沙埂站均为四等中间站，办理列车到发、会让、旅客乘降、行包与货物到发装卸、委外装卸等业务。

第二章　交通运输

第一节　运输工具、企业

一、运输工具

公路运输工具　1986年，全县有汽车128辆，其中客车42辆1864座位、货车86辆429.5吨位；有其他机动车29辆38吨位，货运人力车68辆。1990年，全县汽车119辆，其中客车51辆2105座位，比1986年增长21%、13%；货车68辆351.5吨位，比1986年下降21%、18%；机动车22辆33.5吨位，比1986年下降24%、12%；货运人力车55辆，比1986年下降19%；新增公共汽车2辆、人力客运三轮352辆。1993年，审验机动车2644辆，其中客车170辆、货车1482辆、出租车16辆；审验非机动车1500辆。1996年，全市办理营运证3421辆，其中客车384辆、出租车100辆、货车1653辆、四轮车278辆、拖拉机463辆、机动三轮车138辆；客车、货车分别比1990年增长653%、2331%。2000年，全区客车617辆、货车1655辆，分别比1996年增长60.6%、0.1%；其他各式机动车972辆、人力客运三轮车1002辆。2005年，全区营运机动车4004辆，其中客车416辆、出租车235辆、公共汽车96辆，货车2800辆，其他机动车457辆；客车、货车分别比1986年增长1678.6%、3155.8%。

水路运输工具　1986年，全县有载客机动船5艘、货运驳船25艘627吨。1990年有客船6艘

67 座、驳船 25 艘 811 吨、木船 121 艘 1146 吨。1995 年，全市客船增至 49 艘 170 座，有驳船 11 艘 387 吨、木船 61 艘 620 吨。2000 年，有机动船 23 艘 338 座、驳船 120 艘 2621 吨、非机动船 135 艘 2792 吨。2005 年，全区增加船舶 127 艘，共有营运船 207 艘。

二、运输企业

1986—1990 年，全县交通系统有公路、水路运输企业 14 个，即省运司资阳汽车运输站、县汽车运输公司、县搬运公司、县航运公司、县城区运输公司和 9 个区运输社，还有个体运输户的松散联合组织雁江汽车联营公司，共有运输企业 15 个。1993 年成立经营公路客货运输的市交达股份合作公司。1997 年成立经营汽车客运业务的市安达公司。1998 年成立宏发交运公司，同年城区运输公司资不抵债宣布破产。1995 年、1998 年先后成立社会运输企业 2 个，即成华小汽车公司和世龙运业有限公司。2000 年 6 月，组建鸿雁运业集团公司，2003 年改组为恒达运业集团有限公司。2001—2005 年，全区客运企业整合为二类企业 4 户，货运企业增加 11 个。

主要企业有：

省汽车运输公司资阳汽车运输站 成立于 1963 年，负责资阳、乐至两县运输和遂宁、蓬溪中转物资运输，驻站车辆 40～70 辆。1985 年下放内江市经营，时有职工 55 人，2000 年增至 263 人，2005 年减为 183 人。

资阳市汽车运输公司 1970 年，全民所有制资阳县汽车运输公司成立，经营客、货运输。公司于 1990 年完成 3500 平方米二级客运站改建工程，1992 年新建二级单位旅游出租公司，1995 年开拓驾校业务，1997 年组建资阳汽车出租公司。其间还开办了光学元件厂、汽车修理厂等，不久先后倒闭。2005 年有职工 219 人、合营车 62 辆，所辖客运站、驾校、宾馆等产业累计亏损上百万元，靠租用场地和线路牌维持运转。

市公交运输总公司 前身为搬运站、群众运输合作社、搬运公司，以板车、架车从事运输业务。1964 年，公司组建资阳汽车队。1973 年，试制成功机动三轮车，实现短途运输机械化。1978 年、1985 年，先后组建资阳县汽车修理厂、包装装潢印刷厂。1988 年，成立汽车配件经营部，同时从事修车、停车业务。1991 年改搬运公司为县公交运输公司，集体性质不变。1993 年，新建旅游出租分公司。1995 年，公司收入 901 万元、利润 3.28 万元。2000 年，公司有汽车 110 辆、经营线路 9 条，经营收入 1100 万元，固定资产 736.8 万元。2005 年，有公交车 96 辆、线路 10 条，年运客 200 万次，有职工 670 人。

市航运公司 前身为海员工会、木船联营社、木船运输合作社，1981 年更名为县航运公司，集体性质不变。1980 年、1986 年先后开拓采沙采石业务。1995 年，市航运公司水上游乐分公司与电解铜厂组成市金龙客运有限公司。同年，沱江水位暴涨，企业损失 20 多万元。到 2000 年，企业流动资金严重缺乏，负债率 171.9%，次年宣告破产。

市城区运输公司 前身为城关镇居民劳动服务组、杂工运输合作社、群众运输合作社，1984 年改名为城区运输公司，为集体性质。1974 年，试制成功柴油机三轮车和柴油汽车。1980 年起，在从事运输的同时跨行经营，以增强企业活力。1990 年，有固定资产 150 万元、各型汽车 25 辆。1994 年改为兰泰股份有限公司，实现产值 514.8 万元。由于企业新上纸浆模制品生产项目遇挫，效益下滑，至 1998 年，公司资不抵债倒闭。

恒达公司 前身为鸿雁运业集团有限公司，组建于 2000 年 6 月，2003 年 3 月改组为资阳恒达运业集团有限公司，经营长途、旅游、出租客运和客运站、停车、汽车维修、城市公交、仓储、托运等多种业务，有15座以上客车297辆、15座以下10辆、出租车117辆、自营客运班线295条，日发班604次。2005年，公司拥有子公司15个，总资产14848万元。

第二节　公路运输

一、客运

1986年，全县开通公路客运线路76条，客运量219.7万人次，客运周转量6134万人公里。专业运输企业承运213.87万人次，占公路客运量的97.3%。其中县运司84.16万人、搬运司70.55万人、8个区运输社56.42万人。1990年，全县公路客运量402.6万人次，客运周转量14010万人公里，分别比1986年增长83.3%、128.4%。专业运输企业承运177.5万人，占公路客运量的44%，比1986年减少36.37万人、降幅17%；其中县运司承运97.13万人、搬运司承运24.3万人、8个区运输社承运56.07万人。1995年，全市公路客运量468万人次，客运周转量11645万人公里，比1990年分别增长16.2%、下降17%；其中交通运输企业承运333万人次，占公路客运量的71%，比1990年下降26.3%。1996年，成渝高速公路通车，全市增开高速路客车107班次，其中成都92班、内江9班、重庆6班；春运期间开行广东超长客运43班次，运送旅客1840人次。2000年，全区公路客运量670万人次，客运周转量20660万人公里，分别比1995年增长43%、77.4%。2005年，全区公路客运班线295条；客运量948万人次，客运周转量29200万人公里，分别比2000年增长41.5%、41.3%；市区开行公共汽车线路10条，运送旅客200万人次。1986—2005年，全区（县、市）公路客运量、客运周转量年均增幅分别为17.7%、19.1%。

二、货运

1986年，全县公路货运量314万吨，货运周转量21189万吨公里。其中汽车运输309.83万吨、其他机动车2.8万吨、人力1.37万吨，分别占运输量的98.7%、0.89%、0.41%。专业运输企业运输量10.8万吨，占公路运输量的3.4%；其中县运司4.22万吨、搬运司2.13万吨、城运司1.35万吨、8个区运输社3.83万吨。全年货物量装卸146万吨。1990年，全县公路货运量365万吨、货运周转量19532万吨公里，分别比1986年增长16%、下降7.8%。其中汽车运输356.6万吨、其他机动车5.7万吨、人力2.7万吨，分别占货运量的97.7%、1.56%、0.74%。专业运输企业运输6.4万吨，占货运总量的1.75%，比1986年下降44%。1995年，全市公路货运量138万吨，周转量16022万吨公里，比1990年分别下降65.5%、18%。其中汽车运输120万吨，占87%；其他机动车运输18万吨，占13%。2000年，全区公路货运量702万吨、货运周转量40075万吨公里，比1995年增长408.7%、150.1%，均为汽车承运。2005年，全区公路货运量715万吨、货运周转量48134万吨公里，分别比2000年增长1.85%、20.1%。1986—2005年，全区公路货物运输量、周转量年均增幅均为6.7%。

1986—2005 年资阳市雁江区水陆运输统计表

表 8 - 5

项目	客运								货运								货物装卸量
	运输量（万人）	周转量（万人公里）	公路运输			水路运输			运输量（万吨）	周转量（万吨公里）	公路运输			水路运输			
年度			客车（座/辆）	运输量	周转量	机动船	运输量	周转量			货车（吨/辆）	运输量	周转量	轮驳船（吨/艘）	运输量	周转量	
1986	220	6134	1864/42	—	—	250/5	—	—	334	21189	430/86	314	21189	594/23	20	164	164
1987	299	8010	1864/42	—	—	300/6	—	—	326	20950	409/82	301	20950	562/19	25	171	151
1988	457	10310	1864/42	—	—	300/6	—	—	413	32358	369/74	385	32358	680/22	28	158	165
1989	403	14010	1958/45	—	—	300/6	—	—	419	20232	339/68	395	20232	884/28	24	182	178
1990	403	14010	2105/51	—	—	300/6	—	—	400	19523	352/68	365	19532	812/25	35	123	194
1991	221	7687	2526/62	—	—	257/10	—	—	427	19775	327/63	397	19610	647/20	30	135	135
1992	283	9374	2145/61	—	—	312/15	—	—	231	12833	177/32	205	12666	580/18	26	167	168
1993	227	8337	2145/61	—	—	260/22	—	—	238	14308	177/32	218	14112	424/15	20	196	190
1994	496	14270	2653/84	—	—	573/43	—	—	251	16412	61/12	233	16235	424/15	19	177	—
1995	468	11645	4532/155	468	11645	615/49	6.9	68	150	16053	5555/1478	138	16022	387/11	19	141	—
1996	502	14728	4581/311	497	14685	—	5	43	483	27453	5591/1486	462	27304	—	21	149	—
1997	530	15341	4581/311	508	15219	—	22	102	493	28714	5591/1486	468	28546	—	25	168	—
1998	573	17826	6759/418	540	17629	—	33	197	575	33460	7020/1840	541	33244	—	34	216	—
1999	697	20545	9872/617	660	20328	—	37	217	720	39125	6289/1655	675	38855	—	45	270	—
2000	726	21002	10066/626	670	20660	—	56	342	754	40376	6394/1676	702	40075	—	52	301	—
2001	735	21095	—	672	20736	—	63	359	828	40800	—	704	40139	—	123	661	—
2002	720	20875	—	663	20536	—	57	339	837	41493	—	726	4095	—	101	542	—
2003	615	17642	—	582	17447	—	33	195	786	40957	—	702	40580	—	84	371	—
2004	740	21110	—	690	20800	—	50	310	770	40960	—	720	40600	—	50	360	—
2005	998	29452	—	948	29200	—	50	252	834	43622	—	715	48134	—	119	612	—

注：表中只列出主要运输车、船

第三节　水路运输

一、客运

1986 年，全县内河客运量 2.74 万人次，客运周转量 44 万人公里，分别比 1985 年下降 192%、180%，分别占地方交通客运量、客运周转量的 1.2%、0.7%。1995 年，全市内河客运量、客运周转量分别为 6.9 万人、68 万人公里，比 1986 年增长 152%、55%，占地方交通运输客运量、周转量的 1.47、0.6%。2000 年，全区内河客运量、周转量为 56 万人次、342 万人公里，比 1995 年分别增长 711.6%、403%，占当年地方交通运输客运量、周转量的 7.7%、1.63%。2005 年，全区内河客运量、周转量为50万人次、252万人公里，分别比2000年下降10.7%、26.3%，占2005年地方交通客运量、周转量的5%、0.8%。1986—2005年，内河客运量、客运周转量年均增幅分别为90.7%、24.9%。

二、货运

1986年，全县内河货运量、货运周转量分别为20万吨、164万吨公里，占全县地方交通货运量、周转量的6%、0.77%。其中航运司货运量、货运周转量15.7万吨、96万吨公里，分别比1985年增长26.6%、下降53.6%。1990年，内河货运量35万吨、货运周转量123万吨公里，占全县地方交通货运量、周转量的8.7%、0.63%，比1986年增长75%、下降25%。1995年，内河货运量、周转量分别是19万吨、141万吨公里，占全市地方交通货运量、周转量的12.7%、0.87%，比1990年下降45.7%、增长14.6%。2000年，全区内河货运量、周转量分别为52万吨、301万吨公里，占全区地方交通货运量、周转量的7.0%、0.7%，比1995年增长173.7%、113.5%。2005年，内河货运量、周转量分别为119万吨、612万吨公里，占2005年全区地方交通货运量、周转量的14.3%、1.4%，比2000年增长128.8%、103.3%。1986—2005年，内河货运量、货运周转量年均增幅分别为26%、14.4%。

第四节　铁路运输

一、客运

1985年，铁路运输旅客发送量109.48万人次，与地方交通客运量337万人次之比为1∶3。其中资阳站77.87万人次、临江寺站8.86万人次、墨池坝站7.55万人次、侯家坪站5.2万人次、长沙埂站10万人次。随着地方公路网络不断完善，尤其是成渝高速公路通车后，旅客中短途出行多选择公路交通，铁路旅客量锐减。到2000年，铁路旅客发送量为50.135万人次，比1985年下降54.2%，与地方交通客运量之比为1∶14.5。其中资阳站32.135万人次，比1985年下降58.7%；临江寺站5万人次，下降77.2%；墨池坝站4万人次，下降88.8%；侯家坪站5万人次，下降4%；长沙埂站4万人次，下降150%。2005年，除资阳站外，其余站已无客运业务。当年发送旅客27.8万人次，比2000年下降44.5%、比1985年下降74.6%，与地方交通客运量之比为1∶35.9。1985—2005年，铁路客运量年均降幅为3.7%。

二、货运

1985年，铁路运输到货72.86万吨，发货39.42万吨。其中资阳站到货58.46万吨、占80.2%；发货17.6万吨、占44.6%。货运量与地方交通货运量之比为1∶3.08。之后，地方公路网络逐渐形成，铁路运输的大量货源被分流。2000年，铁路运输到货49.053万吨、发货21.832万吨，分别比1985年下降32.7%、44.6%。货运量与地方交通货运量之比为1∶10.6。其中资阳站到货43.053万吨，发货8.532万吨，比1985年下降26.4%、50.9%。随着地方物流业迅速发展，铁路运输进一步受到挤压，到2005年，铁路货运除侯家坪站，其余各站无直接货运业务。当年货运量为8.9万吨，比1985年、2000年分别下降92%、87%，与地方交通货运量之比为1∶93.7。1985—2005年，铁路货运量年均降幅为3.9%。

第三章　交通管理

第一节　管理机构

交通局　前身为资阳县政府交通科，始设于1954年9月。以后多次与工业管理机构分合，1975年单设，1981年与运管所合署办公，1986年分开单设，与交通战备办公室合署办公。交通局内设机构、下属机构几经调整，至2005年，局内设办公室、运输管理股、建设管理股、计财股，下设公路养护管理段、公路运输管理所、公路路政管理大队、收费路管理所（兴路有限责任公司）和地方海事处（航务管理处）、渡口管理所、公路工程质量监督站以及交通稽查征费所8个事业单位。1986—2005年，赵德华、郭太成、刘永伟、张德奎先后任局长。

公路养护管理段　成立于1961年10月，负责141公里县管公路的养护工作。1986年设置道班13个，负责129.1公里公路的养护。1990年被确定为副科级单位。1999年与简阳养护段资阳工区合并。至2005年，负责国、省、县道191公里公路的养护工作。

公路运输管理所　原为群众运输管理站，1986年9月更名为运输管理所，1992年更名为公路运输管理所，沿袭至2005年，下辖22个镇乡交通管理站，是负责区内公路运输行政管理的副科级工作机构。

地方海事处　前身为1974年10月恢复成立的县航运管理站。1989年8月县港航监督所成立后，县航运站更名为航务管理所，与港航监督所实行“一套人马、两块牌子”。1993年8月，市港口管理所成立，2002年9月更名为区海事处，与航务管理所合署办公，为正科级单位，机构沿袭至2005年。负责水路运输和港口、航政管理工作。

渡口管理所　前身为短航渡口管理委员会，始设于1954年9月，次年2月更名为渡口管理站，后几经并撤，1986年9月改为渡口管理所，负责区内渡口管理工作。

公路路政管理大队　1990年11月，县路政管理队成立，为股级单位。1999年1月改为路政管理大队，升格为副科级单位，负责区内公路路产路权管理工作。

收费路管理所　1992年10月，收费路管理所成立，为自收自支的事业单位。2005年7月，收费路管理所和1999年2月成立的兴路有限责任公司实行“一套人马、两块牌子”，负责资资路、资乐路的车辆通行费征收。

交通稽查征费所　1987年5月，县交通监理所分为交通稽征所和交警大队（后移交县公安局）。1993年交通稽征所更名为交通稽查征费所，受交通局与上级稽征所双重领导，负责公路养路费、客附费、货附费、农养费、车辆购置附加费（税）的征收管理，为副科级事业机构。

公路工程质量监督站　1999年8月成立，为全民所有制股级事业单位，负责公路工程质量监督工作。

第二节　公路管理

一、公路养护

1986年，全县常年养护的公路里程为886.7公里，其中专业养护160.1公里，好路率35.8%、综合值59.6；群养路726.6公里，好路率19%。当年完成公路岁修785.8公里、路面配套109.2公里、公路加宽扫尾175公里。1988年，完成公路大中修11项，路面配套72.2公里。专养路好路率44.4%，综合值62.3；群养路一等路135.8公里，综合值74.6。1992年，养护里程898.2公里，其中专养160.1公里，好路率55.9%、综合值67.6；省批群养道路182.2公里，好路率57.7%、综合值66.6；县乡群养路555.9公里，好路率36.7%、综合值57.6。1993年，完成公路中修5公里、公路整形33公里。1996年，投入经费28.71万元，进行水毁公路维修，确保春运道路畅通。开展公路养护竞赛活动，清边沟淤塞114处233立方米，补坑槽6210平方米，清铲路肩69.5公里，完成路面大修11公里。实现省道好路率63.3%、综合值69.9，县道好路率56.3%、综合值67.9；专养路好路率60.3%、综合值70.2，群养路好路率52.4%、综合值65.7。1999年，简阳养路段资阳工区与资阳养路段合并。当年，专养道好路率68.8%、综合值与上年持平，群养道好路率46.7%、综合值59.6。完成国道321油路路面大修6.5公里、中修7公里，投入117万元；完成泥溪桥危桥改造及公路改线，投资43.2254万元；完成国道321水毁段803米和板永路水毁段38公里的抢修任务，投资35.92万元。2001年，完成国道321线大修5公里，清水沟、路肩180公里，清塌方2800立方米，补油路坑槽2200立方米，补泥结路坑槽1500立方米。8月，境内连降暴雨，导致公路塌方2487立方米，毁坏路基1366平方米、路面8929平方米，危及板永路、资资路、资乐路、国道321线车辆通行安全。养路段170多名职工冒雨抢修，一星期后恢复交通畅通。2003年，全区国道优等路2公里、良等路27公里、次等路16.65公里，好路率59%、综合值68.7；省道优等路30.06公里、良等路8公里、次等路5.6公里，好路率87.2%、综合值90；县道优等路64.807公里、良等路21.235公里、次等路28.304公里，好路率75.3%、综合值83.9。当年完成资资路油路大修2公里。2005年，全区专养公路192.474公里，其中国、省道84.31公里，好路率73.4%、综合值77.03；县道108.164公里，好路率90.53%、综合值88.43。

二、公路绿化

1988年，全县植行道树214045株，绿化公路260.8公里。1996年，在资乐路改建工程中，增加投资数万元，以保护线路正中的1株古老黄桷树。当年起，在改建公路新植行道树的同时，加强原有行道树管护，每年喷洒农药1~2次，入冬用石灰水刷树干，防治虫害发生。1997年，春季补植行道树5000株，秋冬补植11000株。1998年，补植行道树55000株，蓄留刺槐3100株，实现国、省道绿化率96.3%，覆盖面积30.85公顷；县道绿化率91.7%，覆盖53.94公顷。1999年，投入5万元，植速生乔木“72黑杨”15546株，成活率93%。2000年，植行道树8400株，绿化资乐路28公里、资资路27公里。2003年、2004年、2005年分别绿化公路40公里、22公里、49公里。

三、公路收费

1992年10月，收费路管理所成立。1993年2月，毛家堰收费站开始收费。1993—1998年，共收取车辆通行费672.79万元。1999年2月，兴路有限责任公司成立，负责收费公路车辆通行费的征收和公路养护等工作。当年征收通行费618.19万元（资乐路416.01万元、资资路202.18万元）。2000—2005年，共征收通行费3612.98万元。其中2000年提前45天突破500万元，2004年征收额达最高值641.90万元，2005年征收592.94万元。此外，据不完全统计，1986—2002年稽征所征收汽车养路费25048.91万元、拖拉机养路费1889.44万元、摩托车养路费217.8万元。

四、路政管理

1986—1990年，路政管理工作由养路段负责，1990年11月起由新成立的路政队（大队）负责。1988年，处理路政案382起，排障79处；收回公路留地5917平方米，清理留地内建筑物812处107575.4平方米，拆除17处813平方米；处理损坏行道树案28起。1996—1997年，查处损坏公路设施案27起、违章建筑76处、占用公路留地148处，审批路边建房593户、公路接道5处。1998—2000年，上路巡查4624人次，查处违章建筑163起、非法占用公路留地201起，清除路障和清理公路打场晒粮1511处，查处违法挖掘公路行为2起，整顿路边加水、洗车点50处，查处限超车辆420辆次，收规费8.5万元。2001—2004年，查处损毁公路设施案2起、非法占用公路留地30起、违章建筑53处，清障5732处，征收公路补偿费25.467万元，罚款0.56万元。2005年，组织上路巡查2956人次，查处路政事件121起，办理路政许可证14个，清理占用公路留地605处，拆除违章建筑5处，征收公路补偿费22万元。

第三节　运政管理

1986—1987年，运政管理部门严格审批客运线路，共核发联户和个体营运许可证83个；成立城北、城西客运服务站，促使客车归站归点；累计清理货运单位和个人110个，核发货运车辆营运证1112个；先后对65个汽车维修企业的技术、设备、场地、资金状况进行审查并发证。1990年，县、区成立整治公路运输市场领导小组，运管所设运政稽查队，以加强运输市场管理。共审验客、货运输经营许可证2308个、营运证3203个、汽车维修许可证170个、搬运装卸许可证145个，审验运输服务业主17户、人力客运三轮主352户，取缔私挂公牌汽车15辆，收回不合格经营证6个、限期整改8户。1992年，全面放开客运、货运、汽车维修、货物搬运、运输服务市场，国有、集体、个体一起上的运输局面基本形成。全年，审验运输业主1562户，审验客车195辆、货车1490辆、非机动车1002辆，路检949人次，查处违章车辆852起，罚款2.4万元。1993—1994年，新增客货运输业主229户，其中客运64户、货运165户；发展客车64辆、货车158辆、四轮车181辆、城区机动车600辆；新增汽车维修业50户、搬运业6户、运输服务业1户；开行公交车5辆、线路2条；新开跨市客运线路2条、跨县1条；开行广东超长客运班车11辆。1996年，新增客车8辆、出租车14辆、货车250辆。当年，对个体运输盲目发展、违规运作、非法经营等行为进行控管。审验经营许可证2400个，其中客运235个、货运2140个、搬运装卸12个、运输服务13个；审验换发道路运输证3512个，其中客车380个、出租车100个、货车1653个、四轮车778个、拖拉机463个、机动三轮车138个。1997—1998年，整顿客运秩序，严格核定应班总量。客车凭“进站通知书”进站应班，开行成都的大客车实行大轮班制。其间，新增农用大小客车205辆、大小货车661辆，批准农村短途客运线路70条。整顿汽车驾驶培训市场，对2家不具备培训资格的公司下发《停业通知书》。审验汽车维修业企业267户（其中一类企业6户、二类44户、三类217户），取缔二类企业3户、一类企业1户，对3户二类企业处以降级，责令14户企业限期整改，强制搬迁严重影响市容的企业5户。1999—2000年，加强客运管理。对130辆出租车实行经营权有偿使用管理，收有偿使用费278.6万元。将出租车身喷上“金腰带”，进行统一管理。实行客车滚动发班制，从根本上解决沿街揽客、甩客、宰客现象。加大对扰乱客运市场车辆的打击力度，专项上路上户稽查2500人次，查处违章客车700余辆，罚款12.5万元；查处无证出租车42辆，罚款14万元；常规上路检查查处违章车11000辆次，罚款24.7万元。2001年，清理整顿交通运输秩序。在对道路客货运输、危险品货物运输进行整治的同时，取消不合理收费4项，其中客运站3项；查处“野的”26辆，打击“黑车”30辆；取缔汽车维修非法经营店10户。次年，稽查4000余人次，查处违章车1000余辆次、罚款10万元；查处“野的”“黑车”40余辆，罚款10万余元；取缔城区占道维修和镇乡无证维修户20户。2004年，完成人力客运三轮车、出租汽车经营权有偿使用改革，先后4次对危险品货物运输进行严查。2005年，共组织各类检查12次，检查运输企业和事业单位23个、客运站5个；检查车辆2000辆次，查处违章车600辆次，扣车100辆，处罚15万元；收缴销毁非法营运三轮车196辆，治安处罚13人；清理城区周边无证修车31户、占道修车19户，核发镇乡三类维修许可证146户。1986—2005年，共征收公路运输管理费3320.1万元。

第四节　航政管理

1987年，航政管理部门根据《乡镇船舶管理条例》，检查船只748艘次，对14艘有安全隐患的船只作出停驶整顿决定。1993年，组织1500人学习水上航运法规，现场纠正违章行为88起。1995年，培训船员、驾驶长174名，年审船舶121艘，责令三类船舶停驶维修，巡查河段113公里、渡口32个，检查渡船36艘、客船4艘、乡镇运输船110艘、专业船11艘，处理违章渔船1001艘、渡船1艘、运输船3艘。1996年，年检客渡轮153艘、驾驶长55人。1999年，对镇乡、水库船舶进行普查造册，落实安全管理责任；确认34个渡口合法，并分别设置安全警戒线和停航封渡线水位桩，在4个重点渡口安装《安全守则》牌；检查船舶2987艘次，移港处理86艘，警告、处罚43艘次，罚款4090元；处理非法造船厂1家，强行报废四类船3艘。2002年，整顿水上运输秩序，开展以客渡船为重点的春节、“五一”“十一”节前执法检查，检查客渡船782艘次、重点码头815人次；开展汛期安全专项检查，对冒险航行的3艘船只进行处罚，处罚违规营运船舶和人员19次、罚款2930元；集中培训四类船只所有人、经营人67名。2005年，组织各类检查12次，检查水运船舶306艘、重点渡口5个，查处违章船18艘次，发现安全隐患6次，责令落实整改5项。据不完全统计，1986—2005年，征收养河费、水运规费527.6万元。

第五节　运价管理

一、汽车运价

货运价　1986年，长途整车货运价为0.19元/吨公里，零担货运价为0.26元/吨公里；短途整车货运价一等路为 0.23 元/吨公里、二等路 0.25 元/吨公里、三等路 0.30 元/吨公里。1991 年，运价调整为：长途整车一等路 0.28 元/吨公里、二等路 0.31 元/吨公里、三等路 0.36 元/吨公里；长途零担货三个等级路运价分别为 0.38 元/吨公里、0.45 元/吨公里、0.54 元/吨公里；短途（1～30 公里）货运每吨次三个等级路运价分别为 2～8.64 元、2.2～9.56 元、2.5～11.10 元。20 世纪 90 年代中期以后，所定价格只供参考，运价由货主与车主双方议定。2002 年后，全面放开，国家不再定价。

客运价 1986 年，客运价每人公里为：一等路 0.028 元、二等路 0.031 元、三等路 0.033 元。1990 年调整客运价每人公里为：一等路 0.035 元、二等路 0.041 元、三等路 0.046 元，同时征收客运附加费。客运附加费由原来的 0.005 元、0.007 元不等统一调为 0.01 元。1993 年，运行 800 公里以上的超长客运线路运价不分区域、不分线路等级，每人公里为：普通客车 0.08 元、中级客车 0.10 元、高级空调客车 0.14 元，卧铺客车 0.15 元。1997 年，客运票价每人公里为：一等线路 0.056 元、二等线路 0.061 元、三等线路 0.066 元。1998 年，经营非高速公路的中高级客车运价为每人公里 0.14 元。2005 年，客运价涨为每人公里一等路 0.18 元、二等路 0.23 元、三等路 0.29 元，分别是 1986 年的 6.43 倍、7.42 倍、8.79 倍，年均涨幅为 34.44%。

二、水运价格

货运 1986 年，沱江长途驳船航运基价为每吨货物 1.2 元，吨公里单价逆水 0.092 元、顺水 0.062 元，人力船增加 10%。之后运价有小幅调整。1990 年 12 月，沱江水系长途驳船航运价为：球溪河不分顺水、逆水，吨公里运价由 0.13 元调为 0.16 元，起程基价每吨货物由 1.3 元调为 1.6 元；沱江不分顺、逆水，每吨货物起程基价由 1.3 元调为 1.6 元，单价逆水由 0.15 元调为 0.18 元，顺水由 0.11 元调为 0.14 元；阳化河不分顺逆水基价由 0.8 元调为 1.2 元，单价由 0.16 元调为 0.2 元。人力船在驳船运价基础上增加 10%。1991 年 11 月，交通局同意沱江航道枯水期按逆水 20%、顺水 60% 增加补贴。以后运价放开，一律随行就市。

1986 年，沱江短途航运轮船运价，不分顺、逆水起程基价为 1.0 元，吨公里单价逆水 0.11 元、顺水 0.08 元，人力船运价增加 10%。1992 年以后运价放开。

渡船客运 1986 年，每人每渡客运价为：枯水期 0.04 元、常水期 0.02 元。1988 年，不分常水、枯水期每人每次一律 0.04 元。1989 年，沱江及其支流渡运价格不分枯、洪期和机动船、非机动船，每人每次为 0.1 元，随渡的超大笨重物具、牲畜不超过基价的 50% 收费；学生仍按包干价格，每学期每人 2 元。1995 年，多数渡口改为机械渡运，成本增加。1996 年调整渡船运价：成人每次枯水期、洪水期分别为 0.3 元、0.4 元；学生每人每学期 5 元；枯、洪期重担每挑 0.4～0.5 元，自行车每辆 0.5～0.6 元，空架车每部 1.5～2 元，重架车每部 2～2.5 元，牛马每头 3～4 元，肥猪每头 1.2～1.5 元等。至 2005 年，渡运价随物价上涨而提高。

第六节 安全管理

1986 年，以公路客运、水路渡运安全为重点，加强对客车、渡船的检查，共纠正违章车船 132 辆（艘）次。1987—1988 年，开展水上运输安全整顿工作，设置 4 名专职船管员，落实水上安全责任制；全面维修渡口船只，更新三类渡船；开展水上安全大检查，检查船舶 748 艘，发现不安全船只 14 艘，责令停驶整改。1989—1990 年，以汽车客运、水路渡运安全为重点，开展春运、汛期的安全检查和“百日安全”活动。1993—1994年，以渡运安全为主，将交通安全、消防、安全生产的各项考核控制指标分解下达给各企、事业单位，实行安全目标责任制。针对全市渡口点多面广、布局分散的特点，港监、渡管人员坚持现场监督，查处违章船舶22艘次，及时消除隐患。在汛前，勘画停航封渡警戒线31处，保持“内河沉船、死人、经济损失三项指标”均为零的佳绩。1996年，进一步落实安全管理领导机构和安全责任制，加强安全管理人员培训和日常安全检查、考核和源头监控工作，防患于未然。1997年，实行车辆检测定级制度、按期维修保养制度、进站上车制度，开展“安全生产周（月）”“反三违”月、“百日安全”和“9·21”水上安全活动，先后6次检查整顿水上运输市场，共检查各类船舶1732艘次，纠正违章15起，清理营运手续不齐的船舶170艘，强制报废16艘，对未办合法航行证书的57艘船舶进行移港处理，并限期补办了证书。次年，加大水上运输和乡镇船舶管理的领导，调整充实乡镇船舶领导小组，一一落实乡镇船舶管理站的领导、工作人员和经费。江安“7·12”沉船事故后，全市进行水运安全专项检查，检查船舶2732艘，移港处理120艘，发违章通知书120份，警告、处罚36艘次，处理非法造船厂家、窝点2处，查处隐患408件，整改401件。1999年，实行客车、船舶强制保险的“安保合一”措施，加大车、船检查处罚力度。全年，检查车辆4500辆次，审验经营许可证2686个、道路运输证3395个，查处违章车1612辆次，罚款14万元；审验船舶390艘，核发“适任证书”71份，签证92人；清理取缔“三无”船舶和非法造船窝点9个，检查船舶2987艘次，移港处理86艘，警告、处罚43艘次，罚款4090元；查出隐患286起，年内整改285起，强制报废四类船3艘。2000年起，对各单位安全生产第一、第二、第三责任人实行个人安全风险金、抵押金制度；对乡镇船舶和渡口安全管理，实行县（市）、乡（镇）、村（社）、船主四级安全责任制，层层签订责任书。交管部门培训企业负责人、行车班组长、水上安全联组组长等138人，各水、陆运输企业培训经营业主、驾驶长、船员、车主、驾驶员1376人。在各种安全活动期间，共检查船舶320艘、扣留7艘，处罚6人，清理“三无”船6艘；查出汽车安全隐患20起，现场整改18起，发违章通知书20份，处罚违章车65辆。2001—2005年，坚持“安全第一、预防为主”的安全工作方针，突出重点治理隐患；严格车辆“五不出站”制度、车船签验单制度、运政人员驻站制度、管船人员监控渡口和码头制度，杜绝超载和“三品”上车船；鼓励更新老旧车辆，强制改造危旧船只；先后制订特大交通事故处理预案、防汛预案和车船调度预案。每年对运输企业、车站、码头、渡口、施工作业现场进行安全检查12次、专项检查6次，发现隐患立即整改，对严重违章车、船实施处罚。其中2001年，专项检查船舶686艘次、车辆1030辆次，限期整改隐患8起，处罚超载船9艘、违章车410辆，罚款2525元；取缔危险品货运企业4家。2002年，对汛期冒险航行的3艘船只进行严厉处罚；全年处罚违章驾船19起，罚款2930元。同时对全县桥梁进行检查，发现危桥10座，分3年完成整治任务，保证行车安全。2004年，对全区61座有船水库的258艘船只进行调查，其中运输船13艘、生产船15艘、自用船213艘、渔船17艘；对30艘未办证、11艘未落实安全管理责任的船只责令限期补办证照或整改。2005年，培训驾乘人员、车主1600人；检查船舶306艘、重点渡口5个，发现违章船18艘，安全隐患6起，均予整改；检查车辆2000辆，发现违章车200辆，处罚40辆。

1986—2005年，全境共发生机动车交通安全事故2727次，受伤120人、死亡536人，经济损失240万元。

第四章　邮　政

第一节　机构及设施

一、邮政机构

1951 年，县邮电局成立。1969 年邮政、电信分置，1973 年又合并为邮电局。1986 年，邮电局内设 15 个班组，下辖临江、保和、中和、丹山、小院、伍隍、南津、丰裕、祥符、城关 10 个邮电支局和 4 个邮电自办所。1991 年，邮电局下辖局所 47 处，其中自办局所 15 所、乡办邮政所 32 处。1993 年，市邮电局内设 7 科 1 室。即：邮政科、电信科、劳安科、保卫科、计财科、行管科、多经科、党组（行政）办公室。1998 年 10 月，邮政、电信分设。邮政局内设办公室、邮政科、储蓄科，原下辖的 10 个邮电支局和 47 处邮电所改为邮政支局、邮政所。2000 年 11 月原县级资阳市更名为资阳市雁江区，当月邮政科改为邮政递送局。2003 年 8 月，资阳市邮政局直属分局成立，邮政递送局改为投递组。

二、邮路

出入境邮路　1986 年，资阳县出入境邮路为成渝铁路委办邮路。县邮电局每日在资阳火车站接发邮件 5 次，临江邮电支局，侯家坪、王二溪邮电所每日各接发火车邮件 1 次。1996 年成渝高速路通车后，省邮电局改委办火车邮路为自办汽车邮路，每日开行成都——资阳——内江邮车 1 班。1998 年资阳地区成立后，省邮政局专设成都——资阳——乐至——安岳汽车邮路，资阳市（县级、后为资阳市雁江区）出入境邮件由此邮路传递，至 2005 年底未变。

境内邮路　1986 年，县境内有邮路 2 条，单程 4212 公里。其中自办县城至丹山、中和、保和、小院、伍隍、南津、祥符、丰裕汽车邮路 2 条 145 公里，县城至狮子山摩托车邮路 1 条 4 公里，各区至乡（镇）自行车邮路 266 公里，委办各乡（镇）至村、社步班邮路 3797 公里。1987 年，自行车邮路减少为 257 公里，各乡（镇）至村、社步班邮路减少为 3080 公里。1988 年，自行车邮路再次减少至 234 公里。1992 年，撤区并乡建镇后，各乡（镇）至村、社的委办步班邮路下放给各乡镇。邮政局自办汽车邮路 145 公里、摩托车邮路 1 条 4 公里、自行车邮路 234 公里，共计邮路单程 395 公里。2000 年，全区有邮车 19 辆、邮路 21 条，邮路单程 647 公里（其中自办汽车邮路 395 公里），农村投递线路 184 条 3743 公里。2002 年，有邮车 22 辆、邮路单程 837 公里（其中自办汽车邮路 579 公里）。2005 年，全区有邮车 27 辆、邮路 21 条，邮路单程 758 公里（其中自办汽车邮路 506 公里），农村投递线路 170 条 1836 公里。

三、设施建设

1986 年后，邮电局根据业务需要进行大规模基本建设。1991 年，开始办公自动化建设，实现会计、统计业务微机管理。1993 年实现报刊发行微机处理。1994 年，建成邮政储蓄绿卡网、报刊处理网、邮政综合网。1995 年，城区各邮政储蓄所和 10 个邮电支局实现前台营业电子化。1997 年，境内报刊发行实现微机联网，储蓄事后监督处理实现微机电子化。2000 年，实现邮政绿卡与全国邮政储蓄联网运行。2005 年，完成邮政储蓄计算机系统应用软件全国统一版本工程和绿卡、电子汇兑、银联卡改造、两网互通、电子稽查系统等一系列电子信息化建设项目。

第二节　邮政业务

一、函件

普通函件分平信和挂号，平信分陆路和航空。凡户口簿、准迁证、迁移证、居民身份证、党团组织关系、职工调动手续等重要证件资料均以挂号邮寄。1986 年，全县发寄普通函件 203.41 万件，比 1985 年增加 11.17 万件，增长 5.8%。后因电信业的发展，发寄函件量逐年减少，1990 年，全县发寄普通函件 172.78 万件，比 1986 年减少 30.63 万件，降幅 15%。随着城乡居民外出经商、求学人数的增加，尤其是民工潮的兴起，发寄函件量又逐年增加，到 1995 年，全市发寄函件 262 万件，比 1990 年增加 89.22 万件，增幅 51.6%。2000 年后，程控电话和移动电话普及城乡，函件大幅减少。

二、包件

包件又称包裹，是邮政部门长期开展的邮寄业务。除枪支弹药、警具、反动书刊、货币、易燃易爆等违禁品和鲜活动物外，其他物品均可邮寄。1986 年，全县发寄包件 1.8 万件，比 1985 年增加 100 件，增幅 0.56%。受物流业的冲击，县邮政包件业务发展缓慢，1986—1994 年，年发寄包件量保持在 2 万件上下，1995 年增至 3 万件。1998 年起，改善服务方式，城区实行包件投递到户。2000 年后，随着省内、跨省物流业的进一步发展，加之邮寄包件资费较高，邮寄包件逐渐在物流市场减弱竞争力。

三、邮政快件

1989 年，县邮电局增设函件、包件邮政快件业务，以快速、高效的方式完成运输和邮投全过程，深受群众和社会团体、机关、企事业单位的青睐，凡发送紧急信函、资料、包裹、物件，均采用快件邮政业务。当年，全县发寄邮政快件 6.68 万件。到 1995 年上升为 20 万件，比 1989 年增长 199%。1998 年，建成特快专递查询系统。2004 年，特快专递查询系统升级并入全国特快通查系统，各邮寄、投递点可在网上查询、跟踪邮件信息，邮寄快件业务量大增。

四、邮政汇兑和储蓄

邮政汇兑包括国内汇兑和国际汇兑。1989—1995 年，全县（市）每年邮政汇兑业务量稳定在 10 万张左右。此后，受到银行快捷、方便的汇兑业务的冲击。2000 年，全区邮政汇兑业务下降为 8.45 万张。2001 年，邮政局加快电子信息化建设，开办邮政电子汇兑业务。至 2005 年，全区邮政营业窗口全面实行汇兑业务电子化，实现汇款提速和种类多样化，提高了市场竞争力。由于参与竞争的银行增多，邮政汇兑业务量仍呈下降趋势，2005 年为 4.56 万张，是 1986 年的 45%。

邮政储蓄是人民银行批准开办的金融业务。1986 年，全县邮政储蓄余额为 36.66 万元。1990 年达到

521.84 万元，比 1986 年增长 1323.5%。1995 年，全市邮储余额 2893 万元，比 1990 年增长 454.4%。1998 年以前，邮政储蓄为代办阶段，吸收的存款储人民银行，邮政局收取手续费。以后为自办储蓄，有活期、定期、定活两便、个人通知存款等，收入由手续费转为利率差。2004 年，开始使用自动取款机，并完成全国邮政储蓄系统应用软件统版工程和绿卡、电子汇兑、银联卡改造、两网互通、代理保险、电子稽查等金融信息化建设项目，开通和多个国家以及中国香港地区自助柜员机业务，办理存取款、转账业务，代收代付中间业务和特约商户消费业务，促进了邮政储蓄量的不断提升。

五、报刊发行

报刊发行是邮政机构的一项专门业务。邮政局在区委、区政府和基层党政的大力支持下，建立遍布城乡的报刊发行网点（窗口）和数以千计的信报箱，同时坚持常年订阅、上门收订、网上收订、电话收订等服务方式，成立报刊投递机构，融订阅、投递为一体，改善服务，加快投递速度，缩短时限，尽量使读者看到当日报纸，稳定了报刊发行的局面。1986 年，全县订阅报纸 1091.21 万份、杂志 90.05 万份，报刊资金流转量 88.15 万元。1990 年，全市订阅报纸 862.55 万份、杂志 54.48 万份，分别比 1986 年下降 20%、39%，资金流转量增长 84.7%，报刊资金流转量 162.86 万元。1995 年，全市订阅报纸 751 万份、杂志 58 万份，分别比 1990 年下降 12.9%、增长 6.5%，资金流转量 308 万元，比 1990 年增长 89%。2000 年，全区报纸期发数 2.75 万份、杂志期发数 2.2 万份；资金流转量 362 万元，比 1995 年增长 17.5%。2005 年，订报期发数 8.39 万份、杂志期发数 2.46 万份，分别比 2000 年增长 20.5%、11.8%；资金流转量 309 万元，比 2000 年下降 14.6%。

第五章　通　信

第一节　电　信

一、电信机构

1986 年，资阳县邮电局内设电信办公室，下辖报务、话务、农话、市机、农机、机务 6 组和维修班，在农村下设 10 个邮电支局、4 个邮电所。1993 年 3 月更名为资阳市邮电局，内设电信科，负责电信通信建设、维护管理和长话、市话、农话业务经营工作。1998 年 10 月，邮政、电信分营，电信局单设。1999 年 7 月，移动通信从电信局分离，电信局主要经营固定电话和数据通信业务。2000 年，资阳市电信局改为中国电信集团四川省电信公司资阳市分公司。2003 年 12 月，四川省电信有限公司资阳市分公司挂牌成立。2005 年，公司内设综合办公室、人力资源部、计划财务部、监察审计部、市场拓展部、大客户部、商业及公众客户部、客户响应与资源管理部、网络管理与维护部、网络建设部。

二、电信网络建设

电报电路　1986—1998 年，境内有电报电路 3 条，其中有线电路 2 条（内江、成都各 1 条）。

1999 年增至 4 条，2001 年减为 3 条。2002 年起，取消专设电报电路。

长途电路　1986 年，全县设长话电路 23 条。1989 年增加到 36 条，其中自动 10 条。1990 年，完成增音站 6000 路工程。1992 年，长话电路增至 51 条。1994 年达到 62 条，其中自动 40 条。1995 年，实现长途传输光缆化，长途电路达 256 路，其中自动 236 路。1996 年发展到 633 路，其中自动 632 路。1997—1998 年，本地至长途中继电话 300 路。1999 年，资阳 C3 长、市合一汇接局建成，长途中继 3000 线、长话电路 1866 路。2001 年，长话电路 8644 路。2005 年，全市设长途 2Mbps 传输端口 862 个。

市话网络　1986 年，全县市话杆路长度 34.1 公里，明线长度 23 对公里，电缆 34.05 皮长公里，长市中继线 39 对，用户中继线 57 对，用户线 1000 对。1990 年，市话杆路 44 公里，明线 26 公里，电缆 43.3 皮长公里。1994 年，完成 8400 对出局主干电缆和 1500 对配线电缆市话网调。1995 年，新增出局主干电缆 4800 对，建市话管道 3.5 孔公里，电缆达 106.9 皮长公里。1998 年，电缆 167.8 皮长公里，接入网光缆 14.9 皮长公里，本地电话中继电路 1115 路。1999 年，本地网络形成资阳——简阳——乐至——资阳 SDH 环形传输网，全市本地电话中继电路 2460 路，电缆 768.62 皮长公里，中继光缆 202.7 皮长公里。2002 年，资阳电信已拥有固定电话网、无线接入网、数字数据网、分组交换网、帧中继网、智能网、多媒体通信网、国际互联网、ATM 宽带信息通信网等先进网络。2005 年，全市主干电缆长度 2935 皮长公里、本地中继光缆 168 皮长公里，接入网光缆 3012 皮长公里。电话网成为具有先进程控交换技术的，能提供语音、数据、图像等综合信息服务的基础网络平台。

农话网络　1986 年，全县农话杆路 416 杆公里，明线 792 对公里，电缆 70.84 皮长公里。1990 年，杆路 404 杆公里，明线 805 对公里，电缆 65.7 皮长公里。1996 年，明线 738 对公里，电缆 92 皮长公里，光缆 129 皮长公里。1998 年，电缆 152 皮长公里，本地中继光缆 282.4 皮长公里。1999 年，中继光缆 847.1 皮长公里，接入网光缆 862.2 皮长公里。

三、电信设备建设

电报设备　1986—1991 年，全县有载报机 2 部、电传打字机 3 部、自动发报机 3 部。1992 年，增加传真机 13 部，实现县城和各支局的公众传真业务。1995 年，有电传机 5 部、载报终端设备 28 路、分组交换 PAD 端口 16 个。次年，传真自动转报设备投入使用。1998 年，载报终端设备减为 23 路。2002 年起，取消专设公众电报电路和设备。

长话设备　1986 年，全县有长途磁石交换机 200 门、共电交换机 30 门、载话端机 12 部；10 月，开通 DD14 长途半自动交换机。1989 年，开通 DD16 长途全自动交换机 32 路，首次开通长途直拨电话。1992 年，有载话端机 18 部，开通长途对端设备 48 路。1993 年，开通长途程控交换机 240 路端。1995 年，长途自动交换机容量 640 路，新增长途数字终端 4080 路。1998 年，光纤数字终端复用设备 480 路。1999 年，C3 长、市合一汇接局建成，全地区长途交换机容量 4350 路端。2000 年，设长途交换机 6200 路端，撤除长途人工台。2005 年，全市长途交换机容量达 19860 路端。

市话设备　1986 年 10 月，开通 HJ921 纵横制自动电话交换机 1000 门，交换机容量 1680 门（实占 632 门，其中自动 623 门）。1990 年，扩容自动电话交换机 1000 门，交换机容量达 2000 门（实占 978 门）。1993 年 11 月，开通 5000 门程控交换机。1995 年，交换机容量 11000 门（实占 6048 门）。1998 年，交换机容量 21640 门（实占 16742 门）。1999 年、2000 年，交换机容量分别达 96304 门（实占 61722 门）、172426 门（实占 117869 门）。2005 年，本地交换机容量达 584365 门。

农话设备　1986 年，全县农话交换机总容量 900 门（实占 556 门），有载波终端机 30 部、会议电话终端机24部、会议电话汇接机10部。1990年，有农话交换机容量1190门（实占600门）、会议终端机20部。1995年，交换机容量1850门（实占1132门）。1998年，农话交换机容量6144门（实占4473门）。1999年，局用交换机容量43970门（实占26342门），用户交换机1360门。2000年，市话、农话合并。

其他电信设备 1986—1989年，有短波发信机2部，功率30瓦。1992年12月，开通无线寻呼业务。1994年，开通900MHZ移动电话（大哥大）和中文寻呼系统。1997年，建成SDH同步传输网，开通全球计算机互联网。

四、电信业务

1986—2005年，区内电信业务蓬勃发展。业务收入由1986年的96.68万元增加到2005年的23026.50万元，增长23718%；长途电话由1986年的9.95万次增加到1998年的443万次，增长4352%，年均增幅362.7%；市话用户由1986年的558户增加到2005年的103464户，增长18441.9%，年均增幅970.6%；农话用户由1986年的357户增加到2005年的42571户，增长11824.6%，年均增幅622.3%。电报1986—1992年呈上升态势，由6.8万份增长为12万份，年均增幅为12.7%；1993—2005年为下降状态，由12万件降为0.11万件，年均降幅7.6%。1992年开通寻呼系统，寻呼用户由最初的46户增加到1998年的19135户，增长41497.8%，年均增幅6916%。1994年开通移动电话，用户由65户增加到2005年的165727户，增长254864.6%，年均增幅23161.5%。住户电话由1995年的3507户增加到2005年的119027户，增长3294%，年均增幅329.4%；互联网用户由2001年的1610户增加到2005年的26743户，增长1561%，年均增幅为390.3%。

资阳市雁江区1986—2005年电信业务统计表

表8-6

年度＼项目	电报（万件）	长途电话（万次）	市话（户）	农话（户）	住户电话（户）	移动电话（户）	互联网（户）	业务收入（万元）
1986	6.8	9.95	558	357	—	—	—	96.68
1987	8.27	12.3	628	344	—	—	—	110.46
1988	10.24	13.67	713	362	—	—	—	166.29
1989	9.77	12.97	773	384	—	—	—	145.68
1990	8.95	15.66	874	405	—	—	—	155
1991	10	22	995	455	—	—	—	203
1992	12	41	1447	529	—	—	—	279
1993	12	52	1824	565	—	—	—	381
1994	10	105	3563	681	—	65	—	591
1995	8	205	6007	1011	3507	250	—	984
1996	5.8	381	13089	1804	6621	722	—	1524.76
1997	3.6	349	22466	2706	9050	1830	—	1932.75
1998	2.7	443	28711	4473	11050	4601	—	2655.65
1999	9.86	2608.5	63683	8273	18214	11394	—	14130.62

续表

项目 年度	电报 （万件）	长途电话 （万次）	市话 （户）	农话 （户）	住户电话 （户）	移动电话 （户）	互联网 （户）	业务收入 （万元）
2000	6.86	2992.3	156673	—	28679	23592	—	17661.48
2001	7.48	2254	198162	—	40186	39366	1610	18009.90
2002	1.92	2498	240268	—	54967	75789	10432	17895.22
2003	0.93	2420	296009	—	56876	103514	12483	19201.40
2004	0.46	3426	361337	—	89222	131985	21419	21342.50
2005	0.11	4232	419883	—	119027	165727	26743	23026.50

注：1. 1999—2005 年由市电信局提供，其余年份数据来自《统计资料》

2. 2000 年起，市话、农话合一

第二节　移动通信

一、机构

1999 年 7 月，资阳移动通信业务从资阳市电信局分离，11 月 18 日正式挂牌成立中国移动通信集团四川公司资阳分公司。2002 年 7 月 1 日，四川移动通信公司改为有限责任公司，并在香港、纽约上市，资阳移动为其旗下的市级分公司。2003 年 6 月，资阳移动分公司雁江营业部成立，内设综合部、开发中心、客户中心。后改为雁江分公司，负责雁江区移动网的发展规划、工程建设、网络维护和经营服务等工作。

二、网络及基础设施建设

1999 年，移动从电信分营时，有移动基站 10 个。2000 年 3 月 17 日，资阳移动分公司 10 万门交换机割接入网。2001 年，资阳分公司网管大楼竣工，开通资阳移动数字网，退出模拟网，并建立首家移动指定专营店伍隍专营店。2002 年，建成自办营业厅娇子大道营业厅。2003 年，建立首家移动合作营业厅老君合作营业厅。2004—2005 年，建成中城街营业厅、建设北路营业厅、南门营业厅等。

三、移动通信业务

1999 年以来，公司（营业部）先后推出以“责任、诚信、便捷”为基础的“五心”服务和阳光行动、温馨热线、全球通 VIP 客户俱乐部、中外名家系列讲座等服务项目。2001 年，开通移动梦网业务。2002 年，中国移动梦网 GPRS 平台投入商用后开展彩信业务。2003 年，推出多媒体短信业务和彩铃业务。2005 年 10 月，中国移动公司联手各大报社媒体，以彩信形式将各大报纸内容传送到用户的手机上，开通“中国移动手机报”。截至 2005 年底，中国移动通信开办有“全球通”“动感地带”“神州行”“动力 100”等品牌业务和“139”“138”“137”“136”“135”“134”“159”“158”“150”网号，除基本话音业务外，还提供数据、IP 电话、传真、移动办公等多种增值业务。

第九篇 城乡建设

第一章 建设规划

第一节 城市规划

1979年，县建设部门组织人员编制《资阳县城总体规划》，以1990年为近期规划期限年，规划建设面积为6.85平方公里。1990年，实际建设面积已达7.9平方公里。至1991年，虽城市功能增强，面貌改观，但城市人口规模和用地规模明显偏小。1992年，受资阳县委、县政府委托，四川省城乡规划设计院对县城总体规划进行修编，经过详细调查、论证分析、广泛征求意见和专家评议，1993年4月完成修编方案，并经资阳市人民政府第五次常务会议、资阳市第一届人大常委会第三次会议和内江市人民政府第77次办公会审查同意，1994年12月28日报经四川省人民政府批准。修编后的城市规划年限：近期1992—2000年、远期1992—2010年、远景1992—2050年。城市性质为全市政治、经济、文化中心，以发展机械、轻化工、食品为主的工业城市。发展规模：2000年城市人口14万，用地规模11.97平方公里；2010年城市人口20万，用地规模19.06平方公里；2050年城市人口40万，用地规模40平方公里。城市远景发展方向：沿沱江、成渝公路、成渝铁路“一江两线”为发展轴，总的发展趋势向南；旧城区主要向西南发展，“四三一”（资阳内燃机车厂）片区往总厂东南方向发展，城东功能区主要向东和南发展，侯家坪片区向北、西、南三方发展；将旧城区规划为行政、商贸、文化和居住功能区，“四三一”片区为Ⅰ类机械工业功能区，城东为食品、轻工、电力Ⅱ类工业区，侯家坪片区为以化工为主的Ⅲ类工业区。规划范围包括雁江镇、宝台镇、松涛镇、临江镇的41个村，辖区面积204平方公里，城市建设用地40平方公里。远期用地规划：居住用地426公顷，人平21.3平方米，占城市建设用地（下同）的22.35%；工业用地430公顷，人平21.5平方米，占22.56%；仓储用地86公顷，人平4.3平方米，占4.51%；公共设施用地227公顷，人平13.85平方米，占14.53%；市政公用设施用地58公顷，人平2.9平方米，占3.04%；道路、广场用地201公顷，人平10.5平方米，占10.05%；绿化用地131公顷，人平6.55平方米，占6.87%；对外交通用地109公顷，人平5.45平方米，占5.7%。城市道路分为主干道、次干道、支路三级。路宽：主干道30～40米、次干道20～26米、支路12～16米，其余9～15米。交通设施：资阳火车站改为客运站，侯家坪站改为货运站；在孙家坝增建市级客运中心，在老城区、“四三一”片区、城东功能区、侯家坪片区设置综合停车场和公共汽车站。城市近期建设规划：旧城向孙家坝、矮子桥方向发展，形成城市新区；“四三一”片区向东发展；城东功能区向东面发展；侯家坪在老街以南及石油管卷厂生活区以西发展。近期建设以新区和城东开发区为重点地段。在孙家坝、矮子桥新区，主要安排道路交通、市政公用设施、行政、商贸、居住、工业等新迁项目；城东以资乐路改线为轴线，主要安排行政、金融、商贸、市政公用设施和教育、居住项目；“四三一”片区以居住和市政公用设施如体育场、宾馆、邮电大楼等为主；侯家坪以道路、居住、工业和市政公用设施为主。近期市政公用设施造价估算为2.6809亿元，其中给水工程650万元、排水工程9500万元、电力工程1120万元、道路工程1.3249亿元。

第二节　集镇规划

1986—1989年，县规划办对正在编制的13个建制镇、48个集镇总体规划进行进一步修改、补充和完善。1987年4月，内江市人民政府批准临江、保和、中和、小院、伍隍、南津、丰裕、祥符8镇的总体规划。12月14日，县政府批准48个乡集镇的总体规划。1989年，内江市政府批准丹山、宝台、松涛、侯家坪、忠义5镇的总体规划。至此，首轮集镇总体规划编制全部完成。

1992年撤区并乡建镇后，启动第二轮集镇规划修编工作。首先完成新场乡集镇迁址论证和总体规划及建设规划的编制。1994年，完成省、市政府试点小城镇中和镇的规划，完成迎接、丰裕、临江镇的总体规划和建设规划。1995年，忠义、堪嘉镇的总体规划和建设规划编制完成并通过审批。1996—2000年，先后完成老君、保和、回龙、小院、东峰、南津、清水、碑记等镇乡集镇的总体规划和建设规划。2001—2003年，完成5个镇总体规划修编并通过审批。其中石岭镇规划人口1.2万、规划用地98公顷，伍隍镇规划人口1.8万、规划用地126公顷，丹山镇规划人口2.1万、规划用地146.73公顷，中和镇规划人口1.5万、规划用地137.45公顷，祥符镇规划人口1.2万、规划用地98.1公顷。至此，第二轮集镇总规修编全部完成。2005年，主要对老君、丹山2镇的建设规划进行调整。

第三节　新村规划

1995年，按社会主义新农村建设标准，首先对雁江镇马鞍村十一社和忠义镇石柱村的村庄建设进行规划。随后，陆续在其他镇乡开展村庄建设规划。2001年，编制完成堪嘉镇胡家坝村、石岭镇高峰村的中心村建设规划。2003年，按照社会主义文明新村标准，完成东峰镇打铁村、宝台镇雷音村等4个村的新村规划设计，同时开展成渝公路沿线的半月、新华、东庵、五显、骝马、清泉、大堰、大高寺和资乐路沿线的四方碑、紫微、大洪共11个村的中心村、示范村建设规划工作。2004年，编制19个中心村、文明村的建设规划。2005年，规划设计中心村65个、文明村5个；累计完成中心村、文明村规划106个，占全区472个村的22%。

第二章　市政建设

第一节　市政道路、桥梁

一、市政道路

1986年，共投资107.6万元完成3段城区次干道改造。其中改造和平路702米、建设北路1500米、建设东路638米。道路均宽26米（其中车道14米，人行道2×6米），为柏油路面。当年，全城实有道路21公里，其中高级、次高级道路长19公里、面积180250平方米。1987—1989年，完成和平路南段延改工程240米，铺水泥砼路面6240平方米，投资13.8万元；开建城市主干道雁城路，全长1144米、宽40米，投资736.5万元，第一、二段960米当年竣工，第三段184米于1994年完成；改造东街、中城街、上西街、陈家巷、武臣巷路面1422米，铺设六角砼块7184平方米；改建建设西路409.3米（宽22米）、建设南路1035米（宽26米），投资592.82万元；完成莲花路改建工程（长583米、宽22米、投资141.98万元）和后西街道路延伸工程（130×17米，投资15万元）。1990年，开建建设南路东门转盘及道路工程，路长280米，面积7000平方米，投资90万元，1991年竣工；开建马巷子（长333米、宽22米）、马家巷（长320米、宽5.5米）道路工程，投资分别为300万元、30万元。1991年，开建成渝高速路入城线3318米，路宽30~40米，投资3400万元，1995年5月竣工。1992年，开建雁城路第三段拓宽改造工程，路长659米、宽40米，投资800万元。1993年，拆除和平路街心花园，扩建路面177平方米；维修体育路、川烟厂大门口路面427平方米；新建资阳中学大门口人行道1170平方米。1994年，开建和平路南段延伸工程328.5米，建水泥砼路面8541平方米，投资90万元，1995年9月竣工，实现和平路一气贯通，全长1200余米；开建青年路拓宽工程，路长372米、宽7米，1995年1月竣工。1995年，完成公园路（209.6米×18米）、外西街（180米×18米）拓宽工程，投资207万元。1996年，完成南二环路西段道路改造工程，投资31万元。1999—2000年，新建城市主干道二环路三段1140米，投资1871.28万元。2001年，完成政府东街东延线、郑家巷、马家巷道路改造工程（总长838、宽20米）；开建上西后街片区道路长800米、宽20米改造工程，次年完工。至此，城区道路改造全部完成。2005年，城市道路均实现“五化一通”，即硬化、美化、绿化、亮化、净化和畅通。

二、市政桥梁

1986年，县城有市政桥梁7座。1988年，开建市政桥梁工程2项，均为雁城路配套工程：一是西门铁路立交桥，由3个水泥砼箱体组成，中孔宽12米，为快车道，两个边孔各10米，为慢车和人行道，投资95万元，次年9月竣工；二是西门老桥修复工程，桥长64米，净跨40.74米，桥宽22米（车行道18米、人行道2×2米），为一跨板拱桥，投资81.93万元，当年3月开工，因资金紧缺时建时停，至1991年完工。1992年，投建雁城路矮子桥工程，桥长60米，主拱净跨30米。1993

年，开建高速路入城线九曲河公路桥和11个涵洞，1995年竣工。2005年，城区共有市政桥梁11座。

第二节 排水管网与消防设施

一、排水管网

1986年，在建设北路、建设东路和双龙井居住区分别敷设下水道950米、670米、547米后，全城下水道长度达25公里。1987年，修建南干排水渠879米，断面2×2.7米，投资68.7万元；开建和平路南段、建设南路排水工程；完成东街、中城街、上西街西段及陈家巷、武臣巷共2819米下水道整治工程。1988—1989年，建成雁城路、建设南路排水干渠1110米和建设西路、莲花路下水道1800米。1990年，建成东干渠尾部至沱桥排水干渠178米，断面3×4米，投资45万元；建成马巷子北侧排水沟339米、马家巷子排水沟（断面0.8×0.9米）495米、外东街三岔口排水沟（断面0.6×0.9米）162米、东干排水支渠（断面0.6×1.5米）206米。1993年，改造桥亭子、水巷子片区排水沟156米。1994年建排水沟沉沙池5处，整治外西街下水道645米。至此，全城排水工程建设全部结束。2005年，维修、改造城市排水道6800米。

二、消防设施

1986年，县城有公共消防设施81处。此后，随着旧城改造和新区开发的不断加快，消防设施亦相应增加，尤其是1998年资阳地区成立后，进驻城西的单位大幅增多，公共消防设施也迅速增加。

第三节 市政公用设施

一、供水

1986年，投资扩建城区自来水供水管网，更换抽水机泵；全城供水量由每日1万吨增加为1.5万吨。1988年，投资175.5万元，新建日供水1.5万吨净水系统1套、650立方米/小时水循环澄清池1座、800立方米/小时虹吸滤池1座、2003立方米回收水池1座，新安装φ500毫米的铸铁管650米、φ300—450毫米输水管5000米；日供水能力提高到3万多吨。1990—1992年，实施老鹰水库引水工程，新建二水厂，安装φ1000毫米的主管道13900米，投资1280万元。全城自来水日供能力达7万吨。

二、供气

1994年8—11月，在城区敷设天然气管网30700米，建配气站61平方米，投资418万元。当年，天然气用户2800户。至2005年，天然气普及率达95％以上。

三、照明

1986年，城区有路灯308盏。1987年，在城区安装变压器3台，架设公共照明线600余米，新安装和平路南段街灯，改建后西街街灯。1990年，新安装桥亭子、外西街、外东街街灯18柱3800瓦，架线600米。1991年，在沱桥路、西门桥路新安装街灯4柱0.4千瓦，架照明线840米。1994年，城区新安装街灯33盏，投资5.7万元。1995年，在高速路入城线（资阳大道）安装大型玉米灯126柱，投入70万元；在和平路南段安装单挑灯33盏，投入4.43万元。1996年，安装南二环路单挑灯4柱，埋设电缆300米；安装雁城路华灯18柱，埋设电缆1200米；安装二环路、资阳大道大玉兰灯3柱；维修大玉兰灯20柱、其他灯60柱。1999年，在和平路、南门3处口子和雁城路一、二转盘安装镀锌半高杆灯17柱、路灯90柱，埋设电缆1400米，架空电缆3000米，布灯箱广告87户，修复路灯1200盏，维修路灯2500盏，换镇流器200只、触发器500只。2000年，投入260万元，改造和平路、政府路路灯，新安路灯404柱、华灯6盏、火球柱800米、彩灯400个、彩鼓型灯6柱，缠霓虹灯2500米、跑马灯400米，铺电缆16.183公里。2004—2005年，实施城市“亮化”工程，投入121万元，对全城128条大街小巷进行逐一规划、设计，新安路灯709盏。2005年，组织力量清洗路灯100盏，修复50盏，新安56盏，铺设下地管线6000余米。

四、环卫设施

1986年，在县城新建公厕1所，维修公厕4所；新购“东风牌”吸粪车、“130”垃圾车、“130”液压升降车各1辆；新增垃圾桶120个、瓷砖痰盂33个。1987年，开建南门口、后西街公厕2所。次年，添置真空吸粪车1辆、垃圾车4辆、洒水车1辆。1990—1991年，新增公厕1处，改造公厕8处，其中旱厕改水厕6处。1993年，在松涛镇五显村打石湾征地19.6亩，建垃圾处理场1个。全年建垃圾中转站1座、垃圾库5座，改造公厕9个、垃圾库6座，新购洒水车4辆、人力车24辆。1995年，完成文化路公厕旱改水工程，投资4万元；建沼气化粪池70立方米、房屋50.5平方米，新安果皮箱70个、痰盂盒500个，投入10.09万元。1998年，新购环卫专用车3辆，添置果皮箱120个、痰盂盒200个，新建垃圾库和公厕4个（套）。2000年，新建公厕6个、垃圾库5座，安装果皮箱160个、痰盂230个。2004—2005年，全城新建地坑式垃圾点18个，新安置净化垃圾桶46个，改造封闭式临时垃圾点123个。

五、公交设施

1990年，县城开通公共交通线路1条，有公交车2辆。1995年，公交线路发展到3条。1999年，新开公交车4至6路。2000年，新购公交车35辆，新增公交线路，设公交站点牌47个。当年，公交线路基本覆盖城市规划区。2004—2005年，新画道路标志线9000米，安红绿信号灯4组、电子监控系统2套，新增路标路牌20多个。2005年，全城设公交线路10条，设站点79个，有公交车96辆。

第四节　城市绿化

1986年，城区新植行道树1400株，零星植树8300株，建公共绿地5000平方米、花台164个，新增专用成片绿地14600平方米。1987年，在建设北路县委招待所地段植夹竹桃2150株，形成绿篱1000余米；在和平路南段、建设西路、后西街、上西后街新栽、补植行道树407株；在交叉路口等地新建绿点2处、树座3个。1988—1989年，在凤岭公园集中大片植树4.5万株。1990年，在机关、学校等单位和城市道路两旁共植花木5.5万株，其中补植行道树2049株，新植绿带3672平方米、绿点1256平方米。1993年，社会各界开展两次义务植树活动，定植梧桐、刺桐、女贞、水杉17082株，面积1.2公顷。同年苗圃基地由13.2亩扩大为22.4亩，城市绿化率达15.4%。1994—1995年，换植、补植行道树13346株，新植12902株，新建道路绿带1033平方米。1996年，新征苗圃用地9.2亩，在配件厂至凤岭公园植行道树786株，补缺、换植城区行道树450株，新建绿带1180平方米。1999年，在广厦路、车城路、狮子路新栽三叶树447株、柳树100株，植草坪1219平方米；换植建设北路、建设东路老化女贞为小叶榕510株；在雁城路补植毛叶柏6500株。2000年，新增小北街绿化景点150平方米、火车站草坪2400平方米、九曲河绿化长廊9500平方米，在二环路A段新植小叶榕1000株、绿带10400平方米，在广厦路、河心小区、大北街、正东街、大东街植行道树518株，苗圃栽植各类苗木、花草40余种2000余株；全城增加绿地1.5公顷。2004—2005年，新栽行道树60株。

第三章　镇村建设

第一节　集镇建设

“七五”期间，县委、县政府确定小院镇为全县集镇建设试点镇。1986年，全县集镇建房21.88万平方米，其中国家建房1.666万平方米、集体建房3.11万平方米、私人建房17.104万平方米。有4个镇新建自来水厂，当年有自来水的集镇达32个。3个镇改造道路1925米、排水沟4135米，其中小院镇建水泥砼路810米、排水沟1145米，中和镇建农民街660米、排水沟2240米，南津镇改造和平街455米、排水沟750米，丹山镇修防洪渠1870米，伍隍镇安装了街灯，4个镇建起电影院。1987年，小院镇新建长650米、宽20米的西大街，同时完成照明、排水、供水等配套设施；丹山镇拓宽、加深、疏浚河道1324米，并改造东街口；伍隍镇兴建兴隆街水泥砼道路240米、宽16米；南津镇整治排水沟242米；全县集镇共修道路950米、建市场3450平方米、建公厕2个、建水厂9个。1988年，全县集镇建自来水厂9个、改建道路65000平方米、排水沟460米，建市场3140平方米，其中保和镇开建长600米、宽16米水泥砼干道。1989年，集镇建自来水厂9个，全县自来水厂达52个。年内，临江镇改造旧街长440米、宽10米，保和镇改造河滨路长640米、宽16米，中和镇建道路长410米、宽16～22米，堪嘉镇建道路长650米、宽16米。1990年，小院镇完成“七五”期间试点集镇建设各项目标，5月通过验收。7月，县政府确定中和镇为“八五”期间的试点集镇，进一步推动全县集镇建设。当年，中和镇开建长990米、宽16～22米水泥砼路及排水等配套设施；临江镇完成半边街、正街长480米、宽6米，排水沟长560米、断面0.65×0.9米的改造任务；丹山镇基本完成长523米、宽8.5米的道路改造任务；小院镇新建小南街、东大街、北街3条水沟420米。1991年，贯彻国务院、省政府关于加强村镇建设管理的文件精神，各镇乡建立村镇建设管理所，进一步加速集镇基础设施建设。小院镇、中和镇分别改造道路550米、780米，祥符镇出台街道改造方案。1992年，全县集镇铺筑水泥砼路2952.2米、面积26318平方米，修排水沟5014米，建公厕8个、水厂2个、农贸市场3个（占地28亩），其中中和镇完成方碧路一期工程9960平方米，保和镇修河滨路条石堡坎长59米、高8米。1993年，全市集镇铺筑水泥砼路长385米、面积3650平方米，建排水沟3800米、桥涵2座、公厕3个、垃圾转运堆放点48个、农贸市场3个，改造水厂2个。1994年，堪嘉、忠义2镇修筑水泥砼路长780米、面积7800平方米；3个集镇修排水沟5条3000米；2个集镇改造自来水厂；1个镇新建自来水厂，安供水主管2400米；3个集镇购树1500株，绿化公路3000米。1995年，中和镇新建、改造桥梁各1座，均长26米、跨径13米，建商贸中心3000平方米，建水冲式公厕2所；迎接、老君镇各修路1条、计长368米，建水沟4条1036米；回龙乡新建自来水厂，安主管1000米；迎接镇建垃圾场1000.5平方米；宝台镇植小叶榕行道树300株。当年，保和、迎接、丰裕、碑记、忠义、中和、伍隍等镇已通程控电话。2003年底，全区21个镇乡集镇、49个场镇建成区面积664.2公顷，住户3.25户，人口9.5万人，房屋建筑面积238.13万平方米、其中楼房152.2万平方米，人均住房20.31平方米；有自来水厂60个，自来水普及率77.92%，修水泥路62公里，绿化覆盖29.52公顷，其中园林绿地13.3公顷、公共绿地4.06公顷。“十五”期间，集镇改造业已结束，集镇建设重点转向功能完善和市政管理。据不完全统计，“十五”期间全区集镇建房77.1053万平方米，其中单位建房15.7540平方米、私人建房61.3513万平方米。2005年，镇乡累计住宅建设面积1240万平方米，人均31平方米；自来水普及率100%，道路硬化率95%，城镇开发率50%。全区19个集镇建成区面积17.6平方公里，建成区园林绿地面积420公顷，绿地率为33.2%。集镇建设发展较为突出的有小院、丹山、中和、伍隍、堪嘉、迎接、保和、回龙等镇乡。

第二节　示范村建设

1995年，市委、市政府制定小康村建设规划，出台多项优惠政策，采取市级领导定点联系、指导，市级部门定点帮扶的办法，层层签订示范村帮扶建设责任书，具体在资金、物资、项目、信息、技术等方面对农户予以扶持，先试点取得经验后在全市推广。2000年，在碑记镇半月山村实施“农村能源和生态家园富民工程”试点。全村建新型沼气池27口，占农户户数的40%；铺筑户到户、户到果园小型水泥路2860米。每户建成水冲式厕所和省柴节煤灶，村貌焕然一新。2003年，在宝台、丰裕2镇8个村实施“农村能源和生态富民工程”，在全区开建中心村65个、文明村5个。为加快中心村建设步伐，区委、区政府决定在成渝路、资乐路沿线增建半月、新华、东庵、五显、骝马、清泉、大堰、大高寺、紫微、四方碑、大洪11个中心村，其中清泉、半月为示范村。当年，建成初具规模中心村20个，聚居村民1500户。2004年，开建文明新村13个。2005年，开建中心村65个、文明村5个；建成中心村24个，聚居村民723户、2万余人；打造文明村6个。截至2005年底，全区累计建成中心村、文明村153个，占全区472个村的30%。

第四章　建筑　房产

第一节　建筑安装业

一、建筑安装企业

1986 年，全县有建筑安装企业 24 个，从业人员 4408 人。其中建设局直属企业 2 个，即建筑工程公司和市政工程队。1988 年，建安企业发展到 29 个，从业人员 4315 人。1992 年，新成立公园绿化工程公司和 2 个装饰施工公司。全县共有各类建筑施工企业 34 个，从业人员 5727 人；资质年检合格企业 26 个，基本合格 3 个。1995 年，全市建安企业增至 36 个，从业人员 5696 人；经建设部门按新标准严格审查，有 28 个企业合格，3 个未达新标准，3 个降级，2 个被吊销企业资质。1999 年，资质年审合格企业 30 个，基本合格 7 个，被吊销资质等级企业 2 个。2000 年，35 个企业年检合格，2 个企业被吊销资质等级证。2001 年，全区建安企业 31 个，从业人员 17036 人；29 个企业获省建设厅资质就位等级，其中二级企业 3 个、三级企业 25 个、一级企业（劳务分包企业）1 个、待审批企业 2 个。2003 年，全区建安企业 35 个，从业人员 21698 人。当年，区建设局加强建安企业资质审查和管理，向省厅报送审查 30 个企业，有 27 个获资质就位等级，其中二级 3 个、三级 25 个、一级（劳务分包企业）4 个、待审批企业 1 个。2005 年，全区注册建筑企业 37 个（房地产开发企业 5 个），其中二级资质企业 5 个、三级资质企业 32 个；全部注册资本金 2. 8 亿元。

二、建筑设备

20 世纪 80 年代初、中期，国有、集体建安企业的设备较为先进，新建的民营建安企业大多使用传统工具，以人力抬扛为主，无起吊设备。进入 90 年代，建筑市场竞争日渐激烈，各企业纷纷加大投入购置和更新设备，以搅拌机代替人工拌和水泥，井架、龙门架代替少先吊，蛙式夯土机取代人工夯实作业，拖拉机、四轮运输车替代人力手推车。至 2005 年，区内建筑行业步入机械化时代，各建筑企业都拥有必备的机械设备。施工工地随处可见挖掘机、装载机、自动装卸车、推土机、压路机、打桩机、塔吊，以及闪光对焊机、竖焊机、电动卷扬机、砼摊铺刻纹机、潜水泵等设备，还有砼搅拌运输车和砼自动输送灌注机等。

三、经营管理

1986 年，全县建筑企业对内继续实行议包承包制，对外以质量、进度为保证，千方百计承揽工程业务。当年，完成建安产值 425. 5 万元，房屋开建面积 2. 73 万平方米，竣工并交付 10 个工程、2. 5 万平方米，有 7 个被评为优良工程，其中磷肥厂技改工程和资阳宾馆基建工程被推荐为川南片区优质工程。1987—1995 年，建筑企业进行一系列经营体制改革。1987 年实行首轮承包经营，1990 年进行第二轮承包经营。1993 年，企业内部分别实行栋号承包经营责任制、队长负责制和经济指标定额考核责任制、栋号目标管理责任制，调动了职工的积极性，全年完成建安产值15112万元，工程合格率100%、优良率50%～80%、资金利税率3.1%～13.75%、成本率降低4.8%～5.5%，实现产值利润率6.5%～9%。建筑企业除承担本地绝大部分的施工任务外，还向叙永、龙泉、凉山和广西北海等地输出建筑劳工7121人。1994年，市内建筑企业完成股份制改革，企业内部进一步建立健全自主经营、自负盈亏、自我约束、自我发展的经营机制。当年，全市三级施工企业营业范围内的施工项目95%以上由本地持证施工企业完成，共完成总投资13553.7万元，其中建安投资11594.52万元；房屋开工面积35.38万平方米，竣工25.75万平方米，实现总产值2.81亿元、利润1155万元，上缴税金715万元。同时，向省外输出建筑劳工9000人，完成劳务产值0.68亿元；向市外省内输出建筑劳工10071人，完成建安投资0.783亿元。1995年，建筑市场全面放开，市内建筑企业在市场经济环境中不断发展壮大。2000年，全区23个建筑企业完成建筑总产值5.98亿元，其中在省外完成6980万元；房屋施工面积149.72万平方米，竣工270.1万平方米。2003年，全区35个建筑企业开工建筑面积100.32万平方米，完成建安总投资6.52亿元，上缴税金2277.59万元；向外输出建筑劳务11423人。2005年，全区37个建筑企业实现建安总产值14.3亿元，建筑开工面积46万平方米，竣工42万平方米，收入2360万元。全年培训建筑劳工2600人，建筑劳务输出2.8万人次，劳务收入1.76亿元。

第二节　城乡房屋建设

1986—2005年，全区投入建房资金128.80亿元（其中房地产开发19.1282亿元），建设房屋1588.19万平方米。

一、“七五”期间房屋建设

1986—1990年，全县投入建房资金6.1733亿元，其中城镇4.4219亿元、农村1.535亿元，分别占投资总额的71.63%、24.87%；建房215.41万平方米，其中城镇89.16万平方米、农村126.25万平方米，分别占建房总面积的41.4%、58.6%。

城镇建房中，全民单位建房74.72万平方米，其中厂房16.23万平方米、仓库94万平方米、营业用房5.86万平方米、办公用房4.05万平方米、住宅34.93万平方米、教学文化用房4.64万平方米、医疗用房1.73万平方米、科研用房0.21万平方米、其他用房2.13万平方米；城镇集体单位建房14.94万平方米，大多为生产、营业、办公和住宅用房；城镇私人建房0.5万平方米。全民单位、集体单位、私人分别占城镇建房总面积的83.5%、16.45%、0.5%，绝大部分为砖混结构多层建筑。

农村建房中，农民私人建房122.34万平方米，农村集体建房3.91万平方米，分别占农村建房总面积的96.9%、3.1%。农村建房以私人住宅为主，多数为砖混结构平房。“七五”前期，城乡房屋均未装饰，墙壁、屋顶和地面用水泥抹平，屋顶、墙壁粉以白灰即可，后期城区房屋地面为水磨石、地板砖，屋顶和四壁刷涂料。房屋平均造价：城区495元/平方米、农村125元/平方米。

二、“八五”期间房屋建设

1990—1995年为旧城改造高峰期，国家鼓励居民集资建房，又逢资阳撤县建市，房屋建设稳步发展。5年间，全县（市）共投入建房资金10.3737亿元，建房208.72万平方米，分别比“七五”

期间增加68%、下降3%，其中城镇投入6.8084亿元，建房117.06万平方米，分别比“七五”期间增长55.7%、31%，分别是“八五”期间投资额、建房总面积的65.6%、56.1%；农村投资2.9661亿元，建房81.35万平方米，分别比“七五”期间增长93%、下降55%，分别是“八五”期投资总额、建房总面积的28.6%、39%。

城镇建房中，全民单位投资5.6923亿元，建房92.93万平方米，分别比“七五”期增长44%、24%，分别是“八五”期城市投资额、城市建筑面积的19.6%、79%；城镇集体单位投资1.0337亿元，建房20.63万平方米，分别比“七五”期增长139.6%、38%，分别是“八五”期间城镇投资额、建房面积的15%、17.5%；城镇居民私人投资824万元，建房3.5万平方米，分别比“七五”期增长57%、600%，分别是“八五”期城镇投资额、建房面积的1.2%、3%。城镇房屋以砖混结构为主，部分为框架结构，多数为7层以下多层建筑。

农村建房中，农户私人投资7306万元，建房18.47万平方米，分别比“七五”期下降38%、560%，分别是“八五”期农村投资额、建房面积的24.6%、22.7%；农村集体投资2.2355亿元，建房62.88万平方米，分别比“七五”期增长326.3%、1508%，分别是“八五”期农村投资额、建房面积的75.4%、77.3%。由于乡村企业迅猛发展，导致农村集体建房投资额、建房面积猛增。农村房屋以平房和二层楼房居多，均为砖混结构。房屋平均造价：城镇580元/平方米、农村360元/平方米。

三、“九五”期房屋建设

1995—2000年为新区开发和城镇居民私人建房高峰期，其间又逢资阳建立行署，房屋建设面积迅速增大。5年间，全市投入建房资金28.4813亿元，建房426.81万平方米，分别比“八五”期增长174.5%、104.5%。其中城镇投资20.7961亿元，建房217.54万平方米，分别比“八五”期增长205.4%、85.8%，分别是“九五”期投资额、建房面积的73%、51%；农村投资4.1237亿元，建房80.22万平方米，比“八五”期分别增长39%、下降1.4%，分别是“九五”期投资额、建房面积的14.5%、18.8%。

在城镇建房中，全民单位投资18.7604亿元，建房144.67万平方米，分别比“八五”期增长229.6%、55.7%，分别是“九五”期城镇投资额、建房面积的90.2%、66.5%；城镇集体单位投资7210万元，建房15.38万平方米，分别比“八五”期下降43%、34%，分别是“九五”期城镇投资额、建房面积的3.5%、7%；城镇居民私人投资1.3147亿元，建房57.49万平方米，分别比“八五”期增长1495.5%、1542.6%，分别是“九五”期城镇投资额、建房面积的6.3%、26.4%。

在农村建房中，集体投入2.9683亿元，建房16.44万平方米，分别比“八五”期增长32.8%、下降282.5%，分别是“九五”期农村投资额、建房面积的72%、20.5%；农户私人投资1.1554亿元，建房63.78万平方米，分别比“八五”期增长58.1%、245.3%，分别是“九五”期间农村投资额、建房面积的28%、79.5%。“九五”期间，房屋的设计、建造工艺、质量和外观都比以前有一定提高，在城区框架结构占一定比例。房屋平均造价：城区862元/平方米，农村514元/平方米。

四、“十五”期间房屋建设

“十五”期间全区共投入建房资金83.7697亿元，建房757.13万平方米，分别比“九五”期增长194.1%、77.4%。其中城镇投资61.5049亿元，比“九五”期增长195.8%，占“十五”期投资总额的73.4%；农村投资（全部为私人投资）7.0873亿元，比“九五”期增长71.9%，占“十五”

期投资总额的8.46%。在城镇建房中，全民单位投资60.45亿元，比“九五”期增长190.7%，占“十五”期投资总额的72.2%；城镇集体单位投资1.0549亿元，比“九五”期增长46.3%，是“十五”期投资总额的1.26%。“十五”期间，农村住房绝大部分为砖混结构二三层楼，城区普遍为框架结构，其质量、造型、工艺水平与大都市的差距越来越小。

资阳市雁江区1986—2005年城乡房屋建设情况一览表

表9-1　　单位：万元、万平方米

项目 年度	合计		全民单位		城镇集体单位		城镇私人		农村集体		农村私人		房地产开发	
	投资额	建筑面积	投资额	建筑面积	投资额	建筑面积	投资额	建筑面积	投资额	建筑面积	投资额	建筑面积	投资额	建筑面积
1986	8725	51.85	5356	15.02	839	3.42	18	—	532	—	1962	36.83	—	0.9
1987	18057	48.8	12384	26.2	1555	—	199	—	1584	—	1888	22.6	—	1.9
1988	12469	41.96	6838	12.13	787	—	171	—	1745	—	2799	29.79	—	—
1989	11049	33.5	7638	10.19	248	—	73	—	745	—	1991	23.31	—	—
1990	11433	39.34	7168	10.68	884	2.6	63	0.52	638	0.99	1466	19.81	403	2.6
1991	14839	38.46	9257	18.38	1431	2.66	177	0.83	1658	0.92	1205	14.88	652	—
1992	16753	35.69	9101	18.67	1149	0.22	173	0.81	4375	0.82	1181	13.73	422	—
1993	20946	42.87	12999	22.29	1224	4.75	175	0.69	4895	6.04	1183	9.1	470	0.89
1994	23697	43.47	12056	16.19	3493	8.31	199	0.76	5429	3.17	1434	9.56	1264	2.1
1995	27502	48.23	13688	17.4	3040	4.69	100	0.41	5998	7.52	2303	15.61	1688	5.48
1996	29539	50.48	14136	20.51	1065	2.06	1578	3.58	9038	7.01	2034	10.91	2373	6.4
1997	39925	66.31	22626	24.33	1109	2.45	2761	11.05	7665	2.96	2234	10.98	3530	14.54
1998	55515	89.22	34337	33.93	1868	3.31	3037	12.15	8018	4.31	2346	11.53	5909	22.92
1999	68459	103.17	46559	35.87	1488	3.57	3103	12.75	3723	1.65	2600	15.97	10986	33.85
2000	91375	117.63	69946	30.03	1680	3.99	2668	17.96	1239	0.51	2340	14.37	13502	50.77
2001	107139	123.83	79176	—	1112	—	—	—	—	—	4083	—	22768	31.43
2002	127428	117.24	97414	—	100	—	—	—	—	—	6402	—	23512	53.26
2003	155837	139.70	107729	—	5267	—	—	—	—	—	14089	—	28752	37.3
2004	191023	166.18	141252	—	950	—	—	—	—	—	20300	—	28521	24.71
2005	256270	190.2	178929	—	3120	—	—	—	—	—	25999	—	48222	27.57
合计	1287980	1588.13	888589	—	32409	—	14495	—	57282	—	99839	—	191282	—

第三节　房地产开发

“七五”期间，资阳县城镇综合开发公司和村镇建设开发公司试探性地在城区拆旧建新，零星进行商品房开发。“八五”期间，旧城改造进入高峰期，政府大力支持房地产开发，商品房建设逐渐形成规模。1991—1993年，每年投资额均在400万元以上。1994年、1995年，投资额分别为1264万元、1688万元，分别比上年增长168.9%、33.5%，建房2.1万平方米、5.48万平方米，分别比上年

增长 136%、161%。1996—2005 年是新区开发期，外地开发商也进入本地市场，开发规模迅速扩大。1996 年投资额2373 万元，建房6.4 万平方米；2000 年投资额增至13502 万元，建房50.77 万平方米，分别比 1996 年增长 469%、693%；至 2005 年，投资额高达48222 万元，建房 27.57 万平方米，分别比 2000 年增长 257%、下降 45.7%。1990—2005 年，全区房地产共投资 191282 万元，建房总面积 313.82 万平方米；年均投资 1275 万元，建房 20.92 万平方米，年均增幅分别为 791%、64%。其中 2000—2005 年，投资 165277 万元，建房 225.04 万平方米，开发土地 47.5 万平方米，销售商品房 30.38 万平方米。

第五章　城建管理

第一节　管理机构

区规划和建设局的最早前身为资阳县建设局，成立于 1978 年 10 月，之后几经更名。1983 年 12 月与环境保护、沼气办公室合并为资阳县城乡建设环境保护局，1986 年 1 月更名为资阳县城乡建设局，1993 年 3 月更名为资阳市城乡建设委员会，1997 年 5 月更名为资阳市建设委员会，2000 年 11 月更名为资阳市雁江区建设委员会，2001 年 12 月更名为资阳市雁江区建设局，2005 年 7 月更名为资阳市雁江区规划和建设局，内设办公室、人事管理股、城乡建设管理股、房屋产权产籍管理股、计审财务管理股、政策法规股，下属事业单位有区建设监察大队、区规划管理办公室、区建设工程质量安全监督管理站、区公房管理所、区城镇建设及房产档案馆、区建设工程招投标管理办公室。1986—2005 年，杨隆源、朱金文、肖前友、刘祥平先后担任局长（主任）。

第二节　建设管理

一、规划、设计管理

1987 年 6 月，资阳县成立城市规划建设管理委员会及其办公室，当年制定《资阳县城镇规划管理暂行办法》。至 2005 年底，规划办先后完成 1992 年、2000 年城市总体规划修编，分区详细规划和 19 个重点集镇、48 个场集，106 个行政村的规划编制工作。在城乡建设过程中，坚持按规划进行总体布局、征地拆迁和工程施工，坚持“一书两证”（选址意见书、建设用地规划许可证、建设工程规划许可证）制度和“三到场”（初步规划到场、定点放线到场、工程竣工验收到场）原则进行规划管理，保证城市总规、分区详规、项目规划方案的执行，同时对违法违章、违反规划的建设行为进行查处。

区（县、市）建设主管部门认真贯彻执行国务院《建筑工程勘察设计管理条例》，对勘测设计单位实行工程设计质量终身负责制和设计事故查处制。1986—1999 年，仅对设计方案、设计图纸进行审查。2000年起实行方案设计审查、扩初设计审查、施工图设计审查，进一步保证了设计的科学性、安全性。1995年，开放设计市场，市内外设计单位进行公开、公平竞争，促进了设计质量和水平的提升。同时，加强对设计人员的技术培训，实行设计人员资格和设计企业资质准入制度；坚持设计图纸必须满足建设方的使用功能要求和规划部门对建设设计的要求，不得违反《实施工程建设强制性标准监督规定》的强制性条文。1986—2005年，辖区内未出现设计质量事故。

二、建筑施工管理

1986年，县成立建筑工程质量监督站，制定《资阳县建筑安装工程质量监督暂行办法》，实行建筑安装工程质量检举控告制度。至1988年，每年开展一次工程质量大检查。1989年起，建筑工程质量大检查改为一年4次以上，同时进行不定期抽查，针对检（抽）查中发现的不同问题，分别向施工单位发出工程质量安全整改通知书或停工整顿通知书，责令限期整改，确保工程质量。1994年，开展建设工程质量和安全检查4次、抽查2次，抽检在建工程钢材2次，工程监督覆盖面90.8%。1996年，市成立建筑市场整顿领导小组，开展建筑市场整顿工作。在38个建设单位、19个建筑企业自查的基础上，领导小组进行了抽查，共检查大小工程项目74个，查出存在问题的工程47处、违规建筑面积6081平方米，发停工通知书8份，其中单位1份、个人（农户）7份；发罚款决定书27份，其中单位7份、个人（农民建房）18份，罚款26.07万元；责令拆除6处（私人建房）179.65平方米，给予2个施工企业停业整顿6个月的处罚。2000年，开展建设工程“质量、品种、效益”活动，加强工程设计、施工现场质量安全管理、工程验收管理工作。对城东新区的105项工程实行项目施工现场综合考评责任制，进行全面质量、安全检（抽）查7次。在安全生产月活动中，每周检查1次以上，对个别重点工程每周检查3次。同时实行可见证取样制，共抽检原材料5500份，在施工现场发现和纠正使用不合格材料54人次，责令停工返工6个幢号、加固处理10个幢号。2001—2005年，改竣工验收制为备案制，实行业主负责制、施工许可制及压证、验证施工制，遏制无证施工、先动工后补证，或边动边办等现象。5年开展工程质量、安全检查30次，抽查24次，工程监督覆盖面100%，竣工交验合格率100%。

三、工程招标投标管理

1996年，成立资阳市建筑工程招标投标办公室。1998年工程招投标工作起步，至2001年，共办理招投标工程78个，工程所涉房屋建筑面积32万平方米、道路30万平方米，投资额14000万元。其中公开招标工程1个，建筑面积2550平方米，投资149.85万元；邀请招标工程5个，建筑面积2.61万元平方米，投资1790万元；议标工程72个，建筑面积29.1万平方米，投资12060万元。工程招投标率100%。2001年底，区招投标管理机构及业务上划市建设局。次年，区建设局完成最后一批招投标工作，即2002年19项村镇建设工程招投标工作，建筑面积2.15万平方米、投资额679万元。

四、建设行政执法

1990年，依法查处32个单位和个人违章建房。1993年，查处违法案件81件，其中违法建设案件42起，责令拆除27起、停工19起，处罚13起。1994年，查处违法建设97处，违法建筑面积4万平方米。当年10—11月开展集中执法检查，处罚违规单位和个人近100户，拆除违规建筑200多平方米。1995年，实施行政处罚273起，罚款15万元，拆除违规建筑物5处216.47平方米。1996

年，开展建筑市场整顿和建设工程项目执法监察工作。1997 年，制定《资阳市依法规范建筑市场，坚决刹住强行承揽工程不正之风的若干规定》，召开全市建设工程项目执法监察工作会议，加强单位自查自纠监督检查；开展建设项目执法监察，检查 52 个工程项目，发现问题并提出整改意见 10 个；查处违法建筑案件 159 件，处罚款 55.79 万元，拆除违法建筑物 21 处 293 平方米；受理群众举报 14 件，立案 14 例，查结 13 件，处理违纪人员 13 人，移送司法机关 3 人。2001 年，开展执法检查 3 次，查处违建案件 24 件、违章建筑面积 16259.4 平方米，处罚款 5.25 万元。其中单位 13 件、建筑面积 11764.8 平方米，处罚款 1.33 万元；私人建房 11 件、面积 4494.6 平方米，处罚款 3.92 万元。2002—2005 年，查处违建案件 199 起，处罚 134 起，限期整改 60 起，罚款 1463 万元。

第三节　房产管理

一、房屋拆迁安置

区内的房屋拆迁安置工作始于零星式旧城改造。随着大规模旧城改造工作的展开，拆迁安置量逐渐增大。1993 年，县政府成立建设拆迁管理办公室，发布《资阳县城市房屋拆迁管理暂行办法》。拆迁办严格按照《暂行办法》审查拆迁项目相关批准文件是否齐全、补偿资金和安置房源是否落实、拆迁条件是否成熟、参加拆迁单位是否具备资质，有无“空手套白狼”的损害群众利益的行为；严格监督中介机构对旧房的价格评估，杜绝开发商恶意串通评估机构压价评估的行动；严格监督拆迁安置过程，重视群众信访举报，及时调解拆迁纠纷。将补偿安置作为拆迁工作的关键环节，监督拆迁方与被拆迁户执行《暂行办法》确定的补偿标准和安置措施，通过协商达成拆迁安置协议；督促协议的执行，如实兑现补偿金，按约定的安置位置、安置面积落实安置房；禁止拆迁建设方提出协议以外的附加条件。此外，协助被拆迁人办理安置房的土地使用权证和房屋产权证书。

二、房产管理

公房管理　1986 年，县直管公房面积为 6 万平方米。其中县城 4.893 万平方米，由房管所管理；区乡场镇 1.107 万平方米，由各区公所或县财政局管理。1987 年，县政府决定区乡公房归口县房地产管理所统一管理。当年，房管所对城乡公房进行维修，翻盖屋面 7200 平方米，检漏 12000 平方米，换檩木 85 根，排危 12 处。1989 年，进行公房维修加固，治漏 1.6 万平方米，拆换檩椽 420 米，修复墙体 270 平方米，检修天沟、落水管、烟囱 700 米，修理厕所 47 个、门窗 225 樘。1993 年，变价处理乡镇不便维修管理的公房 630.8 平方米，收回资金 1.83 万元。1994—1995 年，发放直管公房租赁许可证 171 个。1998 年，市直管公房 9.2 万平方米，次年为 8.5 万平方米。2003 年，翻新公房 1147.8 平方米，补漏 1.2 万平方米，修复门窗 418 平方米，撤换下水管 36 米、粪管 54 米、电线 983 米。2004 年，区政府决定将无争议的区属直管公房（累计评估价值 1809.6 万元）中价值 800.17 万元的房地产折价 800 万元划给资阳市凯利建设投资有限责任公司，用于公司注册和“723”工程项目开发建设及经营；出售雁江苑直管公房 177 套 12916.59 平方米，将筹集的资金 530 余万元用以支付上西街改造工程的欠款。2005 年，区政府将 9081.1 平方米直管公房房地合一评估 1009.42 万元，折价 1000 万元划转给资阳市雁兴建设开发投资有限公司，以加快开发侯家坪工业集中发展区。至 2005 年底，全区尚有直管公房 1029 套 52428.77 平方米 。

城镇房产管理 1986年，县城共有房屋228.84万平方米，其中住宅74.5万平方米。1987年，开展房屋产权登记发证工作。当年为单位发证179本，房屋面积178.7万平方米。至1989年，累计办理单位房产证4348个，面积230.1万平方米；办理私人房产证1298个，面积8.1万平方米。其间，接待来信来访258人次，查阅档案资料886人次，处理产权纠纷145件，落实私人房产政策24户。1993年，办理房屋产权转移登记489件，面积3.38万平方米；办理城镇房屋交易7387件，成交额1313.3万元。次年，办理房产证160本。1995年，办理房屋产权证2932本，办理房地产交易价值1648.1万元；评估房地产214宗，面积41550平方米。至2005年底，共办理城镇房屋产权证59万本、面积12980万平方米。

农村房产管理 1997年，开展农村房屋产权、产籍清理和登记工作，共审查办理村镇房屋产权证11000份、村镇房屋他权证249份；农村房屋产权管理逐渐规范化。2001—2005年，审查办理村镇房屋产权证4757个、村镇房屋他权证403个。

住房制度改革 1993年，市成立房改领导小组及其办公室。当年，将单位公有住宅优惠出售给职工个人；房改办批准22个单位的房改方案，共出售公有住宅5847套、27.5万平方米，收回资金1600万元。1996年，开展干部住房清理工作。全市96个单位、11868名干部进行住房情况自查，查实有两处住房的8人，租一买一的5人，优惠购买或集资建房超规定面积16平方米以下的267人、超18~30平方米的49人、超30平方米以上的21人。对有两处住房者，责令退出1处；对超规定面积的，视超出程度加收售房款。2001年，第二次优惠出售住房3300平方米。

住房公积金 1993年，部分单位试行住房公积金制度。1996年，市政府成立住房公积金管理中心，在全市机关、事业、企业单位全面推行住房公积金制度；职工个人和所在单位每月分别按上年度职工本人月平均工资的5%存入职工个人住房公积金账户。公积金归职工个人所有，专门用于职工购买或集资修建住房。职工退休或调出本市，公积金账户余额及利息退付给本人。至2001年，全区累计归集住房公积金4500万元，退付退休、调出人员430万元。2003年6月，区住房公积金管理中心及公积金上划市管理。

第四节　城市管理

一、环卫管理

1986年，城区有环卫工人60人，日清扫面积4.2万平方米，年清运垃圾7172车、1.53万吨。1987年，城关镇成立环卫所，城区环卫工人增至123人，日清扫面积14万平方米，年清运垃圾1.6万吨，管理公厕17处。1993年，环卫所划归建委管理。当年建立健全环卫制度10个、考核标准11个，环卫管理步入规范化。1996年，日清扫面积52万平方米，日清扫垃圾100~140吨。环卫所对11个保洁地段每日进行2次大清扫，全天保洁；对26万平方米特、一级路面每月冲洗4次；对垃圾场坚持定期消毒、杀菌、灭蝇、灭鼠。1998年，居民生活垃圾收集方式由垃圾桶收集改为定人、定时、定点、定车，沿街巷、小区收集，全年清运垃圾8万吨。当年，开展卫生突击行动，清除卫生死角10万平方米，清运陈年垃圾1万吨；继续执行脏车控制入城制度，共设执勤点4个。2000年起，进一步落实清扫保洁责任制和组长检查督促制度。清洁工每日清晨对各自责任区域进行全面清扫，至晚上8点实行全天保洁、随脏随扫；清运工对责任范围内的垃圾进行定时收集并运往指定地点；车队在每日上午8时前将城区垃圾运到垃圾处理场。当年，新增清扫面积27万平方米。

二、市政设施管理

1987年，县成立市政园林管理所，负责对城市街道、公园、广场和照明、绿化以及排水防涝沟渠管网等市政设施进行统一管理。市政园林所以分组、分片负责的方式对市政设施进行管理，定时检查，发现问题及时处理，保证各项设施正常功能的发挥。至2005年，共维修市政道路6.58万平方米。其间于1988年铺设六角型砼块路面4870平方米，维修车道、人行道路面1.68万平方米；1990—1993年维修路面684平方米，铺设六角形砼块路面8981.5平方米，新建人行道1170平方米；1995年修补受损街道23301平方米。每年洪期到来之前，对排水干渠、支渠、管网进行清掏和整治，其中1988年改造下水道1194米，2005年改造下水道6800米。同时，加强对城市树木、花草的管护，坚持定期巡查制，制止在树上乱牵乱挂行为，适时对树木进行剪枝、松土、浇水、施肥，定期喷洒农药以防治虫害；对城区25棵古树名木进行挂牌保护，落实专人管理；对空缺的行道树进行补植，将老化的进行更新换植。此外，对城市公共照明设施进行定期检查、修理，共维修各种路灯5130盏，修复路灯1250盏，更换老化、破损零部件1500件。

三、市容管理

1987年，县政府发布《关于加强城镇统一管理的布告》，制定《资阳县城镇统一管理暂行规定》，召开全县城市管理动员会，成立城市统一管理监察大队。城管部门组建之初即整顿商业摊点，拆除私建乱搭摊棚259处，将下西街、和平路南段、上西街的商业摊点集中到建设北路。同时，整顿城区交通治安秩序，纠正违章行驶、乱停乱放9066人次，办理车辆入城证12639份。1990年，县政府出台《关于加强入城车辆管理的规定》，规划机动车停放点28处、三轮车停放点9处，禁止车辆无序入城6万余起。1996年，资阳市城管中队成立。当年处罚违法建筑30起、乱挖道路167起，拆除违章搭建1815户、违章户外广告牌765处，处理乱占绿带127处、损坏树木27起。2001年，开展以“摊子、车子、渣子”为重点、“门前四包，门内达标”为验收标准的日常管理和检查督促相结合的市容整治工作，实行每月定期和不定期抽查，每季大检查，年终总考核，兑现奖惩的责任制度。同年，市容管理机构及职能上划资阳市环卫处。

第十篇　环境保护

第一章　环境状况

第一节　大气环境质量

1986年，全县年排放工业废气186077.21万标立方米。废气中含一定量的二氧化硫、氮氧化物等，大气质量总体较好。随着工业尤其是乡镇工业企业的发展，工业燃煤量迅速增加，大气质量日趋下降。1994年后，市政府不断加大大气污染治理力度。1996年，强制关闭“十五小”取缔范围内的企业，大气质量逐步好转。1999—2000年，对工业企业实施“一控双达标”管理，关闭一批小企业，对资阳内燃机车厂、减速电机厂等企业的废气、烟尘、粉尘、漆雾进行专门治理，同时推行和普及清洁能源。2005年，全区工业废气排放量259169万标立方米，二氧化硫排放量1559吨，烟尘排放量3894吨。二氧化硫、二氧化氮全年实测达标率为100%，大气质量基本达到国家二级标准，但仍存在煤烟型污染，主要污染物为可吸入颗粒物。

第二节　地表水环境质量

1986年，境内地表水环境质量较良好，沱江2个监测断面、阳化河3个监测断面均达Ⅲ类水质标准。当年，全县工业废水排放量为1796.69万吨。1989—1992年，工业企业尤其是乡镇工业企业急剧增多，且多数集中在沱江及其支流阳化河沿岸，导致河水迅速污染、恶化。1994—1996年期间，沱江水质为劣Ⅴ类标准。为全面改善地表水质量，市政府投入资金对阳化河和沱江水污染进行专项治理。随着一批废水治理项目的完成和部分技术含量低、污染大、能耗高、效益低的企业的关闭、破产，废水排放量迅速减少，水质得到逐步恢复。到2005年，全区工业废水排放量下降为515万吨，化学需氧量为1532吨，氨氮为139吨，沱江恢复到Ⅲ类水质标准。

1993—2005 年资阳市雁江区地表水质监测结果表

表 10－1

断面项目		年度	1993	1994	1995	1996	1997	1998	1999	2000	2001	2002	2003	2004	2005
沱江河	新渡口	水质类别	Ⅲ类	劣Ⅴ类	劣Ⅴ类	劣Ⅴ类	Ⅳ类	劣Ⅴ类	劣Ⅴ类	劣Ⅴ类	劣Ⅴ类	劣Ⅴ类	Ⅴ类	劣Ⅴ类	Ⅲ类
		超标因子	氨氮、溶解氧	氨氮	氨氮	氨氮	氨氮	氨氮、溶解氧	氨氮、溶解氧	氨氮、溶解氧	氨氮、石油类	氨氮、石油类	氨氮、石油类	氨氮、石油类	—
	侯家坪	水质类别	Ⅳ类	劣Ⅴ类	劣Ⅴ类	劣Ⅴ类	Ⅳ类	劣Ⅴ类	劣Ⅴ类	劣Ⅴ类	劣Ⅴ类	劣Ⅴ类	劣Ⅴ类	劣Ⅴ类	Ⅲ类
		超标因子	高锰酸盐指数	氨氮	氨氮、溶解氧	氨氮	氨氮、溶解氧	氨氮	氨氮、石油类	氨氮、石油类	氨氮、石油类	氨氮、石油类	氨氮、石油类	氨氮、石油类	—
阳化河	港子口	水质类别	Ⅲ类	Ⅲ类	Ⅲ类	Ⅲ类	Ⅲ类	Ⅲ类	劣Ⅴ类	Ⅲ类	Ⅲ类	Ⅲ类	—	—	—
		超标因子	高锰酸盐指数	—	—	—	—	氨氮	石油类	石油类	石油类	—	—	—	—
	高龙	水质类别	劣Ⅴ类	Ⅲ类	Ⅲ类	Ⅲ类	Ⅲ类	Ⅲ类	—	—	—	—	—	—	—
		超标因子	高锰酸盐指数	—	—	—	—	—	—	—	—	—	—	—	—
	两河口	水质类别	Ⅲ类	Ⅲ类	Ⅲ类	—	—	—	—	—	—	—	—	—	—
		超标因子	—	—	—	—	—	—	—	—	—	—	—	—	—

第三节　声环境质量

1986 年以前，县城环境噪声在 50～55 分贝之间。随着工业、商业、建筑业的迅速发展和汽车、城市人口的增多，尤其是 20 世纪 90 年代初期兴起的歌舞厅等文化娱乐场所的大幅增加，环境噪声随之飙升，到 1994 年达到 77.9 分贝。此后，市政府实施噪声达标区建设和工业企业、文化娱乐行业噪声污染治理等项目，有效遏制噪声污染。到 2005 年，城区等效声级降为 52.6 分贝。

交通噪声除个别年份外，大多在 70 分贝上下。1996 年最高为 80.2 分贝，1998 年最低为 59.3 分贝，2005 年为 69.2 分贝。

1993—2005 年资阳市雁江区噪声监测结果表

表 10－2　　单位：分贝

区域＼年度	1993	1994	1995	1996	1997	1998	1999	2000	2001	2002	2003	2004	2005
城　区	75.8	77.9	65.4	63.9	61.2	51.5	51.5	64.8	59.2	59.4	59.4	60.6	52.6
交通干线	70.9	73.1	70.7	80.2	71.2	59.9	71.2	69.3	69.7	71.0	70.3	68.6	69.2

第二章　环境治理

第一节　河道污染治理

1986年后，环保部门主要开展了以阳化河治理为主的河道污染治理。阳化河是沱江主要支流，是沿岸数万群众的饮用水源和农灌水源。沿河的主要污染源有金堂县土桥纸厂，简阳县接龙、金马纸厂，资阳县中和纸厂和乐至县红旗丝厂。1987年、1988年，中和纸厂曾采取一些水污染治理措施，但收效甚微。到90年代初期，河水被严重污染，给沿河居民的生产、生活造成严重影响，引起县（市）政府和环保局的高度重视。1990年，副县长陈茂福率环保局负责人和专业技术人员专程到简阳县协商阳化河污染治理事宜。之后，两县政府对纸厂采取储浓排淡、压缩生产规模等措施。同年，资阳县政府强制中止在建的中和纸厂2000吨/年瓦楞纸生产系统，并将该厂废水治理列入限期治理项目。省、市、县人大、政府和环保部门领导也多次到阳化河检查督促治污工作。虽经几年努力，但因技术、资金等原因，未能从根本上治理河道污染。1993年底，省政府下令关闭沿河4个纸厂。至1994年6月，阳化河河水返清，污染问题得到解决。

第二节　工业污染治理

工业企业治污。1986年，全县共投入资金126万元，对县磷肥厂的含硫废水、废气，航运公司灰砂砖厂的噪声、粉尘，县糖厂的废液进行治理。1987年，政府补助环保资金36万元，治理中医院医疗废水和资阳内燃机车厂、配件厂的工业废水。1988年，补助环保资金30.4万元，开展钢管厂粉尘、资阳糖厂噪声、中和造纸厂废水等11项工业企业污染治理工作。次年，专项治理资阳酒厂酿酒废液。1992年，对钢管厂、四川卷烟厂工业废水和资阳内燃机车厂漆雾污染进行治理。1993年，实施工业企业污染治理项目7个，完成4个，年内关闭中和造纸厂。1994年，完成资阳内燃机车厂含油废水、粉尘，减速电机厂漆雾，市水泥厂粉尘4个污染治理项目，总投资108.3万元。1995年，完成治污项目5个，其中废水项目2个、废气项目1个、烟尘1个、噪声1个；总投入264万元，其中环保补助资金30万元。当年新增废水处理能力34.4万吨、废气处理能力1440万立方米。1996年，关闭技术含量低、经济效益差、能耗高、污染重、治理无望的南湍河糖厂造纸车间、城关镇玻璃厂、资阳中学塑料厂、城北精磨石灰厂等10家小型企业。1988年，完成工业企业污染治理项目2个，投资300万元。2000年，完成治污项目41个，投资63.8万元。当年是“一控双达标”冲刺期，至年底，48户污染企业中43户企业治染达标，全区污染企业达标率为89.58%。2001年，拨付环保补助资金59.9万元，对15家企业的废水、烟尘、噪声、粉尘进行治理。次年，拨款60万元用于28户企业的废水、烟尘、粉尘、噪声治理。2003年，给33户工业企业下达限期治理任务，关闭了水污染严重的资阳鸿博实业有限公司，责令8户企业停产治理。2004年，投入400万元，督促11家重点水污染企业加强污染治理；加大石材加工企业集中治理力度，清理、查封41户石材非法加工点，行政处罚非法加工点（企业）7户，对其余12户下达限期搬迁通知书。2005年，责令16户重点工业企业限期整顿治理。当年底，2户达标，10户完成治理设施建设，4户被责令停产治理。据不完全统计，1986—2005年，全区先后实施污染源治理项目260个。

搬迁污染企业。20世纪六七十年代，在城区上风方向先后建有磷肥厂、水泥厂、氮肥厂、砖瓦厂，加上城区分布的近10家污染严重的企业，排放的烟尘、粉尘、废水、噪声等对城区环境造成严重污染。1993年，市政府决定将城北片区和城区的污染工业企业或关闭、或分批次实施搬迁。首先关闭2家砖瓦厂，随后关闭水泥厂、磷肥厂水泥车间，将减速电机厂、马铁件厂、一中教化厂、资阳粮油机械厂、资阳中学天马塑料厂、城西精磨石灰厂迁到郊区。至此，主城区重污染源基本消除。

第三节　其他污染治理

烟尘控制。1992年，县内实施城区烟尘控制区建设项目。城镇居民、饮食店、机关团体食堂由普遍使用型煤逐步发展到使用清洁能源。到1995年，城区使用电炊具的居民2749户，使用石油液化气、沼气的3387户，使用天然气的5000户；清洁能源率达57.9%。此后不断推广清洁能源的使用。2003年，区政府制发《关于加强资阳市城市规划区内油烟、烟尘管理工作的通知》，要求三产业主均使用清洁能源。当年首批煤改气的企业有25家，其中17家完成，另8家被责令限期治理。至2005年，城区烟尘控制区发展到37.1平方公里。

固体废弃物治理。辖区工业固体废弃物1986年为6万吨，2005年为15.77万吨，主要是煤渣，利用率100%。城区生活垃圾1986年为1.53万吨，1996年增为5.1万吨。之后，随着城市规模扩大、人口增多而大幅增加。生活垃圾处理多采取集中堆存方式，无害化处理程度较低，为环境隐患。

城市生活污水治理。一般采取修建污水净化沼气池的方式处理生活污水，以楼幢为单位，按每户2.6～4.7立方米的容积标准建池。通过厌氧发酵、好氧过滤、排放，污水在池内滞留3～4天后，达到排放标准。1986—2005年间，城区生活污水处理率达80%以上。由于多数净化沼气池未坚持2～3年清掏，影响了污水处理效果。

第三章　环境管理

第一节　管理机构

1981年5月，资阳县环境保护办公室成立。1984年2月，与县建设局、沼气办公室合并组建为县城乡建设环境保护局。1986年1月，撤销县城乡建设环境保护局，单独设立县环境保护局。1989年设环境监察站，次年设环境监测站，均隶属环保局。1993年3月县环境保护局更名为资阳市环境保护局。1997年，内设办公室、业务科和法制科3个科室，仍下辖环境监理站和环境监测站2个事业机构。2000 年市环境保护局更名为资阳市雁江区环境保护局。2002 年业务科更名为建设项目管理股，法制科更名为法宣股，环境监理站更名为资阳市雁江区环境监察大队。4 月，环境监测站上划资阳市环境保护局。1986—2005 年，叶宗夫、韩玉杰、李菊祥、曾世明、王用槐先后任局长。

第二节　项目环境管理

1986—1988 年，共审批建设项目 39 个。其中县属以上项目 16 个、乡镇项目 23 个，均执行建设项目环境影响报告书（表）制度和“三同时”制度。1992—1993 年，新上建设项目 99 个，其中县属项目 39 个、乡镇项目 60 个；总投资 18396. 7 万元，其中环保投资 253. 7 万元，占总投资的 1. 78%。县属项目均执行环境影响报告书（表）制度和“三同时”制度，乡镇项目只有 49 个执行了环境影响报告书（表）和“三同时”制度。1994—2004 年，审批建设项目 185 个，均执行环境影响报告书（表）制度和“三同时”制度。2005 年，全区新上建设项目 18 个，执行环境影响报告书（表）制度的 13 个、占 72%，未报批的建设项目 3 个。1986—2005 年，区环保部门共审批建设项目 341 个，其中执行环境影响报告书（表）制度 339 个，占 99. 4%；执行“三同时”制度 321 个，占 94. 1%。

第三节　污染事故处理

20 年间，环保局协同相关部门处理了数起有较大影响的污染事故。2000 年 5 月，沱江资阳侯家坪段发生死鱼事件。环保局出动 40 人次，经过 20 天努力，查清了河水污染原因和养鱼户损失情况，并从污染治理补助资金中拨出 15 万元补助养鱼户。2001 年 4 月 26 日，同河段再次发生死鱼事件。环保局会同渔政等部门进行联合调查，弄清死鱼原因后及时向区政府和市环保局汇报，并与法制、水产渔政部门妥善地解决相关问题。5 月，根据群众举报，环保局对河心地屠宰场污染情况进行调查取证，后报请区政府同意后，责令其限期搬迁。7 月 23 日，市磷肥厂发生氨水泄漏事件。环保局启动污染事故应急预案，组织 20 名技术人员布点采样、化验分析，同时疏散人群，制止污染，以减少损失。2004 年 3 月，沱江发生特大水污染事故后，环保局组成应急小组，提出具体工作方案，每天向区政府报告水质监测情况。在有关部门配合下，污染事故得以妥善处理。1986—2005 年，环保部门办理人大、政协有关环境污染的议提案 59 件，办理率 100%；办理群众来信来访 358 件，办理率 98%；接受投诉电话 21 次，处理 18 次，处理率 86%；处理污染事故、污染纠纷 16 起，污染损失赔偿额 16. 50 万元。

第四节　环境监察

1986 年，县环保局对全县 87 家工业企业进行污染源调查和建档工作，基本摸清企业排污情况。1988 年，开展重点污染企业排污总量控制工作，完成资阳内燃机车厂、资阳糖厂、酒厂、氮肥厂等 11 家企业废水污染物总量控制申报登记及审批工作；检查 12 家企业共 40 套治污设施的运行情况，对擅自拆除或停运治污设施的企业进行处理，并加收排污费。1992 年，编制完成资阳县城区噪声控制区和烟尘控制区规划草案，对钢管厂、资阳内燃机车厂、四川卷烟厂的废水、漆雾等污染治理设施投运进行验收，现场监督检查了其他企业的治污设施。1993年，调查全市70个放射性污染源单位共117套治污设施的运行情况，查明正常运行率为99%。1994年，完成资阳经济技术开发区环境影响评价、城市环境规划方案和城区大气监测优化试点科研课题。1995年，加强建筑业、文化娱乐业的环境噪声管理，开始征收噪声超标排污费。同年，排污费征收面由全民企业、乡镇企业扩大到联营、私营企业。2000年，基本完成"一控双达标"任务，全区污染企业治污达标率89.58%。2001年，对全区工业污染源进行摸底调查，督查上年度43户全面达标排放企业巩固治污成果；对污染反弹、有偷排、漏排行为和不正常使用治污设施的企业责令其立即改正，共处罚款8400元。2002年，参与全区非煤矿山企业整治工作，核发91家企业排污许可证。2003年，加强对医院的医疗废水和医疗垃圾处理设施的监管，严禁排放未经处理达标的医疗废水和垃圾。2004年，完成水环境容量调查和重点小流域防治规划工作；检查重点污染企业治污设施运行状况，查处兴乐化工厂、资阳市玻璃厂、四海公司、宝莲酒业闲置治污设施超标排放行为；依法关闭数十家污染环境的石材加工企业，参与全区石材加工区规划、选址工作。2005年，完成全区工业污染源调查。每月现场监察13家重点污染源达标企业2次以上，每季监测4家污染企业1次，对金雁磷化工公司和四海公司排污超标行为分别作罚款和警告的行政处罚，处罚酒精、水泥、石材、塑料、屠宰等行业企业10家。

1986—2005年，依法对辖区内218家企事业单位开征排污费和超标排污费；征费额1046.3万元，全部上缴财政局。

第五节 环境监测

1986年，获取企业废水、烟道气监测数据72个、噪声监测数据17个。1987年，对沱江水质进行126天预警监测，获数据117个；对酒厂、2个氮肥厂等8个企业和水库、鱼塘、餐饮行业进行水质、噪声、烟色监测，获数据31个。次年，对沱江水质进行预警监测，对企业废水、噪声、烟色进行监测，实施分析化验项目23个，获数据1115个。1990年，县环境监测站成立。之前，县内环境状况由内江市环境监测站监测。建站之初，将企业排放的废水、烟道气采样后送内江市环境监测站化验分析。1992年，完成污染源监测，污染事故、污染纠纷仲裁等任务，共做监测项目25个，获数据4008个。1993年，对54家新建企业进行本底值监测，获监测数据12729个。1995年起，每季度定时编写《环境质量状况公报》。当年，完成50个企业污染源监测和污染纠纷仲裁监测、环境背景值监测、核定性监测等任务，获监测数据2279个。1999年起，除完成本辖区各项监测任务外，还开展区外环境监测工作，当年获监测数据2441个。2002年，获各项监测数据1680个，编写《空气质量周报》18期，发布《区域环境质量公报》1期。4月，环境监测站上划资阳市环境保护局，区域内各项监测均由市统一进行。1987—2002年，环保局还完成上级下达的沱江水质、城区大气、酸雨、降尘等例行监测任务。

第十一篇　财　政

第一章　财政收入

区财政总收入由地方财政一般预算收入、预算外收入、政府性基金和补助性收入4部分组成。地方财政一般预算收入和1994年以后上划两税分成收入纳入各年度财政预算，预算外收入按“三权不变”原则，统筹部分纳入财政预算，其余部分归收取单位按规定补充工作经费。1994年以前本地财政收入状况较好，预算外资金财政未纳入统筹，政府基金由收入单位安排使用，未纳入财政预算。1986年，资阳县财政收入8450万元。次年收入过亿元，成为全省4个财政收入超亿元的县份之一。此后较长时期保持内江地区财政收入第一的地位，曾获“财冠内江”奖匾。至1998年，县财政收入逐年增长，1998年收入4.87亿元，比1986年增长4.8倍。资阳地区建立之初，资阳市财政总收入下降。1999年财政总收入2.08亿元，为1998年的42.6%。1999—2005年全区年均总收入1.74亿元，为20年平均收入的76.5%。在20年总收入中，一般预算收入占56%。其中1986—1993年，一般预算收入占总收入的绝大部分；1994—2005年，一般预算收入占总收入的39.7%，上划两税收入在1994—2005年间占总收入的55.6%。

第一节　一般预算收入

区地方财政预算收入包括工商各税收入、农业四税收入、企业收入和其他非税性收入。20年间工商各税是一般预算收入的主要部分，占62.7%；其次是农业四税，约占15%。

一、工商各税收入

1986年，全县纳入财政一般预算的工商各税收入7582万元。随着地方经济的发展，工商各税呈逐年增长势头。1987年达9694万元，增长27.8%；1988年突破亿元达1.20亿元；至1993年达到2.19亿元，是1986年的2.8倍，年平均收入1.39亿元，年平均增长40%。1994年实行分税制后，当年纳入财政一般预算的工商各税下降为5141万元，比1993年下降1.68亿元，降幅76.6%。此后又逐年增长，至1998年实现1.09亿元，是1994年的2.1倍，年平均增幅28%。资阳地区成立后，纳入财政预算的工商各税下降，尤其是四川卷烟厂被成都卷烟厂兼并后，资阳市财政收入大幅减少，财税调控能力严重削弱。1999 年纳入财政一般预算的工商税为 5920 万元，同比 1998 年下降 4976 万元，降幅 45.6%。此后，区政府采取多项措施，加强工商各税税源培植。至 2005 年，各年度纳入财政预算的工商税起伏变化不大，年平均额为 7518 万元，分别是前 8 年、前 5 年的 54%、97%。20 年间，纳入财政预算的工商各税共 16.72 亿元，占财政预算的 63%。

二、农业四税收入

农业四税指农业税及附加、耕地占用税、农业特产税、契税，其中农业税为主要收入。1986 年，全县纳入财政预算的农业四税为 658 万元，后逐年增长。其中 1990 年、1992 年两度突破千万元，至 1993 年，平均每年 903 万元。1994 年因农业税结算价格提高，农业特产税改按农田面积套计征收，农业四税迅速增加，纳入财政预算的农业四税为 1664 万元，比 1993 年增加 682 万元，增幅 69%。增长势头保持到 1997 年，当年，纳入预算的农业四税额达 3022 万元，为历年最高，是 1994 年的 182%、1986 年的 459%。1998 年，纳入预算的农业四税下降为 2971 万元，比 1997 年下降 51 万元，下降 1.7%；至 2000 年降为 1934 万元，比 1999 年下降 20%。2004 年、2005 年，由于下调税率、停征农业税及附加，农业类税收入进一步减少。据 1986—2000 年统计，全区纳入财政预算的农业四税为 2.43 亿元，年平均 1617 万元，占财政预算收入的 9.1%。

三、企业收入

纳入财政预算的企业收入包括国有企业的税后利润留成，以调节税和承包费的方式上缴财政的部分，“利改税”后国营企业所得税、调节税、上缴利润等。1986 年，全县纳入财政预算的企业收入为 153 万元，占当年财政预算收入的 1.8%。以后，随企业经营状况有升有降，其中 1996 年最高达 526 万元，1992 年最低为 -155 万元，据有统计资料的 1986—1997 年分析，12 年平均每年企业收入为 191 万元，占同期区财政一般预算收入 1.36%。

四、其他收入

其他收入包括行政性收费、罚没收入、专项收入和国有资产经营收入等。行政性收费和罚没收入属预算内管理的收费项目，专项收入主要指环保部门征收的排污费和教育部门收取的教育费附加，国有资产收入主要是出售国有企业资产和其他国有资产应上缴财政的收入。1986 年，资阳县非税性其他收入 60 万元，后逐年增加。至 1989 年达 305 万元，是 1986 年的 5 倍，年均增幅 136%。1990—1997年，该项收入虽有大幅增长，但呈波澜起伏状，其中 1991 年、1995 年为两个波峰，分别为 1015 万元、1416 万元；1993 年、1997 年为两个波谷，分别为 499 万元、333 万元。据有统计资料的 1986—1997 年度分析，其他收入年平均 522 万元，占同期财政一般预算收入的 3.7%。

第二节 补助性收入

补助性收入主要是中央、省、市财政或相关部门拨付的各项补助资金。补助项目有一般性转移支付、税收返还、专项补助、结算补助和其他补助。1993 年以前，本地财政收入状况较好，基本上没有补助收入。分税制实施后，市财政接受中央、省两税（增值税、营业税）分成收入。1994—2005 年，区财政获得中央、省两税分成收入 18.42 亿元，年均 1.54 亿元，占同期财政总收入的 55.6%，与财政预算收入之比为 1.4∶1。1994 年，市两税分成收入 1.91 亿元，占同年财政总收入的 69%，以后逐年走高。至 1998 年上升为 3.27 亿元，比 1994 年增加 1.35 亿元，增幅 71%，年均增幅 17.6%。5 年收入占同期财政总收入的 68%，与同期财政预算收入比为1∶0.47。资阳地区建立后，市上划两税收入下降，1999 年为 8103 万元，是 1998 年的 24.8%。1999—2005年区上划两税收入共 5.32 亿元，占同期财政总收入的 38%；各年度收入起伏变化不大，年均 7597 万元。

第三节 预算外资金和基金收入

一、预算外资金收入

预算外资金指区内机关、事业单位和社会团体依据国家法律、法规和具有法律效力的规章而收取、提取、募集和安排使用的未纳入财政预算管理的各种财政性资金，分为专户资金、专储资金两部分。专户资金为财政性资金，专储资金为财政代管资金。预算外资金收入，包括主管局向下属、下设单位集中的资金，乡镇自筹、统筹资金和彩票募集资金，以部门或单位名义接受的捐赠资金及国家机关的非经营性收入。

预算外资金收入主要是行政事业性收费，收费项目需经中央和省两级审批，省以下各级政府和部门不得擅立收费项目。1993 年以前市内无预算外资金统计数据。1994—2005 年，全区预算外资金收入共 4.72 亿元，占同期财政总收入的 14%，与同期预算收入之比为 1∶2.8。1994 年预算外收入仅 70 万元。1996 年增至 776 万元，是 1994 年的 11 倍。1997 年达 1104.7 万元，比上年增长 3287 万元，增幅 42%。2000 年，增至 1.23 亿元，为历年最高，超当年预算收入 634 万元。次年降为 9526 万元，降幅 22%，但仍比预算收入多 491 万元。2002—2005 年，各年度预算外收入变化不大，年均 5869 万元。

二、基金收入

政府性基金包括教育费附加基金、育林基金、土地有偿使用金、地方财政税费附加等。1993 年以前，无基金收入统计数。1994 年，全区政府性基金收入 336 万元，其中教育费附加收入 310 万元，以后逐年增加。1995 年基金收入为 445 万元，比上年增加 109 万元，增幅 32%。其中预算调节基金 39 万元。1996 年基金收入增加为 483 万元。2000 年，基金收入 1508 万元，比 1996 年增长 1025 万元，增幅 212%。之后逐年下降，2003 年为 813 万元，是 2000 年的 46%。2004 年基金收入升至 2653 万元，为历年最高。2005 年又降为 332 万元，与上年比较下降 87%。1994—2005 年，全区政府性基金收入为 9231 万元，占同期财政总收入的 2.8%，与同期预算收入比为 1∶14。

资阳市雁江区 1986—2005 年财政收入情况表

表 11－1　　　　单位：万元

年度	财政总收入	地方预算财政收入	其中				基金收入	补助收入	财政预算外收入
			工商税	农业四税	企业收入	其他收入			
1986	8450	—	7582	658	153	60	—	—	—
1987	10759	—	9694	743	240	82	—	—	—

续表

年度	财政总收入	地方预算财政收入	其中				基金收入	补助收入	财政预算外收入
			工商税	农业四税	企业收入	其他收入			
1988	13200	—	11962	818	266	154	—	—	—
1989	15477	—	14150	975	47	305	—	—	—
1990	16131	—	14490	1093	163	385	—	—	—
1991	17032	—	14894	906	81	1015	—	—	—
1992	18015	—	16461	1051	-155	511	—	—	—
1993	23754	—	21947	982	184	499	—	—	—
1994	27705	8522	5141	1664	227	794	336	19144	70
1995	32563	9628	5894	2020	299	1416	445	22926	—
1996	39208	12971	7468	3008	526	710	483	26233	776
1997	43858	13775	9047	3022	268	333	—	30084	1105
1998	48732	16073	10896	2971	—	—	—	32660	—
1999	20780	12677	5920	2419	—	—	—	8103	—
2000	23404	11623	6855	1934	—	—	1508	8825	12262
2001	15755	9035	6600	—	—	—	1475	6720	9526
2002	18833	11334	8863	—	—	—	1186	7499	6478
2003	19554	12031	9189	—	—	—	813	7523	5384
2004	20156	13682	7722	—	—	—	2653	6474	5434
2005	20658	12625	7482	—	—	—	332	8033	6180

注：本表为不完全统计

第二章 财政支出

财政支出包括一般预算支出、预算外支出、政府性基金支出。一般预算支出为财政主要支出，预算外支出是使用单位按政府和财政部门批准的支出计划支付的自有预算外资金，政府性基金实行专款专用、自求平衡。

1986—2005 年，区财政总支出 38 亿元（1986—2000 年，区无预算外支出、基金支出统计数据，预算支出统计资料也不够完整。1996—2000 年预算支出视为总支出），呈逐年增长趋势，由 1986 年的 3862 万元，升至 2005 年的 5 亿元。年均支出 1.91 亿元，年均增幅 63%。2001—2005 年，全区财政总支出 18.55 亿元，其中预算支出 178713 万元、基金支出 6805 万元，分别占总支出的 96.2%、3.8%。预算外资金支出 3.23 亿元，与财政总支出之比为 1∶5.7。财政总支出呈逐年上升趋势，年均增幅 24.6%，比 20 年平均增幅低 38.4%。

第一节　一般预算支出

一般预算支出细目多达20多项，总体分类为基本建设支出、农林水牧支出、科教文卫支出、行政政法支出、抚恤救济支出、城市维护支出、社会保障支出、其他支出、行政事业单位离退休经费9项。1986—2005年，全区一般预算支出年均1.87亿元。其间预算支出逐年增加，1986年为3862万元；2005年为4.85亿元，是1986年的12.6倍。其中，科教文卫支出居一般预算支出的首位，占30.4%；其次是行政、政法支出，占一般预算支出的12%。2001年后，加大社会抚恤、救济力度，至2005年该类支出3514万元，为1986年的21.7倍。2001年增加社保补助支出项目，当年支出696万元，2005年支出2428万元。

一、基本建设支出

基本建设支出主要用于城市公共设施、交通建设、中小学危房改造和国有企业技术改造等方面。1986—2005年，全区基本建设一般预算支出6573万元，占一般预算支出的1.75%，年均支出328.7万元。其中2003年支1082万元，占当年全区预算支出的3.3%，为历年最高值；1995年支27万元，占当年全区预算支出的0.17%，为历年最低。年度基建支出在100万元以下共5年，集中在1991—1995年，年均33万元。2001—2005年，为基建支出最高时期，共支出4230万元，年均846万元。

二、农林水牧支出

农林水牧预算支出主要用于农业、林业、水利、畜牧、农机、气象的科研、技术人才培训和先进技术推广、良种繁殖推广、农田基本建设、动植物保护、兴修水利和水利工程维护、抗御自然灾害等，分为农林水牧事业费和支援农业生产类两项。1986—2005年，全区农林水牧预算支出2.47亿元，占20年预算总支出的6.6%。其中"七五"期间农林水牧预算支出逐年增长，由1986年的458万元，递增至1990年的1086万元，年均支出732万元，年均增幅34%。"八五"期间，农林水牧预算支出较为稳定，由1991年的1025万元，增至1995年的1417万元，年均支出1080万元，比"七五"时期增加348万元，增幅47.5%。"九五"时期，农林水牧预算支出大幅减少，1996年为581万元，比上年下降836万元，降幅59%。5年间年均支出620万元，是"八五"时期的57%。"十五"时期，区财政加大农林水牧预算支出，重点支持农业生产综合开发。2001年，该项预算支出1849万元，比2000年增加963万元，增长108.7%。以后逐年增加，至2005年，农林水牧预算支出3357万元，占当年全区预算支出的7%，比2001年增长81.6%。

三、科教文卫支出

科教文卫预算支出包括教育、文化、科技、卫生、计划生育等事业经费的支出。1986—2005年，全区该项一般预算支出为11.38亿元，占一般财政预算支出总额的30.4%。其中教育（含成人教育）事业费支出居首位，仅1995—2000年教育支出就达2.91亿元，占同期科教文卫预算支出的78%，占同期全区一般预算支出的24%。1986—1993年，全区科教文卫预算支出稳定增长，由1986年的1268万元，增至1993年的2859万元，年均增长15.7%，年均支出1354万元。1994年支出4661万元，比

1993年增加1802万元，增长63%，以后持续快速增加，2005年，支出12768万元，比1994年增加8107万元，增幅174%，其中教育10632万元、文体600万元、卫生2003万元、科技133万元，分别占科教文卫总支出的79.5%、4.5%、15%、1%。12年间，年均增幅12.8%，高于前8年1.1个百分点。

四、行政、政法支出

行政、政法支出包括党群机关、人大、政府、政协机关的行政管理费、行政事业单位离退休人员费、工交商贸部门费用、公检法司部门费用和其他部门事业费等5项，是区内一般预算支出中仅次于教科文卫支出的重要支出部分。1986—2005年共支出6.22亿元（2001—2005年行政、事业离退休费单列在外），占全区一般预算支出总额的16%。20年间呈逐年增长趋势，1986年支出451万元，1994年支出2566万元。至2000年基本保持同一支出水平。2001年支出3725万元。之后快速增加，至2005年该项预算支出达8370万元，是2001年的2.25倍，年均支出6062万元，年均增长56%，均高于以前各个时期。

五、抚恤、社会救济支出

抚恤支出包括牺牲、伤残军人抚恤费、烈军属和退伍军人生活费、退伍军人安置费、优抚事业单位经费、烈士纪念建筑管理维修费、军转干部安置费、军队离退休干部离退休费和其他费用等。社会救济福利支出包括农村和城镇社会救济、老弱病残职工救济、民政事业费等。1986—1990年和2001—2005年间，抚恤、救济预算支出共1.22亿元，占全区同期预算支出的3.3%。其中1986—1990年支出898万元，各年支出起伏变化小，年均179万元。1991—2000年共支出5092万元，占同期预算支出的3%。之后，该项支出呈快速增长趋势。2001年达1222万元；2005年为3514万元，比2001年增长2292万元，增幅187.6 %。5年间，年均支出2438万元。

六、城市维护费支出

城市维护建设费支出包括城市基础设施、公用设施和环卫等设施建设与维护等。1986—1990年，该项预算支出2490万元，各年度支出变化不大，其中1986年支318万元，1988年支600万元，分别为该期间最低、最高值。1991—2000年共支出16350万元，占同期地方预算支出的9.9%。2001—2005年支出4512万元，年均9024万元。其中2001年支536万元，2004年支1891万元，分别为5年间最低、最高值。1986—1990年和2001—2005年10年间共支出7002万元，占同期地方预算支出的3.37%。

七、社保补助支出

1999年推行社会保障制度，当年支出社保补助389万元。2001年，社保补助支出列为独立预算支出项目，包括城镇职工、城镇居民、农村居民等社会保障补助经费支出。2001年该项预算支出696万元。2002年上升为1377万元，增加681万元，增幅98%。2003年降为1085万元，降幅21.2%。以后连续两年大幅增加，2005年增至2428万元。2001—2005年支出7295万元，为同时期全区预算总支出的4.1%，年均支出1459万元。

八、行政、事业单位离退休费支出

2001年，行政、事业单位离退休费支出项目单列，当年支出2662万元。此后，随着离退休人数和生活费的增加，支出逐年增加。2002年支3448万元，增幅29.5%；2003年支出4001万元，增幅16%。2004、2005年分别为4774万元、4773万元，较2003年增加773万元，增幅19%。2001—2005年共支出1.97亿元，占同期全区预算总支出的5.2%，年均支出39316万元。

九、其他支出

其他预算支出包括国家储备粮油补贴、粮油价差补贴、居民肉食价格补贴、蔬菜价差补贴、民用煤炭销售价有效期补贴和其他政策性补贴等。1986—1997年，其他预算支出共6.06亿元，占同期预算支出的30.9%。1986年支981万元，1997年支1.08亿元，呈逐年增长趋势，增幅998%，年均增幅90.7%。

第二节　基金支出

区财政管理政府基金收支以来，坚持“量入为出、对口收支”原则，对口支出文教、农业部门和土地有偿使用及地方财政税费附加支出等。1998—2000年基金支出2736万元。2001—2005年支出6805万元，其中2001年支出1580万元，当年超支105万元，滚存节余1989万元。之后两年大幅减少，2003年支出879万元，较上年减少14%，当年节余66万元，滚存节余2223万元。2004年大幅增加，共支出1756万元，比上年增加877万元，增幅100%，当年节余897万元，滚存节余3120万元。2005年支出1572万元，比上年减少184万元，降幅10.5%，当年赤字1240万元，滚存节余1880万元。

第三节　预算外资金支出

预算外资金支出是指有预算外资金收入的行政事业单位用以解决收费部门事业费、基本建设费等方面的支出。2000年前支出468.7万元。2001—2005年支出32309万元，年均支出6416万元。2001年支出9444万元，当年节余82万元，之后3年逐步减少。2004年支出5259万元，当年节余175万元。2005年支出6023万元，较上年增加944万元，增幅18%，当年节余157万元。

资阳市雁江区1986—2005年财政支出情况表

表11-2　　单位：万元

年度	财政总支出	一般预算支出	其中									基金支出	预算外资金支出
			基建	农业	科教文卫	行政政法	抚恤救济	社保补助	城市维护	行政事业退休费	其他支出		
1986	3868	3868	230	458	1268	451	162	—	318	—	981	—	—
1987	4304	4304	113	427	1332	612	157	—	424	—	1243	—	—
1988	5056	5056	220	700	1704	679	184	—	600	—	1128	—	—
1989	6765	6765	155	991	1853	806	195	—	599	—	2408	—	—

续表

年度	财政总支出	一般预算支出	其中									基金支出	预算外资金支出
			基建	农业	科教文卫	行政政法	抚恤救济	社保补助	城市维护	行政事业退休费	其他支出		
1990	9114	9114	127	1086	2229	1233	200	—	549	—	3969	—	—
1991	8692	8216	67	1025	2403	1695	242	—	581	—	3856	476	—
1992	9080	9080	56	816	2601	1703	265	—	484	—	4231	—	137
1993	13324	13324	47	922	2859	2081	290	—	963	—	7884	—	118
1994	14269	14269	28	1223	4661	2566	419	—	1147	—	7376	—	48
1995	15660	15660	27	1417	5050	2485	501	—	1747	—	7542	—	165
1996	17918	17918	182	581	5923	2846	456	—	1903	—	9235	—	—
1997	18035	18035	251	526	5129	2688	530	—	2054	1321	10775	—	—
1998	19531	19080	270	510	6126	3313	573	17	2407	1473	—	433	—
1999	22981	22438	370	601	6953	3808	801	389	2719	1775	—	543	—
2000	26226	26226	200	886	8177	4927	1015	630	2345	1969	—	1760	—
2001	25221	23641	728	1849	8954	3725	1222	696	536	2662	—	1580	9444
2002	31943	30925	1064	1869	10942	4652	1702	1377	929	3448	—	1018	6281
2003	33589	32710	1082	2560	10932	5928	1923	1085	593	4001	—	879	5302
2004	44700	42944	795	2913	11951	7635	2940	1709	1891	4774	—	1756	5259
2005	50065	48493	561	3357	12768	8370	3514	2428	563	4773	—	1572	6023

注：本表为不完全统计

第三章 财政管理

第一节 管理机构

1986年，资阳县财政局下设预算、秘书、企财、农财4个股，挂靠机构有县控制社会集团购买力办公室。1993年3月县财政局改称资阳市财政局。2000年11月更名为资阳市雁江区财政局，内设9股2室。1986—2005年，吴卡、何五常、何伯忠、张良德、王荣贤、刘小军先后任局长。

1986年，9区1镇和74个乡均设财政所。次年撤乡并镇，74个乡财政所合并为61个。1992年8月撤区并乡建镇，全县设22个镇乡财税所。1998年8月，乡镇财税所改为乡镇财政所。

第二节 预算管理

区财政局每年编制收支预算。预算收入含税收、国有资产收益、专项收入、其他收入，预算支出包括基本建设、农林水事业费、工交商贸事业费、科教文卫事业费、行政管理、公检法司、社会保障、城市维护费、债务利息、专项支出、其他支出和预备费。编制程序是各单位先报送预算，财政审核、修改、汇总、平衡后编制财政总预算，报人代会审议批准后执行。其间如遇公职人员工资调整、税收政策调整和大面积自然灾害引起财政收支变化需调整预算时，财政局在向人大常委会提交拟调整预算方案并经审议通过后，按调整预算方案执行。每年度的财政收支预算执行终了，财政局于次年初向人代会报告执行情况，提出当年度财政预算计划并交付审议通过，同时接受市、区审计部门的财政审计。

为实现财政收支预算指标，财政局加强对预算拨款单位和乡镇财务工作的指导、管理、监督，制发财务管理文件，健全各部门、乡镇财务制度；配合组织、人事部门准确核定机构编制和财政供养人员数量，控制财政供养人数激增，控制非生产性开支，规定出差食宿标准等；同时开展经常性财务大检查，清查人、车、会、奖金、考察、公费通信等开支，禁止超范围、超标准开支，压缩会议费、电话费、接待费、公务车辆费等开支。2000 年，建立政府采购中心，对大型（件）商品实行集中公开招标、统一采购，有效控制购置费增长。

1986 年 12 月，县政府对乡镇财政实行“定收定支，超收分成，短收扣支，超支不补，结余留用，一年一定”的预算管理办法。1990 年 7 月，施行“严控支出，一保工资，二保农业，无预算支出一律不开口子”的预算管理措施，并帮助企业清仓查库，修旧利废，降低费用，节约开支，遏制非正常集团消费。1995 年，市财政局完善和深化财税体制改革，加强税收征管，促进增收节支，扶持骨干企业生产，广泛培植财源。1996 年，执行省政府《关于增收节支确保实现财政收支平衡的意见》。为控制财政支出过快增长，对市属行政单位实行零基预算和预算外收入以收抵支办法，在财政支出方面执行“保工资、保救灾、保稳定”的原则，量入为出，严格控制非生产性支出，定额包干公用经费和专项经费，采取行政经费“下管一级、收支挂钩、动态调节、奖惩兑现、定额管理，强化预算约束”的预算管理办法，源头控制基本建设，支持重点项目建设。2001 年 1 月，改革预算编制方法，一般预算收入、基金收入、预算外收入统一编制标准和口径，增强预算约束力和政府调控力。2003 年，开展“村账镇管”试点工作，后在全区推行。2005 年起，财政部门采取“早编预算，主动管理，保工资、保运转、保稳定”为主的措施，强化预算管理工作。

第三节 预算外资金管理

1986 年以来，县财政局采取多种方式，不断加强预算外资金管理。1987 年，对县级行政事业单位和驻县市属以上企业主管部门的预算外资金实行“专户储存，计划管理，财政审批，银行监督”的方式，对县内企业预算外资金则采取“计划管理，政策指导”的管理办法。当年全县专户储存单位 62 个，储存预算外资金 658. 1 万元，余额 126. 8 万元；预算外资金融通服务借出 152 万元，收回 51 万元。1990 年，继续执行预算外资金专户储存和融通服务，73 个行政事业单位和 75 个区乡级预算资金专储发生额达2217.6万元，预算外资金管理取得较好效果。针对部分单位不及时足额储存财政专户和极少数单位不缴专户的现象，财政局统一清理行政事业单位银行账户，对违规单位予以处罚。同时，采取银行对预算外资金利息直接向财政计付、由财政对各单位计息的办法控制预算外资金，各单位使用预算外专储资金须严格按规定程序和要求办理。1993年，市预算外资金管理局成立后，将预算外收入分成纳入预算管理的规费和一般行政收费、基金、经营服务收入和往来款项四大块，实行财政“专户储存”“收支两条线”管理。各单位编制收支预算，预算外资金管理局编制综合预算，报市政府批准后执行。预算外收入实行“超1奖0.6、短1扣1，财政按比例集中调剂使用”的办法，形成“分散征收、专户管理、集中安排、统一结算”的管理体系。1995年，根据《四川省预算外资金管理条例》规定，预算外资金管理改财政直划专储为收入直缴财政专户的办法，防止国家资金体外循环，控制消费基金过快增长，增强财政调控力度。2000年后，进一步规范预算外资金的征、管、查工作，加大预算外资金稽查力度，专项稽查21个预算外资金收支数额较大、管理水平较差的单位，对违纪违规单位予以处罚。将行政事业收费、罚没收入、其他预算外收入、单位代收逾20元的费用一律缴入在专业银行开设的财政专户，取消各行政事业单位银行收入账户，只保留支出账户，支出账户只接收财政专户拨入款项。镇乡各单位不设会计岗位，镇乡行政、事业单位财务收支由镇乡会计核算中心统一核算，银行与镇乡会计核算中心落实收支两条线和完成预算外收支计划。2005年，区财政局重点跟踪省政府《规范农民修建自用住房交纳税费、婚姻登记收费、计划生育收费、中小学教育收费公告》的贯彻落实情况，会同物价、教育部门检查全区中小学校收费公示、校务、政务、财务公布情况，规范收费行为，审核全区行政、事业单位收费项目和票据使用情况，调整票据管理形式，统筹收缴和分离预算外收入，确保非税收入逐年增长。

第四节　综合管理

一、国有资产管理

1992年，县国有资产管理办公室成立，负责全县国有资产清理和登记建卡等工作。至1994年共评估企业21户，确认评估4户；改组有限责任公司10户，其中国家控股2户，转让国有资产1552.3万元，国家入股410万元，盘活国有资产1962.3万元；开展企业清产核资工作，清查企业73户、资产8.82亿元，重估增值5007万元。企业亏损挂账1.08亿元，企业申报核销贷款损失3217万元。1995年起，改革企业组成形式、经营方式，使企业成为以股份制为主的“产权明晰、权责明确、政企分开、管理科学”的市场竞争主体，转让一大批市属国有企业。同时，参与改组企业的资产评估、确认、核资准备案和转让企业的资金缴库工作。1999年，国有资产管理部门以确保存量资产保值、增值为重点，先后参与市属企业宝莲酒业有限责任公司、金洋粮油有限责任公司改制和市食品公司、建陶总厂、农机供应公司、机电设备供应公司、味精厂等破产企业的资产评估、处置和破产企业职工安置工作。同期，对城镇集体企业进行清产核资，清理资产12.52亿元、负债10.40亿元、净资产2.12亿元。2005年，执行《国有资产处置管理暂行办法》和《国有资产处置收支管理办法》，行政事业单位国有资产处置实行区政府例会审批制度和区政府常务会议审议通过制度。财政会同审计、纪委、监察、建设、国土部门全程参与资产处置，增加资产处置透明度。当年，处置12个行政事业单位申报的22项国有资产。

二、控制社会集团购买力

财政部门严格控制社会集团消费，以缓解财政资金供求矛盾。1986年9月，开展以清理前两年违章购买小汽车为重点的控购工作大检查，查出违章购买小车60余辆、违购金额261.9万元，对违规单位予以处罚。1988年起，根据国务院《关于严格控制社会集团购买力，压缩开支的紧急通知》精神，严格执行控购政策，进一步加强控购指标管理。1990年，坚持“松紧适度、宽严结合”的原则，正确处理正常需求与控制社会集团购买力之间的关系，对生产经营或业务工作需要的从宽，反之从严。共审批专控商品额357.4万元，压缩和不批专控商品额24.91万元，查处违购案件18件、金额46.18万元，处罚款8.24万元。当年，县以上单位集团购买力支出1292万元，其中指令指标779.89万元、指导指标512万元；乡镇企业和城市街道企业集团购买力支出11万元，占市下达控制指标的36.67%。1994年，执行国家控购调整政策，共审批非生产专控商品额116.12万元，其中小汽车10辆108.6万元；审批生产、科研用专控商品小汽车购买额74.3万元，签发免控证明购买小汽车33辆393.67万元、大客车2辆12.9万元；压缩申报专控商品额111.33万元，其中小汽车12辆109万元。根据省财政厅、省控办《社会集团购买力支出会计核算办法》，指导建账单位业务，检查各部门、各单位指标执行情况。1997年，要求各单位进一步抓好社会集团购买力支出会计核算，不得擅自中止或取消会计建账工作，避免基数资料水分。同时制定小汽车、移动电话、微机等物资购买的报批程序和制度。当年，控办审批专控商品购买额1172.42万元，其中非生产专控商品667.38万元、生产性专控商品505.04万元；小汽车4辆580.18万元、无线寻呼机和无线移动电话99个35.7万元、其他6种专控商品51.5万元。在生产性专控商品审批额中，小汽车33辆310.62万元、无线寻呼机和无线移动电话11个4.65万元、其他专控商品189.77万元。全年压缩专控商品额8.18万元，征解专控商品附加费139.2万元。查处违控购买无线移动电话39部、金额44.2万元，补征专控附加费2.1万元，没收违纪购买的无线移动电话2部；查出公车私户小汽车2辆，补征专控附加费3.65万元，罚款1万元。之后，将控购执行情况纳入财务重点检查范围，促进控购政策落到实处。20世纪末，实施政府采购，控购被取代。

三、政府采购

2000年8月，市政府成立采购中心，制发《政府采购管理办法》；市财政局设政府采购监督股。政府采购范围、标准由市委办、市政府办、政府采购中心对比核价后报送政府采购监督股审批，然后照单采购。2002年初，采购中心根据各项行政法规，按程序采购大宗物品26项349万元，比下达计划节约11万元，比市场价格节约30.1万元。同时，增大一般办公用品采购业务量，制定《一般办公用品采购方案》，实行专人负责、上门服务。当年全区统一采购一般办公用品2.9万元。次年，完善政府采购制度，加强政府采购管理工作。各部门按规定申报采购方案，采购中心照目录购置，全年共完成政府大宗采购27项次210万元。2005年，将政府采购纳入财政国库管理制度改革范围，采购指标实行网络管理，采购资金由财政直接支付。全年拟定大宗物品采购计划31个，采购预算363万元，实际采购340万元，节约资金23万元，资金节约率6.3%，比市价低40万元，节支率10.5%。

四、统筹医疗费管理

1985年底，县公费医疗办公室成立。公费医疗管理实行“统一标准，分级管理，按职工参加工作年限核定金额到主管局结算，支出包干，节约留用，超支自负”的办法，确立医药费包干范围和医疗费结报制度。每年初，财政局一次性核拨公费医疗包干经费，超过部分概由单位自行解决，不予补助。1992 年，县公费医疗管理办公室加强超标医药费审核，剔除不合理支出 16.3 万元。1994 年，推行“医院主管、单位负责、经费定额、节约留用、超支分担”的公费医疗管理办法。2000 年，区财政局配合相关部门，建立健全医改后医疗保险基金财政专户管理制度。次年，全区医疗保险系统联网结算，职工在本统筹区域定点机构直接使用医保卡就医便可即时结算。职工大病医疗保险由社保局划归区医保中心，党政机关、事业单位人员进入医保中心须参加补充医疗保险。2004 年，医保系统升级，全市各区市县互认互通，雁江区内参保职工可在市内定点机构刷卡就医购药。

第十二篇 税 务

第一章 税制 税种

第一节 税 制

一、税收体制

1986—1993年，县（市）内实行“划分税种，核定收支，分级包干，增收分成”的税收体制。1994年1月国家改革税制后，实行内外统一的流转税，以增值税为主体，消费税与营业税并行；将过去对国营企业、集体企业和私营企业分别征收的所得税合并为统一的企业所得税；将对外国人征收的个人所得税、对中国人征收的个人收入调节税和个体工商户所得税合并为统一的个人所得税；扩大资源税、特别目的税、财产行为税征收范围；新开征土地增值税，取消奖金税、盐税、集市交易税等，下放屠宰税、筵席税管理权限；配合“分税制”对财政体制进行改革。同年10月，撤销资阳市税务局，分设资阳市国家税务局和资阳市地方税务局。新税制划分国税税种、地方税种和中央、地方共享税种，国税和地税局按各自征管范围征税。

二、管理体制

1986年，县税务局实行县政府领导和内江市税务局业务指导的管理体制。1988年由内江市税务局和县政府双重领导，以内江市税务局垂直领导为主。1989年1月，县税务局由省税务局垂直管理。1994年10月分设市国税局和地税局后，市国税局一直由省国税局垂直领导；市地税局由资阳市政府和内江市税务局双重领导，以资阳市政府领导为主。1998年起，市地税局受省地税局和市政府双重领导，以省局垂直管理为主。2001年11月，雁江区地税局隶属四川省资阳市地方税务局，受市地税局和区政府领导，以市地税局管理为主。

第二节 税 种

1986—1993年，县（市）内开征22个税种，同时征收能源交通重点建设基金和国家预算调节及教育附加等。1994年实行分税制后设18个税种，市内开征16个税种，另征5个基金附加。此后开征税种随国家税收政策的变化而多次调整。至2005年底，开征的中央税和中央与地方共享税种数不变，开征的地方税种有10个、基金5种。

一、中央税

消费税 1994年1月起征，由原产品税的一部分和特别消费税的一部分组成。对从事生产、加工和进口消费品的单位和个人征收，以一些特定的消费品（或消费行为）的流转额为课税对象。区内应征消费税的税目税率为：粮食白酒25%，其他酒10%，鞭炮、焰火15%，小客车5%，卷烟分等级按60%、55%、30%、25%不等税率征收。1995年1月1日起，对金银首饰征收的消费税改在零售环节征收，税率由10%减为5%。

车辆购置税 2001年1月1日起开征，同时停止征收车辆购置费。纳税人为境内购置车辆（包括汽车、摩托车、电车、挂车、农用运输车等五大类）的单位和个人，按购买车辆的全部价款和价外费用的10%征税。

二、中央地方共享税

产品税 1984年第二步利改税时从原工商税中划出单独设立的税种，向产品制造人或采购人征收。区内主征产品有酒、水泥、矿产品、烟花爆竹、农林水产品等。1994年，产品税的应税货物全部改征增值税，产品税停征。

增值税 1984年起征，以从事货物销售或者提供加工、修理修配劳务，以及从事进口货物的单位和个人取得的增值额为课税对象。以纳税人年应税额为基本标准划分为增值税一般纳税人和小规模纳税人，税率分17%、13%、0%三档。增值税中75%为中央财政收入，25%为地方财政收入。

营业税 1984年起征，课税范围为提供应税劳务、转让无形资产以及销售不动产的单位和个人。1994年1月1日起，对原属营业税征税范围的商品批发、商品零售和加工、修理修配行业改征增值税。铁路、银行、保险公司缴纳的营业税属中央收入，其余属地方财政收入，其税率按行业分为3%、5%、5%~20%。1997年，金融保险业营业税税率提高为8%，2001年起每年下调1%。2003年起，对金融保险、托儿所、幼儿园、养老院、婚姻介绍、殡葬服务、医院、诊所、学校、农牧技术培训等免征营业税。

企业所得税 1984—1993年，按国家税收条例（草案）先后征收国营企业所得税、集体企业所得税、私营企业所得税。1994年将三种税合并为企业所得税，税率按企业年应纳税所得额分为18%、27%、33%三个档次。中央企业和金融保险企业的所得税由国家税务局征管，地方企业的所得税由地方税务局征管。

个人所得税 1986年1月起征城乡个体工商户所得税，年应税所得在1000元以下的税率为7%，超过3000元以上的税率为60%。工资薪金所得，适用九级超额累进税率5%~45%；劳动报酬、稿酬、特许权使用费、利息股息红利、财产租赁、转让收入等适用20%税率；个体工商户的生产、经营所得和企事业单位承包经营所得，适用五级超额累进税率5%～35%。2002年起，个人所得税上缴中央60%，上缴省14%。

三、地方税

资源税 1984年10月起征。纳税义务人是境内开采应税矿产品或者生产盐的单位和个人。1994年起，执行《资源税暂行条例》、废止以前的《条例》（草案），仅对矿泉水、条石、页岩、黏土征收资源税，以开采吨位计税，每吨征1～3元。

土地增值税 1994年1月1日开征。凡转让国有土地使用权、地上建筑物及附着物并取得收入的单位和个人为纳税义务人。土地增值税实行四级超额累进税率，最低边际税率30%、最高边际税率60%。区内对房屋销售收入先后按照1%、1.5%比例预征土地增值税，年终结算。

城市维护建设税 1985年1月1日起征。按纳税人实际缴纳的消费税、增值税、营业税的税额为计税依据，按城市市区7%，县城、建制镇5%，农村1%的比例征收。

房产税 1986年10月1日起开征。依据房产余值计税的，税率1.2%；依据租金收入计税的，税率12%。

城镇土地使用税 1988年1月1日起开征。以实际占有土地面积计征。市区土地划为五级，分别按每平方米2元、1.4元、0.8元、0.4元、0.2元征收；乡镇每平方米按0.6元、0.2元之间征收。2003年7月1日起，区政府将土地分为四级，市区一、二、三、四级土地分别按每平方米每年4、3、2、1元征收，建制镇按每平方每年1.5、1.3、0.8、0.4元征收。

印花税 1988年10月1日起恢复征收。对经济活动和经济交往中书立、使用、领受具有法律效力凭证的单位和个人征收。税率分别为0.05‰、0.5‰、0.3‰、1‰。

车船使用税 1986年10月1日起开征。对行驶在公共道路的车辆和航行于国内河流、湖泊或领海口岸的船舶，按照其种类、吨位和规定的税额征收。区内征收标准为：机动客车60～320元/年·辆，机动货车16～60元/年·吨，摩托车20～80元/年·辆，非机动车1.2～32元/年·辆，船舶按吨位和类型每吨每年分别为1.2～5元（机动船舶）、0.6～1.4元（非机动车船舶）。

固定资产投资方向调节税 1983年10月1日开征。对进行固定资产投资的单位和个人征收。计税依据是固定资产投资项目的实际完成投资额，税率分别为0%、5%、10%、15%、30%五个档次。1999年7月1日起，区内减半征收固定资产投资方向调节税，2000年1月1日起停止征收。

屠宰税 1951年1月1日起征。1985年10月1日，全省屠宰牲畜税额标准提为：猪4元/头、黄牛5元/头、水牛6元/头、羊0.5元/只（1995年提高为1元），对食品经营企业收购牲畜按收购金额的3%征收。2001年，内销生猪定额税收取标准调为20元/头。2002年4月1日起，停征屠宰税。

农业特产税 建国后至1986年随农业税一并征收，1987年四川省对其单独征收，1994年全国统一对从事农业特产品生产取得收入或从事农业特产品收购、销售的单位和个人征收，税率多在31%以下。2003年6月1日起，除烟叶外，不再征收农业特产税及附加。

契税 以所有权发生转移变化的不动产为征税对象，一般税率幅度为3%～5%。2002年资阳市统一执行税率为4%，对个人购买普通住宅的暂实行减半征收。

耕地占用税 1987年4月1日起征。征收标准为：城市规划区内所在村、组7元/平方米，乡级建制镇规划区内所在村组6元/平方米、其他村组5元/平方米。

农业税及附加 1986—2001年，农业税按正常年景产量价值的15%征收，农业税附加按农业税的20%计算征收。2002年1月1日，全区农业税税率调为7%，2004年1月1日再下调为4%。2005年1月1日起停征农业税及附加。

四、基金及附加

教育费附加 1986年7月1日起，凡缴纳产品税、增值税、营业税的单位和个人均在交纳流转税时缴纳教育费附加；费率为1%，1990年调为2%，1994年调为3%。

四川省地方教育费附加 2004年1月1日起，全省统一取消中小学改善办学条件附加、职工个人教育费和宾馆饭店教育费附加等，开征地方教育费附加，以缴纳增值税、消费税、营业税税额为计费依据，费率1%。

文化事业建设费 1997年7月1日起开征，以营业性歌厅、舞厅、卡拉0K厅、音乐茶座和高尔夫球、台球、保龄球等娱乐场所，以及广播电台、电视台和报纸、刊物等广告媒介单位和户外广告经营单位为征收对象，征收比例为营业收入的3%。

残疾人就业保障金 从2005年起，对区内机关、事业单位、社会团体、企业和其他经济组织按在职职工年平均工资的1.5%征收残疾人就业保障金。

职工教育费附加 1995年1月1日起，对在市（区）内机关、事业单位、社会团体、企业工作且具有城镇户口的职工按年工资总额的1.5%征收职工个人教育费附加。

交通建设费附加 1992年12月1日起，对在省内缴纳增值税、消费税、营业税的单位和个人征收交通建设费附加，征收率为4%。2002年4月20日停征。

中小学改善办学条件附加费 1993年1月1日起，对缴纳固定资产投资方向调节税的单位和个人，按投资额的1%征收中小学改善办学条件附加费。2004年4月20日停征。

四川省重点建设基金 1992年1月1日起，对境内国营企业、事业单位、机关团体和各级地方财政的各项预算外资金，以及集体企业、私营企业和个体工商户，按缴纳所得税后的5%计征重点建设基金。2002年4月20日停征。

第二章 税政管理

第一节 管理机构

一、资阳县（市）税务局

1986年，资阳县税务局内设秘书、政工、监察、计会、税政5个股，下设直属机构有稽查队、发票管理所和征收股，派出机构为城关、城区集贸、临江、保和、中和、丹山、小院、伍隍、南津、丰裕、祥符11个税务所，有在职人员177人，设局长1名、副局长4名。1992年10月撤销征收股，设立征收分局。1993年3月资阳县税务局更名为资阳市税务局。4月，增设松涛、迎接、碑记、宝台、东峰5个税务所。5月，内江市税务咨询事务所在资阳设代办处，挂靠资阳市税务局。1994年9

月，市税务局内设6个机构，即办公室、监察室和人事、计会、税政、征管科，有直属机构3个、基层税务所16个、在职人员216名。1986年至1994年9月，王维贤任局长。1994年10月，撤销资阳市税务局，分设资阳市国家税务局和资阳市地方税务局。

二、资阳市雁江区国税局

1994年资阳市国家税务局成立时，内设人事教育科、监察室、办公室、计划财务科、税政科、征收管理科6个科室，下设征收分局、税务稽查分局、发票管理所3个直属机构，派出机构有雁江、个体集贸、城郊、临江、保和、中和、丹山、小院、伍隍、南津、丰裕、祥符12个税务所，在编职工163人。1998年5月，税务所改称管理分局。2000年11月，资阳市国家税务局改称资阳市雁江区国家税务局。2001年6月，撤销直属机构和雁江、集贸、城郊、保和、中和5个管理分局，增设城区管理分局。2003年9月，撤销内设机构和7个管理分局，设立7个科室和稽查局检查二科，设事业机构信息中心1个。2005年末，国税局内设办公室、人事教育科、监察室、政策法规科、征收管理科、税源管理一科、税源管理二科、税源管理三科8个科室，下设直属机构有稽查局检查二科和事业单位信息中心，派出机构为雁西、雁东管理分局。有在职职工133人，其中具有大专以上文化程度的占91%。1994—2005年，王维贤、罗元义、孙永康、张孝光先后任局长。

1994年10月国、地税分设后，内江市税务咨询事务所资阳代办处挂靠市国税局。1998年5月资阳市创新税务师事务所成立，为国税局挂靠机构。11月，撤销内江市税务咨询事务所资阳代办处。1999年1月按总局"代理机构必须与税务机关脱钩"要求，撤销资阳市创新税务师事务所。2000年7月，资阳地区国税局重新组建兴达税务师事务所，并在雁江区设代理部。

三、资阳市雁江区地税局

1994年资阳市地方税务局成立时，内设办公室、计划财务科、征收管理科、工商税收管理科、人事监察科、农业税收管理科、基金房地产税收科和稽查队8个机构，另设副局级直属征收分局1个，还与财政局在22个镇乡合设财税所，有职工162人，局长由市财政局长兼任。1995年3月，设立发票管理所和咨询代办处，为地税局直属事业机构。1997年8月稽查队改称税务稽查科（稽查分局）。10月，增设人事教育监察科。1998年8月财税体制改革，镇乡财税所分设为财政所和地税所，新建雁江、城郊、保和、中和、松涛、小院、伍隍、南津、丰裕、祥符10个基层征收分局，分片管理镇乡地税所。1999年9月增设政策法规科，11月撤销咨询代办处。2000年4月，增设车辆税收征收分局。11月，资阳市地方税务局更名为资阳市雁江区地方税务局。2001年11月机构改革，撤销基金房地产税收科、稽查分局和10个基层征收分局以及下设的22个所，改设10个副科级基层税务所，直属征收分局改称直属税务所，征收管理科更名为综合税收管理科。2004年2月，恢复政策法规科。2005年末，区地税局内设办公室、监察室和计划财务、人事教育、工商税收管理、农业税收管理、综合税收管理、政策法规科2室6科，下设11个税务所和发票管理所，有在编职工173人，大多具有大专以上文化程度。1994—2005年，何伯忠（兼）、张良德（兼）、蒋代君、张琪、鲁顺兴先后任局长。

1995年3月，资阳市地方税务局设咨询代办处，负责全市地税代理和向社会提供顾问、咨询、调查、代理申报等服务，并按规定收取一定费用。1999年11月，撤销咨询代办处。

第二节　税源管理

一、税务登记

税收管理部门通过税务登记对纳税人进行户籍管理。《税务登记证》三年一换，一年一验。1986年登记有纳税人4733户，1994年底增至8544户。国、地税分设后，1995年登记有国税纳税人6972户、地税纳税人7538户。1999年地税局换发税务登记证，共换证9010户，新办证1721户。2002起，为减轻纳税人负担，地税局取消税务登记证的年审验证，只对新开业单位和个人办理新证。2005年底，全区办理地方税务登记证的纳税人9366户，其中企业782户、个体工商户8584户；国税登记征管的纳税人8574户。

资阳市雁江区1986—2005年纳税人登记情况表

表12－1　　　　单位：户

1986年	1987年	1988年	1988年	1990年	1991年	1992年	1993年	1994年	1995年
4733	4983	6216	5661	8619	7440	7336	8140	8544	6972
1996年	1997年	1998年	1999年	2000年	2001年	2002年	2003年	2004年	2005年
6991	7323	7293	7615	6912	8499	7988	6359	6823	8574

注：其中1995—2005年纳税户数为国税征管户数

二、纳税评估与约谈

为强化税源管理、降低税收风险、减少税款流失、提高税收征管质量和效率，税务机关根据纳税人的纳税申报资料，运用科学手段，对其申报纳税的真实性、准确性、合法性进行综合分析和评定。2004年1月起，区国税局对增值税一般纳税人和小规模纳税人实施纳税评估和约谈制度。2005年起，地税局开展纳税评估与约谈工作。

三、调查研究

1986年以来，税务机关为掌握税收变化动态、科学下达税收计划，每年按税种、行业和工作需要，对30%以上的重点纳税人进行调查研究，主要调查长期零申报、负申报、异常申报的纳税人，防止偷税漏税和骗取国家税收行为。调查的主要内容有税源、税负、生产经营情况、发票使用情况和纳税人的基本情况。

第三节　税收征管

一、常规征管

1986年，县税务局执行“一人进厂，各税统管，征、管、查三权集于一身”的税收专管员制度。

1988年改革税务征管模式，县局实行“征管、检查两分离”。1991年在县局和镇乡税务所进行“征、管、检查三权分离”和“两分离”试点。1993年按征管改革要求，在全市推行税务代理制度，逐步形成“纳税申报、税务代理、税务稽查”三位一体的征管格局。1995年，实行“征、管、查”三分离制度。次年，税收征管由传统的专管员管户制改为管事制，税务管理分设户籍管理、税源管理、发票管理等岗位，管理员实行一人一岗、一事一岗，定期轮岗。1998年建立以计算机网络为依托，以自行申报、集中征收为基础，以专业化稽查为重点，以优化服务为保障的税收征管模式。2003年，区国税局各下属管理单位按属地分区域进行管理，采取“主岗管事，片岗到户”的税收专管办法，形成管户与管事、管理与服务、属地管理与分类管理相结合的管理新模式。

1986—1997年，国税、地税税款征收，由纳税人到所在税务所、分局，向税务专管员申报缴纳，专管员直接收取现金或转账支票、填开缴款书或完税票；零星税收、农村税收、个体税收由税务干部上门、上市场、下乡下村征收，或委托乡镇财政所、协税员代征。1997年10月、1998年7月，国税局、地税局先后成立办税服务厅，规范工作流程，所有税收票证均通过计算机打印，税款由银行派驻办税服务厅的窗口集中收取并统一划缴国库，税务人员不再收取现金。乡镇、农村纳税人既可到办税服务厅交税，也可委托他人或税务师事务所代理申报缴纳。2001年税务局与邮政联网后，城区纳税人可电话申报缴税，乡镇纳税人可到当地邮政支局申报缴税。

二、税收减免和优惠

1986年以来，税务管理部门严格执行国家税法、税规和税收优惠政策，支持地方经济发展，不断培植税源。1986年减免县内企业税收69万元。1992年，给县粮油加工机械厂销售的新产品“关风器”免税2年，分别减征县味精厂、造纸厂增值税15万元、10万元，免征省大堰园艺场产品税、增值税、营业税共21万元。同时，帮助重点企业度难关，长期减免宝莲酒厂、县水泥厂和四川卷烟厂等企业的税款，至1994年共减免企业税收1765.8万元。1999—2002年，国税局对粮油购销企业销售的政府储备食用植物油和退耕还林还草补粮免征增值税。2004年落实先征后返、即征即退等税收优惠政策，为企业办理免抵税1581万元、出口退税2137万元。2005年办理先征后退税款1796.2万元，出口退税1441.1万元。1986—2005年累计为校办、福利、出口企业和其他企业办理减免（退）税1.61亿元、以税还贷1547.7万元。

三、清理欠税

税务部门帮助企业发展生产、开辟税源的同时，实行“加、扣、罚”制度，以保证应纳税款及时、足额入库，并以“核死欠、追陈欠、控新欠”为重点，追缴正常经营户的欠税，实行以电话追缴与盯人追缴相结合和发布欠税公告、以票控欠等措施，落实陈欠税款入库，防止新欠发生。

第四节　税务稽查

税务稽查以日常稽查为主，专项、专案稽查为辅。1986年，县税务局在全县开展所得税汇算和国有企业利改税检查、发票检查、征管检查等日常检查，查补入库税款74.45万元。至1990年，专项检查建筑行业500户（次），查补建筑税300万元。当年税务检查更名为税务稽查。1991年，日常稽查集体企业所得税，稽查企业560户（次），查补各税135.5万元、能源基金和调节基金30.12万元；专项稽查个体工商户4870户，查补各税及基金41.91万元。1992年，稽查国营企业108户，查补各类税款98.90万元，查办偷、漏、抗税案件87件，追补各类税款28.5万元。至1994年，市税务局稽查入库税款1319.64万元。1994—1995年，市检察院在国税局和地税局分别设立税务检察室。之后，市公安局在国税局设立公安科，与稽查分局合署办公，专门打击偷骗抗税违法行为，保证国家税款足额入库。1995年，根据群众举报，市检察院、市国税局联合调查资阳市阳城实业开发公司隐瞒销售收入42.5万元、偷税7.2万元一案，追补偷税和处罚款计8.2万元。1998年，地税局重点专项稽查建筑安装、金融、房屋租赁、餐饮娱乐业及行政事业单位营业税缴纳情况。次年专项稽查零申报的行政事业单位和社会中介机构52户，查补税款259万元。2000年专项稽查偷漏资源税行为，查补资源税113万元，查获一饮食业主使用假定额发票偷税13万元案。全年采取税收保全和强制执行措施6起，移送5人到司法机关。2001年后，资阳市推行"同城一级稽查"制，雁江区地税稽查工作停止。1995—2001年，开展地税税务稽查12次，检查各类企业、个体工商户等8724户，查补各税、基金和附加4403.11万元。1995—2005年国税稽查入库税款5364.3万元，办理税务违法案件73件，其中罚款60余人（起）、治安处罚9人、移送司法机关3人，追缴税款100余万元。

1986—1997年，税务部门每年参与由县（市）政府组织的"三大检查"（财政、税收、物价大检查），主要清查辖区内企业和个体大户的纳税状况，查处偷漏税行为。1994年国、地税分设当年至1997年，地税局开展税收大检查4次，清查纳税户7514户，查补地方各税及基金附加等1618.11万元；国税局清查纳税户5740户，查补税款2137.3万元。1998年起，不再开展税务大检查。开展税务大检查期间，税务机关共查补各种税款4970.11万元。

第五节 税务监察与纳税服务

税务机关不断加强对税务征管人员税收执法权和行政管理权监督，严厉查处各类违法违纪行为。2001年5月，地税局在全区开展税务征收违章违规行为自查、清查工作。次年向基层派驻纪检监察员，2003年聘请行风监督员22名。1995—2005年，地税局查处各类违法违纪行为8起，其中贪污受贿5件；12人次受党纪政纪处分，5人被移送司法机关处理。至2005年，国税局共查处各类违法违纪案件11件；11人受到党纪政纪处分，其中1人受刑事处罚。

1986—1993年，税务机关组建优质服务活动小组，开展"为纳税人服务、让纳税人满意"活动。每项新税收政策出台后，均组织纳税人集中学习。1994年，税务机关在行政服务中心设立服务窗口，建立承诺服务公示和咨询制度，制发服务贴心卡和服务监督测评卡，公布税收热线电话"12366"和"6758642"，开通税务"直通车"。2002年，区国税局开设"雁江国税税收服务监督网"，接受、回复纳税人的投诉，为纳税人开通网上服务"绿色通道"；同时开展"4A"服务工作，通过多种形式为辖区内纳税人提供高效便捷的涉税事宜服务。

第三章 税费收入

1986—2005年，共征收税款43.31亿元，其中国税30.68亿元、地税12.63亿元，分别占总额的

70.8%、29.2%。1986年全县征收税款8761万元。1987年税收首次破亿元大关，后逐年增加。至1997年增加到4.36亿元，比1986年增长4倍，年均增幅36%。此后数年，税收总额呈下降趋势。2001年税收1.39亿元，仅为最高年1997年的31.9%，1997—2001年年均降幅13.6%。2002—2005年，税收总额起伏变化不大，年均1.65亿元。20年间，国税、地税在税收总额中所占比例呈此消彼长态势：1986—2000年，国税、地税收入分别为27.64亿元、7.66亿元，占总税收的78.3%、21.7%。2001年地税收入首次超过国税，并保持强势至2005年。5年间，国税、地税收入分别为3.04亿元、4.97亿元，分别占税收总额的38%、62%。

第一节　国税收入

1986—2005年，共征收国税30.68亿元，其中增值税11.70亿元、消费税8.69亿元、产品税7.72亿元、营业税1.35万元、企业所得税0.66亿元、个人所得税0.56亿元，分别占国税总额的38.1%、28.3%、25.2%、40.4%、2%。其中前12年税收总额逐年增长，由1986年的7624万元增长至1997年的3.36亿元，增长4.4倍，年均增加2361万元，增幅31%。1998年，资阳地区成立，县级资阳市的部分重点企业和纳税大户的税收上划地区，市国税收入下降为2.77亿元，比上年下降17.6%。1999年，四川卷烟厂并入成都卷烟厂，税收归入成都市；资阳市的国税收入降为1.09亿元，降幅60.7%。2000年资阳地区改为地级资阳市后，再次缩小资阳市雁江区国税征收范围。2001—2005年，年均国税征收总额基本稳定在6000万元以上。

一、增值税

增值税是国税的主要来源，占国税总收入的38.14%，年均入库5851万元。1986年增值税收入740万元，后逐年上升。到1997年收入1.35亿元，比1986年多1.28亿元，增幅1727.4%，年均增幅30.2%。1997—2000年，年均征收额保持在1亿元以上。2001年，税源管辖范围变动，区增值税收入下降为5670万元，下降50.3%。2001—2005年，增值税年均征收额5687万元，低于20年平均征收额，但仍是主要国税收入，占5年国税收入的93.6%。

二、消费税

1994年首年开征1.19亿元，以后逐年增长。至1998年，征收额达2.06亿元，是首征年的1.73倍，年均增幅14.7%。由于税率和征税范围变化等原因，1999年消费税征收额下降为334万元，较上年减少2.02亿元，降幅98.4%。2000—2005年，年征收额仅为102万~300万元。

三、产品税

1986年征收5574万元。1989年征收1.05亿元，增加4902万元，增长88%，年均增幅29.3%。1989—1992年，每年征收额基本保持1亿元以上。1993年征收额近1.5亿元，为历年最高值，是最低年的2.7倍。1986—1993年，共征产品税7.72亿元。

四、营业税

1986年征收843.3万元，以后逐年增加。至1993年，征收额达2702.2万元，为历年最高值，是

1986 年的 3.2 倍，年均增幅为 31.5%。1994 年实行分税制后，征收额降为 1281 万元，减少 1421 万元，减幅 52.6%。1995—2005 年，共征收营业税 1130.6 万元，年均征收额 102.7 万元。

五、企业所得税

1986—1994 年，年征收额在 300 万～700 万元之间，共征收 4517 万元。实行分税制后，年征收额在 50 万～400 万元之间，1995—2005 年共征收 2037 万元。

六、个人所得税

1986—1994 年共征收 338.2 万元，年均 37.5 万元。1995—1999 年，无个人所得税收入。2000 年又开征个人所得税，至 2005 年，共征收 5248 万元，年均征收额 874.7 万元。

七、车辆购置税

2001 年开征，由区国税局委托稽征所代征。2005 年改为区国税局直接征收，当年征收 113.2 万元。

资阳市雁江区 1986—2005 年国税征收统计表

表 12－2

单位：万元

年　度	产品税	消费税	增值税	车购税	营业税	企　业 所得税	个人 所得税	合　计
1986	5574	—	740	—	843.3	463.1		7624.4
1987	6974	—	1228	—	1014.3	425.4		9641.7
1988	8590	—	1480	—	1374.2	791.5		12235.7
1989	10476	—	2127	—	1034.1	719.1		14356.2
1990	10274	—	2340	—	1010	599.6	338.2	14223.6
1991	9940	—	2670	—	1006.3	488.1		14104.4
1992	10455	—	2957	—	2029.3	378.4		15819.7
1993	14965	—	3977	—	2702.2	298.1		21942.3
1994	—	11855	9993	—	1281	353.5		23482.5
1995	—	15240	10431	—		105.3	—	25776
1996	—	17712	8608	—		122.4	—	26442.
1997	—	19999	13523	—		73.1	—	33595
1998	—	20562	6706	—		428.4	—	27696
1999	—	334	10400	—		153.7	—	10887
2000	—	264	11407	—	1130.6	181.9		11853
2001	—	296	5670	—		49.1		6015
2002	—	131	6193	—		52.1	5248	6376

续表

年　度	产品税	消费税	增值税	车购税	营业税	企　业 所得税	个人 所得税	合　计
2003	—	102	6371	—		328.7		6802
2004	—	148	4669	—		429.5		5246.5
2005	—	242	5532	113.2		113.6		6001
合计	77248	86885	117022	113.2	13425.3	6554.6	5586.2	306834.3

注：本表为不完全统计

第二节　地税（费）收入

1986 年全县征收地方税 1136.6 万元，到 1994 年上升为 3689.7 万元，增加 2553.1 万元，增长 224.6%，年均增幅 28%。1994 年 10 月地税局成立后，地方税收收入大幅增加，1995 年地税征收额达 6176.2 万元，比 1994 年增加 2486.5 万元，增长 67.4%。以后，地税征收额继续攀升，到 1998 年达 10978 万元，年均增幅 25.9%。资阳地区成立后，部分重点企业和纳税大户上划地区地税局管理。1999 年，地税收入下降为 9075 万元，比上年减少 1903 万元，减幅 17.3%。2002 年，地税收入增至 1.03 亿元。之后至 2005 年，地税收入每年平均保持在 1 亿元以上。1986—2005 年，地方税总收入 12.77 亿元，其中工商税 7.84 亿元、农业类税 3.94 亿元、附加基金收入 0.98 亿元，分别占地税收入总额的 61.4%、30.9%、7.7%。

一、工商税

1986 年工商税收入 451.4 万元，1994 年升至 1810.08 万元，年均征收额 988 万元，年均增幅 37.6%。1995 年，由地税局征收工商税，当年收入 3788 万元，比 1994 年增加 1977.2 万元，增幅 109%。之后逐年增加，至 1998 年达 6997 万元，年均增幅 28.2%。1999 年降为 5675 万元，降幅 18.9%，并连续几年收入徘徊在 5600 万～6000 万元之间。2003 年又呈上升态势，征收额 6368 万元，2005 年升至 8946 万元。1995—2005 年，年均征收额 2776.5 万元，年均增幅 70.6%。

20 年间，工商税征收总额 7.84 亿元，其中营业税 2.98 亿元，占总数的 38%；企业所得税 3702 万元，占 4.7%；个人所得税 6450 万元，占 8.2%；资源税 782 万元，占 1%；土地增值税 741 万元，占 0.9%；土地使用税 2119 万元，占 2.7%；城维建设税 2.32 亿元，占 29.5%；房产税 4831 万元，占 6.2%；印花税 1053 万元，占 1.3%；车船税 843 万元，占 1%；投资调节税 1014 万元，占 1.3%；屠宰税 3886 万元，占 5%。

资阳市雁江区 1986—2005 年地方工商税征收统计表

表 12－3　　单位：万元

年　度	合计	营业税	企业 所得税	个人 所得税	资源税	土地 增值税	土地 使用税	城维 建设税	房产税	印花税	车船税	投资 调节税	屠宰税
1986	451.4	—	—	—		—	—	361.4	10.1	—	12.2	63.2	4.5

续表

年 度	合计	营业税	企业所得税	个人所得税	资源税	土地增值税	土地使用税	城维建设税	房产税	印花税	车船税	投资调节税	屠宰税
1987	603.5	—	—	—		—	—	444.1	75.8	—	10.4	72.2	1
1988	779.7	—	—	—		—	—	558.3	84.2	23.2	11.7	98.8	3.5
1989	1088.2	—	—	—		—	103.3	700.3	111.1	23.8	13.1	130.1	6.5
1990	1089.3	—	—	—	0.9	—	121.3	669.3	123.9	32.4	13	123.5	5.9
1991	1079.3	—	—	—		—	102	679.6	153.6	20	26.9	87.2	10
1992	1316.3	—	—	—		—	90	890.3	149.7	22.6	23.4	129.7	10.6
1993	1576	—	—	—		—	77.1	1245.5	143.4	17.1	37.4	44.4	11.1
1994	1810.8	—	—	—		—	70.7	1467	158.6	13.6	49.6	29.4	21.9
1995	3788	1212	238	19	2	1	68	1662	183	25	31	37	310
1996	5287	1975	213	163	3	3	64	2184	207	53	29	23	370
1997	6321	2355	267	257	2	7	113	2477	294	94	40	34	381
1998	6997	2781	196	462	45	11	119	2500	318	68	41	80	448
1999	5675	2850	250	541	104	1	81	909	347	43	32	21	496
2000	6076	2541	553	548	134	26	122	953	301	68	20	83	727
2001	5880	2339	279	652	150	5	121	856	332	65	33	30	1018
2002	5646	2872	336	805	150	10	132	836	357	56	31	—	61
2003	6368	3212	342	810	120	65	136	1209	360	65	49	—	—
2004	7607	3639	377	1259	29	211	224	1259	366	104	139	—	—
2005	8946	4031	651	934	42	401	375	1297	756	259	200	—	—
合计	78385.5	29807	3702	6450	782	741	2119.4	23157.8	4831.4	1052.7	842.7	1014.5	3886

二、农业类税

1986—1994 年全县（市）征收涉农税 8895 万元，年均 988 万元。1995 年，市地税局加强涉农税征管工作，当年征收农业四税税款 2020 万元。2002 年征收 4279 万元，是 1995 年的 2.1 倍，年均增幅 11%。后随税率调整、税种停征，收税额逐年下降，2005 年为 847 万元，年均降幅 41.5%。1995—2005 年，共征收农业四税 3.05 亿元，年均 2776 万元。其中农业税及附加 2.49 亿元、农业特产税 1206 万元、耕地占用税 499 万元、契税 3913 万元，分别占同时期涉农税收入的 81.6%、3.9%、1.6%、12.8%。1986—2005 年，全区共征收涉农税 3.94 亿元。

三、附加费、基金

1986—1994 年征收教育附加费 1052 万元，年均 116.9 万元，年均增幅 74.6%。1995—2005 年征收 3935 万元，各年收入起伏变化不大，年均 557.7 万元，是前 9 年的 3 倍多。1986—2005 年，征收教育费附加4987万元。1986年后，共征收建设费附加3301万元，其中1986—1995年征收2436.5万元，年均244万元；1996—2002年征收864.5万元，年均123.5万元，是前10年的50.6%。1995—2001年共征收职工教育费附加180万元，年均25.7万元，最少1万元，最多97万元。同期征收省职工教育费附加89万元、宾馆饭店教育费35万元、中小学改善办学条件附加费24.12万元、文化事业建设费12.8万元、残疾人就业保障金48万元、省重点建设基金3万元、其他1153万元。20年间共征收各类附加费和基金9834.8万元。

第十三篇　金　融

第一章　机　构

第一节　银　行

一、中国人民银行资阳县（市）支行、资阳（地区）中心支行

中国人民银行资阳县支行于1950年1月组建。1986年内设人事秘书、计划业务、金融管理、会计、货币发行股。1989年4月，金融管理股更名为稽核金融管理股。1991年2月，增设保卫股（经济民警小队）。1993年3月县支行更名为资阳市支行，行政隶属关系、业务管辖范围不变；6月，内设机构股改科，人事秘书股改为办公室。1995年7月，人民银行内江市分行将资阳市支行划为大规模行，内设7个职能机构。1997年8月，增设农村合作金融管理科。1999年5月，撤销稽核科，原职能由支行办公室履行；时有计划统计、金管、会计、国库、货币金银、保卫、农村金融管理科、办公室7科1室。同年8月26日，撤销人民银行资阳市支行，设立资阳地区中心支行。1986年至1999年8月，王远清、曹刚先后任县（市）支行行长。

二、中国工商银行资阳县（市）支行、资阳分行

中国工商银行资阳县支行于1985年4月1日从县人行分出单设。1986年内设人事、秘书、信贷、计划、会计、出纳、储蓄、保卫股。1993年县支行更名为资阳市支行，秘书股改为办公室，其余股改为科。1998年内设行政、信贷计划、会计出纳、储蓄科、办公室4科1室。2003年6月，支行升格为资阳分行，内设综合保障、资金财务、内控监督、客户服务中心、信贷管理、会计结算部（核算中心、现金营运中心）。2004年增设人力资源部、个人客户服务中心。1986年至2003年5月，何仁德、周猷、李永全、杨玉斌先后任支行行长。

三、中国农业银行资阳县（市）支行、资阳分行

中国农业银行资阳县支行于1980年1月从县人行分出单设。1986—1992年，内设农业信贷、工商信贷、计划信息、财会出纳、信用合作、保卫、监察股、办公室。1993年，县支行更名为资阳市

支行，内设股改科。1997 年内设机构调整为人事、财会、保卫、监察、信贷、资金运行部、办公室 6 部 1 室。1999 年增设客户经理部，将财会与资金运行部合并组建财会科技部。2000 年增设资产管理部，次年增设结算中心。2002 年 2 月升格为资阳市分行，4 月 4 日正式挂牌，时内设办公室、人事处、监察保卫处、计划财务处、科技处、信贷管理处、公司业务处、个人业务处、营业部。2004 年 12 月增设农业信贷部。1986—2005 年，纵兆环、邓元明、刘家利先后任支行行长，贺杰任分行行长。

四、中国建设银行资阳支行

1973 年 12 月，建设银行资阳办事处成立，1978 年升格为县支行。1986 年内设业务股、会计股、储蓄股，12 月开始办理居民储蓄业务。1988 年 3 月增设办公室，储蓄股更名为出纳储蓄股。1995 年出纳股从出纳储蓄股分出单设，内设机构改股为科。1996 年增设资金清算小组。1997 年 1 月，改股为科，内设科室调整为保卫、出纳、储蓄、业务、房地产信贷科、办公室 5 科 1 室。2004 年 3 月，内设综合部、业务部、个人银行业务科、财务会计结算部。2004 年 12 月，中国建设银行资阳支行变更为中国建设银行股份有限公司资阳支行。2005 年 3 月，内设机构调为综合部、公司业务部、保卫部、个人银行业务部、财务会计结算部。1986—2005 年，历任行长或主持工作的副行长有李世杰、张强（副行长主持工作 1995. 12 - 1997. 3）、周奎、刘通（副行长主持工作 2001. 12 - 2002. 11）、刘熙、赖开泉。

五、中国银行资阳支行

1990 年 12 月成立。时内设计划信贷、会计出纳、储蓄科、办公室 3 股 1 室，下辖小北街、正东街、银行十字路口、建设东路 4 个储蓄所。1997 年内设机构变更为营业部、业务发展部、办公室（加挂保卫科牌子）。2001 年 4 月，设会计出纳科、业务发展科、保卫科、办公室、营业部 3 科 1 室 1 部。历任支行行长有张颂宣、李兴忠、杨华。

六、中国农业发展银行资阳支行

1996 年 12 月 18 日从农业银行资阳支行分出筹建，1997 年 1 月正式挂牌，内设财务会计部、信贷部、办公室 2 部 1 室，承担辖区农业政策性金融业务。2001 年 3 月，内设机构调为综合会计部、计划信贷部，2002 年 8 月调为信贷部、会计出纳部、办公室。1997—2005 年，陈登榜、陈兴福先后任支行行长。

第二节　非银行金融机构

一、信用联社

1986 年 12 月，资阳县城市信用合作社成立，按当时的乡镇建制下设基层信用社。1991 年 11 月资阳县信用合作联社营业部成立，隶属县农业银行管理。1996 年 12 月 1 日，信用联社与农业银行脱离隶属关系单设为信用合作社联合社，管理原有的农村基层信用社和城市信用合作社。2001 年 4 月，城市信用社改为雁城农村信用合作社，隶属信用联社。1997 年 12 月至 2004 年 5 月，唐泉滨任理事长，其间于 1997 年 12 月至 2001 年 9 月任主任。2001 年 9 月至 2004 年 5 月，李子忠任主任。2004 年

6月起，郑立新主持联社工作。

二、保险公司

1981年3月，县人行复设保险代理处，配职工2人。次年8月，中国人民保险公司资阳县支公司成立。至1985年末有职工16人。1993年，县支公司更名为中国人民保险公司资阳市支公司。1996年，公司分为中保人寿保险有限公司资阳市支公司和中保财产保险有限公司资阳市支公司。1999年中保人寿保险有限公司资阳市支公司更名为中国人寿保险有限公司内江分公司资阳市支公司，后随行政区域名称变化又更名为中国人寿保险股份有限公司资阳市雁江区支公司。2005年，公司下设综合部、客户服务部2个管理部门和个险销售部、银行保险部两个业务部门，在区内22个乡镇建立了标准规范的营销服务部，拥有100余个银行销售网点、200多名个人代理人。1982—2005年，曹子仪、冯元忠、彭忠明、申国荣先后任经理。中保财险资阳市分公司于1999年12月24日与内江分公司分设成立，次年设分公司营业部，后组建资阳市雁江支公司。

第二章　货　币

第一节　发行和流通

区内流通人民币，外币只有兑换和存款业务。涉及的外币有美元、港币、英镑、澳大利亚元、日元等。

一、人民币发行

1987年4月27日，人行资阳县支行发行第四套人民币壹元、贰元、伍元、拾元、伍拾元、壹佰元6种主币，和壹角、贰角、伍角3种辅币。1992年6月1日，发行第四套人民币壹角、伍角、壹元3种金属币。1999年10月1日，发行第五套人民币壹佰元券。2000年10月16日，发行人民币壹角、壹元金属币和第五套人民币贰拾元券。2001年9月1日，发行第五套人民币伍拾元券和拾元券。2002年11月18日，发行第五套人民币伍元券和伍角金属币。2005年8月31日，发行新版第五套人民币，主币有壹佰元、伍拾元、贰拾元、拾元、伍元、壹元6个券别，辅币有壹角、贰角、伍角3个券别。

二、人民币流通

辖区内货币支出（即货币投放）以工农业生产和社会事业支出为主，货币收入（即货币回笼）主要是金融机构储蓄收笼。1986—1998年间，除1989年货币净回笼165万元外，其余年度货币支出均大于货币收入。1986年全县货币收入29881万元。1998年货币收入增至46620万元，为1986年的156%。12年间年均增长率4.67%。1986年货币支出30083万元，以后逐年增长，至1995年达238096万元，为历年货币支出最高峰，是1986年的791.5%。10年间年均增幅76.8%，之后支出额逐年下降。1998年支出64337.8万元，比1995年下降73%，年均降幅24.3%。1986年全县货币净投放202万元。1990年货币净投放2041万元，比1986年增长910%。1995年货币净投放分别为13678万元，比1990年增长570%。1998年货币净投放17717.2万元，比1995年增长30%。1999年起，辖区人民币流通工作归人民银行资阳地区中心支行管理。

第二节　现金管理

1988年，人行资阳县支行与各专业银行认真贯彻执行《现金管理暂行条例》及其《实施细则》，组织人员在全县开展四次突击性现金大检查，重新核定机关、企事业单位现金库存限额，建立现金支付审查制度和现金支付台账，纠正和查处单位现金管理的违纪违法行为，清收超限额现金99.82万元。1990年，人行县支行组织各专业银行重点检查20户工商企业现金管理情况，对县日杂公司、种子公司、资阳食品厂等单位坐支销售款、套取现金等问题共处罚款3.33万元。1994年，人行市支行制定大额现金分级审签制度，实行5万元取现审批制，强化对企事业单位库存现金的监督检查，现金管理逐步规范化。1995年，人行市支行加大治理通膨力度，以“条块结合，以条为主”的形式组织银行现金大检查，重点检查现金提取审批制执行情况、滥发奖金实物和使用代币购物券等问题。1996—1998年，进一步加强大额现金支出、非基金账户取现和公款私存套取现金等方面的监管，完善大额现金备案、审批制度，按月监控、按季检查现金管理工作。各金融机构对开户企业进行定期现金大检查，并重新核定库存现金限额，减少现金流通量，对平抑物价、稳定经济秩序起了重要作用。1999年起，现金管理职能由人民银行资阳地区中心支行履行。

第三节　反假币和残币回收

一、反假币

1991年，人行县支行与公安、工商部门联合开展清理带有人民币和外币图案的商品活动，查出2个单位和3家个体户经营人民币图样商品，共收缴100元票面人民币图样246张、外币252张。1993年，国内多地发现100元券、50元券假币。人行资阳市支行按要求抽查金融机构库存100元券204万元、50元券502万元，未发现假币。1996年8月，在全市开展反假币宣传周活动，采取设宣传点，悬挂宣传横幅、标语，散发资料等形式，向群众传授假币识辨知识。活动期间，收缴假币4.42万元。1997年，组织反假币培训17次，培训331人（次）；组织反假币宣传37次。全年堵截收缴假币6.14万元，清出流入银行的假币360元，挡获放大人民币图样114张。1998年，配合工商部门开展摊点摸底清理工作，规范钱币市场；派员到各金融机构传授反假币知识，组织反假币培训15次，培训867人，收缴假币11.43万元。1999年起，反假币工作主要由人民银行资阳地区中心支行和专业银行负责。

二、残损币回收与兑换

1986年，按照“人民币残损票券、铸币由专业银行按照中国人民银行规定兑换，中国人民银行负责逐级回收销毁”的规定，开展破损人民币兑换回收工作。至1988年，共回收破损钞2543捆。

1995年，回收残缺券740捆。1996年8月，全市金融机构开展残损币兑换集中宣传活动，兑换回收残损币10多万元。1997年，人行市支行和各专业银行建立人民币残损券回收工作领导小组，利用电视、广播、板报、橱窗等宣传媒体进行大力宣传，并将残币回收工作与创“青年文明号”活动结合起来。同时，完善残损币回收办法，把回收残损币与小钞兑换相结合，派员到集市、商场上门回收，设置网点挂牌兑换，并实行按月、按季、按年考核制度。全年回收残损币9697捆19027.2万元。1998年、1999年，分别回收残损币10031.7万元、11436.7万元。之后，各银行常年开展残损币回收与兑换工作。

第三章 储 蓄

第一节 种类和利率

一、储蓄种类

区内金融机构办理的储蓄种类有：

活期存款 使用存折，随存随取，每年结息一次。

定期存款 分整存整取、零存整取，储户可在约定的期限（三个月、六个月、九个月、一年、两年、三年、五年、八年）内随时存入，到期一次性支取本金和利息。1983年5月起，开办独生子女专项储蓄，储户凭独生子女证开户，每月定额储蓄，存满12年支取本息。

定活两便存款 1982年4月开办，储户既可享受活期储蓄随时存取的方便，又可获得比活期存款高的利息。

有奖储蓄 1985年10月开办，存期、存额固定，到期支取利息，中奖者可获得奖金或奖品。

保值储蓄 1988年9月开办，对城乡居民3年期以上定期储蓄存款实行保值贴补。

二、存款利率

人行县（市）支行对辖区内各金融机构执行国家法定利率情况实行监管，每年开展2~3次检查，对擅自提高存款利率揽储的金融机构进行罚款、罚息和通报。1986—2005年，存款利率总趋势由高变低。其中1989年为最高，2002年为最低。

20年间，活期存款的利率呈波浪形走势，1985年4月活期月利率为2.4‰，以后下调为1.8‰；1993年7月，又反弹为2.625‰，为历年利率最高年，分别比1986年、1990年增长9.4%、46%。以后逐年下调，至1999年6月为0.825‰，是历年活期储蓄利率最低谷，为1985年利率的34%、1993年利率的31%。2002年6月，活期月利率又恢复为1.2‰，为1985年的50%、1993年的45.7%。

定期存款的利率总趋势由高到低呈波澜状，以1年期定期存款为例，1985年3月，月利率为5.7‰，后逐年上升至1989年2月的9.45‰，达到历年最高峰，比1985年增加69%。以后逐年下调，1991年9月为6.3‰，较1989年下降33.3%；后又回升至1993年7月的9.15‰，接近1989年的利率。其后逐年下调，2002 年 2 月，月利率为 1.65‰，比 1993 年下降 82%。其他各类定期存款的利率变化与一年期存款利率变化大体一致。其中 3 个月期定期存款月利率在 1.425‰～6.30‰、6 个月期在 1.575‰～7.5‰、2 年期在 1.875‰～10.2‰、3 年期在 2.1‰～10.95‰、5 年期在 2.325‰～12.45‰之间变动。

资阳市雁江区历年银行储蓄存款利率变动情况表

表 13－1 单位：月息‰

调整日期	定期整存整取								定期零存整取				定期存本取息			活期存款
	三月	六月	九月	一年	定活两便二年	三年	五年	八年	一年	三年	五年	独子12年	一年	三年	五年	
1985.4.1	—	4.500	—	5.700	—	6.600	6.900	7.50	4.500	5.700	6.300	7.50	4.500	5.700	6.300	2.400
1988.8.1	—	5.100	—	6.000	—	6.900	7.800	8.70	5.100	6.000	6.600	8.70	5.100	6.000	6.600	2.400
1988.9.1	—	5.400	—	7.200	7.650	8.100	9.000	10.35	6.000	7.200	8.100	10.35	6.000	7.200	8.100	2.400
1989.2.1	6.300	7.500	8.400	9.450	10.200	10.950	12.450	14.70	7.950	9.450	10.950	14.70	7.950	9.450	10.950	2.400
1990.4.15	5.250	6.450	7.350	8.400	9.150	9.900	11.400	13.50	6.900	8.400	9.900	13.50	6.900	8.400	9.900	1.800
1990.8.21	3.600	5.400	6.300	7.200	7.800	8.400	9.600	11.40	6.000	7.200	8.400	11.40	6.000	7.200	8.400	1.800
1991.4.1	2.700	4.500	5.400	6.300	6.600	6.900	7.500	8.40	5.100	5.700	6.300	8.40	5.100	5.700	6.300	1.500
1993.5.15	4.050	6.000	6.825	7.650	8.250	9.000	10.050	10.15	—	1.650	8.400	—	6.000	7.650	8.400	1.800
1993.7.11	5.550	7.500	8.325	9.150	9.750	10.200	11.550	14.25	7.500	9.150	10.200	—	7.500	9.150	10.200	2.625
1996.5.1	4.050	6.000	—	7.650	8.250	9.000	10.050	—	6.000	7.650	9.000	—	6.000	7.650	9.000	2.475
1996.8.23	2.775	4.500	—	6.225	6.600	6.900	7.500	—	4.500	6.225	6.900	—	4.500	6.225	6.900	1.650
1997.10.23	2.400	3.450	—	4.725	4.950	5.175	5.550	—	3.450	4.725	5.175	—	3.450	4.725	5.175	1.425
1998.3.25	2.400	3.450	—	4.350	4.650	5.175	5.550	—	3.450	4.350	5.175	—	3.450	4.350	5.175	1.425
1998.7.1	2.325	3.300	—	3.975	4.050	4.125	4.350	—	3.300	3.975	4.125	—	3.300	3.975	4.125	1.200
1998.12.7	2.325	2.775	—	3.150	3.300	3.450	3.750	—	2.775	3.150	3.450	—	2.775	3.150	3.450	1.200
1999.6.10	1.650	1.800	—	1.875	2.025	2.250	2.400	—	1.650	1.800	1.875	—	1.650	1.800	1.875	0.825
2002.2.21	1.425	1.575	—	1.650	1.875	2.100	2.325	—	1.425	1.575	1.650	—	1.425	1.575	1.650	1.200

说明：从 1983 年起独生子女零存整取执行整存整取八年的利率档次

第二节 存 款

一、概况

区内金融储蓄业务分别由工行、农行、建行、中行在辖区的支行（经营部）和农村信用社、城市信用社、邮政储蓄所办理。金融储蓄包括企业存款、财政存款、机关团体存款、农业存款、其他存款和城乡居民存款。除城乡居民存款为固定统计项目外，其他各类存款在不同时期的统计口径不一，故不作系统记述。

1986 年，全县年末存款余额 17850.9 万元。1990 年升至 43927.8 万元，比 1986 年增长 146.1%；

1995 年为 108985 万元，比 1990 年增长 148.1%；2000 年达 362140 万元，比 1995 年增长 232.3%，其中企业存款 37528 万元、居民存款 276811 万元，分别占当年存款总额的 10.3%、76.4%。2005 年，全区年末存款余额 704001 万元，比 2000 年增长 94.4%。其中农信社存款 147733 万元，占总数的 20.9%；农行 143989 万元，占 20.4%；建行 123490 万元，占 17.5%；中行 64743 万元，占 9.2%；邮储所 38599 万元，占 5.48%；农发行 4573 万元，占 6.5%。年末存款余额中企业存款 75292 万元，占总数的 10.7%，比 2000 年增长 100.6%。中行、农行、建行、农发行、农信社分别为 14028 万元、19329 万元、12784 万元、4573 万元、521 万元，分别占当年企业存款的 18.6%、25.7%、17%、6%、0.7%。农业存款 9621 万元，占存款总额的 1.37%。农信社、农行、建行分别办理农业存款 8050 万元、1474 万元、97 万元，分别占当年农业存款的 83.7%、1.8%、1%。

二、城乡居民存款

1986—2005 年，区内城乡居民储蓄存款呈逐年增长态势，由 1986 年的 10873 万元增加至 2005 年的 539208 万元，年均增幅 255.7%。其中城镇居民存款增长率高于农村存款增长率。

1986 年，全县城乡居民存款总额 10873 万元，其中城镇存款 5899 万元、农村存款 4974 万元，分别占总数的 54.3%、45.7%。1990 年升至 29144 万元，城镇、农村存款分别为 17266 万元、11879 万元，占总数的 59%、41%，比 1986 年增长 192.6%、138.8%。1995 年为 93938 万元，其中城镇存款 60674 万元、农村存款 33264 万元，分别占总数的 64.6%、35.4%，比 1990 年增长 251.4%、180%。2000 年达 276811 万元，城镇、农村存款分别是 214202 万元、62609 万元，占总数的 77.3%、22.7%，比 1995 年增长 253%、88.2%。2005 年，全区居民存款总额 539208 万元，比 2000 年增长 194.7%，其中活期存款 122750 万元、定期存款 416458 万元，分别占存款总额的 22.76%、77.24%。金融机构中农信社存款 13808 万元、农行 113772 万元、建行 87614 万元、中行 47364 万元、邮政储蓄 38599 万元，分别占当年居民存款总额的 2.56%、21.1%、16.2%、8.8%、7.1%。

资阳市雁江区 1986—2005 年金融机构人民币存储情况表

表 13－2　　　　单位：万元

年度	合计	企业存款	机关团体存款	农业存款	其他存款	居民存款	其中			
							活期	定期	城镇	农村
1986	17850.9	—	—	—	—	10873	—	—	5899	4974
1987	18620	—	—	—	—	13807	—	—	7827	5980
1988	26003.7	—	—	—	—	14439	—	—	8745	5694
1989	32648.7	—	—	—	—	21285	—	—	12759	8526
1990	43927.8	—	—	—	—	29144	—	—	17266	11879
1991	—	—	—	—	—	38218	—	—	23157	15061
1992	65489.9	—	—	—	—	42779	—	—	25741	17038
1993	66363.4	—	—	—	—	43004	—	—	27390	15614
1994	76207	—	—	—	—	59673	—	—	38211	21462
1995	108985	—	—	—	—	93938	—	—	60674	33264
1996	140645	20734	—	—	—	116576	—	—	77267	39309
1997	170651	25478	—	—	—	140953	—	—	90426	50527

续表

年度	合计	企业存款	机关团体存款	农业存款	其他存款	居民存款	其中			
							活期	定期	城镇	农村
1998	242401	28778	—	—	—	181828	—	—	122692	59136
1999	282974	30318	—	—	—	210675	—	—	161096	49579
2000	362140	37528	—	—	—	276811	—	—	214202	62609
2001	404082	—	—	—	—	309307	—	—	—	—
2002	458063	—	—	—	—	351212	—	—	—	—
2003	551905	—	—	—	—	413979	—	—	—	—
2004	631707	—	—	—	—	473626	—	—	—	—
2005	704001	75292	6497	9621	14764	539208	122750	416458	—	—

第四章　信　贷

区内金融信贷业务由工行、农行、建行、中行、农发行在辖区的支行（经营部）和农村信用社、城市信用社经营。各年度的贷款规模、投向等严格执行国家的金融政策。1986—2005 年，区内信贷总额逐年增长。1986 年全县信贷总额（年末余额，下同）22789 万元，至 2005 年达 366218 万元，是 1986 年的 16 倍多。20 年间信贷总额年均增幅 79.3%。

1986 年，全县金融信贷总额 22789 万元，其中短期贷款 20117 万元、中长期贷款 2672 万元，分别占贷款总额的 88.3%、11.7%。短期贷款中工业、商业、建筑业、农业贷款各为 8401 万元、8756 万元、240 万元、2209 万元，分别占短期贷款的 41.8%、43.5%、1.2%、11%；中长期贷款中固定资产贷款和其他贷款分别为 2136 万元、536 万元，分别占总数的 80%、20%。1990 年全县贷款总额 39609 万元，比 1986 年增长 73.8%。其中短期、中长期贷款各为 36983 万元、2626 万元，分别占贷款总额的 93.4%、6.6%，比 1986 年增长 83.8%、下降 1.3%。短期贷款中工业、商业、建筑业、农业贷款各为 16077 万元、16328 万元、531 万元、966 万元，分别占总数的 43.5%、44.1%、1.4%、2.6%，比 1986 年增长 91.4%、86.5%、121%，下降 66.3%。中长期贷款中固定资产和其他贷款各为 1800 万元、826 万元，分别占总数的 68.5%、31.5%，比 1986 年下降 16%、增长 154%。1995 年，全市贷款总额增至 74042 万元，比 1990 年增长 86.9%。其中短期、中长期贷款各为 71122 万元、5231 万元，分别占总数的 96%、4%，比 1990 年增长 92.3%、99.2%。短期贷款中工业、商业、建筑业、农业贷款各为 25051 万元、34131 万元、764 万元、2459 万元，分别比 1990 年增长 55.8%、109%、43.8%、155%。中长期贷款中固定资产和其他贷款分别为 4856 万元、375 万元，比 1990 年增长 170%、下降 54%。2000 年贷款总额 178979 万元，比 1995 年增长 141.7%，其中短期贷款 82458 万元、中长期贷款 39740 万元，分别占总数的 46.1%、22.2%，比 1995 年增长 15.9%、659.7%。2005 年贷款总额达 366218 万元，比 2000 年增长 104.6%。其中短期、中长期贷款各为 270538 万元、90712 万元，分别占总数的 73.9%、26.1%，比 2000 年增长 228.1%、128.3%。短期贷款中工业贷款64195万元、商业贷款83938万元、建筑业贷款644万元、农业贷款88665万元、乡镇企业贷款18100万元、私营个体贷款1130万元、其他贷款13866万元，分别占总数的23.7%、31%、0.2%、32.8%、6.7%、0.4%、5.1%。中长期贷款中固定资产、技改和其他贷款各为36928万元、1096万元、53784万元，分别占总数的39.5 %、1.2%、59.3%。当年放贷额中农村信用社放贷103649万元、中行27729万元、农行129058万元、农发行38600万元，分别占总数的28.3%、7.57%、35.2%、10.5%。20年间区内贷款总额年均增幅79.3%，短期贷款年均增幅为65.5%，中长期贷款年均增幅为173%。

第一节 工业贷款

1986—1995年，辖区内工业贷款由工行县（市）支行经营。贷款投放方向以国有工业、交通业和集体工业为主，1992年后对民营工业企业投放。贷款实行自上而下地下达计划，支行不能自行调节；主要支持机械制造、化工、建材等企业的基本建设和技术改造。1986—1995年，共发放工业贷款157363万元，占同期短期贷款总额的39.3%。其间，工业贷款额呈逐年增长态势，1986年全县工业贷款额8401万元，占当年全县短期贷款额的46.9%，以后逐年增加，至1995年工业贷款额达25051万元，占当年短期贷款额的36.5%，比1986年增长198.2%，年均增幅22%。1996年，工行市支行由专业银行向商业银行转变，工业贷款也打破一家经营的局面，各专业银行和信用社均可向工业企业放贷。1996—2004年，未对各金融机构向工业企业投放贷款的情况作专项统计。2005年，全区各金融机构共投放工业贷款64195万元，占当年短期贷款的23.7%，为1995年工业贷款的256%。其中农行发放工业贷款20029万元、建行发放8536万元、中行发放6500万元，分别占总数的31.2%、13.3%、10.1%。

第二节 农业贷款

1986—1995年，金融机构将信贷资金向农村倾斜。农业贷款主要由农行县（市）支行、农村信用社等金融机构经营，发放对象有农户、农村集体、乡镇企业等。主要发放项目有农业基建贷款、农业综合开发贷款等，以支持农、林、牧、副、渔业生产，特色养殖业和农产品加工等。10年间共发放农业贷款17722万元，占同期短期贷款的4.4%。农业贷款数额呈“V”字形状。1986年全县农业贷款额2209万元，1988年降至谷底，仅为360万元，比1986年下降83.7%。之后逐年增长，1992年升至2309万元，为1988年的6.4倍，4年间年均增幅135%。1993年达到顶峰值2500万元，比1992年增长8.27%，比1988年增长549%。以后两年基本保持1993年的贷款规模，分别为2400万元、2459万元。1996—2004年，未对农业贷款情况作专项统计。2005年，全区农业贷款88665万元，占当年短期贷款的32.8%。其中农行发放农业贷款17282万元，占19.5%；农信社发放71388万元，占80.5%。

第三节 商业贷款

商业贷款由工行、农行、农发行等金融机构设在辖区内的支行（经营部）经营，主要向粮食、商业、供销、农业、畜牧等系统的国有和集体商业企业发放农副产品收购贷款（包括预订金）和专项贷款，为从事日杂、百货、副食、五金、家电、餐饮、理发、美容、贩运、修理、装饰、肥料、种子、农药经营和粮油收购、加工的个体工商户发放贷款。1986—1995 年，辖区内共发放商业贷款 203680 万元，占同期短期贷款的 50.8%。1986 年发放商业贷款 8756 万元，占当年短期贷款的 48.9%。1995 年发放商业贷款 34131 万元，占当年短期贷款总额的 49.7%，为 1986 年的 389%。10 年间商业贷款额逐年增长，年均增幅 32.2%。1996—2004 年，未对商业贷款情况作专项统计。2005 年，全区投放商业贷款 83938 万元，占当年短期贷款的 31%，分别比 1986 年、1995 年增长 858.6%、145.9%。其中农行发放商业贷款 40934 万元，农发行发放 36534 万元，分别占当年全区商业贷款的 48.8%、43.5%。

第四节 固定资产贷款

固定资产贷款以中行、农行、建行设在辖区内的支行（经营部）经营为主，主要选择对本地经济发展有推动作用的项目进行投放，以能源、基础设施、支农等方面的固定资产建设为投放重点，如电力、通讯、城乡沼气、城乡公路、港口码头、长防林工程、低产田土改造等。1986—1995 年共发放固定资产贷款 33317 万元，占同期中长期贷款的 82.4%。各年度贷款额呈波浪式增长态势，年均增幅 37.6%。1986 年，全县发放固定资产贷款 2136 万元，占当年中长期贷款的 79.9%。1987 年固定资产贷款额下降为 1211 万元，为上年的 56.7%。以后逐年增长，1991 年为 2870 万元，比 1987 年增长 137%。次年降为 2786 万元，比上年下降 2.9%。1994 年上升为 5430 万元，比 1992 年增长 94.9%。1995 年降为 4856 万元，占当年中长期贷款的 92.8%，比上年下降 10.6%。1996—2004 年，未对固定资产贷款情况作专项统计。2005 年，全区投放固定资产贷款 36928 万元，占当年中长期贷款的 40.7%，分别比 1986 年、1995 年增长 1629%、660%。其中中行、农行、建行分别发放固定资产贷款 17400 万元、7156 万元、1738 万元，分别占 2005 年固定资产贷款的 47.1%、19.4%、4.7%。

资阳市雁江区 1986—2005 年金融机构人民币信贷情况表

表 13－3 单位：万元

年度	合计	短期贷款	其中							中长期贷款	其中		
			工业	商业	建筑业	农业	乡镇企业	私营个体	其他贷款		基本建设	技术改造	其他
1986	22789	17908	8401	8756	240	2209	—	—	—	2672	2136	—	536
1987	24961	19861	8594	10846	230	2318	—	—	—	2782	1211	—	1571
1988	31129	28474	13981	11926	341	360	—	—	—	2295	1436	—	859
1989	33754	30378	11958	15333	461	875	—	—	—	2501	1596	—	905

续表

年度	合计	短期贷款	其中							中长期贷款	其中		
			工业	商业	建筑业	农业	乡镇企业	私营个体	其他贷款		基本建设	技术改造	其他
1990	39609	36017	16077	16328	531	966	—	—	—	2626	1800	—	826
1991	49470	44463	15582	24123	691	1326	—	—	—	3551	2870	—	681
1992	59265	45122	16430	25890	680	2309	—	—	—	6247	2786	—	3461
1993	78216	49792	19845	26911	767	2500	—	—	—	6973	3197	—	3776
1994	92682	60126	21444	29436	822	2400	—	—	—	5572	5430	—	142
1995	106861	68663	25051	34131	764	2459	—	—	—	5231	4856	—	375
1996	127725	120232	—	—	—	—	—	—	—	6452	—	—	—
1997	146391	135097	—	—	—	—	—	—	—	9621	—	—	—
1998	153489	90744	—	—	—	—	—	—	—	13839	—	—	—
1999	154123	90231	—	—	—	—	—	—	—	15897	—	—	—
2000	178979	82458	—	—	—	—	—	—	—	39740	—	—	—
2001	203734	—	—	—	—	—	—	—	—	—	—	—	—
2002	273123	—	—	—	—	—	—	—	—	—	—	—	—
2003	321534	242153	—	—	—	—	—	—	—	79381	—	—	—
2004	347712	260226	—	—	—	—	—	—	—	87486	—	—	—
2005	366218	270538	64195	83938	644	88665	18100	1130	13866	90712	35832	1096	53784

第五章　金融业务

第一节　结算、清算

一、银行结算

1986年12月，县内开办票据所，同城票据当日抵用率迅速提高。1987年，票据所办理交换业务612场124015笔6.67亿元，加快资金周转额9.99亿元。同年，开办商业汇票承兑贴现业务，办理商业承兑汇票21笔214万元，贴现19笔202万元；办理银行承兑汇票17笔685万元，人行贴现6笔85万元。1989年，人行县支行成立银行结算改革领导小组，建立结算改革联席会制度，并举办结算办法培训班。1991年，人行县支行督促各专业银行自查结算情况。经复查，各行均能执行托收等制度，同城票据清算抵用及时，加速了同城资金周转。1993年，开展城区金融机构结算大检查，责令个别延压税收、截留应划他行资金的银行限期整改，结算秩序基本恢复正常。当年起，结算业务由手工操作转入计算机处理。1994 年，人行县支行进一步整顿金融秩序、严格结算纪律，要求各专业银行“不准压票、任意退票和无理拒付，不准在结算制度之外规定附加条件”。1998 年，开展金融机构“按季结算检查”，检查面 100%，未发现违规现象。之后至 2005 年，区内银行结算秩序正常，效率逐步提高。

二、联行及清算

1986 年，人行县支行建立会计分析报告制度，以掌握金融机构之间同城票据清算情况和专业银行横向资金调剂情况，并试办电话汇款。当年县内发往内江人行和专业银行汇款 70 笔 1.17 亿元。1988 年，由于物价上涨、银根紧缩，专业银行间出现相互延压凭证，只向他行收款、不向他行付款，拒收他行票据，同城票据交换受阻、汇路不通现象。据查，县内工、农、建行间互压支票、汇款、托收凭证总额 600 多万元。人行县支行对积压时间长、资金困难大的单位凭证进行交换，一次解决 500 多万元积压。同时，采取差额硬拆借办法融通资金，一次性划清积压 380 万元。此外，要求各行每天的票据全部交换，不准任意延长和拒收他行票据，当日交换后多余资金归还拆借款，违者罚款、通报。上述措施共解决积压票据额 1768 万元，受到省行肯定和推广。1992 年，人行县支行加强联行管理，完善各种制度。当年办理全国联行往来 113 笔、省辖往来 941 笔。1993 年，开展资金汇出情况调查，年内汇出资金 20 笔 3658 万元。次年，在全市整顿金融秩序，要求银行间不准压票、退票、拒付，保证汇路畅通。各金融机构首先自查，人行县支行组织检查，发现违规行为立即查处。当年，全市办理联行往来 3935 笔，金融机构间清算工作逐步恢复正常。1999 年后，进一步加强金融机构支付清算管理工作，按季开展金融机构结算检查，维护正常结算秩序，引导行业内公平、合理、有效竞争。

三、账户管理

1990 年，人行县支行成立清理多头开户办公室，对 1985 年以来开设的单位账户进行清理、整顿，同时建立人行审核签发“开户许可证”制度。当年全县减少基本账户 679 户、辅助账户 95 户，分别减少 37.5%、30.1%。1995 年，成立清理整顿银行结算账户领导小组和办公室，规定机关团体、企事业单位只能开立一个基本账户，属多头开户的一律撤并。对全市 1300 个企事业单位的基本存款账户换发新证，规范银行账户的开立和使用。1997 年，人行组织 4 个检查组，检查金融机构账户 750 个，查出违规开立和使用账户 45 户，均进行了纠正处理，共处罚款 8.6 万元。年末，重新核发账户开户许可证 1598 户、一般账户 49 个、临时存款账户 6 个，撤销归并账户 89 个。同年将银行开户情况纳入微机管理，进一步规范账户开立和使用，抑制多头开户现象。1998 年，对不符合条件账户予以限期撤销、归并，批准开立基本存款账户 371 户、其他各类账户 832 户，审批专户支现 8 户。1999 年，落实《银行账户管理办法》的各项规定，按季开展账户管理检查，清理检查各类账户开立、撤销以及结算证使用情况，规范账户的管理和使用。经查，全市符合开立条件的账户 1203 个，其中基本存款账户 371 户、其他各类账户 832 户；不符合条件账户 273 户，均被限期撤销、归并。

第二节 专项业务

一、债券发行、兑付

1986年，全县发行国债220.72万元，主要由单位认购，工商户根据注册资金、营业额分配数额认购，职工个人按上年度工资总额的一定比例认购。1987年，发行国债254.8万元，其中单位认购57.3万元；兑付国债128.2万元。1988年国债兑付点增至109个，共兑付单位、个人国债92万元、国库券50.28万元。1989年，发行国库券284.1万元、保值公债510万元、特种债券92万元，兑付国库券50.28万元。1990年，发行个人国债290万元、特种国债92.36万元、财政债券4万元，兑付国债208.3万元、利息78.9万元。1992年，人行资阳县支行设立国债服务部，办理国债发行、兑付和交易转让业务。当年兑付单位国债98.75万元、利息39.53万元，兑付个人国债107.1万元、利息92.2万元。1993年，人行召开专门会议研究国债发行的相关问题，经宣传动员后顺利完成848万元国债的发行任务。1994年兑付国债228万元。1996年兑付国债381.49万元、利息248.22万元。1997年，发行凭证式国库券2662万元，兑付凭证式国库券本息2461.7万元，兑付个人国债本金13.6万元、利息9.1万元。1999年，人行对尚未兑付的1982—1998年单位购买的国债进行清理，并向资阳地区中心支行办理移交。

二、国库业务

1986年9月1日，资阳县建立国库，结束30年来国库以表代账历史。此后，人行县支行不断加强国库报解和入库检查工作，督促各专业银行及时上划税款，严格国库资金管理。1989年，办理退库397笔1884万元，均无差错。针对2451万元积压税款不能及时入库、财政拨款不能及时拨付问题，人行县支行督促各专业银行用拆借资金和从上级调入资金等办法确保税款及时入库。1994年，国库受理各级预算收入凭证66023笔2.81亿元，办理拨款1390笔1.21亿元，退库286笔1394万元。1996年7月1日，国库业务实现微机操作，加快了税款入库进度和库款支拨速度。次年，开展税款划缴入库情况检查，发现城市信用社、农信联社营业部积压税款18.4万元、17.6万元，雁江财政所以个人名义存储税款168万元、计息1140元，工行为“三检”办、审计专户开立过渡户等问题，分别进行严肃处理。1998年，开展征收机关解缴和过渡户检查，查出地税局在联社营业部、城市信用社违规开设税款过渡户，环保局在工行、建行开设排污费专户，预算外资金管理局预算内外混为一个账户等问题，均提出整改意见。当年，批准工行、信用社分别在国税局、地税局办税大厅设立专柜开展税款收纳、转划业务，进一步完善了税款入库工作。

三、金银收售及管理

1986年6月，人行资阳县支行开展对外收购金银业务，当年收购黄金52克、砂金305克、银元18枚。1993年收兑黄金43克、砂金1941克、三废银825克。1996年，收兑黄金1908克、白银600克。1997年，收购砂金2102克、杂银92克。1998年，收购砂金2111克、回收银2117克。上述交易误差率均在规定范围内，收兑质量名列全省前茅。1998年，人行资阳市支行上售砂金3481克、杂金119克。1999年上售黄金2187克，损益均在规定范围内。

1986年，人行资阳县支行编制用银计划，对金银配售进行管理。当年为支持企业生产，有计划地配售白银，一次性办理用银指标5.3万克。同时，帮助企业建立和完善金银管理办法，配合工商、公安部门清理金银首饰加工户，对未经工商部门批准而擅自加工的58件首饰和银件进行了强制收购。1989年，为支持采金生产，人行为航运公司、砂石公司分别提供黄金生产专项贷款15万元、10万元。1996年，人行资阳市支行贯彻国务院“取缔自发黄金市场，加强黄金产品管理”的通知精神，会同工商、公安、税务、质监、计经等部门组成联合检查组，清理从事黄金生产、销售、加工、修复等业务的企业和个体户，取缔个体加工点13家，清理整顿采金船9艘。

第三节　保　险

人寿保险　主要经营人寿保险、人身意外伤害保险和健康保险3大类业务，到2005年开办各类险种157个。1986年，人寿保费收入25.62万元，之后几年间小幅增加。1993年起，公司逐渐加大保险宣传力度，当年实现保费收入449.40万元。1996年寿险公司单设后，致力于经营规模和网络服务建设，建立了一套科学、完善的管理机制和经营体系。1997年，公司将直销模式改为营销，同时大量增加代理销售人员，当年保费收入上升到602.22万元。2002年底，公司率先成立银行保险销售部，与银行签订保险销售代理协议。次年，保费收入超过2000万元。随着人们保险意识的增强和公司对外宣传力度的加大，保费大幅增长。至2005年，全区人寿保费收入达7000万元。公司严格遵守合同约定，如有保险事故发生，均在规定时间内派员赶到现场及时查勘，并如期将保险理赔金送交客户。1986年理赔人寿保险金额3.40万元，1993年理赔27.85万元，1997年理赔31.85万元，2005年理赔316.20万元。

财产保险　财产保险种类有机动车辆保险、人身意外伤害保险、养殖保险、家庭财产综合保险、个人贷款抵押房屋保险、企业财产保险、火灾公众责任保险、医疗责任保险、承运人责任保险、校园方责任保险等38个。1986年实现保费收入164.9万元。1987年，保费收入升至201.7万元。当年，承保企财险235户，理赔66户；承保机动车辆2339辆，理赔544辆；承保家财险122204户，理赔642户。次年，保费收入417万元，理赔119.9万元。1989—1995年间，年均保费收入相对稳定，共计7551.4万元。之后至2004年，保费稳中有升。2005年，保费收入2484.22万元，理赔1450.57万元。

第六章　金融监管

第一节　银行系统监管

人行县（市）支行依法监督管理辖区内专业银行，每年对金融机构进行稽核和检查，查处违法违规行为。1986年，稽核县工、农支行资金清算等问题。次年，建立金融稽核联系制度，稽核检查农行粮食贷款利差补贴，查出9个粮站占用平价粮油贷款304.6万元、4个基层营业所多报利差补贴2.85万元，收回多补利息6.3万元。年内审查、颁发金融业务经营许可证101个，审核、转报拟办储蓄机构13个。1988年，稽核县工行1987年工业企业流动资金贷款情况，查出其违规发放贷款409.8万元，督促其收回挤占挪用贷款77.5万元、企业挖潜资金634.7万元。1989年，审批金融机构16个，发金融业务经营许可证586个，协调、仲裁行业纠纷30余起。全年开展各项稽核检查11次，查出26个机构违规资金额9678万元，纠正处理706.9万元，罚款、罚息、没收20.83万元。对建行、农行延压国库款、漏缴财政存款的行为分别处罚款1.88万元、871元。1990年，开展7项10次稽核，查出违规金额557万元，纠正处理605万元；撤销建行擅自设立的代办点3个。1991年，开展6项7次稽核，查出违规存款253.7万元、贷款1019万元，纠正处理948.1万元，罚款、罚息2.2万元，收回利息1.32万元。1993年，对中行超计划放贷、签发空头支票、超比例浮动贷款利率等违规行为处罚款、罚息4.888万元。1994年，开展信贷稽核检查。查出农行违规以贷收息115万元，查出工行违规以贷收息100万元、向资不抵债企业放贷360万元，均予处理。1995年，开展金融机构资质年检。对违反《金融机构管理规定》的工、农、建行分别罚款1200元、400元、300元，对建行超范围经营、非法设立分支机构罚款3万元。同年开展多项专业稽核，对存有的问题的银行处以罚款。罚款农行2次计6.628万元，罚款工行1次22.9万元，罚款建行1次1736元。1996年，对中行进行常规稽核，查出超规模放贷、利润反映不真实、大额储蓄利率混乱等情况，均按金融法规进行处理。1997年，年检金融机构81个，其中合格55个、基本合格26个。对丢失金融业务营业许可证正本的工行黄泥巴山储蓄所罚款1万元，对违反《贷款证管理办法》的工行、建行分别罚款2万元、1万元。1998年，针对企业盲目破产、无序兼并、低价分售等蓄意逃废银行债务现象，依法参与破产企业清算，纠正、制止142户企业逃废债务行为，所涉金额2.72亿元，维护了金融资产的安全完整。当年，审查、转报变更金融机构23个、撤并14个，批准新设保险代办点1个，审查高级管理人员69人。1999年，银行监管职能划归资阳地区中心支行。

第二节 非银行机构监管

一、信用合作监管

1986年，人行资阳县支行对全县农村信用社进行整顿，对乱挂招牌的宝台、松涛信用社和擅自设立的大洪第二储蓄所、文明乡沱桥储蓄所等进行限期整改。1990年，对资阳县雁城城市信用社进行清理整顿，在其10个方面达标后重新颁发金融业务经营许可证。1991年，全县61个独立核算的农村信用社、13个信用分社组合成资阳县农村信用合作社联合社营业部，并获国家金融业务经营许可证。年末，农村信用合作社各项存款余额达1.64亿元，贷款余额达1.10亿元。1992年，人行市支行稽核8个信用社，对未经批准变更法定代表、超范围吸收存款和发放贷款、信贷质量低、擅自提高贷款利率、多头开户的南市信用社处罚款1.63万元。1993年，对雁城城市信用社进行常规稽核，纠正其违规贷款、计划外贷款、储蓄吸收公款等行为，并进行罚息处理。1994年，常规稽核农村信用社联社，查出其信贷质量低、逾期贷款占45.26%，少缴存款准备金、超期限拆出资金700万元和提高贷款利率、变相提高存款利率、以贷收息等问题，合并处以罚款3.31万元。1995年，开展金融机构年检，对有违规行为的农村信用社联社罚款1000元，对雁江镇、松涛镇、宝台镇信用社非法设立机构、未经批准变更法定代表、将流动资金贷款发放固定资产贷款等行为，分别罚款2万元、3万元、2万元。年内开展常规稽核，查出农村信用社联社、雁江农村信用社、松涛农村信用社逾期贷款比例大、不正常贷款占比高，为企业多头开户、无证开立账户，负债比超标、现金管理松弛、擅自提高存贷款利率等问题进行纠正，并分别处罚款2.57万元、2万元、2万元。1997年，对农村信用社进行摸底调查。当年，全市有农信社23个、分社47个、储蓄所17个、信用站429个，资产57126万元，各项贷款余额43446万元，其中不良贷款14058万元，占32.4%；亏损1446万元，亏损面87%；高风险社9个，占总数的39%。为此，人行资阳市支行先后采取清股扩股、分类管理、跟踪监控等手段增加资金来源，盘活不良资产，以防范、化解风险。1998年，常规稽核农村信用社，对丹山、临江、宝台、迎接镇信用社存在的各类问题进行纠正，对市信用合作联社及营业部利率违规、违规拆出资金、超规模发放贷款、擅自更改报表等问题处罚4万元。当年开展农村信用社年检，对丢失金融机构营业许可证正副本一套的中和镇农信社干沟分社罚款1万元。

二、邮政储蓄监管

1986年9月，县邮政局开办邮政储蓄业务，当年办理储蓄业务1368笔36.7万元。1989年，邮政储蓄网点发展为3个。1991年，人行县支行纠正邮政储蓄变相提高利率问题。1996年，审查转报邮政储蓄机构15个。1999年，全市有邮政储蓄机构13个，各类储蓄存款7461.93万元。当年，人行市支行清理邮政储蓄机构，对个别无金融业务经营许可证，汇兑、邮储资产相互占用，现金库存限额过低、人员不足、内控制度不完善的邮政储蓄机构提出整改意见。

三、基金会监管

1988年，县委决定在全县32个乡镇成立农村合作基金会，当年吸收股金205万元。至1993年，全市建有农村合作基金会25个、代办处45个、业务站447个，吸收股金10332万元，代管资金2362万元，贷款10785万元，计提各种基金944万元。合作基金会高息揽存放贷、超范围集资、多头开户，致其规模快速膨胀，堪与农村信用社比肩，给金融监管带来难度。1995年，人行对农村合作基金会等基金组织高利率揽储、放贷等行为提出处理意见。1996年，人行市支行对农村合作基金会违法经营金融业务问题提出7条规范意见，促成市委、市政府下发《加强农村合作基金会管理的通知》。1997年，人行市支行对农村合作基金会进行重点调查。经查，至1996年底，该基金会吸收股金3.38亿元、代管资金6720万元、资金来源4.2亿元、发放贷款3.82亿元，实为变相经营金融业务，偏离了办会宗旨。1998年，辖区内部分农村合作基金会出现挤提风潮；人行市支行贯彻执行国务院《非法金融机构和非法金融业务活动取缔办法》，会同有关部门控制挤提。1999年3月，全市开展农村合作基金会清理整顿工作。人行市支行无条件保证合作基金会在金融机构的存款支付，并派员协助清产核资，顺利地将基金会首期兑付款1.3亿元发到入股农民手中，维护了社会稳定和全市金融秩序。此外，人行还对供销社社员股金会、教育基金会、工商联合会会员互助基金会以及企业债券等进行监管。

第十四篇　中共资阳市雁江区委员会

第一章　组织机构

第一节　领导机构

一、区委

1949年12月，中共资阳县委员会成立。1993年3月更名为中共资阳市委员会。2000年11月更名为中共资阳市雁江区委员会。1986—2005年，历届党代会先后选举产生第六（跨届）、七、八届中共资阳县委员会，第一、二届中共资阳市委员会，第一、二届中共资阳市雁江区委员会。

（一）资阳县委

县第六届委员会（1984.7—1987.8）由23名委员、4名候补委员组成。第一次全委会选举出县委常委9名，其中书记1名、副书记3名。

县第七届委员会（1987.8—1990.6）由29名委员、4名候补委员组成。第一次全体会议选出县委常委8名，其中书记1名、副书记3名。

县第八届委员会（1990.6—1993.2）由32名委员、4名候补委员组成。第一次全委会选举出常委12名，其中书记1名、副书记5名。

（二）资阳市委

市第一届委员会（1993.2—1998.2）由35名委员、4名候补委员组成。第一次全委会选举出常委11名，其中书记1名、副书记4名。

市第二届委员会（1998.2—2000.11）由31名委员、4名候补委员组成。第一届全委会选举出常委12名，其中书记1名、副书记4名。

（三）资阳市雁江区委

资阳市雁江区第一届委员会（2000.11—2003.2）由原资阳市委员会更名而来，委员和领导班子随之改任，时有区委常委11名，其中书记1名、副书记5名。

资阳市雁江区第二届委员会（2003.2— ）由33名委员、6名候补委员组成。第一次全委会选出常委13名，其中书记1名、副书记4名。

1986—2005 年历任书记、副书记名录

表 14－1

职　务	姓　名	任职时间	届　别
书记	黄道华	1986. 1—1991. 9	第六、七、八届县委
	曹荣火	1991. 9—1996. 5	第八届县委，第一届市委
	肖刚勇	1996. 5—1998. 6	第一届市委，第二届市委
	郭云放	1998. 6—2001. 11	第二届市委，第一届区委
	文　岳	2001. 11—2004. 2	第一、二届区委
	陈华强	2004. 2—2005. 12	第二届区委
副书记	李太平	1986. 1—1987. 8	第六届县委
	张鹤甫	1986. 1—1993. 2	第六、七届县委
	黄先荣	1986. 1—1986. 12	第六届县委
	蒋继文	1986. 12—1990. 3	第六、七届县委
	刘海金	1987. 8—1997. 11	第七、八届县委，第一届市委
	左绍和	1990. 2—1991. 2	第七、八届县委（省下派干部）
	曹荣火	1990. 4—1991. 9	第七、八届县委
	王铭晖	1990. 4—1992. 11	第七、八届县委
	周光富（女）	1991. 2—1992. 3	第八届县委（省下派干部）
	熊大礼	1991. 9—1993. 2	第八届县委
	夏　雷	1992. 3—1993. 2	第八届县委（下派干部）
	杨布热	1992. 11—1993. 9	第八届县委（挂职干部）
	杨德义	1992. 11—2003. 2	第八届县委,第一、二届市委,第一届区委
	李平贵	1992. 11—1998. 8	第八届县委，第一届市委
	蒋成根	1993. 2—1998. 2	第八届县委，第一届市委
	程健生	1993. 3—1994. 1	第一届市委（省下派干部）
	张亚平	1994. 3—1995. 1	第一届市委（省下派干部）
	肖刚勇	1994. 11—1996. 5	第一届市委
	刘金跃	1994. 11—1996. 9	第一届市委（省下派干部）
	赵　巍	1996. 10—1998. 9	第一届市委（省下派干部）
	郭云放	1997. 11—1998. 6	第一、二届市委
	陈茂福	1998. 2—2002. 11	第二届市委，第一届区委
	魏远英（女）	1998. 10—2003. 2	第二届市委，第一届区委
	甘宗坤	1998. 10—2003. 2	第二届市委，第一届区委
	刘　青	2000. 9—2002. 8	第二届市委，第一届区委
	邱红平	2001. 7—2003. 2	第一届区委
	毛惠民	2002. 2—2002. 12	第一届区委
	陈华强	2002. 11—2004. 2	第一届区委
	何正月	2002. 12—2005. 12	第一、二届区委

续表

职　务	姓　名	任职时间	届　别
副书记	杨晓勇	2002.12—2005.12	第一、二届区委
	游虹（女）	2003.2—2005.12	第一、二届区委
	张履平	2003.6—2005.12	第二届区委
	周　俊	2004.2—2005.12	第二届区委
	段成武	2004.6—2005.12	第二届区委

二、区纪委

1981年，中共资阳县纪律委员会成立，为县委的工作机构。1983年11月升格为领导机构。历届纪委领导班子由各届党代会选举产生。每届由15名委员、6~9名常委、1名书记、2~3名副书记组成。1986年，县纪委内设办公室、案件审理科、纪检一科、纪检二科。次年，撤销纪检二科，案件审理科改为案件审理室，纪检一科改为纪律检查室。1989年，增设来信来访室。1990年，增设教育研究室，来信来访室改为控告申诉室。1993年3月，纪委、监察局合署办公，内设办公室、纪检监察室、信访室（政纪案件举报中心）、纪检监察一室、纪检监察二室、案件审理室、教育调研室、党风廉政建设室、执法监察室。1986—2005年，杨建平、唐书源、卿见香、毛惠民、游虹先后任书记；阎家祥、张绍荣、尹齐龙、李举运、罗阳、汪新德、杨为民任副书记。县监察局自1988年4月成立至1993年3月，内设有办公室、监察股、案件审理股、控告申诉股。1988—2005年，李举运、阎家祥、汪新德、杨为民先后任局长。

第二节　工作机构

一、区委办公室

1981年2月，县委与县政府分署办公后重设县委办公室，办公室内设文秘组、后勤组。1996年，市委办公室设行政股、信息调研督查股、秘书股、综合股。2002年，区委办公室内设行政股、信息调研股、秘书股。1986年，归口管理的工作部门有党史办、信访办、机要科、保密办。1990年，党史办改为党史研究室。1991年，增设督查室。1993年，机要科改为机要局。2001年，机要局、保密室并入区委办公室。2004年11月，信访办改为信访局。2005年12月，增设接待办。1986—2005年，许统祎、甘宗坤、胡跃明、詹斌善、刘斌先后任办公室主任。

二、区委组织部

1973年10月，恢复县委组织部。1986年，组织部内设办公室、干部组、组织组。1992年7月增设电教组。1993年2月组织组更名为组织科。1993年7月内设机构由组改科。1995年3月，干部科分设为党政干部科、综合干部科。1997年，党政干部科、综合干部科分别更名为综合党政干部科、经济科技干部科。2002年4月，综合党政干部科、经济科技干部科、组织科、电教科分别改为干部一室、干部二室、组织室（挂党员管理室牌子）、党员电教室。2005年，组织部内设机构为办公室

（挂研究室牌子）、干部一室、干部二室、组织室（挂党员管理室牌子）、党员电教室。1986—2005年，唐国清、蒋成根、李通荣、何伯忠、游虹、吴明化先后任组织部部长。

1986—1989年，组织部归口管理的有机关党委、组织员办、审干办、老干部局4个单位。1994年增设电教中心。1995年增设老干部活动馆。1996年12月，撤销审干办，组织员办并入组织部。2000年增设党建办。2001年机关党委、老干局并入组织部。2002年3月，干部二室挂干部监督审查室牌子。同年，增设知识分子办公室，2004年11月更名为区人才办。

三、区委宣传部

1973年10月，恢复县委宣传部。1990年，宣传部内设宣传组、党教组、理论组、办公室。1996年12月，精神文明办并入宣传部。1998年11月，成立市委报道组，由宣传部代管。2001年11月，宣传部内设办公室、干部股、宣传股、理论股、精神文明办公室，代管区委报道组、省干部函授学院资阳市雁江区辅导站。1986—2005年，刘素芳、蒋成根、胡祖高、温亚东、魏远英、谢华先后任部长。

四、区委统战部

1975年1月，恢复县委统战部。1983年设对台办公室，1991年改为台湾工作办公室。1996年12月，台湾工作办并入统战部。1986—2005年，虞现桐、潘常明、唐国清、王兴富、詹斌善先后任部长，王明镜、李汝远、胡月华先后任台办主任。

五、区政法委员会

1981年县委设政法领导小组，1983年12月改为政法委员会。1988年6月，政法委员会改为政法领导小组。1990年3月，恢复政法委员会。1991年，设社会治安综合治理委员会办公室，与政法委合署办公。1999年设立"处法领导小组办公室"，2001年改为"610"办公室，2004年更名为防范和处理邪教问题领导小组办公室。至2005年，陈本祥、彭明森、李通荣、甘宗坤（兼）、王龙彪、段成武（兼）先后任政法委书记，江涛、于大国、唐远祥先后任社会治安综合治理委员会办公室主任，邓爱华（兼）、张翔先后任防范和处理邪教问题领导小组办公室主任。

六、区委政策研究室

1989年7月，县委政策研究室成立。1990年，县委政治体制改革办公室划归政研室，四川省资阳县经济学会挂靠政研室。1994年，资阳市小城镇建设领导小组办公室成立，挂靠政研室。1995年，资阳市"一条线"经济发展领导小组办公室挂靠政研室。1986—2005年，刘明贵、刘斌、邓爱华、李存先后任主任。

第二章　重要会议与决策

第一节　重要会议

一、党员代表大会

1986—2005 年，全区（县、市）共召开 6 届党员代表大会：1987 年 8 月 5 日至 7 日、1990 年 6 月 6 日至 9 日，先后召开中共资阳县第七届、第八届党员代表大会；1993 年 2 月 16 日至 18 日、1998 年 2 月 18 日至 20 日，召开中共资阳市第一届、第二届党员代表大会；2000 年 11 月 6 日、2003 年 2 月 16 日至 19 日，召开中共资阳市雁江区第一届、第二届党员代表大会。出席各届党员代表大会的代表分别为 399 名、403 名、400 名、408 名、406 名、374 名。各届代表大会的基本议程是：举行开幕式，听取、审议和批准上届党委、纪委的工作报告，对重要决策作出决议，以无记名投票方式差额选举产生各届委员会委员、候补委员和各届纪律检查委员会委员，举行闭幕式。

二、全委会及全委扩大会

全委会一般在每届党员代表大会结束即召开，特殊情况临时召开。1986—2005 年，全委会先后选举产生中共资阳县委第七届、第八届，中共资阳市委第一届、第二届，中共资阳市雁江区委第一届、第二届常务委员会委员、副书记、书记；同时就各时期政治、经济、社会、人民生活等重大问题作出决策。

各届（次）全委扩大会议按照党和国家的方针政策，结合本地实际，研究、部署辖区经济建设和社会发展的重大事项。七届、八届资阳县委期间，全委扩大会议的主题有：贯彻中共中央十三大，十三届三中全会、四中全会、五中全会、六中全会文件精神，传达省、市党代会、全委会议精神；研究经济环境治理、经济秩序整顿工作；听取、审议资阳县“八五”计划和十年规划基本思路的报告；就学习贯彻中央十三届七中全会和十四大文件精神，以及治理农村“三乱”、党风廉政建设等重大问题作出决议、决定。一届、二届资阳市委全委扩大会议先后学习贯彻中共中央十四届三中、四中、五中、六中全会精神和省、市全委会议精神；听取关于全市社会治安和维稳，交通建设、乡镇企业发展的情况报告；审议通过《关于制定资阳市国民经济和社会发展“九五”计划和 2010 年远景目标的建议》《资阳市社会主义精神文明建设“九五”规划纲要》和《关于加快发展个体私营经济的决定》；安排部署农业基础建设、企业改革、商品流通、科技、教育、文化事业发展等重大事项；传达学习中共中央十五大和省、市全委会议精神；就经济强市战略、实施西部大开发战略进行认真研究和部署；审议通过《关于抢抓机遇，加快发展，努力建设经济强市的决定》和《稳定发展农业，重点发展工业，突出发展第三产业》等决定。一届、二届资阳市雁江区委全委扩大会议先后传达学习中央、省、市重要会议精神；审议通过《关于认真贯彻江泽民总书记“三个代表”重要思想，抓住西部大开发机遇，加快资阳发展的决议》《中共资阳市雁江区民营经济和社会发展第十个五年计划的建议》《资阳市雁江区社会主义精神文明建设“十五”规划》；传达学习中共中央十六届五中全会和省、市全委会议精神；就打造雁江丘陵经济发展示范区，开展“三个代表”重要思想、保持共产党员先进性教育活动、民主法制建设等重大问题进行认真研究。

三、常委会议

1986—2005年间，各次常委会议按照中央、省、市要求，结合实际情况，研究决定各时期、各年度全局性重大事项。县第七届各次常委会议主要讨论决定全县文明创建工作、分级办学分级管理、党风廉政建设、人武部归改地方建制、土地管理、乡镇企业发展、人才、资金、技术等问题。县第八届各次常委会议主要研究决定“三高”农业、减轻农民负担、城市建设、交通建设、开发区建设，和教育、计划生育、干部“四化”以及领导干部廉洁自律等议题。市第一届各次常委会议主要讨论决定机构改革、工业、畜牧业发展，社会治安综合治理、设立见义勇为基金、领导班子“四好”活动及考核评比、机关作风整顿、群团组织换届选举及干部配备等事项。市第二届各次常委会议主要研究决定清理整顿农村合作基金会、取缔“法轮功”邪教组织、开展“三讲”教育、实施党风廉政建设责任制、农业产业化、生态农业、水土保持、城乡一体化、小康村建设、交通建设、工业经济发展、农村税费改革等事项。雁江区第一届常委会议主要研究决定“十五”规划、开发区建设、招商引资、老干部工作、供销社和合作基金兑付，城镇医保、城市建设、创建卫生城市等工作。雁江区第二届各次常委会议主要讨论决定经营城市、民营经济发展、“非典防治”“四五普法”、公务员招考、招商引资、干部“三项清理”、农村卫生体制改革、保持共产党员先进性教育、人感染猪链球菌病防控、平安创建和综合防范、“十一五规划”等工作。常委会一般还就干部人事及组织建设等重大事项作出决定。

四、区委工作会议

区委工作会一般由区委常委会研究决定，区委、区政府联合召开。会议规模较区委其他会议大，区委、人大、政府、政协领导，区级各部门、各镇乡主要负责人参加。以每年召开的经济工作会、三级（撤区并乡建镇前为四级）干部会和各类重大活动的动员大会规模最大。以区委名义召开的单项工作会议规模较小，一般是区四大班子和各级各部门分管领导参加。

第二节　重要决策

一、健全人民代表大会制度

地方党委通过党代会、全委会、常委会作出决策，不断完善人民代表大会制度，要求各级党组织正确处理党的领导和依法办事的关系，正确处理党管干部和人大依法选举、任免干部的关系；尊重和支持人大对“一府两院”（政府、法院、检察院）及其工作人员实施法律监督；支持人大在充分发扬民主基础上，就地方有关重大事项作出的决议决定；支持人大依法推进以民主选举、民主管理、民主监督为主要内容的村民自治和镇务、村务公开。

二、健全政治协商制度

区委每年召开会议专题研究政协工作，要求各级党组织、政府各部门自觉接受政协及民主党派和群众团体的民主监督；建立党政部门与政协各专委对口联系制度，坚持政协主席列席区委常委会议、书记办公会议，政协副主席列席区人大常委会议、政府常务会议和全体会议制度；党委、政府的重大决策交与政协进行政治协商后方准予实施，并接受政协的民主监督。

三、政治体制改革

1986—2005年，区委就全区政治体制改革作出一系列重大决策。1987年，县委决定撤并规模较小的乡。1990年，合并规模过小的村、社。1992年，开展撤区并乡建镇工作。1996年起，先后改革市（区）级、镇乡机构，压缩机构个数、干部编制和领导干部职数，实现党、政、事业机构“精减、效能”目标；改革干部人事制度，先后建立起公务员制度、公开选人用人制度、干部考核制度和干部交流、诫勉、任前公示和试用、离任经济责任审计等一系列监督制度。

四、发展乡镇企业和民营经济

20世纪80年代中后期和90年代，县（市）委先后对乡镇企业发展作出一系列决策，包括制定发展规划、出台优惠政策、组织人员外出学习考察、落实责任制等。90年代末，地方国有集体企业在市场竞争中纷纷破产倒闭，工业经济面临困境；市委根据相关政策并结合实际，作出大力发展民营经济的决定，同时优化投资环境，加大招商引资力度。至2005年，民营经济得到长足发展。

五、国有企业改革

1986年以来，历届党委采取步步深入的办法，不断推进国有企业改革。初期实行厂长、经理责任制，承包经营制和企业内部用工制度改革。1992年后，逐步转让国有产权，实行企业股份制改革，企业经营体制得到转换。1996年后，逐步推行企业盘活存量资产为重点的产权制度改革。2001年，加大产权制度改革步伐，推行“改、转、租、卖、并、破”等改革形式；大批企业实现企业改制，或实现资产重组、经营转向。2003年，支持、鼓励民营企业通过参股、控股、互相持股等方式，收购兼并国有企业。至2005年，基本完成全区地方国有企业产权制度改革。

六、基础设施建设

1994年，市委决定增加投资，建成高标准高规格入城快捷通道。1999年，投资建成资（阳）资（中）路二级收费水泥、沥青砼路67公里和资（阳）乐（至）路二级收费水泥路33公里。2000年，投资4712万元，建成通乡油（水泥）路51公里。2003年，全区通乡（镇）公路在全市率先实现硬化目标。2005年，全区以国、省道为主骨架的公路网络基本形成，公路密度位于全省前列。1993年起，市委决定加大城市建设力度，启动小城镇建设和小康村、中心村、文明新村建设，专门设立领导小组及其办公室，采取市（区）领导定点联系、部门定点帮扶等措施，分期分批投入大量人力、物力和财力。至2005年，城市规模不断增大，功能日渐完善，已具中等城市雏形；农村建成省市小城镇试点镇14个，道路、水、电等基础设施快速发展，居住环境大为改善，城乡差距进一步缩小。

第三章 机关工作

第一节 综合服务

一、办文、办会

1986—2005 年，区委办公室共草拟制发区委文件 1898 件、区委办文件 1756 件，领导讲话 1063 篇；处理上级文件 957 件、下级文件 892 件。公文制作严格按撰拟、呈办、校核、签批、印刷、送发等程序，切实把好法律、政策、内容、文字、格式关。公文处理严格清点、登记、编号、签收、清退等手续。公文保管严格执行“及时立卷、年度归档、借阅登记、按期移交档案馆收藏”等制度。过期作废文件（档案）销毁实行专人负责、清理造册、报经批准后定点销毁，机密文件按保密程序办理。

和 1986—2005 年，区委办公室共承办各种会议 1350 次，包括党代会、全委会、全委扩大会、党委工作会、党委政府联合召开的各类动员会、庆祝会 。每次会议召开前，办公室拟定筹备方案，并报相关领导审定，然后按方案拟发会议通知，起草印制会议文件，制作会标，布置会场。会议中，组织新闻采访报道、会议联络，安排参会者食宿和安全保卫等，确保每次会议圆满成功。同时，对部门筹办的以党委名义召开的各类专业会议按程序进行审核和报批，严格控制会议的数量、规模和时间。

二、调研与信息工作

区委办公室每年围绕区委各时期中心工作和工作重点，派员深入农村、工厂、社区调查研究，为领导决策提供服务。1993—2005 年间，共撰写调研文章 245 篇，在省、市报刊公开发表 109 篇。其中 1996 年撰写调研文章 13 篇，被省、市报刊采用 6 篇；1999 年撰写 17 篇，有 11 篇在省、市报刊发表；2000 年撰写 30 篇，有 14 篇在各级报刊发表；2002 年撰写 52 篇，发表 31 篇；2005 年撰写 18 篇，在区以上报刊发表 10 篇。1986—2005 年间，共为历届党委及领导撰写报告、讲话、署名文章 1267 件，约 1600 万字；编发《工作简报》《参阅》《工作通讯》等 915 期。

20 世纪 80 年代初，县委办就建立了信息收集、刊发、上报信息机制。1987 年编发《资阳信息》94 期，被《内江信息》采用 31 条。1990 年上报信息 306 条，被市采用 133 条、省采用 5 条、市领导批示 3 条。1992 年编《快报》54 期、《资阳直报信息》312 期，向省、市报送信息 512 条；中央、省、市分别采用 2 条、27 条、210 条。1997 年编发信息内刊 348 期，上报信息被采用 127 条。2000 年收集信息 2760 条，省、市采用 90 条。2005 年省、市采用区委办报送的信息 307 条，为历年最多。20 年间区委办共收集信息 1. 67 万条，编发《信息摘报》《快报》《资阳信息》《雁江信息》等信息内刊 3646 期，向省、市上报信息 5042 条，被采用 2112 条。

三、后勤保障

20 年间，区委办公室建立和完善机关管理制度，先后制定《机关大院管理若干规定》《机关办公区管理办法》《机关生活区管理办法》《机关财务管理办法》《机关车辆管理办法》《机关公物管理办法》《机关文印工作规定》，定期督促检查，保证各项制度落到实处。按照“热情、周到、勤俭、得体”的原则，切实做好公务接待工作。严格财务审核、签字、结算制度，精打细算、开源节流、量入为出，保证机关工作的正常运行。在机关基础设施建设、固定资产管理、车辆维护使用方面，先后完成书记办公楼、机关办公楼、干部职工宿舍、招待所综合楼等工程的修建任务，陆续改造机关照明、供排水、道路、绿化设施，安装机关职工网络电视系统；建立固定资产台账，严防公共财产流失和损坏；建立车辆定期维护保养制度，保证车辆状况良好；强化驾驶员安全和服务意识，确保行车安全和服务质量。

第二节　督查工作

1991 年 5 月，县委督查室成立，负责督查县委常委会、全委会决定事项的落实情况；之前督查工作由县委办公室统一负责。1997 年，市委制定《资阳市督查工作办法》，健全督查运行机制。督查室以市委重要文件、重要会议决策为依据，采取全面督查、追踪督查、反馈督查等形式，加大督查力度。全年共立督查事项 40 项，办结率 97.5%。1998 年，制发《督查事项通知》10 期，电话督办通知 40 项，整理编发《督查通报》5 期，督查事项 52 件，办结率 95%。2000 年，市委制发《关于进一步加强督查工作的意见》，规范全市督查工作，进一步树立督查工作的权威性。督查室围绕市委工作重点，全年自立督查项目 35 个，发《督查事项通知》2 期、电话督办通知 76 个，办结率 95%；整理编发《资阳督查通报》8 期、上报《资阳督查专报》4 期。2001 年，办理督查事项 49 件，其中领导批示 1 件、上级交办 13 件；整理编发《督查专报》8 期，被省委办公厅采用 1 篇、市委办公室采用 2 篇。2004 年，办理督查事项 294 件，其中领导批示 278 件、上级交办 16 件，发电话督办通知 312 件、《督查事项通知》12 期、《督查通报》37 期，上报《督查专报》35 期，被省委办采用 1 篇、市委办采用 13 篇。当年，督查室被省委办公厅评为“2004 年度督查工作先进集体”。2005 年，办理督查事项 392 件，承办区委常委会、区政府常务会纪要 259 件、上级交办事项 55 件、领导批示 3 件，均按时办结并报送办理结果；组织实地督查 60 次，发电话督查通知 653 个、《督查事项通知》31 期、《督查通报》38 期，印发《领导批示》17 期，上报《督查专报》33 期，其中调研性督查专报 13 期。1986—2005 年，共办理督查事项 1068 件，其中上级交办 157 件、领导批示 396 件，督查室自立 487 件；共发电话督办通知 1495 次、书面督查通知 110 期，平均办结率为 98%；编发《督查通报》142 期，上报《督查专报》134 期，被省、市采用 17 篇。

第三节　党史研究

1986—2005 年间，党史研究室先后整理、编辑了《中国共产党资阳县（市）历史大事记（1919—1999）》、《雁江区党史大事记（2000—2005 年）》、《资阳民主革命时期进步活动大事记》《1949—1956 年中国共产党资阳县委员会组织概况》《川康边人民游击队川东第一支队九大队纪实》《资阳县 1950 年征粮工作纪实》《资阳县 1950 年剿匪斗争纪实》《抗日救亡在蓉城——记资阳县旅省学会》《共产党员在资阳抗日救亡宣传中的活动》《陡岩山剿匪记》等专集资料，以及《余国祯烈士传略》《誓为中华洒热血——记邓俊烈士》《愿将青春献雁城——谢松涛烈士传略》《忠诚于民族解放的先锋战士——欧阳克明传略》《早逝的天才作家——邵子南传略》《一身正气半壁书——郭治澄传略》《罗华太传略》等人物传记，撰写了《毛泽东关心431厂干部》《朱德接见资阳县委、县政府和武装部干部》《贺龙亲临资阳指导解放初期工作》等3篇极具史料价值的文章。其间于1992—2000年为内江市党史办编辑的《异军创业曲》一书提供《梅花得意占群芳》《山沟飞出金凤凰》《在竞争中开拓前进》《聚牌光彩照人间》4篇记载资阳丝绸厂、长乐砖厂、第二建筑公司、长沙埂水泥厂等乡镇企业辉煌历程的文章，为内江市编印的《小城镇群星谱》提供松涛、迎接、丰裕3个省级小城镇试点镇发展的纪实资料，为中央党史研究室、中央编译局合编的《人民英雄大典》一书提供饶国华、罗华太、余国祯、邓俊等党史人物专题资料。2000—2005年，党史研究室组织人员开展理论和史事研究，先后撰写了《建国后中共资阳县委成立时间考》《五十年代资阳土法制糖纪实》和《发展观与政绩观的演变及其相互关系》《解放思想，开拓进取，努力开创党史工作新局面——论县级党史部门如何开展工作》《城市边缘的痛——对雁江镇征地拆迁安置的调查与思考》《试论党的先进性》《从抗日战争时期邵子南的文艺创作谈我党在抗日战争时期的文艺宣传》等学术和理论文章，并在各级刊物公开发表。至2005年，累计编辑出版《党史资料》89期，多次举办党史资料展和纪念建党、纪念抗日战争胜利党史报告会等活动。

第四节　信访工作

一、信访制度

1986年1月，县委、县政府作出《关于加强信访工作的决定》，将信访工作纳入县委议事日程，同时建立领导轮流值班制度，成立县委、县政府信访办公室。1993年10月，市委、市政府作出《关于分级处理群众来信来访的决定》，制定“分级负责、归口管理”“谁主管、谁负责”“哪家的事、哪家办”的信访工作原则；具体划分了48类信访问题，分别由人大、纪委、法院、检察院和县委、县政府相关部门以及镇乡党委、政府负责处理。2004年7月，区委、区政府作出《关于进一步加强信访工作的意见》，建立健全“一把手负总责”的信访工作责任制、信访维稳联席会议制度、领导干部包案制度以及“热点、难点”问题预警处理机制等，为确保信访问题（案件）得到及时妥善解决、维护全区社会和谐稳定提供了组织和制度保证。

二、信访处理

1986—1988年为第一次信访高潮期，年均信访量2000余件次。信访诉求主要是要求平反“冤、假、错”案、恢复城镇户口和公职，落实房产政策等。经信访部门调查核实，县委、县政府按照“历史问题宜宽”的原则落实政策解决历史遗留问题。1989—1997年为信访平稳时期，年均信访1270余件次。其中1993年、1994年的海狸鼠养殖合同纠纷是全市信访工作最棘手的热点、难点问题，共涉及21个省、36个市地州、45个县（市）的4万多份合同。信访部门先后收到各地来信1314件，接待来访534批次2723人次。来信来访的除养殖户外，还有各地分管信访的领导干部。当时中央和省级新闻媒体相继披露了“海狸鼠事件”，在社会上引起反响。为妥善解决合同纠纷，市委、市政府成立海狸鼠合同纠纷协调领导小组，市委书记、市长主持召开党委会、协调会28次，多次向上级作专题汇报，8次跨地作专题协商，主动向事发地写信、发电报、派专人协商处理办法，最后共补偿养殖户600余万元解决了纠纷。1998—2002年为群众信访第二次高峰期，年均信访达5200余件次，最高年份2000年达8012件次。信访诉求主要涉及破产企业职工要求再就业和解决基本生活费等。1998年2月，市委办公室下发《关于市委领导定期接待群众的通知》，规定每月15日、30日为市委领导信访接待日；信访办和有关部门按照市委部署，认真解决、落实群众提出的各种合理要求。2003—2005年，区进一步深化城市经济体制改革，触及部分群众利益，信访再次出现高潮。其中2004年信访量达8359件次，创历史新高，主要反映破产企业的遗留问题、征地拆迁、人力客运三轮车改革等问题。当年，区委、区政府启动信访、维稳工作联席会议制度，每半月召开一次联席会议，研究和通报全区信访、维稳工作情况，检查重点信访件和不稳定因素查办情况，分析存在的主要问题和群众反映的热点、难点问题。凡疑难信访案件均由区委、区政府领导包案处理，各责任单位深入调查、依法依规办理，并集中处理信访老户问题。2004年4月，区政府进行人力客运三轮经营权改革，引起三轮车主群访。区级领导牵头组成33个入户宣教组，落实党员干部“一帮一”“几帮一”工作责任，采取多种措施解决原车主实际困难。2005年11月，排查出到市、到省、进京上访老户24户，信访部门按照“分级负责、属地管理”“谁主管、谁负责”的原则，历时1月妥善解决了相关问题。

1986—2005年，共收到群众来信20452件次，接待群众来访42283人次，信访总量62735件次；处理50188件次，占信访总数的80%，其中信访办（局）直接办理或与有关部门联合办理5020件次，占10%；转镇乡（区）和有关部门办理45168件次，占70%；不作处理归档存查12547件，占20%。通过信访渠道落实政策235户、422人，解决历史遗留问题244户、273人。其间，信访办（局）共督查信访件1850件。

第五节 政策研究

一、“三农”问题调研

1989年5月起，县委政研室围绕“三农”（农村、农民、农业）问题在不同时期的变化和特点，先后开展农村劳动力及其转移情况、农村劳动力转移潜力及流向、乡镇合作基金会现状、农村（镇乡、村、组）财务管理情况、农村责任地调整、农村畜牧业发展、农业产业结构、农村经济现状及发展对策、农业循环经济、失地农民和农村劳动力转移、观光农业发展、农村发展与民生改善等课题调研。至2005年共撰写调研报告220篇，其中调整责任地的建议、“吨粮县”设想等被党委、政府采纳。

二、小城镇与文明新村建设调研

1993年起，政研室外挂市小城镇建设领导小组办公室牌子。1999年后，中心村和文明新村建设工作也由政研室负责协调。为做好两项建设的规划、管理、考核和综合协调工作，政研室先后开展农村城镇化战略，小城镇、中心村发展，以及小城镇、中心村建设用地、交通基础设施、投融资体制改革、招商引资、经济发展、市场建设、户籍管理、社会保障、精神文明建设等方面的现状和问题及其对策等课题调研，撰写调研报告、经验交流材料、总结材料500余篇，编印《简报》128期。至2005年，全区建成省市小城镇试点镇14个、区级中心村100个、文明新村140个。

三、经济和社会发展调研

1989年起，政研室先后开展国有企业经营体制改革、经营管理，乡镇企业、轻纺企业、校办企业发展状况，非公有制经济、个体私营经济发展，工业经济发展现状及对策、汽车产业发展等课题调研，形成调查报告175份，为党委、政府全面掌握区域经济发展现状，及时进行科学决策提供参考。1993年后，先后调研了干部人事制度、教科文卫和财政体制改革、社区建设、公路建设、城市建设、社会治安、职业犯罪、青少年失学与犯罪、下岗职工再就业、拖欠农民工工资等社会“热点”问题，形成并报送调研文章167篇。1990—2005年，政研室代区（县、市）委、政府起草重要文件140份，编辑印发《资阳经济研究》《决策参考》《信息参考》等198期。

第四章　纪检工作

第一节　党风廉政教育与预防腐败

一、党风廉政教育

1986—2005年，区各级纪检组织围绕党风廉政建设和反腐败斗争，开展党性教育、全心全意为人民服务宗旨教育、党的优良传统教育、“三讲”教育、“三个代表”重要思想和保持共产党员先进性教育以及增强抵御腐朽思想侵蚀能力教育。主要采取举办培训班、党纪政纪知识竞赛和召开会议等方式进行集中教育；通过评选优秀党员、勤劳致富带头人和开展农村党员“三带赛”、机关党员“先锋赛”等活动，树立各个时期、各行各业的先进典型，用先进人物的榜样示范作用带动并深化党员的党性党风党纪教育；选择各个时期具有典型意义的案件进行通报，深入剖析、挖掘案件当事人违纪违法的原因以教育警示党员干部；以《资阳时报》《资阳电视报》和电台、电视台、互联网等主渠道，开设反腐败和党性党风党纪教育专题节目，宣传报道中央、省、市、区关于反腐倡廉工作的决策和部署及取得的实效，使党员、干部从中受到启迪，以推进全区党风廉政建设和反腐工作的深入进行。

二、预防腐败

1986年，县委、县纪委组织开展党员纪律整顿工作，要求各级各部门党组织健全各种规章制度，做到事事有章可循，预防腐败现象发生。1990年，县建立廉政建设领导小组。至1995年，市纪委制定和转发关于严禁党政机关及其工作人员在公务活动中接受和赠送礼金、有价证券的文件30余个，先后派出138人（次）参加94个单位领导干部廉洁自律自查自纠专题民主生活会；时有34名在经济实体兼职兼薪的县级以上领导干部均自动辞去兼职，并退出酬金3050元；57人退出公务活动中接受的礼金、有价证券10万余元。同年，在全市建立领导干部收入申报、礼品礼金登记、招待费使用情况报告制度。1996—2000年，领导干部廉洁自律工作向规范化、制度化推进。纪委以党风责任制为龙头，以领导干部为重点，以自律为关键，建立“纠建并举”、预防和惩治相结合的预防腐败工作长效机制，促进领导干部拒腐防变各项措施的落实。1996 年，市纪委组织放映廉政教育录像片 32 部 350 场，举办专题讲座 5 期，培训人员 400 余人。1997 年，全市取消、合并各种会议 15 次，减少支出 10 万余元；取消不合理外出考察数起，节约经费 45 万元。县处级干部上交礼金 1.2 万元人民币、200 元美金。1999 年，制止公费出国（境）7 批（次），节约经费 42 万余元。2000 年，将领导干部廉洁自律工作与“三讲”教育紧密结合，增强领导班子、领导干部廉洁勤政意识。2001—2005 年，建立健全惩治和预防腐败体系，注重从源头上防治腐败。2001 年，建立领导干部党风廉政档案 586 个。2002 年，领导干部自觉上交收受礼金和礼品、有价证券及支付凭证 1.64 万元。2003 年，纪委制作区级领导班子成员“党风廉政建设任务分工提示卡”。2004 年，各级领导干部对照廉洁自律有关规定自查自纠，657 人主动上交现金及物品折款共 18.6 万元。2005 年，进一步落实干部选拔任用的任前警廉、任中评廉、任后审廉工作，要求领导干部严格约束自己，做到“慎独、慎微、慎始、慎终”“自重、自省、自警、自励”。1986—2005 年间，区委、区纪委根据中共中央、省市纪委的有关规定，先后建立了干部廉洁自律自查自纠制度、廉政谈话制度、党风廉政建设分工责任制度、科级以上领导干部重大情况报告制度等，切实开展预防腐败工作。

第二节　纠风工作

1986—2005 年间，纪检监察机关针对部门和行业存在的不正之风，多次开展专项治理工作。

治理中小学校乱收费。1996 年，市纪检部门督查全市 19 所中学、45 所小学的收费情况，查出违规收费近 100 万元，收缴入财政 8.3 万元，余款退还学生，立案查处 6 人。之后，要求各校严格执行“一证一册一据一单”收费制度，做到“三公开、三监督”，规范教育收费行为。

清理、整顿医药购销和医疗服务中的不正之风。与卫生部门依法取缔非法生产、经营药品户，非法私人诊所；实行药品采购集中招标采购制度，治理医院乱收费、医生开单提成和收受“红包”、回扣行为，推行“住院费用一日清单制”；加强医德医风建设，规范医疗行为，解决群众看病难、看病贵问题。

清理涉农收费。1996 年，清理、纠正涉农乱收费 270 余万元，纠正涉及农民负担的文件 77 份，取消不合理收费项目 21 项，取消各类达标升级活动 5 项，受理涉及农民负担投诉 73 件，立案查处加重农民负担的坑农伤农违纪违法案件 14 件，处理违纪党员干部 4 人。2001 年，全区镇乡 15 个部门、16 个站室取消或暂停收费 22 项，减少收费 2000 万元。2005 年，发放“农民权益义务监督卡”30 万份，并实行涉农负担公示、财务公开、农民负担大检查、农民负担情况定期通报、涉农负担案件责任追究等制度。全区未发生涉农负担恶性事件。

治理公路“三乱”。纪委组织交通、公安、林业等部门制止在国道、省道、县道和部分乡道公路乱设卡、乱收费、乱罚款现象。1996 年，全市撤除南津、松涛等镇在公路设立的非法收费站（点）55 个，取缔强制性路边洗车站、场 2 处，查处公路“三乱”案件 1 起，处理相关责任人 8 名。之后，公路“三乱”得到有效遏制。

清理向企业乱收费、乱罚款、乱摊派行为。1996 年，市纪委开展企业负担情况监督检查。查出并向企业清退不合理收费 138.6 万元，清理、纠正违规行政事业性收费、罚款、集资和摊派等项目 9 项，取消各类达标评比活动 17 项，受理涉及企业负担投诉 5 件，立案查处侵犯企业合法权益违纪违法案件3件。1998年，减轻企业不合理负担240万元。2001年，取消对企业不合理收费项目17个，为企业减轻负担450万元。

清理违规建房、占房。1986—1997年，全县（市）多次开展清理干部“三违”建房、多处占房工作。其中1992年清理出“三违”建房和多处占房92处、非法占地4043平方米，涉及党员、干部234人，立案查处15人。34人退出“两处购买”优惠价住房，或补交超标准购房差价款。1997年，清出8名干部多占住房8处、面积467平方米，责令全部退出；清出326人超面积住房、超面积18519平方米，责令补交差价房款377.63万元。

清理公款请客送礼、公费旅游。1987—1992年间，纪检机关多次清查县（市）属部门和单位公费旅游、公款请客送礼等不正之风。据1992年元旦、春节期间统计，全县党政机关、党政干部拒吃请600余人次，拒贿230人次。同年，制止公费出国出境旅游85人次。

清理党政机关及其干部经商办企业。1986—1990年，全县集中开展清理党政机关及其干部经商办企业工作，清理出党政机关办企业（公司）116个、党政干部参与经商办企业35人、党政干部在公司兼职8人。对违规兴办的企业进行撤（注）销、划转、归并，并责令参与经商干部或辞去企业职务，或辞去公职。

第三节　查处违纪案件

1986—2005年，纪委、监察局共受理信访、举报10340件，其中来信8354件，占80.8%；来访1246人次，占12%；电话举报740次，占7.2%。按内容分为：检举控告8841件，占85.5%；申诉114件，占1.1%；批评建议469件，占4.5%；其他916件，占8.9%。纪委、监察局直接查办时间紧迫、急待查明、易查易结的典型案件，其余按“属地管理、分级负责，谁主管，谁负责”的原则，分送相关部门、乡镇和单位调查处理。20年间，纪检监察机关共查处违法违纪案件1809件，其中政治类1件、组织人事类6件、侵犯公民合法权益类10件、违反社会公德类36件、经济类639件、失职渎职类186件、违反社会管理秩序类818件。受党纪处分1562人，其中开除党籍395人、留党察看209人、撤销党内职务58人、严重警告584人、警告277人。受政纪处分247人，其中开除公职34人、开除留用13人、撤职56人、降职10人、记大过43人、记过36人、警告34人、罢免11人。受处理人员中科级干部220人、一般干部724人、其他865人，分布情况为党委系统59人、政府部门483人、人大2人、人民团体5人、企事业单位431人、其他829人。

1986—2005年资阳市雁江区纪委监察局受理来信来访情况一览表

表14-2　　单位：件、人次

项目 数目 年度	受理信访举报				其中			
	合计	来信	来访	电话举报	检举控告	申诉	批评建议	其他
1986	292	241	32	19	212	2	36	42
1987	310	250	43	17	220	3	35	52
1988	240	180	41	19	176	3	28	33
1989	250	191	43	16	186	4	27	33

续表

项目／数目／年度	受理信访举报				其中			
	合计	来信	来访	电话举报	检举控告	申诉	批评建议	其他
1990	250	187	42	21	189	3	28	30
1991	378	312	42	24	278	6	42	52
1992	422	362	38	22	321	8	43	50
1993	808	616	162	30	722	3	31	52
1994	691	611	47	33	631	2	18	40
1995	687	552	80	55	625	2	21	39
1996	730	607	81	42	618	3	46	63
1997	672	541	91	40	591	1	32	48
1998	521	423	70	28	451	1	17	52
1999	451	355	77	19	414	4	9	24
2000	411	359	31	21	363	—	17	31
2001	661	524	105	32	581	2	11	67
2002	483	401	51	31	460	1	6	16
2003	559	427	71	61	499	7	8	45
2004	710	625	58	27	615	35	11	49
2005	814	590	41	183	689	24	3	98
合计	10340	8354	1246	740	8841	114	469	916

1986—2005 年资阳市雁江区纪委监察局处理违纪人员情况一览表

表 14－3　　　　单位：人

项目／数目／年度	处理人员总数	党纪处分							政纪处分									
		小计	免处	警告	严重警告	撤职	留党察看	开除	小计	免处	罢免	警告	记过	记大过	降级	撤职	开除留用	开除公职
1986	19	19	—	2	6	2	3	6	—	—	—	—	—	—	—	—	—	—
1987	21	21	—	1	6	—	5	9	—	—	—	—	—	—	—	—	—	—
1988	41	41	1	5	7	4	9	15	—	—	—	—	—	—	—	—	—	—
1989	154	146	—	5	63	6	40	32	8	1	3	2	1	—	—	—	1	—
1990	133	121	1	19	47	4	21	29	12	1	—	—	1	5	—	4	1	—
1991	424	391	4	46	206	12	47	76	33	1	2	1	3	8	1	7	9	1
1992	128	105	1	17	35	3	20	29	23	—	2	—	1	4	2	10	—	4
1993	79	53	2	6	12	3	8	22	26	3	—	2	5	2	—	5	1	8
1994	87	60	3	8	14	3	13	19	27	1	2	3	4	4	1	7	—	5

续表

项目/数目/年度	处理人员总数	党纪处分							政纪处分									
		小计	免处	警告	严重警告	撤职	留党察看	开除	小计	免处	罢免	警告	记过	记大过	降级	撤职	开除留用	开除公职
1995	61	54	2	7	12	—	7	26	7	—	1	2	1	1	—	2	—	—
1996	59	50	3	9	14	2	13	9	9	1	—	2	1	2	1	2	—	—
1997	58	43	—	8	11	1	4	19	15	—	—	7	2	—	—	3	—	3
1998	58	51	2	10	19	1	4	15	7	—	—	2	1	1	—	3	—	—
1999	49	43	3	7	15	2	2	14	6	1	1	1	1	1	—	1	—	—
2000	55	46	4	7	14	1	1	19	9	—	—	—	4	3	—	—	—	2
2001	53	43	3	6	12	3	4	15	10	—	—	1	3	1	2	1	—	2
2002	71	59	2	18	21	3	4	11	12	—	—	4	1	1	—	4	—	2
2003	82	57	1	23	16	4	1	12	25	1	—	2	5	5	3	3	—	6
2004	68	61	5	23	18	4	3	8	7	—	—	1	1	1	—	3	1	—
2005	109	98	2	50	36	—	—	10	11	—	—	4	1	4	—	1	—	1
合计	1809	1562	39	277	584	58	209	395	247	10	11	34	36	43	10	56	13	34

注：受党纪政纪交叉处理的 107 人

第五章　组织工作

第一节　党建工作

一、组织建设

1986 年，全县有中共党员 30229 名，基层党组织 1451 个，其中党支部 1327 个、党总支 21 个、党委 103 个；设党组 12 个、区委（县委派出机构）9 个。1992 年撤区并乡建镇后，撤销区委；全县设基层党组织 1171 个，其中党支部 1067 个、党总支 19 个、党委 85 个、党组 13 个，党员总数 32750 名。1993—2000 年，党员数呈逐年增长态势。之后有小幅波动，但总体平稳。2005 年，全区有党员 35464 名，基层党组织 1159 个，其中党支部 1084 个、党总支 44 个、党委 31 个。1986—2005 年，全区新发展党员 13185 名。

组织部把基层党组织建设作为工作重点来抓。1988 年，将竞争机制引入农村基层组织建设，通过民主选举，吸收德才兼备的人进入农村党支部领导班子。1989 年起，党建工作实行目标管理。当年组织部派工作组整顿、转化后进党支部，全县71个后进支部中61个有明显转变。1991年，对全县400个村级领导班子进行考察，按“五职”干部“一对一”的比例确定培养后备干部。1993年，通过明确责任、下派干部挂职等方式，加强28个后进村党支部的转化工作。1995—1997年，在基层党组织开展以“学习、团结、勤政、廉洁”为主要内容的创“四好”班子和整顿农村软弱涣散党支部活动，3年共整顿后进村83个，调整村支部书记34人、村主任41人、副主任37人、其他村干部136人。经验收，由后进村变先进村74个，有明显转变的9个，全市后进村比例为2.1%。党支部战斗堡垒作用发挥好的村178个，占44.5%。同期，考核40户国有企业党组织领导班子，调整班子7个，调整班子成员17名，推荐后备干部92人。1998年，在机关开展创“四好”班子和争当“五好”公仆活动，在企业按“四有”“五个一”的思路开展党建工作。同时，加强农村基层党组织建设，从机关下派干部任村支书3名、副支书9名、副主任4名。1999—2005年，重新确定28个相对落后的村为新一轮整顿对象，采取一村一策、一村多策和区级领导联系村，各部门帮扶，村、镇乡干部进驻村的办法开展后进村转化工作。其间，在基层党组织中开展“双学”“三讲”“保持共产党员先进性教育”和创“四好”争“五好”“五带头”等活动，共建立学校业余党校15个、破产企业职工党员支部2个、非公有制经济党组织8个、下岗职工党支部5个、社区党支部39个。

二、思想建设

（一）党员教育

常规教育　1986年以来，组织部要求各级党组织坚持“三会一课”制度（即每月一次支委会、每季一次党员大会、半年一次民主生活会和每季上一次党课），同时利用各级党校等阵地对全县党员干部进行党建、法制、经济管理和现代科技知识培训。1987年，根据农村党员常规教育的实际情况，在县内试办乡镇党校9所。次年，63个乡镇均办起党校，共举办党员培训班232期，培训党员和乡村社干部、专业示范户、入党积极分子21625人次。多数农村党员和村社干部不但提高了党建理论水平，还掌握了1~2门实用技术，成为“土专家”“土博士”。1991年，各地建起村级党员活动室，作为党员教育和党员争创“五好”活动场所。1992年，县委组织部建立党员电化教育组（1994年改为党员电化教育中心），并在各系统和镇乡建立电化教育网络。至1994年，共建电教网络站点482个，播放政论、经济建设、科教类映片197部次、324场，31234人次接受教育，其中党员10524人次、入党积极分子20800人次。各站点组织映后辅导275次，56314人次参加。至2005年，电教中心共播放各类教育片1456场，受教育的党员、村社干部、入党积极分子等24.5万人次。

专题教育　1989年，分两期举办全县副科级干部和在职党员干部培训班，集中学习党的十三届四中全会公报和中央有关文件，观看《廉政沉思录》《北京平暴英模报告》等录像片。1990年，在全体干部和党员中开展以“马列主义、毛泽东思想基本理论、党的基本路线、党的基本知识”为主要内容的“三基”教育。1995年，市委开展为期3年的学习中国特色社会主义理论、学习党章的“双学”活动。至1998年，先后印辅导教材、发行《中国特色社会主义理论学习读本》《党员“双学”问答》数万册，开展理论知识考试和答题竞赛12次。1997—1999年，在全市党员和领导干部中开展以“讲政治、讲学习、讲正气”为主题的“三讲”教育活动。2001—2003年，开展“三个代表”（始终代表中国先进生产力发展要求、代表先进文化的前进方向、代表最广大人民群众的根本利益）重要思想学教活动。活动中，共召开全区性专题会8次，办培训班2期，培训骨干237名，编发学习辅导资料8.7万份，召开各界人士征求意见座谈会6次；全区党员写出心得体会11.7万篇，查找出存在的问题315条，列出重点解决的79条；发动党员、干部深入基层为群众办好事实事1875件，为农民提供致富信息2124条、资金273万元，解决群众生产、生活困难问题916件。2005年，分批开展“保持共产党员先进性教育”活动。区级机关和部分企事业单位的13个党委、28个党组、16个党总支、254个党支部的5886名党员参加首批教育活动，621个单位、23个党委、30个党总支、434个党支部的10396名党员参加第二批教育活动，482个村党支部的21687名农村党员参加第三批教育活动。每批分学习、对照检查、分析评议、整改提高4个阶段，每个党员要通读上级规定必学的17篇文章（文件）并写心得体会。各党支部将查找出的问题和剖析材料上墙公示，接受群众监督。在整改提高阶段，解决了一大批群众最急、最盼、最怨的问题。

（二）民主评议党员

1988年，县委在莲台乡开展民主评议党员试点工作。次年，分两批在农村和乡镇以上机关、学校、企事业单位及城镇街道开展民主评议党员和处理不合格党员工作。参加评议的党支部1317个，占总数的100%；参加评议的党员29739名，占总数的95.71%。按评议标准和程序并经上级党组织批准，评出优秀党员3832人，占参评人数的12.9%；评出不合格党员321名，占1.08%。不合格党员中被开除党籍28人、留党察看46人、撤销党内职务5人、严重警告53人、警告7人、劝退除名4人、自行脱党除名4人、自愿退党除名1人、取消预备党员资格5人、限期改正32人，其他处分2人。1999年起，评议的重点转向党员领导干部。当年，参加评议的党支部1196个，占总数的100%；参加评议的党员35843名，占总数的98.57%；评出优秀党员2971名，占参评人数的8.3%；评出不合格党员25人，占参评人数的0.07%；开除党籍11人、取消预备党员资格3人、限期改正1人、其他处分10人。2005年，参加评议的党支部和党员分别为1084个、35464名，均占总数的100%；评出优秀和不合格党员969名、45名，分别占参评人数的2.7%、0.13%；开除党籍8人、劝退除名2人、其他处分35人。1989—2005年，全区共有129人被开除党籍。

（三）争先创优

1986年，在农村采取乡与乡、村与村、组与组、个人与个人的联手赛和跨村组的同行竞赛等方式开展“万名党员带领群众勤劳致富竞赛活动”，共有1100名党员参加竞赛。次年，参加致富赛的农村党员达11275名。同期，在机关党员中开展“先锋赛”活动。1989年，在农村开展党员“三带”活动。当年县委表彰“三带”先进党支部44个、先进党员356名。1991—2005年，争创工作先后增加“我为党旗增光彩”“五好公仆”、帮扶小康村等内容。

三、党费收缴和管理

党费收缴以党支部为单位，缴纳标准按照收入的一定比例按月计缴。常年自觉按时按标准缴纳党费的党员占95%，因公因私外出之后补缴党费的约占5%。党费由区委组织部管理，主要用于党员教育、组织活动和购买学习资料等；每年按收缴额的15%上解上级党委组织部。

资阳市雁江区1986—2005年党员基本情况统计表

表14-4 单位：人

项目/年度	党员总数				文化程度				年龄					
	合计	男	女	少数民族	大学	高中中专	初中以下	文盲	25岁以下	26~35岁	36~45岁	46~55岁	56~60岁	60岁以上
1986	30229	25749	4480	4	474	2945	24602	2208	—	—	—	—	—	—

续表

项目 年度	党员总数				文化程度				年　龄					
	合计	男	女	少数民族	大学	高中中专	初中以下	文盲	25岁以下	26～35岁	36～45岁	46～55岁	56～60岁	60岁以上
1987	30700	26104	4596	6	585	3236	24705	2174	—	—	—	—	—	—
1988	30840	26209	4631	5	715	3474	24539	2112	765	4379	9918	8996	4003	2779
1989	31050	26444	4606	5	764	3708	24448	2130	689	3990	9865	8901	4286	3319
1990	31332	26714	4618	5	891	3804	24589	2048	549	3649	9584	9120	4524	3906
1991	31964	27244	4720	4	1038	4260	24749	1917	543	3697	9441	9367	4439	4477
1992	32750	27977	4773	4	1234	4782	24798	1936	711	3671	8863	9696	4669	5140
1993	33411	28169	5242	7	1373	5195	24955	1888	828	3866	8670	9900	4671	5476
1994	33848	28736	5112	9	1552	5471	25004	1821	787	3933	8356	9938	4561	6273
1995	34579	29309	5270	10	1769	5925	25145	1740	852	4308	8108	9925	4874	6512
1996	35215	29727	5488	10	1967	6446	25134	1668	916	4583	7965	9956	5022	6773
1997	35840	—	—	—	—	—	—	—	—	—	—	—	—	—
1998	36043	30218	5825	10	2473	6930	25320	1320	1237	5063	7442	9928	5050	7323
1999	36362	30386	5976	10	2786	7272	25146	1158	1409	5303	7452	9928	5019	7251
2000	36744	30604	6140	8	3000	7728	24978	1038	1475	5462	7591	9817	5134	7265
2001	36231	30180	6051	10	3536	7491	24054	1150	1424	5119	7385	9433	5053	7817
2002	35979	29794	6185	10	3778	7357	23878	966	1267	4690	6903	8461	5315	9343
2003	36044	29668	6376	11	4292	7292	24460	—	—	5965	7049	8503	4903	9624
2004	36102	29890	6212	9	4551	7386	24165	—	—	6035	6858	8218	4878	10113
2005	35464	29278	6186	5	4717	7225	23522	—	—	5435	6219	7340	5003	11449

第二节　干部管理

一、选拔、任用

选拔、任用干部坚持“单位推荐、组织考察、党委任用”的原则，其标准在不同时期有所不同。20世纪80年代中期将“思想解放、开拓进取精神强”作为考察干部的主要条件之一。1986年，参照上述条件提拔区科级干部58名。1989—1992年，重点考察干部在1989年北京春夏之交政治风波中的政治立场和表现，其间选拔任用134名领导干部。1993年，干部配备强调“四化”，尤其注重年轻化、知识化。当年调整镇乡领导干部36人，新提拔8名年轻干部任市级机关党政“一把手”。1998年，提拔35岁以下副科级以上领导干部11人（其中女干部4人），领导干部队伍呈现“学历高、年纪轻、活力强”三大特点。2000年起，选拔任用干部实行干部考察预告制度，以扩大考察范围和层面，扩大群众的知情权、参与权。2001年，全区2634人参加领导干部推荐工作，共推荐出拟进领导班子成员630人，与领导班子应配数之比为1：2.51。其中推荐进镇乡班子268人、区机关260人、区领导班子34人，推荐在原班子留任248人、新进班子361人。2003年，区委推行干部任免投票表决制、任前公示制、交流回避制，以扩大党员和群众在干部选任中的选择权和监督权。当年，新提拔科级领导干部21人，其中正科级7人、副科级14人；交流干部74人，其中“一把手”51人。干部选拔任用出现“少提拔、多交流”和年轻化的特点。全区干部中正科职平均年龄由45.39岁下降为43.07岁，副科职由44.4岁下降为43.8岁。同时，加大对非党干部、妇女干部的选拔任用力度。9个重要部门的领导班子均配备非党人士，38个区直单位配备43名女领导干部，其中正职9人。全区妇女领导干部占领导干部总数的17.92%，增加5.42%。2005年，进一步把好干部选拔任用中的“推荐关、考察关、任用关”，杜绝干部任用上的不正之风。1986—2005年，全区提拔区科级领导干部1153人、降职38人、免职148人、调整313人。

二、考核、交流、培养

（一）考核

领导班子和领导干部考核工作由组织部组织实施。考核结果作为党委调整领导班子、任用干部的依据和参考。1986年，根据县委组织部对乡镇党政班子和乡镇领导干部的考核结果，县委两次对80个乡镇领导班子进行调整，变动105名乡领导的工作。1987年，全县组织2379名区乡和村社干部民主评议61个乡镇的党政领导班子和325名领导干部，作出阶段性评价。1989—1990年，组织部会同人事局考察全县10个区（镇）、56个部委局级的204名领导干部，经过民主评议，评出优秀41人、称职和基本称职163人。1991年，调整7个区、11个部委局班子，变动46名区、科级干部职务，其中提拔22人、降免职6人。1993年，市委抽调40人组成10个考察组，对撤区并乡建镇以来的22个镇乡党政班子和领导干部进行年度考核。1995年，考核8个市属企业和部分高完中、医院等事业单位的领导班子，根据考核情况调整领导干部53人。1999—2005年，市（区）委根据考核结果，不断优化镇乡和局级领导班子结构。其中1999年降免科局级领导干部54名；2002年调整不胜任工作的领导干部1人，就地免职60人；2005年免除科局级干部职务25人。1986—2005年，共免除不胜任工作的领导干部职务148人。

（二）交流

1986年，干部交流主要是县级机关选拔少数优秀年轻干部到区、乡任职。以后，不断扩大交流面和交流量，纵向有区、乡与机关的交流，横向有部门之间、区乡之间的交流。1995年，市级机关干部开始下派企业，乡镇干部下派村。1998年，推行轮岗制，即同部门、同单位的干部在不同岗位之间交流。2002年，实行干部回避制，包括原籍回避、夫妻子女同部门（单位）回避等。2003年起，推行异地派遣交流。至2005年，全区共交流干部497人。其中由机关向乡镇交流43人、向企业交流21人，乡镇到机关挂职锻炼50人，机关部门之间交流86人，部门内部轮岗44人，乡镇之间交流142人，乡镇下派到村32人。全区向上级和发达地区派遣挂职79人。

（三）后备干部培养

区委认真贯彻《党政领导班子后备干部工作暂行规定》，重视后备干部队伍建设工作。1986年，配合干部考察，调整科级后备干部名单，确定后备干部106名。1990年，通过民主推荐、组织考察，选配县级后备干部12人（其中女干部2人、非党干部2人），选拔科级后备干部30人。1992年，确定部门科级后备干部157人，乡镇科级后备干部258人。1993年，配备县级后备干部21名、镇乡科级后备干部110名、部门科级后备干部117名。1994年，全市选拔35岁以下科技类后备干部25名。1995年，实施后备干部选拔培养"2345"工程，即培养科级后备干部200名、企业家后备干部30名、科技类后备干部40名、市直局科级"一把手"后备干部50名。1998年，注重非党后备干部选拔，建立培养选拔年轻后备干部联席会议制度。1999—2005年，建立健全后备干部档案，对后备干部实行动态管理；同时加大对女干部培养选拔的力度，用"定期分析、量化考核、动态管理"的干部考核评价体系，加强后备女干部的培养和管理。至2005年，全区共有副科级以上女干部115人，其中县处级4人，机关正科级16人、副科级47人，22个镇乡中担任正职的6人、副职的41人。

三、知识分子工作

1986年，县委成立落实知识分子政策领导小组及其办公室，重点复查复议知识分子集中的文教、卫生系统在"文化大革命"中的历史老案，纠正"三错"（冤、假、错）案86件。1988年，县建立人才交流咨询服务站，负责全县人才的调整、招聘、引进。1989年，成立资阳县知识分子工作领导小组，建立知识分子管理人才信息库，首批收集县内191名具有高级职称的知识分子和32名国家、省、市评定的优秀企业家、劳动模范的基本信息。1991年，县委制定《关于有突出贡献的中青年科技拔尖人才管理办法》，选拔科技拔尖人才和学科带头人。至1998年，评选出科技拔尖人才33名、学科带头人31名，其中获准为内江市中、青年专家4名、内江市科技拔尖人才4名、内江市学科带头人4名、资阳市学术技术带头人2名。

1991年，县委、县政府向有突出贡献的科技拔尖人才颁发证书，每人发一次性奖金300元，每月增发津贴10~20元。1995年，科技拔尖人才每月津贴增加至35元。1996年，拔尖人才津贴提高为每人每月50元，学科带头人为每人每月25元。1997年，给拔尖人才每人发一次性奖金800元和年津贴600元、给学科带头人每人发一次性奖金400元和年津贴300元并颁发证书；同时规定拔尖人才因公、因病用车，差旅费报销等按所在单位最高行政领导对待。2004年，知识分子工作领导小组更名为资阳市雁江区人才工作领导小组，知识分子工作进一步规范。

四、老干部工作

1986年后，县（市、区）委按相关政策落实老干部的政治待遇，建立老干部联系、学习、情况通报、慰问和组织生活制度，邀请老干部参加重要会议，按从优原则落实老干部生活待遇。1989—1995年，先后3次按职别落实离休干部的生活补贴；1989—2001年，5次提高离休干部的护理费标准；1991年、1995年、2001年先后按级别提高离休干部的交通费；1993—2003年，5次按规定统一调整行政事业单位离退休干部的生活费，落实企业离退休老干部的基本养老金，并保证老干部的生活费、生活补贴、护理费、交通费等按月足额发放。2001年，企业离休干部疗养费、特护费、慰问费、生活补贴、电话补贴等由区财政统一解决。2002年，供销社、原轻纺局、乡企局离休干部的离休费纳入区财政统发。2003年，离休干部的离休费实现社会化发放，医药费实行实报实销；退休县级干部的医药费按在职干部标准报销。1998年起，每年组织离休干部和县级退休干部体检1次、每两年健康疗养1次。此外，以老干部活动馆为阵地，常年开展门球、象棋、长牌、麻将、扑克等文体活动。

资阳市雁江区 1986—2005 年老干部基本情况表

表 14－5　　　　单位：人

项目/年度	合计	离休干部													退休县级干部										
		人数	参加革命时间			级别			行业分布			性别		去世	人数	分类				行业分布			性别		去世
			红军时期	抗日时期	解放战争时期	地厅	县处	科	行政	事业	企业	男	女			担任实职	保留级别	提高待遇	保留军队级别	行政	事业	企业	男	女	
1986	182	182	1	26	155	—	37	145	37	38	107	179	3	1	—	—	—	—	—	—	—	—	—	—	—
1987	181	181	1	26	154	—	37	144	37	37	107	178	3	2	—	—	—	—	—	—	—	—	—	—	—
1988	179	179	1	26	152	—	54	125	39	37	103	177	3	3	—	—	—	—	—	—	—	—	—	—	—
1989	177	176	1	26	149	—	57	119	37	42	97	174	2	1	1	1	—	—	—	1	—	—	1	—	—
1990	186	175	1	25	149	—	57	102	37	41	94	173	2	4	11	3	4	3	1	4	7	—	8	3	—
1991	185	171	1	23	147	—	64	97	37	41	93	169	2	7	14	5	6	3	1	7	7	—	11	3	—
1992	181	164	1	21	142	—	65	99	39	41	84	162	2	2	17	9	4	3	1	9	6	2	14	3	—
1993	188	162	1	20	141	—	65	97	41	32	89	159	3	2	26	11	8	6	1	15	9	2	23	3	—
1994	190	160	1	20	139	2	68	90	42	39	79	157	3	5	30	14	8	6	2	19	7	4	27	3	1
1995	184	148	1	18	129	10	49	89	39	42	67	145	3	7	36	13	10	8	2	21	7	5	33	3	—
1996	182	141	—	18	123	9	56	76	34	41	66	137	4	9	41	10	17	9	5	23	13	5	38	3	—
1997	178	135	—	18	117	8	55	72	33	37	65	131	4	6	43	10	21	10	2	23	13	7	40	3	2
1998	176	129	—	17	112	8	54	67	33	36	60	125	4	4	47	10	21	11	2	24	17	6	44	3	1
1999	174	125	—	16	109	7	52	66	31	36	58	121	4	3	49	18	15	11	5	24	18	7	46	3	2
2000	171	117	—	16	101	7	48	62	31	31	55	113	4	3	54	20	17	12	5	29	18	7	50	4	2
2001	172	114	—	14	100	6	47	61	31	31	52	110	4	3	58	18	19	14	7	29	22	7	55	3	2
2002	178	111	—	13	98	5	41	66	29	30	52	107	4	4	67	16	20	22	11	45	15	7	63	4	—
2003	178	107	—	12	95	6	38	64	29	27	51	103	4	7	71	18	20	22	11	47	17	7	65	6	1
2004	181	100	—	10	90	5	95	—	29	25	46	96	4	10	81	18	20	32	11	57	17	7	75	6	2
2005	172	90	—	11	79	5	85	—	35	12	43	86	4	2	82	18	20	33	11	58	17	7	76	6	1

第三节　干部培训与党校教育

区委党校是全区干部培训、学历教育和理论研究基地，最早前身为中共资阳县委党校，成立于1978 年 5 月，后随行政区域名变化先后更名为中共资阳市委党校、中共资阳市雁江区委党校。党校第一校长由县（市、区）委副书记兼任，1986—2005 年，张鹤甫、杨德义、游虹先后兼任第一校长，易图敏、张彤昆、兰文正任校长。

一、干部培训

党校承担全区副科级干部、村（居）党支部书记、副科级以下公务员以及后备干部的培训工作。干部培训分领导干部轮训、后备干部培训、岗位培训等几种基本类型。1987 年，根据“县级党校要从学历培训为主转到以短期培训为主”的精神，举办乡（镇）长培训班 2 期，每期 30 天，主要学习党的十三大文件和农村干部业务知识，114 名干部参训；举办“反对资产阶级自由化”专题短训班，800 余人参加学习。1988—1989 年，分别举办区委秘书、组织干事，经济、民政、财政干部，乡镇党委书记，财经副乡长、党委副书记，团干、妇干和村支书培训班，重点学习党的十三届四中、五中全会精神、中国特色社会主义理论和邓小平视察南方的重要讲话等。1990—1992 年，举办“三基”培训班 6 期；机关单位分管政工的领导，区（乡）党委副书记和财经、文卫副区（乡）长，武装部长，团委书记，妇联主任等参加培训。1993—1996 年，党校以中国特色社会主义理论为重点，以十四届三中全会精神、党的基本路线、党的建设、政治经济体制改革、民主与法制建设、领导科学、经营管理为主要内容，先后举办镇乡党委副书记、党办主任培训班 1 期，市直机关中青年干部和分管农业副乡（镇）长、农业办主任培训班各 1 期，文卫干部培训班 2 期，市直机关财经、纪检、工会、执法、保密、团干、妇干培训班 8 期，宣传、统战委员培训班 1 期，副科级领导轮训班 1 期。1997—2001 年，以邓小平理论和市场经济理论，党的十四、十五大精神，新党章和行政法等为重点，先后举办正科级干部培训班 3 期，副科级干部培训班 9 期，党务、中青年干部培训班 2 期。2002—2005 年，以“三讲”、“三个代表”重要思想、科学发展观、保持共产党员先进性教育、党的十六大精神、WTO（世界贸易组织）知识等为主要内容，举办副科级干部、纪检干部、组工干部、非党后备干部、妇女干部等各类培训班 30 期，并请省、市专家、学者和有关领导为理论培训班学员授课。1986—2005 年，区委党校共举办各类培训班 142 期，培训各类干部 12946 人次。

二、党校学历教育

党校学历教育主要培训在职干部，同时面向社会招收学员。1985 年，县委党校首办干部中专班 1 个，招收学员 43 名，全脱产学期两年。次年，办省委党校函授中专班和省电大大专班各 1 个，招收干部学员 76 人。当年在校学员 119 名，开设有经济管理和政治专业。此后，党校每年与省委党校函授学院、省电大合作，开办大中专学历培训班。1987 年，有 44 名中专学员和 34 名电大大专学员毕业。1988 年，党校首次面向社会招收大专学员 10 余人就读电大法律专业。20 世纪 90 年代，党校除继续开设政治、经济管理和法律专业外，陆续增设文秘与写作、财会、工业企业管理、市场营销等大中专专业。1993 年起，党校自办“双下”（年龄 45 岁以下、文化初中以下）干部中专学历培训班，首批有 136 名干部参学。同年，开办本科学历培训班，并办职高班，招收学员 43 人。1994 年开设夜高班和基础班。1995 年直接从高中招收学员 110 人入学。1997 年招收中央党校函授本科学员 102 人、省行政干部学院学员 51 人。至 1999 年自办“双下”干部学历培训班 7 期，参学干部 1098 人全部获得中专文凭。2002 年与西南科技大学合作，招收本科函授学员 156 名、专科学员 130 名。当年新录取学员 644 人，在校学员达 1490 人，毕业 213 人、结业 355 人。2003 年，招收各类学员 194 人，在校学员共 955 人。1986—2005 年，共招收各类学历教育学员 7446 名，其中本科 916 名、专科 4226 名、中专 1758 名、其他 546 名，毕业率均在 98% 以上。

三、党校教学科研

党校教学初期以传统教学方式为主。2000 年以后，推行“走出去、请进来”的开放式教学，聘请省、市专家、学者和有关领导来校授课，使干部培训更具前沿性、前瞻性。在教学内容上，根据时代发展和党的中心工作不断更新教学内容，科学设置课程。1991 年以前以“一个中心，两个基本点”为主要教学内容。1992 年起更新观念，使教学内容和形式逐步适应市场经济发展的需要。1999 年增设现代科技、知识经济、国企改革、现代管理等教学内容。2001 年增开“三基”原理、法律政策、西部大开发、计算机知识、WTO 知识、英语对话等课程。之后，理论学习增加“三讲”、“三个代表”重要思想、保持共产党员先进性、科学发展观等内容。

党校在开展教学的同时，有计划地组织教师到基层和相关部门调研。1990 年，派出 4 批 21 人（次）到农村、工厂调查研究，撰写文章 21 篇，被省、市、县刊用 17 篇，其中《要注意从生产第一线优秀工人中发展党员》一文受到好评。1991 年建立理论研究室，以加强课题研究工作。1993 年制定科研工作奖惩责任制，全年教师撰写科研论文 32 篇，被省、市报刊采用 25 篇，其中《浅析哲学理论与社会现实的反差》被《求是》杂志刊用，《试析哲学对无限的研究》被省委党校《理论与改革》杂志采用。1997 年，组织 6 批 24 人（次）到工厂、农村等生产第一线调研，撰写论文 17 篇，其中《社会主义公有制的实现形式》在省委党校理论研究会上交流，获优秀论文奖。1999 年，6 名教师撰写批驳“法轮功”邪教组织的文章在《资阳时报》发表。2001 年，全校有 11 篇论文在省、市、区报刊发表，其中《“三个代表”重要思想与党的先进性》入选《四川省纪念中国共产党成立 80 周年论文集》。2003 年，全校教师撰写理论文章 16 篇，被省级刊物采用 3 篇、市级刊物采用 9 篇、区级刊物采用 6 篇。此外，1989 年县党建学会成立并挂靠党校后，党校发挥学会优势，组织会员编发《党建研究》，宣传党的政策，探索基层党建工作经验，至 2000 年共编发《党建研究》115 期。

第六章　宣传工作

第一节　对内对外宣传

一、对内宣传

宣传部主要通过本地报刊、广播电视台和党政网开展对内宣传，还通过报告会、演讲、知识竞赛、图片展览和板报、专栏、标语、宣传画等形式引导舆论。20 世纪 80 年代至 90 年代初，先后创办《资阳宣传》《资阳报》（周报）和《资阳人》（月刊），宣传党和政府的方针政策，报道本地政治、经济、文化、民生等情况。1996 年，为应对社会不稳定因素，市委制发《关于加强新闻工作管理的决定》，要求新闻报道必须坚持“团结、稳定、鼓励”和“正面宣传为主”的方针，建立新闻通气会制度和稿件审读制度，严把采制编播关。1998 年，市委制发加强和改进新闻舆论监督管理的文件，要求报道社会“热点”问题要客观、公正，并进行启迪性、鼓舞性的疏导。2001 年 3 月，区委创办《雁江报》，及时宣传区委和区政府的重大决策、措施及工作部署，反馈区情民意。2003 年，建立重大新闻稿件编播领导审签制度。2004—2005 年，宣传部共召开宣传协调会、通气会 20 多次。其间成立全区新闻审读（看）和分析评议领导小组，每月召开联席会，评议新闻作品的导向正误、质量优劣、播出效果好坏，以促进宣传工作健康发展。

二、对外宣传

1986年以来，宣传部积极邀请中央、省、市新闻媒体来区采访，以扩大雁江在外知名度、增强影响力，促进本地区经济社会发展。1986年12月11日，中央人民广播电台在午间《各地电台编排节目》中，播出四川台采访资阳县委书记黄道华和资阳县柏柳村支部书记汪富钧的讲话录音30分钟。1987年12月，《四川日报》刊载《资阳县委探索农村党的建设新课题》一文，介绍资阳县委组织农村党员开展“万名党员带领群众勤劳致富竞赛活动”的经验。1988年3月，四川省委在资阳县召开党员教育工作经验交流会，中宣部、新华社、《人民日报》社、中央人民广播电台、《四川日报》社、四川电视台等10多家新闻媒体到会采访报道，并深入文昌、元山、柏柳等村采访致富先进典型17户。之后，《人民日报》先后发表《资阳县发展商品经济，四川省委书记杨汝岱给予赞扬》《发挥党员先锋模范作用，促进商品经济发展，资阳万名农村党员带领群众致富》等文章。1991年，新华社《内参选编》第20期登载《四川省完善干部招聘制的主要措施》一文，全面介绍资阳县实行干部招聘制的做法，并向全国推荐。同年7月4日，《农民日报》头版头条刊登《农村基层党组织建设的成功途径之一：四川省资阳县开展党员“三带”竞赛活动的调查》，同时载专评文章《可贵的启示》。1993年，《四川日报》《西南经济报》《今日四川》专版宣传资阳市丘陵大县经济和“一条线”经济建设情况。1994年，宣传部以“中国·四川国际民间艺术节”在资阳设分会场的契机，通过国际、国内媒体宣传资阳。1995年5月，中央台办、福建省台办、福建电视台《海峡两岸话抗日》联合摄制组来资阳采访抗日名将饶国华将军事迹。1996年6月，新华社、《人民日报》《工人日报》《经济日报》社记者采访报道资阳火车站热情服务的先进事迹。8月10日，中央电视台《新闻30分》栏目报道资阳学生卓文秀奋不顾身抢救落水儿童的事迹。2001年9月，四川广播电台专题报道雁江区支援黑水县教育事业发展的情况。2002年，四川电视台记者到回龙乡川主村采访打工3年后携子回乡读书的村民成会珍。2005年7月，新华社记者受邀采访四海公司、七环公司报道了雁江区规模民营企业发展状况。1986—2005年，宣传部组织本地专职和业余通讯员向国家、省和市级媒体投稿宣传本地经济社会发展状况，稿件刊载、播出量各年不同，其中1990年市以上媒体采用200余篇，为历年最高。

第二节　理论工作

区委宣传部统一安排全区理论学习工作，区委中心学习组、镇乡和部门党组织负责具体实施。参加学习的人员为党政机关、企事业单位党员干部和农村基层干部。20年间，理论学习的主要内容为党的十二至十六大文件、各届次全委会文件和毛泽东思想、邓小平理论、“三个代表”重要思想、科学发展观以及与经济、社会发展紧密相关的重要读本等。各时期有不同的中心内容。1986—1988年，围绕党的十二大、十三大文件精神，学习邓小平建设有中国特色的社会主义理论、社会主义初级阶段理论。1989年，学习党的十三届四中全会精神，举办干部理论学习班，培训理论骨干800余人，印发会议精神专题讲座资料3万册。1991—1996年间，除组织常规学习外，先后邀请省委宣传部副部长贾本乾作“用特色理论武装全党，加速经济发展”的学术报告，邀请《改革时报》理论部主任、西南财大讲师举办股份制经济知识讲座。1997年、1998年，围绕十五大精神，先后举办理论培训班，培训各级党组织宣传委员、文化站长、教办主任、中学政治教师、各单位理论辅导员400余人。1999—2003年，以党的十五届三、四、五中全会和十六大精神为指引，开展为期3个月的“解放思想大讨论”活动，集中深入学习“三讲”“三个代表”重要思想。其间邀请省委副书记王三运作“江泽民‘七一’讲话宣讲报告”，邀请省政协副主席辛文作题为“经济事业发展”的报告。2004年、2005年，组织学习科学发展观和加强党的执政能力建设理论，同时开展宪法知识竞赛、科学发展观理论考试，派出22个宣讲团分别深入农村、机关、学校、企事业单位宣讲十六届四中全会精神，把理论学习普及到社会各个层面。1986年以来，宣传部组织理论工作者先后开展改革开放理论、毛泽东思想、邓小平理论、“三个代表”重要思想和科学发展观等理论研究，并结合本地实际编印读本下发至各部门、镇乡。

第三节　政治思想工作

一、理想信念和爱国主义教育

1986年以来，宣传部贯彻中央关于加强和改进思想政治工作的一系列文件，在机关、企事业单位、农村、中小学校坚持开展“四有”“五讲”和“学雷锋、树新风”等活动。1994年，贯彻《爱国主义实施纲要》，在全市开展“讲党史、忆传统，讲乡情、谈理想、论使命”教育活动。1997年、1999年，以庆祝香港、澳门回归为契机，通过报告会、座谈会、香港澳门知识竞赛、文艺晚会，以及组织声讨以美国为首的北约轰炸我驻南斯拉夫使馆的暴行等活动，激发“爱我中华，强我中华”的爱国主义热情。2001—2005年，在建党80周年、纪念抗日战争胜利60周年之际及其他重大节庆期间均组织形式多样的活动对干部群众进行爱国主义教育。

二、道德教育

1986—2005年，宣传部相继开展《文明市民读本》《文明礼貌言行规范手册》《中国公民手册》学习宣传活动，倡导和建立“平等、团结、互助”的社会主义新型公民关系，深化市民教育，规范市民言行，提倡文明礼貌、助人为乐、爱护公物、保护环境、遵纪守法的社会公德。开展职业道德教育，要求各行各业人员守职业纪律、讲职业道德、实行优质服务。1996年起，市委贯彻中央关于加强和改进学校德育工作、加强和改进企业和农村思想政治工作的有关文件，进一步在机关、企事业单位、学校、街道、农村的干部群众中开展职业道德教育。2002—2005年，贯彻《公民道德实施纲要》，提倡“爱岗敬业、诚实守信、办事公道、服务群众、奉献社会”，除继续在各部门、单位开展职业道德教育外，还在个体工商户中开展“诚信物价”“不卖假货、向顾客负责”等活动，营造公平竞争的市场环境。

三、形势教育

宣传部结合国际国内形势变化开展形势教育。1986—1988年，通过召开会议、举办骨干培训班、组织“资阳县10年改革十件大事评选活动和10年改革成就图片展”“10年改革文艺征文和新闻征文”等活动进行形势教育。1989—1991年，针对东欧剧变和1989年北京春夏之交政治风波事件，在全县开展国际国内政治、经济形势教育。1989年，开展农村形势教育工作，建立“农民学习日”制度。1990年，成立资阳县思想政治工作研讨学会，探索新形势下农村、学校、机关和企事业单位思想政治工作新路子，广泛开展反对资产阶级自由化教育。1991年，开展“社会主义教育”活动，编写宣传提纲15讲、《资阳县思想政治工作资料选编》1～3编、简报61期。当年，全县建村头黑板报331处，建农民读书组、科技组、报道文体组4645个，举办农民报告会、培训班2135场（期），58万人受训。1992—1994年，在陶建总厂、物资公司等企业开展有针对性的形势教育，增强企业职工主人翁意识。1995—1998年，宣传部派员到各学校巡回作形势报告，并以举办座谈会、文艺晚会、电影晚会、书画展、改革开放成果展等方式对中小学生进行形势教育。1999—2002年，开展以揭批“法轮功”邪教组织反动本质、崇尚科学为主题的教育活动。2003—2005年，开展以“三个代表”重要思想、“保持共产党员先进性”为主要内容的宣传教育活动。

第四节　文明创建活动

1986年，县委、县政府制发《关于加强文明单位（村）建设工作的意见》，在各行各业和市民中开展“五讲四美三热爱”、“三创一开展”（创优质服务、创优良秩序、创优美环境、开展文体科普活动）活动。当年，全县创建文明单位（村）417个、“双文明”户1.09万户，资阳县获内江市“三优一学”竞赛第一名。1990年，把文明创建与“三带”“三户”创建结合起来，把职工、市民的思想道德教育与“学雷锋、树新风”“见义勇为”“三优一学”活动结合起来，深化文明单位、文明村、“五好家庭”创建工作。至1993年，全市评选出县级文明单位243个、最佳文明单位（县级）30个，地级文明单位30个、最佳文明单位（地级）3个，省级文明单位3个；评出文明村26个、“八无”社1434个、“三户”26.58万户。当年，市精神文明办在城市开展争做文明市民、创建文明单位、建设文明城市系列活动，在农村开展评选“三户”和创建文明卫生场镇竞赛活动，同时开展军民、警民、工农、厂校文明共建活动。1997年，市委贯彻中共中央《关于深入开展农村社会主义文明建设活动的若干意见》，改创建“五好家庭”为创建“五好文明家庭”，将其作为加强社会主义精神文明建设、促进家风、民风和社会风气健康向上发展的一项基础工作和有效途径，并与评选“文明公民”“文明楼院”“文明小区”“文明村镇”“文明单位”和“婚育新风进万家”“爱在家庭、奉献社会”“家庭读书竞赛”“家庭文明之夜”“楼院、楼道文化”等活动结合起来，还在邮电、金融、交通、卫生、工商、税务、商贸、电力、保险等服务行业开展作风建设活动。当年，全市评选出文明单位560个，其中文明机关30个、文明示范窗口100个、文明示范行业2个。1999年，开展“青年文明号”“巾帼文明岗”等创建活动。2000年，全市创省级文明单位5个、省最佳文明单位1个，地级文明单位55个、最佳文明单位（地级）17个，县级文明单位249个、最佳文明单位（县级）262个。2001—2002年，开展“文明单位与非文明单位结对创建”活动，评选出文明市民1000余人、文明单位430个、文明行业7个，“三户”总数达15万余户。2003—2005年，文明创建工作向非公有制单位和基层扩展。截至2005年，全区共评选出文明市民1000余名、最佳文明市民6名；区级文明单位161个，区级最佳文明单位213个，区级军民共建文明单位27个；文明行业7个。同期，在农村以构建文明新村、建设生态家园为重点，评选区级文明场镇（村、社区）31个；评选“三户”15万余户，占总户数的91%。

第七章 统战工作

第一节 宣传、调研

1986—2005年，统战部结合实际坚持开展统战宣传工作，先后编写《统一战线基本知识问答》《统战理论学习资料》《社会主义时期的宗教问题》《新时期统战工作》等读本，印发到各级、各部门和企事业单位，供干部职工学习和研讨；与报纸、广播、电台等媒体联合举办统战专题、专栏节目和专题讲座；定期编发《统战简报》；利用标语、板报、墙报、宣传专栏和举办统战知识竞赛、演讲会、座谈会、联谊会等活动宣传统战工作。其间，区委每年安排统战理论工作者在干部培训班作专题讲座，宣传党的统战政策，讲解统战工作对经济建设和社会发展的作用。

1987年，资阳县成立统战理论研讨学会。至2005年，共举办统战理论研讨会8次，撰写统战论文22篇，对外交流12篇，被省、市统战部内刊采用9篇。其中有理论深度和实用价值的研讨文章有《统一战线与社会主义民主政治建设》《统一战线与“一国两制”》《社会主义初级阶段与统一战线》《资阳市民盟成员思想状况及工作对策》《党外干部实职安排工作问题及建议》《试谈我市个体和私营经济上规模、上档次、上水平的问题》《关于我市当前宗教活动的现状与对策》。此外，多渠道开展统战信息收集、采编工作，每年采编信息20余条，向省市上报10条以上。市年均采用10条左右、省采用1~5条。

第二节 民主党派和党外人士工作

一、民主党派工作

统战部高度重视并大力支持民主党派的组织建设。1989年1月，协助筹建中国民主同盟会（后简称民盟）资阳县委员会。至2005年，区民盟先后召开4届盟员大会，新发展63人入盟，盟员达93人，设支部6个。2004年，协助成立中国民主建国会（后简称民建）资阳市雁江区支部。至2005年，区民建支部共发展会员14名。民主党派在统战部的协调和支持下参与政治协商和民主监督。1989—2005年，民主党派领导成员受中共地方党委邀请，先后参加党委、人大、政府、政协组织的扩大会、协商会、座谈会、联谊会、联席会、对话会、茶话会、情况通报会200余次，对领导干部接受监督、企业改革、教育改革和普九义务教育、医疗制度改革、社会养老保险、社会治安综合治理、实施西部大开发、经济社会发展计划（规划）、科局级干部人事安排等事关地方政治、经济、社会、文化发展的重大事项进行了民主协商。为扩大民主党派知情权、参与权和建议权，统战部先后组织民盟、民建成员共1500余人次参与教育、卫生、文化、交通、城建、计划生育、农业、水利、畜牧、环保、企业改革和发展民营企业等方面情况的调查研究，及时为中共地方党委、人民政府提出建设性意见和建议，共撰写调研文章63篇。在各届人代会、政协会上，民主党派代表、委员提出提案、议案349件，批评、建议等360件，大多被采纳。

二、党外人士工作

统战部多渠道了解和掌握党外干部政治思想和工作学习动态，有针对性地开展非党人士工作，有计划地培养党外干部。1986—2005年，共选送103人次到省社会主义学院和省、市、区委党校进修学习，以提高党外干部的政治理论水平和科学文化素质。20年间，通过推荐、选举等程序，全区民主党派、非党人士共827人次当选各级人大代表，其中省人大代表5人次、市级人大代表84人次、县级人大代表827人次，8人次任县级人大常委会副主任，37人次任县级人大常委会常委。1013人次任各级政协委员，其中市政协委员105人次、县级政协委员1013人次；192人次任县级政协常委、25人次任县级政协副主席。198人次任县级政府机关、群众团体、企事业单位和乡镇副科级以上领导职务，其中副区（县、市）长8人次，政府部门、群团组织、乡镇正职领导6人次、副职157人次，企事业单位领导27人次。128名民主党派、非党人士受邀担任中共党风党纪特约监督员、政府行政监督员、特约审计员、物价监督员、警风警纪监督员、人事工作特约监督员、法院特约陪审员、检察院特约检察员。

第三节　经济统战

1986—1990年，统战部帮助台胞台属建立起市第十三建筑公司和木器厂，协助工商联海峡经营部等6个统战系统经济实体运作，共实现产值上千万元，上缴税金40万元，创纯利润100万余元。1991年，开展非公有制经济调查工作，帮助工商联清理经济实体家底，建立相关制度，落实开源节流措施，进一步落实原工商业者有关政策。1992—1994年，县民营企业家公会、市商会先后成立，为经济统战构建了平台。1994年，建立市委、市人大、市政府、市政协主要领导联系非公有制经济代表人士制度，定期召开民营企业家座谈会，帮助非公有制企业解决具体困难和问题。年内，协助市商会和凯琳实业有限公司成功举办“首届川南日用化工用品订货会”。至1999年，统战部协调工商联与工商银行、农业银行、农村信用社建立联系制度，协助工商联先后组织两批非公有制经济代表人士赴越南、香港考察；邀请省贸易促进会、外经部的专家到市作经济形势报告、传授对外经贸经验，组织20名非公经济企业家到省贸易促进会系统学习。当年底，全市共发展非公有制经济体3436户。2003年，区委统战部举办为期7天的非公有制经济代表人士培训班，特邀省工商联、省发展计划委、三峡质量认证中心的专家授课，以提升区内非公有制经济人士的经济管理能力。2005年，全区非公有制经济达1.33万户，产值98.44亿元、上缴税金7485.1万元。

第四节　对台工作

1986—1987年，县委在落实统战政策过程中，向原国民党起义投诚人员颁发证书746份，清退、赔偿“文化大革命”中台胞台属、侨胞侨属被查抄财物，解决解放初期历史老案73件，恢复因“右派”问题受株连的82户218人的城镇户口，恢复公职6人，撤销受团纪处分1人，补发工资1人，解决工资偏低人员待遇36名，平反冤案1户（华侨），给无收入的6名统战对象发放生活补助400元。1990年，为14名起义投诚人员每人每月增加8元生活费，给生活困难的黄埔同学会会员、起义投诚人员发放补助。至2005年，先后7次为起义投诚等人员增加生活费，发放额提升至每人每月486~539元。

1986年以来，统战部及台办认真贯彻“和平统一、一国两制”方针，加强对台宣传和台属管理工作，先后在电台、电视台开办《海峡两岸》专题节目24期，坚持定期或不定期召开台胞台属座谈会、联谊会、茶话会，适时举办对台知识讲座；业余对台宣传通讯员共撰写对台稿件数十件，其中6件被《人民日报》（海外版）、《四川对台工作》等采用。自两岸开放交流后，全区共收到台胞来信17350封，寄往台湾书信21050封；台办共接待返乡祭祖、探亲、访问、考察的台胞2160人次，台胞亲属赴台探亲162人次；台胞向亲属馈赠人民币4120万元、美金120万元，台属接受已故台湾亲属遗产130万元；两岸同胞通婚78人，台胞回乡定居6人；台办协助安置台属工作21人、安排台属子女上学62人，引进台资1.07亿元、兴办台资企业13个。至2005年，全区去台人员3652名，台胞在区亲属12980人。

第十五篇　政　权

第一章　人民代表大会

第一节　代表选举

人大代表的选举依照法律、法规组织实施。换届选举的基本步骤是建立选举机构、培训业务骨干、组织宣传发动和选民登记、提名推荐和酝酿协商代表候选人、投票选举、确认当选。

一、资阳县人大代表

八届县人大　八届县人大换届选举自1984年3月10日起至14日止，由县八届人民代表大会选举委员会主持。全县设116个选区，选民总数553746人，参加投票选民551975人，参选率99.7%。110个选区首选成功，选举产生县八届人民代表大会代表378名；6个选区首选不成功，后于10月11日至14日分别补选代表3名、另选代表3名。本届共选出代表384名。

九届县人大　九届县人大选举自1987年1月10日起至15日止。全县设119个选区，选民总数606281人，参选选民580102人，参选率96%，选举产生县人大代表300名。

十届县人大　全县设120个选区，选民总数662537人，参选选民646883人，参选率97.6%，选举产生县人大代表296名（缺额4名）。代表任期3年。

二、资阳市人大代表

一届市人大　1992年12月28日为一届市人大选举投票日。由13人组成的资阳市第一届人民代表大会选举委员会主持，全市设132个选区，选民总数725464人，参加投票选民666822人，参选率92%，选举产生市一届人大代表309名。本届人大代表任期由3年改为5年。

二届市人大　1997年12月28日为二届市人大选举投票日。全市146个选区选出市人大代表327名（缺额1名）。

三、资阳市雁江区人大代表

一届资阳市雁江区人大　2000年11月，撤销资阳市（县级），设立资阳市雁江区。为保持工作的连续性，市第二届人大常委会第二十二次会议决定资阳市第二届人民代表大会代表直接过渡为资阳市雁江区第一届人民代表大会代表，代表人数不变，其任期连续计算。

二届资阳市雁江区人大　2002 年 12 月 21 日为二届资阳市雁江区人大选举投票日。全区设 148 个选区，选民总数为 816094 人，790654 人参加投票，参选率 96.9%，选举产生区人大代表 327 名（缺额 1 名）。

历届人民代表大会代表结构情况表

表 15－1　　单位：人

届别	代表总数	性别		政治面貌			职业情况					年龄结构			文化结构			
		男	女	中共党员	民主党派	群众	工人	农民	军人	干部	其他	30岁以下	30－50岁	51岁以上	大专以上	中专高中	初中	小学文盲
县八届	384	300	84	204	—	180	12	198	2	47	125	50	258	76	48	116	114	154
县九届	300	240	60	152	2	146	7	169	2	42	80	34	198	68	33	107	106	54
县十届	296	228	68	184	6	106	21	69	4	112	90	35岁以下 54	36－55岁 221	56岁以上 21	46	210	40	—
市一届	309	229	80	185	—	—	—	—	—	188	—	35岁以下 38	36－55岁 256	56岁以上 15	41	60	191	17
市二届（区一届）	327	234	93	200	—	127	79	—	140	—	—	—	—	103	117	—	8	—
区二届	327	224	103	213	—	—	—	—	—	—	—	35岁以下 46	36－55岁 268	56岁以上 13	180	74	73	—

第二节　历届人大会议

1986—2005 年，雁江区共召开人民代表大会（后简称人代会）会议 22 次。历次会议依法履行县级人民代表大会的职权，共按例听取和审查人大常委会、人民政府、人民法院、人民检察院等工作报告 179 项，并做出相应的决议、决定。

一、资阳县人民代表大会

八届四次　1986 年 4 月 5—8 日在县委礼堂举行，出席会议代表 350 名，列席代表和特邀人员 269 名。会议听取并审议通过县长李太平作的题为《坚持改革、继续前进 、为全面完成今年各项任务而奋斗》的政府工作报告、副县长曹荣火作的县国民经济和社会发展第七个五年计划的报告、县财政局长吴卡作的全县 1985 年财政预算执行情况和 1986 年财政预算报告、县人大常委会主任卓昆贤作的县人大常委会工作报告、县法院院长伍必荣作的县人民法院工作报告、县检察院检察长凌宗元作的县人民检察院工作报告，并对各项报告做出决议。会议共收到代表议案 11 件，建议、批评和意见

139 件。

九届一次 1987 年 3 月 9—15 日在县委礼堂举行。出席会议代表 292 名，特邀、列席代表 335 名。会议听取并审议通过代县长蒋继文作的政府工作报告和县财政局、人大常委会、法院、检察院的工作报告，选举产生县第九届人民代表大会常务委员主任、副主任，选举蒋继文为县长，曹荣火、刘绍卿、蔡作义、卿见香为副县长，选举伍必荣为县人民法院院长、凌宗元为县人民检察院检察长。大会收到代表议案 32 件，建议、批评和意见 150 件。

九届二次 1988 年 2 月 29 日至 3 月 3 日在县委礼堂举行。出席会议代表 262 名，县政协全体委员和县直机关部门负责人列席会议。会议听取并审议通过县政府、财政局、人大常委会、法院、检察院的工作报告，还听取了县政府关于化肥供应、电力供应、社会治安状况和全县 1987 年国民经济计划执行情况及 1988 年计划草案的说明。会议收到代表议案 9 件，建议、批评和意见 75 件。

九届三次 1989 年 3 月 14—17 日在县委礼堂举行。出席会议代表 264 名，县政协委员和 130 名特邀人员列席会议。会议听取并审议通过县政府工作报告、县计划经济委员会《关于全县 1988 年国民经济和社会发展计划执行情况及 1989 年计划（草案）的报告》和县财政局、人大常委会、法院、检察院的工作报告。会议期间，副县长曹荣火汇报王二溪电站建成后的经济效益状况和南津驿电站工程建设情况；县政府以书面形式对全县社会治安、能源供应等群众关注的问题作出说明。会议收到代表议案、建议、批评和意见 86 件。

十届一次 1990 年 3 月 12—18 日在县委礼堂举行。出席会议代表 279 名，县政协委员和各区镇、县直机关、市属以上单位负责人共 104 人列席会议。会议听取并审议通过县政府、计划经济委员会、财政局、人大常委会、法院、检察院的工作报告。会议选举产生县第十届人民代表大会常务委员主任、副主任，选举曹荣火为县长，李平贵、王平、陈茂福、魏远英、袁守荣为副县长，伍必荣为县人民法院院长、凌宗元为县人民检察院检察长。会议收到代表所提议案、建议、批评和意见 283 件。

十届二次 1991 年 3 月 26— 29 日在县委礼堂举行。出席会议代表 276 名，县政协委员，各区镇、县直机关、市属以上单位负责人共 207 人列席会议。会议听取并审议通过县政府、县计划经济委员会、财政局、人大常委会、法院、检察院的工作报告，增补县第十届人大常委会委员 4 名。大会收到代表议案 5 件，建议、批评和意见 103 件。

十届三次 1992 年 3 月 17—20 日在县委礼堂举行。出席会议代表 287 名，县政协全体委员和各区镇、县直机关、市属以上单位负责人共 211 人列席。会议听取并审议通过代县长刘海金作的政府工作报告和县计划经济委员会、财政局、人大常委会、法院、检察院的工作报告，补选刘海金为县长。大会收到代表议案 12 件，建议、批评和意见 98 件。

二、资阳市人民代表大会

一届一次 1993 年 3 月 1—6 日在市委礼堂举行。出席会议代表 299 名，市政协全体委员和 110 名乡镇、县直机关部门负责人列席会议。会议听取并审议通过县政府、计划经济委员会、财政局、人大常委会、法院、检察院的工作报告。会议选举产生资阳市第一届人民代表大会常务委员主任、副主任，选举刘海金为市长，王平、甘宗坤、陈茂福、周志发、袁守荣、魏远英为副市长，选举阎家祥为市人民法院院长、凌宗元为市人民检察院检察长。会议收到代表提出的建议、批评和意见 133 件，议案改作建议的 48 件，共计 181 件。

一届二次 1994 年 3 月 16—18 日在市委礼堂举行。出席会议代表 287 名，市政协全体委员和 72 名镇乡、市直机关部门负责人以及 17 名特邀离退休人员列席会议。会议听取并审议通过市政府、市计划经济委员会、财政局、人大常委会、法院、检察院的工作报告。会议收到代表建议、批评和意见59件，议案改作建议的24件，共计83件。

一届三次 1995年3月8—12日在市委礼堂举行。出席会议代表285名，市政协全体委员和147名镇乡、市直机关部门负责人列席会议。会议听取并审议通过市政府、市计划经济委员会、财政局、人大常委会、法院、检察院工作报告，增选王兴富为市一届人大常委会副主任。会议收到议案12件，建议、批评和意见55件。

一届四次 1996年3月20—23日在市委礼堂举行。出席会议代表278名，市政协全体委员和114名镇乡、市直机关部门负责人列席会议。会议听取并审议通过市长刘海金作的政府工作报告。报告总结了1995年的政府工作，并对“八五”计划完成情况作了全面回顾，认为“八五”期间是建国以来全市国民经济、社会事业发展最快的时期。会议按例听取并审议通过市计经委、财政局、人大常委会、法院、检察院的工作报告，还审议通过《资阳市国民经济和社会发展“九五”计划和2010年远景目标纲要》。会议决定接受阎家祥辞去市人民法院院长职务，接受宋际海辞去市第一届人民代表大会常务委员副主任职务，接受袁守荣辞去市人民政府副市长职务。会议补选阎家祥为市第一届人民代表大会常务委员会副主任，补选李玉德为市人民法院院长。会议收到代表议案11件，建议、批评和意见46件。

一届五次 1997年3月12—14日在市委礼堂举行。出席会议代表267名，市政协全体委员和157名镇乡、市直机关部门负责人列席会议。会议听取并审议通过市政府工作报告。报告认为，1996年，全市实施“依托老城，建设新城，连接车城，把资阳建设成为中等城市”的发展战略，努力推进经济体制和经济增长方式的转变，促进了全市经济和社会事业健康发展。会议按例听取并审议通过市计划委员会、财政局、人大常委会、法院、检察院的工作报告。会议收到代表议案22件。

二届一次 1998年3月1—6日在市委礼堂举行。出席会议代表323名，市政协委员和149名镇乡、市直机关部门负责人列席会议。会议听取并审议通过代市长郭云放作的政府工作报告和市计划委员会、财政局、人大常委会、法院、检察院的工作报告，选举产生市第二届人民代表大会常务委员会主任、副主任，选举郭云放为市长，周志发、魏远英、甘宗坤、陈鸿、江代昌、吴建平为副市长，选举李玉德为市人民法院院长、王龙彪为市人民检察院检察长。会议收到代表议案24件，建议、批评和意见52件。

二届二次 1999年1月13—14日在市委礼堂举行。323名代表出席会议。会议的主要议程是选举四川省第九届人民代表大会代表。

二届三次 1999年3月8—12日在市委礼堂举行。出席会议代表314名，市政协委员和173名镇乡、市直机关部门负责人列席会议。会议听取并审议通过代市长陈茂福作的市政府工作报告和市计划委员会、财政局、人大常委会、法院、检察院的工作报告，补选陈茂福为市长。会议收到代表议案21件，建议、批评和意见52件。

二届四次 2000年3月6—11日在资阳剧场举行。出席会议代表302名，市政协委员和189名乡镇、市直机关部门负责人列席会议。会议听取并审议通过市政府、市计划委员会、财政局、人大常委会、法院、检察院的工作报告，补选梁木生为市人民检察院检察长。会议期间收到代表议案26件，建议、批评和意见39件。

三、资阳市雁江区人民代表大会

2000年11月，资阳市第二届人民代表大会更名为资阳市雁江区第一届人民代表大会。

一届一次 2000年11月9—10日在区委四楼会议室举行。出席会议代表278名。会议选举出席资阳市第一届人民代表大会代表，补选杨曙光为资阳市雁江区人民法院院长。

一届二次 2001年2月20—23日在雁江剧场举行。出席会议代表289名，区政协委员和178名镇乡、区直机关部门负责人列席会议。会议听取并审议通过区政府、区计划委员会、财政局、人大常委会、法院、检察院的工作报告。会议收到代表议案31件、代表询问案2件。

一届三次 2002年3月5—8日在雁江剧场举行。出席会议代表287名，区政协委员和215名乡镇、区直机关部门负责人列席会议。会议听取并审议通过区政府、区计划委员会、财政局、人大常委会、法院、检察院的工作报告，补选沈润为资阳市雁江区人民检察院检察长。会议收到代表议案33件。

二届一次 2003年2月22—26日在雁江剧场举行。出席会议代表316名，区政协委员和乡镇、区直机关负责人，离退休老干部代表列席会议。会议听取并审议通过代区长陈华强作的政府工作报告，按例听取并审议通过区发展计划局、财政局、人大常委会、法院、检察院的工作报告，选举产生区第二届人民代表大会常务委员主任、副主任，选举陈华强为区长，文富洲、孙智、张向东、罗石、吴建平、谢劲松、付萍为副区长，选举杨曙光为区人民法院院长、沈润为区人民检察院检察长。会议收到代表议案28件。

二届二次 2004年2月24—27日在雁江剧场举行。出席会议代表313名，区政协委员和乡镇、区直机关负责人，离退休老干部代表列席会议。会议听取并审议通过代区长周俊作的政府工作报告和区发展计划局、财政局、人大常委会、法院、检察院的工作报告，选举陈华强为区人大常委会主任，选举周俊为区长。会议收到代表议案29件，建议、批评和意见53件。

二届三次 2005年3月8—10日在雁江剧场举行。出席会议代表312名，区政协委员和乡镇长、区直机关负责人、离退休老干部代表列席会议，会议还邀请5名公民旁听。会议听取并审议通过区政府、区发展计划局、财政局、人大常委会、法院、检察院的工作报告，补选赵振林为区人民法院院长，补选秦毅为区人民检察院检察长。会议收到代表议案29件，建议、批评和意见39件。

第三节 人大常委会

人民代表大会常务委员会经人民代表大会代表选举产生，由主任、副主任和若干委员组成，在人大闭会期间，代表人代会行使决定权、监督权和人事任免职权，讨论决定本行政区域的重大事项。1984年县第八届人大常委会组成人员19名，其中主任1人、副主任4人、委员14人；1987年县第九届人大常委会由17名成员组成，设主任1人、副主任4人、委员12人；1990年县第十届人大常委组成人员17名，其中主任1人、副主任4人、委员12人。1991年，增选委员3名。1993年市第一届人大常委会组成人员21名，其中主任1人、副主任5人、委员15人。1994年3月补选委员3名，1995年补选副主任1名，1996年补选副主任1名。1998年市第二届人大常委会由24人组成，其中主任1人、副主任4人、委员19人。2000年11月，资阳市第二届人大常委会更名为资阳市雁江区第一届人大常委会，组成人员不变，仍为24名。2001年8月，1名副主任、2名委员辞职，12月2名委员辞职。2002年3月补选委员3名。2003年2月，区第二届人大常委会由27人组成，其中主任1人、副主任7人、委员19名。2005年3月，补选委员3名。

历届人大常委会领导名录

表 15－2

届　次	职　务	姓　名	任职时间
资阳县第八届（1984. 3—1987. 3）	主　任	卓昆贤	1984. 3—1987. 3
	副主任	曾荣辉	1984. 3—1987. 3
		张积楷	1984. 3—1987. 3
		李观玉	1984. 3—1987. 3
		顾思义	1984. 3—1987. 3
资阳县第九届（1987. 3—1990. 3）	主　任	卓昆贤	1987. 3—1990. 3
	副主任	曾荣辉	1987. 3—1990. 3
		张积楷	1987. 3—1990. 3
		阳精明	1987. 3—1990. 3
		严玉芬	1987. 3—1990. 3
资阳县第十届（1990. 3—1993. 3）	主　任	卓昆贤	1990. 3—1993. 3
	副主任	廖复初	1990. 3—1993. 3
		邹朝贵	1990. 3—1993. 3
		宋际海	1990. 3—1993. 3
		严玉芬	1990. 3—1993. 3
资阳市第一届（1993. 3—1998. 3）	主　任	熊大礼	1993. 3—1998. 3
	副主任	廖复初	1993. 3—1998. 3
		邹朝贵	1993. 3—1998. 3
		宋际海	1993. 3—1998. 3
		严玉芬	1993. 3—1998. 3
		江　涛	1993. 3—1998. 3
		王光富	1995. 3—1998. 3
		阎家祥	1996. 3—1998. 3
资阳市第二届（1998. 3—2000. 10）资阳市雁江区第一届（2000. 10—2003. 2）	主　任	熊大礼	1998. 3—2003. 2
	副主任	廖复初	1998. 3—2003. 2
		邹朝贵	1998. 3—2003. 2
		严玉芬	1998. 3—2001. 8
		阎家祥	1998. 3—2003. 2
资阳市雁江区第二届（2003. 2—2005. 12）	主　任	文　岳	2003. 2—2004. 2
		陈华强	2004. 2—2005. 12
	副主任	甘宗坤	2003. 2—2005. 12
		阮幼平	2003. 2—2005. 12
		张荣和	2003. 2—2005. 12
		袁宗文	2003. 2—2005. 12
		张良德	2003. 2—2005. 12
		杨素梅	2003. 2—2005. 12
		肖坤仲	2003. 2—2005. 12

人大常委会下设相应办事机构。1986 年，县第八届人大常委会设办公室、财政经济科、代表联络科、教科文卫科、农业经济科、法制科。1990 年 3 月增设政工科，1992 年增设信访办公室。1993 年内设 8 个办事机构，即办公室、信访办公室、财政经济科、代表联络科、教科文卫科、农业经济科、法制科、政工科。同年 5 月，政工科更名为人事任免办公室，其余科改称工作委员会。2000 年 12 月，撤销信访办，增设城乡建设环境资源保护工作委员会，人事任免办公室与代表联络工作委员会合为人事代表联络工作委员会。2005 年底，区二届人大常委会设办事机构 7 个，即办公室、财政经济工作委员会、人事代表联络工作委员会、农业经济工作委员会、教科文卫工作委员会、法制工作委员会、城乡建设环境资源保护工作委员会。

人大常委会会议一般每两月召开一次，特殊情况则临时召集政府、法院、检察院以及有关部门负责人列席会议，同时邀请政协负责人及部分人大代表列席会议。1984—2005 年，人大常委会召开会议 175 次，其中县人大常委会会议 68 次、市人大常委会会议 64 次、区人大常委会会议 43 次。先后听取和审议“一府两院”（政府、法院、检察院）工作报告和法律、法规实施情况报告 385 项，就各类重大事项做出决定和决议 128 项，依法任免国家机关工作人员 1391 人。

第四节　人大工作

一、重要决定、决议

县第八届人大常委会先后作出《关于大力发展瘦肉型猪的决议》《关于普及初等教育的决议》《关于加强土地管理、制止乱占耕地的决议》等。县第九届大常委会作出《关于认真学习贯彻全国人大常委会〈关于加强法制教育，维护安定团结的决定〉的决议》《关于充分发动群众，认真查处经济案件，推进廉政建设的决定》等。县第十届人大常委会作出《关于加强社会治安综合治理的决定》《关于依法治县的决定》《关于认真贯彻执行〈四川省农民负担管理条例〉，切实减轻农民负担的决议》《关于加强初级卫生保健工作，努力实现“2000 年人人享有卫生保健”的目标的决议》等。市第一届人大常委会作出《关于综合治理沱江水污染的决定》《关于切实加强预算外资金管理的决议》《关于建立“一府两院”部门执法责任制的决议》《关于加强环境保护工作的决定》《关于认真贯彻〈农业法〉，促进农村经济快速发展的决议》《关于依法治市的决议》等。市第二届人大常委会作出《关于进一步加快“三高”农业发展的决议》《关于综合治理九曲河的决定》《关于批准〈资阳市城市总体规划〉的决定》等。区第一届人大常委会于 2000 年 11 月审议通过《资阳市雁江区村民代表大会制度》，届内作出《关于 2001 年国民经济和社会发展计划部分变更的决定》《关于在全区开展第四个五年法制宣传教育的决议》等。区第二届人大常委会作出《关于南津镇第二选区观音岩村投票站选举结果无效的决定》《关于 2003 年国民经济和社会发展计划部分变更的决定》等。

二、监督工作

人大常委会主要通过听取和审议“一府两院”的工作报告和实施法律法规情况的报告、审查规范性文件、组织执法检查、组织代表视察、开展工作评议、实施预算审查等形式行使监督权。1984—2005年间，听取和审议“一府两院”工作报告 225 项、法律法规落实情况报告 130 项。

（一）工作监督

1986—2005 年，人大常委会先后听取并审议政府关于土地管理、林业绿化、国有企业改革、瘦肉型商品猪基地建设、乡镇农技服务体系建设、学校教育、社会治安、清理整顿“三乱”（乱收费、乱摊派、乱罚款）、计划生育、农民负担、经济技术开发区建设、反腐败斗争和廉政建设、清理整顿党政机关经商办企业、农村教育费附加征管使用、行政执法、卫生保健、小城镇建设、清理整顿农村合作基金会、劳动社会保障、重点工程项目规划、工业污染治理、环境保护、畜牧业发展、医疗卫生体制改革等方面的工作报告，并做出相应的决定和决议。在财经工作监督方面，人大常委会每年听取和审议国民经济和社会发展计划及财政预算执行情况，严把审查关，督促政府提高计划、预算透明度。1991 年 9 月，县十届人大常委会第十一次会议通过的《资阳县人大常委会关于监督国民经济和社会发展计划的试行办法》规定：人大常委会每年第三季度听取和审议一次政府关于计划半年执行情况的报告，政府有关领导、部门负责人列席会议并回答询问、说明情况、听取意见，常委会跟踪监督落实情况；因各种因素需调整计划时，由政府提出变更建议报告，交人大常委会审查决定；凡投资总额在 1000 万元以上的、需向社会集资在 500 万元以上的、对自然生态环境产生严重影响的重大建设项目，县政府在报请上级政府审批前，须征求县人大常委会的意见。2002 年 11 月起，区国民经济和社会发展年度计划外财政性投资 50 万元及其以上的生产性建设项目、20 万元及其以上的非生产性建设项目须提请区人大常委会审查批准。区内重大建设项目实施过程中，常委会还组织代表视察、调查、了解工程进度、工程质量、资金到位和管理使用情况。为加强财政预算审查工作，1988 年县九届人大常委会第九次会议作出《关于认真做好审批财政预决算报告程序的暂行规定》，对财政预决算进行程序性监督。1991 年，县十届人大常委会第十一次会议通过的《关于监督财政预决算的试行办法》规定：县财政局每年编制预决算要报人大常委会主任会议审查和由人大会议批准；执行中的部分项目变更由政府向人大常委会报告，经人大常委会会议审议决定后方能执行；如遇自然灾害等原因，政府一次性超预算支出 5 万元以上（含 5 万元）的必须报人大常委会审批。1993 年 11 月，市第一届人大常委会第五次会议作出《关于切实加强预算外资金管理的决议》，对预算外资金实行“财政专储、计划管理、财政审批、银行监督”的管理办法，促进政府加强对预算外资金的管理。2002 年 11 月，区一届人大常委会第十七次会议修订《关于讨论决定重大事项的规定》要求：政府若需调整区人代会通过的区级财政预算安排的农业、水利、林业、交通、教育、计划生育、科技、社会保障、环保等各种专项资金预算，须报区人大常委会批准；涉及国家机关、事业单位原值金额在 20 万元以上、企业在 100 万元及其以上的区级国有资产变更处置和政府一次性采购额度在 50 万元以上的，须经区人大常委会审议通过。

人大常委会依法对司法机关进行工作监督，以促进依法行政和司法公正。监督方式以抽查、评议为主。如：1996 年 4 月至 10 月，市人大常委会组织 66 名人大代表分 7 个组，评议市公安局及 25 个乡镇派出所工作。每组都由常委会领导带队，从不同角度、不同侧面听取干部群众对公安机关的意见和建议。共召开各种会议 540 余次，走访群众达 5000 余人，以函件形式向 304 位市人大代表征求意见，收集各种建议、批评、意见 136 条。7 月，常委会组织召开 300 余人参加的评议大会，针对公安机关在大案、要案件侦破、追逃工作等方面存在的问题提出整改意见。市公安局及时制定整改方案，制发公安队伍廉政建设和依法行政的有关规定，充实、调整 6 个乡镇派出所的领导班子，任免领导干部 16 人，机关工作作风、工作面貌有新转变。该次评议得到内江市评议工作领导小组的肯定。省《人民权力报》以“资阳评公安，‘实’字贯始终”为题报道了评议工作。

1997 年 1 月至 10 月，市人大常委会组织人大代表评议市检察院的工作。53 名代表及工作人员编为 6 个组、每组由人大常委会领导带队，深入到机关、企事业单位、学校、农村，召开各类座谈会 54 次、走访群众 525 人，调阅案件 72 件、审查案件 57 件，向本市 304 名代表发出征求意见书，收集各种批评、意见、建议51条。6月，常委会召开评议大会，针对检察工作中存在的问题提出5条整改意见。市检察院根据市人大常委会要求全面整改，当年对要求复议、复查的7个案件进行复议、复查，其中2件作纠正处理。

1998年4月至8月，市人大常委会组织部分人大代表评议市人民法院及基层法庭的工作，抽调46名代表分编为4个调查组，以召开座谈会、走访群众、询问当事人等形式收集建议、批评和意见，还组织专业人员调阅法院审理的案件36件，评查审理质量。年内，市法院落实市人大常委会的整改意见，复议、复查11个具体案件。

（二）法律监督

1986—2005年，人大常委会对“一府两院”贯彻执行《中华人民共和国土地管理法》《中华人民共和国治安管理处罚条例》《中华人民共和国统计法》《中华人民共和国环境保护法》《中华人民共和国工会法》《中华人民共和国农业法》《中华人民共和国行政诉讼法》《中华人民共和国科学技术进步法》《中华人民共和国义务教育法》《中华人民共和国矿产资源法》《中华人民共和国水污染防治法》《中华人民共和国食品卫生法》《中华人民共和国农村土地承包法》《中华人民共和国安全生产法》和《四川省文化市场管理暂行条例》《四川省农民负担管理条例》等法律法规情况进行监督，适时开展部分法律法规执行情况检查。执法检查以常委会成员为骨干，邀请有关方面专家、部分人大代表组成检查组，通过座谈、走访、抽样调查、调阅案件、实地察看等形式了解和掌握情况，责成存有问题的单位、行业依法整改，之后形成检查报告向常委会作专题汇报。1981年至2005年，共组织执法检查50余次。

三、人事任免

人大常委会按法律规定的程序和权限任免国家机关工作人员。1987年4月，县九届人大常委会讨论通过的《资阳县人大常委会关于人事任免的暂行办法》规定：人事任免一般由相关机关提请任免人员名单，交人大常委会会议审议，并举手表决任免事项。任免案通过后，由常委会向提请机关发送任免通知，在新闻媒体和常委会《公报》上公布，并召开任命大会、颁发任命书。1993年9月起，除“两院”（法院、检察院）庭长、副庭长、审委委员、审判员、检委委员、检察员外，新提请人大常委会任命的人员均要作任前发言，人大常委用无记名投票方式表决，以得票超过半数为通过。1999年4月后，凡提请人大常委会任命的国家机关工作人员须参加任前法律知识考试，考试不及格或不参加考试者，常委会不予审议。辞职案则由辞职人员向人大常委会递交书面辞职报告，由常委会审议决定是否接受辞职。1984年4月至2005年12月，人大常委会依法任免国家机关工作人员1391人（任1054人、免337人）。其中县八届人大常委会任99人，免19人；县九届人大常委会任96人，免24人；县十届人大常委会任133人，免23人；市一届人大常委会任297人，免42人；市二届、区一届人大常委会任202人，免123人；区二届人大常委会任227人，免106人。其间，任命县（市、区）长7人、副县（市、区）长23人，任命人民检察院代理检察长3名、人民法院代理院长2人，任命法院院长、副院长、检察院检察长、副检察长等72人，任命政府部门局长和主任331人。同意接受辞去县（市、区）长职务8人、副县（市、区）长职务9人，同意接受辞去人民法院院长职务3人、辞去检察院检察长职务5人，同意接受辞去人大常委会主任职务1人、副主任1人。

1991年11月起，人大常委会对选举、任命人员进行述职评议。其中县十届人大常委会评议13人，市一届人大常委会评议11人，市二届、区一届人大常委评议23人（另有128人提交书面述职报告），区二届人大常委会评议9人。

四、办理议案和建议

人大常委会每年听取和审议一次“一府两院”办理代表议案、建议的情况报告，对承办单位答复代表的函件派专人审查，凡不符合要求的、代表不满意的一律退回重新办理。1984—1987 年，县八届人民代表大会收到代表提议案 105 件，其中办理“关于编修《资阳县志》”议案 1 件，其余 104 件改作建议处理；收到建议 631 件，本届应办代表建议合计 735 件，办结 727 件，因各种原因未能办理 8 件，办结率 99%，代表满意、基本满意率达到 98%。从该届起，县人大常委会规定代表建议一律由主管部门负责办理，以保证办理质量。县九届人大常委会改进建议办理方式，在代表大会期间，由县政府领导、主管部门主要负责人直接与代表对话，当面听取代表意见，现场拍板解决问题；对代表提出的一些既实际而又难以解决的建议，采取召开座谈会，由县政府领导向代表当面解释答复的办法。县十届人民代表大会期间，建议办理工作呈现办结率高，速度快，突出热点、难点、重点等特点，解决了如农民卖菜难、计划生育对象底数不清、教育基础设施差等问题。区一届人民代表大会期间，代表除提出议案和建议外，还提出质询案 3 件、询问案 3 件，后改作重要建议处理。在办理代表所提的《市区两级事权划分须经区人大及常委会审议通过的议案》和《要求区政府收回原资阳市广播电视局和各镇乡广播电视站的议案》时，常委会多次召开主任会议，与市、区政府联系，与代表沟通，并专门听取和审议办理情况，制定出科学的解决方案，既维护了雁江区的利益，又保证市区两级政令畅通，实现事权划分体制调整平稳过渡。区二届人民代表大会共收到代表议案 83 件，后全部改作建议处理；收到建议 170 件，本届应办理代表建议合计 253 件，办结 253 件，办结率 100%，代表满意或基本满意率达到 100%。1984—2005 年，代表共提出议案和建议 2728 件，其中议案 516 件，立案办理 4 件，其余改作建议处理；共提建议 2724 件，办结 2711 件，办结率为 99.52%。“建议”内容涉及农业 353 件、工交 326 件、教科 440 件、城建环保 237 件、财税金融 401 件、法制建设和社会治安 170 件、社会福利 71 件、其他 187 件。

1984—2005 年议案、建议办理情况表

表 15－3　　　　单位：件

届次	议案			建议	建议办理			
	合计	议案			应办建议	未办	办结	办结率（%）
		立案	改作建议					
县八届	105	1	104	631	735	8	727	99
县九届	651	64	287	352	5	249	99	—
县十届	21	—	21	480	501	—	501	100
市一届	117	—	117	375	492	—	492	100
市二届	61	—	61	197	258	—	258	100
区一届	64	2	52	72	134	—	134	100
区二届	83	—	83	170	253	—	253	100
合计	516	4	502	2212	2725	13	2711	—

五、代表活动

人大闭会期间，人大常委会适时组织代表开展有针对性的代表活动。活动的主要形式包括学习、视察、调查研究、执法检查、联系选民、走访群众等。1984 年，县第八届人大建立代表小组 93 个，城区以系统、农村以区（镇）为单位分别建立代表联系小组。各区（镇）司法助理员兼代表联系小组工作员，大部分代表小组每季度开展一次活动。县人大常委会实行常委会组成人员分片联系代表制度，以指导各小组开展活动，届内组织代表视察、专题调研近 10 次，召开代表、选民座谈会 20 余次。1987 年，县第九届人大建立代表小组 71 个，其中农村 61 个、县直各系统 8 个、城关镇及地属以上单位各 1 个；建立以区为单位的联系大组 9 个。县人大常委会每年召开两次代表联系工作会议，各联系大组每季度召开一次代表小组长会议，人大代表围绕经济建设、法律实施、企业改革和群众普遍关心的问题开展视察、专题调研、执法检查工作。届内，人大常委会重新修订《资阳县人大代表工作暂行办法》，使代表工作和代表活动更加规范。1988 年 5 月，县委同意区（镇）乡民政干部兼任人大工作联络员，从组织上保证代表活动的正常开展。1990 年 4 月，县第十届人大常委会在人大代表中开展“五个一”活动，即每年宣传一次法律法规和党的方针政策、在本职岗位上做一件突出的事、向县人大常委会或政府提一条合理化建议、协助政府或单位解决一个实际问题、向选民报告一次代表工作。届内，县人大常委会邀请驻县的省、市代表参加视察 3 次、专题调研 10 余次、执法检查 10 余次，并定期向代表发送常委会《公报》《人大工作》《四川代表报》《人大工作资料集》等。《中华人民共和国全国人民代表大会和地方各级人民代表大会代表法》颁布后，县人大常委会邀请部分县人大代表列席人大常委会，每年召开一次代表工作经验交流和总结会，以促进代表工作和代表活动顺利开展。1993 年 7 月，市一届人大三次常委会通过《关于加强同人民代表联系办法》。1995 年 4 月，组织纪念《代表法》颁布实施 3 周年宣传月活动。1996 年 4 月至 10 月，组织人大代表评议市公安局工作活动。1997 年 1 月至 10 月，组织人大代表评议市检察院工作。1998 年 4 月，组织代表评议市人民法院、镇乡人民法庭工作。届内，先后 5 次组织驻城区的资阳市人大代表、四川省人大代表和部分内江市人大代表到部门视察。人大代表向“一府两院”提出建议、意见 50 多条，协助“一府两院”解决社会热点、难点问题近 10 个。2001 年，区一届人大常委会改进代表活动方式，通过召开组长座谈会，提出小组活动意见、编发小组活动信息等形式，加强对代表小组活动的指导。在《代表法》颁布 9 周年之际，组织代表开展评论雁江经济发展环境的问卷调查活动，发出问卷 320 份，收到代表建议、意见 288 条，常委会将建议、意见梳理后报送区委。其间还在各代表小组中开展“西部大开发，资阳怎么办”和“我为资阳献计献策”的主题活动。届内，组织省、市、区人大代表视察活动 4 次，先后视察了全区国民经济和社会发展计划、财政预算执行、西部大开发战略、国有企业改革、农业结构调整和基础设施建设、科技兴国和可持续发展战略、精神文明和廉政建设等方面的落实情况，并撰写视察报告。2003 年 2 月，区二届人大常委会制发《关于区人大常委会组成人员联系代表的意见》，规定常委会组成人员每人联系 3 名区人大代表，并要求每年至少联系代表 1 ~ 2 次。届内，审议通过《资阳市雁江区人民代表大会代表列席区人大常委会试行办法》，为代表知情知政、参政议政创造条件；向代表寄送《人大代表执行职务指南》，为每位代表征订《人民权力报》，为每个代表小组征订《民主与法制建设》杂志；同时开展代表评议工作，届内评议 2 个区政府工作机构和 7 名国家机关工作人员。

六、指导乡镇人大工作

1986—1989 年，县人大常委会除指导乡镇人大换届选举、召开人民代表大会外，其他方面的指导工作开展得相对较少。1989 年 12 月，县九届人大常委会决定在各区设立联络处，以加强对区乡人大工作的指导。1990 年《四川省乡镇人民代表大会主席团工作条例》发布后，主要从教育培训、制度建设、评议工作和指导选举四个方面强化对乡镇人大的指导工作。在教育培训方面，1992 年组织乡镇人大主席团主席、副主席、部分代表小组组长和代表 100 余人，集中学习《宪法》、《地方组织法》、《代表法》、《选举法》等，并邀请省人大法工委领导、专家讲解《乡镇人大主席团工作条例》颁发的背景、贯彻实施的方法措施、有关具体问题的解决办法；1995 年组织 19 名乡镇人大主席、副主席参加中央党校举办的新时期人大工作研讨班；至 2005 年底培训乡镇人大干部 10 余次、培训 500 余人次，指导乡镇人大主席团培训乡镇人大代表 100 余次、培训 4000 余人次。在制度建设方面，1992 年在小院、保和两镇开展制度建设试点工作，先后制定常委会组成人员分片定点联系制度、乡镇人大主席团工作制度、会议制度、学习培训制度、代表活动制度，后在全县推行；各乡镇还建立人大工作簿册、会议记录，文秘档案等，与制度建设相配套。在评议工作方面，1992 年在伍隍镇开展评议试点工作，在总结试点经验基础上制发《关于乡镇人大主席团组织代表评议工作的意见》；1992—2005 年，全区 22 个乡镇人大主席团每届均对本乡镇政府、各站、所、办工作至少评议 1 次，并督促相关单位整改，发挥了基层人大的民主监督职能。为更好地指导乡镇人大选举工作，每次乡镇人大换届选举前，县级人大常委会均成立乡镇人大换届选举工作领导小组。领导小组成员采取分片包干的办法到选区指导，解决选举工作中的实际困难和问题。1984—2005 年，县级人大常委会成功组织 6 届乡镇人大换届选举。

第二章　人民政府

第一节　沿　革

一、资阳县人民政府

1949 年 12 月，资阳县人民政府成立。1955 年 9 月更名为资阳县人民委员会，1968 年 10 月更名为资阳县革命委员会，1981 年 2 月恢复为资阳县人民政府。1984—1993 年，资阳县人民政府历经第八届、九届、十届。

资阳县人民政府领导名录

表 15－4

职　务	姓　名	任　期	届　别
县　长	李太平	1985. 3—1987. 2	资阳县八届
副县长	曹荣火	1984. 4—1987. 3	
副县长	刘绍卿	1984. 4—1987. 3	
副县长	蔡作义	1984. 4—1987. 3	
副县长	严玉芬	1984. 4—1987. 3	

续表

职 务	姓 名	任 期	届 别
副县长	陈茂福	1985.2—1987.3	资阳县八届
县 长	蒋继文	1987.2—1987.3	
副县长	蒋继文	1986.12—1987.2	
代理县长、县长	蒋继文	1987.3—1990.3	资阳县九届
副县长	曹荣火	1987.3—1990.3	
副县长	刘绍卿	1987.3—1990.3	
副县长	蔡作义	1987.3—1990.3	
副县长	卿见香	1987.3—1990.3	
副县长	陈茂福	1988.4—1990.3	
县 长	曹荣火	1990.3—1991.10	资阳县十届
副县长	李平贵	1990.3—1992.12	
副县长	王 平	1990.3—1993.3	
副县长	陈茂福	1990.3—1993.3	
副县长	魏远英	1990.3—1993.3	
副县长	袁守荣	1990.3—1993.3	
副县长	赵仕林	1991.11—1992.9	
副县长	刘海金	1991.9—1991.10	
代理县长、县长	刘海金	1991.10—1993.3	
副县长	周志发	1992.12—1993.3	

二、资阳市人民政府

1993年1月16日，经国务院批准，民政部同意撤销资阳县，设立资阳市，由省直辖，以原资阳县的行政区域为资阳市的行政区域。3月1日至6日，资阳市第一届人民代表大会召开，会议选举出市长、副市长，资阳市人民政府正式挂牌行政。

资阳市人民政府领导名录

表15－5

职 务	姓 名	任期时间	届 别
市 长	刘海金	1993.3—1997.11	资阳市一届
副市长	王 平	1993.3—1994.5	
副市长	甘宗坤	1993.3—1998.3	
副市长	陈茂福	1993.3—1998.3	
副市长	周志发	1993.3—1998.3	
副市长	袁守荣	1993.3—1996.3	
副市长	魏远英	1993.3—1998.3	

续表

职　务	姓　名	任期时间	届　别
副市长	阮幼平	1993.7—1998.3	资阳市一届
副市长	李　培	1993.11—1994.11	
副市长	谭　军	1996.11—1998.3	
副市长	徐广胜	1994.11—1996.11	
副市长、代理市长	郭云放	1997.11—1998.3	
市　长	郭云放	1998.3—1998.9	资阳市二届
副市长	周志发	1998.3—1998.7	
副市长	魏远英	1998.3—1998.10	
副市长	甘宗坤	1998.3—1998.10	
副市长	陈　鸿	1998.3—2000.11	
副市长	江代昌	1998.3—2000.11	
副市长	阮幼平	1998.3—2000.11	
副市长	吴建平	1998.3—2000.11	
副市长	谭　军	1998.3—1999.1	
副市长、代理市长	陈茂福	1998.9—1999.3	
副市长	赵涌涛	1998.10—2000.11	
副市长	张向东	1998.10—2000.11	
市　长	陈茂福	1999.3—2000.11	
副市长	曾清元	1999.6—2000.11	
副市长	张庆星	1999.10—2000.11	

三、资阳市雁江区人民政府

2000年7月6日，省政府报请国务院批准后同意撤销县级资阳市，设立资阳市雁江区，以原资阳市的行政区域为资阳市雁江区的行政区域。11月6日，资阳市雁江区成立暨授牌授印大会召开，资阳市雁江区人民政府王式成立。

资阳市雁江区人民政府领导名录

表15-6

职　务	姓　名	任期时间	届　别
区　长	陈茂福	2000.11—2002.11	资阳市雁江区一届
副区长	赵涌涛	2000.11—2002.11	
副区长	江代昌	2000.11—2002.12	
副区长	阮幼平	2000.11—2003.2	
副区长	吴建平	2000.11—2003.2	
副区长	曾清元	2000.11—2002.12	

续表

职 务	姓 名	任期时间	届 别
副区长	张向东	2000.11—2003.2	资阳市雁江区一届
副区长	张庆星	2000.11—2001.10	
副区长、代区长	陈华强	2002.11—2003.2	
副区长	罗 石	2002.12—2003.2	
副区长	谢劲松	2002.12—2003.2	
区 长	陈华强	2003.2—2004.2	资阳市雁江区二届
副区长	文富洲	2003.2—2005.12	
副区长	孙 智	2003.2—2004.7	
副区长	张向东	2003.2—2004.7	
副区长	罗 石	2003.2—2005.12	
副区长	吴建平	2003.2—2005.12	
副区长	谢劲松	2003.2—2005.12	
副区长	付 萍	2003.2—2005.12	
副区长、代理区长	周 俊	2004.2—2004.2	
区 长	周 俊	2004.2—2005.12	
副区长	姜鸿飞	2004.7—2005.9	
副区长	杨 钧	2004.9—2005.12	
副区长	崔海波	2005.11—2005.12	

第二节 政府机构

一、工作机构

1983年首次机构改革后，政府工作部门数量相对稳定。之后，按上级要求，又于1993年、1996年、2001年进行机构改革。其间，税务、工商、技术监督部门先后上划省级主管部门管理。至2005年，政府设职能部门26个：政府办公室、发展计划局、经济贸易局、教育局、科学技术局、公安局、司法局、民政局、财政局、人事局、劳动和社会保障局、国土资源局、建设局、水利局、交通局、农业局、林业局、文化体育局、卫生局、计划生育局、审计局、监察局（与区纪委合署办公）、环境保护局、统计局、粮食局、乡镇企业局，设直属事业机构6个：畜牧食品局、外经外贸招商局、农业机械管理局、档案局（馆）、行政服务中心、开发区东区管委会。

二、派出机构

（一）区公所

1986年至1992年7月，全县设临江、保和、中和、丹山、小院、伍隍、南津、丰裕、祥符9个区公所。区公所设区长、副区长，配民政、财粮、文书、会计及工勤人员，下设计划生育办公室、水电管理站、教育办公室、文化站等事业单位。1992 年 7 月 27 日，省政府批准资阳县撤区并乡建镇方案，后撤销 9 个区建制。

（二）街道办事处

2005 年 12 月 23 日，根据省、市批复，区政府调整雁江镇、松涛镇行政区划，新设莲花、三贤祠、资溪、狮子山街道。各街道设置区委、人大、政府的派出机构；街道办事处为区政府派出机构，下设党政综合管理办、城市综合管理办、社会事务管理办。

三、乡、镇人民政府

1986 年，全县设 62 个乡、13 个镇人民政府。次年，撤销 13 个乡并经调整后设 1 个区级镇、13 个乡级镇、48 个乡人民政府。1992 年撤区并乡建镇，设 18 个镇、4 个乡。次年，碑记乡改为碑记镇。至 2005 年，全区共设 19 个镇、3 个乡人民政府。

1992 年前，乡、镇人民政府设正、副乡镇长，配民政、财粮、武装、公安等部门工作人员，下设农技、广播、林业、水利、计生等事业单位。1992 年调整行政区划后，乡镇人民政府规模扩大，人员增多，内设机构有政府办、民政办、计生办、财政所、土地办、企业办等。1998 年乡镇机构改革，乡镇均设党政办、计生办、农贸办、民政办、财税所 5 个中层机构。2001 年机构改革时，民政办改为民政与社会事务办、农贸办改为经济发展办，其余机构不变。

第三节　重要政务

一、政府职能转变

1996 年，市政府按照“理顺党政职能，坚持政企分开、政事分开和精简、统一、效能”的原则调整职能，加大用经济和法律手段调整、监督社会经济活动的力度，提高为基层、为企业的服务质量，弱化以至取消微观的直接管理职能和具体事务审批。把属于企业的权力下放给企业，把属于市场调节的职能转给市场，将辅助性、技术性、服务性的职能交给事业单位或社会中介组织，将由事业、企业单位行使的本属于政府的行政管理职能收回行政部门。同时，理顺部门间的关系，裁并职能交叉和重复设置的机构，将专业经济部门逐步改为经济实体或服务实体。在与乡镇的关系方面，市主管发展计划，乡镇负责具体决策。市级工作部门派驻乡镇的服务性机构和人员，如农机、农技、林业、水电、畜牧兽医、文化、广播等，交由乡镇政府管理；公安、工商、税务等执法机构，由乡镇和主管部门双重管理，以主管部门管理为主。2001 年，政府进一步深化职能转变工作。将政企分开作为转变政府职能的根本环节来抓，从“分”入手，解除政府与企业的行政隶属关系。政府部门不再直接办企业，不直接干预企业的生产经营活动和投资决策，并要承担从企业剥离出来的社会事务，解决好“企业办社会”的问题。不再保留商业专业经济管理部门牌子，其行政职能划归经济贸易管理部门。改革行政审批制度，大幅度减少政府及其部门的审批事项，同时改进审批方式，规范程序，简化环节，提高效率，建立审批责任追究制度和检查监督制度。改革行政执法体制，整顿和规范市场秩序。探索新型国有资产管理路子，完善监管方式，健全和规范监事会制度，按照国家所有、分级管理、授权经营、分工监督原则，逐步建立国有资产管理、监督、营运体系和机制，建立健全责任制度。推进事业单位和机关后勤体制改革，合理划分政事范围，机关中的一些辅助性、技术性和服务性事务交事业单位承担，个别确需事业单位承担的行政管理职能予以明确授权，有条件的机关后勤服务机构逐步与机关脱离，实行有偿服务，向社会化、市场化发展。培育和规范社会中介组织，将一些应由社会自我管理和调节的社会性事务，转给社会中介组织。按照责权一致和“一件事情由一个部门管理”的原则，将相同和相近的职能交一部门承担，个别确需分管和共管的职能，明确主次关系。同时，进一步明确区与乡镇之间的事权关系。区政府主管部门派驻乡镇的事业机构，除国土所、交管站、教育办公室实行乡镇和区主管部门双重管理并以主管部门管理为主以外，其余一律下放给乡镇管理；对垂直管理部门设在乡镇的机构，如公安派出所、法庭、司法所、工商、地税、国税分局等，赋予乡镇相应的监督管理权。2005 年，政府机构改革以“建立廉洁高效、运转协调、行为规范的行政管理体制”为目标，再次调整政府职能。调整后，区政府的主要职能是加快经济发展，加强社会管理，搞好环境整治，维护社会稳定。

二、农民负担管理

1985—1988 年是农民收入缓慢增长时期，农民负担项目相对稳定，负担额度稳中有升。1989 年，全县农民负担预算总额为 904. 93 万元，人平 10. 71 元，占 1988 年农村人均纯收入 433 元的 2. 47%（未含教育附加费）。项目包括合作社积累金、水利经费、林桑生产费、烈军属优待金、五保户照顾费、广播费、电影费、特殊补助、卫生防保费、独生子女奖金、干部误工费、民兵训练费、办公费、报刊费、业务费、培训费、农技指导费、治安费、不可预计费。1990 年，国务院发出《关于切实减轻农民负担的通知》。当年，全县农民负担预算总额为 1443. 47 万元，人平 17. 47 元；负担项目亦有调整，主要包括：教育附加费、民兵训练费、广播费、烈军属优待金、残退军人补助、五保户照顾费、独生子女奖金、民工建勤费、干部误工费、办公费、账册费、报刊费、培训费、农建费、育苗费、招聘人员经费。1991 年 10 月 1 日起，农民负担管理工作执行《四川省农民负担管理条例》和国务院《农民承担费用和劳务管理条例》。1992 年 6 月，县人大、县政府组织农民负担管理工作大检查。经查，全县农民负担总额为 2399 万元，人平 26. 41 元（其中：合同内集体提留和统筹费总额为 1745 万元，人平 19. 21 元；合同外各种生产性和公益性统筹金 654 万元，人平 7. 2 元），比 1991 年的 2789 万元减少 390 万元，降低 13. 98%。同年，县政府法制局按要求对历年来制发的涉及农民负担的文件进行全面清理，凡与国务院《农民负担费用和劳务管理条例》和《四川省农民负担管理条例》相违背的一律予以撤销，对界限不清、执行困难的按上级文件精神界定后重新行文明确。1995 年起，农民依法负担的集体提留和乡统筹费均控制在上年农村人均纯收入的 5% 以内，非法定负担项目不纳入农民承包合同统收；劳动工和义务工以出劳为主，不硬性报以劳折资。

1999 年 5 月，市政府发出《关于强化收费管理，进一步减轻农民负担的通知》，要求“凡属中央、省地各级已明令取消、停止的各类收费、集资、捐资，各地各部门必须坚决贯彻执行，不得变通处理。在收费过程中，必须亮证收费、手续齐备、发票到户，不得巧立名目，搭车收费，不得白条收费、变相加码”。年底，全市共提取村提留、乡统筹费 3428. 3 万元，人平 39. 44 元，占上年农村人均纯收入的 2. 62%，比 1998 年的 3. 2% 下降 0. 58 个百分点。当年，被取消和降低标准收费的项目共 7 个，农民人平负担减轻 9. 6 元。2001 年起，逐步建立农民负担监督机制。凡属涉农收费，必须公示收费项目、收费标准、收费依据，接受群众和社会监督，同时推行“村务公开、民主管理”工作，遏制农民负担“反弹”。是年，农民负担人均 38. 12 元，占上年农民人均纯收入的 2. 38%，低于上级规定比例。2002 年，区委、区政府制定《资阳市雁江区农村税费改革试点实施方案》，取消统筹费、农村教育集资等专门面向农民征收的行政事业性收费和政府基金、集资；取消按农民人均纯收入一定比例收取的乡（镇）统筹费，即乡村两级办学（农村教育附加）、计划生育、优抚、民兵训练、广播电视、文化、卫生、乡村道路修建维护8项费用；取消屠宰税。改革后，全区农民人均负担60.31元，亩平负担53.77元。2003年，对涉农收费再次进行清理整顿，并将“一卡一书”发放到农户；当年农民人均负担58.27元。此后，农民负担监督管理不断加强，减轻农民负担工作责任追究制逐步健全。

2005年，区委、区政府贯彻落实中央1号文件精神，严格执行粮食直补、农业税免缴和以工代赈政策，按时兑现直补资金944万元，落实小麦良种补贴100万元、农机购置补贴10万元，免收农税2581万元，减免“两工”代金196万元。当年，雁江区不再被省委、省政府列为“农民负担重点监测县（区）”。

三、国有、集体企业改革

1987年9月，县政府印发《资阳县城镇集体企业资产股份承包经营制试行办法》，对企业资产进行核定，以各种不同性质的股权代表组成董事会，由董事会采取公开招标的方式聘经营者，实行“利益分享、风险共担、盈亏自负”为特点的企业制度，按照所有权与经营权分离的原则，改善企业经营机制。企业主管部门会同税务等部门参照本省、市及县同行业的投入产出率、本企业前三年平均利润、上年经济效益，以及生产发展潜力和市场变化等因素，分户确定各年度利润目标或利润上交递增包干基数，作为承包的内控标的，再向社会公开招投标，凡有经营管理能力，有一定可供抵押的个人财产的公民均可参加投标。10月，乡镇企业开始试行承包（租赁）经营。12月，县政府印发《资阳县企业承包（承租）企业办法》，按照社会化大生产要求，调整企业组织结构、产品结构，提高技术水平和管理水平，促进企业群体和企业集团形成。一个企业承包（承租）另一个企业，在保证出包（出租）企业资产的安全、完整和增值的前提下，坚持“五不变”（即双方企业的所有制形式、行政隶属关系、基本核算单位、财务解交关系和职工身份）原则进行，富余人员由企业自行消化。当年，各类企业先后开始承包（租）经营，期限一般到1990年底，招投标考评工作由企业主管部门和财政、税务、审计、体改、工商、银行、总工会组成的考评委员会负责。1988年，应承包的37户国营企业全面实行承包经营（其中33户为公开招标承包，4户为目标管理承包），56户城镇集体企业中有53户实行承包租赁，394户乡以上乡镇企业承包、租赁了380户，商业系统归口管理的66户集体企业承包、租赁了56户。是年，启动企业“内三制”（人事制度、用工制度、分配制度）改革，30户企业实行优化劳动组合，26户推行“工效挂钩”（工资总额与经济效益挂钩），建立各类经济联合体54个，参加联合的单位、企业210个。1989年，企业改革以完善承包制为主，同时开展产权转让和连续承包试点工作。1990年4月，县政府成立企业连续承包考评委员会，负责考核、审计第一轮承包执行情况，拟定下轮承包形式，测算承包基数，审议连续承包合同内容。针对第一轮承包中基数不准，分配不公等问题，县政府组建专业班子，合理确定基数，对一时难以确定的实行目标管理。对部分因产品结构不合理，管理松散，效益低下，已处于停产或半停产状态的企业进行转产改造、合并改组，并适当放宽固定资产投资；对有一线生机的企业采取贷款等方式注入资金，支持其恢复生产。当年，全县兼并11户企业，安置被兼并企业职工500余人，新组建蚕丝绸、牧工商、机电、塑料、酒类、五金等9个经济联合体。年底，企业首轮承包结束后，38户国营企业、29户城镇集体企业和390户乡镇企业落实第二轮承包。国营企业第二轮承包期为1991—1992年，其他企业部分延至1993年底。

1991年7月，流通企业实行“四放开”（即经营放开、价格放开、分配放开、用工放开），年内兼并企业16户，安置职工1004人。1993年，国营企业仍按照“包死基数、确保上交、超收分成、歉收自补”的原则开始第三轮承包经营，承包期限一般为3年（1993年1月1日至1995年12月31日），确需延期的不超过5年。城镇集体企业、乡镇企业参照国营企业承包办法执行。当年，开始股份制试点工作，共审批股份合作制企业5户、有限责任公司8户，同时对经营管理不善，经济效益低下的小型企业实行兼并、租赁、联营。1994年，全市12户国有、集体企业完成股份制改造，五金公司等8户国有企业实行全部产权转让，市水泥厂、化肥厂实行部分产权转让，仍由国家控股，糖酒公司、蔬菜公司、土产公司、丰裕食品站、祥符食品站等14个企业和319个“边、小、微、亏”的生产资料门市实行“资金自筹、人员自选、分配自主、利润包干上缴”的公有民营。同年，划小企业核算单位、实行分厂制；组建企业集团，成立市电力公司；以评估为手段，建立国有资产保值增值责任制。改革后，国有资产增值率122.3%，盘活国有资产存量5688万元，转让国有资产1556万元。

1995年，企业改革以建立现代企业制度为重点。4月，市政府发出《关于建立产权制度改革目标责任制的通知》，要求二分之一以上的国有企业、三分之一以上的城乡集体企业在当年底完成产权制度改革。10月，11户国有企业、33户城乡集体企业实施改制。当年，对国有企业历史债务区别情况加以处理：对长期亏损、资不抵债，扭亏无望的企业停止“输血”，使其依法破产；对经开户银行审查并经有关部门批准的呆账、坏账，作为银行呆账损失加以冲销；对企业中由国家财政“拨改贷”形成的企业债务，在核定数量和比例后，转增为企业国有资本金；对企业间的债务，经协商同意，可将债权变为股权，重新核定企业资本金；对因不可抗拒因素形成的债务，报有关部门批准后，实行挂账计息缓交或挂账停息。在产权改革方面，按照“一厂一策”原则，根据企业实际情况制订改革方案，主要形式有股份制改造、转让出售或公开拍卖、剥离经营、兼并或破产重组、组建企业集团等。同时，分离部分企业的后勤职能，逐步解决“企业办社会”问题，对富余人员进行岗位技能培训，鼓励自谋职业，并通过发展民营经济和第三产业扩大就业门路。1996年，市委、市政府做出《关于进一步加强我市国有、城乡集体企业改革的决定》，推行国有资产委托经营，遏制国有资产流失。对流通企业普遍实行国有民营和抽本经营，对乡镇企业实施股份合作制改革。年内，改制39户国有企业，占总数的92.85%；改制城乡集体企业23户，占总数的88.46%；改制乡镇企业155户。1997年起，对已改制的企业进一步规范和完善，使企业真正走向市场。1998—1999年，市食品公司、建陶总厂、味精厂、农机供应公司、机械设备公司、三马车辆有限公司、机电化工厂、城区运输公司8户企业经法院审理后先后宣告破产。2001年，全区国有和城镇集体企业共改制60户，占应改制总数的78.94%。2002年，临江豆瓣公司、南骏公司等国有企业完成改制，全区已改制的国有、城镇集体企业67户，占应改制总数的82%，盘活破产企业资产3.21亿元，化解不良债务5.51亿元，安置人员8209人。2004年，全区规划改制的45户各类企业中有19户完成改制，其余均进入改制程序。在天台化工公司实施二次改革过程中，260万元国有股、170万元自然股竞拍获得4500万元，股本增值10余倍。通过改革，全区共盘活国有、集体资产3.4亿元，化解国有、集体企业债务3243万元，实现转让收入近6000万元。2005年11月底，全区规划改制的40户企业中22户完成改制，进入资产处置和职工安置程序的12户。

四、清理整顿农村合作基金会

1988年，县委、县政府确定在迎接乡试办农村合作基金会。次年，全县建立60个镇乡基金会。1992年，县合作基金会联合会成立。同年，全县行政区划调整后设22个镇乡，各镇乡均设基金会。至1999年初，各镇乡基金会一般设2~3个代办处，村村有业务代办站，营业网点达645个。全市筹资总额6.17亿元，其中个人5.38亿元、占87.2%。融资总额5.47亿元，其规模相当于农村信用社。企业借款2.7亿元，占借款总额一半。借款余额5.47亿元，不良借款2.96亿元，占借款总额的54%，其中呆账占9.13%。账面资产7.87亿元，负债7.8亿元，负债率达99%，有一半以上的基金会资不抵债，其中净亏在100万元以上的有5个。3月12日，市委、市政府根据省委、省政府的统一安排部署，对全市24个基金会进行全面清理整顿，历时4个月。其间，先后制发《资阳市清理整顿农村合作基金会和乡镇企业合作基金会实施方案》等20多个文件，印发20多万份宣传资料和上万份公告。市和镇乡两级均成立以党委“一把手”为组长的清整领导小组，市直部门抽调200余名干部组成24个工作组驻扎各基金会。3月17日起，所有基金会暂停办理会员入股、退股业务，各镇乡财政所、基金会、农村信用社联合组成清产核资工作小组，全面清查基金会资产、负债及所有者权益，并逐户核实借款。经查，全市基金会总资产为7亿元，总负债6.36亿元，净资产0.64亿元，借款总额4.96亿元，筹集总额5.58亿元，其中个人股金4.95亿元、占88%。市政府本着“立足于关，着立于并”的指导思想，反复同人民银行、农村信用社研究，协商确认有效资产。因基金会资产质量差，信用社认定有效资产严格，政府又无力注入大量资金，故全市没有一个基金会整体并入信用社，其有效资产分块划转额仅1551万元，占全部借款余额的3.1%。为清收借款，全市组建有2000余人参加的325个催收队，公、检、法、司联合发出通告，敦促借款人限期还款。因基金会关闭，股金由市、镇乡政府承诺分期还本付息；各级政府为确保股金兑付，先后采取向职工借资、冻结预算内外资金、压缩支出、推迟发放工资、基金会资产变现、向上级借款等方式筹集资金。6月5日，开始首期兑付，至月底结束。设兑付点近100个，有1200余人参与兑付工作；共兑付个人股金1.02亿元，占当年应兑付的96.44%。首期兑付后，市委、市政府先后制发《关于农村合作基金会首期兑付后账务及资金管理的通知》《关于农村合作基金会人员解除聘用、借用、临用关系的通知》《关于筹集农村合作基金会第二期兑付资金的意见》。8月初，开展第二阶段清理整顿工作。各镇乡财政所和农经站本着分工合作、互相监督的原则，共同管理基金会财务，具体做到“四专”，即专人做会计（由农经站人员任会计）、专人当出纳（由财政人员任出纳）、专人当保管、专户存储基金会款项。市和镇乡分别成立清整领导小组和清算组，除继续采取必要的经济、行政手段外，重点是依法强制催收。各镇乡从预算内资金中安排10%，从预算外资金中集中30%，从农村提高统筹款中挤出20%，再加上基金会资产变现，一并月于兑付。2000年10月25日，二期兑付工作结束。全市应兑付3.39亿元，实际兑付3.34亿元，兑付率98.5%。2001年6月，区政府办公室印发《资阳市雁江区农村合作基金会遗留资产管理办法（试行）》。区成立农村合作基金会资产管理领导小组，下设农村合作基金会资产管理办公室（挂牌农经局），各镇乡、乡镇企业局设立农村合作基金会资产管理办公室（同农经站合署办公）。原基金会的债权债务由清算组将账目核对准确后移交资产管理办公室。资产管理办公室对承接的资产进行彻底清理，并按要求保障借款的诉讼时效，保证借款的永久追索权。同时，加大清收力度，对收回的借款和资产变卖金，一律存入当地金融机构原基金会兑付专户，每月底将存款按规定上缴区财政局，实行专户储存；对实物资产（包括固定资产、借款抵押物和抵借资产）、无形资产进行分类造册、逐项登记；对确需重新评估的实物资产和无形资产进行重新评估，合理确定其价值；凡出售资产须经有关机构评估，出售价在评估价80%及以上的，由镇乡政府按“公开、公平、公正”原则处置，出售价在评估价80%以下的须报区资产管理办公室审批后方可处置，对一时难以变现的资产，采取租赁承包、入股等形式，盘活资产，确保资产保值增值。

2003年8月，基本完成个人股金兑付，但还有中央专贷、职工集资、信用社贷款等债务近3.2亿元。根据省委文件（川委办发〔2000〕61号）精神，区政府制发《关于进一步加强农村合作基金会遗留资产管理及借款清收工作的通知》，调整区农村合作基金会遗留资产管理领导小组，其下设的区资产管理办公室与乡镇企业资产管理办公室实行合署办公，镇乡资产管理办公室挂靠镇乡财政所。各资产管理办公室按要求核实呆账，并报区资产管理办公室审核后将其从借款中分离出来，摆账销案存档，以供查改。对基金会遗留的固定资产和抵借资产一律实行公开拍卖，对一时难以变现的资产仍采取租赁、承包、入股等形式盘活存量。至此，大规模的清理整顿工作结束，剩余债务全部转入区财政局逐年支付。

五、城区人力客运三轮车经营权改革

1989 年，城区始有营运性人力客运三轮车，总数 180 余辆。同年，县政府委托县公安局牵头成立非机动车管理办公室（又名三轮车管理办公室），负责对经营户的规范管理。1991 年 6 月，人力客运三轮车增至 1002 辆，城区交通管理压力增大。此后 10 年间，县（市）政府严格限制总量，未审批新车上户。2001 年，为安置三峡移民，区政府同意新上户 20 辆。至 2004 年，农户购车 343 辆，占总数的 33.56%（其中城郊农民 191 辆，占总数的 18.68%）；非农户购车 679 辆，占 66.44%（其中机关干部车主 106 户，购车 122 辆，占 11.94%；城镇职工购车 118 辆，占 11.55%）。每辆车日均创收 70～80 元，税金为 450 元/辆·年。因经营权是无偿使用、经营利润可观，故“一主多车”用于出租牟利的现象较普遍，形成了“有车的不蹬车，蹬车的没有车”的状况，私下炒买炒卖经营权的问题亦日益突出，交易均价已至 3 万～4 万元/辆，最高的达 4.38 万元/辆。受利益驱使，部分人采取发布虚假信息等方式左右市场交易价格走向，买低卖高牟取暴利，且卷入者不断增多，甚至有举债购车被“套牢”的。同时，部分老年人自用三轮车、改装货运三轮车、机动三轮车、残疾人自用车也纷纷上街揽客，其数量在一度时期内与正常营运的人力客运三轮车相差无几。城区道路拥挤，交通秩序较为混乱，市、区人大代表、政协委员和群众强烈要求整治。

2004 年，区委、区政府根据《宪法》《地方各级人民代表大会和地方各级人民政府组织法》《中华人民共和国道路交通管理条例》《四川省道路交通管理条例》《四川省小型客运车辆管理规定》和国家计委、省物价局有关文件规定，决定进行城区人力客运三轮经营权改革。实施方案几经修改，并征得省、市交通、运管部门同意和市政府批准，主要内容有：额度限量 1050 辆，首次公开拍卖 1000 辆三轮车的经营权，其余 50 辆适时投放市场；出让年限 6 年，即 2004 年 5 月 1 日至 2010 年 4 月 30 日，经营期满有偿经营权自然失效；出让对象为社会劳动者（国家机关和事业单位工作人员除外）；出让按“公开、公平、公正”原则进行，由区政府委托拍卖公司拍卖；经公开拍卖获得经营权的三轮车的运营实行单双号分别运行；经拍卖取得经营权且又有车辆的，其旧车可以营运；未取得经营权的旧车由区政府收购，收购价为 500 元/辆，不愿交的旧车由车主自行处理，但不可投入营运。

2004 年 4 月 5 日，区委、区政府在雁江剧场召开人力客运三轮车经营权改革动员大会。之后，在《资阳时报》、资阳电视台发布《人力客运三轮车经营权有偿出让公告》《人力客运三轮车经营权使用宣传问答提纲》《拍卖公告》《解决特困车主有关问题的通知》《人民法院公告》《旧三轮车回收公告》《三轮车秩序集中整治公告》《享受低保车主名单公告》《免费提供经营权车主名单公告》《提供困难救济金车主名单通告》，同时，举办新闻发布会，在媒体上开设党政干部、各界人士电话讲话、座谈、访谈专栏，印发宣传资料 3 万份，出动宣传车在大街小巷宣传。4 月 15 日，在区人大、政协、纪检、监察、公证部门的全程监督下，区政府委托智诚拍卖公司在雁江剧场公开拍卖 1000 辆三轮车经营权，拍卖均价 19000 元/辆，总额 1900 万元。

区委、区政府在人力客运三轮车经营权改革过程中，采取多项措施帮扶救助原从业人员：为最困难的22户每户提供1辆车的经营权；给101户困难户每户发放4000元困难救助金；给446户较困难的发放3000元/户的困难救助金；将从业困难的237户776人纳入城市居民最低生活保障范围；给261户原从业人员的339名子女减免学杂费3.96万元，给2005年考上大学的原从业人员子女提供困难补助1.63万元；为特困从业人员中的重大疾病患者提供医疗救助金2万元；将209名从业困难人员的转岗就业纳入全区再就业工程，并承诺只要不挑不选，保证在48小时内提供相应的就业岗位，同时提供免费就业培训。2005年6月，区政府从原三轮车从业人员中筛选出25户，由市、区级领导和25户民营企业对其定向帮扶。8月底，原人力客运三轮车主880人（雁江镇668人，松涛镇76人，宝台镇78人，其他镇乡58人）中已就业666人；未就业人员中符合就业条件、有就业能力的45人，不符合就业条件又无就业能力（年龄偏大、身体不好）和要求过高而不愿意就业的169人。为妥善解决未就业者的困难，区委、区政府成立帮扶工作领导小组，制定"一帮一""几帮一"帮扶制度，将帮扶任务分解到各单位和相关镇乡；有关部门多次组织用工招聘会，引导、推荐其转岗就业。

人力客运三轮车经营权改革之初，原车主数次聚集上访，拥堵区政府大门，集体上街游行，阻断道路交通，辱骂工作人员；部分人员在市委、市政府和区运管所外静坐示威，搭棚露宿。区委、区政府及时向上级汇报，并组织人力维护秩序、宣讲政策。2004年11月25日和次年1月21日，60余名原车主到省人大集访，个别人员进京上访。2005年4月25日，区政府印制《进一步做好三轮车主上访化解工作的宣传提纲》分发给原车主。5月18日，区政府再次对原车主提出的信访事项做出书面答复，同时帮助、教育少数闹访者，训诫无正当理由缠访者，依法处理闹访、缠访组织者。

2005年9月23日，区二届人大常委会第二十一次会议对城区人力客运三轮车经营权改革工作进行审议。会议认为此次改革是依法、按程序进行的，完成了既定任务。同年，国家信访局、国家交通部、省政府信访办分别做出一致性终结性答复：资阳市雁江区城区人力客运三轮经营权改革依据充分、程序合法，予以肯定。

第四节　直属政务

一、行政监察

1988年4月，县监察局成立。1993年3月与县纪委合署办公。监察局成立后，着力维护行政纪律，构建惩治和预防腐败体系，促进行政机关及工作人员廉洁、高效、依法行政。

（一）经济工作重点问题执法监察

1988年起，重点监督监察党委、政府有关经济政策、措施的贯彻落实情况，保证政令畅通。当年，县监察局以"一要开放，二要监察"为指导方针，组织36名干部，采取摸底调查、督促自查自纠和重点抽查相结合的办法清理1979年至1987年的涉外经济合同，重点检查未执行完的两份合同，并向市监察局和县政府书面报告清查情况，提出建议。1990年，开展清理整顿"三乱"监督检查，查出各种乱收费、乱罚款、乱摊派项目216项、金额418.2万元。1991年，开展多层次执法监察12项，重点监察公安系统不合理收费、地方市场封锁、化肥专营3项。1992年后，加大对农村经济发展方面的监察力度，着重开展乡镇财务管理情况的监督检查工作。

（二）农村政策法规执法监察

1988年，在全县区、乡自下而上开展"五清理、三整顿"（清理文件、清理项目、清理超编人员、清理非生产性建设、清理承包，整顿提留统筹费管理、整顿以资代劳、整顿收费与罚款管理）执法监察，推进村务公开和民主管理制度的落实。1996年，开展粮食流通体制改革情况执法监察，促进粮改“三项政策一项改革”和加强粮食市场监管措施的落实，查出违规购销粮食617.23吨，查处违规案件6件。1999年，贯彻执行温家宝总理在内江视察工作时的指示精神，对农村各项经济政策和法规的落实情况进行监督检查。2000—2005年，采取跟踪督办、定期巡视、专项检查、重点抽查等方式，加强对农村税费改革、粮食直补等中央、省、市发展农村经济政策、法规、措施落实情况的监督检查，严格执行农民负担预决算、监督卡、专项审计3项制度，取消涉农收费项目11项，减轻农民负担额2441万元，查处涉农案件13件，通报典型案件2例。

（三）招标投标执法监察

1988—2005年间，监察局采取多项措施加强招标投标执法监察。先后参与安居（广厦）工程、沱江河资阳城区段防洪堤工程、雁江镇城区建设工程、二水厂改扩建工程、九曲河水土保持项目工程等重点工程的招标投标监督监察，确保招投标工作程序合法和公开、公平。2004年，制发《关于进一步加强经营性土地使用权招标拍卖挂牌出让监督检查的通知》，推进经营性土地使用权招标拍卖挂牌出让制度的落实，监督有关部门切实纠正违法批（征）地、非法占地问题；制定《雁江区行政事业单位国有资产处置暂行办法》，明确产权交易范围、处置程序、处置方式、处置收入管理及责任追究办法，有效地防止国有资产流失。区政府设立采购中心后，加强对政府采购的监督监察，规范政府采购信息发布，确保信息公开；推行公开招标确定供应商，跟踪采购办法，提高采购效率，完善采购程序；加强对采购项目的监督检查，督促有关单位公务用车定点保险公开招标、办公消耗品定点采购招标；向区财政局提出建立日常监督机制、集体会审制度等建议，促进政府采购工作规范化管理。健全招标投标监督机制，2005年成立由区政府常务副区长任主任、区纪委书记任副主任，相关区级部门负责人为成员的区招标投标监督委员会，进一步加大招标投标工作的监督力度，建立科学有效的监督机制，从源头上预防和治理腐败。

（四）突出问题监察

1989年，查处个别领导干部用公款修私宅、个别干部拖欠公款、侵占公物、违反计生和殡葬政策等问题。2000年起，对个别政府部门工作不落实、效率低下，甚至设障碍影响发展环境、损害市场主体利益的突出问题进行执法监察。整顿机关作风，杜绝“门难进、脸难看、事难办”现象；取消商业网点建设费、城市道路建设基金、土地开发基金、森林资源建设基金、林业发展基金、企业扶持基金、电网地方附加费等收费项目，为地方经济发展营造良好环境；督察“西部大开发”和“三个转变战略”政策的执行情况，规范政府施政行为，维护政令畅通；开展征地拆迁补偿安置工作专项监督监察，督查拆迁群众住房、征地拆迁补偿、失地无业农民社会保障和再就业的解决和落实情况，协调相关部门制定出台一系列措施，兑现历年征地拆迁补偿费6000万元，产权补偿4500余户，安置返还房5000户，帮助600名失地无业农民就业和22598名符合条件的农民纳入低保。

（五）效能监察

1993年，开展市属国有工业企业转换经营机制和政府经济部门转换职能情况的监督监察。1995年，对“九五”计划和2010年远景目标实施情况进行行政执法监察。1996年，以预算外资金清理和减轻农民、企业负担为重点开展执法监察和效能监察19项，清出21个市直单位预算外资金和私设小金库金额2204.7万元，7个镇乡预算外违纪金额170.2万元。2005年，区监察局为加强机关效能建设，解决“中梗阻”问题，深入8个区属规模企业、招商引资企业、个体私营企业进行调查研究，为区委、区政府拟制《关于加强执行力，提高机关工作效能的规定》。同时，对机关部门首问责任制、办事承诺制、挂牌上岗制、限时办结制落实情况和机关干部上下班纪律进行明察暗访，设置区长热线和机关效能投诉中心，开通投诉电话，形成上下联动的行政效能投诉网络和处理机制，推进廉政勤政建设。

二、外事、侨务

（一）管理机构

1982 年 7 月，资阳县人民政府外事侨务办公室（简称外侨办）成立，时设主任 1 名，配专职干部 2 名，与县政府办公室合署办公。1984 年 6 月，外侨办从县政府办公室分出。1992 年，县旅游局成立，与外侨办合署办公，实行“两块牌子一套班子”的管理模式，称外事侨务旅游办公室，后于 2001 年 12 月并入区政府办公室，设行政编制 4 名，事业编制 1 名。至 2005 年，有在职职工 6 人。1986—2005 年，杨功万、肖前友、刘剑、刘晓琼、兰成宾、任万里先后任外事侨务旅游办公室主任。

（二）对外事务

友好交往　1986 年前，共接待以考察、参观为主的外籍人士 38 批 127 人次。1987 年 7 月，在外侨办及有关部门协调下，欧共体援助项目专家一行 14 人来县实地考察，决定投资 800 万元人民币在松涛镇响水村修建 2 ~ 3 平方公里无水土流失试验站，为综合治理长江中上游流域水土提供科学依据。同年 10 月，协助办理朝鲜平安南道艺术代表团到县访问演出相关事宜。1989 年 1 月 10 日省人民政府批准资阳县为对外开放县后，到县洽谈经贸、投资考察、文化交流、访问、回乡探亲、旅游的外籍人士逐渐增多，外侨办均主动配合相关工作。1990 年 11 月 22 日至 27 日，协助丹麦驻华大使馆在县新华书店举办安徒生童话故事图片展，此系新中国成立后资阳县首次对外文化交流活动。1993 年 4 月，资阳杂技艺术文化交流团 20 人赴日本广岛县、岛根县访问演出；8 月，资阳市政府副市长陈茂福带领经济文化交流团 6 人赴日本盐川町考察；当年外侨办为两次团体性涉外交流活动审报办理多项手续。1986—2005 年，共接待来自美国、德国、澳大利亚、泰国、西班牙、日本、俄罗斯、韩国、巴基斯坦、阿根廷、苏丹、叙利亚、新加坡、意大利、摩洛哥、法国等国家到区考察、参观、访问和贸易洽谈的外籍人士 487 批 1564 人次。

出国（境）管理　1986—1991 年，县内出国（境）人员以因公出访、援外为主。其间，外侨办在出国（境）管理方面一律实行归口管理，严格控制出国（境）团组数量，要求出访单位在出访前必须组织出访人员学习外事方面的有关规定，按照涉外人员手册办事，同时加强涉外保密工作。1992 年，开始办理海外劳务输出手续，2001 年该项工作移交区公安局，外侨办仅负责因公出国事务管理。1986—2005 年，共办理出国（境）手续 207 批 794 人次。

（三）侨务工作

侨情调查　1994 年 4 至 8 月，开展首次侨情普查。据统计，全市有侨务工作对象 316 户 1655 人，其海外亲属共 1500 人。2005 年再次统计，雁江籍华人、华侨和中国港澳同胞共 158 人，其中居住美国 68 人，占总数的 43%；居住加拿大 25 人，占 15.8%。全区华人、华侨和中国港澳同胞中新移民 70 人，占海外侨胞总数的 44%，主要居住在美国（33 人）、加拿大（17 人）、英国（7 人）、澳大利亚（4 人）、日本（4 人）、马来西亚（3 人）、中国香港（2 人）等国家和地区，特点是平均年龄低、文化素质高，所从事行业为科技（36 人）、商业（3 人）、工业（10 人）、教育（9 人）、卫生（5 人）、其他（7 人）。

资阳市雁江区2005年华侨、华人居住国家及中国香港地区人数情况表

表15-7

单位：人

国家或地区	人　数	国家或地区	人　数
美　国	68	新加坡	5
加拿大	25	中国香港	13
英　国	8	缅　甸	11
澳大利亚	5	马来西亚	5
瑞　士	3	瑞　典	1
日　本	4	泰　国	4
韩　国	2	哈萨克斯坦	1
巴　西	1	朝　鲜	1
阿尔及利亚	1	—	—

维权、帮扶　1986—2005年，外侨办、侨联充分利用广播、电视、橱窗、宣传车等工具，广泛宣传党的侨务政策和归侨侨眷保护方面的法律法规，切实维护归侨侨眷和侨属企业的合法权益，妥善解决了部分侨眷住房拆迁赔偿，子女升学、就业、调动等实际困难。每年中秋、国庆和春节前均举办“归侨、侨眷、港澳同胞代表茶话会”、联欢会。定期对困难侨属进行慰问，20年间共慰问216人次，送慰问金5.6万元。为强化对侨属企业的宏观指导，于1991年9月组建县侨务经济学会，支持、帮扶归侨、侨眷兴办和做大做强企业。至2005年，区内多家侨属企业规模不断壮大，效益连续攀升，有的已成为本地区、本行业的重点企业。主要企业有若愚路桥公司、若愚粮业有限公司、侨兴服装有限公司、资阳精工砖机厂。

第十六篇　人民政协

第一章　组织机构

第一节　机构沿革

1981 年 2 月，中国人民政治协商会议四川省资阳县委员会成立。至 1993 年 3 月，政协资阳县委员会历经 4 届，召开 12 次全体会议。1993 年 3 月至 2000 年 11 月，政协资阳市委员会历经 2 届，召开 8 次全体会议。2000 年 11 月，政协第二届资阳市委员会第十一次常委会议决定，中国人民政治协商会议第二届资阳市委员会更名为中国人民政治协商会议第一届资阳市雁江区委员会。至 2005 年，政协资阳市雁江区委员会历经 3 届，召开全体会议 8 次。

第二节　工作机构

政协工作机构包括负责综合协调的办公室和专门委员会。专门委员会的设置和变动由政协常委会议决定。1981 年 2 月，政协第一届资阳县委员会第一次常委会议协商决定，县政协工作机构设 3 委 4 组，即学习委员会、科技委员会、文教委员会、医药卫生组、文史资料组、联络对台妇女组、工商组。1984 年 4 月，设学习、科学技术、文教、联络 4 个委员会和经济建设、医药卫生、妇女、文史资料 4 个组。1985 年 3 月，设学习、联络、文史资料研究委员会和经济技术、文教卫生、青年妇女组。1987 年 3 月，设学习委员会、文史资料研究委员会、祖国统一工作组、计划经济组、农业组、财贸组、文教组、医卫组、群工组。1988 年 4 月，成立政协提案工作委员会，作为办理委员提案的常设机构。1988 年 6 月，设提案委员会、文史资料委员会、农业委员会、文教委员会、法制委员会、祖国统一联络委员会、学习委员会、计划经济委员会、财贸委员会、卫生委员会、群工委员会和诗书画院。1990 年 4 月，卫生委员会更名为医药卫生委员会。1992 年 2 月，将学习委员会与文史资料委员会合并为学习文史委员会，财贸委员会与计划经济委员会合并为经济委员会，文教委员会与医药卫生委员会合并为教育文化卫生委员会，群工委员会与法制委员会合并为社会工作委员会，保留提案委员会、农业委员会和祖国统一联络委员会。1993 年 4 月，设学习、文史资料、提案、经济、农业、教科文卫、社会工作和祖国统一联谊委员会8个专门委员会。1997年4月调整为6个，即提案、学习和文史资料、经济、教育文体卫生、社会工作、祖国统一联谊委员会。政协机关有行政编制24名、事业编制4名，设秘书长（办公室主任）1名、副秘书长（办公室副主任）2名，各委设主任、副主任各1名。2001年12月，设6个专门委员会，即提案、学习文史、财政经济、农业、教育科技文化卫生体育、法制群团民族宗教联谊社会工作委员会。政协机关设行政编制20名，后勤服务、事业编制4名，部门领导职数不变，直至2005年。

政协根据工作需要，曾设置了诗书画院、联谊会等非职能机构。1987年10月成立资阳县政协诗书画院，并列为第四届政协委员会的工作机构，时设院长、副院长、秘书长和专职主任、兼职副主任，有成员60人，于1994年停止工作。1991年11月成立资阳县政协之友联谊会，为县委、县政协领导的具有爱国统一战线性质的群众组织，于1997年12月注销。之后，为继续发挥老政协委员的作用，加强与老政协委员之间的联系，于1998年2月成立资阳市老委员联谊会，至2005年有成员50人。联谊会每月开展1次活动，活动经费由成员自筹一部分，区政协补助一部分。

第三节　政协委员

政协第一届资阳县委员会有委员66名，由17个界别组成。其中中共党员23名，占委员总数的34.8%；非中共党员43名，占65.2%。其间于1982年6月增补7名政协委员。政协第二届资阳县委员会委员153名，由22个界别组成，其中中共党员61名，占委员总数的39.9%；非中共党员92名，占60.1%；知识分子107名，占69.9%；妇女23名，占15%。政协第三届资阳县委员会委员189名，由21个界别组成。其中中共党员74人，占总数的39.15%；非中共党员115人，占60.85%；女委员29人，占15.34%；知识分子153人，占80.95%。其间于1988年2月增补22人为政协委员。政协第四届资阳县委员会委员218名（保留3名），由20个界别组成。其中中共党员87名，占总数的39.9%；非中共党员131名，占60.1%；知识分子154名，占71.1%；妇女31名，占14.2%。其间于1990年8月同意2人辞去政协委员职务，增补委员20人。1991年7月，撤销1名委员。1991年9月，增补2名委员，撤销1名委员。政协第一届资阳市委员会委员260人，由20个界别组成。其中中共党员102名，占委员总数的39.2%；非中共党员158名，占60.8%。其间于1994年2月同意6人辞去委员职务，同时增补委员15名。1995年2月9日，增补委员19名。1995年3月，增补委员1名。1995年12月，撤销1人委员职务，同意7人辞去委员职务，增补委员8名。1996年3月，同意6人辞去政协常委、委员职务，增补3名委员。第二届资阳市委员会委员268人，由19个界别组成。其中中共党员108名，占总数的40.3%；非中共党员160名，占委员59.7%；大专以上文化119名，占44.9%。其间于1999年2月增补委员15名，免去6人政协委员职务。2000年2月，增补21名委员，免去19人委员职务。政协第一届资阳市雁江区委员会委员268名，由19个界别组成。其中中共党员108名，占总数的40.3%；非中共党员160名，占59.7%；大专以上文化119名，占44.9%。其间于2001年2月增补3名委员，免去3人委员职务。2002年2月，增补委员17名，免去17人政协委员职务。政协第二届资阳市雁江区委员会委员268人，实配236人，暂缺32名，由21个界别组成。其中中共党员94人，占总数的40%；非中共党员142名，占的60%。其间于2003年6月，同意2人辞去委员职务。2003年12月，增补委员1名。2004年3月，同意1人辞去委员职务。2005年2月，增加45名政协委员，免去19人委员职务。

历届政协主席会议组成人员名单

表 16－1

单位	届　数	主　席	副主席	秘书长	副秘书长
政协资阳县委员会	一届 1981. 2—1984. 4	卓昆贤	虞现硐、曾学凤、陈世忠、王力胚、林文渊	王克昌	
	二届 1988. 4—1987. 3	黄道华	虞现桐、阳精明、陈世忠、林文渊、石明计	卓靖贤 （1985. 5 补选）	郑碧芯 徐树墉
	三届 1987. 3—1990. 3	李太平	潘常明、陈世忠、石明计、钟瑞华	卓靖贤	
	四届 1990. 3—1993. 3	张鹤甫	潘常明、唐国清、陈世忠、石明计、尹培远、陈富俊	卓靖贤	李光元 徐树墉
政协资阳市委员会	一届 1993. 3—1998. 3	张鹤甫 （1995. 3 以前） 曹荣火 （1995. 3 以后）	唐国清、张庭阔、潘常明、陈世忠（1996. 3 免）、陈富俊、尹培远、于禾（女）、张荣和（1995. 5 增选）、袁守荣（1996. 3 增选）	李光元 （1997. 3 以前） 魏树林 （1997. 3 以后）	魏树林 徐伯荣
	二届 1998. 3—2000. 11	蒋成根	王兴富、张荣和、陈富俊、于禾（女）、袁守荣、罗荣章	魏树林 （1999. 3 以前） 刘世文 （1999. 3 以后）	
政协资阳市雁江区委员会	一届 2000. 11—2003. 2	蒋成根	王兴富、张荣和、陈富俊、罗荣章、于禾（女，2001. 2 免）、叶小安（2001. 2 补选）、杨素梅（2001. 2 补选）	刘世文	—
	二届 2003. 2—2005. 12	魏远英（女）	罗荣章、叶小安、詹斌善、丁吉俐、李梁飚	刘世文	—

第二章　会　议

第一节　全体委员会议

一、政协资阳县委员会

二届三次　1986 年 4 月 3—8 日在县委会议室举行，出席委员 149 名。会议听取并审议通过副主席陈世忠作的县政协二届委员会常务委员会工作报告、副主席阳精明作的县政协二届委员会第二次会议以来提案工作情况报告，讨论通过政协资阳县第二届委员会第三次会议决议。会议认为，坚持改革、振兴经济是新时期的中心任务，县政协应当紧紧围绕这个中心，团结一切可以团结的力量，调动一切积极因素，为振兴地方经济而努力奋斗。全体委员列席了县八届人代会第四次会议。

三届一次　1987年3月9—15日在县政协礼堂举行，出席委员165名，由21个界别组成。会议听取并审议通过副主席陈世忠作的常务委员会工作报告、副主席石明计作的提案办理工作报告，听取县委书记黄道华在政协会上的讲话，选举产生政协资阳县第三届委员会主席1名、副主席4名、秘书长1名、常务委员26名。

三届二次　1988年2月28日至3月3日在县政协礼堂举行，出席委员206名。会议听取并审议通过副主席陈世忠作的题为《贯彻十三大精神，展政协工作新貌，为改革和建设作出更大贡献而奋斗》的第三届常务委员会工作报告、副主席石明计作的县政协三届一次会议以来提案办理工作报告。讨论通过政协资阳县第三届委员会第二次会议提案审查情况报告，讨论通过政协资阳县第三届委员常委会工作报告决议。会议认为，中共十三大给统一战线和人民政协工作提出了新的更高的要求，人民政协肩负着繁重的任务；会议号召全体委员要不辱使命，努力作出新贡献。

三届三次　1989年3月14—17日在县政协礼堂举行，出席委员210名。大会听取并审议通过副主席陈世忠作的题为《贯彻整治方针，发挥职能作用，为改革开放和两个文明建设作出新贡献》的常务委员会工作报告、副主席石明计作的提案工作报告。会议期间，主席李太平作题为《发挥政协多功能作用，在治理整顿和深化改革中作出贡献》的讲话，副主席潘常明传达省政协六届二次会议精神。会议要求全体委员继续深入学习贯彻中共十三届三中全会精神，在"治理经济环境，整顿经济秩序，全面深化改革"中充分发挥协商、监督作用，牢固树立生产力标准观念，为振兴资阳经济、促进社会主义民主政治建设和加强社会主义精神文明建设以及促进祖国统一不断作出贡献。

四届一次　1990年3月11—18日在县图书馆会议室举行，出席委员215人。大会听取并审议通过副主席陈世忠作的常务委员会工作报告、副主席石明计作的提案工作委员会工作报告。与会委员学习《中共中央关于坚持和完善中国共产党领导的多党合作和政治协商制度的意见》和中共中央十三届六中全会公报，听取县委书记黄道华所作的题为《同心奋斗，合力兴邦，维护国家长治久安》的讲话。全会坚决拥护党中央处置1989年北京春夏之交政治风波采取的果断措施，讨论通过提案审查报告和大会决议，号召全体政协委员高举社会主义和爱国主义旗帜，充分运用联系广泛的优势，努力发挥政协整体功能作用，积极参政议政，献计出力。大会选举四届委员会主席1名、副主席6名、秘书长1名、常务委员26名。

四届二次　1991年3月24—29日在县图书馆会议室举行，出席委员258人。会议听取并审议通过副主席陈富俊作的常务委员会工作报告、副主席陈世忠作的提案工作报告，讨论和通过提案审查委员会关于四届二次会议提案审查意见的报告和政协资阳县第四届委员会第二次全体会议决议，听取县委书记黄道华作的题为《切实加强党的领导，充分发挥人民政协在改革开放和两个文明建设中的职能作用》的报告。

四届三次　1992年3月16—20日在县农业局会议室举行，出席委员269人。会议听取并审议通过副主席陈富俊作的常务委员会工作报告、副主席陈世忠作的提案工作报告，听取和讨论县委书记曹荣火的讲话，讨论通过政协资阳县第四届委员会第三次会议提案审查情况报告和政协资阳县第四届委员会第三次会议决议。会议号召委员和各界人士，团结一切可以团结的力量，调动一切积极因素，在中共资阳县委的领导下，为推进全县十年规划和"八五"计划宏伟目标的实现及农村小康宏伟蓝图的实施作出新的贡献。

二、政协资阳市委员会

一届一次　1993年2月28日至3月5日在市农业局会议室举行，出席委员250名，会议听取并审议通过副主席陈富俊作的常务委员会工作报告、副主席陈世忠作的提案委员会工作报告，听取并讨论市委书记曹荣火的讲话。会议要求全体委员要按照市委、市政府提出的经济发展战略，充分发挥政协人才荟萃的优势，促进现有工业技术改造，大力发展二、三产业，加快市场体系建设，为资阳经济建设上新台阶做出贡献。大会选举政协资阳市第一届委员会主席1名、副主席7名、秘书长1名、常务委员32名。

一届二次 1994年3月15—17日在市政协礼堂举行，出席委员258人。会议听取并审议通过副主席陈富俊作的常务委员会工作报告和副主席陈世忠作的提案工作报告，听取市委书记曹荣火的报告，听取并通过大会提案审查报告和大会决议。会议号召全体委员要在建立现代企业制度、改善投资环境、发展非公有制经济、发展“三高”农业、增加农民收入、贯彻实施《中华人民共和国教师法》和普及九年制义务教育、加强社会治安综合治理、反腐倡廉等方面献计出力。

一届三次 1995年3月7—11日在市政协礼堂举行，出席委员261人。会议听取并审议通过副主席陈富俊作的常务委员会工作报告和副主席陈世忠作的提案工作报告，听取和通过大会提案审查报告和大会决议。会议指出，市政协要继续服从和服务于“抓住机遇，深化改革，扩大开放，促进发展，保持稳定”这个工作大局，充分履行政治协商、民主监督和参政议政职能。大会增选曹荣火为主席，张荣和为副主席，邓元松、叶小安、张汉义3人为常务委员。

一届四次 1996年3月19—22日在市政协礼堂举行，出席委员252人。会议听取并审议通过副主席陈富俊作的常务委员会工作报告、提案委主任刘世文作的提案工作报告，听取并通过提案审查报告和大会决议。会议强调，全体委员要围绕“两个根本转变”和实施“九五”计划，坚持“两手抓，两手都要硬”的方针，针对本市政治、经济和社会生活中的热点、难点问题，着力为强化农业基础、实施科教兴市战略、推进国有企业改革、保持社会稳定、加强社会主义精神文明建设和民主法制建设等方面建言献策，为贯彻“和平统一”和“一国两制”的基本方针，促进祖国统一大业做出新贡献。大会补选袁守荣为副主席，邓明刚、李木元、吴建平、周月霞4人为常务委员。

一届五次 1997年3月11—13日在市政协礼堂举行，出席委员214人。会议听取并审议通过副主席陈富俊作的常务委员工作报告和提案委主任刘世文作的提案工作报告，通过提案审查报告和大会决议。会议强调，政协委员要围绕全面实施“九五”计划及2010年远景目标纲要，坚持“两手抓，两手都要硬”的方针，为实现“富民兴市”奋斗目标献计出力、再立新功。大会补选魏树林为秘书长，刘世文、李汝远、许志勋为常务委员。

二届一次 1998年2月28日至3月4日在政协礼堂举行，出席委员259人。大会听取并审议通过副主席陈富俊作的常务委员会工作报告和提案委主任朱俊芳作的提案委员会工作报告，通过提案审查报告和大会决议，听取了市委书记肖刚勇的讲话。会议要求新一届政协委员要紧紧围绕全市工作大局，履职尽责，为全市经济和社会事业的发展作出新的贡献。大会选举政协主席1名、副主席6名、秘书长1名、常务委员42名。

二届二次 1999年3月7—10日在市委四楼会议室举行，出席委员276人。大会听取并审议通过副主席王兴富作的常务委员会工作报告和朱俊芳作的提案工作报告，听取市委书记郭云放的讲话，通过提案审查报告和大会决议，选举刘世文为秘书长。会议要求全体委员要贯彻党的十五大精神，坚持以经济建设为中心，正确处理改革、发展、稳定的关系，为本地区经济发展、社会进步再立新功。

二届三次 2000年3月6—9日在市委四楼会议室举行，出席委员284人。会议听取并审议通过副主席王兴富作的常务委员会工作报告和提案委主任朱俊芳作的提案工作报告，听取了市委书记郭云放的讲话，通过提案审查报告和大会决议。大会补选朱金文、廖荣江为常务委员。会议指出，政协委员要紧紧围绕市委“稳定发展农业、突出特色农业；重点发展工业、培育支柱产业；突破第三产业、搞活商贸流通；提高经济效益、建设经济强市”和“巩固计生成果，强化作风建设，加大综治力度，保持社会稳定”的基本思路，切实履行好政治协商，民主监督和参政议政的职能。

三、政协资阳市雁江区委员会

一届一次　2000 年 11 月 7 日召开，出席委员 254 人。大会同意政协第二届资阳市委员会更名为政协第一届资阳市雁江区委员会，本届任期 2 年。会议听取区委书记郭云放、政协主席蒋成根的讲话，同意袁守荣辞去政协常委、副主席职务。

一届二次　2001 年 2 月 19—22 日在区委四楼会议室举行，出席委员 261 名。会议听取并审议通过副主席王兴富作的常务委员会工作报告和提案委主任朱俊芳作的提案工作报告，听取区委书记郭云放作的题为《认清形势，扎实工作，推动全区经济跨越式发展和社会全面进步》的报告。大会通过提案审查报告和大会决议，补选叶小安、杨素梅为副主席。会议指出，政协工作要全面贯彻落实“三个代表”重要思想，坚持以经济建设为中心，以加快发展为主题，以服务城市、强化集镇、富裕农村为重点，广泛开展专题调查，积极建言献策，进一步拓宽民主监督、参政议政渠道，努力为新区建设服好务。

一届三次　2002 年 3 月 4—7 日在区委四楼会议室举行，出席委员 303 人。会议听取并审议通过副主席王兴富作的常务委员会工作报告和提案委主任王周蓉作的提案工作报告，听取区委书记文岳的讲话，通过提案审查报告和大会决议。会议强调，全体政协委员要围绕区委一届二次会议确定的“优化经济结构，培育支柱产业；营造发展环境，提升开放实效；合理配置资源，凸显区位优势；加强作风建设，切实为民服务；加快发展速度，经济强区”的发展思路开展工作。

二届一次　2003 年 2 月 21—25 日在区委四楼会议室举行，出席委员 226 人。会议听取并审议通过政协主席蒋成根作的常务委员会工作报告和提案委主任王周蓉作的提案工作报告，选举魏远英为主席，罗荣章、叶小安、詹斌善、丁吉俐、李梁飏为副主席，刘世文为秘书长，选出常务委员 41 人。大会通过二届一次会议提案审查委员会关于二届一次会议提案审查情况的报告和政协第二届资阳市雁江区委员会第一次会议决议。

二届二次　2004 年 2 月 23—26 日在区委四楼会议室举行，出席委员 224 名。会议听取并审议通过副主席詹斌善作的常务委员会工作报告和提案委主任王周蓉作的提案工作报告，审议通过二届二次会议提案审查委员会关于二届一次会议以来提案审查情况的报告和政协第二届资阳市雁江区委员会第二次会议决议，听取区委书记陈华强的讲话，增补常务委员 4 名。会议指出，全体委员要认真履行职责，积极建言献策，为建设丘陵经济发展示范区作出贡献，创造新业绩。

二届三次　2005 年 3 月 7—10 日在区委四楼会议室举行，出席委员 293 人。会议听取并审议通过副主席詹斌善作的常务委员会工作报告和王周蓉作的提案工作报告，审议通过二届三次会议提案审查委员会关于二届二次会议以来提案审查情况的报告和政协第二届资阳市雁江区委员会第三次会议决议，听取区委书记陈华强的讲话。会议号召全体委员要坚持科学发展观，积极参与国有企业改革，探索城乡统筹发展方式、注重解决“三农”问题，大力加快科技、教育、文化、卫生事业的改革和发展，切实维护社会稳定，共同构建和谐社会，为把雁江建设成为全省丘陵经济示范区而奋斗。

第二节 主席会议

主席会议由政协主席、副主席、秘书长组成，负责处理常务委员会的日常工作。主席会议由主席主持，也可由主席委托的副主席主持，一般每月召开1次，必要时可以临时召开。根据会议议程的需要，专门委员会主任、副秘书长、办公室负责人以及与会议议题有关的其他部门负责人可列席主席会议。主席会议的主要任务是：在常务委员会闭会期间，讨论处理常务委员会的日常工作；协商讨论本地区的重要工作；审议以政协主席会议或以政协名义提交同级党委、政府的重要建议、重要调查或视察报告、委员的重要提案；决定常务委员会议召开的日期、议程，审议提交常委会议的文件和有关机构设置及人事安排；审议常务委员会的工作要点和工作报告（草案）；讨论决定委员视察、考察、专题座谈会等重要活动；审议专门委员会年度计划，听取专门委员会工作总结，指导协调专门委员会工作。

政协资阳县委员会主席会议 1981年2月至1993年3月经历4届，共召开65次主席会议，其中第一届召开12次、第二届召开11次、第三届召开11次、第四届召开31次。

政协资阳市委员会主席会议 1993年3月至2000年11月经历2届，共召开91次主席会议，其中第一届召开59次、第二届召开32次。

政协资阳市雁江区委员会主席会议 2000年11月至2006年11月经历2届，共召开52次主席会议，其中第一届召开16次、第二届召开36次。

第三节 常务委员会议

政协常务委员会议由主席、副主席、秘书长和常务委员组成，主席主持常务委员会议的工作，副主席、秘书长协助主席工作。常务委员会举行会议时，本会非常务委员的副秘书长、专门委员会副主任、办公室副主任以及与会议有关的其他人员可邀请列席，视会议内容需要可邀请驻区的市政协委员列席。常务委员会会议一般每季度举行1次，必要时可临时召集；会议日期、议程由主席会议决定；必须在全体组成人员过半数出席方能举行，由主席主持或主席委托的副主席主持；会议议案或其他需要表决的事项须经常务委员会全体组成人员过半数通过方能生效。常务委员会的工作范围是听取本级党委、政府及其所属部门关于贯彻执行党和国家方针政策的情况及地方主要事务的报告或说明，经协商讨论后提出意见和建议；协商讨论本级党委、政府的重大决策、措施以及爱国统一战线和群众生活普遍关心的重大问题，提出建议、意见和批评；审查本会重要的视察报告、专题调查报告和建议案；审议各专门委员会年度计划和工作总结报告，听取并审议专门委员会的重要工作汇报。

政协资阳县委员会常务委员会议 1981年2月至1993年2月经历4届，共召开59次常务委员会议，其中第一届召开17次、第二届召开12次、第三届召开14次、第四届召开15次。

政协资阳市委员会常务委员会议 1993年4月至2000年11月经历2届，共召开48次常务委员会议，其中第一届召开27次、第二届召开11次。

政协资阳市雁江区委员会常务委员会议 2000年11月至2005年12月经历2届，共召开24次常务委员会议，其中第一届召开10次、第二届召开14次。

第三章　职能工作

第一节　政治协商

区政协对区内政治、经济、文化和社会生活中的重要问题在决策之前和决策执行过程中进行协商。根据《关于政治协商、民主监督的实施细则》，协商分四个层次：全体委员会全面协商全局工作，主席会议协商重大问题，常委会议专题协商相关工作，专门委员会对口协商具体工作。

全面协商　在政协每年召开的全体委员会期间，委员们听取“一府两院”工作报告、财政预决算报告、国民经济和社会发展计划报告后，充分开展协商讨论。自1981年政协资阳县委员会建立以来，共召开26次全体委员会议。每次会议均对政府所取得的成绩给予充分肯定，对存在的问题进行深刻的分析，对发展提出具有科学性、前瞻性、可操作性的意见和建议，为党委、政府的决策提供重要的参考。20世纪80年代，主要围绕落实和完善农村联产承包责任制、发展乡镇企业、减轻农民负担、遏制社会“三乱”之风、加快改革开放的步伐、促进县域经济发展、加强重大项目建设、探索工业企业承包和改制、行政体制改革等工作开展协商，特别就教育发展、社会主义精神文明建设、计划生育等社会事业以及人民群众关心的干部作风、物价、社会治安、服务质量、食品安全、老年人合法权益、妇女儿童权益保护等热点问题开展协商。20世纪90年代，将农村经济体制改革、城市经济体制改革、行政体制改革、事业单位体制改革作为协商的主要内容，就农村经济建设、行政区划调整（撤乡并镇、合村并社）、基层政权建设、农村基础设施建设提出合理化的意见和建议；就深化国有企业改制、大力发展民营经济、提高第三产业份额、减轻企业负担、建设中等城市的构想、教育兴市、科教兴市等战略问题进行全面协商。此后，协商内容以工业强区、畜牧强区为重点，围绕加快城市化进程、建设丘陵经济示范区目标，着重就工业园区建设、招商引资、重点项目建设、民营企业发展、优化发展环境等方面开展协商，就农村合作基金会整治后的债权债务问题、农业产业结构调整、农业产业化龙头企业发展与扶持、生猪基地建设、新农村建设社会保障体制建设、解决失地农民生计、关心特殊弱势群体、社会治安综合治理、加强党风廉政建设、加强民主与法制建设、促进社会和谐稳定等方面提出建议和意见。

重点协商　政协主席列席区委常委会议和书记办公会议、副主席列席区人大常委会议和区政府常务会议，就全区经济、政治、社会事业以及干部人事工作等方面提出意见和建议，还就将区委、区政府提请主席会议协商和主席会认为需要协商的事项进行协商。重点协商的主要内容包括：全区经济社会发展的五年计划和十年规划及其执行情况，经济发展战略方案，党委、政府工作报告的结构和内容，维护社会稳定和社会治安综合治理措施，政治文明和精神文明建设方略，一、二、三产业经济结构调整的措施及步骤，重大人事任免，群众关心的热点问题和难点问题，改革、开放、发展和稳定问题，城市资源配置改革方案，反腐倡廉措施，民营经济发展，依市兴区、项目带动问题，工业园区建设和发展等。历届主席、副主席结合当地实际，就重大问题提出的意见和建议被各届党委、政府采纳，推动了决策民主化、科学化进程。

专题协商 政协党组每年年初根据党委、政府的工作安排，经广泛征求部门和同级党政分管领导的意见后确定协商议题，报党委批复后组织实施。至2005年，政协共召开25次常委会，协商55个专题。在经济建设方面专题协商了“七五”“八五”“九五”规划、国有企业改革、非公有制经济发展、招商引资、乡镇企业发展、财政审计、金融税务等事项，在“三农”方面重点就责任制完善、小康村建设、农业产业化经营、龙头企业发展、绿化达标、国土管理与耕地保护、环境保护、农业科技推广与普及、减轻农民负担、增加农民收入、组织劳务输出、加大农业基础设施建设等进行专题协商，在社会事业发展方面着重就教育布局、教育质量、学生素质、教师队伍建设、学校收费、计划生育管理、文化广场建设与管理、社会主义精神文明建设、社会治安综合治理、重要人事任免、行政执法、党风廉政建设等进行专题协商，在基础设施建设方面就城市规划、开发区规划、能源、交通、邮电、通讯、文化娱乐、广播电视、小城镇建设、乡镇卫生院建设等开展专题协商。

对口协商 各专门委员会与政府各职能部门进行对口工作协商，协商形式一般是派员参加政府各职能部门的工作会或总结会、会同有关部门开展专题调查研究、参与对口联系部门开展的行风评议、对政府工作部门提建议案、组织委员视察、向相关部门及时反映社情民意、拟制专委会提案。各专委会对口情况为：财政经济委员会对口发改局、物价局、统计局、经济局、交通局、海事处、商务局、招商局、粮食局、供销社、工商局、质监局、食品药品监督局、烟草专卖局、建设局、环保局、沼气局、旅游局、行政服务中心、安监局、财政局、审计局、国税局、地税局、侯家坪工业区管委会、金融部门、企业工委，农业委员会对口农办、农业局、林业局、水利局、农经局、畜牧局、水产渔政局、畜牧中心、气象局、农机局、国土局，教科文卫体委员会对口教育局、文化体育局、卫生局、人口和计生局、广电局、科技局、科协，法群民宗联谊委员会对口共青团、妇联、台办、侨联、侨务、监察局、文明办、民盟、总工会、法院、检察院、公安局、司法局、宗教局、民政局、老委会、残联、人事局、劳动局、档案局、社保局、就业局、机保局、农保局、政法委、武装部、法制局、武警中队、消防中队。

第二节 民主监督

1986年起，区政协组织社会各界人士人对区政府及其工作部门的履职情况给予客观公正的评价，评议内容包括班子、干部队伍、思想作风、行业作风、行政效能、党风廉政建设等方面，方式分为集中评议和个别评议。至2005年，政协结合党政中心工作多次开展民主评议，具有较大影响的有医疗卫生行风建设情况评议和民营经济发展环境评议。1997年5月至7月，市政协组织政协委员和各界人士重点对市人民医院和中医院等单位进行调查评议，针对医疗系统技术水平、服务质量、收费和药品价格等方面存在的问题提出改进意见和建议，促进了全市医风医德的转变。2004年3月至5月，为落实区委提出的“环境兴区”战略，区政协采取市区联动方式，先后深入50余个民营企业和相关部门，重点调查了解民营经济发展中取得的成绩和存在的问题，就有关政策的落实、政府职能转变、行政审批制度改革、优化法治环境情况、职能部门的服务水平和执行力建设方面提出建议和意见，受到市区党委政府重视，并作为整治发展环境、改进部门工作的重要依据。

第三节 参政议政

一、提案工作

县三届政协期间设立提案工作委员会，配备专职主任、专（兼）职副主任。市一届政协后，随着《提案工作条例》的颁布实施，提案工作日益规范。2003年起，区政协在提案征集前首先发《致委员一封公开信》，通报全区工作重点，包括经济运行、社会事业发展和区委工作指导思想、重大项目建设、农村“三农”政策、民主与法治建设等情况；在提案选择、写作等方面对委员进行指导；在提案审查过程中严把质量关；在提案交办中明确办理对象、办理要求；在办理中注重探索新方式，采取集中办、面商办、现场办等形式提高办理质量。在每年的全体委员会上，提案委均要将提案征集、审查、立案、交办、办理和信息反馈、办理质量等情况向委员作全面报告，委员对提案办理的满意率均在95%以上。20余年间，区政协共收到民主党派、团体、政协专委会和委员提案3180件，其中受表彰的优秀提案207件；先后有86个单位被评为提案办理先进单位、67人（次）被评为先进个人。

1984—1986年（第二届县政协），收到委员提案208件，其中教、文、卫、体方面的73件，占提案总数的35%；经济建设和发展方面的88件，占42%；其他方面的47件，占23%。1987—1989年（第三届县政协）收到委员提案422件，其中教、文、卫、体方面的136件，占提案总数的32%；经济建设和发展方面的202件，占48%；其他方面的84件，占20%。1990—1992年（第四届县政协）收到委员提案465件，其中教、文、卫、体方面的139件，占提案总数的30%；经济建设和发展方面的154件，占33%；其他方面的172件，占37%。1993—1997年（第一届市政协）收到委员提案662件，其中教、文、卫、体方面的173件，占提案总数的26%；经济建设和发展方面的345件，占52%；其他方面的144件，占22%。1998—2000年（第二届市政协）收到委员提案408件，其中教、文、卫、体方面的95件，占提案总数的23%；经济建设和发展方面的213件，占52%；其他方面的100件，占25%。2001—2005年区政协收到委员提案751件，其中教、文、卫、体方面的152件，占提案总数的20.2%；经济建设和发展方面的369件，占49.1%；其他方面的230件，占30.7%。

二、视察调研

视察调研工作本着“小型、专题”的原则进行，先由政协主席会议确定视察内容，再由各专门委员会组织实施。在组织视察活动之前，政协主席会议结合党委、政府的中心工作，认真拟定视察事项，做到有的放矢。在视察过程中，委员们采取听、看、议、座谈等形式了解情况，客观提出意见和建议。1985—1990年间有零星的、间断性的视察活动。自一届市政协起，视察调研工作逐步规范，原则上每年组织1次视察活动，特殊情况则临时组织部分委员开展专项视察活动。委员视察调研工作一般按城区委员和镇乡委员分组进行，结束后各组撰写视察报告报送区委、区政府和相关部门。1986年至2005年，共组织视察活动416次，视察的内容包括工业企业生产、经营，经济体制改革，乡镇企业和民营经济发展，国土开发利用，禁毒工作，青少年教育，教育、医卫、文化事业的建设和改革，社会发展、稳定，计划生育工作，生态环境保护，工业园区建设，农业科技运用，畜牧业“千万工程”，无公害农业、“三高”农业、农民增收，农业产业化经营，城乡市场建设，城市规划建设与旧城改造，司法体制改革和行政执法等。

三、专题调研

1985年，县政协开始组织委员开展专题调研工作。为提升调研工作质量，先后于1991年、1994年制定《政协工作如何围绕经济建设发挥作用的意见》《关于努力为经济建设服务，把参政议政提高到一个新水平的意见》。专题调研围绕党委、政府中心工作开展，由政协主席会议确定调研课题，事前拟定调查提纲，确定调查方式、步骤和内容，调研过程中注重跟踪调查、督促落实；凡属重大的经济发展战略均要组织系列调查，对专业性强的调查项目，邀请政府相关部门参加，确保调研成果具有超前性和可操作性。1986—2005年，共撰写专题调研文章216篇，多项调研成果被当地党委、政府的《工作简报》《办公室通报》《政务调研》《政策研究》转发和《信息摘报》《家庭与生活》《内江人口报》《四川政协报》《中国党政干部优秀论文》《资阳人》等报刊杂志登载。

四、政协建议案

政协围绕本地经济、社会发展的重大问题和社会各界反映强烈的事项组织调研并提出建议案。建议案的议题交政协常委会议通过后方可实施，调研结束后形成文件抄送政府和相关部门。至2005年，政协共向政府提出3次建议案。1990年8月，县政协四届三次常委会通过《关于进一步发展侨兴企业》的建议案，建议县政府当年继续免征侨兴公司所得税，帮助其拓展经营业务范围，并在人员、设备、技术力量和管理方面对侨兴康复医院给予指导和扶持。1997年6月，市政协一届二十四次常委会通过《关于切实加强生猪税费征管》的建议案，建议取消屠宰税按人头、田亩平摊的做法，执行“看槽建卡、凭票销卡”制度，统一征收税费标准；严格执行“定点屠宰、集中检疫、统一纳税、分散经营”的管理办法，建立偷税漏税举报制度，把生猪税费征管工作纳入镇乡干部的考核内容。1999年2月，市政协二届三次常委会通过《关于进一步加快我市个体私营企业发展》的建议案，建议加强领导、理顺关系、落实政策、支持个私经济不断开拓新的领域，开展个私经济发展情况调查，强化对业主的教育、培训工作。政协在建议案中向政府提出的建议和意见，政府均高度重视，并以文件形式及时答复。

五、社情民意

政协向党委、政府反映社情民意是履行参政议政职能的又一种形式，旨在让党委、政府及时了解并妥善解决经济、社会生活中一些亟待解决的问题，为科学决策提供智力支持。该项工作始于1999年，至2005年共收集整理、编印14份（期）。主要内容如下：

资阳市雁江区1999—2005年社情民意情况反映表

表16-2

序号	反映内容	整理时间
1	农村合作基金会清理整顿不可松劲	1999.4.11
2	来自政府“公告”前的议论——合作基金会兑付群众的感叹	1999.4.14
3	个体私营者有“十盼”	1999.6.1
4	今年农业形势严峻千万不可掉以轻心	1999.5.11

续表

序号	反映内容	整理时间
5	为经济建设设计，为市委市府献策	2000. 3. 10
6	加强精神文明建设，促经济发展，保社会稳定	2000. 3. 10
7	扩修祥加公路刻不容缓	2001. 8. 22
8	关于资阳中学创国重的建议	2003. 2. 10
9	关于加大国企改革力度的建议	2003. 4. 24
10	大春播种在即，旱片死角群众心急如焚	2003. 4. 29
11	众志成城、科学防治、战胜“非典”	2003. 5. 9
12	挽留企业，留住财源	2003. 5. 20
13	养羊大户如何度过草料饥荒	2003. 9. 10
14	区政协二届三次会议部分建议	2005. 3. 16

第四节　文史工作

各届政协均注重文史资料的征集、研究、编辑工作。至2005年，共编辑《资阳文史资料》和《雁江文史资料》11辑、354篇，字数150余万字。文史资料题材广泛，内容丰富，包括名人史志、革命先烈事迹、地方工商业发展史、地方宗教文化概况、建置沿革史话、地方轶史趣闻、文化古迹发掘和诗辞歌赋、书画摄影作品、政协委员风采等。每辑文史资料都体现政协工作的统战性、“三亲”（亲见、亲闻、亲历）性、资料性、可读性，符合存史要求，具有资政、育人的作用。

第十七篇 民主党派与工商联

第一章 中国民主同盟资阳市雁江区委员会

第一节 组织机构

1984年4月，中国民主同盟（后简称民盟）资阳县支部委员会成立。时有盟员15人，至1986年增加到18人。1989年4月，民盟资阳县委员会成立，当年全县有盟员45人。1993年3月，民盟资阳县委更名为民盟资阳市委。1995年，民盟资阳市委下设资阳中学、资阳市第一人民医院、科技、机关、资阳内燃机车工厂5个基层支部。1998年，新组建市第二中学支部；全市有基层支部6个，盟员84人。2000年11月，民盟资阳市委更名为民盟资阳市雁江区委。2005年，民盟资阳市雁江区委内设组织部、宣传部、社会服务部、办公室和参政议政委员会、教科文卫委员会、老龄委、妇工委等工作组，下设机关、二中、资阳中学、科技4个基层支部，共有盟员93人，主要来自教育、卫生、科技、文化等界别，文化程度全部为大专以上，具中高级职称的占75%。1986—2005年，先后有9人（次）任民盟内江市委委员和候补委员、2人任民盟四川省第八届委员会委员、1人当选民盟全国九大代表，历任民盟主任委员有彭禹九、尹培远、陈道全、吴建平。

第二节 盟员大会

一、资阳县第一届盟员大会

1989年4月24日召开，大会选举产生民盟资阳县第一届委员会，选举委员6人，选举彭禹九为主任委员、尹培远为副主任委员，设顾问3名。

二、资阳县第二届盟员大会

1992年4月22日召开，参会盟员46人，会议选举产生民盟资阳县第二届委员会，选举委员5人、候补委员1人，选举尹培远为主任委员、陈道全为副主任委员，设顾问4人。

三、资阳市第一届盟员大会

1993年3月，资阳县第二届盟员大会更名为资阳市第一届盟员大会，不再重新选举盟市委，盟委委员不变。

四、资阳市第二届盟员大会

1997年4月25日召开，应参会盟员65人，实到52人。大会选举产生民盟资阳市第二届委员会，选举委员7人，选举陈道全为主任委员，吴建平、王长培为副主任委员。

五、资阳市雁江区第一届盟员大会

2000年11月撤市设区，资阳市第二届盟员大会更名为资阳市雁江区第一届盟员大会，不再选举盟区委，委员由原市委委员继任。

六、资阳市雁江区第二届盟员大会

2002年1月30日召开。大会选举产生民盟资阳市雁江区第二届委员会，选举委员7人，选举吴建平为主任委员，刘德根、廖荣江为副主任委员。

第三节 职能工作

一、参政议政

1986年后，先后有24名（次）盟员当选县级以上人大代表，其中省人大代表2人、市人大代表5人；57人（次）担任县、市级政协委员，其中6人为市政协委员；15人（次）任县（市、区）政协常委，2人为政协副主席。民盟雁江区委每年都在盟员中征集议案、提案，经讨论后提交人代会、政协会。据统计，1986—2002年，盟员撰写提案、议案538件，有42件被评为个人优秀提案、13件被评为集体优秀提案，其中《关于资阳职业技术教育的现状及发展的建议》《关于猪羊养殖产业化及组建集团公司的建议》被列为甲级提案办理，另有5件提案被区政府《政务调研》全文转发。其间，9人（次）被评为优秀政协委员。2002—2005年，区民盟向区政协提交集体提案13件，提交个人提案、议案109件，其中《加强网吧管理》《加快农村土地流转的建议》等15件获区政协优秀个人提案奖，《关于缓解县乡政府负债的建议》《关于大力发展农村循环经济的建议》被市政协评为优秀提案，《进一步巩固农村税费改革成果》被省民盟作为集体提案向省政协九届一次会议提交，受到盟省委表彰；12人（次）获区政协优秀委员称号。2004年，盟员提交的《关于加快失地农民职业技术培训的建议》被列为区二届人大二次会议1号议案，受到区政府重视并很快采纳；《关于加强东门防洪堤管理的5点建议》被市水利局全部采纳；《农村税费改革存在的问题及建议》和《建议取消农业税》分别被全国政协《政协信息》《政协信息要目》刊用。

1986—2005年间，共有1500余人次受邀参加中共地方党委、政府及人大、政协组织的协商会、情况通报会、座谈会和视察调研活动，就政府部门工作、经济建设、文教、卫生、科技发展、反腐和重要人事安排等方面提出意见、建议。2000年国家实施西部大开发战略后，盟区委组织盟员参加

“迎接西部大开发，我们怎么办”的研讨活动，为西部大开发建言献策。当年，《资阳盟讯》刊出盟员研讨文章32篇。民盟雁江区委在参政议政的同时，发挥民主党派的监督作用，至2005年，先后有5人被区级党政机关和公检法部门聘为党风监督员、纪检监察员、干部监督信息员和特约检察员，1人为市法院廉政监督员。

二、服务社会

盟员立足本职岗位，发挥专长，服务社会。特别是教育、科技和卫生界的盟员，在教育教学改革、农业产业化经营和医疗技术攻关等领域作了积极的探索并取得成效。1989年，民盟资阳县委承办四川函大资阳辅导中心，3年内招收函大（两年制、三年制）学员441人、单科171人，办班46个，函授学员987人次。此后，区民盟为适应市场经济需要创办行知中学，以职业技能教育为特色，为社会培养初级技术人员；毕业学生就业率较高，工作后多为单位技术骨干；学校多次被教委评为“社会力量办学”先进单位。1998—2002年，有298名盟员被评为县级以上先进个人、24人获县级以上科技进步奖，在各级学术刊物上发表论文358篇。至2005年，先后有41人担任区内各部门和单位副科级以上领导干部，2人被民盟省委表彰为优秀盟员。

三、思想建设

民盟雁江区委把提高盟员政治思想素质作为重要工作，根据执政党不同时期的路线、方针、政策开展形式多样的爱国主义、社会主义、国情形势教育和盟史教育，增强盟员接受共产党领导的自觉性，继承和发扬民盟爱国、民主、团结、进步的光荣传统，坚定与执政党合作共同建设国家的信念。20世纪80年代，在盟员中进行科教兴国战略和社会主义精神文明教育，90年代开展以学习邓小平理论为核心的思想教育活动，2001年开展学习江泽民“七一”讲话和“三个代表”重要思想活动，2003年后开展以人为本的科学发展观教育。至2005年，民盟雁江区委为加强思想建设工作，先后选派16人次到市、区两级党校学习，选送2人到省社会主义学院培训。

第二章　工商业联合会

第一节　组织机构

1986年6月，资阳县工商业联合会（简称工商联）恢复成立，内设组织宣传组、咨询服务组、办公室，有职工3人。至年底共有会员503人，会员多为国营、集体企业从业人员和城镇个体工商户，其中463人为重新登记的老会员。1987年4月，先后恢复南津、中和、小院、保和、丹山5个区的工商联基层委员会，9月新组建伍隍、祥符、丰裕3个基层委员会。1988年，工商联成立经济实体管委会。1990年，全县9个区设有工商联基层委员会，各基层委员会设主任委员1名、副主任委员3名，共有会员666人。1992年撤区并乡建镇后，全市22个镇乡均设工商联分会，各乡镇分管财经的副镇（乡）长、统战委员分别任分会名誉主任委员、副主任委员。1997年，市工商联内设经济部、会员部、办公室，有团体会员16个、个体会员1298名，其中629名为新发展入会的非公有制经济代表人士。2000年11月，吸收12名企业家为直属会员。2001年，工商联新设参政议政工作委员会和会员管理委员会。之后根据工作需要调整内设机构，至2005年，区工商联内设经济部、会员部、办公室，共有职工7人。1986—2005年，陈世忠、袁守荣、叶小安任工商联主任委员（会长）。

第二节 代表大会

一、资阳县工商业联合会第五届会员代表大会

1986年12月22—24日在县政协礼堂召开，应到代表110人，实到83人。代表中有中共党员26名，占总数的23.85%；妇女代表16名，占14.67%。大会选举资阳县工商业联合会第五届执行委员18人、常务委员17人，选举主任委员1名、副主任委员3名。

二、资阳县工商业联合会第六届会员代表大会

1990年4月24—25日召开，应到代表116人，实到79人。大会选举第六届执行委员27人、常务委员13人，选举主任委员1名、副主任委员2名，特聘台胞张登俊为县工商联顾问。

三、资阳市工商业联合会第一届会员代表大会

1993年3月30—31日召开，应到代表131人，实到代表94人。大会选举资阳市工商业联合会执行委员45人、常务委员14人，选举主任委员1名、副主任委员5名。

四、资阳市工商业联合会第二届会员代表大会

1997年4月8日召开，应到代表136，实到107人。大会选举执行委员45人、常务委员19人，选举会长1名、副会长5名。

五、资阳市雁江区工商业联合会第一届会员代表大会

2000年11月撤市建区，原资阳市工商业联合会第二届会员代表大会过渡为资阳市雁江区工商业联合会第一届会员代表大会。

六、资阳市雁江区工商业联合会第二届会员代表大会

2002年4月8日召开，应到代表100人，实到96人。大会选举区工商联第二届执行委员50人、常务委员17人，选举会长1名、副会长6名（其中专职副会长1名）。

第三节 职能工作

一、服务工商业

1986年起，县工商联在报刊、广播电视等媒体上发布工商信息，介绍本地企业的生产规模、产

品质量等情况，推广企业先进管理经验，为会员企业商贸往来牵线搭桥。1987 年，派出有管理经验的会员帮助临江“三八”饮食店、保和区饮食二店、中和区龙潭商店 3 个企业扭亏为盈。1988 年，编发简报 12 期，介绍并推广临江区经营部、南津区商业公司、保和区商业公司、丹山五金厂等 13 个企业的先进管理经验。1990—1993 年，编发《工商信息》36 期，通过发信函、电报和打长途电话等形式与会员联系 488 次，其间累计走访、联系私营企业家、个体工商户 1000 余人（次）。1995 年初，筹建工商联会员经济互助会，让会员通过互借互惠的形式解决生产、经营急需的流动资金；当年为会员企业协调解决紧急周转金近百万元。1999 年，分别与工商银行、农业银行、信用联社签订合作协议书，帮助非公有制企业贷款融资。2000 年，动员 10 余家私营企业投资省级小城镇建设，协助四川资阳电缆厂争取到全国城乡电网改造投标资格，帮助四海公司开展生猪产业化经营试点。此外，工商联每年“三八”节均举行女企业家联谊活动，每年“五一”节在企业中倡导“关爱员工、实现双赢”活动，2005 年与农行资阳市分行举办“银企联手、共谋发展，雁江区非公有制经济发展论坛”、与区社保局和就业局举办民营企业招聘周活动。至 2005 年，会员企业四海公司、康德利公司、资阳电缆厂、仁德制药公司先后被列入四川省“小巨人”企业，若愚道桥有限公司获省“200 家最佳优秀企业”称号；个人会员王新蓉、唐正蓉、罗显金等 9 人获省、市、区“劳动模范”称号，鄢仕珍获省企业家协会“创业之星”称号。

二、维护会员权益

20 世纪 80 年代，工商联积极协助中共地方党委和政府落实对原工商业者的相关政策。至 1986 年底，给错划的 73 名“右派”、57 名“反社会主义分子”和在“反右”运动中受错误处理的 28 人予以平反，收回安置工作 22 人，按退职退休处理 4 人，给予社会救济 3 人，重新给予抚恤 23 人，恢复城镇户口 39 户 96 人；给被错误处理的 8 人恢复干部身份，为被错误处理的 75 户补发定息 1829 元；给被错误精减下放到农村的予以补助。1990 年起，每年安排一定数额的生活互助金，补贴生活困难的原老工商业者或遗孀。1993 年，处理会员来信 67 件，帮助 6 名会员调查房产问题，协助解决 2 名会员的经济纠纷，给 37 户生活困难的会员发放补助 1200 元。1997 年后，协调有关部门解决会员企业国安钢铁公司供电问题和雁江标件公司房屋纠纷。至 2005 年，协助会员企业解决纠纷 100 余件，提供法律帮助 37 次。

三、参政议政

1986—2005 年，有 20 名工商界人士当选为县级及以上人大代表，其中 2 人为县级人大常委、10 人为市级人大代表；97 人当选县级政协委员，其中 23 人为县级政协常委、10 人为市级政协委员。历届工商联主任（会长）均担任县级政协副主席。20 年间，工商界人大代表、政协委员共向政府提出意见、建议、议（提）案 194 件，大部分被采纳。其中重要议（提）案有：《分户建卡，凭证注销，落实代收税费报酬》《协调余缺商品，组织企业以物换物，促进流通，解决库存积压和资金周转不灵问题》《关于大力发展我区非公有制经济的建议案》《对雁江民营经济发展的几点建议》《关于变全民招商为专业招商的建议》《关于加大对农村的投入，增加农民收入的建议》《关于大力提高企业的社会责任意识的建议》《关于加强对个体私营经济的统计工作》等。其间，工商联累计编发《工作简报》170 篇、广播电视稿件 40 篇、《工作调研》62 期，开展大规模专题调查 41 次，撰写调查报告 40 余篇；因参政议政成效突出，区工商联被省、市工商联表彰为“参政议政先进单位”。

四、“光彩事业”活动

1995 年初，资阳市光彩事业推动委员会成立。工商联作为成员单位，当年组织 3 批私营企业家、个体工商户前往中和、迎接镇等地访贫问苦，捐扶贫款 1.3 万元，捐助学款 8600 元，帮助 29 名贫困失学儿童重返校园，“一对一帮扶”在校贫困大学生 4 人、中学生 7 人。次年，改变扶贫方式，以帮助贫困户就业和获取技术为重点，年内为 27 名贫困户子女解决就业问题。1997—2002 年，会员帮扶贫困、捐资助学、修路建桥、修建学校、慰问敬老院和支援灾区等共计捐资捐物 550 余万元，其中个人会员捐 150 万元、企业会员捐 400 万元。此外，四川四海集团、四川禾邦药业集团、临江味业、若愚粮业、沱江木业等会员企业参与光彩项目扶贫，总投资 4850 万元，培训 5000 人次，带动 20 万户农户调整产业结构，帮助 3000 余人脱贫，为 15041 人（次）解决就业问题，其中安置下岗工人和残疾人 1343 人。2003 年 11 月，区光彩事业促进会成立。当年起，会员向“红层找水打井工程”捐款。2004 年，四海集团公司向省红十字会捐款 10 万元。2005 年，区工商联开展“栋梁工程扶贫助学”捐款活动，会员企业职工捐资 3.5 万元，10 名企业家向昭觉县希望工程捐款 5 万元。当年，会员企业向省扶贫开发协会捐款 20 万元。

五、会员教育

1986 年县工商联恢复后，采取多种形式宣传新时期工商联的性质、任务和作用，组织会员学习党的方针政策和科学文化知识。为增强会员的法制意识，先后举办《个体工商管理条例》《消费者权益保护法》《经济合同法》《劳动法》《税法》等法律法规培训班。特别是《税法》出台后，分期组织市内有影响的私营企业家、个体工商户集中学习。1997 年起，在会员中开展职业道德教育。2000 年，组织非公有制经济代表人士学习江泽民“致富思源，富而思进”的讲话精神，推荐 11 名非公有制经济代表人士到中央党校学习，推荐 3 人到省社会主义学院学习。2001 年起，将思想教育工作与联系制度相结合，每名工商联干部均联系 5 户以上非公有制企业。至 2002 年，工商联制作的相关宣传、教育节目累计在电视台播放 2200 余次，在农村有线广播播出 700 余次。2005 年，在贯彻《国务院关于鼓励、支持和引导个体私营等非公有制经济发展若干意见》的同时，教育、引导、鼓励非公有制经济人士参与精神文明创建活动，与区精神文明委联合举办“民营企业精神文明建设启动仪式”，推动民营企业文化建设。当年，建私营企业文明服务窗口 2 个、市级旅游定点服务企业 4 个，有 4 户会员企业获“最佳文明单位”称号。

六、对外交流

1986 年，工商联先后与省内 25 个县、市和山西、甘肃、辽宁、云南等地工商联交流经济信息。至 1993 年，与全国 148 家工商联组织和企业建立友好关系，共接待外省工商联组织 16 个、商会 2 个，还与西藏驻川办事处、成都蜀都大厦和重庆、宜宾、合川、涪陵、遂宁等地区的 38 个单位开展业务合作。1993—1996 年，先后 5 次组织非公有制经济人士赴北京、广州等地参加商贸洽谈。1997—2005年，工商联累计组织 30 余名会员分别赴新加坡、韩国、越南等国家和国内青岛、深圳、温州等地进行商贸考察。其间于 2003 年组织 10 名企业家参加第七届世界华商大会，并与深圳市宝安区、重庆市巴南区、成都市新都区、厦门市思明区和雅安市雨城区工商联合会建立友好商会关系。

第十八篇　群团组织

第一章　总工会

第一节　组织机构

一、区总工会

1986 年，县总工会内设办公室、财务部、女工部、组织部、宣教部、劳动保护部，设主席 1 名、副主席 2 名，共有职工 8 名，至 2005 年，区总工会内设机构和领导职数未变，有职工 6 人。总工会下设的工人俱乐部 1986 年有职工 4 人，2005 年有职工 3 人。1999 年 8 月前，总工会主席皆为专职，之后由市（区）委常委兼任。1986—2005 年，历任总工会主席有申水书、江志海、刘秉颐、毛惠民（兼）、李泽军（兼）。

二、基层工会

1986 年，全县有基层工会组织 237 个、工会会员 25386 人，职工入会率 84.13%。当年 12 月，首个机关工会在县财政局成立。次年，机关工会发展到 30 个。1995 年 9 月，全市首个私营企业工会在市国明有限公司成立，年底有 6 家外商投资企业和 7 个乡镇企业建工会组织。1997 年，镇乡机关均成立工会组织，资阳市（县级）率先在内江市实现镇乡机关全部建会的目标；市总工会被省总工会评为“新经济组织建会工作先进集体”。2000 年，区总工会按照市委《关于新经济组织组建工会工作的实施意见》要求，在镇乡及工商联建立 23 个工会工作委员会；工委在外商投资企业、港澳台商投资企业、私营企业、乡镇企业中组建工会 341 个、个体劳动者工会联合会 16 个，全市新经济组织工会组建率和职工入会率达 90% 以上。2001 年，5 个新建企业成立工会，发展会员 398 名。2002 年，区总工会与区工商局联合下发《关于加强个体私营经济工会工作的意见》，成立区个体经济工会工作委员会。2004 年，为维护进城务工人员的合法权益，发展农民工入会；6 月，500 名农民工加入若愚路桥公司工会，成为首批农民工会员；年内，3000 名农民工新入会。2005 年 11 月，全区第一家社区工会鸿丰社区工会成立，至年底全区有基层工会组织 340 个、工会会员 23682 人，职工入会率达 91.92%。

资阳市雁江区 1986—2005 年基层工会组织情况选年表

表 18－1

年份	工会数（个）	职工人数（人）	会员人数（人）
1986	237	25386	21358
1990	248	27659	25932
1994	214	30537	28467
1998	242	23433	22534
2002	353	27958	23001
2005	340	25761	23682

第二节　代表大会

一、资阳县总工会第五次代表大会

1988 年 9 月 20—23 日召开，出席会议的正式代表 200 名，特邀代表 29 名，列席代表 40 名。大会听取并审议通过县总工会第四届委员会主席申水书作的题为《团结奋斗，开拓创新，为振兴资阳经济作贡献》的工作报告，选举产生第五届委员会委员 21 名、候补委员 4 名，选举申水书为主席，郑先桃、张贵造为副主席。

二、资阳市总工会第一次代表大会

1994 年 9 月 20—23 日召开，出席会议正式代表 183 名，列席代表 22 名，特邀代表 14 名。大会的主题是“学习贯彻党的十四大精神，团结动员全市职工发挥工人阶级主力军作用，为资阳经济发展努力奋斗”，大会选举产生资阳市总工会第一届委员会委员 25 名、常务委员 9 名，选举江志海为主席，王兰、郑先桃为副主席。

三、资阳市雁江区总工会第一次代表大会

2000 年撤市设区时，资阳市总工会代表大会过渡为资阳市雁江区总工会第一次代表大会，机构和人员不变。

四、资阳市雁江区总工会第二次代表大会

2004 年 4 月 26—28 日召开，出席代表 139 人。大会的主题为：深入学习贯彻党的十六大精神，全面实践“三个代表”重要思想，与时俱进，开拓创新，团结动员广大职工为建设丘陵经济发展示范区而努力奋斗。大会听取并审议通过总工会党组书记、副主席江明华作的工作报告，选举产生雁江区总工会第二届委员会委员 25 名，选举区委常委李泽军为主席，江明华、陈祥高为副主席。

第三节 职工权益保障

一、推行集体合同制度

1989年，县总工会先在县房屋建筑材料厂试行“共保合同”（厂长、经理与工会主席就企业生产、生活福利目标以及单位和职工双方的责任而签订的企业内部契约）制度，后在实行承包经营的企业中逐步推广。至1991年底有5个企业签订“共保合同”。1995年，贯彻落实《劳动法》，在企业中推行“平等协商签订集体合同”制度，工会就职工劳动报酬、休息、休假、劳动安全、卫生、保险福利等方面与企业平等协商，并写入集体合同。1996年6月，与劳动局联合制发《关于企业建立集体协商、签订集体合同制度的意见》，当年有42个企业建立该制度，次年增至67个，占应签企业的71%。1999年，开展第二轮集体合同的签订工作，共有58个企业签订集体合同。2001年，建制签约企业50个，到期续签23个，新签1个。2004年，有49个企业签订集体合同。2005年，区总工会和劳动监察部门检查监督企业履约情况，并修改集体合同范本。年底，全区建制签约企业55个，其中新签集体合同6户、续签1户。

二、劳动保障监督

20世纪80年代，县总工会每年派员参加政府部门组织的安全生产大检查，对劳动生产中存在的隐患提出整改意见；参与生产性建设工程项目职业安全卫生设施的审查验收工作，调查处理工伤事故；会同劳动局、防疫站开展劳动保护、劳动卫生竞赛；检查监督企事业单位贯彻落实劳动保障法律法规情况。1990年，根据《四川省工业企业劳动安全条例》和《工会劳动保护监督检查条例》规定，建立工会劳动保护、安全生产报告制度。当年，培训企业工会劳动保护监督检查员47人，检查多家企业安全生产、劳动保护状况，督促企业建立健全劳动保护、劳动卫生、职工健康、工业卫生档案。1991年，会同劳动局开展工业企业班组安全建设工作，举办劳动保护培训班26期，培训一线工人6825人次、班组长482人次。全县44个全民企业52个班组开展安全建设活动，达标班组15个。1996年，贯彻实施《四川省劳动安全条例》，在42个市属企业工会中开展工会安全工作竞赛；检查9个行业29个企业，提出整改意见209条，发限期整改通知书2份；参与职工伤亡事故调查处理8起。至1997年，全市企业工会建劳动法律监督组织96个，初步形成工会劳动法律监督网络。2000—2003年，区总工会组织开展“安全生产周”“安全生产月”活动，与区人大、劳动局等部门联合进行安全生产大检查8次，检查72个企业和单位；问卷调查68个企业贯彻落实《劳动法》的情况，专项检查6个企业的劳动保护情况，组织8个企业参加全国“安康杯”竞赛，参与处理工伤事故35件、职工伤残鉴定3次80人次。基层工会共设劳动保护监督检查委员会65个，有劳动保护检查员143人，参加企业安全检查1443次，提出整改意见583条，被采纳518条，消除安全生产隐患559起。2004年，区总工会开展“进城务工人员维权大行动”，调研进城务工人员劳动经济权益保障状况，先后检查公交公司、好人家超市等企业进城务工人员的维权工作。为更好维护进城务工人员权益，鼓励其加入工会，共为500名民工发放维权卡。2005年，会同区人大执法检查组检查天台化工公司等29个企业贯彻劳动保障法律法规的情况。年底，全区有76个工会劳动法律监督组织和75个劳动保护监督检查小组。

三、参加劳动争议调解

企业工会在劳动争议调解中坚持“调解为主，预防为主，基层为主”的方针，努力把矛盾化解在基层。1990年，县总工会在各级企业工会建立劳动争议调解委员会，举办专门培训班，培训52人。1997年，全市各级企业工会设劳动争议调解委员会72个，全年受理劳动争议91件，其中集体劳动争议28件；成功调解80件，成功调解率为87.91%。1999—2004年，劳动争议调解委员会受理劳动争议130件，其中集体劳动争议27件；接待并处理来信来访上千余件。2005年，全区有基层工会劳动争议调解组织74个，受理劳动争议15件，调解成功12件，参与处理仲裁案件5件；基层工会接待、处理来信来访535件，结案处理434件。当年，区总工会获省“劳动争议处理工作先进集体”称号。

四、参与决策

20世纪80年代起，县总工会在县委、县政府制定劳动、工资、社会保障、住房及其他涉及职工切身利益的重大措施时，积极参与并提出建议，以维护职工的合法权益；企业工会坚持参与改革的全过程，在企业改制、破产方案的制订和实施中，依法保护职工合法利益。1987年，县总工会主席作为县体改领导小组成员和指导小组成员，先后参与《资阳县城镇集体企业资产股份承包经营试行办法》、县供销社《全面实行承包经营责任制的试行办法》《国营企业实行承包（租赁）经营责任制的干部、工人管理办法的试行意见》的制定和审议，从维护职工权益方面提出建设性意见。1989年初县人代会、政协会议期间，工会界人大代表、政协委员针对承包制企业中存在的分配不公问题提出议案和建议，县委、县政府采纳后及时修改承包奖方案，明确承包人的收入不得超过生产者收入的1～3倍。1991年，县总工会参与“四放开”方案、房改方案的讨论、制定，向县政府提出《关于维护职工民主权利，切实保障职工合法权益有关问题的意见》。1992年，县委、政府推行“内三制”改革的试点，县总工会参与21户企业生产性建设项目的初步设计方案、审查及工程项目的选址定点、竣工验收工作。1993年，国有企业在设计企业股份制试点总体方案时，市总工会提出“在股份制企业中建立职代会、企业工会负责人须进入监事会任主席”的建议，被市体改委采纳。2002年，区总工会与区政府相关部门建立联席会议制度。次年8月召开第一次联席会议，专题讨论成立雁江区特困职工帮扶中心问题，并印发《关于改制企业中进一步做好维护职工合法权益，确保社会稳定工作的通知》。2005年，区总工会根据上级指示，向非公有制企业选派职工维权代表，聘请市级职工维权代表和区级职工维权代表各2名，聘期为1年，同时制定《关于向非公有制企业选派职工维权代表的实施办法》，从制度层面保障非公有制企业职工合法权益。

五、再就业服务

1998年，市总工会成立下岗职工再就业服务指导站，为下岗职工提供就业信息、政策咨询和职业技能培训。当年，市总工会与市邮电局联合推出“爱心行动”，向下岗职工优惠投放50门公用电话。1999—2001年，先后和中国金融工会资阳市委员会、中国人寿保险公司资阳市支公司开展解困再就业“心手相连”活动，联合社会力量组建下岗职工再就业培训基地，与就业局举办再就业培训班，开设电脑操作、厨师技能、家电维修等培训项目。至2002年，共培训下岗失业职工2000多人次，帮助652人实现再就业。2004年，组织“再就业救助服务周”活动，走访救助20户“4050”（指女40周岁以上，男50周岁以上的下岗职工）人员家庭。2005年，区总工会组织下岗职工参加民营企业招聘会，多渠道提供就业岗位信息和政策咨询。

第四节　民主管理

一、职代会工作

1986年，191个基层工会建立职代会制度，占应建数的96.8%。1987年，县总工会在县酒厂进行工会与职代会“五个合一”试点，后在各企业职代会推广。企业承包（租）后，职代会理顺党政工关系，完善工会、职代会的组织体系和各项制度，协助承包（租）者实施企业内部配套改革。1989年，县总工会同县计经委政治部、农贸办政治部联合制发《贯彻〈企业法〉加强职工民主管理暂行办法》。1990年，全县159个基层工会召开职代会436次，审议各种方案1919件，同意1548件、否决371件；职代会提出提案2768件，被采纳1498件；123个企事业职代会民主评议中层以上领导干部779人。1991年，县总工会与县委组织部、人事局等部门联合制发《关于对严重违背职代会原则的企业实行监督的暂行规定》，要求已建职代会的企业单位必须按《企业法》规定落实职代会各项职权，切实加强职工民主管理，对违反规定的单位给予通报批评。同年，县总工会派员参加市总工会举办的“企业民主管理师培训班”，为基层组织购买《全民所有制工业企业职工民主管理实用教材（试用本）》200册，组织基层工会培训职工代表1663人。1995年，在实行股份制试点企业中建立职代会，在国有企业中推行业务招待费向职代会报告制度。1998年，市委制发《关于全心全意依靠职工办好企业的意见》，对不同所有制企业职工民主管理的形式做出明确规定；市总工会与市体改委联合制发《股份合作制企业职工股东代表大会实施细则》，促进股份制企业民主管理工作进一步制度化、规范化。2004年，区总工会下发《关于建立健全职代会制度，加强职工民主管理工作的意见》，落实职工对单位管理的知情权、协商权和监督权，依法维护职工的民主政治权利。1990—2005年，各级工会召开职代会5412次，审议各类方案11948件，否决3052件，占25.54%；审议提案13781件，其中有关生产经营的2681件；民主评议中层以上领导干部11873人次；召开民主对话会上千次，培训职工代表2万余人。

二、推行厂（事）务公开

1999年，市总工会根据上级要求在企业中推行厂（事）务公开制度；当年有85个企业实行厂务公开，其中规范运作的42个。2001年，全区有111个单位实行厂（事）务公开，占总数的86.71%，其中规范运作的77个，另有3个国有控股企业建立职工董事、监事制度。年内，5个单位被市厂务公开办评选为先进集体，1人被四川省厂务公开办评为先进个人。2002年，32个国有、集体及国有控股企业建立董事会制度，实行厂务公开，占全区国有、集体及国有控股企业总数的65.3%。2004年，47个国有、集体企业实行厂务公开，规范运作的达85%；131个事业单位实行事务公开，规范运作的达90%以上。2005年，区事业单位全部实行事务公开制度。

第五节　职工教育

一、思想教育

区总工会根据党在不同时期的路线方针、政策和中心任务开展多种形式的职工政治思想教育活动，其中“三热爱”（热爱祖国、热爱党、热爱社会主义）教育活动贯穿整个政治思想教育的始终。1986年，开展“理想、纪律、宗旨”教育和“学英模、树新风”活动，号召职工向资阳中学教师、全国“五一”劳动奖章获得者帅建中学习。1987年，举办职工“四职”教育（职业责任、职业道德、职业纪律、职业技能）学习班198期，培训7893人；举办青工政治轮训办班108期，培训4149人。1990年，开展“双基教育”工作（基本国情与基本路线教育），征订“双基教育”教材1680册，培训72个企业近4000名职工。1991年，举办“工人阶级形象”演讲比赛，评出演讲一等奖2名、二等奖4名，创作一等奖2个、二等奖4个、三等奖8个。1994—2005年，相继组织职工学习中国特色社会主义理论、“三个代表”重要思想和科学发展观等理论，参加学习的职工30多万人次；贯彻落实《爱国主义教育实施纲要》，开展“讲文明、树新风”活动；各系统工会以“社会主义好”“祖国在我心中”“爱岗、敬业、奉献”“四职”和“爱我中华”“中国近代史”、《劳动法》等为主题，办演讲比赛和知识竞赛800余场次，共5万余人次参加。

二、文化、技术培训

各级工会根据实际情况开展职工文化、技术培训，鼓励职工自学成才。1986年，28个基层工会办技术学习班，培训1934人次；340名企业职工通过补课达到高中文化水平。1989年，县总工会制定职工自学成才评比考核条例，鼓励广大职工特别是青年职工走自学成才之路，当年表彰自学成才职工22名，其中3人获一等奖、13人获二等奖、6人获三等奖。1990年，各企业工会建立自学小组。1997年，基层工会举办以提高职工岗位技能为主的业务、技术培训226次，培训10523人次。1998—2005年，各级工会主要举办再就业培训、转岗培训。

第六节　工会活动

一、劳动竞赛活动

区总工会和各基层工会积极开展技术革新、技术协作、发明创造、岗位练兵、“双增双节”等群众性经济技术活动，适时组织劳动竞赛，同时鼓励职工给单位提合理化建议。1986年，县总工会组织经济主管局、镇乡和骨干企业代表参加内江市“效益杯”劳动竞赛，获第一名；之后连续4年获全市“效益杯”劳动竞赛县（区）组第一名。当年，全县98个企业2116人提出合理化建议3008条，采纳实施后节约和创造价值49.29万元。1989年，面临银根紧缩、能源紧张、原材料短缺、生产滑坡的严峻形势，企业工会组织职工开展“双增双节”活动，挖掘企业内部潜力。1990年，全县开展“双增双节”活动，可计算效益达87.57万元。1992年，部分企业制定《合理化建议奖励条例》，对合理化建议的提出与登记、评审与采纳、鉴定与实施、表彰与奖励作出明确的规定。全年，收到合理化建议2147条，采纳实施709条，节约和创造经济价值118.7万元。1993—1998年，各系统工委和基层工会按照县总工会的部署，结合企业实际，以大赛套小赛、长赛连短赛的方式在班组、柜组之间开展“一条龙”“流动红旗”“优质服务”等短、平、快劳动竞赛：工业系统所属6个企业开展以“双增双节”为主要内容的班组之间、车间之间的劳动竞赛；卫生系统工委举办“护士护理技术比赛”；南津粮站工会组织技术骨干改造面粉制作技术，日产面粉由12吨提高到21吨，创直接经济效益4.8万元；市阀门厂职工技术改造加工弯管的工装夹具，弯管加工数由每个工作日20个增加到50个。1999年后，各级工会把劳动竞赛与提高职工业务素质相结合，鼓励职工学理论、钻技术，广泛开展技术练兵、岗位练兵、技术比赛活动。2001年，区委办、区政府办制发《关于在全区职工中开展群众性经济技术创新工程竞赛活动的实施意见》。各基层工会根据各自行业特点，开展“技术创新标兵能手”“品牌创新开发与‘双增双节’”以及“窗口文明服务”等竞赛活动。年内，全区有61个企业开展劳动竞赛，参赛人数达1.21万人次，创造经济价值260万元。2005年，全区有90%以上的企事业单位开展劳动竞赛活动，参赛职工达80%以上；职工向单位提合理化建议1518件，采纳实施后节约和创造价值186万元。

1986—2005年，各级工会组织企事业单位职工13.65万人次参加各类劳动竞赛活动，创造直接经济效益2193万元；举办岗位练兵技术比赛4000余次，参赛人员10万余人次，评出各类技术标兵能手2236名；职工向企事业单位提合理化建议5.4万条，被采纳2.6万余条，节约和创造经济效益4296.55万元；实施技术革新307项，节约和创造价值123万元；推广技术发明21项，节约和创造经济价值28万元。经县级工会组织推荐和上级审定，20年间先后评选出省、部级劳模20名，全国“五一”劳动奖章获得者1名，全国劳模1名。

二、“送温暖”活动

1991年，中华全国总工会决定在全国开展“送温暖”活动。当年，县总工会走访慰问企业特困职工家庭113户，发慰问信120余份，发放补助款3000元。1994年后，市总工会和基层工会除元旦、春节期间走访慰问困难企业职工外，还开展形式多样的“送温暖”帮扶活动。1995年开展“伸出一双手，捐献两元钱，救助困难企业职工失学子女”活动，共筹款1.11万元资助困难企业职工失学子女。1996年1月，市委、市政府召开“资阳市‘送温暖’募资动员大会”，161个单位、1.07万名职工参与募资，共计捐款7.76万元；春节期间，走访慰问121个企业的1256户困难职工，发放慰问金13万余元。同年，在9个单位建立职工互助补充保险基金会，为233户特困职工建立档案。1999年起，市总工会组织开展“七一”送温暖走访日活动，走访慰问雁江镇和11个系统的100户特困职工，发放慰问款2万元。2001年，建立“区级领导定点联系困难职工制度”，36名区级领导和62个区直单位定点联系31户困难户。2002年，25个企业工会为524户1917人特困职工家庭建立档案。之后，建档的特困职工均被纳入城市最低生活保障范围。2003年，雁江区特困职工帮扶中心成立，帮扶中心办公室设在区总工会，由总工会负责日常工作。年内，资助特困职工家庭大学生52名，发放资助金2.2万元；按政策为101名困难职工办理“就医优惠证”；给10户重点特困户发基本生活补助5500元；协调安置2名企业下岗职工子女就业；为职工办好事、实事512件。2005年，区总工会慰问困难企业1家、困难职工2764户，发放50.14万元慰问金和价值2万余元的物品；联系省直机关和外省企业资助困难大中小学生17名；为70名中小学生办理“入学优惠证”，减免学杂费7815元；给33户困难职工发放生活救助费9700元。

1991—2005年，总工会在元旦、春节等节日期间，共走访慰问困难职工22167户，筹集和发放

292. 83 万元慰问金和价值 50. 88 万余元的物品；资助特困职工子女 157 人（其中资助大学生 77 名，资助金 3. 7 万元）；为 281 名困难职工办理“就医优惠证”，给 55 户困难职工发放生活救助费 2. 18 万元；为全区职工办好事、实事 1524 件。

三、“职工之家”创建活动

1986 年，县总工会根据中华全国总工会《关于整顿工会组织，开展建设“职工之家”的决定》，在全县基层工会开展创建先进和模范“职工之家”达标竞赛活动。年底，全县建“职工之家”179 个，占应建数的 93. 7%；评选先进“职工之家”26 个、先进“职工之友”91 名，其中受内江市总工会表彰的先进“职工之家”5 个、先进“职工之友”10 名。次年，县机械厂“职工之家”被省总工会命名为“模范职工之家”。1990 年，县总工会探索工会小组建设“职工小家”路子，在《资阳工运》上介绍推广丹山粮站工会小组建设“职工小家”经验。1991 年，“职工之家”建设被纳入企事业单位评优考核内容。至 1995 年，全市已建“职工小家”664 个。1997 年起，市总工会在全市非公有制企业中开展“双爱双评”（即企业爱职工，职工爱企业；评爱企业的优秀职工，评爱职工的优秀经营者）活动。1999 年，开展建“小家”保“大家”活动，各级工会共建“职工小家”857 个。市雨胜实业有限公司和市电力集团公司分别被评为省级“双爱双评”先进集体和先进“职工之家”。2001 年，仁德制药有限公司被省总工会评为“双爱双评”先进集体，区电力集团公司工会被省总工会表彰为“模范职工之家”，区委书记郭云放被省总工会授予“先进职工之友”称号。2003 年 10 月，区总工会在区中医院召开“职工之家”建设工作经验交流现场会，推广区中医院、区国税局等工会“建家”经验。至 2005 年，全区有 406 个基层工会和 521 名个人获县级先进“职工之家”和先进“职工之友”称号，62 个基层工会被评为地市级“模范职工之家”和先进“职工之家”，7 人被省总工会授予“整组建家”积极分子和“先进职工之友”称号，11 个基层工会获省总工会表彰（其中 6 个被确认为省级“模范职工之家”，3 个被评为“双爱双评”先进集体），2 人被全国总工会表彰为先进工作者。

四、文体活动

每年“五一”劳动节，区总工会都要组织大型文艺晚会或职工汇演、调演，平时还不定期举办职工书画、摄影作品展、诗歌朗诵会、卡拉 OK 赛、游园等文化活动。基层工会则在节日或周末开展小型多样的文体活动，寓教于乐，丰富职工业余文化生活。1986 年以来，县总工会与体委每年举办 1 ~2次全县性的体育比赛，项目有篮球、乒乓球、拔河和棋牌类比赛等。20 世纪 80 年代，较注重棋牌类比赛。1987 年春节，与资中县联合举办职工迎春象棋、围棋邀请赛；7 月举办全县中青年象棋对抗赛和首届回县大、中专学生暑假象棋、围棋锦标赛；10 月同资阳内燃机车厂联办国庆职工象棋、围棋对抗赛；12 月举办有 54 个队参加的象棋大赛。1988 年，县总工会组建桥牌协会，当年举办大型桥牌比赛 3 次，小型比赛 30 余次。1992 年，县总工会新建工人俱乐部，设茶园、舞厅、儿童游乐厅、台球室、教学室；茶园内备有各种棋类、牌类和书报杂志，供职工娱乐和休息。1996 年，实施《全民健身计划纲要》，举办职工广播体操比赛，有 14 个队 700 余人参赛，观众达 2000 多名。1998 年，与市体委等单位联办首届资阳市职工登山活动。1999 年 9 月，文体委承办资阳市建国 50 周年庆祝活动体育比赛项目，在市体育馆举办为期 17 天的广播操、乒乓、篮球等 10 个项目的比赛，有 20 多个单位共 1100 多人次参加。2002 年，组织有 16 支代表队参加的大众健美操、健身秧歌比赛。至 2005 年，区总工会和基层工会共组织各类文体活动 9000 多次，参与人数达 40 余万人（次）。

第二章　共青团

第一节　组织机构

一、团区委

1986年，共青团资阳县委内设办公室、青农部、青工部、学少部和组织宣传部，人员编制7名。1996年内设组织宣传部、工农青年部、学少部。2001年11月区级机构改革后，团区委有编制4名，设书记1名、副书记1名，无内设机构。2005年有工作人员4人，其中书记1人、副书记2人。1986—2005年，温亚东、李继先、王新、李泽军、王宏斌、周月霞、李晓慧、龚小平、顾晓玲先后任团委书记。

二、基层团组织

1986年，全县有共青团基层组织1603个，其中团总支（团委）137个、团支部1466个；有共青团员32846名。1991年，撤销县直机关团委，建立县直机关团工委。1993年4月，团市委在资阳正大养殖有限公司建共青团总支委员会，首次在非公有制经济组织中建立团组织。1995年，针对农村团组织管理松散的状况，开展村级团支部整顿工作，调整农村基层团组织数量。至1996年，共有基层团委（团总支）66个、支部637个，团员14683名。1999年，在汇金电脑公司、香格里拉大酒店等新经济组织建立团组织。2005年，全区有基层团组织1648个，其中团委（团总支）69个、团支部1361个；有共青团员4万余名、专职团干30名。

第二节　代表大会

共青团资阳县委第八次团员代表大会　1987年7月20—22日召开，出席大会代表300人。大会选举团县委委员31名，选举李继先为副书记。

共青团资阳县委第九次团员代表大会　1990年10月22—24日召开，出席会议代表应到300人，实到268人。大会选举团县委委员25名、候补委员4名，选举王新为书记、李泽军为副书记，选举出席共青团内江市第二次代表大会代表40名。

共青团资阳市委第一次团员代表大会　1994年10月17—19日召开，大会应到代表200人，实到159人。大会选举团市委委员33名、常务委员11名，选举王宏斌为书记、周鸿为副书记。

共青团资阳市雁江区第一次团员代表大会　2004年5月26—28日召开，大会应到代表150人，实到130人。大会选举团区委委员25名、候补委员4名，选举龚小平为书记、钟新生为副书记。

第三节　团队工作

一、青年文明创建活动

1986年，团县委开展“帮户助耕”活动，组织青年、团员为五保户、烈军属、劳弱户抢种抢收；开展“给沱江披绿装”活动，累计在沱江沿岸栽铁芭茅7586亩、植树2582亩、育苗317.5亩；组织基层团组织开展“科技致富尖兵赛 ”“三优一佳”等创优争先活动。当年，宋绍明、刘扬、郑玉和等30人和伍隍区团委、中和镇胜广村团支部等15个基层团组织获内江市和团县委表彰。1987年4月，莲台乡、临江区、南津镇团委等6个基层团组织获全省“给沱江披绿装”活动先进集体奖，唐定祥、陈家德、王新、胡家友等4人获先进个人奖。1990年，开展“学雷锋，树新风”活动；40多个基层团组织、1400名团员捐书献爱心，62人获“学雷锋积极分子”称号。1991年3月，舍己救人的青年农民张进学被团省委和省精神文明办追授为“‘学雷锋，树新风’活动青年标兵”。5月，团县委被评为全省先进团委。1994年，在工交、基建、财贸、服务、工商、税务等行业和各级机关青年中开展创建“青年文明号”活动；各基层团组织提出各种建议1235条，办专栏234期，办广播讲座924期。1995年1月，市国税局团支部获内江市“助学先进集体”奖，团市委被评为“一级团组织”。1996年，老君镇双河初中学生、共青团员卓文秀因抢救落水儿童身染重病，被团市委授予“舍己救人优秀共青团员”称号。1996年，开展创建“青年文明社区”活动。1998年，市中医院内科、城关粮站等7个单位被命名为“资阳市青年文明号”。2000年4月，南津镇团委书记董丽英获省“优秀团干部”称号，资阳中学杨冉、伍隍中学曾莉获省“优秀共青团员”称号。6月，资阳宾馆、市收费路管理所、市旅行社被确定为“青年文明号伴您锦绣天府游”首批示范单位。2002年，在社区开展主题为“永远跟党走”的社区青年文化节活动。2004年2月，雁江镇雁中社区获全省“青年文明社区”称号。4月，张菊芳获省优秀团干部称号，保和镇翁航、临江镇魏永胜被团省委表彰为全省“优秀乡镇团委书记”。12月，碑记镇宝山村团支部被团中央表彰为全国“五四红旗”团支部。2005年，在关爱“留守学生”活动中，团组织充分发挥基层团队的作用，帮助“留守学生”树立正确的人生观、价值观和世界观。同年，资阳师范校团委、资阳市南骏汽车公司团委、四川省电力公司资阳公司团委获省“五四”红旗团委称号，区信用联社团委刘芳被团省委表彰为“优秀团干部”。1986—2005年，共有2个基层团组织和1名团员获全国表彰、12个团组织和25名团员获省级表彰。

二、青年志愿者行动

1994年，团中央发出“在全国开展青年志愿者活动”的号召。次年7月，资阳市青年志愿者协会成立。1996年以来，青年志愿者在团市委组织下，实施“一助一”长期服务计划，帮扶孤寡老人、烈军属、伤残军人、离退休干部、“三胞三属”、下岗特困职工家庭。服务内容主要包括助耕助收、医疗保健、生活服务、家教服务、科技服务、科研成果整理等，服务时间一般不少于3年。1998年10月，300多名青年志愿者响应“治水兴林、绿化家乡”的号召，参加义务植树活动，共栽种墨西哥柏2000余株。年内，全市志愿者服务队发展到22支。2001年3月，开展“弘扬雷锋精神，奉献志愿者真诚”街头便民服务活动，300余名青年志愿者为5000多人次提供法规咨询、义务就诊、擦车、配钥匙等20项服务。同月，200多名青年志愿者义务植树500多株。2005年，团区委组织志愿者监督网吧，为未成年人健康成长营造良好环境。年底，全区有志愿者服务队4个，注册志愿者2万余名。

三、青年人才工程

1987年3月，团县委与县台办、侨办、侨联联合举办实用技术培训班，向31名学员赠送《科学养猪法》《家庭养蜂》等十几种农业生产科技书数百册。年底，资阳县被团中央表彰为“全国农村青年实用技术培训工作先进县”。1988年，以“建功、成才、献礼”为主题，在农村团员青年中继续开展“万名农村青年科技致富尖兵赛”活动，在企业青年工人中开展“千名青工争最佳”竞赛活动。全年办各种培训班587期，提供致富信息5630条；有5458名青年脱贫，50名青年被团县委评为致富标兵，10个乡镇被评为“尖兵赛”先进乡，1人被评为省级致富能手。同年，团中央与国家科委发起旨在培养农村青年科技人才的“青年星火带头人”活动，培养对象以乡镇企业青年厂长（经理）和有一定基础的青年专业户、科技示范户为主。1989年，资阳县被评为省“培养青年星火带头人”先进集体，中和区团委刘学敏获省“青年星火带头人”称号，李华彬等17人被评为“内江市星火带头人”，涂俊等30人被评为“资阳星火带头人”。1991年9月，团县委获内江市“青年科技星火带头人”红旗单位称号，刘光武等18人被评为市级“星火带头人”。1995年，“星火计划”被纳入跨世纪青年人才工程，作为培养农村青年人才的主要内容。当年，为帮助农村贫困青年脱贫致富，在全市开展“服务万村行动”，共确定科技示范项目15个，培养青年“星火带头人”1357人（其中国家级1人，省级3人），组建科技服务队78个，成立青年专业技术协会2个，举办综合技术培训494次，培训4.3万人次，在农村形成了青年科技星火网络。1998年，省农科委团委与团市委联办科技服务站，培养市级星火带头人88名、镇乡级500名，培训3000余人次。1999年，全市各级团组织举办种植、养殖、农产品加工等培训班163期，培训农村青年2.31万人次，培养各级青年“星火带头人”659名，建立青年星火示范基地16个。1986—1999年，全市有1人获国家级“星火带头人”称号，6人获省级星火带头人称号。2000年以后，星火计划项目、青年人才工程逐渐与政府职能部门的相关项目挂钩。

四、关心下一代工作

2003年12月，雁江区关心下一代工作委员会成立。委员会下设办公室、思想教育组、科技服务组、法制帮教组、爱心助困组。办公室主任由团区委书记兼任，各小组长由退休老同志担任。区关心下一代工作委员会组建“五老”人员（老专家、老教师、老干部、老英雄和老战士）参加的“关爱工作团”，对未成年人进行形式多样的关爱教育。每年寒暑假，组织社区青少年开展“队旗飘在社区中”“我为社区添绿色”等老少共建文明活动，丰富青少年的假期生活。此外，注重对特殊青少年的帮教，多次组织心理专家、法律专家到看守所与在押的青少年面对面谈心，帮助其健康成长。2004年，区关心下一代工作委员会被评为“全省关心下一代工作先进集体”，蒋成根被评为“全省关心下一代优秀工作者”。至2005年，共协助30多所学校开展公民道德建设和法制教育工作，多次派员到城乡中小学作爱国主义教育巡回报告。

五、少先队工作

1986年，全县小学、初中均建有少先队组织，建制为校设大队、班设中队、组设小队。少先队辅导员一般由教师兼任，多数学校聘有校外辅导员。20世纪80年代，团县委注重少先队基础建设和辅导员培训，结合实际开展少先队工作。1987年，在中小学中开展“五有”（有组织、有辅导、有活动、有阵地、有制度）达标创优活动。1988年，组织140名少先队辅导员参加全国辅导员进修学校函授学习（其中122人取得结业证），举办演讲、歌舞、绘画、制作和游戏5个项目的辅导员技能技巧赛。同年，资阳县被评为“四川省少先队基础建设先进县”。1989年，莲台乡小学大队辅导员吴素清因成绩突出，获内江市“十佳辅导员”称号。1990年，开展共产主义思想教育、省情、国情教育和“学赖宁，做党的好孩子”“手拉手”城乡少年互助活动。年底，县城关一小获“四川省学赖宁活动先进集体”称号。1992年，城关一小大队辅导员何小兰获内江市“十佳辅导员”称号，丹山区教办总辅导员凌江玉被评为“全省优秀少先队辅导员”。1994年，团中央、全国少工委开展“跨世纪中国少年雏鹰行动”；团市委以“‘五自’（自学、自理、自护、自强、自律）学习实践活动”“手拉手互助活动”“百花园文化艺术活动”和“雏鹰争章活动”作为“雏鹰行动”重点，引导、帮助少年儿童“学会生存，自理自立；学会服务，乐于助人；学会创造，追求真知”。1995年，魏有华等10人获“资阳市首届十佳好少年”、郭晓帆等10人获选“十佳好儿童”称号，雁江一小获“内江市少先队雏鹰大队”称号。1997年，雁江一小学生刘啸天被评为“内江市十佳少先队员”，市少工委被评为“雏鹰争章行动先进集体”。同年，在“手拉手”活动中，资阳师范附小、雁江二小获“内江手拉手联谊学校”称号。2000年，开展“青少年维权岗”活动，评出首批“团队工作示范校”13所。2001年后，开展“升国旗、唱国歌、争当升旗手”等活动。2004年起，开展“民族精神代代传”少先队系列主题活动。1986—2005年间，伍隍区小学生宋良军、资阳师范附小学生李宁先后被团省委表彰为“舍己救人好少先队员”。

六、文体活动

1986—2003年，团区委多次主办或联办规模较大的文体活动。1986年5月，与县体育局联合举办资阳县首届城区青年乒乓球、羽毛球比赛。1991年4月，举办资阳县首届青少年文化艺术节。项目有演讲比赛、革命歌曲歌咏赛、思想教育报告会、体育活动、书法、美术、摄影展、国标舞比赛等。全县有2500多名青少年参加。1997年4月，与市精神文明办、总工会等单位联合举办“爱岗敬业奉献”演讲大赛。2002年，在全区青少年中开展“新雁江、新青年、新跨越”有奖征文比赛，收到稿件300余件，评出一等奖2篇、二等奖6篇、三等奖12篇。2003年，按照上级部署，围绕社会主义新农村建设，以“新农村，新青年，新风采”为主题、以“新农村接力”“团结能致富、共同创幸福”“我的事情我做主”等为主要内容开展乡村青年文化节活动。当年，团区委被团省委评为“2003年度全省乡村青年文化节活动先进集体”。

第三章　妇　联

第一节　组织机构

一、区妇联

1986 年，资阳县妇女联合会有编制和工作人员 5 名，其中主任、副主任各 1 名。1993 年 12 月，妇联主任改称主席。2005 年，区妇联人员编制 4 名，实有工作人员 3 人，其中主席、副主席各 1 人。1986—2005 年，王香菊 、胡秀清、陈守彬 、江明华、刘晓琼、朱万碧先后任妇联主任（主席）。

二、基层妇女组织

1986 年，全县 9 区 1 镇设妇女联合会并配备专职妇联主任，各乡镇配专（兼）职妇联主任，662 个行政村、6201 个村民小组设妇代会、妇代小组。1992 年撤区并乡建镇后，镇乡、村均设妇女联合会和妇代会，配备专（兼）职妇联主任。1994 年，市妇联要求女职工数在 25 人以上的机关、企事业单位成立妇委会，15 人以下的成立妇代小组。1999 年起，为完善基层妇女组织网络建设，市妇联按照《1999—2003 年四川省妇联基层组织建设规划》要求开展整建工作。至 2003 年底，乡镇企业等新经济组织和个体劳协、企协等新社会组织陆续组建妇女组织。2004 年，在 21 个乡镇社区（居委会）建妇代会。经过 4 次整建，全区城乡妇女组织网络基本健全。2005 年，22 个镇乡设有妇女联合会，各社区（居委会）和行政村设妇代会，党群机关、事业单位设妇委会 69 个，个体劳协和企协中设妇委会 2 个，企业设妇代会 8 个。22 名镇乡妇联主席中，大专以上学历 19 人，年龄全部在 46 岁以下；行政村和社区居委会妇代会主任中，初中以上文化程度 488 人、占 99.79%，年龄 45 岁以下的 468 人、占 95.7%，其中 193 人进入村委会、90 人进村党支部（进“两委”的比例为 58%），8 人任副村长，114 人为农民技术员。妇联干部的待遇除村妇代会主任每月领取 40～60 元不等的补助外，其他专职妇女干部享受与同级干部相应政治经济待遇。1986—2005 年，基层妇联共招聘妇女干部 215 名。

第二节　代表大会

一、资阳县第七次妇女代表大会

1987 年 10 月 19—21 日召开，277 名正式代表、26 名特邀代表参加会议。会议听取胡秀清代作的题为《改革开拓，团结奋斗，加速我县两个文明建设创立更大业绩》的工作报告和县委副书记张鹤甫的讲话，选举县妇联第七届委员会委员 33 名，推选常委 11 名，选举胡秀清为主任、张能为副主任。

二、资阳市第一次妇女代表大会

1994 年 10 月 11—13 日召开，出席会议正式代表 193 人，特邀代表 27 人。会议听取、审议并通过江明华作的题为《全市妇女团结起来，为振兴资阳经济跃上新台阶而努力奋斗》的报告。市委书记曹荣火、市长陈茂福到会讲话。会议选举市妇联第一届执行委员会委员 39 名，推选常委 11 名，选举江明华为主席、张能为副主席。

三、资阳市雁江区第一次妇女代表大会

2004 年 3 月 4—5 日召开，146 名代表出席大会。会议听取、审议并通过刘晓琼作的题为《高举邓小平理论和“三个代表”重要思想伟大旗帜，团结动员全区妇女，推进雁江发展新跨越而努力奋斗》的报告，听取区委副书记游虹讲话。会议选举区妇联第一届执行委员会委员 26 人，推选常委 9 人，选举刘晓琼为主席、邓梅为副主席。

第三节　妇女儿童工作

一、妇女教育

（一）宣传教育

1986 年以来，各级妇联以“妇女之家”和“妇女读书活动室”为阵地，利用广播、讲座、板报、墙报、知识竞赛和街头宣传等多种形式宣传党和政府在各时期的方针、政策和中心任务，采取集中培训和自学相结合的办法，开展妇女群众法律知识培训。当年，各级妇联举办法制讲座班 298 次，培训 2050 人。1987 年，24.54 万名妇女接受法制教育，占总数的 94.7%。1991 年，开展“四自”（自尊、自信、自立、自强）和“四有”（有理想、有道德、有文化、有纪律）教育，共办板报 480 期、墙报 516 期，广播宣传 718 次，书写标语 2676 条，印发宣传资料 2.5 万份。1990—1994 年，结合“二五”普法活动，先后开展《婚姻法》《继承法》《女工劳动保护规定》《妇女权益保障法》《四川省预防和制止家庭暴力决议》等法律法规的宣传教育。2003 年，区妇联举办主题为“关爱母亲、保护儿童”的街头宣传活动，广泛宣传《公民道德建设实施纲要》《资阳市妇女发展纲要》（2001—2010 年）、《资阳市儿童发展纲要》（2001—2010 年）、《妇女权益保障法》《未成年人保护法》《婚姻法》《反对家庭暴力条例》等；区直机关 30 个单位 85 名女职工参加活动，共散发宣传资料 6000 份，接待群众咨询 5000 余人次。2005 年 1 月，区妇联在农村妇女中开展以“崇尚科学、关爱家庭、珍惜生命、反对邪教”为主题的反邪教警示教育活动。3 月，组织 750 名女职工，就《婚姻法》《预防艾滋病基本知识》、婚前医学检查等方面内容开展街头宣传咨询。当年，各级妇联共举办法制讲座 356 期，广播宣传 1276 次，办板报专栏 195 期，书写标语 891 条，开展街头咨询服务 725 次，接待群众 1.5 万余人次，印发宣传资料 3.15 万份。

（二）家庭教育

1986 年，县妇联在全县建家庭教育辅导站 9 个，开展活动 24 次，培训家教辅导员 651 人；办科学育儿专刊 135 期、宣传橱窗 31 个；建立科学育儿咨询站 32 个，接待咨询群众 1308 人次；动员 1938 名家长参加省妇联父母广播学校学习。各地组织召开家教经验交流座谈会 93 次，2.21 万人

（次）参加。1987年，全县建立家庭教育领导小组74个；区（镇）建立家庭辅导教育站10个，每月开展1次辅导咨询，实行年终检查评比制度；小学以学校为单位办家长学校，定期授课辅导。1988年1月，托幼工作由县妇联移交县文教局主管。同年，县妇联、计生委组织1万名家长报名参加省妇联父母广播学校第四期学习。1996年5月，市妇联和雁江镇教办联合举办幼儿家庭教育知识竞赛活动，雁江镇东幼、西幼、北幼、七小幼儿部组成7个队参赛。1997年，开展“年轻妈妈读书”活动。2004年，组织“争做合格家长，培养合格人才”家庭教育活动。9月，区妇联组织城区中小学生和家长共1200余人，参加市妇联在雁江剧场举办的家庭教育报告会。2005年，在全区开展“三万户学习型家庭创建行动”。1986—2005年，全区共办家长学校1926所，参加学习的家长达14余万人次；各级妇联表彰家庭教育先进集体84个、模范家长学校10所、模范家长45名、优秀家教工作者56名、好家长606名、好儿童4600名。其中，雁江一小家长学校获省妇联表彰的“示范家长学校”称号，县妇联、莲台乡中心校、城关一小和城关镇妇联、临江区妇联分别获省妇联父母广播学校第三、四期招生工作先进集体奖。

二、维护妇女权益

1986—2005年，全区各级妇联共接妇女群众来信1.05万件、来访2.44万人次，妇联自办、联办、督办、转办解决处理1.02万件，处理率达97%，其中妇联自办信访案1948件。为切实维护妇女利益，协调工会、劳动保障部门落实对妇女的劳动保护措施，配合政法部门打击对妇女儿童的犯罪行为，为妇女儿童提供法律援助。1989年，县公安局恢复“打击拐卖妇女儿童犯罪活动办公室”后，各级妇联派员参与、配合打拐工作。至1993年，发现拐卖人口线索176件，被拐妇女158人、儿童25人，协助解救被拐卖妇女儿童50人。1999年，与有关部门联合实施“巾帼法律援助工程”。2002年，配合法院选聘，特邀妇干陪审员12名参加有关妇女儿童的重大案件审理工作。2004年，区妇联在乡镇村设43个法律援助中心工作站；各站建立联席会议、领导接待日等制度，基本构成覆盖全区的妇女法律援助组织网络。2005年，在全区开展“三万妇女普法维权”行动。与此同时，建立妇女干部人才库档案，每年向组织人事部门推荐优秀后备女干部。1993年机构改革后，全市有副科级以上女干部104名，其中正科级8人，副科级92人，副处级4人；学校有女校长、女支书24人，医院有女院长、女支书24人，企业有女厂长（经理）、女支书8人。随着时代的发展，女性参政议政人数和比例逐步增加。2005年，全区有女人大代表103名，占代表总数的31%；女政协委员67名，占委员数的28.38%。镇乡党政班子中均配备1名女领导干部，其中正职4名；50%的区委部门、60%的政府工作部门配备女领导干部，其中正职7名；全区有副科级及以上女领导干部128名。1986—2005年，各级妇联向组织、人事等部门共推荐优秀妇女干部152名，被提拔使用75名；区妇联曾连续4年获得省委组织部、省妇联颁发的“伯乐奖”。

三、关爱妇女健康

1989—1993年，各级妇联共组织34.35万名妇女参加普查普治妇女病活动，经查60%妇女患有不同程度的妇科病，均得到早期治疗。1991年6月，县妇联组织2497人参加“恩威杯”全国首届妇女保健卫生知识大赛，进一步提高妇女健康保健知识水平。2001年3月，区妇联与计生委联合开展义务宣传、咨询活动，免费为城区2357人次女职工检查妇科病并赠送避孕药具。2003年8月，区妇联组织4000名妇女参加省妇联主办的女性生殖健康问卷调查。2005年9月，区妇儿工委在雁中社区举行“艾滋病防治进社区行动”启动仪式，邀请省妇联副主席马晓玲等领导、专家到场指导。

四、实施“春蕾计划”

1992 年，四川省实施救助贫困失学女童的“春蕾计划”。当年，县各级妇联救助 35 名贫困女童上学。1996 年，市妇联开展“爱心献春蕾”活动，采取自己出资和牵线搭桥的方式发动全社会向困难家庭女童献爱心。市民营企业家公会从 1999 年起，每年为 29 名贫困女童解决部分学费。至 1999 年底，“爱心献春蕾”活动让 75 名失学女童重返校园。2000 年，有 27 名困难女童得到省妇联资助。2004 年，由全国儿童少年基金会牵线，美国玫琳凯（中国）化妆有限公司出资 20 万元人民币，在丹山镇田坝村捐建了 1 所能容纳 400 多名学生的“春蕾小学”，使田坝、华光、老君等几个村的儿童入学难问题得到解决。至 2005 年，“春蕾计划”助学行动共帮助 379 名贫困失学女童重返校园。

第四节　专项活动

一、学赛活动

（一）勤劳致富赛

1985 年，县妇联在农村开展“万名妇女勤劳致富”竞赛活动。1986 年，开展“千户万头猪”养猪竞赛活动，有 1064 户参赛，参学妇女达 3. 28 万人次。当年，县妇联与畜牧局联办养猪技术培训 206 次，至年底育肥猪 1 万头。1987 年，县委把“万名妇女致富”活动纳入全县“万名党员勤劳致富”竞赛活动中统一部署。县妇联在城乡妇女中开展“学习法律常识，赛执法守法好；学习商品知识，赛商品经济发展好；学习文化科学技术，赛技术好”为内容的“三学三赛”活动，参赛妇女达 1. 2 万余名。1988 年初，省电视台、省妇联到县为参赛的蘑菇种植专业户朱桂华录制专题片。5 月，为给农村女青年找致富的门路，县妇联举办为期 1 个月的缝纫、刺绣培训班，培训 31 人。是年，全县有 5 个区、46 个乡举办养猪、养蚕、水果蔬菜种植、缝纫等实用技术培训共 51 次，5100 名妇女参训。1989 年 1 月，与团县委、城北村联合建立资阳县食用菌开发中心站，举办多期食用菌技术培训，共招收学员 307 人。至 1990 年，全县参赛妇女达 9. 5 万余人，其中城镇女职工 3. 7 万余人、农村参赛妇女 5. 8 万余人；参赛人员主要来自种植、养殖、加工、编织、服务等行业，累计有 5421 户参赛户年均收入增加，其中增加 2000 元以上的 1446 户，最高的达 5000 元。当年，四川省协调委表彰资阳县妇女致富能手 22 人，全县表彰“三学三赛”先进集体 108 个，县妇联被内江市评为“三学三赛”集体一等奖。

（二）“双学双赛”

1989 年，省妇联在全省范围内开展“双学双赛”（学文化、学技术、赛新风、赛贡献）活动。至 1991 年，全县共建红白喜事理事会、禁赌协会 1535 个，其中妇女禁赌队 274 个；累计节俭办理红白喜事 3706 件，节约资金 164. 18 万元；帮教参赌人员 1535 人。同年，区乡妇联配合农村党员“三带”活动，组织开展万名妇女“双学双赛”“千户十万只”小家禽养殖竞赛活动。1995 年 6 月，市妇联在雁江镇召开“双学双赛”现场会，推广马鞍村二社“双学双赛”典型卓碧书带领本社社员共同致富和协助调解邻里纠纷的经验。1998 年，市妇联为参加“双学双赛”的农村妇女提供资金、物资、技术、信息等方面的服务和帮助。2005 年，根据省农村妇女“双学双比”领导小组的要求，原“双学双赛”活动更名为“双学双比”（学文化、学科技、比发展、比贡献）活动。

1986—2005年，区内受各级妇联表彰的“双学双赛”先进个人、状元、能手3157名，小康带头人4460户，奔小康带头人5120人。其中，徐华彬、李焕渠、马素芳等3人获省妇联表彰，陈可彬被全国妇联表彰为“双学双赛”先进个人。

二、巾帼建功活动

1992年，县妇联响应全国妇联号召，在全县城镇妇女中开展旨在鼓励女职工岗位成才、岗位建功的“巾帼建功”系列活动。全县各级妇联共举办各种技术培训班563期，参训妇女达13.56万人次，城镇90%的女职工和农村50%以上的在业妇女参加活动。1998年，开展“巾帼文明示范岗”创建活动。年底，市妇联授予人民医院内三科、市工行中心储蓄所等82个单位“巾帼文明示范岗”称号。2000年后，深化巾帼文明示范岗（员）的创评活动，进一步加强对女职工的职业责任、职业道德、职业纪律的培训教育。当年评定“巾帼文明示范员”66名、“巾帼文明示范岗”118个，其中1个单位获全国城镇“巾帼建功”先进集体奖。2002年，雁中社区“巾帼社区服务示范点”被省妇联评为“社区巾帼示范点”。2004年12月，区妇联在民政、计生、卫生系统组建3支“巾帼志愿者服务队”，为全区妇女儿童提供公益性服务，同时组织实施“巾帼社区服务工程”，在社区陆续组建法律、卫生、家教、就业宣传咨询队，全年组织各种宣传、咨询活动10次，有1个社区中心被评为省级“巾帼文明示范岗”。2005年，区妇联在“文明新村”联系点——临江镇先锋村组建“巾帼科技服务队”“巾帼文化服务队”“巾帼防艾、禁毒服务队”。1992—2005年，全区共评定“巾帼建功”先进集体58个、巾帼建功标兵210人、“巾帼文明示范岗”42个、“巾帼建功”个人1678名、“巾帼创业之星”6名。

三、巾帼助困工程

为帮助无业妇女就业，帮助贫困妇女生产生活，县妇联坚持开展助困扶贫工程。1986—1987年，全县向北京、成都等地输送家政服务员2028人。其中，县妇联直接输送1053人，被内江市妇联评为的输送家政服务员一等奖。1996年，开展“巾帼扶贫”活动，共筹集扶贫基金23万余元，帮助贫困妇女208人。1999年5月，市妇联动员21个单位的妇女组织，与建陶厂21名下岗女工结成帮扶对子。7月，举行结对捐款仪式，现场捐款4000余元。当年，市妇联成立“巾帼职介所”，帮助65名下岗女工实现再就业。2003年，区妇联配合计生委在全区开展计划生育“三结合”帮扶活动，帮扶贫困户20户，送羊10只，提供借款2万元。同年，开展“巾帼助耕服务工程”，共组织“巾帼助耕服务队”183个、成员5180人，帮扶在外务工或家庭困难的农户1.2万户，收割小麦1220亩，收割油菜920亩，插秧2万余亩，还为困难农户送大米500斤、肥料4000斤，送技术资料4万余份。2005年，区妇联与区就业局联合举办多期培训班，培训城镇失业妇女和下岗女工866人，其中802人取得合格证书、568人实现就业。

四、文明家庭建设

1986年，县妇联在全县城乡开展创评“五好家庭”活动，评选表彰“五好家庭”3.96万户，占全县总户数的17.3%，其中2个家庭获四川省“五好家庭”称号。1989年，县委、县政府将创建“五好家庭”活动纳入精神文明建设的总体规划，当年评选出“五好家庭”4万余户。1991年，开展评选“金婚银婚佳侣”活动，评选表彰318对金婚银婚佳侣，其中县妇联表彰7对金婚、11对银婚佳侣；同时为评出的7212户“五好家庭”挂光荣牌。至1996年，全市累计评选表彰“五好家庭”

16.25 万户，占总户数的 46%。1997 年，为倡导社会家庭美德，市妇联在全市范围内开展以“净化家庭环境，美化家庭生活，争创‘五好文明家庭’”为主题的家庭文明建设系列活动，共评出“五好文明家庭”3.5 万户，其中城镇家庭占总户数的 89%、农村家庭占总户数的 11%；评出“五好家庭”模范户 40 户。2002 年，开展“好丈夫、好妻子、好媳妇、巧媳妇”等家庭优秀成员的评选活动，评选表彰好媳妇 1301 名，好妻子、巧媳妇 1550 名；松涛镇高岩村吴秀英被省妇联授予“农村十佳媳妇”称号。2005 年，区妇联发出“家庭助廉”倡议，并开展“平安家庭”创建活动。

五、其他活动

每年“三八”节，区妇联、各基层妇女组织均组织开展丰富多彩的文体活动和庆祝、表彰活动。1986—2005 年，表彰“三八”红旗集体 899 个、先进妇女组织 122 个、“三八”红旗手 744 名、优秀妇女工作者 1361 名、重视支持妇女工作的好领导 697 名，树典型 420 个，树标兵 26 名。其间，县妇联两次获省“三八”红旗集体奖；朱桂华、陈书琼、康起群等 5 人获省“三八”红旗手称号，朱志宾获省优秀企业家奖，陈书琼获“四川省第二届十大杰出妇女”称号，尹卫东、邹晓玲、张玉芳、陈伦芬、林玲等 5 人获得第一届“资阳妇女十杰”称号。“三八”节期间，县（市、区）妇联适时组织妇女参加公益劳动。1991 年，在全县范围内开展绿色工程建设活动，共造林 20 片，植树 2031 万株；累计成片造林面积 3860 亩。1999 年 3 月，市妇联组织市交通局、农业局等 5 个单位 60 名女职工到青年林植树 200 余株。

1991 年起，每年 5 月的第二个星期日，县妇联在城乡开展纪念“母亲节”活动。1996 年“母亲节”当天，市中医院义务为 100 名母亲做身体健康检查，中和镇妇联在中小学生中开展“爱我母亲”的作文竞赛和“我为母亲尽孝心”的活动。至 2005 年，各级妇联表彰“好母亲”1253 名。

1989 年起，每年 9 月“敬老节”期间，各级妇联均组织妇女为老人做好事、办实事，主要给敬老院的老人打扫环境卫生、洗换衣服、送礼品等。至 2005 年，全区妇女为老人们做好事 5466 件，慰问老人 4042 人次，赠送慰问品 3346 件，捐衣物 3099 件。

第四章　科学技术协会

第一节　组织机构

一、区科学技术协会

1978 年 1 月，恢复资阳县科学技术协会，与县科学技术委员会合署办公。1986 年，县科协有工作人员 4 人，主席由县科委主任兼任，4 名副主席亦为兼职。1989 年 12 月，县科协与县科委分设后共有编制 6 名，设主席 1 人、副主席 4 人（其中专职副主席 1 人）。2001 年机构改革，编制减为 4 人。2005 年底，区科协有工作人员 6 人，其中主席 1 人、副主席 2 人。1986—2005 年，历任科协主席有郑宪忠（兼）、谭正华、苏清鹏。

二、基层协（学）会

1986年初，全县有各类学会、协会和区、乡（镇）科协等基层组织33个、会员1603人，其中获助理工程师以上职称的科技人员496人。1987—1990年，先后成立县食用菌协会、烹饪协会、沼气协会、野生动物保护等8个学会和西瓜、柑橘、蚕桑、甘蔗种植等5个协会。1990年，全县有县级学会18个、区级科协2个、乡（镇）科协13个、农民专业技术协会2个。1991年1月，县委、县政府做出《关于进一步加强农村服务体系建设的决定》。当年新成立4个专业技术协会、8个村级科普分会和85个科普小组；9区61乡（镇）全部建立科协，科协主席由区乡（镇）长兼任，区乡经济干事任副主席，农业、畜牧、农机、农资农副产品供销四大服务体系的负责人为成员。1992年撤区并乡建镇，全县设镇乡科协22个。1995年后，随着科技兴市战略的实施，各级各类专业技术协会应运而生，其中以农业技术协会为最多，相继组建了生猪、山羊、鱼类、棉花、蔬菜、水果生产和酿酒、红苕加工等种植、养殖和农副产品加工类的协会。到20世纪90年代末，共有基层协（学）会80多个、会员4000余人。2002年11月，区养猪协会成立。2003年11月，全区首家非公有制企业科协——临江豆瓣有限公司科协成立。2004年，新建区中药材种植、农业机械产业、食用菌协会等29个。12月，建立雁南社区科协，为全区首家社区科协。年底，全区有农技协会58个，其中养殖业协会18个、种植业协会33个、其他协会7个，有会员2.6万人。2005年，新建各类协会18个。至年底，全区有学会、协会和镇乡、非公企业科协等基层组织154个、会员6万余人，其中镇（乡）科协22个，学会、协会和非公企业科协43个，农村专业协会89个、会员5.2万人；有初级职称以上的科技人员达1.6万余人。2003—2005年间，碑记镇果品协会和伍隍镇枇杷协会先后被省科协评为2003年和2005年度“四川省百强农村专业技术协会”，区科协获2004年度四川省非公有制企业科协先进集体奖和四川省学会工作先进集体奖。

第二节　代表大会

一、资阳县科协第二届代表大会

1980年12月15—18日召开，出席会议代表200人。大会选举产生第二届科协委员31人、主席1人、副主席4人。

二、资阳县科协第三届代表大会

1991年1月29—30日召开，参会代表380人。大会选举产生县科协第三届委员会委员35人、常务委员15人、主席1人、副主席4人。

三、资阳市雁江区区科协第一届代表大会

2004年4月8—9日召开，出席代表110名，大会选举产生区科协第一届委员会委员29名、常务委员11人、主席1人、副主席2人。

第三节　科普工作

一、科普宣教

科协结合“科技活动周”、“科技之春”科普宣传月、“科技三下乡”等活动，组织科技工作者和科普志愿者深入城区街道、社区居委会、乡镇、学校，分发科普资料，开展现场咨询，适时举办科普讲座和图片展览。1990年，县科协组织放映各种科教片960场，印发科普资料12万份（册），提供咨询服务30项，举办科普展览140次；县会计学会和珠算协会配合县政协、县财政局举办会计知识竞赛和首届珠算科技大赛，普及会计、珠算知识。1991年，在农村组建85个科普小组、8个村级科普分会，以加强农村科普宣教工作。1994年后，县科技顾问团不定期到乡镇开展科普宣传活动。2001年，区科协与市科协、区科委联合在雁江区政府路西段建长5米的科普画廊，开办科普专栏。2002年，科协采取多种形式宣讲《中华人民共和国科技普及法》，并结合实际制定一系列推广科普工作的新举措。2003年4月，区科协在雁江区和平路南段区农业局大门外建长7米、高3米的农村科普知识宣传画廊，并定期更新版面，及时传播农业实用技术和最新农业科技信息，成为区农村科普宣教的重要阵地。同年3至5月，在抗击“非典型性肺炎”期间，区科协利用政府路西段的科普画廊宣传“非典”防控知识，并在全区范围内发送宣传挂图和宣传资料1.2万份，以缓减市民恐慌心理。此后，科协还组建科普专家报告团和科普志愿者队伍，赴镇乡开展科普宣教工作。2004年1月，派员到镇乡开展反邪教宣教活动。3月，组织区级各学会、协会会员深入社区、乡镇和街道，举办科技上街、送科技下乡和科普进社区活动，共张贴科普宣传挂图36幅，悬挂科普宣传图片300余幅，印发各种宣传资料4.5万余份，赠送科普图书2000册，提供现场咨询660余人次。2005年3至5月，组织科普人员到迎接、碑记、堪嘉镇和雁中、红岩子、双龙井社区开展科普宣传，共张贴科普宣传挂图80多幅，悬挂科普宣传图片600余幅，更换橱窗展板60余块，印发各种宣传资料3万余份，现场接受咨询2000余人次。7月，与电台联办“科普大篷车”栏目。同期，开展科普示范学校创建活动；雁江二小被评为省级科普示学校，雁江一小和雁江二中被评为市级科普示范学校。至2005年底，全区建有科普示范基地4个、乡镇科普示范基地15个、社区科普活动室3个、农技协科普读书室14个（有科普书籍1万余册）；城区设科普画廊、科普橱窗6处，总长50米；各村均设科普小组，接受科普教育的农户占总数的70%以上。1986—2005年间，累计发放科普资料100多万份，先后有5人被评为全省农村科普先进个人，区科协被评为全省科普工作先进集体。

二、科技培训

县科协和所属学（协）会利用自身专业人才多的优势，适时举办各类技术培训班。1988年，县食用菌协会培训、指导农村青年栽培食用菌，实现经济效益50万元；大佛乡发生严重自然灾害后，乡柑橘协会及时派员指导果农，确保柑橘产量不减，实现总收入70多万元。之后，每次引进推广新技术、新品种时，科协均与有关单位联合举办技术培训班。至1992年，科协举办各类技术培训班491期，培训人员5.5万余人次，其中县级科技人员1890人次、农村专业技术人才5.3万人次，有1000余人掌握3项以上实用技术。2001年，区科协在小院镇李子村定植“山东梨枣”60亩，选派2名技术人员从选种、施肥到病虫防治、整形修剪等环节向果农提供全方位无偿技术服务和培训。2002年后，区科协和各级农业技术协会每年根据农村生产季节、市场行情和农民需要编印各种农技培训资料。在“送科技下乡”活动中，先后组织科技服务团28支93人次，为农民举办农业技术培训班43期，培训1万余人；聘请农技协会中的种植、养殖能手，在碑记镇、伍隍镇、松涛镇、丰裕镇和祥符镇等乡镇举办农村实用技术培训会35次，发放资料8万余份，培训2万余人；特聘畜牧兽医、果业专家和西南农业大学教授到祥符镇白狮村授课。至2005年底，科普专家团、农广校、乡镇党校、农技校共举办科技培训班1000多期次，印发资料10万余份，参训人员达20万余人次。

三、科技推广

1986年，县科协引进无籽西瓜、苹果味番茄、胡椒味特辣性辣椒种子，分别在黄添、宝台、昆仑、迎接等乡镇示范种植；引进“巨峰”“黑虎香”葡萄枝条1万枝，在清泉、插花、丰裕等地试种；推广生猪“五改”技术，全县杂交猪品种饲养率达90%以上。1987年，黄添乡西瓜研究会从大专院校、研究所引进有籽、无籽西瓜种子亲本进行杂交繁殖，制出杂交种子约500公斤，填补了西南地区无籽西瓜繁殖的空白；黄添乡西瓜研究会毛三元被省政府表彰为“农村科技致富能手”。1990年，县科协在黄添乡示范推广麦、瓜、苕、玉米、豆类两季蔬菜“麦套地膜西瓜立体栽培模式”，承包土地1000亩，指导农户立体栽培1万亩；县畜牧兽医学会在农村推广红苕添加剂及浓缩饲料养猪等先进技术。1991年，开展“水稻平箱湿润高产栽培”、“麦、瓜、棉、花、玉、苕、菜七熟制立体栽培”“冬水田栽西瓜”“田埂栽桃形李”“甘蔗引栽”和“蔗地蘑菇”等6个先导性项目试验、示范，其中在堪嘉乡示范的五熟和六熟制立体栽培实现经济效益51万元。1993年，市科协推广桃形李小区移栽、川杂西瓜新品种选育、食用菌、魔芋新品种小区示范项目。当年新场乡“魔芋新品种小区示范”项目种植魔芋50亩，亩产鲜芋3000公斤、干芋600公斤，实现产值4800元/亩，纯收入3800元/亩。1999年起，采取在乡镇、村社办农业科技示范基地的方式推广新技术。2000年，在全区开展龙都香柚、优质干果、中药材和家禽养殖等项目的示范推广，先后在迎接镇前丰村三社建立优质干果科技示范基地、在石岭镇广济村十三社建立“名优水果科技示范园区”，种植优质核桃、枣子、竹笋、雪枣、食用麻竹、黄金梨、金晚桃等。同时，建立无公害枇杷和优质蜜柑生产示范基地，使雁江区成为川西南片区最大的早熟蜜柑生产示范基地区。至2004年，共引进“金桥工程”项目11项（其中国家立1项，省立2项，市立6项），累计完成9项，实现年增利润5889万元，节约成本2428万元。2005年，区畜牧兽医学会优质瘦肉型猪高产技术推广、南骏公司涂装生产线、区农学会优质无公害油菜生产基地和青贮饲用玉米基地建设4个项目获市首届“金桥工程”优秀项目奖，其中“南骏汽车涂装生产线”项目被评为省“金桥工程”第六次表彰为优秀项目一等奖。同年，上报“金桥工程”项目9个。1986年至2005年，科协和各学（协）会共引进、推广新技术、新品种百余项。

四、青少年科技活动

县科协恢复后，在各中小学组建科技辅导员队伍，开展课外科技教育活动，适时举办科技夏令营、科技报告会，并选拔青少年参加全省和全国科技创新大赛。1981年，县青少年科技辅导员协会成立，负责全县各中小学和农村青少年科技辅导员的培训工作。11月，县科协与文教局等单位联合举办全县首届中小学科技、教具作品展，共展出作品1755件，评选出得奖作品87件，有1.1万余人（次）参观展览。1986年，与县珠算协会联合选送19名小学生参加省珠算协会举办的四川省小学生首届珠算比赛，1人获优胜奖。1992年7月，与县自然科学学会联合举办青少年科技夏令营活动，共有38人参加。2003年6月，组队参加资阳市第一届青年科技赛和四川省第十八届青少年科技创新大赛，2人获市科技创新奖，3件选送作品获全省科技创新二等奖，4件获三等奖。2004年3月，选送22件作品参加省第十九届青少年科技创新大赛，21件作品获奖，获奖率占全市参赛作品的66%，其中获优秀科技项目一等奖1件、二等奖4件、三等奖2件，优秀实践活动二等奖1件，优秀科幻画一等奖2件、二等奖2件、三等奖9件，雁江二小学生胡诗和的科幻画《未来的新居》被推荐参加全国第十九届青少年科技创新大赛并获三等奖。2005年，选送作品参加全国第二十届青少年科技创新大赛，其中"荧光转化器"和"我们与水""时空之门"3件分获全国二等奖和三等奖，"树叶生命的探索"获省优秀科技项目一等奖。当年，区科协获省青少年科技创新大赛优秀组织奖。

五、学术交流

区内学会、协会一般通过举办学术研讨会、年会、专题讲座、报告会等形式开展学术交流活动，其中医学会、中医学会、珠算协会、会计学会、化工学会、农学会学术交流活动较多。1986年，各类学会、协会组织各种学术活动31次，参加人数1327人，交流学术论文154篇，评出优秀论文6篇，县医学会会员在全国性专业刊物上发表文章11篇。1987年，医学会会员在全国儿童危重抢救经验交流会上宣读、交流题为《急症儿急性抢救》的论文，化工学会会员撰写的论文被《全国砖瓦科技信息》刊用。此后，科协和各学会、协会以"走出去，请进来"的方式，组织会员赴各地参加学术年会，定期邀请专家教授作学术报告、开办专题讲座。2002年9月，科协组织55名科技人员参加中国科协在成都举办的学术年会，10月邀请中国科学院院士沈永刚到资阳作生态农业学术报告。当年，区医学会和中医学会邀请专家教授开办8次专题讲座，并进行手术示范。2003年9月，组织54名科技工作者参加全省中青年专家学术大会。2004年，区农学会、区计算机学会、区工业学会组织34人参加省科协举办的首届博士论坛和资阳市车产业学术交流大会，各区级学会开展学术交流、学术研讨活动17项，交流学术论文12篇。至2005年，各学会、协会会员在国际和国家级专业刊物上发表论文300余篇。

第五章　残疾人联合会

第一节　组织机构

1986年至1990年5月，县民政局社会救济股负责残疾人工作。1990年6月，资阳县残疾人联合会成立，为副科级事业单位，由县民政局代管；残联理事长由民政局副局长兼任。1993年3月，资阳县残疾人联合会更名为资阳市残疾人联合会，5月市残联升格为正科级事业单位。1994年4月，市政府残疾人工作协调委员会成立，其日常工作由市残联负责。1995年3月，残联内设办公室。1997年机构改革，核定残联事业编制4名。2000年11月，资阳市残疾人联合会更名为资阳市雁江区残疾人联合会，12月增设区残疾人就业服务中心。2005年6月，区残联成为单列机构，不再由区民政局代管。年底，残联内设办公室，下设区残疾人就业服务中心，有事业编制和工作人员7名，其中理事长和副理事长各1人。全区设镇乡残联22个、残疾人协会46个。1990—2005年，历任残联主席（理事长）和主持工作的副主席（副理事长）有宋显志（兼）、袁明桂（兼）、文柏信、周昌厚（副理事长）、邓梅、李祖英。

第二节 代表大会

一、资阳县残疾人联合会第一次代表大会

1990年6月28日召开。参会代表156名，其中残疾人代表68名。大会选举王正明为县残联主席团主席、宋显志为理事长。

二、资阳市残疾人联合会第一次代表大会

1993年6月8日召开。参会代表132名，其中残疾人代表57名。大会选举温亚东为市残疾人联合会主席、袁明桂为执行理事会理事长。

三、资阳市残疾人联合会第二次代表大会

1998年6月3日召开。参会代表128名，其中残疾人代表36名。大会选举吴建平为市残联主席团主席、文柏信为执行理事会理事长。

四、资阳市雁江区残疾人联合会第一次代表大会

2000年11月撤市设区后，资阳市残疾人联合会第二次代表大会过渡为资阳市雁江区残疾人联合会第一次代表大会，不再重新选举。

五、资阳市雁江区残疾人联合会第二次代表大会

2005年5月13日召开。参会代表80名，特邀代表25名，其中残疾人代表42名。大会选举谢劲松为区残联主席团主席、邓梅为理事长。

第三节 残疾人工作

一、残疾人康复

1987年，资阳县开展首次残疾人抽样调查。调查结果显示：全县共有残疾人52550人，占总人口的5.06%。其中肢体残疾10244人，占残疾人总数的19.7%；视力残疾7592人，占14.5%；听力言语残疾17784人，占33.8%；智力残疾7696人，占14.6%；精神残疾3950人，占7.5%；其他多重残疾5284人，占10%。1989年1月，根据全国残联和民政部《关于实施全国残疾人三项康复工作的通知》要求，资阳县成立残疾人“三项康复”工作领导小组，在全县开展为期5年的残疾人“三项康复”（白内障复明、小儿麻痹矫正、聋儿语言训练）工作。经调查，全县有白内障患者1329人、34周岁以下小儿麻痹患者597人、7周岁以下聋儿657人（可进行语言训练的242人）。当年，为94

人做白内障摘除手术，术后复明率达95%。次年，为14名小儿麻痹患者做矫正手术。至1992年，共做白内障复明手术867例（复明率达95.6%）、小儿麻痹矫正手术240例，聋儿语言训练36人；省、县补助康复经费3.7万元。1993年9月，市残疾人“三项康复”工作领导小组撤销，其工作由市残联负责。1995年11月，市残疾人康复领导小组成立，随后建立残疾人社区康复站。1999年，市成立“视觉第一中国行动”白内障复明工作领导小组。9月初，市残联牵头组织4个医疗组分赴全市22个镇乡筛查白内障患者658名，对其中286名可复明的患者实施手术，成功率达100%。此后，陆续建立以城区为中心、社区为依托、家庭为基础、医疗康复与康复训练并重的康复服务网络，残疾人康复项目也逐渐增多。2002年，中华慈善总会和美国慈善组织主办“微笑列车”医疗项目，为区内几十名先天性唇腭裂患者免费手术。2003年起，给麻风病畸残者配置辅助用具。2004年，免费为18岁以下残疾孤儿做适应症康复手术。2005年，全区筛查白内障患者1400人，实施手术395例；朋腿安装11人；精神病人显著好转5188人，其中参与社会4488人、住院62人、实施家庭病床治疗308人，回归社会246人，监护率96%，显好率68%，社会参与率60%。同年，完成市残联下达的肢体功能康复训练与装配矫形器和假肢等其他常规性康复与服务项目。1989—2005年，全区有5061名残疾人通过治疗和训练，得到不同程度的康复。其中实施白内障摘除手术3616例，复明率均在95%以上；小儿麻痹矫正手术289例；聋儿语训164人，配助听器23人；低视力配镜181例；精神病康复回归社会256人；肢体矫形手术40人；装配矫形器112例、装配假肢103例；肢体功能康复训练127人；智障儿童训练48人，脑瘫儿童训练15人；先天性唇腭裂患者康复64名；残疾孤儿适应症康复手术103例；配置麻疯病畸残辅助用具23例；累计供应残疾人用具用品4480件。

二、残疾人就业与培训

残联通过职业培训和定点帮扶、分散安置与集中安置相结合的办法促进残疾人就业。1986年，在福利企业安置“四残”人员59人。1987年9月起，为鼓励民政福利企业多安置残疾人就业，政府对残疾人占职工总数30%以上企业免征一定的税费。同年，社会办商业福利工厂安置31人。1990年，安置12名残疾人到县属全民所有制企业工作。当年起，残联鼓励和帮助残疾人自谋职业，介绍其拜师学艺或进校学习。1992年，组织345名残疾人参加理发、修理、缝纫等技术培训，受训后有154名残疾人从业。1993年，拓宽就业渠道，在全市853个便民服务点安置84名残疾人上岗。1996年10月，建立市残疾人劳动就业服务所。1998年8月，成立残疾人服务社，市残联出资3万元作创业扶持资金，当年选拔356名镇乡残疾人到康利包装厂工作。2000年，区残疾人劳动就业服务中心成立，主要为残疾人提供就业咨询、组织残疾人职业培训、推荐就业。年底，全区11家福利企业中有残疾职工573人，占职工总数的43.2%。2001年5月，区政府印发《资阳市雁江区按比例安置残疾人就业办法》，要求各机关、团体、企事业单位和城乡集体、民营经济组织，按单位职工总数1.5%比例安置残疾人就业，对未达比例的单位收取一定数额的残疾人就业保障金，对个体工商户（含私营车主）按每户（车）每年60元的标准收取残保金。残保金主要用于残疾人职业培训和有偿扶持残疾人集体从业、个体经营。年内，组织467名残疾人参加职业技能培训，聘请农艺师巡回培训1060户残疾人。全年按比例安置残疾人42人，集中安置残疾人207人，分散就业340人，累计在11个民政福利企业中安置678名残疾人。2002—2004年，培训从事种植、养殖业的农村残疾人780名，举办2期盲人按摩培训班，开展职业技能培训21期，培训人员610人。2005年5月，区政府制定《资阳市雁江区残疾人就业保障金征收实施办法》，规定每年的7至8月为就业保障金的征收期。年内，残联先后举办电脑、裁剪、缝纫等技术培训；在福利企业开展残疾人技能岗位培训，360人次参训；开展科普信息培训，588 名残疾人参训；向各福利企业推荐、安置残疾人 380 余人（其中 20 名残疾人属下岗再就业）；共有 637 名残疾人在福利企业任职，680 人从事饮食、理发、医疗、缝纫、修理等行业。1990—2005 年，残联先后组织 4248 名残疾人参加职业技能和岗位技能培训，安置 3575 人残疾人就业，其中在福利企业集中安置 2421 人、分散安置 1154 人。

三、社会助残

1986 年，对城乡无力解决治病问题和修房困难的残疾人，按规定拨发数额不等的救济金。1987 年 7 月，县政府发文号召全县机关、企事业单位为残疾人事业募捐。次年 3 月，共收到单位和个人捐款 2.7 万元，其中个人捐款 2.5 万元、驻资石油卷管厂捐出价值 1 万余元的钢材。1988 年 7 月，发行有奖募捐奖券 10 万元，为残疾人福利事业筹资。1992 年，减免农村残疾人公益费、农业税、耕地占用税，在城镇从事劳务、修理、服务行业的残疾人办理营业执照只收工本费，并按政策减免营业税、所得税。年内为残疾人做好人好事 7536 件（次），帮户助耕 8753 亩。1996 年，残联投入资金 7.9 万元，扶持残疾人贫困户 396 人，并按残疾程度全免或半免丧失劳动能力的肢残者、精神残疾者、智残者、盲残者应交的农业税、统筹费、集体提留款和其他公益性费用。1997 年起，对城镇特困残疾人实行定期定额补助，每人每月补助生活费 70 元。1998 年，执行城镇居民最低生活保障制度，为 42 名符合条件的残疾人办理低保。同年，台湾曹氏基金会曹仲植、香港商人缪德文向市残疾人捐赠轮椅和老年疗养车 5l 辆。2000 年 2 月，市政府发出《关于贯彻〈残疾人保障法〉实施优惠政策的通知》，要求在全市“大力开展残疾人扶贫解困活动”，在残疾人就业、上学、看病、交通出行、农转非、税收规费减免和文体娱乐方面实行优惠：残疾学生免收学费和减免杂费，部分残疾人的子女接受义务教育学杂费减半；残疾人看病优先，住院减免部分医疗费用；盲人乘坐公共汽车、渡船一律免费；发放救济物资、扶贫贷款时优先照顾残疾人等。10 月，实行农村居民最低生活保障制度后，有 462 名农村残疾人被纳入农村居民最低生活保障范围，每月领取 42.5 元的低保金。当年，为残疾人减免农税 8.5 万元、集体提留 9.8 万元、公益事业费 12.1 万元、统筹费集体提留 9.5 万元；全区机关、企事业单位及驻军开展“志愿者助残”“红领巾助残”及“为孤老残送温暖”等活动，1 人获四川省志愿助残先进个人奖。至 2001 年，按政策领低保金的残疾人有 418 人（城镇 58 人，农村 360 人），有 870 名残疾人享受定期生活补助。2003 年，组织开展“结对子”党员干部包户帮扶贫困残疾人活动，结帮扶对子 230 对，资助 30 名残疾儿童上学，给残疾人减免各类税费 67 万元，对残疾人农业税收实行征前减免，一定 3 年不变，全区有 12294 名残疾人享受各类优惠政策。2004 年，资助 25 名盲童入学，资助残疾人治病 1300 人次，提供科技服务 105 人次；国家彩票基金会助学 22 人。2001—2005 年，残联投入扶贫资金 50 万余元，帮助南津、小院、中和、东峰、回龙、清水等 10 余个镇乡的 2200 余残疾人户发展种植、养殖业，扶持贫困残疾人 9900 余人，其中 6000 多人脱贫；争取危房改造资金 50 余万元，帮助 73 户农村贫困残疾家庭完成危房改造和建房；为贫困白内障患者做复明手术 1150 例，政府补助治疗费 10 余万元；社会各界捐款 10 万元、衣服等各类物资 9500 件，为残疾人做好人好事 1 万余件（次），帮户助耕 1.2 万余亩。

四、维护残疾人权益

1991 年 5 月，《中华人民共和国残疾人保障法》正式施行。5 月中旬，县民政局同县电视台、县广播电台联办专题节目，各区、乡（镇）利用标语、墙报、图展、板报以及召开各种形式的座谈会等形式，广泛宣传《中华人民共和国残疾人保障法》。在全国第一个法定“助残日”，组织 100 余人上街宣传，发放资料2500多份，义诊800多人，接受法律咨询500多人次。之后，每年“全国助残日”“盲人节”“聋人节”“国际残疾人日”期间，残联均开展不同主题的助残宣传活动并慰问残障人士。同时，积极协调法律机构为残疾人提供法律援助和服务，依法保障残疾人合法权益。2000年，伍隍镇石桥村一肢残青年被变压器烧伤后，要求责任单位赔偿，经残联多方协调后获赔58.6万元。2001年后，残疾人来信来访逐渐增多。2002年，残联接待来信来访487人次493件，主要反映救济、就医、就业、低保等方面的问题；残联积极与有关部门协调，做到件件有回音。2004年，提供法律咨询130人次，办理残疾人维权案7件，为残疾人挽回经济损失25万元。2005年9月，全市集中整治残疾人三轮车载客问题，引起区内残疾人三轮车主集体上访。区残联协助市残联及时清查登记、核实车主信息后，按政策给每户1500～3000元的经济补偿，上访事件得以平息。2000—2005年，残联发放宣传资料5800余份，办墙板报211期，在各级报刊上发表新闻、征文等稿件69篇，编印《工作简讯》47期，走访慰问残疾人1389人次，组织医务人员义诊1330人次，接待残疾人来信来访及咨询2116人次（其中法律咨询200余人次），办理维权案件16件，为残疾人争取补偿和挽回损失100余万元。

五、残疾人教育

对残疾儿童、青少年实施规范化教育是残疾人教育工作的重点。1992年4月，县政府拨款161万元修建特殊学校。学校占地3600平方米，有教师18名，聋哑学生56名。1997年，市政府从教育附加费中按3%的比例提取特教专项费，为在校聋哑学生每人每月补助生活费100元。当年，全市残疾少年儿童入学率提高至68%，有6名残疾学生考入大中专院校。至1999年，全市残疾人儿童入学率已达90%。2000年起，将残疾人教育纳入“普九”教育规划，实行目标管理；有195名残疾儿童进入普通中小学随班就读。至2003年，全区随班就读残疾生达712人。2005年，特殊学校设6个班，其中培智班1个、盲生班1个、聋生班4个，有教职工26人，残疾学生110名。年内，有14名残疾学生被大中专学校录取。此外，残联鼓励残疾人参加文明健康的文体活动，适时组织残疾人文体集训，多次组队参加各类比赛。1994年12月，选派11名残疾人运动员参加内江市第二届残疾人运动会，获得1枚金牌、3枚银牌、2枚铜牌。2003年，肢残人士曾菊花、何勇参加省残运会，获金、银、铜牌各1枚。2005年9月，盲人刘建春参加全市歌咏大赛，获一等奖。11月，3名智障人士参加在南充举办的第一届省特奥运动会，获4枚金牌、2枚银牌。

第六章　归国华侨侨眷联合会

第一节　机　构

1984年1月，资阳县归国华侨侨眷联合会成立，设主席1人、副主席3人，其中专职副主席1人。至2005年，归国华侨侨眷联合会共历3届，其中资阳县第二届归侨侨眷联合会设主席1名、副主席3名、秘书长1名、委员13名；资阳市第一届归侨侨眷联合会设主席1名、副主席2名、秘书长1名、委员9名；资阳市雁江区第一届归侨侨眷联合会设副主席（兼秘书长）1名，共有人员编制2名，实有工作人员3人。1986—2005年，历任侨联主席有陶式如 、陈名柯、李祖英。

第二节 代表大会

一、资阳县第二届归侨侨眷代表大会

1989年11月27日至28日召开。出席大会的正式代表78人，特邀代表20人。大会选举侨联委员13名，选举陶式如为主席，陈名柯、郑秀卫、苏章曼为副主席，徐坤贤为秘书长。

二、资阳市第一届归侨侨眷代表大会

1995年6月27日召开。出席大会的正式代表90人、特邀代表62人。大会选举侨联委员9名，选举陈名柯为主席，刘晓琼、苏章曼为副主席（兼），李祖英为秘书长。

2000年1月，市侨联一届十次全委会补选李祖英为主席。

三、资阳市雁江区第一届归侨侨眷代表大会

2005年5月27日召开。出席大会的正式代表60人，特邀代表20人。大会选举侨联委员11名，选举刘丽珊为副主席兼秘书长。同月，区侨联一届二十八次全委会同意李祖英辞去区侨联主席职务。

第三节 职能工作

一、发展侨属企业

侨联鼓励和支持归侨侨眷投资办实业，参与地方经济建设。1984年，县侨办、侨联动员全县归侨侨眷集资兴办侨兴公司和侨建工程公司，解决了部分侨属的就业问题。1988年，侨属刘敏投资创建民营企业——四川省资阳市若愚路桥有限公司，当年产值1573万元，创利润164.4万元。1991年9月，县侨办、侨联创办资阳市侨兴服装厂，生产卫生监督服装。2002年4月，按“党政机关与企业脱钩”要求，侨兴服装厂改制为侨兴服装有限公司，转产防燃防护服、防酸工作服和防静电工作服。2003年，侨属刘敏又投资1.08亿元创办若愚粮业有限公司，当年创产值2.33亿元，年利税2119万元。同年，侨属谭明东创办四川省资阳市精工砖机厂，为西南地区砖机设备专业生产企业，年产值800万元、利润30万元。1986—2005年间，若愚路桥公司和精工砖机厂分别被评为“省集体建筑企业100强”和“四川优秀建材企业”，若愚粮业公司被评为“资阳市农业产业化经营重点龙头企业”，成为全川最大规模的侨属企业之一；刘敏被省侨办评为侨属企业先进个人。2005年，全区侨属企业完成年产值5900万元。

二、支持公益事业

1986年后，侨联积极为华侨、华人和侨眷参与社会公益事业牵线搭桥。1987年，华人陈学圃捐资1万美元，资助资阳中学建阶梯式教室。1994年，侨建工程公司为20余户贫困侨属捐款5000元。

1995 年，华侨徐光禄捐资 1 万美元，在资阳中学设立“徐光禄奖学基金”，用于奖励该校高中部优秀学生。1997 年，市侨联引进美籍华人吴仲良捐资人民币 25 万元，在宝台镇建吴仲良第一小学。此后，吴仲良先后捐资人民币 90 万元，建侨心小学 2 所、改建初中 1 所。1998 年，市侨联、侨办和侨兴服装厂向遭受特大洪灾的湖南、湖北、江西等灾区捐赠衣物 325 件、鞋 13 双，人民币 1141 元以及价值 4. 8 万元的卫生防疫服 2262 件（套）。1999 年，香港同胞邵逸夫捐资 80 万元为资阳中学建教学楼 1 幢。2005 年，美资梅琳凯公司捐建侨心小学 1 所，邵逸夫捐 40 万元改建小学 1 所。2005 年，侨属和侨属企业捐款资助贫困学生 48 名。1986—2005 年，侨联共引进、接受 9 人 16 次、3 个企业捐资 300 余万元人民币（其中引进海外侨胞、香港同胞和外资公司“侨心工程”捐资 255 万元），建（改）小学 5 所、中学 1 所；接受其他社会公益事业捐助 2 万美元、35 万元人民币；侨眷和侨属企业向灾区捐赠衣物 2587 件，侨属刘敏累计为公益事业捐资达 60 余万元，获省“光彩事业”奖章。

三、护侨维权

1987 年，落实侨房政策，将土改时没收的美籍华人李玉芬的 6 间私房折价款 5842 元赔退给当事人亲属。1990 年《中华人民共和国归侨侨眷权益保护法》实施后，归侨侨眷权益维护工作步入法制轨道。为切实做好护侨维权工作，侨联于 1994 年开展侨情普查。据统计，全市有侨眷侨属 300 多户，1600 余人，其海外亲属 1500 多人。1996 年《四川省归侨侨眷企业事业权益保护条例》颁布后，侨联及时开展法规宣传工作，当年会同市房产管理局解决 1 户侨眷的住房问题。1998 年侨兴公司破产后，部分侨属因集资入股款归还问题上访，侨联、侨办在有关部门支持下兑付了集资款。之后，将指导下岗侨属、侨眷就业纳入工作范围。2004 年，根据政策和侨胞本人意愿，妥善处理了个别侨胞动迁祖坟、购回祖屋的相关事宜，协调有关部门解决了 2 户侨眷住房拆迁及赔偿问题。至 2005 年，共解决 1 名归侨子女工作调动和 3 名侨属子女就业安置问题，协调解决了 12 名侨属子女升学加分事宜。

四、参政议政

区归侨侨眷积极参政议政，发挥民主监督作用。1986—2005 年间，先后有来自工交、农业、文教、卫生、商贸等行业的 8 名归侨侨眷被推选为县（市、区）人大代表，其中 5 名当选人大常委；45 名任县（市、区）政协委员，其中 8 名任政协常委。侨界代表、委员认真履行职责，在人大、政协会议期间，就经济、文化建设以及侨联工作积极向政府建言献策，多数议（提）案被评为优秀议（提）案。

五、联谊交流

每年中秋节，侨联、侨办均邀请归侨侨眷参加座谈会、茶话会，以加强联络，增进感情；春节期间，地方党政领导到重点侨属户和困难侨属家慰问。2000 年后，侨联开展“送温暖”活动，关心老归侨、贫困侨属、下岗侨眷职工的生活，为其排忧解难。至 2005 年，侨联慰问归侨侨眷侨属 216 人次，送慰问金 5. 6 万元；先后接待来自美国、新加坡、菲律宾、巴西、泰国等国家回乡探亲访友、捐款、投资的华人、华侨和中国港澳同胞 50 多人次；受政府委托，两次派员前往香港看望慰问在港资阳籍人士。

第十九篇　法　治

第一章　政法委及综治工作

第一节　组织机构

1986 至 1987 年，县政法委员会沿袭以前建制，为县委的工作机构，负责指导和管理公安、检察、法院、司法部门工作。1988 年，县委撤销县政法委员会，成立县委政法领导小组。1990 年 3 月，恢复县政法委，内设办公室、执法督查督办室、政办室 3 个机构。1991 年 4 月，县社会治安综合治理委员会成立，下设办公室，编制 4 人，与政法委合署办公。1999 年 7 月，市处理邪教“法轮功”领导小组办公室（也称“719”办）作为临时机构挂靠市政法委。2001 年 11 月机构改革时“719”办更名为区处理法轮功办公室（也称“610”办），同时增设区维护社会稳定办公室。2004 年“610”办更名为区防范和处理邪教问题办公室。至 2005 年底，区政法委内设办公室、政办室、执法督查督办室、防邪办、维稳办和综治办 6 个机构。1986—2005 年，历任政法委书记有陈本祥 、彭明森、李通荣、甘宗坤（兼）、王龙彪 、段成武（兼）。

第二节　社会治安综合治理

政法委负责社会治安综合治理的组织实施，一般采取开展专项整治、组织平安创建活动等形式进行，不同时期重点各异。1985 年，政法委提出社会治安整治要注重“两手抓”，即一手抓打击，一手抓综合治理。1989 年，针对抢劫行为和赌博、卖淫等丑恶现象在县内较为突出的情况，县政法委部署“打抢劫、取丑恶专项斗争”。1990 年，重点开展除“六害”（赌博，卖淫，拐卖人口，制作、贩卖、传播淫秽物品，封建迷信、会道门，制造、贩卖、运输、走私吸食毒品）专项斗争。1991 年 2 月，中共中央、国务院作出《关于加强社会治安综合治理的决定》。4 月，县委成立综治委，负责组织、指导和协调全县的社会治安综合治理工作。当年，县委、县政府就全县社会治安综合治理提出意见，明确社会治安综合治理的方针和任务及要求。综治委督促各单位落实社会治安综合治理领导责任制、部门责任制和目标责任制。之后，陆续开展各类创建活动。1994 年，在全市开展创建“社会治安综合治理模范单位”活动。1998 年开展创建“安全文明小区”活动。1999 年，市委将社会治安综合治理目标责任制纳入综合目标管理考核范围内。同年，整治铁路沿线区域治安秩序，开展“安全文明铁道线”创建活动。2000 年，针对城乡结合部治安环境较差的状况，抽调 90 名干部组成工作组，进驻城区和城郊 3 个乡镇、23 个村，协助当地整治治安秩序。2001—2003 年，组织开展代号为“狂飙”的一系列严打活动，打掉了以李 × × 为首的诈骗团伙和以余 × × 为首的黑社会性质犯罪团伙。2004 年，着力健全全区社会治安整体联动防范体系。2005 年起，组织开展“平安雁江”创建活动。

第三节　维护社会稳定

政法委定期召开维稳分析会议，传达上级维稳会议精神，落实矛盾纠纷排查调处工作，制定各种突发事件应急预案，协调有关部门处置各种突发事件和群体性事件，部署安全保卫工作及国家、省、市重要会议期间的维稳工作。1986—2000 年间，妥善处置了一批有重要社会影响的事件。如学生董某某被炸死事件、1998 年“10 · 14”彩票事件等，还为海狸鼠经济合同纠纷调解、合作基金会清理整顿、出租汽车客运经营权有偿使用等项工作的开展制定突发事件应急预案。2000 年后，征地拆迁、企业破产改制、集资、企业军转干部生活待遇和人力客运三轮车经营权等问题引发的社会矛盾成为雁江区社会不稳定因素；政法委根据法律法规，结合实际情况，协调相关部门妥善化解矛盾，消除不稳定因素。同时，依法打击邪教组织。1990 年铲除邪教“会道门”组织，1995 年取缔邪教“门徒会”。1999—2005 年，先后开展代号为“断血”“灭鼠”“天网”的打击邪教“法轮功”组织的专项行动。通过打击和教育，292 人脱离“法轮功”邪教组织。其间，有效防范和处理了“灵灵教”“观音法门”“东方佛门”等邪教组织。

第二章　公　安

第一节　机　构

1986 年，县公安局内设政工科、研究科、秘书科、政治保卫科、二科、三科、预审科、消防科、看守所、公安收容审查所、公安行政拘留所、纪检组、治安队、法律顾问室、刑警队，有干警 196 人。1987 年 5 月设交通警察中队，8 月设林业公安科。1988 年撤销治安队。1990 年 6 月，秘书科改为行政管理科，法律顾问室改为法制科。1993 年，将纪检、《资阳公安》编辑室、政工科合并为政办室，三科与二科合并为治安管理大队，增设户政科、巡警队。1995 年 8 月，增设成渝高速公路资阳市公安局交通警察大队。1996 年 11 月增设禁毒大队，12 月撤销收容审查所。1997 年 7 月，撤销消防科，成立资阳市公安消防大队。1998 年 12 月，增设科技科和公路巡逻民警大队、警务督察队、经济文化保卫大队，组建城东、城西、丰裕等 9 个刑警中队。1999 年，科技科、经济文化保卫大队分别更名为计算机通信科和经济犯罪侦查大队。2001 年 3 月，市区两级事权划分后，资阳市雁江区公安局更名为资阳市公安局雁江区分局。同年12月，区级机构改革，分局内设机构调整为2室、3股、1队，下设8个大队、3个所及25个派出所，并将计算机通信科更名为计算机通信监察管理队，行政管理科与财会科合为财务行政装备股。2004年12月，分局警务机制改革，机构由41个精简为19个。其中政办室、法制股、警务督察队、纪委合并为队伍管理监督室，户政管理股、计算机通信监察管理队合并为治安管理大队。是年，雁江区分局及所属机构上划移交资阳市公安局直管，成为市公安局派出机构，实行市公安局和雁江区政府双重领导的管理体制。2005年底，雁江区分局设2室3队共5个机构，即：办公室、队伍管理监督室、国内安全保卫大队、刑事侦查大队、治安管理大队，有干警340人。1986—2005年，彭明森、曾世明、梁圣全、石永明先后任局长，王万镒、董子洪、吴俭、廖厚光任政治委员。

公安局（分局）派出机构设置情况：1986年，设城关、水上、城北3个城区派出所和临江、保和、中和、丹山、小院、伍隍、南津、丰裕、祥符9个区派出所。9月，成立第一个由乡镇列支的莲台乡派出所。1988年至1989年又陆续成立宝台镇、忠义镇、南津镇、昆仑乡等7个乡镇派出所，其经费由乡镇财政列支，民警实行招聘，隶属区派出所管理。1992年8月撤区并乡建镇后，全县设城关、临江、松涛、清水、新场等25个基层派出所。2004年12月警务机制改革，25个派出所合并为14个。2005年，改革派出所工作，推行乡村警务和校园警务，在城区建立17个统一规范的社区警务室，每个警务室配备1~2名社区民警。是年，全区设14个派出所，即：大北街、建北路、滨河路派出所和宝台、松涛、中和、保和、南津、小院、临江、迎接、丰裕、丹山、伍隍派出所。其中，大北街派出所为公安部批准的一级派出所，建北路、中和、保和派出所为省公安厅批准的二级派出所。

第二节　侦　查

一、政治侦查

1998年前，政治侦查保卫工作一直由县公安局政治保卫科负责，后由国内安全保卫大队负责。公安机关遵照上级指示，密切注视社会动态，快速传输各种情报信息，及时、妥善处置事件苗头，确保境内不发生颠覆政府组织和其他重大政治案件。1989年北京春夏之交政治风波平息后，一些外地非法组织成员逃窜到资阳境内，被县公安局抓获。其中有被省公安厅通缉的吉林籍非法组织头目1名，到资阳造谣、煽动人员6名，在外地涉嫌参与打、砸、抢、烧、杀的人员7名。1990年2月和1995年6月，县（市）公安局按照上级部署，先后依法取缔非法组织“会道门”和“门徒会”。1999年7月，国家将“法轮功”组织定性为邪教组织后，市公安局对境内335名“法轮功”练习者进行反复宣传教育，使大多数人员脱离该组织，但极少数痴迷者仍在活动。市公安局坚持在教育转化的基础上，对涉嫌违法犯罪的“法轮功”邪教组织成员依法予以打击，先后侦破沈某某、赵某某等“法轮功”练习人员进京滋事案。此后，境内“法轮功”邪教组织成员大多数转为隐蔽活动或暂停活动。2000年10月，市公安局搜查“法轮功”邪教组织练习人员住宅，收缴“法轮功”邪教组织书籍27本、音像制品49盒、宣传品89份、手抄本2本。至2005年底，共立案35件，破获31件；收缴“法轮功”书籍220本、宣传品4581份、音像资料367盘、横幅247幅；行政拘留50人、送劳动教养27人，法院判处有期徒刑10人。

二、刑事侦查

刑侦体制 1993年，县公安局刑警队改为刑侦大队。1998年2月，根据公安部改革刑侦体制的要求，建立片区刑侦责任制，实行侦审一体化。刑侦大队除设立大案中队、技术中队外，还设立城东、城西、丹山、保和、东峰、丰裕刑侦中队，警力由21人增加到82人，占全局民警总数的23.6%。2000年5月，撤销4个农村中队，其刑侦工作由辖区派出所承担。2004年9月，按照“大刑侦、大治安”的思路和格局，撤销城东、城西中队，其承担的刑案侦破任务由辖区派出所负责，刑侦民警也作相应调整。经侦中队和禁毒中队改由刑侦大队领导，增设基础中队，主要负责刑嫌调控、侦查阵地控制、刑事犯罪情报资料等刑侦基础工作。

刑案侦查与专项打击 20世纪80年代，公安机关根据上级指示和本地实际情况，将盗窃、抢夺、抢劫等多发性侵财犯罪和爆炸、投毒、杀人、绑架等严重暴力犯罪作为严厉打击严重刑事犯罪（简称“严打”）的重点，侦破了一批有社会影响的重特大案件。1987年1月，为期3年半的全县第一次“严打”活动结束，共依法逮捕犯罪嫌疑人9133人，摧毁各类犯罪团伙737个。1989年7月，开展集中打击流窜犯罪活动，抓获犯罪嫌疑人70名，破获刑事案件47件，缴获价值4万余元的赃款赃物。1991年，开展为期3年的反盗窃专项斗争。1993年，针对车匪路霸较为猖獗的情况，开展打击车匪路霸专项斗争。当年9月，全市出动公安干警、镇乡干部 、保卫干部等900余人，动用车辆百余台（次），抓获各类犯罪嫌疑人200人。1994年5月起，按照全省统一部署，开展4次大规模“严打”行动，搜捕各类犯罪嫌疑人154人，其中执行逮捕116人、收审37人、收监1人，摧毁各类犯罪团伙26个。1996年4月18日凌晨3时20分，市公安局刑警在成渝高速公路丰裕镇路段与5名车匪路霸发生枪战。枪战中1名干警受轻伤，案犯1死1伤、1人被当场抓获。1999年3月5日至4月5日，开展打击地方恶势力专项斗争，共刑事拘留各类犯罪嫌疑人43人，摧毁地方恶势力犯罪团伙3个、查获成员17人。2001年1月19日至22日凌晨，开展以搜捕“法轮功”邪教组织顽固分子、严重刑事犯罪分子、地方流氓恶势力和带黑社会性质犯罪团伙成员为重点的统一行动，共出动警力494名、车辆109台，抓获违法犯罪人员13人、“法轮功”邪教组织顽固分子4名；2月26日至3月2日，开展代号为“狂飙—A”的打黑除恶行动，出动警力232名、车辆55台次，抓获3人。2002年起，开展打击“两抢一盗”专项行动。2003年7月，破抢劫、抢夺案件8起，抓获犯罪嫌疑人3名。2005年9月27日至29日 ，开展集中打击“两抢一盗”行动，出动警力600余人次、警车80余台次，清查娱乐场所387处，抓获违法犯罪嫌疑人45人、网上逃犯4名，破获各类案件23件。在严打专项斗争中，还根据具体情况开展春秋季“严打攻势”、“刑侦百日破案会战”、“狂飙”系列集中行动等。

1986—2005年，公安机关立案侦查各类刑事案件20724件，其中杀人案388起、伤害案1414件、抢劫案2871件、抢夺案447件、投毒案42件、放火案154件、爆炸案18件、强奸案525件、流氓案31件、诈骗案680件、拐卖人口案72件、破坏生产案111件、绑架案11起、盗窃案11652件；破案13723件，其中杀人案300件、伤害案1273件、抢劫案1928件、抢夺案288件、投毒案42件、放火案113件、爆炸案10件、强奸案483件、流氓案29件、诈骗案377件、拐卖人口案69件、破坏生产案41件、盗窃案6781件、绑架案8起；平均破案率66.22%。

资阳市雁江区 1986—2005 年刑事案件立、破案情况统计表

表 19－1　　单位：件

年度	立	破	杀人		伤害		抢劫		抢夺		投毒		放火		爆炸		强奸		流氓		诈骗		拐卖		破坏生产		盗窃		绑架	
			立	破	立	破	立	破	立	破	立	破	立	破	立	破	立	破	立	破	立	破	立	破	立	破	立	破	立	破
1986	309	219	11	11	3	3	5	5	—	—	—	—	4	4	—	—	19	19	4	4	3	3	1	1	4	3	255	166	—	—
1987	237	184	8	8	4	4	9	9	1	1	1	1	6	6	—	—	17	17	—	—	5	4	1	1	2	2	160	75	—	—
1988	415	354	7	5	9	9	35	35	3	3	—	—	2	1	—	—	26	25	1	1	7	7	1	1	4	4	320	263	—	—
1989	1960	972	16	15	28	28	85	56	4	2	1	1	6	3	1	—	36	35	2	1	65	16	10	9	13	5	1693	801	—	—
1990	1413	937	8	8	25	22	76	65	3	2	1	1	9	8	2	1	49	46	4	3	29	22	12	12	46	17	1147	728	—	—
1991	1042	831	19	16	25	25	87	73	4	3	1	1	6	5	1	1	27	27	2	2	33	31	11	11	37	7	784	624	—	—
1992	880	624	19	17	31	30	148	119	1	1	1	1	7	4	—	—	35	34	—	—	22	20	9	8	3	1	545	361	—	—
1993	825	666	19	17	43	43	141	142	2	1	1	1	8	8	1	1	29	29			27	27	6	6	—	—	465	364	—	—
1994	611	520	11	7	50	49	67	57	3	1	9	9	8	8	—	—	45	44	7	7	24	23	4	4	1	1	326	261	—	—
1995	674	558	24	21	42	41	127	109	2	2	3	3	9	9	1	1	30	30	3	3	30	30	4	4	1	1	342	262	—	—
1996	707	575	26	21	52	52	149	119	1	1	1	1	11	6	—	—	22	22	8	8	—	—	5	5	—	—	328	247	—	—
1997	596	483	30	23	44	41	142	109	6	6	19	18	6	5	—	—	22	22	—	—	7	6	5	5	—	—	262	196	—	—
1998	409	276	31	18	45	33	95	58	7	6	3	3	9	5	2	1	21	16	—	—	8	7	2	2	—	—	161	106	—	—
1999	1098	741	46	26	135	111	158	96	61	43	2	2	10	8	2	1	25	21	—	—	26	21	—	—	—	—	527	316	—	—
2000	1339	747	38	30	179	154	261	129	—	—	—	—	5	2	1	1	27	19	—	—	93	51	—	—	—	—	549	209	5	3
2001	1781	902	20	16	141	120	277	132	—	—	—	—	11	6	3	3	19	15	—	—	81	29	—	—	—	—	880	325	—	—
2002	1649	1289	18	14	86	101	265	171	—	—	—	—	12	5	3	0	18	17	—	—	56	34	—	—	—	—	689	451	2	2
2003	1464	812	11	6	106	90	293	142	103	42	—	—	6	4	1	—	24	19	—	—	53	16	—	—	—	—	675	300	2	2
2004	1748	1042	16	13	251	210	268	195	136	88	—	—	10	8	—	—	34	26	—	—	46	14	—	—	—	—	833	376	2	1
2005	1567	991	10	8	115	107	183	107	110	86	—	—	9	8	1	—	—	—	—	—	65	16	—	—	—	—	711	350	—	—

针对毒品犯罪活动日益猖獗的状况，市公安局于 1996 年组建禁毒大队，集中警力破大案、打团伙。1999 年 8 月，禁毒大队在城区南门马家巷一出租房查获吸、贩毒窝点 1 个，抓获毒贩李某及 8 名吸毒人员，当场缴获海洛因 36 包约 14 克。2001 年，侦破“1·2”跨省制贩冰毒犯罪案件，先后查获华某、马某某等 9 名犯罪嫌疑人，缴获毒资 100 万余元和冰毒成品 1.25 公斤、半成品 52.15 公斤及一批制毒工具、制毒原料、配剂等物。2005 年 4 月，缉毒小分队赴西昌市，在当地禁毒部门协助下，抓获毒贩阿打土子及妻吉机莫里扎，缴获海洛因 393.6 克。1996—2005 年，全区共破获毒品犯罪案件 618 件，其中大案 17 件；依法判刑 91 人，其中死刑 7 人、死缓 5 人、无期徒刑 5 人；缴获毒品海洛因 2.23 千克、冰毒半成品 51.25 千克、摇头丸 195 粒、K 粉 11.32 千克。

三、经济犯罪侦查

1999 年，市公安局经济文化保卫大队更名为经济犯罪侦查大队，负责经济犯罪案件的侦查，打击证券、金融、税务、走私、合同等经济领域的违法犯罪活动。1999—2005 年，共侦破经济犯罪案件 107 件，抓获犯罪嫌疑人 148 人，处理 107 人，为国家、集体和个人挽回经济损失 353.5 万元。历年侦破的大案要案：2000 年 4 月，在雁江镇城西村 5 社一出租房内，查获假冒的哈尔滨制药三厂葡萄糖酸钙口服液 400 余件、价值 60 余万元；9 月，破获资阳市银泉酒厂偷税 100 万余元的特大案件。2001 年 4 月，侦破樊某某、张某某、朱某等非法炒股、诈骗钱财 100 余万元案。2002 年 5 月，侦破姚某某等 5 人虚开税票 36 张（金额 900 余万元），偷漏税款 90 余万元案。2004 年 8 月，在城北村十社一居民楼内查获“云烟”、“玉溪”、“中华”牌等假冒香烟 408 条，价值 5.97 余万元。

第三节　预　审

1998 年前，预审工作由公安局预审科负责。预审科依照“实事求是，重证据、重调查研究，严禁逼供”的原则，及时审查待处案件。通过预审，对需要逮捕的及时提请检察院批捕，对不构成犯罪或不需追究刑事责任的依法做出相应处理。1994 年《中华人民共和国赔偿法》颁布实施后，预审科更加注重办案质量，对每一起案件均认真审查、反复讨论，力求做到事实清楚，证据充分，定性准确，杜绝冤、假、错案的发生。预审工作对刑拘案件优先办理，并商请检察院提前介入。在预审办案中注重深挖犯罪线索，侦破了一些积案隐案，追诉了一些漏罪。如：1996 年，在预审带黑恶性质的“黑豹”犯罪团伙成员陈某某、肖某某时，通过挤挖线索，一举破获冯某等 5 人的重大盗窃团伙案件。1998 年 2 月，改革刑侦体制，实行侦审一体化，撤销预审科，人员并入刑侦大队。2000 年，办案采取“一竿子插到底”的做法，即案件从侦查破案、预审结案到提请检察院批捕及移送起诉均由办案民警全程办理。

第四节　监所管理

20 世纪 80 年代后，县（市、区）看守所常年关押量在 400 ~ 500 人左右。看守所以监所安全为重点，实行 24 小时值班制度；注重对在押犯罪嫌疑人的法制教育和生活管理，对严重违反监规的“牢头狱霸”采取有力措施予以整治和打击，以保证监所的正常秩序。通过教育改造，许多犯罪嫌疑人不仅主动坦白交代自己的犯罪事实，还积极检举揭发他人的罪行，为公安机关案件侦查提供线索。看守所因连续 20 年无安全事故，曾被四川省公安厅评定为“二级看守所”，并记集体二等功。

1986 年 8 月，县政府批准在狗尾山征地约 40 余亩新建收容审查所、行政拘留所、拘役所，实行“三所合一”，对外挂三块牌子，对内一套人马，区别对象分类管理，分室关押。收容审查所是为适应“严打”斗争和控制社会治安的需要建立的；收容审查是公安机关针对有轻微违法犯罪行为，不报真实姓名和身份住址、又一时难以查结案件的人员采取的强制措施。1996 年 12 月 31 日，根据新修订的《刑事诉讼法》规定撤销收容审查所。行政拘留所是公安机关对违反治安管理条例的人员依法裁决行政拘留和人民法院依法决定司法拘留的人员执行拘留的场所。拘役所是对人民法院判处拘役的人犯执行刑罚的场所。公安机关对拘役、拘留人员除安排适当劳动外，重点是组织被拘人员学习有关法律法规及党的方针政策，对其进行思想教育。1997 年 12 月，强制戒毒所成立，与公安行政拘留所合署办公。按照“有毒必肃，贩毒必惩，种毒必究，吸毒必戒”的原则，对抓获的吸毒人员一律送戒毒所实行强制戒毒。戒毒所配备专门医生及药品，除对吸毒人员进行药物治疗外，还注重心理矫正治疗，并辅以体质锻炼等措施。2004 年 12 月，公安行政拘留所、强制戒毒所、拘役所机构及在职人员一并上划资阳市公安局。

第五节 治安管理

一、户政管理

1993年前，县公安局治安科统管城区户口，各镇、乡政府文书、村社会计代管本籍户口。当年8月，县公安局成立户政科，负责辖区内人口的出生、死亡、迁入、迁出等项的登记、管理。1994年，镇、乡政府将户口管理工作移交至所在地公安派出所，村社会计仍代管户口。5月，市公安局建立公安业务计算机综合管理网络系统，开始运用计算机网络系统管理户口。2004年11月后，户政管理由分局治安大队负责。

从1987年起，对常住人口颁发居民身份证，当年首次颁证383676人；对流动人口一般采取调查、统计、属地登记、发放“流动人口暂住证”等形式进行管理。

公安局负责“农转非”（农业户口转为非农业户口）的审查报批工作。1992年5月，县委、县政府决定，凡自愿到城西经济开发区务工、经商的农民，在缴纳城市建设增容费后，可转为城镇户口。当月，办理“农转非”户口800余人。随后，部分乡、镇也参照办理，至年底共办理2535人。1994年，根据上级规定，为鼓励农民到小集镇经商办企业或自筹资金建房，逐步扩大“农转非”范围。1997年，国务院开展小城镇户籍管理制度改革，取消“农转非”指标。凡在城镇有固定住房、固定职业的和引进人才以及投靠亲属的人员，迁入城镇后可转为非农业户口，后改为城镇居民户口。

资阳市雁江区历年人口及其变动情况统计表

表19-2 单位：户、人

类别/数字/年度	总户数	总人口			性比例女=100	总人口中的非农业人口	出生	死亡	人口自然增长率‰	迁入	迁出
		合计	男	女							
1986	249660	944328	489776	454552	107.75	97898	15195	6074	10	18419	16504
1987	269516	959190	498605	460585	108.25	104179	14240	6079	9	21143	15104
1988	276075	980036	509926	470110	108.47	108914	14708	6331	9	27730	15401
1989	287807	1004103	522605	481498	108.54	110879	17374	6568	10	30476	19397
1990	301036	1031620	535376	496244	107.89	111511	23064	6419	16	45648	34739
1991	305771	1033889	539276	499613	107.94	115178	12595	6988	5	16935	15301
1992	308365	1037641	539342	498299	108.24	121163	7547	9173	-2	17554	18078
1993	311011	1034920	539195	495725	108.77	123275	7996	7094	1	15151	18323
1994	335065	1039093	542431	496662	109.22	130462	9082	6044	3	21591	20414
1995	338575	1039129	541995	497134	109.02	132865	8699	6646	2	28038	19837
1996	339694	1042480	543287	499193	108.83	138377	8722	6188	2	20750	21550
1997	341649	1042409	543640	498769	109.00	142371	8475	5703	3	9711	12532

续表

年度 \ 类别 \ 数字	总户数	总人口			性比例女=100	总人口中的非农业人口	出生	死亡	人口自然增长率‰	迁入	迁出
		合计	男	女							
1998	344012	1047054	545660	501394	108.83	145665	6000	12816	3	12816	11906
1999	345073	1052176	547784	504392	108.60	157305	6340	19960	2	19960	16894
2000	321394	957870	500762	457108	109.55	159570	5902	13506	2	13506	15806
2001	358818	1050543	547413	503130	108.80	168046	5723	5768	0	14742	15253
2002	355480	1049740	547687	502053	109.09	172195	5559	5981	-1	14972	14762
2003	359590	1050446	547499	502947	108.86	177279	6876	5910	-1	7448	7723
2004	362450	1054840	547811	507029	108.04	183707	7360	6094	1	9097	7225
2005	366036	1066466	557042	509424	109.35	184976	11338	4757	7	18265	14664

二、特种行业管理

特种行业主要有旅馆、刻字、印刷、废旧品收购、典当寄卖等行业。改革开放后，影剧院、歌舞厅、茶园等公共娱乐场所不再列入特种行业，但公安机关仍负责这些场所的治安管理。1999 年，国务院颁布《娱乐场所管理条例》，明确文化娱乐业的主管部门为文化行政部门；公安机关对文化娱乐场所的管理主要是预防和打击场所内的“黄、赌、毒”等违法犯罪活动，同时负责消防等方面的安全监督管理。2002 年，除旅店业等少数特业需公安机关审批发证外，其余多数都只管理，不发证。如对生产性废旧金属收购、典当寄卖、印刷、打字复印等，不再实行行政许可制度。公安局针对特业的性质和特点，建立健全各项管理制度，如“安全责任制”“登记管理制度”“情况报告制度”等。按照“谁主管、谁负责”的原则，经营特业的主管部门及业主负责安全管理工作，公安机关依法进行经常性的检查与监督。1988—2005 年，累计有 8708 户从事特种行业。其间，公安机关查处从业人员 756 人次。

三、危险物品管理

爆炸物品管理 1986 年后，公安机关不断强化爆炸物品的生产、储存、销售、购买、运输、使用环节的管理，要求相关单位、人员必须办理从业许可证、爆破作业证等证件；对民用爆破器材一律实行定点生产、销售，并定期或不定期开展安全检查，在重大节日期间均组织安全大检查，以及时发现和消除各种安全隐患。1998 年 11 月，市政府制发《资阳市禁止燃放烟花爆竹规定》。1999 年 3 月，明令禁止在城区燃放烟花爆竹。2001 年，收缴非法生产成品、半成品鞭炮 4 万响，收缴炸药、黑火药 1880 公斤、导火索 1750 米、引线 14 把，取缔烟花爆竹非法生产、销售窝点 182 个，处罚 95 人，其中行政拘留 23 人。但因烟花爆竹的消费量大，生产、销售的利润较高，故仍然存在非法生产、销售现象，并引发多起事故。1999 年 2 月，石岭镇大山村一村民在家庭作坊非法生产火炮发生爆炸，致 4 人当场死亡。2000 年 7 月，回龙乡川祖村二社一村民非法生产火炮发生爆炸，死 2 人，伤 1 人。

剧毒药物管理 20 世纪 80 年代至 90 年代，一些低毒或对人畜伤害轻微的农药逐步投放市场，中毒事故有所减少。2001 年起，“毒鼠强”“闻到死”“三步倒”等一些非法生产的剧毒鼠药开始在社会上流散。2003年初，新场乡、伍隍镇、南津镇相继发生3起“毒鼠强”中毒事件，致数十名幼儿和学生中毒，其中死亡3人。事故发生后，公安分局及时侦破3起中毒案（其中1起为投毒，2起为投放鼠药过失致人中毒），抓获犯罪嫌疑人6人。3月，在全区开展清理收缴“毒鼠强”等违禁鼠药专项治理工作，收缴“毒鼠强”423瓶、2100包，计3700克；收缴其他违禁鼠药121瓶、1178包，计41千克。之后，鼠药及农药中毒事故骤减。

枪支弹药及刀具管理　在1983年8月至1987年5月开展的“严打”斗争中，共收缴枪支51支、子弹5271发、管制刀具2213件、炸药4410公斤、雷管3048发。20世纪90年代初，自制火药枪、钢珠枪、电击枪、催泪枪等非法枪支开始流散并逐步增多。针对枪患日益突出的问题，公安机关经常性开展收缴与专项整治相结合的收枪治爆工作。在2001年“治爆缉枪”专项斗争中，收缴各类枪支300余支、黑火药75公斤，破获涉枪涉爆案件70件，抓获犯罪嫌疑人53名。其中，成功摧毁以陈xx为首的制贩枪支团伙，收缴小口径仿真手枪9支、子弹320发，抓获犯罪嫌疑人13人。此外，严厉查处非法生产、销售、持有、使用匕首、三棱刀（包括三棱刮刀）、弹簧刀及类似单刀等违法行为。

四、查禁黄、赌、毒

查禁卖淫嫖娼　1986年以来，公安机关除开展日常查禁工作外，适时组织专业队突击查禁卖淫嫖娼及淫亵色情活动。1988年8月，开展为期2个月的“取丑”专项斗争，捣毁近百处卖淫嫖宿点，查处卖淫嫖娼案138起。1991年9月起，贯彻执行全国人大常委会颁布的《关于严禁卖淫嫖娼的决定》。1992年9月，根据《四川省查禁卖淫嫖娼活动的规定》，依法加强旅店、美容美发店、文化娱乐场所及路边店、出租房等易发案件场所的治安管理，专项整治此类问题较突出的治安乱点。2002年下半年，在丰裕场镇开展为期2个月的重点治乱专项整治，共整治旅店7个，其中取缔无证经营户1个、限期整改3个；挡获卖淫嫖娼人员7名、介绍和容留卖淫店主3人，拘留3人、罚款7人。尔后，公安机关不断加大查禁力度，进一步遏制卖淫嫖娼现象。

查禁黄色和非法出版物　公安机关与文化、工商等部门密切配合，采取经常性查禁与专项斗争相结合的方式开展“扫黄打非”工作，把清理整顿的重点放在音像制品及出版物市场，把清理整顿的重点部位放在中、小学校园及周边地域，收缴各类淫秽黄色书刊及音像制品，打击各种非法出版活动，加强出版、复制、销售和运输渠道的管理，规范和净化文化市场，为社会稳定和经济发展营造良好的文化环境。

查禁赌博　1986年4月，县委、县政府制发《关于坚决禁止赌博活动的通知》。当年，查获参赌人员1605人，行政处罚70人，其中行政拘留32人、警告31人、罚款7人；收缴赌具161副（件）、赌金1.3万元，废除赌债700余元。之后数年内，赌博活动有所收敛。1989年9月起，贯彻执行《四川省禁止赌博条例》。但因群众性的带有赌博性质的娱乐活动与以赌博为职业、以赌博谋利等违法犯罪活动交织在一起，给查禁工作带来很大难度，致使赌博现象屡打不绝、屡禁不止。1998年2月26日，取缔非法经营电子游戏赌博场所1家、利用电脑赌博场所5家。2001年3月31日晚8点半左右，省公安厅治安总队出警70多人，突击查处雁江林苑江舟号二楼开设的“百家乐”赌场，现场挡获涉赌嫌疑人员77人，收缴赌资11万余元、手机35部、传呼机21个、赌具一批，挡获嫌疑小汽车14辆、摩托车1辆，刑事拘留涉嫌赌场业主及服务人员4人，对51名参赌人员分别给予治安处罚，在全区引起强烈反响。2005年，公安部在全国范围内开展“禁赌人民战争”。当年起，区公安分局重点打击以赌博为职业、聚众赌博特别是以“六合彩”“百家乐”等形式的巨赌、豪赌以及出境赌博等违法犯罪活动。

禁毒工作 1996年10月，市禁毒工作领导小组成立。常务副市长陈茂福任组长，负责领导和组织协调全市禁毒工作。禁毒领导小组下设办公室，每年以“6·26”国际禁毒日为契机，开展“珍爱生命，远离毒品”为主题的禁毒宣传教育；通过发表电视讲话、播放电视专题片、出动宣传车、设立宣传点、发放宣传资料、悬挂和张贴禁毒标语、制作展板挂图等形式，宣传国家禁毒的方针、政策及法律法规；先后开展“无毒社区”“无毒学校”创建活动等，充分结合缉毒成果开展警示教育工作。2000年6月，在资阳一中广场举行全市中小学生“6·26”禁毒倡议活动，当众销毁收缴的海洛因500余克、罂粟壳20余斤。当年起，加强易制毒化学品和特殊药品的管理工作，共清理整顿生产和使用易制毒化学品单位70余个，对存在问题的单位责令立即整改或依法处理，对吸毒人员按照“发现登记、戒毒矫治、跟踪帮教”三大环节开展戒毒工作，发现一个，强戒一个，对复吸者一律送劳动教养。1997年5月，成立市公安局戒毒所。至2005年，送戒毒所强制戒毒1583人次、送劳动教养戒毒339人次。当年底，全区登记在册的吸毒人员共951名。

五、治安巡逻

1993年7月，市公安局组建巡警队。至1996年，巡警队由初建时的几人逐步增加到10余人。1997年3月，开通“110”报警服务台。2000年改为指挥中心。同年成立巡警大队，有队员60余人，其中招聘治安巡逻员50人。巡警大队实行军事化管理和训练；队员集中食宿，24小时全天候轮流巡逻执勤；按照“有警必接，有难必帮，有求必应”的要求，凡是接到报警、求助电话或指挥中心指令，在城区5分钟内、在城郊10分钟内赶到现场处置警情和求助。2002年，根据上级指示，解聘50名治安巡逻员。2004年，巡警大队的职能上划市公安局巡警支队，城区治安巡逻工作由市公安局巡警支队和雁江分局辖区派出所负责。

六、内部保卫

单位内部治安保卫 1986年2月，县人民政府批转县公安局《关于加强机关团体、企事业单位治安管理和安全防范工作的若干规定》后，各单位内保工作逐步得到加强。1987年，企业实行承包（租赁）责任制，部分企业撤并保卫机构，减少保卫人员。1988年，全县实行治安保卫工作责任制，82个县级部门及驻县企事业单位的第一责任人同县政府签订治安责任书，签订率为100%，其中69个单位交纳责任金。1990年，县级机关、驻县和县属企事业单位建保卫科28个、保卫股49个，有专职企业公安保卫干部160人；设经保队、护厂队68个955人，校卫队11个223人。1991年，金融行业组建6个经济民警中队，有经警138人，均配备相应的武器弹药。1997年，撤销经济民警中队，恢复为保卫科（股）。同年，四川省卷烟厂、资阳糖厂、西南石油局资阳井下作业大队、资阳县林业局等单位相继成立公安派出所和公安科。1993年，根据中央关于实行政企分开的要求，撤销企业公安机构名称，上述单位除资阳内燃机车厂公安分局、县林业局公安科外，其余恢复为保卫科。公安机关根据各单位的性质和特点，将党政军首脑机关、电台、电视台、电信、邮政、金融单位、教育、科研场所、城市水电气供应单位及设施、大型文化体育场所、车站、港口等公共场所和大型物资仓库、储存易燃易爆等危险品的仓库及场所确定为治安保卫重点单位和要害部位，定期或不定期召开安全保卫工作会议，并签订治安责任书，要求相关单位建立安全保卫工作档案，加强治安保卫、守护人员的审查和管理。

群防工作 1986年，县公安局在丹山区义和乡开展“乡治安室、村治保会、社治保小组层层落实治安承包责任制”试点工作，在城关镇开展“街道治保会组织守楼护院自防小组‘四结合’划片包干责任制”试点工作，得到内江市公安局和四川省公安厅的肯定，并在全省推广。1987年，全县61个乡镇均建立治安室，有专职治安人员122人。1988年，全县有治保组织1824个、治安员5404人。当年，治保组织提供破案线索390条，协助破获刑事案件44起，查处治安案件4136起，挡获违法犯罪人员444人，缴获凶器43件。1991年，县公安局贯彻落实中央《关于加强社会治安综合治理的决定》，按照“打防并举、标本兼治、重在治本”的方针，巩固和发展以治保会为基础的各种群防群治队伍。在农村建立村社联防、山湾联防、院落联防、联户联防等多种形式的联防队，在城镇和机关、学校、企事业单位建立机关单位义务巡逻队、街道居委守楼护院组（队）、护厂队等群防群治组织。各级群防群治组织在基层单位党政领导和公安机关的指导下，开展法制宣传教育工作，加强对违法人员和重点人口的管理及帮教，疏导化解民间矛盾纠纷，在本地本单位开展巡逻守护和安全防范检查，预防和减少了各类案件及灾害事故的发生。至1991年，群防组织增至1862个，共有群防人员1.19万人，初步形成群防群治网络。年内，群防人员帮教违法人员1279人；提供破案线索299件，协助破获各类刑事案件312起，协查治安案件550起，挡获违法犯罪嫌疑人员507人，缴获赃款赃物折款共7万余元；开展治安巡逻和安全检查5256次，消除安全隐患397起；调处纠纷3154起。2000年后，农村治安联防工作又有创新和发展。许多村、社农民自愿筹资出力组织治安联防队，采取多种形式开展巡逻守护工作，有效遏制可防性案件的发生，被誉为“农村110”。迎接镇分水村、保和镇四方碑村、新场乡李家桥村等一批治安先进村受到省、市表彰。2003年，全区22个镇乡均建立社会治安整体联动大队，共有联防人员1150人。联防队配备有防卫器材，并定期演练、巡逻。当年，招聘132名国有企业下岗职工和“零就业”家庭中的40～50岁人员为社会治安综合治理信息员，协助维护社会治安。

保安服务　1988年7月，县公安局组建保安服务公司，实行有偿服务、自负盈亏的管理形式。当年，招聘保安人员40名，均被四川卷烟厂等企业聘用。1992年，保安服务公司与县公安局劳动服务公司合并。1993年，劳动服务公司与市公安局脱钩，保安服务随即停止。2004年，区公安分局根据治安形势和保安服务的需要，重新组建保安服务公司，招聘保安人员43人。公司实行“赔付制”保安制度，即由门市店面经营业主每年向保安公司交付一定服务费，保安公司为门面业主提供定向保安服务，如发生被盗等损失，由保安公司负责赔偿。2005年1月，“赔付制”保安服务首先在上西街商家店铺中实施。新的保安服务模式颇受欢迎，到年底城区共有300余家门市店面业主自愿出资入保。随着城市物业管理的日益发展和完善，保安服务也成为物业管理的一个重要内容。各机关、学校、企事业单位及居民小区除少部分由本单位职工、小区住户负责安全保卫外，其余大多数聘请保安。2005年底，资阳城区有各类保安人员962人。

七、出入境管理

1982年，县公安局一科开始兼管出入境管理工作。1988年5月出入境管理科成立。1999年3月更名为国内安全保卫大队。2005年1月，出入境管理工作上划市公安局，区公安分局不再承担辖区内公民因私出国出境申请的管理、审核工作。

1986—2004年，处理各类涉外案件13起，受理、审核因私出境出国申请3501件，其中赴台湾341件、赴香港776件、赴澳门81件，出国2303件；接待境外人员2287人次，其中台胞1575人次、港胞90人次、外国人622人次。

八、处置群体性事件

20 世纪 80 年代，县内极少发生群体性事件。90 年代后因破产企业职工安置、征地拆迁补偿，农民工、教师工资和离退休人员生活费及工程款拖欠，集资（或基金）到期不能按时兑付，以及计划生育、殡葬改革等各种社会问题和矛盾引发了多起群体性事件。其规模大小不等，少则几十上百人，多则成百上千人甚至数千人参与或围观。为妥善处理群体性事件，市公安局于 1994 年制订《关于处置突发事件的预案》和《处置突发事件人员编组、任务及设备配置细则》。1986—2005 年间，处置的典型群体性事件有：

1987 年 3 月 16—18 日，在资（阳）乐（至）公路紫微乡至宝台乡地段，当地村民先后拦截汽车 14 辆，哄抢强购化肥 92 吨。县公安局在调查核实的基础上，对 14 名骨干分子予以治安处罚，对参与人员进行法制教育，并追回大部分损失。

1998 年 10 月 13 日，市文体部门在城区和平路南段举办数额为 440 万元的体育彩票发行活动。14 日下午 2 时发售即将结束时，因工作人员处置不当，加上部分不明真相群众误信“彩票发行有假，主办单位没设特等奖”等谣传，引发数千人参与的群体性治安事件（后称“10・14”彩票治安事件）。不法人员和不明真相群众在现场打、砸、抢、烧，冲击彩票发行指挥部。当晚，数百人冲击资阳市政府和资阳地委、资阳地区行署办公区，到次日凌晨 3 点事态暂时平息。15 日上午，和平路大街又聚集起人潮，冲击资阳宾馆，烧毁警车。下午，公安机关派员把守街口，防暴大队沿街巡逻，并在市中心主要街道实行紧急戒严，事态基本平息。16 日，社会秩序恢复正常。事件发生后，资阳市委、市政府召开紧急会议，通报体育彩票发行风波情况，要求全体市民不听谣、不信谣、不传谣，要求城区各单位轮流值班，发动群众维护秩序；地、市两级共组织公安干警和武警官兵千余人维持现场秩序，疏导群众，驱散闹事人员，抓捕违法犯罪分子；省公安厅急调成都、内江、简阳防暴部队驰援资阳。事件中，2 辆汽车被烧毁，搭设棚架的 21 吨钢管和 12 辆自行车（奖品）被哄抢，东方红旅馆底楼门厅总服务台被烧，附近市政设施被毁坏，造成直接经济损失 24 万余元；警察和武警抓获违法犯罪嫌疑人员 104 人，其中有工人、农民、干部、学生，经审查后刑事拘留 4 人，行政拘留 18 人，治安警告 12 人，除 13 名学生交教育部门处理外，其余轻微违法人员经教育后释放；87 名公安民警、武警官兵受伤，其中 6 人重伤住院。事后，公安部、省公安厅专门派出工作组到资阳调查处理该起事件。

2000—2001 年，在改造扩建 321 国道资阳城区段期间，数百户村民（多数为马鞍村九社）因对征地拆迁和补偿问题不满，阻挠正常施工，多次与施工方发生纠纷。其间，公安局组织警力依法、妥善处置了该起事件，保证了城市重点建设项目的顺利推进。

2004 年 4 月，区政府公开拍卖 1000 余辆人力客运三轮车经营权期间发生较大规模群体性事件。区公安分局在市、区党委、政府领导下，协同有关部门及时、妥善处置了该起事件。

九、治安处罚

1986 年，县公安局贯彻执行新修订的《治安管理处罚条例》，不断加强社会治安管理，主要查处“黄、赌、毒”等“六害”行为。1987 年，全县发生各类治安案件 584 件，查处 565 件，查处率为 96.75%；共查处 790 人，其中拘留 362 人、罚款 247 人、警告 97 人。在被查处的 565 件 790 人中，属“六害”等社会丑恶现象的案件 503 件 716 人，分别占被查处案件和人员总数的 89.03% 和 90.63%。此后，治安案件的类型逐渐多样化，数量时增时减。2005 年，全区共发生各类治安案件 5463 件，查处 5439 件，查处率为 99.93%，其中违反户口或者居民身份证管理条例方面的治安案件

4781件，占案件总数的87.52%；共查处6226人，其中拘留203人、罚款5392人、警告425人；查处案件量和查处人员数比1987年增加近10倍。

第六节 交通管理

1987年5月，县公安局交通警察中队成立，统一管理全县城乡道路交通工作。之前，道路交通管理由县交通局监理站负责。1989年，设立城区、丰裕、临江交警分队。1995年8月，组建资阳市成渝高速公路交警大队。1997年，设立资阳市公安局公路巡逻大队，与交巡警队合署办公。2001年，区公安分局成渝高速公路交警大队上划省交警总队高速公路交警支队。2004年底，区公安分局交警大队上划市公安局交通警察支队直管。

1987年，县公安局首次在全县开展治安、交通巡回大宣传、大检查活动。之后，定期或不定期深入学校、社区、公路沿线村社广泛宣传《道路交通安全管理条例》，常年对车主、驾驶员和中小学生进行交通安全宣传教育，先后开展“交通安全月”“百日安全竞赛”“畅通工程”“平安大道”“珍爱生命、安全出行”以及创建“交通安全文明学校”“交通安全文明村（社）”“交通安全示范镇（乡）”等一系列活动，并与交通运输企业、有车单位以及镇乡签订责任书。同时，加强对车辆尤其是客运车辆及驾驶员的管理，严格把好车辆年检关，适时组织机动车驾驶员学习交通法规和事故处理办法。1996年后，施行《机动车驾驶证管理办法》和《机动车驾驶员交通违章记分办法》。2004年起，贯彻落实《道路交通安全法》。2005年，执行《四川省〈中华人民共和国道路交通安全法〉实施办法》。

在道路管理方面，把城区交通秩序管理和321国道线、资（阳）乐（至）路、资（阳）资（中）路等辖区内的主要交通干线的安全管理作为工作重点，主要抓春运、暑运、“五一”“十一”黄金周期间的交通安全管理工作，同时加强路检路查、加大对交通违章违法及肇事行为的查处力度。在全力维护道路交通秩序的同时，狠抓事故的预防和处理，确保全区道路安全、畅通。但因机动车辆和驾驶人员逐年增多（1988年机动车4248辆、驾驶员5300人，2004年机动车33898辆、驾驶员51317人），城乡道路建设状况还不适应车辆迅猛增长的发展趋势，加上部分从业人员的安全意识和法律意识较差以及其他因素，交通安全事故时有发生。1988—2004年，全区累计发生交通事故4818件，其中特、重大交通事故341件，共造成628人死亡、2590人受伤，经济损失841.84万元。2005年起，区内交通事故由资阳市公安局统计。

资阳市雁江区1988—2004年交通事故统计表

表19-3

年度 \ 数字 \ 类别	次数（件）	死亡（人）	受伤（人）	经济损失折款（元）	其中特重大事故		
					次数（件）		死亡（人）
					特大	重大	
1988	216	33	221	81230	—	33	33
1989	199	34	92	59970	33	—	34
1990	203	33	118	59520	31	—	33
1991	298	36	130	81208	—	35	36

续表

年度＼数字＼类别	次数（件）	死亡（人）	受伤（人）	经济损失折款（元）	其中特重大事故		
					次数（件）		死亡（人）
					特大	重大	
1992	247	35	127	78010	1	31	35
1993	215	35	118	121550	—	35	35
1994	195	35	103	114170	2	25	35
1995	419	83	221	3617200	—	35	35
1996	163	29	40	124096	—	8	8
1997	163	29	40	124090	—	8	8
1998	157	28	36	119550	—	28	28
1999	155	27	33	121781	—	27	27
2000	157	23	46	127600	—	2	2
2001	365	42	179	499500	—	7	5
2002	646	50	351	952800	—	—	—
2003	399	35	237	880496	—	—	—
2004	621	41	498	1255650	—	—	—

第七节 消防管理

1986年，县武警消防中队成立。1997年，市公安局消防科改为市公安消防大队，与武警资阳市消防大队实行“两块牌子一套人马”的运作、管理模式。消防工作以“预防为主、防消结合”为指导方针，注重宣传、监督、建立群防组织等环节。1986年，县公安局编印、发放各类资料23万份，宣传国务院新颁布的《中华人民共和国消防条例》。1987年，与县广电局、文化馆联合录制以本地消防题材为内容的消防专题电视剧。1988年，《资阳消防报》（1983年创刊）改为《资阳公安报》后，仍将消防宣传作为重要内容之一，每年“11·9”消防日均与相关单位开展各种形式宣传。1989年4月，县政府批转县公安局《关于改革和加强消防工作的意见》，要求“推行目标管理，落实防火责任”。此后每年年初，县政府均与各级各部门（单位）层层签订消防责任书，并在年终开展检查验收，实行奖惩兑现。1986—2005年间，公安、消防部门依法对各单位特别是重点防火单位进行定期或不定期的检查，发现隐患及时督促整改。其中对油库、加油站点，石油液化气、溶解乙炔气、烟花爆竹经营行业和学校、医院、宾馆、饭店、商场、集贸市场以及文化娱乐场所等一系列公众聚集场所定期进行消防安全专项整治；对新建、扩建、改建、装饰装修工程严格按照《建筑设计防火规范》《建筑物灭火器配置规范》进行审核把关。同时，帮助机关、企事业单位的安全保卫机构和城镇社区、农村村社治保组织搞好防火宣传教育和检查监督工作，并组建群众义务消防队。2001年统计，全区共有义务消防队1251个、义务消防员9638人。区消防武警官兵是辖区消防安全和抢险救援工作的主要力量。1986—1999年，先后参加宝莲酒厂重大火灾、成渝高速公路101公里处货车氯气泄漏、资阳市乐至氮肥厂10米静电除焦塔泄漏等重大事故的处置。2000—2004年，累计出警3169次，出动车辆5336台次，出动人员2.75万人次，参加灭火行动892次，抢险救援159次，为群众取钥匙943次、取马蜂窝635个、送水近4000吨，参加重大会议和重大活动消防保卫执勤166次。2005年，先后协助处置“3·27”“5·14”“7·18”交通事故。

第三章　检　察

第一节　机　构

1986年，资阳县人民检察院内设办公室、审查批捕科、审查起诉科、法纪检察科、经济检察科、监所检察科、控告申诉检察科、政工科。1989年增设民事行政检察科和检察技术室。1993年3月资阳县人民检察院更名为资阳市人民检察院。1994年7月检察技术室更名为检察技术科，11月经济检察科更名为反贪污贿赂局。1995年增设监察科，1997年增设法警队。1998年6月，法纪检察科更名为渎职侵权检察科。2000年11月，资阳市人民检察院更名为资阳市雁江区人民检察院。2001年12月，审查批捕科更名为侦查监督科，审查起诉科更名为公诉科，政工科更名为政治处。2005年，区检察院内设政治处、监察科、办公室、侦查监督科、公诉科、渎职侵权检察科、反贪污贿赂局、监所检察科、控告申诉检察科、民事行政检察科、检察技术科、法警队。1986—2005年，凌宗元、王龙彪、梁木生、沈涧、秦毅先后任检察长。

第二节　刑事检察

一、审查批捕

检察机关按照《刑事诉讼法》和《逮捕拘留条例》，审查案卷材料，做出是否批捕的决定。在办案中采取“定人、定案、定时、定责、定质”的办法，做到每案同犯罪嫌疑人见面；坚持“个人阅卷、集体讨论、检察委员会或检察长决定”的办案制度，有效防止错捕、漏捕，错诉、漏诉。1989年起，县检察院自侦案件实行侦查、批捕、起诉分开进行的办案方式配合历次“严打”整治行动，把杀人、抢劫、强奸、放火、爆炸、重特大盗窃和其他严重危害社会秩序等重大刑事犯罪案件作为批捕工作重点，及时进行审查。1993年是开展“严打”整治集中行动以来审查批捕数量最多的一年，共受理提请逮捕的人犯764名；批捕716名，其中杀人、抢劫、强奸、放火、投毒等重大案犯295名，占总数的41.2%。为及早掌握案情，检察院参与重特大案件讨论，提前介入侦查。至2005年，提前介入案件1508件2486人，占公安机关提请批捕数的30%。1986—2005年，共受理公安机关和本院自侦部门提请批捕人犯8477人；经审查决定批准逮捕7241人，批捕率占85.4%，其中批捕重大刑事犯2853人，包括杀人犯259名、放火犯58名、抢劫犯2098名、强奸犯424名、投毒犯10名、爆炸案犯4名；不批准逮捕915人；退回公安机关补充侦查583人。

二、审查起诉

1986—2005年间，受理公安机关移送审查起诉8951人，审查后向法院起诉6825人，免予起诉416人，不起诉58人，退回公安机关补充侦查1471人；公安机关撤回171人。检察院起诉到法院的案件中，法院判决免予刑事处分的50人，退回检察院补充侦查的18件33人，检察院撤回起诉的16件47人，法院作无罪判决的6人。

三、侦查、审判监督

侦查监督 检察院对公安机关和本院自侦部门在立案和侦查活动中的行为是否合法进行监督，对违法立案和侦查的坚决予以纠正。1997年《刑事诉讼法》修订后，侦查监督改为刑事立案和侦查活动监督。检察院将监督范围延伸到受理公安机关提请批准逮捕前的发案、立案阶段，对公安机关在侦查中违法取证、超期羁押、随意变更强制措施等违法行为予以及时纠正，以维护当事人的合法权益。至2005年，立案监督187人，其中要求公安机关说明不立案理由79人、通知公安机关立案2人、纠正公安机关不当立案56人，对自侦部门建议报请立案14人，纠正违法侦查15人（次）。

审判监督 检察院对法院适用法律不当、定性不准、认定事实有误等判决确有错误的各类刑事案件予以抗诉，通过审判监督保证法律适用的正确性和严肃性。1986—2005年，检察院对法院开庭审理的30名案犯的判决提出抗诉。

第三节 渎职侵权检察

1990年前，因人员配备少，县检察院只重点查办一些严重渎职和侵犯公民权益案件。当年起，增加法纪检察人员，加大对渎职侵权案件的查处力度，全面开展法纪检察工作。1993—2003年为渎职侵权案多发期，共查105件105人，立案侦查39人，起诉23人。典型案件有：市公安局南津派出所副指导员谭某某帮犯罪嫌疑人开假病情证明、逃避逮捕的徇私舞弊案；市乡镇企业局阳某某玩忽职守，违规审批借款1600余万元，给国家造成直接经济损失1700多万元案；市农村合作基金会洪某某违规审批借款，致使本金和利息190余万元无法收回案；区公安分局巡警刘某在制止斗殴时违规使用武器，致1死1伤滥用职权案等。1986—2005年，因各类渎职和侵权案件造成人员死亡73人，经济损失2794.91万元。检察院受理渎职和侵权案件221件，初查136件136人，立案侦查73件88人，其中重特大案件26件31人；侦查终结共计76件106人，办结后起诉50件66人，免予起诉20件32人。

第四节 反贪工作

一、反贪污贿赂

1986年，受理贪污受贿犯罪案线索29起，立案侦查18人，起诉14人。1989年起，贯彻执行最高人民检察院《关于贪污受贿投机倒把等经济犯罪分子必须在限期内自首坦白的通告》精神。1990

年，通过散发宣传资料、展出反腐案例图片等多种形式开展反贪宣传，发动群众揭发检举贪污贿赂犯罪行为。当年有1人自首；在立案侦查的34人中，由群众举报立案的有30人，侦结后起诉28人。1993年后，公职人员贪污受贿案渐增。1994年1月，市检察院首次举行反腐斗争新闻发布会，通报全县反腐败斗争情况；为适应反贪工作形势，将经济检察科更名为反贪污贿赂工作局。此后，反贪工作以查办发生在“三机关一部门”（党政机关、行政执法机关、司法机关、金融及经济管理部门）的大案要案为重点。1995年，侦办资阳市国土局劳动服务公司窝案，涉及违法犯罪人员共15人，作案金额达110多万元，在全市引起强烈反响。1996年5月，根据群众举报，侦破母某某在资阳师范校建设中，利用职务之便受贿5.7万元案。2001年6月，侦破区法院经济庭汪某在办理企业破产还债案中，利用职务之便贪污、受贿50万元案。2001—2002年，检察院共受理贪污贿赂犯罪案件线索40件（条），初查后，确定立案侦查21件30人。所立案件中，贪污案12件21人、受贿案6件6人、行贿案3件3人。其中金额1万~5万元案4件、5万~10万元案8件、10万~50万元案9件；大案17件，占立案数的81%；涉及国家机关工作人员的14件18人，件数和人数分别占立案数的66.7%、60%。共为国家挽回经济损失500余万元。此后，贪污贿赂案件中的串案窝案增多。2002年，查办区教育系统特大受贿窝串案9起，涉案金额200余万元。2004年11月，起诉市天台化工有限责任公司何某某在企业改制中挪用公款800余万元案，何被法院判有期徒刑20年。该案被评为“省检察机关十佳精品案件”。2005年，受理贪污受贿案18件，侦结起诉21人。其中，查办区卫生系统腐败案件5件8人。立案件数、人数分别是前3年同类案件的200%、300%，大案占立案件数、人数的66.7%，个人最大涉案金额逾百万元。1986—2005年，受理各类经济案件917件，立案侦查424件474人，其中举报立案258人（占立案人数的54.43%），自首15人。侦结后向法院提起公诉248件313人，免予起诉141件178人，为国家、集体挽回经济损失2103.95万元。

二、预防职务犯罪

按“打防并举”的原则，在反贪过程中同时开展预防职务犯罪工作，将易发、多发职务犯罪的领域确定为预防重点。在企业改制期间，先后10余次派员出席区政府组织召开的经贸、粮食、供销等系统企业改制工作例会，与发改、监察、审计和国资管理等部门密切配合，对企业改制中的财务审计、资产评估、国有产权交易等关键环节实施监督，给企业提合理化建议，及时消除职务犯罪的苗头和隐患，严防国有资产流失和各种腐败行为发生。2003年，查处天台化工有限责任公司何某某挪用公款一案后，全区企业改制工作未发生一起违规、违法行为。在个案预防中，给发案单位发出检察建议书，帮助发案单位建立健全规章制度，堵塞财务漏洞。2004年9月，区预防职务犯罪工作领导小组成立，由区委副书记任组长，11个职能部门领导为成员。同月，区委制发《关于进一步加强预防职务犯罪工作的意见》。10月，区检察院与区建设局、交通局、水利局建立预防工作联系制度，共同制定《资阳市雁江区建设市场不良行为记录和公示暂行办法》，后由区委办、区府办批转印发给30余个相关企事业单位，并于2005年1月在全区范围内试行。在开展预防职务犯罪过程中，区检察院建立查办职务犯罪信息库，运用计算机系统对职务犯罪信息进行存储、管理，系统分析、掌握职务犯罪的特点、规律及其走势，并在党校建立廉政教育基地，将预防职务犯罪法制宣传和警示教育纳入党校教学计划。2005年11月，区检察院驻所检察室对省大堰劳教所民警进行“规范执法，预防职务犯罪”培训，首次将预防职务犯罪警示教育办到监所系统。同时，开展预防专题调研工作，撰写了《四大因素导致教育系统罪案频发》《教育系统职务犯罪的特点和原因剖析》等文章，专题调研报告《当前国企改制中职务犯罪的特点、原因及预防对策》获省委政研室“2005年度优秀调研成果三等奖”。此外，建立建设市场主体及其从业人员违法违纪档案和行贿犯罪档案查询系统，至2005年底，为重点工程建设提供行贿记录查询16次，查询投标单位43个。

第五节　监所检察

一、驻所检察

1986年，县检察院向县看守所、四川省大堰劳动教养管理所派驻检察组，负责看守所、劳教所的检察监督工作。当年，查出违法监管138人，其中公安机关羁押超时限6人、羁押超审判期14人、未投入劳改114人，书面通知纠正违法12次，口头纠正48次。1986—1987年，劳改、劳教人员脱逃现象较突出。驻所检察组及时向劳教所、看守所提出整改意见并督促落实，向劳改、劳教人员宣讲政策和法律，号召在押人犯坦白检举、立功赎罪，同时开展个别谈心活动，之后劳改、劳教人员脱逃数骤然下降。1990年6月，驻大堰劳教所检察室检查5—6月送所的106名劳教人员的“两书一证”，发现已构成犯罪、应判刑而送劳教的18人，占新收劳教人员的16.98%。1990—1995年，查出违法监管155人，其中无证羁押17人，公安、检察、法院羁押超期94人，未投入劳改30人，监管致残6人；检察院发纠正违法书面通知65次、口头通知21次。驻所检察组在监所检察过程中注重对监管干警违法违纪案件的查处和惩治“牢头教霸”工作，保障在押犯的合法权益，维护监管场所的稳定。1998年，起诉大堰劳教所简阳金星砖厂劳务点干警何某某指使6名劳教人员殴打劳教人员胡某某致死案。2001年3月，起诉富顺共和劳务点干警徐某体罚虐待劳教人员罗某某致死案。2003年11月，受理大堰劳教所劳教人员占某某不明死亡一案，查出系劳教人员宋某故意伤害致人死亡，即向法院起诉。随着检察力度的加大和监管执法人员素质的提高，监管违法行为逐渐减少。2002—2004年，检察发现并纠正监管违法行为5起。2005年，查处监管违法2起，发纠正通知2次。

1986—2005年，检察院参与对监管改造场所安全大检查256次，对劳改、劳教人员进行法制宣传教育278次，与犯人、劳教人员开展谈心活动5185人次。驻所检察人员审查在押人犯、被告人的法律文书622份；审查、调阅劳教人员档案2843份，发现无证羁押、法律文书不齐、违法送教的63人，公安机关羁押超时限58人，检察院羁押超起诉期29人，法院羁押超审判期186人，应投入而未投入劳改的170人，公安局、劳教所应释放而未释放、应解教而未解教的44人，因违法监管致伤残的25人，混管混押的153人。检察院对看守所和劳教所的违法监管行为均及时予以纠正，共发出书面纠正违法通知和检察建议书185人次，口头纠正215人次。20年间，审查看守所、劳教所犯人报请减刑170人，假释34人，保外就医75人，劳教人员所外就医117人；发现不宜减刑的，向法院提出检察建议后未予减刑3件3人；向法院起诉劳改犯脱逃、脱逃中重新犯罪加刑案84件90人；受理劳教人员又犯罪案件74件94人，审查批捕72件89人，起诉70件87人；查处大堰劳教所干警违法乱纪案件37件50人，向人民法院提起公诉8件11人，作有罪判决6件8人。

检察院监所检察科副科长、驻资阳看守所检察室主任马秉扬因工作出色，于1991年被省检察院记一等功一次，1992年被最高人民检察院通令嘉奖，并获荣誉证书和一级奖章以及奖金1000元。

二、监外执行检察

检察院对“五种人”（判处管制、宣告假释、缓刑、剥夺政治权利和暂予监外执行犯）进行检察。针对监外执行的审批把关和管理方面存在的问题，及时提出意见，要求相关单位落实整改措施，杜绝脱管、漏管现象，监外执行工作逐渐规范化。1986—2005 年，检察监外执行“五种人”4592 人。

第六节　控告申诉检察

1986 年初，控告申诉股改为控告申诉检察科，负责受理报案、控告、举报和群众来信来访工作。当年，受理控告申诉案 203 件，审查后本院处理 47 件，转交其他部门处理 156 件；受理举报贪污贿赂及渎职线索 20 件。1988 年 9 月，为方便举报，县检察院成立罪案举报站。年内，受理举报线索 11 件。1989—1990 年，受理群众来信来访 430 件次，其中由检察院自办和直接答复处理的 143 件次，配合有关部门共同办理的 45 件次，转其他部门处理 242 件次。通过群众举报犯罪线索，破获刑事案件 9 件，追究 12 人的刑事责任；侦破经济案件 5 件，追究 14 人的刑事责任，为国家挽回经济损失 36 万多元。1993 年，罪案举报站更名为“资阳市人民检察院举报中心”。1997 年，对举报犯罪有功人员实行奖励；当年有 20 人获奖，总金额 8.65 万元。1990—2000 年，立案侦查的渎职侵权案全部来自群众举报。2000 年，对举报人不服不予立案决定的，检察院实行公开听证制度。由检察长主持召开由举报人、信访办、市纪委参加的听证会，办案人员一一解答举报人疑问，接受群众监督。2005 年受理控告申诉案 228 件，自办 139 件，移送其他部门查处 89 件；受理贪污受贿等犯罪线索举报 117 件，审查后举报中心初查 20 件，认为构成犯罪移送立案 8 件；受理群众来信来访 171 人（件）次。

1986—2005 年，印发各类宣传资料 3 万余份，受理群众控告申诉案件 2576 件，审查后由控告申诉检察部门自办和直接答复 1075 件，存查 8 件，移送其他检察院 21 件，转办 1472 件；受理举报贪污贿赂、渎职侵权线索 2414 件，其中审查后移送立案 154 件；处理人民来信来访 4169 人（件）次。其间，检察院控申举报接待室先后获“省级文明接待室”和“全国文明接待室”称号。

第七节　民事行政检察

检察院通过对民事、行政审判的监督，纠正错误裁判，保护当事人的合法权益，维护司法公正。1989 年，检察院设民事行政检察科。1990 年，开展相关宣传工作，告知群众可对已生效的民事行政判决、裁定提出申诉；同时与律师事务所联系，建立业务点，广辟案源。对申诉到院的案件，按“敢抗、会抗、抗准、公正、公开、合法”的原则进行审查。随着宣传工作的不断深入，受理的申诉案逐年增多。1996 年，受理民事、行政申诉案 19 件，经审查，立案 15 件，说服当事人息诉 4 件，提请抗诉 2 件。1998 年，改革民事行政案件监督办法，除提请抗诉再审外，还采用检察建议的方式启动民事行政案件的再审。如原审被告个体运输户谭某不服资阳市法院判决赔偿 6 万元的民事申诉案，经检察建议再审后改判谭某赔偿 2 万元，减少 4 万元。此项监督新举措得到最高人民检察院肯定，并作为经验在全国检察机关推广。同年 11 月，受理南津镇观音村村民李某某民事赔偿申诉案。民事行政检察科经审查后认定判决有错，提请抗诉。市中级法院裁定再审，再审判决李某某不承担赔偿责任。1999 年 3 月，受理省检察院交办的“四川比比制衣公司不服资阳市法院判决其向原告金比公司还款 560 万元申诉案”。经审查提请抗诉后，法院再审改判金比公司返还申诉人借款 560 万元，并判原告付给申诉人相关费用。2000—2004 年，受理民事行政申诉案 218 件，其中审查立案 90 件，息诉

6件，提请抗诉后再审46件，再审改判27件、占抗诉案的58.70%，调解12件，撤销原判发回重审3件，采用检察建议再审17件、14件得到法院改判。其中，2001年经区检察院审查建议提请抗诉的一起行政案获改判，终审撤销区法院判决书和原资阳市公安局治安管理处罚裁决，历时5年的错案得到纠正。2005年受理民事、行政申诉案46件，审查立案45件，提请抗诉后再审3件，其中改判1件、调解2件，再审检察建议12件、均被法院采纳。1996—2005年，受理民事、行政抗诉案件348件，审查立案172件，提请上级检察院抗诉后再审70件。其中，法院再审改判35件、占再审案50%，调解处理16件，发回重审7件，维持原判12件。

第四章 法 院

第一节 机 构

一、区法院

1985年底，资阳县人民法院内设办公室、政策法律研究科、刑事审判庭、民事审判庭、经济审判庭、告诉申诉审判庭、执行组。1986年增设协理室。次年3月，新设信访科、行政审判庭，并将执行组更名为执行庭、协理室更名为政工科。1987年底，设刑事审判第一庭、刑事审判第二庭、民事审判庭、经济审判庭、执行庭、行政庭、政研科、信访科、政工科、办公室。1988年1月，撤销刑事审判第二庭和信访科，改设为告诉申诉审判庭。1992年3月，新设监察室。1995年底，设经济庭、房地产庭、告申庭、政工科、行政庭、政研科、执行庭、办公室、刑事审判庭、民事审判庭、法警班。1997年7月，成立司法警察大队；撤销告申庭，设立告诉立案庭和审判监督庭。2001年4月，成立执行局，与执行庭合署办公。10月，民事审判庭更名为民事审判一庭，经济审判庭更名为民事审判二庭（分别简称民一庭、民二庭，下同），政工科更名为政治处。2005年底，区法院内设办公室、政治处、刑事审判庭、民一庭、民二庭、行政审判庭、审判监督庭、立案庭、监察室、政策法律研究室、执行局（庭）、司法警察大队共12个职能部门。1986—2005年，伍必荣、阎家祥、李玉德、杨曙光、赵振林先后任院长。

二、派出机构

1987年，县法院派出机构有城关、丹山、中和、保和、小院、伍隍、南津、临江、丰裕、祥符、厂矿11个人民法庭。1993年，增设老君、东峰、碑记、忠义、松涛、宝台、临江7个人民法庭，将城关法庭更名雁江法庭。1995年底，全市有房地产、小院、老君、临江、伍隍、丰裕、南津、祥符、东峰、雁江、丹山、宝台、松涛、中和、忠义、厂矿、保和、碑记18个人民法庭。2000年，根据《人民法院五年改革纲要》要求，撤销老君、东峰、碑记、忠义、雁江、松涛、宝台、临江、房地产、厂矿10个人民法庭。2005年底，派驻镇乡的法庭有丹山、中和、保和、小院、伍隍、南津、丰裕、祥符8个人民法庭，干警总数24名。

第二节 刑事审判

一、治安刑事案件

1986年，按照“从重从快”和“一要坚决、二要搞准”的方针，严厉打击严重刑事犯罪。全年共审结刑事案件121件，审结涉案人员167人，判决发生法律效力111件145人，判处5年以上有期徒刑40人。1987—1989年，先后审结杀人、强奸、抢劫、放火、交通肇事、拐卖妇女和儿童、盗掘古墓等犯罪分子共567件929人，判决发生法律效力510人。1989年，伤害案件增多，且案犯多系“两低”人员（文化程度在初中以下、年龄在18至25岁之间）。按照上级作出的“对判处3年以下有期徒刑而具备法律规定判处缓刑的犯罪分子，可适当多判一些缓刑，放在社会上监督改造”的指示精神，结合实际情况，全年判处缓刑、拘役、管制、免予刑事处分、宣告无罪68人，占判处总数的18.7%。1990年，针对刑事大案、要案数量上升，团伙犯罪突出的情况，依法对杀人、放火、抢劫、强奸、车匪路霸、重大盗窃、破坏电力设备、拐卖人口、绑架等犯罪行为从重从快惩处。至年底，判处上列重点犯罪122件225人，分别占实际判处总人数的47.65%，总件数的52.81%；打击团伙犯罪46个149人、车匪路霸7件18人、流窜作案2件3人、劳改犯逃跑1件1人、“两劳”犯罪4件5人。1993年，配合“严打”部署，抽调21人组成专案组，提前介入大案要案。按照“从重从快”方针，案件一经起诉即马上审理。全年审结刑事案件270件，审判处理370人，其中，审结“严打”案件102件，为国家、集体、公民个人挽回经济损失1200多万元。年内，开展定案定时、突击清理未结案件工作。1995年，在全市开展“严打”斗争，重点打击严重危害社会治安的犯罪分子，特别是带黑社会性质的流氓犯罪团伙。全年审结刑事案件257件357人，给予刑事处分256人，其中属严重危害社会治安的案件112件221人，分别占实际判处总数的51.38%和59.57%；判处5年以上有期徒刑136人，占案犯总数的36.67%；挽回经济损失120万元。1996年，为防止“严打”战机贻误在审判环节，市法院抽调人员充实刑事审判力量。1998年，重点打击严重暴力、抢劫、涉毒行为和带黑社会性质的团伙犯罪，先后审结“黑豹集团”、“毒枭”犯罪团伙所涉案件和“10·14”彩票事件等。受理案件均公开直接开庭，在规定审限内结案，并通过召开公判执行大会等形式，扩大刑事审判社会效果。2000年，审结刑事案件250件58人，其中判处5年以上有期徒刑109人、5年以下有期徒刑170人；判处拘役、缓刑59人，免予刑事处罚4人，宣告无罪3人；并处和单处罚金187人，罚金总额36万余元，追缴赃款和罚金20余万元；判决严重危害社会治安的犯罪分子238人；对在资阳城区结伙抢劫达9次的犯罪团伙成员陈某某、张某某等5名主犯分别从重判处有期徒刑15年。2001—2004年，刑事审判工作以深入开展“严打”整治和整顿规范市场经济秩序为重点，依法从重从快打击杀人、抢劫、强奸等严重暴力犯罪；严打盗窃、抢夺等多发性犯罪；严打毒品犯罪；严惩“法轮功”邪教组织；4年审结刑事案件共计1000件1478人。其间，区法院于2002年在全市法院系统率先推行刑事案件普通程序简化审理，20日内审结的案件量占判决案件总数的40%。2005年，为确保犯罪嫌疑人受到及时公正审判，运用简易程序审理107件，当庭宣判148件，无超审判期限和超期羁押现象。全年判处5年以上有期徒刑61人，占判处罪犯总人数的20%。在准确适用主刑的同时，加大财产刑适用力度，从经济上对犯罪分子依法进行制裁。年内判处罚金、没收财产总值210余万元，执行130余万元。

二、经济犯罪案件

1986—1989 年，将严厉打击经济犯罪、惩治腐败作为推进廉政建设的重要环节，4 年共审结经济犯罪案 111 件，判处 192 人，其中犯罪所得在 1.5 万元以上的有 14 人。1989 年，最高人民法院、最高人民检察院《关于贪污受贿、投机倒把等犯罪分子必须在限期内自首坦白的公告》发布后，县法院抽调人员充实审判队伍，保证通告期间经济犯罪案件的及时依法审结。1990 年，判处盗窃、诈骗公共财物、贪污、行贿等经济犯罪案件 46 件 70 人。其中判处有期徒刑 5 年及其以上的 25 人；判处贪污、行贿等腐败案件 14 件 21 人，比 1989 年 4 件 6 人分别上升 250% 和 249%，挽回经济损失 10 万余元。1992—1994 年，审结各类经济犯罪案 53 件 95 人，挽回经济损失 52.64 万元。其中 1993 年审结的 17 名经济犯罪案件涉案人员中，国家工作人员占 82.35%；非法所得金额在 1 万元以上的有 11 人。1998 年，对强迫交易、破坏生产经营等新类型案件 7 件 9 人依法严惩，挽回经济损失 32 万元，判处罚金 57.6 万元。当年审结本市首例伪造货币案，判处 5 犯 1 至 14 年不等有期徒刑，分别处罚金 2 万元至 5 万元。全年，审结各类经济犯罪案件 11 件 12 人。1999—2005 年，严惩生产、销售伪劣商品和合同诈骗等严重破坏经济秩序犯罪，对涉及国家机关、企事业单位工作人员的经济犯罪案件严格依法判决。1999 年，审结贪污、受贿、挪用资金等经济犯罪 16 件 19 人，其中涉及农村合作基金会的经济犯罪 4 件 4 人。2000 年，审判全省首例非法经营食盐犯罪案和一起冒充军人招摇撞骗案。2002 年，审结各类严重破坏市场经济秩序和贪污贿赂等经济犯罪案 28 件 48 人。2003 年，审理了区教委、区交通局和铁道部资阳内燃机车厂（四三一厂）等有较大影响的贪污、贿赂案件。2005 年，审理区卫生局、区人民医院贪污受贿案件，当年判处此类犯罪 21 件 31 人。

三、未成年人犯罪案件

1986 年后，法院对未成年人犯罪案件的审理坚持贯彻“教育、感化、挽救”的方针，探索“寓教于审、惩教结合”的审判方式，专门成立未成年人刑事案件合议庭办理未成年人刑事案件，同时规范、完善少年刑事审判制度，使不少未成年犯从失足走向新生。据 1987、1988、1989、1992、1993 年 5 个年份统计，法院生效判决中涉及 18 岁以下未成年人犯罪案 143 人，依法从轻判处 5 年以下有期徒刑 89 人，判处有期徒刑、拘役、缓刑、管制 25 人；90% 以上未成年犯成为新人，不少少年犯还考上大中专学校，成为社会的有用人才。2005 年，受理未成年人刑事案件 53 件 101 人，其中，适用非监禁刑 62 人。

为扩大刑事审判社会效果，震慑犯罪、教育鼓舞群众，1986—1998 年（不含 1987、1989 年），法院先后选择一批重大典型刑事案件，在城区，区、乡、场镇召开大会进行公开宣判。10 个年份召开大、中、小型宣判会 63 场，宣判案件 211 件、436 人，受教育群众 44.2 万人次。

资阳市雁江区 1985—2005 年刑事案件审理情况统计表

表 19 - 4

项目 / 年度	收　案（件）	结　案（件）	判决发生法律效力（人）
1985	173	170	169
1986	125	121	145
1987	147	140	179

续表

项目 年度	收 案 （件）	结 案 （件）	判决发生法律效力 （人）
1988	175	151	93
1989	286	254	417
1990	327	296	426
1991	298	270	422
1992	288	271	429
1993	275	262	365
1994	373	363	613
1995	250	241	265
1996	248	244	329
1997	196	193	252
1998	177	177	274
1999	203	199	251
2000	235	233	351
2001	253	250	338
2002	277	264	407
2003	268	264	396
2004	250	222	317
2005	303	303	486
合 计	5127	4888	6924

第三节 民事审判

民事诉讼案件以婚姻家庭纠纷、民间借贷、损害赔偿案为主。法院在审理中，遵照《民法通则》、《民事诉讼法》和最高人民法院《关于民事诉讼法证据的若干规定》，依法解纷止争，化解矛盾。1986—1987 年，县法院按照“依靠群众、调查研究、着重调解、就地办案”的原则开展民事审判工作，同时配合县司法局等相关部门做好调解组织的业务指导；两年共受理民事案 1197 件（含旧存 46 件），结案 1068 件、其中调解结案 609 件。1989 年，民事案件量呈上升趋势。县法院在民事诉讼中全面推行当事人举证责任制；各法庭改进民事审判方法，依法进行公开审理，同时做好认证质证工作，强化合议庭职能；双方当事人、代理人围绕案件焦点进行举证、答辩，避免矛盾激化。对个别胡搅蛮缠、扰乱法庭秩序，妨碍民事诉讼的行为，视其情节后果，依法采取罚款、拘留等措施。1991—1993 年，共受理民事案件 3584 件，结案 3000 件（其中调解结案 2018 件），审结积案 287 件。其间，1992 年民事审判结案数首破千件（其中婚姻家庭案件居首位，计 957 件）。1995—2003 年，因国企破产重组、农民负担等因素，社会各种矛盾较为突出，每年受理、审结民事案件在 1500 件以上。其中 2002 年受理 3251 件，审结 3177 件，收、结案均系历史最高纪录。2004 年，将诉讼调解作为民

（商）事审判工作的重点，全年受理案件2996件，结案2091件，其中调解结案1071件，占年结案数51%；民事上诉案156件，结案150件，其中发回重审15件。1986年至2005年，共受理民事案件32659件（含1985年旧存47件）；审结29710件，占法院审结各类案件总数的84%。

资阳市雁江区1986—2005年民事案件受理、结案统计表

表19－5

类型 年度	受　理 （件）	结　案 （件）
1986年	388	342
1987年	809	726
1988年	909	778
1989年	1058	885
1991年至1993年	3584	3000
1994年	1382	1170
1995年	1672	1536
1996年	1635	1514
1997年	1818	1769
1998年	1810	1777
1999年	1936	1917
2000年	1836	1818
2001年	2401	2306
2002年	3251	3177
2003年	2378	2239
2004年	2996	2091
2005年	2796	2665
合　计	32659	29710

第四节　经济审判

1982年，县人民法院设立经济法庭，受理法人之间，法人与个体户、专业户之间的经济合同和经济损害赔偿纠纷，以及农村社员与乡、村、组之间的联产承包经济合同纠纷等经济案件。1986年，推行法庭试办理经济案件。当年至1990年，县法院把审理经济纠纷案件作为调节经济关系、促进治理整顿和深化改革顺利进行的重要保证，树立全局观点，克服地方保护主义，破除“坐堂问案”“就案办案”等旧的审理方式，深入农村、企业就地办案、巡回办案，5年受理各类经济纠纷案1213件，审结1011件，诉讼标的3037.12万元。1991年8月，开展清理企业“三角债”专项审判工作，大量“三角债”得到清偿。1993年，开始受理企业破产案件，当年审结企业破产案件12件（含承包、租赁、联营案件），审结企业“三角债”案件14件。1994—2001年，陆续受理海狸鼠购销合同纠纷案和农村合作基金会借款案，先后审结海狸鼠养殖合同纠纷案185件，诉讼标的800多万元。1995年，受理企业破产案件3件，审结1件。1998—2000年，审结有关农村合作基金会案件1252件，诉讼标的1.95亿元。1999年，制订《破产案件操作规程》《破产案件合议庭与清算组工作关系的若干规定》。针对破产企业存量资产少、职工安置难，资产处置周期长、变现难，负债率高、债务清偿额低等突出问题，市法院改进对企业破产案件的审判工作：审判委员会打破定期研究案件的惯例，根据需要，随时召开审委会研究破产案件审理；主动与政府各职能部门协调，将破产企业出现的问题及时向市委、市人大和上级法院汇报；充分听取社会各界的意见和建议，将可能发生的情况做充分的估计和妥善的处理，确保不发生影响社会稳定事件；积极指导、督促清算组开展工作，尽快实现资产变现，提高破产变现率和尚未到位的变现资金的清收率；尽全力协助政府做好破产企业职工的安置工作。全年受理企业破产案件20件，结案8件，促成资产变现8件，变现资金2390万元。2001年，受理破产案件34件，促成资产变现1亿多元，对16个破产企业2018名离退人员、4541名职工共6559人进行妥善安置；破产案件收结案数、职工安置数、资产变现额突破历史记录。2002—2005年，区法院加快企业破产案件的审理进度。其中2004年审结破产案件10件，资产变现460多万元，追收破产企业债权26万元，安置职工900余人；2005年审结破产案件3件，变现资产2511万元，安置职工1272人，对破产纠纷突出的资阳市搪瓷厂、弹簧厂等企业的260名集资户的集资款进行了兑付。

资阳市雁江区1986—2001年经济审判情况统计表

表19－6

类型 / 年度	受　理（件）	结　案（件）	诉讼标的（万元）
1986年	123	97	333
1987年	156	125	807.35
1988年	178	167	946.9
1989年	403	336	343.87
1990年	353	286	606
1991年	256	204	400
1992年	212	163	917.64
1993年	282	239	2380
1994年	809	636	4987.34
1995年	402	375	5000
1996年	275	262	3132.23
1997年	253	239	5548.48
1998年	266	242	23500
1999年	712	685	25000
2000年	556	535	—
2001年	229	202	—
合　计	5465	4793	73900

第五节 行政审判

1987年5月，县法院设立行政审判庭，配备庭长、副庭长各1人，审判员3人。当年受理并审结1宗治安行政案件。1988年至1989年，受理行政案件3件（其中土地纠纷类2件、公安行政类1件），审结2件。1990年10月《中华人民共和国行政诉讼法》实施后，将处理“保护诉权与依法受理、保护与维护、维护与监督”三方面的关系作为工作重点。1992年，受理行政案件22件；审结18件，其中行政败诉9件、占结案总数的50%，其余案件大部分系行政机关改变违法行政行为后原告撤诉。审结案件包括南津镇烂庙村38户村民、洞青村2户村民、振书村6户村民诉南津镇人民政府违法要求履行义务的农民负担案，堪嘉镇中家堰村11社村民不服资阳县人民政府土地确权决定案等有一定影响的案件。1995年，受理行政案件11件，其中公安类3件，城建类3件，土地、交通运输、限制人身自由、农民负担各1件；审结10件，其中维持行政行为2件、全部撤销1件、履行法定职责1件、驳回起诉1件、移送1件、提起行政赔偿1件，赔偿金额7.17万元。1996年，受理21件，审结19件，结案率90.5%。1997年受理17件；审结17件，其中维持具体行政行为后原告撤诉4件，判决履行法定职责1件、变更1件。至1999年6月，法院受理行政诉讼案件50件，审结47件，结案率94%；案件包括公安、城建、土地、邮电、文化、计生、交通、渔业和其他行政类；审理结果以行政机关败诉居多。鉴于此，法院常向行政执法机关提出书面司法建议，或以“以案说法”、上法律培训课等形式提高执法人员的执法水平，规范行政执法。1999—2002年，受理并审结行政案件206件。其中2001年收、结案70件，为历年最高。2003年，改革行政审判方式，推行行政首长出庭制。2005年，探索以调解方式审理行政诉讼案件新方法。通过协调，行政机关及时纠正或弥补执法活动中存在的不足，得到相对人理解而自愿撤诉，有效化解行政机关与相对人在诉讼中的对抗，维护相对人的合法权益和行政执法权威。当年受理44件；审结44件，其中原告撤诉28件，占63.63%。2003—2005年共受理各类行政案111件、审结102件，审理非诉讼行政案件121件，行政案件协调撤诉率达58.23%，行政机关自觉履行法院裁判率达98%。1987—2005年，行政审判收案459件，审结435件。

第六节 告诉立案与审判监督

一、告诉立案

1988年1月，撤销刑事审判第二庭和信访科，设立告诉申诉审判庭，负责由基层法庭受理的一审和再审案件及执行案件的立案、复查交办、审查，受理案件诉讼保全、处理诉讼和非诉讼来信来访及减、免、缓交有关诉讼费用的申请等工作。1990年，为完善诉讼运行机制和内部制约机制，告申庭加强对法庭立案工作的监督考察，建立立案登记制度，杜绝法庭之间的管辖矛盾和把难案拒之门外状况。1991年，县法院受理刑事、民事、经济、行政、执行各类案件5692件，较上年增加122%。1996年，进一步强化告诉立案职能，制定《关于全面实行案件立审分开制度的决定》，实行案件立审分离、审执分离、归口办案。1997年7月，告诉立案庭与审判监督庭分设；告诉立案庭负责告诉立案及院机关来信来访接待工作，当年受理各类案件4139件，比上年增加29.5%；审结4067件，比上年增加36.89%；未结仅存72件；结案率98.26%，创年收结案最多、结案率最高纪录。1998年，改革完善告诉立案工作。同年3月制定印发《各类案件操作规程》，从立案程序、证据登记和诉讼费收取环节加强管理，依照法律、法规和最高人民法院的司法解释进行立案审查。1999年起，为提高办案效率、遏制积案增长，建立案件时限跟踪监督制度，先后制定《立案管理办法》《督促程序操作规则》。立案庭对案件实施排期开庭和跟踪监控，禁止各庭独自立案办案，要求：民事、经济审判案件中适用简易程序的案件，从立案之日起1个月内审结；适用普遍程序的案件，从答辩期届满之日起3日内开庭，3个月内审结；执行案件自立案之日起3日内须发出执行通知书，4个月内结案。对临近上述规定时限尚未结案的案件，由立案庭发出催办督办通知书，限期在法定审限内结案。1999年积案167件，较上年减少50%，立案正确率100%。2000年实行"大立案"，告诉立案庭对全区一审刑事、民事、经济（商事）、行政、执行等各类案件实行统一立案、统一登记编号，严把审查立案关。2000—2005年，审查受理各类案件23640件，减、免诉讼费100万余元，缓交诉讼费150余万元。

二、审判监督

1986年，县法院根据中共中央和最高人民法院部署，对统战对象、地下党员、起义投诚人员已判案件和1957年至1961年判处的各种政治破坏案件进行复查。至6月底，复查起义投诚人员案件56件、台属案件6件、侨胞侨眷案件8件、民主党派成员案件4件、宗教界人士案件1件、高级知识分子案件15件、地下党和游击队案件16件，共106件。复查后，宣告无罪77件77人，维持原判16件16人，免刑2件2人，改判1件，未结案10件（系解放初所判）。1987年、1988年，根据有关法律和政策继续处理一批历史遗留问题，平反纠正冤、假、错案；两年共新收刑事、民事、经济申诉案316件，办结322件（含旧存案件），改判97件102人。1991年，新收刑事审判监督案件25件，结案27件（含旧存27件），受理刑事、民事、经济申诉案件38件，审结34件。审结案件中，维持原判27件，改判7件12人。1993年、1994年，市法院在全省率先制定《关于追究错案责任的办法（试行）》，落实案件质量责任，逐级签订责任书，实行"谁办案谁负责，谁主管谁负责，谁决定谁负责"的责任制，坚持质量通报评析制度，自觉接受人大、政协、检察机关和社会监督。两年共受理申诉和申请再审案53件；审结49件，其中维持原判23件、改判25件。1996年5月，实行当事人评鉴办案制度。每案制发《评鉴情况反馈表》，由各庭长在发出案件受理通知书和应诉通知书时一并发送给当事人，由当事人逐项填写或仅就其中一项填写意见，并向社会公开举报电话，设立举报箱。至1999年底，共发出评鉴表3万余份。1997年8—12月，共评查案件1031件，合格率78.95%，基本合格率20.56%。1998年评查3628件，合格率上升至90.75%，基本合格率为8.8%；当年根据当事人反映出的问题处理违法违纪干警5名。1999年评查案件1063件，合格率上升至96.4%，基本合格率降至3.6%。2002年，受理各类再审案件26件，结案26件。其中，民事案件19件，经济案件4件，行政案件1件，刑事案件2件；由当事人申请再审7件，由市检察院提起抗诉、中院指令再审14件，市中院发回重审5件，裁定按撤诉处理1件。当年评查各类案件3454件，合格3421件，退回整改合格33件。2005年，针对审判执行工作中反映出的个别案件裁判不公、久拖不决问题，区法院坚持"立审、审执、审监、审鉴"四分立原则，强化内部监督制约，修订完善《审判流程管理规程》《案件审批及法律文书签发权限规定》《案件质量评查办法》《规范庭审秩序若干规定》等9项制度；结案率比上年增长18%，上诉案件减少99件，上级法院发回重审、改判和本院再审改判案件下降29.8%。同年9月，根据区委政法委《关于认真做好执法自查工作的通知》精神，区法院对2004年

1月至2005年8月间由纪检监察、审监、立案信访等职能部门和领导及领导机关批示交办的、群众反映强烈的、人大代表和政协委员关注的、上级法院发回重审改判的、本院再审改判的案件以及依法履职情况进行自查，共查案件4989件，发现问题案件137件，纠正案件93件，改变处理结果90件。其中自查刑事案件392件，发现问题案件14件，纠正13件；民商事案件3819件，发现问题案件115件，纠正74件；行政案件38件，发现问题3件，纠正3件；人大代表、政协委员关注案件2件，发现问题并纠正1件；执行案件722件，未发现问题。

第七节　执行工作

1987年3月，县法院设立执行庭，配备工作人员5名。1988年初，执行庭干警在70余天时间内，先后往返成都、泸州等地，行程4000余公里，办结执行案件18件。1990年，集中开展3次大的突击执行工作。一般对被执行人以思想教育为主，通过宣传法律、晓以利害，促其自动履行义务；对少数有履行能力而又拒不履行的被执行人，依法采取强制执行措施。1991年，重点开展对企业经济纠纷案的执结工作。对部分濒临倒闭、欠债累累的企业，本着"只能搞活、不能搞死"的原则，耐心做好债权方的思想工作，一般不硬性执行，待被执行方恢复生产后再考虑执行。为使大量案件在审判环节兑现，对内狠抓审执结合工作，采取诉讼保全措施，促使当事人自觉履行；对外主动争取有关部门的配合协助，掌握被执行人的资金、财产、产品流向及在银行存款等情况，以便及时采取查封、扣押财产、冻结划拨资金等措施。对经正面教育后仍抗拒履行义务或隐匿财产以及阻碍执行、殴打或谩骂执行人员的，以妨害民事诉讼予以处罚。年内拘留处罚3件3人；强制执行51件，占执行结案数的1.38%；发出支付令351件，对支付令期满未履行又未起诉的262件全部予以执行。1987—1991年，受理各类执行案件5563件；执行结案4921件，结案率94.27%，其中民事纠纷案173件、经济纠纷案202件、行政申请案4432件、刑附民案10件、其他104件，执行标的735.84万元。

1995年起，执行工作实行"审执分离"的模式。1996年，执行庭增配4名干警。为提高工作效率，克服以前"一案执行众人随"的状况，执行庭干警分为4个小组，实行分组负责和集中办案结合的方法，规定普通案件由执行小组负责，重大疑难案件须组成执行合议庭执行；执行案件由庭长分案到组，并与执行小组负责人研究确定案件的承办人，严禁在执行工作中自执自记或冒他人姓名执行，对违反者给予纪律处分。至1998年底，共受理各类执行案4020件，执结3549件，执行标的5906.7万元；清理1997年前执行存案360件，执结210件，执结标的67万元。

1999年，开展"执行年"活动，解决"执行难"问题。为杜绝"执行乱"现象，法院相继制定《执行工作若干问题的规定》和《进一步规范执行工作管理的补充规定》，建立《执行案件时限跟踪监督制度》《执结标的统一管理和分配方案审批制度》，对案件执行情况进行全面评查、逐项打分；对重大复杂案件一律分片区、分阶段执行，任务落实到人并限期完成。同时，按照有关规定对举报债务人财产线索的予以奖励，以调动群众参与、配合执行工作的积极性。在案件执行顺序上，以基金会和金融案件专项执行案为龙头，带动其他案件执行；先执行简易一般案件，后执行重大疑难案件。年内，共组织搜查行动10余次，先后3次召开债务人集中执行大会，执结标的合计322.62万元，依法罚款、拘留50余人。全年受理1642件执行案，执行1513件，执结率88%，执结标的1.03亿元。其中受理农村合作基金会所涉执行案547件，执结249件，收回资金338.66万元。

2000年4月，农村合作基金会、金融机构、国有企业起诉申请执行的案件原则上缓交50%执行费；11 月，在全市率先试行债权凭证制度。2001 年 11 月起，执行工作全面实施债权凭证制度，依法采取财产保全、查封、扣押、冻结、拘留、罚款等措施，促使债务人履行生效法律文书所确定的义务。2002 年 4 月，成立执行局。当年开展清收农村信用社贷款专项审判执行活动，共追收欠款 100 万余元。2004 年 4 月起，规范执行收费行为，凡在区法院申请的执行案件，不预交执行费，执行中实际支出费用由申请人交纳。

2005 年，调整充实执行队伍，建立完善《执行标的款物管理规定》《进一步规范执行工作的若干意见》等制度，充分利用法律赋予的强制手段，采取召开集中执行大会、运用新闻媒体对债务人曝光、悬赏举报的方式提高执结率。当年依法执行积案 52 件、标的 167 万余元，对积压多年、确无执行条件的案件依法予以终结。

资阳市雁江区 1986—2005 年执行案件统计表

表 19－7

类别 年度	新　收 （件）	旧　存 （件）	执　行 （件）	执行金额 （万元）
1986—1988 年	292	—	241	54
1989 年	181	—	110	47
1990 年	1109	—	903	165. 8
1991 年	4002	236	3707	300
1992 年	1350	—	1085	120. 98
1993 年	633	265	423	1021
1994 年	941	—	738	148. 66
1995 年	920	—	794	356. 74
1996 年	783	—	711	349. 96
1997 年	1498	—	1495	2100
1998 年	819	—	549	3100
1999 年	1642	—	1513	10003
2000 年	1074	—	986	7399. 15
2001 年	766	—	692	—
2002 年	652	—	595	2300
2003 年	1028	57	884	9522. 65
2004 年	753	—	360	3304
2005 年	1344	—	917	9560
合　计	19787	—	16703	49853

第五章 司法行政

第一节 机 构

一、区司法局

1986年，资阳县司法局内设办公室、法宣股（对外挂县法制宣传教育办公室牌子）和调解股，下设公证处、律师事务所；有职工30余人，其中局长1人、副局长2人。1988年调解股改称基层股。1989年9月增设政工股，与办公室合署办公。1992年10月局机关改革，宣教股、基层股、政工股实行合署办公。1993年3月资阳县司法局更名为资阳市司法局。1994年9月增设公证、律师管理科。1997年增设“两劳”人员安置帮教科。2000年11月，资阳市司法局更名为资阳市雁江区司法局。次年12月科改称股，政工科更名为政办室。2002年撤销“两劳”人员安置帮教科。2003年12月增设法律援助股，对外挂“资阳市雁江区法律援助中心”牌子。2005年区司法局内设2室4股6个机构，即：办公室、政办室、公证律师管理股、法制宣传教育股（对外挂区法建办牌子）、法律援助股（对外挂区法律援助中心牌子）、基层股，下设22个乡镇司法所，有在职职工43人。1986—2005年，付训、方同学、刘绪治、汪新德先后任局长。

二、镇乡司法（站）所

1982年，各区（镇）配司法助理员。1985年5月始在区（镇）建法律事务站，不久更名为司法所。所长由区（镇）司法助理员兼任。各所聘人员2名，在县司法局领导下，开展基层法律服务工作。到1989年全县10个区（镇）均设司法所。1992年撤区并乡建镇增设12个镇乡司法所，全县时设22个镇乡司法所，有司法助理员21名。2005年全区镇乡司法所有司法助理员24名。

第二节 法制教育

一、普法教育

“一五”普法（1986—1990） 1986年7月，县政府制定《资阳县五年普法规划》，各单位制定“一五”普法五年规划和年度工作实施意见。9月，县委、县政府召开全县各级各单位600人参加的普法动员大会，并设县法制建设领导小组及办公室。此后，普法教育按“先城市后农村，先干部后群众，先领导干部后一般干部”的顺序有计划有步骤地推行。10月下旬，先后举办4期共600余人参加的普法骨干培训班，并在小院区、县机械厂进行普法试点，后在全县推开。普法的主要内容是“十法六例”，即《中华人民共和国宪法》《中华人民共和国刑法》《中华人民共和国刑事诉讼法》《中华人民共和国民法通则》《中华人民共和国民事诉讼法》《中华人民共和国婚姻法》《中华人民共和国继承法》《中华人民共和国经济合同法》《中华人民共和国兵役法》《中华人民共和国治安管理处罚条例》等。到年底全县成立普法领导小组1889个，培训法制宣讲员6722人，发放普法读本18.5万余册。1987年，完成农村普法教育；6945个村民小组经验收合格，19.98万户农户达标，占应普法数的96.1%。当年，内江市农村普法经验交流会在资阳召开。1988年，完成城区191个单位和个体工商户的普法教育。1989年，在机关、厂矿和企事业单位开展“十法六例”学习活动。1990年，与广播局联合举办“法制建设专题节目”，4月开始广播，每月播送有关法制方面的内容2次，每次10分钟；配合第二次“严打”斗争开展有针对性的法制宣传教育，编印“严打”宣传提纲1万册和《说案学法》读本下发全县各单位；动用宣传车6台次在城区和各区、镇巡回宣传法律法规，联合公安、妇联等单位在全县61个乡（镇）为有轻微违法行为的2190人办法制学习班，预防和减少犯罪；组织5000余人参加涉及30余个法律法规的知识竞赛。

“二五”普法（1991—1995）　普法内容以《宪法》为核心，以专业法为重点。1991年，资阳县学习射洪县“三分三集中”（即分年、分法、分对象和时间、对象、精力集中）普法经验，在清泉乡开展普法试点，取得良好效果后在全县推广，后获省人大肯定。1992—1994年为实施普法教育年。党政机关、企事业单位和各镇乡除定期开展法制学习外，还组织人员参加司法局举办的普法骨干培训班，有1500余人参训；全县私营企业主、个体工商户和财务人员共7100多人学习《税法》；司法局专门与铁路和邮政部门联合开展《铁路法》《邮政法》宣传月活动。其间于1993年组建资阳市普法讲师团，为党政机关领导成员宣讲与市场经济体制建设有关的法律法规知识。主要内容为《集会游行示威法》《行政诉讼法》《公司法》《产品质量法》《消费者权益保护法》《反不正当竞争法》和《经济合同法》《税法》《农业法》《矿产资源管理法》《义务教育法》等50余个法律法规和《四川省“二五”普法公民读本》甲种本（干部读本）和《四川省“二五”普法公民读本》乙种本（农村读本）。

“三五”普法（1996—2000）　1996年，将伍隍镇、雁江镇和市公安局、市工商银行、资阳师范学校列为普法试点单位。当年全市办法制宣传板报132期，会议宣传法律235次，广播宣传法律448次，组办法制课138次。1997—1999年为学法阶段。学习内容主要包括新颁布的《刑法》《建筑法》《公路法》《动物防疫法》及《宪法〈修正案〉》《合同法》《土地管理法》等40余个法律法规，方式以面授为主、广播宣传和自学为辅。为帮助市民学法，司法局与广播电视局联办法制专题节目；举办普法骨干培训班3次，培训2000多人；组织2.1万人参加全省法律知识竞赛；编印发放《说案例学法律》《加强法制教育，维护社会稳定》和《外出务工人员法律适用手册》等普法辅助教材14余万册。“三五”普法以青少年为重点教育对象，全市中小学校聘兼职法制副校长和法制辅导员，青年农民也参加普法教育培训。

“四五”普法（2001—2005）　普法的重点对象为各级领导干部、司法和行政执法人员、青少年学生、企业经营管理人员。5年间，区委、区政府要求区、镇（乡）政府工作人员每年必须参加2～4次法律知识培训；被提请人大及其常委会选举任命的政府组成人员，任命前须接受人大常委会组织的法律知识考试；司法人员和行政执法人员每年必须参加不少于40小时的法律知识学习；各级各类学校要开设法制教育课；企业经营管理人员每年必须参加不少于30小时的法律知识学习。

2001年，将雁江镇、南津镇、区公安分局、交通局、教委、电力公司等6个单位作为“四五”普法试点单位。年内，司法局举办大型普法培训会和活动5次，征订“四五”普法书籍1000多册，设立街头法制宣传点250个，散发宣传资料8万余份，接待法律咨询2万人次，出动宣传车36辆次，组织3000名干部职工参加“四川省企业‘四五’普法法律知识竞赛活动”，为“法轮功”邪教组织练习者上法制课60多次并教育挽救29人。2002年，组织街头宣传14次，接待群众咨询8000余人次，展出《雁江法制》宣传橱窗6期；组织全区各单位共1.5万人参加省委政法委等6家单位举办的《国宝杯》法律知识竞赛；组织1622名公务员参加学法考试，合格1613名、合格率达99.5%。2003年，普法教育的内容主要是学习《人口与计划生育法》《土地管理法》《农村土地承包法》《税法》《森林法》《婚姻法》《合同法》《继承法》等法律法规，受教育人数达3000余人。10月，在雁江区党政网设“雁江司法行政之窗”网页，利用互联网开展普法宣传教育。2004—2005年，密集宣传《中华人民共和国宪法（修正案）》及新颁布施行的《道路交通安全法》《行政许可法》等法律法规，组织全区行政、企事业单位干部职工共8500余人参加“四川省百万公民《宪法（修正案）》知识竞赛”。在消费者权益保护日、项目企业服务月、禁毒日、法制宣传日期间开展街头宣传活动，共发放书籍800余本、资料2600余份；开展“三下乡”活动发放资料1000余份、宣传挂图200余张、《“四五”普法依法治村法律知识手册》1200余本，内容涉及《农村土地承包法》《继承法》等10余个法律法规；组建有“两劳”回归人员、司法所所长、律师参加的“两劳”人员现身说法巡回报告团，先后在雁江一中、清泉中学、丰裕中学等10多所学校现身说法开展法制教育；组织1万余名党政机关、事业单位干部职工、企业管理人员参加全省“四五”普法考试；配合企业改制工作，为天台化工厂、鹏达水泥厂等企业的职工提供政策、法律法规咨询服务。

二、依法治理

1990年6月，县政府发文要求各区（镇）乡政府聘请法律顾问，为贯彻实施《行政诉讼法》做准备。年底，各区（镇）乡与司法所签订法律顾问合同书。1991年7月，县委根据中共中央提出的“依法治国”方略，作出《关于依法治县的决定》，制订《资阳县依法治县第一个五年规划》，将普法教育与依法治理相结合；11月，在全县开展“依法治县宣传周”活动。1992年，在全县国有和集体企业中开展“依法治企”工作，落实《企业法》有关转变政府职能、确保企业经营自主权的规定。部分企业开始设立企业法制机构，配备专兼职工作人员，建立健全企业管理的规章制度，实行依法管理。8月，县法建办、县委宣传部、司法局、体改委召开有100余人参加的“资阳县依法治企经验交流会”，王二溪电站、建筑陶瓷总厂、资阳宾馆等8家企业代表就贯彻《企业法》情况在大会上发言。1994年3月，市司法局程存杰获司法部颁授的一级金星荣誉章，张兴哲、胡明辉、王宝猷、李恒泗、鲁端兴获银星荣誉章。“三五”普法期间，市政府提出“以基层依法治理为重点，深入开展各层次的依法治理”目标，先后制定依法治市、依法治镇（乡）、依法治企、依法治校等各项依法治理工作标准，在全市统一开展涉及社会治安、农民和企业负担、计划生育、城镇“脏乱差”和破坏水土、腐败6个方面问题的专项整治。市政府和部分镇乡政府、市级部门及企事业单位聘请律师或法律工作者担任常年法律顾问，为依法管理提供法律保障。全市22个镇乡、360个村制定依法治镇规划和村规民约，90%的村实施依法治村、村务公开。“四五”普法期间，各级各类学校开展依法治教、依法治校工作，聘请司法所长或政法部门干部为法制副校长或法制辅导员。2005年，各级政府部门开展规范性文件的清理，对涉及法律法规的规范性文件，一律要求先送法制局把关，确保文件的合法性。同时，推行政务公开，加大行政执法透明度。各行政执法部门均建立行政执法办案责任制、执法公示制、案件评议考核制、错案责任追究制，行政行为更加规范化、法制化。

第三节 民事调解

民间纠纷调解工作坚持“调防结合，以防为主”方针，按照“小纠纷不出社，一般纠纷不出村，重大疑难纠纷不出镇乡”的原则，及时调解因邻里、房屋宅基地、债务、生产经营、赔偿等引发的各类民间纠纷，防止矛盾激化、民事纠纷转化为刑事案件和可能发生的非正常死亡。1982 年，全县有各级各类调解领导小组 74 个、村调委会 663 个、街道调委会 8 个、工厂调委会 15 个，有专兼职调解员 2030 人 。1986 年，动员离退休干部和老工人担任义务调解员，当年全县调解纠纷 7950 起。1989 年，司法局成功调处新场乡一起因计划生育手术后遗症引发的 10 余年未解决的纠纷。至 1990 年，全县各级调解组织受理各类纠纷 4. 54 万件，调解成功 4. 24 万件，成功率达 94%。其中防止可能发生的非正常死亡 414 件、可能激化为刑事案件的 306 件。此后，各级调解组织依据《民间纠纷处理办法》和《四川省民间纠纷处理办法实施细则》处理民间纠纷，到 1992 年受理民间纠纷 9708 件，调解成功 9121 件，成功率为 94%；防止民转刑纠纷 79 件 110 人，防止可能发生的非正常死亡 68 件 86 人，防止群众性械斗 6 起。1994 年，成功调解成渝高速公路建路民工与碑记镇村民打斗引发的纠纷。每年春耕季节，村民间常因种子、肥料、资金特别是水、电等问题发生纠纷。从 1996 年起，每年的 4—6 月在全市开展“春耕大忙期间民间纠纷专项治理活动”，及时化解争水争电等纠纷。1998 年，石岭镇两个村因抽水问题发生纠纷，双方共 500 多村民持械聚集；经调解事件得以平息，防止了可能发生的大规模群众性械斗。1999 年清理整顿农村合作基金会期间，镇乡调解组织调解借贷纠纷 236 件。2000 年，资阳市决定在全市建立镇乡司法调解中心，当年雁江区第一家乡镇司法调解中心在临江镇成立。2003 年 3 月，乡镇司法调解中心全部依法改设为乡镇人民调解委员会。2004 年，在雁江镇、中和镇、雁江镇西门桥社区、临江镇大堰村、宝台镇天生村等 5 个调解组织中开展调委会规范化建设试点工作。每个镇乡司法所负责 1 ~3 个村的调委会规范化建设试点工作，促使村级调委会健全调解制度。年内，举办 52 场次调解业务知识培训，培训人民调解员 3112 人次；镇（乡）、村（居）民委员会调解组织的设置率达 100%。2005 年，全区建成区、镇、村“三级调解网络”，有人民调解委员会 609 个，调解员 2842 名。其中乡镇调委会 22 个，调解人员 176 名；村（社区）调委会 552 个，调解员 2208 名；企业调委会 35 个，调解人员 458 名。各级调解组织调处纠纷 2385 件，调解成功 2225 件，防止民间纠纷转化为刑事案件 14 件 28 人，防止群体性上访 4 件 62 人。

1982—2005 年，各级调解组织调解各类纠纷 11. 88 万件；调解成功 11. 28 万件，成功率达 95%，其中防止民转刑 941 件、防止可能发生的非正常死亡 1325 人，同时防止了多起群体性事件发生。

第四节 法律服务

一、律师事务

1981 年，恢复资阳县法律顾问处，隶属县司法局管理。1984 年 12 月，县法律顾问处更名为县律师事务所，有专职律师 4 人、兼职和特邀律师 17 人。县律师事务所主要代理各类刑事、经济、民事案件和代写法律文书、解答法律咨询，应聘担任县内公私企业的常年法律顾问。1985 年，县律师事务所改为“自收自支”国有事业单位，每年向司法局缴纳一定的管理费。1986年，县司法局组织法律从业人员参加首次全国律师资格统一考试。1989年，县律师事务所担任157个单位的法律顾问，先后作刑事辩护62件、民事代理175件、非诉讼代理109件，代书413件，解答法律咨询3521人次，指导企事业单位建立法律顾问室9家，避免和挽回经济损失328.8万元，向县政府提出7条司法建议全被采纳，审查规范性文件6份，非诉讼代理和调解5件，解答法律询问9人次。1991年，律师事务所经费管理由“自收自支”改为县司法局“统收统支”。1992年，改革律师管理制度，实行“目标管理责任制”；律师个人收入与目标完成情况挂钩。10月，县律师事务所在城西经济技术开发区设立律师接待站，作为律师事务所分支机构参与项目谈判以及有关合同协议的签订，并担任开发区企业的法律顾问。1993年7月，资阳市经济律师事务所成立，有专职律师4人。当年，对律师事务所收入实行“统收统支，分户建账”。1994年，针对法律服务市场较乱的情况，市政府发出《关于切实加强我市法律市场管理的通知》，要求全面清理和取缔非法机构和“黑律师”。年内，市律师事务所为乡镇企业代理标的30万元以上大案5件，其中100万元的2件；市经济律师事务所为市农副产品开发公司等3家企业转制提供法律服务，帮助四川卷烟厂审查标的上亿元的购销合同，受市外贸公司委托代理诉讼与香港一家企业涉及金额400余万元的欠款纠纷案并在一审胜诉。1994年，引进竞争机制，在经济律师事务所推行效益工资制。1996年，资阳市律师事务所和经济律师事务所分别更名为“四川资阳四成律师事务所”和“四川资阳法助律师事务所”。1997年，律师事务所实行承包责任制，公开选聘主任。王正国、杨志清分别被聘为市律师事务所和市经济律师事务所主任，任期均为3年。1999年，四成律师事务所与资阳市莲台寺签订常年法律顾问合同，成为全市第一家为佛教寺院提供法律顾问服务的律师事务所。2000年，律师事务所由国有改制为合伙制律师事务所。当年，担任法律顾问25家，办理各类诉讼案件420件，为当事人挽回经济损失950万元，其中代理基金会案20余件，标的达千余万元。1991—2000年，司法局还先后组织280人参加律师资格考试，有70人获得律师资格。至2000年，全市有专兼职从业律师30余名，为239家企业和单位担任法律顾问，代理刑事、经济、民事、行政案件3559件，为当事人挽回、避免经济损失4800多万元。2001年9月，在全市开展律师专项教育整顿活动，以提高律师队伍素质。2002年，四成律师事务所律师调处企业因改制或经营失误而引发的纠纷，代理“雁江区日杂公司143人退职职工集体诉雁江区日杂公司违法解除劳动合同”等重大复杂案件。2001—2005年，律师事务所共担任法律顾问113家，代理各类案件2093件。

二、公证

1986年，县公证处有公证员和工作人员6名，主要办理经济合同、收送养、农副业承包、财产分割、遗嘱、赠与、委托、房屋买卖、企业承包等公证业务。1987年，配合企业经营权改革，为全县300家县属和集体企业办理第一轮企业租赁承包合同公证。1989年4月，现场公证县政府、文教局招聘中学校长和人民银行资阳县支行有奖储蓄摇奖。年内，新拓展计划生育合同批量公证业务，先在保和区试点，办理1600余件。全年办理各类公证2404件，合格率100%。1990年是公证业务大发展年，全年办理公证1万余件，比上年增长5倍，其中计划生育合同公证8015件。随着社会和经济的发展，公证项目和出证数不断增加。至1990年，先后开展计划生育、招标租赁、抵押贷款、房地产无偿转移、征地“农转非”、企业减员买断工龄等批量性合同公证。业务项目从10余项发展到36项，其中“收养”“继承权”“征地协议”等民事公证业务20项，“购销”“贷款”“租赁承包”等经济公证业务16项。10年间办理公证1.5万件，其中经济合同公证1943件，占总件数的13%。办理涉外公证6件，拒绝有重大影响的出证7件，杜绝企图以合同诈骗的公证3起，揭露违法犯罪1起，为公证申请者避免经济损失100多万元，挽回经济损失45万余元。1991年，司法局撤销乡镇司法所聘用人员协办的假收养公证2起，并对直接责任人作出处理。1992年10月，公证处在县经济开发区设接待站，办理项目公证业务。1994年“资阳海狸鼠事件”发生后，市司法局发文禁止公证员办附加值高的种养殖业类合同公证。7月起，市公证处可办理涉台公证业务。同年，改革公证管理体制，市公证处实行主任负责制，公证人员工资由固定工资制改为效益工资制，工作方式由“坐堂办证”变上门服务。为解决群众办证难问题，在基层司法所设兼职业务联络员和办证协理员协办公证事项，公正业务向基层延伸。1998年后，公证管理又恢复“目标管理责任制”。年内，经省司法厅批准，资阳成为可开展涉外公证业务的县市。2000年，受理首例公证当事人要求撤销《公证书》的申请。1991—2000年，办理各类公证15846件，其中民事类6107件、经济类1220件，分别比前10年增长5.6%、867.77%；通过公证审查，为当事人挽回或避免经济损失1000多万元。公证处积极为企业改制服务，2001年先后为资阳市饮食服务公司等十几家单位办理下岗职工自谋职业公证。随着生活水平的提高，群众对住房和汽车的需求量增大，公证处与银行合作，开拓《抵押担保借款合同》《个人住房按揭贷款合同》《汽车按揭贷款合同》等公证业务，为银行及时收回贷款节省大量的人力、财力。2002年，区公证处协助市公证处办理资阳市公选副县级领导面试现场公证。2003年，为“资阳皇龙杯形象小姐选拔赛”、体育彩票销售、水库招投标提供全程现场监督公证服务。2005年，区公证处办理各类公证2697件，公证收入75万余元。年底，区公证处上划资阳市司法局管理。

1985—2005年，公证处共办理各类公证3.98万件。其中涉台50余件，涉外公证200多件；民事类公证3.29万件、占82.62%，经济类公证6920件、占17.38%。

三、基层法律服务

1986年，各区（镇）设法律服务所，与司法所合署办公。时全县有区（镇）法律工作者10余人。此后，司法局相继制订《司法助理员职责》和《基层法律服务工作者管理暂行办法》，对“两所”（法律服务所和司法所）法律工作者进行规范化管理。司法所和法律服务所作为基层法律服务机构，按照司法部《关于乡镇法律服务所的暂行规定》，主要为乡镇提供法律服务，并收取一定的服务费。到1990年，“两所”法律工作者担任常年法律顾问300多家，共代理民事案400多件，代书4000多份，解答法律咨询3万多人次。1992年撤区并乡建镇，全县设22个司法所和法律服务所，每所有法律服务工作者2名。1994年改革司法行政管理体制，法律服务所与司法所分设，业务也逐渐分开，对外挂两块牌子，但人员仍为一套人马。司法所主要负责法制宣传和调解等工作，法律服务所主要从事法律顾问、代理、协办公证等业务。法律服务所实行聘任制，人员一年一聘。1996年，镇乡法律服务所开展延伸服务，在全市乡村设网点29个。1997年，城区设“大地”“精诚”2个法律服务所。2000年，全区有24个法律服务所、55个服务网点，担任法律顾问418家，代理各类诉讼案件601件，非诉讼代理346件，协办公证391件，办理见证391件，代书1213件，为公民和法人挽回经济损失950万元。2001年，贯彻落实司法部《基层法律服务所管理办法》和《基层法律服务工作者管理办法》，完善法律服务者从业资格、年度注册和业务培训制度，在全区法律服务所中推行年度综合目标考核，并集中开展职业道德、执业纪律和业务知识培训，对未参训的不予发放注册执业证。至2002年，基层法律服务工作者办理了一些有社会影响的大案，获得社会认同。如1999—2000年农村合作基金会整顿期间，“两所”法律工作者共提司法建议177条（被采纳125条），调解借贷纠纷199件，草拟相关法律文书8317份、起诉书600份，协助催收回借款4846.5万元，其间还到广州、深圳、福建、新疆代理办案，为外出务工人员索回劳务报酬和伤残、死亡赔偿金 100 多万元。2000 年，中央电视台在“3·15”晚会上报道大地法律服务所为邻县重大医疗事故受害人余某维权事件。2002 年，迎接镇挂石村村民任某在深圳某一建筑工地打工时因机械事故死亡，祥符法律服务所派员远赴深圳为其家属索赔 13 万元。2002 年，司法所、法律服务所从机构到人员全部实现分离，法律服务所成为独立核算的事业法人，实行自主执业、自收自支、自我管理。2003 年，全区派出法律服务工作者 80 多人次到全国各地为外出务工人员依法索赔，挽回经济损失 200 余万元。2005 年全区 16 个所、10 个点整合为 14 个法律服务所，有法律服务工作者 100 余名；担任法律顾问 127 家，诉讼代理 682 件，非诉讼代理 803 件，协办公证 31 件，办理见证 270 件。

1991—2005 年，法律服务所累计担任法律顾问 3543 家，诉讼代理和非诉讼代理 1. 15 万件，协办公证 7743 件、见证 7612 件，代书 9366 件，为公民、法人和其他组织挽回经济损失上亿元。松涛、大地、雁江等 3 个法律服务所曾获“省级文明法律服务所”称号，雁江司法所获司法部、中国残疾人联合会命名的“残疾人维权岗”称号。

四、法律援助

1997 年，司法部要求各地组建法律援助机构。1999 年，市司法局在没有正式编制的情况下，落实人员和工作经费，开展法律援助工作。初期，法律援助的对象为指定辩护的刑事案件中被告人为残疾、未成年人及可能被判处死刑的“3 种人”。随后，受援范围扩展到民事、行政案件当事人。一般以咨询、调解、诉讼等形式提供援助，对象多为农民工、残疾人、妇女及青少年。当年提供法律援助 116 件。2000 年，办理法律援助案 149 件，比上年增长 77%。2002 年，办理法律援助案件 205 件，其中刑事辩护案件 56 件、民事代理 132 件、行政诉讼 10 件，公证机构减免收费办证 7 件；基层法律服务所面向农村办理各项法律援助事务 42 件，提供咨询服务 4327 人次。2003 年 12 月，区司法局设法律援助股，对外挂“资阳市雁江区法律援助中心”牌子。年内办理法律援助 243 件，其中丰裕法律服务所为工伤致残农民陈兴义索赔 7. 5 万元。2004 年，区政府制发《关于进一步做好法律援助工作的通知》和《法律援助工作程序规则》等文件指导全区法律援助工作，要求跟踪调查、统计法律援助案件，以确保办案质量。同年，司法部领导专程到区调研法律援助工作。2005 年，办理法律援助 251 件，其中受援者为残疾人的 12 件、刑事指定辩护 66 件。1999—2005年，全区办理法律援助 1295 件。

1999 年 10 月，司法局开通“148”法律咨询电话服务专线，由局机关干警轮流值班，免费为居民提供法律咨询。到 2000 年底接受法律咨询 247 人次、249 件，其中电话咨询 150 人次、来访咨询 97 人次。咨询内容涉及与婚姻、债务、生产经营、劳动争议、交通事故等方面的相关的法律问题。2002 年，资阳市司法局“148”法律服务咨询热线开通后，区“148”法律咨询量逐年减少。年内，区“148”法律咨询专线共接受电话咨询 38 人次，接待来访 26 人次，受托办理法律事务 26 件，其中办理市司法局“148”法律服务咨询热线批转的纠纷案件 1 件。

第五节　安置帮教

1997 年，市司法局设劳改释放、劳教解教人员接茬帮教安置科，帮教安置刑满释放或解除劳教 3 年之内没有生活出路和有重新违法犯罪倾向的人员。帮教安置科坚持“教育、感化、挽救”的工作方针，对“两劳”回归人员均造册建档，除开展经常性的法制教育外，还帮助帮教对象及时解决回归社会后生活、工作遇到的困难，预防和减少“两劳”人员重新违法犯罪。1998 年安置帮教“两劳”人员 198 人，其中重新违法犯罪的 12 人，重新违法犯罪率为 6%。2000 年接收刑释解教人员 189 人；为回原籍安置的 139 人落实责任地，协助安置 4 人回原单位工作、36 人从事个体经营，其他安置 2 人。2001 年，接收“两劳”回归人员 329 人，帮教 312 人，安置 289 人，“两劳”人员帮教率达 95%，安置率达 88%；协助监狱、劳教所调查近 3 年来刑释解教人员现况，回访 300 余名“两劳”人员，“两劳”人员重新违法犯罪率控制在 7% 以下。2002 年，安置帮教 337 人。2004 年，与小院镇砖厂签订协议建安置基地，过渡安置暂时无业、没有生活来源的“两劳”释解人员，后又在中和、丹山等地建帮教安置基地，缓解“两劳”人员就业压力。2005 年，区成立“两劳”释解人员志愿者帮教协会，动员社会力量为刑释解教人员、社区服刑人员等提供志愿帮教服务。年内，区司法局、公安分局、检察院在西门桥、三贤祠、河堰嘴、爱国 4 个社区和资阳内燃机车厂等 6 个单位开展社区矫正工作试点，首批矫正对象 11 名。全年接收刑释解教人员 445 人，安置帮教 370 人，安置率达 83%；落实帮教措施 405 人，帮教率达 91%。1998—2005 年，共接收“两劳”人员 2150 人，帮教率达 95% 以上，安置率 85%，重新违法犯罪率由 1998 年的 6% 逐步下降到 2005 年的 3% 以下，有效地预防和减少了“两劳”人员重新违法犯罪。

第二十篇　人民武装

第一章　军事机构及驻军

第一节　军事机构

一、资阳军分区

1999年1月，资阳军分区成立，下辖资阳市（县级，2000年11月更名为资阳市雁江区）、简阳市（县级）、安岳县、乐至县人民武装部和资阳陆军预备役工兵团、简阳干休所。资阳军分区是资阳地区（2000年更名为资阳市）的军事领导机构，接受四川省军区和资阳地委（后为资阳市委）、行署（后为资阳市人民政府）的双重领导，主要负责辖区内的民兵、预备役工作。机构级别为正师级，内设司令部、政治部、后勤部。成立之初，机关驻地暂设于资阳陆军预备役工兵团教导队内，2002年6月搬迁至市区西面新营区。

二、资阳市雁江区人民武装部

1986年6月，资阳县人民武装部改归地方建制，受内江军分区和资阳县委、县政府的双重领导，级别为副县级，主要负责辖区内的兵役、民兵工作。改建制后，保留军事、政工2科，撤销后勤科，新设办公室。1989年，恢复后勤科，新设劳武科。1991年3月，增设民兵训练基地办公室。1993年3月，资阳县人武部更名为资阳市人武部。1996年3月，市人武部奉命收归军队建制，级别为正团级，内设机构保留军事、政工、后勤3科，撤销办公室、劳武科和基地办，设部长、政委、副部长各1人。1999年1月，资阳军分区成立，资阳市人武部改隶资阳军分区。2000年11月，资阳市人武部更名为资阳市雁江区人民武装部。历任部长：廖复初、邹朝贵、曾世明 、孙玉龙 、冯伯良、罗日华，历任政委：张庭阔、黄贤福、周虹、傅裕强、周忠前。

第二节 驻 军

一、资阳陆军预备役工兵团

组建于1984年7月，代号0091部队，属中国人民解放军编制序列，时隶属内江军分区，后改隶资阳军分区。全团以现役军人为骨干，以预备役军官和士兵为基础。预任官兵分布在全县各区乡（镇）、县属以上厂矿、企事业单位和直属机关。团机关设司令部、政治处、后勤处，与县人武部军事科、政工科、后勤科合署办公。1986年，因县人武部改归地方建制，资阳陆军预备役工兵团与县人武部正式分设，其编制和人员不变。

二、56241部队

1964年5月在资阳县组建，隶属成都军区后勤部，曾被四川省军区、成都军区、总参谋部、总政治部、总后勤部和中央军委授予抗洪救灾、装备保养、物资管理、环境绿化、军民共建等方面的先进单位称号。后奉命更改番号，调整职能。

三、武警资阳市支队

原为武警资阳地区支队，于1999年2月组建，级别为正团级，管辖原属内江市支队下辖的资阳市（县级）、简阳市（县级）、安岳县、乐至县中队和第四支队第三中队，机关设司令部、政治处、后勤处。2000年11月，武警资阳地区支队改称武警资阳市支队，从2001年2月起用新番号和印章。2005年6月，支队从七类支队调整为四类支队，机关设作训、警务装备、通信机要、管理、组织干部、宣传保卫、财务、军需战勤、军械、运输、油料股，增编教导队、警通勤务汽车中队，增设副参谋长、政治处副主任、后勤处副处长。

四、武警资阳市支队雁江区中队

前身为安岳县公安大队，成立于1949年12月，1968年11月调防资阳县，部队番号随即改称中国人民解放军四川省内江军分区第四中队，接受资阳县人民武装部管理。1970年2月改称中国人民解放军四川省资阳县中队。1976年1月，转隶内江地区公安局人民武装警察科。1983年1月，改编为中国人民武装警察部队资阳县中队，隶属四川总队内江地区支队。1993年，改称资阳市中队。1999年，隶属资阳地区支队。2000年，改称资阳市雁江区中队。区中队在名称、体制、隶属关系上经历多次变化，但其性质、宗旨、职能未变。移防资阳后，主要担负看守所外围武装警戒任务。

五、武警资阳市消防支队

原为资阳地区公安消防支队，组建于1998年12月，2000年11月改称资阳市公安消防支队，亦称中国人民武装警察部队资阳市消防支队。支队设司令部、政治处、后勤处、防火处，主要担负全市防火、灭火和抢险救援工作。在市区及其附近执行重大任务时，通常安排雁江区消防大队和雁江区消防中队共同参加。

六、武警资阳市雁江区消防大队

1977 年 12 月，资阳县公安局将治安股部分分出组建消防股。1983 年 5 月，消防股纳入武警部队建制，1984 年 12 月改为消防科，受资阳县公安局和内江市武警大队双重领导。1993 年改称武警资阳市消防大队。2000 年 12 月改称武警资阳市雁江区消防大队，主要负责本地区的防火、灭火和抢险救援工作。

七、武警资阳市雁江区消防中队

原为资阳县消防中队，组建于 1986 年。中队配有消防车辆 6 台，主要负责资阳城区及雁江区镇乡（街道）的消防安全保卫任务和抢险救援工作。

第二章 民 兵

第一节 组织建设

一、领导机构

区人民武装委员会领导全区民兵、预备役工作，负责研究和贯彻执行上级有关民兵工作的指示，审查同级军事机关和有关部门提出的民兵建设计划，组织开展民兵工作，讨论年度征兵、退伍安置和战时兵员动员方案。区武委会成员一般由区委、区政府、区人武部、资阳预备役工兵团和区委组织部、宣传部、区人事、财政、交通、民政等部门的主要负责人组成。武委会设主任 1 人，副主任、委员若干。主任由政府主要领导担（兼）任。1986—2003 年，武委会主任先后由曹荣火、刘海金、郭云放、陈茂福、陈华强担任。2004 年，区武委会主任由区长周俊兼任。区武委会下设办公室，办公地点设在区人武部，办公室主任由人武部军事科科长兼任，负责武委会日常工作。区人民武装部具体负责辖区内的民兵预备役工作。各基层人武部在同级党委和上级军事机关领导下，承办民兵预备役工作。

二、民兵编组

民兵组织建设以“调整规模，合理布局，突出重点，分类建设”为指导思想。1998 年前，普通民兵一般以镇、乡、厂为单位建营，村建连、社建排或班；基干民兵实行镇乡编连或排，厂矿跨车间编班或排，村社编班或排。1998 年 2 月，改进编组办法，将技术民兵从基干民兵中分出单独编组，同时实行“小建制，大编组”的编组形式。小建制，即以行政村、社、车间、班、组为单位，不跨单位进行编组；大编组，即在村社组建班排的基础上，以乡镇、街道、企业为单位组建连、营，以兵定编，凡是有兵的地方都能建民兵组织，打破原来民兵编组建制排连营“三三制”的格局。为解决交叉编组问题，对民兵又进行分类编组。根据兵员流向、岗位类别、专业技术程度、民兵性质任务，将民兵分为在家民兵和外出民兵、一线重要岗位与二线岗位民兵、半专业和专业技术民兵。应急民兵分县级民兵应急连、镇乡应急分队和战时动员分队。人户分离的民兵则按“属地编组，属人管理”原则编组。即外出民兵由民兵户籍所在地编组，进入实力统计；民兵务工、经商地只编组，不统计。“三资企业”、股份制企业、集体企业可建民兵组织，私营企业不能建民兵组织，其职工符合民兵条件的可就近编入当地民兵组织。改革后，全市减少步兵分队28个，减少各类工专班17个；在技术含量高的通信、运输、卫生、电子等行业系统新建15个专业技术分队，基干民兵中专业技术兵比例提高12%；在成渝铁路、成渝高速公路沿线的临江、松涛、碑记等6个乡镇组建交通战备队；将基干民兵从小镇向大镇收缩，由偏远村、社向乡镇政府驻地附近村、社靠拢。2000年，新建通信、电子信息、道桥、运输、卫生救护5个专业分队。2003年，开展城市民兵调整改革工作。调整后，编基干民兵连44个，优化组合专业技术分队10个，有民兵信息技术专业人才206人，其中大专文化程度47人、本科188人。当年，雁江区城市民兵调整改革经验材料先后被省军区、成都军区转发。2004年起，民兵组织以构建城市防空、参战支前、维护稳定“三支力量”体系为目标进行编组。2005年，全区建应急营1个400人、对口分队4个410人、专业技术分队3个197人、步兵分队1个100人、保障分队2个120人、高炮分队1个87人、火箭分队1个78人，各乡（镇）均建有不少于30人的自用民兵应急分队。

三、民兵整组

民兵整组以“控制规模，优化结构，提高质量，打牢基础”为原则，按《四川省民兵组织整顿工作实施细则》规定进行，每年整顿1次。民兵整组一般在当年第二季度实施，各地整组时间30～50天不等。整组前区乡（镇）成立领导小组，组织学习上级文件，召开整组会议，进行整组宣传，之后组织专武干部、民兵干部和公安派出所人员，分摸底调查、分析研究、提出整组方案、组织准备、工作总结、检查验收6个阶段实施。整组内容主要有出入转队、集结点验、健全制度、调整干部等项目。

出入转队 1986年整组后，全县有民兵11.99万人，其中普通民兵10.73万人、基干民兵1.25万人、出入转队1.3万人。1988年，调整民兵连长37人；减少基干民兵967人，比上年减少7.9%。是年，资阳县民兵整组经验被省军区肯定并推广。1989年，县人武部在临江区莲台乡进行整组试点，调整出队的年龄为：男性35周岁，女性28周岁；入队条件是：基干民兵为28周岁以下退伍军人，普通民兵为18周岁符合民兵条件的男青年。当年北京春夏之交政治风波后，为确保民兵队伍政治上纯洁可靠，开始对民兵队伍进行清理。1990年，对全县12万多民兵进行逐一政审清查，清查重点是退伍军人、基干民兵和技术兵。1名在部队被判过刑的退伍军人和22名参与“六害”活动的民兵被清理出队。经过整组，普通民兵比上年增加3171人，基干民兵出队1230人、转队1159人，女基干民兵减为33人，调整民兵连长38人、占连长总数的5.46%。1991年，调整民兵连长105人，占连长总数21.25%；基干民兵减至8213人，退伍军人增至5178人。1992年，实行整组责任制，人武部各科包干负责1～3个区（镇）的整组工作，并分成3个片区验收。1993年为民兵整组年。当年全市抽调264人组成整组工作队，大范围翻查户口、摸底调查；按新的政审条件，对已编民兵和新入队民兵逐人、逐社、逐村进行核对、登记、造册；走访民兵家庭和其所在村、社领导、邻居，了解民兵现实表现，确保其政治合格。当年出队年龄：普通民兵改为36周岁，女基干民兵为29周岁。入队年龄：基干民兵改为28周岁以下退伍军人，超过28周岁的男基干民兵，上年确定为预训对象，未参训但又符合民兵条件的转入普通民兵；农村技术兵入队年龄为30周岁以下、城市为32周岁以下。整组后，新增和转入普通民兵1239人。1995年，整组重点是35周岁以下与军事专业对口的退伍军人，整组程序为分年度、分专业、分号码，逐一见面核对、统计、建卡。1996年，将市基干民兵与资阳工兵团士兵分开，基干民兵减至3784人，减少3142人。1998年，省军区工作组到资阳检查、指导民兵调整改革工作；内江军分区派工作组到资阳蹲点1个月，指导整组试点工作。年内，再次对民兵预备役人员进行严格政审，对外出务工的民兵，利用电话、发函调查等形式，通过当地派出所和有关部门了解其现实表现；在民兵中健全党、团组织；放宽技术兵入队年龄：一般为18～38周岁，高级工程师、教授等技术专家可到45周岁，特别优秀的专家入队年龄为50周岁。整组后，新增民兵5381人，清理出队政治不合格民兵3名。

集结点验　站队点验的对象原来仅是基干民兵，后增加民兵应急分队和专业技术分队。点验程序为“宣布建制、官兵相识、总结工作、布置任务、国防教育”，一般以乡镇为单位进行。

1990年，改革单一集中点名站队形式，除集中点名站队外采用多种形式宣布建制和干部名单，布置任务，主要方式有广播宣布建制和呼叫点名，张榜公布建制和干部、民兵名单，向外出务工经商民兵发书信通知，由民兵连长负责逐一向新入队民兵发入伍通知书，召开基干民兵大会。当年整组点验到点率98%。1993年，民兵整组点验出现“三难”，即人员难集中、时间难保证、经费难落实。据调查，基干民兵中有60%左右出省、20%出市，在辖区内的仅20%左右；外出人员年初走，春节回；在家民兵有的路程远，每人每天2元的点验误工补助不足支付往返车费。故改革点验措施，点验时间由连长、组长灵活掌握，营干部到现场逐连检查。对外出务工民兵除连队发通知书给本人外，还要求其签字盖章回执。连队将回执留存待查，春节对返乡民兵进行补点。当年，全市在家民兵到点率为96.2%，共发点名通知书2006份，回执1812份，回执率92%。1994—1996年，在家民兵到点率97%；向外出民兵发点名通知书7709份，回执3963份，回执率51.4%。1998年，农村以镇、乡为单位点验，企业由企业武装部到厂、车间点验；应到在家、在岗民兵1863人，实到1831人，到点率为98.3%。2000年3月，开始对基干民兵、应急分队和专业技术分队进行集结点验。当年，资阳军分区派员参加松涛镇应急分队点验，之后在全军分区推广松涛镇点验经验。2004年6月，城市民兵点验大会在区人武部举行，到点率100%。

制度化管理　1993年以来，农村民兵大量外出务工；城市民兵因企业改制或破产，大多下岗分流；民兵流动性强、流动数量大，影响整组工作。据调查，1993年中和镇3500名外出务工人员中民兵就有1500人左右，且外出民兵中有70%左右不请假、不报告。1994年，为规范管理，对外出民兵实行请假审批和登记制，以掌握民兵流量、流向。当年全市外出民兵5万人，请假率84.5%。1995年，推行民兵外出分级管理制。即基干民兵10人以上外出，由市人武部批准；基干民兵10人以下和普通民兵30人以上外出，由镇乡武装部批准；普通民兵外出，由所在村民兵连长批准。至年末，全市外出民兵4.89万人，请假率92%。1997年，全市有78.2%的基干民兵、63%的普通民兵外出务工。人武部为强化管理，制定4项制度：即请销假制度，外出民兵须向民兵干部请假，回来销假；定期联系制度，规定基干民兵每季度、普通民兵每半年与镇乡武装部联系；跟踪考察制度，由人武部派人到民兵务工经商人员较多的地区了解情况；联合管理制度，在民兵请假外出时，出具《现实表现审查表》，外出民兵回家时由务工经商地派出所或工商部门签署意见，带回注销。同时，对外地来资阳编入民兵组织的人员实行同样制度进行管理。

1998年民兵工作改革试点时，对流动民兵采取委托管理法，即在外出民兵中指定信息员，定期与所在地民兵组织联系，介绍民兵情况；同时采用书信管理法，由专武干部、民兵干部通过书信直接与外出民兵联系，了解情况。对在位民兵实行定期管理、岗位管理、随机管理3种制度。定期管理是由专武干部、民兵干部每季度上门1次，走访了解民兵在位情况；岗位管理是将民兵管理纳入村、镇、企业车间和机关科室内民兵干部责任目标；随机管理主要结合整组、训练、重大节日和重大活动，检验民兵在位率和战斗力。通过制度化管理，减少民兵流量和流速，稳定民兵组织。

四、民兵情报信息网建设

1998年初，根据内江军分区指示，市人武部筹建民兵情报信息网。民兵情报信息网按“少而精，起作用，不露声色，安全隐蔽”的要求建设，由市区信息办公室、镇（乡）企事业单位信息站、村社街道信息组三级构成。信息办设在人武部军事科，主任由军事科干部兼任；信息站站长由专武部长兼任，信息员由思想素质好、长期在位的民兵担任。市要讯办设在人武部军事科，主任由军事科长兼任。当年建信息总站1个、信息站22个，有信息员1275人。1999年，镇乡信息站增至32个，信息员有6053人、比上年增加4778人。2000年11月信息站减为22个。2002年，各信息站增设2名联络员。2004年，全区有22个信息站、5987名信息员。民兵情报信息网成立后，同当地公安机关建立定期联席会议制度，互通信息，获取民社敌情，掌握社会动态。为加强管理，区人武部制定《民兵情报信息站工作制度》，规定每月召开1次信息组长会议，每季度进行1次讲评，年终总评；每周四向区情报信息总站报告本周敌情，每季度分析1次影响社会稳定的因素。

第二节　军事训练

民兵军事训练以“训用一致，突出重点，分类施训，严格规范，勤俭练兵”为原则实施。1998年，为适应经济社会发展需要，改革民兵训练机制，调整民兵训练对象、内容、时间、方法，保证军训效果。

一、训练对象

民兵军事训练的对象主要是民兵干部、基干民兵、应急分队民兵和专业技术分队民兵，并有年龄限制。1998年，调整抽训对象：一线重要岗位少选或不选，二线和一般岗位多选；效益好的企业和稳定行业多选，亏损企业和流动性强的行业少选；边远贫困农村少选，重点富裕镇乡多选；并将职业高中和普通高中生纳入参训对象。参训人员的年龄逐渐降低，2000年后，新参训民兵年龄在18~20岁之间。

二、训练时间

民兵干部、基干民兵、专业技术分队的军训时间为15~25天，应急分队一般为15天、多则32天。1998年缩短军训时间后，基干民兵训练14天，应急分队训练7天。民兵干部训练以4年为一周期，应急分队以3年为一周期，农村民兵利用农闲时间训练。

三、训练内容

民兵各分队因任务、性质不同，训练内容也有所差异。

民兵干部和基干民兵　1986—1998年，训练科目一般为队列、射击、班进攻、投弹、爆破、地雷、筑城、单兵战术、战斗勤务、内务卫生、政治教育等科目，适时穿插实用技术培训。民兵干部的训练内容还包括民兵整组和预备役登记、核对等科目，1998年后增加军事高科技知识和射击理论知识培训。

民兵应急分队　一般设置有队列、班进攻、射击、防御、投弹、战斗勤务、爆破、机动、擒拿格斗、“五六”式冲锋枪射击、全副武装5公里越野等常规科目。1997年起，主要训练科目是应急动员、收拢集结、防暴治乱、抢险救灾、设卡守点、围追堵截、目标守护等。1998年，增加高科技知识培训和应急分队教员教学法集训。2000年后，根据《四川省民兵应急分队军事训练三年规划》，组织学习《共同条令》《高科技知识》《战备常识》《连（排）处理突发事件的行动》《连排集结与机动》《政策法规常识》等军事理论，开展手枪、半自动步枪射击、单兵战术、集结行动、贴近动员作战等训练。2003年起，除常规科目外，重点以维稳、抢险、城市作战保障为目标任务，并增加警棍、盾牌术、防暴队形和军事科技知识训练科目。

专业技术分队　以本专业为重点，突出科技练兵。内容包括道桥抢修、交通运输、汽车维修、通信、电子信息、医疗救护和抢险救灾、城市防空、反空降。

1986—2005年，实训民兵11402人次，其中参训基干民兵6192人次、民兵干部1278人次、应急分队2091人次、专业技术分队1079人次；经内江军分区、资阳军分区考核验收，民兵训练科目总评成绩每年均为优秀。

资阳市雁江区1986—2005年民兵军事训练统计表

表20－1

项目 数量 年度	任务数	实训数	其中			
			基干民兵	民兵干部	应急分队	专业技术分队
1986	—	762	—	—	—	—
1987	100	100	—	100	—	—
1988	200	200	200	—	—	—
1989	—	—	—	—	—	—
1990	420	420	220	100	100	—
1991	500	500	300	100	100	—
1992	280	280	80	100	100	—
1993	500	500	300	100	100	—
1994	500	500	300	100	100	—
1995	500	500	300	100	100	—
1996	500	500	300	100	100	—
1997	312	312	212	—	100	—
1998	351	351	200	—	151	—
1999	798	798	300	28	300	170
2000	880	880	600	100	120	60
2001	1050	1050	600	120	240	90
2002	1020	1020	600	120	120	180
2003	960	960	600	60	120	180
2004	960	960	600	—	120	240
2005	809	809	480	50	120	159

四、训练基地

区民兵训练基地设在人武部，于1983年建成，总面积1300平方米，1次可容100名民兵训练。1991年扩建基地，原职工宿舍改建为训练场地。基地由人武部管理，根据需要先后添置各类教学、训练设施和生活设施；1989年经省军区、内江军分区检查验收，达到正规化建设标准，被省军区、省武委会评为基地建设一等奖。1997年，市人事局将市民兵训练基地定为全民所有制股级事业单位。2004年，民兵训练基地总面积为938.2平方米。

第三节　政治工作

一、政治教育

教育内容　1986—1988年，主要开展“一个中心，两个基本点”、反对资产阶级自由化、社会主义法制教育，同时开展“国防建设必须服从、服务于经济建设”理论教育，以转变民兵温饱自足的小农观念，强化其商品经济意识和国防意识。其间于1987年组建县民兵政治工作联络站。1989年北京春夏之交政治风波期间，县人武部及时传达中共中央决策及邓小平重要讲话，并在民兵中组织集中学习并开展反渗透、反“和平演变”思想教育，号召民兵向戒严部队英雄学习。之后，每年都对民兵进行党的基本路线、方针政策和爱国主义、革命英雄主义、形势战备和国防教育。1990年，开展“学雷锋、学英模，争做‘四有新人’”活动。1991年，新《民兵工作条例》在全国实施。8月，开展《民兵工作条例》宣传月活动，全县104万人中有80%接受宣传教育。1992—1996年，继续开展社会主义精神文明教育，组织民兵学习党管武装、《邓小平文选》、党史、国防后备力量发展史、《爱国主义教育实施纲要》。同时，以总政编发的《民兵政治教育课本》为主要内容，重点对民兵应急分队进行光荣传统教育。1998年，政治教育以深化民兵国防意识、爱国意识，强化国防观念为重点。1999年，学习新修订《兵役法》《国防法》《中华近代史》。2000年，为贯彻国家西部大开发战略，在民兵中开展以“西部大开发，民兵怎么办?”为主题的大讨论。伍隍镇民兵向全市民兵发出《告全市预备役人员倡议书》，号召民兵投身西部大开发建设。2001—2004年，区人武部采取多种形式组织民兵学习江泽民“七一”讲话、“三个代表”重要思想和十六大精神，并以《公民道德纲要建设》为读本进行公民道德教育。2005年，根据军委批转的《关于对台军事斗争准备政治工作意见》和军委、成都军区对台军事斗争准备政治工作座谈会精神，在民兵预备役人员中开展形势战备教育。

教育方式　民兵政治教育实行集中教育和分散教育、授课与自学、课堂教育和刊授教育相结合的方式，以刊授教育为主。1986年7月，内江军分区在资阳县进行民兵刊授教育试点，以《中国民兵》《西南民兵》《两用人才报》为主要教材。县、区人武部结合党的中心工作和民兵工作实际，提出刊授教育的重点及要求。民兵连、排组织民兵自学；乡人武部每月抽查1次民兵班、排学习情况；县人武部每季度对民兵连的学习情况检查1次，每半年以笔试或集体写心得的形式进行评比、总结。12月，将季课制改为刊授制。1987年，在全县推行民兵刊授教育。10月，县人武部作为西南4省（区）代表单位，参加全国民兵刊授教育经验交流会和省国防教育研讨会。1991年，县人武部获四川省委宣传部、省军区政治部“读报用报”一等奖。至1995年，人武部连续9年被成都军区和省军区评为刊授教育先进单位。1993年后，民兵政治教育一段时间内出现教育时间和对象难落实的情况，教育效果不够理想。1998 年起，市人武部对民兵政治教育工作进行改革，在刊授中用函授与抽考相结合的办法，保证教育质量；把民兵教育纳入地方党委、政府议事日程，作为基层干部管理和晋升使用、奖惩考核内容；结合整组、征兵、训练、执勤工作，给民兵、军训学生集中上大课；将政治教育与职工教育、科技培训、再就业培训、离乡教育相结合。1986—2005 年，全区共订阅刊授教育资料 12 万余份，各镇乡村村有刊物，班班有教材。除刊授教育外，人武部还利用广播、电视、板报、标语、报告会、宣讲团、专题讲座、知识竞赛、“青年民兵之家”等多种形式，对民兵进行全方位政治思想教育；多次举办以国防知识为主要内容的竞赛，参加人员 2 万余人次；先后邀请老山战斗英雄陈忠怀等 5 人和抗美援朝功臣蒋中菁作报告十几场；在军训期间开展兵警联欢、拔河、歌咏、棋牌、看国防教育片等寓教于乐的活动。

二、干部管理

（一）专武干部管理

配备 1986 年，全县配区乡及厂矿、企事业单位武装干部 80 余名，其中聘任区人武部副部长 3 名，乡人武部部长、副部长 42 名。1992 年 7 月至次年，撤区并乡建镇，专武干部的配备随镇乡数的变化而调整，通常每镇（乡）配部长 1 人、干事 1 人，其编制纳入镇乡干部编制序列。1994 年，专武干部配备齐全，平均年龄 36.7 岁。1996 年起，专武干部配备须符合“革命化、专业化、年轻化”要求。1998 年前，专武干部一般从转业干部和优秀民兵干部中选配，之后从地方、部门中选配政治可靠、文化程度高、身体健康的优秀青年干部，仅 2000 年就有 10 名地方青年干部到基层人武部任职。专武干部缺编后一般由人武部和组织部派员到缺编单位考察后再调整补充人员。2005 年，全区共有专武干部 28 名，其中镇乡人武部部长 19 名、企事业单位专武部长 9 名。

培训 人武部不定期举办专武干部军事业务和政治理论培训。主要方式有函授、自学、集训、以会代训，组织外出参观学习，选送干部到人武干部学校和党校学习。业务培训内容为民兵政治工作、征兵、民兵整组与预备役登记统计、组织队列、射击、投弹等。政治理论学习内容主要是时事政治、党的方针政策、国防知识和法律法规等。1986—1995 年，组织 57 名专武干部参加函授培训，其中 90% 获大中专文凭。1991 年，结合新《民兵工作条例》的实施，举办专武干部集训班 4 期。2003 年，区人武部选送 4 名专武干部到区委党校培训；组织 22 个镇（乡）、7 个企业的专武干部进行为期 10 天的业务知识和政治学习，并到安岳、乐至等县工业园、科技示范园参观。2004 年，全区有 38 人接受地方院校、人武学校培训。

待遇 镇（乡）人武部部长进同级党委，享受同级副职的政治和经济待遇。

使用管理 1984 年干部制度改革，对专武干部实行聘用制。1989—1993 年，人武部与组织部门先后制定《关于加强专武干部管理使用的意见》《乡镇专武干部调配方案》。1999 年，制发《专武干部管理规定》，对专武干部从德能勤绩等方面进行考核。专武干部的考核使用由组织部会同人武部共同进行。1998 年，市人武部和各镇（乡）、厂矿企业党委向市委组织部推荐使用政绩突出的专武干部，对责任心不强、政绩不明的予以调离。是年，3 人被推荐升职，2 人被撤换。2000 年，区委决定专武干部由组织部门统一考评，2003 年又将乡（镇）专武干部纳入党政干部考评范围。1986—2005 年，40 余名专武干部升职为镇乡党政领导，并办理“农转非”“聘转固”手续。

（二）民兵干部管理

民兵干部原则上从思想进步、身体健康、文化程度和军事素质较高、组织能力强的人员中选配，优先从退伍军人、党政干部、基干民兵中选配，以退伍转业军人为主。民兵干部的配备、任职有专有兼，专兼结合，以专为主，一般是正兼副专，一正一副。1989 年，调整年龄偏大的民兵干部，补充缺编干部，新配农村民兵干部进入村民委员会。1992 年市内调整镇乡行政区划、压缩行政机构、合并镇乡时，民兵干部由市人武部择优选配。选配形式有“担任”“选任”“兼任”。拟任的民兵干部须逐级考评报批，不论其以前任何职，一律经考核定职位，量才使用。基干民兵营营长由现职专武部长担任，副营长从符合民兵干部条件的现职副镇（乡）党委书记中选任；基干民兵连连长由武装助理员担任，专武干部不足时，由镇（乡）副职以上领导兼任；基干加强连连长由镇（乡）专武部长担任，副连长从专武干部中选任；凡建基干营的单位，基干营干部兼任该单位的普通民兵营的同级职务；凡建基干连的单位，基干连的干部兼任该单位普通营干部职务。营连干部多数由镇（乡）村企业领导兼任。1994 年，全市民兵干部平均年龄 34.2 岁，其中退伍军人占 98%，均为初中以上文化程度的党、团员。1997 年前，全市 423 名民兵连长中，有 282 名由村主任、村支书、计专干部、治安干部、共青团书记兼任，仅有专职民兵连长 141 人。当年，调配民兵干部，基干连以上干部均由专武干部和乡镇书记、乡镇长、副书记或副乡镇长兼任，基干营、连长配两正、两副，排配一正一副。调配后，全市民兵连长中退伍军人 405 人，占 95.7%；党员 421 人，占 99.5%。1998 年，全市共调配民兵干部 1782 名。调配后 430 名民兵连长中有 257 名由村支书、村主任和其他党政干部兼任，有专职民兵连长 173 人。2001 年，将民兵干部纳入镇乡、村干部统一管理范围。村级民兵干部的任用实行专兼结合，由符合条件的村支书或村主任兼任民兵连长；企业民兵干部由所在企业指派有较强指挥能力和组织能力的企业或车间领导兼任。2003 年，区内企业的民兵营、连长原则上由企业董事长或总经理担任。

为保证党对民兵工作的领导，民兵营、连设政治教导员或指导员。教导员或指导员一般由营连所在的镇（乡）村、社或企事业单位同级党委书记或支部书记担任，副教导员、副指导员从镇（乡）村、社和企事业单位副职中选任。1998 年后，营、连成立党、团支部，排成立党（团）小组。民兵营、连党支部书记、副书记由所在镇（乡）、企事业单位党委书记、副书记兼任；村民兵连党支部书记、副书记和基干排党小组长由村党支部书记或副书记兼任；企业民兵营连干部由所在企业党组织推荐，上报区人武部党委审定后任命。

第四节 经 费

一、收交

民兵训练费按政府规定收取。每年人武部先将民兵训练费收交指标分解到各乡（镇），由乡（镇）武装部代收后，集中上交县人武部和工兵团。1988 年，为解决民兵训练费收交中存在的不按时如数上交、拖欠款项、截留、挪用、开支不合理等问题，县政府专门制发文件，规定民兵训练费用一律按县政府制定的界线、标准、数量收取。县人武部与工兵团联合发文对上交时间、办法、额度做出具体规定。1998 年前，民兵训练费一直按政策规定在农业人口中征收。是年，除农村外，又在城镇人口中征收民兵训练费，实行全民统筹。2003 年后，中央为减轻农民负担，不再向农民收取民兵训练费；民兵训练费由中央财政负担。

二、使用

民兵军政训练费的使用按政府规定执行。乡镇人武部自留部分一律交各乡镇农经站保管，使用时由专武干部提出开支计划或方案，经乡镇分管领导同意后方可使用。民兵、预备役训练费开支范围为：人员培训费，包括民兵干部军训时食宿、误工费，为烈军属、复员军人、民兵预备役人员举办的各类致富技术培训所需的经费；经乡镇领导同意的民兵干部外出参观学习费用，各级武装部门政治教育订的刊授教材及定期政治学习误工费；精神文明建设活动费，即各级武装部门文明示范点共建费和“青年民兵之家”活动费；会议补贴费，包括民兵参加各种会议的误工补贴、食宿费；用于补助民兵事业及专项经费不足部分；以劳养武企业初建时所需费用。

三、管理

从1984年开始，县人武部与工兵团共用民兵预备役训练费。训练费实行分级管理和分开管理。分级管理，即每个乡镇将应收总数的3/4上交县人武部和工兵团统筹使用，1/4留给乡镇武装部自用；分开管理，即上交的训练费由县人武部和工兵团各管一半。1986年县人武部划归地方建制后，民兵训练费管理办法不变，直至2005年。

第三章　兵　役

第一节　兵员征集

一、机构

区征兵工作领导小组是区内征兵工作的领导机构，负责审定征兵工作实施计划，研究解决征兵工作中的重大问题。领导小组一般由5～11人组成，由区长担任组长，区人武部政委和部长担任副组长，组织、宣传、公安、卫生、财政等部门负责人为成员。领导小组下设办公室，负责组织实施征兵工作。办公室设在区人武部，由分管军事工作的领导任办公室主任，军事科科长任副主任。办公室下设宣传动员（秘书）、体检、政审、后勤4个小组，1990年后增设专职纪检组。宣传动员组负责宣传动员、兵源调拨、汇集情况、传递信息、文书档案等工作，体检组负责培训医生、指导和监督体检工作，政审组负责培训政审干部、指导政审、调查处理相关问题，后勤组负责经费管理、车辆运输计划、领发服装，专职纪检组负责人民来信来访和查处征兵工作中的违法违纪事件。办公室系临时性机构，每年征兵前抽调人员组成，运完新兵后10天左右结束工作。各镇、乡相应设立征集领导小组和征集站，具体承办辖区内兵员征集工作。

二、征兵

（一）宣传动员

20世纪80至90年代，兵役宣传的主要形式有召开大小会议、出黑板报、办墙报、影前宣传、广播宣讲等，主要内容为当年征兵工作会议精神、《兵役法》以及优抚政策。1999年起，各单位领导带头包村驻社，走家串户宣传《兵役法》；市政府、市人武部组织工作组到各镇乡检查指导宣传动员工作。2003 年后，区征兵领导小组成员每人定点联系 1 个镇乡，实行包干责任制，督促镇乡的宣传工作。2004 年，区委宣传部与区人武部联合制定《征兵工作宣传计划》。之后，各部门、单位有针对性地开展宣传动员和教育工作；各责任人直接与适龄青年谈理想并交换认识，对外出务工且符合征集条件的青年，劝其父母以书信、电话、电报等形式进行动员。

（二）兵役登记

各乡镇人民政府、街道办事处、企事业单位的人民武装部均设立兵役登记站，对当年 12 月 31 日前年满 18 岁的公民进行兵役登记，依法确定服兵役、免服兵役和不得服兵役的人员，并在兵役登记开始前 15 天发布兵役登记通告。20 世纪 80 年代中期，报名参军的人数最多，仅 1987 年就有 28540 名，占适龄青年的 90% 以上，其中有 300 余名青年从新疆、甘肃、云南、成都、重庆等省市返乡报名，1000 余名青年向党组织、政府写申请书、决心书，不少青年弃商投戎、弃艺从军报效祖国。1990 年，《应征公民入伍登记表》改为《应征公民入伍批准书》；当年增加《应征公民入伍审查表》，由全国统一制发、省征兵办统一编号加盖骑缝章。1994—1995 年，不仅适龄青年踊跃报名，还出现父母替儿子报名和祖父母送孙子参军的场面。1996 起，适龄青年大量外出务工经商，流动性大、活动范围广，对其现实表现难以掌握，故兵役登记对象以不经常外出且政治思想好、文化程度高、身体健壮的适龄青年为主。村（居）委会、企事业单位择优选拔推荐本单位经过兵役登记的适龄公民，并填报《预征对象登记表》。1999—2002 年，外出打工、经商的适龄青年持续增多，出现人员难召回、难动员问题，适龄青年报名数量略有下降。2003—2005 年，报名青年数量逐渐回升。

（三）体检

征兵办负责应征青年的体检工作。体检医生经培训并试检后，分成 2 ~ 4 个体检组，由人武部、医院和卫生局领导带队，与接兵部队医生和干部一起，分赴各体检站检查。各科室医务人员对疑难问题主动请示主检和军医，对有争议的问题坚持集体会诊。体检实行全封闭式，严格按照规定标准、程序进行。征兵办公室和接兵部队共同组织医生进行体格复（抽）查，发现不合格的及时调换，对普通兵的抽查数一般不少于征集数的 30%。

（四）政审

区、镇（乡）征集站协同接兵部队调查和政审体检合格青年的现实表现。区成立由公安局分管治安工作的副局长或纪委书记任组长的征兵政审工作领导小组，各镇（乡）派出所所长任所辖区域政审小组组长。公安机关由上而下，逐级签订《征兵政审工作责任书》，实行领导分片包干和“派出所负责制”，并纳入目标考核。全区统一培训政审干部，确保政审干部对政审条件有足够的理解，并明确重点和标准。审查工作实行“谁政审、谁签字、谁负责”制度。村（居）民委员会负责审查鉴定应征公民在本辖区居住期间的现实表现及家庭主要成员、主要社会关系情况。应征公民原毕业学校负责审查鉴定其文化程度和在校期间的表现。应征公民户口所在地派出所对其年龄、户口类别、有无违法违纪行为、家庭主要成员和主要社会关系、有无影响服现役等情况进行审查鉴定。之后，乡镇人民政府、街道办事处复审应征公民的政治表现并作出鉴定。最后，征兵办会同有关部门综合审查应征公民的政治情况，签署政审结论意见，加盖政审专用章。1991 年，政审工作实行“三个见面、三个结合”和“一个注意”。“三个见面、三个结合”即政审人员与应征青年及其父母见面，做到与应征青年及其父母和与社干部及群众集中座谈、个人座谈相结合；与应征青年旁系亲属见面，做到与应征青年亲属座谈和与邻居、群众座谈相结合；与应征青年的班主任见面，做到与应征青年科任教师座谈和找校长座谈相结合。“一个注意”即证明人必须是 2 人。2004 年起，政审条件增多，凡参加过非法组织或有其他非法活动的；文身刺字或带政治性问题或有犯罪团伙标志有碍军容的；被判处过徒刑、拘役或管制，被依法劳动教养、少年管教或者被开除公职、厂籍、学籍以及被开除党籍、留党察看、被开除团籍的；父母或其他亲属被判刑而本人不能正确对待的；有流氓、卖淫、嫖娼、吸毒、盗窃、抢劫、诈骗和打架斗殴等劣迹的，均不能被征集入伍。

（五）审定新兵

审定新兵工作一般在新兵起运前5日完成。审定新兵时，先听取体检、政审和接兵部队等单位的意见，后集体审定。对政治条件好、身体健康、文化程度高、有专业特长的优先批准入伍。2004年起，审定新兵执行“七优先”和“六不定”原则，即思想品德好的优先，党、团员优先，文化程度高的优先，身体强壮的优先，被评为先进个人或立功受奖者优先，有专业特长的优先，大学生和下岗职工优先；对有边缘问题的不定，人户分离情况一时难以查清的不定，长期外出务工、现实表现有疑点的不定，参加民兵活动不积极的不定，态度不端正、挑兵种选去向的不定，征接双方意见分歧较大的不定。对批准服现役的应征公民，征兵办公室办理入伍手续，发放《入伍通知书》。

（六）新兵交接和运输

征兵办公室将新兵花名册、新兵档案材料、组织介绍信一并交给接兵部队，双方清点、核对无误后办理新兵交接手续。交接后，征兵办公室和接兵部队按照运输计划按时组织新兵起运。起运前，区征兵办公室下发《起运前新兵行为守则》，要求新兵时刻以一个军人的标准严格要求自己。新兵起运车辆出发时，政府均组织群众欢送。

第二节　预备役

1986年全县有预备役人员117314人，其中一类11160人、二类106154人。1987年，完善预备役专业技术人员花名册、卡片以及退伍军人档案材料。县、区、乡镇均存名册、卡片，区、乡镇还存预备人员花名册。1989年，以莲台乡为试点，探索预备役登记工作经验，后在全县推广。是年，重点对当年回乡士兵和年满18周岁的男性公民进行预备役登记、清理和核对工作，规定凡当年满35周岁的应退出预备役；凡去冬今春回乡符合服一类预备役的退伍军人和新增加的与军事专业基本对口的地方专业技术人员，应登记服一类预备役；凡当年满18周岁的符合兵役条件的男性青年（除加入一类者外），应登记服二类预备役；服一类预备役的人员当年超过28岁者，转服二类预备役。同时，整组预备役工兵团，对因年龄、身体、政治原因不宜继续留在预备役部队的进行调整，补入去冬今春退伍和参加过预备役训练以及有技术专长的人员。预备役士兵的调整面控制在15%以内，对有技术专长的班长、副班长及技术骨干不轻易变动，年龄可适当延长；预任干部的调整面控制在10%～15%以内，并以班、排、连为单位进行点验。此外，进一步完善各项规章制度和资料室建设。1990年，县政府要求各区、乡镇、厂矿确保预备役登记核对工作的经费、人员到位，并派工作组赴各地检查指导。登记核对中，严把预备役人员的政治质量关，强调对退伍军人的政审，对与1989年春夏之交政治风波有牵连的一律审查清楚。当年，清理参与“六害”活动人员22人，进一步纯洁预备役队伍；全县召开大小会议231次，培训骨干和开展专题研究80余次，划拨经费1.8万元；共有1245人主动上门登记，许多外地务工的青年专门返回家乡参加登记核对。1993年，市人武部组织由各镇乡专武部长参加的检查验收工作组，检查验收全市预备役登记、核对工作；宝台等13个镇乡、单位因无错登（核）漏登（核）被评为先进单位。1996年，开展预备役军官登记、统计和军衔评定工作。市委、市政府、市人武部联合下发《关于开展第二批预备役军官军衔评授工作的通知》后，评授领导小组办公室制定《宣教计划》和《工作计划》，下发《关于评定授予预备军官军衔工作的宣传教育提纲》。市委宣传、组织部门召开电台、电视台、报社等单位参加的宣传工作联席会议，研究布置宣传工作。电台、电视台制作专题节目，《资阳报社》开辟专栏，宣传《教育提纲》。组织、人事部门负责查阅档案，摸准每年安置的转业军官人数。在调查核实中发现部分厂矿单位有省、市直接安置的转业干部，市人武部即与地属以上厂矿武装部联系，对符合军委文件规定的转业干部共124人进行登记，按“职务明、等级清、内容全、时间准、数据实”的要求，再次核准为115名。评授组对调查摸底的预备役军官，经过严格的政治审查，并根据其综合素质和原军队职级，对照《评定授予预备役军官军衔的标准》，实事求是提出评授方案；对个别标准界限不很明确的，请示上级后再确定，不随意提高衔级，确保评鉴质量。当年，全市确定继续服军官预备役干部共109人，除1996年转业已在部队授予预备役军衔的20名干部外，为89人评定授予预备役军官军衔，其中授予预备役上校4名、中校26名、少校19名、上尉28名、中尉12名。

1998年5至6月，市人武部检查预备役部队各营部、支部正规化建设情况。检查内容涉及组织建设、政治教育、军事训练、战备工作、基础设施、资料整理等。同年6至8月，开展地方与军事专业对口技术人员预备役登记工作，确定与军事专业对口的技术人员3517人。年底，预备役分为士兵预备役和军官预备役。预备役人员参加军事训练，由当地人民政府给予误工补贴。1999年，调整预备役部队结构。各预备役营连大多设在经济发达、交通便利、兵员充足的乡镇和大型企业，排不跨乡镇，班不跨行政村或机关行政单位，采取“小建制，大编组”方式，优化结构，科学编组。

区人武部在每年“八一”期间均组织一次预备役军官座谈会，总结管理经验，分析存在的问题，广泛征求预备役军官的意见，激发预备役军官的责任意识。在春节期间，组织人员对每位预备役军官进行慰问并发慰问信，充分了解预备役军官的工作、学习和生活情况，以便加强对预备役军官的管理。

第四章　国防动员

第一节　领导机构

区国防动员委员会在区委、区政府、区人武部领导下，贯彻国家积极防御的军事战略方针，组织实施本区国防动员工作，协调国防动员工作中经济与军事、军队与政府、人力与物力之间的关系，以增强军事实力，提高平战转换能力。国防动员委员会设主任1名、副主任2~3名、委员若干名。2001年起，区武装委员会和国防动员委员会实行一个机构两块牌子，区政府区长任武委会主任兼国防动员委员会主任。国防动员委员会下设人民武装动员、经济动员、人民防空、交通战备、国防教育办公室。人民武装动员办公室设在区人武部军事科，由军事科长兼办公室主任。经济动员办公室设在区发展计划局，单独列编，配有专职人员2名，由发计局领导兼任主任。交通战备办公室设在区人武部，单独列编，配专职人员2名，交通局领导兼主任，主要职责是规划全区国防交通网布局，拟订全区交通战备保障计划，负责组织区内国防运力动员的征用。人民防空办公室设在区建环局，亦单独列编，配专职人员 2 名，由区建环局领导兼主任，职责是组织撰写人民防空建设规划、计划和防空袭方案及各项保障计划，提出符合国防要求的意见和建议，并督促检查和落实。国防教育办公室主任由区人武部政工科长兼任，区委宣传部、区教育局领导分别兼任办公室副主任，主要职责是组织开展各项国防法规的宣传和全民国防教育活动。2003 年初，调整充实区人民武装委员会和国防动员委员会成员，进一步明确各办公室职责。5 月起，将武装工作纳入经济与社会发展年度目标管理与考核内容。

第二节　国防教育

1989 年，县国防动员委员会在资阳内燃机车厂和南津镇开展全民国防教育试点，后会同县委宣传部、县文教局联合制发《国防教育大纲》，以爱国主义教育为核心、以刊教为形式，普及全民国防教育。1990 年 9 月，县人武部发文要求部机关各科室、各区、乡镇、劳武企业、县以上企业订阅《国防时报》《西南民兵》《中国民兵》《国防教育挂图》等国防教育刊物。年底，全县共订刊物 2050 份（套）。1991 年 6 月，成立国防教育义务宣讲团，聘请对越作战一等功臣饶太华、离休干部张步侠、退休干部蒋中菁、老山防御作战一等功臣陈忠怀和汪长青、“平暴治乱”一等功臣邱晓勇 6 人为义务辅导员。至次年底，为预征青年、中小学师生共 12347 人次作国防教育报告 35 场。1994 年，市人武部将中小学校定为国防教育的重点，并结合实际制发《贯彻〈四川国防教育条例〉实施意见》，邀请国防教育义务辅导员蒋中菁对学校师生进行爱国主义、革命英雄主义教育。1995 年，加强理论研究和阵地（各类纪念馆、烈士纪念建筑物、革命历史名胜遗迹）建设，国防教育以青少年和民兵预备役人员为重点。中小学国防教育以普及基本知识为主，民兵、预备役人员以爱国奉献、爱军习武、忠实履行职能为主。2000 年，市人武部组织开展“迎接新世纪国防知识学习竞赛”活动，全市有 2500 余人参赛。之后，区人武部通常采取报告会、多媒体教学讲课、放录像片、图片展览等形式对居民、中小学生、工人和干部进行国防基础知识教育。

学生军训是国防教育和国防后备力量建设的重要组成部分。人武部年度军事训练计划中均有学生军训项目。学生军训均做到训练前周密计划，训练中高标准要求。1986—2005 年间，每年组织 3000 余名学生参加军训。

第三节　战备动员

1991 年 8 月和次年 5 月，县人武部先后 2 次发出加强战备工作、应付突发事件的通知。1997 年 7 至 8 月，开展国防动员潜力调查，历时 20 余天，完成武装动员、经济动员、交通战备三大类共 31 项内容的调查、登记、统计工作。2001 年，完善战备工作方案，明确各镇乡、厂矿战备工作任务，健全指挥机构，引导民兵、预备役人员积极参加本地社会治安综合治理工作，制定《雁江区民兵防洪抢险行动方案》《抢险总队防洪抢险救灾的行动方案》《应急交通保障实施方案》，修改完善维护社会稳定、军警民联防、交通通信线路抢修、战时兵员动员、抢险救灾等各种方案、预案，建立健全民兵情报信息网。

第五章 拥政爱民

第一节 参建参治

一、参加经济建设

1987年，县人武部组织开展“万名民兵争当两用人才，争做建设两个文明突击手”竞赛活动，要求凡有条件的民兵都要联办、户办企业。当年有1.16万民兵参赛，参赛民兵家庭人均年收入比1986年增加1倍左右，有85.1%的民兵家庭脱贫，67个特困户变成富裕户，23名民兵成万元户，6872户民兵家庭成为专业户、重点户。1988年3月，内江军分区在资阳县人武部召开“内江军分区学习资阳民兵双争双赛活动现场会”和“全市民兵‘龙腾杯’致富赛”动员大会，推广资阳经验。1989年，民兵户办、联办企业1807个，创产值1586万元、利润133万元。1990年，5.9万人次民兵参加“双争双赛”“龙腾杯”致富赛活动，3.8万户民兵家庭成为专业户和重点户，其中规模经营大户1101户、专业大户880户；建成“三田地”586.2公顷、其中囤粮田136.7公顷，“双千元田”163公顷，“双千元地”188公顷；参赛民兵有88%的家庭脱贫致富。当年，参赛民兵人均纯收入740.7元，比全县人均纯收入高188.4元。民兵创业领域从单一的种养殖业发展到农产品加工、运输、建筑、制造、服务、文化等行业，经营形式从联办、户办到承包、租赁乡镇、集体企业。竞赛活动中全县参赛民兵上缴农税17万元、提留款50万元、税费22万元，为劳武企业集资13.5万元。1991年后，在农村民兵中开展“落实党的富民政策、率领群众共同致富”活动。1993年，宝台镇拱城村民兵干部带领全村2019名群众联办企业，兴办以养殖业为重点的企业20个，年出栏肥猪1682头；发展集约化养鱼60多亩，年产值120多万元，获利润12万多元；组织400名村民到省外务工，人均年收入2000元。1994年，城乡民兵参与企业技术改造革新95项，创经济效益58万元。1995年，碑记镇民兵干部与当地群众联办地毯厂，产品畅销美国、日本，年创产值450万元、利税35万元。1996年，南津镇民兵聘请专家到村传授布朗李、枇杷、药材栽培和牛羊猪种养技术，当年全村人均收入达2800元。2000年，清水乡民兵兴办“鲤鱼湖青山绿水苦丁茶”种植园，安置1500余名村民就业，年工资支出近25万元；有8户在种植园务工的村民盖起新楼。2000年，国家实施西部大开发战略。全区民兵参加重点基础设施工程和生态工程建设，义务植树4万株、修水渠2000米。2001年，松涛镇民兵养殖专业户组织村民成立村养殖协会，无偿给村民传授养殖技术；先后有38户社员成养猪重点户、15户成养羊重点户。2002年，碑记镇民兵带领村民种植高产柑橘12公顷，产量75万公斤、产值75万元。村民致富后，投资23万元建节能沼气池27口，新修水泥路2000多米，有34户建新房。堪嘉镇15户民兵投资30多万元，承包土地8公顷，栽布朗李6000多株、水蜜桃5000多株、甜杏7000多株，种药材2.66公顷，修建养殖场一座，养牛580多头，2003年又引进市外资金近1000万元，在胡家坝中心村建农贸市场和养殖场，同时新修水泥路，改善村社经济发展环境。2004年，区政府授予徐明春、吴江安、李强、何强、李贵华等为地方经济发展做出突出贡献的民兵为雁江区首届“杰出民兵”。

二、维护社会治安

民兵在区人武部组织下执行巡逻执勤、护厂、护线、护路、护村任务，配合公安部门上路设卡、围堵逃犯，参与“严打”和“打黄扫非”“打黑除恶”行动，积极帮教违法青年，协助调解民事纠纷、建设安全文明小区。1988 年，县人武部组织 1.02 万民兵守护境内重要目标，配 5684 人守护成渝铁路资阳段，配 1698 人守护成渝公路资阳段，配 632 人守护资（阳）乐（至）路，配 417 人守护县内通信线路，配 400 人守护 6 座重要水库。1989 年北京春夏之交政治风波和 1990 年非常时期，组织民兵应急机动分队 12 个连、44 个排、1435 个执勤分队，调用民兵 15 次，出动 1.29 万人次，在城区昼夜武装巡逻，维护社会治安。1990 年，全县有 4 个民兵组织、16 名民兵被评为维护社会治安先进集体和个人。1995 年起，市人武部每年都与各镇乡、厂矿企业人武部签订《组织率领民兵参治目标管理责任书》，明确责任和奖励办法。9 月中旬，部分机动三轮车主到市政府群体上访，有少数人闹事起哄。人武部接市委紧急指示后，在 20 分钟内调动军警民联防队 60 余人到现场维护秩序。1996 年后，各镇乡、村社先后成立以民兵为主体的联防队，协助公安机关维护本地治安。1998 年，高速公路、铁路和沱江沿线乡镇成立民兵应急分队。在当年“10・14”彩票事件中，人武部组织民兵应急分队 1 个连 100 人赴现场，同公安干警一道劝导和疏散人群。1986—1998 年，全市共出动民兵近 4 万人次参加“严打”行动，协助公安、武警抓获犯罪嫌疑人近千人。2001 年 5 月，资阳市与资阳军分区出台《关于进一步组织民兵预备役人员参加社会治安综合治理的意见》后，雁江区按要求在乡镇、村、社、村民小组建立以民兵为主体的联防队和联防小组，由专武部长、民兵连长任联防队长，民兵排长任联防小组组长，分别负责本级本辖区内的治安秩序。

第二节　军民共建

1986 年，全县区乡武装部有 78 个自建文明点，其中 50 个自建点达标。1987 年，县人武部采取“滚雪球”的办法，带动文明村组建设。当年，县“五四三”办公室给 56 个民兵文明自建点和共建点颁发达标合格证。1989 年，区乡镇武装部建成市级文明单位 2 个，文明村 61 个；其中县级文明村 26 个、区级文明村 35 个。至 1990 年，共有 67 个精神文明自建点达标。2000 年，市人武部贯彻实施《资阳军分区扶贫工作规划》，开展共建“文明富裕新村”活动，重点帮扶雁江镇城北村、松涛镇桐子村、宝台镇天生村、迎接镇天元村、丰裕镇方山村、碑记镇共和村、南津镇烂庙村、保和镇铜车村、中和镇中和村、丹山镇街村。当年，市人武部还成立扶贫领导小组，将扶贫帮困工作纳入《基层武装工作目标考核责任制》，年终实行评比；主动同电力部门协调，帮助筹集资金，协调关系，并赞助 1000 元资金用于保和镇铜车村的变压器更换，解决该村 3 个社的用电问题；先后向丹山镇国防教育娱乐中心赠送科技书籍 100 余册，举办科技致富培训班 4 期、培训人员达 1000 余人次；对重点帮扶的 21 个特困户、75 个困难户逐个摸底后，构建了领导小组成员、村干部和民兵“三位一体”的帮扶格局，至年末困难户全部脱贫，特困户减少 17 户，10 个村的个体工商户亦成倍增长，达 155 户，就业人员 173 人，人均纯收入 300 余元；当年为贫困学生和困难户捐款 7000 余元、衣服 60 余套，其中为丹山镇特困户冯昌庭捐款 5000 元修建 200 平方米的房屋 1 栋。2001 年、2002 年，区人武部把共建富裕文明新村工作的重点放在治水、修路、提高村民文化素质和改善居住环境等方面，与村社干部共同拟定发展计划，优选发展项目，逐步积累经验。2003—2005 年，区人武部在系统内建立完善共建文明新村和扶贫帮困网络体系，结合市场需求引导共建村社农户调整产业结构。

第三节　抢险救灾

抗洪抢险　1995 年夏，境内洪灾；全市出动 14 个民兵连共 1389 人到老君、宝台镇抗洪抢险。1998 年 8 月 19 至 20 日，境内再次遭遇洪灾，其中保和镇受灾尤为严重，全镇平房没顶，大部分楼房淹至 2 层，洪水最深达 5 米。全市共出动民兵、武警驻资部队官兵共 3000 余人参加抢险，共转移 800 余人，救出受困群众 324 人，搬运物资 3000 余吨。保和镇武装部部长卓远之于 19 日组织 5 支民兵抢险小分队守护重要目标，率民兵抢险队疏散群众、抢运公物，并与派出所联防队坐船巡逻执勤，维持灾区治安，因劳累过度从 5 米高楼上摔下，致腰尾椎骨、左手腕骨骨折，但仍带伤抗洪，几次昏倒，被医疗队救醒后又继续坚持战斗，三天三夜未离救灾第一线，被群众誉为“钢铁勇士”。

突发事件抢险　1990 年 3 月 29 日，开往成都的 82 次列车在资阳侯家坪车站发生爆炸。铁道部资阳内燃机车厂 207 名民兵及时赶赴现场维护秩序、抢救伤员。1991 年 9 月 29 日晚 7 时许，位于祥符镇的资阳塑料厂原料库失火，库存的 110 吨塑料原料、3 吨聚氯乙烯燃烧，释放出大量的有毒气体。祥符区武装部部长严朝开、民兵连长姚进春率 300 余名民兵、预备役人员与县武警消防中队官兵一道，历经 2 个多小时扑灭大火，保住塑料厂 2 个车间和主要设备，使价值 60 多万元的国家财产免遭损失。县政府给祥符镇民兵连记集体三等功 1 次，给严朝开、姚进春记个人三等功 1 次。1993 年 4 月 20 日下午 1 时，碑记乡友谊桥 50 米拐弯处发生交通事故，一辆载有 12 名乘客的中型客车翻入 15 米深的长河水库。同车的碑记乡长河村基干民兵王海清在自救成功后，不顾自己受伤，勇救遇险乘客，连续救出 3 人后因体力不支昏迷不醒，被送往医院抢救。市政府为其记三等功 1 次，奖励现金 50 元；市人武部向全市民兵发出向王海清学习的号召。1994 年 2 月 5 日下午，资阳市运输公司一辆载有 60 名乘客的大型客车翻入沱江。住在附近的宝台镇拱城村党支部书记、民兵连指导员李远志闻讯后，立即召集李远平、朱万祥、刘国清、李良德等 6 名民兵，跑步赶到车祸现场，从寒冷刺骨的沱江中救出遇险乘客 11 名、打捞物品 100 件，协助交警队打捞遇难者遗体 3 具。市政府给李远志记三等功 1 次。2003 年，国内发生“非典型肺炎”疫情。区人武部根据上级安排，组织民兵参加“非典”防治工作。镇乡民兵走村串户，宣传“非典”防治知识，并通过写信、打电话等方式劝导在疫区务工的本籍人员不要返乡，同时帮助外出人员家庭抢收抢种。5 月，回龙乡 1 名与“非典”病人密切接触者返乡。该乡民兵应急分队闻讯出动，对 3 个村的村民实施隔离监控。“非典”防治期间，区民兵医疗救护分队在成渝高速资阳段路口设检疫站、留验站，并负责监测、排查发热人员，4 至 6 月共排查人员 16 万人（次），留验观察 70 人（次）。是年，全区有 2 个民兵分队被评为抗“非典”先进集体、10 名民兵被评为先进个人。

第二十一篇 民 政

第一章 机 构

第一节 行政机构

1984年12月，县民政局始设股室。时有民政股、社会救济股、优抚安置股、办公室3股1室。1991年，增设社团管理股。次年，改股为科。1997年3月，新设基层政权建设、计划财务2科。2001年机构改革后，设社会福利救济科、优抚安置科、社会事务管理科、基层政权建设科、计划财务科、办公室5科1室。1986—2005年，王正民、温亚东、肖坤仲、李光元先后任局长。

第二节 事业单位

1986年，县民政局下属单位有县收容遣送站、殡仪馆、殡葬管理所（与殡仪馆合署办公）、军队离退休干部休养所、民政福利公司。1990年，民政局代管残疾人联合会。之后，陆续增设的下属单位有军用茶水供应站、烈士纪念馆、光荣院、社会福利生产管理办公室、农村社会养老保险局、莲花公墓管理处、民间组织管理办公室、居民最低生活保障管理中心。2002年1月，区老龄委员会办公室由区人事局划归区民政局管理。2月，区农村社会养老保险局划归区劳动和社会保障局。2003年7月，撤销区军用茶水供应站；区收容遣送站更名为区城市流浪乞讨人员救助管理站。2005年7月，区残疾人联合会单设，不再挂靠民政局。至2005年底，区民政局下属事业单位有军队离退休干部休养所、地名管理办公室、殡葬管理所、烈士纪念馆、光荣院、社会福利生产管理办公室、殡仪馆、莲花公墓管理处、社区服务管理办公室、民间组织管理办公室、城市流浪乞讨人员救助管理站、居民最低生活保障管理中心。

第二章 优 抚

第一节 拥军优属

20世纪80年代至90年代初，拥军优属的形式相对多样。1986年1月，县政府组织价值2.7万元的天府花生、临江寺豆瓣、单晶冰糖等物资用汽车运送到老山前线，慰问参战部队官兵。1987年，资阳内燃机车厂、四川卷烟厂、临江寺豆瓣厂以内江市人民的名义，向南疆战士赠送香烟3万盒、临江寺豆瓣50箱。1988年，县内群众为南疆战士做鞋垫2060双，绣手巾、毛巾，织背心，钩织衣领等589件。1991年“八一”节前后，机关单位干部群众给边防部队指战员写慰问信457封，赠送慰问品663件。1998年，市政府投资70多万元，为消防中队官兵建约1500平方米的住宿大楼，之后又拨款14万元改建市武警中队的营房和食堂。1999年，市财政一次性拨款120万元，为市人武部建办公大楼。

每年春节和“八一”建军节期间，区委、区政府都成立慰问团，镇乡成立慰问分团，村干部和群众代表组成慰问组，向烈军属、复退军人及驻军拜年、贺节，并送对联、年画、食品、现金等。1986年，走访慰问优抚对象5041人次，表彰优抚对象758人次；组织1万多名优抚对象参加座谈会和联欢会。1987年，全县各单位开展“写一封慰问信、发一份优待通知书、送一份礼物、照一张全家福相、办一件实事”的“五个一”活动，走访慰问驻军和优抚对象5500人次，组织2.8万优抚对象参加座谈会和联欢会。1991年，为推动拥军优属、拥政爱民（简称双拥）工作向更高层次发展，县政府成立双拥工作领导小组及办公室。全县各镇乡、县级各部门建立双拥机构647个，帮现役军人家庭建住房1090平方米，给优抚对象做各类好事5059件次，给军属办企业和种植养殖业借贷资金8万多元。1992年，400个村成立优抚服务小组，给优抚对象做好事8945件次；为其中的412家困难户开展定人员、户数、时间、致富项目的“四定四包”活动，义务投劳1.02万个。当年，资阳县被省委、省政府、省军区命名为“双拥模范县”。1993年，慰问优抚对象5372人次，向外地资阳籍现役军人和本市驻军及优抚对象写慰问信4880封，赠送各类慰问品2.99万件。同年4至5月，组织3.6万人参加省双拥办举办的双拥知识竞赛活动，获组织奖2个、单项奖7个。年内为优抚对象帮建住房487间，义务治病648人次，免收药费1847元，帮助26名驻军干部子女入学，为132户现役军人家属解决住房。1994年，新制作永久性双拥宣传标语牌20块320平方米，书写张挂标语1212幅，办板报、墙报421期，影前幻灯放映双拥宣传片396场次。1995年1月，内江市委、市政府、内江军分区表彰资阳市为“双拥工作先进市”。3月，市政府将双拥工作纳入年终目标考核。1996年1月，资阳市被省委、省政府、省军区命名为“双拥模范城”。1999年，市政府制发《爱心献功臣活动实施办法》。各部门从讲政治的高度，建立目标考核制度，层层落实帮扶责任。市电力公司出资1.5万元为保和镇黄岭沱村复员伤残军人卓永成新修4间砖瓦房。资阳地区计委、粮食局、乡镇企业局、民政局、资阳市民政局、临江镇政府共同出资1.5万元，帮助临江镇水井村失散老红军李自珍修建住房4间72平方米。市政法系统从当年起每年为回龙乡80岁高龄的老红军周绍清解决护理费3000元，并落实护理人员。至1999年底，全市各级共投入资金374.35万元，为功臣修建砖混、砖瓦结构新房1109间2.46万平方米。2000年1月，市民政局被全国双拥工作领导小组和民政部表彰为“爱心献功臣”活动先进单位。2001年，区政府拨专款5万元，为部队官兵和优抚对象购买慰问品；各镇乡和区级部门出资近20万元开展拥军优属活动。2002年，全区各级干部走访慰问优抚对象1500余户，送慰问品5000余件、价值60余万元。2003年，区政府将创建省级“双拥模范区”工作纳入目标考核，实行一票否决；各级干部走访慰问优抚对象1400余户，送慰问品6000余件、价值70余万元。2004年10月，设立区拥军优属拥政爱民办公室。2005年2月，资阳市雁江区被四川省拥军优属、拥政爱民工作领导小组表彰为“双拥先进区”。

第二节 群众优待

1986年4月，县政府提高优待金标准，农村义务兵家属的优待金达到本地人均收入的50%，且不低于100元/年。当年，全县有农村优待对象3506户，共发放优待金35.52万元。其中烈属205户，户平112.40元；军属2296户，户平115.10元；残废军人397户，户平71.30元；复员军人363户，户平67.20元；退伍军人245户，户平68.40元。同年，优待城镇义务兵家属145户。1987年，农村烈、军属的优待金标准有所提高。全年为3709户农村优待对象发放优待金40.28万元，户平108.59元，提高7.29元。其中烈军属2726户，户平126.15元，提高11.27元。1988年，县政府先后3次组织人员检查优待金发放情况，查实各地均全部兑现年初预评金额；4136户对象领取优待金45.85万元，户平115.88元，其中烈军属户平132.7元。1989年，全县农村普遍实行优待金乡镇统筹的办法，保证优待金的落实；3276户烈军属领取优待金62.24万元，户平189.98元，比1984年提高1倍。1990年，烈军属优待金标准定为每户每年211.8元。1992年7月，烈军属优待金标准由原人均收入的50%提高到70%。当年为4242户优抚对象评定优待金104.58万元；烈军属户平362.50元，比1991年的272.77元增长32.9%。烈军属优待金数额随农村人均纯收入的增长而上升，至1995年户平490元。1996年，市政府制发《资阳市烈属、军属优待金全民统筹暨发放暂行办法》。当年起，农村优待对象的优待金由各乡镇民政办每年“八一”节和12月底前分两次发放，城镇优待对象的优待金由民政局每年12月中旬拨付到优待对象所在单位，由所在单位发给。发放标准是：农村义务兵、烈士家属、因公牺牲军人和病故军人家属为所在乡镇上年人均纯收入的70%，获市以上“拥军优属模范乡镇”、“双拥模范乡镇”称号的为75%；城镇入伍的义务兵家属为每年180元，在职入伍服现役的义务兵家属为本人入伍时年标准工资的1/2，低于480元者按480元计发；在乡二、三等革命伤残军人，年老体弱、丧失劳动能力的复员军人和带病回乡生活特别困难的退伍军人，视具体情况，以所在乡镇上年度人均纯收入的10%～15%给予优待；义务兵在服役期间获荣誉称号和立功的，凭部队团以上政治机关的通知书发给家属奖励金，获大军区以上荣誉称号奖1000元、一等功奖500元、二等功奖300元、三等功奖100元，由各级财政或父母所在单位解决。1997年全市征收优待金185万元，为2384户优待对象兑现优待金171.69万元，户平720元，其中烈属户平723.5元、军属户平733.3元。1998年，全年筹集社会优待金259万元，为3556户优待对象兑现231.4万元，户平650.70元，其中烈属户平945元、军属户平959元，达到农村上年人均纯收入的70%。2000年，改革优待金筹集办法，农业优待金按当地人均负担3.77%、城镇优待金按工资总额0.5%筹集；农村义务兵家属、烈属、因公牺牲、病故军人家属年享受优待金800元；城镇待业入伍的义务兵，服役期间享受优待金200元；在职入伍服役的义务兵，按入伍时年标准工资1/2给予优待，全年低于480元的按480元发给；在乡二、三等革命伤残军人和年老体弱、丧失劳动能力的在乡复员军人以及带病回乡长期丧失劳动能力生活特别困难的退伍军人，每年享受优待金60～80元。2001年，征收城镇优待金10万余元、农村优待金90余万元，给3400户优待对象兑现优待金158万元，户平650.70元。其中烈军属户平650元，达到农村上年人均纯收入的70%；城镇义务兵户平200元。12月，区政府制发《雁江区优抚对象抚恤补助标准自然增长机制实施意见》。当月起，凡已享受定期抚恤补助的优抚对象每人每月增加2元，一定三年不变，增长经费列入当年度财政预算。2003年，雁江区结合农村税费改革，重新确定各类优待金标准：农村义务兵家属优待金每户每年1000元，城镇义务兵家属优待金每户每年200元。2005年，农村义务兵家属优待金不变，城镇义务兵家属优待金调整为每户每年300元。

第三节　抚恤补助

一、一般抚恤

（一）临时困难补助

1985年后，随着群众优待金的落实和其他优抚标准的不断提高，临时困难补助量逐渐减少，只对未享受定补的其他优抚对象和确有一定困难的复员军人给予一次性困难补助。1986年，县政府给580名复员军人发放一次性困难补助2.7万元。1987年，给304名复员军人发放一次性补助1.07万元。1990年，拨款0.5万元，给原川康游击队的25名成员发放一次性困难补助。1999年政府向社会筹集“双拥基金”，次年拨“双拥基金”11.51万元分配到各乡镇，专款解决在乡优抚对象“三难”（生活难、住房难、治病难）问题。2002年、2003年，从“双拥基金”中拨出专款50万元解决镇乡优抚对象的“三难”问题，共为90户优抚对象建房360余间，还为3700余名优抚对象提供治病补助。2004年，为55户优抚对象拨付建房专项资金22万元。2005年，拨款4.6万元为13户无房（危房）优抚对象修建（维修）住房630余间，拨专项资金17万元为1650名优抚对象解决生活难、治病难问题。此外，一般补助还包括贫困烈、军属子弟入学补助，“三属”（革命烈士家属、因公牺牲军人家属、病故军人家属）及带病回乡复员退伍军人诊治疾病时的生活费补助和医疗费减免等。

（二）定期定量补助

1985年1月起，按规定对1954年10月31日前入伍、复原回农村的年老体弱多病复员军人给予定期定量补助。1986年4月，县政府提高补助标准，扩大补助面。当年新增享受定期定量补助对象430人，人平每月补助9.7元；原已享受定补的，提高到12元。1987年，新增补助对象162人。至1988年，全县享受定补的在乡复员军人达1163名，人平每月补助10元。1989年，调整定补标准，每人月增加4.56元。经扩大定补面和调高补助标准后，全县享受定补人数2100名，定补金额达39.88万元，享受定补的占全县在乡复员军人的65.1%。1992年11至12月，给2101名享受定补、定救、定抚对象换发定补新证。1995年1月起，定补对象中吃商品粮的补助标准每人每月提高6元，其余的提高9元。1996年底，全县2865名复员军人有2111人享受定补，定补面达73.68%，每人月均35.69元。1999年1月起，享受定补的在乡复员军人每人每月增加10元生活补助费。调整后的标准为：抗日战争时期入伍的每人每月不低于60元，解放战争时期入伍的每人每月不低于55元，新中国成立后入伍的每人每月不低于50元，以上标准均含粮价补贴8元。2000年1月起，执行“在乡退伍红军老战士每月补助500元、在乡西路红军老战士每月370元、红军失散人员每月110元”的定补标准。2001年12月，定抚、定补对象生活补助每人每月增加2元，一定三年不变，增长经费列入当年度财政预算。2003年，区政府制发《雁江区优抚对象抚恤补助标准》；在乡退伍红军生活补助每人每月增加130元，红军失散人员每人每月增加20元。2005年起，优抚对象每人每月增加补助2元，在乡老复员军人人平月增长47元。7月，提高在乡复员军人生活补助标准，一般复员军人定期定量补助标准定为每人每月135元、抗战老战士为每人每月180元。

（三）定期抚恤

1985年1月起，革命烈士家属、因公牺牲军人家属、病故军人家属（简称“三属”）定期定量补助改为定期抚恤。月标准为：革命烈士家属、因公牺牲军人家属家居农村的18～22元，家居城镇的25～35元；病故军人家属家居农村的14～18元，家居城镇20～28元。孤老“三属”的定期抚恤标准略高于一般“三属”。抚恤对象凭“定期抚恤证”在乡镇政府领取抚恤金。当年，129名“三属”享受定期抚恤金55212元，人平35.67元/月。1989年底，调整定期抚恤标准，161名烈士家属、因公牺牲军人家属人平月提高15.49元，87名病故军人和失踪军人家属人平月提高15.63元。2000年1月起，烈士家属、因公牺牲军人家属定期抚恤标准为：家居农村的115～120元/月，家居小城镇的125～130元/月，家居大中城市的130～135元/月；病故军人家属每月抚恤标准相应低5元。2001年12月起，享受定抚对象每人每月增加补助2元，一定三年不变，增长经费列入当年度财政预算。当年支出抚恤金405万元。2002年，全区支出抚恤金462万元。2003年，区政府印发《雁江区优抚对象抚恤补助标准》，城镇“三属”月平均增长60元，居住在农村的每人每月提高30元；当年支出抚恤金575万元。2004年支出抚恤金505万元。2005年起，城镇“三属”月人平增长89元，居住在农村的每人每月增长21元，全年支抚恤金847万元。

二、伤残抚恤

伤残抚恤按伤残性质（因战、因公、因病）评定等级，分在职、在乡四等六级（特等、一等、二等甲级、二等乙级、三等甲级、三等乙级），抚恤金由民政部门按时分期发放，符合条件者终身享受。在职保健金1年领取1次；在乡抚恤金分上半年和下半年两次发给，于每年1月和7月分别领取。抚恤金标准根据生产发展和群众生活水平每隔2～3年调整1次，且幅度较大，至20世纪90年代初，最高年抚恤金已逾千元。伤残军人除按标准领取抚恤金外，还享受副食品价格补贴、护理费及护理补助费。1995年5月起，一等伤残军人每人每月护理费提高至130元；在乡特等、一等伤残军人自理生活有困难的享受护理补助费；二等乙级以上残废军人的医药费、手术费、住院费均由卫生部门在公费医疗费内报销；三等残废军人和受伤不够评残条件但伤处留有弹片需要手术取出的，其全部医疗费用，在乡者由民政部门负责、在职和离退休者由所在单位或发离退休费的单位负责报销。对伤情复发的革命残废军人给予及时治疗，旧伤复发治疗期间，在职者在工资、福利待遇等方面享受本单位因公负伤职工同等待遇。2002年，一等、二等甲级、二等乙级的包干门诊费分别提高到80元、60元、50元。当年对全区失业伤残军人进行调查核实，有14名失业伤残军人符合改领在乡伤残抚恤的条件。2003年，全区共有812名失业伤残军人符合领取在乡伤残抚恤的条件。

第四节 褒 扬

为褒扬烈士，民政部门将《烈士证明书》连同烈士遗物一并转烈士家属收存或送烈士纪念馆陈列，以资纪念；给烈士家属以“烈属”称号，按标准发给抚恤，并挂光荣牌，常年给予优待。1956年，建县烈士陵园，占地0.27公顷。内设资阳县革命烈士纪念馆、烈士公墓、烈士纪念碑。烈士纪念馆由旧庙改建而成，为一幢3间平房，室内陈列部分烈士遗物、遗像，四壁有壁画，绘有第二次国内革命战争中牺牲的余国祯烈士和抗美援朝战争中的志愿军通讯模范邹良诚烈士的生平事迹。1986年3月，烈士纪念馆迁建竣工，新建成290平方米的砖混结构平房一幢。1998年9月，市政府拨专款2万元用于修缮馆内设施。2005年，区政府拨专款60万元改造烈士陵园，新建可容纳数百人的纪念广场1个，同时对纪念馆进行全面修缮。烈士公墓均为土墓，墓前立碑，碑文载烈士简历和英雄事迹；建成初期安葬资阳县解放初期征粮剿匪工作中牺牲的5位烈士和1位病故军人，后陆续安葬烈士4名。至2005年底，共安葬烈士20名。烈士纪念碑为尖石水泥结构，高16米，上书“人民英雄永垂不朽”8个大字。2005年，新建18米高的纪念碑1座。

第三章 安 置

第一节 复退军人安置

20世纪80年代初，复退军人安置坚持“从哪里来，回哪里去”的原则和“妥善安置，各得其所”的方针，对原是城镇户口的退役义务兵，服役前没有参加工作的，由国家统一分配工作，实行按系统分配，包干安置的办法；入伍前有工作的，退伍后回原单位复工复职；纯居民、个体户义务兵退役，由政府统筹安置；农村户口入伍并在部队荣立二等功以上、因战（公）致残的伤残军人、或在部队掌握核心机密的退役人员、空军飞行人员，按城镇安置对象对待；服役10年以上的志愿兵经部队批准退役后可回原籍安置，退伍士兵入伍前是农村户口的回原籍入户；对安置回农村的退伍战士，实行“四优先”政策，即选拔基层干部时在同等条件下优先录用，乡镇企业招聘中优先使用，乡镇举行农业技术培训时优先邀请上课，退伍战士创业可优先征地。1985年起，县政府在农村退伍军人中开发使用军地两用人才，每年根据农村退伍兵在部队所学专业和特长向相关单位推荐就业。1988年，资阳县开发使用退伍军人两用人才领导小组成立，负责指导和管理全县军地两用人才开发工作。20世纪90年代，招聘录用军地两用人才的单位逐渐增多。1990年，安置回农村的120名退伍军人中有96人被录用，录用率达85%以上。1991年，首次出现城镇退伍军人比农村退伍军人多的现象；全年接收安置退伍军人577人，属城镇安置的342人、属农村安置的235人。1993年，市政府将安置工作纳入争创“双拥模范城”考核范围。1996年10月，市政府制发《资阳市城镇退役士兵安置暂行办法》，提出“自谋职业为主，岗位安置为辅，公开透明，双向选择”的安置模式，给城镇义务兵退役后自谋职业的每人补助4000元，给志愿兵转业后自谋职业的每人补助1万元。1998年，市政府针对安置工作出现的新情况，强调任何单位都必须接受指令性退伍军人安置分配计划，采用计划协调与指令分配相结合的办法完成退伍义务兵和转业志愿兵的安置任务。当年起，对回农村的退伍士兵安置由过去的救济、抚慰转为扶持其从事种植、养殖、加工业，兴办经济实体。1999年，市政府执行“城镇退伍军人待安期间，由当地人民政府按照不低于当地最低生活水平的原则发给生活补助费”的政策，确定城镇退伍军人待安期间每人每月生活费为130元，并发放至安排工作为止；全年有105人享受待安期间生活费补助。2000年，接收退伍军人725名，其中386人属安置工作对象；安置230人，占应安置人数的85%；全区发放退伍军人待安期间生活费30万元。2001年，接收退伍军人735名，其中293名属安置工作对象，有17名退役士兵选择自谋职业；年内发放退伍军人待安期间生活费6万元。之后，选择自谋职业的退役士兵逐年增多。2003年，选择自谋职业的共141人，占应安置对象的77.9%。2005年，城镇义务兵退役自谋职业的补助标准调整为1.1万元；志愿兵退役自谋职业的补助标准调整为1.6万元。选择自谋职业的退役士兵共112人，占应安置对象的75.7%。1986—2005年，安置回农村的退伍义务兵共6985名，军地两用人才开发率基本保持在90%左右。

第二节　老红军和军队离退休干部安置

至1990年，先后安置退伍、退休和失散老红军罗银山、罗岗、周绍清、拓占雄、李自珍5人。在对老红军的住房、工资、生活费、护理费、主副食品供应和政治、医疗等待遇方面，均按国家规定和本地实际予以妥善解决。1999年1月，在乡退伍老红军和红军失散人员的生活补助标准每人每月分别提高110元、100元。2000年底，全区有老红军3名，人均月领补助692元。

1985年，资阳县军队离退休干部休养所成立，负责军队离退休干部的接收安置、服务管理工作。1986年，接收安置离休干部5人、退休干部2人。1988年，安置离休干部5人、退休干部10人。2000年底，全区共有军队离退休干部28人，其中干休所安置22人，分散安置6人。1996年干休所住宿楼竣工，建筑面积为2048.7平方米，均于1998年按房改政策优惠出售住房给军队离退休干部个人。此后，军队离退休干部的生活费、粮贴、副食品价格补贴、残废金、护理费、医院费、福利费、丧葬补助费、一次性抚恤费和供养直系亲属生活补助、生活困难补助等，均列入地方财政预算，由民政局按照国家规定发给。2001—2005年，全区军队离退休干部安置费支出额为479万元。

第四章　救灾救济

第一节　灾害救济

1986年，继上年冬旱之后，春夏两季又遇伏旱，旱期之长为新中国成立以来少见。全县因灾减产粮食1.09万公斤，减产经济作物折合人民币1.4亿元。县政府发放自然灾害救济款22.5万元；划拨3.5万元为12857户特贫户、五保户投房屋财产保险，保额1261.4万元、户平保额980元。1987年，有偿发放救灾款11万元，发放救济粮17万公斤；从救济款中划拨4.1万元为1.5万户特贫户、五保户及优抚对象投房屋财产保险，保险额1800万元、户平保额1200元。当年，受灾户获保费7万元。1988年，全县因灾倒塌房屋8116间，柑橘因灾落果损失350万公斤。县政府发放自然灾害救济款13.74万元、救济粮15万公斤，同时划拨4.21万元为22850户特贫户、五保户投房屋财产保险，保险额达1371万元，户平保额800元。1989年，35个乡镇421个村遭受不同程度灾害，8万余户32万余人受灾，2人死亡，因灾倒塌房屋1372间，农作物受灾面积1.83万公顷，减产粮食1374万公斤，经济作物损失折合人民币342万元。县政府发放自然灾害救济款9万元、救济粮20万公斤，救济受灾群众8591户，同时划拨4.12万元为19388户特贫户、五保户、优抚对象、少数民族、侨属和敬老院等福利企事业单位投房屋财产保险，保险额1371万元、户平保额600元，全年受灾户获赔额5万元。1990年，发放自然灾害救济款4.9万元、救济粮5万公斤，救济受灾群众和贫困户6251户。1991年，发放自然灾害救济款10.48万元，救济粮3.75万公斤，救济受灾群众和贫困户4950户。1992年5月1日，小院、东峰等乡镇共243个村遭受九级大风及暴雨、冰雹袭击。因灾伤19人，减产粮食1280.8万公斤，倒塌房屋889间，损坏圈舍383间。县政府拨自然灾害救济款3.69万元、救济粮7.5万公斤，救济4129户；拨款6.07万元帮助797户因灾倒房户修建住房。1993年，春夏连旱。受灾农户26.84万户，其中重灾9.74万户、特重灾5.15万户。因灾减产粮食1.77亿公斤，经济损失达2.57亿元。市政府拨救灾款45万元，组织粮食35万公斤、化肥150吨，救济受灾群众2万多人次，同时发动社会力量筹集救灾捐赠款20.7万元、粮食8万公斤。村民间互借粮食26.6万公斤。1994年，发救灾款15万元，组织供应粮食35万公斤，筹集救灾捐款20. 7万元、粮食8万公斤。1995年4月初至5月中旬，境内连续干旱38天。8月12日，遭受继1981年以来的又一特大洪灾。城区水位高达355.57米，洪水最高流量每秒达8200立方米。250多个企事业单位被淹，直接经济损失2400万元；11个商贸企业直接损失850万元。农村共有10个镇乡87个村761个社1.98万户7.7万人受灾，其中重灾1.27万户4.02万人，特重灾4231户2.31万人。倒塌房屋1262间、圈舍892间，冲走、淹死生猪457头。各类农作物受灾面积6552.47公顷，成灾面积5750.67公顷，其中损失八成至无收的2965公顷。部分地区水利、电力、提灌、通信、交通设施受损，城乡各项经济损失总计达1.49亿元。9月，全市各机关、企事业单位开展支援灾区捐赠活动，共捐现金7.5万元、衣物1450件、粮食3900公斤。市政府发放救灾款33.04万元、救济粮245万公斤。1996年，为解决救灾救济中集体经济调节功能弱化、农户防灾抗灾能力弱和国家救济款物不能应急的问题，市政府决定在农村开展互助储粮（即国代民储）工作。当年筹集救灾救济资金148万元，发放救济粮83万公斤，救济5.02万户次。1997年，市政府改革救灾工作，要求各镇乡将自然灾害救济款纳入财政总盘子预算。至年底，有16个镇乡共落实8.5万元，帮助4250户1.45万名受灾群众渡过灾荒。1998年，境内又遭干旱、冰雹、暴风雨、洪灾。22个镇乡405村5472个社1.98万户受灾，粮经作物及财产损失达4.07亿元。市政府及时下拨生活救济款142.8万元、洪灾修房救济款112.15万元、救济粮600吨，救济灾民9.01万余户31.54万人。春节期间，又安排10.55万元资金购1000床棉被帮助受灾群众御冬。全年各镇乡财政预算自然灾害救济款13万元，实际使用10.5万元，解决350户1.16万名灾民的生活困难。是年，全市开展募捐支灾活动，共收到捐赠款111万元、衣物30余万件、药品50箱、粮食338吨、尿素肥18吨、棉被4935床。除支援湖南等灾区27.6万元、药品50箱外，其余款物全部分配给本市灾民。1999年，境内各地均不同程度遭受干旱、冰雹、暴雨、洪涝等灾害。22个镇乡446个社共计损失6516.38万元。市政府下拨救灾款62万元，救济4.13万人次。21个镇乡预算自然灾害救济费17万元，使用17万元，帮助3417户受灾群众。2000年，镇乡预算自然灾害救济费18.4万元，使用14.8万元，救济5341户1.25万人。2001—2005年间，区内自然灾害频发且多灾并发现象突出，22个镇乡平均每年有447个村5544个村民小组受灾，累计103.5万户339万村民不同程度受灾，农作物成灾面积21.6万公顷，绝收面积9700公顷，粮食减产36.9万吨，各项经济损失5.6亿元，其中农业损失5.24亿元。灾害致11人死亡、12人受伤，并致2688户村民倒房7098间，7023户村民房屋损失4.23万间。尤以2001年为重，受灾损失达2.71亿元。5年累计发放自然灾害救济款1037万元，救助5.05万户15.1万人次。

第二节 社会救济

一、临时救济

（一）季节性灾荒救济

境内季节性灾荒分为春荒、夏荒和冬荒，以春夏荒为主，但年度不同情况各异。政府对春夏荒救济采取的方针是“生产自救、节约度荒、群众互助，辅之以政府的必要救济”。20世纪80年代，主要组织农民多种早熟作物和蔬菜，提倡“低标准、瓜菜代”“蔬菜三分粮”“红苕半年粮”和“以稀代干”“以粗代细”等做法，同时鼓励发展副业，还组织人员多方开辟以工代赈门路，尽可能增加群众收入。1986年，全县拨春荒救济款5万元，下发收购价粮食指标10万公斤。1990年，季节性临时救济1.18万人次。1991年，政府发放春荒救济粮7.5万公斤、救济款3.83万元。1994年，给严重缺粮、又无资金来源、生活无着落的特困户和自种口粮地而口粮又不足的群众发放冬荒救济粮50万公斤、救济款12万元。1995年春荒期间，全市发救济款6万元、救济粮7.5万公斤，7月发夏荒救济款7万元。1998年，给无借贷能力的特贫户、重灾户、五保户下拨春荒口粮救济款18.2万元，发放春荒救济粮500吨。2003年，区政府在开展“三荒”调查后，发放生活救济款74.3万元，救助4953户1.49万人次；下拨临时救济款19.18万元，救济1531人次。2004年，下拨季节性临时救济款35万元，救济385人。

（二）建房救济

1988年，全县有37户129人住岩洞、65户150人住窝棚。当年，县政府拨专款6.03万元，组织义务投劳3200个劳动日，支援木材、竹子3.1万公斤，修建房屋230间，帮助64户231人改善居住条件。1989年，县政府再拨专款4万元，组织义务投劳2000个劳动日，支援木材、竹子3.5万公斤，修建房屋259间6470平方米，为38户住岩洞、46户住窝棚的农户解决住房问题。

（三）治病救济

1994年，市政府拨款2万元救济94名精神病患者，同时对本市14名麻风病人和42名路过的外地麻风病人进行适当救济。2005年3月，雁江区启动城乡医疗救助，并制发《资阳市雁江区城乡医疗救助试行办法》，在资阳市率先实现城乡医疗救助一体化。当年救助重病患者708人，发放医疗救助金66.5万元。

（四）衣被救济

1986年，县以上机关和市属以上厂矿企事业单位共筹集衣被1.6万多件（床）救济农村贫困户和五保户。1994年，社会各界捐赠衣被5.49万件、现金9293.04元，帮助3.4万名贫困群众解决缺衣少被问题。1996 年，全市各单位、社会各界捐赠现金 5 万余元、衣物 1.09 万件，除支援广元市朝天区 7855 件衣物外，其余款物全部捐给本市特贫困户。1997 年，市政府拨款 6.6 万元，购置棉絮 1000 床，救济特贫困户 1000 户。1998 年春节，市政府拨款 10.55 万元，购置棉絮 1000 床，帮助部分特贫困户和灾民御寒越冬。2002 年，先后两次开展“扶贫济困献爱心”活动，资阳市、雁江区及各镇乡三级共 159 个单位 1.76 万余名干部职工捐款 5.99 万元、衣物 2.4 万件，帮助 1736 户 6075 名贫困群众。2003 年，全区 46 个单位干部职工捐款 1.66 万元、衣物 1414 件，帮助部分特贫困户缓解生产生活困难。

二、定期定量救济

定期定量救济由救济对象本人申请，经村镇签署意见和民政主管部门批准后，年年评发。救济人数随救济对象家庭的经济状况变化而增减。1985 年，定期定量救济标准由原来的每人每月 13 ~ 14 元提高到每人每月 15 ~ 16 元。当年全县发放定期定量救济款 2.41 万元，救济 113 户 129 人。1987 年，城区定期定量救济标准调为每人每月 18 ~ 20 元，乡镇为每人每月 13 ~ 18 元。1988 年 6 月，171 名享受定期定量救济的城镇人员的生活标准在原有基数上增加 7 元，12 月起再增加 1 元。1990 年，定期定量救济 888 人次，加上临时救济共支款 1.28 万元。1991 年 1 月起，城镇中吃商品粮的社会孤老、困难户的定期定量救济额提高 5 ~ 7 元。其中家居城关镇的每人每月增至 35 元，月增 7 元；居住在区、乡、场镇的每人每月增至 31 元，月增 5 元。

三、精简退职老职工救济

1987 年起，对 1957 年以前参加工作的精减退职老职工、1958 年后参加工作并因工伤或患二、三期矽肺病的精减退职者，发给原工资 40% 的救济费。1988 年 12 月起，162 名领取原标准工资 40% 救济费和 436 名领取定期定量救济费的精减退职老职工的生活标准提高 8 元。1990 年，拨款 5.12 万元救济享受 40% 救济费的精减退职老职工 147 人，拨款 9.88 万元救济领取定期定量救济的老职工 421 人。1991 年，为 162 名领取原标准工资 40% 救济费的精减退职老职工每人每月增发 7 元，精减退职老职工中已享受定期定量救济的 445 人每人每月增发 4 元。1995 年 1 月起，60 年代精减退职并享受定期救济和本人原标准工资 40% 救济的老职工每人每月生活费提高 20 元。

四、起义投诚、宽释返乡人员救济

1986 年，根据国家规定，县政府给 20 名起义投诚人员按每人每月 17 元的标准发放生活补贴。1987 年，不能自谋生活的起义投诚人员定期补助标准调整为城镇每人每月 42 元、农村每人每月 37 元。1988 年 12 月起，8 名原国民党县团级以上宽大释放和 15 名县团以上起义投诚后享受定期定量救济人员的生活标准每人每月提高 8 元。1995 年，宽大释放的原国民党人员的生活费每人每月提高 10 元。同年，上列人员均换发新救济证。1998 年，为熊述平等 10 名起义投诚人员增加生活费。标准较高的由每人每月 222 元增至每人每月 263 元，标准较低的由每人每月 182 元增至每人每月 220 元。

五、“右派摘帽”和“文化大革命”致残人员救济

1980 年，开始对“右派摘帽”（包括受株连亲属）、错判平反、台属丧劳和“文化大革命”中致残人员进行定期定量救济。至 1985 年底，先后审批 14 人，每人每月救济 10 ~ 15 元。其中“右派摘帽”（含受株连亲属）9 人，每月共补助 134.8 元；台属丧劳 2 人，每月补助 13.5 元；错判平反 2

人，每月补助 17.5 元；“文化大革命”中致残 1 人，每月补助 12 元。1988 年 12 月起，原被错划右派平反后属株连的 5 人、原被错误处理平反后的 6 人享受的定期定量救济标准每人每月提高 8 元。1995 年 1 月，已享受定期救济的“右派摘帽”、错判平反和台属人员的生活费每人每月提高 10 元。

第三节　扶持贫困

1986 年，全县有 38 个乡镇采取有偿扶持的形式扶持贫困户，共有扶贫周转金 17.81 万元，发放 10.7 万元，扶持贫困户 1089 户；年底有 891 户按期归还周转金，收回率 88%。当年，扶贫企业创产值 130 多万元，获利 26 万元，安置特、贫困户共 132 人。1987 年，县政府拨扶贫专款 11 万元，为特困户购尿素肥 100 吨、仔猪 1950 头；给 2680 户有一定偿还能力的贫困户及重灾群众发放救灾扶贫基金 17.8 万元，扶持其发展种植业、养殖业、加工业、运输业等，当年户平增收 110 元，其中 1076 户脱贫，按期偿还借款率达 25%；给 1200 户发放贴息贷款 10 万元，优先照顾贫困户中的少数民族、侨属、台属。1988 年，县民政局对 10 个扶贫企业的领导班子和生产经营、财务管理情况进行整顿。年底，扶贫企业创产值 286 万元，获利 41.91 万元；共安置特、贫困户 154 人。当年，县政府给上年规划扶持的在册特困户、贫困户发放扶贫专款 9.16 万元。1990 年，发放扶贫周转金 18.92 万元，扶持贫困户 3789 户 1.38 万人。年底，12 个扶贫企业创产值 540.82 万元，比上年增加 11.73%；实现利税 107.65 万元；安置特、贫困户 309 名，比上年增加 16.2%。1991 年，县政府给上年底规划扶持的在册特、贫困户中的部分劳弱户、自种口粮的五保户发放扶贫救灾专款 9.74 万元。12 个扶贫企业共创产值 657.53 万元，获利 136.11 万元；安置贫困户 155 人。1992 年，全县各镇乡为特、贫困户减免农税 11.2 万元、提留 5 万元、其他费用 4 万多元，发放扶贫肥料 150 吨，下拨扶贫专款 4.96 万元。组织 12 个乡镇筹资建救灾扶贫互助储金会，入会农户 2693 户，入会金额 6 万元。12 个扶贫企业全年创产值 1205 万元，比上年增长 78.3%；实现利税 150.1 万元，比上年增长 10.2%。1994 年，全市建立贫困户基本情况和扶持情况档案，壮大救灾扶贫互助储金会规模，有 21 个镇乡 17648 户群众入会，储金总额 45.6 万元，帮助 836 户群众解决生产生活中的临时困难，年底有 1608 户贫困户脱贫。当年 16 个扶贫企业创产值 2790 万元，比上年增长 39%；实现利税 201.5 万元，比上年增长 58%。1995 年，农业、畜牧部门举办贫困户种养技术培训班共 130 班（期），参训人员 7.04 万人次。农行、农经部门为贫困户提供生产生活贷款 415 万元，基层财税、学校、卫生等部门为贫困户适当减收税费。年底，836 户贫困户脱贫。1996 年，14 个扶贫企业实现产值 5300 万元，完成销售收入 5420 万元，实现利税 344 万元，分别比上年同期增长 21%、27%、9%。同年，共筹集和争取扶贫资金 23 万元，购买化肥 100 吨、混合饲料 11 吨，无偿帮助 4321 户特贫户；注入资金 17 万元，帮助 18 个扶贫点发展种植、养殖业。当年全市有 8125 名党员干部包户扶持 3510 户贫困户，其中 2634 户特困户脱贫。1997 年，市政府筹资 13.5 万元，为 2781 户特困户、456 名自种口粮的五保户购复合肥 100 吨；发放扶贫添加剂 4 吨，扶持 3108 户特困户发展养猪业；注入扶贫资金 4.5 万元，新建扶贫点 3 个；组织机关党员干部定点扶贫，扶持特困户 35 户。全年规划扶贫 4279 户，其中 2392 户脱贫，占扶贫对象的 58.4%。扶贫企业安置贫困户 195 名；实现产值 8370 万元、利税 760 万元，分别比上年增加 57.9%、96%。1998 年，市民政局筹资 59.8 万元为 7831 户特困户、480 名五保户、18 个敬老院购化肥 110 吨、饲料添加剂 25 吨；投入 12.4 万元新建扶贫点 6 个，帮助特、贫困户发展水果种植和地膜花生。年内，48 个市级部门挂牌帮扶 35 户城区特、贫困户，帮扶资金 6200 元；5028 名党员干部定点包户扶持3816户；278名科技扶贫人员举办实用技术培训班101期，培训人员5.76万人；各地照顾减免特、贫困户、五保户各种税费83.73万元。当年扶贫人数1.79万人，脱贫1.12万人。1999年，各镇乡均成立扶贫领导小组，通过送科技下乡、投资扶持等形式帮助贫困户脱贫致富。市民政局在抓好清水、丹山、东峰等14个扶贫点的同时，又投资10万元扶持保和镇孝土地村200亩油桃规模种植、新场乡地膜花生种植、两河口村山羊养殖、丹山镇大岩村200亩金花梨栽植和忠义镇访弘村200亩银杏栽植等项目。当年脱贫2864户8648人，分别占计划数的64%、56%。2000年，市政府以扶贫基地建设和规模扶贫为工作重点，投资16.5万元扶持保和镇孝土地村油桃、石庙村晚柚，丹山镇大岩村金花梨、齐家村雪梨、大棚菜，新场乡地膜花生，东峰镇打铁村“新生子3号橘”，回龙乡烤烟种植和新场乡山羊养殖等种养殖项目。年底，3383户实际脱贫，占计划数的57.8%；干部包户扶贫的1000户中有684户基本脱贫。2001年，区民政局拨付10万元扶贫资金扶持保和镇吉乐村、文龙村发展核桃和金花梨，帮助南津、丹山、新场等镇乡发展优质果木等经济作物，全年帮扶4023户7675人脱贫。2002年，区政府拨付24万元扶贫资金，新建6个扶贫项目；各级干部包户扶贫2463户，全区共扶持贫困户11485户。至2005年，扶贫工作仍以规模扶贫、包户扶贫、科技扶贫为主要形式，在扶贫项目的选择上本着因地制宜、讲求效益的原则科学论证，分步实施。

第四节　募　捐

一、社会捐助

1986年9月至1987年2月，全县机关和市属以上企事业单位为贫困户募捐衣被2.76万件。1987年7月，县内139个单位和个人为残疾人事业捐款2.76万元，其中个人捐款2.56万元；驻资企业石油卷管厂捐钢材90吨（折款1.03万元），全厂职工个人捐款1059元；铁道部资阳内燃机车厂捐款9327元。10月，县老干部局62名离休干部为农村五保老人捐现金559元、粮票300市斤（面值）。1991年7月，长江流域发生特大水灾，为支援安徽、江苏等地受灾群众，根据上级部署，县成立救灾捐赠接收办公室，组织和发动全县干部职工为灾区人民群众捐赠款物。至11月，共收捐款21.55万元、粮票5.85万市斤（面值）、旧衣裤84件、依金钢笔30支。县供销社捐款4400元购买天府花生6吨、罐头5.4吨，发往安徽省宿县救灾捐赠接收办公室；县食品厂将单位和职工个人捐赠的救灾款3498元购买多味花生5250公斤，捐给安徽省救灾捐赠接收办公室。1994年至2000年，先后开展“募捐支灾”和“为残疾人献爱心”活动，共捐赠现金129.76万元、衣被40.4万床（件）、粮食342吨、药品50箱、尿素肥18吨。1998年7月，台湾曹氏基金会曹仲志，香港商人缪德文向残疾人捐赠轮椅和老年疗养车51辆。

二、募捐券和彩票发行

1988年7月，县内首次发行有奖募捐券，历时17天，共发行1元面额奖券10万张。1989年10月初，发行第二期20万张有奖募捐奖券。发行工作采取城区设点销售和分单位、分区乡包干销售的方式。募集现金按中国社会福利有奖募捐委员会《有奖募捐社会福利资金使用试行办法》规定，用于兴办社会福利事业，帮助社会福利企业，发展社区服务。1990年9月，销售即开型现金兑奖和即开型幸运号码实物兑奖券各20万张。1991年，销售有奖募捐奖券25万张（元）。次年，销售募捐奖票25.4万张，为残疾人事业筹集资金9.3万元。1993年，按照“依靠组织、发动群众、落实任务、包干销售”的办法，发行社会福利有奖募捐奖票40万张。1995年11月，完成400万元（200万张）中国福利彩票销售工作，为社会福利事业筹集资金158万元。1999年，首批发行65万元“巴蜀风采”福利彩票（套票），以筹集“安身工程”资金。同年12月23至27日，在雁江镇和平南路集中设销售点，采取现场开奖的形式向社会发行赈灾彩票，共售彩票430.72万元。

第五节　收容救助

1986年，全县收容、遣送、安置外流人员786人次。1987年，县民政局在安排外流人员基本生活的前提下，及时登记、了解、核查其姓名、身份、家庭住址、流浪原因和流浪时间，动员外流人员回家或遣送其回原籍，协助乡村、街道对部分人员进行妥善安置，并建立必要的个人档案。1988—1990年，收容、遣送、安置外流人员925人次。1998年起，收遣工作按照《四川省收容遣送条例》规定，坚持即收即遣原则。在弃婴收养安置工作方面，于1998年、1999年为28名弃婴办理收养、抚养手续 。2000年3月，政府调拨85万元资金改建收容遣送站，以保证收容遣送工作的正常开展。2003年8月，贯彻执行国务院颁布的《城市生活无着的流浪乞讨人员救助管理办法》、民政部颁布的《城市生活无着的流浪乞讨人员救助管理办法实施细则》和四川省民政厅颁布的《救助管理工作暂行规范》。年底，资阳市雁江区收容遣送站更名为资阳市雁江区城市流浪乞讨人员救助管理站，实现从收容遣送到社会救助的重大变革。2001—2005年，全区共救助各类流乞讨人员2749人次；办理收养登记申请33例，批准登记33例；接收弃婴26名，多数弃婴被收养，有6名弃婴由民政局委托他人代养，代养费每人每月400元。

第五章　社会福利和保障

第一节　五保供养

五保户供养分为集中供养和分散供养。集中供养占少数，多数以分散形式进行供养。分散供养有集体供养和亲友包养两种形式。1986年，全县敬老院增至59所，新接收50名分散供养五保对象入院集中供养。当年有28所敬老院按“以院办厂、以厂养院”方针，办厂（组、店）35个，年产值12.2万元，获利1.8万元。1987年，县财政拨补助款扶持紫微乡新建敬老院1所，建筑面积400平方米；扶持小院镇、大洪乡各改建敬老院1所，面积600多平方米。39所敬老院兴办厂（组、店）45个，年产值达43.8万元，利润4.1万元；新接收35名散居五保户入院供养。当年五保供给标准调整为每人每年250元，比原计划提高20元。1988年3月，县民政局拨款3.2万元改建大洪乡、长生乡敬老院，拨款6716元为9个较困难敬老院中的123名五保老人购买棉衣裤、被褥。年内，全县敬老院办的45个厂（组、店）产值达45.8万元，收入4.2万元。1989年，全县有五保供养对象4951

人，其中集中供养473人、分散供养4478人。敬老院办的厂（组、店）产值50余万元，发展的种植业、养殖业收入100余万元。25个敬老院购置黑白电视机。1990年，院办福利企业总产值达50万余元，有黑白电视机的敬老院增至35个。1991年，五保户供给标准调整为每人每年300公斤粮食（其中细粮占50%以上）。由农业合作社供给实物的，按分配价扣除后再补助供给金。对规划为“五保户”的不再划给责任地，本人坚持要划口粮地自种的，可以划给一份口粮地，免收农税和各项提留，并供给其生产、生活所需不足部分。1993年底，4698人享受五保待遇，占总人口的0.5%；人均五保供给金由1989年的458元（含口粮款）增至694.76元，最高达896元。当年，为4000余名五保人员换发“五保供给证”。1994年，全市开展五保人员普查工作，对存在的代发代领、以金定人、拖欠口粮等问题予以纠正。当年，52个敬老院集中供养465人。1998年，市民政局制定和完善《资阳市示范敬老院标准》《院民守则》《院长及管理人员职责》《敬老院财务管理办法》《农村敬老院管理暂行办法》；争取和筹措资金102.35万元，维修改造28所乡镇敬老院，改善敬老院集中供养人员的生活、居住条件，增加院内床位；新接收300多人入院。1999年，全市有4893户5182人享受五保供养，其中集中供养929人、分散供养4253人。为规范供养工作，市民政局编辑印发万余册《五保供养工作手册》到各镇乡，五保金普遍实行镇乡统筹统管。2000年8月，市政府一次性补助丹山镇裕通，石岭镇金带，祥符镇祥符，清水乡石川，中和镇太和，碑记镇碑记，忠义镇光辉、明阳敬老院院舍改造资金共72.5万元。在加强敬老院的管理、提高服务水平的同时，扶持发展院办经济，改善生活条件。全市敬老院兴办厂（组、店）、发展种养业等项目常年保持在60个左右，累计收入258.4万元。2002年，五保人员的供给标准调整为每人1000元/年（含400元口粮）。2003—2004年，国家“星光计划”投入专项资金20万元，重新设计和改建雁江区莲台敬老院，提升该院的食宿质量，并将该院更名为雁江区老年福利中心。2004年，探索散居五保人员“就近集中居住，各自生活，自我管理”模式，投资41万元在新场乡两河村、南津镇铁炉沟村、回龙乡巍峰山村、老君镇永安村（2个定居点）、忠义镇天明村、碑记镇德教村、祥符镇桃树村修建散居五保人员定居点8个，建筑面积1900平方米；新接收80位散居五保人员入住；全区五保对象5297户5644人中集中供养499人、分散供养5145人。2005年起，农村五保供养工作纳入民政、财政年度工作考核目标，五保对象由乡镇审批调整为区民政局审批，五保供养金由乡镇、村统筹改为区财政统一预算和决算，五保金发放由区财政按月上卡直发到本人，所在村、组每年向每位五保人员无偿提供300公斤（其中黄谷200公斤）粮食。当年，全区有7135户7364人享受农村五保待遇，五保人员每人每年供养金为672元；农村44所敬老院集中供养五保人员681人，入住率82.6%。

第二节　福利企业

1985年，县政府根据上级“变输血型扶贫为造血型扶贫”的指导思想，以解决当地贫困户、优抚对象进厂务工脱贫为宗旨，扶持各乡镇兴办或联办一批扶贫救灾和民政经济实体。6月，铁道部资阳内燃机车厂劳动服务公司自筹资金50余万元，成立资阳县第一家社会福利企业资阳内燃机车厂劳动服务公司福利厂。随后，七里综合糖厂、东峰冰糕厂、双岔香肠厂、小院面粉厂等福利企业相继兴办。至1988年，全县福利企业增加到10余家，年生产销售量保持40%左右的增幅。1989年起，市场竞争日趋激烈，国家紧缩银根，多数扶贫企业因资金缺乏濒临倒闭。县民政局根据市场形势，调整扶持兴办企业方式，鼓励各乡镇（部门）和社会力量兴办福利企业，实现多渠道、多层次、多形式安排残疾人就业。1992 年 3 月，内江市民政局给县福利酿造厂、康利包装厂、桥亭子福利社、福利丝毯厂、广播电器厂和资阳内燃机车厂劳动服务公司福利厂等 6 家企业颁发《四川省社会福利企业证书》，给县临江福利综合厂颁发《四川省民政经济实体证书》。1993 年 6 月，社会福利生产管理办公室成立。次年，全市 14 家福利企业实现销售收入 3294.2 万元、利润 117.5 万元、税金 76.86 万元。1997 年，大部分福利企业出现亏损；市民政局通过多种途径，帮助企业寻找亏损原因，盘活资金、降低消耗，增加产出利润；亏损企业由原来的 10 个降为 3 个，亏损额减少 90 万元。年底，落实福利企业的各项优惠政策，减免部分企业的管理费和发展基金 184 万元，帮助企业落实贴息款 10 万元。次年，市政府减免 7 家福利企业的管理费和免税基金 119.2 万元，13 家福利企业共减少亏损 91 万元。2000 年 2 月，按照国家规定，市民政局与管辖的福利企业脱钩。企业一般性人事变动、厂长任免、变更登记均自主。市民政局对企业只按年销售（营业）收入的 1% 提取管理费。当年，全区 11 家福利企业职工总数 1326 人，其中残疾职工 573 人；资产总额 20777.4 万元，其中固定资产 4662.3 万元；负债总计 11788.1 万元，所有者权益合计 8989.3 万元；全年实现销售 1.98 亿元、利润 1217 万、税金 1293 万元。

第三节 最低生活保障

一、城镇低保

1998 年，根据上级关于建立城市最低生活保障制度的要求，市政府制发《资阳市城镇居民最低生活保障暂行办法》《关于建立城镇居民最低生活保障制度的通知》，核定最低生活保障标准，落实保障经费。11 月，符合最低生活保障条件的 259 户 486 名城镇贫困人员开始领取生活保障金。1999 年，在 1313 户申请城镇最低生活保障的居民中审查批准 164 户 304 人为低保对象。10 月 1 日前完成中央统一规定的低保对象调标工作，年底又将 788 名城市贫困人员纳入低保范围。2000 年，根据《城市居民最低生活保障制度》的规定，对享受城镇低保人员进行重新审定，将已能取得固定基本生活保障的不再纳入低保范围，并逐户调查新申请的 64 户贫困户。当年支低保金 28.29 万元，有 168 户 318 人（其中残疾人 42 人）享受低保。2001 年起，城市低保面逐年扩大，救助人数逐年增加，全年支低保金 61 万元。2002 年 12 月，区政府召开城市低保工作会议，安排部署低保扩面工作，此后 7 天时间内增加城市低保对象 1.4 万人。2003 年 1 月，全区城市低保对象增加至 6773 户 1.57 万人，低保金支出 694 万元。2004 年 4 月上旬，将未取得经营权、又属贫困人员的原人力客运三轮车主 299 户 932 人纳入城市低保。当年起，对城市低保家庭中的高中以下学生及婴幼儿实施每人每月 10 元的分类救助，并做到差额救助应保尽保。2004 年，城市低保金支出 1413 万元。2003—2005 年间，4898 户 1.28 万名农转非后的失地失业特困农民享受城市低保。2005 年，区建立城市低保信息数据库，录入全区城市低保家庭和个人基本信息。至年底，全区城市低保对象达 9321 户 2.26 万人，救助的户数和人数分别是 2001 年的 21.43 倍和 26.34 倍，救助金额是 2001 年的 34.46 倍，人均月补差是 2001 年的 1.43 倍。

二、农村低保

2000 年，市政府制发《资阳市农村居民最低生活保障制度（试行）办法》，确定农村居民最低生活标准为42.5元/月。当年支农村低保金39万元，有1014户2285人享受农村低保。2001年，发放低保金39.26余万元。农村低保对象总户数、人数未变，人均月补差14.32元，保障金由区、乡（镇）各承担50%。之后，除特殊困难对象外，一般不进行扩面调整。至2005年，保障对象净增238人；农村低保人员人均月补差增至20元，保障资金调整为区级全额负担。

第六章　社会事务

第一节　婚姻登记

1986年6月，为规范婚姻登记工作，县政府统一制作“资阳县人民政府婚姻登记专用章”配发给登记机关。7月1日，全县使用省民政厅统一印制的《婚姻状况证明表》。1988年8月，执行省政府颁发的《四川省婚姻登记办法实施细则》。镇乡人民政府均可办理结婚登记手续，结婚当事人需到指定医院进行婚前健康体检。1992年5月1日起，各区公所不再办理离婚登记，改由离婚当事人所在乡镇的婚姻登记机关统一办理，每个婚姻登记机关至少配2名兼职登记员。婚姻登记员须经县民政局培训合格，且持有《婚姻登记员证书》，一般由乡镇民政助理员和文书兼任。登记员在办理婚姻登记时，须出示“婚姻登记员证”“婚姻登记收费许可证”。7月起，《结婚证》《离婚证》《夫妻关系证明书》《解除夫妻关系证明书》须经省民政厅加盖“四川省民政厅婚姻登记专用章”后，才能作为合法证件使用。新式结婚证使用之初，社会上出现成本低廉的假结婚证。1994年10月，假结婚证开始流入本市乡镇，个别登记员私自购买假结婚证发给少数结婚当事人从中谋利。1995年，为加强婚姻证书管理，市民政局统一清理假证并予销毁，对已填发的一律予以更换。1997年2月，调整婚姻登记收费标准，结婚证工本费9元/对，教育培训费18元/人。1999年6月，市民政局、卫生局联合发文明确婚前医学检查的时间、地点，指定市妇幼保健院承担全市的婚前医学检查工作。2000年8月，区民政局成立婚姻登记事务所，负责离婚登记和《结婚证》补领工作。当年办理结婚230对，离婚350对，补领《结婚证》190对，转办涉外婚姻手续21对。2003年，国务院颁布《婚姻登记条例》，民政部出台《婚姻登记工作暂行规范》，简化程序办理婚姻登记。9月，根据上级要求，区政府制发《贯彻执行〈婚姻登记条例〉的通知》，明确从2004年1月起，全区婚姻登记实行集中办理，由过去每个乡镇办理婚姻登记集中到区民政局和丹山、保和、中和、祥符、丰裕、南津、伍隍、小院8个乡镇的婚姻登记处办理婚姻登记。2001—2005年，全区共办理结婚登记2万余对、离婚登记2400对，补办补领《结婚证》279对。

第二节　丧葬管理

一、殡葬改革

1985年，县政府规定死亡人口均实行火葬。1988年，县红白理事指导委员会成立，提倡移风易俗、破除迷信、推行火葬。8 月，县政府制发《资阳县殡葬管理暂行办法》，推行火葬，限制土葬，规定每土葬一具遗体征收墓穴费 100 ~ 400 元；禁止生产、出售一切迷信用品，禁止在街面上搭设灵堂、撒纸屑，禁止在办公时间和晚 10 点至早 7 点播放音乐、燃放鞭炮。1989 年，全县建红白理事组织 744 个，其中乡镇红白理事会 66 个、村服务组 662 个、居委服务组 14 个、机关服务组 2 个。当年，全县死亡 6500 余人，火化遗体 789 具，火化率 12%。1990 年 4 月，县民政、公安、工商等部门对城区出售封建迷信用品的单位和个人进行清理，销毁各种迷信用品 200 余件。1993 年 8 月，撤销市红白理事会领导小组，其工作由市民政局承担。12 月，市民政局开展“殡葬改革宣传月”活动，组织宣传车到各乡镇巡回宣传。在有关部门的配合下，按政策处理 2 个乡镇的违规土葬事件。1995 年，每土葬一具遗体征收 800 ~ 1500 元土葬墓穴费。土葬墓穴费实行“镇乡征收、市级统管、先收后支、收支两条线、分级使用”办法，总额的 30% 用于殡葬改革事业，70% 留在镇乡用于殡葬改革工作；镇乡一次性开支土葬墓穴费 1000 元以上的，须向市民政部门申请，经批准后方可使用。当年，全市查处违规土葬 5710 起，处罚金额 170 余万元。1996 年，殡葬改革工作纳入城乡精神文明建设和综合目标考核范围。1997 年，市民政局印发《资阳市强行火化执行费管理办法》，进一步规范了强行火化执行费的使用范围，严格了收支管理。全年，收取罚款和强行火化执行费 70 万元。1998 年，市政府印发《关于加强城区殡仪活动管理的通告》，规定城市规划区内的公民死亡之后的悼念活动必须在白事中心举行，严禁在单位、街道等公共场所内搭设灵堂，否则重罚。2000 年 1 月起，对违规土葬行为，由市民政局或市民政局委托代行处罚权的镇乡民政办公室实施行政处罚，镇乡信用社代收罚款（含强行火化执行费）。罚款包括强行火化执行费 800 元，罚金 1000 元，共计 1800 元；少数边远镇乡的执行费 400 ~ 800 元、罚金 600 ~ 1000 元、总数在 1200 ~ 1600 元之间。各镇乡每年初向市民政局预交殡改保证金 8000 元，年终根据任务完成情况按比例返还奖金，对未完成火化率及目标处罚面不达 85% 的不退还保证金。当年火化遗体 2739 具，火化率 42%。2001 年，继续贯彻执行《国务院殡葬管理条例》和《四川省殡葬管理条例》，大力查处违规土葬。年内出动宣传车 300 台次，书写殡改标语 2000 余条，出板报墙报 240 期；当年全区死亡 5484 人，火化遗体 2717 具。2002 年，全区死亡 5689 人，火化遗体 3189 具，火化率达 59%。2003 年，重点解决殡葬管理工作执法不严、执法不公、以罚代法、重收费轻火化、火化率低的问题，同时统一处罚标准：罚款不低于 900 元，强行执行费不超过 1000 元。5 月，区政府召开全区殡葬改革工作会议，重申殡葬执法纪律，要求对遗体一律实行火化，不准土葬，严禁乱收费、乱开支。6 月 18 日起，特困户、五保户、优抚对象、民政救济家庭成员死亡后，减免其火化费。当年全区死亡 5823 人，火化遗体 3122 具，火化率 54%。2004 年，不再收取强行火化执行费，违规土葬行为上升，火化率下滑较大；全区死亡 5693 人，火化遗体 2362 具。2005 年，全区死亡 5719 人，火化遗体 2003 具。2001—2005 年全区共死亡 28408 人，火化遗体 13393 具，火化率 47%。

二、殡葬设施及管理

1970 年 12 月，资阳县火葬场建成投入使用。火葬场位于县城北郊狗尾巴山，占地面积 16650 平方米，有火化车间、车间保管室、接待室、登记室、丧家休息室、职工食堂、职工宿舍、骨灰存放室和 2 辆运尸车。1986 年 5 月，火葬场更名为殡仪馆。1988 年 2 月，殡仪馆利用自有荒坡地 10.6 公顷，试建经营性骨灰安葬公墓。至 1991 年，狗尾巴山公墓和莲花山公墓均由县殡仪馆代管，实行独立核算，自负盈亏。同年 9 月，资阳县殡葬管理所正式挂牌办公，负责辖区内殡葬服务行业管理和业务指导，查处违反殡改管理案件。1994 年 9 月，殡葬管理所成为副科级全民所有制事业单位后，与殡仪馆分设。1997 年，投资 130 万元对莲花山公墓进行改造。次年 10 月，投资近 500 万元、占地 1 公顷的新建白事服务中心第一期工程正式投入使用，原殡仪馆迁入营业。2000 年 1 月，设立资阳市莲花公墓管理处，为正股级自收自支事业单位，隶属市殡葬管理所。同年，总投资 250 万元的莲花山公墓主体工程竣工。建有 5023 个墓穴位，其中地基 2771 个、壁墓 2252 个。2001—2005 年，共销售安葬骨灰墓位 419 个。

第三节　社团管理

1989 年，国务院发布《社会团体登记管理条例》，明确各级民政部门是社会团体的登记管理机关。之前，社团管理工作由相关业务主管部门负责。1990 年 3 月，根据民政部《关于不准组织转业、复员、退伍军人、军队离退休干部社会团体的通知》精神，禁止组建战友会、联谊会、同乡会，同时暂停新的社会团体审批工作。是年，全县共有社团组织 168 个、会员 3.24 万余人。其中法人社团 82 个，非法人社团 86 个；市（地、州）级法人社团 24 个，非法人社团 8 人；县（市、区）级法人社团 48 个，非法人社团 17 个；区乡级法人社团 10 个，非法人社团 61 个。1991 年 4 月，开展社团清理整顿工作。对 1991 年 3 月 25 日前经批准或自行成立的冠有“资阳县”“全县”或“资阳”字样的本地社会团体、其他社会团体在资阳设立的分会、跨区县的社会团体实行“统一布置，归口落实，原由谁审批现由谁负责”的原则进行清理。8 月，根据《社会团体登记管理条例》规定，县民政局配合县公安局取缔县内非法组织“灵灵教”。当年，全县登记发证的县级社会团体 129 个，其中学术性团体 24 个、行业性团体 88 个、专业性团体 14 个、联合性团体 3 个；解散社团 4 个，撤销社团 2 个，合并社团 3 个；因各种原因暂缓登记全县性社团 4 个、区乡级社团 13 个；全县社会团体总数 146 个。1992 年，按照内江市清理整顿社会团体的要求，重点抽查县计生协会、运输协会、商贸学会、会计学会、少数民族联谊会、医学会、书画美术协会、文献整理出版学会等 28 个社会团体。经查，绝大多数社团符合规定并严格履行了登记手续。年内申请登记 14 个，准予登记 14 个，年末全县实有社团 147 个。当年起，实行社团年度工作报告和报刊报送制度。社团的年度工作计划、活动的专项报告、创办的报纸、杂志须报送业务主管部门和社团登记管理机关，举行重大活动和重要会议事先需报业务主管部门和社团登记机关，凡超越县境与外地社团组织联合开展活动的须提前向登记管理机关报告，除严格执行变更报告、注销报告、年检报告制度外，各社团在每年一月底前向登记机关提交上一年度的工作总结、报告。1993 年，市民政局与工商、税务、物价部门联合印发《社会团体兴办实体有关问题的通知》，引导社团发挥自身优势，广开财源，解决社团活动经费困难问题。是年，有 32 个社团兴办复印、门诊、摄影等各类经济实体。至 1995 年，全市有 36 个社团创办实体，总投资 165 万元，总收入 48 万元，纯收入 15 万元；各类学会、研究会组织学术研讨会 500 余次，出版学术期刊 25 种，发表学术论文 4600 篇。1997 年，全市社团年收入 144.08 万元，其中有偿服务收入 8.22 万元、会费收入 135.86 万元。年底，有社团 111 个，其中学术性社团 18 个、专业性社团 49 个、行业性社团 29 个、联合性社团 15 个。当年 9 月至次年 12 月，再次开展社团清理整顿工作，注销社团 49 个、合并 1 个后实有 74 个。1998 年 10 月 25 日，国务院颁布《民办非企业登记管理暂行条例》。2001 年 7 月至 11 月，资阳市按照国务院《民办非企业登记管理暂行条例》、民政部《民办非企业单位名称管理暂行规定》、《四川省民办非企业单位登记暂行办法》开展复查登记管理工作，共复查登记 1379 户，核准登记发证 1060 户，其中教育系统 302 户、卫生系统 739 户、残疾人联合会盲人按摩保健 12 户、劳动保障系统6户、民政1户、不属于民办非企业单位登记范围的85户、待审查复核登记的234户。2001年注册登记社团4个，22个乡镇计划生育协会纳入区计划生育协会团体会员单位，不再单独登记注册，以便管理。2002年，开展社会团体分支机构、代表机构复查登记工作，共复查登记社团分支机构、代表机构75个。22个乡镇计划生育协会变更为雁江区计划生育协会乡（镇）分会。机动车驾驶员协会下设29个分会。区行业协会下设的乡镇协会全部撤销，不再以独立的法人社团登记注册。区中医学会和西医学会撤并为“雁江区医学会”。当年注册登记社团6个，取缔非法社会团体1个。2003年，清理“三无”社团，发展和规范涉农社团。涉农社团达不到规定条件的可以开展活动，待达到条件后再注册登记，以申请备案为准；农村专业经济协会申请登记一律免收各项费用。全年注册登记涉农社团6个，撤销未参加年度检查的民办非企业单位138户，注销个人申报民办非企业单位27户。2004年，重点加强农村专业经济协会的登记管理，注册登记了雁江区松涛镇畜牧业协会等16个社会团体。2005年，继续扶持农村专业经济协会的发展，注册登记14个协会，撤销29个分会；全区登记在册的社团共计78个。

第七章　基层组织建设

第一节　村民委员会

1986年11月，全县各村选举村民委员会，之后每3年换届选举1次。1988年，为加强村委会建设，县民政局发放《村民委员会组织法》宣传提纲和《培训村组干部辅导材料》共2150册到各乡镇，各乡镇对村组干部进行2～3天的培训。全县共办培训班80期，培训骨干2.18万人。同年10月，在莲台乡开展村级组织负责人竞选工作试点。由乡党委物色、党小组推荐、党员3人联合提名、党员自荐等方式推荐候选人，再由候选人发表演讲，接受评议，之后按照无记名投票差额选举的办法选出支部书记，支部书记提名支委候选人或党员直接差额选举支委。1989年9月，召开全县村委会主任会议，学习贯彻《村民委员会组织法》和《人民调解委员会组织条例》，表彰先进村委会主任50名，对联合社、合作社两级干部实行公开招标，提出以村民会议民主选举为基础的“公开招标选聘制”。1990年5月，县委、县政府在碑记乡开展“调整村社规模、建立村公所、调整配备领导班子”试点。8月，全县推广碑记乡试点的经验，在适当扩大村社规模的基础上，建立乡镇人民政府的派出机构村公所，强化村一级行政职能。在土地承包关系、国家任务、农民负担、财产关系、林木柴草权属“五不变”和不私分集体现金、不哄抢集体财产、不破坏农田水利设施、不毁坏集体经营项目、不撕毁集体经营承包合同、不吃喝浪费的前提下，调整合并村社。针对全县合村并社后，村主任成员业务不熟悉的实际情况，县委、县政府于1991年11月举办乡镇长、村主任培训会，400名村主任参训。1991年，县政府在碑记乡太极村、莲台乡城北村、昆仑乡文昌村开展创建村民自治示范村活动试点。12月，县民政局举办业务培训，主要学习《村民委员会组织法》，全县400名村主任参训。当年，县民政局针对1990年招标竞选乡镇领导成员撰写的跟踪调查文章《基层政权建设的新探索》获民政部重大调研项目优秀科研奖。1992年12月，根据上级要求，各村的工作一律由村民委员会组织开展，村公所自行消失。村委会由5～7人组成，设主任1人、副主任1～2人，均实行差额选举；下设人民调解、公共卫生、治安保卫、计划生育、社会福利委员会，由村民委员会成员兼任下属委员会主任。1993年，各村试行建立村民代表会议制度，《村民委员会组织法》得到较好贯彻。经检查验收，全市有124个村基本达到示范村标准。1998年，建立村务公开、民主管理制度，完善村民代表议事制度，实行财务收支公开、村务大事公开。2000年，开展村民自治创建工作，477个村均建立村民自治章程、完善村民代表议事制度。"八五"期间，全市400个村开展自治示范活动，31个村通过验收成为示范村。2001年1月，四川省人民政府授予雁江区"村民自治示范区"称号。至2005年，村务公开、民主管理工作逐步规范化。

第二节　居民委员会

1986年5月，按照省、市要求，资阳县开展居民委员会基本情况调查，同时对居委会干部配备、工资待遇、办公用房等做出具体规定。时有8个居民委员会，年内在新建镇和农贸较集中的乡场新建居民委员会16个。1992年后，居民委员会每届任期3年，与乡镇人民代表大会届期相同。居民委员会由5～7人组成，设主任1人、副主任1～2人，均实行差额选举；下设人民调解、公共卫生、治安保卫、计划生育、社会福利委员会，由居民委员会成员兼任下属委员会主任。1993年，继续贯彻实施《城市居民委员会组织法》，在居委会中开展自治示范活动。至1996年，全市有居委会30个、居民小组131个，总户数59098户、总人口146101人。居委会共有办公用房344平方米、活动场所5处87平方米、服务网点36个、企业1个。1998年，居委会均建立公布栏，实行财务收支公开、大事公开。"八五"期间，29个居委会开展自治示范工作，1个居委会通过验收成为示范居委会。2002年后，社区建设工作坚持以人为中心、以社区为载体、以改善社区环境和提高居民素质和社区文明程度为重点。2003年，雁江镇、丹山镇被市政府命名为"市级社区建设示范镇"。雁中、雁南、鸿丰、师园、黄泥井、桥亭子、三贤祠、爱国、侯家坪、余家寺、南津驿、伍隍场、丹山场、中和场14个社区被区政府命名为"区级社区建设示范区"。2004年，中和镇、迎接镇被市政府命名为市级"社区建设示范镇"，河埝嘴、火车站、双龙井、观音阁、桂花井、狮子山、祥符寺7个社区被区政府命名为区级"社区建设示范区"。2005年，雁江区被省政府命名为"省级社区建设示范区"，松涛镇、祥符镇被市政府命名为市级"社区建设示范镇"，九眼桥、雁北、南骏、红岩子、宝台寺、团林坝、临江寺7个社区被区政府命名为区级"社区建设示范社区"。年末，全区共有44个居民委员会。

第八章　地名与勘界管理

第一节　地名管理

1980年，资阳县率先在内江地区开展地名普查工作。此次普查系1949年以来县内开展的首次地名普查。经调查核实，全县有19个公社名与其他县的地名重名。当年，重新命名其中12个公社名和641个以序数命名的生产大队，并以1∶50000地形图（1960年版）为基础，普查地名2929个；删除不复存在以及失去作用的地名37个，纠正错位、错字、错音、错名的地名450个，共487条，占图上地名的28.7%；新增大队等地名1256个（条）。1986年，将补充完善且经内江地区地名办公室审查后的普查成果资料汇编成《四川省资阳县地名录》并出版印刷。之后，单位和个人使用资阳县地名均以该地名录为准。1987年4月，按照《地名管理条例》规定，明确城区48条街道的起止地点，给新建的路、街、巷命名。新命名的路、街、巷有建设东路、建设南路、建设西路、雁城路、健康路、体育路、文化路、公园路、莲花路、沱桥路、中学路，外西河街、西门桥街、商业街、马巷子街，陈家巷、马家巷等。同时，对保和、中和、丹山、小院、伍隍、南津、丰裕、祥符、临江、忠义等镇的街道也全部进行命名。

1990年5月，县地名办公室划归县民政局。次年4月，县民政局会同建设局、国土局、交通局、文化局、水电局、人武部等单位在莲台乡进行地名补查和资料更新工作试点，之后在全县铺开。1993年3月，部分场镇及街道更名：老君场镇更名为老君场，丰裕镇街道更名为丰裕场，迎接场镇更名为余家寺，祥符镇街道更名为祥符寺，保和镇街道更名为保和场，临江寺街道更名为临江寺，中和镇街道更名为中和场，宝台镇街道更名为宝台寺，丹山镇街道更名为丹山场，松涛镇街道更名为三贤祠，小院镇街道更名为小院寺，侯家坪镇街道更名为侯家坪，伍隍镇街道更名为伍隍场，碑记场镇更名为大河坝居民委员会，铜钟场镇更名为铜钟河，南津镇街道更名为南津驿，忠义镇街道更名为忠义场。是年，完成地名补查、资料更新2976条，经内江市地名办检查验收全部合格；完成雁江、南津、丰裕、碑记、伍隍、丹山镇和新场、回龙乡地名标志设置。1995年，宝台、老君、松涛镇的村级行政区划调整后，完成相应的地名标志设置和新建街道命名。1996年10月，将雁江镇东起马家巷，向西横穿和平路南段，西至消防中队驻地，全长600米的街道命名为城南街。当年，全市开展地名普查、资料更新和立卷建档工作，共普查、更新地名2776条，其中补遗漏地名6条、新增地名141条、为地名正音改字22条、更新地名内容2453条、注销地名317条。1998年，《资阳市地名管理办法》公布实施。年内，雁江镇登记栋牌376个、单位牌883个、临街面牌4019个、户牌13791个。1999年4月，新命名、更名的街、巷、路有：师园街（东起马家巷，西至和平南路）、河堰街（东起资阳大道开发区管委会驻地，西至九曲河）、中桥巷（北起雁城路二段松涛农机站，向南经雁江七小折西至资阳大道中桥桥头）、南水巷（从水巷子南端横过建设南路一段起至城南东街止）、新村一巷（建设北路烟厂技校经城北派出所至铁路）、新村二巷（建设北路东方酒楼向北至铁路）、新村三巷（建设北路邮电局营业大楼向北至铁路）、新村四巷（建设北路保险公司驻地向北至铁路）、新村五巷（建设北路西门客运站东侧至铁路）、新村六巷（雁城路一段）、晶鑫街（苌弘井至西门桥街）、晶鑫街一巷（北起晶鑫街南至外贸食品厂）、晶鑫街二巷（北起外西街水利工程局职工宿舍南至市广播电视局职工宿舍）、晶鑫街三巷（北起外西街，南至晶鑫街）、向阳路（建设北路农机供应公司门市至火车站煤坝）。同年，开始在城区设置街名、门楼牌名标识；清理整顿建筑物名称，共清理建筑物名称74处，纠正不规范名称4处。2000年8月，市政府将南起资阳大道黄泥巴山脚，北至雁城路三段矮子桥路段命名为广厦路；将迎接水库更名为二娥湖、清水乡鲤鱼水库更名鲤鱼湖。10月，将东起成渝公路马鞍山下原资阳塑料管件厂，西北至资阳大道吊脚楼止路段命名为仁德西路。2003年7月，雁江区城区地名管理工作上交资阳市民政局管理。2004年4月，为配合公安部门换发第二代身份证，全区城乡开展地名标识设置。当年底，共设置栋牌、单元牌、门牌22万余块。

第二节　勘　界

1987年12月，资阳县土地资源详查领导小组成立。次年7月，组织3批技术人员开展外业调绘，测定资阳县域面积为163262.34公顷，约合1632.62平方公里。查清资阳与邻县的县界以及全县61个乡镇662村6021社的行政境界、土地权属界，与邻县签署边界纪要、乡镇土地权属界线认可书550份、村级土地权属界线认可书2840份。解决乡镇境界纠纷3处、村权属界纠纷40处。1996年8月，资阳市勘界工作领导小组成立，下属办公室设在市民政局，负责勘界日常事务。年内，完成简（阳）资（阳）线勘定、资阳市地图制印、新建街道命名及地名标识的设置。1997年，勘定资阳与乐至、安岳两县全长106公里的边界线。1999年勘定资阳市与资中县边界。2000年12月，全区乡镇勘界工作结束，勘定镇乡27条共360公里长的边界线，经验收全部达到优良以上。2005年7月和11月，分别完成雁江区与资中县、简阳市的勘界联合检查工作。

第二十二篇　人事劳动和社会保障

第一章　管理机构

第一节　人事管理机构

一、机构编制委员会

1987 年 6 月，资阳县编制委员会成立。编制委员会下设编制办公室，与县劳动人事局合署办公。1989 年 3 月，劳动局和人事局分设后，编制办公室同人事局合署办公。7 月，县编制委员会更名为县机构编制委员会。1993 年 3 月更名为资阳市机构编制委员会。2000 年 11 月更名为资阳市雁江区机构编制委员会。2001 年机构改革，区编办挂靠区人事局。2003 年 12 月，区编办下设事业单位登记管理局。2005 年，区编办内设行政编制股和事业编制股。编制委员会由 5 ~ 6 人组成，主任一般由县（市、区）长兼任，副主任由县（市、区）委副书记兼任，成员有人事、财政、组织等部门负责人。机构编制委员会办公室主任及副主任一般由人事局局长或副局长兼任。1987—2005 年，张鹤甫、刘海金、陈茂福、郭云放、陈华强先后任编制委员会主任，李通荣、李德纯、纪定忠、张翔、张天明先后兼任编办主任。

二、人事局

1979 年，资阳县人事局成立。1984 年 1 月与劳动局合并为资阳县劳动人事局，内设秘书、劳动、人事 3 个股。1987 年，增设人才交流咨询服务站和军队转业干部安置办公室。1988 年，增设劳动争议仲裁委员会办公室。1989 年 3 月，撤销资阳县劳动人事局，分设资阳县劳动局和资阳县人事局。人事局内设秘书股、干部任免股、干部计划调配股、科技干部管理股、工资福利股以及军队转业干部安置办公室和人才交流咨询服务站。1993 年 3 月，资阳县人事局更名为资阳市人事局，内设机构不变。1994 年 3 月，增设退休退职管理科。1997 年 4 月机构改革时，人事局内设办公室、计划调配考试录用股（外挂军队转业干部安置办公室牌子）、考核任免奖惩监察股、工资福利股、社会保险与退休管理股、科技干部管理股（外挂市职称改革办公室牌子）6 个股室。1998 年，市人事争议仲裁委员会成立，其办公室设在人事局。2000 年 11 月，资阳市人事局改名为资阳市雁江区人事局。2002 年

1月，局内设办公室、人才开发流动股（外挂军队转业干部安置办公室牌子）、公务员管理股、工资福利与退休股、政策法规股、专业技术人员管理股（外挂职称改革办公室牌子）。2003年12月起，区人事争议仲裁委员会办公室为区人事局的内设机构，对外挂资阳市雁江区人事争议仲裁委员会办公室牌子。2004年11月，增设培训教育股。2005年底，区人事局内设及挂靠机构有办公室、人才开发流动股（外挂军队转业干部安置办公室牌子）、公务员管理股、工资福利与退休股、政策法规股、专业技术人员管理股（对外挂区职称改革办公室牌子）、培训教育股、区人事争议仲裁委员会办公室。1986—2005年，何锡仲、李通荣、马明亮、唐远祥、张天明先后任局长。

第二节　劳动和社会保障管理机构

一、劳动和社会保障局

1989年3月，撤销资阳县劳动人事局，分设资阳县劳动局和资阳县人事局。县劳动局内设计划调配劳动争议仲裁股、劳动保护安全监察股、工资福利股。1993年3月，资阳县劳动局更名为资阳市劳动局。1999年，市劳动局内设办公室、工资福利科、劳动关系与监察科（外挂劳动监察大队牌子）、劳动争议仲裁信访科、职业技能开发就业科、劳动安全卫生监察科、劳动安全生产委员会办公室。2000年11月，资阳市劳动局更名为资阳市雁江区劳动局。2001年，更名为资阳市雁江区劳动和社会保障局，内设办公室、劳动监察就业仲裁股（外挂劳动监察大队和劳动争议仲裁委员会办公室牌子）、社会保障监督股。2005年，内设劳动监察大队、监察就业仲裁股、社会保障监督股、办公室。1986—2005年，何锡仲、李通荣、李海棠、孙林、陶家文先后任局长。

二、下属单位

（一）就业服务管理局

1981年1月，县劳动服务公司成立。1986年9月，县社会劳动力管理局成立。1990年，县社会劳动力管理局、劳动服务公司合并为县就业服务管理局。1993年1月，就业服务管理局由财政全额预算单位改为自收自支单位，职工工资、福利、奖金仍按国家事业单位的有关规定执行。2000年1月1日，又由自收自支单位改为全额预算单位。1994年8月，市就业训练中心成立，与市就业服务管理局实行两块牌子一套人马的管理模式，负责城镇待业青年、企业富余职工、就业转待业人员和农村剩余劳动力就业前职业技术培训以及转业求职训练。1986—2005年，徐发荣 、昌志翀、杨茂森、成志康、梁自强先后任局长。

（二）社会保险事业管理局

1986年10月，县职工社会保险事业管理处成立，为自收自支事业单位。1989年11月更名为县社会保险事业管理局。2001年1月改为财政全额拨款管理事业单位。负责拟定企业职工、个体劳动者的各项社会保险方案并组织实施。1986—2005年，李福森、吴传金先后任局长。

（三）机关事业单位社会保险局

1994年4月成立，为副科级事业单位。2000年1月起，由自收自支单位改为全额预算单位。负责机关、事业单位职工养老保险金的筹集、管理、支付和调剂等业务。1994—2005年，罗卫东、罗德明先后任局长。

（四）农村社会养老保险局

1997 年 10 月成立，为自收自支的副科级事业单位，挂靠民政局。2002 年 2 月起隶属区劳动和社会保障局，负责农保金收储管理、营运和养保金拨付发放等工作。1997—2005 年，黄建学、孙英先后任局长。

（五）医疗保险基金管理中心

前身为公共医疗办公室，1997 年 9 月被确定为副科级事业单位。1999 年 9 月，原由市卫生局承担的医疗制度改革工作和市级机关、事业单位公费医疗管理职能划入。2000 年 11 月更名为区医疗保险基金管理中心，属副科级全额拨款事业单位，隶属区劳动和社会保障局。2001 年 7 月，社保局医疗保险股划入区医保中心。医保中心负责区级机关、事业单位职工和城镇灵活就业人员基本医疗保险金、区属企业职工大病统筹基金的征缴、管理和支付工作，审查确定辖区内定点医院和定点药点，承办区级机关、事业单位和企业职工补充医疗保险及工伤、生育保险等工作。1997—2005 年，温性驰、蒋海莉先后任主任。

第二章　人　事

第一节　干部来源

一、干部招收

20 世纪 80 年代至 90 年代中期，干部招收主要分为聘用、录用两种形式。区、乡镇干部为合同聘用制，县级机关干部为录用制。至 1985 年，共招聘合同制干部 484 人。1988 年，面向社会公开招聘乡镇干部 177 人，另从不包分配的“五大”（电大、函大、夜大、职大、自考）毕业生、全民所有制单位工人、党政机关和公检法部门工人中录用干部 94 人。1989 年 4 月，县成立补充干部考试委员会，负责对补充机关干部和招收干部进行统一考试、考核。通过公开报名，统一考试，择优选聘区、乡农税干部 19 名，农技干部 50 名；办理区、乡招聘干部续聘手续 110 人，解聘不称职招聘干部 4 名。1991 年，对属事业编制的干部实行招聘制。当年，招聘乡镇行政、事业干部 58 人；“聘转录” 31 人；录用干部 23 人，其中录用城镇户口非在职“五大生”到集体企业工作 8 人，录用集体所有制干部 1 人；招聘 7 名职高和自费中专生为企事业单位干部，招聘 4 名属“五大生”的事业单位工人为干部；全县聘用干部总数达 820 人，占区、乡镇干部总数的 52. 2% 。

1992 年，区、乡镇聘用或选任的干部满 3 年并被继续聘用，其中担任副乡长以上实职领导的 27 名干部被吸收录用为国家固定干部。当年，通过笔试、面试、体检等公开程序聘用干部 286 人，主要安排在乡镇农技、农机、广播等基层事业单位。1993 年，市人事局《关于进一步完善乡镇聘用制干部管理的通知》规定：招聘干部的聘期与乡政府换届期一致，原签订聘用合同不论聘期时间长短，均自然延续或截止到乡镇政府换届期末。年内，从不包分配的大中专生中录、聘干部 29 名，从农村基层干部中聘用干部 91 人，从全民所有制单位工人中聘、录用干部 223 人，从非全民单位人员中聘、录用干部142人；招聘150人为乡镇农机、广播、畜牧站干部，录用40名有突出贡献的乡镇企业、二轻集体企业的优秀正副厂长、经理和乡镇企业办主任为国家正式干部，录用238名机关、事业单位工人为干部，将7名乡镇聘用干部转为国家正式干部、56名民办教师转为公办教师。1998年，招聘乡镇机关干部18名，“聘转录”34名，民办教师转为公办教师143名。1999年，录用29名公务员，录用29名乡镇集体企业厂长、经理为干部，将58名聘用制警察转为录用干部、28名民办教师转为公办教师。1992—1999年，共聘用干部504人，录用干部582人，“聘转录”325人，教师“民转公”292人，录用非在职大中专毕业生134人。

2000年，清退临时人员2921名，从中择优选聘干部379人。2001年，为227名干部办理“聘转录”手续。2003年8月，结合乡镇事业单位机构改革，通过笔试、面试、考核、公示等程序，择优录用30名乡镇富余在编事业单位人员为国家公务员；通过审查、考核、报批，录用29名乡镇聘用干部为国家公务员。同年，区人事局会同教育局到高校选拔急需人才31名，在师范类大专以上毕业生中招考教师26人，解聘不合格教师26人。2004年，从376名报考人员中择优录用区级机关国家公务员7名，从45名报考者中择优录用乡镇机关工作人员15名。2005年，从77名报考者中录用3人到区司法机关工作，确认政府部门公务员身份63人。

1986—2005年，共招收干部2593名，其中录用干部（公务员）798名，聘用干部866名，“聘转录”581名、教师“民转公”348名。

二、大中专毕业生分配

1986—1994年，政府把接收安置大中专毕业生作为硬性任务下达到各单位，分配安置率为100%。1995年起，行政、事业单位机构压缩、人员裁减，企业单位纷纷改制，人才需求量大为减少，加上大中专学校扩招，毕业生逐年增加，故安置率逐年下降，最低年份2002年为10%左右。人事局按照个人联系、人事部门推荐和双向选择的原则做好大中专毕业生接收安置工作，宣传大中专毕业生接收、就业政策，引导毕业生树立新形势下的就业观念。多数毕业生能面对现实，主动向沿海地区、北京、上海、成都等地寻求就业门路，少数人员就地自谋出路。1986—2005年，全区接收非师范类大中专毕业生约5000人，分配3180人。

三、军队转业干部和三州内调干部安置

军队转业干部、三州内调干部的安置工作按照“热情欢迎、妥善安置、认真培训、合理使用”的原则进行。1990年4月，县人事局《关于进一步加强军队转业干部及西藏、三州内调干部安置的意见》规定：军队团职转业干部和西藏、三州县级内调领导干部尽可能安排相应职务；军队营职干部到基层单位的，也安排一定职务；对专业技术干部尽量按所学专业对口安排。当年安置军转干部3人、三州内调干部1人。1992年，执行省人事厅《关于干部调出调入三州的有关规定》，采取内调和商调相结合的方式安置三州调出调入干部。1999年后，继续采取指令性分配办法。每年军转干部、三州内调干部安置结束后，人事局、军转办逐一到接收单位了解转业干部、内调干部工作和家庭安顿、子女入学等情况，定期召开军转干部代表座谈会、茶话会，开展慰问活动等。2004年，雁江区成立维护企业军队转业干部稳定工作小组，召开专题会议6次，为全区企业军队转业干部发放生活困难补助138.9万元。1986—2005年，全区接收安置军队转业干部及配偶412人、三州内调干部95人。

四、干部调动

1986年，调动干部726人，其中省外调入16人、省内调出6人，省内调整704人；解决夫妻分居调动110人、工作需要调动569人、照顾家庭困难调动47人。1989年6月，县政府制发《资阳县干部调配暂行办法》，规定从事业、企业单位调进党政部门一律实行公开考试、择优选调。当年办理跨县调动干部66人，其中调入48人、调出18人。1990年，全县跨县调入干部331人，其中工作需要调动219人、解决夫妻分居调动75人、照顾家庭困难调动37人；调出干部4人，均为解决夫妻两地分居。1991年起，强化干部计划管理，凡党政机关、事业单位进人，必须坚持以有编制和增人计划为前提，同时坚持人员流动的正确导向，对顺向流动的及时办理。当年办理跨县调动62人、县内流动19人。1992—2005年，干部调动以工作需要调动为主，调动人数逐年减少。1986—2005年，共调动干部1560人。

第二节 干部管理

一、培训

1986年以来，在机关工作人员、事业单位专业技术人员中开展继续教育，同时鼓励在职人员参加高、中等成人教育学习。1993年5月，市人事局印发《关于进一步加强和完善乡镇聘用制干部管理的通知》，将聘用干部的培训纳入干部培训总体规划进行岗前培训和在职轮训。当年6月，市干部培训中心成立。1994年起，干部培训的重点由学历培训转为政治、业务培训。1997年，为适应机关工作需要，开办3期计算机知识培训班，180人受训，合格率100%。次年，举办机关工作人员计算机知识培训班7期，372人受训。年内，事业、企业单位1248人参加各类培训，其中党校培训183人，管理干部学院、干校等培训机构培训1065人（政治理论班87人、业务岗位培训班375人、学历教育603人）。2002年，举办依法行政培训班，1510人受训。2003年，全区行政事业单位有3821人参加WTO知识培训。2004年、2005年，举办《公共管理》培训班6期，2809人受训。2005年，专门培训上年度考核不称职或不确定等次的公务员48名。1986—2005年，人事局通过各种形式共培训干部1.25万人次，其中学历培训3045人。

二、考核

1988年，根据《资阳县专业技术人员年度考核暂行办法》，对专业技术人员实行年度考核。考核采取分级述职办法，以履行岗位职责情况为主要内容。当年7455人参加考核，其中称职7270人、基本称职171人、不能履职14人。1991年组织部、人事局考核任期届满的区、乡聘用干部，对素质高、工作业绩突出的续聘，反之则解聘。1992年，执行《内江市党政群机关工作人员年度考核试行办法》，开展以“德、能、勤、绩”为内容的干部年度考核工作。考核分为动员、述职和评议、综合评鉴、审核、反馈、总结等6个环节；结果分优秀、称职、不称职3个等次，按年存入干部个人档案。当年，组织部、人事局联合抽查了63个企事业单位1266名专业技术人员的年度考核情况。1993年5月，对乡镇聘用干部实行年度和聘期双重考核制度，考核结果作为晋升、奖惩、续聘和解聘的依据。1994年，采取上一级考核下一级的方法，考核行政机关3602名工作人员，确定优秀491名、称职

3030名、不称职5名、不确定等次76名；届满考核专业技术人员13565名。1996年，继续完善国家行政机关工作人员考核办法，确定优秀工作人员285人、立三等功1人，对2名不称职人员作辞退处理。1999年，建立干部年度考核档案，使公务员履职情况有据可查。2000年，将干部年度考核结果与单位目标责任制挂钩，按单位年度目标任务考核得分情况确定其优秀等次的比例。2003年起，行政机关年度考核等次由“优秀、称职、不称职”3个等次改为“优秀、合格、基本合格、不合格”4个等次。当年699名机关工作人员被确定为优秀等次，12075名专业技术人员中1630人受表彰。1992—2005年，机关干部、专业技术人员年度考核评优比例在15%以内。

三、任免

1986—1990年，县内正科级以上干部由内江市委管理，正副科（局）级和乡镇党政正职干部由县委管理。1987年，县劳动人事局确定行政机关一般干部的行政职务，发任职通知58份，在县级机关确定主办科员510名、科员440名、办事员135人，在区、乡确定助理员4444人。1988年3月，县委根据党政职能分开、干部分类管理原则，将行政、事业单位的副科级及以下干部移交县政府管理；县政府印发《关于国家机关和企事业单位干部任免管理暂行办法》，明确人事局负责任免县政府序列内外机关的中层干部和副科级事业单位的副职领导干部。当年劳动人事局代政府发任免通知29份，任免副科（区、局）以下干部84人，任命一般行政职务33人。1989年，考察18个局、区级领导班子，完成全县61个乡镇、200多名乡镇领导干部职务调整的提名，审批任命行政机关一般行政职务130人，办理77名县政府系统干部的任免手续。1991年，人事局建立中层干部花名册及任免管理干部一览表，会同组织部考察选调18个企业的17名干部到重点乡镇任乡镇长助理，代县政府任命副科级干部66人，为人大办理提名材料6份，任命股级干部186人。1992年4月，贯彻执行《四川省党政群机关一般行政职务管理暂行办法》，规定一般行政职务的主办科员、副主任科员，属党群部门的报组织部审批，属政府部门的报人事局审批，科员、办事员仍由主管局审批。全年任免一般行政职务895人、股级干部291人。1993—1996年，承办市人大常委会和市政府常务会议决定的398名机关事业单位领导干部的任命手续，任免机关中层干部260人。1997年，提拔44名中青年干部到各级领导班子，对部分单位的负责人实行交流和轮岗。1998年，在全市开展非领导职务正常晋升工作，承办任免干部94人，审查任免乡镇政府和市级机关干部188人，直接任免25人。2000—2005年，任免干部639人，审查任免干部资格及职务、职数360人次，代区政府任免干部399人。

四、奖惩

1986年，贯彻《四川省国家行政机关工作人员奖惩实施办法》，对业绩突出的国家行政机关、党派、人民团体和事业单位的工作人员予以奖励，奖励分记功、记大功、授予先进工作者或劳动模范荣誉称号、颁发奖品奖金、升级、升职、通令嘉奖7种；对有严重过错的工作人员给予惩戒，惩戒分警告、记过、记大过、降级、降职、撤职6种。当年，全县1230人受奖励，其中记功2人、授予奖品奖金1212人、升级16人。1987年，执行劳动人事部《国家行政机关工作人员奖惩暂行处理办法》，全县有340名行政机关、事业单位工作人员被授予“先进工作者”称号，13人受奖晋升，5人受惩。1988年，全县112人受奖，其中升级16人，授予奖金或奖品1095人，评为先进工作者360人；21人受处分，其中记大过1人、降级1人、开除留用察看5人、开除3人、解聘11人。1991年县委规定党群系统的聘用干部及副乡级以上聘用干部的奖励由县委组织部办理，惩戒由县纪委办理；政府序列的一般干部的惩戒由县监察局办理。1992年规定行政机关、党派、人民团体和事业单位的工作人员受奖面不超过总人数的30%，其中县委、县政府表彰的不超过15%。1992—1994年，全县有2471人受奖，其中授予奖金奖品438人、记功5人、通令嘉奖63人、升级4人、其他1961人；66人受惩戒，其中警告9人、记过4人、降级降职撤职12人、开除留用察看4人、开除30人、刑事处罚6人、劳动教养1人。1997—1999年，全市公务员受奖682人，受惩13人。1999年，嘉奖优秀公务员242人，为连续3年考核确定为优秀、连续5年称职的41人晋升级别，增加级别工资。2000年，对年度考核确定为优秀的833名机关工作人员和1185名普教系统教职工给予奖励。2001—2005年，给连续3年考核确定为优秀和连续5年考核称职的国家公务员晋升级别工资。

五、推行公务员制度

1997年5月，全市推行公务员制度。至1998年11月，市级机关、22个乡镇基本建立起国家公务员制度。市级机关实施公务员制度的单位37个，依照管理单位7个，参照执行单位24个。在推行公务员制度过程中，市人事局对实施范围、对象、职位设置、人员过渡和任职定级等方面提出具体意见，强化组织领导，开展骨干培训，加强督查指导，坚持“凡进必考”原则，把好公务员“入口”；坚持晋升任免资格审核制度，管好“楼梯口”；开展辞职、辞退工作，畅通机关“出口”。1998年底，全市有公务员1955名，其中市级机关1015人，乡镇940人；女公务员416人。1999年，为市直机关和乡镇机关列为暂缓过渡、不予过渡和漏过渡的52名工作人员补办公务员过渡手续，同时对全市27个部门、22个乡镇推行公务员制度情况进行检查。2003年8月，按照《四川省考试录用国家公务员暂行条例》择优录用30名公务员；经严格审查，考核报批，录用29名乡镇聘用干部被为公务员。2004年，按区委《关于进一步加强国家公务员管理的意见》要求，区人事局对1998年以来不符合“凡进必考”原则进入公务员队伍的人员进行清理，共清出71人；对单位超编、本人超龄，不符合报考条件和考试不合格的12人予以清退；按照“凡进必考”的原则和程序，从376名报考人员中择优录用7名区级机关公务员。2005年，全区共有国家公务员1637人，其中区级机关848人，乡镇、街道789人。

六、人事争议仲裁

1998年12月，成立资阳市人事争议仲裁公正委员会及其办公室。办公室设在人事局，主要负责案件受理、仲裁文书送达、档案管理、仲裁费收取与管理等日常工作和办理人事争议仲裁公正委员会授权的其他事宜。2001年5月，调整充实人事争议仲裁公正委员会成员，聘请仲裁员17人。9月，人事争议仲裁公正委员会更名为人事争议仲裁委员会。当年印发人事争议仲裁宣传资料1000份，接案25件，开庭处理1件%。2003年，聘请人事争议专职仲裁员6名，兼职仲裁员13名，受理仲裁申请44件，开庭处理1件，调解1件。2004年受理人事争议仲裁申请45件，开庭处理2件。2005年，加强人事争议仲裁机构建设，完善有关制度，配齐专职工作人员，调整充实争议仲裁员，接待因辞职、辞退、自动离职、工资、福利、遗属补助等人事仲裁咨询、申请40件，其中立案2件、不予受理8件，开庭处理1件、仲裁1件，结案率100%。

七、离退休管理和老龄工作

1986年后，离退休管理工作逐步规范化。1988年6月，县政府规定机关、事业单位的职工达到离退休年龄，届时办理离退休手续；如本人不写申请、不填退休审批表，则由单位直接填表报劳动人事局审批。当年全县有退休干部2894人。1991年3月起，行政机关、全民事业单位退休干部、工人的安置和综合管理由人事局负责，企业的退休干部和工人的安置管理由劳动部门负责。1992—1994年，全县离退休388人。1994年3月，人事局增设退休退职管理股。当年全市2883名机关、事业单位离退休人员人均月增加82元离退休金。1998年，进一步落实退休干部政治、生活待遇，保证养老金按时足额发放。2001年，给从事农业技术推广工作满30年的退休人员增加10%的退休生活补贴，配合机构改革办理475人的提前退休手续。2002年，重新审核离岗待退人员，取消88人的离岗待退资格。2005年，进一步规范机关事业单位退休审批权限和程序，全年办理1579人的退休手续，其中区级机构改革时自愿提前退休65人。

1985年1月，县老龄问题委员会成立。1993年更名为资阳市老龄问题委员会。老龄委成立后，每年为退休职工和分管干部订阅《晚霞报》，在元旦、春节、重阳节组织慰问退休职工、老红军、老干部，平常开展书法、美术、健身舞、交谊舞、气功、钓鱼、乒乓球、门球等表演和比赛活动，适时组织各类体检。至1988年，全县有老年活动室195个，老龄退管组织219个，专兼职干部225名。当年，78名有特殊困难的退休职工领取救济补助8000元，900名退休人员被单位留用，100余名退休干部为中小学生、青年、群众上法制课和革命传统教育课300多场次。1991年，建立和完善农村退管工作网络，制作老龄专题节目27期，新建敬老院2所。至1995年，全市共建有敬老院55个，收养社会老人565名；有老年协会6个，会员1320人；举办老年大学9届，毕业学员456人。1998年，贯彻《老年人权益保障法》，组织各单位走访退休职工万余名。1999年，推荐评选全省"跨世纪杰出老人"1名，被国家评选为"老年康复之友"1人；发放老年优待证2000份，订制"国际老人年"纪念章1200枚；为全市12名100岁以上老人按月发放生活补贴，并赠送彩色电视机；落实70岁以上老人优待服务。2000年，老年大学学员代表地区参加省"森永杯"老年文艺演出，参演的3个节目获4项奖。2001年，建老年活动馆（室）及老年茶园237个，发放45名百岁老人生活补助金4.29万元，办理老人优待证3200份，城乡48所敬老院供养孤寡老人449人。2002—2005年，老龄工作归民政局管理，民政部门在巩固老龄工作成果的同时，不断拓展服务领域，提升服务质量。

第三节　专业技术人员管理

一、职称评审

1978—1989年，县职称评定工作由县科委负责。1989年12月，职称评定工作划归县人事局管理。

1983年10月至1986年，全县暂停技术职称评定工作。1987年3月，县集体建筑工程技术人员专业技术职务任职条件评审委员会成立。6月，职称改革工作在全县展开，302个全民所有制事业单位的5485名专业技术干部参加技术职务评聘。1988年1月，县委、县政府召开第二次职称改革工作会，贯彻落实职改政策。当年审批4470名事业单位、1017名企业单位专业技术人员的任职资格。1989年2月，成立农业、卫生、工程专业技术职务中级评审委员会。年内为1.13万名专业技术人员发放职务证书。1990年3月起，开展为期3个月的职改复查工作。共复查33个主管局、629个全民和集体企事业单位的1.11万名专业技术人员；经过4个阶段的复查，取消16人的专业技术职务任职资格，撤销 123 人的专业技术职务。1991 年，调整县统计、经济专业初级评审委员会成员，成立档案、群众文化初级评审委员会；完成专业技术岗位设置工作，共设岗位 9609 个（高级 162 个、中级 1952 个），其中事业单位设岗 6935 个、企业单位设岗 2674 个。1992 年，首次召开“补缺评聘”工作会，先后组建会计、卫生、工程、经济、农业、统计、中学教师、小学教师等 10 个专业技术职务初级评审委员会，评审初级职务 3025 人，均建立专业技术人员考绩档案。企业单位的职改设岗按比例宏观控制，事业单位的职改在下达的设岗总数额内聘任高、中级人员，产生缺额的经职改办批准可随缺随补。任职资格一律实行以考代评，不再进行评审。1993 年，在事业单位建立 153 个高级、1825 个中级专业岗位台账，为 921 名大中专毕业生转正定级，给已定职称的 5000 余人发资格证书。1994 年，严把专业技术职务评审条件关，不再进行不具备规定学历人员晋升专业技术职务的基础专业考试，申报中、初级专业技术职务任职资格要通过学历教育取得正规学历或按条件破格评审。1992—1994年，共审批专业技术职务任职资格 7488 人。1995 年，为 1.2 万余名专业技术人员建卡，实现科技人员管理的规范化、程序化和科学化；为 239 名高级、3456 名中级、7651 名助理级、2705 名员级科技人员更换资格证书，新颁发中级职称资格证书 56 份、初级资格证书 67 份。1997 年，在教育、农业、卫生、乡镇企业、畜牧等系统评聘 893 个初级职称，推荐 538 人晋升高中级职称；成立资阳市种植业农民技术人员职称评审领导小组，评聘农民技术人员 500 余人。1998 年，评定初级专业职称 700 余人，推荐晋升中级 170 人、高级 20 人，破格晋升职称 59 人，为 565 名大中专毕业生确定专业技术职称。1999 年，打破论资排辈现象，将激励竞争机制引入职称评审工作。全年选拔推荐 20 名中青年专业技术人员破格评审高级职务、92 人破格评审中级职务；评审通过初级专业技术职务 563 人，推荐晋升中级 259 人、高级 20 名。2003 年，深化职称改革，实行“评聘分开”，改变人才评价受制于岗位限额和人才使用缺乏竞争的状况，将评审权赋予社会、聘任权归于单位、申报权给予个人；打破专业技术职务系列限制，实行“双师”或“多师”制，允许专业技术人员根据自己的实际水平、能力、业绩申报多种专业技术职务；对取得相同或相近专业正规学历的工人、农民及其他无确定身份的人员，与具备干部身份的专业技术人员一视同仁。8 月，开展机关事业单位工人技师职务评聘试点工作；对中小学教师职称评审实行“同等条件下骨干教师优先推荐、基层和一线教师优先推荐、老教师优先推荐”的“三优先”原则，共推荐 53 名教师晋升高级职务、255 名教师晋升中级职务。全年，授予 700 人专业技术职称。2004 年，成立非公有制企业专业技术人员初级职称认定委员会。2005 年，设立农民技术职称评审机构，为 271 名“土专家”“田秀才”评定农民技术职称。

1986—2005 年，全区共评审各类专业技术职称 35143 人，其中高级 682 人、中级 7470 人、初级 26991 人。

二、专业培训、考试

1991 年起，县人事局每年组织专业技术人员参加专业技术资格考试和执业资格考试，适时举办考前培训、职业道德培训、涉外知识培训和创新能力培训、继续教育培训（轮训）、任前培训、政策法规培训等。当年，全县 674 名专业技术人员参加省、市、县外语达标培训考试，合格率 92.5%；284 名经济专业人员参加全国经济员资格考试。1992 年，705 人参加全国会计、经济等专业资格考试，970 人参加不具备规定学历的基础知识和专业考试，591 人参加高、中级外语考试，612 人参加卫生、会计、经济专业培训。1994 年，108 人参加外语考前培训；846 人参加全省外语统一考试，合格率 70%。1998 年，700 人参加经济、会计、统计、审计、外语等职称资格考试和全国统一组织的 13

个专业的执业资格考试，232 人获国家颁发的资格证书。1999 年，组织首轮技术工人晋升技术等级考试，2205 人晋升中级技师，277 人晋升高级技师；举办职业道德培训班，1923 名机关、事业单位工人参训。2000 年，建立继续教育登记制度。给参加各类继续教育培训合格者颁发《四川省专业技术人员继续教育证书》，作为晋升职称的依据。当年参加全市经济、会计、统计、审计等专业技术资格考试的人员中中级合格 67 人、初级合格 221 人，注册建筑师等执业资格考试合格 15 人；全区各部门共举办涉外知识和创新能力培训班 1102 期，2.06 万人参训；321 人参加省、市组织的各类培训、轮训。2001 年，举办各类专业培训班 1100 多期，2 万余人参训。2002 年，各部门办专业培训班 47 期；8600 名专业技术人员参加世贸知识培训，考试合格率 100%。2003 年，贯彻《四川省专业技术人员继续教育条例》，举办政策法规培训班 35 期，5000 人参训；举办建筑、医药行业培训班 3 期，1000 人受训；举办教育、林业行业培训班 4 期，1400 人参加任前培训、考试合格率 100%。2005 年，组织 1081 人参加全国经济、房地产评估等 51 个执业资格统一考试，组织机关、事业单位 198 名技术工人参加全省晋升技术等级考试。

三、人才交流

1987 年，县人事局成立人才交流咨询服务站，交流 270 名科技人员到中小国营、集体和乡镇企业工作。1988 年，贯彻省委《关于引进竞争机制改革科研单位人事管理制度的试行意见》，组织有关部门和相关企业参加泸州、广元和内江市的劳务、人才市场开市大会，在内江市人才劳务市场接待各类专业人才 154 人次，录用非在职“五大”毕业生 7 人。全年共接待专业技术人员 249 人、登记 138 人、单位初选 15 人，实现人才交流 35 人、其中省外引进 4 人。1990 年，全县引进技术人员 16 人。1991 年 6 月，县人事局与企业、区乡建立定点联系制度，向乡镇推荐使用不包分配家居农村的大中专毕业生 33 人，向集体企业引进推荐技术人才 61 名。1992 年，县制发《关于大力引进各类科技人才的通知》。县人才交流服务站为“五大”毕业生和农村自费大中专毕业生登记造册，建立人才库，向企业、乡镇医院、中小学推荐 35 人，为企业调配管理专业人员 75 名，从外地引进人才 27 名。1993 年 8 月，市人才市场正式运行，重点为乡镇企业、“三资”企业、市属国有企业、集体企业引进人才和提供服务。1999 年，市制定《人才市场管理办法》和《人才流动争议实施细则》，形成较为完善的人才市场管理体系。2001 年，区人事局组织撰写《资阳市雁江区人事局人才工作综合调研报告》《资阳市雁江区人才开发研究报告》《转变观念、创新机制，加大农村人才资源开发力度》等十几篇调研文章，总结人才交流的经验，探索工作新路子。2003 年，对全区中高级专业技术人才进行摸底调查，建立人才资源库，实行动态管理；为 42 人办理流动手续，其中流入 9 人、流出 33 人。2004 年，为 69 人办理流动手续，其中流入 25 人、流出 44 人；为区内事业单位引进急需人才 80 人，其中优秀骨干教师 5 人。2005 年，在祥符、碑记、临江、忠义、伍隍镇建立农村人才开发联系点，为 122 人办理流动手续，其中流入 75 人、流出 31 人、向外推荐 16 人；为企事业单位引进急需人才 95 人，其中考聘中小学教师 48 人，引进优秀教师 12 人；通过“双选”会，推荐人才就业 39 人。

第三章　劳　动

第一节　劳动力管理

一、劳动力资源配置

1986—2005 年，全区城镇劳动力保持在 4.9 万 ~6.7 万人之间。其中 1986—1995 年呈逐年增长趋势，1986 年为 5.48 万人，1995 年达到 6.78 万人，年均增幅 2.63%；1996—2005 年呈逐年递减趋势，按年均 2.8% 的降幅，至 2005 年降为 4.96 万人。按产业类别配置的情况是：三产业大于二产业，三产业年均 3.62 万人，占总劳动力的 61.5%；二产业年均 2.27 万人，占总劳动力的 38.5%。从发展趋势看，二产业劳动力配置在 1986—1993 年间呈增长态势，由 1986 年的 1.37 万增长到 1993 年的 3.79 万人，年均增幅为 25.3%；1994—2005 年间由最高年份 1993 年的 3.79 万人降为 2005 年的 1.16 万人，年均降幅 6.3%。三产业劳动力配置呈“上升——下降——上升——均衡”态势：由 1986 年的 4.11 万人，增加到 1990 年的 4.64 万人，之后降为 1991 年的 2.78 万人，又升为 1995 年的 3.46 万人，以后每年保持在 3.5 万人左右。2005 年，二、三产业从业人员分别是 1.16 万人、3.80 万人，分别占劳动力总数的 23.4%、76.6%。

按经济性质配置　国有经济劳动力配置占绝对优势，年均劳动力为 4.39 万人，占总量的 74.5%；集体经济年均劳动力为 1.16 万人，占 19.7%。1986 年国有经济和集体经济劳动力分别是 4.12 万人、1.35 万人，分别占总量的 75.3%、24.7%。1992 年，其他类型经济从业人员开始占有一定比例，国有经济、集体经济、其他经济的从业人员分别是 4.95 万人、1.59 万人、262 人，所占百分比分别是 75.3%、24.3%、0.4%。2000 年，国有经济、集体经济从业人员呈缓慢下降趋势，而其他经济则以年均 192% 的增幅快速增长，国有、集体、其他经济的从业人员分别是 4.06 万人、8834 人、4298 人，所占从业人员的比例为 75.5∶16.5∶8，2005 年变化为 69.5∶5.8∶24.7。其他经济从业劳动力占据的位置仅次于国有经济，集体经济的从业劳动力居末位。

按企业、事业、国家机关配置　企业的劳力资源配置占绝对优势，事业次之，国家机关最低。1986 年，企业、事业、机关从业人员分别是 2.4 万人、8723 人、2989 人，分别占全县劳动力从业总人数的 78.6%、15.9%、5.5%。1995 年企业、事业、机关从业人员分别是 5.11 万人、1.23 万人、4374 人，分别占总劳动力从业人数的 75.4%、18.1%、6.5%。2005 年，企业、事业、机关的从业人数分别为 2.98 万人、1.37 万人、6123 人，所占比例为 60.1%、27.6%、12.3%。从纵向看，企业劳动力资源配置在 1986—1995 年间呈上升趋势，由 1986 年的 4.31 万人增长到 1995 年的 5.11 万人，年均增幅 2.1%；之后以年均 4.2% 的降幅逐年减少到 2005 年的 2.98 万人。事业单位从业的人数稳定在 0.9 万 ~1.5 万人之间。1986 年 8723 人，1995 年增至 1.23 万人，年均增幅 4.5%；1996—2005 年，每年保持在 1.4 万 ~1.6 万人之间。国家机关从业人员保持年均 5.2% 的增幅，由 1986 年的 2989 人，增长到 2005 年的 6123 人。

资阳市雁江区 1986—2005 年劳动力配置表

表 22－1

单位：人

项目／年度	劳动力总人数	按经济性质配置			按机关、事业、企业配置			按产业配置	
		国有经济	城镇集体经济	其他类型经济	企业	事业	机关	二产业	三产业
1986	54774	41238	13536	—	42868	8917	2989	13675	41099
1987	57437	43024	14413	—	45019	9366	3052	14636	42801
1988	59316	45398	13918	—	46409	9425	3484	14479	44837
1989	59629	45866	13763	—	46495	9677	3457	14625	45004
1990	61266	47446	13820	—	47448	9772	4046	14873	46393
1991	63304	48479	14825	—	48095	10576	4633	35524	27780
1992	65692	49477	15953	262	51912	9184	4596	36960	28732
1993	67657	50538	16749	370	51568	11599	4490	37857	29800
1994	66637	48506	15515	2616	50250	12010	4377	34685	31952
1995	67761	49596	14694	3471	51115	12272	4374	33175	34586
1996	66351	48852	14150	3349	47633	14364	4354	32518	33833
1997	68332	49856	14762	3714	48864	14874	4594	32887	35445
1998	58720	44651	10156	3913	36881	16420	5419	23769	34951
1999	57640	43911	10204	3525	35499	16405	5736	22599	35041
2000	53747	40615	8834	4298	31931	15934	5882	19098	34649
2001	52208	39092	7067	6049	30438	15844	5926	16902	35306
2002	50166	37436	6408	6322	29354	15118	5694	16149	34017
2003	49782	35516	5902	8364	29358	14730	5704	14666	35116
2004	48594	35010	4502	9082	28618	14443	5533	13734	34860
2005	49601	34487	2866	12248	29812	13666	6123	11613	37988

注：职工人数包括中央、省、地（市）企业

二、技能鉴定

1988 年前，企业工人及工种技术等级分为八级。一、二、三级的考核由县工人考核委员会办公室组织实施，从“应知”（理论）、“应会”（操作）两方面分别考核。对考核合格者，劳动部门经审批后统一颁发技术等级证书。1988 年职称改革时，部分工人参加职称评审，农机系统 191 人获专业技术职务任职资格，其中助理工程师 13 人、助理技师 34 人、技术员 18 人、技士 25 人。1993 年，工人技术等级分为初级、中级和高级，市工人考核委员会负责初级考核，中级和高级分别报市、省考评。原八级技术等级可直接转入相应的技术等级，即一、二、三级为初级工，四、五、六级为中级工，七、八级为高级工。取得高级工证书的，可参加技师任职资格的考评，取得技师的可参加高级技师的考评。1994 年，对个体工商户、私营企业的从业人员开展职业技能的培训、鉴定工作。1996 年，劳动部颁发《职业技能鉴定规定》，凡从事《规定》所列 50 个工种的企业在岗人员必须参加技能鉴定。当年为 315 名起重机操作人员、厂内机动车驾驶人员，163 名电工、电焊工，58 名初级工颁证，复审 1615 名特种作业人员的上岗证。1997—2000 年，劳动部门共组织 4818 名企业职工培训，经考核和鉴定，为其中 3328 人颁证；全市社会力量办学共培训 1409 人，506 人经职业技能鉴定取得初级等级证书。2001—2005 年，为满足市场需要，先后开展计算机、保健按摩、美容、中式烹调等技能培训；2389 人获初级和中级职业资格证书。

三、劳动监察

1994 年 10 月，内江市政府印发《内江市劳动监察暂行办法》。次年 5 月，资阳市劳动监察大队成立。10 月，对各类企业、个体经济组织以及其他用人单位遵守《中华人民共和国劳动法》情况进行大检查，重点抽查 6 户企业用工的劳动关系、劳动时间、劳动报酬、劳动安全卫生及社会保险工作等情况。从 1996 年起，按照《四川省劳动监察规定》，每年 1—4 月对企业实行劳动年检，内容主要有：招工及使用劳动力、签订和履行劳动合同、遵守工资总额宏观调控、遵守最低工资支付、遵守劳动时间、遵守社会保险规定等 8 个方面的情况。对无违规违法行为的颁发“年检合格证”，给连续 3 年合格的授予“劳动管理信得过单位”称号；对年检不合格的责令其限期整改，必要时施以行政处罚。当年，先后检查市电力集团公司、城乡开发公司、天台化工有限公司等 8 个单位执行《劳动法》的情况。1997 年，对 41 户国营企业、53 户集体企业进行年检，发限期整改指令书 13 份。1999 年，监察 120 户企业劳动用工、工资分配及社会保障等方面的状况，纠正违章违法行为 26 起。2000 年年检中，为职工追发工资 2 万元，处理突发事件 2 起，制止违规收取风险抵押金行为 1 起、金额 5 万余元，受理群众举报案件 5 件。2002 年起，贯彻实施《四川省劳动和社会保障监察条例》。6 月，在企业自查自纠的基础上开展执法检查，查出用工单位挪用职工养老保险金 19.77 万元、挤占生育保险费 3 万元、挤占工伤保险金 2 万元、挪用失业保险金 42 万元、挪用医疗保险基金 78.4 万元，共发出限期整改指令书 27 份，纠正违反劳动保障法律法规行为 35 起。2003 年，共监察用人单位 272 个，纠正违法劳动合同 760 份，为 1103 人清退风险抵押金 20 余万元，取缔非法职业中介机构 10 户，接受群众举报投诉案件 2 件并调查结案，督促用人单位为劳动者补签劳动合同 1435 份。2004 年，贯彻国务院《劳动保障监察条例》，全区成立 6 个劳动保障行政执法检查组，全面规范劳动用工。2005 年，市、区劳动保障部门联合组织监察人员就区内用人单位与劳动者签订劳动合同、工资支付、招聘人员备案、技术工种持证上岗、劳动保护等方面情况进行专项检查，督促用人单位补签劳动合同 6000 份，并取缔非法职介所 14 家，为劳动者清退风险抵押金和追发工资 180 余万元。

四、争议仲裁

1987 年 11 月成立资阳县劳动争议仲裁委员会，次年设劳动争议仲裁办公室；各主管局和企业也相继建立劳动争议调解组织。根据规定，凡因履行劳动合同发生的争议，当事人应向本企业劳动争议调解委员会申请调解，调解不成的 30 日之内向县劳动争议仲裁委员会申请仲裁。1990 年，劳动局会同县总工会对县属 42 个企业的 85 名劳动争议调解小组成员和工会干部进行业务培训。1993 年，《中华人民共和国企业劳动争议处理条例》发布实施，争议处理范围由国营企业扩大到集体所有制企业、股份合作制企业、“三资”企业、个体经营企业等各类企业。1988—1995 年，市劳动局接待政策咨询 241 人次，处理来信来访 35 件次，平息集体上访事件 6 起，调解劳动争议案件 40 件；企业自行调解纠纷 200 余人次。1996 年起，加强劳动争议仲裁员的选拔培养。劳动仲裁员主要从工会、政府相关部门、律师中选用，经培训考核后由仲裁委员会颁发“劳动仲裁员执行公务证”和“劳动仲裁员胸卡”；仲裁员每年向仲裁委员会报告工作情况。当年受理劳动争议案件 17 件、办结 17 件，接待政策咨询 733 人次，处理来信来访 93 件次，平息集体上访事件 5 起。1999 年，随着《劳动法》的深入贯彻，用人单位和劳动者的法律意识增强，调解劳动争议已成为劳动管理工作的热点。年内接待劳动争议来访 1521 人次，处理来信 25 件次，平息集体上访 272 人次，立案处理 8 件，争议仲裁 1 件。2000—2002 年，受理并办结劳动争议案件 34 件，接待群众上访 2385 人次，协助企业调解劳动争议 23 件。2003—2005 年，共受理并办结劳动争议案件 72 件。

第二节　劳动就业

一、就业培训

1986—1990 年，县劳动服务公司和各主管局负责城镇待业人员职业技能培训，共办各类培训班 56 期，培训待业人员 5242 人次。1990 年，县就业服务管理局成立，负责待业人员就业前的职业技能培训。1991—1994年，办培训班 52 期，培训待业人员 4622 人次。1994 年 8 月，资阳市就业训练中心成立，与就业服务管理局实行两块牌子一套人马。就业训练中心采取与社会联合办班的方式开展培训工作，先后批准成立资阳内燃机车厂劳动服务公司培训中心、工行银河电脑培训中心、资阳市光华职业技能培训中心、三贤职业技能培训学校、开元计算机培训中心。1995—2000年，全市共办培训班 165 期，培训 8254 人。培训对象除城镇待业人员外，还有企业改制后的富余人员、下岗人员和农村剩余劳动力。2000 年底，实行就业准入制度，新生劳动力和其他求职人员需经职业技能培训并取得资格后才能就业，参训人员倍增。2000—2005年，各类培训机构共办班 600 余期，培训 3.29 万人，其中农民工 2.48 万人、占⅔以上；其间资阳市就业训练中心、资阳市利民职业技能培训中心、雁江区就业训练中心等机构提供免费再就业培训。1986—2005年，全区共举办各类培训班 873 期（班），培训待业、下岗、失业人员和农民工 5.1 万人次。

二、就业安置

1986 年，国营企业工人招收由计划、劳动部门下达招工指标，劳动服务公司（后改就业管理局）负责招收录用。县劳动部门每年 8—9 月定期对城镇待业人员进行登记、造册、建卡，全面掌握待业人员的数量、分布和待业人员的文化、技能、家庭等情况，按企业需求定向举办一定数量的培训班，提高待业人员的素质和技能；通过“清、查、压、卡”等办法，清理清退企业事业单位计划外用工和临时用工，为待业人员挪出安置岗位；给企业提供生产扶持周转金，帮助企业新建、扩建生产项目；创办劳动服务公司，开发就业岗位。1986—1995 年，劳动部门通过各种渠道安置城镇待业青年为合同制工人 16579 人。随着国营、集体企业改革不断深化，下岗、失业人员逐渐增多。1996 年，实行“劳动部门介绍就业、自愿组织起来就业和自谋职业相结合”的就业安置方针，城镇待业人员除劳动部门统一“三招”外，均由各地各部门自行消化；各单位自办劳动服务公司和各类经济实体，吸收安置企业重组改制的富余职工和社会待业人员。1998 年，劳动部门审核办理“下岗证”2100 个、“自谋职业证”1250 个。当年，市成立解困再就业工作领导小组，制定《资阳市国有企业职工自谋职业有关优惠政策》，给每个下岗职工发放自谋职业安置费和经济补偿金 6500 元以上；为下岗职工提供开办小型经济实体启动资金及小额贷款；对下岗职工占职工总数 30% 以上的企业和取得“再就业优惠证”的个体经营户免征 3 年地方税。2001 年后职业介绍机构增多，劳动力就业渠道拓宽。2003 年，区劳动力市场正式运行，为招工、求职和职介提供公开、公正、竞争的平台。2004 年，把“4050”（再就业困难的 40 岁以上女性、50 岁以上男性）等救助对象、失地农民和其他困难群众就业和再就业工作作为“一把手工程”，建立健全目标责任体系，成立促进就业委员会，定期召开联席会议，同时开展“再就业服务周”活动，帮助救助对象实现再就业。全年发放“再就业优惠证”3303 个，免征 430 名下岗人员各项税费 163. 48 万元。2005 年 1 月 25 日至 3 月 31 日，开展以提供免费就业服务、集中整治劳动力市场为主要内容的“春风行动”。10 月，开展“零就业”家庭成员就业援助服务周活动，组织企业献岗，动员返聘退休人员腾岗，特别要求多为大龄下岗人员提供公共安全保卫、公共卫生清洁、公共环境绿化、公共设施维护等公益性就业岗位。1996—2005 年，共安置 17884 人就业和再就业。2005 年，全区城镇登记失业率为 3. 8%。

三、劳务输出

20 世纪 80 年代，农村剩余劳动力自发组织或随单位外出务工，以从事建筑业为主。至 1987 年，在外务工人员达 2 万余人。以后劳务输出的形式和渠道增多，从单纯的挖土方、建房屋发展到经商、办厂，还从国内发展到国外。1988 年劳务输出 1. 26 万人，其中出省 6382 人、出国 22 人。1990 年就业局开始办理“务工许可证”，当年向县外输出劳动力 8432 人。1991 年，全县等待转移的农村泥工、木工、石工、漆工、钢筋工、驾驶员、无线电装修工、厨师、缝纫工等达 6. 83 万人，在县内从事基建、加工、服务业的 2. 3 万人，其余 4. 53 万人选择外出务工。1992 年 4 月，劳动部门与铁道部北京第一建筑工程处第七工程队签订 87 名农民工的用工劳务合同。1993 年，就业局组织输出 6 批城乡劳动力赴广东东莞市裕元制造厂、北京国合酒楼、理县九寨山庄矿泉水公司等企业务工。1995 年，资阳市劳务开发领导小组成立，负责劳务开发和劳务输出工作的组织指导、综合管理、统筹协调。之后，劳动管理部门重点加强对务工人员的技能培训，劳务输出仍以自发组织为主。2005 年，输出劳动力 7. 5 万人，实现收入 8. 8 亿元。1987—2005 年，全区共输出城乡劳动力 150 万人次，其中由劳动部门直接输出 3. 1 万人次，创劳务总收入 45 亿元。

第四章　工资福利

第一节　职工工资

一、工资状况

1986—2005 年，职工工资水平逐年提高。1986 年，全县工资总额为 3462 万元，到 2005 年达到

7.17 亿元。1986 年，全县机关团体、事业单位、企业的工资总额分别是 329.4 万元、916.6 万元、2216 万元，分别占全县工资总额的 9.5%、26.5%、64%。2005 年机关、事业、企业的工资总额分别是 1.24 亿元、1.92 亿元、4.02 亿元，分别是工资总额的 17%、27%、56%。1986 年机关、事业、企业职工年均工资分别是 1116 元、1027 元、1277 元，2005 年分别是 20339 元、14251 元、17253 元。

资阳市雁江区 1986—2005 年职工工资统计表

表 22－2　　　　单位：人、万元、元

项目 / 年度	总况		行政机关				事业单位				企业			
	职工人数	工资总额	职工人数	工资总额	年均工资	月均工资	职工人数	工资总额	年均工资	月均工资	职工人数	工资总额	年均工资	月均工资
1986	54774	3462	2989	329.4	1116	93	8917	916.6	1027	85.5	42868	2216	1277	106.4
1987	57437	3814.2	3052	340.4	1124	93.7	9366	908.2	969	80.8	45019	2565.6	1365	113.7
1988	59316	4990.5	3484	433.2	1359	113.2	9425	905.8	968	80.7	46409	3651.5	1714	142.8
1989	59629	5604.7	3457	514.7	1585	131.9	9677	1352.4	1495	124.5	46495	3737.6	1960	163.3
1990	61266	6189.3	4046	654.8	1678	139.8	9772	1461.5	1556	129.6	47448	4073	2152	179.3
1991	63304	7240	4633	771.1	1756	145.8	10576	1729.2	1685	140.4	48095	4739.7	2541	211.7
1992	65692	8522.3	4596	987.9	2178	181.5	9184	2026.8	2004	167	51912	5507.6	2906	242.1
1993	67657	9532.6	4490	1101.8	2558	213.1	11599	2301.8	2204	183.6	51568	6129.0	3473	289.4
1994	66637	13233.1	4377	1738.4	4083	340.2	12010	4025.7	3813	317.7	50250	7469.0	4738	394.8
1995	67761	14794.2	4374	1909.5	4636	386.3	12272	4278	3854	321.2	51115	8606.7	5754	479.5
1996	66351	33132	4354	2278.7	5249	437.4	14364	5970.2	4272	356	47633	24882.7	6256	521.3
1997	68332	37908	4594	2735.9	5999	499.9	14874	6923.4	4969	414.1	48864	28248.7	7152	596
1998	58720	36752.4	5419	3320.2	6717	559.7	16420	8483.5	5477	456.4	36881	24948.7	8506	708.8
1999	57640	40482.7	5736	4809.3	8575	714.5	16405	9676.8	6181	515.1	35499	25996.6	8390	699.1
2000	53747	45363	5882	6167	10587	882.2	15934	12457.6	8038	669.8	31931	26738.4	9513	792.7
2001	52208	49442	5926	7597	12832	1069.3	15844	14019	9168	764	30438	27829	10594	882.8
2002	50166	53869	5694	7753	13697	1141.4	15118	16603	11432	952.6	29354	29513	12245	1020.4
2003	49782	62330	5704	8991	15965	1330.4	14730	16946	11833	986.3	29358	36393	15511	1292.5
2004	48594	66468	5533	9807	17684	1473.9	14443	19082	13626	1135.5	28618	37579	15862	1321.8
2005	49601	71707	6123	12356	20339	1694.9	13666	19201	14251	1187.5	29812	40150	17253	1437.7

二、行政干部工资

1986—2005 年，行政干部工资先后套改 2 次和调整 6 次，整体工资水平有大幅提高，由 1986 年的人均月工资 93 元，提高到 2005 年的 1694.9 元，增长 1722%。

1985 年 7 月起，行政干部改等级工资制为结构工资制，将标准工资和副食补贴、行政节约奖就近套入基础工资、职务工资，工龄工资以 0.5 元/年计发，并将四类区工资标准提高到五类区工资标准。全县党政群机关 2159 人套改结构工资。1986 年，对工资级别在 19 级以下，增资额不到两个级差的人员再高套一级工资，增资人数占参加工改人数的72%。工改后，人平月工资由59.7元提高到83元。1989年10月起，全县2547名行政干部普调一级工资，部分工资在本职务最低档、工资不在本职务最低档但1985年以来未升过级的，以及工资偏低人员按照条件再升一级工资。

1993年10月起，改行政干部结构工资制为职级工资制。干部的工资由基础工资90元、职务工资、级别工资、工龄工资（1元/年）4项组成。职务、级别工资按结构工资套入相应档次。全县3038名行政干部套改职级工资，人平月增资72.89元。至2003年，先后5次对职级工资制的相关标准作出调整。1997年10月起，基础工资由90元增加到110元。1999年，基础工资由110元增加为180元，县以下10类职务人员的级别工资由1993年月均53.5元提高到83.5元，职务工资的档次由1993年的8档增加为14档。2001年1月，基础工资再由180元增加到230元，同时增加级别工资标准；同年10月又调增职务工资标准。2003年7月，再次调整职务工资标准，各职务工资档次起点分别由100~850元提高到130~1150元。

1994年完成职级工资制改革后，全市建立起正常的职务工资、级别工资晋升制度，凡年度考核合格的，每两年晋升一档职务工资，每5年晋升一档级别工资；连续3年考核为优秀者提前两年晋升级别工资。1996年，首次晋升职务工资。1999年，首次晋升级别工资。

奖励工资亦多次调整。1986年11月起，执行每人每月7元的奖励工资标准。1991年2月增加为10元。1992年3月起拉开奖励工资差距，数额从办事员到县级干部由15元到40元不等。1998年1月起，将每人每年奖励工资标准由1个月提高到1.5个月标准工资，每人每月增发5元。2001年1月起，取消月奖励工资，年终按本人当年12月的工资标准一次性发给年终奖。

三、事业单位职工工资

1986—2005年，先后对事业单位专业技术类工资进行两次改革和7次调整，人员工资水平大幅提高。1986年月人均工资85.5元，2005年达到1187.5元。

1985年7月，改专业技术人员等级工资制为结构工资制，月人均增资18元，民办中小学教师人均月增资16元。1987年10月，为部分中年专业技术人员提高工资，对月工资在102.5~119元的中级职称人员，1966年底前参加工作、1985年以来增资额不足4个级差，1967年1月后参加工作、增资额不足3个级差的增加一级工资；对中小学和幼儿园教师按本人基础工资的10%提高工资。1988年，审批4470名专业技术员的职务工资，其中高级120人、中级1520人。1989年，为事业单位专业技术人员普调一级工资，并将职务工资起点和最高点分别提高两个档次。当年为287名护士提高10%工资标准，为1944名中小学班主任提高津贴，为1071名专业技术人员兑现职务工资，为489名集体所有制事业人员调整工资。1992年，调整3347名集体事业单位、民办教师工资。

1993年10月，改事业单位专业技术人员结构工资制为职级工资制，取消工龄工资，月工资由职务等级工资和津贴组成；全区9714名专业技术人员套改职级工资，人平增资80.7元；民办教师也套改了工资。以后又4次调整工资标准，1997年10月固定工资部分增加14元；1999年7月各专业技术职务等级工资标准分别增加100多元，并增加工资档次；2001年两次提高职务等级工资标准。2003年7月，提高事业单位工作人员固定工资标准和新参加工作人员试用期工资待遇。

四、企业职工工资

1985年7月，根据国务院工资制度改革的规定，企业与机关事业单位工资制度脱钩。改等级工资制为绩效工资制，将企业职工工资收入与企业效益、职工劳动效率挂钩；先将四类工资区提高到五类工资区，然后套入新拟工资标准，再浮动升级。当年全县46个国营企业7187名职工参加工资套改。1986年，在完成工资套改，统一企业工资标准基础上，对人平增资未达到12.5元的国营企业中的业务技术骨干和参加工作多年、工资偏低的部分职工再浮动一级工资；有经济负担能力的集体企业参照国企办法进行工资改革。1987年，深化企业改革、扩大企业分配自主权。企业在核定的工资总额内，自行确定工资分配形式。1988年，在全县58户国企中，实行工资总额同实现税利挂钩的33户、实行工资总额同上缴税利挂钩的9户、实行工资总额同实物量挂钩的3户。企业内部打破原有的等级工资制，实行不同形式的效益结构工资或计件工资。当年全县企业上缴税利增长1127.5万元；人均年工资1563元，比上年增长17%。企业职工除政策性升级外，还有自费升级。1988年全县企业自费升一级的1401人、升二级的3332人、升三级的314人。1989年10月调整企业工资，48个国营企业共增加人员工资24万元。1990年下达国营企业工资总额2100万元，次年下达国营企业升三级指标1149名、奖励晋级工资指标1699个。1992年进一步完善工效挂钩办法，加强工资总量调节和控制工资增长额度，审批33户企业2156人增加工资。1993年，全县实行效益确定工资总额的国营企业39户，实行包干工资总额的10户；集体企业中，实行工效挂钩的19户，实行计税成本工资的265户。1997年，48户国营企业实行工效挂钩，25户实行工资总额包干，2户自主确定工资总额；89户集体企业实行计税成本工资。1999年，取消指令性劳动工资。2000年起，实施企业工资指导线制度，核定企业货币工资水平增长的“基准线”“上线”和“下线”，根据企业实现税利增长情况，确定“上线”货币工资为7.7%、“中线”为5.5%、“下线”为5.5%~2%。同时规定亏损企业职工工资不得低于最低工资标准。2002年，全市最低工资标准为每月270元。国有企业下岗职工，凡进入“再就业服务中心”、又与用人单位签订下岗协议书的，按月领取基本生活费。1986—2005年，全区企业职工工资水平有较大增长。1986年人均月收入106.4元，2005年增加到1437.7元。

第二节 职工福利

一、假日休息

职工享受的休息假日有国家法定假、探亲假、婚假、丧假、病假和育龄女性生育假。1999年以前，国务院规定的法定假6天，其中“五一”国际劳动节、“十一”国庆节、元旦节各1天，春节3天。1999年增加为10天，“五一”、“十一”、春节各3天，元旦1天。1986—2005年，职工探亲假仍执行国务院1981年3月的规定，已婚职工探望配偶每年1次30天，探望父母4年1次20天；未婚职工探望父母每年1次20天。职工婚假1~3天，晚婚增加10天，双方不在一地的另给路程假。职工为直系亲属奔丧给丧假1~3天，身居异地者加路程假。女职工生育假1988年前为56天，同年9月增加到90天，难产、多胎者增加15天，流产者视孕期长短给15~30天或42天。职工门诊病假不超过5天，同一病例连续给假不超过15天。职工假日休息和住院病假6个月内工资照发。

二、医疗

职工医疗费用在较长时期内实行由国家、单位支付的公费医疗制度。1986年，县实行医疗门诊费包干制，视职工工龄长短计算定额到人，包干使用。1989年实行门诊费“系统包干、统一平衡、定额管理、超支不补、节约留用”办法，住院费除5种特殊病例全报外，其余按比例报销。1993年实行职工大病医疗统筹，2001 年后全面推行职工基本医疗保险。

三、离退休

国家规定 1949 年 9 月 30 日前参加革命工作的职工，达到退休、退职条件的享受离休待遇；机关、事业、企业单位的职工连续工龄满 10 年，男 60 周岁、女 50 周岁（女干部 55 周岁），或男满 50 周岁、女满 45 周岁经鉴定确认已丧失劳动能力，以及长期从事井下、高空、高温与特别繁重工作的，享受退休待遇；不具退休条件的因工伤残，经鉴定完全丧失劳动能力的职工，可以享受退休待遇。

四、工伤待遇

职工因工负伤（含职业病），工资照发，医疗费用由单位报销，住院期间膳食费按本人与单位 1∶2比例负担或实行每日定额补助。医疗终结，经鉴定完全丧失劳动能力者作退休处理，需人护理的，按一个二级工标准工资发给护理费；部分丧失劳动能力的，安排力所能及的工作，工资奖金照发。1993 年，企业职工工伤保险制度建立后，职工工伤由保险机构负责。

五、死亡抚恤

1986 年，机关、事业单位职工（含退休职工）因病死亡，按本人生前 10 个月工资额发放抚恤金；因公死亡按 20 个月工资额发放抚恤金。遗属补助城镇每人每月 25 元，1990 年调整为 40 元；农村每人每月 20 元，1990 年调整为 30 元。1993 年调整死亡抚恤金标准，因病、因公死亡抚恤标准不变，批准为烈士的按本人生前 40 个月工资计发。遗属补助标准调整为：县以下城镇居民每人每月按工作人员生前月基础工资的 60% ~70% 计发，农村按 50% ~60% 计发。2001 年，遗属补助标准调整为城镇 138 ~161 元/月，农村 115 ~138 元/月。

企业职工死亡后享受丧葬费、抚恤金，标准为生前 10 个月工资（退休费），其中 3 个月为丧葬费、7 个月为抚恤金。离休人员死亡丧葬费、抚恤金各为 10 个月工资（退休费）。职工死亡后，遗属享受生活困难补助，其标准亦多有变动。1986 年，居住县城的每人每月 24 ~29 元、乡镇集镇 22 ~27 元、农村 20 ~25 元，孤身一人按相应最高标准再增加 5 元/月。1987 年调整为：县城 30 ~35元、乡镇集镇25 ~30元，居住农村的不变，孤身一人的仍增加 5 元/月。当年对死亡职工供养的直系亲属实行生活困难补助：农村 14 ~18 元/月、场镇 18 ~22 元/月、孤身一人的增发 3 ~5 元/月。1995 年改困难补助为亲属津贴，增加死亡职工供养的直系亲属的津贴标准：农村 50 元/月、城镇 60 元/月、孤身一人的增加 15 元/月。2005 年 9 月，终身无子女的职工死亡后对其配偶每月补助 60 元。

第五章　机构编制

第一节　机构设置

一、县级机关

1983年机构改革后，党政群机构数和人员编制逐年膨胀，机构重复设置和人员超编情况日益严重。1988年，按上级要求对党政群机构设置、人员编制进行调查。经查，全县有县级党政群机关工作部门62个，其中政府系统41个、党委系统11个、按党章和宪法设置的工作部门10个。至1991年底，全县有县级党政群机构82个，其中未经上级批准设立的局级党政工作部门16个。之后，县（市）级党政机构几经调整，至1996年初有65个。

1996年、2001年，先后开展两次大规模的市（区）级党政机构改革。1996年12月至1997年4月进行市级党政机构改革。改革后，市级党政机构共设35个，其中市委工作部门6个、市政府工作机构29个。机构数量比机改前的65个减少30个，精简46.2%。另设部委办管理机构6个，议事协调机构的办事处4个，直属事业机构7个。核定人员编制数为825名，比原892名减编67名，精简7.5%；核定市级部门领导职数为132名，比原来的209名减少77名，精简36.8%。市人大、政协、法院、检察院、人民团体的机构改革与党政机构同步进行。人大、政协各设综合性工作机构1个，即市人大常委会办公室、市政协办公室，其他工作委员会不变。市总工会、共青团、妇联、科协等群团的机构改革侧重点是理顺社团之间的关系和职能调整。1998年1月，市地方税务局由省局垂直管理。1999年1月，市工商行政管理局由省局垂直管理；7月，市质量技术监督局由省局垂直管理。2001年1月，市药品监督管理局由省局实行垂直管理。2001年，开展区级机构改革。改革后区委设工作机构7个，政府工作机构设29个。内设机构由258个减为226个，精简12.4%；区级机关行政编制由757名减为606名，减编151名，精简20%，实有人数由759人减为665（含自收自支编制干部23人，离岗待退13名），减少94人。人大、政协各设置7个工作机构，法院设12个，检察院设13个，民主党派、群团机关的部门机构设置不变。

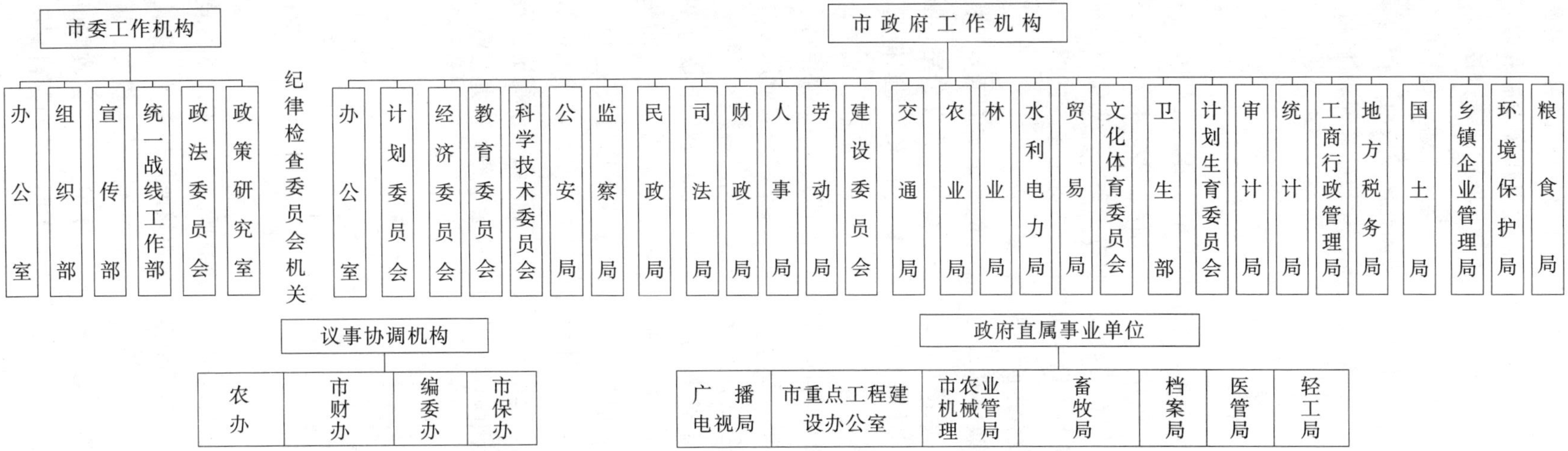

图 22–1　1996 年机构改革后资阳市市级党政机构设置示意图

说明：1. 市委工作机构 6 个；市纪律检查委员会与市监察局合署办公，一个机构两块牌子；市政府工作机构 29 个

2. 设部委办管理机构 6 个：市老干部管理局、市直属机关党委由市委组织部管理；市法制局由政府办公室管理；市物价局、市技术监督局由市计划委员会管理；市国有资产管理局由市财政局管理

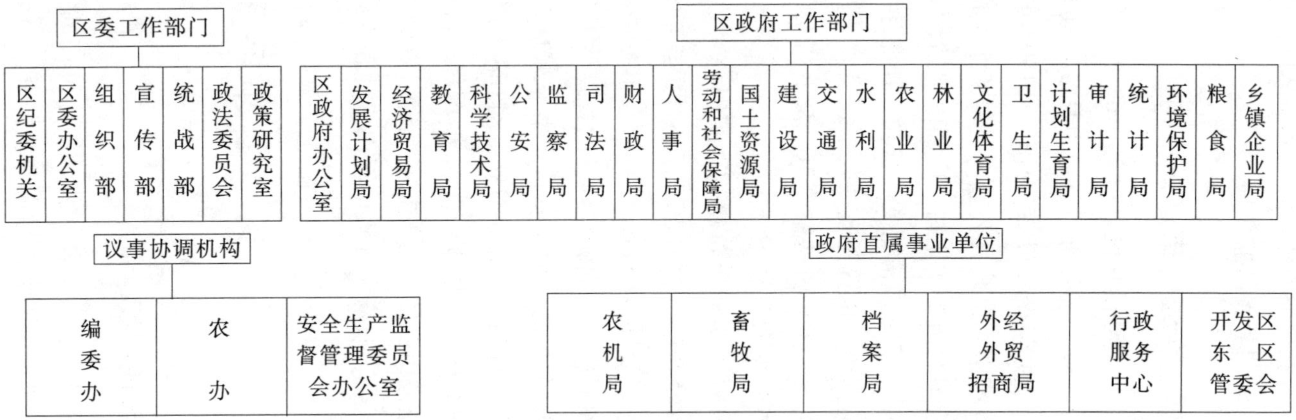

图 22–2　2001 年机构调整后雁江区区级党政机构设置示意图

说明：区委工作机构 7 个；区监察局与区纪律检查委员会合署办公，不占政府机构个数；区社会治安综合治理办公室与区政法委合署办公，一个机构两块牌子。区政府工作机构 26 个。议事协调机构 3 个；政府直属事业单位 6 个

2005年，根据省委办公厅、省政府办公厅《关于市（州）、县（市、区）政府机构改革意见》，在保持人员编制不变的情况下，撤销区发展计划局、经济体制改革办公室，合并组建区发展和改革局；撤销区经济贸易局、集体经济办公室、民营经济管理局，合并组建区经济局；撤销区建设局，组建区规划和建设局。新建区商务局，负责全区国内外贸易和国际经济合作管理。将区计划生育局更名为区人口和计划生育局；农委办调整为区委议事协调机构，更名为中共资阳市雁江区委农村工作领导小组办公室。农村能源建设管理职能从区建设局划归区农业局，食品、保健品、化妆品管理职能从区卫生局划归区药品食品监督局。

二、区、乡镇（街道）机构

1986年，全县设9区、13镇、62乡。次年，先后撤销13个乡，分别并入相关镇。至1992年6月，各区设区委、区公所，分别为县委、县政府的派出机构；镇乡设党委、政府。1992年7月撤区并乡建镇。撤并后全县设22个镇乡。1998年镇乡机构改革，镇乡均设置党政办公室、计划生育办公室、农贸办公室、民政办公室、财税所5个机构；雁江镇作为特大镇另设城市管理办公室。同时，将县级部门管理的镇乡文化站、广播电视站、果技站、村镇建设管理所下放给镇乡管理。

2001年，按照“精简党政机构、调整事业单位，压缩财政供养人员人数”的原则实施镇乡机构改革。各镇乡统一设置党政办公室、民政与社会事务办公室、经济发展办公室、计划生育办公室、财政所5个机构。中层机构精简16.6%；人员编制减少251名，精简19%。通过提前退休、离岗待退、辞职等方式分流157人。

2003年镇乡事业单位机构改革时，对镇乡事业单位的机构名称、性质、管理体制、人员编制、领导职数、经费渠道和主要职责进行重新确定。各镇乡均设置“三中心一站”，即镇乡农业服务中心、镇乡村建设环卫中心、镇乡社会事务中心和计划生育服务站；实行“五统一”，即经费、账户、印章、任务下达、分配标准统一的管理体制。机构改革后，镇乡财政拨款事业单位由182个减为89个，减少93个，精简51%；核定事业编制757名，减编189名，精简20%；实有人员由1005人减为693人，减少312人，精简31%。对在职的693人推行聘用合同制、实行竞争上岗，通过民主测评、考核考试签订聘用合同书。2004年6月，撤销乡镇教育办公室。其教育管理职能划归乡镇政府，具体的教学业务由乡镇中心校校长负责。2005年底，新设莲花、三贤祠、资溪、狮子山4个街道。各街道设置区委、政府、人大的派出机关和党政综合管理办、城市综合管理办、社会事务管理办公室。

第二节　编制管理

一、管理制度

1986年3月，停办增设党政工作部门的审批手续，以控制行政机关人员编制。1987年，县行政机关和事业单位不再增编增人，机构设置和编制员额一律由县机构编制委员会审核或提出意见，报县委或县政府批准。当年放宽对实行企业化管理单位人员进出的控制，规定企业人员不得调入机关、事业单位。1989年，调查、清理党政群机关和事业单位机构编制情况，提出定编方案；下达党政群机关和329个事业单位的人员编制、机构级别、领导职数和结构比例，使多年编制不明确的问题得到解决。7月，推行人员编制与工资基金挂钩的管理制度，单位节编的可按包干经费的5%提取奖金；超编的单位只核拨超编人员工资，不拨相应的四项经费。全年节编 174 名，节约财政经费 13.8 万元。1990 年 3 月，建立县级党政群机关和事业单位机构编制档案。当年，完成内江市下达给资阳县党政群机构“消肿”15 人的任务。1991 年，县委、县政府制定《关于严格控制党政群机构事业单位机构编制膨胀的意见》，决定对党政群机构采取“四冻结”（冻结提高机构规格、冻结增设机构、冻结增加编制人员和冻结领导职数）措施，控制机构编制的膨胀；明确人员调配原则，缺编行政、事业单位进人只能从超编的党政群机关中调剂，企业人员不得调入机关、事业单位。当年按内江市下达的计划“消肿”超编人员 34 人。1992 年，根据县委、县政府印发的《关于县级党政机关事业单位试行人员编制与财政经费挂钩包干办法》，建立“编制与人员工资卡片”，实行“一人一卡，卡随人走”制。1993 年，行政、事业单位进人需按“缺二进一”的原则办理，且人员需从超编的市级党政群机关、事业单位选调，基层和企事业单位人员不得调入市级党政群机关。当年制定节编奖励措施：每节编 1 名，奖励单位 1000 元；超编进人，超 1 名扣单位预算经费 1000 元。1998 年起，市编办对教育和卫生部门的编制人数采取动态管理办法，结合学校班级数和在校生人数、医院床位的变化情况，每年调整人员编制数。2001 年，编委会要求各超编单位制定超编人员分流计划、确定具体分流时间、在 3 年内完成分流任务。2002 年 8 月，全区事业单位人员调动执行“只出不进”政策，在事业单位机构改革完成前，全面冻结事业单位的人员编制。2003 年，聘请 25 人为区人事人才机构编制工作特约监督员，以加强对编制管理工作的监督。2004 年 3 月起，实施《资阳市雁江区机构编制管理暂行办法》，冻结党政群机关和事业单位机构编制和人员调入；全区机关事业单位统一使用“机构编制管理证”，凡单位名称、级别、经费来源、内设机构、人员编制等发生变动的要经编办审核，并办理变动手续。2005 年，机关事业单位机构和编制实行“人员实名登记制”。

二、清理非常设机构

1991 年，县编办清理非常设机构。当年全县非常设机构共 91 个，其中 72 个在任务完成后自行解散。1993 年 8 月，撤销市信访领导小组、国防教育委员会等 16 个非常设机构。9 月，撤销市地方病防治小组等 83 个非常设机构，保留市职称改革领导小组等 34 个非常设机构。同时规定：非常设机构设立后一律不定级别、不列人员编制，完成任务后即撤销；镇乡原则上不设非常设机构。2002 年，区编办对 1998 年以来成立的 293 个非常设机构进行归并或撤销，只保留 125 个非常设机构。

三、清退人员

1987 年，县编办清理出“以工代干”人员 407 人，其中行政机关 43 人、事业单位 364 人。1989 年 6 月，县编委会发文要求县级行政机关和事业单位清退借调人员和长期雇用的临时工。1993 年 9 月，清理乡镇机关、事业单位临时人员，共清退 1422 名，留用 393 名，精简 78.4%。2000 年 3 月，全市机关和事业单位清理出临时人员 2921 名，清退 2542 人。2004 年 12 月，清出不符合“凡进必考”原则进入公务员队伍的人员 71 名，清退其中 27 人。2005 年 9 至 12 月，区编办会同组织部、财政局，共清查出各类吃“空饷”人员 127 人，其中在编不在岗人员 121 名。

第六章 社会保障

第一节 养老保险

一、企业职工养老保险

1986年10月起，劳动合同制工人缴纳养老保险金。养老保险金由用人单位按合同制工人标准工资总额的16%，个人按3%向县社会事业保险处缴纳。当年75个单位257名劳动合同制工人缴纳养老保险基金2.2万元。1987年12月起，执行县《国营企业固定职工退休金统筹试行办法》和《实施细则》，以统筹单位固定工工资总额的12%与离退休费的60%两项之和计提，当年提取24.5万元。1989年，81个国营企业缴纳固定工统筹基金290万元，138个单位缴纳1444名合同制工人养老保险金27.65万元。1990年，参加养老金统筹的国营企业82个，固定职工11180名、退休职工2816名、合同制工人1635人、协议工302人。1991年4月，县属以上15户企业的养老保险工作上划市社保局管理。1992年，贯彻执行国务院《关于企业职工养老保险制度改革的决定》，实行养老保险省级统筹。全县85个企业固定职工11558人、离退休职工3137人，184个单位合同制工人3117人参加养老金（退休金）统筹，共缴纳养老保险金341.59万元。按照《资阳县城镇集体所有制企业职工、国营企业内集体职工、计划内临时工退休养老基金社会统筹试行办法》规定，当年底集体企业参加统筹148户，在职职工7142人、退休退职职工1707人。1993年，参加补充养老保险的国营企业2户1559人交保费16万元。1994年3月，保险公司将集体企业养老保险工作移交社会保障事业管理局。1995年，全市78户国有企业全部参加养老保险，参保13131人，年征集养老保险1029万元。1996年1月起，实施《资阳市城镇私营企业个体劳动者养老保险社会统筹试行办法》，投保企业和个人在全省上一年职工月均工资60%~300%的幅度内选择投保基数；私营企业按投保基数21%缴纳，个人按20%缴纳；个体劳动者按23%缴纳。当年个体劳动者2人参保，投保1280元；集体企业46户5687人投保188.91万元。1997年，完善基本养老保险社会统筹与个人账户相结合的办法，保持新旧养老保险社会统筹的衔接与平稳过渡。全年参加统筹国有企业82个，在职职工14732人、离退休4813人缴纳保费1502.17万元。1998年7月，省政府统一基本养老保险统筹办法。集体企业职工养老金由县统筹全部过渡到省级统筹，实现养老保险“四统一”（统一制度、统一标准、统一调剂、统一管理）。省级统筹基金的征集比例为参加统筹企业职工上年缴费工资的21%，职工个人按上年缴费工资的4%征集。城镇私营企业按缴费工资总额的12%、从业人员按个人缴费工资的8%缴纳，个体工商户及其从业人员按本人自选缴费基数的16%缴纳基本养老保险基金。当月起，改养老保险基金差额缴拨为全额缴拨，实行“收支两条线”管理，统筹范围内的离退休人员的基本养老金由社会保险局按时定额发放。1999年，城镇企业基本养老保险省级统筹征集比例为上年缴费工资的21%，个人缴费为上年缴费工资的5%，两项合计征收2160万元。城镇个体工商户参加基本养老保险的缴费基数在当地职工3年平均工资的60%~300%范围内确定，缴费比例最高不超过当地职工平均工资的18%。2000

年，城镇企业基本养老保险省级统筹费率为：企业缴工资总额的27%，个人为缴工资的5%。2001年8月起，企业缴费费率调为缴费工资的25%，个人为6%。城镇自由职业人员和城镇个体工商户基本养老个人缴费率按上一年全省职工平均工资的60%~300%的20%自主选择缴费。2002年8月起，各类企业缴费费率统一为本企业缴费工资总额的22%，职工个人缴费费率为个人工资的6%。10月，企业缴费费率调为缴费工资的21%。2003年1月，企业缴费费率调为20%，个人缴费费率调为8%。当年查出3户企业少报、漏报工资总额184.5万元，令其补缴养老基金51.7万元；查出13人冒领养老基金，其冒领的2万元被全部追回。2004年底，贯彻国务院《社会保险征缴暂行条例》，区社会保险事业管理局发出《关于加强养老保险费征缴有关问题的通知》，要求各参保单位必须在每月月底前如实申报本单位次月应缴纳基本养老保险费的人数和工资总额。2005年1月起，对各参保单位应缴纳的基本养老保险费实行"月征计划、按月征收"。1986—2005年，全区累计征收企业职工养老保险金40869万元，支出离退费33947万元。

二、机关事业单位职工养老保险

1994年12月，市政府制定《资阳市国家机关、事业单位工作人员养老保险试行办法》。从1995年1月1日起，全面实施机关、事业单位养老保险制度改革。参保范围和对象为：乡镇和市级党政群机关、全民所有制事业单位及其在编固定干部、工人和离退休（职）人员；全民事业单位中的集体混岗人员、离退休（职）人员；自收自支事业单位的工作人员、离退休（职）人员；经组织、人事部门办理招聘手续的聘用干部。同年制定《机关事业单位养老保险制度改革的补充意见》，将镇乡招聘干部和劳动合同制工人被纳入保险范围。年末，全市14824人参保，其中在职职工11844人、离退休职工2980人。1999年，贯彻《四川省机关事业单位养老保险基金收支两条线管理暂行办法》，规范机关事业单位养老保险基金的管理。2000年起，市政府将养老保险工作纳入各单位综合目标考核内容，并与各镇乡政府和市级各部门签订目标管理责任书，层层落实责任制。2004年，给参保单位颁发"社会保险登记证"。同年，成立资阳市雁江区机关事业社会保障服务中心，为机关、事业单位分流人员提供社会保险政策咨询服务，代理经办养老保险参保、缴费等业务。2005年，共有参保单位173个；参保人数17741人，其中在职职工12930人、离退休人员4811人。

养老保险基金由财政（或单位）和个人共同负担，实行全市统一筹集、统一管理。个人部分1995—2002年按在职职工工资的2%征集，2003年起调整为4%；单位部分1995—1997年按单位在职和退休职工工资总额的23.22%征集。1998—2004年，分两部分计提基金：市级和镇乡按单位离退休职工工资总额的50%、56%、60%计提；在职职工总额分别按市级16%、17%、18%、16.5%征集，乡镇按12%、13%、14%、15.5%征集。2005年，全区统一按离退休人员离退休金总额的60%和在职职工工资总额的16.5%计提。1995年，征集基金1265万元。2005年，征集基金5158万元。1995—2005年，共征集基金31607万元，支付离退休金31565万元，节余42万元。

资阳市雁江区2001—2005年机关事业单位养老保险基金收支情况统计表

表22-3

项目 年度	参保单位（个）	参保总人数（人）	参保在职职工（人）	离、退休职工（人）	基金收入（万元）	支离、退金（万元）
2001	206	18642	14583	4059	3122	2866
2002	164	18710	14447	4263	3820	3944

续表

项目 年度	参保单位（个）	参保总人数（人）	参保在职职工（人）	离、退休职工（人）	基金收入（万元）	支离、退金（万元）
2003	167	18596	13896	4700	4477	4332
2004	170	18217	13370	4847	5347	5071
2005	173	17741	12930	4811	5158	5231

三、农村社会养老保险

1996年9月，市政府制发《资阳市农村社会养老保险暂行办法》，同期开展宣传动员工作。农村养老保险以农村户籍的社会成员为对象。养老保险基金以镇乡、村为单位统一编码，按人立户、记账、建档，市建立养老保险总账，统一收储养老保险费，统一营运基金，统一支付养老保险金；镇乡建立分账，明细账；村和代办员负责养老保险金收取和发放的具体业务；投保人到领取养老保险金年龄时，凭“交费证”换取养老保险金“领取证”，按规定领取养老保险金。1997年4月先在小院镇、老君镇试点，至年底22个镇乡均开展农保工作，共有17892人参保，交保费428.86万元。1998年，市政府成立农村社会保险基金管理委员会，市农保局印发《资阳市镇乡农村社会养老保险规范化管理规程（试行）》。年内新增9047人参保，收取基金289.8万元；首批79人开始领取养老金，有31名投保对象办理退保手续。1999年，市政府发出《加快建立农村社会养老保险制度的通知》，要求“进一步提高认识，统一思想，增强建立农保制度责任感和使命感，充分调动广大农民参保积极性；加强基金管理，促进农保事业健康发展”。当年小院、东峰、松涛、石岭4镇新组织964人投保，筹集基金19.66万元。年末，全市新增3157人投保，全年共收取保费94.41万元。至2000年底，共筹集基金865.32万元，支出108.54万元，结余资金通过营运滚存达1072.83万元。2001年，印发宣传资料6.8万份，在《资阳时报》等报刊刊载宣传资料20篇，撰写农保调研文章16篇，发《工作简报》5篇。当年参加农村社会养老保险人数达到31342人，保险金收入138.38万元，793人领取养老金。2002年，农保基金收入172.71万元，其中保费收入62万元（个人缴费42万元，集体补助20万元）、基金营运收益110.71万元；支付371.43万元，其中养老金支付4.4万元、管理费1.9万元。2003年底，参保人数32241人，保险资金157.53万元、其中保费34.73万元，支出135.17万元，1535人领取养老金5.8万元，滚存结余1325.19万元。2004年，换发养老金领取证491份，为1849人发放养老金10.33万元；基金滚存结余达1420万元。2005年，印发《致全区农民朋友的一封信》4万份，并开通咨询热线电话；扩面100人，筹集保费8.1万元；发放养老金2299人，支出14.15万元；换发养老金领取证509人，办理暂退保60人。年底，参保32485人，基金滚存结余1495万元。1997—2005年，共收农村养老金1956万元，支出461万元。

资阳市雁江区1997—2005年农村养老保险收支情况表

表22-4　　单位：万元、人

年度 项目	1997	1998	1999	2000	2001	2002	2003	2004	2005
保险金收入	441	373	206	161	138	173	157	162	145
其中：保费	428	290	94	52	31	62	34	30.02	8.11

续表

项目＼年度	1997	1998	1999	2000	2001	2002	2003	2004	2005
保险金支出	13	35	33	27	44	37	135	67	70
其中：养老金	0	0.4	0.5	1.2	1.9	4.4	5.8	10.32	14.15
年末滚存结余	428	766	939	1073	1167	1303	1325	1420	1495
参保人数	17892	26939	30096	30979	31342	31871	332241	32385	32485
领养老金人数	0	79	224	474	793	1130	1535	1849	2299

第二节　医疗保障

一、公费医疗

1986年，党政机关、群众团体、事业单位的工作人员仍享受公费医疗，企业职工参照公费医疗办法执行。同年，县政府发出《关于进一步完善公费医疗管理办法的补充通知》，将患癌症等疾病及退休后享受实报实销的部分改为由国家负担70%～80%、病人所在单位负担20%～30%。1988年、1989年，公费医疗经费超支大，县政府年均补贴上百万元资金。1990年，公费医疗实行“全县统一标准，分级管理，支出包干，节约留用，超支自负”办法。按工龄长短每年每人分别按30元、36元、42元、54元、66元、84元的标准核定到各单位，作为门诊和住院医药费包干使用。1991年7月，县政府发出《关于修订资阳县公费医疗经费管理办法的通知》，提高医药费包干定额标准：在职工按工龄长短分为每人每年48元、60元、72元、84元、96元、108元几等，离休干部为110元；同时规定出县治疗需县人民医院授权介绍。1992年，全县医药费总支出251.7万元，财政负担192.8万元，人均144元。1994年7月，市财政局、卫生局和公医办联合制定《资阳市市级公费医疗管理试行办法》，建立“医疗费用由国家、单位和个人、医疗单位四方分担”的管理机制，实行“标准定额、医院主管、利益挂钩、签约共管、结余奖励、超支分担”的管理办法；规定凡“享受公费医疗人员，一律凭公费医疗证到合同医院就诊；市人民医院等医院为市级承担公费医疗任务的合同代管医院；需转诊者必须经合同医院和所在单位同意并经市人民医院会诊和市公医办批准后，方可转往上级定点医院”，以扭转公费医疗经费过快增长的势头，一定程度上减少了“一人享受公医，全家免费吃药”和“人情方”“大处方”等不良现象。1995年3月，市公费医疗办公室制发《关于重申严格执行公费医疗有关规定的通知》，严格转诊转院制度。当年转上级定点医院27人次，比上年的55人次下降51%；审核处方8万余张、病历200余份，剔除不合理费用7万余元。1996年1月，按不同工龄段计算的定额医疗费标准增加为每人每年72元、84元、96元、108元、120元、132元。1997年，享受公费医疗人员17122人，实际支出医药费495.3万元。1998年享受人员17935人，实际支出医药费619.3万元，其中财政负担395.9万元。城镇职工基本医疗保险制度建立后，公费医疗制度终止。

二、大病统筹

1992年8月，执行《资阳县全民所有制企业职工大病医疗费用社会统筹试行办法》。凡驻资阳县境内的中央、省、市、县属全民所有制企业和参加退休基金社会统筹的事业单位以及供销合作社中的固定职工、混岗集体职工、计划内临时工、离退休（职）职工均属统筹对象。大病统筹费用由国家、集体和个人三方合理负担，全县实行统一标准征集，其中在职职工每人每月4.5元，离退休（职）职工每人每月8元。年末，83户企业、18838名职工实行大病统筹；单位参统率97.6%，参统人数率98.2%；收取统筹金47.56万元，为241人拨付药费31.49万元。1996年1月，国有企业实行大病医疗社会保险。单位缴纳在职职工工资总额的3%、退休费总额的8%，在职职工个人每月缴纳1元。住院医疗费在1000元以上部分属大病统筹范围，1000～10000元拨70%，1万元以上拨75%，职工凭“企业职工大病医疗保险卡”到定点合同医院医疗。2001年4月，企业职工大病医疗保险由区社保局移交区医疗保险基金管理中心管理，单独设账，独立运行。5月底，大病统筹基金账面余额535.35万元。从4月1日起，因故不参加城镇职工基本医疗保险的职工仍按企业大病医疗保险的办法报销医药费。年末，参统77个单位、12480人，其中在职职工7572人、退休人员4908人，征基金546.7万元，拨付172.4万元。2002年1月，大病统筹报销实行封顶管理，支付限额为全区企业上半年平均缴费工资的4倍。至2004年，绝大多数企业按照企业职工大病统筹缴费。2005年，参保人员10783人，征基金562万元，支出192万元。

三、基本医疗保险

2000年12月，成立区医改领导小组，全面推行城镇职工基本医疗保险制度。区属各级党政机关（含镇乡）、事业单位、社会团体首批纳入城镇职工基本医疗保险范围。至月底，首批参加医疗保险的单位110余个，参保人员6500余名。2001年7月，医保范围扩大到区本级的定额预算和自收自支事业单位以及各镇乡的财政供养人员。同月，贯彻《资阳地区城镇职工基本医疗保险定点零售药店管理暂行办法》，确定资阳市第一人民医院等37个医疗机构和药品公司零售部等29个零售药店为全区城镇职工基本医疗保险定点医疗机构和定点零售药店，参保职工可到其任意一所就医购药。2002年4月，将获准出境定居的归侨侨眷职工及退休人员纳入基本医疗保险范围。2003年1月，执行《雁江区城镇个体劳动者参加基本医疗保险的暂行规定》。辖区内被解除劳动关系的城镇集体单位职工和城镇个体劳动者均可参加基本医疗保险，个体劳动者参保的年缴费基数为上年雁江区职工平均工资的5%。当年，调整特殊疾病门诊医疗费支付比例，年度统筹基金最高支付限额为2.8万元。2004年12月，各镇乡机关、事业单位、社会团体统一参加城镇职工基本医疗保险，新增镇乡参保人员8481人。2005年，将镇乡教师全部纳入医疗保险范围；基本医疗保险封顶线调整为3.2万元，普通病房床位费支付标准调整为一级医院最高不超过8元/天、二级12元/天、三级15元/天。年底，全区基本医疗参保人数为18643人，征基金1381万元（包括收欠费99万元，跨年预缴125万元），支出498万元。2001—2005年，共征基本医疗保费4021万元，支出2559万元。

资阳市雁江区2001—2005年基本医疗保险情况统计表

表22－5 单位：万元

年份	基金收入（合计）	其中		基金支出（合计）	其中	
		统筹基金收入	个人账户收入		统筹基金支出	个人账户
2001	360	183	177	302	215	87
2002	587	257	330	331	250	81
2003	683	449	234	483	279	204
2004	1010	639	371	546	240	306

续表

年份	基金收入（合计）	其　中		基金支出（合计）	其　中	
		统筹基金收入	个人账户收入		统筹基金支出	个人账户
2005	1381	1026	355	897	498	399
累计	4021	2554	1467	2559	1482	1077

四、补充医疗保险

2003 年 7 月，执行《资阳市城镇职工补充医疗保险暂行办法》。凡参加大病统筹的单位和个人必须参加补充医疗保险，其中个人缴补充医疗保险费 25 元；享受公务员医疗补助的人员和参照公务员医疗补助标准缴费的企事业单位人员，保费从公务员医疗补助经费中划拨 80 元，单位缴纳 10 元；未执行或参照公务员医疗补助标准缴费的行政、企事业单位人员，保费由单位和个人共同负担；对参加补充医疗保险的人员，基本医疗保险报销后的医疗费用可按比例予以报销，以进一步减轻职工的医疗费用负担；保险责任从每年 1 月 1 日起至 12 月 31 日止。当年有 14616 人参保。2005 年，参保人数 19667 人，保费总额 177 万元。

五、农村合作医疗

1997 年，贯彻国务院《关于发展和完善农村合作医疗的若干意见》，成立资阳市农村合作医疗管理委员会。根据“谁受益、谁负责”和“民办公助”的政策，将 294 个村医疗站恢复为合作医疗站。因补助资金未足额到位，到 2004 年真正具有合作性质的医疗站不到 10 个。2005 年，雁江区被列为“全省第二批新型农村合作医疗试点区”。当年成立新型农村合作医疗领导小组和管理中心，建立以户为主体的新型农村合作医疗制度。每千人设 1 站，配备乡村医生 1 ~ 3 人。各站设诊断、药房、处置室，面积不小于 40 平方米。财政补贴每站 5000 元。年底，全区建站 100 个，占应建数的 21. 28%；有 55. 56 万人参加新型农村合作医疗，参加率 63. 7%。参合村民每人享受中央财政补助 25 元、地方财政补助 10 元；每年自筹 10 元，其中 3 元进入个人账户、7 元进家庭账户；可在各级医疗机构就医，门诊费在村卫生站报销，住院费用按不同等级医院、不同比例报销。

第三节　失业、工伤、生育保险

一、失业保险

1994 年省政府颁发《四川省国营企业职工失业保险规定》后，市内正式启动失业保险工作。之前，就业服务管理部门向企业收取劳动服务管理费作为待业保险金。至 1998 年，全市 21833 人参加失业保险，其中国有企业 21234 人、机关事业单位 296 人、外资企业 102 人、集体企业 201 人。当年 7 月，失业保险金收取率从 1% 调为 3%，由税务机构代征，全年收取为 191 万元。2000 年，失业保险覆盖面达 100%，参保国有企业 99 户、3. 82 万人，集体企业 34 户、2800 人，机关、事业单位 545 户、1. 4 万人。征集失业保险金 358 万元，发给 6. 69 万名下岗职工基本生活费 240 万元。失业保险金的发放标准由原来的每人每月 130 元提高至 151 元，门诊医疗费由 19. 5 元提高至 23 元，两项合计为 174 元。年终失业保险基金滚存结余 459. 4 元。2001 年起，建立失业保险个人缴纳记录。当年新增失业保险人数750人。2003年，失业保险金总收入185万元，其中单位缴费110万元，个人缴费70万元；发放失业金3156人、48万元，支出下岗职工基本生活费120万元。2004年5月，完成国有企业下岗职工基本生活保障与失业保险并轨工作。2005年，失业保险金发放标准提高到每人每月196元，加上门诊医疗费共216元。3月起，全额拨款的事业单位失业保险金（职工工资总额的2%）纳入财政预算，个人缴纳的失业保险金（本人工资的1%）由区财政统一代扣代缴。1994—2005年，共征收失业保险金2400万元，支出1958万元，累计结余442万元。

二、工伤保险

1993年1月，贯彻执行《内江市企业工伤保险暂行办法》，在企业中实施工伤社会保险。全市参加工伤社会保险统筹的企业84户、职工13597人，征集资金46万元。职工伤病残鉴定工作按国家新颁布的伤残鉴定标准执行，全年鉴定569人，其中工伤59人、病残500人。1994年，规定范围内的工伤职工、鉴定为1~4级的工残人员的定期抚恤金（退休金）分别改按本人指数化月平均缴费工资的90%、85%、80%、75%计算。年末，参统企业83个、职工20088人，征集基金29.6万元；享受工伤待遇的有26人，拨付抚恤金（退休金）4.53万元。1998年，参统企业81个、职二18331人，征集基金52万元，支付保险金8万元。2001年，征集工伤保险基金63万元，拨付12.8万元；评定伤残等级58人，认定工伤10人。2003年1月1日起，参加城镇职工基本医疗保险的单位，按单位的年工资总额缴纳0.5%的工伤保险费；工伤发生的医疗费由统筹基金全额支付。2004年1月，贯彻国务院《工伤保险条例》，全面建立工伤保险制度。全年工伤险征缴人数7354人，征缴额50万元。2005年11月，将职工的工伤保险纳入统筹。当年参保单位203个，参保职工9598人，实征基金71万元，支出58万元。至年底，工伤保险历年积累195万元，累计欠费49万元。

三、生育保险

1994年1月，根据《资阳市女职工生育社会保险试行办法》规定，凡参加生育社会保险的单位按上年度工资总额的0.8%缴费。女职工生育期间的工资和生育医疗费用由社会保险事业管理局和职工所在单位共同负担，顺产的由社会保险管理局拨付850元，难产的拨付1000元，不足部分由单位补足。全年，参加女工生育保险社会统筹的单位81个、职工18340人，征集基金27.2万元；享受生育保险待遇215人，支付20万元。1996年7月，调整国有企业职工生育社会保险基金拨付标准，顺产按1200元、难产按1500元拨付。2003年1月起，参加城镇职工基本医疗保险的单位，按单位的年工资总额0.5%缴纳生育保险费。职工住院顺产1000元以下、难产1800元以下由统筹基金全额支付，超出金额由单位支付。2004年8月，执行《资阳市雁江区企业职工生育保险试行办法》，生育保险按属地原则实行统筹。征集比例按上年度单位工资总额的0.7%征集，按月征收。企业缴纳的生育保险费在企业管理费中列支，职工个人不缴纳生育保险费。女职工产假期间的生育津贴按本人生育前12个月的平均缴费工资计发，顺产按1200元、难产按2100元支付。同月，区社保局制发《关于雁江区企业职工生育保险的实施意见》，将生育津贴标准调整为：顺产按3个月拨付，难产按3.5个月拨付，多胞胎生育按3个月再加，多1婴增加0.5个月拨付，流产、妊娠不满4个月按1个月拨付，满4个月不满7个月的按1.5个月拨付。2005年11月，将女职工的生育保险纳入统筹。全年，生育保险参保单位129个，参保职工5359人；征集基金23万元，支出8万元。1994—2005年共征收生育保险费424万元，支出218万元，历年积累206万元，累计欠费50万元。

第二十三篇 教 育

第一章 学校与教师

第一节 学 校

一、幼儿园

民国时期境内已有托幼组织。新中国建立后，幼儿园逐步发展起来，先期主要在城镇，后向农村扩展。20 世纪 80 年代初，教育部颁发《幼儿教育提纲》，以促进幼儿教育发展。至 1986 年，全县幼儿园总数达到 495 所。之后，政府允许并鼓励社会办园。1991 年，全县幼儿园发展到 545 所，其中教育部门和集体办园 536 所、私人办园 9 所。当年起，私人办园数不断增加，1996 年增加到 24 所，2000 年增至 184 所。21 世纪初，随着政府对学校布局的调整，农村幼儿园大幅度减少，村办幼儿园大多被撤销。2001 年，全区幼儿园总数下降为 60 所，次年再降至 39 所。2003 年全区幼儿园总数 193 所，以后社会办园有了新的发展，2005 年增至 396 所，多数属社会、私人办园。

二、小学

1986 年，全县各类小学校建成数 578 所，其中普通小学校 559 所，成人扫盲小学 19 所。村村都有规模不等的小学，且多为新建。至 1990 年，小学校总量增至 858 所。其中成人扫盲小学增至 355 所，是 1986 年的 18.7 倍；普通小学校减少到 503 所。随学龄儿童大幅减少，村办小学生源骤减，大多从减班开始，逐步被合并或撤销。1995 年全市小学减至 438 所，2000 年再减至 391 所，至 2005 年全区共有小学校 204 所。

成人小学是开展农民扫盲教育兴办的，在“七五”计划期间发展很快，“八五”计划期间因扫盲达标而大幅减少，至 1995 年全市仅保留 60 所。2000 年，资阳市成为“扫盲先进市”，停办成人小学。

三、中学

区内中等学校有普通中学、农职中学、中专技校、师范学校、成人中学、成人中专等门类，以普通中学为主。1986 年，全县有初级中学 39 所，高级中学 11 所。此后，随着“普及九年义务教育”的开展，初级中学校不断增加，一般乡镇均设初级中学。1987 年增设初中 1 所，1988 年增设 24 所，1993 年增加到 73 所。21 世纪初，初中学校生源日渐减少，学校布局随之调整。2000 年降至 67 所，2001 年再减少 3 所，2003 年降至 61 所，2005 年又增加至 64 所。高级中学校数量保持稳定。1986 年全县有高中学校 11 所，至 2005 年学校总数未变，但办学规模快速扩大。1986 年全县高、初中在校生 3629 人，2005 年增加至 16576 人，20 年增长 356.76%，年均增幅 17.84%。

职业学校始建于 1978 年，至 1986 年全县建有职业学校 5 所，其中农业类职校 4 所、工业类职校 1 所，以后至 2005 年基本保持稳定。工业类职校于 1991 年停办；农业类职校 1987 年减少 1 所，次年恢复，1989 年再减少 1 所，1992 年又恢复并一直保持到 1998 年。1999 年，针对用工需求形势，市内兴办职业技术学校。当年设职校 7 所，后几经调整，至 2005 年全区职校共 6 所。

区内有中等师范学校 1 所，20 世纪 80 年代招生规模较大。至 20 世纪末，因全市小学师资饱和，学校逐步缩小招生规模，21 世纪初改办职业教育。成人中专校是为粮食、供销、商业系统定向培养人才的学校，至 2000 年保持 1 所，2001 年停办。成人中学兴办于 20 世纪 80 年初期，是成人扫盲小学的提高班，规模大小不等。1986 年全县有成人中学 43 所，1989 年减为 36 所，次年增至 66 所，1996 年仅保留 1 所成人中学。

资阳市雁江区 1986—2005 年各类学校布局情况表

表 23－1　　单位：所

项目 年度	学校总数	中等学校					小学校			幼儿园	
		合计	普通中学	师范校	职业学校	成人中等校	合计	普通小学	成人小学	合计	其中：公办
1986	1172	99	50	1	5	43	578	559	19	495	486
1987	1151	97	51	1	4	41	568	554	14	486	477
1988	1095	119	75	1	5	38	564	541	23	412	402
1989	1241	123	82	1	4	36	709	513	196	409	399
1990	1396	153	83	1	4	66	858	503	355	385	373
1991	1194	89	83	1	3	2	560	475	85	545	536
1992	1179	90	83	1	4	2	549	467	82	540	531
1993	1153	91	84	1	4	2	510	450	60	552	546
1994	1133	91	84	1	4	2	498	438	60	544	538
1995	1124	91	84	1	4	2	498	438	60	535	529
1996	1023	85	79	1	4	1	437	437	—	501	477
1997	1050	85	79	1	4	1	423	423	—	542	417
1998	966	85	79	1	4	1	417	417	—	464	340
1999	973	88	79	1	7	1	408	408	—	477	332
2000	936	87	78	1	7	1	391	391	—	458	275
2001	463	81	75	—	5	1	322	322	—	60	—
2002	415	79	74	—	4	1	297	297	—	39	—
2003	532	80	72	—	7	1	259	259	—	193	—

续表

项目/年度	学校总数	中等学校					小学校			幼儿园	
		合计	普通中学	师范校	职业学校	成人中等校	合计	普通小学	成人小学	合计	其中：公办
2004	659	81	73	—	6	1	245	245	—	333	—
2005	682	82	74	—	6	1	204	204	—	396	—

四、学校选介

雁江区第一幼儿园 1953 年在城区后西街建成，占地 2400 平方米，房建面积 1500 平方米。1991 年 2 月被命名为“内江市标准化示范园”，1993 年 6 月被命名为“省级示范园”，1994 年被确定为内江市一级一类幼儿园。2005 年，全园有教职工 48 人、教研组 4 个，招有 9 个班 420 名幼儿。

雁江区第一小学 1914 年在城区下西街建成，时为资阳县屠商私立女子师范学校附属小学。新中国建立后单设为县立第一小学校，2005 年全校有教师 210 人、教学班 73 个、学生 4000 余人。1986—2005 年，先后被评为全国“双合格”学校、省级校风示范校、绿色学校、资阳市示范性小学。

资阳中学 创办于 1906 年，1979 年受到国务院嘉奖，1981 年被列为四川省首批重点中学，1993 年通过省级重点中学验收，次年被省教委重新认定为省级重点中学。学校旧址位于城区上西街，占地 5.3 公顷，有标准室内外运动场，建筑面积 5.4 万平方米，21 世纪初被拆建为商住楼，校址移至城西。新校区于 2004 年建成使用，占地 20.73 公顷，校舍建筑面积 6.4 万余平方米，有塑胶运动场和较完备的信息技术教育设备设施。2005 年有教学班 60 个 4300 余学生；有专任教师 215 人，其中特级教师 3 人、中教高级 105 人、中级一级 85 人，1986—2005 年有 15 人（次）被聘为各类国家级学会会员，12 人（次）被评为地市级学科尖子，50 人次获全国优秀班主任、先进教育工作者、劳动模范、省市优秀校长称号。

伍隍中学 1925 年创办，首为寿民公学。1927 年改作私立，称伍隍场寿民中学。1942 年首设高中部，时已在川内有名，为四川第二所知名私立中学，后改作公办。1962 年定名伍隍中学。2004 年被确定为四川省示范性普通高中。2005 年学校占地 6.7 公顷，校舍建筑面积 3 万余平方米，有教职工 197 人，其中中教高级教师 20 人、中教一级 68 人。1986—2005 年，全校获全国优秀教师称号 1 人、省级优秀教师 4 人、市级优秀教师 16 人、名师后备人才 7 人、市级学科带头人 2 人。

雁江区第一中学 1962 年创办，1980 年称资阳县城关中学，1993 年改称资阳市第一中学，2000 年更作现名。学校位于城区西街，占地 1.87 公顷，校舍建筑面积 1.84 万平方米。2005 年有教学班 78 个，其中高中 34 个、初中 44 个，在校学生 5800 多人；有专职教师 356 人，其中高级教师 63 人、中级教师 183 人。

中和中学 创建于 1958 年，占地 3.33 公顷，校舍建筑面积 2 万平方米。2005 年学校有教职工 130 多人、教学班 38 个、在校学生 2500 多人。

雁江职中 1988 年 9 月开办，时名资阳县第一职业中学，2000 年更名为雁江区高级职业中学。位于城区雁江路 29 号，占地 1.53 公顷，校舍建筑面积 5.82 万平方米，操场等体育活动场地及校厂等 0.75 万平方米。学校开设有两年制职高班、三年制职业中专班，与绵阳职业技术学院联招初中毕业起点五年制职业大专班。2005 年被认定为资阳市首批重点职业学校。

资阳师范学校 原为私立女子师范学校，创办于 1914 年。中华人民共和国成立后转为公办，称资阳师范学校。20 世纪末教职工总数达到 182 人，其中讲师 54 人。1986 年以来先后被确定为四川省重点师范校和省级校风示范校。2000 年 3 月，该校调整为资阳市直管学校。

第二节 教 师

一、来源及结构

新中国成立之初，教师多为旧公学、私立学校原任教师。20 世纪六七十年代，政府坚持公办、民办“两条腿走路”的办学方针，学校数量随之增加；在编教师大多是师范院校毕业生和“接班补员”人员，总量明显不足。农村中小学为解决师资不足问题，从回乡知识青年、下乡知青、转业军人中招聘民办教师。1986 年，全县教职工总数 9162 人，其中民办教师 3035 人、占 33.13%。之后，政府在完善教师输入体系的同时，分期分批按政策将优秀民办教师转为公办教师，至 1998 年，全市民办教师转公工作完成。1996 年，政府取消师范院校毕业生包分配模式，用人学校按需求向教育、人事部门申报录用教师。1986—2005 年，教师数量有增有减，总体趋于稳定。1990 年全县教职工总数 9164 人，比 1985 年减 1.3%；1995 年比 1990 年增 7.4%；2000 年比 1995 降 4.8%；2005 年 9274 人，其中专任教师 7612 人，总数比 2000 年降 1.0%。

1986 年，全县教职工队伍中初中及以下文化程度教职工由 1975 年的 1732 人下降为 324 人，占当年教职工总数的 3.54%；高中、中师文化 7076 人，占 77.24%；大专文化 1203 人，占 13.14%；大学文化 555 人，占 6.10%。1995 年，初中及以下文化程度教师数量下降为 242 人，占 2.45%，比 1986 年减少 1.09 个百分点；高中、中师文化 5949 人，占 60.42%，降 16.82 个百分点；大专文化 2104 人，占 21.37%，增 8.23 个百分点；大学本科及以上学历 1651 人，占 15.76%，增 9.66 个百分点。至 2005 年，全区 9294 名教职工中有专任教师 7612 人。其中初中及以下文化 73 人，占教师总数的 0.96%，比 1995 年降 1.49 个百分点；高中、中专文化 2302 人，占教师总数的 30.24%，降 30.18 个百分点；大专文化 3797 人，占教师总数的 49.89%，增 28.51 个百分点；本科及以上文化 1440 人，占教师总数的 18.92%，增 3.16 个百分点。在当年教师学历达标考试考核中，小学、初中、高中（中专、职高）教师学历达标率分别为 97.1%、79.0% 和 65.0%。

资阳市雁江区 1986—2005 年教职工队伍变化情况表

表 23－2 单位：人

项目 年度	教职工	中等学校						小学校			幼儿园	
		合计	普通小计	中学其中：公办	师范校	职业学校	成人中等校	普通小计	小学其中：公办	成人小学	小计	其中：公办
1986	9162	3211	2690	2455	56	147	318	5157	4945	64	730	597
1987	9077	3280	2810	2588	60	106	304	5051	4831	14	732	600
1988	8643	3388	2908	2682	58	137	285	4580	4354	29	646	560
1989	9004	3539	3006	2771	59	158	316	4616	4386	168	681	541
1990	9164	3647	3139	2974	62	181	265	4539	4304	122	856	589

续表

项目/年度	教职工	中等学校						小学校			幼儿园	
		合计	普通小计	中学其中：公办	师范校	职业学校	成人中等校	普通小计	小学其中：公办	成人小学	小计	其中：公办
1991	9335	3647	3280	3040	85	245	37	4580	4350	128	980	860
1992	9396	3683	3292	3057	103	249	39	4601	4370	128	984	862
1993	9396	3682	3273	3033	111	257	41	4351	4127	128	1235	1136
1994	9595	3717	3290	3057	112	274	41	4527	4317	128	1223	1123
1995	9846	3774	3347	3081	118	268	41	4766	4550	128	1178	1079
1996	9830	3808	3395	3178	125	269	19	4948	4738	—	1074	921
1997	9933	3727	3337	3158	125	247	19	5326	5144	—	880	672
1998	10160	3738	3346	3192	135	239	18	5597	5451	—	825	625
1999	10067	3837	3422	3267	147	250	18	5464	5320	—	766	545
2000	9376	4097	3624	3464	189	266	18	4611	4502	—	668	413
2001	9270	4585	3851	3655	192	542	—	4358	4358	4155	327	124
2002	9005	4651	4097	3908	194	360	—	4081	4081	3915	273	118
2003	9342	4826	4209	4105	189	301	—	3886	3886	3751	630	116
2004	9265	4767	4256	3993	186	325	—	3675	3675	3547	823	110
2005	9274	4725	4228	4011	172	325	—	3563	3563	3456	986	106

二、教师待遇

党的十一届三中全会后，教师政治地位得以恢复，尊师重教成为社会新风尚。1985 年国家确定每年 9 月 10 日为教师节，进一步落实教师的相关待遇。1986—2005 年间，全区共有 750 多名教师被推选为省、市、区人大代表和政协委员。其间，区内还执行“接班补员”政策，先后解决 1200 余名教职工子女的就业问题；为 3000 多教职工子女落实高考加分优惠待遇；帮助 1600 多名教职工解决家属及子女“农转非”；采取集资建房办法和优惠购房措施解决教职工住房问题。教职工不仅享受与公务员同等的福利待遇，还在休假和退休等方面享受相应优惠政策。在落实教师劳动报酬方面，资阳县于 1987 年 5 月就实行教师职称工资制。通过续聘和新聘，至 2005 年全区 6246 名教师取得相应职称，其中小学教师 2460 人、初中教师 2721 人、高中教师 814 人、职中教师 251 人。取得初级职称教师 3199 人，其中小学教师 1239 人、初中教师 1616 人、高中教师 217 人、职中教师 127 人；取得中级职称教师 2673 人，其中小学教师 1210 人、初中教师 992 人、高中教师 372 人、职中教师 100 人；取得高级职称教师 374 人，其中小学教师 11 人、初中教师 114 人、高中教师 225 人、职中教师 24 人。在职称评聘同期，改等级工资为结构工资，教职工工资由基础工资、职称工资、津贴和奖励工资 4 部分组成，其中津贴又分工龄津贴（每年工龄 0.5 元，后改作 1 元）和教龄津贴（5 ~ 10 年教龄每月补助 3 元，10 ~ 15 年 5 元，15 ~ 20 年 7 元，20 年以上 10 元）。1993 年 10 月又改结构工资为职级工资制，进一步将教师的劳动报酬与所评聘职称挂钩。1986—2005 年，教师工资经 9 次调整，月人均工资额由 1986 年的 89.68 元升至 2005 年的 1149.17 元，累计增长 1181.2%，年均增幅 59.08%。

三、教师培训

教师进修校、教师培训中心为全区教师进修培训基地。资阳县教师进修校于 1982 年在双龙井建成，占地面积 0.4 公顷、校舍建筑面积 3526 平方米，于 1998 年 8 月 12 日与资阳师范学校合并。教师培训中心于 2001 年 8 月 8 日在八角井建成，房建面积 2300 平方米。1990 年前，培训对象多为一线任课教师，之后扩大到学校图书管理员、班主任、学校后备干部、团干部、骨干教师、教导主任、校长等。1995 年起，开展中小学教师继续教育培训工作，培训内容为教师职业修养、教育政策法规、教育基础理论。次年，市进修校专门设立教学点，每学期安排教师到点授课 4～6 天，计 30～50 课时。1999 年，开展普通话、三笔（钢笔、毛笔、粉笔）字、教学简笔画、组织教育活动、教具制作与使用为主要项目的职业技能训练。2003 年后，培训机构在暑假组织初中、小学起始年级任课教师进行新课程培训，同时举办普通话、信息技术、"入世"知识培训。至 2005 年，常规培训教师 2 万余人次，其中幼儿园教师 1000 余人次、中小学教师 1 万余人次（包括民转公教师 1200 余人次）；培训图书管理员 74 人次、优秀班主任 78 人次、学校管理干部（校长、主任）1620 人次、骨干教师 498 人次 。

第二章　教育教学

第一节　普通教育

一、幼儿教育

1986 年，全县在园幼儿总数 27820 人，幼儿入园率 79.4%。1988 年允许私人办园后，幼儿教育出现多元发展局面。各类幼儿园由县教育局、区（乡镇）教办、乡镇中心校分级统管，不以盈利为目的。幼儿教育健康发展，但发展不尽平衡，城镇幼儿入园率高于乡村。"八五"计划时期幼儿入园率高于"七五""九五""十五"时期。"八五"期末在园幼儿 56560 人，分别是"七五"期末 19819 人的 2.85 倍、"九五"期末年 21522 人的 2.63 倍、"十五"期末 19824 人的 2.85 倍。其原因是"七五"期间农村尚未普及办园，"九五""十五"期间大多数农村幼儿随在外务工父母外出并在外地入园。2002 年全区幼儿招生仅 8544 人，占 2000 年幼儿招生数的 39.6%。

幼儿教学班分小班、中班、大班、学前班。幼儿学前教育的方向是以智力开发为主，开设有语文、数学、音乐、美术、体育、常识等教学科目。语文以学汉语拼音、简单的汉字书写为主，数学以数数和 20 以内加减法为主，美术以描绘、画画为主。每个幼儿园均设置儿童游乐设施，开展健康有趣的游戏活动。

二、小学教育

1986年以来，教育部门贯彻《中华人民共和国义务教育法》，落实初等义务教育措施。全县学龄儿童“四率”（入学率、在校学生巩固率、小学生毕业率、初等教育普及率）等各项指标完成较好。至1990年，全县小学教育学龄儿童入学率达98.4%，在校学生巩固率104.3%，小学生毕业率98.1%，初等教育普及率94.8%。硬件建设亦得到加强，经检查验收各乡村小学基本达到“一无三有”（无危房，有合格教师、校门、围墙）目标。至1995年“四率”分别提高到99.0%、106.1%、98.8%、95.7%。

随着出生人口减少和农民外出务工潮兴起，学龄儿童外流，小学生招生数、在校学生数、毕业学生数除20世纪90年代逐年有小幅增长外，其余年度呈减少趋势。1990年，全县小学招生人数11653人，比1986年的19861人减少8208人，降41.33%；在校学生数89755人，比1986年的142571人减少52816人，降37.05%；小学毕业生人数20803人，比1986年的18614人增加2189人，增11.76%；小学毕业生升入初中13812人，升学率66.4%，比1986年减少6个百分点。1995年全市小学招生人数25469人，在校学生数101692人，小学毕业生数14821人，分别比1990年增长118.56%、13.3%和下降28.76%。80年代中期“普九”（普及小学六年加普及初中三年）教育启动后，小学升初中升学率不断增加。1995年全市小学生升初中14080人，升学率95.0%，比1990年增加28.6个百分点。“九五”期间，随着资阳地区的建立，入驻单位和人口增多，在校学生有所增加。1998年，在校学生数增加到133486人，创“七五”初期以来的新高。2000年小学招生人数减少到12580人，比1995年降50.61%；学龄儿童入学率99.82%，比1995年增加0.82个百分点；小学在校生119400人，比1995年增加17708人，增11.41%；小学生毕业22982人，升入初中22470人，升学率97.8%。“十五”期间，学龄儿童入学率稳定，小学招生数、在校生数、毕业生数呈逐年下降趋势。2005年，学龄儿童入学率99.9%，小学招生数、在校生数、毕业数分别减少到10347人、66648人、12077人，分别比2000年下降11.15%、44.18%和47.45%。

20世纪80年代初期小学五年制改为六年制后，小学一、二、三年级开设有思想品德、语文、数学、体育、音乐、美术课，四年级增开自然、劳动课，五年级增开外语、地理，六年级增开历史。1995年小学增开健康教育课。2002年，国家改革基础教育课程，增开综合实践、信息课程。在教育教学方式方法上，1986年后实施“以教导学、以法促学、教学统一”的教学方法，尽可能提高学生观察、思维、理解、表达能力。1988年起全面实施教材、教法、学法改革，着手推行“预习、质疑、精讲、练习、总结”教学方法，语文教学强调普通话和文字规范化。1993年，再次将减轻学生负担提上议事日程，要求小学一年级学生不布置家庭作业，二、三年级学生家庭作业时间不超出半个小时，四年级学生家庭作业时间不超过45分钟，五、六年级不超过1小时。1998年启动“建立学法体系，教会学生学习”教改实验，实验以培养学生创新能力为主题，取得成功经验后在全市各小学推广。次年全面实施学生素质教育，以培养学生综合能力和创造性思维开发能力为主，逐渐推广“愉快教学”“情景教学”“尝试教育”“创新教育”新方式。2001年后，配合素质教育，在全区各小学广泛推行“听、评、研、说、赛、导”新教法。

资阳市雁江区 1986—2005 年小学、幼儿教育情况表

表 23－3　　单位：人

项目 / 年度	普通小学教育							幼儿教育	
	在校学生	其中：教育部门和集体办	当年招生数	学龄儿童入学率（%）	当年毕业数	升初中数	升数率（%）	在园幼儿	其中：教育部门和集体办
1986	142571	140056	19861	99.90	18614	13479	72.4	27820	26418
1987	133177	130557	12642	99.50	17831	12440	69.8	27934	26590
1988	117449	114918	15487	98.90	24572	14131	57.5	18997	18075
1989	103163	100826	15547	99.00	24210	14929	61.7	19099	18153
1990	89755	87687	11653	98.40	20803	13812	66.4	19819	18518
1991	79650	78040	14310	98.00	14700	13110	89.0	46170	44350
1992	80530	78852	14634	99.00	15054	13415	89.0	47291	45555
1993	82473	80800	15388	99.00	12646	12503	98.0	58166	56592
1994	91044	89426	22955	99.00	14254	14059	98.0	58646	56907
1995	101692	100053	25469	99.00	14821	14080	95.0	56560	54572
1996	115843	114145	26099	99.70	11976	11508	96.1	44365	42569
1997	130933	129069	25375	99.81	10460	9750	93.2	34805	30768
1998	133486	131860	17704	99.98	15100	14636	96.9	30161	26113
1999	129804	128182	11948	99.97	15614	15579	99.8	24965	19391
2000	119400	117732	12580	99.82	22982	22470	97.8	21522	14284
2001	105774	100493	12160	99.10	25530	25275	—	16447	12141
2002	92177	87885	12816	99.20	26333	24621	—	13276	10629
2003	79388	75945	12668	99.30	25150	23836	—	20570	10818
2004	72253	69367	11686	99.90	17580	18512	—	21673	1980
2005	66242	63793	10347	99.90	12077	11807	—	19824	1064

三、中学教育

1986 年，全县普通中学有在校学生 45108 人。当年毕业 12569 人，其中高中毕业生 862 人、初中毕业生 11707 人；高中毕业升入大专院校学生 343 人、中专 47 人，升学率 45.2%；初中毕业生升入普通高中 2135 人、中专 230 人，升学率 20.8%。“七五”计划期间，高中仍处于计划招生控制期，普通中学教育各项指标呈下滑趋势。1990 年，全县普通中学在校生 36264 人，比 1986 年减少 8844 人，降 13.6%；毕业生人数 9868 人，比 1986 年减少 2701 人，降 21.5%；升入上一级学校 2790 人，高、初中毕业生升学率分别为 35.7% 和 26.9%。“八五”期间，初中教育基本普及，高中招生逐年递增，全县（市）普通中学教育各项指标呈增长趋势。1995 年全市在校学生 45676 人，比 1990 年增加 9412 人，增长 26.0%；毕业 14531 人，增加 4663 人，增长 47.3%；升入上一级学校 3497 人，增加 707 人，高、初中毕业生升学率分别为 41%、22%。“九五”期间，适度放宽初中毕业生升高中限制，扩大高中教学规模。2000 年，初中升入普高人数由 1995 年的 2252 人增加到 2725 人，升学率

34.0%、比1995年提高12个百分点；全市普通中学在校生人数61078人，比1995年增加15402人，增长33.7%；高中毕业生升入大专院校1782人，升学率提高到64.0%、比1995年增加23个百分点。“十五”期间，初中教育普及率提高到98.4%，高中进一步扩大办学规模，初中毕业生基本都可以升高中就读。2003年，普通中学在校生人数达到历年最高的84015人，比2000年增加22937人，增长37.6%。2005年高中毕业生人数达到4818人，为历年最高，是1986年的9.6倍。其间，随着大专院校招生进一步放开，高中毕业生升学率迅速提高。

1982年，恢复普通中学正常学制（高、初中各3年）。初中一年级开设政治、语文、数学、外语、历史、地理、生理卫生、植物、体育、劳动技术、音乐、美术课，初二增开动物、物理课，初三增开化学课。2002年，国家实施基础教育课程改革，初中课程设置随之调整，但总体变化不大。高中一年级设置政治、语文、数学、外语、历史、地理、物理、化学、生物、体育、劳动技术课；高二开始文理科分班，政治、语文、数学、外语为文理科统开课目，文科加历史、地理课，理科加物理、化学课；高中另有选修课。1992年，高中增开时事政治课，高一每学期增开至少不少于5课时的人口教育课，选修课在高一、二年级三类选修课至少开设两类，劳动和社会实践课每学期不少于一个星期，高三适当减少选修课。1995年，初、高中增加晨会和团队、科技活动及本地安排课程。2002年，高中增加信息技术、体育、保健、艺术及综合实践等课程，同时开展一定课时的国防、环境、人口教育课。

初中教育注重打基础、防分化。在教学方法上，1986年推广综合启发式教学法、物理综合教学法、化学综合法教学、外语“适当集中、反复循环、阅读原著、因材施教”教学法和语文课堂结构改革教学法等。1991年推广政治课“读读、议议、练练、讲讲”教学法、语文课情趣教学和单元教学法、数学课逻辑思维与逆向思维训练法、物理课启动式教学法、化学课直观教学法、历史课纵讲横联教学法、地理课图文结合直观教学法、英语课拼读入门阅读主导法。1998年，市教育部门推行初中教育“一轴、三法、五系”教学模式，即以调动学生学习积极性、主动性和能动性，激励、稳定和发展学生的内在动力，培养学生主体意识和高效参与意识，注重学法的内在转化为主轴；以教法、学法、训练法为纬；以内容、目标、操作、评价、管理五体系为经。2004年起，强化初中生素质教育，区教育局要求教师要观念新、思路清、起点高、步子稳、力量强、过程实，转变教育观念，更新教学方法，全面提高学生的综合素质；多次组织优质课比赛、送课下乡和教学经验成果推广等活动，把现代信息技术教育、远程教育等现代教育手段运用到教学实践。

高中教学在各时期有不同特点。1986年，推广湖北天门市常规教学方式，科学处理《教学大纲》、教材与资料的关系，把科任教师和毕业学生从“题海战术”中解放出来。1986—1991年，资阳县高中毕业生年平均升学率39.9%，比内江全市平均升学率38.2%高出1.7个百分点。1992年，省教厅提出高中教育要“减轻负担、提高质量、加强基础、培养能力、提高素质、发展个性、理论与实践相结合”，全县高中教师和各学科教研组广泛探索实践新的教育方法。1998年起，实施高中生素质教育，重树教育观念，明确教与学的关系；注重以学生为主体，师生平等交流，教与学相得益彰；积极实施启发式、主体性教育，激发学生独立思考和创新意识；培养学生收集处理各类信息、获取知识，分析解决问题的能力。2001年以后，高中教育广泛运用计算机网络技术，逐步形成现代高中教学新模式。

资阳市雁江区 1986—2005 年普通中学教育发展情况表

表 23－4　　　　单位：人，升学率:%

项目/年度	当年招生数	在校生		毕业情况			升学情况						
		合计	其中：公办	合计	高中	初中	合计	高　中			初　中		
								大学	中专	升学率	普高	中专	升学率
1986	15614	45108	43517	12569	862	11707	2755	343	47	45.2	2135	230	20.8
1987	14643	44803	43495	12934	1292	11642	3120	412	66	37.6	2203	439	22.7
1988	15747	40639	39237	12544	1243	11301	2451	400	113	41.3	1616	322	17.2
1989	16606	39645	38113	11812	1566	10246	2756	451	118	36.3	1677	510	21.3
1990	15528	36264	34768	9868	1590	8278	2790	454	113	35.7	1716	507	26.9
1991	14960	42650	41040	13310	1460	11850	3315	587	53	44.0	1850	385	19.0
1992	15345	42965	41375	13621	1493	12128	2955	559	54	41.0	1930	412	19.0
1993	14016	42598	41166	13933	1552	12381	1699	590	79	43.0	1513	517	16.0
1994	16174	43875	42429	13466	1835	11631	3196	628	36	36.0	2115	417	22.0
1995	16332	45676	44394	14531	1832	12699	3497	706	41	41.0	2252	498	22.0
1996	13735	45811	44704	12939	1443	11496	3594	784	38	60.0	2227	545	24.0
1997	12782	42542	41580	15900	1940	13960	4845	1097	18	57.0	3032	698	27.0
1998	17865	43872	42971	15929	2108	13821	5118	1179	32	57.0	3229	678	28.0
1999	18481	48238	47117	13450	2066	11384	3487	1097	10	54.0	2902	478	30.0
2000	25195	61078	59694	12278	2811	9467	4989	1782	6	64.0	2725	476	34.0
2001	29537	72340	—	18040	3052	14988	14732	1917	—	62.8	12487	328	85.5
2002	29427	81623	—	18176	3242	14934	12126	2464	—	75.9	8377	1285	64.7
2003	28832	84015	—	24082	2987	21095	14776	2267	—	75.9	10768	1741	59.3
2004	24374	78683	—	26709	3316	23333	17883	2904	—	86.0	13385	1594	64.2
2005	18871	61605	—	27563	4818	22445	17456	3720	—	77.2	10508	3228	61.2

注：大学含本科、专科

第二节　特殊教育

1992 年 4 月，县特殊学校建成。学校位于市区西郊，占地 3600 平方米，校舍建筑面积 2200 平方米，内设专门教室 6 个，办公室 3 个，多功能活动室、律动室、音乐室、教具仪器室各 1 个和学生食堂、宿舍、浴室、冲水厕所等设施，配备受过专门培训的教职工 29 人。建成当年，秋季招生 100 余人，根据残障状况分别编入培智班（1 个）和视障班（1 个）、听障班（4 个）。在特殊学校就读的残障儿童在学校专门人员的管护下住校学习，不再需父母或亲人护理接送。政府免除残障学生课本费、教辅资料费、杂费，每个月补助每生一次往返学校与家庭的交通费和 100 元生活费。1998 年，首批残障儿童毕业。2000 年，毕业 40 人，新招残障学生 27 人，在校残障学生共 216 人。21 世纪初 5 年，办学规模有所缩小。2005 年有在校残障学生 118 人，教职工 24 人，其中专任教师 17 人。

盲聋哑及智障儿童教学班学制均为6年。特殊教育分文化教育、心理教育、康复训练三方面。文化课开设语文、数学、音乐、美术；心理教育课侧重学生自尊、自信、自立、自强教育，使之保持良好的心理素质；康复训练与体育课、卫生课相结合。自开办之年至2005年，累计毕业残障学生340人，经区教育部门考试检测，毕业残障学生基本达到小学文化水平，能写出较通顺的作文和简单的应用文，聋哑生能用手语与常人交流，盲生能识盲文1000字以上。2005年经有关部门调查，雁江区7~15岁“四残”（智残、盲、聋、哑）儿童入学率超过50%。

第三节 职业、专业教育

一、职业教育

区内职业技术教育起于1982年，生源为初中毕业生，每年与普高、中专同期招生。至1986年，全县有4所职业中学、在校学生1357人。“七五”时期，由于各种因素的困扰，职业教育呈下滑趋势。1990年全县招收新生467人，比1986年减少75人，降13.8%；在校学生1168人，减少189人，降13.3%；毕业学生302人，减少99人，降24.7%；在校学生巩固率78.1%。1991年，县政府将职业教育发展纳入“八五”计划。县教育部门亦采取措施改变单一的农职教育，发展工业类、社会服务类专业；在经费、物质等方面向职业教育倾斜，解决职校所需的实验、实践场地及设备；推行“五放开一自主”改革，赋予各职校以办学自主权。当年，全县新增3个职高点（包括普通中学附设职高班），新增招生255人，新增在校学生637人。1994年，全市职业技术学校招收新生1084人，有在校学生2710人，分别比1990年增长132.12%和132.02%，两项指标均为创办职业中学以来的最高值。当年全市有职业教育班66个，各职校管理农业种植类职业教育实验田4.13公顷，工业类学生有实习车间18个，496名毕业生中481人被安排介绍就业或自谋职业。

“九五”计划初，职业技术教育有一个短期回落期。至1997年在校学生下滑至1190人，不足高峰年1994年的一半。市教育部门组织人员到沿海地区考察，吸取发达地区职业教育经验，根据劳务市场需求增加职教专业，淘汰部分已不能适应新形势需求的农职类专业和地方服务类专业。2000年，招收新生1584人，是1995年招生数的2.3倍；在校学生3133人，是1995年的1.8倍；662名毕业生除18人自谋职业外均顺利就业。

21世纪初，取消高校、中专毕业生统分统配，职业教育逐渐显示优势。2001年起扩大招生规模，实行春、秋两季招生，当年招生超过2000人，达到2246人；2004年破4000大关，达到4132人；2005年达到4187人；“十五”期间累计增长164.33%，年均增幅32.87%。2005年，在校职高生数达到职校创办33年来最高值8684人，是2000年的2.77倍，年均增长32.24%；毕业生1826人，比2000年增加1164人，增长175.83%。毕业生在1月内就业8510人，就业率98.0%。

20世纪80年代后期和90年代初期，职业中学开设有文化课、专业课。文化课按普通高中理科高考科目设置，专业课分农职类和工职类、服务类。其中，农职类分养殖专业和种植专业，对应农学院设置科目；工职类课程科目与省内相关中专校比照设置；服务类有机电、汽车修理、导游等专业。

1990年，国家教委修改职业中学课程设置，减少文化课，为职中学生减负。1994年起，职中学生文化课根据对应专业需要而设置。1996年，国家教委提出职业教育“确保重点专业，压缩短线专业，提高学生素质，增强专业技能”方针，市教育部门以建立“教学、生产、科研”三结合教育体系为目标，对职中文化课、专业课、实习课的课时安排作了调整，理工农医类课时比为3∶3∶4，文科类4∶3∶3；对部分技能要求较强的专业增加实习课时，文化、专业、实习课课时比例为2.5∶2.5∶5。1998年以后，为适应市场经济发展变化和学生就业及技术革新需要，对各职业中学专业设置作出多次调整，在2000年以前压缩种养殖专业，扩大二产业相关专业。21世纪初，按照中共中央、国务院《关于大力发展职业教育的决定》，对职教专业设置再次作出调整，主要向科技含量高的电子技术、机械制造业拓展。至2005年，区职教专业设置有计算机制应用、电子电器应用与维修、电子技术应用、旅游服务与管理、文秘、烹饪、汽车维修、电子商务、工艺美术、机电等专业。职教工作把学生职业素质教育放在首位，教学内容贴近企业用人要求和国家技能标准，注重理论与实践相结合，多采用校企结合、工学结合、产学结合模式。

二、专业教育

1986—2005年，区内先后存续的中等专业教育学校有资阳师范学校、资阳中等卫生职业学校、资阳中等机械学校、资阳理工学校、资阳技工校等。资阳师范学校是省级重点师范学校，创办以来为地方初等教育培养了大量教师。“七五”期间，每年招收新生3~4个班，每年在校学生稳定在500名左右。“八五”期间，根据小学师资的需要扩大招生量，每年招4~6个班。至1995年有在校生945人，比1990年增85.3%。“九五”时期，每年招收新生9~10个班，在校学生平均每年逾千人。1998年与资阳教师进修校合并后发展更快，2000年有在校生1386人，比1995年增长46.7%，是1986年的2.9倍。1998年后，增加了教师培训、职业培训任务，学生招收量前期增加，后期稳定。2002年招收学生数达到历史最高值，全年招收17个班857人。2003年在校生人数1735人，为1986—2005年间最高值。从2003年起调减招生量，2005年招生470人，有在校学生1344人，比最高年2003年降22.54%，与“九五”期末持平。

其他普通中专主要为境内各企事业单位培养管理、技术、经营人才，学制为1~2年；适时开办短训班，但无严格的专业系统。1986年，全县有一定规模的中专校共招收新生10个班593人，有在校学生1185人、教职工167人。90年代以后逐步收缩办学规模，每年每校招生1~2个班，在校生人数逐年减少。1992年降至此前最低的198人，次年开始增加，至1995年再增至650人。以后又不断增减，1997年降至220人，2000年又增加至250人。21世纪初，区内中专校基本停止办学。

资阳市雁江区1986—2005年职业、专业教育发展情况表

表23-5 单位：人

年度＼项目	职业教育			专业教育						
				招生人数			在校生数			毕业人数
	招生人数	在校生数	毕业人数	合计	师范	中专	合计	师范	中专	
1986	542	1357	401	801	208	593	1666	481	1185	403
1987	411	1030	309	818	206	612	1699	465	1234	478
1988	500	1250	375	787	152	635	1692	470	1222	460
1989	485	1212	363	728	154	574	1518	490	1028	623
1990	467	1168	302	727	204	523	1544	510	1034	617
1991	722	1805	604	307	209	98	804	479	325	203
1992	763	1907	572	209	159	50	668	470	198	198

续表

项目/年度	职业教育			专业教育						
	招生人数	在校生数	毕业人数	招生人数			在校生数			毕业人数
				合计	师范	中专	合计	师范	中专	
1993	883	2207	664	577	256	321	1246	620	626	235
1994	1084	2710	496	575	258	317	1501	875	626	278
1995	684	1701	527	631	308	323	1595	945	650	324
1996	486	1217	381	590	490	100	1166	946	220	298
1997	476	1190	369	550	450	100	1320	1100	220	280
1998	646	1614	574	663	560	103	1455	1175	280	346
1999	888	2221	689	688	580	108	1574	1294	280	469
2000	1584	3133	662	528	528	—	1636	1386	250	360
2001	2246	5096	604	253	253	—	1247	1247	—	374
2002	1478	3028	1233	857	857	—	1614	1614	—	490
2003	2279	4732	1022	644	644	—	1735	1735	—	510
2004	4132	6932	939	230	230	—	1726	1726	—	239
2005	4187	8684	1826	470	470	—	1344	1344	—	644

第四节　成人教育

一、农民教育

农民教育以农民扫盲教育、农业技术培训两种形式为主。1950 年起，资阳县开展农村扫盲工作，一般利用农闲时间，采取分散与集中相结合的形式，对农民中的文盲、半文盲进行识字教育。扫盲教师由大队、生产队回乡知识青年或假期由校返乡的高初中学生担任。20 世纪 80 年代初，尝试以办学的方式开展农民识字扫盲教育。1985 年，全县有成人小学 64 所、在读成人 3077 人、扫盲教师 55 人；成人中学 55 所，在读成人 3755 人，教师 174 人、每所平均 3.2 人。1987 年全县成人小学数降至 14 所，在读成人 974 人；成人中学 40 所，在读 2487 人。1989 年，县政府制发《资阳县扫除文盲实施办法》。当年成人小学增至 196 所，有在读成人 32516 人，分别是上一年两项指标的 8.5 倍和 11.4 倍；成人中学 35 所，在读 2994 人，与上一年持平。1990 年是国际扫盲年，全县扫盲力度加大，成人小学增至 355 所，成人中学增至 65 所，分别比上一年递增 81.1% 和 85.6%；在读成人小学、中学人员分别为 97800 人和 32419 人，分别比上一年增 200.1% 和 982.8%。当年全县 4475 名中小学教师和大、中学学生加入暑期扫盲，有 4144 名文盲脱盲。1991 年各区辖乡均办起农技校，撤销成人中学，将扫盲教育与农民技术培训结合起来。2000 年资阳市教委被评为资阳地区扫盲工作先进单位。2005 年经上级抽查验收，全区 15 周岁以上人口文盲率达到国家扫除文盲标准。

20 世纪 80 年代初，农村以家庭为单位的联产承包责任制实施以后，农村实用技术培训工作提上议事日程。至 1986 年，农村实用种植、养殖技术培训已成体系，一般以乡、村为单位集中举办培训班的形式进行。培训班分长训班和短训班，长训班一般为2周至1个月，短训班在1星期以下。培训的内容为农作物栽培、育苗、植保、田间管理、轮作休耕、免耕、牲畜养殖、繁育、家禽养殖、鱼养殖等农业技术。1989年全县先后办农村专用技术长期培训班503个，共有3.4万人次参训，大多为村社干部、专业户；办短期培训班613期，9万多人参训，大多为普通农民。到90年代初，乡村基层干部、专业户基本轮训了3~5期，普通农民轮训了1~2期，每个农民都懂得1~3门实用技术，故相对减少了培训期数和人数。1991年办长训班311期，1.6万人参训；短期班588期，4万人参训。90年代中期，各乡镇、部分村办起农技校，市农业部门购进并下发大量省编《农村技术教育活页教材》，农民技术教育进一步规范化、系统化。1995年全市办农业长、短技术培训班917期，10万余人参训。90年代后，大量青壮年农民外出务工，农民技术教育相对滞后，但政府仍未放松对农民的农业实用技术培训。2000—2002年，共办各类技术长班904期，9.1万人次参训；短班（缩短到1~2天）1007期，12.9万人参训。2003年起，将农民技术教育与劳务输出结合起来，技术培训增加了与农民务工相关的内容，至2005年长训班培训务工农民2933人，短训班培训务工农民4万余人。

二、职工教育

成人中专　20世纪80年代初，县内设有1所成人中专学校，主要为商业、供销、粮食等系统培养人才。1986年，学校有教职工43人、学员537人，此后至1992年学员逐年减少。1993— 1994年，粮食系统新招职工到校培训，学员数增加到626人，为历年最高值。之后至2000年，常年学员数保持在200~300人之间。

广播电视学校　区内的广播电视学校（站、点）有中央农业广播电视学校资阳（雁江）分校和四川广播电视大学内江分校资阳（雁江）工作站。农广校先后开设有农学、畜牧、蚕桑、林业、果树、畜牧兽医等专业。四川广播电视大学内江分校资阳工作站办学规模相对较大，1986年开设有行政管理、汉语言文学、财会、工商、法律等9个专业，共16个班次，有学员400余人。1991年增开4个中专班，此后专业、班次有所减少。1994年大专班减少到7个，中专班减少到2个，有学员330人。1998年开设本科班。至2005年，农广校累计招生4000多人，毕业3000多人；电视大学累计招生5509人，其中本科407人、专科4950人、中专152人，毕业4478人，其中本科407人、专科4071人。

函授教育　1978年，资阳县设立成人函授教育管理站，各区设立函授分支机构。1982年，针对多数小学教师学历不达标的状况开办中师函授，每2年招收1届。1986年，内江教育学院、四川师范大学和四川教育学院先后在县建立函授辅导站。80年代中后期县委党校开办函授教育。至2005年，全区有1000余名小学教师参加中师函授并毕业；3500多名中小学教师参加师范类大专函授，毕业3200余人；1500多人参加师范类本科函授，毕业1200多人。多数未就读全日制高校的干部职工参加党校函授教育，取得大学本科、专科学历。

高教自考　1984年，资阳县成立高等教育自学考试委员会。委员会下设办公室，与县招生办合署办公。1985年4月，县内首次组织高教自学考试，共有288人参考，57人单科结业，结业率13.1%。1986年4月，县内考生增至2273人，其中213人单科结业，结业率5.3%。当年起，高教自考开设本科，专业增加到7个。1989年全县有在籍考生2470人，累计有46人自考专科毕业。之后至90年代中期，报考人数锐减。1997年，市政府设立自学成才奖励基金，对累计取得6门单科合格者奖120元、5门奖80元、4门奖40元；同时将高教自考向农村延伸，成立乡镇自学考试辅导工作站，鼓励回乡高中毕业生参加高教自考。当年全市有1934人参考，835人单科结业，结业率18.3%，

40余人获政府奖励。至2005年，全区累计毕业2375人，其中中专20人、大专2050人、本科305人。

资阳市雁江区1985—2000年成人教育情况表

表23-6　　单位：所、人

项目 年度	成人小学			成人中学			成人中专		
	学校科数	在读人数	教职工数	学校所数	在读人数	教职工数	学校所数	在读人数	教职工数
1985	64	3077	82	55	3755	174	1	537	33
1986	19	1355	64	42	3295	151	1	457	43
1987	14	974	14	40	2487	119	1	405	46
1988	23	2851	29	37	2208	94	1	312	43
1989	196	32516	168	35	2994	115	1	287	47
1990	355	97800	122	65	32419	80	1	287	35
1991	87	4150	128	1	40	4	1	325	33
1992	85	4060	128	1	40	4	1	198	35
1993	82	5235	128	1	40	4	1	626	37
1994	60	3466	128	1	40	4	1	626	37
1995	60	2805	128	1	60	4	1	228	37
1996	60	1801	128	1	40	4	1	220	37
1997	—	—	—	—	—	—	1	220	35
1998	—	—	—	—	—	—	1	280	30
1999	—	—	—	—	—	—	1	280	30
2000	—	—	—	—	—	—	1	250	30

第五节　考　试

教育管理部门将考试作为检验学校教育教学质量的手段和依据。考试种类一般有单元考试、月考、半期考试、期末考试、毕业考试和升学考试。

一、常规考试

单元考试在单元教学结束后由科任老师组织；月考在当月结束后的下月上旬由年级教研组组织；半期和期末考试在本学期过半和结束前夕举行，除上级组织的联合统考外，小学由学区（中心小学）、初高中由县（市、区）教育部门统一命题。小学一般实行百分制；初高中语文、数学、外语为150分制，其他各科为百分制。毕业考试作为检测毕业生学习成绩和颁发毕业证书的依据。1996年全面普及九年义务教育后，小学升初中免试，实行“划片就读、先分后选”；初中毕业考试实行县级会考，由县级教育部门命题，考试科目有政治、语文、数学、英语、物理、化学、历史、地理、生物，考查科目有体育、音乐、美术、劳动技能；高中毕业考试由县教育部门命题制卷，各高完中派观察员监督考试，1990年改由省或市会考，县级组织考试，考试科目即高中第三学年所学全部学科。

二、招生考试

1996年前，初中招生实行文化考试。当年资阳市普及九年义务教育达标后取消初中招生考试制度。1986—2005年，普通高中招生考试由省或市（地区）统一命题，县（市、区）教育部门组织考试阅卷、录取新生；考试科目有政治、语文、数学、外语、物理、化学，1994年体育成绩按30%计入总分。职业高中招生考试与普通高中招生考试同期进行，按“先普高后职高”顺序录取。中专招生考试先期与普高、职高招生考试同期进行，按学生志愿和考试成绩划定分数线。20世纪90年代中期及以前中专招生录取线一般都要高于普高录取线，上了中专录取线而又未被录取者高中均要录取。

1977年恢复全国高校招生考试以后，高等院校招生考试均由国家教委统一命题，省组织考试并集中评卷，县设考场，考试的科目在1986—2005年间有3次变动。1986—1989年文科考政治、语文、数学、外语、史地，理科考政治、语文、数学、外语、理化、生物。1990年改作“3+2”模式，规定文理科都必须考试语文、数学、外语，文科加考政治、史地，理科加考物理、化学。2000年又改作“3+X”模式，规定文理科均必考语文、数学、外语，文科的“X”即政治、历史、地理，理科的“X”由物理、化学、生物组成。考试时间1986—2002年为每年的7月7、8、9日，2003年调整为6月的7、8、9日共3天。

大专院校高考分数线、录取线由省招办按照考分状况和当年全国高校招生数划定。20世纪80年代初，招生录取执行国家统颁的优惠政策，凡第一志愿填报省内本、专科师范院校和非师范院校中的师范专业考生，受市表彰的三好生、优秀学生干部、体育尖子生、台侨胞和烈属子女享受加分；省以上教育部门命名的重点中学、示范中学每年有一定数量的保送生名额。80年代后期至1995年，资阳县（市）每年高考、中考学生上线率、升学率均位居内江市前茅。1986年全县高考硬上线401人，上线率46.4%，高出内江市平均上线率1.3个百分点。当年620名高、初中毕业生升入高校、中专，高校升学率45.2%、中专升学率20.8%。1991年起，县级企事业单位委托高校、中专（中师）校定向培养人才。当年全县向高校、中专校输送委培生172名，1995年增加到576人，其中高校195名、中专381人。1997年输送663人，其中高校79名、中专584名，为此前最高年。1998年停止向中专校输送委培生，1999年停止向高校输送委培生。据统计，全县（市）共输送委培生3621人，其中高校1358人、中专（中师）2263人。21世纪初，高校数量、招生规模日益扩大，区内高、初中办学规模亦逐年扩大，招生数、在校学生数、毕业生数、升学数不断增加。2005年，全区高考报名人数4818人，是1997年1940人的2.5倍；高考硬上线3970人，是1997年的3.3倍；上线率82.4%，比1997年增加20.1个百分点；6948名高、初中毕业生升入高一级学校，其中高校3720人、中专3228人，分别比1997年增长239.1%和362.5%；高中升高校升学率77.2%，初中升中专升学率61.2%，分别比1997年增加20.2个百分点和34.2个百分点。

资阳市雁江区1986—2005年大中专招生考试录取情况表

表23－7　　单位：人

项目/年度	高考报名数	高考上线数				高校录取数				中专录取数	
		合计	本科	专科	上线率（%）	合计	本科	专科	专科委培	合计	其中：委培
1986	862	401	9	392	46.4	343	3	340	—	277	—
1987	1292	510	16	494	39.5	412	10	402	—	505	—
1988	1243	551	46	505	44.4	400	23	377	—	345	—
1989	1566	631	64	567	40.3	451	46	405	—	427	—
1990	1590	647	129	518	40.7	554	105	449	—	468	—
1991	1460	700	83	617	48.0	587	68	422	97	436	75
1992	1493	690	68	622	46.2	559	48	342	169	466	177
1993	1552	34	102	632	47.3	590	71	279	240	596	378
1994	1835	762	114	648	41.5	628	84	320	224	453	258
1995	1832	856	188	662	46.7	706	103	408	195	539	381
1996	1443	954	198	756	66.1	784	110	474	200	583	410
1997	1940	1208	315	893	62.3	1097	210	808	79	716	584
1998	2108	1332	463	865	63.2	1179	293	732	154	710	—
1999	2066	1198	422	776	58.0	1097	298	799	—	488	—
2000	2811	1973	431	1542	70.2	1782	336	1042	—	482	—
2001	3052	2136	705	1431	70.0	1917	574	1343	—	328	—
2002	3242	2619	876	1743	80.8	2464	698	1766	—	1285	—
2003	2987	2425	712	1713	81.2	2267	656	1611	—	1741	—
2004	3316	3078	892	2186	89.8	2904	728	2176	—	1594	—
2005	4818	3970	1350	2620	82.4	3720	1130	2590	—	3228	—

注：1. 中专录取数含高中毕业生高考录中专和初中毕业生中考录中专委培生

2. 专科上线数含委培上线人数

第三章　教研教改

第一节　教育教学研究

一、常规教学研究

1986年，县内基本形成县、区、校三级共管的教学研究网络。县文教局设有教研室；各区和城关镇教办配备有教研专干，各学校以年级分科成立有教研组或备课组；村级小学在乡（镇）中心小学指导下，以同级同科组成集体备课组开展教研。1992 年撤区并乡建镇后，新建 22 乡镇教办均配备教研专干。1996 年，全市设9个片区教研组，下设小学、初中、高中3个联合教研组，每个联合教研组以单科按年级设立备课组。2003 年，撤销乡镇教办，以 1992 年原区辖地设 10 个片区教育指导组，原设片区教研组不变，负责对片区中小学进行教研指导。至2005 年，全区已建立以一线教师为主体，骨干教师为主力，片区教研员为主导，校本研究为主轴的常规教学研究网络。

校本研究一般采取集中备课的形式。一线教师从教材研究、教学设计等方面入手，利用教育信息资源，借鉴外地外校先进教学理念和方法，结合本地本校实际，探索具自身特色的教学模式。在校本研究基础上，教育局教研室、各片区教研组采取听课、评课等形式开展群体性教研活动；每学期组织以提高基本理论、基本知识、基本技能为目的的教师练兵活动和课堂教学竞赛活动；每学年举办 1 次新教材研究培训，召开 1 次毕业年级教研会。1986 年起，将“读启式”教学方法贯穿于各校各年级各学科的教研活动中，培养学生以“读”为基础、以“启”为核心的集“自学、启发、议论、精讲、练习”于一体的自学自育能力。1988 年，将“目标”教学法引入教研活动，把教学和效果分作记忆、领会、一般运用、综合运用4个子目标，将每科每个单元、章节、每堂课知识点分解到各子目标中开展教学。在教研活动中要求参研教师灵活运用新教法，力求切实有效。在加强文化课教学研究的同时，广泛开展音乐、美术、书法、体育等科目教研和竞赛活动，并加强电化、信息技术教育研究。1997 年，资阳市小学、初中“普九”电教设备经内江市教委检验达标。21 世纪初 5 年间，全区普通中学、职业中学先后建成教学卫星接收站、多媒体教室、语言室，2005 年 96% 以上的中小学生接受电化、信息技术教育。

二、教育课题研究

20 世纪 90 年代中期，全市各中心小学、乡镇初中、高完中先后成立教育课题研究组。研究课题分上级安排课题和自研课题，涵盖办学理念、办学方向、教育改革、教学经验教训、教师队伍现况、学生思想品德教育和自学能力培养、初高中生劳动技能与职业训练等方面。1998 年，市成立教育科研规划领导小组，各中、小学成立教育科研室，科研室下设若干课题研究组，每组确定参研教师。当年市教委制发《资阳市教育科学研究立项课题管理办法》《教育科研成果奖励办法》，批准一批市级教育科研示范学校。全市中心小学和部分中学围绕教师素质提高展开研究，较准确地总结、分析了中小学教师在思想品德、知识结构、教学方法、职业道德等方面的状况，提出提高教师综合素质的总体思路及途经。1999 年，市教委组织开展“农村中小学班主任工作”课题研究，探索提高班主任工作质量的方法和途径。课题组通过调查研究存在的问题，建议改革班主任用人机制、确立岗位目标责任制、建立激励机制、完善考核与评价体系，以提高班主任素质，带动班风、学风、校风的根本好转。2003 年，专门开展“留守儿童养成教育”研究。至2005 年，全区先后设立普教科研立项课题 164 个，其中省级立项课题 8 个、市级 42 个、县（区）级 114 个，经专家鉴定结题 72 个，47 个获得省、市级奖励。

第二节　管理体制

一、教育体制

1986年至2000年8月间教育管理沿用以前的体制，实行县、乡（镇）、村分级办学，县、乡（镇）两级管理，以乡镇管理为主，以教育主管部门管理为辅。区教办（1992年改为乡镇教办）作为县教育主管部门派出机构，负责辖区内初中、小学管理；完小负责村小管理。教育经费分级筹集、管理和使用；民办教师工资由乡镇统筹，从农民负担费用中解决。2000年9月，学校管理改为以县教育主管部门管理为主，以乡镇管理为辅。2003年，撤销22个乡镇教育管理办公室，缩减原教办编制人员。2001年，学生公寓、学生食堂、小卖部等后勤工作人员逐步与学校脱钩，实行企业化管理，独立核算、自负盈亏。

2000年起，根据生源情况调整学校布局，普通高中、职业中学向资阳城区集中，初中、小学向乡镇驻地集中。当年撤销村小2所；次年撤并92所学校，其中80%为村小。2004年，撤销村小10所，合并乡镇初中、小学6所；允许和鼓励社会办学。

二、教学改革

教材改革　1986年，县内中小学沿用1979年由人民教育出版社出版的六年制小学课本（试用本）和三年制初中、三年制高中课本（试用本）。1993年全市小学、初中教材全部换成经全国中小学教材审定会员会审定、人民教育出版社出版的全套九年义务教育教科书。同年，国家教委允许地方在符合《教育大纲》、不加重学生负担情况下自编地方教材。市内中小学的语文、数学、英语、物理、化学、生物等课本为全国统编教材，历史、地理、自然等学科为四川省编教材，语文备有省编自读课本。2003年小学语文科使用语文出版社教材，小学数学科使用西南师范大学编印本；初中数学科使用华东师范大学编印本，其他教材仍选用人民教育出版社出版的全国统编教材。

实验教学　1991年，全县开展普及实验教学工作。当年新建小学自然实验室25个、中学物理和化学实验室15个。经检查验收，48所中小学教仪设备达标。之后，各校不断完善实验教仪装备。1995年，资阳市普及实验教学。2003年，伍隍中学被评为省级实验教学示范校，保和镇初中、临江镇清泉初中、雁江区二中、资阳外国语学校被评为市级实验教学示范校。

电化教学　1991年4月，资阳县建成教育电视台，用开路与闭路2套传输形式向学校传输电化教学节目。电视台有工作用房150平方米和摄录、编采、播发全套设备，开办了“教育新闻”“多彩校园”等15个栏目，库存录像节目时长2300小时。1995年，资阳市电化教育管理委员会成立，与市教育电视台合并组成市电化教育馆；各乡镇教办、中学、中心小学均建立记者站，为市电化教育提供信息，形成市、乡（镇）、学校三级电教网络。2000—2003年，区政府投资1600万元为168所中小学购置3276台微机并添置其他电教设备；全区30所小学、15所中学达到省级一类标准，2所成为市级电化教学示范校。2005年，投资1200万元为中小学配置电教装备6300余件，装备计算网络教室及多媒体教室63个，装备教学光盘播放点93所、卫星教学收视点196处，新购计算机2535台，全区电化教学覆盖率达95%。

第四章　教育管理

第一节　管理机构

1950 年 5 月，县政府设文教科。1956 年 3 月，文教科分为文化科和教育科。次年 5 月，文化、教育科合为文教局。1990 年 3 月县文教局分设为县文化局和县教育委员会。1993 年 3 月资阳县教育委员会更名为资阳市教育委员会。2000 年 12 月更名为资阳市雁江区教育委员会。2001 年 12 月在区级机构改革中更名为资阳市雁江区教育局。2005 年，局内设机构有行政办、普教股、计财股、审计股、政工股、成人职业教育股、安全股、政策法规股，直属单位有大中专招生办公室、自学考试办公室、勤工俭学办公室、教研室、电化教育教学馆、教仪站、教育工会。1986—2005 年，母国平、薛吉兴、许统祎、陈鸿、林明东、王辉厚、杨少林、张志彬、鲁琼先后任局长（主任）。

1986—1992 年 9 月设 9 区 1 镇教育管理办公室。1992 年 10 月撤区并乡建镇后撤销区教办，设立 22 个乡镇教育管理办公室。2003 年 12 月，撤销乡镇教办，设立片区教育指导组。

第二节　教育教学管理

一、德育管理

1986 年，县文教局配备专职德育工作干部，各校配有专职政治或思想品德课教师，县、区、校三级均设德育工作领导小组，建立各项规章制度。中小学德育工作侧重“五心”（忠心向祖国、爱心报社会、关心照他人、孝心敬父母、信心留自己）、“五自”（自理、自律、自主、自强、自乐）教育，在不同时期又各有特点。1986—1990 年，各校通过课堂教学、班会和少先队、共青团活动，对学生进行理想教育、爱国主义和中国特色社会主义理论教育。1990 年起，各校把德育工作与精神文明建设相结合，大面积开展文明学校创建活动。当年全县创市级文明学校 10 所、县级文明学校 24 所、市级文明班 66 个、县级文明班 100 个，110 名教职工受到国家、省级表彰。1993 年后，将爱国主义、集体主义教育和礼仪教育、法纪教育作为德育教育的主要内容，先后建立 6 个德育教育基地；适时举办德育汇报演出和未成年人思想道德建设知识竞赛；组织学生参加区机关工委、团委、司法局、大堰劳教所举办的中小学生道德教育巡回报告会；开展“手拉手、同进步、共成长”互助活动、“学雷锋、树新风、争先进、创一流”创建活动、“爱家乡、爱祖国”征文活动、“民族精神代代传”“珍爱生命、远离毒品”等主题活动；定期组织文明学校、先进班级和先进个人评选活动。

二、教学管理

学时管理　1986—1991 年，城乡学校学时有差异。1991 年 10 月，县制发《资阳县中小学教育管理办法》，明确规定中学生每天学时不低于8小时，小学生不低于6小时。2002年秋季起，各校根据《基础教育课程改革纲要》，开始执行小学1～2年级每周26课时、3～6年级每周30课时、初中每周34课时的规定，高中课时不变。小学每课时40分钟，课间休息15分钟；初高中每课时50分钟，课间休息10分钟。

艺体卫教育管理　1986年以来，各校均设置音乐、美术、体育课，并按《教学大纲》规定课时开展教学，同时建立音、体、美各类型课外兴趣小组。每逢“五四”青年节、“六一”儿童节、“十一”国庆节，各校都要开展绘画、书法、工艺制作大赛、文艺演出和体育比赛等活动，部分高中还在寒暑假组织爱好艺体的学生参加社会人士举办的音乐、舞蹈、书法、武术等艺体培训和演展活动。在卫生管理方面，各校均制定环境卫生、饮食卫生监管办法，在对学生进行青春期生理、心理卫生知识教育同时，着重培养学生爱清洁、讲卫生的习惯。

三、“普六”“普九”教育管理

1983年资阳县启动普及初等（小学六年制）教育（后简称“普六”教育）工作。至1986年，政府累计筹资450多万元，新建乡、村小学校舍3.2万平方米，改造危房3.4万平方米，新制木质课桌、凳2万多套，乡村小学校基本实现“一无三有”（无危房、班有教室、学生有木质课桌凳、校有厕所操场）。其间，撤销150所村小附设的初中班，扩大乡（镇）中心小学附设初中班规模。当年经省、市验收，全县学龄儿童入学率96.8%，年巩固率98.4%，小学生毕业率97.9%，初等教育普及率95.6%，基本实现“普六”要求。1987年至1990年，学龄儿童入学率分别为99.5%、98.9%、99.0%、98.4%；省、市先后3次复查后认定资阳县“普六”巩固率稳定中有升。

1991年，县内启动小学六年、初中三年义务教育（后简称“普九”教育）工作。至1996年，累计征地14.84公顷；改扩建乡镇中小学校舍25.4万平方米；新购课桌、凳5.7万套，教学仪器4.1万件，图书90.2万册，教具1200套，计算机218台。1997年春，全市有普通小学校417所、特殊学校1所，单设初中68所，有25所中心小学附设初中班；各中小学基本无危房，70%的学校建有围墙、校门，设有图书阅览室。同年10月，省、市教育部门经检查验收后认定资阳市各小学、初中办学条件达到“普九”标准。当年学龄儿童入学率99.81%，小学升初中入学率93.21%，小学辍学率0.11%，小学教育完成率98.34%，初中教育完成率87.94%。1998—2005年，省、市先后4次复查“普九”状况，均认定雁江区达到省市的巩固提高标准。其间，学龄儿童入学率年均99.65%，小学毕业升初中入学率98.16%。

四、学籍管理

20世纪80年代初，内江地区文教局制发《内江地区全日制中小学学生学籍管理办法》，各校长期沿用该《办法》实施中小学生学籍管理，教育主管部门负责指导、协调、归档。中学生学籍由所在学校造具学籍档案名册，按年报教育主管部门；小学生学籍由所在学校教导主任管理。中小学校招录的新生在完清报名注册手续后即取得所在校学籍，学业期间因严重疾病或非常事故可以申请休学，经批准可以休学1年，期满不能复学者可再申请休学1年，学籍保留；如两次休学期满仍不能复学者即取消学籍。中学生应征入伍后学籍保留，不受休学期限制，退伍后可申请复学。同类学校学生经申请可批准转学，学籍档案随转；不同性质学校学生、被开除学籍学生、未批准学籍学生不能转学。90年代中期，根据省教育厅规定，中等专业学校与普通中学虽然性质不同但在课程基本相同的条件下，中专校学生可以申请转入普通高中学习，学籍档案随转；在校生无正当理由不能申请退学，高中生旷课累计超上课课时三分之一、无故不参加学期考试、1 月内不假离校、休学期满不复学者作自动退学处理，经申请可发给修业证明书；学生因特殊原因到其他学校作临时借读者，经原校和教育局（委）同意可以借读；学生在校毕业后即终止该校学籍。

第三节　教育人事管理

一、干部任免

1986—1999 年，教育系统继续沿用“干部上级任免制”。2000 年秋，区委在部分学校采取“公推公选、公开招聘、组织考核任命”的办法选拔学校领导干部；区教育局先组织召开学校教职工大会，听取候选（聘）人演讲、答辩，再由教职工投票公选，然后按程序报组织部门考核批准。主管部门按学校干部任免权限发文任命并颁发聘书，聘期一般为三年，期满经考核决定续聘或解聘，本人亦可辞聘。2004 年后，在农村中小学实行选拔任命制、上岗制、任期制。任职期满优秀、合格者继任，对不合格或有严重失职、渎职的予以解聘或撤职。

二、教职工编制

1999 年前，各学校教职工编制长期实行以班定编。2000 年秋季，市教委推行以生定编与以班定编相结合的办法，根据各校具体情况确定以班定编学校和以生定编学校。以班定编的学校教职工配置为：城区高中班 1∶4.5（1 个班配置 4.5 名教职工，下同）、农村高中班 1∶4，城乡初中班分别为 1∶3.6、1∶3.4，城区小学班 1∶2.2、乡镇小学班 1∶1.8、村小班 1∶1.1，特殊学校 1∶2.8。以生定编学校教职工配置为：普通高中（含职中）15∶1（15 名学生配置 1 名教职工，下同），初中 20∶1，小学 25∶1。2002 年，按照国家教委、人事部、省教厅文件精神，全面推行以生定编办法：城、乡高中班 13∶1、13.5∶1，城、乡初中班 16∶1、18∶1，城、乡小学班 21∶1、23∶1，职高班 25∶1。2005 年，每位专任教师实际负担在校学生 20 人左右，其中小学 21 人、普通中学 17 人、职业中学 33 人。

三、学校机构设置和干部配置

1986—2001 年，中小学机构设置及其干部配置沿袭 20 世纪 70 年代末的模式。2002 年，区教育局按上级要求，根据各类学校教学班数量设置机构、配置干部。中学规模在 24～29 个教学班的学校设校级领导 3 名、团委书记 1 名，设校内工作机构 5 个；13～23 个教学班的设 3 个工作机构；12 个教学班及以下学校不设工作机构，分别配置教务、总务主任各 1 人。小学规模在 24～29 个教学班的学校设校级领导 3 名、少先队辅导员 1 名，设工作机构 1～2 个；30 个教学班以上学校不增设校领导及辅导员，设工作机构 2～3 个；13～23 个教学班的学校设校级领导 2～3 名、少先队辅员 1 名，不设工作机构；12 个以下教学班的学校设校级领导 1～2 名，不设工作机构。

四、教职工管理

1986 年沿用传统管理办法。1987 年 5 月实行专业技术职务评聘制。1988 年起全面实行专业技术职务管理，以技术职务高低确定教职工待遇；每年初对教职工上一年履职情况进行全面考核，确定优秀、合格、基本合格、不合格 4 个等次，并与职务晋升和奖惩挂钩。2000 年秋，中小学教职工实行全员聘任制。市教委按以生定编或以班定编原则，将各中小学人员编制和以编制套算的工资总额分别下达到各校，学校按教委下达的编制、专业技术职务、岗位数“以岗择人、择优聘用”。校长聘年级组长，年级组长聘班主任，班主任聘科任教师。聘任时打破教师专业技术职务限制，可高职低聘，亦可低职高聘，并按被聘岗位确定新的工资标准。聘期 1 年，期满考核合格者可续聘、不合格者可解聘。落聘者在待聘期领本人技术职务工资固定部分，第二次落聘领技术职务工资固定部分的 50%，第三次落聘即被辞退。取消师范类大中专毕业生分配制后，教师录用实行公开考聘、择优任用制。2003 年起，具大专以上师范类毕业生方可参加考聘。

第四节　教育经费管理

一、经费来源

教育经费主要来源于本级财政拨款，其次为教育费附加、学生学杂费、教育集资、社会捐款和学校勤工俭学收入。1986—2005 年，全区财政累计拨付教育事业费 9.05 亿元，占 20 年教育总支出 15.79 亿元的 57.31%。教育费附加征收起于 20 世纪 80 年代中期，分农村教育费附加、城市教育费附加和企业单位教育费附加。农村教育费附加按农业人口上一年人均纯收入的 1.5% 计征，1986—2002年共征收 21280 万元，2003 年在农村税费改革时被取消；城市教育附加按城镇在职职工资 1.5% 计征，累计征收 2393 万元；企业教育费附加按企业当年利润的 1.5% 计征，累计征收 983 万元。教育费附加 3 项累计 24656 万元，占教育累计支出的 15.61%。1986—2005年累计收到社会捐资 5367 万元，占累计总支出的 3.40%。

学生学杂费在 1990 年以前交费标准低，此后逐年攀升。1995 年，市教委统一规定小学生每期学杂费 15 元，初中生每期 20 元。2001 年调整城乡缴费标准。城市学校小学学杂费每生每期 50 元，初中生 60 元，高中生 280 元，市重点校高中生 340 元，省重点校高中生 460 元；农村学校小学学杂费 48 元，初中生 58 元。城市学校高、初中生住宿费每生每期 90 元，农村学校初中生每生每期 60 元、高中生 90 元。

勤工俭学收入主要是校办企业收入。校办企业起于 20 世纪 80 年代初期，至 1986 年已具有一定规模。主要有资阳中学塑料厂、资阳中学新华印刷厂、资阳中学精工砖机厂、资阳一中玻璃仪器厂、资阳二中印刷厂、中和中学页岩砖厂、临江职中农场、南津中学真武农场。1987 年，城关职中涂料厂、忠义职中酿造厂成立。当年全县实现勤工俭学总产值 650.7 万元，获纯利 133.62 万元；其中中和区收入最高，实现产值 117.2 万元、纯利 14.8 万元。1989 年县文教局成立勤工俭学管理办公室后，全县勤工俭学实现总产值 2125 万元，获纯利 210 万元。1994 年，全市各中小学勤工俭学产值 4566 万元，获纯利 427 万元。21 世纪初，校办企业走向民营化，资阳中学彩印厂等企业对外出售。2004 年，经过整合后的校办企业实现产值 6625 万元，利润 872 万元。2005 年产值提升到 7221 万元，实现纯利润 950 万元。

二、经费管理

1986 年及以前，教育经费尤其是财政拨发的教育事业费由县文教局计财股统管。计财股按各校经批准的预算方案将经费分期下拨到各区财政所，再分拨各校。1987 年开始实施财政“分级负责、分灶吃饭、分级管理”办法。教育经费除直属学校外由教育局、人事局核算到人头，由财政直发；教育事业费、工程建设费等由教育局计财股核算并经有关部门批准，由财政拨付。农村教育费附加由乡镇农经部门统一按农民上年人均纯收入的1.5%核算到户，随农民“双提”款一并征收，交乡镇财政所存储，由乡镇政府审批使用。各校学杂费、勤工俭学费按一定比例交教育主管部门，其余由学校安排使用。社会集资、捐款由教育主管部门报同级政府批准后安排使用。

2001年，区教育局重新核定各校教育事业费支出标准。规定城镇小学每生每年145~210元，农村小学100~142元；城镇初中每生每年230~320元，农村初中150~210元；普（职）高每生每年460~600元，市重高535~700元，省重高625~800元。各校按此标准由校长“一支笔”审批，年终报区财政审核。2004年国家对九年义务教育阶段的小学生、初中生实行“两免一补”政策，中央财政加大教育经费转移支付力度，同时严格执行教育经费年度审计制度、校长离任审计制度、重大建设项目立项申报审批制度和大宗教学用品政府集中采购制度。区审计局负责全区教育经费、校长离任和重大建设项目审计，区教育局审计股负责各校教育经费、排危工程审计。

第二十四篇 科 技

第一章 科技组织

第一节 管理机构

一、区科技局

资阳县科学技术委员会（后简称科委）成立于1960年3月，后几经撤并。1986年，科委内设办公室、科技计划管理组、科技干部职称办公室、科技情报站，下设科技服务及技术市场部；有人员编制15名，实有10人，设主任1人、副主任2人，与县科学技术协会（后简称科协）合署办公。1987年，下属事业单位县科技情报站成立。1989年，科委与科协分设，科技干部职称办公室划归县人事局。之后，先后撤销科技服务及技术市场部，增设调研室、科技成果股、财会室。1993年3月，资阳县科学技术委员会更名为资阳市科学技术委员会。1994年，内设机构撤并为办公室、计划科、成果科。2000年11月，资阳市科学技术委员会更名为资阳市雁江区科学技术委员会。2001年11月，资阳市雁江区科学技术委员会更名为资阳市雁江区科学技术局，核定编制12名，设局长1名、副局长2名，内设办公室、业务股。至2005年底人员编制和内设机构未变。1986—2005年，郑宪忠、樊海东、江汉祥、许志勋、付萍、陈兵民、周达君、熊焰先后任局长（主任）。

二、乡镇科委

1986年，全县有8个区、67个乡镇配备科技副区长、副乡镇长。1991年，9区1镇、74个乡均设科委，由区长或镇乡长兼任科委主任，农业、企业、教育、共青团、妇联、计生委等部门负责人兼任成员。1992年撤区并乡建镇后，22个乡镇均设科委；有20%的村配备科技副主任，其余村设兼职科技管理人员。1997年8月，22个镇乡科委实行委员制，由镇（乡）长兼任科委主任，农办负责日常工作；各村设专职科技副主任。2001年全市乡镇机构改革时撤销乡镇科委。

第二节 科研机构

1987 年，县科学技术情报站成立，为全民所有制事业单位，受县科委领导，有人员编制 1 名。情报站站长由县科委工作人员兼任，主要任务是收集、交流和分析研究科技情报资料，为全县工农业生产及科技人员提供科技情报服务。至 1992 年，共整理技术信息 420 条，编发《资阳科技信息》6 期 660 册，提供科技信息 32 条，提供咨询服务 60 人次。1993 年 4 月，资阳县科技情报站更名为资阳市科技信息研究所，由科委计划科科长兼任信息研究所所长。1995 年，人员编制增加为 2 名，其业务划归办公室负责。

1992—1994 年，先后成立资阳益华工业科技开发研究所、资阳县科学技术应用研究所、资阳县农业联合开发服务部、四川省资阳通用电子研究所、四川省资阳口腔病研究所、四川省资阳金属结构研究所、资阳市神农中医药研究所、资阳市雁江机电科研设计所、资阳市中医药科技开发研究中心、资阳市宏申科技有限公司 10 个民营科研机构，研究范围涉及电子、医药、机电等方面。至 2000 年，民营科研机构发展到 20 个。2001 年，区科技局经审查资质后取消 10 个民营科研机构。

第三节 科技顾问团

1986 年，资阳县科学技术顾问团成立，系县委、县政府宏观决策的顾问、参谋和咨询机构。顾问团设主任委员 1 人、副主任委员 3 人、秘书长 1 人，成员为经济社会领域中从事科研、教学、生产、经营、管理等方面的专家和管理人员，均由县委、县政府聘任，任期 5 年。1992 年 5 月，县政府将科技顾问团成员定额为 47 名，主任由副县长魏远英担任，副主任由县人大常委会副主任严玉芬、县政协副主席石明计、县科委主任樊海东担任。2001 年，重组资阳市雁江区第一届科技顾问团，成员仍为 47 名，另聘 6 名大专院校的专家为特别顾问；顾问团下设工业、农业、城管环保、医疗卫生、文化教育、社会科学 6 个组，办公室设在区科技局。当年，顾问团专家主持或参与区重点科技项目 12 个，向政府管理部门提建议 20 余条。2005 年，第二届区科技顾问团仍设 6 个专业组，成员减为 39 名。

第四节 科技队伍

1986 年，全县有各类科技人员 5912 人，其中具有中级职称的 92 人、初级职称的 1684 人。1993 年起，市委、市政府决定在科技人员中选拔科技拔尖人才和学科带头人，任期分别为 5 年、3 年。任期内，科技拔尖人才每人每年享受政府特殊津贴 600 元和一次性奖金 300 元，学科带头人每人每年享受政府特殊津贴 300 元和一次性奖金 300 元。当年，陈长禧、吴素君、何爱唯、范小良等 12 人被授予首批“资阳市有突出贡献的科技拔尖人才”称号。1994 年，市政府授予肖大益、叶小安、刘宗炳、郭锦涛、钟光玳、罗明达、何华安 7 人“资阳市有重大贡献的科技工作者”称号，每人获奖金 2000 元。1997 年，李家根、唐有益、胡小玲、丁顺麟等 31 人获首批“资阳市学科带头人”称号。至 2000

年，全市有36人（次）和31人（次）被授予“科技拔尖人才”“学科带头人”称号、13人（次）被评为有突出贡献的科技人员。2005年末，全区有各类科技人员10035人。其中工程技术类406人、农业856人、卫生2460人、教育5928人、经济142人、财会111人、其他专业技术人员142人，具有高级技术职称的386人、中级4025人、初级5624人，有专业技术职称而未聘任的202人。

第二章 科技服务

第一节 科普宣传

1986年以来，科委（科技局）结合本地实际开展科普宣传活动，一般采取设置科普咨询台，展示科普挂图、科技展板和实物，发放宣传资料、科普书籍，发送技术资料光盘等方式。宣传工作采取点与面相结合、集中与分散相结合、科普与赶集相结合的办法，根据不同对象分层次进行。1995年，邀请专家为全市党政领导宣讲《中华人民共和国科学技术进步法》，同年市委党校、各类干部职工学校也把科学技术知识普及列入教学计划。1997年3至4月，开展首次“送科技下乡”活动，有1476名机关单位和社团人员参加，共书写标语138条，制作宣传展板92块、图片400多幅、实物52件，散发《内江科普报》5000份、各种技术资料5.1万份，赠送科技录像带24部38盒，出动宣传车85台（次），动用音像设备26台（套），推广新技术7项，组织“科普赶场”23场次、利民服务4100人次，举办科普讲座198场次（含乡镇有线广播讲座）。主要宣传《中华人民共和国科学技术进步法》《中华人民共和国科学技术普及法》《中共中央国务院关于加速科学技术进步的决定》《专利法》《技术合同法》及农业法规28种，之后，科普宣传定期进行，于每年的2月开展送科技、文化、卫生、法律“四下乡”活动，3月、5月、7月分别开展“科普之春”“科普宣传月”“科技活动周”活动。1999年，市政府组织农、林、水等部门共180多人参加的“科技下乡服务团”，先后到迎接、丹山、清水等镇乡开展宣传服务活动，共制作展板16块，悬挂标语38条，展示科技图片19张、实物8040件，印发科技资料5870份，提供咨询1.06万人次。2000—2005年，科技局会同有关部门根据实际情况改进宣传方式，更新宣传内容，年均发放科普资料3000~5000份，提供咨询服务2万余人次。

第二节 科技培训

20世纪80年代，科委配合农业、林业、畜牧、水产、蚕桑、农机、环保、卫生等14个业务主管部门开展技术培训。培训形式有召开培训会议、举办广播电视讲座、办板报等，培训内容以涉农科技为主。根据农技培训面广量大、季节性强的特点，一般采取集中培训的办法，即区乡集中培训干部，村社集中培训农民。1990年后，进城务工、经商、办企业的农民逐渐增多，在农村已很难开展大面积集中培训，因此在技术培训项目的选择上更为注重专业化、实用性、高效性。1992年，科技局配合县畜牧局组织养猪技术培训150次，其间还举办《专利法》《技术合同法》短期培训班。1998年，配合多个部门举办实用技术培训50期。2002年3月，举办科技管理业务培训会，82人受训。同年，各乡镇结合产业结构调整的需要，邀请国家、省、市、区专家作各种专题报告。2003年，科技局邀请省农科院、畜科院的专家到雁江作技术辅导报告，并在各乡镇举办养羊、养猪技术培训。1986—2005年，科技局协同有关部门相继开展柑橘、枇杷、水稻、小麦、玉米、红苕等水果和农作物无公害生产，生猪、肉牛、山羊饲养管理，水产养殖，栽桑养蚕，农业机械使用与维护等方面的专业技术培训，共举办各类技术培训班4183班次，掌握两门以上实用技术人员达31.2万人。

第三节　科技示范与项目实施

一、科技示范

1986年11月，县科委批准资溪村食用菌生产专业户朱桂华为全县首个科技示范户。1987年，确定祥符区柏柳村为科技示范村。1989年、1991年，先后建成祥符科技示范区、松涛农业综合试验区。1992年，推广应用以粮、瓜、棉为主的六熟制旱地高产栽培技术、双季玉米栽培技术、水稻宽窄行栽培技术及水稻多功能种子剂新技术；配合农业局试验、推广水稻根除固氮菌栽培技术，组织4021户试验种植，种植面积4175亩；在23个片区同田对比示范种植水稻D优63和汕优63号品种，均获成功。至1994年，全市有科技示范镇2个、示范村44个、示范户1500个，推广实施“三高”农业项目17项。1995年，科技成果推广应用实现产值4.60亿元，发展科技产业实现产值7400万元。1997年，全市建有柑橘、梨子、桃型李、海椒、优质瘦肉猪基地5个。1998年后，大力发展“三高”农业示范基地，先后建成丹山镇雪梨、保和镇魔芋、南津镇魔芋、清水乡黄花梨、碑记镇柑橘和出口蔬菜5个基地；在丰裕镇示范种植出口蔬菜500亩，逐步培植“工厂+基地+农户”的蔬菜产业化生产。当年，全市有科技示范镇8个、示范村80个、示范户1600个，推广实用技术300多项。2001年，区委制发《关于鼓励党政机关、事业单位、科技人员下乡领办、创办农业科技示范基地的意见》，全区有114名干部和科技人员筹资1125万元，领办、创办优质水果、“三高”农业、中药材等各类农业科技示范基地60个，实现产值2857万元、利税542万元。同年，以小院农业科技示范园为主体，实施丘陵农区农业科技推广示范园建设工程。1986—2005年，共确立各种科技示范户15万户、各类科技示范片区800个，示范面积150万亩。

二、项目实施

1986年初，全国实施“星火计划”。1995年，市科委制定《资阳市星火产业带建设规划》。次年，资阳科技兴市“十亿工程”和“资阳星火科技密集区建设”被列入省星火计划项目，由市科委协同有关部门组织实施。

十亿工程　1995年5月，市政府实施科技兴市战略，启动市“十亿工程”。8月，市政府与各镇乡和科委、计经委、农办、财办等部门签订《实施内江市科技兴市“1+5”工程目标任务书》。1997年，全市安排“十亿工程”科技项目60多项，其中重点工业项目13个、农业项目10个，列入内江市“1+5”工程重点项目10个、培植重大项目5个；实现科技产值6.96亿元，其中推广应用科技成果实现产值5.7亿元、发展科技产业实现产值1.2亿元。1998年，组织实施各类科技项目45项，其中列入地级“1+5”工程计划24项；实现科技产值8.3亿元，其中推广应用科技成果实现年产值6.9亿元、发展科技产业实现年产值1.4亿元，分别比上年增加19%、20%、17%；实施增粮项目5个，增粮774万公斤；实施增收项目6个，增收1.45亿元。年内，科技进步对经济增长的贡献率为38%。2001年，区“十亿工程”工程通过市政府验收，获全市第一名。

星火科技密集区建设　至1997年，资阳星火科技密集区建成科技示范镇6个、示范村30个，实施重大项目40余个，实现工农生产值8.2亿元、利税2亿元，超额完成内江市下达任务。

第四节　交流合作

科技主管部门主要采取“派出去”和“请进来”的方式开展国际科技交流活动。1986—2005年，先后与美国、法国、波兰、爱尔兰、荷兰、贝宁、日本、新西兰、阿根廷、澳大利亚10个国家开展科技交流合作，共选派6名农业和医疗卫生等方面的专家、科技人员援外或到国外学习，邀请30余名外籍专家来本地考察、指导。

在国内科技交流方面，通过与大专院校、科研院所、大中型企业的联合、协作，不断引进新技术、新成果、新项目以及资金、人才、信息。1988年，科委组织30余名科技人员前往遂宁、简阳、金堂等地实地考察食用菌生产情况，此后以科技服务中心为主体，联合食用菌协会和民办科研机构承担岳城区食用菌开发生产的技术工作，建立菌种站3个，为食用菌的大规模开发奠定基础。1992年，组织61个单位的科技人员共150人前往乐山参加全国新技术、新产品展销会，送展新产品4个、新技术2个，销售额16万元，洽谈新项目18个。至2005年，雁江区与26所大专院校、科研院所的30多名专家保持科技合作联系。

第三章　科技管理

第一节　项目管理

科技计划项目管理的程序为申报、审批、下达、鉴定、验收。项目由各单位申报，科技部门组织专家论证、评估、审核，将符合立项条件的编入年度科技计划；对技术含量高、影响大、前景好的项目，在批准立项的同时推荐申报市、省、国家级立项。2001年前，计划项目由科委和计委联合下达，当年起改由科技局和财政局联合下达。科技局对下达项目实行全程管理，跟踪监督各计划项目的进展情况。项目完成后，科技主管部门经验收或鉴定，发给科技成果鉴定证书。列入科技计划的项目，实施时由政府拨给一定数额的研究经费，承担单位也可凭项目申请科技基金或银行贷款。

20世纪90年代初，科技项目获奖后主研人员在住房、子女上学和就业等方面可获得较多优惠，故每年申报的计划项目较多；之后，逐渐取消优惠政策，科技人员申报科技计划项目的积极性有所下降。1995年，下达科技计划项目48个，其中农业26个，工业22个；申报省级重点新产品开发3个；

列入国家级新产品1个。1997年，下达科技计划38个，推荐申报国家级12个、省级6个、内江市5个，实施32个，列入省星火计划1个。2005年，有2个项目获国家级立项。1986—2005年，共有289个项目列入科技计划，其中列入市以上科技计划31项。

资阳市雁江区1989—2005年部分列为市级以上科技计划项目情况表

表24-1

项目名称	立项级别	起止时间	承担单位
西瓜嫁接抗枯萎病防治研究	市重点科研	1989	资阳县科委
四川省技术综合开发工程试点乡镇	省重点科研	1996	资阳市碑记镇
四川省星火产业带	省重点科研	1996	资阳市科委
雨养农业高效节水综合配套技术研究	省重点科研	1996	资阳市科委
MZW 倪志福钻头磨床	国家新产品	1995—1997	资阳益华研究所
资阳科技兴市“十亿工程”	省级星火计划	1996—1997	资阳市科委
资阳星火科技密集区建设	省级星火计划	1996—1997	资阳市科委
技术综合开发试点镇	省级星火计划	1996—1997	碑记镇
雨养农业高效节水灌溉	省级农业攻关	1996—1997	省农科院土肥所
盘状紫铜内螺纹管	省级新产品	1996—1997	资阳市铜材厂
优质高产柑橘产业化工程	省级星火计划	1996—1997	市科委、市柑办
软肝凡治疗纤维化的临床研究	市重点科研	2000—2001	雁江区中医院
TQLZ100x150 移动式振动筛	市新产品	2000	资阳市粮油机械有限公司
特种精铅	市新产品	2000	资阳市冶炼厂
点状石墨铸铁	市新产品	2000	四川川弓建材机械有限公司
农业科技信息系统建设（乡通工程）	市重点科研	2001—2003	雁江区科技局
绿色食品及食品安全	市重点科研	2002—2003	雁江区科技局
脆蛇接骨胶囊促进骨愈合研究	市重点科研	2002—2004	雁江区中医院
无公害优质蔬菜生产基地建设	市星火计划	2002—2003	雁江区科技局
动植物优良新品种及新技术	市重点科研	2002—2003	雁江区水产渔政局、雁江区科技局
阿德福韦地匹福酯胶囊研制	市新产品	2003—2004	四川省仁德制药有限公司
国家3.1类新药“匹伏阿德福韦”胶囊研制	市重点科研	2004	四川省仁德制药有限公司
聚氯乙烯新型加工助剂（MC100）	市重点科研	2004—2007	资阳发盈实业有限公司
资阳临江寺豆瓣新工艺研究	市重点科研	2004—2007	资阳市临江寺豆瓣有限公司

续表

项目名称	立项级别	起止时间	承担单位
新型无焰、无烟环保节能燃具	市新产品	2004—2005	资阳市红霞环保节能燃具厂
西瓜无土育苗、四膜套棚高效栽培新技术推广应用	市成果推广	2004	雁江区科技局
丘陵旱耕地果瓜蔬轮作套种模式研究与示范	省、市重点科研	2004—2005	雁江区文章果苗果品园艺服务中心
优质生猪深加工及附产物综合利用	国家、市星火计划	2005—2007	资阳四海发展实业有限公司
光合菌剂在养殖业中应用的示范基地建设	国家、市星火计划	2005—2007	资阳市红森生物工程科技开发有限公司
干冰制造机	市星火计划	2005—2006	资阳市四达低温机械公司
小水面池塘养殖中华绒鳌蟹高产试验与推广	市成果推广	2005	资阳市陈鑫养殖有限责任公司

资阳市雁江区 1986—2004 年部分获市级以上科技进步奖项目情况表

表 24－2

项目名称	年　份	获奖单位	获奖等级
旭日牌香肠加工成套设备	1986	资阳县农修厂、资阳县食品机械厂	内江市科技成果三等奖
资阳市农业区域开发总体规划	1996	资阳市国土局、资阳市农业局	内江市科技进步奖三等奖
抗病高产杂交稻新组合“汕优多系一号”试验、示范及推广	1999	资阳市种子公司	资阳地区科技进步一等奖
水稻旱大苗育秧及大田配套栽培技术研究	1999	资阳市农业技术推广站、资阳市科委	资阳地区科技进步二等奖
玉米种子包衣技术应用研究	1999	资阳市种子公司	资阳地区科技进步三等奖
杂交玉米成单 14 号推广应用	1999	资阳市种子公司	资阳地区科技进步三等奖
双低油菜配套生产技术推广	1999	资阳市农业局、资阳市科委	资阳地区科技进步三等奖
氯胺氰菊酯及其制品 wang’s 螨扑立克	1999	四川省资阳市蜂药厂	四川省科技进步三等奖
GKIC 型内燃机车	2002	资阳内燃机车	四川省科技进步三等奖
CKD7F 型内燃机车	2004	中国南车集团资阳机车	四川省科技进步三等奖

资阳市雁江区 1989—2005 年获得县级科技进步一等奖项目表

表 24－3

项目名称	年　份	完成单位	主研人员
资阳县商品瘦肉猪生产技术系列开发	1989	资阳县畜牧食品局	蔡建洪、郑自轩、龙平金、万隆元、全　中
38 度宝莲大曲	1989	资阳县酒厂	李琼华、林民康、魏丛珠
固定化酵母技术用于淀粉质原料发酵酒精	1989	资阳县酒厂	李琼华、林民康
出生缺陷调查研究	1989	资阳县人民医院	妇产科、病理科、医务科
SZR—F1 型高性能热喷涂枪及装置	1989	资阳县热喷涂厂	张　明、罗龙福、徐顺吉、肖德照、尹　林
L—胱氨酸	1991	资阳助剂厂	刘明海、王金河、刘　麟
饲用菌体蛋白粉	1991	资阳县菌蛋白粉厂	王儒锡、李碧富
WH—C1400 压榨机	1991	资阳县糖厂	何敏伦、魏泽寿
大面积推广科学养猪综合技术	1991	资阳县畜牧中心	郑自轩、刘显河、郑学炳、苏泽光、查世元
推广两季玉米栽培配套技术	1991	资阳县农业局	魏发国、江汉祥、杨维明、刘川忠、陈双全、刘宗炳
南薯 88 的引进、推广	1991	资阳县种子公司	彭正友、刘宗炳、蔡正林、邵永彬、李道春
嫁接西瓜新技术推广	1991	资阳县科委、祥符区科委	郑宪忠、罗九周、陈立新
四川省资阳县人体寄生虫感染分布调查	1992	资阳县卫生局、资阳县卫生防疫站	蔡恒书、叶明忠、吴家良、何明海、李志君、杨龙坤、涂　伟、徐洪吉、肖佑成、谢友林、江怀会、唐俊良
油菜喷施稀土 12 万亩	1992	资阳县土肥站	范建远、王友国、苏乾福
饲用菜籽蛋白粉	1992	资阳县粮油加工厂	王锡根、周如松、何华安、杨国珍、孙卫东
扭矩限制少齿差齿轮减速器	1992	资阳县粮油加工厂	叶小安、邱国平、范小良、张长清、徐建中
硫铁矿烧渣页岩砖	1992	资阳县房建材料厂	林其俊、冉幼虎、徐玉忠、韩旭东、唐德昌
WB－2 型高分子切削剂	1992	资阳县松涛化工厂	王世贵、申志书、李代全
沼气池输气管积水自排技术	1993	资阳县沼气服务公司	罗明达、陈建华、陈本初
企鹅牌冰箱魔块	1993	资阳县企鹅蓄能节能器厂	罗先明、吕存柏

续表

项目名称	年　份	完成单位	主研人员
乡村人群营养调查	1993	资阳市卫生防疫站	吴家良、何明海、蔡恒书、蔡度枝、刘卫国、罗荆川、唐　静
耐高温出茹新品种——平茹辐身17	1993	资阳市城关职中	李　勇、赵清弟、蔡恒书、江怀慧、李祖鉴
循环双流化床锅炉技术应用	1993	资阳市宝莲酒厂	魏崇珠、向贵义、黄世汉、谭式荣、林正光
高级菜籽烹调油	1993	资阳市粮油加工厂	王锡根、叶小安、桂国珍、黄建华
金犬牌ZY5030X（救护、计划生育、防疫、宣传车）	1993	资阳市轻型汽车改装厂	石玉鑫、杨三海、罗永梁、刘作光、杨　勇、王贞友
资阳王二溪电站建设及扩容改	1996	资阳市水电局	文贤哲、潘清海、曹荣火、罗在武、朱仲良
资阳老鹰水库引水工程	1996	资阳市水电局、资阳市建设局	陈长禧、潘清海、林　康、文　胜、王万永
资阳市农业区域开发总体规划	1996	资阳市国土局	丁顺麟、李　波、王由体、吕月初、魏声茂、朱晓文、罗海涛、兰文庆、唐碧全、付　萍、刘业基、黄清贵、陈本初、明　亚、曾加烈
资阳市城区土地定级估价研究	1996	资阳市国土局	朱晓文、吕月初、朱明仓、李世荣、白云升、刘志龙、卓　平、李寒梅、陈惠芬、谭文改、丁顺麟、汪　洋、练　军、唐　进、唐毅强
肝脏能量代谢指标——动脉血酮体比率（AKBR）的实验研究及临床应用	1996	资阳市人民医院	尹方龙、严律南、吴言涛
熊胆降热胶囊的制备及治疗急性上呼吸道感染的临床研究	1996	资阳市中医院	欧阳亮、尹大学、陈普德、徐淳铣、薄中华、何明海
中国围产儿出生缺陷监测及高危高发出生的病因学探讨	1996	资阳市人民医院	朱秀菊、彭代芬
小麦“绵阳26”试验示范、种子生产及其推广应用	1997	资阳市农业局、资阳市种子公司、资阳市农技站	曾　祥、任万里、彭镇友、李　彬、张　谊、蔡正林
水稻旱育秧及大田配套栽培技术研究与推广	1997	资阳市农技站	史良华、曾　祥、刘宗炳、吴　荣、王润彬
网箱养殖大口鲶试验与推广	1997	资阳市水电局水产站	王治万、杨万良、罗在武
出口商品瘦肉猪无特定传染区域综合技术示范	1997	资阳市兽医防疫检疫站	尹泽红、蒋建华、吴　昊
游离空肠皮下盲袢肝胆管成形术（人工胆囊）的临床实验研究	1997	资阳市人民医院	田农庄
发展商品羊项目建设	1998	资阳市畜牧中心	周　攀、马雪冰、李良飚、刘世奎、郭光火

续表

项目名称	年　份	完成单位	主研人员
建设项目环境管理法制研究	1998	资阳市环保局	李菊祥、宋　毅、朱文廷、张贵川、万　程
眼底血管形态学和眶组织发育异常的研究	1998	资阳市人民医院	何爱唯、阳　毅
江河网箱养鱼高产试验及推广	1999	资阳市水产渔政局	王治万、吴　勇、龙跃进、吴中华
急性腹膜炎术中有效腹腔冷灌洗及早期中药治疗的研究	1999	资阳市人民医院	田农庄、刘　敏、秦小兵、李大春、覃素兰
柑橘早、中、晚熟品种配套试验及推广	1999	碑记镇果技站	杨　明、李跃章、邓忠文、付　萍、贺天意
优质瘦肉型猪高产技术推广	2002—2005	雁江区畜牧中心	周　攀、刘显河、吴光文、查世元、马雪冰

第二节　经费管理

科技经费主要来源于地方财政拨款，少部分为上级科技部门划拨的项目经费。1986 年，县财政安排科技“三项经费”5 万元，之后根据承担的工作量安排。1995 年起落实“科技兴市”措施，科技经费明显增加。2000 年区财政划拨科技“三项经费”118 万元，为经费最多年份。至 2005 年，地方财政拨付科技经费共 771.26 万元，上级科技部门划拨科技经费 110.03 万元，合计 881.29 万元.

科技部门按规定管理和使用经费，坚持量力而行、尽力而为、突出重点、兼顾一般的原则，优先保证骨干项目的科技经费；在集中资金保重点的前提下，适当兼顾一般科技项目经费的安排。对农业、工业、社会事业科研项目经费分配的比例大约是：农业项目占 50%，工业项目占 30%，社会事业项目占 20%。

第三节　专利与技术市场管理

一、专利管理

区科技局采取多种形式宣传《中华人民共和国专利法》，向社会提供专利咨询服务，同时查处假冒专利；但无专利侵权案件处理职能，只协助市科技局调查专利侵权纠纷。1986 年后，结合送科技下乡和科技宣传月活动，多次印发《专利法》和相关知识问答小册子。1992—1993 年，连续举办多期《专利法》《技术合同法》培训班。2005 年，邀请省知识产权局专家到区专题讲授专利知识。

1986—2005 年，全区共获得专利 480 项，其中发明专利 10 项、实用新型专利 25 项、外观设计专利 445 项；区科技局审批认定的 12 家区级专利试点企业实施专利 28 项，新增产值 8900 万元，新增利税 3800 万元。

二、技术市场管理

为使农业科技成果转化为生产力，促进全县农业生产发展，1989年，县委、县政府决定启动资阳县农村技术市场，成立县农村技术承包领导小组。分管副县长任组长，科委主任、农办主任、县政府办主任为副组长，县级有关部门领导为成员。领导小组制订《农村技术承包实施办法》，允许科技人员个人兼职承包、技术部门集团承包，对参加农村技术承包的人员在工资、奖金、福利待遇、职务、职称等方面实行优惠。当年，12名农技干部组成再生稻技术承包集团，承包土地2.3万亩，指导生产10万亩，仅再生稻一项就增粮2000万公斤；10名科技人员承包土地3.24万亩，推广玉米施锌技术，净增粮食708.5万公斤；10名植保科技人员承包15万亩土地，推广小麦、水稻害虫防治技术，挽回粮食损失798.5万公斤。农村技术市场的出现调动科技人员的积极性，农业技术承包遍及各镇乡。1993年，市委下发《关于动员组织科技人员到农村到乡镇企业工作的通知》，全市有92名科技人员到农村到乡镇企业工作。至1995年，市农业局、供销社果品办、水电局、畜牧中心、蚕茧公司的科技人员承包了30个农业技术开发示范服务项目，签订各类技术合同15个，合同交易额721万元，实际完成68万元。1996年9月，市委组织部、市科委联合下发《关于组织百名科技人员承办重点科技项目的通知》，允许专业技术人员承办重点科技项目，承办方式以在岗对口承办为主、业余指导帮助为辅，承办时间一般在两年以上；对达到预定经济指标的科技人员，按照有关政策从科技项目新增效益中提取5%～10%作为奖励金。当年，农业技术承包呈现良好势态。1998年，全年签订各类技术合同236份，合同交易额达1012万元。1999年后，不再开展此项工作。

第四节　民营科技企业管理

区内科技企业主要从事“四技”（技术开发、技术转让、技术咨询、技术服务）服务。1992年，科委批准成立资阳益华工业科技开发研究所、资阳县科学技术应用研究所等9个民营科技企业，其中参办企业的科技人员126人，投资额200万元。1995年，新批准民办科技企业3家。当年，资阳华益工业科技开发研究所研发的倪钻头磨床通过省级重点新产品鉴定，并列为国家级新产品，获“95中国新技术、新产品交易博览会”金奖；科委为其解决科技基金3万元，落实银行贷款20万元。1997年，新发展民营科技企业4个；民营科技企业研发的新技术、新产品在成都“双新会”上获金奖2个、银奖1个；全市民营科技企业实现产值3100万元。1998年，市委、市政府印发《关于大力发展我市民营科技企业的意见》，至年底全市有民营科技企业16家，科技产业实现年产值1.4亿元，其中新审批成立的3家民营科技企业新增产值1000万元。2001年，根据市科技局《关于对全市民营科技企业进行资质审查认定的通知》，区科技局重新审查认定在册的20家民营科技企业资质，取消10家企业的科技企业资格。

第二十五篇　文化·旅游

第一章　群众文化

第一节　机　构

一、文体局

1990 年 3 月，资阳县文化局成立，内设文化事业股、文化市场股和办公室。之前，县内文化工作由县文教局文化股管理。1993 年，资阳县文化局更名为资阳市文化局。1995 年，局增设稽查队。1996 年 12 月，市文化局与体育委员会合并为市文化体育委员会，内设文化事业股、体育事业股、文化市场股、政工股、办公室、文化稽查队。2000 年 11 月，资阳市文化体育委员会更名为资阳市雁江区文化体育局，挂新闻出版局牌子，主管全区文化体育新闻出版工作，内设文化股、体育股、文化市场股、办公室和稽查队。1986—2005 年，薛吉兴、王乾洲、罗富源、杨为民、张彤昆、刘世伟、刘剑先后任局长（主任）。

二、文化馆

1950 年，资阳县人民文化馆成立。1952 年改称县文化馆，1993 年、2000 年先后更名为资阳市文化馆、资阳市雁江区文化馆。文化馆设文学、音乐舞蹈、美术书法 3 个培训部门，常年开展镇乡文化专干培训和各专业文艺协会技能培训，同时面向社会开办艺术培训班。

三、文化站

1986 年，全县设区文化站 10 个、乡镇文化站 53 个，均属区、乡镇政府事业机构，业务由县文教局管理，经费以财政补贴为主，主要负责农村群众文化活动的组织和管理工作。1990 年，文化站归文化局管理。1992 年撤区并乡建镇后，全县建文化站 22 个，配聘用制文化站长、专干 38 人，有专门文化活动场所 1.3 万平方米，经费改为财政全额拨款。1996 年文化局、体委合并后，文化站更名为文化体育站，受镇乡政府管理，受市文化体育委员会指导。2003 年镇乡事业单位机构改革时，文化体育站归并到镇乡社会事业服务中心，文化体育站长由社会事业服务中心主任兼任。当年全区配文化专干26人，至2005年底未变。

第二节　群众文化活动

20世纪80年代至90年代中期，各区、镇乡文化站常备报纸、杂志、画报、连环画等刊物供群众阅读，常年为群众提供棋牌娱乐；同时利用板报、墙报、街头广播、标语、新闻稿、图片、幻灯、银幕报和快报、诗朗诵、活报剧、花鼓等方式宣传党的方针政策、时政要闻、法律法规和当地党委、政府中心工作、突击性任务等。在重大节庆期间，各地根据实际情况组织川剧清唱、龙灯、狮灯等表演活动，或举办扑克、象棋、长牌、麻将比赛。1991年起，县内定期组办农村文化站文艺调演活动。次年，全县农村文化站共组建63支文艺宣传队，在农村巡回演出178场，观众达16万人次；举办美术、书法、摄影展、川剧座唱、电影招待、茶话会共1480场（次）。至1994年，镇乡文化站大多建立文艺宣传演出队、电影放映队、红白喜事服务队。当年共举办文艺活动80多次，开展红白喜事服务活动200多次，放映电影、录像7000多场次。其中石岭镇文化站举办的《国庆颂》文艺晚会吸引2000多名群众观看。次年春节，各地均组办规模不一的文娱活动，其中小院镇举办的卡拉OK比赛、中和镇主办的大型文艺演出以及回龙乡组织的川剧表演颇具时代特色和地方特色。之后，随着多数农村青壮年外出务工经商，农村群众文化娱乐活动逐渐减少。

1986年以来，每逢元旦、春节、妇女节、劳动节、青年节、儿童节、建党节、建军节、国庆节、重阳节，文体部门均要组织演艺团体、业余文艺演出队在城区开展文艺庆祝活动。其中以春节和国庆节、建党节大庆最为隆重，一般举办文艺晚会、歌舞晚会、焰火晚会、电影晚会，并辅之以体育比赛、文艺展览和征文活动。1991年，组办建党70周年庆祝活动，来自83个单位的1300名演员从6月24日起连续演出11场。1999年，组织建国50周年庆典文化活动112项次，其中文艺演出50余场，演出人员5000余人，观众10万以上。同年特邀本籍“变脸大师”彭登怀、巴蜀笑星涂太中参加“红芙蓉”迎春文艺晚会演出。除组织节日文艺活动外，文体局还配合有关部门联办以廉政、计划生育、环保、戒毒、防艾、献血、敬老、消费者维权为主题的文艺活动，开展文化与企业“联姻”、文化进校园、文化进社区、“送文化下乡”活动。为进一步丰富群众的文化生活，文体部门定期或不定期举办文艺比赛，并邀请国内外艺术团体前来表演。已形成届制的文艺比赛有“雁城杯”歌舞大赛、农村文艺调演、青少年艺术大赛、“资阳人”文化艺术节。1986—2005年间，邀请了中国歌舞剧院、四川省人民艺术团、黑龙江省曲艺团、成都军区战旗歌舞团等国家级、省级艺术团体和河南省郑州市歌舞团、广东省湛江银通艺术团、湖南省常德市海燕歌舞团、四川省广元市杂技团、河南省三门峡文工团、巴蜀艺术团、重庆三峡艺术团等一大批市级艺术团体，以及哈萨克斯坦共和国马戏团、朝鲜国家艺术团、墨西哥流浪者乐队艺术团、德国慕尼黑大学舞蹈队、美国瑞格斯堡学院舞蹈团等国外艺术团体到资阳演出。

第三节　文艺创作

一、文艺社团

作家协会　1991年成立，至2005年历经4届。会员由15人发展到60人，其中中国作协会员2

人、省作协会员9人。协会常年组织会员进行文学创作，每年在国家级文学刊物发表作品3件以上。

美术书法家协会　1985年成立，到2005年历经4届。会员由40人发展到65人，其中中国书法家协会会员1人、省美术家协会会员18人、省书法家协会会员4人。协会年均出作品200余件，在省以上刊物发表作品5件以上；每年开展5次以上送文化下乡、进社区活动。

摄影家协会　1985年成立，至2005年历经5届。会员由30人发展到62人。协会每年组织会员外出采风，多名会员的作品在国家级刊物发表，年均举办专题和综合性摄影展5场以上。

音乐舞蹈家协会　1986年成立，至2005年历经5届。会员由80人发展到116人。协会组织会员义务培训群众文艺骨干累计近千人，每年组织文艺表演10余场，开展送文化下乡活动5次以上。

二、文学创作

1990年，县文化局按省、市通知要求，向上选送县内文学爱好者20世纪80年代创作的文学作品11篇。其中小说有吴昌延的《腊月橘》、徐伯荣的《棋王世家》、莫非的《小小一片云》、蒋中菁的《阎王渡》、曹永含的《罗兰之梦》，散文有张咏的《馁山毓秀，沫水钟灵》，诗歌有张显华、曹永治、鄢良兴、石维海的诗各1首。1991年，徐伯荣作品《剑门栈道行》获全国旅游文学三等奖；与张咏合著的反映能源建设的大型报告文学《金色的沱江》由四川人民出版社出版，次年获内江市第二届文学铜奖，并参加全国第五届书展。当年文化馆举办建党70周年征文活动，收到作品286件，其中14件获奖。1992年，全县有150篇作品在省级以上报刊、杂志发表，240篇在市级报刊发表。其中，徐伯荣与张咏合著的《沱江流到资阳》获省水利厅、四川日报“水电之光”征文奖。同年，文化局与环保局联办“国际环保”征文活动，收到作品68件，获奖9件；与政协、县志办联合组织撰写的《川剧资阳河》成书面世。1993年，全市文学创作人员达200余人，全年出版新书3部，有徐伯荣的小说《兵临成都》、风情散文《三贤古城风情录》和刘仲的诗集《艰辛的旅程》。其中《兵临成都》在《成都晚报》连载，引起强烈反响。此外，李国辅创作的8篇环保系列作品分别被国家级、省级报刊选用，其中《怪坡之谜》被十几家文摘报转载；张咏、徐伯荣各在《四川文学》发表报告文学两篇，其中徐伯荣的《白猫、黑猫》被《文摘周报》转载。1994年，徐伯荣的《资阳人头骨化石发现始末》获四川省首届期刊优秀作品一等奖，吴文光的诗歌《托起明天的太阳》获“园丁杯”全国文学作品大赛一等奖。1995年，全市在地级报刊发表文学作品240篇、省级以上报刊发表120篇。其中徐伯荣的《洪荒部落的枪声》获全国故事大赛二等奖，《纯文学当以自省》获四川日报文学奖；吴文光的诗歌《五月风》获“五月诗潮”全国征文大赛一等奖，散文《紫微集》获中国散文庐山传播大会一等奖。1999年，全市在省级以上报刊发表文学作品160件。其中徐伯荣、张咏合著的《金色的沱江》和李国辅的《楼兰女——一个环境的变迁》获“四川省九十年代优秀报告文学奖”，吴文光的小说《情伤》获“99精品小说全国征文一等奖”。次年，王雁用20年心血写成的60万字长篇小说《大器》由中国作家出版社出版。2001年，吴文光的小说《塘边·一朵并蒂莲》获“唱响新世纪全国文学作品一等奖”。次年，区内作者在全国性报刊发表作品62件。其中钟昭维的25万字中篇小说《塔里木散记》由香港天马图书有限公司出版发行；汪古翔的25万字纪实文学作品《穿越市井》由中国文联出版社出版；吴文光的长篇小说《天长地久》由四川人民出版社出版，并获“西柏坡杯全国文学艺术大赛一等奖”；纪实文学《三次超越，一朝成功》公开发表；王雁的散文《鼓神》获“老舍文学二等奖”；《徐伯荣散打100篇》成集出版。2003年，吴文光的散文《人世间》《蓍之声》分别获“秦皇杯”全国文学作品大赛、“资阳杯”全国文学作品大赛一等奖，鲁艺的小品文《无从考证》被《成都晚报》刊载。2004年，曹继良的小说《梦断城塘》公开发表；鲁艺的散文《生命源》

获“我与图书馆”全国征文二等奖，小说《单位问题》获安岳柠檬节全国文学大赛二等奖；吴文光的纪实文学《蹇涩的历程》入编人民日报《盛世中华理论动态篇》。2005年，曹继良的小说《夕阳残花》公开发表，吴文光的诗集《西部情韵》获四川省第三届文学入围提名奖。

三、美术、书法、摄影、曲艺

1986—2005年，区美术、书法、摄影爱好者每年创作雕塑作品20～50件、绘画作品200～400件、书法作品500～600件、摄影作品千余件；每年举办县级作品展览10多次，其中部分作品入选全国、全省、全市展览，有少量作品参加国际展览。1990年，在省级报刊发表美术、书法、摄影作品100件，其中在国家级报刊发表40件，在国外发表7件。姚学明、匡亚夫为简阳师范校制作的大型雕塑“为人师表”，主题鲜明、技艺精湛，颇受称赞。1990年，文化局组织创作、表演的歌曲《村里来了普查员》获内江市人口普查节目表演一等奖。1994年，小院、堪嘉石雕队制作的巨型石雕（石狮）远销台湾等地。1995年，市文化局组织创作的两幅巨幅创卫宣传画受到市民好评，姚学明为内江市设计的市徽获内江市艺术作品赛二等奖。1996年，文化局组织美术创作人员赴甘孜、泸定开展“重走长征路”采风活动，拍摄照片1500张，创作速写100余幅，其中4幅入选四川省纪念红军长征60周年展览、1幅入选四川省美术作品展。1997年，文体委与计生委联合创作、表演的表演唱《我爱蜜桃一个籽》获四川省“人口、家庭、生活”文艺调演表演三等奖。1998年，戏剧小品《广告招标》获四川省第九届“沱牌杯”戏剧表演优秀奖，剧中“马主任”扮演者李志彬获表演二等奖。1999年，姚学明创作的宣传画《警惕》入选第九届全国美术作品展并获国家三等奖，吴传明的摄影作品《蝶中花》《期待》参加全国摄影展并获金奖。2000年，在中国文联、人民画报、文化部人才中心举办的“世界华人艺术展”上，蔡创的雕塑作品《“外星姐”你好》获银奖，吴传明的摄影作品《人与自然》系列作品获铜奖。同年，周维晖演唱的《遥远的拜年》获第七届全国新人新歌大赛银奖，并获民族组“全国十佳新歌手”称号；青年歌手薛建军等3人的青春组合节目《每一天》获首届“西南航空”杯新人新歌大赛优秀歌手奖。2002年，选送12幅作品参加省美协迎春画展、建党81周年画展、水彩画展、迎奥运体育画展，其中姚学明和万利民的山水、花鸟画分别入选中国美协举办的中国画展和全国花鸟画展。2003年，全区在市级以上摄影展获奖30余件，其中荣获“中国优秀摄影家”称号的李秀金拍摄的《田园畅想》在美国、加拿大艺术周展览中获铜奖、《人体》获五夷山“十杰”提名奖；吴传明的《白云深处有彝家》获全国艺术摄影展银奖、《打工路漫漫》入选第九届国际艺术节摄影展并获奖；郑业辉的作品入选第九届国际艺术摄影展、四川省摄影展；魏前程的作品参加省摄影展并获“最佳人气奖”。同年，陈俊庥、姜商波分别举办个人摄影展，姜商波的摄影作品《人体》在成都、绵阳、泸州等地展出4场；姚学明的美术作品《高山流水》获全国双拥书画展三等奖。次年，李秀金的《田园畅想》等3幅摄影作品入编《中国优秀摄影家》杂志、《金色家园》在《大众摄影》封二刊出；魏前程的《春满梨花沟》在《中国摄影报》头版大幅刊出，并获“佳能园”杯二等奖；匡晓英的《希望》在《乡镇企业讨论》封二刊出；郑业辉的《憧憬》、袁绿的《乐哈哈》《闹元宵》入选四川省摄影展。在资阳市举办的“公仆杯”书画摄影展上，郑业辉的《人在旅途》、魏前程的《女儿扮鬼脸》分别获一等、三等奖，袁绿、舒天明、丁祖良、王月琴、陈国栋的作品获优秀奖。当年姚学明的美术作品获韩国汉城“龙山国际美术节”造型美术奖、水彩画《春回大地》参加“纪念邓小平诞辰100周年”四川美术作品展。2005年，姚学明的《童年的故乡》参加四川省水彩画展，刘文的3幅油画在《中国油画》杂志发表。

第四节 民间艺术

区内传统民间艺术包括民间音乐、舞蹈、手工艺术等，种类较多，前志已有详载。改革开放后，除在重大节日期间有民间狮灯、龙灯表演外，大多已不时兴，仅民间杂技发展较快。20世纪80年代至90年代初，县内先后成立资阳杂技艺术团、金雁杂技团、资阳群艺杂技团、新声歌舞团、资阳新星川剧团、振兴川剧团、新艺川剧团、飞鹰摇滚乐团等民间演艺团体。至2005年，全区共有资阳杂技艺术团、金雁杂技团等6个民间演艺团体在外演出。其中资阳杂技艺术团常年在湖南、湖北、江西、重庆等省市演出，年演出400余场，观众达40万人次；金雁杂技团常年在广州“世界大观”景区演出。

资阳杂技艺术团 1988年受邀在郑州举行的全国秋季糖酒评比交易会上表演。之后参加全国“新苗杯”杂技比赛和中国第三届艺术节演出，节目“对口含花”“顶塔爬梯”获“新苗杯”杂技比赛银奖；北京《团结报》曾以《从小山村走向人民大会堂》一文评价资阳杂技艺术团的高超演技和艰辛的创业史。1990年，杂技团受邀到四川省委、省政府春节团拜会现场表演，当年还组队参加全国第三届杂技比赛西南片区赛获银奖。1992年以四川省文化代表团身份出访土库曼、哈萨克斯坦共和国，共演出节目16个。次年，受四川省政府指派，先后参加俄罗斯莫斯科和保加利亚索菲亚举办的“四川节”文艺交流活动，共演出8场；受邀赴日参加中日建交20周年文化交流活动，历时20天，演出7场。1996年，资阳杂技艺术团应邀赴日本高知县、爱媛县进行为期3个月的有偿演出，取得圆满成功。1998年，杂技艺术团购置可容2000观众的野外杂技大篷车。次年4至5月，以豪华阵容为故乡父老献艺20天，演出60场，场场爆满。

金雁杂技团 1993年为祝贺资阳撤县建市回乡作专场汇报演出，受到各界好评。1995年参加在宜宾举办的全国杂技大赛西南片区赛，参赛节目“晃梯顶技”获铜奖。1997年12月，杂技团一行20人赴独联体吉尔吉斯斯坦共和国进行为期4个月商业演出，共演52场，观众逾4万人次，受到该国文化部嘉奖。1998年，金雁杂技团赴日本广岛演出，历时13天，演出24场。

第五节 文化市场及管理

一、文化市场

1986年，县文化管理部门鼓励、支持群众开办文化娱乐项目，以繁荣文化市场。时有台球室、电子游戏室、舞厅、书摊、个体打字复印店等文化经营项目。至1988年，台球发展到82家157桌，电子游戏室增至62家游戏机91台。当年新办舞厅4家，出版物出售、出租摊（店）32处，字画裱糊店1处，气枪打靶1处，棋牌娱乐81处。1990年文化局成立后文化娱乐业进一步发展，经营户达448家。其中新开录像发行站2个，录像放映点39处，镭射放映室2处，游艇1处，健身房2处，遛马、溜冰场各1处，电控摇车2处，打字复印11处；有舞厅9个、台球室153个、书报摊（店）80处、电子游戏室20个。1992年，经营项目由1991年的14类增至18类，经营户增至700余家，其中舞厅5家、台球139家、电子游戏86家、打印复印29家、录像放映32家、镭射电影10家、工艺美术18家、书摊（店）75家、茶园棋牌及茶园录像259家、卡拉OK厅24家、印刷厂21家，共有经营人员3000余人。到1995年，初步形成以歌舞及各种游戏为主的娱乐市场，以录音带、录像带、激光视盘出售、出租发行为主的音像市场，以书刊出售、出租为主的书刊市场，以装饰装潢、石雕为主的工艺美术市场。全市有歌舞娱乐场所88家，电子游戏室67家，音像制品出售店12家，书刊出售、租赁摊46处，工艺美术店15家，录像放映点28个；经营户达756户，比“八五”计划初增加240余户，纳税额近百万元、增加62万元。1998年，城区已形成较为完整的娱乐、音像、书刊、工艺美术等市场体系。当年起，调控发展迅猛的音像市场，着力培植一批有档次、有规模、经营规范的经营项目，限制规模小、档次低的项目。2000年，发展了陶然休闲广场、望江娱乐城等一批集休闲、娱乐、健身为一体的大型娱乐场所。2003年，在9个乡镇发展网吧12家。至2005年底，全区具有一定规模的文化娱乐经营户共343家，其中歌舞娱乐41户、电子游戏厅31家、音像制品经营店102家、打字复印经营店27户、网吧72户、印刷企业25家、书刊及出版物经营店45家，从业人员2700余人，年经营收入6274万元，纳税600余万元。

二、市场管理

1986—1989年，县文教局文化股在公安、工商部门的配合下，每年对文化市场进行常规检查3～9次，主要查处无证经营和违章经营。其中1988年开展集中检查9次，查出无证经营户7处，处理违章经营18起，收缴非法印刷品和淫秽书刊1673册，取缔10家弹子游戏点。1990年起，文化局每月对文化市场进行1次单项检查，每季进行1次综合性大检查。当年单项检查处理违章事件32起，取缔无证经营书摊13起、弹子游戏点3处；集中检查13次，检查各类经营项目2300户次，处理超时经营、赌博、租赁色情书刊及非法出版物、无证经营、乱翻乱录等违纪违规案件34起，收缴台球桌4张、录像带5盘、色情书刊199本、非法塑料历画1500张，取缔赌博电子游戏机12台。1992年起，开展文化市场“扫黄打非”活动，组织集中检查26次，检查经营户986家次，收缴录像带124盘、非法出版和淫秽书刊200册，查处违章经营户40起；协助公安部门查处淫秽镭射、录像放映点，处罚12家38人次，收缴赌博游戏机43台。1994年，加大“扫黄打非”力度，组织清查27次、突击检查8次，取缔封闭式包厢12个，遣散“三陪”人员125人，取缔违章经营户1户。勒令搬迁距校门距离100米之内电子游戏户23家，收缴录像带587盒，其中淫秽带36盒；收缴录音带38盒、非法出版物164册；暂扣放映设备3台，没收经营设备15台；停业整改4家，收回经营许可证1家。2000年起，每年开展文化市场专项治理。当年整顿文化娱乐和电子游戏经营场所，检查172家，取缔无证经营13家，捣毁赌博机255台，收缴赌资3万余元；收缴按摩床63张，清理陪侍人员5名；关闭桥亭子、陈家港、小北街电子游戏经营场所。2001年，专项治理书刊市场，对教学用书进行全面检查，收缴非法出版教学辅导材料、新华字典170册，初中英语教学磁带217盘；收缴色情淫秽和非法书刊700册、VCD故事片650盘。整顿娱乐市场，取缔、关闭擅自开设歌舞娱乐场所5家，查处16家，限期整改18家。2002年，专项治理音像市场，共检查56户，取缔无证经营2户，收缴非法音像制品5300盒、英语教学磁带160盘，关闭经营非法出版物音像店1家，没收非法音像制品2780盘，处罚款1万元。整顿出版市场，对城北市场、商业街和学校周边经营店计155户进行检查，立案3件，处罚3件，罚款2.3万元；收缴非法音像制品1200盘，其中英语教学磁带650盘；收缴盗版书刊2.6万册，其中教学书1000册、新华字典300册、教辅材料2.2万册；收缴非法VCD故事碟6200盘、录音磁带800盘。2003年，开展网络文化市场专项检查，对不按规定下载、安装和更新文化管理软件的单位下达责令改正通知书，对接纳未成年人、超时经营、对上网人员不作登记的网吧处以罚款，并限期整改；对环境差、管理差、硬件不达标的网吧予以关闭。2004 年，检查网吧 400 余家次，责令整改 63 家，处罚款 1.5 万元以下 17 家；切断小院电脑培训中心互联网络；中止临江职中网络服务经营活动。开展出版物专项治理，收缴非法音像制品 2136 盘、非法书刊 1760 册，有效地封堵了“法轮功”邪教组织出版物和有害卡通画册及淫秽“口袋本”图书的流通渠道。2005 年，文体局分组分片对文化市场进行巡查，收缴非法音像制品 8825 盘、书刊 5800 册，责令整改 80 余户，罚款 43 户。当年，省文化厅检查组到区检查电子游戏厅 2 家、音像制品店 5 家、网吧 7 户、娱乐场所 1 户，均未发现违规经营现象。

第二章　文物、图书、电影

第一节　文　物

一、地面文物

区内地面文物包括石刻、古墓、古建筑、古遗址，共有各类文物保护点 157 处。其中文物价值较高、规模较大的 24 处；有省级文物保护单位 1 处，市级文物保护单位 2 处，县级文物保护单位 6 处。

半月山摩崖造像　位于碑记镇半月村，始刻于唐贞观九年，开眉于宋绍兴元年，有佛龛 3 座，凿刻于长 60 米、高 25 米崖壁上，共造像 8 尊。其中第三龛高 22 米、宽 12.6 米、深 8 米，佛像高 21.4 米、肩宽 7 米，为四川省第三大坐佛，1991 年被列为省级文物保护单位。

丰裕洞王沟宋代水纹石刻　位于丰裕镇胜利村二组，凿于北宋，高 5 米、宽 4 米处，用阴刻文字记录了北宋几次洪水情况，2002 年 5 月被列为县级文物保护单位。

丹山大佛寺摩崖造像　位于丹山镇西 100 米处，建于宋代，在宽 24.4 米、高 4～5 米的红砂石崖壁凿佛龛 17 座，造像 294 尊，2002 年 5 月被列为县级文物保护单位。

佛儿岩摩崖造像　位于临江镇斑竹村东南 2 公里，凿于唐代，在离地面 4 米处的长 30 米、宽 6 米的红砂石岩壁上凿龛 6 座，造像 56 尊。

小岩寺摩崖造像　位于丹山镇青和村东北 1.5 公里，凿于明代，在离地面 1 米处长 52 米、宽 5 米的红砂石岩壁凿龛 14 座，造像 68 尊。

王褒墓　位于临江镇墨池村东 30 米，为圆形土冢，高 4 米、直径 20.6 米，占地 320 平方米，2001 年 5 月被列为市级文物保护单位。

董钧墓　位于保和镇金山寺村南 200 米，为长形冢墓，长 15 米、宽 10 米，占地 150 平方米，封土高 3 米，墓前草坪 60 平方米，2001 年 5 月被列为市级文物保护单位。

饶国华墓　位于宝台镇甘溪沟南坡，为一般单座长形土冢，长 8 米、宽 4 米、高 3.5 米，石质坟台长 4 米、宽 3 米、高 2.5 米，有石栏杆，竖高 2 米、宽 1.2 米、厚 0.11 米石碑，上刻“革命烈士饶国华之墓”字样。

丹山白塔　建于宋代，位于丹山镇南 1 公里处，为四方形七级楼阁式砖塔，高 20 米，塔中沿实心阶梯盘旋可直上第七层，1982 年 5 月被列为县级文物保护单位。

临江镇文武宫　建于清代，位于临江镇北 100 米，为石木梯形三进建筑，戏楼面阔三间 10 米，进深一间 9 米，通高 10.5 米；正殿面阔五间 18 米，进深一间 8 米，通高 8.2 米；后殿面阔三间 12 米，进深一间 9 米，通高 8.5 米；厢房面阔四间 18 米，进深 5 米，2002 年 5 月被列为县级文物保护单位。

巍峰山古庙及碑刻　建于唐贞观年间，明弘治八年重建，现仅存正殿一间，占地面积 570 平方米，建筑面积 322 平方米，石木结构，正殿面阔 3 间 28.7 米，进深 3 间 11.2 米，通高 8.2 米，现存碑刻 15 道，2002 年 5 月被列为县级文物保护单位。

河口义渡牌坊　建于清乾隆五十九年，位于忠义镇高坝村，为四柱三间五楼仿木石牌坊，面阔 5.3 米，高 6.1 米。

大圣桥牌坊　建于清代嘉庆年间，为四柱三间五楼仿木石坊，面阔 4.9 米，高 6.3 米。

迎仙桥　建于明代嘉靖十二年，位于南津镇迎桥村东 160 米，三孔石桥，长 50 米、宽 8.4 米，跨度 10 米，距水面高 5.4 米，栏杆高 1.8 米。

永寿桥　建于清代，位于小院镇方广寺村南 1 公里，为十三孔石平桥，长 68.2 米、宽 2.6 米，距水面高 1.9 米，跨度 4.43 米，两端各有垂带式踏道 12 级。

古遗址　有临江镇太子村烟墩山古窑遗址（宋代到清代）、老君镇窑平村古窑遗址（宋代到清代）、小院镇方广寺旧石器时代遗址、石虾子旧石器时代遗址、鲤鱼桥旧石器时代遗址、九曲河第四纪古人类活动遗址、“资阳人”化石出土处旧石器时代人类活动遗址、九曲河旧石器时代文化遗址、临江镇王褒洗墨池遗址。

二、出土文物

出土文物多在建筑施工现场发现。1987 年，施工队在莲花山兴建精神病医院住院部时发现东汉时期崖墓，墓内出土石房 1 座、石马 1 匹。同年，资阳内燃机车厂周祠坝工地汉墓中出土直径 8.1 厘米、周长 25.4 厘米铜镜 1 面。1994 年，西门水厂工地古墓出土珍稀陶器。1996 年，宝台镇、周池坝、七星乡、莲花山等地出土有陶俑、铜鞋、弩机、耳环、宝剑、棋盘等。1997 年，西门外工地出土汉砖 1 匹，小院镇出土宋代瓷枕。1999 年，文物部门在市药材公司处发掘 1 座汉墓，收集到陶器、铜器、古钱币等。2002 年，西门南骏公司工地出土雕刻精美的石马 1 匹，马鞍山汉墓出土文物 10 余件，位于污水处理厂的明墓出土了精美石刻数件和古钱币、铜镜等。2003 年，回龙乡一古墓出土石刻 1 件，四海公司冻库工地古汉墓出土石俑 2 个，马鞍山一汉墓出土文物 10 余件。2005 年 12 月，资溪花园一建筑工地出土了一乘汉代铜车马和一些青铜器，其中铜车马为四川省首次发现、全国罕见。

三、馆藏文物

至 2005 年，区内共有馆藏文物 474 件，包括瓷器、陶器、玉器、铁器、铜器、古钱币、动植物化石、漆木器、金银器皿等，其中国家二级文物 5 件、三级文物 127 件。

资阳市雁江区 2005 年馆藏国家二级文物一览表

表 25－1

名　称	件　数	级　别	年　代	出土时间	出土地点	备　注
石　房	1	2	东汉	1987	莲花山	坚硬红砂岩石，高 44cm，宽 24cm，深 39cm。
石　马	1	2	东汉	1987	莲花山	马身长 80cm，肚围 92cm，高 109.5cm。
铜　镜	1	2	东汉	1987.2	城北砖厂	直径 8.1cm，周长 25.4cm，光泽清亮，须眉可辩。
陶女舞俑	1	2	东汉	1974.2	天台山南市八大队	身高 28cm，裙散弧度 34cm。
陶女舞俑	1	2	东汉	1974.2	天台山南市八大队	身高 27cm，裙散弧度 35cm。

四、文物保护和管理

1986—1991 年，文物保护和管理工作由县文化馆兼管。1987 年，县文化馆开展文物普查工作。次年将农村文物保护工作落实到区乡文化站，列入年终检查评比的内容，结束基层文物工作无人过问的局面。1990 年，文化馆建立文物管理制度，增添馆藏文物保护措施，将 459 件馆藏文物进行重新清理登记，同时完成半月山大佛第一期维修工程并通过省文化厅、省文管会专家验收。1991 年文管所成立后，加大对国家文物保护法律法规的宣传力度，制止盗墓行为 1 起，先后表彰主动上交文物的刘某某等 12 名群众，要求镇乡加强文物保护工作。1995 年，丹山镇筹资 4 万元抢救境内文物，回龙乡对巍峰山唐代寺庙及碑刻进行维修。当年全县发现地下文物 3 处，收藏有价值文物 5 件。1999 年，与旅游局共同制定半月山大佛开发利用的详细方案。2001 年 5 月，市政府公布王褒墓、董钧墓为市级文物保护单位。2002 年，区政府公布小院鲤鱼桥文化旧石器时代遗址、丹山大佛寺宋代摩崖造像、丰裕洞王沟宋代洪水水纹石刻、临江文武宫、回龙巍峰山古庙及碑刻 5 处为第二批区级文物保护单位。年内，文管所完成丹山白塔、王褒墓、董钧墓等文物的“四有”（有范围、有标志、有文字说明、有专人保护）保护工作，完成 3 处古墓抢救性发掘工作。2003—2005 年，收集文物 7 件，完成半月山大佛“四有”工作和文物图集资料的收集整理工作，逐一对库存文物进行清理、登记、造册，进一步完善文物档案资料。

第二节　图书发行与阅览

一、图书发行

新华书店负责区内图书、中小学校课本和教辅材料的销售、发行工作。1990 年 3 月前新华书店受县文教局管理，之后至 1998 年底受市文化局、文体委（局）管理。1999 年，资阳市新华书店划归资阳地区文体局管理。

1986—1990 年，全县有图书销售门市 70 个，其中新华书店自设固定门市 2 个、供销分社图书门市 60 个、文化站图书门市 5 个、个体书摊 3 个。其间，县新华书店从省新华书店批发各类图书和教材后，以批发、零售、代售和少量寄售的方式销售发行。批发对象主要是供销系统各图书销售门市。

各门市以图书定价的12%折扣作为零售利润，卖剩的图书作代售处理，也可以退回新华书店。中小学教材由各区供销社代为发行，手续费为定价的8%。1991年，个体书摊发展到49个。当年，因基层供销社相继倒闭，图书销售门市大量减少，全县图书销售网点降为50余个。之后，新华书店因此独家发行图书的体制受到市场经济的冲击，多数图书销售门市自找进货门路。有的出版单位从自身利益出发，脱离传统发行渠道而自办发行；有的办学单位自己组织教材。1992年，书店图书批发折扣率提高到21%，存书不退；教材折扣率减少到6%，存书包退。随着农村青壮年大量外出，农村图书销售业务量大幅下滑，新华书店收回区供销社教材代销权，改由书店直接发行。1995年，全市有书刊摊店46个。同年，市政府规定全市教材及教辅材料由新华书店统一发行，以保证教材质量。此后新华书店改制，下设门市撤销。至2005年，全区共有书刊及印刷品经营店45家。

二、图书阅览

（一）阅览馆、室

图书馆　1979年成立。1986年内设办公室、外借部、阅览部、采编部。1988年增设少儿部、文献咨询室。1998年先后被评为国家三级、省一级图书馆。2000年增设电子阅览室，有新旧电脑各15台。2004年更新电脑等设备，暑假期间每周一免费对未成年人开放，为青少年开辟绿色上网空间。2005年实施省“文化资源共享工程”，为电子阅览室安装卫星天线配置投影电影设备，寒暑假期间每天下午可为学生免费放映故事片和科教片，每日上午9至10时免费为下岗职工提供上机学习、上网查阅资料等服务。

图书室　1986年，全县有图书室321个，其中工厂28个、学校209个、农村（文化站）84个。1992年，县图书馆在消防中队建立图书室，有图书、杂志1000册。2002年，与交通局联办图书室，有图书、杂志4000册，每3个月换一次新书。2003年，在市郊四小、五小、七小建立流动图书室。此后，因企业破产倒闭、学校撤并和农村行政区划调整，图书室逐渐减少。

（二）阅览业务

1986年，县图书馆接待读者7.5万人次，图书流通量34万册。1990年，为满足群众自学需要增设自学室，接待自学青年2000人次；阅览室接待7.63万人次，比上年增加2.3万人次；外借图书9.38万人次，比上年增加2.15万人次。1992年，图书馆延长服务时间，扩大开架范围。全年读者增至27.95万人次，外借图书5.81万人次；发借书证808个，向部队、学校、文化站办集体借书证45个，为老弱病残读者送书上门54人次。次年，图书馆实行全周开馆，以开架、半开架等方式满足不同人群的需要，共接待读者6万人次，外借图书4.57万人次；图书流通量20万册。1995年前，图书外借实行封闭借阅，读者根据“读者目录”填写索书号后由工作人员在流动书库中检索。当年，文学类图书实行开架借书，工具书实行半开架借阅，社科类图书仍闭架借阅；读者凭借书证每次限借图书1册，限期7天，每证收押金3元。1998年，图书馆新设服务网点4个，到馆阅读人数5.07万人次，外借图书1.67万人次，辅导自学青年273人，送书上门1134册。次年，接待读者5.12万人次，外借图书1.44万人次，图书流通量8.66万册；辅导自学人员258人，举办图书展览5次，散发科技资料2500册，赠村图书室书刊400册。1999年起，所有图书实行开架借阅。2002年，在各小学开展图书巡展，接待学生1万余人次。2003年，办借书证2214个，其中少儿部1500个、外借部410个、阅览部54个、电阅室250个；接待读者13.5万人次，其中外借部3.49万人次、少儿部5.3万人次、阅览部1.3万人次、采编部180人次、电阅室3.4万人次；全年上门送书76次，展出图书1.26万册。2005年，接待读者5万人次，外借图书8600人次，图书流通量4万册；订报刊190种，送书上门

6025 册；分类编目 663 册，整理图书 1.7 万册。

资阳市雁江区图书馆 1986—2005 年业务情况一览表

表 25-2

项目 年度	馆藏量（册）	新购图书		接待读者（人次）	外借图书			
		金额（元）	数量（册）		办证（个）	外借图书（人次）	上门送书（册）	图书流通量（万册）
1986	61939	13970	3930	75000	2200	63257	—	34
1987	72000	10407	2660	80000	—	65237	—	—
1988	81000	9140	2455	81087	—	85135	—	—
1989	90000	10289	1140	53310	—	78562	—	—
1990	98500	10200	1084	76310	—	93827	—	—
1991	100000	11505	487	50000	—	56241	—	—
1992	100000	10030	1573	279538	808	58126	54	—
1993	101000	10000	14700	60000	—	45715	—	20
1994	102000	15762	1181	60000	1200	34571	—	20
1995	104000	16570	649	30000	1400	29856	—	8
1996	104000	15268	617	50746	—	25964	—	8
1997	107500	15000	717	50000	—	16567	—	8
1998	107500	20000	566	50746	—	16705	1134	8.63
1999	120000	20000	867	51238	—	14400	—	8.66
2000	120000	20000	868	49000	—	7848	—	8
2001	120000	20000	1119	50000	—	6397	—	7
2002	120000	20000	636	53000	—	21738	—	5.2
2003	120000	30000	1121	135036	2214	18216	—	11.86
2004	120000	20000	383	108715	—	16715	—	9.86
2005	120000	20000	534	50000	—	8600	6025	4

第三节　电　影

一、电影公司、放映网点

（一）电影公司

1981 年，资阳县电影管理站改为电影发行放映公司，为企事合一机构。1986 年，公司内设发行、计财、宣传、放管 4 股和影院办公室。1994 年，撤销宣传、放管 2 股，增设影都办公室。2001 年，撤销影都办公室。2005 年底，区电影发行放映公司保留发行股、计财股、电影院和办公室，承担区内电影发行、放映网点管理、机具维修、器材供应、宣传辅导和业务培训等工作。

（二）农村放映网点

1986 年，全县有农村电影放映队 72 个，设放映点 529 个，其中售票的室内放映点 47 个；免费影片多在学校操场、农村晒坝放映。1991 年农村电影队增为 74 个。至 1997 年电影放映队减为 56 个，放映点不足200个。1999年，放映队减为52个，有放映业务的约占一半。2000年，乡镇电影队改由乡镇文化站代管。2005年，取消乡镇电影队，农村电影业务由公司流动电影队承担，无固定的放映点。

（三）城市放映网点

1986年，城区设放映点9个。其中专门电影院1个，座位1214个；兼容电影院2个，即剧场和县委礼堂，分别有座位1286个、1025个；工厂电影队4个，即资阳糖厂、磷肥厂、资阳内燃机车厂及其技工校电影队；流动放映点2处，即城关三小、体委灯光球场。电影院、剧场、县委礼堂各配置35毫米电影放映机2台，其余放映点配置16毫米放映机1台。1990年后，随着电视普及，电影观众大幅减少，流动放映点、县委礼堂先后停止电影放映。1993年，工厂电影队停映。1995年起，剧场逐渐放弃电影放映，仅有电影院开展放映业务。

二、电影发行

1986—1990年，农村放映实行“规划放映，计划供片”的办法。各放映单位在自己服务范围内规划、设置放映点，安排放映场次；公司根据各放映单位的用片申请、用片数量，制定分期排映计划后组织片源，再按计划向各放映单位供片；城市商业放映则按需供片。1991年，针对电影业效益下滑的情况，公司在各区建立影片管理站，为农村电影放映提供方便；农村影片发行量和放映场次较以往有大幅提高。1992年，县、区建立农村电影市场开发领导小组，以加强农村电影发行力度，增大发行量。1994年后，影片供大于求，放映单位可自由选择租用或购买影片和拷贝。2000年，针对光纤网络电视普及对电影业的严重冲击，公司确立“巩固农村放映、抓好城市放映、突出专场放映”的工作思路，在片源安排、放映质量、目标责任、服务水平等方面狠下工夫。2001—2005年，把爱国主义教育影片、各类宣传影片的组织发行作为工作重点，确保片源供应。

1986—1992年，资阳县电影发行放映公司负责全县8.75毫米影片的发行工作，内江市电影公司代管发行16毫米、35毫米影片。1993年省、市电影公司下放影片发行权、拷贝购买权后，8.75毫米、16毫米、35毫米影片均由放映公司发行；当年公司库存16毫米影片1000多部。1995年8.75毫米影片停止生产，发行业务随之取消。1994年起，公司每年购买拷贝5～10个，至2005年底公司库存16毫米影片2000多部。20年间，电影公司发行收入每年在10万～33万元之间，其中1991年收入最高为32.16万元，1993年最低为9.6万元。

三、电影放映

电影放映业经历长期供不应求阶段后，于1986年进入供需基本平衡时期。1988年，县电影公司在全省电影放映行业率先进行招标承包，实行经营管理责任制。全年放映收入45万元，比1987年增长22%。城区放映收入比1987年增长39%；利润10万余元，是1987年的2倍；观众达200万人次。1990年，举办“三八”节妇女电影周活动、主办“五一”四川工人电影节资阳分会场首映式，结合学雷锋、纪念鸦片战争150周年、计划生育宣传等开展放映活动。全年放映15088场，观众51.4万人次；收入75.72万元，为此前放映收入最高年，其中剧场放映1255场，收入9.27万元。1991年，放映队实行目标责任制管理。当年举办科技影片汇映活动，共放映19760场，收入66.30万元，其中剧场放映1070场，收入2.07万元。1992年，电影放映业出现大滑坡；尽管公司采取“狠抓城市放映，发展农村市场”的系列措施，但放映总收入仍比上年减少34%。1993年起，配合市委、市政府中心工作开展选片放映活动，先后组织放映反腐片、爱国主义教育片、科普片等。当年农村放映收入

16 万元，城区放映收入 27.82 万元。1995 年，电影公司与四川华益电子材料厂共同经营录像小厅放映，在电影院增设镭射放映厅，同时将影院原 1214 座大厅改为 421 座小厅。1998 年，农村电影放映业务进一步拓展，全年放映 12560 场，观众近 100 万人次，总收入 55 万元；省文化厅授予公司“农村电影工作先进集体”称号，并奖 16 毫米放映机一台、16 毫米故事片一部。2001 年，电影市场处于萧条时期，农村因普及放映政策未落实，经费无保证，基本处于瘫痪状态；电影公司在区委、区政府支持下，在城区确保了爱国主义教育影片和宣传片的放映，同时将美国战争巨片《珍珠港》实行单片承包放映，效果良好。2002 年，先后组织《走出邪教陷阱》《人命关天》两部教育片，共放映 15 天 61 场，观众 7000 人次；与智文实业公司、天生牛奶场等企业联姻，推出周末、周六“广场电影年”活动，收入 7 万元；设立影都开发管理办公室，收入 63 万元；组织城乡学生爱国主义教育影片放映，收入 46.8 万元。2003 年元旦、春节期间，公司开展“送电影三下乡”活动，实施农村电影放映“2131”工程。当年完成学生爱国主义影片放映 1820 场，实现城市放映收入 25 万元；区电影公司被省公司授予“先进电影公司”称号。2004 年，举办电影“超市”活动，精选多部影片在雁江一中操场放映。2005 年，公司把工作重点放在农村，以教育片为龙头、爱国主义影片为基础，主动服务基层，受到国家广电总局表彰。

第三章　广播电视

第一节　广　播

一、广播设施

1986 年 2 月，县调频台建成并正式投入使用，信号覆盖全县 74 个乡镇，结束了借用电信线路限时段传输广播信号的历史，每天播音时间由 380 分钟增至 460 分钟。同年，根据国家、集体、个人“三负担”原则改造农村广播网路，换广播杆 2477 根，换铁、铝线 345 吨，增装喇叭 3300 只；更新县中心机房和 57 个乡站机房设备；整改磐石、丹山、培德、红莲等乡镇广播网络；在祥符、忠义等乡镇改高音喇叭为低音喇叭。次年，改造后的东峰、祥符、刘家、干沟等乡镇广播网络“入级”，有 8 个乡镇广播站机房达到“标准化”。1988 年，城区实现广播电视联网；农村有 10 个乡镇完成整网入级，建成标准化机房 15 个、村广播室 20 个，10 个乡安装了对讲设备；微机播控试验取得成功。到 1990 年，全县 30 个乡镇站实现配套入级，占乡镇站总数的 49.18%；54 个乡站实现网络入级，占 89%；55 个乡站机房实现标准化，占 90.2%；34 个乡镇建起村广播室 257 个，占村总数的 64.41%。农村广播从单一传输信号发展到多功能开发利用，24 个乡镇安装了对讲设备，2 个乡实现广播、电话并网，23 个乡镇实现微机播控。全县 61 个乡镇、394 个村通广播，分别占乡、村总数的 100%、98.75%；通广播的农户 221081 万户、占农户的 90.35%；乡镇广播杆均实现主、支线水泥杆化。1993 年，购置 1000 瓦广播发射机，更新发射馈线系统，广播信号除覆盖全市外还扩展到周边县。到 1994 年底，建成 22 个镇乡广播中心机房、56 个分站机房、400 个村广播室，共建广播网络线路

7657.97 公里、安装电杆 14289 根；全市村广播室巩固率、喇叭在响率和通播率均为 100%。1995 年，投入 50 万元改造莲花山广播发射设备，帮助乡镇实现无线接收、有线传输；全市村广播室巩固率 100%，喇叭完好率、入户率分别为 98%、97.4%。1996 年，市广电局在迎接、清水等乡镇用无线和有线相结合的办法，探索农村有线广播网技改模式，采用入户、入院，高音、低音相结合的方式，推进有线广播覆盖率，既减轻农民负担，又保证广播畅通。1997 年，全市实现广播、电视共缆传输，共同入网。

1998 年，资阳市广播电视局上划资阳地区广播电视局管理。资阳地区广播电视局在资阳市开通调频为 98MHZ 的调频广播，技术上采用市区到镇乡调频传输方式。取消农村提留后，广播有线网络维修经费失去保障。1999—2002 年，农村广播几近瘫痪。2002 年，雁江区 21 个镇乡站只有 16 个村保留了广播室，占行政村总量的 3.3%。2003 年，在丹山、新场、回龙、清水、忠义、丰裕、老君、中和等镇乡采取镇到村、村到社调频共缆传输方式，重建村级广播室 56 个。由于资金和技术等原因，到 2005 年农村广播网络状况未得到根本改善。

二、广播宣传

1986 年，县广播电台在抓好常规宣传工作的同时，突出开展特色宣传活动，先后与县委办联办“十问十答”广播专栏，帮助干部群众学习和领会中央 1 号文件精神；与计生委联办 7 次广播讲座，宣讲计划生育政策；开播普法专题 110 期，宣传《宪法》《刑法》及相关法律知识；开展“万名党员带领群众勤劳致富竞赛活动”宣传，专题报道三柏乡柏柳村党支部书记汪福均等一批先进典型。在节目播出和设置方面，将《新闻报道》由每天播出 3 次增加为 8 次；增加服务性节目，在办好《天气预告》、《为听众服务》等栏目的同时，与城建、卫生、保险、交通监理等单位联办节目；增加娱乐性节目，在办好《川剧欣赏》《银屏歌声》《每周一歌》等文艺节目外，增办《听众点播》《快乐的周末》栏目。1987 年，开办自办新闻、对农村广播、听众信箱、少儿节目、话说资阳、学习生活之友、信息传递、文艺联办等 10 大类 20 个节目，每天转播中央、省、市电台节目，配合县委、县政府中心工作举办“坚持四项基本原则，反对资产阶级自由化”“奋进在改革中”“万名党员带领群众勤劳致富”“双增双节”“宣讲十三大”等专题和专栏节目。全年组稿 10210 件，其中来自农村 4156 件、城区 3683 件、兄弟市县 2011 件，自采 360 件。1988 年，县广播电台加入川西新闻经济传播协作区，与全国部分县市交流新闻和经济信息，丰富节目内容。1990 年，开办《新闻天地》节目，及时播送全县各条战线取得的成绩和其他重大新闻；配合县委中心工作，设置“农村党员三带活动”“计划生育”“庆祝教师节”“奋进中的企业”等多个专栏节目；加上长期开办的《综合经济》《青少年专题》《周末半小时》节目，全年广播稿件 11684 篇，提供各种致富信息 639 条，为上级台提供并被采用稿件 941 件。此外，与 33 个单位联办多个专题节目，其中与民政局联办“婚姻法知识广播有奖竞赛活动”，收到答卷 1000 多份；与 45 个县级台站建立横向宣传协作关系，向川西发稿 24 件，收到川西来稿 364 件。当年县电台获内江市广播节目评比一等奖 2 个、二等奖 1 个、三等奖 2 个。1991 年，创办《资阳广播电视报》，开办《社教活动》专栏，播报宣传“社教”中的新人、新事、新经验的稿件 267 篇。在建党 70 周年专题宣传活动中，利用《立体声之友》综艺节目，开展“庆七一”征联和“党在我心中”征文活动，征下联 40 多条、文章 52 篇；先后播出《人间熠熠一烛光——记资阳中学党委副书记陈友光》《核桃村的粉条皇后——记共产党员李秀珍》《奋进中的文昌村党支部》等反映先进党组织和先进党员典型事迹的稿件；开设“科技兴农”“致富经验”“市场观测”“消费指南”等栏目，为听众提供信息；开辟“天南地北”专栏，摘选报刊信息 1000 多条定时播出。1992

年，创办县经济广播电台并试播。1993 年，经济广播电台每天连续直播 3 大板块节目，时长 13 个半小时；在全国、全省广播节目评优活动中有 4 篇稿件获奖，其中全国二等奖 1 篇、省第一名 1 篇。1994 年，广播电台增加播出时间，全年播音 2920 小时；实行板块责任编辑负责制，以提高节目、稿件质量；全年组稿 10053 件，在“四川省优秀广播节目”评选中有 3 件获全省一等奖。镇乡广播站在转播上级台节目基础上，结合本地实际开办本地新闻联办节目、广告宣传和其他经济性、服务性、娱乐性节目。其中丰裕镇站常年开办专题节目“本镇新闻”“报纸摘要”“农业专题”“综合节目”“文艺节目”，丹山镇站开办“计划生育”“农技知识”“税法知识”“文娱鉴赏”“法制讲座”栏目，祥符、松涛、保和、中和等镇站落实专人采写稿件，自办节目别具特色。镇乡站积极参加各级优秀节目评比，当年临江站获省一等奖 1 件，松涛站获内江市优秀乡镇节目三等奖 1 件。1995 年，电台采用主持人直播方式自办节目，参与电台热线互动电话的听众全年达 7000 多人次；一批优秀节目获奖，其中《七十岁老人曾泽熙光荣入党》（消息）获市二等奖，“听众信箱”栏目获省三等奖，《刨土成金的李守正》（对农节目）获省一等奖、全国三等奖。随着电视事业兴起和繁荣，广播听众多被电视节目所吸引。1996 年，市广电局将电视新闻部更名为广播电视新闻部，赋予其统一采访、统一编辑、统一审发、统一通联的职能；同时进一步发展电台、电视台驻乡记者站，在 11 个已建驻乡记者站基础上新建小院等 5 个记者站，宣传基层的稿件随之增多。年内，广播电台在“初级卫生检查”“普九检查”、六中全会宣传、“严打”斗争等重大活动中充分发挥鼓动、教育、引导的作用，还以系列报道、连续报道、追踪报道、新闻评论等形式，宣传陈清华保护公产英勇负伤，卓文秀、赵娜、尹莉舍身救人等英雄事迹。1998 年，资阳市广播电台上划资阳地区管理。资阳地区广播电台成立后，固定开设《资阳新闻》《新区巡礼》《社会之窗》栏目，后又新增《时代先锋》《华灯初上》《今日视点》等栏目。1999 年，集中报道了共和国成立 50 周年华诞、抗洪救灾情况，特别对“资阳彩票风波”、三岔湖集体突发事件和农村合作基金会兑付工作进行大量的正面报道，在帮助群众提高认识、化解矛盾、稳定社会等方面起到良好的舆论引导作用。2000 年，电台增设《与你同行》《生活服务台》《音乐时空》《七彩风铃》等专题节目，全方位宣传资阳新区建设和发展情况。2005 年，《资阳新闻》改版，节目中开设“强力推进资阳工业发展”“共建和谐资阳在行动”“知荣辱、树新风”“加强未成年人思想道德建设”“建设社会主义新农村”“创建省级卫生城市”“十大杰出青年”“创业之星”“时代之星”“实施场镇‘八化’综合整治，创建文明和谐场镇”“富民惠民、改善民生”“工业强市”等专栏，对唱响主旋律、宣传资阳建设成就发挥了应有作用。

第二节 电 视

一、电视网络

1986 年 2 月，县电视差转台投入使用。次年，各区建立广播电视管理站；县城建成有线电视站和电视地面卫星接收站，向城乡转播中央电视台两套节目和省二台节目。1988 年，建成广播电视发射台，实现广播电视联网；新场、鲁家两乡建成电视差转台，农村电视网络建设开始起步。1989 年，伍隍区建高 60 米的区级骨干差转台，中和、保和区建与卫星地面接收站配套的有线电视系统，城区有线电视系统工程竣工。1990 年，改造莲花山电视发射台，改后铁塔高 70 米，净增 20 米，全县电视信号覆盖率提高到 80%。1993 年，实施第一期有线电视系统改造工程，电视发射功率由 100 瓦扩大为1000瓦；改造中心播控机房和干线传输设施、设备及城区有线电视网络，完成电视主干线、发射前端设备和近2000户用户系统的整改工程；在农村完成21个镇乡所在地和其他场镇有线电视网络建设，建成村级有线电视网络4个；电视播出容量由7套增加到15套（实用9套），传输节目由8套增加到11套13个台，收视质量普遍提高；7月增置微波发射设备，正式传输市电视台节目，信号覆盖全市并扩大到周边市县，覆盖人口500万。1995年7月，开办加密电视，与中央卫星传播中心联网开通4套加密电视节目。1996年进行第二次加密，建成莲花山微波电视传输网，连通内江市微波电视网，开通多路微波系统，向乡镇和其他网络传递中央电视台5套加密节目，形成本市电视传播中心。同时，更新城市有线电视前端机房设施，购置先进的播控、调温设备，电视播控质量得到进一步保证和提高；改造城市有线电视网络，更新邻频前端，选用进口电缆和放大器，扩展主干线网络10公里，发展用户1217户；在农村建起34个农村有线电视系统，其中村级6个；在文昌村进行广播、电视信号双双入户试点。1997年，在城区采用光缆对电视网络进行技术改造，市区至镇乡采用MMDS微波或光缆方式联网，镇乡至村采用光缆或物理发泡电缆方式联网，村至户采用物理发泡电缆联网，实现广播电视共缆传输、共同入网。1998年8月，资阳市电视台及其网络上划资阳地区。同年在莲花山差转台安装微波发射、接收装备，采用MMDS3W微波点对点发射接收信号，建成微波和光发射网络；在各镇乡建成二级光纤网络干线442.85公里。1999年，建成市局中心机房至21个镇乡中心站环形光纤网络主干线235.51公里，向镇乡开通光纤电视，传输电视节目25套、调频广播节目1套。2003年，对镇乡二级光纤网络进行改造，架设光缆195.74公里，农用光站由160个增到240个，新建光接点203个。2004年，新开光接点20个，架设光缆278公里，全区HFC网络光缆达1166杆公里、同轴电缆6337杆公里，有光接点的村占88%，能传输59套模拟电视节目。2005年，开通数字电视节目58套，同步接转卫星电视节目和自办节目32套；改造老网络1167杆公里，城区有有线电视传输网络光站180个、地埋管线548公里、用户分配网3170公里。年底，全区电视用户达10.31万户，其中数字电视用户3100户、模拟电视用户10万户。

二、电视节目

1986年，县电视差转台仅转播中央电视台《新闻联播》和四川省电视台节目。1987年元月、10月先后转播中央电视台第一套、第二套电视节目和四川电视二台节目。1988年，县电视台开始制作和播出本地电视新闻和专题节目。1990年，拍摄制作《资阳新闻》110组、专题片6部，播出文艺录像节目400部。1991年，拍摄首部电视专题片《小院在前进》，全面反映了小院区自党的十一届三中全会以来取得的成就；开办“七五”回顾、“八五”计划和“公仆篇”“风范篇”专栏，连续播出农村党员“三带”和机关党员“先锋赛”情况；配合工农业生产，系列报道了家庭联产承包责任制、统分结合的双层经营体制的有关政策以及农业综合开发、科技兴农等方面的典型，围绕“质量、品种、效益”年活动，介绍了马铁件厂、粮油加工厂等一批骨干企业。1993年，电视一台创办《七彩传真》社会服务节目，新建的电视二台开办10频道综合性电视节目。城区有线电视系统的节目容量由6套增至15套，转播9套，基本满足群众多层次需要。1994年，市电视台录播的两组专题节目获省、市嘉奖，临江镇站制作的电视片《颂老人》获省“宏声杯”评比一等奖。1995年，将“新闻栏目”由每周由2组改为3组，并增加播出次数；开办“镇乡长访谈录”“女职工风采录”“抗洪救灾”“创建卫生城市”等专栏；创办评述型新闻节目《周末话题》。1996年，《老君炼丹的新传说》等11个自办节目在省、市评比中获奖。1997年起，镇乡广播电视站在转播资阳电台、电视台节目的基础上自办节目，突出本地特色。在当年乡镇优秀自办电视节目评比活动中，丰裕、小院、回龙等19个镇乡站获奖。1998 年，资阳地区电视台成立，资阳市电视台上划后设置“资阳新闻”“新区建设”“法制纵横”“资阳视点”等栏目。1999 年增加“华灯初上”“走进资阳”栏目。2005 年，电视栏目改版，增加“经济·生活”“新闻快车”“音乐时空”等专题节目，开设青少年栏目“七彩风”。

第三节 广播电视管理

一、机构

1979 年，资阳县广播事业管理局成立。1982 年更名为资阳县广播电视局。1993 年更名为资阳市广播电视局，为政府直属事业局，实行局、台合一的体制。1998 年 8 月，局内设办公室、计财科、保卫科，下设资阳人民广播电台（1986 年成立）、资阳经济广播电台（1992 年成立）、资阳电视台（1995 年成立）3 个副科级事业机构和资阳有线电视台（1988 年设立）、音像制品管理站（1985 年设立）、音像出版发行站（1983 年设立）、资阳广播电视报社（1991 年设立）7 个股级事业机构。同月资阳地区成立，资阳市广播电视局及其内设、下属机构和 22 个镇乡广播电视站上划地区管理。资阳地区广播电视局内设资阳市宣传报道处和农村光纤建设部，分别负责资阳市的广播电视宣传和镇乡广播电视基础建设工作。2001 年 8 月，资阳市广播电视局雁江区分局成立。2002 年 3 月，资阳市兴盛农村广播电视网络公司成立（镇乡广播电视站为其分公司），与市广播电视局雁江分局实行“两块牌子，一套人马”运作，沿袭至 2005 年底。1986 年至 1998 年 8 月，郑碧芯、刘元华先后任资阳县和县级资阳市广播电视局局长。

二、广播电视管理

（一）节目播出管理

1986—1998 年，县（市）广电局强化电台、电视台内设机构管理，明确采访、编辑、播出机构职能，制定严格的节目播出内审制度：一般节目由部门负责人审定；新闻节目由分管副局长、副台长审定；重要新闻、重大时政报道等由分管宣传的副局长、副台长审定；外事宣传报道、重大方针政策和重要改革举措的报道由县（市）委宣传部审定；人大、政协、党代会的宣传报道由大会组委会审定；电影、电视剧等综艺节目每播必审，重播重审；每年对各级广播、电视播出机构和播出内容进行年检。

（二）专项整治工作

1991 年初，县广播电视局对卫星地面接收情况进行清理、整顿。至 10 月底，全县所有闭路电视系统、有线电视台（站）一律停止对境外节目的转播。1999 年 4 月，资阳地区广播电视局根据国家广电局《关于坚决查处擅自接收转播境外卫星电视的通知》，再次在全市开展查处工作。2003 年起，根据国家广播电视局《关于联合开展信息网络传输视听节目治理工作的通知》和市广播电视局、市公安局联合下发的通知精神，区广电分局连续 3 年开展清理整治工作，未发现违章违规现象。

（三）取缔非法接收设施

1998 年以来，广播电视部门执行国家广播电视管理条例和有关规定，对未经主管部门批准、擅自安装的地面卫星接收设施（俗称“小锅盖”）进行严格查处和取缔，先后转发国家、省广播电视主管部门文件和自制文件 7 个，与工商、公安等有关部门联合查处违规生产、销售、安装“小锅盖”

的厂家和商家，提请市（区）政府与乡镇、村签订取缔“小锅盖”责任书并收购群众已购置的“小锅盖”。至2005年底，全区取缔“小锅盖”近5000口。

（四）防邪管理

2002年初，“法轮功”邪教组织侵入广播电视网络插播反动宣传事件发生后，国家广电总局连发7个文件，要求全国各级广电部门加强防范非法电视信号插播。10月，市、区公安、广电、无线电管理等部门联合制发《防范处置法轮功分子利用广播电视设备进行宣传煽动活动的预案》，召开广播电视系统“防邪”工作会，成立“防邪”领导小组，制订“确保零插播”“零秒停播”预案，对城区广播电视网络从播出前端至每个光节点都安装关断设置，如在光节点发现问题就立即切断与前端整个网络的联系；对农村网络的每个放大器或落实专人或就近落实农户负责看管；同时在广电系统内制定单、双岗值班制度、节目播出审查和“日报告”等制度。至2005年底，区境内未发生“法轮功”邪教组织侵入广电网络或插播事件。

第四章 地方志

第一节 机 构

1982年7月，资阳县志编纂委员会成立。编委会下设办公室，配专职副主任1名。1984年9月，县志办被确定为县政府直接领导的正科级事业单位，属常设机构，人员编制5～8人。1989年5月，县机构编制委员会核定县志办人员编制7名，其中领导职数3名。1993年，县志办公室更名为市志办公室。2000年10月，市志办内设综合科。11月，资阳市志办更名为资阳市雁江区志办，级别、编制和领导职数未变。至2005年底，区志办有在职人员6名。1986—2005年，王永人、徐光灿（兼）、陈家俸、邱宁、刘官吕、李卫东、李国忠先后任主任 。

第二节 县（区）志编修

1982年7月，县志办组织人员开展新中国成立后首轮县志编修的前期准备工作。1984年4月，县八届人大第一次会议作出《关于加快〈资阳县志〉编修进度的决议》，要求全县各级各部门抽调人员参与县志编修；县人民政府发布《关于新修〈资阳县志〉征集历史资料的通告》，正式启动县志编纂工作。1986年3月，县政府办公室主任徐光灿兼任县志办主任，工作人员从4名增至7名，另聘请退休职工5名。4至5月，县志办先后拟订《新修资阳县志·凡例》《资阳县志编写细则》《资阳县志篇目》报送县四大班子及各部门征求意见，同时分解编写任务并落实到各系统、单位。次年初，开始编纂分志稿。至1990年8月，除志头、志尾外，县志主体24个分志初稿完成，计140万字。12月，县政府发文成立《资阳县志》编辑部，任命王永人为总编辑，陈家俸、李明林、邱宁、刘官吕为副总编辑。编辑部成员分成4个组，每组3人，分别审阅志稿的政治、经济、文化、社会4大部类。经过分类审阅和交叉互审后，将初稿分送县委宣传部审核政治观点、保密局审核保密事项。其间，为弥补史料，编辑人员先后赴安县图书馆、省图书馆、省档案馆、内江市档案馆、资中县档案馆查阅有关历史资料，历时60余天，抄写资料11万余字。之后，编辑部派员携初稿走访省内史学界专家、学者征求意见，共收集意见、建议4961条；改动9235处，其中文字修改5856处、补充更正史实169处、数字改动185处、添改标点符号2904处、结构变动100处、统一文表21处。1992年11月，完成县志总纂稿打印，12月中旬送内江市政府终审。1993年8月，内江市政府下达批文，同意《资阳县志》公开出版发行。9月，《资阳县志》由四川巴蜀书社公开出版。全书共100万字，印数3050册。《资阳县志》的编修工作从1982年7月启动起至1993年9月出版，经过组建队伍、拟定篇目、收集资料、编写分志、总纂评审、上报终审几个阶段，前后四易其稿，历时12年。

1994年3月，省委、省政府办公厅联合下发《四川省地方志工作十年规划》，要求已完成首轮修志的地方立即着手续修准备。次年9月，市志办拟订《资阳市地方志工作规划纲要（1986—2000）》《资阳市志纲目（1986—2000）》并报市政府转发。1996年11月22日，市政府召开全市地方志工作会议，传达全国第二次、省第五次地方志工作会议精神，通报市地方志工作开展情况，部署续志工作。常务副市长陈茂福、市志办主任刘官吕先后作续志动员报告和工作报告。会议要求全市120个单位、镇乡须向市志办提供资料长编，有条件的单位可开展部门、行业志书编修。1999年10月，在广泛征求意见的基础上完成市志纲目的拟定。2001年11月，省政府将雁江区列为全省续志工作试点县（区）。同年，区志办根据行政区域名称变化情况和上级要求修改完善续志纲目，将《资阳市志纲目》改为《资阳市雁江区志纲目》，续志下限从2000年延至2005年。至2005年底，全区有7个入编单位完成续志初稿或资料长编编写。

第三节　部门、行业志编修

1984年4月，县政府要求87个部门、单位编修部门或行业志，修志经费在行政费或事业费内开支，无部门或行业志编修任务的单位须向县志办提供资料。当月至1986年7月，全县先后召开7次部门、行业志编写业务培训会议，主要传达国家、省、地（市）修志工作会议精神，通报修志工作情况，开展志稿评议和修志经验交流，讨论解决编写中存在的问题，提高修志人员的政治、业务水平，督促部门落实编写人员和经费。其间，部分单位组织修志人员赴外地学习取经，县志办创办《资阳县志通讯》指导修志工作。至1986年底，承担有修志任务的部门、单位中仅有23个完成初稿并报县志办审定，占总数的26%；正在编写的33个，占38%；未开展编写工作的31个，占36%。1987年2月，县政府召开县志编写工作会议，将单位志的编写责任落实到各归口系统，要求各单位“定质量、定领导、定力量”，并限定交稿时间。3月，为保证志书编写质量，县志办要求各修志单位在志稿编成后一律交县志办审查，取得合格证后方能印制。1988年4月7日，县政府召开部门志编写工作表彰大会，39个单位受到表彰奖励，其中县供销社、烟草公司、二轻工业局、林业局、税务局、总工会6个单位被评为修志工作一等奖。至1995年底，全市有近500名专兼职修志人员参与部门、行业志书编写，共查阅档案，收集资料3000多万字，成书总字数800余万，共编部门志和行业志73部，铅印15部。年内，《资阳钢管厂志》获四川省第十次地方志优秀成果三等奖，《资阳县二轻工业志》《资阳县金融志》《资阳县财政志》获内江市地方志优秀成果三等奖，县供销社、轻纺局、财政局、人民银行被评为内江市地方志编纂工作先进单位。1996年11月，启动第二轮修志工作。当年起，市志办先后制发4个文件，督促120个有修志任务的单位、镇乡组建班子，落实人员，投入必要的财力、物力开展部门、行业志书或资料长编撰写工作。至2005年底，全区仅有7个单位完成部门、行业志初稿或资料长编编写，且下限多未断至规定年份；其余的尚处于起步阶段。

第四节　年鉴与地情资料

一、年鉴编纂

1987年2月，县委、县政府办公室联合发出《关于编写〈资阳县1986年年鉴〉的通知》，要求各单位、镇乡指定专人收集资料、撰写稿件并报县志办。8月，县志办召开年鉴编修业务培训会，派专人就年鉴的定义、性质、种类、编写内容和操作要领作了详细的讲解，同时印发培训资料100余份，之后又将培训资料刊登在《资阳县志通讯》（第46期）上供各编写单位参考。1989年10月，县政府办公室发出《关于抓紧编写单位年鉴工作的通知》，要求各单位重视年鉴资料的积累，认真开展编写工作；规定年鉴的编写从1986年起，缺哪年补写哪年，以后逐年编写。当年收集了47个单位的年鉴资料。至2001年，因各单位提供的年鉴基础资料仅40余万字，且门类不全，故未系统编辑。2002年3月，区委、区政府将《雁江年鉴（2001）》编纂工作列入议事日程，成立以区委书记文岳任顾问、区长陈茂福任主任、各主管局主要负责人为成员的区年鉴编委会；编委会下设编辑部，负责具体工作。6月底，共收集文字资料60余万字；11月初，完成初稿编辑。2003年4月报区政府终审合格后付印。全书28万字，印数500册，设图照、特载、区情概况、大事记、政治、经济、军事、文化、社会、镇乡简况、附录等10余个部类500余个条目，为雁江区首部地方综合年鉴。2004—2005年，随着二轮修志的启动，年鉴编辑工作暂停。2000年后，区志办多次协助有关部门为《四川年鉴》《四川乡镇年鉴》《资阳年鉴》提供入编文稿。

二、地情资料收集利用

1982—2005年间，尤其是首届修志完成后，志办将收集到的各级各类志（史）书、年鉴和120余名资阳籍知名人士传记、简介等共两千多万字资料整理成187个卷宗，供社会各界查阅，共接待资料查阅人员700余人次，提供各类资料抄写、复印100余万字；先后为《四川经济大典》《中国名镇大典·四川卷》《新世纪四川乡镇大全〈镇乡概况〉》《中国市县大辞典》《新修四川方志事典》《前进中的资阳》《雁江知名人士录》等书籍的编纂提供文字稿件共50余万字、图片60多幅。

第五章 档 案

第一节 档案业务

一、档案整理

1986—2005 年，区档案局（馆）每年初结合档案检查工作，派员到各部门、乡镇和企事业单位指导工作人员清理上年度本单位文件及其他档案资料，按永久、长期、短期分类装订归档，保证档案资料不失不漏；同时对本馆馆藏档案进行整理。

档案系统排列 2002 年，区档案馆根据 1998 年省档案局关于简化全宗排列的规定，对按传统方法（即综合性在前，专业性在后；重要的在前，一般的在后；永久卷在前，长期卷在后）排列的馆藏全宗重新进行系统排列，按进馆顺序将 147 个民国及其以前档案全宗整合为 9 个联合全宗，综合号为 0001—0009 号；对新中国成立后的党政机关、企事业单位档案馆藏排列情况进行调查统计后，重新编定为 209 个全宗号，编号为 0010—0218 号。

个别或局部档案整理 在 1993 年、2003 年度接收进馆档案过程中，对不符合规范的案卷进行局部加工处理，或调整卷内排列、或拟写案卷标题、或填写案卷目录、或装订备考表等，使入馆档案完全符合规范标准。

全过程档案整理 1989 年，县档案馆对不能自行整理档案的机关、企事业单位的档案资料进行全过程整理，并收取一定费用。整理程序包括区分全宗、全宗内档案分类、初步立卷、卷内文件整理编目、类内案卷初步排列、案卷加工处理、案卷调整与编目、编制案卷目录等。2001 年起，按国家档案局《归档文件管理规则》进行档案整理。

二、档案鉴定

区档案馆在接收、整理破产、改制企业档案时，对所接收档案进行相应的鉴定工作。一般采取直接鉴定法，以全宗为单位，实行个人审查和多人交叉复查的办法，按年代逐卷逐件审查；凡有利用价值的一律保存，其余予以销毁。销毁档案资料均要编制销毁清册，写出销毁材料内容分析报告，销毁前须经区委或区政府办公室批准，并由 2 名以上档案工作人员监销。

三、档案馆藏

1985 年底，县档案馆已接收民国时期档案和县直属部门、企事业单位、区中学、区乡党委政府 1950—1980 年档案 46973 卷。1986—1987 年，接收县直部门会计、科技档案和镇乡宅基地、林权证档案以及各类照片档案等专业档案 6092 卷。1993—1994 年，接收撤区并乡建镇前区乡党委、政府 1981—1992年文书档案 12040 卷。2000 年，接收中国人民银行资阳市支行档案 461 卷。2003 年，接收被撤并的商业局档案 440 卷、工业局档案 165 卷、二轻局档案 411 卷。2002—2004 年，接收全区

22个镇乡党委、政府1993—2000年档案8689卷。2005年，接收被撤并的区财贸办、乡镇企业局档案534卷。1998—2005年，接收30家破产、改制企业从成立至破产期间的文书档案、财会档案和部分职工个人档案。至2005年底，区档案馆馆藏档案共75805卷，其中民国及其以前档案6717卷，共和国成立后的机关、企事业单位文书档案62551卷、科技档案349卷、专门档案6092卷、声像档案96件。大量档案入馆，丰富和充实了馆藏，档案馆保管、利用档案的中心地位进一步体现；但受经费、交接手续不完备等因素限制，部分档案尤其是破产、改制企业的档案未进行彻底整理，给馆藏保存、管理、利用带来不便。

四、档案利用

1986—1997年，档案馆执行20世纪80年代初制定的档案利用、开放规定。1998年修订档案开放、查阅规定后，开放档案范围扩大，查阅档案更加方便，馆藏档案的利用率提高。2005年，区档案馆向社会开放档案218个全宗1825卷，占馆藏量的27%。其中开放民国档案9个全宗6542卷，占馆藏民国档案的97%；开放新中国成立后的档案209个全宗11708卷，占馆藏量的18%。

1986—2005年，区档案馆接待档案利用者4.48万人次，提供档案13.35万卷，复制档案10.9万件29.26万页；267人次利用资料549册次，复制资料139件328页。馆藏档案为编史修志，平反冤假错案，解决房屋产权、民间宅基地、林权林地、征地纠纷，专业技术人员评定职称，机关、团体、事业单位核定“三定”方案，企业破产裁决和分流职工工龄证明等方面提供了原始依据，充分发挥了应有作用。

资阳市雁江区档案馆1986—2005年档案资料利用统计表

表25-3

年份	档案利用				资料利用			
	人次	卷次	复制		人次	册次	复制	
			件	页			件	页
1986	4639	31130	10343	47223	—	—	—	—
1987	6587	16407	13364	73934	16	111	20	37
1988	5971	13862	13009	72183	—	—	—	—
1989	4525	8136	43973	48712	30	52	10	25
1990	2145	18183	2474	4065	22	61	6	31
1991	2998	8510	3455	5335	25	47	30	61
1992	2015	5141	1861	3551	12	36	6	17
1993	2702	2890	2187	5956	10	19	5	12
1994	2134	1981	5681	8462	8	29	3	9
1995	1834	1568	2895	7983	11	13	15	23
1996	1284	1874	1724	1968	37	28	19	30
1997	513	1326	1227	2736	31	20	4	13
1998	187	337	205	356	7	12	6	10
1999	540	731	534	627	3	5	4	10
2000	415	1250	437	685	5	16	6	20

续表

年份	档案利用				资料利用			
	人次	卷次	复制		人次	册次	复制	
			件	页			件	页
2001	728	2302	1260	1386	6	30	2	20
2002	1037	3579	596	1194	12	20	—	—
2003	1663	3928	1865	2590	14	23	1	6
2004	1480	4963	1250	2345	8	10	1	3
2005	1422	5426	698	1316	10	17	1	1
合计	44819	133524	109038	292607	267	549	139	328

第二节　档案管理

一、管理机构

1980年9月，资阳县档案局成立，与资阳县档案馆合署办公。1986年内设秘书股、馆务股、业务指导股。1993年3月更名为资阳市档案局。1997年3月机构改革时被调整为市政府直属事业单位，内设机构由3个股增加为4个科室，即办公室、业务指导科、馆务科、法制教育科。2000年11月，资阳市档案局更名为资阳市雁江区档案局，内设机构科改股。1986—2005年，周代金、肖肇德、刘福平先后任档案局（馆）长。

二、管理工作

（一）业务培训

区档案局针对区内机关、企事业单位档案工作人员多数为兼职且变动频繁的状况，长期采取集中和分系统、分专业的办法开展档案专业培训工作。培训内容主要包括文件材料立卷归档，档案收集、整理、鉴定、保管、利用、检索、著录、统计和档案现代化管理等多种专业知识和技能。每期培训3~15天，开设5~8门课程。1986—2005年，共举办集中培训班35期，培训1599人次；举办系统、专业培训班3期，培训282人次。

（二）档案达标升级

1990年，全县启动档案达标升级工作。县政府成立领导小组，制定《资阳县档案工作达标升级办法》，将机关档案达标升级由高到低依次划为省一、二、三级，省先进、市先进5档，企业档案达标升级由高到低依次划为国家一、二级，省先进、市先进4档。之后，每年初档案局均牵头组成考评组，对各单位上年度档案工作的组织管理、基础设施、业务工作、开发利用4个大项和若干小项进行逐项考核评分，选择得分高的单位向地（市）级档案局推荐；地（市）级档案局按标准评定级别并向省档案局申报推荐。至2005年，全区达省一级标准的机关事业单位45个、占总数的18%，达省二级的单位20个、占8%，达省三级的单位54个、占22%。其中公安局于1995年11月被国家档案局授予“全国档案工作先进集体”称号。企业单位中，县新星工业公司于1990年被评为“内江市档案管理先进单位”，县电力公司和医药公司于1991年达省先进标准。1997年9月，根据国家档案局通知，暂停企业档案达标升级工作。

（三）查处档案违法事件

1987年，查处县档案馆工作人员参与篡改档案未遂事件1起，制止企图抽取档案材料事件2起、试图篡改档案事件3起。1989年，档案局成立调查组，先后调查“丹山镇企业办公室因搬迁档案致5卷档案下落不明”、“清水乡文书擅自烧毁因房屋垮塌被雨水污泥损毁成块的文书档案”2起事件，将调查情况报县委、县政府相关领导后分别对当事人进行通报批评和警告处分。1999年，档案局联合工商部门，查获并没收5个文具用品销售门市非法销售不符合国家标准的档案盒550个。1987—2005年，档案局共查处档案违法案件13件。

第六章　旅　游

第一节　旅游资源

境内旅游资源主要有半月山大佛、大高寺生态旅游风景区、凤岭公园、东岳庙、莲台寺、鲤鱼湖风景区、二娥湖、花溪谷等自然景点和槐树人家、滨江村、杏花溪等田园休闲庄。

半月山大佛　位于碑记镇大佛场半月山，始凿于唐贞观十七年（643）。贞元九年（793）8月初成弥勒佛坐像，刻工细腻，形象逼真，为四川三大坐佛之一、省级重点文物。大佛通高24.24米，胸宽11.2米，耳长1.8米。明景泰七年（1456），西子山人严子恭、罗恕与名山县僧人海明聚会，在大佛身旁营造寺院，修建佛殿五楹，命名菩提寺。后又于大佛崖下依佛门古规次第修建天王殿、弥勒堂、大雄宝殿、关羽殿，塑三星菩萨，历时16年完成这一宏大建筑群。石佛居高而坐，四周浅丘遍植橘树，一望无际；每至春旬，橘花绽放，形成浩瀚花海，沁人心脾。景区素有“佛山橘海”之美称，为中国蜜柑高产之乡，亦属川中农业生态奇境，距成都103公里，距资阳城区21公里，距成渝高速公路球溪出口4公里。

大高寺生态旅游风景区　大高寺是一座隽秀山岭，九曲河绕山脚而过，人称“小峨眉”。景区位于城区西北10公里处，东距清泉4公里，西离老鹰水库5公里。北宋初，资阳佛香鼎盛。宋高宗年间，川南居士梅修章率石刻大师周义及弟子、临江蒙刺寺主持智空和尚一道云游资阳各大寺庙，在山上修建寺庙，宋绍兴二年（1132）建成，取名大高寺。相传寺庙有大山门32道，小山门72道，后山腰建有两个练武场。

凤岭公园　位于城北郊东岳山，为园林式休闲公园。公园内有莲台寺、东岳庙两处宗教文化场所，亦有游乐场、农家乐、竹林小径、橘园、桂园、梅园等园林景观景点。

鲤鱼湖风景区　地处清水乡鲤鱼村，距资阳城区19.8公里，居清水河上游两支流汇合处，属沱江水系。鲤鱼湖集雨面积8.8平方公里，占地面积2000余亩，总库容700万平方米。景区有大小岛屿30个，建有水上旅游配套设施。

二娥湖　距资阳城区8公里，水域面积460亩，库容200万平方米，常年蓄水160万立方米。湖区周围青山环抱，风景秀美，植被极为丰富。

花溪谷（又名阳化河）　发源于中江县，在雁江区境内河道长34.4公里。已发现的自然景观有5处、人文景观13处，其中寺庙3座、风景区1个。从保和镇两河口到老君镇双河桥是花溪河下游地区，河面宽阔、水流平缓，清澈的溪水倒影两岸青山，形成“山在水中，舟在山上”的奇特景色。从保和镇钓鱼村踏水桥经和平桥到中和镇罗家村三河口段，两岸是通过国家林业部门验收的长江上游防护林，每至秋季，红黄树叶交错成景，五彩斑斓。过三河口，河床陡然变窄，宽不过十几米，河水深不可测，嶙峋巨石随处可见，横亘在河道两侧，犬牙交错，小舟无法穿行；两岸山势险峻，高两三百米，山林树木繁复、枝叶茂密，形成4000多米长的花溪奇特景观。

第二节　旅游开发与管理

一、规划与建设

1993年初，市旅游局制定《资阳市1993—2000年旅游规划》，同年8月获内江市政府批准。规划以城北东岳山凤岭公园、城东北雁江林苑（青年林）公园、沱江水上旅游项目开发为重点，总投资3550万元；计划到2000年累计接待国内游客250万人次，接待国外游客5000人次，旅游总收入1.25亿元。2005年10月，区旅游局编制《资阳市雁江区“十一五”旅游发展规划（2006—2010）》，拟重点发展生态、水上、人文、乡村旅游，着力开发拓展“一江、一线、一谷一湖”旅游线路。“一江”指阳化河——南津驿电站大坝沱江水上旅游，“一线”即莲台寺——古镇临江、清代酱园作坊——大高寺——二娥湖——半月山大湖、碑记万亩果园、碑记恐龙化石群，“一谷一湖”为花溪谷、鲤鱼湖。

至2005年，先后完成凤岭公园、鲤鱼湖、二娥湖、雁江林苑等多个旅游景点的改造和配套设施建设，总投资2000余万元。2000—2005年，全区接待游客381.65万人次，旅游总收入10.80亿元，旅游人均消费280元/次、人。

二、宣传促销

1991年6月，资阳县举办首届“雁城杯”龙舟赛及经贸交易会期间，县委、县政府及外事旅游主管部门特邀省外办、省旅游局、市外办、《西南旅游》杂志社和驻川烟厂英国专家共38名领导和来宾观看龙舟竞赛、彩船夜游等节目，之后在多个媒体全方位宣传资阳，提升资阳对外知名度。1995年9月，资阳市成立“9·27”世界旅游日暨“资阳人游资阳”系列宣传促销活动团，组织市内两家旅行社、8家旅游定点饭店、7家旅游商品生产厂家代表共120余人赴安岳县参加旅游宣传活动；市旅游局制作宣传展板23张，活动期间散发宣传资料9300余份、展销旅游商品品种190余个。1999年，旅游局编印《四川省旅游黄金线·资阳分册》在省三届旅游产业发展大会上发放。2004年9月，组织临江寺豆瓣公司、四海集团公司等旅游商品生产企业主管人员赴九寨沟参加四川省旅游商品交易大会。之后，多次组团参加省内外旅游促销大会。

三、服务设施与旅游商品

2005年，区内有涉外星级饭店、涉外餐饮点和旅行社等旅游配套服务设施。涉外星级饭店有锦江蜀亨大酒店（四星级）、金迪大酒店（三星级）、晨风大酒店（二星级）、银都大酒店（二星级）、阳光假日大酒店（二星级）、新华宾馆（二星级）6家。其中，晨风大酒店于1991年获得涉外定点酒店资格，为区内首家涉外定点酒店；锦江蜀亨大酒店占地100亩，建筑面积2万平方米，总投资1.6亿元，是集客房、餐饮、会议、休闲娱乐为一体，规模最大、星级最高的商务酒店。涉外餐饮点有资阳车城宾馆、资阳宾馆、天府宾馆、海峡大厦、海韵大厦、蓝野特色餐饮酒楼6家，床位总数2200余张。旅行社有资阳青年旅行社、车城旅行社、大观旅行社3家，均经营国内旅游线，共有员工30余人。

旅游商品主要有“临江寺”系列品牌豆瓣、酱油、腐乳、复合酱调味品，“梅花”牌真丝地毯、壁毯、挂毯，“初雨”系列晴雨伞，四海集团生产的火腿、香肠、肉松、肉罐头、肉干等食品、日用品和工艺品。

四、行业管理

旅游主管部门在强化景区景点保护和涉外宾馆、饭店安全卫生管理的同时，坚持以提高服务质量为目标，多形式、多渠道开展从业人员的专业知识和技能培训。1986—2005年共组织1760人次参加以客房服务、烹饪技术、中文导游为主要内容的常规专业培训。其间于1993年6月举办全市首届旅游定点饭店岗位技能大比武，有8家饭店41名选手参赛，评出一等奖5名、二等奖9名、三等奖13名；1995年至1996年4月先后为海峡大厦、资阳大酒店员工举办两期计4个月的英语强化培训；1996年11月至2000年6月举办3届旅游定点饭店技能大比武，多次组队参加省市主办的旅游行业技能比赛。2005年底，全区有各种旅游专业人才680余人。

第二十六篇　体　育

第一章　机构与设施

第一节　机　构

一、管理机构

1956年，资阳县体育运动委员会成立。1986年与县业余体校合署办公，内设社会体育股、学校体育股和办公室。1993年更名为资阳市体育运动委员会。1996年12月与市文化局合并为资阳市文化体育委员会，内设体育事业股负责体育管理工作。1986—1996年，李伯亨（1986.1—1987.12，1990.1—1996.12）、李展明（1988.1—1989.12）先后任体委主任。

二、体育协会

20世纪80年代中期至90年代初，县内大中型企业和工交、农业、商贸、供销、粮食、金融、文卫等系统、行业均有体育工作领导小组、基层工会，负责组织本单位、系统的职工体育活动。之后，随着部门的撤并和企业改制，部分基层体育组织被撤销。1986—2005年间，区内有棋艺、武术、足球、篮球、信鸽、老年体育、体育总会等10多个体育协会，其中经常组织、开展体育活动的协会有5个。

老年体协　1984年成立，时由副县长严玉芬任主席，团体会员为区（乡、镇）老年体协分会。协会以“老有所乐”、促进老年人身体健康为宗旨，常年开展老年健身气功等体育活动，适时举办老年运动会。

信鸽协会　1985年成立，至2005年历经4届，会员由130人发展到1000余人。协会每年开展信鸽饲养经验和竞翔技术交流会，共组织春、秋两季竞翔放飞活动6次，竞翔最远空距达1500公里。

门球协会　1986年成立，会员由最初的120人发展到2005年的180人。协会经常组织门球训练和相关健身活动，每年举办2～3次比赛并形成届制。曾组队代表雁江区参加省、市老年门球比赛。

体育总会　1995年成立，时由副市长魏远英任主席，集体会员有各专业体协和2个乡镇分会。总会贯彻《体育法》和《全民健身计划纲要》，配合体育行政主管部门制定全区体育发展计划，举办职工运动会、农民运动会和“雁城杯”足球赛、职工篮球赛、周末篮球联赛、老年门球赛等形成届制的各类大中型群众体育比赛。

篮球协会　2001年成立，会员342人。协会经常开展规模不一的比赛，形成届制的比赛有每年一届的春季篮球联赛，球队最多时达20多支。

第二节　体育设施

1986年初，全县仅有体育场室183个，其中运动场1个、小运动场11个、篮球场167个，体操房、游泳池、跳水池、儿童游泳池各1个，设备设施简陋，房屋为平房，场地为泥土地面。当年，县体委筹资维修人民广场（雁江一中内）运动场跑道100米，加修外沿排水沟。1987年，体委、文教局共同投入7000元维修人民广场田径场；县政府投资40万元新建体育馆，总面积1235平方米，于1991年竣工，可容观众1500人；同年建成业余体校健身房，可同时容纳40人训练。其后，各级学校和大中型企业加速体育场室及其设施建设，体育场室不断增多，设施不断完善。1996年后，开展全民健身运动，政府投入进一步增加。2000年，文体委先后建起射击、拳击训练场和全民健身路径8套。2001年，文体委、教育局共同举办“让我们托起明天的太阳”体育器材捐赠活动，将29副小型篮球架分别赠送城区小学、幼儿园和镇乡部分小学。2002—2003年，文体局帮助部分社区建起篮球场、乒乓球室、老年健身房、棋牌活动室，先后赠送13副小篮球架给条件差的乡镇中心小学。2005年，赠送体育器材和体育健身丛书给丰裕镇，赠送独臂篮球架和2件全民健身路径给新场乡，赠送1套全民健身路径给红岩子村。当年底，全区共有体育场馆新设施466个，其中体育馆2座、田径场54个、运动场13个、篮球场326个、排球场10个、门球场6个、游泳池5个、保龄球馆2个、网球场2个、台球馆10个、健身房2个、羽毛球场6个、乒乓球场18个、射击训练场1个、全民路径8套；体育场馆总数比1986年初增加155%，质量亦大为提升。

资阳市雁江区2005年体育场地统计表

表26-1　　单位：个、座

项目／数据／系统	标准体育场地												非标准体育场地											合计
	400m田径场	篮球场	排球场	体育馆	门球场	游泳池	保龄球馆	网球场	小型运动场	台球馆	健身房	小计	全民健身路径	保龄球馆	游泳池	运动场	羽毛球馆	乒乓球场	篮球场	田径场	射击训练场	拳击训练场	小计	
合　计	3	253	10	2	6	1	1	2	12	10	2	302	8	1	4	1	6	18	73	51	1	1	164	466
体育系统	—	—	—	1	—	—	—	—	—	—	—	1	8	—	—	—	—	—	—	—	1	1	10	11
工矿系统	—	30	2	1	2	1	—	—	—	1	—	37	—	—	1	—	—	—	11	—	—	—	12	49
教育系统	3	181	8	—	2	—	—	—	12	—	—	206	—	—	—	1	—	—	62	51	—	—	114	320
其中　中专	1	4	—	—	1	—	—	—	—	—	—	6	—	—	—	—	—	—	—	—	—	—	—	6
其中　中学	2	107	7	—	1	—	—	—	7	—	—	124	—	—	—	1	—	—	21	14	—	—	36	160
其中　小学	—	70	1	—	—	—	—	—	5	—	—	76	—	—	—	—	—	—	41	37	—	—	78	154
其他系统	—	42	—	—	2	—	1	2	—	9	2	58	—	1	3	—	6	18	—	—	—	—	28	86

第二章　学校体育

第一节　体育教学

区教育主管部门定期或不定期组织体育教学研究、体育示范教学和优质课评选活动，以促进校际间相互交流、提高中小学校体育教学水平。各校根据教学大纲要求，每周开设两节体育课。体育教师以专职为主、兼职为辅，中学和完全小学均为专职，村小学一般为兼职；专职体育教师大多毕业于体育院校或师范院校体育系、艺体师范学校。中小学校体育教学内容除体操外有一定差别，小学侧重眼保健操、长跑、短跑、跳高、跳远、乒乓球和游泳，中学侧重篮球、排球、足球、乒乓球、武术、舞蹈、游泳等。教学程序为教师先讲解、示范，学生后练习，教师再指点、纠正；一般采取组织与教学相结合、练习与恢复相结合、练习保护与帮助相结合的方式，旨在提高运动的速度和灵敏度，增强身体的柔软性和协调性，并让学生掌握一定的体育专项技能。1986—2005 年间，资阳中学、雁江一小、雁江二小、雁江一中先后被省教育厅、省体委命名为“省级体育传统项目学校”，雁江三小、雁江七小、伍隍中学、小院中学被市教育局、体育局命名为“市级体育传统项目学校”，资阳中学、中和中学、伍隍中学、雁江一小、雁江二小被省教育局、省体育局授予“四川省学校体育达标先进学校”“施行《国家体育锻炼标准》先进集体”等称号。

第二节　课外活动

学校一般保证学生每天有 1 小时课外体育活动时间，活动形式多为住校生早操活动、上午课间活动、午后课余体育活动、专题课外体育活动。住校生早操活动以班为单位开展，活动内容以体操、跑步为主。上午课间活动由学校统一组织进行，内容以广播体操为主。午后课余体育活动由学生自由选择，项目有乒乓球、篮球、单杠、跳高、爬竿、跳绳等。专题课外体育活动由学校安排，并排入各班课表，活动内容以《国家体育锻炼标准》的项目为主，由学校体育教研组按课表安排好各班活动项目和场地，指定各班学生到保管室领取器材，班主任到场督促，体育委员带领全班做好准备活动并考勤，然后分组锻炼。体育教师轮流到班级辅导和检查，值周老师到操场检查评分，每周一公布上周检查结果并作为评选“体育先进集体”的条件之一，以保证课外体育活动的质量和效果。

第三节　体育达标

1986 年，全县有 87 所中、小学校开展体育达标活动，占学校总数的 68%；达标人数 2.74 万名，占适龄人数的 81%，比 1985 年增加 2787 人；优良人数 4219 名，比 1985 年增加 644 人。当年资阳师范校获全省达标通讯赛师范组第一名，临江插花初中获内江市达标通讯赛初中组第三名。1990年起，体育达标锻炼按年龄分为小学、初中、高中、成人组，各组在短跑、长跑、跳高、跳远、掷垒球、推铅球、爬竿或引体向上、仰卧起坐等项有相应的锻炼标准。达标等级分及格、良好、优秀三级，通过测试评分确定，县体委、教委每年派员到校抽查达标情况。当年，全县214所中、小学有4.72万名学生达到国家体育锻炼标准，达标率87.5%。1999年，全市学校体育达标施行面100%、优秀率18.9%、良好率51.96%、及格率95.87%。2002年，全区达标施行面100%、优秀率19.38%、良好率62.5%、及格率100%。同年，国家教委、体育总局下发《学生体质健康标准》，从身体形态、机能、素质等方面综合评定学生的体质健康状况；雁江区成立实施《学生体质健康标准》领导小组，全面推行《国家体育锻炼标准》《四川省学校体育工作条例》《学生体质健康标准》。至2005年，体育达标状况基本稳定。

第四节　业余培训

1963年，县业余体校成立，专门培训有运动潜能的学生，为竞技体育培养后备人才。1986年，业余体校将竞争激励机制引入管理，对向上输送运动员的学校实行奖励；对成绩突出的运动员，在训练上“开单份”，生活上予以特殊照顾；对教练员实行奖勤罚懒、多劳多得，规定每人每年训练时间、次数。当年开设田径、技巧等训练项目5个，学员30余人。1990年，业余体校选手在四川省第二届青少年运动会上获14金、8银、3铜的好成绩。其后，业余体校每年在各中、小学校选拔人才。1999年，业余体校将未承担参赛训练项目的教练员推向市场，实行有偿训练，探索出业余训练与创收相结合的新路子。至2005年，业余体校有教练员14名，其中高级教练2名、中级教练2名、助理教练10名；训练项目有跆拳道、柔道、网球、田径、乒乓球、篮球、拳击、射箭、排球、武术等十几项；学员共100余人。20年间，区业余体校共向国家队输送体育人才5名、省级运动队12名、省级专业集训队40名，向成都体育学院和西南师大、川师大、陕西师大、川师院、三峡学院和内江、乐山、成都、绵阳、宜宾、南充、西昌、阿坝师专等大专院校体育系输送具有体育天赋的合格新生110名。2001年，区业余体校被国家体育总局授予“全国群众体育先进单位”称号。1986—2005年，业余体校学生参加全国、省、市各类体育比赛，共取得奖牌1700余枚。

2001年，区青少年体育俱乐部成立，共有12个训练基地、100余名体育教师，开设有田径、武术、乒乓、篮球、排球、足球、棒球、垒球、艺术体操、拳击、射箭、跆拳道、柔道、网球等14个业余训练项目，常年日活动人数800余人。

资阳市雁江区青少年体育俱乐部训练基地和项目分布表

表26－2

名　称	训练项目	备　注
雁江区一小训练基地	田径、篮球	省级传统项目学校
雁江区二小训练基地	田径、射箭、排球	省级传统项目学校
雁江区三小训练基地	田径、武术	市级传统项目学校
雁江区五小训练基地	田径、乒乓球	—
雁江区七小训练基地	田径、足球	市级传统项目学校

续表

名　称	训练项目	备　注
资阳中学训练基地	田径、棒球、垒球、足球	省级传统项目学校
雁江区一中训练基地	田径、排球	省级传统项目学校
雁江区二中训练基地	田径、篮球	—
资阳师范校训练基地	田径、篮球、足球	—
力美健身俱乐部	健美操、健身操	—
佳姿健身俱乐部	艺术体操、健美操	—
雁江区体校训练基地	田径、射箭、拳击、跆拳道、柔道、乒乓球、网球	—

第三章　群众体育

第一节　城镇体育

职工体育　1985—2005 年间，除各机关、企事业单位自发开展广播体操、健身操、象棋、围棋、军棋、跳棋、扑克、长牌、桥牌、麻将、乒乓、羽毛球、篮球和长跑、登山、游泳等体育活动外，县级体育主管部门还适时组织较大规模的体育活动和竞赛。1985 年，举办首届资阳县职工篮球比赛，此后至 1997 年每年举办一届。1986 年，县体委组队参加上级组办的体育比赛 6 次；举办县级比赛 10 次，比赛项目有篮球、散打、太极拳、象棋、围棋赛等，共有 1038 名运动员参赛；承办内江市第二届“沱江杯”职工篮球赛。次年，举办体育比赛 3 次。其中 1 月 17 日举办第 13 届环城赛跑，867 名运动员参加；3 月 8 日举办妇女拔河赛，880 人参加；与工会联办了职工象棋、围棋赛。1988 年，承办内江市党政机关“蜀蓉杯”男子篮球赛；举办首届“雁城杯”足球赛，此赛事每年一届，直至 2001 年。1990 年，举办城区职工男子篮球定级赛，此赛事每 4 年一届；教育、卫生、粮食、供销、金融等系统分别举办职工运动会，比赛项目有篮球、象棋、乒乓、拔河等。1991 年，举办体育赛事 21 次，共有 6267 人参赛。1993 年、1994 年先后举办第二届“雁城杯”门球邀请赛、第三届社会保险“益寿杯”运动会。1995 年，举办“建行杯”职工羽毛球赛、职工排球赛、“爱我资阳”青年越野赛。1996 年春节，举办迎春职工象棋擂台赛、第七套广播体体操赛，各企事业单位、机关团体组队参加，规模空前。1997 年，举办首届职工室内足球赛、职工篮球赛和周末职工桥牌双人赛、“回归杯”桥牌双人赛。1998 年，组织首届登山活动，1288 人参加；举办资阳市足球邀请赛，8 个兄弟县市应邀参赛；联办四川省“珠峰摩托杯”三人篮球大奖赛。1999 年，联办“澳门杯”千名妇女登山比赛、迎春桥牌赛、庆“五一”职工桥牌赛；举办庆祝建国 50 周年系列体育赛事，项目包括篮球、羽毛球、乒乓球、象棋、门球、第八套广播体操等，近万人参赛。2000 年，举办“中国电脑体育彩票发行周年千人登山趣味比赛”和“全民健身宣传周职工乒乓、象棋、三人篮球比赛”。次年举办全民健身宣传周暨资阳“电信杯”七人制周末足球赛，17 支队伍 241 名运动员参加；联办“电信杯”职工拔河赛，20 队 320 人参加。2003 年，举办“小灵通”迎春文化体育趣味游园活动，12 支代表队和近万名群众参加各项游园活动；举办“三八”趣味体育活动，200 余名女职工参加。2004 年，举办“雁城杯”首届象棋、围棋赛，组队参加市机关篮球赛。2005 年，举办迎春职工拔河赛、庆“三八”女职工跳绳赛、周末篮球联赛、“七人制”足球赛、健美操赛。区文体局成立以来，先后被省、市体育局评为全省群众体育先进单位、市级体育工作先进单位，并获四川省全民健身活动组织奖。

城镇老年体育　老年体育活动多在城区开展，多为动作舒缓、对抗性弱的项目。形成全区性届制的比赛项目有老年门球赛、象棋赛，不定届制的有麻将、乒乓球、桥牌、迪斯科、健身操、秧歌等比赛项目。1986 年，县体委举办首届资阳市老年象棋赛，80 余人参赛。1987 年，举办老年钓鱼、门球、乒乓球赛，共有 100 余人参加。1988—1989 年，组队参加内江市门球赛 2 次。1990 年，县老年男子篮球队获内江市老年篮球赛第 2 名，以资阳县老年迪斯科队为主体的内江市代表队获省老年迪斯科比赛亚军。1991 年，老年体协举办老年象棋、乒乓球比赛，承办内江市老年篮球赛。1993 年、1994 年，先后举办老年麻将、象棋、门球赛。1996 年，举办“全民健身宣传周”门球、象棋比赛。1997 年，市老年体协先后举办“全民健身宣传周”“回归杯”和迎回归“名卉杯”3 场老年门球比赛。1998 年，举办老年门球、健身舞赛，分 4 个赛区，有 27 个队 200 多人参加。1999 年，老年体协组织庆“国庆”老年门球赛和老年体育文艺健身表演晚会，观众 2000 多人。2002 年，区文体局主办庆“五一”、庆“国庆”老年门球赛，承办四川省川南片区第 25 届“联通长寿杯”老年门球比赛。2003 年，区文体局被省体育局授予“四川省老年体育先进集体”称号。2004—2005 年，区老年体协与社区多次联办老年健身秧歌比赛。

社区体育　2002 年，区文体局启动城市社区文体工作，首先在桥亭子、雁中、火车站 3 个社区进行文体示范社区建设，帮助社区建篮球场、乒乓球活动室、居民健身活动室，指导社区开展群众健身活动。2003 年，培训社区二级体育指导员 30 名、三级体育指导员 120 名，建立社区体育辅导站 7 个、老年健身秧歌队 16 支、老年腰鼓队 12 支、木兰剑舞和木兰扇舞辅导点各 1 处。2001—2005 年间，文体局每逢重阳节均举办社区健身秧歌比赛，各社区、厂矿组队参加。2005 年，雁中社区被国家体育总局授予“全国群众体育先进单位”称号。

第二节　农村体育

1986—1992 年，各乡镇政府、文化站、村民委员会根据“农村体育以乡镇为重点”和“发挥村民委员会、基层文化体育组织的作用，开展适合农村特点的体育活动”的精神，利用农闲季节、节假日特别是春节，组织开展拔河、跳绳、踢毽、接力跑、掰手腕、扭扁担等体育活动。乡镇以村为单位组队开展体育比赛，区以乡镇为单位轮流主办体育比赛，县体委与团县委、农办等单位每年联合组织一次全县性农民体育比赛。1990 年，鲁家乡举办“资阳、安岳、乐至三县接壤地区农民篮球比赛”，伍隍区举办全县象棋比赛。1992 年，县组队参加内江市首届农民运动会，获团体总分第三名，获单项金牌 6 枚、银牌 6 枚、铜牌 13 枚。1992 年撤区并乡建镇后，各镇乡不定期组织小型农民体育运动比赛。1994 年 5 月，市体委在体育馆举办首届全市农民运动会，比赛项目有篮球、乒乓球、象棋等。此后农运会每 3～4 年举办一届。1997 年 9 月，市体委、农办联合举办全市农民乒乓球赛，14 个代表队参赛。1998 年 11 月，市体委、农工委举办资阳市农民篮球赛，共有 135 人参赛；南津队获冠军，伍隍、堪嘉队分别获二、三名。2004 年 6 月，省、市、区三级“体育三下乡”活动在丰裕镇开展，竞赛项目有健身秧歌、健身操、跆拳道、武术和篮球友谊赛。10 月，举办“农行杯”第四届农民运动会，200 人参赛；小院队获团体冠军，保和、雁江镇分获二、三名。当年，雁江区组队参加资阳市首届农民运动会，获团体总分第二名，获个人金牌 10 枚、银牌 22.5 枚、铜牌 8 枚。2005 年，区文体局在新场乡开展“体育下乡”活动，2000 多人观看表演并参与锻炼。

第三节　体育竞赛

1986 年，资阳县组队参加全国业余体校技巧赛，获金牌 2 枚、铜牌 1 枚；参加省技巧赛，获金牌 11 枚、银牌 10 枚、铜牌 1 枚；参加内江市业余体校田径赛、中小学生田径赛、中小学生足球赛、中小学生篮球赛等，获金牌 27 枚、银牌 23 枚、铜牌 25 枚。1990 年，资阳县代表队获省第二届青少年运动会金、银、铜牌各 14 枚。1995 年，资阳市运动员郑交、徐燕获四川省射箭赛丙组团体金牌，汪洋获省青少年田径赛标枪金牌，谢萍分别获四川省青少年射箭赛丙组团体、个人 15 米金牌。1999 年，全市获省、市级比赛奖牌 160 枚，其中获省青少年田径赛团体金牌 4 枚，获个人金牌 6 枚（王一秒、张弦分别获男、女个人 15 米、10 米、双轮全能金牌 3 枚）。2001 年，获省级金牌 10 枚、银牌 20 枚、铜牌 115 枚，其中杨超、朱旭东获省青少年田径赛标枪、48 公斤级拳击金牌，薛寅峰、徐晓波获省青少年射箭赛团体金牌，徐晓波获个人射箭 30 米金牌。2003 年，张骥获全国第五届城市运动会射箭项目金牌。2004 年，组队参加省青少年拳击、射箭、棒球、垒球、田径、跆拳道、排球、篮球、乒乓、柔道等项目比赛，取得 5 枚金牌、13 枚银牌、5 枚铜牌，其中曾辉、李鹏程获 48 公斤级、50 公斤级拳击冠军，赖小磊获标枪冠军，钟丽获省跆拳道锦标赛 40～42 公斤级冠军。2005 年，邹军参加全国青少年跆拳道锦标赛，获 78 公斤级冠军；全区 199 名领队、教练、运动员参加省“十运会”资格赛，获 6 枚金牌、11 银牌、11 铜牌。

1986—2005 年，全区组队参加市以上青少年、中小学生、职工、农民、老年运动会和各单项体育比赛，获国家级体育竞赛奖牌 6 枚，其中金牌 3 枚、银牌 2 枚、铜牌 1 枚；获省级赛事奖牌 705 枚，其中金牌 151 枚、银牌 188 枚、铜牌 279 枚、第四名 87 枚；获市级体育比赛奖牌 1106.5 枚，其中金牌 427 枚、银牌 364.5 枚、铜牌 315 枚；共获得奖牌 1807.5 枚。

资阳市雁江区 1986—2005 年参加市以上体育比赛获奖情况统计表

表 26－3　　单位：枚

年度＼项目	合计	全国比赛				省级比赛				市级比赛		
		第一名	第二名	第三名	第四名	第一名	第二名	第三名	第四名	第一名	第二名	第三名
1986	118	2	1	—	—	11	20	9	—	27	23	25
1987	42	—	—	—	—	8	4	—	—	11	11	8
1988	73	1	—	—	—	15	10	8	—	16	14	9
1989	118	—	—	—	—	7	15	9	—	34	32	21
1990	89	—	—	—	—	14	14	14	—	22	18	7
1991	64	—	—	—	—	5	2	11	7	10	17	12
1992	60	—	—	—	—	5	10	3	—	15	10	17

续表

项目 年度	合计	全国比赛				省级比赛				市级比赛		
		第一名	第二名	第三名	第四名	第一名	第二名	第三名	第四名	第一名	第二名	第三名
1993	49	—	—	—	—	1	6	1	—	18	9	14
1994	36	—	—	—	—	5	3	5	—	13	7	3
1995	79	—	—	—	—	8	6	10	12	12	15	16
1996	89	—	—	—	—	9	10	12	16	13	14	15
1997	86	—	—	1	—	11	14	13	10	14	11	12
1998	70	—	1	—	—	2	5	6	8	15	16	17
1999	160	—	—	—	—	10	12	15	13	50	36	24
2000	151	—	—	—	—	14	10	16	15	36	32	28
2001	264	—	—	—	—	10	20	115	—	44	35	40
2002	104	—	—	—	—	3	3	4	—	42	30	22
2003	41	—	—	—	—	—	—	—	—	21	8	12
2004	70. 5	—	—	—	—	5	13	5	5	11	23. 5	8
2005	44	—	—	—	—	8	11	13	1	3	3	5

注：1986—2000 年数据来自统计局统计资料，2001—2005 年数据由文体局提供

第二十七篇 医疗卫生

第一章 机 构

第一节 管理机构

一、区卫生局

1973 年 8 月，资阳县卫生局成立。1986 年，局内设秘书股、业务股、财会股 3 个股室。1993 年 3 月县卫生局更名为资阳市卫生局。2000 年 11 月更名为资阳市雁江区卫生局。2005 年内设办公室、政工股、计财股、医政股、卫生股 5 个股室。1986—2005 年，何明海、温性驰、李茂德、何承华先后任局长。

二、爱国卫生运动委员会

1951 年 5 月，资阳县爱国卫生运动委员会成立，委员会主任由县（市、区）长或副县（市、区）长、副书记兼任，委员由卫生等部门负责人组成。1986—2005 年，卿见香、严玉芬、陈庭和、蒋继文、刘海金、陈华强先后任爱国卫生运动委员会主任。爱国卫生运动委员会下设办公室，与卫生局合署办公，办公室主任由卫生局副局长担任。

三、地方病防治领导小组

1984 年，资阳县委血吸虫病防治领导小组改为资阳县委地方病防治领导小组。1988 年，县委将地方病防治工作交县政府管理，县政府将其改为内部挂牌单位。领导小组组长由县（市、区）委副书记或副县（市、区）长担任，成员由相关部门负责人组成。1986—2005 年，刘海金、卿见香、魏远英、曾清元、付萍先后任地方病防治领导小组组长。地方病防治领导小组下设办公室，与卫生局合署办公。

第二节　医卫机构

一、县级医卫机构

区人民医院　1993年9月，临江中心卫生院与口腔病防治医院合并组建为资阳市第二人民医院。2001年5月更名为资阳市雁江区人民医院。区人民医院是集医疗、教学、科研、预防、保健为一体的非营利性综合一级甲等医院。

区中医院　1979年，城关镇中医院更名为资阳县中医院。1993年3月更名为资阳市中医院。2000年11月更名为资阳市雁江区中医院，并挂资阳市中医院和资阳市求真司法鉴定中心牌子。区中医院是具有中医专科特色、中西医结合的非营利性二级乙等医院。

妇幼保健院　1985年，县妇幼保健站改为县妇幼保健院。1993年3月更名为资阳市妇幼保健院。2000年11月更名为资阳市雁江区妇幼保健院。全院占地面积6910平方米、建筑面积3852平方米，其中业务用房1831.7平方米，固定资产2057万元，是集妇幼保健和综合治疗为一体的一级甲等保健院。

区疾病预防控制中心　1960年9月，资阳县卫生防疫站成立，是政府实施疾病预防控制和进行公共卫生管理的公益性事业单位。1993年3月更名为资阳市卫生防疫站。2000年11月更名为资阳市雁江区卫生防疫站。2005年更名为资阳市雁江区疾病预防控制中心。疾病预防控制中心建筑面积4000平方米，设8个科室；配有酶标仪一洗板机系列、荧光显微镜、原子吸收分光光度计、气相色谱、微机极普机等高精仪器设备190余台（件）；建有艾滋病初筛实验室、百级净化实验室；有职工72名，其中卫生技术人员60名。

区卫生职业学校　是财政全额拨款的医学教育机构，主要培训乡村医生和基层医疗卫生机构在职医疗人员。学校占地面积6650平方米，建筑面积4800平方米；房屋面积4317平方米，其中教学用房1375平方米；有教职工33人，其中卫生技术人员28人。1986—2005年先后开办了护理、社区医学、中西医结合专业，共48个班，招收学生1490人。

二、中心卫生院（所）

中心卫生院均由1950年代初成立的各区卫生所演化而来，1972年改名为区卫生院。1992年撤区并乡建镇后，区卫生院更名为中心卫生院（所）。时有丹山、中和、保和、小院、伍隍、南津、丰裕、祥符、雁江9个中心卫生院（所），均为政府举办、卫生局主管的全民所有制财政差额拨款的综合性农村卫生医疗机构。2005年，全区中心卫生院（所）共有职工401人，其中卫生技术人员359人；占地面积40866平方米，建筑面积34689平方米；有固定资产2039.26万元，中型医疗设备269件（套），开放病床329张；设一线科室59个、辅助科室44个；年门诊病人36万人次、住院病人20376人次；除雁江镇卫生所外，其余8个中心卫生院均为一级甲等综合医院。各中心卫生院（所）除开展常规诊疗业务外，还负责辖区镇乡卫生院、地名卫生院、村卫生站、个体医疗机构从业人员的法律法规培训、业务指导等工作，同时配合区卫生局、执法监督所管理部分医疗机构，开展卫生监督等工作。

资阳市雁江区 2005 年中心卫生院情况表

表 27－1

项目 / 单位	职工人数	卫生技术人员数	占地面积（m^2）	建筑面积（m^2）	固定资产（万元）	业务收入（万元）	门诊量（万人）	住院人数（人）	医疗器械（件、套）	开放床位（张）	设一线科室（个）	辅助科室（个）	医院等级
丹山中心卫生院	61	54	11015	7650	450	355	6.8	2027	38	50	7	6	一级甲等
中和中心卫生院	39	35	5015	1000	105.4	176	4	1200	26	35	9	4	一级甲等
保和中心卫生院	40	39	1982	4895	197.86	253.5	3.5	2500	30	50	7	5	一级甲等
小院中心卫生院	49	44	7671	3524	265	347.65	3	3270	36	40	7	6	一级甲等
伍隍中心卫生院	35	29	4815	3848	385	—	6.6	3629	40	35	6	6	一级甲等
南津中心卫生院	54	48	2400	3655	300	270	2.7	1750	40	45	8	5	一级甲等
丰裕中心卫生院	55	47	4110	5260	216	167	—	—	25	44	5	5	一级甲等
祥符中心卫生院	26	21	3498	3741	120	105	—	—	29	30	6	4	一级甲等
雁江镇卫生所	42	42	360	1130	—	—	—	—	5	—	3	—	—
合　计	401	359	40866	34703	2039.26	1674.15	26.6	14376	269	329	58	41	—

三、镇乡卫生院

多数镇乡卫生院是在新中国成立初期由个体医生组成的联合诊所发展而来，均为集体所有制性质。1992 年撤区并乡建镇后，全县设 19 个镇、3 个乡。除雁江镇卫生所列入中心卫生院（所）外，其余 21 个镇乡治所地乡镇卫生院被确定为新的镇乡卫生院。2004 年，镇乡卫生院上划区卫生局管理，成为全民所有制非营利性卫生机构。镇乡卫生院是以公共卫生服务为主、为所在地提供综合预防保健和基本医疗服务的农村综合卫生机构，具体负责常见病、多发病的诊断与治疗，危重病人的抢救与转诊，慢性疾病的康复与指导；对地名卫生院和村卫生站，乡村医生、个体医生进行业务培训与辅导；受卫生局委托对卫生机构和“五大卫生”进行监督管理和部分执法；开展孕产妇定期检查、儿童保健以及新型农村合作医疗的管理和报销等。2005 年，21 个镇乡卫生院共有职工近 300 人，其中专业技术人员 276 人；有现代化设备器械 383 件（套）、开放床位 265 张；开设一线科室 118 个、辅助科室 50 个。

资阳市雁江区 2005 年镇乡卫生院情况统计表

表 27－2

项目 / 院名	占地面积（m^2）	建成面积（m^2）	职工人数（个）	固定资产（万元）	医疗器械（件）	一线科室（个）	辅助科室（个）	开放床位（张）	业务收入（万元）	门诊量（万元）	住院数（个）	备　注
老君镇卫生院	1477	2755	25	289	15	8	5	30	225.8	7.16	761	一级乙等医院
新场乡卫生院	892	500	10	10	—	5	2	10	15.3	2.2	—	—
回龙乡卫生院	1211	1631	8	—	6	8	2	18	—	—	—	—
堪嘉镇卫生院	2553	1071	17	20.8	27	5	2	18	55.2	—	—	—
东峰镇卫生院	550	1200	12	—	12	6	3	16	—	—	—	—

续表

项目 / 院名	占地面积（m^2）	建成面积（m^2）	职工人数（个）	固定资产（万元）	医疗器械（件）	一线科室（个）	辅助科室（个）	开放床位（张）	业务收入（万元）	门诊量（万元）	住院数（个）	备　注
伍隍镇卫生院	748	1676	17	41	3	5	3	10	38	—	—	—
石岭镇卫生院	2348	1400	15	89	20	6	3	10	60	—	—	—
清水乡卫生院	4130	1418	—	35.7	20	6	3	10	11.8	—	—	—
忠义镇卫生院	4150	1200	7	50	—	5	3	5	35.2	1.1	—	—
碑记镇卫生院	1687	675	9	33.6	10	4	2	10	13.2	—	—	—
迎接镇卫生院	1860	1367	9	60	40	5	3	17	—	—	—	—
临江镇卫生院	1399	810	23	40	40	7	2	20	51.4	2.1	7820	—
松涛镇卫生院	1968	2876	20	50	20	5	3	12	34	—	—	—
宝台镇卫生院	476	998	26	10	20	4	2	5	15.2	—	—	—
丹山镇卫生院	713	620	26	31	4	5	1	15	70	—	—	与丹山中心卫生院合并
中和镇卫生院	720	530	17	—	—	7	1	8	—	—	—	—
保和镇卫生院	860	480	6	20	—	5	1	10	15	—	—	与保和中心卫生院合并
小院镇卫生院	1218	1832	10	21.3	—	6	3	10	12.7	—	—	—
南津镇卫生院	950	650	5	—	—	5	2	5	—	—	—	—
丰裕镇卫生院	818.9	1483	7	45.6	20	6	2	10	23	1.3	564	—
祥符镇卫生院	3833	1227	7	30	20	5	2	16	18	—	—	—
合　计	34561.9	26399	276	877	277	118	50	265	693.8	13.86	9145	

四、地名卫生院、村卫生站

地名卫生院和村卫生站主要负责当地群众常见病和多发病的诊断与治疗、危重病人的抢救与转诊、慢性疾病的康复与指导，受区疾病控制中心、镇乡卫生院委托进行计划免疫接种。

地名卫生院　区内地名卫生院前身均为建国初由个体医生组成的乡卫生所，属集体所有制非营利性医疗机构，1993 年前均系各镇乡人民政府管理的事业单位。撤区并乡建镇后，卫生院改称地名卫生院，共有职工 377 人，其中具中级技术职称 52 人、医师 199 人。1994 年 10 月，地名卫生院由所在镇乡人民政府管理，业务受卫生局及其委托的中心卫生院、镇乡卫生院代管。至 2005 年底，共有地名卫生院 50 个；职工 234 人，为 1986 年的 62.07%。地名卫生院受技术水平、设备条件等限制，收入仅能维持基本运转。区卫生局为稳定基层医疗队伍，按照区委、区政府《关于进一步加强农村卫生工作的意见》，争取财政专款，将地名卫生院人员全部纳入社会养老保险范畴。

村卫生站　2005 年，全区有村卫生站 518 个（其中私人办 516 个）、乡村医生 1050 人、卫生员 12 人；从业人员最高学历为大专，最低学历为小学。55 岁以上的乡村医生多数是 1964 年至 1973 年期间从农村青年中选拔出来并经短训或阶段分级培训的，较年青的一般具有各级卫生类成人高校、中专或职业高中学历。

五、其他医疗机构

学校卫生机构 1986 年，全县共有学校医务室 14 个、校医 29 人。至 2005 年，只有资阳中学、雁江一中、雁江二中、雁江职中、和平路示范幼儿园、上西街幼儿园、北街幼儿园、雁江二小 8 所学校保留了医务室，共有医务人员 12 名，其余学校均未设医务室。医务室负责师生小伤小病治疗，对意外伤病和急危病人进行抢救和转诊。

厂矿及驻区医疗机构 全区有厂矿和驻区医疗机构 45 个，规模较大的有四川省大堰劳动教养所医院、资阳市雁江区忠华护康职工医院、四川省水利工程局医院、成都铁路分局医院资阳分院、中铁隧道集团三处职工医院资阳分院、资阳钢管厂职工医院、四川省石油运总资阳分公司卫生所。

民营卫生机构 2005 年，全区有民营卫生机构 1 个、个体诊所 126 家，从业人员均属执业医师。

第二章 医卫队伍及设施

第一节 医卫队伍

一、卫生技术人员

1986—2003 年，区内医疗卫生技术人员队伍相对稳定，保持在 2200 ~ 2633 人之间。1986—1995 年间处于上升期，由 2200 人上升为 2633 人，年均增幅为 2.06%。1995—2003 年为下降期，以年均 0.96% 的幅度下降到 2445 人。2004 年，全区实行卫生体制改革，卫生技术人员减少为 1964 人。2005 年再减至 1893 人，其中有执业医师 715 人，占 37.7%；执业助理医师 171 人，占 9%；注册护士 532 人，占 28.1%；药剂人员 158 人，占 8.3%；检验人员 104 人，占 5.5%；其他 213 人，占 11.25%。

二、专业培训与进修

卫生部门通过多种途径组织医卫人员专业培训和进修，至 2005 年共有 27425 人次参训。其中职业卫生学校先后开办护理、社区医学、中西医结合专业班 48 个，培养乡镇卫生人员、乡村医生 1490 人；办初级卫生及乡村医生短训班 19 期，941 人结业；办三年脱产中专函授班 11 期，549 人毕（结）业。1986—2005 年，各级医疗机构共选派 283 名在职卫生技术人员参加四川大学华西医院、泸州医学院、川北医学院脱产学习 2 ~ 3 年；区卫生局根据各时期的具体情况，先后举办血吸虫病、非典、结核病、艾滋病、禽流感、人感染猪链球菌病等重点传染病防治知识培训班共 49 期，从业人员受训率 98.5% 以上。

三、医卫科研及成果

区卫生局每年制定科研计划，组织医学科研、科研成果推广和新技术开发利用。20 年间，推广国家卫生部、省卫生厅和省中医药管理局推荐的新项目、新技术、新成果 102 项；推广市引进的新项目、新技术、新成果149项；在区医疗单位实践93项，其中28项填补了区内空白。医学科研共立项133项，其中省部级立项6项、地（市）级立项39项、县级立项88项；参与国家、省级科研协作项目4项，获科技进步奖27项，其中市（地）级11项、县级16项；全区卫生科技人员在省内外刊物发表学术论文139篇，其中资阳市第一人民医院妇产科编撰的《四川省出生缺陷调查》获省政府1987年科技进步三等奖、《中国围产儿出生缺陷监测及高危病发生缺陷的病因探讨》获卫生部1994年科技进步二等奖。

第二节　医疗设施

1986年后，政府逐年增大卫生投入，同时引进社会资金，努力争取中央、省、市（地）及国债专项资金，允许医疗机构采取自筹、信贷等方式改善设备、增加服务功能。至2005年，政府共投入卫生事业经费11842.1万元，争取中央、省、市（地）及国债专项资金4000万元；医疗机构自筹和引进资金960万元，为医卫设备设施的改善提供了保障。

一、病床

1986年全县有病床1892张，其中县级医疗机构1106张，占58.5%；区乡卫生院750张，占39.6%；门诊部36张，占1.9%；全民所有制医疗机构1370张，占72.4%；集体单位522张，占27.4%。1994年，全市有病床2250张，为历年最高值，其中全民医疗机构1849张，占82.2%；集体所有制医疗机构401张，占17.8%。2005年，全区有病床1895张，其中区级医疗机构1330张，占70.2%；中心卫生院、乡镇卫生院、地名卫生院466床，占24.6%；门诊部10张，占0.5%；妇幼保健院44张，占2.3%。病床在数量增加的同时，质量也大为提高，功能不断完善。

二、房屋和设备

经过20年的拆建，全区共消除医疗机构危房面积4万平方米，新建房屋8049平方米，改建装修房屋2.1万平方米。至2005年，全区医疗卫生机构房屋建筑面积达14.56万平方米，是1985年7.48万平方米的195%，其中业务用房5.35万平方米、辅助用房1.11万平方米、办公用房2.1万平方米、生活用房6.02万平方米，房产价值3509.45万元。

2005年，全区医疗机构装备有先进医疗设备1136台（件、套），价值1828.85万元，其中1万~50万元的168台件、50万~100万元的4台件、100万元以上的3台件，多数是从美国、日本、德国购进的较为精、尖的医疗设备、器械。

资阳市雁江区1986—2005年卫生机构、床位、人员统计表

表27-3

项目/年度	卫生机构（个）				病床（张）					卫生技术人员（人）
	合计	医院	卫生院	门诊部	合计	医院	卫生院	门诊部	妇幼保健院	
1986	143	6	81	52	1892	1106	750	36	—	2220

续表

项目/年度	卫生机构（个）				病床（张）					卫生技术人员（人）
	合计	医院	卫生院	门诊部	合计	医院	卫生院	门诊部	妇幼保健院	
1987	131	6	70	51	1950	1143	771	36	—	2265
1988	135	6	70	55	1998	1210	707	51	—	2254
1989	129	6	70	48	2167	1342	705	90	—	2387
1990	128	6	70	48	2054	1244	708	72	—	2420
1991	130	6	74	47	2148	1295	723	100	—	2429
1992	130	6	74	47	2184	1305	749	100	—	2435
1993	138	7	73	46	2212	1378	696	98	—	2453
1994	138	7	82	45	2250	1393	719	98	—	2576
1995	138	7	82	45	2203	1379	707	102	—	2633
1996	100	7	82	7	2131	1288	727	76	—	2536
1997	99	7	82	6	2014	1133	718	123	—	2520
1998	99	7	82	6	2063	1164	744	125	—	2512
1999	99	7	82	6	2061	1164	732	125	—	2536
2000	98	7	82	5	1980	1172	698	92	38	2505
2001	101	7	82	6	1970	960	678	98	38	2515
2002	91	11	73	1	2051	1226	695	20	76	2383
2003	92	10	73	1	1998	1239	656	20	38	2445
2004	46	10	27	1	1826	1274	447	20	38	1964
2005	47	10	27	1	1895	1330	466	10	44	1893

注：1986—1990 年的高级、中级、初级不以职称划分，是以学历及其相当水平划分

第三章　医　疗

第一节　中　医

1986 年 4 月，县政府为促进中医事业发展，组建中医工作领导小组。次年，将中医院由集体所有制整体转为全民所有制，并增加中医院常规经费，投入专项资金修建中医门诊大楼和住院大楼，购置先进医疗设备和器材，多渠道培养专业技术人员，同时发展镇乡以上医疗机构的中医业务。至 2005 年，区内开设有中医业务的法定医疗机构共 504 个，镇乡以上医疗机构中医门诊量 13. 54 万人次，住院治疗人数 8413 人次。区中医院是具中医专科特色的中西医结合二级乙等医院，2005 年内设

8个职能科室、12个临床一级科室、15个专病病室、6个专业组，开放床位150张，年门诊病人8.94万人次，住院4813人次。医院有在职职工175人，其中卫技人员131人；医师类64人，护师类40人，药师类15人，检验类9人，技师类9人；中医药人员78人，占卫技人员的60%。医院开设的特色专科有：

骨伤科　1999年被列为省级重点专科，擅长运用中医传统手法和现代手术治疗躯干、四肢骨和关节骨折、脱位，能熟练开展各型骨折内固定、髋关节置换、人工股骨头置换、椎间盘摘除术等大中型手术，具有综合治疗骨科疑难病症的能力。

针灸推拿科　创建于2004年9月，省级重点专科，能运用针灸、理疗、按摩、熏烤、熏洗、汽疗等手段治疗腰椎间盘突出、颈椎病、面神经瘫痪和中风后遗症等多种疾病。

中医内儿科　具有诊治内儿科常见病、多发病及急、危、重病的能力，擅长应用中西医结合方法治疗高热、心痛、出血、中风、厥脱、中毒、心血管、呼吸、消化、神经、泌尿、内分泌等系统疾病及小儿高热、惊风、流脑、乙脑、乳蛾、肺炎、咳嗽、疳积、腹泻等病。

眼科　成立于1986年，能开展小切口无缝线白内障囊外摘除加人工晶体植入、青光眼虹膜切除、睑板腺囊肿切除、睑球粘连分离、结膜裂伤缝合、前房穿刺冲洗、翼状胬肉皮下移植埋藏、斜视矫正、眼睑肿瘤切除、角膜异物取出、眼球内容物挽除、鼻腔泪囊吻合等手术。

中医妇科　能利用中西医结合的方法治疗宫颈炎、阴道炎、盆腔脓肿、宫颈糜烂、子宫脱垂、月经不调、痛经、带证病，妊娠病、产后病等各种急、慢性妇科疑难杂病。

资阳市雁江区中医院1986—2005年基本情况表

表27-4

项目 / 年度	床位（张）	人员（人）	门诊（人次）	住院（人次）	治愈率（%）	好转率（%）	收入（万元）	占地面积（M^2）	建筑面积（M^2）	房屋面积（M^2）	其中业务用房（M^2）
1986	100	135	150191	1728	89.57	94	100.9	1754.2	2127.9	1702.3	853
1987	100	147	168075	2828	93	96.3	120	1754.2	2127.9	1702.3	853
1988	100	157	162990	3070	92.4	98	115	1754.2	7127.9	5702.3	3100
1989	100	169	146000	2633	96.6	99	151.5	1754.2	7127.9	5702.3	3100
1990	100	179	143607	2617	97.7	99	164.3	1754.2	7127.9	5702.3	3100
1991	10	190	131710	3191	96	98	200.6	1754.2	7127.9	5702.3	3100
1992	100	200	124228	2680	95.7	97.8	186.9	1754.2	7127.9	5702.3	3100
1993	100	190	111606	2492	97	99	224.6	2348.8	8234	6587.8	3220
1994	100	194	95584	3559	97	99.6	294.3	2348.8	8234	6587.8	3220
1995	100	196	89300	2856	98	99	402.1	2348.8	8237	6587.8	3220
1996	100	209	100320	3460	97.1	99	458.9	2348.8	8237	6587.8	3220
1997	100	219	98803	4818	97.3	99.5	451.9	3980.41	9826.5	7861.2	4133
1998	100	219	99267	3115	97.9	98.8	473.4	3980.41	9826.5	7861.2	4133
1999	100	223	86830	2634	97.9	99	525	3980.41	9826.5	7865.2	4133
2000	100	220	88808	3072	97.9	99.4	550	3980.41	11026.5	8821.2	4630
2001	100	196	90560	2743	97.9	99	551	3980.41	12026.5	9621.2	6315.97

续表

项目/年度	床位（张）	人员（人）	门诊（人次）	住院（人次）	治愈率（%）	好转率（%）	收入（万元）	占地面积（M^2）	建筑面积（M^2）	房屋面积（M^2）	其中业务用房（M^2）
2002	100	185	81498	2318	96.4	99.2	578	3980.41	12026.5	9621.2	6315.97
2003	100	181	60976	2298	96.5	99	588	3980.41	12026.5	9621.2	6315.97
2004	100	173	66058	2580	95.4	98.6	869	3980.41	12026.5	9621.2	6315.97
2005	150	175	89406	4813	95.5	99.2	1310	3980.41	12026.5	9621.2	6315.97

第二节　西　医

1986年后，区内西医事业发展较快。至2005年，全区开展西医诊断治疗业务的注册医疗机构有728个，有西医技术人员810人、病床1248张，高、中、低现代化医疗检测、治疗设备、器械数千台件。除区人民医院和8个中心卫生院外，各镇乡卫生院、地名卫生院都设有西医诊断室。2005年，区人民医院设临床一级科室11个、医技科室7个、二级科室12个、专业组19个，年接待门诊病人81123人次，收治住院病人6703人次，有165个诊疗、检查项目达国家二级乙等医院标准，13个检查诊疗项目达国家二级甲等医院标准。区内县级医院一般开设的西医科室和主要诊疗项目如下：

内科　能开展二级医院的全部技术项目和部分三级医院的项目，可诊治重症胰腺炎、上消化道大出血、溃疡性结肠炎、肝硬化腹水、肝肾综合征、顽固性腹泻、急性中毒、急性肾功能衰竭、尿毒症性水肿、心包炎、严重高钾症、重症酸中毒、各种脑血管病、中枢及周围神经性疾病、急性脑损伤、偏瘫、糖尿病、高血脂、痛风性关节炎、骨质疏松症、低血钙、高血钙等疾病。

外科　以腹腔微创外科、泌尿外科为特色专科，设有腹腔镜外科中心和骨科中心，开通了与华西医院间的远程会诊，特聘成都陆军总医院主任医师为常年客座专家。可开展腹腔镜下胆囊切除、胃切除腹癌根治、椎颅血肿碎引、显微镜神经外科手术、颅底外科及脑挫裂伤、上腹手术等，能够确诊处理泌尿系统各类疾病。

妇产科　1993年起，县级医疗卫生机构均聘请华西医院、陆军总医院、省人民医院、泸州医学院、内江市第一人民医院的教授、专家为顾问，陆续开设宫颈癌根治术、卵巢癌根治术、外阴癌根治术，可开展阴道成形术、非脱垂子宫切除术等二级以上医院的诊疗技术项目。区人民医院、中医院、妇幼保健院从2000年起均能熟练进行妇科腹腔镜治疗。1999年起，各医院妇产科可开展无痛人流、无痛分娩、输卵管性不孕症治疗、新式剖宫产等手术。

五官口腔科　能开展白内障超声乳化人工精体植入，视网膜脱离复位，拔牙、镶牙、补牙、洁牙及口腔黏膜病的治疗以及人工种植牙，口腔颌面部良性、恶性肿瘤，先天性唇裂、腭裂修补，牙矫正畸，鼻咽癌切除，鼓室成型，纤维镜检查及纤维镜手术，喉癌部分切除及全切手术、支气管异物取出、微波治疗过敏性鼻炎等手术。

肛肠科　能进行混合痔外剥内扎、肛裂切除、肛周脓肿切开引流、肛瘘切除、远距离肛瘘断管挂线、直肠息肉摘除、直肠前突修补、直肠阴道瘘修补术等手术。

骨伤科　具有各类骨伤、骨痛检测手段，能运用现代手术开展复位固定术、髋关节转换术、人工股骨头置接术、椎间盘摘除术等。

儿科　能诊疗小儿高热、惊风、流脑、乙脑、乳蛾、肺炎、咳嗽、疳积、腹泻、心痛、出血、中风、厥脱、中毒以及心血管、呼吸、消化、神经、泌尿等方面疾病。

县级医院和中心卫生院一般都开设了放射科、检验科、功能科、药剂科。此外，区人民医院、中医院均设急救中心，并参与市一院、市医院120总调度。急救中心共有医务人员43人，其中副主任医师1名、主治医师8名，设有急诊观察床27张，拥有除颤监护仪、多功能监护仪、全自动洗胃机、心脏除颤起搏器、吸痰器、结肠透析机、心电图、呼吸机等设备。

资阳市雁江区人民医院1986—2005年基本情况表

表27－5

项目 年度	床位（张）	人员（人）	门诊（人次）	住院（人次）	治愈率（%）	好转率（%）	收入（万元）	占地面积（M^2）	建筑面积（M^2）	房屋面积（M^2）	其中业务用房（M^2）
1986	45	79	—	—	—	—	10.943234	4667	3534.4	2531	2531
1987	45	78	4721	182	49.1	98.4	38.561855	4667	3534.4	2531	2531
1988	45	97	5161	246	50.3	97	48.6973	4667	3534.4	2531	2531
1989	45	96	11294	246	52.2	94.9	41.6289	4667	3534.4	2531	2531
1990	45	104	52544	2823	51.0	97	53.5125	4667	3534.4	2531	2531
1991	45	114	48076	3515	61.64	98	60.441711	4667	3534.4	2531	2531
1992	45	123	51467	2730	56.65	97.87	59.705843	4667	3534.4	2531	2531
1993	73	142	52681	2596	55.43	96.7	150.4	5033.6	4310.2	3060.2	3060.2
1994	70	149	55327	3161	57.80	97.1	246.2	5033.6	4310.2	3060.2	3060.2
1995	70	169	54942	3573	49.91	97.34	247.6696	5033.6	4310.2	3060.2	3060.2
1996	89	207	84523	3271	43.3	97.1	294.3745	5033.6	4310.2	3060.2	3060.2
1997	89	212	39551	3269	41.8	96.90	415.7579	5033.6	8796.6	6245.6	4560.2
1998	110	229	43979	3471	52.1	96.90	490.8597	5033.6	8796.6	6245.6	4560.2
1999	110	226	63596	3122	56.6	97.2	584.0974	5033.6	8796.6	6245.6	4560.2
2000	110	235	102260	3130	52.1	96.1	641.9384	5033.6	8796.6	6245.6	4560.2
2001	110	233	76072	3284	57.3	97.8	709.7398	5033.6	17809.73	12644.89	7584.69
2002	145	225	82810	4494	60.8	97.9	976.6199	5488.4	17809.73	12644.89	7584.69
2003	145	220	86875	4942	53.9	97.3	1218.5563	5488.4	17809.73	12644.89	7584.69
2004	200	207	86570	5909	51.1	97.8	1656.0857	5488.4	17809.73	12644.89	7584.69
2005	200	197	81123	6703	45.6	98.4	1668.2238	5488.4	17809.73	12644.89	7584.69

第四章　疾病防控

第一节　卫生防疫

一、公共卫生

1986年后，卫生防疫部门为改善城市环境卫生状况，先后与城管部门在城区改建、新建水冲式厕所48座；与城建、环卫部门规划建设29个城区垃圾库和占地30亩的垃圾堆放场，日清日运生活垃圾；每年开展灭蚊、灭蝇、灭鼠、灭蟑螂活动。1995年起，将创建省级卫生城市作为城市公共卫生工作的重点。市委、市政府多次召开专题会议，落实人力、物力、财力，陆续开展了“卫生月”“防非”“三讲一树”“三优一学文明城市竞赛活动”“人人动手、讲究卫生、爱我资阳”“全民动手改善环境、预防疾病”“让城市更清洁、让家园更美丽”“美化九曲河”等创建活动。至2005年，多数单位被评为省、市、区级卫生单位；城区垃圾无害化处理率达92%；城区绿化率15.92%，人均绿地为4.72平方米。

农村卫生工作以改水改厕为突破口，与新农村建设紧密相结合。1984—1989年，县财政每年安排10～25万农村改水专项经费，先后在8个区、43个乡镇所在地修建水厂，实行集中供水；同时采取县、乡补贴、受益户集资的办法，在农村新建密封井4万口，改造旧井26万口。其间，资阳县被省、市授予“初级卫生饮水县”称号。1990年起，逐步淘汰大口井，新建家用潜水泵密封井，村民饮水质量进一步提升。2002年，在新农村建设中，卫生部门积极参与建设规划工作，在保证新建民居采光、通风性能良好的前提下，指导村民做好以建设沼气池为主的改厕工作，同时争取世界银行贷款和“安全饮水、环境卫生、健康教育”“母亲水窖”“红层找水”“一池三改造”等农村卫生建设项目。至2005年，全区改水受益人口89万，占农村人口的99.34%；建成省、市级卫生村43个，国家级优质水厂1个，区级优质水厂3个。

二、计划免疫

1986年以来，县防疫站巩固儿童“四苗”（卡介苗、麻疹疫苗、小儿脊灰糖丸、百三联疫苗）接种成果，强化儿童计划免疫工作。1991年抽样调查，儿童“四苗”全程接种率为82.86%。1993年，“四苗”全程接种率达96.67%。至此，计划免疫工作步入正规化，防疫站将工作重心转向对镇乡卫生院、中心卫生院预防接种工作的监管和服务。2003年，第一、第二轮全区0～4岁儿童消灭脊灰强化免疫有效服苗率分别为94.72%、96.23%。同年起，对2002年1月1日以后出生的新生儿开展免费乙肝疫苗免疫接种。

第二节 传染病防治

霍乱 1994—1995年，市内发现输入性霍乱病5例（含疑似2例）。疫情发生后，卫生防疫站组织专家到患者（含疑似病人）住地实施强制隔离治疗，划定并封锁疫区，实施消毒处理。之后，每年霍乱流行季前均加强预测分析和监测，落实防治措施，至2005年未发生霍乱疫情。

狂犬病 1986年，县内发现狂犬病9例，次年发现5例，患者均死亡。1987年，县政府成立狂犬病防治指挥部及其办公室，每年召开防治狂犬病工作动员会，层层签订目标责任书，落实、强化犬只免疫注射、犬只拴养和捕杀疫区犬只等工作。防疫站（疾控中心）负责“人用狂犬疫苗”的储备，确保药品不断档、不脱销；同时对医生进行技术培训，提高犬只咬伤伤口处理水平。到1992年，全县共发生狂犬病33例，患者全部死亡。此后至2005年，区内无疫情报告。

结核病 1984年，县成立防治结核病领导小组。1985年，成立结核病防治所，与防疫站合署办公，负责结核病防治的督导、管理、培训等工作。1988年，县与各区签订结核病防治目标管理责任书，当年新登记结核患者517人。1992年起，先后实施意大利等西方国家部分无偿援助项目和日本无偿援助项目、第一轮全球基金结核病项目、第四轮全球基金结核病项目和中央补助结核病防治项目。

艾滋病 2000年12月，区内发现首例艾滋病病毒感染者，感染者系援外工人。2003年，区制定《资阳市雁江区预防与控制艾滋病行动计划（2003—2005）》，成立艾滋病防治领导小组及办公室；区人民医院、防疫站建立艾滋病毒抗体初筛实验室，并在城区实施吸毒者、暗娼艾滋病综合干预项目。2004年，开展艾滋病自愿咨询检测和重点场所人群艾滋病病毒抗体检测。至2005年1月，全部掌握区内高危人群情况，并启动“中国疾病预防控制信息系统（艾滋病专报）”，实现病情管理与全国联网。当年对有偿供血人群及“两劳”人员进行艾滋病病毒抗体筛查，检测样品3464个，仅发现性病3种216例。

第三节 地方病防治

血吸虫病 资阳县为血吸虫病高发区，经过几十年的防治，于1985年达到消灭血吸虫病标准。2003年，祥符镇蛟龙村钉螺大幅反弹，有螺土地面积168亩、密度198只/筐。区卫生局及时落实查螺灭螺、查病治病等一系列综合措施，组织人力查螺40万平方米，经查未发现血吸虫病人；灭螺23万平方米，硬化沟渠230米，有螺地带水改旱100亩，钉螺密度大幅度下降。

碘缺乏病 1992年，祥符区古井乡1名10岁儿童被省人民医院初诊为甲状腺Ⅱ病例后，县政府组织43人，历时24天，对77331名学生进行普查，经查学生患病率为29.41%，其中祥符镇天鹅村小学患病率高达70.33%；同时抽查的3107名村民的患病率为25.14%。省、市专家将资阳县确定为单纯性地方性甲状腺肿碘缺乏病流行地区。当年县政府启动各项综合防治措施，严禁工业盐、非碘盐上市；组织特殊人群口服碘油丸，补碘60万人次。1999年，发病率降为8.05%；经省、市专家评审，资阳市达到基本消灭碘缺乏病指标。至2005年，确诊后个别服药426人次，当年发病率降为1%。

疟疾病 1986—1988年，县疟疾病人由173例下降为57例。1989年发现疟疾2735例，次年发现2386例，主要集中在与简阳交界的乡镇。县卫生防疫部门采取抗复发治疗法，加强发热病人血检、疫点监测与处理工作，落实综合防治措施，将疟疾纳入重点传染病监督监控范围。两年根治现症病人3384例，治疗率100%；全程治疗3381例，全程率99%；休止期治疗5121例，健康服药近30万人，浸泡蚊帐36万笼次，环境灭蚊264万平方米。1992年发现263例，病人呈零星分布状。以后逐年减少，1999—2005年共发现113例，其中返乡人员70例。2005年11月，雁江区达到基本消灭疟疾病标准。

钩虫病 1986—2005年，全区累计治疗钩虫病患者168万人次。其间，先后两次开展线虫感染率调查并进行驱虫普治。经过20年的防治，区内已罕见钩虫性贫血病例。

跁子病 1986年，县内确诊为跁子病195例，分布于6区25乡。1987年中国医科院曾派人到古井乡采样检测，1988年兰州地质学院又派员到古井乡进行磁场测定，均以原因不明而告终。县卫生局曾组织名老中医医疗攻关小组，用中药组方加工成粉剂，患者服后疼痛、僵硬等症状有缓解。后因多种原因攻关工作中断。据20年观察，患者移居异地后症状有所好转。

第四节 重大疫情防控

“非典”防治 2003年初，广东省发现非典型性肺炎（简称非典）病例。4月10日凌晨5时40分，区防疫站接报宝台镇一村民从广东返回以“疑似非典”入住市第一医院，正隔离治疗。20分钟后，有关部门出动10余人对病员接触的车辆、过道等进行全方位消毒。区委、区政府及时成立非典防治领导指挥部，连续召开3次全区“防非”紧急会议，启动紧急预案；各镇乡成立“防非”领导小组。全区形成横向到边、纵向到底（村、社）的指挥系统和疫情处置网络，医疗救护、信息管理、宣传教育、物资保障、交通检疫及各级督导检查等运行机制和管理程序全面启动。区、镇政府和各部门实行24小时值班和无条件加班制度；卫生局举办“防非”技术学习班；汽车站、火车站均设立留验站，对流动人员进行严格检测；各中小学校建立师生晨检和家庭联系制度；各医疗单位开辟发热病人绿色通道；防疫部门加强疫情检测、报告和管理，实行日报告和零报告制度。5至7月，区领导带领有关部门人员每月至少3次到各镇乡和有关单位督导或现场办公，“防非”工作实现了“四无”目标。

人感染猪链球菌病防治 2005年7月11至12日，区内发现2例疑似流行性出血热病例；区疾控中心及时派员赴医院核实诊断，并上报市疾控中心。15日，省专家组到资阳调查后，将之定性为重大突发公共卫生事件。19日，卫生部派专家组到资阳，国家、省、市联合专家组会诊讨论后将病名暂定名为“中毒性休克综合症”；7月26日定名为“人感染猪链球菌病”。7月20日，市启动突发公共卫生事件应急预案。区卫生系统出动人员19158人次、车辆1680辆次，排查可疑病人268人；对曾与病死猪接触的3500人进行7天监测，对与病死猪接触较多的964户、2629人进行密切监控和预防性服药；处理疫点56个，消毒3.2万平方米，培训医务人员5400人次。其间，全区出现病例57例，其中疑似病例22例、临床诊断病例24例、实验室确诊1例、排除10例，死亡10例，治愈出院37例。患者分布在临江、松涛、祥符、丹山等13个镇乡、44个村、49个组。

第五节　卫生监测

1986—2005 年，区卫生防疫站共监测各类样品 340302 个，其中食品类 91489 个、公共卫生 86485 个、水样 4638 个、地方病 13466 个、职业病 3247 个、慢性病 9788 个、艾滋病初筛检验样品 3464 个；开展从业人员健康体检 131489 人次。

一、职业卫生监测

1986 年，对川烟厂、县水泥厂进行有毒有害物监测，采样 40 个，合格 2 个，合格率 5%；噪声监测 15 个点，其中超标 3 个；监测后均向厂方提出整改意见。1993 年，完成职业病体检 1668 人，监测物理危害作业点 176 个，获数据 400 个，合格率为 92.3%。1995 年，对城区医院进行监测，应监测 310 个，实监测 576 个，合格率 60.2%；年底复查，合格率为 94%。1997 年，监测企业有毒有害作业点 342 个，合格 80.7%；组织 3500 名职工健康普查。次年，开展企业有毒有害从业人员身体专项监测，发现职业病（含疑似）107 例。2002 年 5 月起，执行《职业病防治法》，将职工健康检查以及有毒有害物质（噪声、粉尘、高温、苯等）监测列入企业和疾控部门的议事日程，职业病防治工作常态化。

二、食品卫生监测

1986 年，重点开展饮食服务行业职工体检与建档工作。当年新建档 33 人，建议相关部门调离 14 名不适合饮食服务工作的人员；检测熟食食品 322 件，合格 283 件，合格率 87.89%。次年，体检食品行业人员 7421 人；监测各类食品采样 359 件，合格 312 件，合格率 87%。1992 年，开展“质量万里行”活动，组织食品卫生监测 199 次，合格率 98.04%。1996 年，抽检食品采样 555 个，合格 437 个，合格率 78.7%。1998 年抽样检测 607 个，合格 486 个，合格率 80%。当年起，每年对食品从业人员进行体检，发现“五病”患者一律调离。2003 年，新场乡油草村幼儿园发生集体食物中毒事件，防疫站及时采样送省疾控中心，为成功施救提供了依据。

三、学校卫生监测

1987 年，对城区 5 校 8960 名学生进行健康检查，实查 8921 名，占 99.56%。此后，针对学生健康状况，先后开展教室采光系数测定、课桌椅监测等。1992 年，开展碘缺乏病专项调查，抽查 77331 人，其中 22743 人不达标，占 29.41%。1993 年，对 8857 名学生进行常规体检，其中视力低下 4887 人、占 55.18%，营养不良 2741 人、占 30.59%，营养过剩 223 人、占 2.52%。1996 年，开展第二次碘缺乏病调查，检测 6970 人，其中 1142 人不达标。之后至 2005 年，疾控中心重点检测学生视力状况。每次到校开展卫生监测，防疫人员均对师生进行防病知识培训。

四、放射卫生监测

1986—2005 年，区防疫站先后监测 43 个 X 射线装置使用单位共 47 台设备；设监测点 1634 个（次），其中 1346 个合格，合格率 83.4%。其间，先后 4 次对使用同位素的县磷肥厂、水泥厂的放射防护情况进行监测，发现问题及时整改。至 2005 年，全区 X 射线防护合格率 100%，无放射性事故发生。

五、生活饮用水监测

1985 年，对全县 33 个集中式供水单位进行建档管理并采水样，经检测 16 个合格，占 22.85%；其中县水厂沱江取水点水质为Ⅲ级。1988 年采水样 102 件，其中合格 32 件，合格率 32.13%。当年，对拟开辟的饮用水源老鹰水库水质进行检测，采样 17 个，21 项指标仅锰偏低，其余符合国家标准。1989 年，对农村集中式供水单位采样 122 个，合格 63 个，合格率 51.63%。次年，采样 109 个，合格 94 个，合格率 86.4%；区、乡水厂水样合格率 80.1%。1992 年，在 14 个水厂采样 65 个，合格 62 个，合格率 95.38%。1993 年采水样 98 个，合格率 90.81%；查出 5 名供水系统职工乙肝表面抗原阳性，后全部调离。1996—1998 年，各类水厂样品合格率为 90% 左右，其中二水厂合格率 100%。2003 年起，每月定期监测各镇乡集中供水点水质，对不合格的勒令限期整改。2005 年，监测水厂 53 个，其中水质合格的 24 个，合格率 45.28%。当年，完成雁江区农村饮水现状调查。

第五章 卫生保健

第一节 保健体系

20 世纪 80 年代，县内已建成以妇幼保健院和县级医院为主，区乡卫生院、村卫生站联动的三级卫生保健网络。妇幼保健院于 1997 年被评为一级甲等妇幼保健院，开设有 25 个诊室、5 个重点辅助科室；有病床 60 张，医疗设备、器械 96 台（件）。主体设备有 500MAX 光机、日本全自动血球仪、胎儿监护仪、美国 GE 彩超、东芝原装 B 超、进口利普刀、电子数码阴道镜、激光治疗仪、心电监护仪、半自动生化仪等。有职工 100 人，其中卫生技术人员 84 人。

1986 年后，卫生主管部门不断加大保健机构的软、硬件建设，共选派 156 名妇幼保健医生到医科学院、三甲医院进修学习，以提高专业人员技术水平。至 2005 年，包括区妇幼保健院在内的区直医疗机构、8 个中心卫生院和老君镇卫生院都能开展难产接生、剖宫产、妇科良性肿瘤切除等手术。在产科、儿科标准化建设方面，先后购置了美国通用 GE 彩超、电子数码阴道镜、胎儿监护仪等妇幼专科医疗设备，实现了设备的集中更新换代。20 年间，区妇幼保健院、区人民医院、区中医院先后被世界卫生组织和联合国儿童基金会授予“爱婴医院”称号。

第二节 妇幼保健

母婴保健 1986 年前，主要开展孕检和新法接生工作。当年全县孕妇住院分娩率为 42.1%，新法接生率为 88.6%。1992 年，推行全产程接生。1996 年，贯彻《母婴保健法》，开展婚前医学检查，检查率一般在 70% 以上。2003 年，结婚登记不再要求提供婚前医学检查证明，婚前检查率迅速下降。

2005年起，孕产妇系统管理工作不断规范，从孕前开始到产后42天，对孕妇、产妇、胎儿的生理、病理以及社会、心理等方面进行系统、规范、全程的保健监测，科学评价胎儿生长、发育及健康状况。当年，全区孕产妇系统管理率89.4%，新法接生率98.83%，产前检查率93.44%，孕产妇死亡率111.94/10万，母乳喂养率为85.3%，婴儿死亡率为7.52‰，5岁以下儿童死亡率为8.48‰。

儿童保健　1986年后，每年对0~6岁儿童进行健康检查，重点对0~2岁儿童营养性贫血、佝偻病等进行防治。1996年，贯彻实施《儿童系统管理实施细则》；健康检查显示儿童佝偻、营养性贫血病已逐渐减少，营养过剩的肥胖症逐年增多。2002年起，开展0~4岁儿童死亡监测和围产儿出生缺陷监测工作。2005年，区妇幼保健院对示范幼儿园儿童进行体检，男、女童体重超过2SD的比例为48%、34%，身高超过2SD的男、女比例为33%、35%，贫血儿童占2.4%.

妇女疾病防控　1986年前，妇女病普查普治以子宫脱垂和尿瘘病为重点；县级医疗机构对患者减、免费治疗，治愈率近100%。之后，将子宫颈癌、性病、乳腺癌等作为防控重点。1996年起，用工单位全面贯彻《劳动保护条例》，照顾妇女生理特点、减小劳动强度，多数单位每年组织一次妇女常见病检查。至2005年，停经病、子宫脱垂、尿瘘、盆腔炎、阴道滴虫病等妇科病已不多见，尤其是II以上子宫脱垂已20多年未见报告。

第三节　农村初级卫生保健

1992年，资阳县农村初级卫生保健委员会成立，各镇乡、村设立相应办事机构。成立之初，县初保委员会结合县情就组织领导、医院管理、医务、护理、财务、疾病防治、妇幼保健、计划免疫、传染病防治等10个方面向县政府提出农村初保实施方案；县政府组建3个专家组，采取随机抽查方式，到全县19个镇乡医院、76个村卫生站、8个中心卫生院调查研究后，对方案进行调整完善。4月，县农村初级卫生保健动员会暨任务分解会召开，县委、县政府与镇乡，镇乡与村层层签订目标责任书。之后，在农村推广沼气化厕所，同时扩大手压机井、电动泵户用水井、村组联户自来水量。1995年9月，经随机抽查，资阳市达到中期评审标准。次年6月，资阳市农村初级卫生保健工作通过省级评审验收。

第六章　医药管理

第一节　医卫管理

一、医卫机构管理

1986年，全县区级以上全民所有制和乡镇集体所有制医疗机构共87个，均由县卫生局管理。1987年，74个乡镇合并为61个镇乡，卫生院减少13个。1988年，镇乡卫生院实行乡办乡管的体制，卫生局直接管理县、区医疗机构13个。1992年撤区并乡建镇后，区卫生院改为中心卫生院，新建镇乡所在地卫生院改为新的镇乡卫生院，其余卫生院降为地名卫生院。卫生局直接管理市（县）直和中心卫生院，其余为镇乡管理。2004年实行卫生体制改革，镇乡卫生院上划卫生局管理。2005年，卫生局管理区直医疗机构4个、卫生学校1个、中心卫生院8个、镇乡卫生院14个（与中心卫生院合并5个不在其内），管理27个政府举办的全民所有制非营利性医疗机构，负责对全区50个地名医院、518个村卫生站和149个厂矿事业医疗卫生机构、1个民营医疗机构、126家个体诊所进行业务指导和人才培训。

1986—2005年，区卫生局采取多种方法加强医疗卫生机构的管理。1987年，实行院（所、站、校）长负责制和任期目标管理责任制，各医疗卫生机构负责人与卫生局签订目标责任书，每年底对照考核，兑现奖惩。1989—1990年在县人民医院和祥符、丹山、小院、伍隍区卫生院开展医院整体承包试点，承包期间由院长决定单位的人、财、物权。1998年，全市各镇乡政府建立卫生管理办公室，负责辖区内卫生执法、“五大卫生监督”和卫生机构日常管理。2001年初，撤销镇乡卫管办。2002年，卫生局将医疗机构分为营利性和非营利性两类予以管理，政府和厂矿企业事业单位举办的医疗机构均为非营利性医疗机构。

二、医卫人员管理

1986年开始对全县医疗技术人员实行技术职称管理。1989年起，对初级以上专业技术人员进行年度考核，评出优秀、称职、不称职3个等次，作为聘任和晋升职称的依据。1995年，根据《护士管理办法》对护士进行注册管理，组织护士参加全国统一的执业考试，对合格的予以注册。1999—2005年，按照国家《执业医师法》，对地名卫生院以上的从业人员进行审验和考试，依法认定执业医师1439名、执业助理医师318名、执业护师（士）694名；组织1836人参加全国执业医师考试，336人取得执业医师（助理医师）；同时开展初晋中、中晋高的职称考核、考试。2000—2005年，推行专业技术人员全员聘用制等人事管理制度。20年间，全区卫生系统持续开展医德医风和职业道德教育，对服务态度生硬、收受“红包”“药品回扣”“开单提成”等不正之风进行批评教育，对情节严重的给予经济处罚和行政处分。

三、公共卫生管理

1986—2005年间，卫生部门坚持开展以茶馆、旅馆、美容美发店、歌厅、舞厅等为重点的公共场所卫生监督管理，共组织专项整治和监督检查148次，处罚违法违规业主36家，查封24家，没收医学美容器具8件、药品7盒；对各类学校进行以预防性为重点的日常卫生监督，取缔学校周边无证经营户42家；实施饮用水卫生监管，每年对区内所有水厂的水样进行检测，对从业人员进行身体检查。2001年起，重点加强基层水厂的监督检查，取样监测率，从业人员体检、培训及办证率均为100%。2005年资阳市雁江区卫生执法监督所成立后，对水质不合格的水厂进行专项检查，对复检不合格的进行行政警告和处罚。同时加强职业卫生监督管理，建立大、中、小型企业基础档案64个，其中重点危害企业10家，主要危害物是二氧化硫、氢氟酸、一氧化碳、粉尘和噪声；对直接接触职业危害物的850名工人进行健康普查，对患有职业禁忌症的工人下达《卫生监督调离通知书》；与劳动、工会等部门开展联合卫生执法，以减少和消除职业危害隐患。

第二节　药品、食品、化妆品监管

一、药品监管

1986—2005年，药品监管部门定期或不定期检查医疗系统内部药品价格、药品质量、药品疗效，每季对仓库、批发门市，每月对医院、卫生院（所），每周对门诊部检查1次；发现过期失效药品均予登记造册，按程序销毁，以保证临床用药安全；与公安、工商等部门开展联合行动，对社会药品市场进行整顿，对游医、巫医及无证类或有证类假药、劣药依法给予打击和惩处；严格管理毒麻药品，要求各级医疗机构在毒麻药品保管、使用方面做到“五专”（专人、专柜、专处方、专账、专统计报表），并纳入目标管理。

二、食品监管

1985年8月，食品监管部门开展“食品卫生月”突击检查活动，组织检查77次，检查单位1091个，当场销毁腐败变质食品84件、3.96万公斤；开展食品从业人员持证上岗专项整治，检查单位1315个、从业人员5346人，其中持证5294人，持证率99%。1986年，查处各种违反《食品卫生法》案件689起，没收销毁变质食品9906公斤，停业整顿112家、罚款103家经营单位（户），调离不适合饮食服务工作人员14人。次年开展全县性食品卫生大检查，共检查15875户（次），查处1232起违法行为，销毁变质食品8393.05公斤，处理污染黄豆53800公斤，调离“五病”从业人员21人。1992年，开展“质量万里行”活动，销毁变质食品353公斤。1995年起，每年检查食品行业从业人员健康状况和持证情况，发现“五病”人员一律调离。1998年起，建立健全食品卫生监督制度，实行“黄金周”、双休日食品安全巡查制和食品卫生举报制、食品卫生监督员节假日值班制；与公安、工商每年联合开展食品卫生集中整治活动，重点整治食品流通环节、餐饮业、熟食制品、月饼糕点、婴儿食品、保健食品等；坚持经常性监督与集中整治相结合、执法监管与优质服务相结合、打假治劣与扶优扶强相结合的原则进行监管。2003年6月，监管部门牵头开展联合打假行动，共出动人员1064人（次）、车辆28台（次），以现场新闻曝光的方式，检查食品经营户306户、食品生产企业69个、饮食业722家、食品商场和农产品市场74个、学校食堂182个，查获假冒伪劣食品29件1427公斤，价值1.2万元，立案查处2起。2004—2005年，重点加强儿童食品、膨化食品、乳制品、调味品、食用油、桶装水、保健食品和建筑工地食堂、乡村走厨、集体用餐等方面的食品卫生专项整治，行政处罚18户，查封、处理不合格食品378公斤。1986—2005年，共开展食品卫生安全专项整治37次，行政处罚998户，下达限期整改通知书2107份，罚款7.78万元，查封处理过期、霉变、假冒伪劣食品7.43万公斤。

三、化妆品监管

根据《化妆品卫生监督条例》的规定，监管部门每年组织专业人员对化妆品经营点进行采样抽查，对不合格化妆品进行处理，并追查产品的产地、生产厂家；参与医学美容单位的审查，审查项目包括医技人员的行医资格、资质证书、使用药品的种类、质量，以及恢复期化妆品的使用等；对一般美容院、美发美容厅进行日常化妆品的监管，切实保护消费者合法权益。2005年区卫生执法监督所成立后，进一步加强执法力度，制订化妆品监督抽查实施方案，对化妆品经营单位进行重点检查，对染发、烫发、防晒、祛斑类产品的持证情况、特殊批文进行检查，共检查211家经营单位（点）、126件产品，查出无批文的1件。1986—2005年，共查出不符合《化妆品卫生监督条例》规定的品种9个73件，均实行异地封存、登记，在报请上级通知生产厂家再行核实后，对经营者进行法规教育，对生产厂家予以处罚。

第二十八篇　社会风土

第一章　习　俗

第一节　吃穿用住行

一、饮食

（一）日常饮食

20世纪80年代，城乡居民饮食取自本地主产，主食有红薯、玉米、小麦、稻米、马铃薯等，制作方法分为直接蒸煮、熬成糊状、做饼等；肉类食品以猪肉为主，品种较为单一。1990年后，大米为第一主食；副食种类逐渐增多，主要有鸡、鸭、鱼、牛羊肉、虾、蟹、甲鱼等；调味品除基本的盐、酱、醋、味精、菜籽油外，增加了鸡精、芝麻油、料酒、香料等；酒类、饮用水等饮品也日益多样化、精致化；反季节蔬菜、速冻食品从无到有，几乎应有尽有。城乡居民日常饮食多为自炊，一般习惯是早餐简单，午餐较好，晚餐丰盛。

（二）庆吊宴饮

人们在生日、结婚、升职、就业、乔迁、大病痊愈、子女升学之时，往往设置喜庆宴会，邀请亲友、邻居、老乡、同事欢聚。在成年人去世后也会办席请客，俗称“吃斋饭”。20世纪80年代至90年代中期，庆吊宴饮多为家宴，此后城镇居民一般喜欢到餐厅、酒楼包席。侯席期间宾客饮茶，主人或司仪待客人就座后简单发言，之后上菜，先凉后热，蒸、煮、炖、炒、煨、烹、炸的各色菜肴陆续上桌，有碗有碟，大杯小盘，或拌或蘸，最后上汤，瓜果收尾。乡村虽仍以家宴为主，但操办方式逐渐变化，一般聘请乡厨（即专业或准专业厨师）代办。代办方提供桌椅、碗筷、杯碟等器物，并按30～70元/桌收取服务费用。

（三）夜饮

城区夜饮始于20世纪80年代中期。时在俗称“好吃街”的后西街设有夜市摊区，但规模较小。1992年，马巷子改成大街，临街店面底楼设有歌厅、水吧、烧烤摊、夜啤酒。至此，夜饮业渐成规模。2000年后，夜市摊逐渐向政府东路延线发展，城区其他地方的夜饮点也迅速增加。夜饮摊经营项目由最初的面食到后来的啤酒、烧烤、卤菜、炒菜、炖菜、“串串香”“麻辣烫”、砂锅等。消费者多为中青年人，其中又以男性居多。

二、穿戴

（一）衣着服饰

20 世纪 80 年代初，城乡居民衣服以自制和裁缝店加工为主。衣料多为棉布、腈纶、涤纶、尼龙化纤，式样较为单一。1986 年，全县销售缝纫机 4625 架，每百户城镇居民拥有缝纫机 12 架；1988 年销售缝纫机 5808 架，每百户拥有 20 架。20 世纪 90 年代初期，成衣店生意日渐兴隆，人们穿着打扮不再只图御寒遮羞，开始注重衣料质地、款式和做工。20 年间，男装式样变化不大，主要经历了中山装、夹克衫、西装、休闲装几个阶段；女装式样多变，20 世纪 90 年代后几乎年年有新款、甚至季季出花样。男性着装相对传统，春、秋、冬三季多着长衣长裤，夏季配以短袖或 T 恤衫；女性着装追求时髦，突出紧身、曲线、性感，衣着逐渐趋于暴露。20 世纪 80 年代初，城镇居民多穿布鞋、胶鞋、塑料凉鞋，穿皮鞋、皮凉鞋者较少；时髦女性穿浅底高跟鞋。农村更是以自制布鞋、草鞋为主。农妇夏天搜集布渣、面糊打布壳儿，平摊在簸箕、晒簟、洗衣石板上晾晒，春秋农闲时裁剪鞋样，搓匀麻绳纳鞋底，剪裁青布、毛蓝布、灯草绒做鞋面。鞋面和鞋底缝合，叫做绱鞋；絎棉花进入夹层，叫做棉鞋。最后均用楦头一撑，做出的鞋样式挺括、脚背拱形、脚心内敛圆弧，式样分圆口、圆头尖口布鞋，白须边布鞋几种。1985 年左右，仿真皮鞋、真皮皮鞋在城镇行销，1990 年热销乡场。之后，人们普遍穿真皮皮鞋、皮凉鞋，女性多穿各式高跟鞋。男式鞋分圆头、尖头，以黑色、棕色为主；女式鞋多为尖头，颜色有黑色、白色、棕色、红色，式样分为短帮、长筒。

（二）发式、帽饰

男性老年人发式简单，多数留短发，少数剃光头或蓄长发；中青年发式主要有大背头（中分或偏分）、大圆头、小圆头、平头、小平头。女性发式多样，主要有长短直发、长短卷发。20 世纪 90 年代中期至 2005 年，逐渐流行染发，色泽以金黄为主。

儿童多有帽饰，婴儿盛夏也不离小布帽、手绢儿遮覆脑门，幼儿冬天常戴帽，学童逐渐减少暖帽依赖。中青年男女夏天一般不戴帽；女性在冬季爱戴时装帽，颜色主要有红色、白色、黑色，款式美观奇巧。老年人常年戴帽者少，在寒冷季节一般戴皮帽、风雪帽、军棉帽、护耳帽、小布帽。

三、日用

20 世纪 80 年代，农户家庭用品多数就地取材，用竹、草、藤、条自制生产生活器具，主要有箩篼、弨篼、高脚弨篼、背篼、扁背篼、凉背篼、淘篼、筷篼、碗篼、提篼、烟篼、杂货篼、刀具插篼、筲箕、撮箕、米筛、罗筛、隔筛、藤篮、竹篮、摇篮、苇席、草席、青篾席、黄篾席、二黄篾席、三黄篾席、水缸盖席、晒席、挡席、围席、围包、柴箢、推谷杷、薅秧耙、火筴、刷把、扫把、筲帚、磨盘筲帚、叉头扫把、晒簟、草垫、草帘子、竹帘子、草袋、麻袋、竹门、藤条门、竹栅、木栏、竹照壁。使用的竹材有青竹、翠竹、紫竹、黄竹、斑竹、硬头黄、楠竹、水竹，以慈竹为主，嫩竹不用。一般在冬季砍竹，普通器具选取一年青竹子，耐用器具精选二年青、三年青竹管。精细篾货半数人家请篾匠到家编织或者砍竹扛到就近篾匠家请求加工。家具以木石为主，稍复杂的则邀请木匠、石匠到家制作。家庭设备有谷仓、米柜、碗柜、衣柜、橱柜、立柜、角柜、木箱、藤箱、风箱、货箱、钱箱、工具箱、百宝箱、抬盒、捧盒、饰品盒、食品盒、烟盒、针线盒、针线包、方桌、圆桌、方凳、圆凳、高板凳、矮板凳、坐便凳、火漆凳、床踏板、抬杠、猪槽、狗槽、鸡槽、黄桶、扁桶、水桶、拌桶、脚盆、洗脸盆、菜盆、酱盆、灰面盆、秧盆、木甑、木碓、潲桶、潲缸、石柜、石窖、石槽、石缸、石磨、石桌、石凳、石碓窝、磨刀石、打夯石、石灶、石鼓。多数农家有常用木石加工工具，简单器皿一般自造。灵巧手艺人闲暇时编花刻鸟，取像于农村生活，自产装饰器具。床上用品一般由女眷手工自制，先纺棉织布、染靛脱蓝、起花印花，再做床单、被套、被里、被面、蚊帐、帐檐。金属器具在集市购买，家具加工或维修则请匠人上门。家庭耐用消费品常有雕刻工艺，美观结实；不能自制的日用杂品如陶瓷等均购置；家用清洁用品一般为洗衣粉、肥皂、香皂；家用电器多为收音机，少有录音机、电视机。1990—2005 年，随着经济的快速发展，农户的家用器具逐渐增多，生产用具多为购置，一般人家都有电风扇、电视机，经济条件好的还有洗衣机、电冰箱、影碟机、高低组合柜等。20 世纪 80 年代，城镇居民的生活用具明显优于农村，日用器具多为购置，但彩电、冰箱等大宗家用电器仍属稀有。至 2005 年，一般城镇居民家均有成套家具，电器除彩电、冰箱外，多数人家还有空调、电脑等。

三、居住

建国前，城区传统民居一般是街坊各自建筑的带天井的房屋，街面按照街坊公约齐平，朝里进深则依据各户财力、家族人口盛衰而定，有一个天井、两个天井、三个天井乃至更多类型。每个天井就是一个直系家庭居住，几弟兄几房人按房份长幼次序取得祖先留下天井居住权，若进深抵拢无法伸展，则另择空闲地盘修建。每个天井内就是一个小四合院，可以搭建木楼，居住多人；地面房间不够居住，则朝楼上发展；院内有磉石、砺石、马槽等设施。1949 年后，资阳城区、场镇党政军机关和学校、医院、厂矿等单位干部职工的住房靠组织分配，有街房有庙宇，厨房、厕所离得较远，常临街选择空地设置潲桶、泔水缸以盛炊餐残剩物和油污。私房一般自建自住自维修，公房则按照住宅成色和面积计算租金。20 世纪 70 年代，城镇居民住房多为“一通式”砖木楼房，布局简单，结构为单间房、通走廊、共用厕所，不成套型，水泥地面粗糙。1980 年，单元式住房出现，有套间、单间。单位根据职工职务高低、婚姻状况、人口数量、工龄长短分配住房。20 世纪 90 年代至 21 世纪初，随着旧城改造、新区建设工程的实施，单元式套房迅速增多，建筑面积逐渐增大，陆续出现错层式、跃层式住房。室内装修从无到有，由简单装修到豪华装修。其间，机关单位实行住房制度改革，按职工行政级别、职称职务、工龄拉开计费档次，依据房屋落成年限计算折旧率，把公有住房折价卖给住户。至 2005 年，套房式样有平层、错层、跃层、假跃层，均有阳台、露台，多数小区建底楼花园、屋顶花园，新建居住区还规划、建设有地下停车场、露天停车过道。

区内农房传统式样多为竹木掩映的四合院或类似结构，正堂屋是客厅兼饭堂，紧邻堂屋是主卧室，俗称“房圈（quan）”，东西厢房在大家族亲房里也是弟兄卧室，卧室上方嵌入木梁堆柴，叫做柴楼，南厢一般是家禽家畜圈舍，排列在曹门两边，有水缸、潲桶和鸡槽、狗槽、磨刀石，更多柴楼搭在猪圈、牛羊圈上空，家族人口多时，柴楼也要睡人，宅后阶檐外是排水沟，俗称“后阳沟”。沟外植竹林，林下多有窖坑用以贮藏甘薯等，庭院角落挖有一两个坑储蓄生活垃圾和污水，叫做“干粪凼”，门外有果木树，也有竹林。20 世纪 80 年代初，全县农村泥墙草房大体占 80%，砖石墙、泥墙瓦房占 20% 左右，瓦房椽子有纯竹子、纯木材和竹木间杂的。20 世纪 80 年代中期至 21 世纪初，泥墙草房、瓦房逐年减少，农房多为砖木结构，由平房到一楼一底、再到二楼一底楼房。新建房屋一般模仿城镇式样，设客厅、居室、厨房、卫生间等，一般都成套型。2000 年后，农房修建还讲究简单装修，一般外墙贴瓷砖、地面铺瓷砖或木地板，室内陈设也趋于城市化，居住条件大为改善。

四、出行

20世纪80年代，农村传统交通运输工具有鸡公车、架架车、板车等自制品和农用三轮车，少有自行车，一般人即使出行二三十里也主要靠步行。20世纪90年代，人们出行工具发生很大变化，短途多用自行车、摩托车，长途乘坐客运汽车、火车等。21世纪以来，城镇居民出行工具多样，有自行车、摩托车、电瓶车、人力客运三轮车、出租汽车、市内公交汽车、家用轿车等；农村的摩托车数量大增，多用于短途出行，长途均乘坐客运汽车，极为便利。

第二节 陋习、新风

1986—2005年间，一些在新中国建立时遭禁绝了的民间陋习逐渐抬头。

赌博 复起于20世纪80年代，形式有搓麻将、玩纸牌、推牌九、摇骰子、扯马古等，赌资有大有小，少则一元、几元、几十元，多则成千上万。虽然政府严格查禁，但未能根治。

卖淫嫖娼 20世纪80年代中期又出现卖淫嫖娼现象，之后一段时间内较为猖獗，多出现在旅馆、歌厅、洗脚房等场所。至21世纪初，经有关部门宣传教育和定期不定期整治，此类行为大为减少，残存的处于高度隐秘状态。

吸毒 20世纪90年代初，县内发现少数吸毒人员，吸食品种有海洛因、冰毒、摇头丸等。通过公安机关帮教、强制戒毒等措施的施行，吸毒现象得到有效控制。

封建迷信 至21世纪初，看风水、测字、看相、算命、求签等民间习惯仍不同程度存在，但较以往已有减少。

1978年改革开放以来，党和政府并重物质文明和精神文明建设，设有专门负责精神文明建设的机构，先后组织开展了“学雷锋、树新风”“五讲四美三热爱”（讲文明、讲礼貌、讲卫生、讲秩序、讲道德，语言美、心灵美、行为美、环境美，热爱祖国、热爱社会主义、热爱中国共产党）等活动，继承和弘扬了传统美德，尊老爱幼、见义勇为、扶贫济困、拾金不昧、助人为乐、崇尚科学等成为社会新风尚。

第二章 宗 教

第一节 宗教组织

一、道教

建国初，全县有道观398所，全真道士154人、正一道士100名。土地改革时，庙观房产和土地全部被收归公有，统一分配给农民居住和耕种。道士在当地分得房屋和土地，以农耕为业。其中全真道士大多返俗完婚；正一道士多数主动放弃超度亡人的活动，少数人仍坚持，但被视为封建迷信受到限制。“文化大革命”时期，正一道士再次受到冲击，个别坚持活动的不仅被称为“牛鬼蛇神”，还被抄家或批判，其法器和经书也被没收。党的十一届三中全会后，宗教信仰自由政策得到恢复，道教活动逐渐活跃。1985年，临江镇大堰村大高观建观音殿。1986年，回龙乡村民募筹资金数千元，在巍峰山寺新塑城隍等神像3尊。1988年，当地村民将老君画像贴于城隍殿中；虽然简陋，但香客不少。之后，县内陆续新建或维修了一批道观。人们生活有难或生产不顺时，常到寺庙烧香许愿；若有成人亡故，也请道士做法。2002年3月，区道观管理委员会成立，道教活动进一步规范。至2005年，全区有合法道教活动场所7所、教职人员8人、信教群众3万人，均为正一派，多在宝台、迎接、东峰、老君、临江镇等地活动。

二、佛教

1952年土改后，佛教僧众多已还俗，寺庙多作为公产，部分分给农民居住，至1985年基本拆除或改建。1992年冬，僧人释宽润在信众的支持下，先后在凤岭公园内修建12间房屋作为佛事活动场所，为县内佛教活动的恢复和发展奠定了基础。1994年，市政府批准恢复开放莲台寺，并将凤岭公园鸡公岭处48.23亩国有土地无偿划拨给该寺。2000年6月，资阳市佛教协会在莲台寺成立，佛教活动进一步规范。至2005年，全区有大型佛教寺庙4所，获市级批准开放的宗教活动场所47所、未经批准开放待治理的小庙195所；共有教职人员30余人、信教群众16万人，信众大半是净土宗，分布在各镇乡。规模较大的寺院有：莲台寺，位于城区凤岭公园，属省批准开放的寺院，净土宗，有教徒3万人、教职人员14名。云莲寺，位于城郊城北村2组，临济宗，有教徒6000名、教职人员5名。神龙寺，位于松涛镇花椒村4组，禅宗，有教徒800名、教职人员1名。香光寺，位于祥符镇二湾村3组，净土宗，有教徒1600人、教职人员2名。罗汉寺，位于中和镇罗汉村2组，净土宗，有教徒1000人。

三、基督教

基督教传入资阳之初属于英国浸礼会派，义和拳进行反教斗争后为美以美会。时县城、天鼓桥和丹山镇先后建立牧区3所，小院寺、伍隍场、老君场、临江寺、南津驿、东峰寺、忠义镇、刘家场、碑记沟、慈祥寺等地建立布道所或支堂11个。除小院寺、伍隍场、东峰寺和老君场外，其余皆办有初级或高级小学。民国年间，全县沿存牧区3所、布道所3所、小学2所、幼稚园1所，地产5亩，有教徒224人，其中男145人、女79人。1949年，美籍传教士易德生（丹麦人，女）曾数次到资阳牧区，鼓励教徒坚持信仰。基督教在资阳的复兴始于1981年，但一段时期内活动相对较少。1997年，市民族宗教局批准成立资阳市基督教筹建委员会。同年，信徒自筹资金，在城南黄鳝溪桥南侧租地亩余兴建1所福音堂，次年接纳1名四川神学院毕业生为传道员。之后，本地基督教徒与国际间的交流活动较频繁。1998年9月，美国牧师郑国治夫妇一行通过省、市宗教部门协调，在省基督教两会牧长的陪同下到资阳作友好交流访问。1999年9月，台湾牧师陈马可夫妇和1名菲律宾牧师到教会交流访问。2005年6月，牧师陈马可及师母在省两会主席魏康的陪同下再次来访，并购买了40本《圣经》赠送教会。2004年4月，资阳市雁江区基督教堂管委会成立。2005年6月，城内黄鳝溪、马家巷和苏家巷3个教会负责人联合全区各乡镇聚会点的信徒代表，倡导成立区基督教三自爱国运动委员会筹备组；9月13日，区民宗局批准该筹备组成立。至当年底，全区有批准开放场所20处、教职人员1人、信教群众7000人，教点分布在城区、碑记镇、小院镇、忠义镇、伍隍镇、保和镇、中和镇、宝台镇、回龙乡、堪嘉镇、东峰镇、丰裕镇、石岭镇、南津镇。

四、天主教

新中国成立前夕，全县有天主教教堂5所、教徒654人，其中司铎1人、会长8人、修女3人、贞姑6人。至1956年，全县有司铎1人、会长7人、教徒470人（含贞姑6人）。沿存教徒中，奉教者229人，占总数的47.61%。“文化大革命”期间，正常的宗教活动被迫停止。改革开放后，天主教活动逐渐活跃。至1989年，全县有天主教教徒431人，其中男240人、女191人；信仰者325人，其中男179人、女146人；信教人员绝大多数都出生于民国时期，年岁高、奉教时间长。2005年，全区有经批准的天主教开放场所2处、信教群众3000人、教职人员1名。

第二节　宗教管理

1985年，县民族宗教事务办公室成立。1991年8月改称县民族宗教事务管理局，1993年3月更名为资阳市民族宗教事务管理局，2000年11月更名为资阳市雁江区人民政府民族宗教事务局。1986—2005年，张学信、蒋代蓓先后任局长。

1992年前，宗教事务管理主要依据《中华人民共和国宪法》的相关规定和党的宗教政策。1993年10月，省政府颁布《四川省宗教教职人员管理规定》，推进了宗教管理工作的规范化、法制化进程。1994年，国务院颁布《中华人民共和国境内外国人宗教活动管理规定》和《宗教活动场所管理条例》后，民宗局分批组织教职人员和宗教活动场所负责人系统学习新法规，并依法对境内宗教活动场所、宗教活动、教职人员进行管理，定期或不定期对寺庙、教堂进行检查。1999年下年至2000年，在宗教界广泛开展“反邪教”和“认识真理，尊重科学，树立正确人生观、世界观和价值观”教育活动。2000年5月起，贯彻执行《四川省宗教事务管理条例》。2003年，区宗教工作领导小组成立，同年召开全区宗教工作会，并按省委统战部的统一部署，对乱修滥建的宗教活动场所进行专项治理，整治后共保留42个寺庙宫观。2004年起，区民宗局要求各宗教活动场所实行民主管理、定期公布财务账目、接受群众监督、建立健全安全制度和重大宗教活动申报制度。2005年2月，在农村开展反邪教警示教育，同期依法拆除宗教活动场所105处，依法保留76处。当年底，全区有教职人员40余名、信教群众20余万人，其中佛教信徒最多。

第三章　方言　歌谣　传说

第一节　方　言

一、俗语

丁邦、丁呀棒：厉害，“棒”读阳平声 báng。

根根苕都抿甜：根根苕，最细小的红苕；抿甜，极甜。

顺口打哇哇、随口打呵嗨：无原则、随声附和，漫不经心之意。

萝卜掐两个眼眼像个人：强烈鄙视人自不量力。如“萝卜掐两个眼眼你也趁热闹，这里轮不到你打岔，去!”

丝茅草割个口口：形容人眼睛小而有病，好像是不经意划破皮现裂痕而已，含鄙视嘲弄义。如“你那也算眼睛吗，丝茅草割个口口罢了。”

短命猴儿：调皮鬼、捣蛋崽儿。骂男孩詈词。

死花花：该死的女娃娃。用时一般连同“吔、嗯、哼、喃、嗦、哇、喔哟、哦嗬、啊呀”等词，在极度喜怒哀乐时最容易脱口而出的词。

尾巴一翘，就知道你拉屎撒尿：本意是狗抬起一条后腿撒尿，举高尾巴排便，后移用于人，意含暗讽侮辱，指对方一举一动都在自己掌控中，逃不出自己手心。

椒盐话：讥讽本地人说普通话不标准。晚明川人盐炒辣椒，辣得汗水开流，发音变调，戏称椒盐话。

爆花儿包谷：一种细芯小颗玉米，白色为主，也有飞花杂色品种，衍生花包谷，特指野种、私生子。

响子棰棰：批量舂洗红苕之类块根食物工具，通常刨竹疙蔸插上一根长木棍而成。

叼叼：谷物的穗儿，主要有麦子叼叼、谷子叼叼、包谷叼叼、高粱叼叼。农户常说：“麦子叼叼飞豁人，水谷子叼叼飞爱人，包谷叼叼飞压人。”意指麦芒很蜇人，稻谷很可爱，玉米棒很沉。

灰巴拢耸：形容很多灰尘。

捞毛：1. 分量，通常指微小的分量；2. 抵事、靠谱，有着落；3. 依据。

大门不出二门不迈：形容自我封闭，不肯交往。

翘眉飞眼、细眉细眼、秀眉惹眼：眉目清秀。

狂眉绿眼、狂眉狂眼：被批驳显出极度尴尬。

横眉立眼、红眉绿眼：眼色严厉。

愯眉愯眼、皱眉皱眼、瞎眉瞎眼：邋遢，下作，眼坏。

秋眉秋眼：冷清，孤凄。

吊眉飞眼、洼眉眍眼、垮眉垮眼：眉眼怪异，丑陋，衰颓。

勒眉鼓眼：怒视。

花眉日眼：面目脏。

焦眉烂眼、焦眉愁眼：愁眉不展。

日眉掀眼、日眉吊眼：眉目难看。

瓜眉瓜眼、瓜眉日眼：呆鸟，木讷，傻乎乎。

鼓眉鼓眼：怒目，眼珠大，睁大眼睛。

瞎眉墨眼：视力不好。

扎眉扎眼：碍眼、刺目。

煽盒盒：原指小孩子将纸烟盒折叠成三角形，几个孩子根据自己所出烟盒原值牌价高低排序，用手掌向纸烟盒轮流煽风，以煽翻个数多少定输赢。1980 年后被引申为耍朋友、谈恋爱。如“嗨，你这个尻蹬儿，皮都没长伸，就要煽盒盒?”

青沟子娃儿：沟子，即屁股；“清沟子”因儿童屁股有青色胎记得名，对年轻人的詈词，如“你这个青沟子娃儿，朗格不听话哟！”

包浆话：反话、不成熟的话、把自己套进去的话。如“这个娃儿，萌心蛋吃多了，道理抖不伸展，尽说些包浆话。”

收天：收割季节的天气。农忙时晴朗时就说收天好，阴雨多就说收天不好。

麦花风：小麦扬花抽穗时节清风。

润麦雨：滋润麦苗的冬雨。

麦子风：吹黄小麦的南风、暖风，也指麦收时节南风、暮春风和初夏风。

央：喂养、维持、储备。如“我钱紧，买根笼子猪央几天，喂成纤子猪再转手。”

人整人整不倒，天整人草不长：人相害害不了，只有天老爷才能彻底害人。

灶猫儿、油辣婆、偷油婆：蟑螂，常活动在厨房，故名灶猫儿。因其喜欢爬行碗柜、筷篼、生熟食物，不嫌脏腻，俗名偷油婆。

推屎趴：蜣螂、屎壳郎，专门分解粪便和腐殖质。

放二道牛、放三道牛：祖辈给子女照看孩子，俗称放二道牛；曾祖给孙辈带娃娃，谑称放三道牛。

翻娃娃山：自然生育时代，一对夫妇一辈子生育最多可达10余胎，多妻制户主可养活几十个子女。但对于家事清寒的自耕农和贫雇农而言，一对夫妻养大众多子女好比翻越群山一样艰难。

舔盘子：又作“车盘子”，指乞丐到小饭馆吃别人的剩食，因为吃盘子里剩菜时需旋转盘子去舔，故名。

起心：安心，故意，打主意。

七角山八角寺：含糊不清、杂七杂八。如“你跟老子老实点，覅在那里七角山八角寺的！”

眼皮子浅：简称眼浅，没志气、爱贪小便宜。

眼水：眼力，常指猫狗的眼力，后移用指人，含贬义。

眼乞：猫狗眼巴巴望着主人吃东西，喵喵献媚，摇尾乞怜。移用于人后含贬义，意为十分渴慕。如“老子吃肉，你眼乞哇?”

灶屋：厨房。

扯风箱：原意为农户做饭时推拉风箱，后引申为患哮喘病的人。

吹火筒：以前农村做饭均用柴火作燃料，因柴火浸润难干透，常需竹筒吹燃明火做饭。竹筒即为吹火筒。

猪笆篑：又叫猪笼、猪篓子、猪开衫。农户用竹片编织漏席状篑子，两端硬木包缘，倒扣肥猪，按倒捆绑后抬到猪市、杀行（屠宰点）交售。猪笆篑在1980年后随农用车增多而逐渐消失。

背死人过河：1. 吃力不讨好；2. 包庇同伙，一人扛到底。

不乖估到乖：特指那些内外资质都差的人，想通过打扮美化自己，但打扮不得体，招人恶心厌恶。

夹舌子、夹舌头儿、大舌头儿、奁舌头儿、蜷舌头儿、謇巴郎：口吃，结巴的人。

跳锅边舞：炊事，做饭。

偏房、做小：侧室、妾、姨太太、小老婆。

填房：男子死了妻子，女子嫁过去填空补缺，是死填；休妻再娶还是填房，属活填。

说人户、访人户：指寻找配偶，特指媒人为姑娘选男友家、聘订夫家。

放人户：下嫁，以女嫁人，女子出嫁。

走人户：走亲访友。

绝人户：死绝户。

打发：原意为赏赐、赠与、发给财礼，后语意延伸。打发礼行，泛指送物，特指娘家、夫家给出嫁女子彩礼、念物；打发女即嫁女。

腻毛猪儿家家有：也作“黑毛猪儿家家有”，原指身体被腻毛覆盖的猪随处可见，用于自己的东西被别人疑似、冒认时，捍卫自己权益方就会说：“腻毛猪儿家家有，这个东西是我的，你说是你的拿出凭据来。”

抱：原意为孵化，后语意延伸。如“抱蛋”，延意为儿童游戏，“抱儿”挖苦动作疲沓妇女，“没抱老”通常用于训斥年轻人依赖心强独立性差，例如“你还小，你还没抱老”。

家婆沟：母亲的娘家，外婆终老之地。

回门：是新郎随新娘带着礼物第一次回娘家。

黑心萝卜：心肠歹毒之人。

跩了不痛爬起来痛：跩，摔跤、跌倒。指最初受损不觉得，仔细思量越想越伤心，越想越窝火。

倒旱田：农村泛指水不太多的田，用来种水稻水又少了，种旱季作物水又多了，一般要让倒旱田晒些太阳，等没水时种旱作物，或者把水放多点种水稻等。人们通常将那些不聪明又装聪明的人比喻为“倒旱田”。

踩倒爬：遇事不主动，需要敲打行进。

嘁零供：小农多子时代，诸子分家，就要轮流赡养双亲。赡养方式一种是每年、每季提供钱粮给老人自炊自食，一种是老人基本丧失自理能力或者虽有劳动能力却一味图清闲百事不肯做，那就要请凭族亲、邻里、家族尊长、保甲长裁判，议定在每个儿子家吃一年，或者一月、双月、一季、半年，叫做嘁零供。

採颗星宿儿给你耍：採读“夺”，戳取。旧时农家爱子却又拿不出好东西给他，就说“要是有足够长的竹竿接续到月球和星空，就把星月戳下来给你玩”。

手板心煎个鱼给你吃：断言对方不能办好某事。如“你要是有能耐把这件事情做好，我手板心煎个鱼给你吃。”

睕视：瞧不起。

狗坐弶篼不识抬举：狗喜欢追随主人，常常跑在前头显摆，等主人走拢，狗又狂奔领先，所以它不习惯被人们放在筐里抬着走，急于跳下来自己走。引申为人不知好歹，下贱不会享福。

让你三斤姜你说我不识秤：指好意待人但别人得了好处不领情。特针对不知趣、不识抬举、不知好歹、不受尊敬的人。

改匍子：原意指中途学习阉割猪鸡马牛而手艺不精的人，也指半路出家技艺不精，后为自谦之词，含贬义。

二、农谚

立春雨水，空土挖来煋起。

惊蛰春分，红萝卜挂缨缨。

清明谷雨，小春雄起。

立夏小满，山洪打断田坎。

芒种夏至，小麦收拾。

小暑大暑，包谷扳成光杵杵。

立秋处暑，赶紧打谷。

白露秋分，昼夜平均。

寒露霜降，豌豆胡豆在山上，包谷麦子苗坡上。

立冬小雪，风落桑叶。

小雪大雪，烧锅不歇。

大雪冬至，棉袄苏气。

小寒大寒，烘笼周全，杀猪过年。

第二节 歌谣

《资阳县志》（1993年版）对境内歌谣已分类作了详细记载，本志仅辑录其未收录但又具备地方特色和存史价值的部分歌谣。

一、哭嫁

（一）童养媳哭嫁

风清月白夜三更，笼内金鸡要开声。金鸡开声天将晓，小女开声诉离情。世人不知孝双亲，皆由未看《怀胎经》。《怀胎经》上无别论，句句说的父母恩。父母恩德海洋深，说来句句痛人心。从头一二数不尽，略诉怀胎乳哺恩。一月怀胎在娘身，无声无影又无形，犹如水上浮萍草，未知生根不生根。二月怀胎在娘身，一天到黑闷沉沉，口中不言心自想，孩儿腹内娘知音。三月怀胎在娘身，神昏气惰懒动行，茶不思来饭不想，只想桃李口内吞。四月怀胎在娘身，儿在母腹体渐成，娘身实在难安稳，面黄肌瘦不像人。五月怀胎在娘身，儿在母腹已成形，阴阳造化分男女，吃娘血水痛娘心。六月怀胎在娘身，四肢无力路难行，为子不知娘辛苦，一个身子两个人。七月怀胎在娘身，娘心挂欠怕出门，东家请娘娘不去，西家请娘娘不行。八月怀胎在娘身，白天夜晚都担心，未知临盆好和歹，暗暗祝告龛堂神。九月怀胎在娘身，是男是女不分明，但愿生时无灾害，及到生了才放心。十月怀胎在娘身，娘在房中叫肚疼，一阵痛来实难忍，又怕横生与倒生，儿在母腹要转身，痛得我娘脸焦青，齿牙咬断青丝发，双脚紧把地皮蹬，痛得儿阵娘便昏，不知身在那边存，娘奔死来儿奔生，阴阳只隔纸一层。我爹一见吓掉魂，忙对神前把香焚，直是磕头忙许愿，菩萨保佑才降生。十月怀胎难表尽，三年乳哺更辛勤，千辛万苦将儿引，不分男女一般心。唯有女子更劳烦，梳头缠脚多一层，女儿仔细来思忖，杀身难报父母恩。我的妈吔我的娘，养育恩德儿难忘。分毫未报离蕙帐，怎不叫儿痛断肠。是儿在家长奉养，略把劬劳报毫芒。常言女儿生外相，长大成人离绣房。鸡母抱鸭空想象，燕子衔泥枉思量。五岁将儿人户放，为何小抱酿祸殃。前有五年犹可想，教儿诗书坐寒窗。后这三年遭冤枉，皆由女儿命乖张。三从四德爹常讲，六戒八箴腹内藏。一旦大祸从天降，婆婆变心如虎狼。辱骂公公把气胀，毒打小儿痛非常。把儿当作奴婢样，把儿当做马牛羊。无故生端打棒棒，打了不许儿开腔。儿哭捏嘴揪脸上，不哭说儿心不良。每日恶言把儿嚷，总要治死才安康。公公不忍苦情觇，送儿回家来养伤。儿愿守孝立志向，不愿出嫁配夫郎。若是强逼来捆绑，情愿一死见阎王！

母亲听见伤心陪哭道：息香哪，我的冤家儿，我的痛心女！然何想得这糊涂？你爹多把善事做，单生我儿当珍珠。只望后来有靠处，常言有女不为孤。五岁就把人户许，愿作养媳把书读。只说将儿来爱护，长大成人结花烛。谁知遇着母老虎，刻苦我儿心狼毒。幸得公公有气度，才送我儿回故庐。今年已满十七数，理应于归配丈夫。为甚在家不出户，为甚傲令通宵哭？若要免嫁对天诉，女化为男有结局。此事全靠天作主，变了就是全家福！

（二）陈门哭嫁

我的爹吔我的妈，花花轿儿来到家。花花轿儿搁地坝，旗锣蓝伞吹唢呐。花花轿儿来做啥，娘说今来抬奴家。女儿闻言流眼擹，两手只把心口抓。小女不愿去出嫁，女儿情愿跟倒妈。我的爹吔我的妈，短倒大轿莫到家。儿去又怕他们打，女儿哭得泪巴沙。女子生来一枝花，长大就嫁别人家。爹妈辛苦儿待大，养育恩德未报答。正月逢春草开花，女儿房中望爹妈，不望金银来打发，只望把女留在家。月亮湾湾照华堂，是个小儿进学堂。是个小女把线纺，天天躲藏在绣房。是个小儿娘有望，长大读书把名扬。是女不能长奉养，娘茶爷饭吃不长。枉自爹妈来抚养，养育恩德付东洋。今天母女把话讲，明夜母女各一方。女儿眼泪如雨样，何时再见我爹娘。

陈母赵氏见女兰英哭得伤心，陪女哭道：女儿哭得好伤心，为娘见你也泪零，哭哭啼啼来教训，女儿须要谨记心：女儿本是菜子命，肥土瘦土都要生。撒在肥土多茂盛，撒在瘦土一包筋。命中只有八合米，行尽天下不满升。命该贫穷富转困，命该富贵贫翻身。常言万般皆是命，家贫切莫怨媒人。富贵贫贱前修定，要存好心把善行。家中银钱莫悭吝，余积拿来济穷人。女儿说话要谨慎，不可开口得罪人。弟兄妯娌宜让忍，些微小事莫相争。女儿说话细思忖，轻言细语莫高声。惹是生非人厌恨，当言则言说正经。凡事莫由你一性，由你使性由你横。公婆喊你忙答应，切莫勒眉鼓眼睛。公婆面前莫傲性，喊你做啥就去行。莫学有等媳愚蠢，叫她做活难起身。说她还要把嘴应，矫嘴码脸不欢心。这是年小惯坏性，恶骂公婆罪不轻。女对公婆要孝顺，有食不可私自吞。女儿行路身要正，切莫掉头乱看人。你看人来不知谨，别人把你来看轻。过门丈夫宜恭敬，相亲相爱如客宾。妯娌姊妹要和顺，妯娌和气值千金。侄儿侄女大家引，互相看待如亲生。女儿早晨莫晏困，天亮急忙出房门。头上青丝要挽紧，慢慢理来梳光生。脚下鞋子穿端正，莫现半节脚后跟。拖鞋趿蹄人厌恨，要与为娘把气争。金盆打水把手净，抱柴煮饭莫留停。煮饭不耙又不硬，炒菜放盐要均匀。女儿厨中爱干净，公婆丈夫都欢心。女儿须要把灶敬，烧火身莫对灶门。筲箕钵钵要捡尽，压倒灶神不安宁。女儿穿衣要素净，沿头拿来用火焚。脸上不可打脂粉，脚下切莫结响铃。穿红着绿好喜幸，人皆夸奖女贤能。行在人前人尊敬，为娘嘴皮长三分。说娘待女好教训，母女二人有名声。女儿遵从书中训，自然衣食足丰盈。

二、号丧

（一）临终自哭

花公爷到此时心中好悔，悔不该贪美色吃了大亏。亏爹妈挣家业苦把心费，费银钱做善事为的是谁？谁叫我弃诗书贪图十美，美姣姣年年讨娶成一堆。堆住我穿好衣又吃美味，味津津总不见身体长肥。肥坨子到而今枯瘦如鬼，鬼登科落了魄三宝已摧。摧残了精气神两目昏聩，聩昏昏四肢软不觉倒威。威风减半声嗽咳得气背，背过身凝双眸亮虫遍飞。飞入目起眼屎形容多秽，秽气重有何人来把我陪？陪住我也枉然看看命废，废了命你姊妹哪吧齐吹。吹散了好鸳鸯不能相会，会面时除非是梦里而回。回头来叫碧兰一头一尾，尾与头才算得女中之魁。魁中女一团和姊姊妹妹，妹敬姐姐爱妹切莫打捶。捶虽打又和好休得再配，配佳偶二一世再把我随。随我来走几步又打倒退，退床榻三魂杳要把西归。

三魂渺七魄茫已归大限，耳听得二贤妻喊我回还。挣开了昏花眼左右一看，夫妻们要分别定在今天。事到头我好悔悔之已晚，大不该在当初苦把花贪。都只说父员外家财万贯，我是个花公爷该把格玩。又谁知把自己三宝耗散，到此时染痨瘵有命难全。这是我自作孽又把谁怨，抛别了十姊妹尽受孤单，恨只恨一个个无有生产，祖宗堂断绝了一炉香烟，想人生不孝事共有三件，唯无后罪甚大难对祖先。妻呀！我死后你姊妹要拿主见，或抱子或招郎和气一团，切不可各怀心说长道短，相吵闹抱琵琶又上别船。愿守节还须要各尽孝念，公婆前晚送睡早起问安，二爹妈为盘儿恩德千万，妻替夫万分中略报二三。果能够守节孝皇天顾眷，到后来一个个美名远传。嘱罢了妻与妾又把世劝，凡士农与工商莫学闹官。切不可耍势耀把人节玷，若人家嫖你妻喜不喜欢？且看我花公爷报应活显，虽娶有十房妻亦属枉然。可怜我二十九三十未满，谁不说贪花人死在花前。我死后不知妻谁人来占，常言道天爷矮报应循环。这一阵说得我心神缭乱，兰英姐碧英妻来把我牵。要看夫在此时多看几眼，从今后要相会梦里团圆。

（二）临埋苦情

李氏女抱姣儿珠泪滚滚，叫一声我香儿娘痛在心。想当初娘怀儿害场大病，茶不思饭不想九死一生。心想那酸果吃钱又不顺，至满了十个月才得临盆。那时娘生下儿一尺五寸，一盆水洗起来娘裹衣裙。为娘的待姣儿心血费尽，千万苦才待到四岁有零。喜我儿无哩哪床上肯困，人肯长抱在怀喜笑盈盈。舍不得我香儿容貌聪俊，舍不得我香儿眉秀目清。再叫声我香儿你知不知信，你的父要将你活埋土坑。娘叫儿莫要去实在犟性，你偏要祖母前去把饭分。儿哪，要看娘把为娘多看一阵，少时刻母子们就要离分。娘叫声我香儿难逃性命，霎时刻母在阳儿就在阴。我香儿死阴司莫要怨恨，非怪是儿爹妈起的毒心。娘见儿活鲜鲜一条性命，父将儿来埋了死不甘心。儿行在阎君殿苦口哀恳，放我儿二一世富家投生。愿儿灵在阴司等着一等，等着你苦命娘一路同行。儿非怪为娘的心肠太硬，用双手抱姣儿递与夫君。

（三）悼亡

一见夫君闭了眼，心中犹如乱箭穿。不幸夫君得病患，无钱调治闷恹恹。延至昨夜三更半，一气不来丧黄泉。忍心丢妻如秋燕，夜宿寒林受孤单。同林之鸟来分散，唧唧叫唤好惨然。夫君灵魂莫去远，细听为妻诉当年。曾记夫君年弱冠，接妻过门效良缘，公婆忙把喜期看，就逢八月二十三，那时公婆摆大宴，亲朋奉贺笑连天，喇叭吹得不断纤，花花轿儿到门前，牵出堂前一排站，焚香燃烛拜祖先。公婆见媳心喜愿，双双偕老到百年。自妻过门常相伴，同行同坐夜同眠，夫君待妻有情念，互相亲爱无闲言。妻子过门一年半，生下我儿汉曹安。夫妻犹如把宝捡，白日背抱夜晚盘，心想把儿盘大点，接起曹门一炉烟。夫君丢妻家不管，母子就要受熬煎。身穿孝服来祭奠，每日灵前献三餐，祈夫灵魂来饮宴，饯送夫魂上南天。

（四）《洋奴祭》节选（1884 年 8 月 8 日）　　秦立堂

近年来妻常把夫劝：妻劝你待人不可耍气焰，妻劝你处世对人要恭谦。妻劝你非理之事莫要管，妻劝你害人之事不可与他撑竿竿。妻劝你切不可指官撞骗，妻劝你银钱要看淡，切不可见财就贪。露天坝里的饭一个吃几碗？妻劝你莫把独食餐，妻劝你莫吃鳝黄鳝。妻劝你声势要收敛，肚量要放宽。妻劝你要把祖先念，木有根本水有源。妻劝你莫把教会当至宝，毁谤古圣与先贤。妻劝你做事要机变，妻劝你莫把衙门钻。妻劝你正人君子常会面，妻劝你游神痞子莫交言。妻劝你莫打烂条把坏事干，妻劝你莫听谗言起祸端。妻劝你做事留一线，妻劝你无仇莫结怨。怎奈夫不听为妻劝，反把妻来骂一番。夫骂妻三节梳头两节穿衣，晓得哪一件，这些事有你屁相干。我袁会长哪个不称赞，就是掌教的神甫，诵经的司铎，都说我有才干，背靠洋人树大根深谁敢把我攀！殊不知众怒实难犯，寡不敌众岂虚言？论生死别有定限，恨只恨死于非命，遗臭方圆。真乃是天作孽犹可违，自作孽不可逭。可惜了好器物尽被他人玩，可惜了好碗盏尽被他人端。到而今大祸临头悔不转，辜负你妻肺腑言。还有一事更伤惨，膝下一女尚无男。一女谁人来照看，无男清明节哪个到坟前？无有后代接香烟。妻好比山中无树鸟难站，妻好比船到江心断了纤，妻好比野渡无人舟搁浅，妻好比钗分镜破不团圆。整得夫天绝地绝苗绝，香烟都不留一线，家赀全无一点点，谁个与夫去申冤？虽有弟兄各奔东西哪个管，你妻是女流之辈也枉然。看起来逢迎官府也保不到险，看起来欺压百姓启祸端。只落得万人咒骂，只落得众人喜欢。好了他们仇报仇，遂了他们冤报冤。尽都说老天开了眼，众人都拍手称快，并无一人哭灵前。这都是天上的凶星下界，祸殃临凡，自作自受有谁怜？

（五）祭养父（清末）　李卓山

悲哉我的爹，痛哉我的妈，可怜你无儿无女，抱倒一个滥搭搭。自爹妈死后无人管辖，不是砂凼头去把牌来打，就在场火上去把骰子抓。儿那时就像无笼头的马，就像是鬼迷了心窍，有家不顾家。想那回在牛桥赌钱耍，一晚夕就输了几十串钱跟蓝家，只说是个滥片，硬估倒不过他。哪晓得一场官司，又受气，又挨打，儿自此越耍越滥，越是把心花，朝朝日日总想翻转他，哪晓得时运低，越翻越进古城下，断了稍莫得法。退了李光坝，搬过彭家，弄点座底钱，不够几回耍。又想方又设法，才一年又弄倒搬回下坝。人到要背时，心像猫儿抓，事事不对头，几年就整垮，硬把这一分家廊，犹如水推沙。到而今，搬到这里做倒这点庄稼，钱越少人越发，大大小小一汎哪。底也安得轻，租也称得重，又遇到两年天干，一苗未插。伏生这个娃娃，他撑持不住，想不起法，去前年儿在外头耍。他把祖业田地满盘卖跟世怀家，儿听倒这个话，儿回来去问他。他请凭家族，甘愿出十二吊钱，来把这场官司了下。儿拿倒这些钱买点纸，称点蜡烧与我的爹妈。儿至今想来，耍倒这一步田地，硬是够扒。若不想个善方，怎么盘得活一家。儿至今想来，千不好万不好，还是儿这个爪爪，乱把钱花，哪一个赌钱汉，不死在戏台下。儿至今想来，哪一个乱搞的，不是山穷水尽，莫得渣渣。儿至今想来，牌也不去打他，钱也不去赌他，依还是好生做庄稼，依还是勤勤快快，带到几个娃娃。爹也爹，妈也妈，这是儿一片伤心话，还望你欢欢喜喜，莫要垰柠。还望你保佑儿，看会不会兴家，看会不会兴家。

（六）祭姑爷（清末）　蓝焕臣

【夜】姑爷，你才是一个忠实直老者，世上这么好耍，然何去到安乐国？【尾】呀姑爷呀，这条路去不得，一去怕要打倒二百黑，请转来，听侄说说说。哎呀，好姑爷，其为人了之不得，老古邦，老资格，不讴而且合，况且按本宣科时不掣。做庄稼，好角色，一勤天下无难事，老天不昧掌眼默，故而衣也不少，食也不缺，虽不算肥皮老官，也可称二甲公爷。不绷面面，莫非是鳖，真愚也。其愚不可及，在人前那里很过格！老乔老靠，涩而不涩，七十年来都契阔，一朝把病惹，欲求三年艾艾而不得。方法用尽，病无起色。在侄等沾光沾光，且知方也。想来想去，挽不起这个祖师诀，而今尽喊隔。姑爷吔姑爷，何忍舍我两分别。三杯酒，祭灵舍，请尝试之，醒眼切莫把我看白，九格加一格，尚享脉脉。

第三节　传　说

迎仙桥

成渝驿道是古时重庆到成都的必由之路。路上商贾云集，成天有快马、骡马队、轿子、滑竿通行。古道经南津驿（现南津镇驻地）附近有座石拱桥，名叫迎仙桥。桥名的来历颇具神秘色彩。

相传，离南津驿不远的清水河与沱江汇合处原有一座铁索桥。南来北往的客商走在晃晃悠悠的桥上，看见脚下翻滚的江水，不由得脚打寒战；骡马每至桥前，更是扬蹄嘶鸣，不敢上桥。

1531年，为解决道路通畅问题，县衙组织募捐，物色巧匠，抽派民工，着手建桥。次年开山取石，围堰抽水，破土下石。工地占地足有两亩多，场面非常壮观。几十把錾子和手锤的碰击声混在一起，时而铿锵，时而悠扬，伴着抬匠师的号子声，悦耳动听。

一天上午，一个蓬头垢面、衣衫褴褛的人来到工地上，自称是石匠师傅，还吹嘘他本来在乐山修大佛，听说这儿修新桥，很不放心，所以赶过来。大伙瞟了他一眼，心头想：看你那样子，还师傅呢，叫花子还差不多。来人见大家都不理他，大声问到：哪个是工头喔？给我安排个活噻！工头早就看见了，只是没理他。这一开腔，工头才又轻蔑地扫他一眼。石匠说：你不要看师傅穿得破烂，师傅的功夫在肚皮头。工头问：就你这个样子，赤手空拳的，还石匠师傅呢？吃酒还要带根帕子，讨口还该带个烂碗嘛！石匠说：没得工具那还叫师傅？你看。只见他右手向空中一抓，握成拳，放在嘴边一吹，原地转一圈，喊声“变……”。果然，他左手拿一把錾子、右手拿一把手锤，往地上一扔，叮当着响。大家说，还看不出，还会魔术呢！他笑而不语。于是工头将他分到班组，但哪个都不要他。石匠一看没办法，对工头说：好，随你给我安个啥活干，手艺荒起总不好嘛。工头烦躁地说：好，你随便找块石头打，打好了再说。石匠选花一样地东挑西选，大半天找到一块石头，没敲几下就晌午了。有个工匠说：还自吹师傅呢，一看就是个来混饭吃的；另一个也讥讽道：看他那模样，浑身不像贵人相。

中午开饭时分，蒸笼盖子一掀开，米饭的清香味便扑鼻而来。大家异口同声说：“好香哟”。那石匠找了个钵钵舀饭，说免得“转碗”（盛第二碗）。等他打好饭，却没有他的座位。原来一个班一桌，哪一桌都不要他。他只好央求别人说，我只捻一夹菜，说着就将筷子插进了菜碗，一捻就一大夹。就在大伙正想冒火时，他的鼻涕犹如“双龙出洞”流进了菜碗。石匠们哪还吃得下，都叫他快端起滚！以后，哪一桌也不再让他靠近了。

两三天过去了，他打的石头没有打好；十天过去了，还是没打好。他一会儿敲敲这，一会儿修修那，时而指手画脚，一副心不在焉的样子。大家都骂他“牙齿共黄，冒充内行；东咵西咵，牙祭不打”，说他是“弹花匠的女，会弹不会纺”。不比画时，他就一天到晚守到雕龙头的师傅。有的说他是去偷学手艺的，有的骂他是“二监工”。师傅们都很讨厌他。一天，他趁雕龙头的师傅上茅厕的工夫，拾起錾子就往龙眼上凿，把好端端的龙眼珠凿烂了，惹得师傅痛骂一场。但旁观的一个百姓说：你们看，凿过的那对龙眼好传神哟！原来，经石匠这一凿，恰好达到了画龙点睛之奇效。

半个月过去了，那石匠仍然没打好石头。工头生气说，你这种混饭的人，要是捐款者知道了，还不把我骂臭，你快点走！我用不起你。他见工头态度生硬，说话认真，知道留不下了，于是央求道：我想把那块石头带走。工头心想：一块上好的石料，让你弄成那个样子，哪还用得成，就说：好，拿起快走。石匠拿起石头径直往桥对面走去。对面半山腰住着一个孤寡老人，无依无靠。他把石头交给老人说：这块石头你收好，以后如果有人来求这块石头，你要熬起，假意不给，你越不给，他们就越想要，先吊吊他们的胃口，然后肯定能卖个好价钱，这钱，你就留到以后养老。老人见陌生人心好，忙问师傅贵姓，仙乡何处？他答：我复姓鱼阳，山里人。话音刚落，人已飘然而去。

经过几个月的努力，新桥合拢在即，但最后一块“杀尖石”却让大家犯了难。按量好的尺寸打出来的石头，拿去就是安不起，不是大了，就是小了。你说一个师傅手不稳，可二十个师傅同时按量好的尺寸打，拿去都要不得。眼看洪期将至，总工程师气坏了。这时有个工匠说，那天那个石匠抱到山上去那块就像这个样子的，去找来试一下嘛？工程师说，试嘛。于是派一小石匠急忙上山找老人要石头，但老头摆手不干。小石匠说给钱买，可老头还是摆手。工头赶到说给五十两银子，老头还是摆手。工头又说：那就先说断后不乱，如果用得，给你五百两；要用不得，分文不给，原物退回。老人答：要得，要得。小石匠抱起石头就往桥上跑，老头跟着看热闹。还没等工头下山，小石匠已上了新桥。大家急不可待地说，快点试一下。小石匠赶忙把“杀尖石”往缝口一放。这一放下去，那才叫巴适呢，简直是鬼斧神工一般。新桥合拢竣工了，看到这块石头的妙用，工头这才为赶走那个石匠而后悔。他自言自语道，可惜连他啥名都不晓得。站在身边的老人说：我问过，他说他复姓鱼阳，山里人。大家想了半天，都说百家姓里没得这个姓。工程师说有干钩“于”、人示“余”、还有鱼儿的“鱼”。老头说就是鱼儿的“鱼”。工程师说，“阳”字还可作“日”理解。小石匠马上说，“鱼”和“日”合起来不是“鲁”吗？工头说，山里人，“山”和“人”合在一起是个“仙”。此时，工程师顿悟，一拍大腿说：嗨呀！这是我们的祖师爷鲁班显灵了嘛！我们这些徒子徒孙真是有眼无珠哟，连祖师爷都没认到哦。这时，二十多个工匠都像霜打的茄子，个个哑口无言。

县太爷选好黄道吉日，备齐鞭炮，为新桥竣工剪彩。当天，十里八乡的百姓都来了，人山人海，好是热闹。有的赞美新桥壮观，有的神吹鲁班的故事。就在县太爷举起剪刀准备剪彩之时，不远处传来了一阵唢呐声。县太爷一看，是迎亲的队伍来了。他心想，踩新桥，迎新娘，好！好！好得很！我踩新桥不如新娘子踩，这才是喜上加喜！于是他宣布：今天，我来为新桥剪彩，让新娘子来踩桥，这桥就取名“迎新桥”怎么样？大伙答：好！花轿近了，看热闹的百姓异口同声喊：新娘子，快下轿、踩新桥。花轿停了，一对绣花鞋轻轻着地，一位温文尔雅、婀娜多姿、气质非凡的新娘子出现在大家面前。看着新娘子珠光闪耀的凤冠，如花似玉的脸儿和娇羞腼腆的神态，大家惊呼：仙女下凡了！县太爷看傻了眼。工头说：修桥遇到神仙鲁班，踩新桥又来了个美女天仙，这桥就叫“迎仙桥”要不要得？县太爷说：好！好！好！就叫迎仙桥。众百姓齐应，要得，就叫迎仙桥。于是，县太爷挥刀剪彩，高声指挥新娘子：踩新桥啰！迎仙桥便因此而得名。

迎仙桥作为古时全县最宽最长的石拱桥，修建时仅为马队、滑竿通行而建，历经了戊戌年(1898)、1981年两次特大洪水冲击，并且从1958年修资（阳）资（中）公路沿用至今，日过大小汽车成百上千辆，依然安然无恙，真不愧仙桥美誉。

报恩坊

清朝时期，成渝古道上距迎仙桥西百余米处有座牌坊。牌坊十分壮观，过往行人无不驻足观看、啧啧称赞。

相传，某日大清早，一个老叫花子带着一个小孩赶路，在离老君铺约一华里的沱江对岸因连饿带病，实在走不动了。他见近处有户人家，便想上门讨口吃的。刚进院子，一条大黄狗猛地蹿了出来。老叫花子本能地往后退让躲闪，谁知一脚踩虚，一个“倒栽葱”摔到台阶下面。小叫花子见狗冲来，急忙爬上一棵桃树，突见父亲摔到台阶下面，便大声哭喊：“救命啊！快救命啊!”。狗叫声、呼救声惊醒了主人。主人披衣出门，吼住大黄狗，抱下那个大约三四岁的小孩，问明缘由，当听说有人摔下台阶，便忙叫人下去找寻，可老叫花子已气绝身亡。

这家主人姓李，是当地有名的善人。李善人十分同情老叫花，随即请人为其选坟地、购棺材，以择时安葬。

巳时时分，坟就挖好了。伙计们抬着装老叫花子的棺材缓缓向墓地行进。快到墓地时，刚才还是红火大太阳的天气，突然间电闪雷鸣、狂风大作、飞沙走石，不久大雨倾盆而下。抬丧的伙计被大风吹得睁不开眼，虽墓地近在咫尺，伙计却无法前行。领头的只好喊大家把棺材放在原地沙凼里，等雨停了再下葬。大伙放下棺材就往回跑。李善人问：“埋好了?”领队的怕挨骂，不敢讲实情，答到：

“埋好了，埋好了，刚埋下就下雨了。”李善人自言自语说：“这天真怪，刚才还是红火大太阳，哪个就下‘天东雨’（阵雨）了呢?”

约莫过了一杆叶子烟的功夫，雨停了，太阳又出来了。领头的怕李善人知道实情挨骂，就对李善人说：“我们再去敷一下坟。”边说边叫上伙计出了门。几个伙计边走边摆龙门阵，领头的说：“老板真倒霉，一大清早就遇到这种事。”小伙计说：“我们也跟着倒霉，抬死人又还挨‘天东雨’，淋得像落汤鸡一样。”行进间，一个伙计突然惊叫起来：“快看”“新坟！新坟!”大家抬头一看，原来放棺材的沙凼变成了一座新坟。消息不胫而走，一时间传遍了十里八乡。

李善人本有尚文、尚武两个亲生儿子，看见没爹没妈的小叫花子，善心大发，将其收为义子，排行老三，取名尚玉。

李善人的岳父是个教书先生，听说女婿家的事后，感觉很稀奇，就到女婿家探个究竟。听说小叫花子小小年纪就会爬树躲狗咬，觉得这个娃儿好生机灵，联想起老叫花子死的头天晚上，自己梦见一条蛇爬树，心想这下应验了，这娃儿可能与我有缘，何不收他为徒?尚玉脑瓜灵、记性好，过目成诵，之前常常在私学教室外偷偷听课，本已认识很多字，故深得外公喜欢。两个哥哥也喜欢尚玉，经常在学业上帮助他，

一年春节，外公把三个外孙叫到跟前说：“过年了，有好吃的。今天我出几道题，答对了我就给奖励。”外公先抽老大，见老大答对了，给了一只鸡腿；再抽老二，老二也答上了，又给一只鸡腿。最后抽老三说：“外公老了，以后如果你们都考取功名走了，外公就连水都弄不到喝了?”老三说：“明天我就用竹筒子把后山上的泉水引到你缸子里头，以后你就再也不用挑水了。”外公听了很高兴，但看没有同样的奖品了，只好摊开两手说：“鸡无三只腿。”尚玉随口对上：“人有两样心。”多好的一幅对子哟，尚玉对答无意，外公却听者有心，脸一下红到了耳根，半天才说出话来：“这对翅膀，外公奖励你，希望你展翅高飞。”

尚玉从不惹老人生气，也不跟两个哥哥争吵打架，相处得就和亲兄弟一样。在外公所教的学生里，他的文章写得最好。

那年，慢慢长大了的尚玉，背上义父母为他准备的盘缠去参加殿试。

很多年后，老君铺前的官道上，树起了一座宏伟高大的牌坊，这是小叫花子尚玉报答恩情修建的牌坊，名叫“报恩坊”。

老鸦山

南津镇境内有一座山。山顶耸立的石笋形似乌鸦。

很久以前，那里原本有座雄伟的凤凰山，山脚下住着一户勤劳善良的人家。男主人因病早逝，留下母子俩相依为命。母亲叫凤姑，儿子叫阿龙，他们过着日出而作、日落而息的平淡生活。

那年盛夏的一个夜晚，狂风大作，电闪雷鸣，暴雨倾盆，突然而至的山洪将村子里的参天古木连根拔起，山村一遍狼藉。面对狂风暴雨袭击，母子二人只好躲在自家茅草屋的过门下面，才逃过劫难。

天亮时，风雨终于停了。母子俩赶紧收拾残局，清扫积水。突然，阿龙喊道：“妈妈，快来看哟，这里死了一只鸟。”凤姑走近一看，只见墙角的乱草中有一团黑黑的东西，说：“这是一只乌鸦，快看还有气没有?”阿龙小心翼翼地捧起乌鸦交给母亲。凤姑接过奄奄一息的乌鸦，轻轻放在自己怀里，用体温将乌鸦暖醒，又叫阿龙找来绳子和小树枝，把乌鸦的断翅绑好，还用采来的草药为乌鸦疗伤。从此以后，给乌鸦换药喂食成了母子俩的日常工作。经过母子俩半年多的悉心照料，乌鸦长大

了，断翅也长好了。久而久之，乌鸦和主人的产生了很深的感情，主人在哪它在哪，常常帮主人捡掉在地上的粮食，有时还给主人跳舞，十分可爱。

有一年秋天，村里闹虫灾，眼看到手的庄稼就要颗粒无收，村民十分焦急。懂事的乌鸦双翅轻抚一下主人的脸颊，飞向了远方。约摸过了两个时辰，村子东北方的天空中，飞来黑压压的一群乌鸦。它们散落在田里，啄食蝗虫。几天工夫，蝗虫被全部消灭。那年，粮食喜获丰收。过年时，母子俩杀了年猪，凤姑吩咐阿龙割下一大腿猪肉，挂到凤凰山顶的大树上喂乌鸦。从此，凤凰山下的人们便与乌鸦和谐共处。

又一个夏夜，酷热难耐。母子俩睡不着，就在院子里歇凉。乌鸦也陪着主人，并用双翅为主人扇凉风。

凤姑正昏昏欲睡时，突然感觉好像有水滴打在自己脸上。她抬头望望天，天空一片漆黑，并无雨意。正在她纳闷之际，又有水滴打在脸上。凤姑仔细细辨别，水滴是从乌鸦方向来的，便轻轻摸过去。她惊奇地发现乌鸦哭了。母子二人急问缘由。这时，乌鸦居然开口说话了，它悲泣着说："今天晚上，会有一场史无前例的洪灾袭来，将给这里带来毁灭性的灾难。这是天机，不可泄露，谁泄露了就要遭到天谴，就会没命的。"凤姑赶紧用手去捂乌鸦的嘴说："快别说了！"乌鸦说："你们是我的救命恩人，即使我死了，也要告诉你们这一消息。你们赶快爬上高山，躲过此劫就平安了，我也就死而无憾了。"善良的凤姑母子得此消息时既惊又怕，但她们首先想到是村里的众多百姓的安全，于是母子二人各奔东西散布消息。村子的人疏散完了，母子俩又拿起铜盆，爬上凤凰山顶，使劲敲打呼喊，向十里八乡的乡亲传递消息。乌鸦也是一刻未歇，它飞过座座高山，飞进个个村寨，叫醒睡梦中的人赶快上山避难。

五更天，都精疲力尽的凤姑母子和乌鸦刚刚汇合时，雷公电母和天兵天将他们团团围住，要以泄露天机为由将其治罪。乌鸦好一张利嘴说："我和主人舍生忘死救百姓，这犯哪家的规？违了哪国的法？你们上苍作此大孽，不遭天谴反害我们，真是是非不分。这天理何在？"发怒的雷公电母无言以答，与天兵天将所有力量对准凤凰山，刹那间电闪雷鸣，狂风暴雨，山崩地裂。经过七天七夜的狂轰滥炸，凤凰山都裂开了，山前山后都形成了又长又深的沟壑。两条深沟都成了小河，山前的那条新添的小河就是新添河，山后的深沟叫双河。

乌鸦死后，鸦王甚感不平，率众鸦前去天庭找玉帝说理。谁知玉帝恼羞成怒，将案桌上的黑墨泼向鸦们。从那以后，天下乌鸦都一般黑了。乌鸦们更不服了，见人就叫："冤啊！冤啊！"。

洪灾过后，人们前去凤凰山寻找凤姑母子和乌鸦，以拜谢救命之恩。到凤姑家一看，茅草屋不见了，人也没有了踪迹。人们抬头仰望凤凰山，发现原来高耸入云的凤凰山竟然没有了山顶，山崖前昂然屹立着两块硕大的石笋，前面的小山顶上多了一尊乌鸦形状的石笋。他们在那里昂首屹立，顶天立地。这时候，人们全都明白了，可怜的乌鸦和善良的凤姑母子为拯救众多百姓的生命，泄露了天机已经遭难，都化作了石笋。

凤凰山没有了，人们并不感到遗憾，痛惜的是失去了凤姑、阿龙和乌鸦。为纪念他们舍生取义的崇高品德，从那以后就把凤凰山叫做老鸦山了。

第二十九篇　人　物

第一章　传　记

（以卒年先后为序）

陈昌献

陈昌献（1921—1950），男，汉族，回龙乡牛家村人。1921 年 8 月 7 日出生，1949 年 11 月秘密加入中国共产党，1950 年 11 月 23 日在台湾被国民党以“通敌叛国罪”杀害，年仅 29 岁。

陈昌献出身中农家庭，其父陈吉顺（又名陈廷管）在回龙场做小生意，家中置有十几亩地。他自幼聪明好学，在陈家祠堂（今回龙小学）读书期间，回家就帮家人放牛，常常骑在牛背上看书，被笑称为“牛背上的读书郎”。小学毕业后，先后在丹山存诚中学、成都九眼桥存诚中学完成初中、高中学业。1945 年，考取交通大学（自费学校），缴费后未去就读。同年，考入收费较低、位于重庆南温泉的国民党中央政治大学（抗日战争胜利后迁往南京）外交系；因家中姊妹多（有姊妹 6 人，其为长子）、开支大，家庭经济日渐拮据，学费靠陈氏家族资助。1948 年大学毕业时，正值国民党召开国民大会，陈昌献主动去为会议服务，用劳务收入置办衣物和日用品。大会结束后，到中央银行当雇员，第一次领到工资就寄 100 元钱（当时只能购 50 公斤大米）回老家，请求父母宴请乡亲，以示感谢。但当时货币大幅贬值，等钱款汇到已不值钱了，结果只得由父母筹钱款待乡亲。1949 年，陈昌献考取国民党海军总司令部翻译官。南京解放前夕，随国民党要员到台湾，任台湾高雄国民党海军总司令部五处二署少校参谋、翻译。当时，中共地下党组织也随国民党部队前往台湾，秘密发展地下党员。1949 年 11 月，陈昌献毅然加入中国共产党，决心为祖国统一不惜牺牲一切。中共地下党组织的不断壮大，引起了蒋介石的高度重视。他要求国民党特务机关采取一切手段，一定要查出“内鬼”。1950 年 6 月 15 日，陈昌献在执行革命任务过程中被捕。11 月 23 日，国民党以“通敌叛国罪”将其杀害。

陈昌献在去台湾前夕回过老家一次，刚到台湾时给家里写过一封信，但从此杳无音信。1986 年，时在台湾的回龙老乡文辉回来探亲，才告知陈母陈昌献已不在人世。1990 年，经天津市国家安全局和资阳县委统战部查证核实，陈昌献确已牺牲。1991 年 9 月 10 日，国家民政部追认陈昌献为革命烈士，县民政、人事部门按有关规定为其亲属发放抚恤金和生活补助费。2000 年农历五月十一日，其母肖莲贞去世，享年 98 岁。天津市安全局闻讯派人前来看望其家属，并出资 2.5 万元作为丧葬费。

2002 年 5 月 23 日，陈昌献烈士追悼会在北京八宝山革命烈士纪念堂第一吊唁大厅举行，其骨灰盒安放在北京八宝山革命烈士公墓。2003 年 9 月 5 日，天津市安全局再次派人到回龙乡看望陈昌献亲属，并送上 10 万元慰问金。

陈光傸

陈光傸（1900—1953），男，汉族，伍隍镇五台村贞节湾人。光绪二十六年（1900）农历三月初三出生。其家世代务农，父陈昭云、母赖氏，生光傸弟兄六人、姊妹两人。兄弟姊妹中，仅光傸与四兄光俊有机会进校读书。光傸幼时赋性聪颖，喜识字写算，但因家贫，迟至八岁始入学，先后就读于伍隍场高庙子、小院乡九龙寺公立初级小学。1916 年考入资阳公立高等小学堂，三年后毕业，名列榜首，受校方褒奖。1919 年入资阳县立中学深造，因家贫半途辍学。1921 年考上四川省陆军测绘学堂。1924 年春，自感前途渺茫，申请退学，随兄陈光俊到隆昌县立中学，受兄辅导，学业进步。1925 年秋升入国立成都大学（今四川大学）数学系，1929 年毕业后留校任助教，并兼任私立蜀华中学数学教师。

陈光傸热爱祖国，关心民瘼。“九一八”事变发生前后，他对日寇蓄意挑起的“万宝山事件”和“袭击沈阳北大营”的侵略罪行深表愤怒，在给同学的信中写道：“嗟乎！自军阀背弃中山先生遗教，猖狂祸国以来，战乱纷纷，民无宁日。今暴日又迭起寻衅之火，东省倒悬陷生灵于涂炭之城，民也何辜，罹此阽危。弟虽处金彩都市，无时不忘此也。惟愿青年有志，戮力革新，弟才虽碌碌，亦不能自让于他人也……”。忧国忧民之情，舍我其谁之慨溢言于表。

1934 年，国立成都大学对院系进行调整，陈光傸被提升为数学系讲师。1935 年，重教礼才的寿民中学董事长杨芳毓慕光傸学识，劝其以桑梓树人大计为重，特邀他回故乡伍隍场接任寿民中学校长。

陈光傸接任寿民中学校长后，建立健全正常的教学秩序，重视师资队伍质量，聘任教师不论亲疏，唯才是举。对在任教师要求极严，除直接听课考核外，还经常收集学生对教师的反映，并作翔实记载，对不接受意见而又不称职的一律解聘。招收新生择优录取，不徇私情，差一分也不录取。严格执行升降级制度，差一分也要留级。要求学生上课必须全神贯注，作业必须认真完成，稍有马虎，就要受罚。他在教学上以身作则，每期教完新课，还自编一百道题叫学生完成。寿民中学使用的教材是全国最深的教材，难度本来就大，但他要求学生不仅要学好规定的课程，还要学好增设的农业和商业课程，以适应社会需要。1937 年，寿民中学毕业生参加省会考，名列全省前茅；省教育厅特派专人到校视察，并发给奖金贰仟元（银币）以资鼓励。该校高中毕业生很多升入大学，初中毕业生大多升入驰名高中，不能升学的由校董事长杨芳毓吸收到二十四军（兵）工厂当徒工，后来大多都成为熟练技工、技术员、工程师。陈光傸在任期间，把出租的公学产土地收回，由学校雇人耕种，以解决部分办学资金，同时为烤烟种植提供实验园地。他常在课余时间到田间地头看管庄稼，庄稼成熟时还坚持夜巡。一次遇小偷偷农场包谷，便紧跟追逮，被小偷用镰刀砍伤左手指母，愈后多年不能屈伸。每年收种两季，布衣草履，率领学生一起劳动。数年后，农场收入颇丰，为教师薪俸和添置设备提供了部分资金。为扩充校舍、完善设施，陈光傸通过董事长杨芳毓向成、渝两地的军政长官蓝文彬、刘文辉等募资捐助，兴建了芳毓楼和东院教学楼，同时购置了理化、生物教学仪器和大量图书。学校图书室藏书万余册，多系古籍线装书，如《万有书库》《中学生文库》《青年丛书》《鲁迅小说杂文》

等。1946年，陈光僦因未加入封建社团遭地方势力排挤，被迫辞去校长职务，但仍留校任教并兼管总务。

1949年，陈光僦奉调县中任教近两年。其间农村土改，形势错综复杂，陈氏宗族之间又互有牵连影响，致其被农民协会误捕，旋以“反革命”论罪，判刑五年。1953年9月，陈光僦病逝于屏山县雷马屏农场，享年53岁。党的十一届三中全会后，陈光僦一案经过复查后得以平反。1984年12月2日，资阳县人民法院以〔84〕刑申字第22号刑事判决书宣告撤销原判，确认陈光僦无罪，恢复其人民教师的荣誉。12月28日，资阳县人民政府对其家属从优抚恤。

袁孟超

袁孟超（1905—1991），男，汉族，原名家镛，化名宋三、张文清、严英，资阳城区上西街人，著名经济学家。1905年出生，1925年加入中国共产党，是“二十八个半布尔什维克”之一，曾任中共江苏省委书记，后因与组织失去联系，于1949年重新入党。新中国成立后，先后任上海财经学院教授、吉林省政协委员、吉林财贸学院（现吉林财经大学）教授、全国财经院校《资本论》学会顾问、吉林省《资本论》学会理事。

袁孟超幼时家境贫寒，因得一师长帮助，小学未毕业就考入成都四川省立第一师范免费就读。毕业后考入南京国立东南大学，就读于竺可桢创办的地学系。1924年初，参加南京社会科学研究会。同年3月，南京团地委与南京国民党支部合办《南京评论》。袁孟超为该刊撰稿人，不久加入中国社会主义青年团，积极参加并领导了南京学生声援“五卅”运动工作，政治上日渐成熟，经乔心泉、曹壮父介绍加入中国共产党，成为南京最早的共产党员之一。1926年8月袁孟超在东南大学毕业后，受党派遣到徐州任省立第十中学史地教员，党内任徐州车站铁路工人党支部辅导员，主要工作是为北伐军向北推进创造条件。同年12月，奉江苏省委书记罗亦农之命去武汉向军委报到，被分配至国民革命军十一军七十团任政治辅导员。1927年“五一”前夕，调任三十六军二师政治部秘书兼宣传科代主任。1927年9月，奉党中央电令撤出部队后被编入“三人领导小组”，率领160余名党团员组成的赴苏代表团，于“十月革命”前夕抵达莫斯科中山大学，被编入一年级英语班，任党支部书记。1929年9月，袁孟超毕业于莫斯科中山大学，10月接到伯力远东边境党部和中共中央代表黄平来电，奉命到苏联远东红军江防舰队陆战队任政工干部，后又奉调红河远东游击队任党委书记。时刘伯承任大队长，黄平任党代表。不久到海参崴中国苏兆征党校任委员兼政治课教员。1931年12月，调任远东边疆共产主义大学中国部任主任并兼任中文报纸《工人之路》“党的建设”栏目主编。其间，翻译了俄文版的《资本论》第一卷。次年8月，国际中共代表团电调袁孟超去莫斯科参加赤色职工国际为中共主办的“工会工作进修班”并任班长。

1933年1月，袁孟超从苏联回国。5月，上海中央局任命他为中共江苏省委书记。“当时江苏省委的工作，在全国各省中处于特别重要的地位，工作范围包括中国的经济中心上海、国民党统治的政治中心南京，还有无锡、南通等工业城市。上海没有设立市委，由江苏省委兼任。全国产业工人的人数，江苏超过三分之一，无论党员的人数，还是党的指导机关的健全程度，江苏在国民党统治区内都居于第一位，中共中央的机关也设在上海。”①按照省委分工，袁孟超除负责全面工作外，还负责沪东区、沪西区的相关工作。

1933年初，袁孟超调至全国总工会，任党团书记兼秘书长。1934年6月25日，中央局副书记盛忠亮通知袁孟超：据江苏省委报告，无锡出现一支游击队（实际是敌人施放的烟雾）。随即委派他去康脑脱路853号成衣店二楼江苏省委秘书处一黑大汉家取情报。袁孟超对党安排的工作向来严肃认真、不讲价钱，但这次却犯了心思：在革命低潮时的上海附近，怎么会出现游击队？于是便推脱说："我现在在全总，和江苏省委早已没有关系了。"盛说："没关系，现在的省委书记是你的老熟人赵立人。"因为盛忠亮是代表中央局的，袁孟超只有服从。当晚他找到江苏省委秘书处黑大汉家。黑大汉说情报在组织部长老徐（即徐生，叛徒、内奸）手里，要袁孟超次日来取。其时组织部长和黑大汉都已叛变。6月26日，袁孟超再到黑大汉家后被捕。被捕后，任凭敌人毒打利诱，他始终守口如瓶。同年11月，袁孟超由同学曾扩情（国民党中委）保释出狱，被管制在南京特工总部（中统局前身）训练课。在此期间，曾任俄文翻译、编译股长，翻译苏联报刊文章。

1936年10月，袁孟超挣脱中统局的管制，主编《世界文化》杂志。杂志于当年11月16日出版创刊号，1937年6月停刊，共出版两卷14期，刊发了许多反法西斯的文章。1937年8月，上海"8·13"抗战爆发后，邵力子以"中苏文化协会"名义邀袁孟超接替卜道明主编《中苏文化》杂志，宣传苏联援助抗战力量，鼓舞前线将士士气。1938年秋天，周恩来得知《中苏文化》副刊《前线增刊》是发给抗战士兵的读物后，告诉袁孟超"做好统战工作"。1939年春，袁孟超在重庆邂逅王芃生，知道王芃生是坚定的抗战分子，考虑再三后，答应到王芃生的国际问题研究所工作。在此期间，他经常与地下党接触。地下党员李剑华曾向周恩来汇报袁孟超的情况，周恩来说："袁孟超还算不错，被捕后没有出卖组织。"

1947年秋，袁孟超得到地下党员李剑华（公开身份为上海社会局副局长）的帮助，到私立上海法学院任教，被聘为经济学教授。后来，他在上海参加中国民主革命同盟，主编盟机关刊物《远风》。1949年新中国成立前夕，曾营救中共党员和进步人士。

1958年9月，袁孟超响应支边号召，从上海调到长春吉林财贸学院。建院之初，他任科学研究委员会主任，后任论（资本论）史（经济学史）教研室主任等职。1966年5月"文化大革命"开始后，被打成"历史反革命"，在黑暗潮湿、只有5~6平方米的小屋居住了7年，身染疾病还去农场劳动了两三年。

1981年，上海市公安局撤销了1955年将袁孟超定为"叛变、充当文化特务"的结论。1986年9月，经中共吉林省委讨论，并报请中央组织部同意，袁孟超重新入党。入党时间从1949年9月要求恢复党籍算起。1991年1月16日，袁孟超在吉林长春去世。

注：本文参考吉林财经大学纪委原副书记王鸿涛编写、刊登在吉林财经大学报（2011年8月25日）第33期第3版的《袁孟超教授传》。

①《周恩来传》第185页－186页（人民出版社1998年版）。

陈松如

陈松如（1921—1993），男，汉族，老君镇人。1921年1月出生，原北京四川饭店总技术顾问、首席厨师长、特一级中餐厨师，享有"中国川菜掌门人""国宝厨师"之美誉，曾任北京市人大代表。

陈松如出身贫苦农民家庭，年仅12岁就到成都的饭店当学徒。因心灵手巧、虚心好学，18岁便能独立地操办和主理宴会。之后，他博采各家之长，潜心钻研厨艺，技艺迅速提高，并逐渐形成了自己的烹饪风格，20世纪50年代已成为闻名全省的川菜名厨之一。1959年，陈松如调入北京，为四川饭店开业主厨试餐并获得成功，受到周恩来、陈毅、邓小平等中央领导人的赞扬。

此后，他曾三次被请进中南海为毛泽东主席做菜，多次为周恩来、朱德、邓小平、董必武、陈毅、贺龙、彭真等领导人和澳大利亚总理、美国国务卿、前西德总理、加拿大总理、英国首相等外国首脑献艺，多次专程为重大国事宴会主厨，均获好评；四川饭店的正宗川菜也得到毛泽东主席的肯定。之后很长一个时期，党和国家领导人宴请中外宾客或重大国事活动，都指定四川饭店的川菜为国宴的必上菜。1986 年，在北京首批特级技师命名大会上，陈松如被授予“特一级中餐厨师”称号。1987 年，陈松如率 6 名弟子赴新加坡进行为期 20 天的烹饪表演，轰动狮城，被当地报刊誉为中国“国宝级”川菜烹饪大师。半个多世纪以来，他培养了一大批名厨，弟子遍布全国各地。1992 年，世界名厨协会授予他“世界名厨”服饰一件。陈松如在继承川菜传统风格的基础上，结合北京是世界大都市的具体情况，本着“古为今用、洋为中用、博采众长、自成一体”的原则，改革创造了具有独特风格的四川饭店川菜体系。他在理论上也颇有造诣，利用业余时间精心编写出版了《四川饭店菜谱》《正宗川菜 160 例》，并在国内外几十种报刊及多家电台、电视台作大量的专业菜点介绍，其中《正宗川菜 160 种》一书中介绍了川菜的历史、特色和正宗川菜、小吃的制作方法，全书内容丰富，文字简洁，通俗易懂，每一例都附有精美图片，是烹制正宗川菜的权威性读物，适合普通家庭、烹饪爱好者、专业烹饪工作者和烹饪教学单位学习、借鉴。1993 年 1 月，陈松如在北京去世。

李国机

李国机（1925—2004），男，汉族，忠义镇韩家村人。1925 年 9 月 28 日出生，中共党员，新中国成立后第一代律师。1952 年毕业于复旦大学法律系，被分配到上海市虹口区人民法院工作。1955 年，国家建立新的律师制度。李国机成为新中国第一批律师，次年调入上海市第四法律顾问处工作。1957 年 3 月加入中国民主同盟，并被评为上海市律师系统先进工作者。同年，李国机接手当时颇为轰动的“四明堂”案件，替被告人蒋业伟维护。四明堂药业局公方经理蒋业伟和四明堂老板陈济虽为师徒，但长期不和，特别是公私合营时蒋业伟当了公方经理后陈济不服。“五反”时，蒋业伟检举陈济一笔账外资金和私藏手枪等问题，使陈济一直怀恨在心。1957 年 3 月 11 日上午，两人发生冲突。当蒋业伟的眼镜被打落在地时，陈济还一手扯住他的胸口，一手像要摸什么东西。出于防身，蒋业伟抽出了藏在身边的水果刀。一边的职工徐庆才见状把蒋业伟紧紧抱住，三个人挣扎之际，水果刀划破陈济的手腕长约两寸许。当时是公私合营初期，大家都非常敏感，被夸大的事实一传十、十传百。有关方面认为，公方经理居然用刀刺伤私方经理，这不是破坏公私合营吗？于是一声令下，要求严肃处理。5 月 22 日，蒋业伟被捕。当时，不少工人上街游行，声援蒋业伟，社会影响极大。李国机经过详细的调查，获得大量证据，确认蒋业伟属于正当防卫。6 月 3 日，李国机在法庭上出示证据，为蒋业伟作无罪辩护。在辩护词的最后一段，他大义凛然地说：“人民法院是独立进行审判，只服从法律，不要因为某些片面反映而迁就事实、影响到判决的公正，请求法院宣告蒋业伟无罪”。法庭旁听者为李国机的正义感、魄力、才华大为赞赏，掌声不断。黄浦区人民法院站在公正的立场，采纳了李国机的辩护意见，依法宣布蒋业伟无罪，当庭释放。6 月 18 日，李国机被打成“右派”，离开律师队伍，下放农村养猪，后又成为造纸厂工人。

1978 年 11 月，李国机被彻底平反，成为“文化大革命”后最早归队的律师之一。1979 年 2 月，他被安排在上海市第二律师事务所工作，后负责组建第五律师事务所并任主任。同年底，中国大陆恢复律师制度后，他代理了大量刑事、民事、经济和涉外案件，先后为上百家企事业单位担任法律顾问。1985 年加入中国共产党。1988 年，创办了国内第一家以律师个人名字命名的律师事务所——李国机律师事务所，并任主任、高级顾问。当年被评为一级律师。1992 年 10 月，受邀担任上海市政府企业转换经营机制律师顾问团顾问。1995 年 5 月起连任两届复旦大学董事会董事，2003 年 5 月任复旦大学第三届校董事会顾问，2004 年 9 月在上海因病去世。

李国机办理的主要案件有“四明堂”案、台湾特务李俊敏案、游本昌名誉侵权案、李宝善被诽谤案、杨百万被侵权案、刘海粟遗产继承案等，每办一案均在社会上赢得良好声誉。业界将他与张友渔誉为“南李北张”。

第二章　简　介

（以出生先后为序）

帅建中

帅建中（1924—1999），男，汉族，井研县镇阳乡兴隆村人。1924 年 3 月 13 日出生，1947 年毕业于四川大学中文系，先后在眉山省立中学、井研县立中学、仁寿高级中学、仁寿师范学校任教，1952 年秋调入资阳中学。“文化大革命”中被打为“反动学术权威”，后得以平反。1980 年加入中国共产党。帅建中在教学上注重“文”和“道”的统一，深入浅出，生动活泼，由他负责的语文教研组总结出的“四为”教学法（以自学为主线、读写为核心、读启为手段、能力为目标）收效明显，所教班级语文高考成绩均名列地区（市）前茅。1984 年，资阳中学语文教研组获省表彰。1985 年，帅建中被评为四川省劳动模范，次年获全国“五一”劳动奖章、“全国优秀教育工作者”称号。1999 年 2 月 9 日在资阳去世。

万　树

万树，男，汉族，南津镇人。1928 年生，国家一级美术师、中国艺联副主席、北京国创书画院院士、重庆市文史研究馆馆员，曾任重庆诗书画院副院长兼秘书长，重庆大学诗书画院顾问、教师，重庆交通学院美协指导教师，重庆市沙坪坝区老年大学教师。万树幼时家贫，其父万执中开了一间小门面，靠书写、出售对联和其他书法作品维持一家生计。伯父万全善是南津驿小学国文教师，常教他读解古文，为其后来的国画创作奠定了良好的基础。小学毕业前后，向拳师吴凤鼎学习少林拳和形意拳，常听师傅讲岳飞精忠报国的故事，逐渐形成了爱打抱不平的性格。1941 年至 1943 年在南津驿读私塾。1944 年考入成都岷云艺专，师从赵完壁等名师。1947 年初至 1950 年 1 月先后在重庆壁山、成都、资阳、潼南等地任教。1950 年 2 月至 1980 年底在重庆磁器口小学、重庆 34 中、31 中、凤鸣山中学任美术和语文教师。万树潜心研究书法、绘画 60 余年，博采众长，已形成了自己的艺术风格。他在书法中将真草隶篆融为一体，笔法稳健、沉着、粗犷憨厚又不失温柔俏丽，纤细飘逸中包含阳刚之美。在绘画方面讲求“了法求变”。“法”是规律，“了法”是掌握规律；“变”是创新，“求变”

是追求和掌握新的表现手法。万树将书法、哲学、文学、美学等学科和美术理进行融合，对中国画的创作方法进行了学术性的探索，尤其对宏观与微观、创作与教育、画内与画外、风格与人格、写意与写形、泼墨与工笔、传统与先锋、作画与改画以及钩皴点染、浓淡干湿、阴阳向背、虚实疏密等辩证关系进行了深入浅出的分析论证。其理论著述大处着眼、小处着笔，既阐述了美术是全人类、全社会的事业，是画家的精气神，又细致地分析了各种山石的皴法、树和水的画法，交流了人物、走兽、飞禽、房舍、桥梁及点线面的绘画技法。他指出要做到“粗而不野、细而不板”，要熟练机智地运用淡墨、中墨、重墨、焦墨的技法，倡导“在艺术上应走自己的路”。他除教学外，还创作了大量美术作品，多幅画作被省内外文史馆、纪念馆收藏，有的已传入美、俄、英、法、德、日本等国家及中国香港、台湾地区，影响颇大。此外，他还在省内外各级刊物发表了《中国画也需要交响乐》《谈泼墨》《艺海拾贝》《学与思》《中国画教学中的问与答》《教老年大学难在何处》及《笔墨当随时代》等数10篇论文。其作品及传略已被《中国当代书画家大辞典》《中国当代美术家名人录》《海峡两岸书画名人大辞典》《中国美术书画界名人名作博览》《中国专家大辞典》《辉煌成就、世纪曙光》《廿一世纪中华英才大典》等30余部书收录。

邓辉章

邓辉章（1933—2003），男，汉族，安岳县拱桥乡人。1933年7月15日出生，1956年任资中二中团委书记，同年加入中国共产党。1971年任资中二中革委会副主任、党支部副书记。1978年10月任资阳中学校长，后兼任学校党支部书记。次年，资阳中学获国务院嘉奖。1980年，他在学校首倡“一名领导分管一条线，包干一个级，深入一个组，蹲点一个班，一期一小结，学年一大结，三年看成效”的领导班子岗位责任制。1985年获全国“五一”劳动奖章、“全国优秀教育工作者”称号，1987年被评为全省优秀共产党员，2003年8月1日去世。

徐伯荣

徐伯荣（1935—2004），字晓牧，男，汉族，四川省华阳县协和乡（今成都火车南站）人。1935年12月出生，历任华阳县警卫营文书、西南军区政治部《人民战士报》见习记者、重庆嘉陵机器厂秘书、重庆无线电总厂秘书、副主任。1961年在成昆铁路工地做宣传工作，后在永川兴盛茶场行医。1974年1月在资阳县培德公社通新大队当赤脚医生。1979年平反后任资阳县文化馆文学辅导员，编辑《雁江文艺》。1991年任县文化局副局长，2000年加入中国作家协会。著有长篇小说《兵临成都》《市长之死》、中篇小说《棋王世家》《洪荒部落的枪声》、报告文学《雁江风流》《金色的沱江》等。其作品《洪荒部落的枪声》获中国民间文学二等奖，《纯文学亦当自省》获《四川日报》第五届文学奖。2004年12月，徐伯荣去世，葬于乐至县报国寺。

黄道华

黄道华，男，汉族，忠义镇石柱村人。1936年3月出生，1953年12月参加工作，1954年11月加入中国共产党。1953年12月至1966年9月，历任资阳县南津镇文书，县委宣传部干事，县公安局协理员、治安股长、郊区公安特派员，人民检察院检察员、副检察长。1966年9月至1973年9月历任伍隍区委书记、革委会副主任、主任，临江区革委会主任、书记。1973 年 9 月至 1991 年 9 月，历任县委副书记、县长、县委书记。其间于 1981 年 9 月获“四川省抗洪救灾先进个人”称号，1984 年 4 月至 1987 年 3 月兼任政协第二届资阳县委员会主席、党组书记，1986 年 3 月获“全国计划生育先进个人”称号，1989 年 9 月获“全国优秀党务工作者”称号。1991 年 9 月至 1995 年 3 月任内江市委常委。1995 年 3 月至 2000 年 8 月任内江市人大常委会副主任、党组副书记。1985 年，黄道华带领资阳县委领导班子探索新形势下加强农村基层党组织建设的新路子，在全县农村开展“万名党员带头发展商品生产，带领群众劳动致富”竞赛活动，1990 年又将“带领农民搞好精神文明建设”纳入竞赛活动，即当时享誉全国的党员“三带”活动。1991 年 4 月 22 日，黄道华到成都金牛宾馆向在四川视察工作的中共中央总书记、国家主席、中央军委主席江泽民就“三带”活动情况作了专题汇报。1992 年，中共中央宣传部编写的《农村党的建设新经验》刊登了黄道华撰写的《坚持党的基本路线，探索农村党的建设新路子》一文。

黄　彦

黄彦，男，汉族，东峰镇人。1936 年 4 月出生，作家、文学评论家、音乐理论家、中国人民大学客座教授。1953 年考入资阳中学，1956 年在校加入中国共产党并被中国人民大学提前录取。1960 年 5 月大学毕业后留校任教，参加编写了全国第一部《国际共产主义运动史》。1962 年调至内蒙古自治区从事政治理论研究及出版工作。1970 年到“五七”干校参加劳动锻炼，1971 年底调至内蒙古人民出版社任文学编辑兼音乐编辑，曾加入文、史、哲、经、音乐等 6 种学会、协会，兼任社会职务数十种。1986 年调入新华社内蒙古分社任杂志主编，1988 年 5 月调入新华出版社任新华通讯社编审，1991 年参与创建国家一级社团——华夏文化促进会并任执行副会长，1992 年被聘任为中国人民大学客座教授。先后四次任全国青少年作文大赛评委，两度在人民大会堂常委会堂主持颁奖大会，出版了 8 种获奖作品集及《小作家》丛刊，创办了知名杂志《资料卡片》《世界军事》，主要作品还有《黄彦序跋文论集》《同一面旗帜下》《女诗人的奇情芳魂》《黄彦对联精品集》《但耸危言济盛世》《世界格言大典》《中华少年英才》《中华百美图佳》等。

马秉扬

马秉扬，男，汉族，1942 年 1 月出生，中共党员，中专文化。1979 年从部队转业到县检察院工作，1983 年调至县看守所任监所科副科长、检查员。马秉扬爱岗敬业，忠于职守，勤于钻研业务，先后撰写了《团伙犯罪动向》《青少年犯罪浅析》等文。1982 年后多次被评为省、市、县先进工作者、优秀共产党员，1986 年受邀出席省军区转业干部先代会。1990 年起，他以带病之身在县内厂矿、企业、机关、学校作法制专题报告 112 场次，听众达 2.5 万人，曾因劳累过度晕倒在七里乡小学讲台上。1991 年被省检察院记一等功一次。1992 年应邀出席四川省青少年教育先代会，同年被最高人民检察院通令嘉奖 1 次，获奖金 1000 元。

刘胜俊

刘胜俊，男，汉族，回龙乡漆家村人。1944 年 7 月出生，毕业于中国人民解放军后勤学院，大专学历、军事理论家、大校军衔。1958 年 7 月应招为成都峨眉机械厂工人，同年到南京金城机械厂学习。1961 年 7 月入伍，1964 年 5 月入党，1966 年 5 月任干事并开始专职写作生涯。1970 年 7 月任《解放军报》社编辑，1978 年任《后勤学术》杂志编辑组长，1986 年起先后任中国人民解放军后勤学院学术研究部发展战略研究室副主任、二战史研究会特邀研究员、淮海战役研究会特邀理事、《军事展望》杂志主编、《后勤发展研究论丛》系列丛书主编、中国管理科学院教授。1960 年开始公开发表文章，1977 年出版第一本专著《从“慕尼黑”到“赫尔辛基”》，1984 年出版的《浅谈战争初期的后勤保障》为其成名作，1986 年出版的《军事论文写作浅说》和 1987 年出版的《军事后勤学简论》为代表作，共主编论著 43 部，有 21 部获奖，其中 1 部获全国特等奖、8 部获全国一等奖。主要作品还有《世界军队后勤简史》《一束闪烁的火花》《科学之战》《军事论文写作》《疯狂的赛跑》《从“后台”到“前台”》《后勤发展宏观思考》《盖地风雷：气象武器》《中国军事著作大辞典》《 高技术与国家安全》《国防现代化》《潜在的擎天力》《科学之战》《中国军事著作大词典》《军事论文写作浅说》等。

杨　明

杨明，男，汉族，1944 年出生，碑记镇人。1984 年，他动员 36 户果农组建了碑记镇柑橘协会并担任协会会长。通过 20 多年的努力探索，协会建立了较为完善的柑橘生产科技服务体系，先后培养科技种果专业大户 1500 多户，扶持帮助贫困户 60 多户；碑记镇及周边乡镇先后成为全省柑橘种植基地，中国农科院柑橘研究所的生产科研试验示范基地和优良品种繁育基地、国家级无公害标准化示范基地。其间，雁江区被农业部命名为“农产品区域品牌 100 强县”，跻身“四川省 10 大特色柑橘示范县（区）”，已发展为长江中上游规模最大、产量最高、效益最好的“中国蜜柑之乡”。杨明积极引领果农走“基地生态化、生产科学化、产品标准化”发展路子，把蜜柑产前、产中、产后各环节纳入标准管理轨道，不断扩大种植规模、提升蜜柑品质、打造本地品牌。1996 年主研的“川西脐橙优质高产栽培项目”获四川省农业厅科技进步三等奖。1997 年，他承担的“柑橘早、中、晚熟优良品种配套研究”项目（国家科委 K91－01－093）获国家农业部科技进步二等奖，研究试验的“矮化密植、早结、丰产、稳产栽培技术”被编入《中国柑橘技术大全》一书。2005 年，杨明被评为省劳动模范和省农村科普工作先进个人。

刘德一

刘德一，男，汉族，临江镇人。1945 年 1 月出生，巴蜀十大笑星之一、中国戏剧家协会会员、著名影视演员、重庆市政协委员（重庆直辖前后各一届）。1949 年到成都读书，1957 年到重庆川剧院学艺 8 年，毕业后分到重庆市川剧院二团当丑角演员，业余时间自学编剧，创作和上演了多部川剧。1983 年开始拍第一部四川方言电视剧《人与人不同》。1988 年自编自演电视剧《凌汤圆》，1990 年该片在全国热播，1991 年该片参加广电部首届录像片评比，获优秀电视剧二等奖和优秀编剧奖。1991 年底自编自演《傻儿师长》，获广电部第二届录像片评比最佳编剧奖、优秀男演员奖。之后，创作、主演了多部电视剧。1996 年成立德一影视制作中心，任总裁；1997 年成立德一喜剧艺术团，任团长。

彭登怀

彭登怀，男，汉族，祥符镇人。1946 年 3 月 15 日出生，著名川剧变脸大师、国家一级演员、美国国际文化科学院院士、世界戏剧家协会理事、莫斯科全球华侨华人推动中国和平统一大会“和平使者”、四川巴蜀明星联合会会长、四川省慈善救助活动形象大使。彭登怀 8 岁学唱川剧，12 岁考进资阳县川剧团演武生，1977 年起先后在资阳县川剧团担任演员队队长、业务股股长、副团长、团长等职务。1983 年调至内江市艺术学校任教务科长、形体基本功和戏课教师，主编了四年制艺术中专教学大纲及七门学科教材。1990 年编导创作音乐川剧《杨七娘射子》，次年获中国戏剧梅花奖。1992 年自编自导谱曲创作的《金山寺》《诉冤》《土地爷搬家》《陌生夫妻》等作品获国家教学展览优秀音乐奖。1993 年开始学习变脸。1994 年底调入四川省川剧学校，同年出访马来西亚、泰国、文莱等国表演川剧变脸，先后受到数十个国家元首接见，曾拒绝外商重金购买变脸技术。彭登怀继承了传统绝技“川剧变脸十二化身”，独创握手变脸，1999 年 2 月在新加坡以 25 秒变 14 张脸谱、露出本脸再变回 4 张脸谱的成绩创吉尼斯世界纪录，人称“变脸大师”。2000 年 3 月在北京收香港著名影、视、歌巨星刘德华为徒，同年在中央电视台 40 集电视连续剧《笑傲江湖》剧中扮演青城派掌门人余沧海，表演中引入川剧变脸绝技，得到了武侠小说大师金庸及导演、观众的称赞，多次接受国内电视、电台专题采访报道。2003 年创作的杂技《快乐的三个小沙弥——钻桶》获国际杂技大赛 4 项（编导、表演、铜狮、教师）大奖。2005 年 5 月受邀在世界财富论坛 500 强庆典上表演变脸；世界财富巨子对其赞不绝口，争相与其合影留念。12 月，受“世界第 57 届选美总决赛”组委独邀，在三亚表演变脸绝技；同月应邀赴台湾金门演出，台湾媒体称“彭登怀的变脸让世人百看不厌”“举手投足都是艺术，既创造美，也表现美”。

陈书琼

陈书琼，女，临江镇文昌村人。1948 年 1 月出生，1963 年加入中国共产主义青年团，1966 年加入中国共产党，1983 年 4 月起任文昌村党支部书记。在任期间，带领全村群众兴办企业，共建砖厂 2 个，累计解决 428 名富余劳动力的就业问题。为改变村内交通状况，组织群众筹资投劳，先后硬化文昌街（1 公里）、养（马河）资（阳）路（4.6 公里）。在她和全村干部群众的共同努力下，文昌村改变了贫困落后的面貌，成为全区文明新村。1999 年，陈书琼被省委组织部、省农建办授予“百佳村党支部书记”称号，2000 年被国务院和四川省政府分别授予“全国劳动模范”和“四川省劳动模范”称号，之后又先后被省妇联、省委组织部评为“第二届十大杰出妇女”“三八红旗手”和“三学三赛”活动先进个人。

苏泽林

苏泽林，男，汉族，中和镇人。1951 年 7 月出生，中共党员，西南政法大学法律专业毕业、在职研究生学历。1969 年 2 月至 1982 年 1 月历任海军某潜艇部队战士、参谋、干事、副政委，1982 年 2 月至 1992 年 2 月历任成都市中级人民法院助理审判员、刑一庭副庭长、政治部主任、纪检组长、工会主席、审判委员会委员、副院长、院长、党组副书记、书记。1992 年 3 月至 1993 年 7 月历任中共成都市委副秘书长、市委办公厅机关党委书记、工会主席。1993 年 8 月至 1998 年 6 月历任成都市中级人民法院院长、党组书记，中共成都市委第八届委员，成都市第十二届、十三届人大代表。1998 年 7 月至 2001 年 6 月历任四川省高级人民法院党组副书记、副院长、审判委员会委员。2001 年 7 月任最高人民法院党组成员、政治部主任、审判员、审判委员会委员、二级大法官、机关党委书记。2004 年 6 月任最高人民法院副院长。曾任四川省法官协会常务理事、副会长，四川省逻辑学会副会长，成都市法官协会会长等职，被四川省社科院、四川大学法学院、四川大学管理学院、西南财经大学、国家法官学院聘为特约研究员、兼职教授。先后在《人民日报》《光明日报》《四川日报》《法制日报》《人民司法》等报刊发表《法院审理报刊侵权案件的思路》《公正、廉洁、文明、高效——严肃执法的支撑点》《论严肃执法与社会稳定》等 20 余篇论文，主编、合著了《行政诉讼法学》《法院管理规范》《法律逻辑学》等教材。

何华武

何华武，男，汉族，中和镇人。1955 年 8 月出生，中共党员，西南交通大学毕业，工学硕士、注册咨询工程师、教授级高级工程师、博士生导师、享受国务院特殊津贴的专家和铁道部专业技术学科带头人。大学毕业后先后任西南交通大学助教，铁道部经济规划研究院副处长、主任助理、副主任、副院长。2003 年任铁道部副总工程师，次年任铁道部总工程师，历任铁道部技术委员会主任、客运专线（高速铁路）总设计师、客运专线系统集成办公室主任，兼任中国建筑业协会副会长、中国铁路工程建设协会副理事长、中国铁道学会理事会理事等职。何华武长期从事铁路工程技术工作，主持了几十项铁路枢纽、铁路干线的勘察设计、咨询评审和技术决策，策划了铁路客站与其他交通方式间的“零距离”换乘方式，建立了以站为中心的立体化城市综合交通枢纽的客站新模式，主持了全国铁路第六次大提速工程，使中国铁路既有线路 200km/h 等级提速技术达到世界先进水平，组织了铁路客运专线（高速铁路）重大关键技术攻关工作，著有《铁路工程技术论集》等书。

李玉书

李玉书（1955—2003），男，汉族，中和镇白云村人。1955 年 9 月出生，高中毕业后回家务农，在中和公社 9 大队任大队长。后经推荐到华东工学院学习，大学毕业后分配到乐山亚西机械厂工作，历任技术员、车间主任、团委书记、副厂长、厂长，乐山市五通桥区副区长、区长，乐山市交通局局长、乐山市副市长。1995—1996 年间，李玉书曾通过一定渠道先后向中和镇捐款 20 余万元修建林江桥和白云村公路，并维修村提灌站。2001 年 6 月 12 日，李玉书因受贿被刑拘。

2002 年 1 月 15 日，成都市中级人民法院公开开庭对李玉书受贿案作出一审判决：1996 年 4 月至 2001 年 4 月，李玉书在担任乐山市交通局局长、副市长期间，利用其先后兼任的成（都）乐（山）高速公路建设指挥部副指挥长、成乐高速公路有限责任公司总经理、乐（山）峨（眉）高速公路建设指挥部指挥长、乐山大渡河大桥建设指挥部指挥长、乐山星源交通开发总公司董事长等职务之便，接受他人请托，为其谋取不当利益，先后索要和收受贿赂现金人民币 816 万元、凌志 IS200 型轿车和马自达 929 轿车各 1 辆、劳力士手表 1 只，款物共计人民币 893 万余元，其行为已构成受贿罪，且数额特别巨大。除劳力士手表、凌志 IS200 型轿车和 5 万元现金为他人所送外，其余均系索要所得，具备法定的从重处罚情节。另有 242 万元人民币、9.1 万元美金不能说明合法来源，构成巨额财产来源不明罪。数罪并罚，决定对被告人李玉书执行死刑，剥夺政治权利终身，并处没收个人全部财产。

2003 年 10 月 14 日，经最高人民法院核准，李玉书被执行死刑。

傅小兵

傅小兵，男，汉族，伍隍镇人。1960 年 8 月出生，1983 年毕业于第三军医大学，后获西班牙马德里大学博士学位。历任解放军第三〇四医院全军创伤修复重点实验室主任，全军烧伤研究所副所长兼基础研究部主任，研究员、教授、博士生导师，广州暨南大学、第一军医大学客座教授，国际创伤愈合联盟（WWHU）执委，国家新药评委，国家科技进步奖军队后勤专用项目评委，国家自然科学基金委第九届生命科学部专家评审组成员，军队科技进步奖评委，中华创伤学会组织修复学组组长以及全军创战伤专业委员会副主任委员，《国际创伤修复与再生杂志》（Wound Rep Reg）、《中国科学》（C 辑）、《中华创伤杂志》以及《第三军医大学学报》等国内外共 18 家杂志编委或副主编，西澳大利亚大学博士论文评委。先后受国家高技术发展项目（国家“863”项目）、国家重大基础研究规划资助项目（国家“973”项目）、国家杰出青年科学基金（1995）、国家自然科学基金重点项目等 26 项资助；主编专著 7 部，参编 22 部，在国内外学术杂志发表论文 280 余篇；获国家发明奖、国家科技进步奖以及军队科技进步一、二等奖共计 18 项；应邀赴美国、英国等 12 个国家讲学并担任国际学术会议学术委员会委员；获“首届全国百名优秀中青年医学科技之星”“总后十大杰出青年”“总后科技金星”等称号；享受政府特殊津贴和军队优秀专业人才特殊津贴；荣立一、二、三等功共 4 次；已培养博士后、博士 20 余人。

睢朝兵

睢朝兵（1972—1997），男，汉族，临江镇斑竹村人。1972 年 8 月 13 日出生。1990 年初中毕业后入伍，在武警河南省许昌支队服役，历任战士、班长。服役期间曾三次受嘉奖，被评为“学雷锋标兵”。1992 年 12 月，从部队复员后被聘为城关派出所治安联防队员。1997 年 3 月 24 日下午，睢朝兵和民警胡祥清、李才军奉命前往中和镇龙潭水库缉捕 1994 年 11 月杀人潜逃的犯罪嫌疑人黄绪均。正要实施抓捕时，惊觉的黄绪均忽从藏身的左耳房经厅堂间进入右耳房，拿出一把弹簧刀直朝右侧堵住堂屋门的李才军刺去。睢朝兵眼疾手快，顺势将李才军推开，伸手便去夺刀。由于屋里光线太暗，看不清楚，睢朝兵扑了个空。只听见“啊”的一声，利刀刺进了他的胸膛。当李才军赶来救援时，凶手又抽刀朝李才军刺去。身负重伤的睢朝兵用尽全力把李才军推出厅堂门外，后背又被凶手刺了一刀。当时在厅堂外的李才军大喊：“胡公安，罪犯有刀！”胡祥清闻讯拔枪奔来搜寻，可罪犯已逃之夭夭。睢朝兵伤势过重，胸膛“咕、咕、咕”地响，鲜血喷涌而出。虽经大家及时施救，但未能挽回他年轻的生命。3 月 31 日下午 2 时 30 分，犯罪嫌疑人黄绪均末路逃窜，被公安干警击中身亡。

3 月 26 日，资阳市委、市政府为睢朝兵举行庄严的追悼大会，近万群众自发为英雄送行。之后，共青团内江市委、共青团资阳市委追授睢朝兵为“优秀共青团员”“爱岗敬业优秀标兵”，《四川党的建设》等媒体报道了他的英雄事迹。1998 年 2 月，省委组织部追认睢朝兵为共产党员。1999 年 6 月，国家民政部批准睢朝兵为革命烈士。

第三章　名　录

第一节　革命烈士

表 29－1

姓　名	性别	出生年月	籍　贯	参加革命时间	政治面貌	牺牲时间地点	备　注
蒋公瑞	男	1931	资阳县城关镇正东街	1950. 10	—	1952 年 10 月 5 日在抗美援朝战争中牺牲	—
刘纪全	男	1930	资阳县城关镇	1950. 11	—	1952 年 10 月在抗美援朝战争中牺牲	—
张书文	男	1931	资阳县城关镇	1950. 5	—	1952 年 11 月 5 日在朝鲜上甘岭战役中牺牲	—
刘沛达	男	1926	资阳县金带铺公社高峰大队	1949. 11	—	1951 年 10 月 3 日在抗美援朝战争中牺牲	—
马良骥	男	1930	资阳县城关镇中城街	1949. 4	共青团员	1951 年 9 月 1 日在抗美援朝战争中牺牲	—
李　俊	男	1929	资阳县金带铺公社高峰大队	1950. 4	—	1951 年 4 月 25 日在抗美援朝战争中牺牲	—
苏约文	男	1938	资阳县义和公社万福庵大队	1953	中共党员	1969 年 4 月 5 日在资阳县复烤厂抢救国家财产中牺牲	—
陶应坤	男	1939	资阳县高龙公社高杨大队	1958. 3	中共党员	1958 年 10 月 16 日在西藏平叛中牺牲	—
蒋如宾	男	1930. 1	资阳县城关镇崇文街	1950. 12	—	1952 年 10 月在抗美援朝战争中失踪	—
霍大楷	男	1927	资阳县城关镇	1952. 2	—	1952 年 10 月 21 日在朝鲜上甘岭战役中牺牲	荣立一等功一次
樊再宽	男	1918	资阳县城关镇下西街	1950. 4	中共党员	1952 年 10 月 21 日在朝鲜上甘岭战役中牺牲	荣立二等功一次
张　智	男	1929	资阳县城关镇上西街	1950. 4	中共党员	1951 年 6 月 16 日在抗美援朝战争中牺牲	—
江国梁	男	1925	资阳县城关镇外东街	1950. 5	—	1952 年 10 月 23 日在抗美援朝战争中牺牲	—
吕宗德	男	1937	资阳县城关镇小北街	1956. 3	—	1956 年 5 月 31 日在黑水县平叛中牺牲	—
陈本清	男	1938	资阳县城关镇正东街	1956. 3	共青团员	1956 年 6 月 4 日在黑水县平叛中牺牲	—

续表

姓　名	性别	出生年月	籍　贯	参加革命时间	政治面貌	牺牲时间地点	备　注
鲁国兴	男	1948	资阳县长生公社郭家大队	1968.4	中共党员	1978年5月8日在安县因公牺牲	—
秦绍田	男	1938	资阳县新场公社肖家沟大队	1955.3	中共党员	1971年11月9日在郑州陆军153医院病故	荣立三等功一次
曾友才	男	1912	资阳县城关镇	1948	—	1952年3月在抗美援朝战争中牺牲	—
伍典成	男	1929	资阳县紫薇公社金星大队	1958.11	—	1959年1月19日在理县被土匪袭击牺牲	—
易开发	男	1930	资阳县崇善公社九老洞大队	1953.3	—	1954年7月9日在抗美援朝战争中牺牲	—
张志远	男	1937	资阳县崇善公社银龙街	1958.3	—	1961年9月24日在西藏平叛中牺牲	—
李质全	男	1953	资阳县崇善公社永协大队	1975.1	—	1976年8月8日在冕宁县因公牺牲	—
范珍远	男	1945	资阳县崇善公社永协大队	1968	中共党员	1971年8月21日在西藏因公牺牲	—
王永魁	男	1935.5	资阳县崇善公社孝土地大队	1958.3	共青团员	1958年9月22日在西藏平叛中牺牲	—
吴文安	男	1929	资阳县紫薇公社金星大队	1953.9	—	1956年4月10日在马边县黄毛埂因公牺牲	—
陈明武	男	1936.1	资阳县紫薇公社4大队	1955.2	—	1959年1月2日在西藏平叛中牺牲	—
卓满云	女	1939.1	资阳县紫薇公社	1958.9	共青团员	1958年12月8日在成都市因公牺牲	—
黄治水	男	1934	资阳县紫薇公社富家大队	1955.3	中共党员	1966年6月14日在双流县因公牺牲	—
尹克昌	男	1934	资阳县紫薇公社金星大队	1955.3	—	1960年3月8日在西藏平叛中牺牲	—
刘永堂	男	1937.12	资阳县紫薇公社代家沟大队	1954.4	共青团员	1959年7月7日在西藏平叛中牺牲	—
甘梦清	女	1932.7	资阳县东安公社	1952.11	共青团员	1956年8月23日在马尔康县平叛中牺牲	—
李绍光	男	1933	资阳县东安公社2大队	1955.3	—	1959年7月24日在西藏平叛中牺牲	—
唐启发	男	1935.4	资阳县东安公社马蹄湾大队	1956.3	—	1958年7月18日在稻城县阿西战斗中牺牲	—
陈德田	男	1927	资阳县东安公社7大队	1950.6	—	1952年11月9日在抗美援朝战争中牺牲	—
黄坤州	男	1927	资阳县东安公社1大队	1953.2	—	1953年6月11日在抗美援朝战争中牺牲	—
蒋仕泉	男	1932	资阳县东安公社大石大队	1953.3	—	1953年7月17日在抗美援朝战争中牺牲	—

续表

姓　名	性别	出生年月	籍　贯	参加革命时间	政治面貌	牺牲时间地点	备　注
卓国权	男	1930	资阳县东安公社朱家坝大队	1949.12	—	1951年5月20日在抗美援朝战争中牺牲	—
朱国章	男	1928	资阳县东安公社4大队	1949.11	—	1951年9月24日在抗美援朝战争中牺牲	—
唐华山	男	1926	资阳县东安公社文龙大队	1950.1	—	1953年7月19日在抗美援朝战争中牺牲	—
尹国清	男	1923	资阳县东安公社马蹄湾大队	1949	—	1951年5月在抗美援朝战争中牺牲	—
康正金	男	1926	资阳县东安公社马蹄湾大队	1949.10	—	1951年10月3日在抗美援朝战争中牺牲	—
郭洪清	男	1935	资阳县东安公社3大队	1958.3	—	1962年8月27日在西藏平叛中牺牲	—
翁　楷	男	1928.10	资阳县七里公社常乐大队	1947.9	—	1948年9月在锦州战役中牺牲	—
刘德明	男	1918	资阳县七里公社永安大队	1948.11	—	1950年11月29日在抗美援朝战争中牺牲	荣立三等功一次
刘志斌	男	1922	资阳县长乐公社三万大队	1949.12	—	1951年5月在抗美援朝战争中牺牲	—
陈太根	男	1928	资阳县老君公社泉溪大队	1951.1	—	1956年7月在登保牛场战斗中牺牲	—
钟正清	男	1926	资阳县老君公社泉溪大队	1950	—	1959年9月22日在西藏平叛中牺牲	—
张炳荣	男	1923	资阳县老君公社4大队	1949.11	—	1951年4月27日在抗美援朝战争中牺牲	—
蒋成德	男	1930	资阳县老君公社3大队	1950.1	—	1950年9月在西昌新村剿匪中牺牲	—
周体文	男	1919	资阳县长乐公社3大队	1947	中共党员	1951年2月13日在抗美援朝战争中牺牲	—
周富隆	男	1940	资阳县长乐公社5大队	1958.3	—	1958年9月21日在西藏平叛中牺牲	—
朱金华	男	1935	资阳县长乐公社3大队	1953.2	—	1953年6月11日在抗美援朝战争中牺牲	—
王德富	男	1937	资阳县长乐公社6大队	1960.2	共青团员	1960年3月在理塘县平叛中牺牲	—
刘文禄	男	1932	资阳县长乐公社5大队	1951.6	—	1952年10月11日在抗美援朝战争中牺牲	—
严映华	男	1944	资阳县长乐公社庙山大队	1964.10	中共党员	1968年7月3日在雅安因公牺牲	—
张肇泽	男	1933	资阳县高龙公社4大队	1953.2	—	1953年6月11日在抗美援朝战争中牺牲	—
张培远	男	1928	资阳县高龙公社1大队	1953.2	—	1953年6月11日在抗美援朝战争中牺牲	—

续表

姓 名	性别	出生年月	籍 贯	参加革命时间	政治面貌	牺牲时间地点	备 注
霍维结	男	1930	资阳县高龙公社1大队	1953.2	—	1953年6月11日在抗美援朝战争中牺牲	—
江光明	男	1931	资阳县高龙公社2大队	1950.5	—	1952年10月13日在朝鲜上甘岭战役中牺牲	—
谢国良	男	1945	资阳县高龙公社7大队	1965.3	—	1965年10月6日在贵州省威宁县因公牺牲	—
张玉斌	男	1919	资阳县高龙公社5大队	1949.11	—	1952年11月5日在朝鲜上甘岭战役中牺牲	—
李玉根	男	1935	资阳县高庙公社5大队	1956.3	共青团员	1959年1月26日在绰斯甲县战斗中牺牲	—
凌锡顺	男	1936	资阳县高庙公社2大队	1956.3	共青团员	1958年10月14日在西藏平叛中牺牲	—
宾其宣	男	1959	资阳县高庙公社宾家坝大队	1978.4	—	1978年10月25日在河北省迁西县因公牺牲	—
熊永昌	男	1937	资阳县吉祥公社钓鱼大队	1956.3	共青团员	1957年9月10日在松潘县因公牺牲	—
李玉泉	男	1926	资阳县高庙公社永久大队	1948.11	中共党员	1951年10月24日在抗美援朝战争中牺牲	—
凌锡龙	男	1934	资阳县高庙公社黄岭大队	1955.3	中共党员	1959年6月在西藏平叛中牺牲	—
都兴中	男	1939	资阳县高庙公社黄谷大队	1958.3	—	1958年9月22日在西藏平叛中牺牲	—
凌作能	男	1936	资阳县永太公社九岭大队	1958.3	—	1959年3月20日在西藏平叛中牺牲	—
凌作相	男	1941	资阳县永太公社永兴大队	1960.3	—	1960年3月在稻城县牺牲	—
王正荣	男	1937	资阳县永太公社育才大队	1958.3	—	1959年3月20日在西藏拉萨平叛中牺牲	—
凌作碧	男	1936	资阳县永太公社育才大队	1960.3	—	1964年9月14日在康岬因公牺牲	—
张吉成	男	1946.4	资阳县永太公社永兴大队	1966.3	中共党员	1968年7月31日在陕西省高陵县因公牺牲	—
姚治国	男	1930.5	资阳县中和公社中和大队	1949.10	—	1952年5月8日在抗美援朝战争中牺牲	—
伍 营	男	1925.5	资阳县中和公社中和大队	1949.12	—	1952年9月在抗美援朝战争中牺牲	—
姚永平	男	1923.11	资阳县中和公社同乐大队	1951.7	—	1953年2月1日在抗美援朝战争中牺牲	—
鄢良辉	男	1938	资阳县中和公社大圣大队	1960.3	—	1960年5月3日在西藏平叛中牺牲	—
尹 明	男	1917	资阳县中和公社鱼水大队	1949.12	—	1950年10月25日在崇庆县剿匪中牺牲	—

续表

姓 名	性别	出生年月	籍 贯	参加革命时间	政治面貌	牺牲时间地点	备 注
彭子辉	男	1928.4	资阳县凉风公社金竹沟大队	1950.6	—	1953年4月20日在抗美援朝战争中牺牲	—
李志华	男	1930.1	资阳县凉风公社明月大队	1949.6	—	1951年在抗美援朝战争中失踪	—
尹良骥	男	1929	资阳县凉风公社明月大队	1950.5	—	1952年10月8日在朝鲜上甘岭战役中牺牲	—
林荣光	男	1928.4	资阳县凉风公社罗福沟大队	1949.4	—	1950年11月在抗美援朝战争中牺牲	—
李光元	男	1946.3	资阳县凉风公社罗福沟大队	1965.3	—	1965年6月23日在贵州省威宁县因公牺牲	—
李厚德	男	1938	资阳县凉风公社明月大队	1956.3	—	1956年5月31日在黑水县平叛中牺牲	—
林其藻	男	1928	资阳县凉风公社乐富大队	1950.8	—	1953年在抗美援朝战争中失踪	—
唐俊全	男	1931.7	资阳县凉风公社印合大队	1951.6	—	1953年9月3日在抗美援朝战争中牺牲	—
尹长矩	男	1929.7	资阳县凉风公社鹤鸣大队	1951.7	—	1952年12月24日在抗美援朝战争中牺牲	—
廖发荣	男	1930.6	资阳县凉风公社罗福沟大队	1950.12	—	1952年12月在抗美援朝战争中失踪	—
尹才发	男	1932.3	资阳县凉风公社高虎大队	1955.3	—	1960年3月24日在西藏平叛中牺牲	—
陈历方	男	1937.4	资阳县太和公社中江大队	1956.3	—	1956年5月30日在黑水县战斗中牺牲	—
易法云	男	1906.12	资阳县太和公社飞山大队	1947	—	1950年在抗美援朝战争中失踪	—
黎文斌	男	1927.13	资阳县太和公社三星大队	1950.4	—	1952年11月在抗美援朝战争中失踪	—
罗光扬	男	1931.3	资阳县太和公社三贤大队	1955.3	中共党员	1959年4月16日在西藏平叛中牺牲	荣立三等功一次
胡国宜	男	1935.11	资阳县大洪公社石牛大队	1956.3	—	1957年4月2日在松潘县因公牺牲	—
唐俊洪	男	1930.4	资阳县大洪公社团碾大队	1951.7	—	1952年11月16日在抗美援朝战争中牺牲	—
赖志斌	男	1928.12	资阳县大洪公社八埝大队	1949.12	—	1952年11月18日在抗美援朝战争中牺牲	—
胡代学	男	1933	资阳县干沟公社八埝大队	1950	—	1952年8月2日在抗美援朝战争中牺牲	—
李质均	男	1932.2	资阳县干沟公社金马大队	1964.3	—	1976年12月29日在长春市因公牺牲	—
张玉林	男	1926.2	资阳县干沟公社大柏大队	1951.2	—	1951年10月21日在抗美援朝战争中牺牲	—

续表

姓 名	性别	出生年月	籍 贯	参加革命时间	政治面貌	牺牲时间地点	备 注
陶启根	男	1920.12	资阳县干沟公社大柏大队	1948	—	1951年10月21日在抗美援朝战争中牺牲	—
郑志平	男	1926.5	资阳县干沟公社青杠大队	1949.12	—	1952年11月5日在抗美援朝战争中牺牲	—
李治荣	男	1936.7	资阳县干沟公社金马大队	1958.3	—	1960年5月13日在西藏瓦西拉战斗中牺牲	荣立三等功一次
鄢良火	男	1944.9	资阳县干沟公社干沟大队	1964.7	中共党员	1973年7月26日在广西因公牺牲	又名鄢云史
唐茂清	男	1925.4	资阳县干沟公社吊脚楼大队	1950.6	—	1951年6月2日在抗美援朝战争中牺牲	—
黄玉廷	男	1923.4	资阳县龙潭公社方家坝大队	1950.5	—	1952年11月1日在抗美援朝战争中牺牲	荣立三等功一次
袁俊文	男	1926.12	资阳县龙潭公社方家坝大队	1949.12	—	1952年9月16日在抗美援朝战争中牺牲	—
罗金山	男	1922.8	资阳县龙潭公社三清大队	1950.1	—	1953年6月10日在抗美援朝战争中牺牲	荣立三等功一次
黄道银	男	1927.2	资阳县龙潭公社双佛大队	1950.12	—	1953年2月在抗美援朝战争中牺牲	荣立三等功一次
刘运高	男	1925.8	资阳县龙潭公社舒家大队	1951.6	—	1953年2月1日在抗美援朝战争中牺牲	—
易才圣	男	1930.10	资阳县龙潭公社刘洪大队	1950.2	—	1953年4月在抗美援朝战争中失踪	—
黄道明	男	1928.11	资阳县龙潭公社双福大队	1950.12	—	1956年8月10日在理塘县平叛中牺牲	—
罗炳彝	男	1922	资阳县丹山公社大队东街	1949.12	—	1950年2月在璧山县第三区剿匪中牺牲	—
黄自强	男	1924	资阳县丹山公社大佛大队	1950.11	—	1951年4月24日在抗美援朝战争中牺牲	—
陈诗保	男	1934	资阳县丹山公社华光大队	1956.3	—	1962年11月16日在中印边境自卫反击作战中牺牲	—
张麒军	男	1935	资阳县丹山公社田坝寺大队	1956.3	—	1956年5月26日在黑水县平叛中牺牲	—
凌有仁	男	1936	资阳县丹山公社田坝寺大队	1956.3	—	1956年7月1日在黑水县平叛中牺牲	—
唐静良	男	1927	资阳县丹山公社大佛大队	1949.10	—	1952年2月在抗美援朝战争中失踪	—
张承品	男	1928	资阳县丹山公社大佛大队	1949.10	—	1952年5月在抗美援朝战争中失踪	—
苏国炳	男	1936	资阳县丹山公社兴家大队	1958.3	—	1958年10月10日在西藏平叛中牺牲	—
黄廷水	男	1933	资阳县方朝公社农厂大队	1956.3	—	1966年2月1日在米易县因公牺牲	—

续表

姓　名	性别	出生年月	籍　贯	参加革命时间	政治面貌	牺牲时间地点	备　注
李仕德	男	1927	资阳县方朝公社农厂大队	1950. 1	—	1950 年 4 月 13 日在简阳县征粮剿匪中牺牲	—
廖彦钦	男	1949. 1	资阳县方朝公社兴隆大队	1968. 4	—	1968 年 10 月 15 日在彭县因公牺牲	—
黎自德	男	1931	资阳县方朝公社福寿大队	1951	—	1953 年 6 月在抗美援朝战争中牺牲	—
钟华智	男	1938	资阳县方朝公社大沟大队	1958. 12	中共党员	1968 年 6 月 17 日在拉萨因公牺牲	—
林鸿成	男	1927	资阳县裕通公社虎峰大队	1951	—	1952 年 7 月 22 日在新津县因公牺牲	—
鄢永丰	男	1928	资阳县裕通公社顺家大队	1950. 3	—	1951 年 6 月 2 日在抗美援朝战争中牺牲	—
夏安乐	男	1935	资阳县裕通公社虎峰大队	1956. 3	中共党员	1958 年 6 月 26 日在若尔盖平叛中牺牲	—
张　校	男	1926	资阳县裕通公社平坦大队	1950. 4	—	1951 年 3 月在抗美援朝战争中失踪	—
张　奎	男	1930	资阳县裕通公社平坦大队	1950. 4	—	1951 年 3 月在抗美援朝战争中失踪	—
肖吉山	男	1931	资阳县裕通公社海面大队	1950. 7	—	1951 年 1 月在抗美援朝战争中失踪	—
李松柏	男	1936	资阳县裕通公社磨盘大队	1955. 3	—	1959 年 6 月 3 日在昌都地区平叛中牺牲	—
唐明高	男	1927	资阳县大腰公社金龙大队	1947. 7	—	1949 年 4 月 23 日在解放太原战斗中牺牲	—
梁运成	男	1929	资阳县大腰公社郑家大队	1949	—	1953 年 7 月 8 日在抗美援朝战争中牺牲	荣立三等功一次
李科能	男	1938	资阳县大腰公社高板大队	1958. 3	—	1959 年 3 月 21 日在西藏拉萨平叛中牺牲	—
肖业均	男	1931	资阳县大腰公社观景大队	1950. 5	—	1952 年 10 月 13 日在抗美援朝战争中牺牲	—
徐朝春	男	1940	资阳县义和公社李家桥大队	1961. 9	中共党员	1974 年 2 月 22 日在拉萨因公牺牲	—
刘永家	男	1947	资阳县义和公社宝庆大队	1968	中共党员	1971 年 9 月在平武县因公牺牲	—
徐顺必	男	1939	资阳县义和公社长兴大队	1958. 3	中共党员	1962 年 10 月在中印边境自卫反击作战中牺牲	—
刘明学	男	1932	资阳县义和公社两河大队	1950. 11	中共党员	1956 年 3 月 23 日在理塘县平叛中牺牲	—
汤　云	男	1929	资阳县义和公社韩家沟大队	1942. 2	—	1951 年 2 月 1 日在抗美援朝战争中牺牲	—
秦忠书	男	1928	资阳县新场公社李家桥大队	1951. 10	—	1953 年 2 月 1 日在抗美援朝战争中牺牲	—

续表

姓　名	性别	出生年月	籍　贯	参加革命时间	政治面貌	牺牲时间地点	备　注
陈吉忠	男	1929	资阳县新场公社长兴大队	1950.2	—	1951年5月在抗美援朝战争中牺牲	—
李春贵	男	1931	资阳县新场公社莫家文大队	1950.3	—	1952年9月27日在抗美援朝战争中牺牲	—
范立芳	男	1941	资阳县新场公社油草堰大队	1960.3	—	1960年12月19日在四川省乡城县因公牺牲	—
吴品翠	男	1933	资阳县新场公社平桥大队	1951.1	—	1952年10月20日在抗美援朝战争中牺牲	—
龙玉进	男	1934	资阳县新场公社千章坝大队	1956.3	—	1959年9月1日在西藏拉萨因公牺牲	—
蒋正忠	男	1935	资阳县新场公社巡泗桥大队	1956.1	共青团员	1964年2月7日在昌都因公牺牲	—
彭　林	男	1934	资阳县响峒公社胡家祠大队	1953.2	共青团员	1953年6月13日在抗美援朝战争中牺牲	—
曾炳文	男	1928	资阳县响峒公社康家大队	1949.10	—	1950年9月1日在西康战斗中牺牲	—
史连山	男	1926	资阳县响峒公社康家大队	1949.4	—	1951年5月17日在江苏省嘉定县因公牺牲	—
曾凡彬	男	1948	资阳县响峒公社康家大队	1968.3	中共党员	1971年9月19日在西藏因公牺牲	—
胡　晓	男	1949	资阳县响峒公社康家大队	1971.1	中共党员	1975年4月1日在山西省忻县因公牺牲	—
吴应久	男	1936	资阳县响峒公社罗高大队	1956.3	—	1956年7月1日在黑水县平叛中牺牲	—
彭绍书	男	1931	资阳县响峒公社康家大队	1951.2	—	1953年6月11日在抗美援朝战争中牺牲	—
邓　俊	男	1909	资阳县磐石公社新盟大队	—	中共党员	1933年10月在成都被反动派杀害	—
易万顺	男	1922	资阳县磐石公社成仙寺大队	1948.11	中共党员	1951年3月11日在抗美援朝战争中牺牲	—
罗青云	男	1926	资阳县磐石公社袁桥大队	1950	—	1951年7月在抗美援朝战争中牺牲	—
尹汉卿	男	1931	资阳县磐石公社皂角大队	1950.12	—	1952年9月24日在抗美援朝战争中牺牲	—
罗克勋	男	1932	资阳县磐石公社新盟大队	1950.5	—	1951年5月11日在抗美援朝战争中牺牲	—
李直才	男	1926	资阳县磐石公社皂角大队	1950.6	—	1953年5月17日在抗美援朝战争中牺牲	—
彭光华	男	1936	资阳县磐石公社袁桥大队	1955.3	—	1961年3月30日在西藏因公牺牲	—
曾　龄	男	1931	资阳县回龙公社徐堰大队	1950.6	—	1954年3月在抗美援朝战争中牺牲	—

续表

姓名	性别	出生年月	籍贯	参加革命时间	政治面貌	牺牲时间地点	备注
谢先丁	男	1933	资阳县回龙公社川主大队	1953.2	—	1954年8月3日在抗美援朝战争中牺牲	—
陈国超	男	1932	资阳县回龙公社川主大队	1950.5	—	1952年11月19日在抗美援朝战争中牺牲	—
秦绍明	男	1936	资阳县回龙公社松柏大队	1955.3	中共党员	1961年5月18日在宁静县平叛中牺牲	—
周仲毓	男	1926	资阳县回龙公社太平大队	1950.10	—	1951年4月21日在抗美援朝战争中牺牲	—
李世华	男	1935	资阳县回龙公社段家大队	1956.3	—	1956年6月8日在黑水县平叛中牺牲	—
汤铭康	男	1926	资阳县回龙公社川主大队	1949.11	—	1953年6月4日在抗美援朝战争中牺牲	—
文子轮	男	1927	资阳县回龙公社徐堰大队	1950.5	—	1952年11月2日在抗美援朝战争中牺牲	—
徐光盛	男	1941	资阳县回龙公社玉河大队	1960.3	—	1960年7月4日在马尔康平叛中牺牲	—
徐耀文	男	1927	资阳县回龙公社玉河大队	1950.3	—	1952年8月在抗美援朝战争中失踪	—
文子祥	男	1929	资阳县回龙公社徐堰大队	1950.3	—	1952年10月7日在抗美援朝战争中牺牲	—
胡庆忠	男	1944.6	资阳县小院公社白木桥大队	1960.3	中共党员	1979年3月13日在中越边境自卫还击战中牺牲	—
朱万禄	男	1926	资阳县小院公社七贤坝大队	1951.7	—	1953年9月27日在抗美援朝战争中牺牲	—
刘世权	男	1932	资阳县小院公社高堰大队	1955.3	中共党员	1960年3月24日在西藏平叛中牺牲	—
邓超	男	1929	资阳县小院公社高堰大队	1950.4	中共党员	1952年11月7日在朝鲜上甘岭战役中牺牲	—
朱振派	男	1939	资阳县小院公社高堰大队	1958.3	—	1958年10月16日在西藏平叛中牺牲	—
邓世方	男	1927	资阳县小院公社白木桥大队	1951.6	—	1953年3月17日在抗美援朝战争中牺牲	—
尹建清	男	1931	资阳县小院区狮子街	1950.5	—	1952年10月13日在抗美援朝战争中牺牲	—
李凤成	男	1959.9	资阳县小院公社大坪大队	1979.1	—	1979年2月23日在中越边境自卫还击战中牺牲	荣立三等功一次
邓良华	男	1930	资阳县小院公社白木桥大队	1951.3	—	1957年8月29日在朝鲜牺牲	—
江福忠	男	1935	资阳县小院公社柏林大队	1956.3	—	1956年6月4日在西藏平叛中牺牲	—
汪法武	男	1917	资阳县同心公社烂庙子大队	1949.1	—	1952年12月26日在抗美援朝战争中牺牲	荣立三等功一次

续表

姓　名	性别	出生年月	籍　贯	参加革命时间	政治面貌	牺牲时间地点	备　注
曾庆云	男	1933	资阳县同心公社刘家庙大队	1950.12	中共党员	1956年3月24日在理塘县平叛中牺牲	—
徐志礼	男	1928	资阳县同心公社三江大队	1951.6	—	1952年11月10日在抗美援朝战争中牺牲	—
周仕用	男	1926	资阳县隆相公社李子沟大队	1950.4	—	1951年12月在抗美援朝战争中失踪	—
周载锡	男	1930	资阳县隆相公社黄连大队	1950.5	—	1951年4月3日在抗美援朝战争中牺牲	—
付恩荣	男	1926	资阳县隆相公社付水湾大队	1948.4	中共党员	1958年8月8日在青海省剿匪中牺牲	—
阮国华	男	1930	资阳县隆相公社道沟大队	1955.3	—	1957年4月20日在朝鲜牺牲	—
李万德	男	1939	资阳县隆相公社桅子湾大队	1958.3	—	1959年10月30日在西藏因公牺牲	—
朱明模	男	1917	资阳县隆相公社道沟大队	1949.5	—	1953年7月1日在抗美援朝战争中牺牲	—
唐定高	男	1954	资阳县鲁家公社乐杨大队	1975.1	中共党员	1978年8月22日在韩城因公牺牲	荣立三等功一次
罗先国	男	1935	资阳县鲁家公社李光坝大队	1958.3	—	1962年10月25日在中印边境自卫反击作战中牺牲	—
袁中吉	男	1937	资阳县鲁家公社乐杨大队	1958.3	—	1960年5月3日在西藏因公牺牲	—
谢国强	男	1924	资阳县鲁家公社赵家大队	1950.1	—	1950年4月在资阳县回龙乡因公牺牲	—
张玉麟	男	1924	资阳县鲁家公社乐杨大队	1950	—	1951年在抗美援朝战争中牺牲	—
李兴德	男	1933.9	资阳县塘池公社胡石桥大队	1953.12	—	1968年3月在西藏因公牺牲	—
刘太成	男	1938	资阳县塘池公社秦家坝大队	1958.3	—	1958年9月在西藏平叛中牺牲	—
张志明	男	1956	资阳县堪嘉公社树林大队	1976	—	1977年5月4日在平顶山市因公牺牲	—
邹良成	男	1923.3	资阳县堪嘉公社中心大队	1948	—	1952年8月19日在抗美援朝战争中牺牲	荣立一等功一次
詹震东	男	1929.11	资阳县堪嘉公社贾家庙大队	1949.12	—	1952年7月21日在抗美援朝战争中牺牲	—
张登赞	男	1917	资阳县堪嘉公社大同庙大队	1949.5	—	1953年7月11日在抗美援朝战争中牺牲	荣立三等功一次
杨　康	男	1923	资阳县堪嘉公社场镇	1950.1	—	1950年4月在资阳县堪嘉乡被土匪杀害	—
马康友	男	1953	资阳县红莲公社蒲角大队	1970.1	—	1976年7月28日在唐山市因公牺牲	—

续表

姓 名	性别	出生年月	籍 贯	参加革命时间	政治面貌	牺牲时间地点	备 注
罗志祥	男	1935	资阳县伍寿公社盐井大队	1956.3	共青团员	1958年6月20日在若尔盖平叛中牺牲	—
彭昌国	男	1953	资阳县伍寿公社江西大队	1970.1	—	1978年6月18日在河北省迁西县因公牺牲	—
邵远西	男	1928	资阳县伍寿公社古雷大队	1949.12	—	1953年7月在抗美援朝战争中牺牲	—
万锡龄	男	1929	资阳县伍寿公社江西大队	1951.1	—	1951年6月2日在抗美援朝战争中牺牲	—
周 海	男	1930	资阳县伍寿公社场镇	1950.2	—	1951年4月22日在抗美援朝战争中牺牲	—
凌鸿发	男	1926	资阳县伍寿公社瓢山大队	1950.5	—	1952年9月22日在抗美援朝战争中牺牲	—
杨月华	女	1945	资阳县伍寿公社瓢山大队	1965.8	中共党员	1978年4月14日在河南因公牺牲	—
汪光富	男	1931	资阳县双岔公社祯祥大队	1950.5	—	1952年11月5日在朝鲜上甘岭战役中牺牲	—
刘水元	男	1926	资阳县双岔公社铺子大队	1949.12	—	1950年2月14日在铜鼓寨战斗中牺牲	—
陈国祥	男	1934	资阳县双岔公社白坡大队	1956.4	—	1957年7月11日在修筑康藏公路中因公牺牲	—
罗良德	男	1936.3	资阳县双岔公社麻柳大队	1956.3	—	1957年7月10日在南坪县平叛中牺牲	—
兰影如	男	1923	资阳县双岔公社学堂大队	1949	—	1951年11月在抗美援朝战争中牺牲	—
兰贵安	男	1921	资阳县双岔公社双峰大队	1948.7	—	1948年9月在淮海战役中牺牲	—
魏永全	男	1935	资阳县长生公社周家凼大队	1955.5	—	1959年10月2日在昌都地区平叛中牺牲	荣立三等功一次
李家金	男	1936	资阳县长生公社红庙大队	1956.1	—	1956年6月19日在松潘平叛中牺牲	—
鲁紫扬	男	1925	资阳县长生公社黄石大队	1950.8	—	1950年11月在大邑县因公牺牲	—
鲁从新	男	1929	资阳县长生公社周家凼大队	1950.5	—	1952年11月17日在抗美援朝战争中牺牲	—
万志成	男	1938	资阳县长生公社马道大队	1958.10	—	1960年12月11日在黑水县平叛中牺牲	—
李昌宣	男	1937.12	资阳县长生公社红庙大队	1953.9	中共党员	1976年2月28日因积劳成疾于武汉病故	—
鲁德元	男	1929.2	资阳县东峰公社双堰大队	1949.11	—	1952年12月在抗美援朝战争中失踪	—
王文彬	男	1924	资阳县东峰公社双龙大队	1949.4	中共党员	1950年1月26日在泸县剿匪中牺牲	—

续表

姓 名	性别	出生年月	籍 贯	参加革命时间	政治面貌	牺牲时间地点	备 注
刘德荣	男	1929	资阳县东峰公社场镇	1950.1	中共党员	1952年10月22日在抗美援朝战争中牺牲	—
张万有	男	1938	资阳县东峰公社打铁大队	1958.3	—	1959年3月20日在西藏拉萨平叛中牺牲	—
李元林	男	1931	资阳县东峰公社双堰大队	1951.1	—	1953年7月1日在修筑成阿公路中因公牺牲	—
鲁根兴	男	1923	资阳县东峰公社打铁大队	1950.5	—	1952年12月30日在抗美援朝战争中牺牲	—
谭清学	男	1935	资阳县东峰公社谭家大队	1955.3	—	1959年6月5日在昌都地区平叛中牺牲	—
徐明志	男	1928	资阳县东峰公社双堰大队	1950.6	—	1953年7月31日在抗美援朝战争中牺牲	—
朱万福	男	1932	资阳县东峰公社高石梯大队	1950.1	—	1951年5月5日在抗美援朝战争中牺牲	—
刘玉成	男	1925	资阳县东峰公社高石梯大队	1951.1	—	1951年3月29日在抗美援朝战争中牺牲	—
秦治光	男	1926.11	资阳县东峰公社三元大队	1950.3	—	1953年6月在抗美援朝战争中牺牲	—
邹明照	男	1933	资阳县培德公社藕堰大队	1953.2	—	1953年6月25日在抗美援朝战争中牺牲	—
陈国章	男	1950	资阳县培德公社炮台大队	1970.1	—	1971年3月7日在冕宁县因公牺牲	—
刘汉礼	男	1942	资阳县培德公社石宝大队	1962.8	中共党员	1969年8月25日在青海格尔木因公牺牲	—
许光太	男	1936	资阳县培德公社尖山大队	1956.3	—	1960年5月1日在贡觉县平叛中牺牲	—
李泽芝	男	1939	资阳县培德公社石宝大队	1958.3	—	1958年9月20日在尼木宗平叛中牺牲	—
魏良春	男	1922	资阳县培德公社培德大队	1950.2	—	1950年6月在资阳县寿民乡因公牺牲	—
罗开清	男	1935	资阳县铜钟公社形弓大队	1953.3	—	1955年7月19日在湖南永兴县因公牺牲	—
刘以昭	男	1927	资阳县铜钟公社一碗水大队	1950.9	—	1951年9月在抗美援朝战争中失踪	—
李治才	男	1921.2	资阳县铜钟公社石嘴大队	1948	—	1952年12月在抗美援朝战争中失踪	—
杨世炯	男	1928	资阳县铜钟公社曹家大队	1950.9	—	1952年11月14日在抗美援朝战争中牺牲	—
卢忠德	男	1927	资阳县铜钟公社一碗水大队	1950.1	—	1952年6月12日在抗美援朝战争中失踪	—
向华安	男	1929	资阳县铜钟公社五里大队	1949.12	—	1952年6月23日在抗美援朝战争中失踪	—

续表

姓　名	性别	出生年月	籍　贯	参加革命时间	政治面貌	牺牲时间地点	备　注
陈伯仲	男	1929	资阳县石岭公社义和大队	1949.12	—	1953年4月14日在沈阳因公牺牲	—
李远荣	男	1921	资阳县石岭公社土桥大队	1948.11	中共党员	1952年10月19日在抗美援朝战争中失踪	—
魏永华	男	1938	资阳县石岭公社五一大队	1958.3	—	1958年8月3日在西藏因公牺牲	—
叶明洪	男	1956	资阳县石岭公社两义大队	1976.3	—	1977年6月8日在新疆因公牺牲	—
孙永明	男	1939	资阳县石岭公社长沟大队	1958.3	—	1959年3月20日在西藏平叛中牺牲	—
罗胜财	男	1932	资阳县石岭公社水竹大队	1951.3	—	1956年10月9日在松潘县平叛中牺牲	—
何仕文	男	1939	资阳县石岭公社梓桐大队	1958.3	—	1959年4月3日在西藏平叛中牺牲	—
叶宗弟	男	1939	资阳县石岭公社义和大队	1958.3	—	1958年9月20日在西藏平叛中牺牲	—
何国文	男	1938	资阳县石岭公社土桥大队	1958.3	—	1958年4月7日在西藏平叛中牺牲	—
林孝模	男	1927	资阳县金带铺公社白果大队	1951.6	—	1952年12月3日在抗美援朝战争中牺牲	—
张贤水	男	1939	资阳县金带铺公社石河大队	1961.8	—	1968年1月2日在援越抗美战争中牺牲	—
罗德轩	男	1926	资阳县金带铺公社石河大队	1951.8	—	1956年5月23日在若尔盖平叛中牺牲	—
王绍荣	男	1926	资阳县金带铺公社群力大队	1953.3	—	1953年6月11日在抗美援朝战争中牺牲	—
杨在山	男	1917	资阳县金带铺公社高峰大队	1948.10	—	1953年2月18日在抗美援朝战争中牺牲	—
刘治香	男	1918	资阳县金带铺公社同心大队	1947.3	—	1953年5月8日在抗美援朝战争中牺牲	—
魏福禄	男	1939.7	资阳县南津公社湖广大队	1960.3	—	1963年9月5日在德格县因公牺牲	—
张海波	男	1929.12	资阳县南津公社永佳大队	1950.3	—	1951年在小金县达维剿匪战斗中牺牲	—
胡俊成	男	1933.11	资阳县南津公社湖广大队	1956.3	—	1959年4月26日在温波寺战斗中牺牲	—
徐廷兴	男	1903	资阳县南津公社永佳大队	1948.11	中共党员	1950年在贵州郎岱因公牺牲	—
李维东	男	1928.5	资阳县南津公社迎桥大队	1951.6	—	1952年10月17日在抗美援朝战争中牺牲	—
余国祯	男	1907	资阳县南津公社共和街	1926	中共党员	1933年5月31日在四川伪省府门外被杀害	—

续表

姓　名	性别	出生年月	籍　贯	参加革命时间	政治面貌	牺牲时间地点	备　注
刘金东	男	1928.1	资阳县观音公社龙洞湾大队	1950.4	—	1952年9月22日在抗美援朝战争中牺牲	—
曾开明	男	1938.7	资阳县观音公社烂庙子大队	1958.3	—	1959年4月19日在西藏平叛中牺牲	—
吴其德	男	1935.7	资阳县观音公社水竹林大队	1955.3	中共党员	1962年11月16日在中印边境自卫反击作战中牺牲	—
陈兴燮	男	1945.7	资阳县观音公社龙洞湾大队	1964.3	中共党员	1965年7月7日在长春市因公牺牲	—
叶火祥	男	1929	资阳县观音公社吴家寺大队	1955.3	中共党员	1959年7月21日在昌都地区平叛中牺牲	—
卓玉山	男	1919.6	资阳县观音公社水竹林大队	1950.6	中共党员	1952年11月23日在抗美援朝战争中牺牲	—
刘凡福	男	1939.7	资阳县观音公社龙洞湾大队	1958.3	共青团员	1964年9月21日在西藏因公牺牲	—
陈启东	男	1942.11	资阳县振书公社观音堂大队	1965.3	中共党员	1967年2月24日在米易县因公牺牲	—
张治文	男	1939.4	资阳县振书公社豹子岩大队	1963.3	中共党员	1966年8月27日在禄丰县因公牺牲	—
孙德文	男	1935.8	资阳县振书公社冻青铺大队	1956.3	共青团员	1956年7月1日在松潘县因公牺牲	—
刘忠德	男	1954.12	资阳县振书公社冻青铺大队	1975.1	共青团员	1975年11月21日因烫伤医治无效牺牲	—
张文钦	男	1936.9	资阳县振书公社民主大队	1958.3	共青团员	1960年5月13日在西藏平叛中牺牲	—
魏世贵	男	1938.5	资阳县振书公社振书大队	1960.3	共青团员	1962年6月23日在西藏因公牺牲	—
刘明元	男	1932.1	资阳县振书公社老鸦山大队	1955.3	—	1959年11月20日在西藏平叛中牺牲	—
魏世清	男	1936	资阳县振书公社振书大队	1956.3	—	1956年5月26日在黑水县平叛中牺牲	—
杜绍清	男	1923.8	资阳县振书公社新添铺大队	1950.1	—	1952年9月1日在抗美援朝战争中牺牲	—
魏金成	男	1929.2	资阳县振书公社花金沟大队	1953.2	—	1953年6月11日在抗美援朝战争中牺牲	—
张受益	男	1924.11	资阳县大明公社九龙大队	1950.2	—	1952年10月12日在抗美援朝战争中牺牲	—
陈淑光	男	1931.12	资阳县大明公社铜钱大队	1955.3	中共党员	1960年3月8日在西藏平叛中牺牲	—
康成华	男	1939.4	资阳县大明公社大田大队	1958.3	—	1958年9月15日在西藏林芝因公牺牲	—
颜少华	男	1926.7	资阳县大明公社店子大队	1950.6	—	1953年6月18日在抗美援朝战争中牺牲	—

续表

姓　名	性别	出生年月	籍　贯	参加革命时间	政治面貌	牺牲时间地点	备　注
纪光忠	男	1933.12	资阳县大明公社大田大队	1953.2	—	1953年6月11日在抗美援朝战争中牺牲	—
鲁　荣	男	1926.8	资阳县大明公社九龙大队	1950.4	—	1952年10月24日在抗美援朝战争中牺牲	—
徐朋志	男	1927.1	资阳县大明公社铜钱大队	1951.3	共青团员	1953年7月31日在抗美援朝战争中牺牲	—
胡云庆	男	1918	资阳县清水公社滴水大队	1948	—	1950年12月3日在抗美援朝战争中牺牲	—
秦安明	男	1930.11	资阳县清水公社卓家大队	1950.5	—	1952年10月16日在朝鲜上甘岭战役中牺牲	—
范方云	男	1938.3	资阳县清水公社滴水大队	1958.3	共青团员	1958年6月5日在西藏则拉宗因公牺牲	—
周新民	男	1940.7	资阳县真武公社宋家堰大队	1960.3	共青团员	1962年在石渠县因公牺牲	—
李文清	男	1931	资阳县真武公社转龙桥大队	1949.12	—	1950年12月在抗美援朝战争中牺牲	—
任贵年	男	1917.9	资阳县真武公社蓼叶沟大队	1949.2	—	1953年6月17日在抗美援朝战争中牺牲	荣立小功一次
宋良善	男	1929	资阳县真武公社蓼叶沟大队	1949.12	—	1951年5月在抗美援朝战争中牺牲	—
肖金银	男	1931.11	资阳县石川公社茅店子大队	1956.3	共青团员	1958年9月20日在尼木宗因公牺牲	—
刘洪高	男	1924.7	资阳县石川公社月水坝大队	1950.2	—	1954年12月在湖南	—
李廷泽	男	1926.12	资阳县河东公社松林大队	1949.4	—	1953年1月1日在抗美援朝战争中牺牲	—
张纯正	男	1927.2	资阳县河东公社云台大队	1951.1	—	1952年10月在抗美援朝战争中牺牲	—
王用成	男	1932.2	资阳县河东公社松林大队	1956.3	共青团员	1957年12月18日在拉萨因公牺牲	—
张志忠	男	1929.12	资阳县河东公社元坝大队	1955	中共党员	1959年6月1日在西藏平叛中牺牲	—
孙连清	男	1919	资阳县刘家公社刘家大队	1947.7	—	1948年10月在解放太原战斗中牺牲	—
李德元	男	1939.6	资阳县刘家公社竹林大队	1960.3	共青团员	1960年5月30日在德格县平叛中牺牲	—
张兴秀	男	1940.8	资阳县刘家公社庆子石大队	1960.3	共青团员	1960年5月30日在德格县平叛中牺牲	—
秦天平	男	1933.1	资阳县刘家公社新店大队	1955.1	—	1956年7月28日在抗美援朝战争中牺牲	—
张兴国	男	1927.5	资阳县刘家公社长沟大队	1949.4	—	1953年3月21日在抗美援朝战争中牺牲	—

续表

姓　名	性别	出生年月	籍　贯	参加革命时间	政治面貌	牺牲时间地点	备　注
刘官明	男	1938.3	资阳县刘家公社竹林大队	1961.9	共青团员	1965年5月6日在二郎山因公牺牲	—
张祖清	男	1937.4	资阳县刘家公社刘家大队	1958.2	中共党员	1961年1月7日在西藏平叛中牺牲	—
王　俊	男	1930.4	资阳县访弘公社白果大队	1951.2	—	1952年8月22日在抗美援朝战争中牺牲	—
马贵和	男	1927.7	资阳县访弘公社苌弘大队	1951.6	—	1952年8月18日在抗美援朝战争中牺牲	—
王用怀	男	1924.1	资阳县访弘公社苌弘大队	1948.4	—	1952年6月在朝鲜失踪	—
陈光武	男	1931.9	资阳县访弘公社白鹤大队	1951.6	—	1953年1月10日在抗美援朝战争中牺牲	—
李茂盛	男	1925	资阳县访弘公社苌弘大队	1951.7	共青团员	1953年2月1日在抗美援朝战争中牺牲	—
熊定福	男	1925.12	资阳县访弘公社葫芦大队	1949.10	—	1949年12月25日在固驿镇战斗中牺牲	—
王辉明	男	1922.5	资阳县访弘公社白鹤大队	1948.1	—	1950年12月1日在抗美援朝战争中牺牲	—
杨青云	男	1926	资阳县城关镇	1950.1	—	1951年1月30日在资阳县临江寺因公牺牲	—
陈德文	男	1913	资阳县临江公社石船大队	1950.5	—	1952年10月18日在抗美援朝战争中牺牲	—
甘天富	男	1923	资阳县临江公社临江大队	1950.5	中共党员	1951年4月26日在抗美援朝战争中牺牲	—
周德元	男	1933	资阳县临江公社仁里大队	1949	—	1953年3月在抗美援朝战争中牺牲	—
王伯华	男	1927.8	资阳县临江公社街上	1949.12	—	1952年8月在抗美援朝战争中牺牲	—
卢崇新	男	1958	资阳县临江公社临庵大队	1978.4	中共党员	1979年2月13日在中越边境自卫反击作战中牺牲	荣立三等功一次
李家清	男	1946	资阳县昆仑公社昆仑大队	1965.10	—	1967年6月2日在河南省信阳因公牺牲	—
李兴荣	男	1930	资阳县昆仑公社先锋大队	1950.6	—	1953年5月2日在抗美援朝战争中牺牲	—
廖开勤	男	1927	资阳县清泉公社石花大队	1950.4	—	1952年10月19日在抗美援朝战争中牺牲	—
梅志文	男	1920	资阳县清泉公社团柏大队	1948.10	—	1952年9月9日在抗美援朝战争中牺牲	—
杨光辉	男	1919	资阳县清泉公社斑竹大队	1948.11	—	1950年2月在简阳石板滩剿匪中牺牲	—
吕怀忠	男	1924	资阳县清泉公社红碑大队	1948.10	中共党员	1953年3月在抗美援朝战争中牺牲	—

续表

姓名	性别	出生年月	籍贯	参加革命时间	政治面貌	牺牲时间地点	备注
干国民	男	1927	资阳县清泉公社大堰大队	1949.5	—	1953年7月11日在抗美援朝战争中牺牲	—
李宦昌	男	1922	资阳县清泉公社高山大队	1950.5	中共党员	1953年5月17日在抗美援朝战争中牺牲	—
胡吉祥	男	1930	资阳县清泉公社团柏大队	1951.7	—	1952年10月6日在抗美援朝战争中牺牲	—
汪志远	男	1923	资阳县清泉公社周祠大队	1950.4	—	1952年10月13日在抗美援朝战争中牺牲	—
廖天文	男	1926	资阳县清泉公社石花大队	1950.4	中共党员	1951年9月1日在抗美援朝战争中牺牲	—
申信相	男	1920	资阳县松涛公社申家大队	1950.5	—	1952年11月27日在抗美援朝战争中牺牲	—
叶光禄	男	1935	资阳县松涛公社槐树大队	1956.3	—	1956年5月31日在松潘县平叛中牺牲	—
廖德林	男	1931	资阳县松涛公社狮子大队	1949.5	中共党员	1958年8月16在甘肃省合镇平叛中牺牲	—
雷正发	男	1938	资阳县金台公社花椒大队	1956.3	—	1956年5月26日在黑水县平叛中牺牲	—
胡国良	男	1927	资阳县金台公社宰山大队	1950.5	共青团员	1951年4月23日在抗美援朝战争中牺牲	—
叶辅州	男	1927	资阳县金台公社红岩大队	1949.12	—	1950年4月10在璧山县剿匪中牺牲	—
李远海	男	1935	资阳县南市公社歇马大队	1953.2	—	1953年7月16日在抗美援朝战争中牺牲	—
陈兴祥	男	1937	资阳县南市公社高义大队	1953.6	共青团员	1956年5月在川西北龙日坝平叛中牺牲	—
邹绍明	男	1929	资阳县南市公社天台大队	1949.12	—	1953年7月15日在抗美援朝战争中牺牲	—
李在荣	男	1927	资阳县南市公社书台大队	1951	—	1952年8月在抗美援朝战争中失踪	—
唐俊华	男	1958	资阳县插花公社侯家坪大队	1974.1	共青团员	1974年12月20日在修建襄渝铁路中因公牺牲	—
刘思富	男	1937	资阳县插花公社侯家坪大队	1956.3	共青团员	1956年5月26日在黑水县平叛中牺牲	—
俞远进	男	1936	资阳县插花公社同和大队	1956.3	—	1956年5月26日在黑水县平叛中牺牲	—
邵庭其	男	1952	资阳县文明公社飞虹大队	1973.1	中共党员	1978年6月26日在资阳县因公牺牲	—
江占荣	男	1928	资阳县文明公社万家大队	1951.10	—	1952年8月12日在抗美援朝战争中牺牲	—
吴定义	男	1923	资阳县宝台公社沱桥大队	1953.3	—	1953年6月10日在抗美援朝战争中牺牲	—

续表

姓　名	性别	出生年月	籍　贯	参加革命时间	政治面貌	牺牲时间地点	备　注
吴家鳌	男	1936	资阳县宝台公社沱桥大队	1956.3	—	1956年6月11日在黑水县平叛中牺牲	—
袁忠德	男	1924	资阳县宝台公社半山大队	1950.3	—	1951年4月28日在抗美援朝战争中牺牲	—
彭　凯	男	1918.12	资阳县宝台公社半山大队	1949.12	—	1950年5月在彭水县剿匪中牺牲	—
饶国华	男	1895	资阳县宝台公社	—	—	1937年11月30日在安徽省广德县对日作战中牺牲	—
任汝克	男	1926	资阳县莲台公社小堰大队	1949.12	共青团员	1953年7月19日在抗美援朝战争中牺牲	荣立三等功一次
王治荣	男	1925	资阳县莲台公社雁江大队	1953.4	—	1953年6月16日在抗美援朝战争中牺牲	—
王尔绪	男	1936	资阳县莲台公社二堰大队	1956.3	—	1956年7月1日在西藏平叛中牺牲	—
董俊成	男	1956	资阳县莲台公社前进大队	1974.1	—	1974年12月30日在修建襄渝铁路中因公牺牲	—
董子清	男	1932	资阳县莲台公社前进大队	1953.2	共青团员	1953年6月14日在抗美援朝战争中牺牲	—
王大江	男	1934	资阳县莲台公社莲花大队	1953.3	共青团员	1953年6月22日在抗美援朝战争中牺牲	—
陈世斌	男	1937	资阳县莲台公社城北大队	1956.3	—	1956年7月1日在黑水县平叛中牺牲	—
伍典巨	男	1937	资阳县莲台公社顺河大队	1956.3	—	1956年5月25日在黑水县平叛中牺牲	—
吴传煊	男	1929	资阳县莲台公社城北大队	1950.11	—	1951年11月23日在抗美援朝战争中牺牲	荣立三等功一次
陈长元	男	1958	资阳县莲台公社二堰大队	1978.4	共青团员	1979年2月11日在中越边境自卫反击作战中牺牲	荣立三等功一次
刘以成	男	1944	资阳县丰裕公社祠堂大队	1964.9	共青团员	1965年10月28日在新津县因公牺牲	—
王志明	男	1931	资阳县丰裕公社正街	1949.12	中共党员	1952年1月8日在抗美援朝战争中牺牲	—
曾良举	男	1927	资阳县民合公社七星大队	1949.12	—	1950年2月5日在大足县剿匪中牺牲	—
丁华宣	男	1940	资阳县民合公社方山大队	1961.8	—	1962年11月16日在中印边境自卫反击作战中牺牲	—
黄维洪	男	1945	资阳县民合公社杨柳大队	1965.3	共青团员	1966年9月14日在雅江因公牺牲	—
刘天清	男	1948	资阳县民合公社华山大队	1968.3	中共党员	1972年1月22日在辽宁省锦州因公牺牲	—
刘兴武	男	1936	资阳县明阳公社高洞大队	1955.3	中共党员	1960年3月24日在西藏平叛中牺牲	—

续表

姓名	性别	出生年月	籍贯	参加革命时间	政治面貌	牺牲时间地点	备注
魏云	男	1929	资阳县明阳公社幸福大队	1949.1	—	1952年11月21日在抗美援朝战争中牺牲	—
黄德福	男	1930	资阳县祥嘉公社香龙大队	1953.2	—	1953年6月11日在抗美援朝战争中牺牲	—
李祯祥	男	1947	资阳县祥嘉公社德教大队	1968.3	中共党员	1969年8月24日在锦西因公牺牲	—
罗维元	男	1926	资阳县碑记公社龙王庙大队	1949.5	—	1951年5月26日在抗美援朝战争中牺牲	—
王绍贵	男	1928	资阳县碑记公社宝山大队	1949.12	—	1950年3月19日在安岳县因公牺牲	—
刘光汉	男	1956	资阳县碑记公社龙王庙大队	1975.1	共青团员	1977年5月4日在河南省平顶山市因公牺牲	—
王鑫民	男	1932	资阳县碑记公社龙王庙大队	1950.6	—	1953年1月12日在抗美援朝战争中牺牲	—
王显银	男	1955	资阳县碑记公社联合大队	1975.1	共青团员	1977年5月4日在河南省平顶山市因公牺牲	—
刘城	男	1927	资阳县碑记公社松树山大队	1950.5	—	1951年5月20日在抗美援朝战争中牺牲	—
罗东均	男	—	资阳县碑记公社高山嘴大队	1951.6	—	1952年11月28日在抗美援朝战争中牺牲	—
罗俊章	男	1931.5	资阳县大佛公社双池大队	1951.01	—	1952年10月28日在抗美援朝战争中牺牲	—
黄德玉	男	1932	资阳县大佛公社6大队	1950.7	—	1952年11月4日在抗美援朝战争中牺牲	—
马洪发	男	1928	资阳县慈祥公社民权大队	1948.12	—	1952年3月2日在抗美援朝战争中牺牲	—
李光文	男	1955	资阳县迎接公社牛藤大队	1975	共青团员	1977年5月4日在河南省平顶山市因公牺牲	—
李真扬	男	1929	资阳县迎接公社牛藤大队	1950	—	1953年7月1日在修筑成阿公路中因公牺牲	—
王治臣	男	1919	资阳县祥符公社柳庄大队	1950.5	—	1952年10月1日在抗美援朝战争中牺牲	—
张玉良	男	1936	资阳县祥符公社柳庄大队	1956.1	共青团员	1956年5月25日在黑水县平叛中牺牲	—
陈际扬	男	1923	资阳县祥符公社二湾大队	1949.7	—	1953年4月在抗美援朝战争中牺牲	—
彭良才	男	1932	资阳县祥符公社柳庄大队	1951.1	—	1952年8月在抗美援朝战争中失踪	—
邹汉章	男	1930	资阳县古井公社龙滩大队	1951.7	—	1953年2月1日在抗美援朝战争中牺牲	—
许月祥	男	1942	资阳县古井公社分水大队	1960.3	中共党员	1962年10月28日在甘孜白玉县因公牺牲	—

续表

姓　名	性别	出生年月	籍　贯	参加革命时间	政治面貌	牺牲时间地点	备　注
陈金山	男	1920	资阳县古井公社黄板大队	1949.4	—	1952年7月6日在抗美援朝战争中牺牲	—
冯开勇	男	1949	资阳县三柏公社回龙大队	1964.1	共青团员	1969年11月30日在河南省安阳因公牺牲	—
李　祝	男	1915	资阳县三柏公社松树大队	1950.5	中共党员	1952年11月1日在抗美援朝战争中牺牲	—
孙学原	男	1932	资阳县洛重公社高明大队	1950.5	—	1951年4月23日在抗美援朝战争中牺牲	—
孙正扬	男	1924	资阳县洛重公社高桥大队	1950.5	—	1951年4月23日在抗美援朝战争中牺牲	—
汪俊臣	男	1914	资阳县洛重公社天鹅山大队	1948	—	1948年11月在安徽宿县战斗中牺牲	—
汪油州	男	1935	资阳县洛重公社团碑大队	1956.3	—	1956年5月30日在黑水县平叛中牺牲	—
余绍成	男	1933	资阳县洛重公社排桶大队	1951.12	—	1952年10月在抗美援朝战争中牺牲	—
许治国	男	1941	资阳县黄添公社杨柳河大队	1960.3	—	1960年9月25日在邓柯县因公牺牲	—
陈升华	男	1926	资阳县黄添公社打卦石大队	1950.3	—	1952年10月20日在抗美援朝战争中牺牲	—
江德成	男	1926	资阳县黄添公社黄添大队	1949.12	—	1951年4月21日在抗美援朝战争中牺牲	—
罗华太	男	1942.7	资阳县黄添公社浸水大队	1960.3	中共党员	1966年6月22日在泸州气矿32111钻井队因公牺牲	—
谢江文	男	1952	资阳县黄添公社天元大队	1971.1	—	1972年7月17日在山西省岢岚县因公牺牲	—
王仲廷	男	1921	资阳县老鹰公社宝珠大队	1949.1	—	1950年11月27日在抗美援朝战争中牺牲	—
汪德新	男	1929	资阳县老鹰公社高桐大队	1950.5	共青团员	1951年6月2日在抗美援朝战争中牺牲	—
陈金生	男	1936	资阳县老鹰公社高桐大队	1956.3	共青团员	1956年5月30日在黑水县平叛中牺牲	—
王大镇	男	1925	资阳县老鹰公社宝珠大队	1950.5	—	1952年10月23日在抗美援朝战争中牺牲	—
王光全	男	1928	资阳县老鹰公社宝珠大队	1949.11	中共党员	1951年在抗美援朝战争中牺牲	—
杨衣忠	男	1917	资阳县	1947.11	—	1949年7月12日在陕西省扶眉战役中牺牲	—
谢贵先	男	1924	资阳县	1948.9	—	1949年6月14日在陕西眉县金渠镇战斗中牺牲	—
刘大兴	男	1913	资阳县	1947.8	中共党员	1949年7月12日在陕西省扶风战斗中牺牲	—

续表

姓　名	性别	出生年月	籍　贯	参加革命时间	政治面貌	牺牲时间地点	备　注
邹高文	男	1926	资阳县	1944	—	1951年8月15日在抗美援朝战争中牺牲	—
舒乾亨	男	1938	资阳县	—	中共党员	1968年10月2日在西藏麦佳地区平叛中牺牲	—
杨世福	男	1929	资阳县	1949.11	—	1952年10月7日在抗美援朝战争中牺牲	—
周兴琪	男	1916	资阳县	1947	—	1948年11月10日在解放战争中牺牲	—
李如千	男	1919	资阳县	1947.1	—	1951年7月日在抗美援朝战争中牺牲	—
苏良富	男	1924	资阳县	1949.12	—	1951年5月19日在抗美援朝战争中牺牲	—
李五全	男	1929	资阳县	1948.11	—	1951年4月24日在抗美援朝战争中牺牲	—
费之荣	男	1928	资阳县	1950.2	—	1950年4月在西昌剿匪中牺牲	—
李吉林	男	1917	资阳县	1950.4	—	1952年10月13日在抗美援朝战争中牺牲	—
陈先太	男	1945	资阳县南津区	1963.9	中共党员	1976年9月30日在西藏执行任务中牺牲	—
周顺和	男	1927	资阳县	1949	—	1951年4月24日在抗美援朝战争中牺牲	—
刘清文	男	1923	资阳县	1948.11	—	1948年12月在淮海战役中牺牲	—
邓仁阳	男	1931	资阳县	1953.2	—	1953年8月25日在朝鲜因公牺牲	—
曾春德	男	1920	资阳县	1947	—	1947年在平原汲县张庄战斗中牺牲	—
朱清福	男	1924	资阳县	1950.10	—	1952年9月4日在黑水县平叛中牺牲	—
李正国	男	1925	资阳县	1950.9	—	1952年10月1日在抗美援朝战争中牺牲	—
易树成	男	1924	资阳县	1949.5	—	1949年11月10日在杨四坝战斗中牺牲	—
陈向身	男	1921	资阳县	1949.11	—	1951年6月4日在抗美援朝战争中牺牲	—
张德华	男	1931	资阳县三区	1949.12	—	1951年4月23日在抗美援朝战争中牺牲	—
谢忠道	男	1914	资阳县	1948.9	—	1951年2月28日在抗美援朝战争中牺牲	—
李志煊	男	1931	资阳县	1950.9	—	1951年5月18日在抗美援朝战争中牺牲	—

续表

姓　名	性别	出生年月	籍　贯	参加革命时间	政治面貌	牺牲时间地点	备　注
庞金玉	男	1912	资阳县	1933	—	1939年1月在鹿庄战斗中牺牲	—
祁发根	男	1929	资阳县	1950.2	—	1951年4月10日在抗美援朝战争中牺牲	—
李树枝	男	1925	资阳县	1950.5	—	1951年4月26日在抗美援朝战争中牺牲	—
任登孝	男	1930	资阳县	1950.2	—	1950年11月29日在抗美援朝战争中牺牲	—
尹　胜	男	1923	资阳县	1948.12	—	1951年4月13日在抗美援朝战争中牺牲	—
张绍武	男	1921	资阳县	1952	—	1956年4月28日在马尔康被土匪杀害	—
付　政	男	—	资阳县	1948.11	—	1949年在福建厦门战斗中牺牲	—
华　荣	男	1918	资阳县	1951.4	—	1951年11月14日在抗美援朝战争中牺牲	—
唐海云	男	—	资阳县老君公社	—	—	1939年4月15日在湖北省天门黑流对日作战中牺牲	—
何英杰	男	—	资阳县老君公社	—	—	1938年5月18日在山东铜山杨庄对日作战中牺牲	—
陈昌献	男	1922	资阳县回龙公社牛家大队	1949.1	—	1950年11月在台湾牺牲	—
阳彦富	男	1963.3	资阳县河东乡黄峰村	1983.3	—	1984年11月21日在云南麻栗坡县老山地区对越作战中牺牲	—
易永国	男	1963.10	资阳县回龙乡2村4社	1983.1	—	1984年11月11日在云南麻栗坡县老山地区对越作战中牺牲	—
禹玉军	男	1964.12	资阳县石川乡6村	1983.1	—	1984年8月13日在云南麻栗坡县老山地区对越作战中牺牲	—
周　敏	男	1964.5	资阳县义和乡7村9社	1982.11	中共党员	1984年11月8日在云南麻栗坡县老山地区对越作战中牺牲	—
张进学	男	1963.4	资阳县河东乡云台村7社	—	—	1989年9月20日在资阳市河东乡抢救他人生命牺牲	—
刘　朋	男	1982.2	资阳县清水乡卓家村6社	2000.12	共青团员	2002年6月10日在广西柳州抢救落水战友牺牲	—

注：此烈士英名录由区民政局提供。其中陈昌献、张进学、刘朋为新录，其他烈士原县志已有记载，今列其生卒、事由，以示纪念

第二节　百岁老人

表 29－2

序号	姓　名	性别	民族	出生年月	家庭住址
1	罗淑贞	女	汉	1901.8	城区政府西路
2	刘菊芳	女	汉	1905.10	城区爱国居委会
3	唐树华	女	汉	1905.10	雁江镇
4	李桂芝	女	汉	1902.9	松涛镇
5	冯香全	女	汉	1904.3	松涛镇
6	李素清	女	汉	1904.4	松涛镇
7	吴素仙	女	汉	1905.6	松涛镇
8	熊福香	女	汉	1905.8	松涛镇
9	李四方	女	汉	1903.5	松涛镇
10	张桂友	女	汉	1903.8	保和镇
11	陈德芳	女	汉	1905.1	保和镇
12	何玉远	男	汉	1904.8	保和镇
13	池桂容	女	汉	1904.8	保和镇
14	张素香	女	汉	1901.2	伍隍镇
15	魏书云	女	汉	1902.1	伍隍镇
16	白银贞	女	汉	1902.12	伍隍镇
17	卢泽珍	女	汉	1904.1	丹山镇
18	李大玉	女	汉	1904.5	丹山镇
19	李元吉	男	汉	1904.7	丹山镇
20	张承芳	女	汉	1905.2	丹山镇
21	蒋祖双	女	汉	1905.2	丹山镇
22	许琼芝	女	汉	1905.1	丹山镇
23	魏春华	女	汉	1900.1	南津镇
24	凌天华	男	汉	1902.7	南津镇
25	黄满云	女	汉	1903.9	南津镇
26	陶廷全	男	汉	1905.2	南津镇
27	王金香	女	汉	1901.3	临江镇

续表

序号	姓　名	性别	民族	出生年月	家庭住址
28	马伏珍	女	汉	1904. 7	临江镇
29	吴子云	女	汉	1905. 9	临江镇
30	方四海	男	汉	1900. 6	祥符镇
31	蔡松廷	男	汉	1904. 11	祥符镇
32	杨巧香	女	汉	1902. 6	老君镇
33	李素华	女	汉	1905. 5	老君镇
34	唐黄氏	女	汉	1905. 5	老君镇
35	程素芳	女	汉	1902. 5	新场乡
36	唐全玉	女	汉	1904. 4	碑记镇
37	罗凤英	女	汉	1905. 6	碑记镇
38	杨富文	女	汉	1903. 2	回龙乡
39	雷双珍	女	汉	1902. 1	回龙乡
40	徐玉香	女	汉	1904. 8	回龙乡
41	罗秀成	女	汉	1905. 8	回龙乡
42	肖启玉	男	汉	1905. 4	回龙乡
43	尹双玉	女	汉	1903. 1	中和镇
44	周子香	女	汉	1904. 8	中和镇
45	鲁素贞	女	汉	1904. 4	东峰镇
46	徐金芝	女	汉	1904. 7	东峰镇
47	王金菊	女	汉	1904. 8	小院镇
48	徐金山	男	汉	1904. 12	小院镇
49	余洪英	女	汉	1904. 1	丰裕镇
50	刘志宣	女	汉	1905. 9	丰裕镇
51	包素清	女	汉	1905. 9	丰裕镇
52	林德珍	女	汉	1905. 8	丰裕镇
53	朱理贞	女	汉	1905. 11	堪嘉镇
54	罗银凤	女	汉	1905. 2	迎接镇
55	唐素荣	女	汉	1905. 9	清水乡
56	尹体周	女	汉	1905. 8	保和镇

注：此表为2005年度统计情况

附　录

关于四川省撤销资阳县设立资阳市的批复

民行批〔1993〕5号

四川省人民政府：

你省一九九二年三月十日《关于撤销资阳县设立资阳市（县级）的请示》收悉。经国务院批准，同意撤销资阳县，设立资阳市（县级），由省直辖，以原资阳县的行政区域为资阳市的行政区域，不增加机构和编制。

民政部

一九九三年一月十六日

四川省人民政府关于撤销资阳县设立资阳市的批复

川府函〔1993〕23号

内江市并资阳县人民政府：

内府民〔1991〕02号请示悉。经报请国务院批准，同意撤销资阳县，设立资阳市（县级），由省直辖，以原资阳县的行政区域为资阳市的行政区域，不增加机构和编制。省政府委托内江市代管资阳市，原有的一切关系不变。

此复。

一九九三年一月十九日

四川省人民政府
关于撤销资阳地区设立地级资阳市的批复

资阳地区行政公署：

你们《关于撤销资阳地区设立地级资阳市，撤销县级资阳市设立县级雁江区的请示》（资署发〔1999〕68号）悉。经省政府审核并报国务院批准，同意撤销资阳地区，设立地级资阳市。现就有关事项批复如下：

一、撤销资阳地区和县级资阳市，设立地级资阳市。市人民政府驻新设立的雁江区。

二、资阳市设立雁江区，以原县级资阳市的行政区域为雁江区的行政区域。区人民政府驻雁江镇。

三、资阳市辖原资阳地区的安岳县、乐至县和新设立的雁江区。原资阳地区管辖的县级简阳市由省直辖，省政府委托资阳市代管。

资阳市的各类机构要按照“精简、效能”的原则设置，所需人员编制和经费由原资阳地区自行调剂解决。

二〇〇〇年七月六日

中共资阳县委　资阳县人民政府
关于普及初等教育的决定

资委发〔1986〕15号

党的十一届三中全会以来，我县的教育在调整、改革和发展方面都取得了较大成绩。但是，教育无论在数量和质量上都很不适应经济和社会发展的需要。省、市委要求我县八六年必须完成普及初等教育的任务。为了进一步明确任务、统一要求、坚持标准、实事求是，实现我县今年初等教育的普及，经县委、县政府讨论，特作如下决定：

一、进一步端正普及初等教育的指导思想，提高对教育重要性的认识。

普及初等教育是提高整个中华民族科学文化的起点，是培养现代化建设人才的奠基工程，提高广大劳动者的素质，发展中等和高等教育事业，进行社会主义的物质文明和精神文明的建设，都必须打好这个基础。应当看到，建国三十七年了，由于长时期受“左”的思想的影响，普及初等教育这一历史任务被耽误了，导致现在全县还有两万多平方米的危房和六千套石桌凳存在。对此，我们应当把普及初等教育提高到建设社会主义战略的高度来认识，各级党政干部和学校教职员工都要认真学习和贯彻中央、省、市一系列普及初等教育的指示精神，进一步提高认识，像抓经济工作那样抓教育，增强完成普及初等教育任务的责任感和紧迫感。

二、采取有力措施，从速改善办学条件。

普及初等教育，必须首先改善办学条件，实现校校无危房，班班有教室，学生人人有木质课桌凳。

各区（镇）乡所有学校必须在今年九月底前全部达到“一无两有”，所需经费，本着县财政拿一点，教育部门挤一点，群众再集一点，各方支持一点的原则解决，对于宝台、昆仑、清泉、松涛、老君、七里、保和、大洪、丹山、大腰、响峒，磐石、红莲、堪嘉、鲁家、铜钟、培德、东峰、双岔、忠义、振书、河东、石川、碑记、迎接、老鹰和洛重二十八个乡（镇）普及初等教育所需经费，除今年收取的教育费附加外，还要根据其学校危房的实际情况，人平再集资一元五角用以改善办学条件。其余各乡的办学条件，应做到缺啥补啥，不留尾巴。

征收教育费附加和人平再集资一元五角的乡（镇）、条件好的要争取大部分在上半年收齐，并投入使用。有困难的乡（镇）可以采取与修建单位订合同，延期交付材料费和工人工资等办法解决。办学经费要专款专用，管好用好，禁绝贪污挪用。

三、加强教师队伍建设，建立一支合格稳定的教师队伍。

搞好教师队伍的建设，是关系到中华民族下一个世纪接班人的培养问题，是教育这个战略重点中的重点。我县目前有中小学教师八千余人。其中小学教师四千六百多人。各级党政组织和教育部门要加强对教师队伍的整顿、提高。要采取切实可行的措施。提高他们的思想和教学业务水平，并对多余、不合格的民办教师要辞退，对不适合做教学工作的公办教师也要进行调整。

要进一步落实知识分子政策。党政领导要带头尊师重教，多为学校和教师做好事、办实事。树立尊重知识，尊重人才，尊重教师的社会风尚。要在政治上关心教师，通过各种形式宣传、表彰和奖励优秀教师，对符合党员条件的教师，要及时吸收入党。对侮辱殴打教师的违法行为要及时严肃处理。要按照有关政策规定，尽可能解决教师住房紧、子女就业难的实际问题，解决他们后顾之忧。同时要加强对教师的理想、纪律教育，形势、政策教育，师德教育，为人民服务的教育；鼓励教师热爱社会主义教育事业，热爱学生，教书育人，为人师表，自尊、自重、自爱、自觉抵制资产阶级思想的侵蚀，做精神文明建设的楷模。

四、认真办好乡（镇）中心校，全面提高教学质量。

乡（镇）中心校是“创造经验，典型示范”的骨干学校。各区（镇）乡和教育部门要认真办好乡（镇）中心校，积极改善办学条件，充分发挥乡（镇）中心校在教学研究、师资培训、图书资料和教学仪器等方面的中心作用。

乡（镇）中心校要负责管好学籍资料和教师业务档案。抓好全乡（镇）学校的规划、布局和业务指导工作，并按照教育部门的要求．不断提高教育质量，保证学生的入学率达到百分之九十七以上，巩固率达到百分之九十七以上，毕业率达到百分之八十五以上，普及率达到百分之九十以上。

五、切实加强对教育工作的领导

教育是全党全社会的事业，中央已把发展基础教育的重任交给了地方。因此，重视和加强对教育的领导已成为各级党政领导义不容辞的责任。

各级党政“一把手”一定要亲自抓教育，并有负责同志分管教育工作，要把教育列入党委和政府的议事日程，每年至少专题研究二至三次。为了加强对教育工作的领导，县上成立教育领导小组，区、乡建立教育委员会，吸收教育部门和有关方面的负责人参加。具体领导管理县、区、乡的教育工作。

主要从五个方面来抓教育：1. 把教育纳入当地经济和社会发展的总体规划，切实加强宏观管理，抓好规划和人才的预测工作；2. 认真抓好教育方针、政策的贯彻和检查督促，切实加强对学校思想政治工作的领导；3. 按照上级的统一部署，抓好教育领导管理体制的改革，推动基础教育事业的发展；4. 认真抓好学校的思想建设和组织建设，支持他们的工作，充分发挥其职能作用。并按照干部“四化”要求，充实加强学校的领导班子。5. 把发展教育作为开发地方经济的重要投资项目，增加教育投资。

各级党政领导要经常听取教办和学校的汇报，帮助解决教育部门自身难于解决的问题。党政主要领导同志到下面去检查工作时，也应抽时间到学校去倾听师生的意见和呼声，支持教育，为教育办好事，做实事。今后，衡量一个地区工作的好坏，不仅要看经济工作抓得如何，还要看教育工作抓得怎样，把教育工作作为干部考核的重要内容之一。

一九八六年四月三日

中共资阳县委　资阳县人民政府
关于改革农村集体提留切实减轻农民负担的决定

资委发〔1991〕8号

各区、镇、乡党委，各区公所、镇、乡人民政府，县委各部委，县级各部门：

我县一九八五年推行“定项限额”提留以来，农民负担过重的问题有所缓解。但一些地方和个别部门没有认真考虑农民的经济承受能力，一味追求兴办超前事业，加上应由行政企事业单位和个体企业共同分摊的公益事业费长期由农民全部负担等原因，使农民负担居高不下。为了有效地禁止乱收费、乱摊派、乱罚款，把农民不合理的负担真正减下来，保护和调动农民的生产积极性，决定从一九九一年起改革集体提留，农民负担实行一定三年不变。根据中共中央、国务院和省市有关指示精神，结合碑记乡“三项试点”的经验，对改革集体提留，减轻农民负担作如下决定。

（一）合理的负担是农民应尽的义务

农业税、农林特产税、生猪屠宰税等国家税法规定的税收，以及土地承包使用费和分流的公益事业统筹费，是农民应尽的义务，要教育农民积极交纳，按规定的时间完成。财税部门和代收单位，必须严格按照税法规定的征收对象、征收范围、代征起点、征收标准和征收办法征收，违反税法规定的要坚决纠正。按规定人平年负担应控制在农民上年纯收入的3%～5%以内。农民上交土地承包使用费和公益事业统筹费，应在当年的六月底前交纳40%，十月底前完成全年任务。

根据中共中央、国务院〔1990〕中发16号《关于坚决制止乱收费、乱罚款和各种摊派的决定》：“国家行政机关应在其职责范围内办理业务。除国家法律、法规有专门规定外，不准收费。行政事业性收费项目，集中在中央和省两级。根据收费的项目情况，分别由国家物价局、财政部和省物价局、财政部门审批，重要项目报国务院或省政府批准”。因此，除上述规定的税费以外的各种摊派和收费，都是不合理的负担，农民有权拒绝交纳。农田基本建设，要本着“谁受益谁负担”的原则，由受益农民合理分摊；各种技术承包，要在自愿互利的前提下，签订技术承包合同，实行面对面的技术服务，在增产增收的基础上，收取合理的技术承包费。技术承包费的标准，应在增产增收部分的5%以内。

（二）改革集体资金提留的原则和项目

实行家庭联产承包责任制以来，我县农村集体提留，仍然沿袭着统一经营时期的公积金、公益金、管理费、统筹费等四大项．而且收取的办法几乎是按划地人口份数分摊。这种办法，一方面加重了耕地负担，影响了农民种田的积极性；另一方面有许多全社会共同享受的公益事业，长期由种地农民全部负担，很不合理。同时，一年一定的工作量大，不利于管理。

为了增强土地公有制的意识，改变公益事业统筹费负担不合理的现状，根据“谁受益，谁负担，公益事业统筹费共同分摊”的原则，决定从一九九一年起，改革集体提留项目和收取标准。

一是把原来的公积金、公益金、管理费，改为土地承包使用费。土地承包使用费以农业社为单位，按划地人口的责任地份数计算，每份责任地一年收取10元。这样，既有利于稳定家庭联产承包责任制，鼓励农民增加土地的投入，又可以增强群众对土地公有制的意识，进一步使农民明确土地所有权和经营权的关系。

二是把教育附加费、民兵训练、广播维护改造、社会治安等公益事业统筹费实行负担分流。所谓公益事业统筹费负担分流，就是把原来不该由农民全部负担的公益事业统筹费，改为由农民和行政企事业单位，以及个体企业共同负担。农民负担部分，按农村总人口计算，每人一年收取10元。

三是把农民负担的土地承包使用费和公益事业统筹费，采用“双向承包”的形式，层层签订合同，即乡（镇）人民政府委托村公所与农业合作社签订合同；农业合作社与农户签订合同。合同签订后，不能单方面的随意改变。任何单位和个人都不得增加粮油和各种税费。否则，要按《合同法》有关规定处理。土地承包使用费和公益事业统筹费之和，最高不得超过农民上年人均纯收入的5%，超过的要服从政策，压缩支出。

（三）公益事业统筹费分流的原则

国务院《关于切实减轻农民负担的通知》（即国发〔1990〕12号文件）中指出：“集体提留和统筹费，全年统算统收。集体提留，主要按经济收入分摊，也可按土地或劳力分摊。乡统筹费，可按不同产业负担”。我县是全省11个“三项试点”县之一，根据省委农村工作领导小组的意见，要把公益事业统筹费的三分之二逐步分流到区、乡、行政企事业单位和个体企业负担。但近期由于乡镇企业发展不快等多种原因，行政企事业单位和个体企业的经济承受能力还有一定的限度，难以一步到位。因此，一九九一年至一九九三年的公益事业统筹费，仍以农民负担为主，区、乡（镇）机关、学校等行政事业单位和工商、税务、金融、财政、公安、法庭、司法、交通、计划生育、广播等部门，按职工总人数每年人平20元收取；乡镇企业和供销、食品、粮站、烟站、煤站、社会商业、供电、合作基金会等企业单位，按上年度的销售总收入的2‰提取；农机、水利、农技、农经、林业、国土、蚕桑、畜牧兽医、医院等事业单位，按区、乡（镇）核定的服务性纯收入的10%提取；个体企业，按当年税务部门核定的纳税销售总收入2‰收取。分流的统筹费，由各乡（镇）农经站负责收集。区乡单位由区财政收取，50%给所在乡镇，50%由区调给各乡（镇）使用。县有关部门要积极支持在区、乡（镇）的单位认真交纳公益事业统筹分流的任务。区、乡（镇）行政企事业单位的统筹费，由单位列支。

（四）集体提留开支的标准

改革后的集体提留和公益事业统筹费，实行统收统支和“定项限额”管理的办法。开支范围和标准，要本着量入为出，量力而行的原则，既不能加重农民负担，又必须保证村、社管理机构正常运行和公益事业的健康发展。开支渠道和标准必须从严控制。土地承包使用费，主要用于农田水利建设、林桑育苗、村社干部工资补贴和村社的办公、报刊费、烈军属、残退军人补助、五保户照顾、计划生育的独生子女奖励和乡（镇）按规定招聘的几大员补贴等；公益事业统筹费（包括分流的部分）主要用于教育、广播、民兵、治安等。开支标准如下：

一是农田基本建设，按划地人口计算，人平4元。其中水利建设2.5元，林业育苗1元，桑树育苗0.5元。

二是村、社干部每月工资补贴（县财政补贴除外），村党支部书记、村长各30元，财经副村长35元，文卫副村长（计划生育费列支）35元，村文书25元，村民兵、治安、妇女、青年干事（委员）各9元，社长15元（超过400人以上的社17元，低于200人的社13元）；村民委员会主任单独分设的，误工实报实销。

三是办公费（包括账册），村公所60元，农业合作社15元。

四是核定招聘的几大员：合并乡镇农技站1人，广播站1.5人，农经站2人，护林员2人，治安室2人；未合并乡镇农技站0.5人，广播站1人，农经站1人，护林员1人，治安室1人。上述几大员按每年人平1080元计算补贴，具体到人的标准，各乡（镇）可参照工龄计发。

五是报刊费，村公所订《四川日报》、《内江报》、《学习与建设》、《国防时报》、《农业科技报》、《农村财务与会计》、《农民文摘》各一份；农业合作社订《四川日报》、《内江报》、《农业科技报》、《农民文摘》各一份。

六是烈军属补助费，按当地人平纯收入的50%补贴。对于子女超出服役年限的军属，无所在部队团以上政治机关证明的不补；残废军人每人每年补助50～80元；五保户照顾到所在乡（镇）的人均纯收入水平。如果由农业合作社供给实物的，按农业合作社分配价扣除后再补。

七是教育经费，按人平负担的6元安排。

八是计划生育经费按人平0.4元安排；卫生防疫费按人平0.3元安排；农村独生子女奖励，每人每年60元。专户储存，专款专用。

九是广播整网，规划三年改造完毕，新改造乡（镇）人平一年安排3元，已进行一年的第二年人平安排2元，已改造结束的每年人平安排维护费0.8元。

十是民兵训练费人平0.5元，其中乡（镇）0.12元，区0.3元，县0.35元（其中分配比例人武部40%，工兵团60%），以区为单位分别交县武装部、工兵团。

根据上述开支范围和标准，支出后结余部分作为乡（镇）的机动指标。机动指标只能解决县以上有关政策变化因素增加的开支，且在动用机动指标前，要由乡（镇）人民政府提出计划，经区公所审查，报县人民政府批准方能使用。

农民义务工和劳动积累一律按劳动力分摊，不能按人口或划地份数分摊。公路建勤义务工，按建勤对象每年三个工日，其中县区安排使用2个，原则上投劳。实行代金的每个工日按2.25元计算，乡（镇）安排使用1个义务工，只能投工，不准搞代金。农村进行农田基本建设的劳动积累工，每年每个劳动力原则上安排20个工日，其中二个工日按民工建勤标准以资代劳；余下的工日一律投劳，不搞代金。

农村电影逐步实行谁看电影谁出钱，近期可分别按两种办法解决：一是有放映场地的，按规定标准实行售票收费；二是无放映场所的，可实行预收包场费，每年每人收0.3元，但不能一次支付给电影队。只能由电影队与村公所签订放映合同，放一场凭放映所在地村、社干部签字支付一场费用，节余部分结转下年使用。采用售票收费或预收包场费，由各乡（镇）党委和政府集体讨论决定。

（五）强化集体提留的管理和监督

1. 农民负担是一个很敏感的问题，各级各部门必须把减轻农民负担提高到改善党和政府与群众血肉关系的高度来认识，坚决刹住乱收费、乱摊派、乱罚款的歪风。农村的各种罚款，要严格按照国家法律、法规中的有关规定，执行罚款处罚时，执法人员必须出示证件、公开罚款依据和标准，使用财政部门统一制定的票据。非执法人员和无法无章可依收取的罚款属于乱罚款，农民有权拒付。各种罚款收入应上缴财政，取消各种形式的罚款收入提留分成的办法。今后，凡是涉及农民出钱、出力、出物的项目和标准，任何部门都不得自行发文向农民收取各种款项，任何个人不得乱开口子。违反者要追究单位领导和经办人的责任，情节严重的要给予党纪、政纪、法纪处分。县农业办公室要会同计经委、农业局、财政局、物价局共同做好减轻农民负担的监督管理工作。

2. 各乡（镇）党委、政府要加强领导，搞好集体提留资金的管理工作，资金管理单位不准收取管理费；资金存入合作基金会的利息属于集体提留的收入；当年土地承包使用费和统筹费有结余的作为机动指标，留作下年使用，不准乱开支，更不准转作服务费分掉，过去已转作服务费的要迅速归还。否则，要追究主要领导和经办人员的责任，决不搞下不为例，更不准在经济上捞到好处。

3. 土地承包使用费和统筹费，其性质都是集体资金，由乡（镇）农经站管理，接受乡财政监督，确保村社集体资金的所有权和分项目开支的得益权。安排的预算方案，由乡（镇）人民政府编制，经乡（镇）人民代表大会讨论通过后，报县人民政府批准后执行。每年年底，乡（镇）人民政府要向乡（镇）人民代表大会报告土地承包使用费和公益事业统筹费的使用情况，并向群众公布，以提高集体资金使用的透明度。

（六）严格执行政策，切实减轻农民负担

当前，要根据中央、省、市的有关文件规定，坚决取消以下违法、违背政策的各种不合理不合法的负担项目。

一是结婚、离婚中的申请费，出具夫妻关系证明费，解除夫妻关系证明书费，夫妻恩爱费，以及硬行搭配推销的书刊和各种检查指导费等。

二是土地管理方面的土地勘丈费，土地权属调查费，土地建档费，土地表簿册卡费，沼气池土地管理费，农村宅基地规划费，农村基地管理费，农民建房信誉金，农房用地使用证费，建房管理费，城建配套费，农房用地申报登记费，农村居民住宅用地发放集体土地使用证费。

三是农业方面的化肥指标转让费，化肥包装口袋费，配方施肥附加费，各种种子价外手续费，农产品（包括棉花、甘蔗、油菜、烟叶、生猪等）生产和收购任务保证金，上交集体提留及公益事业统筹费保证金，代管集体资金手续费，农技站建设费，桑果防治修枝费，农民自产木竹品上市零星出售育林基金、林政管理费和检疫费，合作基金管理费或技术指导费。

四是行政杠杆部门方面的蔬菜淡季、节日上市交易管理费，农副产品交易清洁费，柑橘发展基金，红橘交易市场管理费，上交农税、贷款、扫盲保证金，按户或人加收的农业税、特产税、自宰税，治安调解费，民警服装费，民兵应急活动费，不经当事人申请公证的农村种植业、养殖业、科技兴农承包合同和粮食、棉花、烟叶、生猪收购合同的公证费，农电管理费。

五是计划生育方面的院坝责任费，帮教费，合同公证费，预收婴儿保健费。

六是法制学习费，审批手续费，妇女活动费，社员会议费，不可预计费，成人费，广播喇叭收听和联播费，以及学龄儿童不入学罚款等。

各区乡（镇）和县级有关部门，要建立汇报制度，及时查处随意增加农民负担中的违法、违纪活动。对目无法纪，继续乱收费、乱摊派、乱罚款的，要给党纪、政纪处理；对贪赃枉法的，要依法严惩。千方百计把农民负担稳定下来，进一步调动农民的生产积极性，促进全县农村经济持续、稳定、协调的发展。

本决定从一九九一年元月一日起执行，过去与本决定不符的文件一律以本决定为准。

中共资阳县委

资阳县人民政府

一九九一年元月二十六日

中共资阳市委 资阳市人民政府 关于推进两个根本转变加快工业发展的意见

资委发〔1996〕44号

各镇、乡党委和人民政府，市委各部委，市直各部门，各企业各单位：

为认真贯彻落实省委、省政府《关于推进两个根本转变加快四川工业发展的意见》精神，顺利实现我市国民经济和社会发展“九五”计划和2010年远景目标，把我市建设成为中等城市，全市上下必须紧紧抓住加快“一条线”经济发展和成渝高速公路全面开通的契机，集中精力，加速发展，积极推进经济体制和经济增长方式的根本转变，提高工业经济增长质量和水平，促进我市国民经济持续、快速、健康发展。为此，特提出以下意见。

一、进一步提高对加快我市工业发展的认识

（1）“八五”以来，我市工业有了很大发展，产品产业结构调整有所加快，国有企业改革迈出较大步伐，经济总量迅速增长。1995年全市工业总产值实现12亿元，比“七五”末的4.6亿元增加7.4亿元，年均递增21.3%；工农业产值比重由61∶39上升到73∶27；工业上缴利税已成为财政收入的重要来源。但是，我市工业发展还处于粗放状态，存在不少的矛盾和问题。主要表现在资金紧缺，工业投入严重不足，企业负担沉重；改制、改组和改造力度不够，机制不活；结构调整缓慢，支柱产业和拳头产品未形成规模优势，产品市场占有率低；企业技术推广和改造缓慢，装备水平低，整体效益不高；企业亏损面宽额大，部分企业生产经营问题严重，职工生活困难。

（2）工业是国民经济的主导产业，是财政收入的主要来源。工业的发展既对我市一、三产业有着重要影响，又在很大程度上决定整个国民经济和社会事业的发展。为此，全市上下一定要解放思想，树立新观念，拓展新思路。一是强化市场意识，增强优胜劣汰观念；二是增强以资产、资本增值为核心的经营观念，树立资产经营观念，提高资产运营效益；三是依靠科技兴企，强化科技兴工意识，增强科学技术是第一生产力观念。各级各部门党政主要领导一定要把工业发展作为国民经济和社会发展的关键，亲自动手，紧抓不放，苦干三五年，努力开创我市工业发展新局面。

二、加快工业发展的指导思想、奋斗目标和发展战略、发展思路

（3）加快工业发展的指导思想是：突出重点、争上规模、形成优势、加快发展。

（4）奋斗目标是：远期目标：即在2010年把资阳建成中等城市。中期目标：即在“九五”末，全市国民生产总值达到46亿元，市属表内工业总产值达到21亿元，乡镇企业总产值达到100亿元，

财政收入总额达到4亿元。近期目标：即在两三年内，全力抓好“一二三四”重点工程。“一”即：解决一个“瓶颈”制约问题，即投资2500万元兴建一座110千伏输变电工程，连接川南大电网，基本满足经济发展及人民群众工作生活对电力的需要。“二”即：疏通二条公路，即：资乐路、资资路（南津驿至兔子坳沥青路面）总投资分别为3500万元、550万元。“三”即：扩大三材生产，即铝材、铜材、纤维板材。铝材产量达4000吨，销售收入1亿元，利税上千万元；铜材（铜杆2000吨、电解铜1000吨、铜带1000吨），销售收入上1亿元，利税2000万元；纤维板材及贴面产量达2万元立方米，纸箱产量2000万平方米，销售收入1亿元，利税上千万元；“四”即：狠抓四顶技改：一是4万吨合成氨及6万吨尿素生产线，总投资8900万元，产值上亿元，利税3000万元；二是慢跑鞋（出口）生产线，投资500万元，新增产值5000万元，新创利税1000万元；三是1万台农用车生产线，总投资7000万元，新增产值3亿元，税利3600万元；四是富邦皮革生产线，投资1000万元。

（5）发展战略是：“抓住两个机遇，依托两大城市，背靠两大单位，实现两大突破，推进两个转变，获得两个丰收”。即抓住中央扶持政策、沿海发展资金西移和省委、省府全面启动成渝“一条线”两大机遇，依托成都、重庆两大城市，背靠中省属大中型企业和科研校所两大单位，实现解放思想和对外开放两大新的突破，推进经济体制和增长方式两个转变，获得物质文明和精神文明建设双丰收。

（6）发展思路是：以内涵扩大再生产为主，辅之以外延扩大争取新的经济增长点。内涵扩大重点抓技术改造、企业管理、“三项制度”改革；外延扩大重点抓规模大、起点高（科技含量和附加值高）、外向型的“高、大、外”项目。下决心逐步组建农用车、化肥、食品工业三大集团，形成机械、建材、包装、食品、轻纺五大产业。力争“九五”末，五大支柱产业总产值达30亿元，占全市工业总产值的85%以上，力争形成一批规模大，投资回报率高、见效快的重点项目和拳头产品，力争有更多的项目进入省“8+5”工程，有更多的企业列入省“一三五”名牌战略工程和“小巨人”计划。到2000年，全市工业总产值比1995年翻一番，确保工业增加值年递增18%；技术贡献率提高到40%；独立核算工业亏损面降到25%以下，其中国有企业亏损面要降到30%以下；资金利税率提高到8%，产品销售率达到97%以上。

三、建立资阳市工业发展基金，加大投入，促进企业技术进步

（7）建立资阳市工业发展基金。以此作为争取省、市新产品、新技术推广基金的匹配资金和支持重点新产品、新技术开发经费，支持企业技术改造和新技术推广，培育新的经济增长点。资金来源：一是在市属企业实际上缴所得税中提取15%；二是将出售国有产权、股权收益资金集中起来；三是按工业企业销售收入1‰征集；四是按行政事业单位预算外收入的5%征集；五是从1996年起，征集3%的非生产性建设费（财政拨款的例外），超标部分按20%征集。市财政部门，要认真抓好工业发展基金的统集和财务监督工作；市工业发展领导小组办公室依据企业书面申请报告，并提出使用方案，报领导小组审批后实施。

（8）财政掌握的周转金，每年集中500万元以上，采取有偿借贷方式，支持工业企业生产发展。要充分发挥银行和信用合作社的主渠道作用，增加投入。对达到一定增幅的金融部门，市政府给予专项奖励。同时，各级党政要协助金融单位组织存款，回收到期贷款，实现多存多贷。

（9）建立健全企业技术创新体系，形成自主创新的企业技术进步机制。要抓紧抓好技术、项目储备库的建立，凡经优选入库的项目，可在发展基金中借支前期费用，待项目成功后，费用进入项目，努力形成生产、开发、储备的合理比例和良性循环。力争“九五”期间，开发新产品300项以上，创销售收入10亿元，利税1.5亿元以上，争创名牌产品10个以上。

（10）重大项目的选择要实行集体讨论，做到民主、科学决策。对审批的项目都要实行集中会审，并认真听取市科技顾问团的评审意见，以减少决策失误，降低投资风险，提高投资效益。

（11）鼓励企业合理提高设备折旧率和技术开发费水平，增加企业积累，增强自我发展能力。企业固定资产折旧可增提1~3个百分点。高新技术企业用于技术开发的经费应不低于企业当年销售收入的5%，一般企业应不低于2%。企业的开发费按实际发生额进入成本。

（12）对重点项目建设实行目标考核责任制。重点考核投资、工期、工程质量、投资效益，加强项目审计，健全奖惩责任制度。对选择准确，投资省、工程质量好、工期快、投资效益显著的项目，建成后要对项目责任人给予重奖。

（13）对技术改造项目实行政策倾斜。新征土地的技改项目，需要改建、扩建、新建生产性用房，减半收取小区配套费等建设性费用。

（14）对市定重点企业和重点技改项目，实行所得税“定基数逐年递增，超基数部分由财政列收列支返还企业”的办法，扶持企业生产经营和鼓励企业归还技改贷款。凡符合条件的高新技术改造项目，经批准可享受高新技术开发区的优惠政策。凡利用外资改造现有企业，嫁接项目经地税部门批准，可按技术改造实行投资方向调节税零税率。

（15）凡中央、省、市出台的文件、纪要，有关搞活工业企业、支持工业经济发展，加速科技进步的各项优惠政策，未作明文废止的都要继续执行，任何部门不得以部门规定为由随意改变、取消或拒不执行。

四、深化改革，强化企业管理，狠抓扭亏增盈工作

（16）以建立现代企业制度为目标，把国有企业的改制同改组、改造和加强管理结合起来。要认真学习和推广宜宾、金堂等地搞活国有资产、加大企业产权制度改革力度的经验，务求在重点、难点问题上取得突破。国有小型企业要通过改、转、租、卖、并、分等方式加快产权制度改革步伐，采取多种多样的资产经营形式，转换企业经营机制，增强企业活力，提高经济效益。

（17）加强全面质量管理，强化质量意识。继续在全市广泛深入开展“学邯钢、降成本、抓管理、增效益”活动，务求取得显著成效。各级、各部门要在制订规划、分解目标的基础上，进一步加强领导，狠抓落实。企业要发扬敢抓敢管、从严治厂的精神，有效推选“模拟市场核算，实行成本否决"的科学管理机制，提高职工质量成本意识。

（18）切实建立扭亏增盈目标考核体系，实行定领导、定企业、定目标、定政策、定奖惩的五定责任制。一是动用部分工业发展基金，作为定点帮助企业的生产启动资金，使用办法按资阳府发〔1995〕38号文件办理。二是重点亏损企业欠缴的税收可以暂缓征收。三是企业开户银行要采取灵活的信贷政策，为困难企业排忧解难，在保证资金安全的前提下，适当注入启动资金，并在银行监督下运行；对逾期贷款，采取转贷形式，尽量避免罚息。四是在市本级范围内涉及定点帮助企业的三角债，实行小范围清欠。

五、积极改善发展工业的外部环境

（19）坚决贯彻《四川省企业负担监督管理条例》，禁止乱收费、乱集资、乱罚款和各种形式的摊派。各级各部门要对现有收费、集资、罚款项目进行全面清理、整顿，不该收的坚决不准再收。要继续推行重点企业挂牌保护制度，企业有权拒绝不合理、不合法的收费和集资，真正把企业拒绝摊派权落到实处，对乱收费、乱集资、乱罚款的部门除责令退出所收款项外，要对责任人视其情节轻重给予行政处分，违法者要依法追究法律责任。

（20）加强对收费、罚款、集资项目和标准的审批管理。今后，凡属我市新出台向企业收费、集

资项目，必须按规定程序报批后实施，否则，对有关单位和责任人要予以严肃处理。严格实行收支两条线逐步推行收费、罚款由同级财政或银行部门设专门收费机构统一收费的办法，对以收费为主要来源的社团和群团组织进行清理整顿，对政策性亏损企业和省、市政府确定的特困企业的税外合理负担，可实行减、免、缓政策。要按照国家、省减少和规范各类检查评比监督管理的规定，严格控制各类检查评比活动，除明确规定和国家、省、市统一部署的检查活动外，任何部门和社会团体未经市政府批准不得对企业进行检查、评比。

（21）为企业提供优质服务。各部门、各单位都要结合各自的职能、职责切实搞好为企业服务，积极为企业排忧解难。企业兼并、接收、购买破产企业，企业变更登记、办理证照，企业资产抵押、处理闲置资产，以及租赁、嫁接、招商引资、扩建改造等，所发生的机器设备、水电、气设施，房产、地产的产权转让、使用权出让等所涉及的部门、单位和中介服务机构，办理手续要从简从快，除收取工本费外，其他费用能免交的免交，按现行法规规定不能免交的缓交。

（22）加快社会保障体系建设。逐步探索建立社会保险行政管理与保险基金管理、运营相分离的社会保险管理体制，建立社会保险基金的监督体系，确保基金保值增值、健全社会保险机构的社会服务职能，完善以城镇职工退休养老、医疗失业保险为主的社会保险制度，逐步实现企业离退休人员和失业、待业人员管理社会化。

（23）逐步解决企业办社会问题。国有企业非经营性的医院、学校、幼儿园、职工食堂、招待所等，要逐步剥离，一定期限内实行定额补贴，以后自负盈亏。

六、加强企业领导班子建设、思想政治工作和党建工作

（24）以加强思想政治建设为重点，深入开展企业领导班子创“四好”活动，加强企业领导班子建设。要按照党管干部和管人与管事相结合的原则，对企业党政领导的配备以各口政治部为主，市委组织部参与考核。做好干部的培养、考察、选拔工作，并在征求市级分管领导意见后，由各口政治部任免。企业领导班子成员要牢记党的理想宗旨，坚持正确的社会主义经营方向，认真执行党的路线、方针、政策和国家法律、法规，坚持民主集中制原则，成为讲政治、善经营、会管理的领导集体。要保证厂长（经理）的生产经营指挥权，充分发挥党组织的政治核心作用，全心全意依靠职工群众办好企业。要建立企业家资格认证、培训、选聘、监督、考核、评价和奖惩制度，切实抓好企业家队伍建设。要大力加强企业的精神文明建设，培育职工敬业精神、奉献精神和职业道德，发扬自力更生、艰苦奋斗、勤俭办企业的优良传统，形成良好的企业精神和企业文化。要坚持不懈地做好企业职工的思想政治工作，关心职工生活，促进企业的发展和稳定。

（25）加强对企业经营者的激励和约束。对企业经营者要认真进行年度业绩考核、年度审计和离任审计，科学评价其经营业绩。逐步实行与企业经营者业绩、能力相适应的年薪制，切实保障企业经营者的社会地位和合法权益。对经营成绩显著的企业厂长（经理）、书记要按经营业绩提高其年薪收入；对发展工业做出显著成绩的厂长（经理）、书记，按有关文件规定的奖励政策严格兑现；对做出重大贡献的厂长（经理）、书记，由市委、市政府给予特别奖。对无力扭转企业严重亏损或连续亏损的厂长（经理）、书记要就地免职，不得易地平级使用，更不得提拔重用。对违反企业领导干部廉洁自律规定和违反财经纪律的，要按党纪国法惩处。

（26）进一步加强企业党建工作。要“坚持两手抓、两手都要硬”的方针，紧紧围绕企业生产经营和改革抓党建，通过抓好党建促进企业生产经营和改革。要结合现代企业制度积极探索发挥企业党组织政治核心作用的途径和方法。加强企业基层党组织的建设，充分发挥基层党支部的战斗堡垒作用和共产党员的先锋模范作用。加强企业廉政建设，企业领导人要带头廉洁自律，为职工群众做出表

率。要建设一支精干、高效、协调一致的政工队伍，政工机构、人员根据工作需要合理配置，政工干部的待遇与其他行政人员一视同仁。同时要安排党务、政工活动必需的经费。

七、切实加强领导

（27）为加强对此项工作的领导，市成立工业发展领导小组（另文通知），领导小组下设办公室（设在市计经委内）。领导小组主要负责抓好全市工业发展中重大问题的研究、协调和处理工作。

（28）各级党委、政府要把发展工业列入重要工作日程，关键时期集中精力抓农业，常年不懈抓工业，主要领导亲自抓。要定期召开会议，专题研究工业发展中的重大问题，推动全市工业持续、快速发展。

（29）建立工业发展目标责任制。工业发展目标任务要分解落实到各经济主管部门和各镇乡，各级各部门党政“一把手”及分管副职要签订责任书，把抓工业发展的成果作为对负责人的重要政绩加以考核奖惩。

（30）建立市级领导及市直机关联系工业企业制度。市级领导干部和市直（除农业部门外）部门，都要各联系一个企业，在联系企业中，要帮助其实施发展规划和扭亏增盈规划，解决发展中的困难和问题，按规划分年度达标。机关要轮流抽调政治素质好、工作能力强、身体健康的干部组成工作组到企业驻点工作。市委办、市府办要加强督促检查，定期通报工作情况，年底由市委、市政府统一组织检查、考核。各级各部门要认真转变职能，齐心协力，扎实工作，为提高全市工业增长的质量和效益，推进两个根本转变，加快资阳工业发展作出新贡献。

中共资阳市委
资阳市人民政府
一九九六年六月二十七日

中共资阳市委　资阳市人民政府
关于印发《鼓励市外客商投资的若干规定》的通知

资委发〔2000〕49号

各镇乡党委、人民政府，市委各部委，市级各部门：

现将《鼓励市外客商投资的若干规定》印发给你们。希遵照执行。

中共资阳市委
资阳市人民政府
2000年5月7日

鼓励市外客商投资的若干规定

第一条　为进一步贯彻落实国家实施西部大开发的战略部署，贯彻落实省委、省政府为迎接西部大开发的各项重大举措，真正抓住西部大开发和我国即将加入 WTO 的有利时机，进一步改善我市对内对外开放的投资环境，鼓励市外客商、财团或其他经济组织来我市投资兴业，使我市的对内对外开放和招商引资工作取得真正实效，促进我市经济持续、快速、健康发展和社会各项事业全面进步，根据党的十五大以来各项方针政策和国家、省、地关于鼓励外商投资的法律、法规和优惠政策，结合我市实际，制定本规定。

第二条 各级各部门要进一步强化对内对外开放和发展经济的中心意识、服务意识，进一步解放思想，转变观念、改进作风、简化程序，彻底破除“固步自封、夜郎自大”和“区域封闭、行业封闭、资源封闭”的思想，彻底根除官僚主义工作作风，充分认识国家实施西部大开发的重要意义，积极工作、密切配合、真诚服务，共同营造一个有利于对内对外开放、有利于对外招商引资、有利于我市经济快速发展的宽松投资环境，促进我市经济尽快跃上大发展的快车道。

第三条 本规定所称市外客商是指投资（流动资金除外）在 10 万元人民币以上的资阳市域以外的自然人、法人或其他经济组织。

第四条 以优惠政策鼓励市外客商以合作经营、合资经营、独资经营、来料加工、来件装配、来样生产、补偿贸易、租赁参股、收购企业产权等形式来我市投资、发展，除国家法律、法规另有规定外，不受行业、类别、参股比例、所有制形式、内外销比例以及经营年限等限制。

第五条 对市外客商投资企业实行优惠政策。

（一）税收优惠政策

1. 凡在我市投资兴办经营期 10 年以上的生产型企业，从获利年度起，享受企业所得税地方收入部分第 1 ~4 年免缴，第 5 ~8 年减半交纳优惠。经营期 10 年以下的生产型企业，根据投资及具体情况，由市人民政府酌情考虑。

2. 从事农业、林业、牧业、渔业、文化娱乐、体育事业、房地产、宾馆、公园、旅游景点、物业管理等第三产业的市外客商投资企业，从获利年度起，享受企业所得税地方收入部分第 1 ~4 年免缴，第 5 ~7 年减半征收优惠。

以上两项中享受企业所得税地方收入部分 4 年免、4 年减半和 4 年免、3 年减半优惠的，均实行第 1 ~3 年免缴、第 4 年先缴纳后由市财政全额扶持该企业，第 5 ~6 减半缴纳，第 7 ~8 年先缴纳后由市财政减半扶持企业。结算时间在次年 3 月底以前。

3. 为鼓励市外客商投资企业扩大规模，更新设备技术，对市外客商投资企业用本企业所获利润扩大投资，均由市财政给予扶持，扶持金额为其当年再投资部分缴纳所得税地方收入部分的 50%，在次年 3 月底以前落实。

4. 市外客商投资企业在我市再投资，其投资比例超过 25%（含 25%）的，可注册为市外客商投资企业，享受市外客商投资企业优惠政策。

5. 市外客商投资的产品出口企业，在规定的免缴、减缴期满后，凡当年自营出口产品产值占总产值 50% 以上的，按出口产值所占总产值比例予以减缴。

6. 凡经有关部门认定为“先进技术型企业”，在规定的减免期满后，再延长减半缴纳期 3 年。

7. 国外投资者来我市所办企业，除享受本规定的优惠政策外，还享受国家、省、地对外商投资企业的优惠政策。

（二）对市外客商投资企业实行减免规费优惠

1. 生产型企业，应缴纳的规费按以下标准收取：原则上一切行政性规费全免，只收取工本费，工本费最高不超过 10 元；属差额拨款事业单位收费的，按最低标准的 30% 收取；属自收自支事业单位收费的，按最低标准的40%收取；若收费标准没有幅度的，按标准的50%收取。

2. 流通服务型企业、文化娱乐、公园、宾馆、市场开发、旅游景点开发等第三产业，除收取工本费最高不超过10元外，属财政拨款事业单位收费的，按最低标准的30%收取；属差额拨款事业单位收费的，按最低标准的40%收取；属自收自支事业单位收费的，按最低标准的50%收取；若收费标准没有幅度的，按标准的60%收取（财政拨款事业单位，收取标准的50%）。

以上两项中，属合资、合作、参股的企业，只减或免市外客商投资部分规费。规费和工本费在办理有关手续时，由市招商引资局统一收取后，再分别拨付给有关部门。

属上缴地区和省上的部分，按照省、地有关规定和优惠政策执行，但有关职能部门仍要积极做工作，争取少缴或免缴。

行政事业性收费，要严格按照《四川省涉及外商投资企业收费项目明白卡管理办法》规定的项目和标准办法办理。未经国家和省政府批准，任何部门和单位不得新增收费项目和提高收费标准。

（三）对市外客商投资企业用地实行优惠

市外客商投资企业可以采取行政划拨、出让、租赁、作价出资、入股等方式获得土地使用权。对市外客商投资企业用地实行优惠，并根据其投资额度和项目性质实行用地奖励。

1. 用地优惠

（1）符合土地利用总体规划的，优先安排建设用地计划指标。

（2）国有土地采取政府划拨的，按规定办理有乡有关手续，有关收费按第五条第（二）款规定执行。

（3）以出让方式获得土地使用权的，有关收费按第五条第（二）款规定执行。获得的土地使用权在法定期限内可以转让、出租、抵押、投资、作价入股、继承和赠与。

（4）对于投资道路、桥梁、能源、环保等基础设施建设和经营的，均可取得该项目优先建设沿线或周边的开发经营权，最大范围可取得该项目沿线或周边50米的开发经营权。取得开发经营权的土地收费，根据项目性质，按本规定的优惠政策执行。

2. 用地奖励

凡市外客商在我市独资兴办永久性生产型企业的建设用地，由市人民政府或受益镇乡人民政府将所奖土地折算成人民币给予奖励。

（1）奖励土地的原则：本着谁受益谁负担的原则，按市外客商投资企业纳税属地划分分级负担奖励。凡纳税登记在市国税局、地税局的，由市人民政府给予奖励；凡纳税登记在镇乡的，由镇乡人民政府给予奖励。

（2）奖励土地的标准：按一次性固定资产投入1000万元人民币（以市招商引资局牵头评估市外客商投资固定资产，报市招商引资委员会审核，市人民政府审批结果为依据）奖励5亩计奖；一次性固定资产投资在1000万元以下200万元以上的，由市招商引资局提出具体的土地奖励方案，报市招商引资委员会审核，市人民政府审批。

（3）所奖土地的具体折算标准为：以市外客商投资所在地征地的直接费用为标准折算进行奖励。

（4）土地奖励资金的办理程序：项目竣工验收、投入正常运行后，由市外客商投资企业提出书面申请，市招商引资局牵头评估，将评估结果和奖励方案报市招商引资委员会审查（涉及镇乡的，通报镇乡人民政府）后，由市人民政府审批。办理有关手续后，由市招商引资局代市人民政府和镇乡人民政府对市外客商投资企业实施奖励。

（5）永久性生产型合资企业，市外客商投资部分参照独资企业土地奖励原则办法和标准执行。

（6）凡在我市投资兴办宾馆、娱乐、体育、公园、旅游景点开发等第三产业项目的，其奖励标准按前所述减半执行。

由市招商引资局牵头评估市外客商投资企业固定资产投入的一切费用，由该企业承担，同样享受有关优惠政策。

（四）对市外客商购买或兼并我市企业实行优惠

1. 凡整体购买或兼并我市扭亏难度较大的国有特困企业，从被购买、兼并企业生产的年度起，实行财政安排一定比例扶持企业的优惠政策。其比例为：前两年为地方所得部分的100%，第三至五年为地方所得部分的50%（实施兼并的企业，只计算市外客商投资部分），由市财政在次年3月底以前进行结算。

2. 实施兼并的企业，须以安置职工、承担债务为前提，其资不抵债部分可采取各种途径弥补。

（1）地方财政按企业实缴税金的地方所得部分进行扶持，于次年3月底以前完成。

（2）从国家股或国有股分红中冲抵，直至冲抵完。

（3）相关部门给予其他政策扶持。经营情况好的企业，可改组为有限责任公司或股份合作制企业。可根据企业资产状况，适当确定职工安置费标准，从净资产中划出，作为企业法人股，其分红用于职工福利和补充养老保险金。

3. 购买国有企业产权，一次性付清价款的，可给予15%的优惠。一次性付清有困难的，可分期付款，但首次付款不得低于50%，余款在三年内付清，同时，双方建立合同手续，明确违约责任和争议解决方式，并按欠款总额的5%收取占用费。在约定期限内未付清所欠款项的，转让方有依法收回转让的企业或资产的权利，并依法申请对购买方进行违约处罚。

（五）对投资于我市社会发展和经济建设的重大项目，可采取一企一策、特事特办的原则，由市人民政府批准，在财税、土地、收费等方面给予投资者更大的优惠。

（六）驻市中、省属企业在我市新办的企业，视同为市外客商投资企业，享受市外客商投资企业的优惠政策。

（七）市人民政府建立奖励专项资金，对享受优惠政策，需市人民政府给予奖励的市外客商投资企业以及引资引项的单位和个人实行奖励。

第六条 提高办事效率，提供优质服务

为进一步改善投资环境，提高办事效率和质量，我市对市外客商投资实行“一站式”审批代理服务。资阳市招商引资局为具体承办市外客商投资“一站式”审批代理服务的政府职能部门，负责为市外客商提供法律、法规、投资政策、投资环境、投资导向，推荐项目及相关咨询，接受市外投资者的委托，负责牵头办理市外客商投资项目的立项、审批、登记、发证、收费等代理业务。

（一）对费用的收取，采取“多家费，一家收，分头算，建立明白卡”的制度，对必须收取的政策性收费、规费和工本费，由市招商引资局严格按照市外客商投资企业所享受的优惠政策统一收取，再分别与各有关部门结算。

（二）本着精简、务实、高效的原则，一律实行标准化承诺制度和审批时限制。市外客商投资项目的一切相关审批手续由市招商引资局统一代理服务。市招商引资局负责召集计委、经委、国税、地税、工商、国土、建委、公安、文化、环保等相关部门一次性办理，实行市外客商投资办证流水作业，公开办事程序和结果，特别是有关收费项目和收费标准，必须公开。凡属市内可以办理的手续，只要投资方的文件资料齐备，内容符合要求一，必须在两个工作日内办结；需报地区和省上审批的手续，必须在三个工作日内负责上报，并力争在十五个工作日内办结。

第七条 对市外客商和企业提供强有力的保护

（一）市外客商人身权益受法律保护，凡受到不法侵害，政法部门必须从快从严查处，并将处理结果及时通报市外客商本人。

（二）对市外客商的违规个人行为和个人生活，未构成犯罪的，只教育，不处罚。

（三）公安机关除查处现行刑事治安案件、追捕逃犯外，不得随意到宾馆、饭店查房，不准以查夜为名故意骚扰市外客商。如有违反者，一经查实，严肃处理。

（四）经批准注册的市外客商投资企业，可按规定申请办理外来企业有关人员的常住户口手续，只收取工本费。对市外客商投资企业管理人员子女上学提供优惠，免缴转学各项费用。

（五）对市外客商投资企业，要保护其合法权益。企业没有发生刑事案件，有关部门一律不准到企业检查；确需进行的检查，须经市人民政府批准同意后，持市人民政府办公室开具的介绍信才能进行，并限定时间完成。未经市人民政府批准、未持市人民政府办公室介绍信擅自到企业检查者，一经举报，市人民政府责成市监察局代市财政每次处罚当事人2000元罚款，对单位主要领导和分管领导分别罚款1000元，并通报全市。

（六）市外客商投资企业的交通工具因不熟悉交通管理规定而造成违章的（如误入单行道等），以及不危及安全行车的轻微违章行为，公安、交通、城管等部门执法人员只能说服、教育、指正，不准处罚。

（七）严格控制对市外客商投资企业的各种评比检查；确需评比检查的，有关部门需报市人民政府批准，征得该企业同意后方可进行。

（八）不准对市外客商投资企业进行不合理的收费、摊派、“拉赞助”、罚款等。

（九）为真正使市外客商投资企业集中精力搞生产、经营和发展，免受不必要的干扰，市人民政府对市外客商投资企业颁发“享受市政府特殊保护”牌，并确定市级领导重点联系制度，及时协调和帮助企业解决有关问题，进一步维护其合法权益。同时，为方便市外客商企业投诉，特设立市外客商投资企业投诉电话：市招商引资局投诉电话为6223097，市公安局投诉电话为6220110—4704。

（十）市招商引资局要定期不定期与市外客商投资企业加强联系，互通信息，或牵头组织市外客商投资企业座谈会，充分听取他们的意见，采纳合理化建议，及时做好协调服务工作和上情下达、下情上报工作，热情为市外客商及其企业排忧解难。对反映的问题，市招商引资局能办理的，必须在一个工作日内给其满意的答复；该请示市级领导或与有关职能部门协调的，要及时请示市级领导或与有关职能部门联系，并在两个工作日内给其满意的答复解释。

第八条 资阳市招商引资委员会领导和管理全市招商引资工作，其日常工作由市招商引资局负责。

第九条 本规定自公布之日起实施。以前本市所发的相关文件与本规定不一致的，以本规定和省、地优惠政策为准。

第十条 本规定由资阳市招商引资局负责解释。

2000年5月6日

中共资阳市委　资阳市人民政府
关于实施西部大开发战略的意见

各镇乡党委、人民政府、市委各部委，市直各部门：

实施西部大开发，是党中央面向新世纪作出的重大战略决策，我市必须抢抓机遇，加快发展。我们要进一步解放思想，提高认识，真抓实干，扎实推进西部大开发战略的实施。

一、解放思想，树立创新观念

西部大开发，最需要的是解放思想。解放思想是投身西部大开发的先导，思想解放的程度决定大开发的力度和经济发展的速度。解放思想必须继续广泛深入地开展群众思想解放运动。解放思想是一项任重道远的系统工程，全市上下必须常抓不懈，各级各部门和全体党员干部要严格按照江总书记关于“三个代表”的要求，努力以实际行动实践“三个代表”的重要思想，将解放思想全面引向深入、牢固树立起新的比较优势观，使我们的思想更解放，观念更创新，早日实现我市西部大开发的战略目标。

二、理清思路，明确大开发的战略目标和构想

战略目标：至2010年，建成四川省富有活力的经济强市、有特色品味的文化先进市和文明秀美的中等城市，再造资阳秀美山川，促进经济社会协调发展。

经济增长目标：经济保持12%以上增长速度。人均国内生产总值，2005年达到2000年全国平均水平，2010年力争赶上当年全国平均水平。

结构调整目标：经济结构战略性调整要取得较大进展，一、二、三产业增加值的比例，由目前的29∶40∶31，调整到20∶45∶35。

生态建设目标：再造秀美山川，5年初见成效，10年大见战效。通过10年的综合治理，使水土流失面积减少60%，森林覆盖率达到28%以上，实现城市工业污水、城市垃圾无害化。

城镇建设目标：用5年的时间，使城市人口达到25万人，城市用地规模达到25平方公里，城市化水平力争年均提高2个百分点以上，全市建成5个1万人以上的小城镇、100个中心村。

社会发展目标：2010年城镇居民可支配收入赶上当年全国平均水平，农民人均纯收入力争达到全国平均水平。人口平均自然增长率控制在5‰以内，城镇登记失业率控制在5%以内，增大科技对经济的贡献率，社会保障体系基本健全，各项社会事业全面发展，基本实现宽裕性小康，向富裕性小康迈进。

总体思路：稳定发展农业，突出特色产业；重点发展工业，培育支柱产业；突破第三产业，搞活商贸流通；提高经济效益，建设经济强市；巩固计生成果，强化作风建设；加大综治力度，保持社会稳定。

开发重点：强化一个基础（农业），抓好四大结构调整（经济、产业、产品、从业），推进三大工程（生态建设与保护、重点项目、人才战略），狠抓四大建设（交通、水利、城市及小城镇、水电气讯网改造），培育六大支柱产业（食品、机械、建材、医药化工、包装、纺织服装）。在具体措施上实施“五大战略”：一是扩大开放战略，二是结构调优战略，三是重点工程战略，四是可持续发展

战略，五是科教兴市战略。

基本原则：一是解放思想与实事求是相结合的原则，既要清除思想障碍更新观念，又要从实际出发，按客观规律办事。二是政府调控与市场调节相结合的原则，既要通过政府职能范围争取项目、资金，又要以市场为导向，利用市场合理配置资源，引进开发。三是高起点规划与分步实施相结合的原则，既要谋划长远，科学制定总体规划，又要抓紧当前，按轻重缓急分步实施。四是速度与效益相统一的原则，既要有较快的速度，实现新的跨越，又要以效益为中心，提高经济运行质量，实现经济社会可持续发展。五是依法治市与强化道德教育相结合的原则，既要狠抓社会治安综合治理，提高依法行政执法水平，又要加强政治思想道德教育。六是改革开放与自力更生相结合的原则，既要争取中央、省、地的支持，积极扩大对外开放，又要立足自身努力，调动内部各方面的积极性。

三、真抓实干，努力实现大开发战略目标

（一）适度超前，加快基础设施建设。要坚持整体规划、加大投入、适当超前、先行建设的原则，争取用10年时间使我市基础设施基本适应经济社会发展的需要。

1. 加快交通建设。交通建设要以市区为中心，实现骨干畅通、网络健全、港站配套，实施三大工程：

骨架系统工程：即建设三纵两横的五路主骨架系统。

“五路”即国道321线迎接至临江段拓宽改造，106线省道川西环线和309县道乐一路（三纵），307线县道板永路、新规划县道资安路（两横）。

网络系统工程：即建设到各镇乡水泥路网络，重点要建设万罗路（结光坝至祥符）、长丰路（丰裕至忠义）、迎鲤路（迎仙桥至鲤鱼湖）。各镇乡到各行政村村通网络，对现有的村公路进行加宽改造，达到等级公路标准。建设水陆交通的服务网络，重点建设资阳港、东门汽车总站，修建保和、中和、丹山、小院、伍隍、南津、丰裕、祥符等八个运输客站。

城市畅通工程：按照综合治理、标本兼治的原则，狠抓城区突出的“渣滓、车子、摊子、棚子、牌子”问题，实现城市管理科学化、法制化、规范化、消除“瓶颈”制约，促使城市交通管理与经济发展、社会进步同步。

2. 城市基础设施建设。要按照建设中等城市总体规划，突出抓好城市、水、电、气、路、通信、市场等基础设施建设、标志性建筑，改造旧城，建设新区。以抓城市绿化、亮化、美化、城市防洪和污水处理、垃圾处理为契机，完善城市配套设施，净化城市环境，增大第二产业承载力，进一步增强中等城市功能。

3. 水利基础设施建设。一是积极配合地区抓好资阳城区防洪堤工程建设；二是抓好东风渠六期沱西灌区工程建设，对沱江流域资阳段及九曲河、清水河、碑记河、阳化河、蒙溪河小流域实施综合治理；三是积极配合做好毗河引水工程规划，争取三年开工，扩大灌面；四是抓紧病害水库整治，力争三年内完成；五是解决农村人畜饮水工程。

4. 电网、气网、水网和信息网建设。

电网：基本实现“两改一同价”（农网改造、农村电力管理体制改革与同网同价）的目标。两年完成对全市农村电网改造，建设合理布局的输变电站网络，提高输、供电质量，满足城乡人民需要。

气网：以提高天然气普及率为目标，加快天然气资源的开发和管网建设。

水网：以基本解决城镇供水和农村人、畜饮水问题为目标，加快二水厂扩建工程，解决城市供水，基本解决镇乡供水，使生活用水符合卫生标准。

信息网：以建设信息大通道为重点，实现光纤化村村通电话、广播电视，重点建设党政信息网、多媒体数据网络和文献信息网络中心。

（二）再造秀美山川，推进生态环境保护和建设。

1. 抓好坡耕地治理工程，治理坡耕地 3 万公顷，落实生物工程措施，减少沱江河流域资阳段及九曲河、清水河、碑记河、阳化河、蒙溪河小流域的水土流失。

2. 力争启动天然林保护工程。对现有 52 万亩林地实施保护，使森林覆盖率达 28% 以上。

3. 力争启动退耕还林工程。认真贯彻中央“退耕还林（草）、封山绿化、以粮代赈、个体承包”的政策，改善生态环境。到 2010 年，退耕还林、还草 18 万亩。

4. 抓好污染整治工程。大力发展环保产业，建设压缩天然气厂、污水处理点和垃圾处理场，实施沱江河资阳段、九曲河、阳化河综合整治。

5. 抓好城市生态系统工程，加快城市广场建设，实施绿化、美化、亮化工程，改善人居环境。

6. 抓好野生动植物保护工作，建好黑熊救护中心。

（三）着眼长远，积极推进经济结构战略性调整。

1. 调整农业结构，推进农村经济发展。紧紧围绕农民增收，推进农业和农村经济结构的战略性调整。重点是优化农产品质量，优化种植种养结构，优化农业区域布局，大力发展特色农业、生态农业和高效农业，实现由农业大市向农业强市的转变。到 2005 年，农业总产值达 12 亿元，年均增长 4%，畜牧业产值占农业总产值的 50% 以上，林果业、水产业比重逐渐增大，力争各占 8%。农业发展的总体思路是：稳定种植业，突出名优特色；发展水产业，突出品种特色；减少农民数量，增加集镇居民，大力进行农田水利基本建设，加快农业机械化进程，提高农业耕作技术水平；发展庭院经济，大力推进农业产业化经营进程，着力抓好制种、优质油料、农产品深加工、优质蔬菜、优质水果、优质苗木、酿造、特种水产、畜禽养殖、园艺花卉等十大产业。扶持抓好龙头企业的培育，真正形成“市场牵龙头，龙头联基地，基地带农户”的产业链，搞好“订单农业”，产销衔接，让利于民。

2. 调整工程结构，培育支柱产业。坚持以市场为导向，以调整结构为重点，培育支柱产业，用高新技术改造传统产业。突出打好“三大”战役，实施“五大”战略，即打好企业改革攻坚战，完善和优化市属工业组织结构；打好企业扭亏脱困攻坚战，全面提高市属工业经济综合效益；打好项目储备战，吸引市内外投资者参与合作开发建设；实施扶优扶强战略，培育市属工业支柱产业；实施“名牌”精品战略，培育市属工业拳头产品；实施集团发展战略，提升企业规模和档次；实施现代管理战略，增强企业发展后劲；实施社会保障战略，努力建立和完善统一的社会保障制度，全面推进养老、失业、医疗保障制度改革，落实“三条保障线”的资金发放，确保社会稳定。通过结构大调整，逐步形成机械、医药化工、建材、食品、包装、纺织服装业等六大支柱产业。

机械工业：重点发展交通运输机械、专用机械。以资阳内燃机车厂为主的南方铁路机车集团要着重开发新产品、开拓国际市场；以南骏车辆制造公司为主的农用车集团，通过联合，迅速扩张，加快产品更新换代步伐；以成铁资阳配件厂为主扩张联合形成铁路专用配件生产能力；积极发展其他机械产品。

医药化工业：医药业狠抓普瑞药业公司、金辉药业公司技改工程、仁德制药公司的生产线建设，化工工业要抓好精细化工和天台公司的递延产品开发。

建材业：狠抓水泥行业的扩能改造和新型建工建材生产。

纺织服装业：抓好花瑞巾被公司的新型巾被生产线技改、四川昌阳公司优质丝生产线建设、市开达羽绒公司新建水洗绒生产线、市征峰鞋业有限公司中高档足球鞋、休闲鞋、运动鞋技改。

食品工业：抓好3万吨粟米油生产线建设，积极依靠本地资源优势，大力发展以四海公司为龙头的肉类食品加工，重点培育资阳宝莲酒、临江寺豆瓣、天府花生、榨菜、露乐矿泉水等产品。

包装业：狠抓康得利股份有限公司的印刷技改工程。

3. 大力发展私营企业，培育市域经济新的增长点，建立市域工业的后续支撑体系。要放手放胆发展私营经济，重点抓好开达羽绒、嘉好饲料、仁德制药等规模化私营企业。

4. 抓住西部大开发契机，促进乡镇企业“二次创业”。乡镇企业在西部大开发中，要围绕基础设施建设，大力发展建工建材业；围绕农业生态开发，发展生态农业和加工业；围绕对外开放，调整企业组织结构、产业结构、行业结构和产品结构；围绕人才开发，提高企业管理水平和科技水平；围绕本地资源优势，创办资源和劳动力密集型企业。重点抓好乡镇企业工业园区建设，培植骨干企业和支柱产业，逐步形成乡镇企业骨干支撑、乡村社户多轮驱动，集体、股份、私营、合资、联营、个体等多元经营共存的乡镇企业网络体系。

5. 加快旅游休闲业发展。旅游休闲以沱江资阳段为主线，以雁江林苑、鲤鱼湖、二娥湖、半月山大佛、大高寺等景点为重点建立生态旅游圈，发展近郊以生态观光农业为特色休闲的旅游。

积极发展交通运输、批发零售贸易和餐饮等传统第三产业，加快发展证券、房地产、信息咨询、电子商务等新兴第三产业。大力培育中介机构和要素市场，推进城市社区服务、农村社会化服务。

（四）加快城镇化建设，提高城市化水平。

我市经济特别是农村经济的根本出路在于工业化和城镇化。要把加快城镇化作为西部大开发的重要任务来抓，增强城镇的集聚能力和经济辐射功能，强化城市功能，大力发展小城镇，合理调整城镇结构，逐步形成以城带镇、以镇带村、梯度推进、整体协调的发展格局。

1. 中等城市建设。要运用“资本置换”思路，加快城市开发建设，吸纳市内外资本，启动民间资本，加大城市建设投入，加快中等城市建设步伐。

2. 小城镇建设。要以省、地试点镇为重点，到2002年前，建制镇要全部完成总体规划，试点镇要完成详细规划，围绕镇域经济增长，逐步实现小城镇建设目标。

3. 积极探索新的用地办法，合理调整城镇用地规划，为城镇拓展留足空间。

4. 大力推进户籍制度和住房制度改革。放宽农户、个体私营业主、外来投资者到城镇落户的限制，不断扩大城镇人口规模。加快住宅商品化、住宅建设产业化，培育规范房地产市场，鼓励群众投资建房。

（五）实施科教兴市，推进可持续发展。

1. 加强科技工作。加快科技进步和技术创新步伐，促使科技与经济发展有机结合。加大人力、智力、财力投入，支持我市科技发展的技术创新和新技术的推广应用。

2. 大力发展社会各项事业。认真贯彻落实中共中央、国务院《关于加强人口与计划生育工作稳定低生育水平的决定》，继续控制人口数量，提高人口质量，实施计划生育优质服务工程。加大卫生改革力度，加快卫生事业建设步伐。全面贯彻党的教育方针，继续推进义务教育，大力推进素质教育，努力扩大高中阶段教育，加快发展职业教育、中等教育和成人教育。多渠道增加教育投入，鼓励社会办学。继续抓好科技、文化先进市创建工作。加大文化基础设施建设，创造一批有地方特色的标志性文体设施，开展丰富多彩的文化体育活动，搞好重点文物保护等。实施文艺精品战略，积极培养文艺拔尖人才，加大文化产业发展力度。

3. 加大人才资源开发和人才结构调整力度。要制定我市培养、引进各类人才计划，重点培养、引进具有创新能力的科技企业家和学科带头人，积极培养、引进中青年高级人才，加快建立社会化专业技术人员队伍和职业化企业经营管理人员队伍。实施“借脑”工程，邀请专家学者为资阳的经济社会发展论证评估、献计献策；根据项目、工程需要，委托外地人才承担论证、设计、规划和施工等工作。走出去、请进来，开展双向选择，分期分批选调、招聘我市急需、紧缺的人才。公开向社会招聘管理人才，在党政部门及乡镇推行公开竞争选拔制度。建立人才库，争取联网，向各行各业推荐人才。充分调动和发挥现有科技人才的积极性，围绕重点产业、重点学科和重大项目，采取优惠政策，有针对性地大胆起用和聘请懂市场经济、对外贸易、旅游业等方面的人才。同时，运用多种形式对广大干部、工人、农民进行培训，培养实用型人才。逐步建立起多层次、多元化、网络化人才市场，促进人才的合理流动和优化配置。

（六）继续深化改革，努力扩大开放。

1. 努力扩大开放，大力改善投资环境。宣传部门要加大宣传力度，认真办好“一报一刊”，坚持正确的舆论导向，提高宣传水平，营造良好的舆论氛围，扩大资阳在国内外的知名度。加大国内“东引西联”力度，特别是加强与东部地区和成、渝等大城市的区域经济协作，通过引进项目、资金、技术、品牌、销售渠道做强做大企业。狠抓环境营造，促进经济发展。要建设优美的生态环境，要创造舒适的生活环境，要营造紧张有序、充满活力的工作环境，要形成人尽其才的人才环境，要营造崭新的创业环境，要培育宽松的投资环境，要建立公正的法制环境，要建立稳定的治安环境，要塑造团结和谐的社会环境。

2. 加大改革力度。要适应新的形势，推进体制创新和机制创新，大力营造有利于实施西部大开发战略的体制政策、法律和服务环境。以建立现代企业制度为目标，大力推进国有、城镇集体、乡镇企业的产权制度改革，采取兼并、出售、股份制改造、破产等多种形式，全面推进企业资产重组和结构调整。要规范股份制企业运行，建立健全法人治理结构；彻底转换企业经营机制，强化企业管理。要努力创造公平竞争环境，规范设置非公有制经济管理协调机构，加快发展非公有制经济。按照国家、省的政策要求，搞好我市的投融资体制建设，建立多元化、多形式、多渠道的投资体系。深化社会保障制度改革，逐步建立与社会主义市场经济相适应的社会保障体系。

3. 深化财税、投融资体制改革，坚持依法治税，加强税收征管，强化支出结构调整。贯彻落实农村税费改革政策，切实减轻农民负担。积极探索建立面向市场的投融资机制，把国家投资与社会融资结合起来，支持重点项目建设。各金融机构要搞好重点建设项目的论证评估，调整信贷结构，积极组织资金，加大信贷投入，规范金融秩序，防范金融风险。规范证券市场，引入 1 ~ 2 家证券交易机构。加强银行和企业间的协调，建立新型银企关系。

（七）加强精神文明和民主法制建设，切实维护社会稳定。

1. 进一步加强思想政治工作。坚持以邓小平理论武装头脑，按照江泽民同志“三个代表”的要求，加强以爱国主义、集体主义、社会主义为核心的思想道德教育，大力提倡实事求是的科学精神、艰苦奋斗的创业精神、开拓创新的进取精神、忘我工作的奉献精神，不断增强加快发展的责任感、使命感、紧迫感和机遇意识。进一步解放思想，转变观念，克服自我封闭、“小富即安”的小农思想，发扬“敢为天下先”和改革开放、开拓创新的精神。各级各部门要切实转变作风，改进工作方法，以开明促开放，以开放促开发。坚持以人为本，着力探索新时期思想政治工作新思路、新方法，把关心群众疾苦、切实为群众办实事与思想政治工作结合起来，以充分调动全市党员、干部、群众的积极性，把各方面力量凝聚到加快发展上来，形成人人为西部大开发贡献智慧和力量的生动局面。

2. 进一步抓好精神文明创建活动。城市、农村、各行各业和各级机关要根据自身特点，深入持久地开展群众性精神文明创建活动，为西部大开发创造良好的社会环境。

3. 大力加强民主法制建设。制定规划、研究政策、论证项目等，都要坚持走群众路线，充分听取群众意见特别是专家意见，实行民主决策和科学决策。继续深入开展普法教育，推行依法治市，各级各部门要坚持依法行政、公正执法，把全市的经济社会发展纳入法制化的轨道。要加强基层政权建设，为经济发展创造良好的环境。

4. 狠抓综合治理，确保社会稳定。要认真整顿执法队伍，依法整治治安环境，加大执法力度，坚决打击各种刑事犯罪、职务犯罪和经济犯罪，维护正常社会治安和经济秩序，加强社区管理和内部防范，强化领导责任制，深化优质服务，落实群防群治。认真解决社会热点、难点问题，把矛盾化解在萌芽状态。加强社会保障工作，逐步形成规范、统一、科学的社会保障体系。

（八）加强领导，狠抓落实。

1. 建立制度，明确责任。各级党委政府要把参与西部大开发作为当前和今后的中心任务，主要领导要亲自抓，分管领导要具体抓，做到各负其责。要定期研究，定期检查，保证加快发展各项任务的落实。要建立严格的责任制度，实行考核、奖惩制度，确保各项工作和重大项目的顺利进行。

2. 认真制定规划，加快项目实施。实施西部大开发，项目是关键。要依托全市的优势产业、优势企业和优势产品选择项目。要面向市场，进行科学论证，要十分重视选择高科技、高附加值、低污染的项目。

3. 千方百计筹措建设资金。实施西部大开发，各级各部门要找准结合点，选好项目，争取上级资金支持和政策扶持。加强对外联系，采取让市场、让利益的办法，吸引更多的外来投资。要进一步融洽银企关系，落实“三有一不”企业流动资金贷款、技改贷款，增加资金投放量。要十分重视资金的合理使用，充分利用市场合理配置资源，把有限的建设资金用足用好。

4. 大力加强党的建设和领导班子建设。各级党组织要按照江总书记“三个代表”的要求，全面加强党的思想、组织、作风建设。加大干部制度改革力度，建立“公开、平等、竞争、择优”的选人用人机制，为优秀人才脱颖而出创造良好条件。要按照“四化”方针，坚持德才兼备的原则，做到任人唯贤，大胆地把那些肯干事、能干事、能干成事的人选拔到重要的领导岗位上来，坚决防止用人上的不正之风，使干部队伍充满生机和活力。要建立健全领导干部管理、监督机制，落实责任追究制度和领导干部任期经济责任审计制度，坚持不懈地开展反腐败斗争，落实党风廉政责任制。各级领导班子要按照新形势的要求，努力建设成为政治上强、开拓创新、团结协作、廉政勤政的领导班子。

5. 切实转变工作作风，真抓实干。各级党的干部尤其是领导干部，必须牢记全心全意为人民服务的宗旨，深入基层，调查研究，掌握真实情况，通过卓有成效的工作，切实维护广大人民群众的根本利益。要树立创新意识，用新的理念创造性地开展工作，以人为本，严格教育、严格管理，促进工作步步深入。要加强团结，做到心往一处想、劲往一处使，促使目标实现；要继续深入开展“讲文明、树新风”活动，改变市民的精神面貌，以昂扬的斗志投入西部大开发建设。

中共资阳市委

资阳市人民政府

2000年8月15日

索　　引

使用说明

一、本索引采用内容分析索引法，按索引条目汉语拼音字母顺序排列。

二、索引标目后的数字表示内容所在的页码。

D

E

F

G

H

J

K

L

M

N

P

Q

R

S

T

W

X

Y

Z

编 后 记

2006年6月初，中共资阳市雁江区委、资阳市雁江区人民政府决定编修《资阳市雁江区志（1986—2005)》。为确保修志工作顺利进行，区政府当月底召开全区地方志工作会议，与各部门、镇乡（街道）签订《地方志工作目标责任书》；区地方志办公室用“以会代训”的形式对参会人员进行业务培训，并将区志资料搜集纲目分发各单位征求意见。次月起，各承编单位（包括驻区单位）陆续组建编写班子，安排修志经费，草拟编写纲目，着手资料收集，开始部门（行业）志、乡镇志编修或资料长编编写工作；区志办根据各地各部门的具体情况，多次举办修志业务培训，并适时派员到部门、镇乡（街道）现场指导。至2011年4月，区志办共收到部门（行业）志、乡镇志（稿）和资料长编百余部（篇），字数约1700万字。5月，在入志资料基本齐备的情况下，区志办提请区政府组建区志编委会，设立编辑部，确定编写人员，修订编写纲目，分配编写任务，制定质量标准，有序展开分志编写工作。2012年12月，分纂稿主体部分完成。2013年1月，编辑工作进入总纂阶段，由总编“一支笔”统稿。6月初总纂稿完成后，编辑部随即组织内部互审、修改。为确保入志资料全面、准确，又将志稿按部类分解到各单位补充、核实、修改。8月底，各单位将有主要领导签字、加盖有单位公章的审核、修改意见送交编辑部，编辑部根据意见对志稿进行修改。10月10日，区政府召开《资阳市雁江区志》审稿工作会议，着重就志稿记述观点、资料、体例、保密等方面进行了审查。会后，编辑部对评审会上提出的以及从其他渠道收集的意见和建议进行认真梳理，由总编对稿件进行修改并于年底送呈市政府。2014年5月，区志办将修改稿送至方志出版社审核。2015年1月，编辑部根据上年底方志出版社出具的审稿意见再次修改志稿并送市志办。5月中旬起，根据市志办汇总意见，区志总编经三次修改后形成定稿送审并获准出版。

《资阳市雁江区志》的出版发行是在区委、区政府的直接领导和上级业务部门的悉心指导下，在全区各部门、镇乡（街道）和驻区单位的大力支持下，经过编纂人员共同努力的成果。全书内容浩繁，尽管我们尽心尽责，刻意求精，但由于学识、经验等方面的原因，仍难免存在差错，敬请读者批评指正。

《资阳市雁江区志(1986—2005)》编辑部

2015年12月